个人所得税实操手册

——政策、案例、流程、筹划图表式全解读

梅松讲税　编著

图书在版编目(CIP)数据

个人所得税实操手册：政策、案例、流程、筹划图表式全解读 / 梅松讲税编著. —上海：立信会计出版社，2023.3(2024.3重印)

ISBN 978-7-5429-7315-3

Ⅰ.①个… Ⅱ.①梅… Ⅲ.①个人所得税－税收管理－中国－手册 Ⅳ.①F812.424-62

中国国家版本馆 CIP 数据核字(2023)第 048806 号

责任编辑　蔡伟莉
助理编辑　胡蒙娜

个人所得税实操手册：政策、案例、流程、筹划图表式全解读
GEREN SUODESHUI SHICAO SHOUCE ZHENGCE ANLI LIUCHENG CHOUHUA TUBIAOSHI QUANJIEDU

出版发行	立信会计出版社				
地　　址	上海市中山西路 2230 号		邮政编码	200235	
电　　话	(021)64411389		传　　真	(021)64411325	
网　　址	www.lixinaph.com		电子邮箱	lixinaph2019@126.com	
网上书店	http://lixin.jd.com			http://lxkjcbs.tmall.com	
经　　销	各地新华书店				
印　　刷	济南巨丰印刷有限公司				
开　　本	787 毫米×1092 毫米	1/16			
印　　张	47				
字　　数	1 591 千字				
版　　次	2023 年 3 月第 1 版				
印　　次	2024 年 3 月第 2 次				
书　　号	ISBN 978-7-5429-7315-3/F				
定　　价	149.00 元				

如有印订差错，请与本社联系调换

序

自2019年开始，个人所得税综合所得实行年度汇算清缴。每年3月至6月，纳税人开始对上一年度个人所得税进行汇算清缴。广大纳税人、企业财务和税务人员、涉税专业服务机构专业人士即将开展此项工作，需要进行全面系统的学习，因而需要一本专业、实务性强、易懂的实操书籍。梅松讲税团队具有十数年涉税服务经验，深知纳税人的需求。为更好地帮助纳税人全面学习和理解个人所得税实务操作并进行综合所得汇算清缴，梅松讲税团队根据最新个税法规与政策修订了《个人所得税实操手册》。

本书具有如下特点。

1. 全面、系统、务实、细致、扎实

本书设置了705个问题，力争全面覆盖个人所得税热点、难点问题，包含个人养老金涉税政策、申报流程等最新政策。本书对设置的问题做了简洁又详尽的解答。

2. 案例丰富

本书设置了156个案例，这些案例来源于实务，立足于实务，也旨在服务于实务。案例覆盖面广，具有代表性，便于纳税人对照自身情况进行税务处理。

3. 图表展示

全书共有表格418张、图片409张。其中，图片包括思维导图、矩阵图、流程图、象限图等。本书通过图、表对税收法规、案例、流程、筹划方案等进行全新诠释，读者能够轻松愉悦地快速掌握个人所得税相关知识与技巧。

4. 税法解析严谨

本书对个人所得税基本法规进行了详尽解读，对书中设置的问题提供了政策依据，并对相关税法条文进行了表格式汇总，尽量避免对法规的照抄、罗列。

5. 申报表填制解读详细

本书对各项所得的申报流程做了详尽介绍，基本上是实操实录，并提供了几乎所有的申报表，对每一类型的申报表基本都做了讲解。

6. 精心汇集税务筹划方法

本书针对最新的个人所得税政策，设计、整理并汇总了30种税务筹划方法和思路，并有针对性地设计了26个个人所得税筹划案例，为纳税人系统地了解常用税务筹划方法，进行合法节税提供了有益借鉴。

7. 配套视频资源

本书配有视频课程，扫描书中二维码，即可查看相关问题的视频讲解，这利于读者更好地学习。

若书中存在疏漏或不足之处，也欢迎广大读者或同仁批评指正。有关本书的使用意见，欢迎通过邮箱1036361649@qq.com反馈。

秦梅松

目　　录

第一章　基本法规释义 ··· 1
第一节　个人所得税法 ·· 1
　　一、个人所得税法及注释 ··· 1
　　二、个人所得税法思维导图 ·· 9
第二节　个人所得税法实施条例 ·· 13
　　一、个人所得税法实施条例及注释 ··· 13
　　二、个人所得税法实施条例思维导图 ··· 19

第二章　基本法规要点难点 ·· 26
第一节　纳税人 ·· 26
　　一、概述 ·· 26
　　二、要点难点 ··· 26
　　　问题1　居民个人和非居民个人如何判定 ··· 26
　　　问题2　如何判定纳税人在中国境内有住所 ·· 27
　　　问题3　无住所个人一个纳税年度的境内累积居住天数如何计算 ············· 28
　　　问题4　外籍个人都是非居民个人吗 ··· 29
　　　问题5　如何区分境内所得和境外所得 ·· 29
　　　问题6　无住所个人哪种情形可以免征个税 ··· 31
第二节　征收项目 ··· 33
　　一、概述 ·· 33
　　二、要点难点 ··· 33
　　　问题7　个人所得税的具体征收范围是什么 ··· 33
　　　问题8　劳动分红和股权分红按什么项目征收个税 ······························· 35
　　　问题9　员工取得股票期权收入按什么项目征收个税 ···························· 35
　　　问题10　出租车运营收入按什么项目征收个税 ···································· 37
　　　问题11　企业为个人支付的与生产经营无关的支出按什么项目征收个税 ·· 38
　　　问题12　原税法规定的"其他所得"是否仍征收个税 ····························· 39
第三节　税率和应纳税所得额 ·· 40
　　一、概述 ·· 40
　　二、要点难点 ··· 40
　　　问题13　个人所得税的征收方式有哪些 ·· 40
　　　问题14　个人所得税的税率分别是多少 ·· 41
　　　问题15　取得各项所得如何计算应纳税所得额 ···································· 44
　　　问题16　如何界定劳务报酬等所得的"一次"收入 ································ 46

  问题 17　个人取得非货币形式所得，如何确定所得额 …………………… 47
  问题 18　一项所得由多人共同取得，如何计算个税 ……………………… 48
  问题 19　个人所得税的扣除项目有哪些 …………………………………… 49

第四节　应纳税额 …………………………………………………………… 50
一、概述 …………………………………………………………………… 50
二、要点难点 ……………………………………………………………… 51
  问题 20　居民个人取得各项所得如何计算个税 …………………………… 51
  问题 21　居民个人的境外所得如何进行税收抵免 ………………………… 53
  问题 22　非居民个人各项所得如何计算个税 ……………………………… 56
  问题 23　个人取得外币收入如何计算个税 ………………………………… 57

第五节　法定减免 …………………………………………………………… 58
一、概述 …………………………………………………………………… 58
二、要点难点 ……………………………………………………………… 59
  问题 24　《中华人民共和国个人所得税法》规定哪些情形可以免征个税 …… 59
  问题 25　《中华人民共和国个人所得税法》规定哪些情形可以减征个税 …… 60

第六节　反避税 ……………………………………………………………… 60
一、概述 …………………………………………………………………… 60
二、要点难点 ……………………………………………………………… 60
  问题 26　税务机关进行纳税调整的情形有哪些 …………………………… 60
  问题 27　纳税调整补缴税款是否加收利息 ………………………………… 61

第七节　扣缴义务人 ………………………………………………………… 62
一、概述 …………………………………………………………………… 62
二、要点难点 ……………………………………………………………… 62
  问题 28　如何确定扣缴义务人 ……………………………………………… 62
  问题 29　扣缴义务人有哪些法定扣缴责任 ………………………………… 63
  问题 30　扣缴义务人的全员全额申报是指什么 …………………………… 63
  问题 31　个税的扣缴义务人按照规定可以取得多少手续费 ……………… 64

第八节　自行申报 …………………………………………………………… 66
一、概述 …………………………………………………………………… 66
二、要点难点 ……………………………………………………………… 66
  问题 32　纳税人应当自行申报的情形有哪些 ……………………………… 66
  问题 33　纳税人自行申报个人所得税的期限是多久 ……………………… 68
  问题 34　纳税人自行申报如何确定申报地点 ……………………………… 69

第九节　申请退税 …………………………………………………………… 71
一、概述 …………………………………………………………………… 71
二、重点难点 ……………………………………………………………… 71
  问题 35　纳税人多预缴税款如何办理退税 ………………………………… 71
  问题 36　扣缴义务人未将扣缴的税款解缴入库，是否影响纳税人申请退税 … 71

第十节　征收管理 …………………………………………………………… 72
一、概述 …………………………………………………………………… 72

二、要点难点

- 问题37　自然人如何取得纳税人识别号 …… 72
- 问题38　个人信息与事实不符,该如何处理 …… 73
- 问题39　哪些部门有义务协同治税 …… 73
- 问题40　纳税人拒绝扣缴税款,扣缴义务人该怎么办 …… 74
- 问题41　扣缴义务人未在规定期限内办理纳税申报或解缴税款的,将承担怎样的法律责任 …… 74
- 问题42　扣缴义务人不履行扣缴义务,税务机关如何处理 …… 75
- 问题43　扣缴义务人虚假申报、少缴已扣缴税款,将承担怎样的法律责任 …… 76
- 问题44　纳税人不纳税申报,将承担怎样的法律责任 …… 76
- 问题45　纳税人未按期申报或缴纳税款的,将承担怎样的法律责任 …… 77

第三章　综合所得 …… 78

第一节　综合所得概述 …… 80

第二节　收入额 …… 81

一、概述 …… 81

二、要点难点 …… 82

(一) 工资薪金 …… 82

- 问题46　工资薪金所得包含哪些内容 …… 82
- 问题47　工资薪金有哪些免税情形 …… 82
- 问题48　个人取得的补贴、津贴有哪些 …… 83
- 问题49　个人取得补贴、津贴是否计缴个税 …… 84
- 问题50　福利费和救济金是否免征个税 …… 85
- 问题51　支持新冠疫情防控相关的补助如何计缴个税 …… 85
- 问题52　如何处理差旅费中可能存在的个税问题 …… 86
- 问题53　餐费补助是否缴纳个税 …… 88
- 问题54　航空公司空勤飞行小时费、空勤地勤伙食费是否计缴个税 …… 89
- 问题55　远洋船员工资薪金如何享受减按50％计入应纳税所得额的优惠政策 …… 89
- 问题56　个人以现金方式取得的住房补贴、医疗补助费如何进行个税处理 …… 90
- 问题57　个人购买单位低价房如何计缴个税 …… 90
- 问题58　个人取得的公务用车和通讯补贴如何计缴个税 …… 91
- 问题59　个人取得的供暖补贴是否计缴个税 …… 94
- 问题60　退休再任职收入如何计缴个税 …… 95
- 问题61　高级专家延长离退休的收入如何纳税 …… 96
- 问题62　各地政府给外地员工发放的"就地过年补贴"交个税吗 …… 97
- 问题63　企业改制给予员工的股权劳动分红如何计缴个税 …… 98
- 问题64　上市公司员工中的居民个人获得股权激励所得,个人所得税如何计税 …… 98
- 问题65　军队干部的补贴和津贴中哪些免征个人所得税 …… 99
- 问题66　退役军人取得的一次性经济补助和一次性退役金是否免征个税 …… 99
- 问题67　西藏工作人员的补贴、津贴有哪些税收优惠政策 …… 100

问题 68	海南自贸港个人所得税有何优惠政策	100
问题 69	海南自由贸易港高层次人才如何分类	101

(二) 劳务报酬 ... 116

问题 70	什么是劳务报酬所得	116
问题 71	个人提供非有形商品推销、代理等服务活动的收入如何进行个税处理	116
问题 72	导演、演职人员参加演出的报酬应如何缴纳个人所得税	117
问题 73	个人取得的董事费、监事费如何缴纳个人所得税	118
问题 74	通过免收差旅费、旅游费等对个人实行的营销业绩奖励如何计缴个税	118
问题 75	兼职收入如何进行个税处理	119
问题 76	在校学生勤工助学、实习期收入如何计缴个税	120
问题 77	受医疗机构临时聘请坐堂门诊及售药收入如何计缴个税	120
问题 78	个人举办学习班、培训班收入如何进行个税处理	121
问题 79	律师事务所从业人员应如何计缴个人所得税	121
问题 80	法律援助人员取得的法律援助补贴如何计缴个税	123
问题 81	个人包销商品房收取的差价及包销补偿款如何缴纳个人所得税	123
问题 82	如何区分劳务报酬所得与工资薪金所得	123

(三) 稿酬 ... 124

问题 83	什么是稿酬所得	124
问题 84	如何界定稿酬所得每次收入额	124
问题 85	取得遗作稿酬,如何计征个税	125
问题 86	杂志社职员在本单位的报刊上发表作品的收入如何进行个税处理	125
问题 87	出版社的专业作者在本社出版图书的稿费如何进行个税处理	126
问题 88	个人接受约稿取得的"稿费"或"退稿费"应如何纳税	126

(四) 特许权使用费 ... 126

问题 89	什么是特许权使用费所得	126
问题 90	作者取得的剧本使用费如何缴纳个人所得税	126
问题 91	个人因专利被侵权获得的赔偿如何计缴个税	127
问题 92	作者将文字作品手稿公开拍卖取得的收入如何计缴个税	127
问题 93	作者创作文学作品的相关收入如何计缴个税	128

第三节 扣除项目 ... 128

一、概述 ... 128

二、要点难点 ... 130

(一) 基本费用 ... 130

问题 94	一个纳税年度,有两个月无综合所得,年度汇算清缴如何扣除基本费用	130

(二) 专项扣除 ... 130

问题 95	缴付的社会保险费如何扣除	130
问题 96	缴存的住房公积金如何扣除	131
问题 97	新型农村养老保险、合作医疗是否可以在农民取得的劳务报酬所得中扣除	132

(三) 专项附加扣除 ... 132

1. 子女教育 ... 134

问题 98	子女教育专项附加扣除如何享受	134
问题 99	承担了抚养和教育义务的非亲生父母可否享受子女教育专项扣除	135
问题 100	学前教育阶段的儿童,没有就读幼儿园,父母能否享受子女教育扣除	135
问题 101	子女6月高中毕业,9月上大学,7至8月能否享受子女教育扣除	136
问题 102	子女大学期间参军,学校保留学籍,可否按子女教育扣除	136
问题 103	子女参加工作后辞职,读全日制研究生,父母可否享受子女教育扣除	136
问题 104	子女参加"跨校联合培养"需要到国外读书几年,是否可以享受子女教育扣除	136

2. 继续教育 ... 136

问题 105	继续教育专项附加扣除如何享受	136
问题 106	一个纳税年度取得多个资格证书的,如何享受继续教育扣除	137
问题 107	在接受学历继续教育的同时取得资格证书的,如何享受继续教育扣除	137
问题 108	如果在国外进行学历继续教育,或者是拿到国外颁发的技能证书,能否享受扣除	137
问题 109	纳税人参加夜大、函授、现代远程教育、广播电视大学等学习,是否可以享受继续教育扣除	137
问题 110	参加自学考试,纳税人是否可以享受专项附加扣除	138
问题 111	参加了学历(学位)教育,最后没有取得学历(学位)证书,是否可以享受继续教育扣除	138
问题 112	纳税人因病、因故等原因休学且学籍继续保留的休学期间,以及施教机构按规定组织实施的寒暑假期是否连续计算	138

3. 大病医疗 ... 138

问题 113	大病医疗专项附加如何扣除	138
问题 114	跨年度的医疗费用如何计算扣除	139
问题 115	纳税人及其未成年子女发生的基本医保相关的医药费,扣除时可否合并计算	139
问题 116	自费使用进口药物,自费部分能否在大病医疗支出扣除	140
问题 117	在私立医院就诊是否可以享受大病医疗扣除	140
问题 118	发生的大病医疗支出如何查询	140

4. 住房贷款利息 ... 140

问题 119	住房贷款利息专项附加扣除如何享受	140
问题 120	父母和子女共同购房,房屋产权证明、贷款合同登记的均为父母和子女,如何扣除	142
问题 121	首套房的贷款还清后,贷款购买第二套房屋时,银行仍旧按照首套房贷款利率发放贷款,首套房没有享受过扣除,第二套房屋是否可以享受住房贷款利息扣除	142
问题 122	住房贷款是公积金和商贷的组合贷款,公积金中心按首套贷款利率发放贷款,商业银行贷款按普通商业银行贷款利率发放贷款,是否可以享受住房贷款利息扣除	142
问题 123	首套住房是"商业性质"的,可以享受个人住房贷款利息扣除吗	142
问题 124	纳税人刚办的房贷期限是30年,目前综合所得扣完子女教育和赡养老人两项附加后无需缴税,可以选择过几年再开始办理房贷扣除吗	142
问题 125	父母为子女买房,房屋产权证明登记为子女,贷款合同中的贷款人为父母,是否符合扣除标准	142
问题 126	享受住房贷款利息专项附加扣除,房屋证书号码是房屋所有权证/不动产权证上哪一个号码	143

5. 住房租金 · 143
- 问题127　住房租金专项附加扣除 · 143
- 问题128　个人的工作城市与实际租赁房屋地不一致,是否符合条件扣除住房租赁支出 · 144
- 问题129　公司与保障房公司签公租房协议,但员工是需要付房租的,这种情况下员工是否可以享受专项附加扣除 · 144
- 问题130　外派员工一年换几个城市租赁住房,如何申报扣除 · 144
- 问题131　年度中间换租造成中间有重叠租赁月份的情况,该如何处理 · 144

6. 赡养老人 · 144
- 问题132　赡养老人专项附加扣除 · 144
- 问题133　实际承担对叔叔伯伯的赡养义务或赡养岳父岳母、公婆的费用,是否可扣 · 145
- 问题134　两个子女中的一个无赡养父母的能力,是否可以由余下那名子女享受3 000元扣除标准 · 145
- 问题135　父母均要满60周岁,还是只要一位满60周岁即可? 纳税人父母年龄均超过60周岁,在进行赡养老人专项附加扣除时,是否可以按照两倍标准扣除 · 145
- 问题136　独生子女家庭,父母离异后再婚的,如何享受赡养老人专项附加扣除 · 146
- 问题137　非独生子女的兄弟姐妹都已去世,是否可按独生子女扣除 · 146
- 问题138　子女均已去世的年满60周岁的祖父母、外祖父母,孙子女、外孙子女能否按照独生子女扣除,如何判断 · 146

7. 3岁以下婴幼儿照护 · 146
- 问题139　3岁以下婴幼儿照护专项附加扣除如何享受 · 146
- 问题140　纳税人生育多胞胎的,按照什么标准进行扣除 · 146
- 问题141　有多个婴幼儿的父母,是否可以对不同的婴幼儿选择不同的扣除方式 · 147
- 问题142　在国外出生的婴幼儿,其父母是否可以享受3岁以下婴幼儿照护专项附加扣除 · 147
- 问题143　享受3岁以下婴幼儿照护专项附加扣除的起止时间如何计算 · 147
- 问题144　纳税人享受政策应当填报哪些信息 · 147
- 问题145　如果暂没有子女出生医学证明或居民身份证等可证明身份的证件,该如何填报婴幼儿身份信息 · 147

8. 办理流程 · 147
- 问题146　符合扣除条件的纳税人,什么时候可以办理专项附加扣除 · 147
- 问题147　员工没能及时将专项附加扣除信息提交给扣缴义务人,可不可以下个月补报 · 147
- 问题148　如果员工一年内都没将专项附加扣除信息提交给扣缴义务人怎么办 · 148
- 问题149　专项附加扣除的办理环节 · 148
- 问题150　个人办理专项附加扣除的报送及留存资料有哪些 · 149
- 问题151　个人办理专项附加扣除的报送方式和渠道有哪些 · 151
- 问题152　纳税人和扣缴义务人在办理专项附加扣除时的法律责任 · 152
- 问题153　哪些部门需要协助核实专项附加扣除信息 · 153
- 问题154　税务机关对专项附加扣除的核查及处理方式 · 154
- 问题155　纳税人填报专项附加扣除信息注意事项 · 155
- 问题156　个人如何报送专项附加扣除信息 · 155

(四) 其他扣除 · 157

问题 157　企业年金和职业年金税前如何扣除	158

- 问题 157　企业年金和职业年金税前如何扣除 …… 158
- 问题 158　商业健康保险税前如何扣除 …… 158
- 问题 159　个人税收递延型商业养老保险如何扣除 …… 161
- 问题 160　个人养老金税前如何扣除 …… 163
- 问题 161　个人如何报送其他扣除信息 …… 164

第四节　公益慈善事业捐赠 …… 165
一、概述 …… 165
二、要点难点 …… 168
- 问题 162　个人向地震灾区捐赠如何扣除 …… 168
- 问题 163　哪些公益慈善事业捐赠实行全额税前扣除 …… 168
- 问题 164　如何享受对红十字事业捐赠的全额扣除 …… 171

第五节　税额计算 …… 173
一、应纳税所得额 …… 173
二、税率 …… 173
三、应纳税额 …… 174
四、要点难点 …… 175
（一）社会保险及补充保障 …… 175
- 问题 165　员工取得的基本社会保险如何计缴个税 …… 175
- 问题 166　职工住房公积金如何计缴个人所得税 …… 176
- 问题 167　单位为个人购买的商业补充养老保险，个税如何处理 …… 177
- 问题 168　个人取得的企业年金、职业年金如何计缴个税 …… 179
- 问题 169　领取个人税收递延型商业养老保险养老金时个税如何处理 …… 180

（二）离职、退休补助补偿 …… 182
- 问题 170　退休离休取得的工资、生活补助费是否缴纳个税 …… 182
- 问题 171　提前退休一次性补贴收入如何计缴个税 …… 183
- 问题 172　个人取得内部退养一次性收入如何计缴个税 …… 183
- 问题 173　个人与单位解除劳动关系获得的一次性补偿收入是否免征个税 …… 185

（三）绩效奖金 …… 186
- 问题 174　居民个人取得的年终奖金，如何缴纳个人所得税 …… 186
- 问题 175　中央企业负责人年度绩效薪金延期兑现收入和任期奖励如何征收个人所得税 …… 189

（四）股权激励 …… 190
- 问题 176　上市公司员工取得的股票期权股权激励如何进行个税处理 …… 191
- 问题 177　上市公司员工取得的限制性股票股权激励如何进行个税处理 …… 195
- 问题 178　上市公司员工取得的股票增值权股权激励如何进行个税处理 …… 197
- 问题 179　非上市公司员工取得的股权激励如何进行个税处理 …… 200
- 问题 180　以技术成果投资入股，个税如何处理 …… 204

（五）科技人员成果转化 …… 204
- 问题 181　科技人员取得科技成果转化的现金奖励是否减按 50% 计入工资薪金所得缴纳个人所得税 …… 204
- 问题 182　个人取得科研机构及高校因转化职务科技成果给予的股份激励如何进行个税

		处理	206
问题183		个人取得高新技术企业因转化科技成果给予的股权奖励的有哪些征免政策	207

（六）特殊人员 ... 210

问题184		保险营销员/证券经纪人佣金收入如何计缴个税	210
问题185		在外商投资企业、外国企业和外国驻华机构工作的中方人员的工资薪金如何计缴个税	212

第六节 纳税申报 ... 213

一、概述 ... 213

二、要点难点 ... 214

（一）预扣预缴 ... 214

问题186		工资薪金所得如何预扣预缴	214
问题187		劳务报酬所得、稿酬所得、特许权使用费所得如何预扣预缴	217
问题188		首次入职居民个人取得工资薪金所得如何预扣预缴	219
问题189		仅在新入职前偶然取得过劳务报酬、稿酬、特许权使用费所得的可否按照首次取得工资薪金所得预扣预缴个税	220
问题190		学生实习取得劳务报酬有何最新预缴规定	221
问题191		上年各月均有申报且全年收入不超过6万元，如何预缴个税	221
问题192		个人通过"个人所得税"App填报专项附加扣除信息后是否就不用再报给扣缴单位	223
问题193		年度中间选择换工作，如何修改个人所得税单位信息	223
问题194		建筑安装跨省异地作业人员的工资、薪金所得如何申报个税	224
问题195		纳税人如何查询扣缴义务人是否扣缴了税款	224
问题196		股权激励递延纳税、分期纳税备案表报送	225

（二）汇算清缴 ... 225

1. 时间 ... 225

问题197		年度汇算（汇算清缴）应该什么时间办理	225

2. 范围 ... 226

问题198		年度汇算清缴有哪些内容	226
问题199		哪些人无须办理年度汇算清缴	227
问题200		哪些人需要办理年度汇算清缴	227
问题201		纳税人如何判定自己是否符合免予办理的条件	229
问题202		属于中国居民个人的外国人，年度汇算清缴时已离开中国，该如何办理	230
问题203		年初预计居住不足183天的外国人，按非居民个人预缴了个人所得税。后因居住时间延长满足了居民个人条件，是否需要年度汇算清缴	230

3. 地点 ... 230

问题204		纳税人向哪里的税务机关申报办理年度汇算清缴	230
问题205		超过汇算期，纳税人应向哪里办理申报	231

4. 方式 ... 231

问题206		年度汇算清缴有哪些办理方式	231
问题207		选择邮寄方式申报，如何办理汇算清缴	232

问题 208	纳税人可以通过哪些渠道办理汇算清缴	233
问题 209	什么是符合条件的银行账户	233
问题 210	自然人电子税务局有哪些功能	233

5. 计算 ... 234

问题 211	综合所得年收入不超过12万元的"收入"指什么	234
问题 212	办理年度汇算清缴可享受的税前扣除有哪些	234
问题 213	哪些收入不并入年度综合所得汇算清缴	235
问题 214	预扣预缴时有一次性奖金,汇算清缴应如何处理	236
问题 215	年度汇算清缴应退或应补税额如何计算	236

6. 办理 ... 238

问题 216	申报表的填写及注意事项	238
问题 217	汇算清缴申报应该选择什么渠道	239
问题 218	办理汇算清缴需申报及留存哪些资料	239
问题 219	直接确认税务局预填的申报数据,数据错误是否承担法律责任	240
问题 220	纳税人对收入纳税信息有异议如何处理	240
问题 221	纳税人未按规定办理年度汇算清缴,会有什么后果	240
问题 222	纳税人不如实办理汇算清缴要承担什么后果	241
问题 223	自行办理年度汇算清缴应注意哪些问题	241
问题 224	税务机关提供哪些年度汇算清缴服务	241
问题 225	综合所得年收入额6万元以下的纳税人如何自行办理汇算清缴	242
问题 226	只有工资薪金所得的工薪族如何自行办理汇算清缴	243
问题 227	有工资和劳务报酬、稿酬、特许权使用费等的纳税人如何自行办理汇算清缴	243
问题 228	仅取得劳务报酬(或稿酬等)所得的纳税人如何自行办理汇算清缴	244
问题 229	如何开具个人纳税记录	244
问题 230	"纳税记录"有哪些用途	246

7. 补(退)税 ... 246

问题 231	如何办理年度汇算清缴的退税、补税	246
问题 232	哪些情形年度汇算清缴时将产生或者可能产生退税	247
问题 233	哪些常见情形将导致年度汇算清缴时需要或可能需要补税	248
问题 234	可以放弃退税吗,选择放弃退税后,可以再次申请退税吗	248
问题 235	如何查询纳税人办理退税的进度	249

第七节 外籍个人 ... 249

一、概述 ... 249
二、要点难点 ... 250

(一) 非居民个人 ... 250

| 问题 236 | 非居民个人取得工资薪金等四项所得如何计缴个税 | 250 |
| 问题 237 | 非居民个人从两处以上取得工资、薪金如何申报 | 252 |

(二) 无住所个人 ... 253

| 问题 238 | 无住所个人如何判断工资、薪金所得的来源地 | 253 |
| 问题 239 | 无住所个人的境内、境外工作天数如何计算 | 254 |

问题 240　无住所个人如何计算工资、薪金所得的应税收入额 …………… 255
问题 241　无住所个人取得工资薪金所得的应纳税额如何计算…………… 257
问题 242　无住所个人如何适用税收协定 ………………………………… 259
问题 243　年度首次申报时,如何判定无住所个人是居民个人还是非居民个人 …… 260
问题 244　无住所个人预计居住时间与实际情况不符的该如何处理 ……… 261
问题 245　无住所个人在境内任职,取得由境外单位支付的工资薪金所得,境内雇主应履行什么义务 …………………………………………… 261

(三)税收优惠 …………………………………………………………… 262
问题 246　外籍个人取得住房补贴、探亲费等有何征免规定 ……………… 262
问题 247　外籍个人是否能同时享受专项附加扣除与住房补贴的税收优惠 …… 263
问题 248　对于港澳台居民有哪些特殊的税收优惠 ……………………… 264
问题 249　驻华机构、驻华领事馆的雇员取得所得是否缴纳个人所得税… 264
问题 250　哪些外籍专家取得的所得可免征个税 ………………………… 265
问题 251　来华人员的工资、薪金所得有何特殊的税收优惠 ……………… 266
问题 252　亚洲开发银行员工的薪金和津贴是否缴纳个人所得税 ………… 266

第八节　申报实操 ………………………………………………………… 267
一、专项附加扣除信息采集 …………………………………………… 267
(一)扣缴义务人对专项附加扣除信息的采集 ……………………… 267
问题 253　纳税人信息填报 ………………………………………………… 267
问题 254　配偶信息填报 …………………………………………………… 268
问题 255　子女教育信息填报 ……………………………………………… 269
问题 256　继续教育信息填报 ……………………………………………… 269
问题 257　住房贷款信息填报 ……………………………………………… 270
问题 258　住房租金信息填报 ……………………………………………… 271
问题 259　赡养老人信息填报 ……………………………………………… 272
问题 260　3 岁以下婴幼儿照护填报 ……………………………………… 272
问题 261　专项附加扣除年度确认 ………………………………………… 273
(二)纳税人对专项附加扣除信息的采集 …………………………… 274
问题 262　子女教育 ………………………………………………………… 275
问题 263　继续教育 ………………………………………………………… 276
问题 264　大病医疗 ………………………………………………………… 278
问题 265　住房贷款利息 …………………………………………………… 279
问题 266　住房租金 ………………………………………………………… 280
问题 267　赡养老人 ………………………………………………………… 282
问题 268　3 岁以下婴幼儿照护 …………………………………………… 284
问题 269　确认下一年度专项附加扣除 …………………………………… 286

二、预扣预缴申报 ……………………………………………………… 289
(一)收入及减除填写 ………………………………………………… 289
问题 270　正常工资薪金所得如何填报 …………………………………… 290
问题 271　全年一次性奖金收入如何填报 ………………………………… 293

|问题 272　内退一次性补偿金如何填报 …………………………………… 293
|问题 273　领取企业年金 …………………………………………………… 294
|问题 274　解除劳动合同一次性补偿金 …………………………………… 295
|问题 275　央企负责人绩效薪金延期兑现收入和任期奖励 ……………… 295
|问题 276　单位低价向职工售房 …………………………………………… 296
|问题 277　劳务报酬所得(保险营销员、证券经纪人) …………………… 296
|问题 278　劳务报酬所得(一般劳务、其他劳务) ………………………… 297
|问题 279　稿酬所得 ………………………………………………………… 297
|问题 280　特许权使用费所得 ……………………………………………… 298
|问题 281　提前退休一次性补贴 …………………………………………… 298
|问题 282　个人股权激励收入 ……………………………………………… 299
|问题 283　税收递延型商业养老金 ………………………………………… 300

(二)税款计算 ………………………………………………………………… 300
|问题 284　操作界面及注意事项 …………………………………………… 300

(三)附表填写 ………………………………………………………………… 301
|问题 285　减免事项附表 …………………………………………………… 301
|问题 286　商业健康保险附表 ……………………………………………… 302
|问题 287　税延养老保险附表 ……………………………………………… 304

(四)申报表报送 ……………………………………………………………… 305
|问题 288　发送申报获取反馈 ……………………………………………… 305

(五)申报辅助功能 …………………………………………………………… 306
|问题 289　综合所得申报更正 ……………………………………………… 306
|问题 290　综合所得申报作废 ……………………………………………… 311

(六)税款缴纳 ………………………………………………………………… 312
|问题 291　综合、分类、非居民所得缴款 ………………………………… 312
|问题 292　三方协议缴税 …………………………………………………… 312
|问题 293　银行端查询缴税 ………………………………………………… 313
|问题 294　历史查询 ………………………………………………………… 314
|问题 295　完税证明 ………………………………………………………… 314
|问题 296　单位申报记录查询 ……………………………………………… 315
|问题 297　个人扣缴明细查询 ……………………………………………… 315

三、特殊征免规定备案表 ……………………………………………………… 316

(一)分期缴纳备案表 ………………………………………………………… 316
|问题 298　股权奖励个人所得税分期缴纳备案 …………………………… 316
|问题 299　转增股本个人所得税分期缴纳备案 …………………………… 318

(二)递延纳税备案 …………………………………………………………… 319
|问题 300　非上市公司股权激励个人所得税递延纳税备案 ……………… 319
|问题 301　上市公司股权激励个人所得税延期纳税备案 ………………… 322
|问题 302　技术成果投资入股个人所得税递延纳税备案 ………………… 324
|问题 303　递延纳税情况年度报告表 ……………………………………… 325

（三）科技成果备案 ... 326
问题304　科技成果转化备案 ... 326
问题305　科技成果转化现金奖励备案 ... 327

四、居民个人汇算清缴 ... 328
（一）自行办理 ... 328
1. 网页Web端简易申报 ... 328
问题306　年度汇算清缴申报入口 ... 329
问题307　确认申报表信息 ... 330
问题308　申请退税 ... 331
问题309　更正与作废 ... 333

2. 网页Web端标准申报 ... 334
2.1　选择预填报服务 ... 334
问题310　进入预填报申报 ... 334
问题311　确认基本信息 ... 335
问题312　生成和确认申报表信息 ... 336
问题313　修改申报表信息 ... 336
问题314　全年一次性奖金设置 ... 339
问题315　新增劳务报酬 ... 340
问题316　专项扣除 ... 340
问题317　专项附加扣除 ... 341
问题318　其他扣除 ... 344
问题319　准予扣除的捐赠 ... 345
问题320　税款计算 ... 347
问题321　缴纳税款 ... 347
问题322　申请退税 ... 349
问题323　更正与作废 ... 351

2.2　选择自行填写 ... 351
问题324　进入自行填写申报流程 ... 351
问题325　填写收入和税前扣除信息 ... 352
问题326　无住所居民个人特殊事项 ... 353

3. 手机App端简易申报 ... 355
问题327　进入简易申报流程 ... 355
问题328　确认申报表信息 ... 356
问题329　申请退税 ... 356
问题330　更正与作废 ... 357

4. 手机App端标准申报 ... 358
4.1　选择预填报服务 ... 358
问题331　进入预填报申报流程 ... 358
问题332　确认基本信息 ... 359
问题333　生成和确认申报表信息 ... 359

问题334　修改申报表信息 …………………………………………… 360
　　问题335　全年一次性奖金设置 ………………………………………… 360
　　问题336　新增劳务报酬 ………………………………………………… 361
　　问题337　专项扣除 ……………………………………………………… 361
　　问题338　专项附加扣除 ………………………………………………… 361
　　问题339　其他扣除 ……………………………………………………… 362
　　问题340　准予扣除的捐赠 ……………………………………………… 363
　　问题341　税款计算 ……………………………………………………… 364
　　问题342　缴纳税款 ……………………………………………………… 365
　　问题343　申请退税 ……………………………………………………… 366
　　问题344　更正与作废 …………………………………………………… 368
　4.2　选择自行填写 ………………………………………………………… 369
　　问题345　进入自行填写申报流程 ……………………………………… 369
　　问题346　填写收入和税前扣除信息 …………………………………… 369
　　问题347　无住所居民个人特殊事项 …………………………………… 370

(二) 单位办理 ………………………………………………………………… 371
　1. 准备工作 ………………………………………………………………… 371
　　问题348　请单位代办年度汇算清缴，纳税人需要注意什么 ………… 371
　　问题349　纳税人选择单位集中办理汇算清缴，应如何处理 ………… 371
　　问题350　扣缴义务人办理集中申报应注意的事项 …………………… 373
　　问题351　登录自然人电子税务局 ……………………………………… 373
　2. 填写申报表 ……………………………………………………………… 374
　　问题352　导入人员名单模板 …………………………………………… 374
　　问题353　导入申报表模板 ……………………………………………… 376
　　问题354　单人添加 ……………………………………………………… 377
　3. 修改申报表 ……………………………………………………………… 379
　　问题355　有全年一次性奖金 …………………………………………… 379
　　问题356　存在待确认事项 ……………………………………………… 380
　　问题357　纳税人有多处所得 …………………………………………… 380
　　问题358　纳税人申报数据发生变化 …………………………………… 381
　4. 汇算清缴申报 …………………………………………………………… 382
　　问题359　报送及删除 …………………………………………………… 382
　　问题360　导出申报表 …………………………………………………… 382
　　问题361　更正申报 ……………………………………………………… 383
　　问题362　作废申报 ……………………………………………………… 384
　5. 补(退)税 ………………………………………………………………… 385
　　问题363　税款缴纳 ……………………………………………………… 385
　　问题364　申请退税 ……………………………………………………… 386

(三) 委托办理 ………………………………………………………………… 387
　1. 委托代理关系管理 ……………………………………………………… 387

问题 365	纳税人网页 Web 端	387
问题 366	纳税人手机 App 端	390
问题 367	受托机构 Web 端	392
问题 368	纳税人建立委托关系，会出现哪些委托管理的状态	393
问题 369	委托机构应注意哪些事项	393

2. 报表填写 — 393

问题 370	手工填写	394
问题 371	模板导入	396

3. 汇算清缴申报 — 397

问题 372	报送申报表	397
问题 373	申报查询	398
问题 374	更正申报	398
问题 375	作废申报	399
问题 376	导出申报	399

4. 补（退）税 — 400

问题 377	税款缴纳	400
问题 378	申请退税	401
问题 379	受托人协助纳税人虚假申报的，需承担什么责任	401

（四）纳税记录 — 401

问题 380	网络 Web 端纳税记录开具方法	401
问题 381	手机 App 端查询	404

五、非居民个人代扣代缴 — 405

（一）代扣代缴 — 405

问题 382	收入及减除填写	405
问题 383	其他附表填写	409

（二）自行申报 — 411

问题 384	申报表报送	411
问题 385	自行申报的申报流程	412

第九节　申报表及填报说明 — 413

问题 386	个人所得税专项附加扣除信息表及填报说明	413
问题 387	商业健康保险税前扣除情况明细表及填报说明	417
问题 388	个人税收递延型商业养老保险税前扣除情况明细表及填报说明	419
问题 389	个人所得税公益慈善事业捐赠扣除明细表及填报说明	420
问题 390	个人所得税基础信息表（A 表）及填报说明	422
问题 391	个人所得税扣缴申报表及填报说明	424
问题 392	个人所得税基础信息表（B 表）及填报说明	426
问题 393	个人所得税自行纳税申报表（A 表）及填报说明	429
问题 394	个人所得税减免税事项报告表及填报说明	431
问题 395	个人所得税年度自行纳税申报表（A 表）及填报说明	432
问题 396	个人所得税年度自行纳税申报表（问答版）	435
问题 397	个人所得税年度自行纳税申报表（简易版）	440

问题 398	个人所得税年度自行纳税申报表(B表)及填报说明	441
问题 399	境外所得个人所得税抵免明细表及填报说明	445
问题 400	上市公司股权激励个人所得税延期纳税备案表及填报说明	449
问题 401	非上市公司股权激励个人所得税递延纳税备案表及填报说明	450
问题 402	个人所得税递延纳税情况年度报告表及填报说明	453
问题 403	个人所得税分期缴纳备案表(转增股本)及填报说明	454
问题 404	个人所得税分期缴纳备案表(股权奖励)及填报说明	455
问题 405	综合所得相关税收优惠汇总	457

第四章 经营所得 ······ 460
第一节 概述 ······ 460
第二节 个体工商户 ······ 464
一、个体工商户的范围 ······ 464
二、要点难点 ······ 464

问题 406	个体工商户经营所得有哪些征收方式	464
问题 407	个体工商户是否需要建账	465
问题 408	查账征收的个体工商户计算应纳税所得额的原则是什么	466
问题 409	查账征收的个体工商户的收入包括哪些	466
问题 410	查账征收的个体工商户可扣除的支出有哪些	467
问题 411	查账征收的个体工商户的扣除项目及标准是什么	468
问题 412	个体工商户生产、生活费用如何税前扣除	471
问题 413	查账征收的个体工商户哪些支出不得税前扣除	471
问题 414	查账征收的个体工商户的亏损是否准予向以后年度结转	471
问题 415	经营所得中如何扣除公益性捐赠支出	472
问题 416	有无综合所得是否影响经营所得的应纳税所得额	472
问题 417	个体工商户税收定期定额征收是指什么	473
问题 418	个体工商户定期定额执行期限一般不超过多长时间	473
问题 419	个体工商户定额核定可采用哪些方法	473
问题 420	个体工商户定期定额自行申报内容包括哪些	474
问题 421	定期定额征收的个体工商户有哪些纳税义务	474
问题 422	个体工商户对税务机关核定的定额有争议时如何解决	474
问题 423	定期定额征收的个体工商户的经营额、所得额与核定的定额不一致时如何解决	475
问题 424	定期定额征收的个体工商户在执行期结束后,如何确定纳税依据	475
问题 425	定期定额征收的个体工商户发生停业时如何处理	476
问题 426	个体工商户个人所得税减半征收的具体规定是什么	476
问题 427	个体工商户代开货物运输业增值税发票还需预征个人所得税吗	476

第三节 个人独资企业和合伙企业 ······ 477
一、概述 ······ 477
二、要点难点 ······ 477

问题 428　个人独资企业和合伙企业对外投资如何缴纳个人所得税 ⋯⋯⋯⋯ 477
　　问题 429　个人独资企业、合伙企业的权益性投资能否采用核定征收 ⋯⋯⋯ 478
　　问题 430　个人独资企业依法申报经营所得后,将剩余利润分配给投资者是否缴纳个税 ⋯⋯⋯ 478
　　问题 431　个人独资企业投资者以企业资金消费,是否需要缴纳个税 ⋯⋯⋯ 478
　　问题 432　个人独资企业和合伙企业经营所得有哪些征收方式 ⋯⋯⋯⋯⋯⋯ 479
　　问题 433　哪些机构不能实行核定征收个人所得税 ⋯⋯⋯⋯⋯⋯⋯⋯⋯⋯⋯ 479
　　问题 434　合伙企业生产经营所得"先分后税"的原则是指什么 ⋯⋯⋯⋯⋯ 479
　　问题 435　个人独资企业和合伙企业的收入包括哪些 ⋯⋯⋯⋯⋯⋯⋯⋯⋯⋯ 480
　　问题 436　查账征收的个人独资企业、合伙企业如何确定扣除标准 ⋯⋯⋯⋯ 480
　　问题 437　查账征收的个人独资企业、合伙企业生产和生活费用如何扣除 ⋯ 480
　　问题 438　投资者来源于个人独资企业、合伙企业的经营所得如何计算 ⋯⋯ 481
　　问题 439　个人独资企业固定资产评估增值计提的折旧,是否允许税前扣除 ⋯ 481
　　问题 440　个人独资企业和合伙企业发生亏损是否允许在下一年度弥补 ⋯⋯ 482
　　问题 441　个人独资企业和合伙企业核定应税所得率征收,如何计算应纳税所得额 ⋯ 482
　　问题 442　核定征税的投资者,是否能享受个人所得税的优惠政策 ⋯⋯⋯⋯ 483
　　问题 443　个人独资企业和合伙企业清算时,如何计缴个税 ⋯⋯⋯⋯⋯⋯⋯ 483
　　问题 444　个人独资企业和合伙企业可以享受企业所得税规定的税收优惠吗 ⋯ 484
　　问题 445　合伙创投企业对初创科技型企业投资有何个税优惠 ⋯⋯⋯⋯⋯⋯ 484
　　问题 446　合伙创投企业、初创科技型企业符合什么条件才能享受税收优惠 ⋯ 486
　　问题 447　个人合伙人对初创科技型企业投资,符合税收优惠条件的如何办理 ⋯ 488
　　问题 448　创投企业两种核算方式下个人合伙人计税方式有何不同 ⋯⋯⋯⋯ 489

第四节　个人对企事业单位的承包承租、转包转租 ⋯⋯⋯⋯⋯⋯⋯⋯⋯⋯⋯⋯⋯ 494
　一、概述 ⋯⋯⋯⋯⋯⋯⋯⋯⋯⋯⋯⋯⋯⋯⋯⋯⋯⋯⋯⋯⋯⋯⋯⋯⋯⋯⋯⋯⋯ 494
　二、要点难点 ⋯⋯⋯⋯⋯⋯⋯⋯⋯⋯⋯⋯⋯⋯⋯⋯⋯⋯⋯⋯⋯⋯⋯⋯⋯⋯⋯ 494
　　问题 449　承包经营、承租经营的纳税人如何确定 ⋯⋯⋯⋯⋯⋯⋯⋯⋯⋯ 494
　　问题 450　企业实行个人承包承租经营如何缴纳个税 ⋯⋯⋯⋯⋯⋯⋯⋯⋯⋯ 494
　　问题 451　建筑安装工程人员取得所得,按照什么项目缴纳个人所得税 ⋯⋯ 495
　　问题 452　承包、承租期不足一年如何计征税款 ⋯⋯⋯⋯⋯⋯⋯⋯⋯⋯⋯⋯ 496

第五节　从事办学、医疗、咨询等活动 ⋯⋯⋯⋯⋯⋯⋯⋯⋯⋯⋯⋯⋯⋯⋯⋯⋯⋯ 496
　一、概述 ⋯⋯⋯⋯⋯⋯⋯⋯⋯⋯⋯⋯⋯⋯⋯⋯⋯⋯⋯⋯⋯⋯⋯⋯⋯⋯⋯⋯⋯ 496
　二、要点难点 ⋯⋯⋯⋯⋯⋯⋯⋯⋯⋯⋯⋯⋯⋯⋯⋯⋯⋯⋯⋯⋯⋯⋯⋯⋯⋯⋯ 496
　　问题 453　如何区分经营所得与劳务报酬所得 ⋯⋯⋯⋯⋯⋯⋯⋯⋯⋯⋯⋯⋯ 496
　　问题 454　个人举办培训班取得收入,按照什么项目缴纳个税 ⋯⋯⋯⋯⋯⋯ 497
　　问题 455　个人从事医疗服务活动取得的收入,按照什么项目缴纳个税 ⋯⋯ 498

第六节　税收优惠 ⋯⋯⋯⋯⋯⋯⋯⋯⋯⋯⋯⋯⋯⋯⋯⋯⋯⋯⋯⋯⋯⋯⋯⋯⋯⋯⋯ 499
　一、概述 ⋯⋯⋯⋯⋯⋯⋯⋯⋯⋯⋯⋯⋯⋯⋯⋯⋯⋯⋯⋯⋯⋯⋯⋯⋯⋯⋯⋯⋯ 499
　二、要点难点 ⋯⋯⋯⋯⋯⋯⋯⋯⋯⋯⋯⋯⋯⋯⋯⋯⋯⋯⋯⋯⋯⋯⋯⋯⋯⋯⋯ 499
　　问题 456　残疾人员投资兴办个人独资企业和合伙企业,能否享受税收优惠 ⋯ 499
　　问题 457　自主就业退役军人从事个体经营,如何享受税收优惠政策 ⋯⋯⋯ 500
　　问题 458　哪些人可以享受重点群体创业就业优惠政策 ⋯⋯⋯⋯⋯⋯⋯⋯⋯ 501

- 问题459　从事个体经营的军队转业干部,能否享受个税税收优惠 …………………… 503
- 问题460　从事个体经营的随军家属,能否享受个税税收优惠 ………………………… 503
- 问题461　从事"四业"取得所得是否需缴纳个税 ……………………………………… 503
- 问题462　对在海南自贸港工作的高端人才和紧缺人才经营所得有哪些税收优惠 …… 503

第七节　纳税申报 …………………………………………………………………… 504

一、概述 ………………………………………………………………………………… 504

二、预缴申报 …………………………………………………………………………… 505
- 问题463　申报期限 …………………………………………………………………… 505
- 问题464　申报资料 …………………………………………………………………… 505
- 问题465　纳税人经营所得预缴税款办理机构 ……………………………………… 505
- 问题466　纳税人经营所得预缴申报办理渠道 ……………………………………… 505
- 问题467　经营所得纳税人申报注意事项 …………………………………………… 505

三、汇算清缴 …………………………………………………………………………… 505
- 问题468　申报期限 …………………………………………………………………… 506
- 问题469　申报材料 …………………………………………………………………… 506
- 问题470　办理机构 …………………………………………………………………… 506
- 问题471　办理渠道 …………………………………………………………………… 506
- 问题472　纳税人注意事项 …………………………………………………………… 506
- 问题473　年度中间开业的个人独资企业,如何进行纳税申报 …………………… 507

四、年度汇总申报 ……………………………………………………………………… 508
- 问题474　年度汇总申报适用情形及申报方式 ……………………………………… 508
- 问题475　个人从两个以上独资企业或合伙企业取得经营所得,如何进行个税申报 …… 508

五、自然人电子税务局扣缴客户端申报 ……………………………………………… 510
- 问题476　自然人税收管理系统(扣缴客户端) …………………………………… 510
- 问题477　自然人办税服务平台 Web 端 …………………………………………… 512

六、申报表及填报说明 ………………………………………………………………… 515
- 问题478　经营所得纳税申报表汇总 ………………………………………………… 515
- 问题479　个人所得税经营所得纳税申报表(A 表)及填报说明 ………………… 516
- 问题480　个人所得税经营所得纳税申报表(B 表)及填报说明 ………………… 519
- 问题481　个人所得税经营所得纳税申报表(C 表)及填报说明 ………………… 524
- 问题482　合伙创投企业个人所得税投资抵扣备案表及填报说明 ………………… 526
- 问题483　合伙创投企业个人所得税投资抵扣情况表及填报说明 ………………… 528
- 问题484　合伙制创业投资企业单一投资基金核算方式备案表及填报说明 ……… 530
- 问题485　单一投资基金核算的合伙制创业投资企业个人所得税扣缴申报表及填报说明 …… 531
- 问题486　经营所得税收政策汇总 …………………………………………………… 533

第五章　财产租赁所得 ………………………………………………………………… 535
第一节　概述 …………………………………………………………………………… 536
第二节　要点难点 ……………………………………………………………………… 537

（一）征税范围 ... 537
- 问题 487　财产租赁所得的征税范围是什么 ... 537
- 问题 488　个人在汽车上做广告取得的所得,按什么项目征收个税 ... 537
- 问题 489　非居民个人出租设备所得,是否缴纳个税 ... 537
- 问题 490　个人转租浅海滩涂使用权收入,按什么项目征收个税 ... 537
- 问题 491　酒店产权式经营业主取得的收入,按什么项目征收个税 ... 538

（二）纳税人和扣缴义务人 ... 538
- 问题 492　财产租赁所得的纳税人和扣缴义务人如何确定 ... 538
- 问题 493　房屋租赁合同约定由租户承担相关税费,但该租户未履行缴纳税费的约定,税务部门应该向谁追缴 ... 538

（三）扣除项目 ... 539
- 问题 494　财产租赁所得个人所得税前扣除税费按何次序扣除 ... 539

（四）应纳税额 ... 539
- 问题 495　财产租赁所得如何计缴个税 ... 539
- 问题 496　个人出租住房所得如何计缴个税 ... 541
- 问题 497　个人转租房屋所得如何计缴个税 ... 542
- 问题 498　个人与房地产开发企业签订有条件价格优惠协议购买商店,如何征收个税 ... 543
- 问题 499　个人购买设备交医院使用,取得的收入如何计缴个税 ... 545
- 问题 500　一个月收取一年租金如何计缴个税 ... 545
- 问题 501　取得跨年度财产租赁所得,是否需要申报个税 ... 545
- 问题 502　月内支付给同一个人的两笔租赁费,是否能分别扣缴个税 ... 546

第三节　税收优惠 ... 546
一、概述 ... 546
二、要点解答 ... 546
- 问题 503　公共租赁住房个人所得税有何税收优惠 ... 546
- 问题 504　廉租住房个人所得税有何税收优惠 ... 547

第四节　纳税申报 ... 548
一、概述 ... 548
二、自行申报 ... 548
- 问题 505　申报期限及填报资料 ... 548
三、代扣代缴申报 ... 548
- 问题 506　申报期限及填报资料 ... 548
四、自然人电子税务局扣缴客户端申报 ... 548
- 问题 507　申报流程 ... 548
- 问题 508　财产租赁所得税收政策汇总 ... 552

第六章　利息、股息、红利所得 ... 553
第一节　概述 ... 554
第二节　要点难点 ... 554

一、征税范围 ······ 554

- 问题 509　利息、股息、红利所得的征税范围是什么 ······ 554
- 问题 510　个人投资者从其投资企业借款是否需要缴纳个税 ······ 554
- 问题 511　个人独资企业和合伙企业对外投资分回利息、股息、红利如何计缴个税 ······ 555
- 问题 512　个体工商户与企业联营而分得的利润如何计缴个税 ······ 555
- 问题 513　个人取得企业转增注册资本和股本所得是否计缴个税 ······ 555
- 问题 514　以企业资金为个人购房或其他财产是否计缴个税 ······ 556
- 问题 515　企业为股东个人购买汽车是否计缴个税 ······ 558
- 问题 516　员工因拥有股权而参与企业税后利润分配取得的所得如何计缴个税 ······ 558
- 问题 517　个人取得股票股利是否需计缴个税 ······ 558
- 问题 518　房屋买受人按约定退房取得的补偿款是否缴纳个税 ······ 559
- 问题 519　城市信用社改制为城市合作银行过程中，个人股增值所得如何计缴个税 ······ 559
- 问题 520　企业改组改制过程中个人取得的量化资产参与企业分配而获得的股息、红利如何计缴个税 ······ 560
- 问题 521　科研机构转化职务科技成果以股份或出资比例等股权形式给予科技人员个人奖励是否计缴个税 ······ 561
- 问题 522　委托贷款取得的利息是否缴纳个税 ······ 561
- 问题 523　非居民个人取得境内存款利息是否缴纳个税 ······ 562
- 问题 524　华侨从外商投资企业取得的股息、红利是否免征个税 ······ 562
- 问题 525　境外居民个人取得 H 股股息、红利是否缴纳个税 ······ 562
- 问题 526　个人从农村信用社取得的股息、红利收入是否缴纳个税 ······ 562

二、纳税人和扣缴义务人 ······ 562

- 问题 527　利息、股息、红利所得纳税人和扣缴义务人如何确定 ······ 562
- 问题 528　个人取得企业债券利息如何缴纳个税 ······ 563
- 问题 529　挂牌公司派发股息、红利所得的个税由谁代扣代缴 ······ 563

三、纳税义务发生时间 ······ 563

- 问题 530　利息、股息、红利所得是否在实际支付时代扣代缴个税 ······ 563

四、应纳税额 ······ 564

- 问题 531　利息、股息、红利所得如何计缴个税 ······ 564
- 问题 532　适用上市公司股息、红利差别化政策时如何计缴个税 ······ 565
- 问题 533　投资者从公开发行和转让市场取得的上市公司股票包括哪些情形 ······ 566
- 问题 534　适用上市公司股息、红利差别化个人所得税政策的投资者，转让股票包括哪些情形 ······ 567
- 问题 535　个人取得上市公司限售股股息、红利是否适用上市公司股息、红利差别化个税政策 ······ 567
- 问题 536　个人取得挂牌公司的派发的股息、红利如何计缴个税 ······ 568
- 问题 537　个人持有挂牌公司的股票包括哪些情形 ······ 570
- 问题 538　个人投资者收购企业股权后将原盈余积累转增股本如何计缴个税 ······ 570
- 问题 539　个人股东取得中小高新技术企业转增股本如何计缴个税 ······ 571
- 问题 540　个人取得通过沪港通投资的上市股票的股息、红利如何计缴个税 ······ 573
- 问题 541　个人取得通过深港通投资的上市股票的股息、红利如何计缴个税 ······ 574
- 问题 542　个人通过基金互认买卖香港或内地基金份额取得的分配收益如何计缴个税 ······ 575

第三节 税收优惠 576
　一、概述 576
　二、要点解答 577
　　问题543 个人取得国债和国家发行的金融债券利息所得是否免征个税 577
　　问题544 地方政府债券利息是否免征个税 578
　　问题545 个人取得储蓄存款利息是否免征个税 578
　　问题546 个人投资者持有创新企业CDR取得的股息、红利所得是否有税收优惠 579
　　问题547 个人持有铁路债券取得利息收入是否享受减免税的优惠 580
　　问题548 个人投资者从封闭式基金取得的收入如何计缴个税 581
　　问题549 个人投资者取得的证券交易结算资金利息所得是否免征个税 582
　　问题550 个人投资者从开放式基金取得的收入是否免征个税 582
　　问题551 社保和住房公积金等专项基金存入个人账户取得的利息是否免征个税 582
　　问题552 职工个人取得的中国职工保险互助会的分红所得是否免征个税 582
　　问题553 外籍个人取得外商投资企业股息、红利是否缴纳个税 583
第四节 纳税申报 583
　一、概述 583
　二、自行申报 584
　　问题554 申报期限及填报资料 584
　三、代扣代缴申报 584
　　问题555 申报期限及填报资料 584
　四、储蓄存款利息所得扣缴个人所得税申报 584
　　问题556 储蓄存款利息所得申报期限 584
　　问题557 储蓄存款利息所得申报资料 584
　　问题558 扣缴储蓄存款利息所得个人所得税申报办理机构 584
　　问题559 扣缴储蓄存款利息所得个人所得税申报办理渠道 584
　　问题560 注意事项 585
　五、自然人电子税务局扣缴客户端申报 585
　　问题561 申报流程 585
　六、申报表的填列 590
　　问题562 个人所得税分期缴纳备案表(转增股本)及填报说明 590
　　问题563 储蓄存款利息所得扣缴个人所得税报告表及填报说明 591
　　问题564 利息、股息、红利所得税收政策汇总 592

第七章　财产转让所得 595

第一节 概述 596
第二节 要点难点 596
　一、征税范围 596
　　问题565 财产转让所得的征税范围是什么 596
　　问题566 出售自有住房并在1年内重新购房是否免征个税 597

问题 567	居民个人转让境外不动产是否缴纳个税	597
问题 568	非居民个人在境外转让境内企业的股份取得的所得,是否缴纳个税	597
问题 569	买卖虚拟货币所得如何计缴个税	598
问题 570	个人以非货币资产投资,是否应该确认所得并缴纳个税	598
问题 571	个人股权转让过程中取得违约金收入如何计缴个税	598
问题 572	纳税人收回转让的股权如何计缴个税	598
问题 573	员工将股票期权行权后的股票再行转让取得的所得如何计缴个税	599
问题 574	被认定为具有转让限售股实质、需计缴个税的情形有哪些	599
问题 575	转让哪些限售股需计缴个税	600
问题 576	个人以股权参与上市公司定向增发是否计缴个税	601
问题 577	企业改组改制过程中个人取得的量化资产如何计缴个税	601

二、纳税义务发生时间 602

问题 578	个人以分期收款方式转让股权能否分期缴纳个税	602
问题 579	个人转让非上市公司股权应何时扣缴个税	602

三、财产转让所得 603

问题 580	个人转让房屋计缴个税时,计税依据是否含增值税	603
问题 581	税务机关如何确定房屋交易最低计税价格	603
问题 582	可能被视为股权转让收入明显偏低的情形有哪些	604
问题 583	哪些情形的股权转让收入明显偏低,仍可视为有正当理由	604
问题 584	个人转让非上市公司股权,股权转让收入如何确认	605
问题 585	税务机关按照什么方法核定非上市公司的股权转让收入	606
问题 586	个人转让限售股,转让收入如何确认	607
问题 587	个人转让住房所得计缴个税时,装修费如何扣除	609
问题 588	个人转让非上市公司股权,股权原值如何确认	610
问题 589	个人转让限售股,股权原值及合理税费如何确认	611

四、应纳税额 612

问题 590	财产转让所得如何计缴个税	612
问题 591	转让自有住房如何计缴个税	613
问题 592	转让无偿受赠的房屋如何计缴个税	615
问题 593	无偿赠与或受赠不动产享受免征个税的证明材料有哪些	616
问题 594	个人转让离婚析产房屋如何计缴个税	617
问题 595	个人拍卖房屋如何计缴个税	618
问题 596	个人通过拍卖市场拍卖个人财产取得的所得如何计缴个税	618
问题 597	拍卖除文字作品原稿及复印件外的其他财产如何缴纳个税	619
问题 598	个人终止投资经营收回款项如何计缴个税	620
问题 599	个人转让债券如何计缴个税	621
问题 600	个人合伙人来源于创投企业的所得如何计缴个税	622
问题 601	个人处置"打包"债权如何计缴个税	622
问题 602	个人以非货币资产投资如何计缴个税	623
问题 603	个人转让非上市公司股权如何计缴个税	626

问题 604	转让非上市公司股权,办理纳税申报时应报送哪些资料	627
问题 605	个人转让上市公司股票如何计缴个税	628
问题 606	个人转让新三板挂牌公司股票如何计缴个税	629
问题 607	个人转让限售股如何计缴个税	631
问题 608	转让限售股,个税征收方式有哪些	632
问题 609	转让证券机构技术和制度准备完成前形成的限售股如何缴纳个税	632
问题 610	转让证券机构技术和制度准备完成后的限售股如何缴纳个税	635

第三节 税收优惠 637
一、概述 637
二、要点解答 638

问题 611	个人换购住房,可以享受哪些优惠	638
问题 612	个人换购住房退税政策,需要满足哪些条件	638
问题 613	个人取得拆迁补偿款是否免缴个税	638
问题 614	股权分置改革中个人流通股股东取得对价收入是否缴纳个税	638
问题 615	个人取得的青苗补偿费收入是否缴纳个税	639
问题 616	个人以技术成果投资入股,有哪些优惠政策	639
问题 617	境外个人投资者投资中国境内原油期货取得的所得是否免征个税	641
问题 618	个人投资者转让创新企业 CDR 取得的差价所得是否缴纳个税	641
问题 619	个人投资者通过沪港通投资上市股票的转让差价所得如何计缴个税	641
问题 620	个人投资者通过深港通投资上市股票的转让差价所得如何计缴个税	642
问题 621	个人投资者从投保基金公司取得的行政和解金是否免缴个税	642
问题 622	天使投资个人转让初创科技型企业股权,有何优惠政策	643
问题 623	天使投资个人转让初创科技型企业股权,享受税收优惠政策的条件是什么	644
问题 624	如何办理天使投资个人转让初创科技型企业股权的税收优惠	645
问题 625	通过基金互认买卖中国香港或内地基金份额取得的转让差价所得是否可以免缴个税	647

第四节 纳税申报 648
一、概述 648
二、自行申报 648

问题 626	申报期限	648
问题 627	申报材料	649
问题 628	办理机构	649
问题 629	办理渠道	649
问题 630	纳税人注意事项	649

三、代扣代缴申报 650

问题 631	申报期限	650
问题 632	申报材料	650
问题 633	办理机构	650
问题 634	办理渠道	650
问题 635	纳税人注意事项	650

四、限售股转让所得个人所得税申报 ... 650

（一）限售股转让所得扣缴个人所得税申报 ... 651
- 问题 636　申报期限 ... 651
- 问题 637　申报材料 ... 651
- 问题 638　办理机构 ... 651
- 问题 639　办理渠道 ... 651

（二）限售股转让所得个人所得税清算申报 ... 652
- 问题 640　申报期限 ... 652
- 问题 641　申报材料 ... 652
- 问题 642　办理机构 ... 652
- 问题 643　办理渠道 ... 652

五、单一投资基金核算的合伙制创业投资企业个人所得税扣缴申报 ... 652
- 问题 644　选择按单一投资基金核算的合伙制创业投资企业如何纳税申报 ... 652

六、自然人电子税务局扣缴客户端申报 ... 653
- 问题 645　分类所得个人所得税代扣代缴申报 ... 653
- 问题 646　限售股转让所得扣缴申报 ... 657

七、申报表及填报说明 ... 660
- 问题 647　非货币性资产投资分期缴纳个人所得税备案表及填报说明 ... 660
- 问题 648　技术成果投资入股个人所得税递延纳税备案表及填报说明 ... 661
- 问题 649　个人所得税递延纳税情况年度报告表及填报说明 ... 663
- 问题 650　限售股转让所得扣缴个人所得税报告表及填报说明 ... 665
- 问题 651　限售股转让所得个人所得税清算申报表及填报说明 ... 667
- 问题 652　天使投资个人所得税投资抵扣备案表及填报说明 ... 669
- 问题 653　天使投资个人所得税投资抵扣情况表及填报说明 ... 671
- 问题 654　单一投资基金核算的合伙制创业投资企业个人所得税扣缴申报表及填报说明 ... 673
- 问题 655　个人所得税减免税事项报告表及填报说明 ... 675
- 问题 656　财产转让所得税收政策汇总 ... 678

第八章　偶然所得 ... 681
第一节　概述 ... 681
第二节　要点难点 ... 682
（一）纳税范围 ... 682
- 问题 657　个人取得网络红包是否缴纳个税 ... 682
- 问题 658　员工年会的中奖收入按照什么项目计缴个税 ... 683
- 问题 659　个人取得有奖储蓄中奖收入如何计缴个税 ... 683
- 问题 660　个人取得人民政府发放的奖金是否计缴个税 ... 684
- 问题 661　个人在境外取得博彩所得需缴纳个税吗 ... 684
- 问题 662　个人提供担保获得收入需缴纳个税吗 ... 684

（二）税额计算 ... 685
- 问题 663　个人取得有奖发票的奖金如何计缴个税 ... 685

问题 664	个人取得彩票中奖收入如何计缴个税	685
问题 665	个人无偿受赠房屋如何计缴个税	686
问题 666	企业向非雇员的个人赠送礼品如何扣缴个税	687
问题 667	个人取得房屋、汽车等免费使用权如何计缴个税	688
问题 668	个人取得不竞争款项如何计缴个税	689

第三节 税收优惠 ... 689
一、概述 ... 689
二、要点难点 ... 690
- 问题 669 个人取得哪些教育奖金可以免缴个税 ... 690
- 问题 670 个人取得哪些科技奖金可以免缴个税 ... 690
- 问题 671 个人取得哪些其他奖金可以免缴个税 ... 691

第四节 纳税申报 ... 692
一、自行申报 ... 692
- 问题 672 自行申报适用情形 ... 692
二、代扣代缴申报 ... 692
- 问题 673 代扣代缴申报流程 ... 692
三、自然人电子税务局扣缴客户端申报 ... 692
- 问题 674 自然人电子税务局扣缴客户端申报流程 ... 692
- 问题 675 偶然所得税收政策汇总 ... 694

第九章 纳税筹划 ... 696
第一节 个人所得税筹划方法简述 ... 696
第二节 个人所得税筹划方法详解 ... 698
- 问题 676 一人有限公司和个人独资企业在税收上如何选择 ... 698
- 问题 677 有限责任公司和合伙企业在税收上如何选择 ... 700
- 问题 678 基于股权激励搭建持股平台在税收上如何选择 ... 700
- 问题 679 高管的收入如何进行税收筹划 ... 701
- 问题 680 高收入的自由职业者如何进行税收筹划 ... 702
- 问题 681 外籍高管工资如何利用免税政策进行税收筹划 ... 702
- 问题 682 年终奖单独申报有哪些雷区 ... 703
- 问题 683 年终奖应该单独申报还是合并申报 ... 704
- 问题 684 全年一次性奖金和股权激励哪种方式更节税 ... 706
- 问题 685 如何利用离职补偿金节税 ... 707
- 问题 686 员工就餐问题如何处理更节税 ... 707
- 问题 687 私车公用如何规避纳税风险 ... 708
- 问题 688 员工通讯费如何规避纳税风险 ... 709
- 问题 689 工资薪金与股权分红哪种更节税 ... 709
- 问题 690 劳务报酬所得分次支付可以节税吗 ... 710
- 问题 691 劳务合同如何签订更节税 ... 710

- **问题 692** 夫妻双方如何扣除专项附加扣除更节税 ……… 711
- **问题 693** 合伙企业增加合伙人可以节税吗 ……… 712
- **问题 694** 如何安排房屋大修更节税 ……… 712
- **问题 695** 房屋租金合同如何签订更节税 ……… 713
- **问题 696** 股息、红利再投资可以节税吗 ……… 714
- **问题 697** 红利按实物分配可以节税吗 ……… 714
- **问题 698** 技术成果投资入股可以节税吗 ……… 715
- **问题 699** 亲属间股权转让如何定价最节税 ……… 715
- **问题 700** 限售股转让如何进行税收筹划 ……… 716
- **问题 701** 转让自有住房选择据实征收还是核定征收 ……… 717
- **问题 702** 分次捐赠是否更节税 ……… 718
- **问题 703** 捐赠的扣除顺序如何确定更节税 ……… 718
- **问题 704** 营销活动中如何发放赠品更节税 ……… 719
- **问题 705** 个人所得税筹划误区有哪些 ……… 720

第一章

基本法规释义

第一节 个人所得税法

一、个人所得税法及注释

中华人民共和国个人所得税法

（1980年9月10日第五届全国人民代表大会第三次会议通过 根据1993年10月31日第八届全国人民代表大会常务委员会第四次会议《关于修改〈中华人民共和国个人所得税法〉的决定》第一次修正 根据1999年8月30日第九届全国人民代表大会常务委员会第十一次会议《关于修改〈中华人民共和国个人所得税法〉的决定》第二次修正 根据2005年10月27日第十届全国人民代表大会常务委员会第十八次会议《关于修改〈中华人民共和国个人所得税法〉的决定》第三次修正 根据2007年6月29日第十届全国人民代表大会常务委员会第二十八次会议《关于修改〈中华人民共和国个人所得税法〉的决定》第四次修正 根据2007年12月29日第十届全国人民代表大会常务委员会第三十一次会议《关于修改〈中华人民共和国个人所得税法〉的决定》第五次修正 根据2011年6月30日第十一届全国人民代表大会常务委员会第二十一次会议《关于修改〈中华人民共和国个人所得税法〉的决定》第六次修正 根据2018年8月31日第十三届全国人民代表大会常务委员会第五次会议《关于修改〈中华人民共和国个人所得税法〉的决定》第七次修正）

第一条 在中国境内[①]有住所[②]，或者无住所而一个纳税年度内在中国境内居住累计满一百八十三天[③]的个人，为居民个人[④]。居民个人从中国境内和境外取得的所得[⑤]，依照本法规定缴纳个人所得税。

在中国境内无住所又不居住，或者无住所而一个纳税年度内在中国境内居住累计不满一百八

条文注释：

① 中国境内：指除香港特别行政区、澳门特别行政区以及台湾地区之外的中华人民共和国领土。

② 在中国境内有住所：指因户籍、家庭、经济利益关系而在中国境内习惯性居住。在对居民的判定上，我国个人所得税法采用的是"住所标准"和"居住时间标准"，本条注释体现的是"住所标准"。详情请查阅本书第二章相关内容。

③ 满一百八十三天：本次修订将居民个人在境内居住时间标准由"满一年"修改为"满一百八十三天"，这意味着判定居民个人的标准更加宽松，可有效维护我国税收管辖权和税基安全，同时也能更好地与国际惯例相接轨，与税收协定相互衔接。

④ 居民个人：本次修订后使用"居民个人"和"非居民个人"的概念，与企业所得税法的"居民企业"和"非居民企业"的概念相对应。我国个人所得税法采用居民管辖权，而不是公民管辖权，即包括公民，也包括非公民。关于居民个人和非居民个人的判定请查阅本书第二章相关内容。

⑤ 从境内和境外取得的所得：分别是指来源于中国境内的所得和来源于中国境外的所得。境内所得和境外所得的区分方法，请查阅本书第二章相关内容。

十三天的个人,为非居民个人。非居民个人从中国境内取得的所得,依照本法规定缴纳个人所得税。

纳税年度,自公历一月一日起至十二月三十一日止。

第二条 下列各项个人所得⑥,应当缴纳个人所得税:

(一)工资、薪金所得;

(二)劳务报酬所得;

(三)稿酬所得;

(四)特许权使用费所得;

(五)经营所得;

(六)利息、股息、红利所得;

(七)财产租赁所得;

(八)财产转让所得;

(九)偶然所得。

居民个人取得前款第一项至第四项所得(以下称综合所得)⑦,按纳税年度合并计算个人所得税;非居民个人取得前款第一项至第四项所得,按月或者按次分项计算个人所得税⑧。纳税人取得前款第五项至第九项所得,依照本法规定分别计算个人所得税。

第三条 个人所得税的税率⑨:

(一)综合所得,适用百分之三至百分之四十五的超额累进税率(税率表附后);

(二)经营所得,适用百分之五至百分之三十五的超额累进税率(税率表附后);

(三)利息、股息、红利所得,财产租赁所得,财产转让所得和偶然所得,适用比例税率,税率为百分之二十。

第四条 下列各项个人所得,免征个人所得税⑩:

条文注释:

⑥ 个人所得:关于应税所得项目的具体范围,请参照《中华人民共和国个人所得税法实施条例》第六条。此次修订,征收项目中删除了"经国务院财政部门确定征税的其他所得",一是,考虑目前个人所得税法中列明的所得范围已经比较全面,可不必再由国务院或其有关部门确定"其他所得",二是,考虑由国务院财政部门来确定征税的其他所得,不符合税收法定的原则。

⑦ 综合所得:将居民个人的工资、薪金所得、劳务报酬所得、稿酬所得和特许权使用费所得归为综合所得,这是本次税法修改的最大亮点之一,实现了个税制度由分类税制向综合税制的转变,从而更好地发挥个税缩小收入分配差距的调节作用,更好地实现税负公平。

⑧ 非居民个人取得前款第一项至第四项所得,按月或者按次分项计算个人所得税:非居民个人继续保留分类征税方式,不采取综合征税方式。

⑨ 个人所得税的税率:本条应该结合两个表格理解,分别是《中华人民共和国个人所得税法》后附的个人所得税税率表一(综合所得适用)、个人所得税税率表二(经营所得适用)"经营所得"适用的税率沿用了修改前《中华人民共和国个人所得税法》中"个体工商户的生产、经营所得"及"对企事业单位的承包经营、承租经营所得"适用的5%—35%的5级超额累进税率,但每一档税率适用的所得级距金额有所扩大。

⑩ 免征个人所得税:指按照税收法律、法规对纳税义务人免征全部应纳税款。《中华人民共和国税收征收管理法》第3条第一款规定,"税收的开征、停征以及减税、免税、退税、补税,依照法律的规定执行;法律授权国务院规定的,依照国务院制定的行政法规的规定执行"。免税的项目需要法律或行政法规明确予以规定。《中华人民共和国个人所得税法实施条例》第九条、第十条、第十一条、第十二条对本条的"国债利息""补贴、津贴""福利费""救济金"的具体范围进行了进一步的明确。

（一）省级人民政府、国务院部委和中国人民解放军军以上单位，以及外国组织、国际组织颁发的科学、教育、技术、文化、卫生、体育、环境保护等方面的奖金；

（二）国债和国家发行的金融债券利息；

（三）按照国家统一规定发给的补贴、津贴；

（四）福利费、抚恤金、救济金；

（五）保险赔款；

（六）军人的转业费、复员费、退役金⑪；

（七）按照国家统一规定发给干部、职工的安家费、退职费、基本养老金或者退休费、离休费⑫、离休生活补助费；

（八）依照有关法律规定应予免税的各国驻华使馆、领事馆的外交代表、领事官员和其他人员的所得⑬；

（九）中国政府参加的国际公约、签订的协议中规定免税的所得；

（十）国务院规定的其他免税所得⑭。

前款第十项免税规定，由国务院报全国人民代表大会常务委员会备案。

第五条 有下列情形之一的，可以减征个人所得税，具体幅度和期限，由省、自治区、直辖市人民政府规定，并报同级人民代表大会常务委员会备案⑮：

（一）残疾、孤老人员和烈属的所得；

（二）因自然灾害⑯遭受重大损失的。

国务院可以规定其他减税情形，报全国人民代表大会常务委员会备案⑰。

第六条 应纳税所得额的计算：

（一）居民个人的综合所得，以每一纳税年度的收入额减除费用六万元⑱以及专项扣除、专

条文注释：

⑪ 退役金：实务中军人的退役金是否可以免税一直存在争议，本次修订对该争议明确：将"军人退役金"纳入免税项目。

⑫ 基本养老金或者退休费、离休费：本次修订将"退休工资、离休工资"调整为"基本养老金或者退休费、离休费"。退休费也称退休金、养老金，是一种最主要的养老保险待遇；离休费是指用于安置退出工作岗位的革命老干部的生活费和其他费用。此处的修订对可享受免税的范围进行了严格的界定。

⑬ 依照有关法律规定应予免税的各国驻华使馆、领事馆的外交代表、领事官员和其他人员的所得：指依照《中华人民共和国外交特权与豁免条例》和《中华人民共和国领事特权与豁免条例》的规定免税的所得。

⑭ 国务院规定的其他免税所得：这一项为兜底条款，将"经国务院财政部门批准免税的所得"调整为"国务院规定的其他免税所得"，还增加了"前款第十项免税规定，由国务院报全国人民代表大会常务委员会备案"，更符合税收法定的原则及《中华人民共和国立法法》的要求。

⑮ 报同级人民代表大会常务委员会备案：修订后新增的部分。

⑯ 自然灾害：将"严重自然灾害"修改为"自然灾害"，放宽了减征个税的标准。

⑰ 国务院可以规定其他减税情形，报全国人民代表大会常务委员会备案：由于本次税法修改变化较大，截至目前，关于个人所得税减免优惠政策，依据《财政部 税务总局关于继续有效的个人所得税优惠政策目录的公告》(财政部 税务总局公告 2018 年第 177 号)继续有效的优惠政策有 88 个，详情可查阅该文件。

⑱ 费用六万元：即每月基本减除费用 5 000 元，是统筹考虑了城镇居民人均基本消费支出、每个就业者平均负担的人数、居民消费价格指数等因素后综合确定的。

项附加扣除⑲和依法确定的其他扣除⑳后的余额,为应纳税所得额。

(二)非居民个人的工资、薪金所得,以每月收入额减除费用五千元㉑后的余额为应纳税所得额;劳务报酬所得、稿酬所得、特许权使用费所得,以每次㉒收入额为应纳税所得额。

(三)经营所得,以每一纳税年度的收入总额减除成本、费用㉓以及损失㉔后的余额,为应纳税所得额。

(四)财产租赁所得,每次收入不超过四千元的,减除费用八百元;四千元以上的,减除百分之二十的费用,其余额为应纳税所得额。

(五)财产转让所得,以转让财产的收入额减除财产原值㉕和合理费用㉖后的余额,为应纳税所得额。

(六)利息、股息、红利所得和偶然所得,以每次收入额为应纳税所得额。

劳务报酬所得、稿酬所得、特许权使用费所得以收入减除百分之二十的费用后的余额为收入额。稿酬所得的收入额减按百分之七十计算。

个人将其所得对教育、扶贫、济困等公益慈善事业进行捐赠㉗,捐赠额未超过纳税人申报的应纳税所得额㉘百分之三十的部分,可以从其应纳税所得额中扣除;国务院规定对公益慈善事业捐赠实行全额税前扣除的,从其规定。

本条第一款第一项规定的专项扣除,包括居民个人按照国家规定的范围和标准缴纳的基本养老保险、基本医疗保险、失业保险等社会保险费和住房公积金等;专项附加扣除,包括子女教育、继续教育、大病医疗、住房贷款利息或者住房租金、赡养老人等支出,具体范围、标准和实施步骤由国务院确定,并报全国人民代表大会常务委员会备案。

第七条㉙ 居民个人从中国境外取得的所得,可以从其应纳税额中抵免已在境外缴纳的个人所得税税额㉚,但抵免额不得超过该纳税人境外所得依照本法规定计算的应纳税额。

第八条㉛ 有下列情形之一的,税务机关有权按照合理方法进行纳税调整:

条文注释:

⑲ 专项附加扣除:是本次税法修改的另一大亮点,这里主要是考虑个人负担的差异性,增加专项附加扣除更符合个人所得税基本原理,有利于税制公平。关于专项附加扣除的具体操作,可查阅《国务院关于印发个人所得税专项附加扣除暂行办法的通知》(国发〔2018〕41号)、《国家税务总局关于全面实施新个人所得税法若干征管衔接问题的公告》(国家税务总局公告2018年第56号)和《国家税务总局关于发布〈个人所得税专项附加扣除操作办法(试行)〉的公告》(国家税务总局公告2018年第60号),也可查阅本书第三章相关内容。

⑳ 其他扣除:具体包含内容参照《中华人民共和国个人所得税法实施条例》的第十三条。

㉑ 减除费用五千元:本次税法修改,居民个人和非居民个人的基本减除费用都是5 000元每月,取消了在中国境内无住所而在中国境内取得工资、薪金所得的纳税人(如外籍个人)和在中国境内有住所而在中国境外取得工资、薪金所得的纳税人(如派遣到海外工作的中国公民)的"1 300元的附加扣除费用"。

㉒㉓㉔㉕㉖㉗㉘ 这些词汇在《中华人民共和国个人所得税法》实施条例的第十四条、第十五条、第十六条、第十七条、第十九条做了具体的解释和规定。

㉙ 本条为抵免条款,修改后的《中华人民共和国个人所得税法》引入"居民个人"和"非居民个人"的概念,只有居民个人才对境外所得承担纳税义务,抵免条款主要是为了避免国际双重征税。

㉚ 已在境外缴纳的个人所得税是指居民个人来源于中国境外的所得,依照该所得来源于国家(地区)的法律应当缴纳并且实际已经缴纳的所得税税额。

㉛ 本条从独立交易原则、受控外国企业、一般反避税三个方面分别作出反避税规定。本次修订《中华人民共和国个人所得税法》首次确认税务机关有权进行个人所得税纳税调整。

（一）个人与其关联方㉜之间的业务往来不符合独立交易原则㉝而减少本人或者其关联方应纳税额，且无正当理由㉞；

（二）居民个人控制㉟的，或者居民个人和居民企业共同控制的设立在实际税负明显偏低的国家（地区）的企业，无合理经营需要，对应当归属于居民个人的利润不作分配或者减少分配㊱；

（三）个人实施其他不具有合理商业目的的安排而获取不当税收利益㊲。

税务机关依照前款规定作出纳税调整，需要补征税款的，应当补征税款，并依法加收利息。

第九条　个人所得税以所得人为纳税人㊳，以支付所得的单位或者个人为扣缴义务人㊴。

纳税人有中国公民身份号码的，以中国公民身份号码为纳税人识别号；纳税人没有中国公民身份号码的，由税务机关赋予其纳税人识别号㊵。扣缴义务人扣缴税款㊶时，纳税人应当向扣缴义务人提供纳税人识别号㊷。

条文注释：

㉜ 关联方：对于关联方的确认可参考《中华人民共和国企业所得税法实施条例》第一百零九条的规定："企业所得税法第四十一条所称关联方，是指与企业有下列关联关系之一的企业、其他组织或者个人：（一）在资金、经营、购销等方面存在直接或者间接的控制关系；（二）直接或者间接地同为第三者控制；（三）在利益上具有相关联的其他关系。"

㉝ 独立交易原则：可参考《中华人民共和国企业所得税法实施条例》第一百一十条规定："企业所得税法第四十一条所称独立交易原则，是指没有关联关系的交易各方，按照公平成交价格和营业常规进行业务往来遵循的原则。"

㉞ 正当理由：依笔者理解，正当理由即理由要真实、合法、合理，这里的合理指的是商业关系上的合理。关于正当理由的具体情形可参考《股权转让所得个人所得税管理办法（试行）》（国家税务总局公告2014年第67号）第十三条的规定："符合下列条件之一的股权转让收入明显偏低，视为有正当理由：（一）能出具有效文件，证明被投资企业因国家政策调整，生产经营受到重大影响，导致低价转让股权；（二）继承或将股权转让给其能提供具有法律效力身份关系证明的配偶、父母、子女、祖父母、外祖父母、孙子女、外孙子女、兄弟姐妹以及对转让人承担直接抚养或者赡养义务的抚养人或者赡养人；（三）相关法律、政府文件或企业章程规定，并有相关资料充分证明转让价格合理且真实的本企业员工持有的不能对外转让股权的内部转让；（四）股权转让双方能够提供有效证据证明其合理性的其他合理情形。"

㉟ 控制：可参考《国家税务总局关于印发〈特别纳税调整实施办法（试行）〉的通知》（国税发〔2009〕2号）第七十七条的规定："控制，是指在股份、资金、经营、购销等方面构成实质控制。"

㊱ 无合理经营需要，对应当归属于居民个人的利润不作分配或者减少分配：可参考《国家税务总局关于印发〈特别纳税调整实施办法（试行）〉的通知》（国税发〔2009〕2号）第八十四条的规定："中国居民企业股东能够提供资料证明其控制的外国企业满足以下条件之一的，可免于将外国企业不作分配或减少分配的利润视同股息分配额，计入中国居民企业股东的当期所得：（一）设立在国家税务总局指定的非低税率国家（地区）；（二）主要取得积极经营活动所得；（三）年度利润总额低于500万元人民币。"

㊲ 本项是针对反避税的纳税调整的兜底条款。"不具有合理商业目的"是指具有以下特征的避税安排：(1)以获取税收利益为唯一目的或者主要目的；(2)以形式符合税法规定，但与其经济实质不符的方式获取税收利益。

㊳ 纳税人：指法律、行政法规规定负有纳税义务的单位和个人。

㊴ 扣缴义务人：指法律、行政法规规定负有代扣代缴、代收代缴业务的单位和个人。

㊵ 纳税人识别号：修订后的《中华人民共和国个人所得税法》增加了个人实名办税和使用纳税人识别号有关要求，明确个人应当凭纳税人识别号实名办税，对没有中国公民身份证号码的个人，由税务机关赋予其纳税人识别号。

㊶ 扣缴税款：指的是代扣代缴税款，即扣缴义务人在支付所得时直接扣除应纳税款并缴库，不包括纳税人收取税款的代收代缴税款行为。

㊷ 扣缴义务人扣缴税款时，纳税人应当向扣缴义务人提供纳税人识别号：明确个人首次取得应税所得或者首次办理纳税申报时，应当向扣缴义务人或者税务机关如实提供纳税人识别号及其与纳税相关的信息。

第十条[43]　有下列情形之一的,纳税人应当依法办理纳税申报:

(一) 取得综合所得需要办理汇算清缴[44];

(二) 取得应税所得没有扣缴义务人[45];

(三) 取得应税所得,扣缴义务人未扣缴税款[46];

(四) 取得境外所得[47];

(五) 因移居境外注销中国户籍;

(六) 非居民个人在中国境内从两处以上取得工资、薪金所得;

(七) 国务院规定的其他情形。

扣缴义务人应当按照国家规定办理全员全额扣缴申报[48],并向纳税人提供其个人所得和已扣缴税款等信息。

第十一条[49]　居民个人取得综合所得,按年计算个人所得税;有扣缴义务人的,由扣缴义务人按月或者按次预扣预缴[50]税款;需要办理汇算清缴[51]的,应当在取得所得的次年三月一日至六月三十日内办理汇算清缴。预扣预缴办法由国务院税务主管部门制定。

条文注释:

[43] 本条自行申报的情形由原《中华人民共和国个人所得税法》规定的 4 条修改为 7 条。变化有:(1)取消了年所得 12 万元以上需自行申报的规定;(2)增加了汇算清缴;(3)对未扣缴税款的情形进行了明确;(4)增加了取得境外所得自行申报的义务;(5)增加了注销中国户籍需自行申报的情形;(6)将从两处以上取得工资、薪金所得需要自行申报的纳税人范围仅限定为非居民个人。

[44] 取得综合所得需要办理汇算清缴:需要办理汇算清缴的情形请参照《中华人民共和国个人所得税法实施条例》第二十五条的规定。需要注意的是本项只适用居民个人。

[45] 取得应税所得没有扣缴义务人:一般包括三种情形:(1)个体工商户、个人独资企业或者合伙企业投资者以及对企事业单位的承包承租经营者的经营所得没有扣缴义务人;(2)部分偶然所得,没有支付方,因此没有扣缴义务人;(3)取得境外所得,境外支付方不会进行代扣代缴,因此无扣缴义务人(本条第一款第四项将其单独作为一种情形要求自行申报)。

[46] 取得应税所得,扣缴义务人未扣缴税款:本次修订《中华人民共和国个人所得税法》明确此种情形下纳税人应自行申报。按照《中华人民共和国税收征收管理法》第六十九条的规定:"扣缴义务人应扣未扣税款的,由税务机关向纳税人追缴税款,并对扣缴义务人处以相应罚款。"

[47] 取得境外所得:境外所得,是指来源于中国境外的各项应纳税所得,一般而言取得境外所得无扣缴义务人,因此这里明确规定需自行申报。属于境外所得的情形请参考《关于境外所得有关个人所得税政策的公告》(财政部　税务总局公告 2020 年第 3 号)第一条的规定,或查阅本书第二章相关内容。

[48] 全员全额扣缴申报:指扣缴义务人在代扣税款的次月十五日内,向主管税务机关报送其支付所得的所有个人的有关信息、支付所得数额、扣除事项和数额、扣缴税款的具体数额和总额以及其他相关涉税信息资料。《国家税务总局关于发布〈个人所得税扣缴申报管理办法(试行)〉的公告》(国家税务总局公告 2018 年第 61 号)第四条规定:"实行个人所得税全员全额扣缴申报的应税所得包括:工资、薪金所得,劳务报酬所得,稿酬所得,特许权使用费所得,利息、股息、红利所得,财产租赁所得,财产转让所得,偶然所得",即除"经营所得"之外的其他类型的所得。

[49] 修订后的《中华人民共和国个人所得税法》对于居民个人的综合所得,采用按月或按次预扣预缴和按年汇算清缴相结合的征管方法,平时由扣缴义务人预扣预缴,次年对全年所得的应缴税款进行汇算清缴,多退少补。

[50] 预扣预缴:关于预扣预缴的具体方法参考《国家税务总局关于全面实施新个人所得税法若干征管衔接问题的公告》(国家税务总局公告 2018 年第 56 号)第一条的规定,也可查阅本书第三章相关内容。

[51] 汇算清缴:《中华人民共和国个人所得税法实施条例》的第二十五条明确了需办理汇算清缴的情形。

居民个人向扣缴义务人提供专项附加扣除信息的,扣缴义务人按月预扣预缴税款时应当按照规定予以扣除,不得拒绝。

非居民个人取得工资、薪金所得,劳务报酬所得,稿酬所得和特许权使用费所得,有扣缴义务人的,由扣缴义务人按月或者按次代扣代缴税款,不办理汇算清缴。

第十二条　纳税人取得经营所得㊾,按年计算个人所得税,由纳税人在月度或者季度终了后十五日内向税务机关报送纳税申报表,并预缴税款;在取得所得的次年三月三十一日前办理汇算清缴。

纳税人取得利息、股息、红利所得,财产租赁所得,财产转让所得和偶然所得,按月或者按次计算个人所得税,有扣缴义务人的,由扣缴义务人按月或者按次代扣代缴税款㊿。

第十三条○○　纳税人取得应税所得没有扣缴义务人的,应当在取得所得的次月十五日内向税务机关报送纳税申报表,并缴纳税款。

纳税人取得应税所得,扣缴义务人未扣缴税款的,纳税人应当在取得所得的次年六月三十日前,缴纳税款;税务机关通知限期缴纳的,纳税人应当按照期限缴纳税款。

居民个人从中国境外取得所得的,应当在取得所得的次年三月一日至六月三十日内申报纳税。

非居民个人在中国境内从两处以上取得工资、薪金所得的,应当在取得所得的次月十五日内申报纳税。

纳税人因移居境外注销中国户籍的,应当在注销中国户籍前办理税款清算。

第十四条　扣缴义务人每月或者每次预扣、代扣的税款,应当在次月十五日内缴入国库,并向税务机关报送扣缴个人所得税申报表。

纳税人办理汇算清缴退税或者扣缴义务人为纳税人办理汇算清缴退税的,税务机关审核后,按照国库管理的有关规定办理退税○○。

第十五条○○　公安、人民银行、金融监督管理等相关部门应当协助税务机关确认纳税人的身份、金融账户信息。教育、卫生、医疗保障、民政、人力资源社会保障、住房城乡建设、公安、人民银行、金融监督管理等相关部门应当向税务机关提供纳税人子女教育、继续教育、大病医疗、住房贷款利息、住房租金、赡养老人等专项附加扣除信息。

条文注释:

㊾ 经营所得:经营所得的申报主体是从事生产经营的个人、个体工商户、个人独资企业、合伙企业的个人合伙人和其他从事生产经营的个人。征收方式分为查账征收和核定征收两种。查账征收指由纳税人依据账簿记载,先自行计算缴纳,事后经税务机关查账核实,多退少补。对于核定征收,《中华人民共和国个人所得税法实施条例》的第十五条第三款规定:"从事生产、经营活动,未提供完整、准确的纳税资料,不能正确计算应纳税所得额的,由主管税务机关核定应纳税所得额或者应纳税额。"

㊿ 分类所得:无须进行汇算清缴。

○○ :《中华人民共和国个人所得税法》的第十条列举了7种需要自行纳税申报的情形。第十一条对7种情形中的第一种综合所得作了明确的规定,本条对除兜底条款以外的其他5种特殊情形的纳税申报作了规定。

○○ 退税:《中华人民共和国个人所得税法实施条例》第三十一条对退税作了进一步的规定。对于退税的时限问题,可参考《中华人民共和国税收征收管理法实施细则》第七十八条第一款的规定:"税务机关发现纳税人多缴税款的,应当自发现之日起10日内办理退还手续;纳税人发现多缴税款,要求退还的,税务机关应当自接到纳税人退还申请之日起30日内查实并办理退还手续。"

○○ 本条明确了配合的部门和共享的信息,为本次修订新增的内容。其中共享的内容包括身份、金融账户信息、专项附加扣除信息。同时规定,办理不动产转让登记、股权变更登记需要进行完税证明前置流程。

个人转让不动产的,税务机关应当根据不动产登记等相关信息核验应缴的个人所得税,登记机构办理转移登记时,应当查验与该不动产转让相关的个人所得税的完税凭证。个人转让股权办理变更登记的,市场主体登记机关应当查验与该股权交易相关的个人所得税的完税凭证。

有关部门依法将纳税人、扣缴义务人遵守本法的情况纳入信用信息系统,并实施联合激励或者惩戒。

第十六条[57] 各项所得的计算,以人民币为单位。所得为人民币以外的货币的,按照人民币汇率中间价折合成人民币缴纳税款。

第十七条[58] 对扣缴义务人按照所扣缴的税款,付给百分之二的手续费。

第十八条[59] 对储蓄存款利息所得开征、减征、停征个人所得税及其具体办法,由国务院规定,并报全国人民代表大会常务委员会备案。

第十九条[60] 纳税人、扣缴义务人和税务机关及其工作人员违反本法规定的,依照《中华人民共和国税收征收管理法》和有关法律法规的规定追究法律责任。

第二十条[61] 个人所得税的征收管理,依照本法和《中华人民共和国税收征收管理法》的规定执行。

第二十一条[62] 国务院根据本法制定实施条例。

第二十二条[63] 本法自公布之日起施行。

个人所得税税率表一

(居民个人综合所得适用)

级数	全年应纳税所得额	税率
1	不超过 36 000 元的	3%
2	超过 36 000 元至 144 000 元的部分	10%
3	超过 144 000 元至 300 000 元的部分	20%

条文注释:

[57] 本条的具体规定请查阅《中华人民共和国个人所得税法实施条例》第三十二条。

[58] 本条的具体规定请查阅《中华人民共和国个人所得税法实施条例》第三十三条。

[59] 修订后的《中华人民共和国个人所得税法》增加了报全国人大常委会备案的规定。关于储蓄存款利息所得的税收优惠,《财政部 国家税务总局关于储蓄存款利息所得有关个人所得税政策的通知》(财税〔2008〕132 号)规定:"为配合国家宏观调控政策需要,经国务院批准,自 2008 年 10 月 9 日起,对储蓄存款利息所得暂免征收个人所得税。"需要注意的是该文件所指储蓄存款利息指的是银行储蓄存款利息,取得非银行的储蓄存款利息仍需要缴纳个人所得税。

[60] 本条款强调了纳税人、扣缴义务人、税务机关违反《中华人民共和国个人所得税法》应该承担的职责,为新增条款。它和《中华人民共和国税收征收管理法》《中华人民共和国税收征收管理法实施细则》相结合,震慑税收违法行为、保障国家税收利益,同时也有助于规范税务机关及税务人员的公权力行为。

[61] 修订后的《中华人民共和国个人所得税法》新增了许多关于征收管理方面的内容,如汇算清缴退税、反避税、社会综合治税等。因此个人所得税的征管既要依照《中华人民共和国个人所得税法》,又要依照《中华人民共和国税收征收管理法》的相关规定。

[62]《中华人民共和国个人所得税法实施条例》由国务院制定,属于行政法规,效力低于《中华人民共和国个人所得税法》,主要细化了《中华人民共和国个人所得税法》的相关规定和征管措施。

[63]《中华人民共和国个人所得税法》于 1980 年 9 月 10 日通过,历经七次修正。第七次修改于 2018 年 8 月 31 日发布,该修改决定的内容于 2019 年 1 月 1 日起生效。

(续表)

级数	全年应纳税所得额	税率
4	超过 300 000 元至 420 000 元的部分	25%
5	超过 420 000 元至 660 000 元的部分	30%
6	超过 660 000 元至 960 000 元的部分	35%
7	超过 960 000 元的部分	45%

(注1：本表所称全年应纳税所得额是指依照本法第六条的规定，居民个人取得综合所得以每一纳税年度收入额减除费用六万元以及专项扣除、专项附加扣除和依法确定的其他扣除后的余额。

注2：非居民个人取得工资、薪金所得，劳务报酬所得，稿酬所得和特许权使用费所得，依照本表按月换算后计算应纳税额。)

个人所得税税率表二
（经营所得适用）

级数	全年应纳税所得额	税率
1	不超过 30 000 元的	5%
2	超过 30 000 元至 90 000 元的部分	10%
3	超过 90 000 元至 300 000 元的部分	20%
4	超过 300 000 元至 500 000 元的部分	30%
5	超过 500 000 的部分	35%

(注：本表所称全年应纳税所得额是指依照本法第六条的规定，以每一纳税年度的收入总额减除成本、费用以及损失后的余额。)

二、个人所得税法思维导图

个人所得税法思维导图如图1所示。

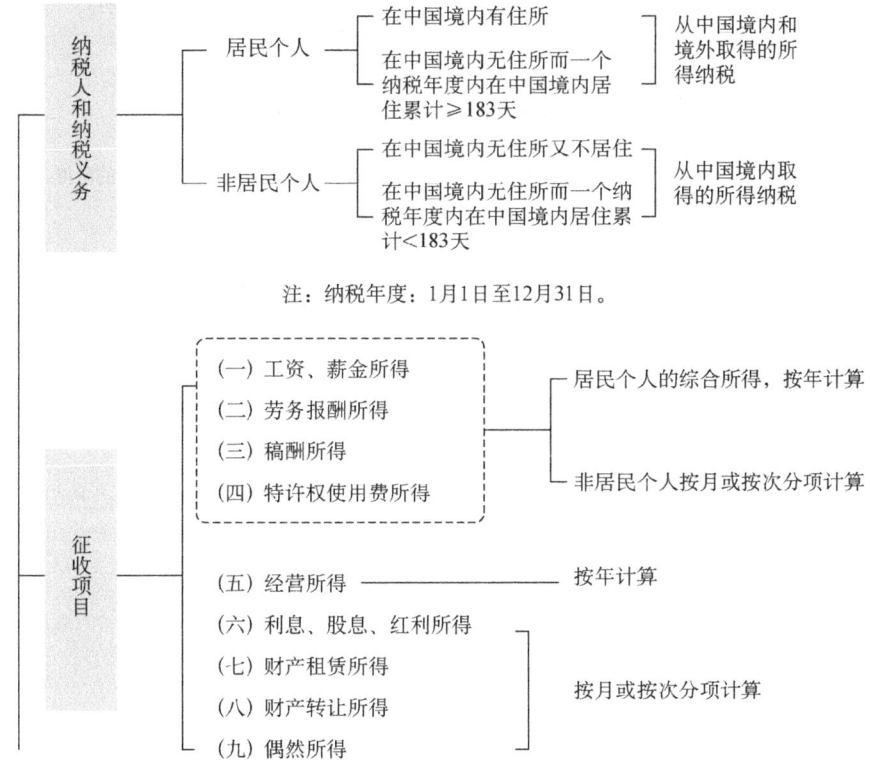

图1 个人所得税法思维导图

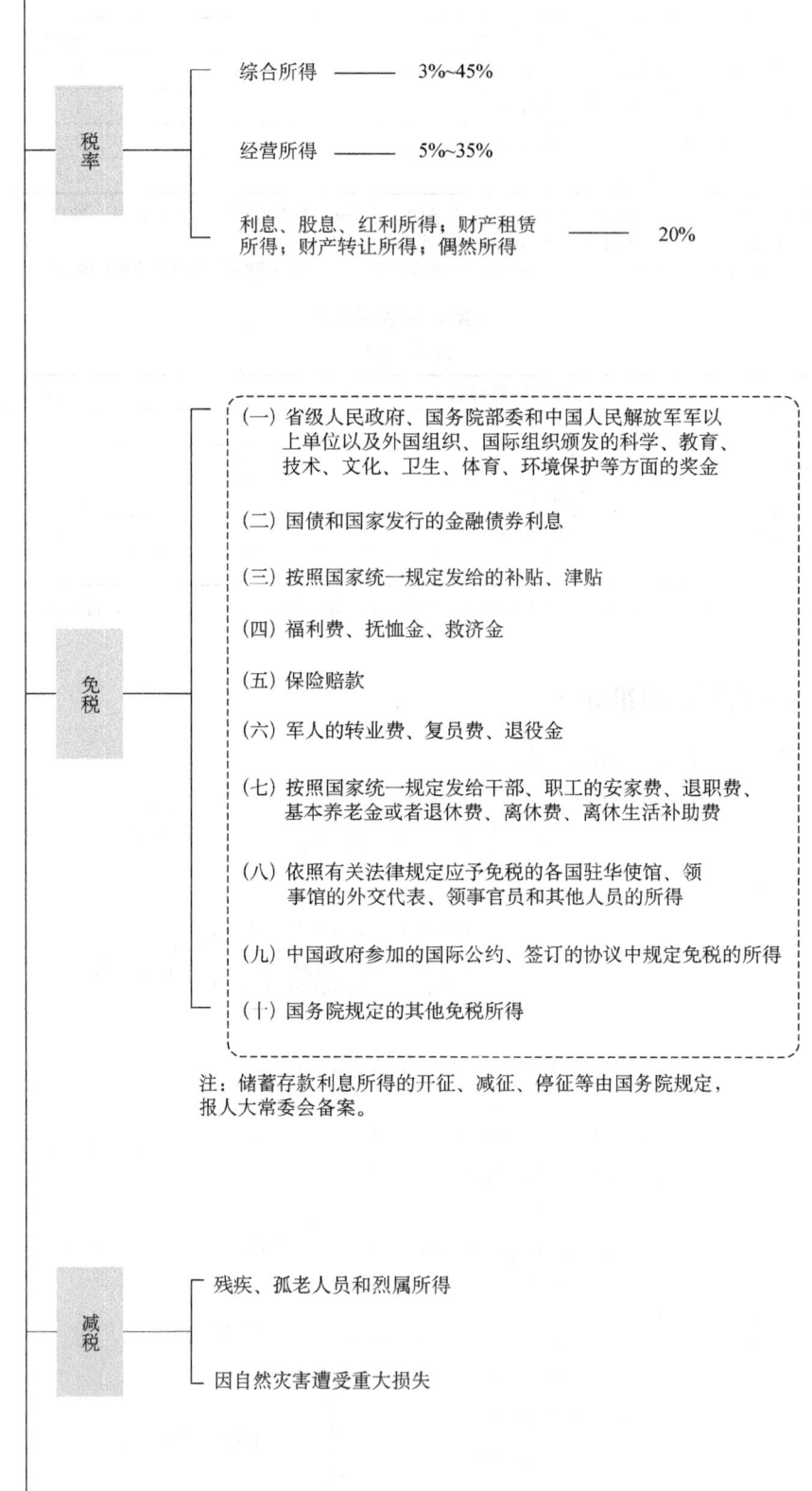

图1 （续）

第一章　基本法规释义

```
                                ┌─ 应纳税所得额=年收入额-60 000-专项扣除-
                                │  专项附加扣除-其他扣除
                ┌─ 居民个人的 ──┤
                │   综合所得    │   ┌─────────────┐  ┌─────────────────┐
                │                   │  专项扣除   │  │  专项附加扣除   │
                │                   ├─────────────┤  ├─────────────────┤
                │                   │ 基本养老保险│  │ 子女教育        │
                │                   │ 基本医疗保险│  │ 继续教育        │
                │                   │ 失业保险    │  │ 大病医疗        │
                │                   │ 住房公积金  │  │ 住房贷款利息或住房租金│
                │                   └─────────────┘  │ 赡养老人        │
                │                                    └─────────────────┘
                │
                ├─ 非居民个人的 ──── 应纳税所得额=月收入额-5 000
                │   工资薪金所得
                │
 应纳税    ────┤─ 劳务报酬所得、── 应纳税所得额=每次收入×(1-20%)
 所得额         │   特许权使用费所得
                │
                ├─ 稿酬所得 ──────── 应纳税所得额=每次收入×(1-20%)×70%
                │
                ├─ 经营所得 ──────── 应纳税所得额=年收入额-成本-费用
                │
                │                    收入>4 000  应纳税所得额=收入×(1-20%)
                ├─ 财产租赁所得 ────
                │                    收入≤4 000  应纳税所得额=收入-800
                │
                ├─ 财产转让所得 ──── 应纳税所得额=年收入额-财产原值-合理费用
                │
                └─ 利息股息红利所得── 应纳税所得额=每次收入额
                    偶然所得
```

注1：公益性捐赠可以按照规定在应纳税所得额中扣除。
注2：所得为外币的，按照中间价折合成人民币。

```
           ┌─ 居民个人境外所得已在境外缴纳的税额可抵免应纳税额
   抵免 ──┤
           └─ 抵免额不得超过该境外所得依照本法计算的应纳税额
```

```
           ┌─────────────────────────────────────────────────────┐
           │  税务机关纳税调整的情形                             │
           ├─────────────────────────────────────────────────────┤
           │  (一) 个人与其关联方之间的业务往来不符合独立交易原则│
           │       而减少本人或者其关联方应纳税额，且无正当理由  │
           │                                                     │
           │  (二) 居民个人控制的，或者居民个人和居民企业共同控制│
   反避税──┤       的设立在实际税负明显偏低的国家(地区)的企业，无合理│
           │       经营需要，对应当归属于居民个人的利润不作分配或者减少│
           │       分配                                          │
           │                                                     │
           │  (三) 个人实施其他不具有合理商业目的的安排而获取不当│
           │       税收利益                                      │
           └─────────────────────────────────────────────────────┘

           ┌─ 税务机关纳税调整的做法 ──── 补征税款，加收利息
```

图1　(续)

11

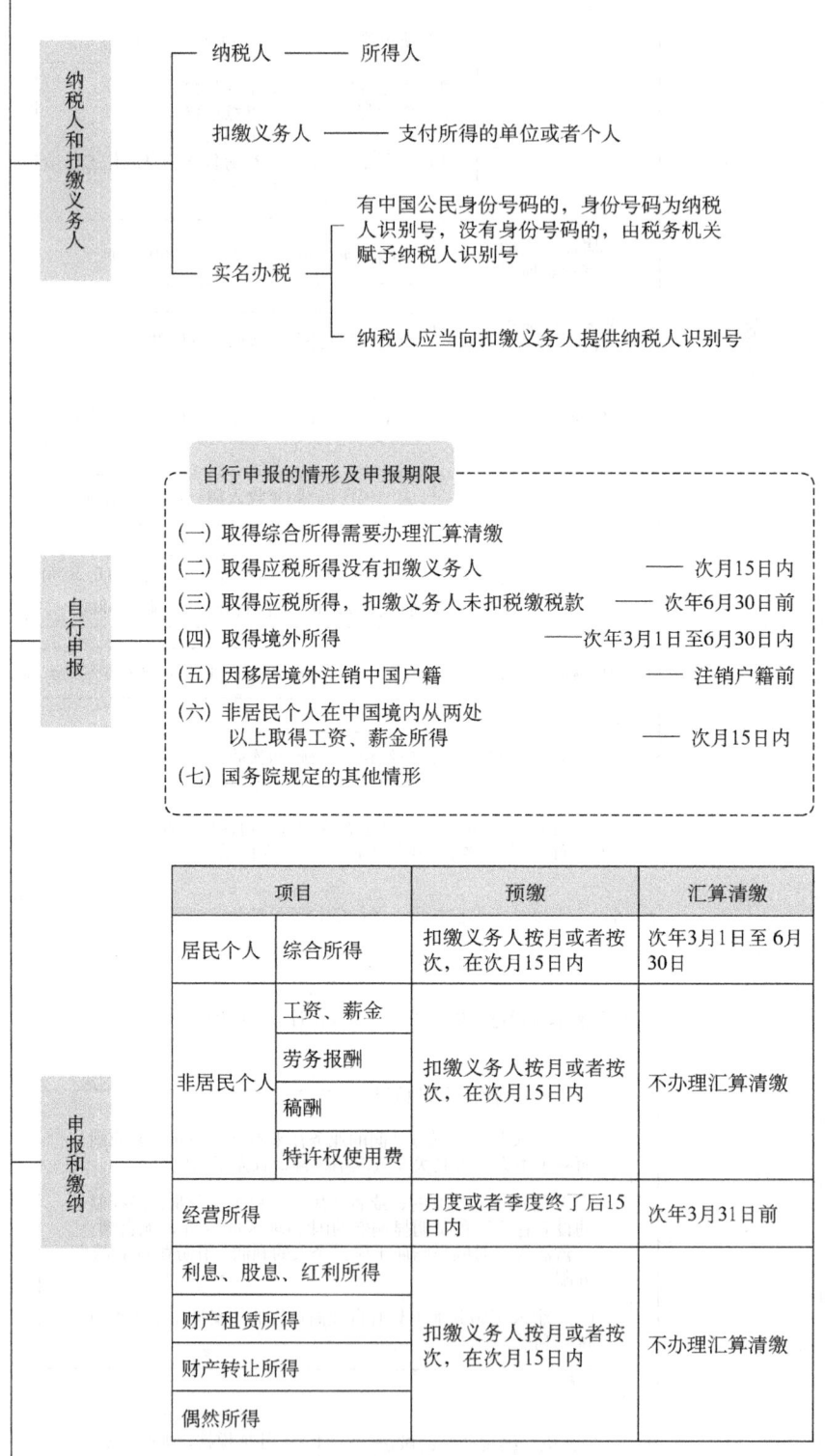

图1 （续）

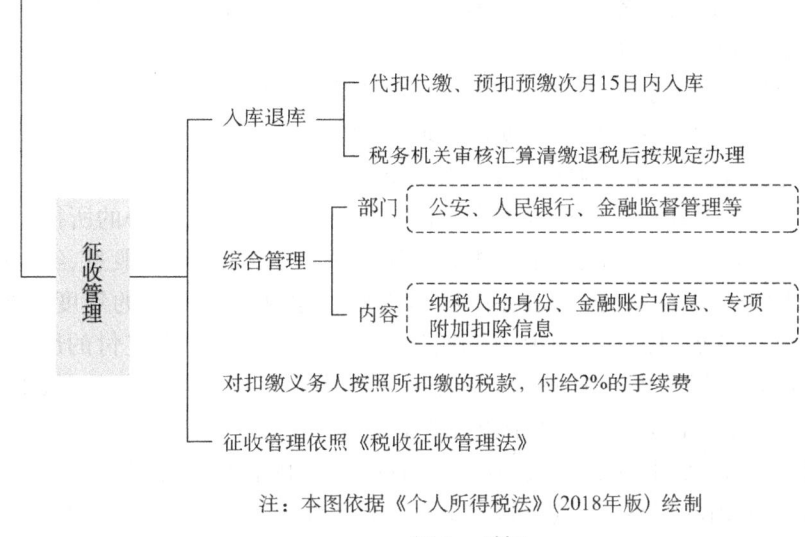

注：本图依据《个人所得税法》(2018年版)绘制

图1 （续）

第二节 个人所得税法实施条例

一、个人所得税法实施条例及注释

中华人民共和国个人所得税法实施条例

（1994年1月28日中华人民共和国国务院令第142号发布 根据2005年12月19日《国务院关于修改〈中华人民共和国个人所得税法实施条例〉的决定》第一次修订 根据2008年2月18日《国务院关于修改〈中华人民共和国个人所得税法实施条例〉的决定》第二次修订 根据2011年7月19日《国务院关于修改〈中华人民共和国个人所得税法实施条例〉的决定》第三次修订 2018年12月18日中华人民共和国国务院令第707号第四次修订）

第一条[①] 根据《中华人民共和国个人所得税法》（以下简称个人所得税法），制定本条例。

第二条 个人所得税法所称在中国境内有住所，是指因户籍、家庭、经济利益关系而在中国境内习惯性居住[②]；所称从中国境内和境外取得的所得，分别是指来源于中国境内的所得和来源于中国境外的所得。

条文注释：

① 2018年12月国务院对1994年1月制定的《中华人民共和国个人所得税法实施条例》进行了修订，这次修订主要遵循以下的指导思想：(1)落实修正后的《中华人民共和国个人所得税法》的规定，保障综合与分类相结合的个人所得税制度顺利实施，明确收入来源地规则、各项应税所得范围等税制基本要素；(2)按照既要方便纳税人，又要加强征管的原则，理顺税收征管流程，简便征管措施，细化税额计算、纳税申报、汇算清缴及退税等内容；(3)将实践中的成熟做法上升到行政法规、完善反避税措施、信息共享等相关规定。

② 习惯性居住：相当于定居的概念，指的是个人在较长时间内，相对稳定地在一地居住。对于因学习、工作、探亲、旅游等原因虽然在境内居住，但这些原因消除后仍然准备回境外居住的，不属于在境内习惯性居住。实践中，一般是根据纳税人"户籍、家庭、经济利益关系"等具体情况，综合判定是否属于"习惯性居住"这一状态。

第三条③ 除国务院财政、税务主管部门另有规定外,下列所得,不论支付地点是否在中国境内,均为来源于中国境内的所得:

(一)因任职、受雇、履约④等在中国境内提供劳务取得的所得;

(二)将财产出租给承租人在中国境内使用而取得的所得;

(三)许可各种特许权在中国境内使用而取得的所得;

(四)转让中国境内的不动产等财产或者在中国境内转让其他财产取得的所得;

(五)从中国境内企业、事业单位、其他组织以及居民个人取得的利息、股息、红利所得。

第四条⑤ 在中国境内无住所的个人,在中国境内居住累计满183天的年度连续不满六年的,经向主管税务机关备案,其来源于中国境外且由境外单位或者个人支付的所得,免予缴纳个人所得税;在中国境内居住累计满183天的任一年度中有一次离境超过30天的,其在中国境内居住累计满183天的年度的连续年限重新起算。

第五条⑥ 在中国境内无住所的个人,在一个纳税年度内在中国境内居住累计不超过90天的,其来源于中国境内的所得,由境外雇主支付并且不由该雇主在中国境内的机构、场所负担的部分,免予缴纳个人所得税。

第六条⑦ 个人所得税法规定的各项个人所得的范围:

(一)工资、薪金所得,是指个人因任职或者受雇取得的工资、薪金、奖金、年终加薪、劳动分红、津贴、补贴以及与任职或者受雇有关的其他所得。

(二)劳务报酬所得,是指个人从事劳务取得的所得,包括从事设计、装潢、安装、制图、化验、测试、医疗、法律、会计、咨询、讲学、翻译、审稿、书画、雕刻、影视、录音、录像、演出、表演、广告、展览、技术服务、介绍服务、经纪服务、代办服务以及其他劳务取得的所得。

(三)稿酬所得,是指个人因其作品以图书、报刊等形式出版、发表而取得的所得。

(四)特许权使用费所得,是指个人提供专利权、商标权、著作权、非专利技术以及其他特许权的使用权取得的所得;提供著作权的使用权取得的所得,不包括稿酬所得。

(五)经营所得⑧,是指:

1. 个体工商户从事生产、经营活动取得的所得,个人独资企业投资人、合伙企业的个人合伙人来源于境内注册的个人独资企业、合伙企业生产、经营的所得;

2. 个人依法从事办学、医疗、咨询以及其他有偿服务活动取得的所得;

条文注释:

③ 本条规定了属于中国境内的所得的情形,可与《关于境外所得有关个人所得税政策的公告》(财政部 税务总局公告2020年第3号)第一条的规定属于中国境外所得的情形对比理解,也可查阅本书第二章相关内容。

④ 任职、受雇、履约:相对应的税目是工资、薪金所得和劳务报酬等所得。

⑤ 本条是境内无住所个人免税的情形,本条规定既可维护国家权益,又可以打消境外人士来中国从事生产、经营活动的顾虑,有助于吸引境外各方面的人才。详细内容可参考《财政部 税务总局关于在中国境内无住所的个人居住时间判定标准的公告》(财政部 税务总局公告2019年第34号)第一条的规定,也可查阅本书第二章相关内容。

⑥ 本条是境内无住所个人免税的情形。

⑦ 本条是对《中华人民共和国个人所得税法》第二条规定的征收项目的范围的界定。

⑧ 经营所得:本次修订,取消了原"个体工商户的生产、经营所得"与"对企事业单位的承包经营、承租经营所得"税目,新设立"经营所得"税目。

3. 个人对企业、事业单位承包经营、承租经营以及转包、转租取得的所得；

4. 个人从事其他生产、经营活动取得的所得。

（六）利息、股息、红利所得，是指个人拥有债权、股权等而取得的利息、股息、红利所得。

（七）财产租赁所得，是指个人出租不动产、机器设备、车船以及其他财产取得的所得。

（八）财产转让所得，是指个人转让有价证券、股权、合伙企业中的财产份额、不动产、机器设备、车船以及其他财产取得的所得。

（九）偶然所得，是指个人得奖、中奖、中彩以及其他偶然性质的所得。

个人取得的所得，难以界定应纳税所得项目的，由国务院税务主管部门确定。

第七条　对股票转让所得[9]征收个人所得税的办法，由国务院另行规定，并报全国人民代表大会常务委员会备案。

第八条　个人所得的形式，包括现金、实物、有价证券[10]和其他形式的经济利益；所得为实物的，应当按照取得的凭证上所注明的价格计算应纳税所得额，无凭证的实物或者凭证上所注明的价格明显偏低的，参照市场价格核定应纳税所得额；所得为有价证券的，根据票面价格和市场价格核定应纳税所得额；所得为其他形式的经济利益的，参照市场价格核定应纳税所得额。

第九条　个人所得税法第四条第一款第二项所称国债利息，是指个人持有中华人民共和国财政部发行的债券而取得的利息；所称国家发行的金融债券利息，是指个人持有经国务院批准发行的金融债券而取得的利息。

第十条　个人所得税法第四条第一款第三项所称按照国家统一规定发给的补贴、津贴，是指按照国务院规定发给的政府特殊津贴、院士津贴，以及国务院规定免予缴纳个人所得税的其他补贴、津贴。

第十一条　个人所得税法第四条第一款第四项所称福利费，是指根据国家有关规定，从企业、事业单位、国家机关、社会组织提留的福利费或者工会经费中支付给个人的生活补助费；所称救济金，是指各级人民政府民政部门支付给个人的生活困难补助费。

第十二条　个人所得税法第四条第一款第八项所称依照有关法律规定应予免税的各国驻华使馆、领事馆的外交代表、领事官员和其他人员的所得，是指依照《中华人民共和国外交特权与豁免条例》和《中华人民共和国领事特权与豁免条例》规定免税的所得。

第十三条　个人所得税法第六条第一款第一项所称依法确定的其他扣除[11]，包括个人缴付符合国家规定的企业年金、职业年金，个人购买符合国家规定的商业健康保险、税收递延型商业养老保险的支出，以及国务院规定可以扣除的其他项目。

专项扣除、专项附加扣除和依法确定的其他扣除，以居民个人一个纳税年度的应纳税所得额为限额；一个纳税年度扣除不完的，不结转以后年度扣除。

第十四条　个人所得税法第六条第一款第二项、第四项、第六项所称每次[12]，分别按照下

条文注释：

[9] 股票转让所得：个人转让股票所得属于"财产转让所得"应税项目，但为配合中国企业改制和鼓励证券市场的健康发展，一直有单独的税收政策，详情可查阅本书第七章相关内容。

[10] 有价证券：指标有票面金额，用于证明持有人或该证券指定的特定主体对特定财产拥有所有权或债权的凭证。

[11] 其他扣除：扣除标准等内容请查阅本书第三章相关内容。

[12] 每次：详情请查阅本书第二章相关内容。

列方法确定：

（一）劳务报酬所得、稿酬所得、特许权使用费所得，属于一次性收入的，以取得该项收入为一次；属于同一项目连续性收入的，以一个月内取得的收入为一次。

（二）财产租赁所得，以一个月内取得的收入为一次。

（三）利息、股息、红利所得，以支付利息、股息、红利时取得的收入为一次。

（四）偶然所得，以每次取得该项收入为一次。

第十五条　个人所得税法第六条第一款第三项所称成本、费用，是指生产、经营活动中发生的各项直接支出和分配计入成本的间接费用以及销售费用、管理费用、财务费用；所称损失，是指生产、经营活动中发生的固定资产和存货的盘亏、毁损、报废损失，转让财产损失，坏账损失，自然灾害等不可抗力因素造成的损失以及其他损失。

取得经营所得的个人，没有综合所得的，计算其每一纳税年度的应纳税所得额时，应当减除费用6万元、专项扣除、专项附加扣除以及依法确定的其他扣除。专项附加扣除在办理汇算清缴时减除。[13]

从事生产、经营活动，未提供完整、准确的纳税资料，不能正确计算应纳税所得额的，由主管税务机关核定应纳税所得额或者应纳税额。[14]

第十六条　个人所得税法第六条第一款第五项规定的财产原值，按照下列方法确定：

（一）有价证券，为买入价以及买入时按照规定交纳的有关费用；

（二）建筑物，为建造费或者购进价格以及其他有关费用；

（三）土地使用权，为取得土地使用权所支付的金额、开发土地的费用以及其他有关费用；

（四）机器设备、车船，为购进价格、运输费、安装费以及其他有关费用。

其他财产，参照前款规定的方法确定财产原值。

纳税人未提供完整、准确的财产原值凭证，不能按照本条第一款规定的方法确定财产原值的，由主管税务机关核定财产原值。

个人所得税法第六条第一款第五项所称合理费用，是指卖出财产时按照规定支付的有关税费。

第十七条　财产转让所得，按照一次转让财产的收入额减除财产原值和合理费用后的余额计算纳税。

第十八条　两个以上的个人共同取得同一项目收入的，应当对每个人取得的收入分别按照个人所得税法的规定计算纳税。

第十九条[15]　个人所得税法第六条第三款所称个人将其所得对教育、扶贫、济困等公益慈善事业进行捐赠，是指个人将其所得通过中国境内的公益性社会组织、国家机关向教育、扶贫、济困等公益慈善事业的捐赠；所称应纳税所得额，是指计算扣除捐赠额之前的应纳税所得额。

第二十条[16]　居民个人从中国境内和境外取得的综合所得、经营所得，应当分别合并计算

条文注释：

[13] 本项规定是对个体工商户等经营主体给予家庭生计必要支出减除，目的是鼓励自主创业。

[14] 本项规定是经营所得核定征收的情形。

[15] 本条是捐赠相关规定，详情可查阅本书第三章相关内容。

[16] 本条为新增条款。

应纳税额;从中国境内和境外取得的其他所得[17],应当分别单独计算应纳税额。

第二十一条[18] 个人所得税法第七条所称已在境外缴纳的个人所得税税额,是指居民个人来源于中国境外的所得,依照该所得来源国家(地区)的法律应当缴纳并且实际已经缴纳的所得税税额。

个人所得税法第七条所称纳税人境外所得依照本法规定计算的应纳税额,是居民个人抵免已在境外缴纳的综合所得、经营所得以及其他所得的所得税税额的限额(以下简称抵免限额)。除国务院财政、税务主管部门另有规定外,来源于中国境外一个国家(地区)的综合所得抵免额、经营所得抵免限额以及其他所得抵免限额之和,为来源于该国家(地区)所得的抵免限额。

居民个人在中国境外一个国家(地区)实际已经缴纳的个人所得税税额,低于依照前款规定计算出的来源于该国家(地区)所得的抵免限额的,应当在中国缴纳差额部分的税款;超过来源于该国家(地区)所得的抵免限额的,其超过部分不得在本纳税年度的应纳税额中抵免,但是可以在以后纳税年度来源于该国家(地区)所得的抵免限额的余额中补扣。补扣期限最长不得超过五年。

第二十二条 居民个人申请抵免已在境外缴纳的个人所得税税额,应当提供境外税务机关出具的税款所属年度的有关纳税凭证[19]。

第二十三条[20] 个人所得税法第八条第二款规定的利息,应当按照税款所属纳税申报期最后一日中国人民银行公布的与补税期间同期的人民币贷款基准利率计算,自税款纳税申报期满次日起至补缴税款期限届满之日止按日加收。纳税人在补缴税款期限届满前补缴税款的,利息加收至补缴税款之日。

第二十四条 扣缴义务人向个人支付应税款项时,应当依照个人所得税法规定预扣或者代扣税款,按时缴库,并专项记载备查。

前款所称支付,包括现金支付、汇拨支付、转账支付和以有价证券、实物以及其他形式的支付。

第二十五条[21] 取得综合所得需要办理汇算清缴的情形包括:

(一)从两处以上取得综合所得,且综合所得年收入额减除专项扣除的余额超过6万元;

(二)取得劳务报酬所得、稿酬所得、特许权使用费所得中一项或者多项所得,且综合所得年收入额减除专项扣除的余额超过6万元;

(三)纳税年度内预缴税额低于应纳税额;

条文注释:

[17] 其他所得:指《中华人民共和国个人所得税法》第二条第一款中除综合所得、经营所得外列举的所得,不是指修订前《中华人民共和国个人所得税法》中第二条第十一项"经国务院财政部门确定征税的其他所得"。

[18] 本条为境外所得抵免的条款,详情请查阅本书第二章相关内容。

[19] 纳税凭证:修改前为"完税凭证原件",此处不再要求完税凭证原件,更具有操作性。

[20] 本条是对《中华人民共和国个人所得税法》中反避税条款的进一步规定。

[21] 本条规定了综合所得需要办理汇算清缴的4种情形。《国家税务总局关于发布〈个人所得税专项附加扣除操作办法(试行)〉的公告》(总局公告2018年第60号)第四条规定了需汇算清缴的第5种情形:需要享受大病医疗专项附加扣除。

《关于个人所得税综合所得汇算清缴涉及有关政策问题的公告》(财政部 税务总局2019年第94号)第一条规定:"2019年1月1日至2020年12月31日居民个人取得的综合所得,年度综合所得收入不超过12万元且需要汇算清缴补税的,或者年度汇算清缴补税金额不超过400元的,居民个人可免于办理个人所得税综合所得汇算清缴。居民个人取得综合所得时存在扣缴义务人未依法预扣预缴税款的情形除外。"详情请查阅本书第三章相关内容。

（四）纳税人申请退税。

纳税人申请退税，应当提供其在中国境内开设的银行账户，并在汇算清缴地就地办理税款退库。

汇算清缴的具体办法由国务院税务主管部门制定。

第二十六条　个人所得税法第十条第二款所称全员全额扣缴申报，是指扣缴义务人在代扣税款的次月十五日内，向主管税务机关报送其支付所得的所有个人的有关信息、支付所得数额、扣除事项和数额、扣缴税款的具体数额和总额以及其他相关涉税信息资料。

第二十七条　纳税人办理纳税申报的地点[22]以及其他有关事项的具体办法，由国务院税务主管部门制定。

第二十八条[23]　居民个人取得工资、薪金所得时，可以向扣缴义务人提供专项附加扣除有关信息，由扣缴义务人扣缴税款时减除专项附加扣除。纳税人同时从两处以上取得工资、薪金所得，并由扣缴义务人减除专项附加扣除的，对同一专项附加扣除项目，在一个纳税年度内只能选择从一处取得的所得中减除。

居民个人取得劳务报酬所得、稿酬所得、特许权使用费所得，应当在汇算清缴时向税务机关提供有关信息，减除专项附加扣除。

第二十九条　纳税人可以委托扣缴义务人或者其他单位和个人办理汇算清缴。

第三十条　扣缴义务人应当按照纳税人提供的信息计算办理扣缴申报，不得擅自更改纳税人提供的信息。

纳税人发现扣缴义务人提供或者扣缴申报的个人信息、所得、扣缴税款等与实际情况不符的，有权要求扣缴义务人修改。扣缴义务人拒绝修改的，纳税人应当报告税务机关，税务机关应当及时处理。

纳税人、扣缴义务人应当按照规定保存与专项附加扣除相关的资料。税务机关可以对纳税人提供的专项附加扣除信息进行抽查，具体办法由国务院税务主管部门另行规定。税务机关发现纳税人提供虚假信息的，应当责令改正并通知扣缴义务人；情节严重的，有关部门应当依法予以处理，纳入信用信息系统并实施联合惩戒。

第三十一条[24]　纳税人申请退税时提供的汇算清缴信息有错误的，税务机关应当告知其更正；纳税人更正的，税务机关应当及时办理退税。

扣缴义务人未将扣缴的税款解缴入库[25]的，不影响纳税人按照规定申请退税，税务机关应当凭纳税人提供的有关资料办理退税。

第三十二条　所得为人民币以外货币的，按照办理纳税申报或者扣缴申报的上一月最后一日人民币汇率中间价，折合成人民币计算应纳税所得额。年度终了后办理汇算清缴的，对已经按月、按季或者按次预缴税款的人民币以外货币所得，不再重新折算；对应当补缴税款的所得部分，按照上一纳税年度最后一日人民币汇率中间价，折合成人民币计算应纳税所得额。

第三十三条　税务机关按照个人所得税法第十七条的规定付给扣缴义务人手续费，应当

条文注释：

[22] 纳税申报的地点：可查阅本书第二章和第三章相关内容。

[23] 本条连同第二十九条、第三十条、第三十一条明确了纳税人的权利和义务，可保障修订后的《中华人民共和国个人所得税法》设立的专项附加扣除项目顺利施行。

[24] 本条规定进一步强化纳税人权益。

[25] 扣缴义务人未将扣缴的税款解缴入库：指扣缴义务人已经扣缴税款但未解缴入库。该种情形也可申请退税。

填开退还书;扣缴义务人凭退还书,按照国库管理有关规定办理退库手续。

第三十四条　个人所得税纳税申报表、扣缴个人所得税报告表和个人所得税完税凭证式样,由国务院税务主管部门统一制定。

第三十五条㉖　军队人员个人所得税征收事宜,按照有关规定执行。

第三十六条㉗　本条例自 2019 年 1 月 1 日起施行。

二、个人所得税法实施条例思维导图

个人所得税法实施条例思维导图如图 2 所示。

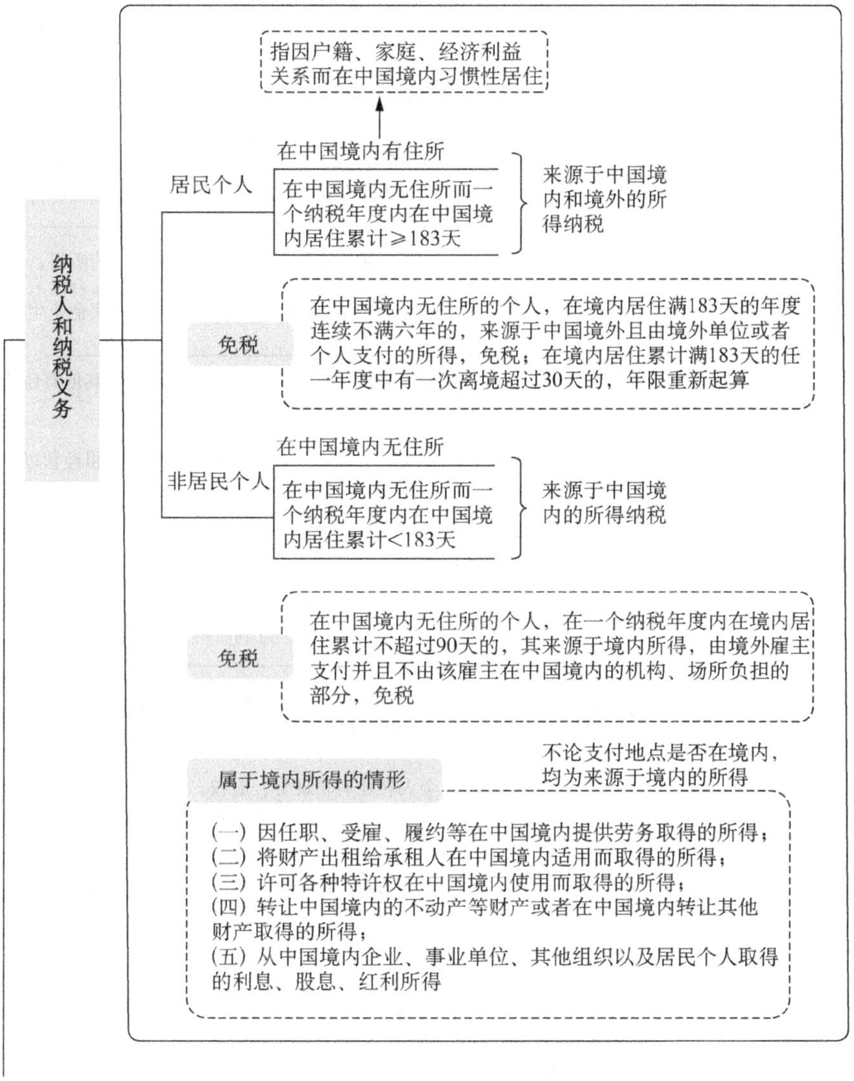

```
纳税人和纳税义务
├── 居民个人
│   ├── 在中国境内有住所 → 指因户籍、家庭、经济利益关系而在中国境内习惯性居住
│   ├── 在中国境内无住所而一个纳税年度内在中国境内居住累计≥183天
│   │   → 来源于中国境内和境外的所得纳税
│   └── 免税：在中国境内无住所的个人,在境内居住满183天的年度连续不满六年的,来源于中国境外且由境外单位或者个人支付的所得,免税;在境内居住累计满183天的任一年度中有一次离境超过30天的,年限重新起算
├── 非居民个人
│   ├── 在中国境内无住所
│   ├── 在中国境内无住所而一个纳税年度内在中国境内居住累计<183天
│   │   → 来源于中国境内的所得纳税
│   └── 免税：在中国境内无住所的个人,在一个纳税年度内在境内居住累计不超过90天的,其来源于境内所得,由境外雇主支付并且不由该雇主在中国境内的机构、场所负担的部分,免税
└── 属于境内所得的情形（不论支付地点是否在境内,均为来源于境内的所得）
    (一) 因任职、受雇、履约等在中国境内提供劳务取得的所得;
    (二) 将财产出租给承租人在中国境内适用而取得的所得;
    (三) 许可各种特许权在中国境内使用而取得的所得;
    (四) 转让中国境内的不动产等财产或者在中国境内转让其他财产取得的所得;
    (五) 从中国境内企业、事业单位、其他组织以及居民个人取得的利息、股息、红利所得
```

图 2　个人所得税法实施条例思维导图

条文注释:

㉖ 该条为新增,体现出了"拥军爱国"的社会主义核心价值观。

㉗《中华人民共和国个人所得税法实施条例》于 1994 年 1 月 28 日发布,历经四次修改。第四次修订后《中华人民共和国个人所得税法实施条例》的发布日期是 2018 年 12 月 18 日,施行日期是 2019 年 1 月 1 日。

```
                                                    个人因任职或者受雇取得的工资、薪金、
                                                    奖金、年终加薪、劳动分红、津贴、补贴
                      (一) 工资、薪金所得            以及与任职或者受雇有关的其他所得

                                                    个人从事劳务取得的所得，包括从事设计、装
                                                    潢、安装、制图、化验、测试、医疗、法律、
                                                    会计、咨询、讲学、翻译、审稿、书画、雕刻、
                                                    影视、录音、录像、演出、表演、广告、展览、
                                                    技术服务、介绍服务、经纪服务、代办服务以及
                      (二) 劳务报酬所得            其他劳务取得的所得

                                                    个人因其作品以图书、报刊等形式出版、发表
                      (三) 稿酬所得                  而取得的所得

                                                    个人提供专利权、商标权、著作权、非专利技
                                                    术以及其他特许权的使用权取得的所得；提供
                      (四) 特许权使用费所得          著作权的使用权取得的所得，不包括稿酬所得

                                                    个体工商户从事生产、经营活动取得的所得，
                                                    个人独资企业投资人、合伙企业的个人合伙人
                                                    来源于境内注册的个人独资企业、合伙企业生
                                                    产、经营的所得

                                                    个人依法从事办学、医疗、咨询以及其他有偿
          征                                        服务活动取得的所得
          收
          项           (五) 经营所得
          目                                        个人对企业、事业单位承包经营、承租经营以
                                                    及转包、转租取得的所得

                                                    个人从事其他生产、经营活动取得的所得

                                                    个人拥有债权、股权等而取得的利
                      (六) 利息、股息、红利所得     息、股息、红利所得

                                                    个人出租不动产、机器设备、车船以及其他
                      (七) 财产租赁所得              财产取得的所得

                                                    个人转让有价证券、股权、合伙企业中的财产
                                                    份额、不动产、机器设备、车船以及其他财产
                      (八) 财产转让所得              取得的所得

                                                    个人得奖、中奖、中彩以及其他偶然性质
                      (九) 偶然所得                  的所得
```

注：个人取得的所得，难以界定应纳税所得项目的，由国务院税务主管部门确定。
　　对股票转让所得征收个人所得税的办法，由国务院另行规定，并报全国人民代表大会常务委员会备案。

图 2 （续）

第一章 基本法规释义

```
                ┌─ (一) 省级人民政府、国务院部委和中国人民解放军军以
                │     上单位以及外国组织、国际组织颁发的科学、教育、
                │     技术、文化、卫生、体育、环境保护等方面的奖金
                │
                │                              ┌─ 国债利息指个人持有财政部
                │                              │  发行的债券而取得的利息
                ├─ (二) 国债和国家发行的 ──────┤
                │     金融债券利息              │  金融债券利息,指个人持有经国务院
                │                              └─ 批准发行的金融债券而取得的利息
                │
                │                              ┌─ 政府特殊津贴、院士津贴,
                ├─ (三) 按照国家统一规定 ──────┤  以及国务院规定免予缴纳个
                │     发给的补贴、津贴         └─ 人所得税的其他补贴、津贴
                │
                │                              ┌─ 福利费指根据规定,从企业、
                │                              │  事业单位、国家机关、社会组
                │                              │  织提留的福利费或者工会经费
                │                              │  中支付给个人的生活补助费
    免 ─────────┤─ (四) 福利费、抚恤金、救济金 ┤
    税          │                              │  救济金指各级人民政府民政
                │                              │  部门支付给个人的生活困难
                │                              └─ 补助费
                │
                ├─ (五) 保险赔款
                │
                ├─ (六) 军人的转业费、复员费、退役金
                │
                ├─ (七) 按照国家统一规定发给干部、职工的安家费、退职费、
                │     基本养老金或者退休费、离休费、离休生活补助费
                │
                ├─ (八) 依照有关法律规定应予免税的各国驻华使馆、领
                │     事馆的外交代表、领事官员和其他人员的所得
                │
                │                              ┌─ 指依照《外交特权与豁免
                ├─ (九) 中国政府参加的国际公约、├─ 条例》和《领事特权与豁
                │     签订的协议中规定免税的所得└─ 免条例》规定免税的所得
                │
                └─ (十) 国务院规定的其他免税所得
```

```
                ┌─ 应纳税所得额=年收入额-60 000-专项扣除-
                │  专项附加扣除-其他扣除
  居民个人的 ───┤
  综合所得      │  ┌ 其他扣除 ─────────────────────────────┐
                │  │                                         │
                │  │  个人缴付符合国家规定的企业年金、职业年金│
                └──┤  个人购买符合国家规定的商业健康保险      │
                   │  税收递延型商业养老保险的支出            │
                   │  国务院规定可以扣除的其他项目            │
                   └─────────────────────────────────────────┘

  非居民个人的
  工资薪金所得    应纳税所得额=月收入额-5 000
```

图 2 (续)

```
                    ┌─ 劳务报酬所得、      应纳税所得额=每次收入×(1-20%)
                    │  特许权使用费所得
                    │
                    ├─ 稿酬所得          应纳税所得额=每次收入×(1-20%)×70%
       应           │
       纳           ├─ 经营所得          应纳税所得额=年收入额-成本-费用
       税           │
       所           │                   ┌─ 收入>4 000  应纳税所得额=收入×(1-20%)
       得           ├─ 财产租赁所得 ─────┤
       额           │                   └─ 收入≤4 000  应纳税所得额=收入-800
                    │
                    ├─ 财产转让所得      应纳税所得额=收入额-财产原值-合理费用
                    │
                    └─ 利息股息红利所得   应纳税所得额=每次收入额
                       偶然所得
```

↓ 具体解释

所得形式	确定所得额的方式	
实物	有凭证	按照凭证注明的价格
	无凭证或凭证上注明的价格明显偏低	参照市场价格核定
有价证券	根据票面价格和市场价格核定	
其他形式的经济利益	参照市场价格核定	

```
            ┌─ 劳务报酬所得、稿酬所 ┬─ 一次性收入的,以取得该项收入为一次
            │  得、特许权使用费所得 │
            │                      └─ 同一项目连续性收入的,以一个月内
   每                                  取得的收入为一次
   次       │
   收       ├─ 财产租赁所得         以一个月内取得的收入为一次
   入       │
   的       ├─ 利息、股息、红利所得  以支付时取得的收入为一次
   界       │
   定       └─ 偶然所得             以每次取得该项收入为一次
```

```
            ┌─ 成本、费用   指生产、经营活动中发生的各项直接支出和
            │              分配计入成本的间接费用以及销售费用、管
            │              理费用、财务费用
            │
            │              生产、经营活动中发生的固定资产和存货的盘亏、
            ├─ 损失        毁损、报废损失,转让财产损失,坏账损失,自
   经        │              然灾害等不可抗力因素造成的损失以及其他损失
   营        │
   所        │              没有综合所得的,计算应纳税所得额时,应当减
   得        ├─ 扣除项目    除费用6万元、专项扣除、专项附加扣除及其他
            │              扣除。专项附加扣除在办理汇算清缴时减除
            │
            │              从事生产、经营活动,未提供完整、准确的纳税资
            └─ 核定        料,不能正确计算应纳税所得额的,由主管税务机
                           关核定应纳税所得额或者应纳税额
```

图2 (续)

第一章 基本法规释义

财产转让所得

财产原值确定方法
- (一) 有价证券，为买入价以及买入时按照规定交纳的有关费用
- (二) 建筑物，为建造费或者购进价格以及其他有关费用
- (三) 土地使用权，为取得土地使用权所支付的金额、开发土地的费用以及其他有关费用
- (四) 机器设备、车船，为购进价格、运输费、安装费以及其他有关费用

(注：未提供完整、准确的财产原值凭证，不能确定原值的，税务机关核定)

合理费用：卖出财产时按照规定支付的有关税费

注：两个以上的个人共同取得同一项目收入的，应当对每个人取得的收入分别按照个人所得税法的规定计算纳税

通过中国境内的公益性社会组织、国家机关向教育、扶贫、济困等公益慈善事业的捐赠可在计算扣除捐赠额之前的应纳税所得额中扣除

抵免

居民个人境外所得已在境外缴纳的税额可抵免应纳税额，但抵免额不得超过该纳税人境外所得按规定计算的应纳税额。（申请抵免，应当提供境外税务机关出具的税款所属年度的有关纳税凭证。）

居民个人境外所得已在境外缴纳的税额
居民个人来源于中国境外的所得，依照该所得来源国家(地区)的法律应当缴纳并且实际已经缴纳的所得税税额

境外所得规定计算的应纳税额
居民个人抵免已在境外缴纳的综合所得、经营所得以及其他所得的所得税税额的限额(抵免限额)。来源于中国境外一个国家(地区)的综合所得抵免限额、经营所得抵免限额、其他所得抵免限额之和，为来源于该国家(地区)所得的抵免限额

抵免的两种情形
- 境外一个国家(地区)已经缴纳的个人所得税税额，低于来源于该国家(地区)所得的抵免限额的，应当在中国缴纳差额税款
- 境外一个国家(地区)已经缴纳的个人所得税税额，高于来源与该国家(地区)所得的抵免限额的，超过部分不得在本纳税年度的应纳税额中抵免，但是可以在以后纳税年度来源于该国家(地区)所得的抵免限额的余额中补扣。补扣期限最长不得超过5年

反避税

税务机关纳税调整后加收的利息的计算
- 按照税款所属纳税申报期最后一日中国人民银行公布的与补税期间同期的人民币贷款基准利率计算
- 自税款期纳税申报期满次日起至补缴税款期限届满之日止按日加收。纳税人在补缴税款期限届满前补缴税款的，利息加收至补缴税款之日

图 2 （续）

```
                    ┌─ 纳税人 ─┬─ 纳税人可以委托扣缴义务人或者其他单位和个人办理汇算清缴
                    │         │
                    │         ├─ 纳税人发现扣缴义务人提供或者扣缴申报的个人信息等与实际情况不符的，有权要求扣缴义务人修改。拒绝修改的，纳税人应当报告税务机关，税务机关应当及时处理。
                    │         │
                    │         └─ 纳税人、扣缴义务人应当按照规定保存与专项附加扣除相关的资料。税务机关可进行抽查，税务机关发现纳税人提供虚假信息的，应当责令改正并通知扣缴义务人；情节严重的，有关部门应当依法予以处理，纳入信用信息系统并实施联合惩戒
纳税人和扣缴义务人 ─┤
                    │         ┌─ 扣缴义务人向个人支付应税款项时，应当依规定预扣或者代扣税款，按时缴库，并专项记载备查。支付，包括现金支付、汇拨支付、转账支付和以有价证券、实物以及其他形式的支付
                    │         │
                    └─扣缴义务人┼─ 扣缴义务人在代扣税款的次月15日内，向主管税务机关报送其支付所得的所有个人的有关信息、支付所得数额、扣除事项和数额、扣缴税款的具体数额和总额以及其他相关涉税信息资料
                              │
                              └─ 扣缴义务人应当按照纳税人提供的信息计算办理扣缴申报，不得擅自更改纳税人提供的信息
```

综合所得汇算清缴 ── 取得综合所得需要办理汇算清缴的情形
- （一）从两处以上取得综合所得，且综合所得年收入额减除专项扣除的余额超过6万元
- （二）取得劳务报酬所得、稿酬所得、特许权使用费所得中一项或者多项所得，且综合所得年收入额减除专项扣除的余额超过6万元
- （三）纳税年度内预缴税额低于应纳税额
- （四）纳税人申请退税
  （注：纳税人申请退税，应当提供在境内开设的银行账户，并在汇算清缴地就地办理税款退库）

```
                    ┌─ 居民个人取得工资、薪金所得 ── 扣缴义务人扣缴税款时减除
                    │
专项附加扣除 ───────┼─ 从两处以上取得工资、薪金所得，并由扣缴义务人减除专项附加扣除 ── 同一专项附加扣除项目，在一个纳税年度内只能选择从一处取得的所得中减除
                    │
                    └─ 居民个人取得劳务报酬所得、稿酬所得、特许权使用费所得 ── 汇算清缴时减除
```

图2（续）

```
┌──────┬─────────────────────────────────────────────────────────────────┐
│      │ 申请退税时提供的汇算清缴信息有错误的,税务机关应当告知          │
│ 退   │ 其更正;税务人更正的,税务机关应当及时办理退税                  │
│ 税   ├─────────────────────────────────────────────────────────────────┤
│      │ 扣缴义务人未将扣缴的税款解缴入库的,不影响纳税人按照规         │
│      │ 定申请退税,税务机关应当凭纳税人提供的有关资料办理退税         │
└──────┴─────────────────────────────────────────────────────────────────┘

┌──────┬─────────────────────────────────────────────────────────────────┐
│      │ 办理纳税申报或者扣缴申报的上一月最后一日                        │
│      │ 人民币汇率中间价折算                                            │
│ 外币 ├─────────────────────────────────────────────────────────────────┤
│ 折算 │ 汇算清缴时无需补缴税款的,不再重新折算                          │
│      ├─────────────────────────────────────────────────────────────────┤
│      │ 汇算清缴时需要补税的,应当补缴税款的所得部分,                  │
│      │ 按照上一纳税年度最后一日人民币汇率中间价折算                    │
└──────┴─────────────────────────────────────────────────────────────────┘

┌──────┬─────────────────────────────────────────────────────────────────┐
│      │ 付给扣缴义务人手续费,应当填开退还书;扣缴义务                  │
│      │ 人凭退还书,按照国库管理有关规定办理退库手续                    │
│      ├─────────────────────────────────────────────────────────────────┤
│ 其他 │ 个人所得税纳税申报表、扣缴个人所得税报告表和                    │
│ 事项 │ 个人所得税完税凭证式样,由国务院税务主管部门                    │
│      │ 统一制定                                                        │
│      ├─────────────────────────────────────────────────────────────────┤
│      │ 军队人员个人所得税征收事宜,按照有关规定执行                    │
│      ├─────────────────────────────────────────────────────────────────┤
│      │ 自2019年1月1日起施行                                            │
└──────┴─────────────────────────────────────────────────────────────────┘
```

图 2 (续)

第二章 基本法规要点难点

第一节 纳税人

扫码听课

一、概述

居民个人,是指在中国境内有住所,或者无住所而一个纳税年度内在中国境内居住累计满 183 天的个人,居民个人从中国境内和境外取得的所得,依法缴纳个人所得税。

非居民纳税人,是指在中国境内无住所又不居住,或者无住所而一个纳税年度内在中国境内居住累计不满 183 天的个人,非居民个人仅就从中国境内取得的所得,依法缴纳个人所得税。

二、要点难点

问题 1 居民个人和非居民个人如何判定

〖答〗个人所得税以所得人为纳税人,纳税人分为居民个人和非居民个人。居民个人和非居民个人的判定标准及纳税义务如表 1 所示。

表 1 居民个人与非居民个人的判定标准及纳税义务明细表

纳税人	判定标准	纳税义务
居民个人	两者满足其一: 1. 在中国境内有住所 2. 在中国境内无住所而一个纳税年度内在中国境内居住累计满 183 天	无限纳税义务:中国境内和境外取得的所得
非居民个人	两者满足其一: 1. 在中国境内无住所又不居住 2. 在中国境内无住所而一个纳税年度内在中国境内居住不满 183 天	有限纳税义务:中国境内取得的所得

注:我国对于居民身份的确定,采用的是"住所"和"居住时间"这两个标准,同时实行居民税收管辖权和地域税收管辖权。对于居民身份的确认,国际上的标准有"住所""居所""居住时间""国籍"这四种,而对于税收的管辖权,国际上有居民管辖权、公民管辖权和地域管辖权这三种。

由于各国税法规定的居民纳税人身份判定标准不一致,当一个纳税人跨越国境从事国际经济活动时,就可能同时被两个国家认定为居民纳税人,造成居民税收管辖权冲突。通常,在双边协定中确定一种能被共同接受的规范来解决这一问题。

政策依据

《中华人民共和国个人所得税法》(中华人民共和国主席令第九号)第一条、第九条第一款

第一条 在中国境内有住所,或者无住所而一个纳税年度内在中国境内居住累计满一百八十三天的个人,为居民个人。居民个人从中国境内和境外取得的所得,依照本法规定缴纳个人所得税。

在中国境内无住所又不居住,或者无住所而一个纳税年度内在中国境内居住累计不满一百八十三天的个人,为非居民个人。非居民个人从中国境内取得的所得,依照本法规定缴纳个人所得税。

纳税年度,自公历一月一日起至十二月三十一日止。

第九条　个人所得税以所得人为纳税人,以支付所得的单位或者个人为扣缴义务人。

案例 1

美国居民戴森,于2020年8月20日来到中国,并于2021年5月20日离开中国。请问:

(1) 戴森在中国应该如何缴纳个人所得税?

(2) 假设戴森出于工作原因,推迟至7月20日才离开中国,他在中国又应该如何缴纳个人所得税?

〖答〗居民个人和非居民个人的居住时间标准是一个纳税年度内的累计居住时间。纳税年度指自公历1月1日起至12月31日止。

(1) 戴森于2021年5月20日离开中国,在2020年和2021年两个纳税年度都未居住满183天,判定戴森为中国的非居民个人,仅就来源于中国境内的所得在中国缴纳所得税。

(2) 假设戴森推迟至7月20日才离开中国,2020年依然是非居民个人,仅就来源于中国境内的所得在中国缴纳所得税。2021年在中国共居住了201天,达到了一个纳税年度居住满183天的条件,属于中国的居民个人,2021年他来源于中国境内的所得和来源于中国境外的所得都需要缴纳个人所得税。

问题2　如何判定纳税人在中国境内有住所

〖答〗判定纳税人在中国境内有住所的方法如图3所示。

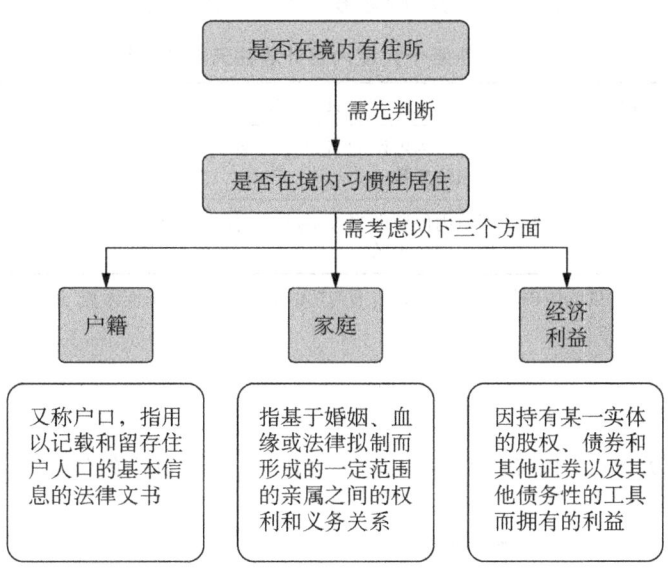

图3　在中国境内有住所的判定

注:本书认为,多数情形下以户籍为判定标准,通常来说,有中国户籍的人,会被判定为在中国习惯性居住,在中国境内有住所。

【提示】"习惯性居住",相当于定居的概念,指的是个人在较长时间内,相对稳定地在一地居住。出于学习、工作、探亲、旅游等原因虽然在境内居住,但这些原因消除后仍然准备回境外居住的,不属于在境内习惯性居住。因此,"有住所"并不等于"有房产",也不等于实际居住或在某一特定时期内的居住地。

📝 政策依据

一、《中华人民共和国个人所得税法实施条例》第二条

个人所得税法所称在中国境内有住所,是指因户籍、家庭、经济利益关系而在中国境内习惯性居住。

二、税务总局《新个人所得税法实施条例及过渡期政策纳税人常见疑问30答》

问:如何判定在中国境内有住所?

【答】纳税人在中国境内有住所,是指由于户籍、家庭、经济利益关系等原因,而在中国境内"习惯性居住"。在这一判定规则中,"户籍、家庭、经济利益关系"是判定有住所的原因条件,"习惯性居住"是判定有住所的结果条件。实践中,一般是根据纳税人"户籍、家庭、经济利益关系"等具体情况,综合判定是否属于"习惯性居住"这一状态。

"习惯性居住",相当于定居的概念,指的是个人在较长时间内,相对稳定地在一地居住。对于因学习、工作、探亲、旅游等原因虽然在境内居住,但这些原因消除后仍然准备回境外居住的,不属于在境内习惯性居住。从这一点可以看出,"有住所"并不等于"有房产"。

三、《国家税务总局关于印发〈征收个人所得税若干问题的规定〉的通知》(国税发〔1994〕89号)第一条

关于如何掌握"习惯性居住"的问题

条例第二条规定,在中国境内有住所的个人,是指因户籍、家庭、经济利益关系而在中国境内习惯性居住的个人。所谓习惯性居住,是判定纳税义务人是居民或非居民的一个法律意义上的标准,不是指实际居住或在某一个特定时期内的居住地。如因学习、工作、探亲、旅游等而在中国境外居住的,在其原因消除之后、必须回到中国境内居住的个人,则中国即为该纳税人习惯性居住地。

问题3 无住所个人一个纳税年度的境内累积居住天数如何计算

【答】无住所个人一个纳税年度的境内累积居住天数的计算方法如表2所示。

表2 无住所个人境内累计居住天数的计算

计算范围	计算要点	具体规定	用途
一个纳税年度(自公历一月一日起至十二月三十一日止)	在中国境内累计停留的天数	在中国境内停留的当天满24小时的,计入中国境内居住天数	用于区分居民纳税人和非居民纳税人
		中国境内停留的当天不足24小时的,不计入中国境内居住天数	

注: "无住所个人一个纳税年度的境内累积居住天数",需与"无住所个人境内工作天数"进行区分,后者将在本书第三章外籍个人部分进行详解。

📝 政策依据

《财政部 税务总局关于在中国境内无住所的个人居住时间判定标准的公告》(财政部 税务总局公告2019年第34号)第二条

无住所个人一个纳税年度内在中国境内累计居住天数,按照个人在中国境内累计停留的天数计算。在中国境内停留的当天满24小时的,计入中国境内居住天数,在中国境内停留的当天不足24小时的,不计入中国境内居住天数。

小梅为香港居民,在深圳工作,每周一早上来深圳上班,周五晚上回香港。请问小梅当年在境内的累计居住天数是多少?

【答】小梅周一和周五当天在深圳停留都不足24小时,因此不计入境内居住天数,周

六、周日 2 天也不计入,每周可计入的天数仅为 3 天,按全年 52 周计算,小梅全年在境内居住天数为 156 天,未超过 183 天,属于非居民个人,小梅取得的全部境外所得,无需缴纳个人所得税。

问题 4　外籍个人都是非居民个人吗

〖答〗外籍个人和非居民个人是两个不同的概念,他们的区别如表 3 所示。

表 3　外籍个人和非居民个人的区别

项目	名词来源	判定标准
外籍个人	非法律名词	非中国国籍的人士
非居民个人	《中华人民共和国个人所得税法》	满足其一: ① 在中国境内无住所又不居住 ② 在中国境内无住所而一个纳税年度内在中国境内居住不满 183 天

一般情况下,以户籍标准来判断是否在境内习惯性居住,外籍个人属于"境内无住所"的类别,需根据居住时间进一步判断属于居民个人还是非居民个人,如表 4 所示。

表 4　外籍个人与非居民个人的关系

纳税人	境内有住所		居民个人	中国境内所得、境外所得纳税
	境内无住所(外籍个人属于该类别)	一个纳税年度内在中国境内居住累计满 183 天	居民个人	中国境内所得、境外所得纳税
		一个纳税年度内在中国境内居住累计不满 183 天	非居民个人	中国境内所得纳税
		不居住		

《中华人民共和国个人所得税法》第一条

在中国境内有住所,或者无住所而一个纳税年度内在中国境内居住累计满一百八十三天的个人,为居民个人。居民个人从中国境内和境外取得的所得,依照本法规定缴纳个人所得税。

在中国境内无住所又不居住,或者无住所而一个纳税年度内在中国境内居住累计不满一百八十三天的个人,为非居民个人。非居民个人从中国境内取得的所得,依照本法规定缴纳个人所得税。

问题 5　如何区分境内所得和境外所得

〖答〗从中国境内和境外取得的所得,分别是指来源于中国境内的所得和来源于中国境外的所得。判断一项所得属于境内所得还是境外所得的方法如表 5 所示。

表 5　区分境内所得、境外所得的方法

序号	所得项目	来源于境内所得	来源于境外所得
1	工资薪金所得	因任职、受雇、履约等在境内提供劳务	因任职、受雇、履约等在境外提供劳务
2	劳务报酬所得		
3	稿酬所得	由境内企业、事业单位、其他组织支付或者负担	由境外企业以及其他组织支付且负担

(续表)

序号	所得项目	来源于境内所得	来源于境外所得
4	特许权使用费所得	在境内使用	在境外使用
5	财产租赁所得		
6	经营所得	在境内从事生产、经营活动	在境外从事生产、经营活动
7	财产转让所得(转让不动产)	不动产在中国境内	不动产在中国境外
8	财产转让所得(权益性资产)	权益性资产是对境内企业以及其他组织投资形成的	权益性资产是对境外企业以及其他组织投资形成的(若该权益性资产被转让前三年内的任一时间,被投资企业或其他组织的资产公允价值50%以上直接或间接来自位于中国境内的不动产的,取得的所得为来源于中国境内的所得)
9	财产转让所得(动产转让)	在中国境内转让	在中国境外转让
10	利息、股息、红利所得	从中国境内企业、事业单位、其他组织以及居民个人取得	从中国境外企业、其他组织以及非居民个人取得
11	偶然所得	境内企业、其他组织以及居民个人支付或负担	境外企业、其他组织以及非居民个人支付且负担

注：表5中"经营所得"和"偶然所得"的来源于境内所得部分的情形税法中无明确规定,表格中所列为本书归纳。无住所个人取得工资薪金所得来源地的判断较特殊,本书第三章外籍个人将会进行详解。

【提示】由于非居民个人只需就境内所得纳税,因此对于非居民个人来说区分境内所得和境外所得尤为重要。

一、《中华人民共和国个人所得税法实施条例》第二条、第三条

第二条 所称从中国境内和境外取得的所得,分别是指来源于中国境内的所得和来源于中国境外的所得。

第三条 除国务院财政、税务主管部门另有规定外,下列所得,不论支付地点是否在中国境内,均为来源于中国境内的所得：

（一）因任职、受雇、履约等在中国境内提供劳务取得的所得；

（二）将财产出租给承租人在中国境内使用而取得的所得；

（三）许可各种特许权在中国境内使用而取得的所得；

（四）转让中国境内的不动产等财产或者在中国境内转让其他财产取得的所得；

（五）从中国境内企业、事业单位、其他组织以及居民个人取得的利息、股息、红利所得。

二、《财政部 国家税务总局关于非居民个人和无住所居民个人有关个人所得税政策的公告》（财政部 税务总局公告2019年第35号）第一条第四项

由境内企业、事业单位、其他组织支付或者负担的稿酬所得,为来源于境内的所得。

三、《财政部 税务总局关于境外所得有关个人所得税政策的公告》（财政部 税务总局公告2020年第3号）第一条

下列所得,为来源于中国境外的所得：

（一）因任职、受雇、履约等在中国境外提供劳务取得的所得；

(二)中国境外企业以及其他组织支付且负担的稿酬所得;

(三)许可各种特许权在中国境外使用而取得的所得;

(四)在中国境外从事生产、经营活动而取得的与生产、经营活动相关的所得;

(五)从中国境外企业、其他组织以及非居民个人取得的利息、股息、红利所得;

(六)将财产出租给承租人在中国境外使用而取得的所得;

(七)转让中国境外的不动产、转让对中国境外企业以及其他组织投资形成的股票、股权以及其他权益性资产(以下称权益性资产)或者在中国境外转让其他财产取得的所得。但转让对中国境外企业以及其他组织投资形成的权益性资产,该权益性资产被转让前三年(连续36个公历月份)内的任一时间,被投资企业或其他组织的资产公允价值50%以上直接或间接来自位于中国境内的不动产的,取得的所得为来源于中国境内的所得;

(八)中国境外企业、其他组织以及非居民个人支付且负担的偶然所得;

(九)财政部 税务总局另有规定的,按照相关规定执行。

案例 3

戴森是美国的一名技术研发人员,拥有自己的实验室,2020年他取得如下所得。

(1)出租自己在中国境内的房屋,取得租金20万元。

(2)在位于美国的实验室里为中国的一家公司提供研发的指导服务,取得服务费100万元。

(3)与中国境内一家公司签订协议,授权该公司在中国境内使用戴森自有的一项专利技术。按照协议,收到了该公司支付的200万元的使用费。

(4)向日本人井田转让了其在中国一家公司的股权,取得收入1 000万日元。

请问上述所得中,哪些是来源于中国境内的所得?

〖答〗(1)出租中国境内的房屋在中国境内使用,取得租金属于来源于中国境内的所得,需按照中国税法的规定缴纳个人所得税。

(2)戴森取得的服务费虽然是在中国境内支付的,但属于发生在美国的劳务,按照劳务发生地判断,该项所得属于中国境外所得,无需按照中国税法的规定缴纳个人所得税。

(3)该专利在中国境内使用,取得的特许权使用费属来源于中国境内的所得,需按照中国税法的规定缴纳个人所得税。

(4)戴森向日本人转让的股权是其在中国境内的股权,取得所得属来源于中国境内的所得,需按照中国税法的规定缴纳个人所得税。

问题6 无住所个人哪种情形可以免征个税

〖答〗无住所个人征免情况如表6所示。

表6 无住所个人征免情况明细表

纳税人	居住时间	境内所得		境外所得	
		境内支付或负担	境外支付又负担	境内支付或负担	境外支付或负担
非居民个人	不满90天	征收	工资薪金所得:免征 其他所得:征收	不征	不征
	满90天,不满183天	征收	征收	不征	不征

(续表)

纳税人	居住时间	境内所得		境外所得	
		境内支付或负担	境外支付又负担	境内支付或负担	境外支付或负担
居民个人	满183天的年度连续不满6年	征收	征收	征收	免征
	满183天的年度连续满6年	征收	征收	征收	征收

注：在中国境内居住累计满183天的任一年度中有一次离境超过30天的，其在中国境内居住累计满183天的年度的连续年限重新起算。

连续居住"满六年"的年限从2019年1月1日起计算，2019年之前的年限不再纳入计算范围。因此，2024年（含）之前，所有无住所个人在境内居住年限都不满六年，其取得境外支付的境外所得都能享受免税优惠。

本表所列人员不包括高管，高管属于非居民个人的，境内支付或负担的境外所得存在特殊规定，详见本书第三章第七节。

政策依据

一、《中华人民共和国个人所得税法实施条例》第四条、第五条

第四条 在中国境内无住所的个人，在中国境内居住累计满183天的年度连续不满六年的，经向主管税务机关备案，其来源于中国境外且由境外单位或者个人支付的所得，免予缴纳个人所得税；在中国境内居住累计满183天的任一年度中有一次离境超过30天的，其在中国境内居住累计满183天的年度的连续年限重新起算。

第五条 在中国境内无住所的个人，在一个纳税年度内在中国境内居住累计不超过90天的，其来源于中国境内的所得，由境外雇主支付并且不由该雇主在中国境内的机构、场所负担的部分，免予缴纳个人所得税。

二、《财政部 税务总局关于在中国境内无住所的个人居住时间判定标准的公告》（财政部 税务总局公告2019年第34号）第一条

无住所个人一个纳税年度在中国境内累计居住满183天的，如果此前六年在中国境内每年累计居住天数都满183天而且没有任何一年单次离境超过30天，该纳税年度来源于中国境内、境外所得应当缴纳个人所得税；如果此前六年的任一年在中国境内累计居住天数不满183天或者单次离境超过30天，该纳税年度来源于中国境外且由境外单位或者个人支付的所得，免予缴纳个人所得税。

前款所称此前六年，是指该纳税年度的前一年至前六年的连续六个年度，此前六年的起始年度自2019年（含）以后年度开始计算。

案例 4

小松是澳门居民，2014年1月1日来广州工作，2026年9月30日回到澳门工作，在此期间，除2025年5月1日至6月15日临时回澳门处理公务外，其余时间一直停留在广州。请问此种情况下小松在境内如何缴纳个人所得税？

【答】（1）根据财税2019年第34号的规定，连续居住"满六年"的年限从2019年1月1日起计算，2019年之前的年限不再纳入计算范围。因此，2019年至2024年期间，小松先生在境内居住累计满183天的年度连续不满六年，其取得的境外支付的境外所得，可免征个人所得税。

（2）2025年，小松在境内居住满183天，且从2019年开始计算，他在境内居住累计满183天的年度已经连续满六年（2019年至2024年），且这六年没有单次离境超过30天的情形，2025年，小松应就在境内和境外取得的所得缴纳个人所得税。

（3）2026年，由于小松2025年有单次离境超过30天的情形（2025年5月1日至6月

15日),其在内地居住累计满183天的连续年限清零,重新起算,2026年当年小松取得的境外支付的境外所得,可以免征个人所得税。

第二节 征收项目

一、概述

个人所得税的征收项目包括工资、薪金所得、劳务报酬所得、稿酬所得、特许权使用费所得、经营所得、利息、股息、红利所得、财产租赁所得、财产转让所得、财产转让所得、偶然所得。

二、要点难点

问题7 个人所得税的具体征收范围是什么

〖答〗个人所得税的具体征收范围如表7所示。

表7 个人所得税的征收范围

序号	征收项目	具体范围
1	工资、薪金所得	个人因任职或者受雇取得的工资、薪金、奖金、年终加薪、劳动分红、津贴、补贴以及与任职或者受雇有关的其他所得
2	劳务报酬所得	个人从事劳务取得的所得,包括从事设计、装潢、安装、制图、化验、测试、医疗、法律、会计、咨询、讲学、翻译、审稿、书画、雕刻、影视、录音、录像、演出、表演、广告、展览、技术服务、介绍服务、经纪服务、代办服务以及其他劳务取得的所得
3	稿酬所得	个人因其作品以图书、报刊等形式出版、发表而取得的所得
4	特许权使用费所得	个人提供专利权、商标权、著作权、非专利技术以及其他特许权的使用权取得的所得;提供著作权的使用权取得的所得,不包括稿酬所得
5	经营所得	1. 个体工商户从事生产、经营活动取得的所得,个人独资企业投资人、合伙企业的个人合伙人来源于境内注册的个人独资企业、合伙企业生产、经营的所得
		2. 个人依法从事办学、医疗、咨询以及其他有偿服务活动取得的所得
		3. 个人对企业、事业单位承包经营、承租经营以及转包、转租取得的所得
		4. 个人从事其他生产、经营活动取得的所得
6	利息、股息、红利所得	个人拥有债权、股权等而取得的利息、股息、红利所得
7	财产租赁所得	个人出租不动产、机器设备、车船以及其他财产取得的所得
8	财产转让所得	个人转让有价证券、股权、合伙企业中的财产份额、不动产、机器设备、车船以及其他财产取得的所得
9	偶然所得	个人得奖、中奖、中彩以及其他偶然性质的所得

注:2018年《中华人民共和国个人所得税法》的修订,取消了原"个体工商户的生产、经营所得"与"对企事业单位的承包、承租经营所得"的征收项目,新设立"经营所得"项目。

一、《中华人民共和国个人所得税法》第二条

下列各项个人所得,应当缴纳个人所得税:

(一)工资、薪金所得;

(二)劳务报酬所得;

（三）稿酬所得；

（四）特许权使用费所得；

（五）经营所得；

（六）利息、股息、红利所得；

（七）财产租赁所得；

（八）财产转让所得；

（九）偶然所得。

二、《中华人民共和国个人所得税法实施条例》第六条

个人所得税法规定的各项个人所得的范围：

（一）工资、薪金所得，是指个人因任职或者受雇取得的工资、薪金、奖金、年终加薪、劳动分红、津贴、补贴以及与任职或者受雇有关的其他所得。

（二）劳务报酬所得，是指个人从事劳务取得的所得，包括从事设计、装潢、安装、制图、化验、测试、医疗、法律、会计、咨询、讲学、翻译、审稿、书画、雕刻、影视、录音、录像、演出、表演、广告、展览、技术服务、介绍服务、经纪服务、代办服务以及其他劳务取得的所得。

（三）稿酬所得，是指个人因其作品以图书、报刊等形式出版、发表而取得的所得。

（四）特许权使用费所得，是指个人提供专利权、商标权、著作权、非专利技术以及其他特许权的使用权取得的所得；提供著作权的使用权取得的所得，不包括稿酬所得。

（五）经营所得，是指：

1. 个体工商户从事生产、经营活动取得的所得，个人独资企业投资人、合伙企业的个人合伙人来源于境内注册的个人独资企业、合伙企业生产、经营的所得；

2. 个人依法从事办学、医疗、咨询以及其他有偿服务活动取得的所得；

3. 个人对企业、事业单位承包经营、承租经营以及转包、转租取得的所得；

4. 个人从事其他生产、经营活动取得的所得。

（六）利息、股息、红利所得，是指个人拥有债权、股权等而取得的利息、股息、红利所得。

（七）财产租赁所得，是指个人出租不动产、机器设备、车船以及其他财产取得的所得。

（八）财产转让所得，是指个人转让有价证券、股权、合伙企业中的财产份额、不动产、机器设备、车船以及其他财产取得的所得。

（九）偶然所得，是指个人得奖、中奖、中彩以及其他偶然性质的所得。

案例 5

小松是一名公司职员，同时利用业余时间写小说，2020年9月他取得如下所得。

（1）公司发放的工资10 000元、奖金2 000元、交通补助800元，中秋节购物卡1 000元。

（2）出版一本小说，收到稿酬20 000元。

（3）将自己写的另一部小说手稿在国内公开拍卖，获得了100 000元的收入。

（4）在自己汽车的车体上印刷了某家公司的广告语，收到该公司支付的2 000元。

（5）将100万元人民币出借给朋友王某的公司，收到该公司支付的利息5万元。

（6）在某商场的宣传活动中获赠价值1 000元的空气净化器。

请问小松9月取得的各项所得应按照什么项目来缴纳个人所得税？

〖答〗（1）小松取得的工资10 000元、奖金2 000元、交通补助800元以及商场购物卡1 000元都是因任职或者受雇而获得的所得，应当按照"工资、薪金所得"项目缴纳个人所得税。

（2）小松出版小说的稿酬，按照"稿酬所得"缴纳个人所得税。

（3）根据《国家税务总局关于加强和规范个人取得拍卖收入征收个人所得税有关问题的

通知》(国税发〔2007〕38号)的规定:作者将自己的文字作品手稿原件或复印件拍卖取得的所得,按照"特许权使用费所得"项目缴纳个人所得税。因此100 000元的拍卖收入应按照"特许权使用费所得"缴纳个人所得税。

(4)车体上印刷广告语的所得2 000元,性质上属于有形动产的租赁所得,应当按照"财产租赁所得"缴纳个人所得税。

(5)小松获得的利息收入应该按照"利息、股息、红利所得"缴纳个人所得税。

(6)根据《财政部 税务总局关于个人取得有关收入适用个人所得税应税所得项目的公告》(财政部 税务总局公告2019年第74号)的相关规定,小松在商场的业务宣传活动中受赠礼品的所得,应按照"偶然所得"缴纳个人所得税。

问题8 劳动分红和股权分红按什么项目征收个税

〖答〗劳动分红和股权分红虽然都是分红,但业务实质不同,适用的征收项目也不同,具体分析如表8所示。

表8 劳动分红和股权分红适用征收项目

类型	内容	征收项目
劳动分红	企业支付了工资后,再将一定比例的利润或超额利润向劳动者进行分配	工资、薪金所得
股权分红	股东按股份应分配的利润	利息、股息、红利所得

注:有关劳动分红的详解请查阅本书第三章相关内容。

《中华人民共和国个人所得税法》第六条第一项、第六项

工资、薪金所得,是指个人因任职或者受雇取得的工资、薪金、奖金、年终加薪、劳动分红、津贴、补贴以及与任职或者受雇有关的其他所得。

利息、股息、红利所得,是指个人拥有债权、股权等而取得的利息、股息、红利所得。

问题9 员工取得股票期权收入按什么项目征收个税

〖答〗员工取得股票期权收入应区分不同情形和不同阶段来判断适用征收项目。

不可公开交易的股票期权适用的征收项目如图4所示。

可公开交易的股票期权适用的征收项目如图5所示。

一、《财政部 国家税务总局关于个人股票期权所得征收个人所得税问题的通知》(财税〔2005〕35号)第二条

(一)员工接受实施股票期权计划企业授予的股票期权时,除另有规定外,一般不作为应税所得征税。

(二)员工行权时,其从企业取得股票的实际购买价(施权价)低于购买日公平市场价(指该股票当日的收盘价,下同)的差额,是因员工在企业的表现和业绩情况而取得的与任职、受雇有关的所得,应按"工资、薪金所得"适用的规定计算缴纳个人所得税。

对因特殊情况,员工在行权日之前将股票期权转让的,以股票期权的转让净收入,作为工资薪金所得征收个人所得税。

（三）员工将行权后的股票再转让时获得的高于购买日公平市场价的差额,是因个人在证券二级市场上转让股票等有价证券而获得的所得,应按照"财产转让所得"适用的征免规定计算缴纳个人所得税。

（四）员工因拥有股权而参与企业税后利润分配取得的所得,应按照"利息、股息、红利所得"适用的规定计算缴纳个人所得税。

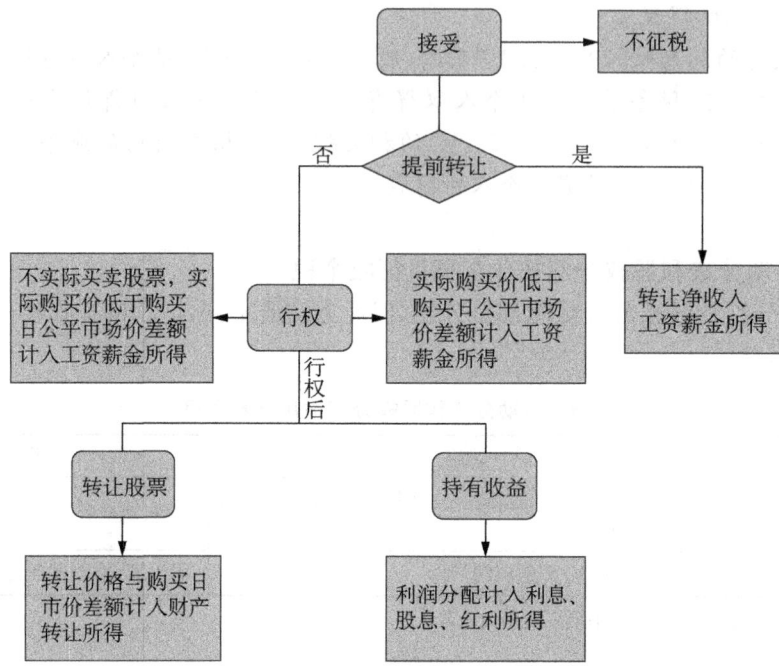

图4 不可公开交易的股票期权适用征收项目

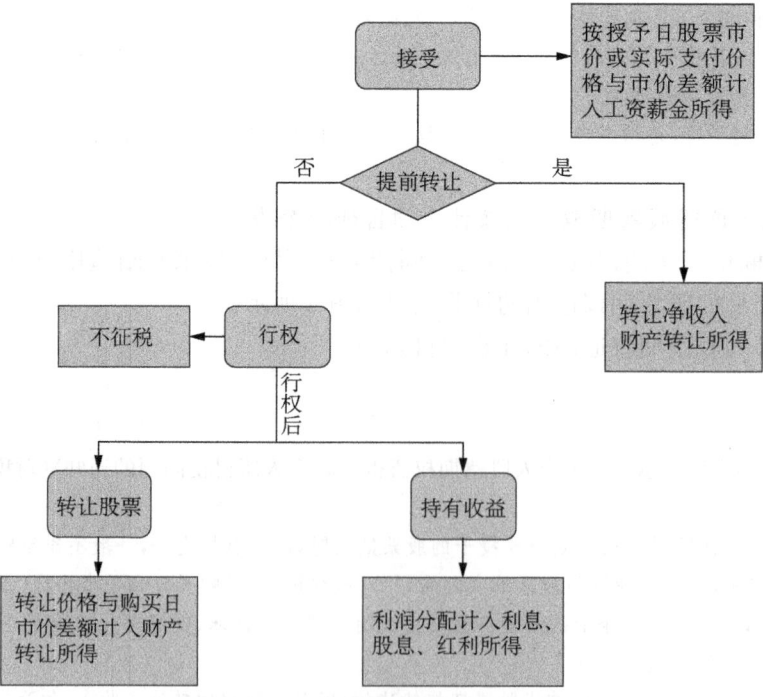

图5 可公开交易的股票期权适用征收项目

二、《关于个人股票期权所得缴纳个人所得税有关问题的补充通知》(国税函〔2006〕902号)第四条、第六条

第四条 凡取得股票期权的员工在行权日不实际买卖股票,而按行权日股票期权所指定股票的市场价与施权价之间的差额,直接从授权企业取得价差收益的,该项价差收益应作为员工取得的股票期权形式的工资薪金所得,按照财税〔2005〕35号文件的有关规定计算缴纳个人所得税。

第六条 部分股票期权在授权时即约定可以转让,且在境内或境外存在公开市场及挂牌价格(以下称可公开交易的股票期权)。员工接受该可公开交易的股票期权时,应作为财税〔2005〕35号文件第二条第一项所述的另有规定情形,按以下规定进行税务处理:

(一)员工取得可公开交易的股票期权,属于员工已实际取得有确定价值的财产,应按授权日股票期权的市场价格,作为员工授权日所在月份的工资薪金所得,并按财税〔2005〕35号文件第四条第一项规定计算缴纳个人所得税。如果员工以折价购入方式取得股票期权的,可以授权日股票期权的市场价格扣除折价购入股票期权时实际支付的价款后的余额,作为授权日所在月份的工资薪金所得。

(二)员工取得上述可公开交易的股票期权后,转让该股票期权所取得的所得,属于财产转让所得,按财税〔2005〕35号文件第四条第二项规定进行税务处理。

(三)员工取得本条第一项所述可公开交易的股票期权后,实际行使该股票期权购买股票时,不再计算缴纳个人所得税。

问题10 出租车运营收入按什么项目征收个税

〖答〗出租车运营的收入需区分不同的情形来确定适用的征税项目,具体界定方法如表9所示。

表9 出租车运营收入适用的征收项目

车辆归属	征收项目	具体业务类型
属于公司	工资、薪金所得	出租汽车经营单位对驾驶员采取单车承包或承租方式运营,驾驶员客货运营取得的收入
属于个人	经营所得	1. 个体出租车运营取得的收入
		2. 出租车属个人所有,挂靠出租汽车经营单位,并缴纳管理费
		3. 经营单位将出租车所有权转移给驾驶员,驾驶员客货运营取得的收入

《机动出租车驾驶员个人所得税征收管理暂行办法》(国税发〔1995〕50号)第六条

出租车驾驶员从事出租车运营取得的收入,适用的个人所得税项目为:

(一)出租汽车经营单位对出租车驾驶员采取单车承包或承租方式运营,出租车驾驶员从事客货运营取得的收入,按工资、薪金所得项目征税。

(二)从事个体出租车运营的出租车驾驶员取得的收入,按个体工商户的生产、经营所得项目缴纳个人所得税。

(三)出租车属个人所有,但挂靠出租汽车经营单位或企事业单位,驾驶员向挂靠单位缴纳管理费的,或出租汽车经营单位将出租车所有权转移给驾驶员的,出租车驾驶员从事客货运营取得的收入,比照个体工商户的生产、经营所得项目征税。

近几年网约车越来越普遍,网约车常见的经营模式有B2C(business to customer)和C2C(customer to customer)两种。在B2C模式下,平台提供车辆,司机与劳务派遣公司签订劳务

协议或合同,成为平台下劳务派遣员工。在C2C模式下,司机使用自有车辆直接进行运输活动,向平台支付管理费。

分析以上两种模式下运营收入按照什么项目缴纳个税?

〖答〗网约车运营收入的个税处理应参照出租车营运收入的相关规定。

在B2C模式下,车属于公司,出租车司机是平台的员工,平台才是真正的承运人,司机的运营收入按照工资、薪金所得缴纳个税,由平台代扣代缴。

在C2C模式下,车属于个人,司机拥有车辆和运营收益的所有权,应按照经营所得缴纳个税。

问题11　企业为个人支付的与生产经营无关的支出按什么项目征收个税

〖答〗企业为个人购买房屋等与生产经营无关的支出,需区分不同情形适用征税项目,具体判断方法如表10所示。

表10　企业为个人支付的与生产经营无关支出征税项目

业务	企业性质	所得人与企业关系	所得项目
公司为个人购买房屋等财产,或借钱给个人购买且年度终了后未归还借款	个人独资企业、合伙企业	投资者或投资者的家庭成员	经营所得
		企业其他人员	工资、薪金所得
	其他企业	投资者或投资者的家庭成员	利息、股息、红利所得
		企业其他人员	工资、薪金所得

政策依据

《财政部　国家税务总局关于企业为个人购买房屋或其他财产征收个人所得税问题的批复》(财税〔2008〕83号)

一、以下情形的房屋或其他财产,不论所有权人是否将财产无偿或有偿交付企业使用,其实质均为企业对个人进行了实物性质的分配,应依法计征个人所得税。

(一)企业出资购买房屋及其他财产,将所有权登记为投资者个人、投资者家庭成员或企业其他人员的;

(二)企业投资者个人、投资者家庭成员或企业其他人员向企业借款用于购买房屋及其他财产,将所有权登记为投资者、投资者家庭成员或企业其他人员,且借款年度终了后未归还借款的。

二、对个人独资企业、合伙企业的个人投资者或其家庭成员取得的上述所得,视为企业对个人投资者的利润分配,按照"个体工商户的生产、经营所得"项目计征个人所得税;对除个人独资企业、合伙企业以外其他企业的个人投资者或其家庭成员取得的上述所得,视为企业对个人投资者的红利分配,按照"利息、股息、红利所得"项目计征个人所得税;对企业其他人员取得的上述所得,按照"工资、薪金所得"项目计征个人所得税。

案例7

2020年11月,梅松有限责任公司为两个股东王冰和李军各购置房产一套,产权登记人分别为王冰、李军的妻子。同时,该公司还为高管张文购置小汽车一辆,产权所有人为张文。

请问以上各项所得应按照什么项目缴纳个人所得税?

〖答〗梅松有限责任公司不属于个人独资企业和合伙企业,而房屋的产权登记人属于该公司的投资者或投资者的家庭成员,因此,公司为王冰和李军购买的房屋应视为红利分配,按照"利息、股息、红利所得"缴纳个人所得税。

汽车的产权登记人张文为公司的普通员工,张文的所得属于因受雇或任职取得的,应该按照"工资、薪金所得"缴纳个人所得税。

问题 12　原税法规定的"其他所得"是否仍征收个税

〖答〗2018 年修订后的《中华人民共和国个人所得税法》的征收项目中删除了原"经国务院财政部门确定征税的其他所得"(以下简称"其他所得"),但是这并不意味着原计入"其他所得"的项目都无需再缴纳个税。"其他所得"征免情况如表 11 所示。

表 11　"其他所得"征免情况汇总

序号	原规定		新规定		
	"其他所得"具体内容	规定出处	是否征收	适用征收项目	规定出处
1	个人为单位或他人提供担保获得收入	财税〔2005〕94 号第二条	征收	偶然所得	财税〔2019〕74 号第一条
2	受赠人因无偿受赠房屋取得的受赠收入(符合财税〔2009〕78 号文第一条规定条件的除外)	财税〔2009〕78 号第三条	征收	偶然所得	财税〔2019〕74 号第二条
3	企业在业务宣传、广告等活动中,随机向本单位以外的个人赠送礼品(包括网络红包,下同),以及企业在年会、座谈会、庆典以及其他活动中向本单位以外的个人赠送礼品,个人取得的礼品收入(赠送的具有价格折扣或折让性质的消费券、代金券、抵用券、优惠券等礼品除外)	财税〔2011〕50 号第二条	征收	偶然所得	财税〔2019〕74 号第三条
4	个人达到规定条件时领取的商业养老金收入中 75%部分按照 10%的比例税率计算缴纳的个人所得税税款	财税〔2018〕22 号第二条第三项	征收	工资、薪金所得	财税〔2019〕74 号第四条
5	银行部门以超过国家规定利率和保值贴补率支付给储户的揽储奖金	财税字〔1995〕64 号	不征收	—	—
6	中国科学院院士荣誉奖金	国税函〔1995〕351 号	不征收	—	—
7	保险公司按投保金额,以银行同期储蓄存款利率支付给在保期内未出险的人寿保险保户的利息	国税函〔1998〕546 号第二条	不征收	—	—
8	个人因任职单位缴纳有关保险费用而取得的无赔款优待收入	国税发〔1999〕58 号第三条	不征收	—	—
9	股民从证券公司取得的此类回扣收入或交易手续费返还收入	国税函〔1999〕627 号	不征收	—	—
10	购房个人因房地产公司未协调好与按揭银行的合作关系,造成购房人不能购房而从房地产公司取得的违约金收入	国税函〔2006〕865 号	不征收	—	—

注:表 11 中关于"其他所得"文件的相应条款已经废止。对于表 11 中所列 5—10 项,由于尚未有新的文件规定需缴纳个税,目前不征收个税。

《财政部　税务总局关于个人取得有关收入适用个人所得税应税所得项目的公告》(财政部　税务总局公告

2019年第74号)第一条至第四条

一、个人为单位或他人提供担保获得收入,按照"偶然所得"项目计算缴纳个人所得税。

二、房屋产权所有人将房屋产权无偿赠与他人的,受赠人因无偿受赠房屋取得的受赠收入,按照"偶然所得"项目计算缴纳个人所得税。按照《财政部 国家税务总局关于个人无偿受赠房屋有关个人所得税问题的通知》(财税〔2009〕78号)第一条规定,符合以下情形的,对当事双方不征收个人所得税:

(一)房屋产权所有人将房屋产权无偿赠与配偶、父母、子女、祖父母、外祖父母、孙子女、外孙子女、兄弟姐妹;

(二)房屋产权所有人将房屋产权无偿赠与对其承担直接抚养或者赡养义务的抚养人或者赡养人;

(三)房屋产权所有人死亡,依法取得房屋产权的法定继承人、遗嘱继承人或者受遗赠人。

前款所称受赠收入的应纳税所得额按照《财政部 国家税务总局关于个人无偿受赠房屋有关个人所得税问题的通知》(财税〔2009〕78号)第四条规定计算。

三、企业在业务宣传、广告等活动中,随机向本单位以外的个人赠送礼品(包括网络红包,下同),以及企业在年会、座谈会、庆典以及其他活动中向本单位以外的个人赠送礼品,个人取得的礼品收入,按照"偶然所得"项目计算缴纳个人所得税,但企业赠送的具有价格折扣或折让性质的消费券、代金券、抵用券、优惠券等礼品除外。

前款所称礼品收入的应纳税所得额按照《财政部 国家税务总局关于企业促销展业赠送礼品有关个人所得税问题的通知》(财税〔2011〕50号)第三条规定计算。

四、个人按照《财政部 税务总局 人力资源社会保障部 中国银行保险监督管理委员会证监会关于开展个人税收递延型商业养老保险试点的通知》(财税〔2018〕22号)的规定,领取的税收递延型商业养老保险的养老金收入,其中25%部分予以免税,其余75%部分按照10%的比例税率计算缴纳个人所得税,税款计入"工资、薪金所得"项目,由保险机构代扣代缴后,在个人购买税延养老保险的机构所在地办理全员全额扣缴申报。

第三节 税率和应纳税所得额

扫码听课

一、概述

《中华人民共和国个人所得税法》和《中华人民共和国个人所得税法实施条例》对各征收项目适用的税率以及应纳税所得额的计算进行了详细的规定。

二、要点难点

问题13 个人所得税的征收方式有哪些

〖答〗个人所得税不同的征收项目对应不同的征收方式,如表12所示。

表12 个税的征收方式汇总

序号	征收项目	征收方式		
		居民个人		非居民个人
		预扣预缴	汇算清缴	
1	工资、薪金所得	按月	属于综合所得,按年度合并计算	按月或者按次分项计算,不办理汇算清缴
2	劳务报酬所得	按月或按次分项计算		
3	稿酬所得			
4	特许权使用费所得			
5	经营所得	按月(季)预缴,按年汇算清缴		

(续表)

序号	征收项目	征收方式		非居民个人
		居民个人		
		预扣预缴	汇算清缴	
6	利息、股息、红利所得	按月或者按次分项计算,不办理汇算清缴		
7	财产租赁所得			
8	财产转让所得			
9	偶然所得			

注:修订后的《中华人民共和国个人所得税法》将居民个人取得表12中1—4项所得,由按月或按次征收改为按月或按次预扣预缴,按年汇算清缴,非居民个人取得1—4项以及个人取得5—9项仍采用分类征税方式。

一、《中华人民共和国个人所得税法》第二条、第十一条

第二条 居民个人取得前款第一项至第四项所得(以下称综合所得),按纳税年度合并计算个人所得税;非居民个人取得前款第一项至第四项所得,按月或者按次分项计算个人所得税。纳税人取得前款第五项至第九项所得,依照本法规定分别计算个人所得税。

第十一条 居民个人取得综合所得,按年计算个人所得税;有扣缴义务人的,由扣缴义务人按月或者按次预扣预缴税款;需要办理汇算清缴的,应当在取得所得的次年三月一日至六月三十日内办理汇算清缴。预扣预缴办法由国务院税务主管部门制定。

非居民个人取得工资、薪金所得,劳务报酬所得,稿酬所得和特许权使用费所得,有扣缴义务人的,由扣缴义务人按月或者按次代扣代缴税款,不办理汇算清缴。

二、《国家税务总局关于个人所得税自行纳税申报有关问题的公告》(国家税务总局公告2018年第62号)第二条

纳税人取得经营所得,按年计算个人所得税,由纳税人在月度或季度终了后15日内,向经营管理所在地主管税务机关办理预缴纳税申报,并报送《个人所得税经营所得纳税申报表(A表)》。在取得所得的次年3月31日前,向经营管理所在地主管税务机关办理汇算清缴,并报送《个人所得税经营所得纳税申报表(B表)》。

问题14 个人所得税的税率分别是多少

〖答〗个人所得税不同的征收项目适用不同的税率,具体情况如表13所示。

表13 个人所得税税率汇总

序号	征收项目	税率		非居民个人
		居民个人		
		预扣预缴	汇算清缴	预扣预缴
1	工资、薪金所得	见表17	综合所得,适用3%—45%的超额累进税率,见表14	见表16
2	劳务报酬所得	见表18		
3	稿酬所得	20%的比例税率		
4	特许权使用费所得			
5	经营所得	5%—35%的超额累进税率,见表15		

(续表)

序号	征收项目	税率		
		居民个人		非居民个人
		预扣预缴	汇算清缴	预扣预缴
6	利息、股息、红利所得	20%的比例税率		
7	财产租赁所得			
8	财产转让所得			
9	偶然所得			

表14 个人所得税税率表一(居民个人综合所得适用)

级数	全年应纳税所得额	税率	速算扣除数
1	不超过36 000元的	3%	0
2	超过36 000元至144 000元的部分	10%	2 520
3	超过144 000元至300 000元的部分	20%	16 920
4	超过300 000元至420 000元的部分	25%	31 920
5	超过420 000元至660 000元的部分	30%	52 920
6	超过660 000元至960 000元的部分	35%	85 920
7	超过960 000元的部分	45%	181 920

(注1:本表所称全年应纳税所得额是指依照本法第六条的规定,居民个人取得综合所得以每一纳税年度收入额减除费用六万元以及专项扣除、专项附加扣除和依法确定的其他扣除后的余额。
注2:非居民个人取得工资、薪金所得、劳务报酬所得、稿酬所得和特许权使用费所得,依照本表按月换算后计算应纳税额。)

表15 个人所得税税率表二(经营所得适用)

级数	全年应纳税所得额	税率	速算扣除数
1	不超过30 000元的	5%	0
2	超过30 000元至90 000元的部分	10%	1 500
3	超过90 000元至300 000元的部分	20%	10 500
4	超过300 000元至500 000元的部分	30%	40 500
5	超过500 000的部分	35%	65 500

(注:本表所称全年应纳税所得额是指依照本法第六条的规定,以每一纳税年度的收入总额减除成本、费用以及损失后的余额。)

表16 个人所得税税率表三(非居民个人的工资、薪金所得、劳务报酬所得、稿酬所得、特许权使用费所得适用)

级数	全月应纳税所得额	税率	速算扣除数
1	不超过3 000元的	3%	0
2	超过3 000元至12 000元的部分	10%	210
3	超过12 000元至25 000元的部分	20%	1 410

(续表)

级数	全月应纳税所得额	税率	速算扣除数
4	超过25 000元至35 000元的部分	25%	2 660
5	超过35 000元至55 000元的部分	30%	4 410
6	超过55 000元至80 000元的部分	35%	7 160
7	超过80 000元的部分	45%	15 160

表17　个人所得税税率表四(居民个人工资、薪金所得预扣预缴适用)

级数	累计预扣预缴应纳税所得额	税率	速算扣除数
1	不超过36 000元的	3%	0
2	超过36 000元至144 000元的部分	10%	2 520
3	超过144 000元至300 000元的部分	20%	16 920
4	超过300 000元至420 000元的部分	25%	31 920
5	超过420 000元至660 000元的部分	30%	52 920
6	超过660 000元至960 000元的部分	35%	85 920
7	超过960 000元的部分	45%	181 920

表18　个人所得税税率表五(居民个人劳务报酬所得预扣预缴适用)

级数	预扣预缴应纳税所得额	税率	速算扣除数
1	不超过20 000元的	20%	0
2	超过20 000元至50 000元的部分	30%	2 000
3	超过50 000元的部分	40%	7 000

政策依据

一、《中华人民共和国个人所得税法》第三条、第十一条

第三条　个人所得税的税率：

(一) 综合所得，适用百分之三至百分之四十五的超额累进税率(税率表附后)；

(二) 经营所得，适用百分之五至百分之三十五的超额累进税率(税率表附后)；

(三) 利息、股息、红利所得，财产租赁所得，财产转让所得和偶然所得，适用比例税率，税率为百分之二十。

第十一条　居民个人取得综合所得，按年计算个人所得税；有扣缴义务人的，由扣缴义务人按月或者按次预扣预缴税款；需要办理汇算清缴的，应当在取得所得的次年三月一日至六月三十日内办理汇算清缴。预扣预缴办法由国务院税务主管部门制定。

非居民个人取得工资、薪金所得，劳务报酬所得，稿酬所得和特许权使用费所得，有扣缴义务人的，由扣缴义务人按月或者按次代扣代缴税款，不办理汇算清缴。

二、《国家税务总局关于全面实施新个人所得税法若干征管衔接问题的公告》(国家税务总局公告2018年第56号)附件2《个人所得税税率表及预扣率表》。

问题 15　取得各项所得如何计算应纳税所得额

〖答〗个人所得税法中不同项目不同纳税人应纳税所得额的计算方法不同,具体情况如表 19 和表 20 所示。

表 19　应纳税所得额的计算方法

序号	项目	应纳税所得额		
		居民个人		非居民个人
		预缴	汇算清缴	
1	工资、薪金所得	累计收入－累计免税收入－累计减除费用－累计专项扣除－累计专项附加扣除－累计依法确定的其他扣除－准予扣除的捐赠额	全年工资薪金所得＋全年劳务报酬所得×（1－20%）＋全年特许权使用费所得×（1－20%）＋全年稿酬所得×（1－20%）×70%－免税收入－60 000 元－专项扣除－专项附加扣除－其他扣除－准予扣除的捐赠额	收入额－费用 5 000 元－准予扣除的捐赠额
2	劳务报酬所得	每次收入≤4 000 元：收入－800 元		收入×（1－20%）－准予扣除的捐赠额
		每次收入＞4 000 元：收入×（1－20%）		
3	特许权使用费所得	每次收入≤4 000 元：收入－800 元		
		每次收入＞4 000 元：收入×（1－20%）		
4	稿酬	每次收入≤4 000 元：（收入－800 元）×70%		收入×（1－20%）×70%－准予扣除的捐赠额
		每次收入＞4 000 元：收入×（1－20%）×70%		
5	经营所得	有综合所得	（收入总额－成本、费用－损失）×分配比例－准予扣除的捐赠额	
		无综合所得	（收入总额－成本、费用－损失）×分配比例－60 000 元－专项扣除－专项附加扣除－其他扣除－准予扣除的捐赠额	
6	利息、股息、红利所得	每次收入额－准予扣除的捐赠额		
7	财产租赁所得	收入≤4 000 元	每月收入－800 元	
		收入＞4 000 元	每月收入×（1－20%）	
8	财产转让所得	转让财产收入额－财产原值－合理费用－准予扣除的捐赠额		
9	偶然所得	每次收入额－准予扣除的捐赠额		

表 20　相关概念详解

相关概念	详解
成本、费用	生产、经营活动中发生的各项直接支出和分配计入成本的间接费用以及销售费用、管理费用、财务费用
损失	生产、经营活动中发生的固定资产和存货的盘亏、毁损、报废损失,转让财产损失,坏账损失,自然灾害等不可抗力因素造成的损失以及其他损失

(续表)

相关概念	详解		
财产原值	确定办法	有价证券	买入价＋有关费用
		建筑物	建造费或购进价格＋有关费用
		土地使用权	取得土地使用权所支付的金额＋开发土地的费用＋有关费用
		机器、设备、车辆	购进价格＋运输费＋安装费＋有关费用
合理费用	卖出财产时按照规定支付的有关税费		

注：经营所得应纳税所得额中的分配比例指合伙企业按照规定分摊经营所得的比例。

从事生产、经营活动，未提供完整、准确的纳税资料，不能正确计算应纳税所得额的，由主管税务机关核定应纳税所得额或者应纳税额。

居民个人取得劳务报酬所得、稿酬所得、特许权使用费所得的，预扣预缴时不扣除公益捐赠支出，统一在汇算清缴时扣除。

个人捐赠当月有多项多次分类所得的，应先在其中一项一次分类所得中扣除。

《中华人民共和国个人所得税法》第六条、第十三条、第十五条、第十六条、第十七条

第六条 应纳税所得额的计算：

（一）居民个人的综合所得，以每一纳税年度的收入额减除费用六万元以及专项扣除、专项附加扣除和依法确定的其他扣除后的余额，为应纳税所得额。

（二）非居民个人的工资、薪金所得，以每月收入额减除费用五千元后的余额为应纳税所得额；劳务报酬所得、稿酬所得、特许权使用费所得，以每次收入额为应纳税所得额。

（三）经营所得，以每一纳税年度的收入总额减除成本、费用以及损失后的余额，为应纳税所得额。

（四）财产租赁所得，每次收入不超过四千元的，减除费用八百元；四千元以上的，减除百分之二十的费用，其余额为应纳税所得额。

（五）财产转让所得，以转让财产的收入额减除财产原值和合理费用后的余额，为应纳税所得额。

（六）利息、股息、红利所得和偶然所得，以每次收入额为应纳税所得额。

劳务报酬所得、稿酬所得、特许权使用费所得以收入减除百分之二十的费用后的余额为收入额。稿酬所得的收入额减按百分之七十计算。

个人将其所得对教育、扶贫、济困等公益慈善事业进行捐赠，捐赠额未超过纳税人申报的应纳税所得额百分之三十的部分，可以从其应纳税所得额中扣除；国务院规定对公益慈善事业捐赠实行全额税前扣除的，从其规定。

本条第一款第一项规定的专项扣除，包括居民个人按照国家规定的范围和标准缴纳的基本养老保险、基本医疗保险、失业保险等社会保险费和住房公积金等；专项附加扣除，包括子女教育、继续教育、大病医疗、住房贷款利息或者住房租金、赡养老人等支出，具体范围、标准和实施步骤由国务院确定，并报全国人民代表大会常务委员会备案。

第十三条 其他扣除，包括个人缴付符合国家规定的企业年金、职业年金，个人购买符合国家规定的商业健康保险、税收递延型商业养老保险的支出，以及国务院规定可以扣除的其他项目。

专项扣除、专项附加扣除和依法确定的其他扣除，以居民个人一个纳税年度的应纳税所得额为限额；一个纳税年度扣除不完的，不结转以后年度扣除。

第十五条 成本、费用，是指生产、经营活动中发生的各项直接支出和分配计入成本的间接费用以及销售费用、管理费用、财务费用；所称损失，是指生产、经营活动中发生的固定资产和存货的盘亏、毁损、报废损失，转让财产损失，坏账损失，自然灾害等不可抗力因素造成的损失以及其他损失。

取得经营所得的个人,没有综合所得的,计算其每一纳税年度的应纳税所得额时,应当减除费用6万元、专项扣除、专项附加扣除以及依法确定的其他扣除。专项附加扣除在办理汇算清缴时减除。

从事生产、经营活动,未提供完整、准确的纳税资料,不能正确计算应纳税所得额的,由主管税务机关核定应纳税所得额或者应纳税额。

第十六条 个人所得税法第六条第一款第五项规定的财产原值,按照下列方法确定:

(一)有价证券,为买入价以及买入时按照规定交纳的有关费用;

(二)建筑物,为建造费或者购进价格以及其他有关费用;

(三)土地使用权,为取得土地使用权所支付的金额、开发土地的费用以及其他有关费用;

(四)机器设备、车船,为购进价格、运输费、安装费以及其他有关费用。

其他财产,参照前款规定的方法确定财产原值。

纳税人未提供完整、准确的财产原值凭证,不能按照本条第一款规定的方法确定财产原值的,由主管税务机关核定财产原值。

个人所得税法第六条第一款第五项所称合理费用,是指卖出财产时按照规定支付的有关税费。

第十七条 财产转让所得,按照一次转让财产的收入额减除财产原值和合理费用后的余额计算纳税。

问题16 如何界定劳务报酬等所得的"一次"收入

〖答〗劳务报酬所得、稿酬所得"一次"收入的准确界定是正确计算应纳税额的前提条件。具体界定方法如表21所示。

表21 "一次"收入的界定方法

序号	征收项目	界定	
		基本规定	特殊规定
1	劳务报酬所得	一次性收入,取得该项收入为一次;同一项目连续性收入,一个月内取得的收入为一次	同一连续项目,同一县(含县级市、区)一个月内取得收入为一次,跨地域的分别计算
2	稿酬	一次性收入,取得该项收入为一次;同一项目连续性收入,一个月内取得的收入为一次	同一作品,预付或分笔支付稿酬,或加印再付稿酬,合并为一次计征
			不同处取得的所得或再版所得分次计征
			同一作品连载,合并所有稿酬一次计征
			连载后又出书取得稿酬,或先出书后连载取得稿酬,视同再版稿酬分次计征
3	特许权使用费所得	一次性收入,取得该项收入为一次;同一项目连续性收入,一个月内取得的收入为一次	
4	利息、股息、红利所得	以支付时取得的收入为一次	
5	财产租赁所得	一个月内取得的收入为一次	
6	偶然所得	以每次取得收入为一次	

政策依据

一、《中华人民共和国个人所得税法实施条例》第十四条

个人所得税法第六条第一款第二项、第四项、第六项所称每次,分别按照下列方法确定:

(一)劳务报酬所得、稿酬所得、特许权使用费所得,属于一次性收入的,以取得该项收入为一次;属于同一项目连续性收入的,以一个月内取得的收入为一次。

(二)财产租赁所得,以一个月内取得的收入为一次。

(三)利息、股息、红利所得,以支付利息、股息、红利时取得的收入为一次。

(四)偶然所得,以每次取得该项收入为一次。

二、《国家税务总局关于个人所得税偷税案件查处中有关问题的补充通知》(国税函〔1996〕602号)第四条

关于劳务报酬所得"次"的法规个人所得税法实施条例第二十一条法规"属于同一项目连续性收入的,以一个月内取得的收入为一次",考虑属地管辖与时间划定有交叉的特殊情况,统一法规以县(含县级市、区)为一地,其管辖内的一个月内的劳务服务为一次;当月跨县地域的,则应分别计算。

三、《国家税务总局关于印发〈征收个人所得税若干问题的规定〉的通知》(国税发〔1994〕89号)第四条

关于稿酬所得的征税问题

(一)个人每次以图书、报刊方式出版、发表同一作品(文字作品、书画作品、摄影作品以及其他作品),不论出版单位是预付还是分笔支付稿酬,或者加印该作品后再付稿酬,均应合并其稿酬所得按一次计征个人所得税。在两处或两处以上出版、发表或再版同一作品而取得稿酬所得,则可分别各处取得的所得或再版所得按分次所得计征个人所得税。

(二)个人的同一作品在报刊上连载,应合并其因连载而取得的所有稿酬所得为一次,按税法法规计征个人所得税。在其连载之后又出书取得稿酬所得,或先出书后连载取得稿酬所得,应视同再版稿酬分次计征个人所得税。

案例 8

中国居民李军是一名税务讲师,同时兼职写小说,2020年9月、10月收到如下所得。

(1)9月和10月为税台公司就同一主题进行了4场培训。9月先后两次取得培训收入20 000元、30 000元。10月先后两次取得培训收入10 000元、20 000元。

(2)9月从梅松公司取得培训收入10 000元。

(3)9月在一家报刊上连载小说,先后取得收入2 000元和5 000元。

(4)10月从税台公司取得专利权的使用费30 000元。

请问李军9月、10月所得如何缴纳个人所得税?

〖答〗(1)李军9月取得各项所得个人所得税的计算。

税台公司的培训收入,属于同一项目连续性的收入,以一个月内取得的收入为一次。9月两次取得的培训收入为一次劳务报酬所得,即:20 000+30 000=50 000(元)。应缴纳个人所得税=50 000×(1-20%)×30%-2 000=10 000(元)。

自梅松公司取得的培训收入10 000元为另一次劳务报酬所得,应缴纳个人所得税=10 000×(1-20%)×20%=1 600(元)。

9月取得连载小说的稿费属于同一项目的连续性收入,以一个月内取得的收入为一次。即:稿酬所得=2 000+5 000=7 000(元),应缴纳个人所得税=7 000×(1-20%)×70%×20%=784(元)。

(2)李军10月取得各项所得个人所得税的计算。

10月两次自税台公司取得的培训收入计算为一次劳务报酬所得,即:10 000+20 000=30 000(元),应缴纳个人所得税=30 000×(1-20%)×30%-2 000=5 200(元)。

从税台公司取得的特许权使用费收入30 000元,应缴纳个人所得税=30 000×(1-20%)×20%=4 800(元)。

问题17 个人取得非货币形式所得,如何确定所得额

〖答〗个人取得非货币形式所得,所得额的确定方式如表22所示。

表22 非货币形式所得所得额的确定方式

所得形式	所得额确定方式	
实物	有凭证	按照凭证注明的价格
	无凭证或凭证上注明的价格明显偏低	参照市场价格核定
有价证券	根据票面价格和市场价格核定	
其他形式的经济利益	参照市场价格核定	

注：关于明显偏低，税法上无明确的标准，参考《最高人民法院关于印发〈全国法院贯彻实施民法典工作会议纪要〉的通知》（法〔2021〕94号）第九条的规定，转让价格达不到交易时交易地的指导价或者市场交易价百分之七十的，一般可以视为明显不合理的低价；对转让价格高于当地指导价或者市场交易价百分之三十的，一般可以视为明显不合理的高价。

《中华人民共和国个人所得税法实施条例》第八条

个人所得的形式，包括现金、实物、有价证券和其他形式的经济利益；所得为实物的，应当按照取得的凭证上所注明的价格计算应纳税所得额，无凭证的实物或者凭证上所注明的价格明显偏低的，参照市场价格核定应纳税所得额；所得为有价证券的，根据票面价格和市场价格核定应纳税所得额；所得为其他形式的经济利益的，参照市场价格核定应纳税所得额。

 9

2020年10月小松获赠一套房屋，赠与人是小松曾经帮助过的朋友。该房屋的市场价格为105万元，赠与合同上注明的房产价值为100万元，赠与过程中小松支付相关税费5万元，假定不考虑其他税费，请问小松受赠房屋如何计缴个人所得税？

【答】根据《财政部 税务总局关于个人取得有关收入适用个人所得税应税所得项目的公告》（财税2019年第74号）第二条的规定，小松的受赠收入属于此种情况，应该按照"偶然所得"计算缴纳个人所得税。

根据《财政部 国家税务总局关于个人无偿受赠房屋有关个人所得税问题的通知》（财税〔2009〕78号）第五条的规定，受赠收入的应纳税所得额为，房地产赠与合同上标明的赠与房屋价值减除赠与过程中受赠人支付的相关税费后的余额。赠与合同标明的房屋价值明显低于市场价格或房地产赠与合同未标明赠与房屋价值的，税务机关可依据受赠房屋的市场评估价格或采取其他合理方式确定受赠人的应纳税所得额。

本例中合同上注明的房产价值低于该房屋的市场价格部分占比为$(105-100)\div 105=4.76\%$，通常来说，低于"明显低于市场价格"的界定比例，故采用凭证上注明的房屋价值来计算应纳税所得额。

应纳税所得额＝合同上注明的房产价值－受赠人支付的相关税费＝100－5＝95（万元）
应缴纳个人所得税＝95×20％＝19（万元）

问题18 一项所得由多人共同取得，如何计算个税

【答】《中华人民共和国个人所得税法实施条例》第十八条规定："两个以上的个人共同取得同一项目收入的，应当对每个人取得的收入分别按照个人所得税法的规定计算纳税。"

 10

居民个人小松和非居民个人戴森，于2020年7月共同为梅松公司提供技术上的咨询服务，取得服务费50 000元，双方约定的分配比例为：小松70％，戴森30％。

请问小松和戴森应如何计算缴纳个人所得税?

〖答〗(1)小松劳务报酬所得=50 000×70%=35 000(元),2020年7月梅松公司应代扣代缴个人所得税=35 000×(1-20%)×30%-2 000=6 400(元)。次年3月1日至6月30日,小松需将该项所得并入综合所得,根据具体情况判断是否需要汇算清缴。

(2)戴森劳务报酬所得=50 000×30%=15 000(元),2019年7月梅松公司应代扣代缴个人所得税=15 000×(1-20%)×10%-210=990(元),该项所得无需汇算清缴。

问题19 个人所得税的扣除项目有哪些

〖答〗个人所得税的扣除项目如表23所示。

表23 个人所得税的扣除项目汇总

扣除项目		扣除项目简介	相关文件	适用征收项目	其他规定
基本减除费用		为维持基本生计而发生的支出(每年6万元)	《中华人民共和国个人所得税法》		
专项扣除	基本养老保险费	国家建立的社会保险制度个人负担部分	《中华人民共和国个人所得税法》;《中华人民共和国个人所得税法实施条例》;财税〔2006〕10号		
	基本医疗保险费				
	失业保险费				
	住房公积金	个人缴存的长期住房储金			
专项附加扣除	子女教育	子女接受全日制学历教育和学前教育	国发〔2018〕41号;总局公告2018年第60号	综合所得 经营所得	以居民个人一个纳税年度的应纳税所得额为限,一个纳税年度扣除不完的,不结转以后年度扣除
	继续教育	学历教育、职业资格教育			
	大病医疗	与基本医保相关的医药费用			
	住房贷款利息	本人或其配偶购买中国境内住房,发生的首套住房贷款利息			
	住房租金	在主要工作城市没有自有住房而发生的住房租金支出			
	赡养老人	赡养老人支出			
其他扣除	企业年金、职业年金	国家基本养老保险的重要补充个人负担部分	财税〔2013〕103号;税总发〔2013〕143号		
	符合国家规定的商业健康保险	保险公司参照个人税收优惠型健康保险产品指引框架及示范条款开发的、符合财税〔2017〕39号规定条件的健康保险产品	财税〔2017〕39号		
	税收递延型商业养老保险	个人税收递延型商业养老保险,是由保险公司承保的一种商业养老年金保险,主要面向缴纳个人所得税的社会公众	财税〔2018〕22号		
	国务院规定可以扣除的其他项目	—			
公益捐赠		通过境内公益性社会组织、县级以上人民政府及其部门等国家机关,向教育、扶贫、济困等公益慈善事业的捐赠	财税〔2019〕99号	所有项目	居民个人捐赠当月有多项多次分类所得的,应先在其中一项一次分类所得中扣除

注:基本减除费用的标准60 000元每年,统一适用在中国境内无住所而在中国境内取得工资、薪金所得的纳税人和在中国境内有住所而在中国境外取得工资、薪金所得的纳税人,不再保留专门的附加减除费用(1 300元每月)。

取得经营所得的个人,没有综合所得的,计算其每一纳税年度的应纳税所得额时,应当减除费用6万元、专项扣除、专项附加扣除以及依法确定的其他扣除。专项附加扣除在办理汇算清缴时减除。

政策依据

《中华人民共和国个人所得税法》第六条第一款第一项、第四款、第五款

第六条 居民个人的综合所得,以每一纳税年度的收入额减除费用六万元以及专项扣除、专项附加扣除和依法确定的其他扣除后的余额,为应纳税所得额。

个人将其所得对教育、扶贫、济困等公益慈善事业进行捐赠,捐赠额未超过纳税人申报的应纳税所得额百分之三十的部分,可以从其应纳税所得额中扣除;国务院规定对公益慈善事业捐赠实行全额税前扣除的,从其规定。

专项扣除,包括居民个人按照国家规定的范围和标准缴纳的基本养老保险、基本医疗保险、失业保险等社会保险费和住房公积金等;专项附加扣除,包括子女教育、继续教育、大病医疗、住房贷款利息或者住房租金、赡养老人等支出,具体范围、标准和实施步骤由国务院确定,并报全国人民代表大会常务委员会备案。

二、《中华人民共和国个人所得税法实施条例》第十三条、第十五条

第十三条 其他扣除,包括个人缴付符合国家规定的企业年金、职业年金,个人购买符合国家规定的商业健康保险、税收递延型商业养老保险的支出,以及国务院规定可以扣除的其他项目。

专项扣除、专项附加扣除和依法确定的其他扣除,以居民个人一个纳税年度的应纳税所得额为限额;一个纳税年度扣除不完的,不结转以后年度扣除。

第十五条 取得经营所得的个人,没有综合所得的,计算其每一纳税年度的应纳税所得额时,应当减除费用 6 万元、专项扣除、专项附加扣除以及依法确定的其他扣除。专项附加扣除在办理汇算清缴时减除。

案例 11

居民个人小松 2020 年度综合所得的收入额为 260 000 元,当年发生的支出如下。

(1) 按照国家规定缴纳的三险一金共计 40 000 元。
(2) 发生符合标准的住房租金支出 18 000 元。
(3) 发生符合标准的子女教育支出 12 000 元。
(4) 发生符合标准的赡养老人支出 12 000 元。
(5) 发生符合规定的条件的商业健康保险支出 2 400 元。
(6) 通过市卫生局捐赠 20 000 元用于新型冠状病毒感染的疫情防控。

假设小松当年度无其他收入,请问他应缴纳多少个人所得税?

〖答〗案例中(1)项属于专项扣除,(2)(3)(4)项属于专项附加扣除,(5)项属于其他扣除,(6)项属于可全额扣除的公益性捐赠。

应纳税所得额=260 000−60 000−40 000−18 000−12 000−12 000−2 400=115 600(元)

查阅综合所得适用的税率表可知,适用税率为 10%,速算扣除数为 2 520。

应纳税额=(115 600−20 000)×10%−2 520=7 040(元)

第四节 应纳税额

扫码听课

一、概述

应纳税额的计算是个人所得税法的重点之一。应纳税额的计算应该结合税率和应纳税所得额的相关规定进行。

二、要点难点

问题20　居民个人取得各项所得如何计算个税

〖答〗居民个人取得各项所得应纳税额的计算方法如表24所示。

表24　居民个人应纳税额计算方法

序号	项目		应纳税额	
			预缴	汇算清缴
1	综合所得	工资、薪金所得	累计预扣预缴应纳税所得额×预扣率－速算扣除数－累计减免税额－累计已预扣预缴税额	年度应纳税所得额×综合所得适用税率－速算扣除数
2		劳务报酬所得	预扣预缴应纳税所得额×预扣率－速算扣除数	
3		特许权使用费所得	预扣预缴应纳税所得额×20％比例预扣率	
4		稿酬所得		
5	经营所得		本月(或季)累计应纳税所得额×适用税率－速算扣除数－可减免税额－上月(或季)累计已预缴税额	年度应纳税所得额×经营所得适用税率－速算扣除数
6	利息、股息、红利所得		每次应纳税所得额×20％	
7	财产租赁所得			
8	财产转让所得			
9	偶然所得			

政策依据

一、《中华人民共和国个人所得税法》第三条

第三条　个人所得税的税率：

（一）综合所得，适用百分之三至百分之四十五的超额累进税率（税率表附后）；

（二）经营所得，适用百分之五至百分之三十五的超额累进税率（税率表附后）；

（三）利息、股息、红利所得，财产租赁所得，财产转让所得和偶然所得，适用比例税率，税率为百分之二十。

二、《国家税务总局关于发布〈个人所得税扣缴申报管理办法（试行）〉的公告》（国家税务总局公告2018年第61号）第六条、第八条、第十条、第十一条

第六条　扣缴义务人向居民个人支付工资、薪金所得时，应当按照累计预扣法计算预扣税款，并按月办理扣缴申报。

累计预扣法，是指扣缴义务人在一个纳税年度内预扣预缴税款时，以纳税人在本单位截至当前月份工资、薪金所得累计收入减除累计免税收入、累计减除费用、累计专项扣除、累计专项附加扣除和累计依法确定的其他扣除后的余额为累计预扣预缴应纳税所得额，适用个人所得税预扣率表一（见附件），计算累计应预扣预缴税额，再减除累计减免税额和累计已预扣预缴税额，其余额为本期应预扣预缴税额。余额为负值时，暂不退税。纳税年度终了后余额仍为负值时，由纳税人通过办理综合所得年度汇算清缴，税款多退少补。

具体计算公式如下：

本期应预扣预缴税额＝（累计预扣预缴应纳税所得额×预扣率－速算扣除数）－累计减免税额－累计已

预扣预缴税额

累计预扣预缴应纳税所得额＝累计收入－累计免税收入－累计减除费用－累计专项扣除－累计专项附加扣除－累计依法确定的其他扣除

其中：累计减除费用，按照5 000元/月乘以纳税人当年截至本月在本单位的任职受雇月份数计算。

第八条　扣缴义务人向居民个人支付劳务报酬所得、稿酬所得、特许权使用费所得时，应当按照以下方法按次或者按月预扣预缴税款：

劳务报酬所得、稿酬所得、特许权使用费所得以收入减除费用后的余额为收入额；其中，稿酬所得的收入额减按百分之七十计算。

减除费用：预扣预缴税款时，劳务报酬所得、稿酬所得、特许权使用费所得每次收入不超过四千元的，减除费用按八百元计算；每次收入四千元以上的，减除费用按收入的百分之二十计算。

应纳税所得额：劳务报酬所得、稿酬所得、特许权使用费所得，以每次收入额为预扣预缴应纳税所得额，计算应预扣预缴税额。劳务报酬所得适用个人所得税预扣率表二（见附件），稿酬所得、特许权使用费所得适用百分之二十的比例预扣率。

第十条　扣缴义务人支付利息、股息、红利所得，财产租赁所得，财产转让所得或者偶然所得时，应当依法按次或者按月代扣代缴税款。

第十一条　劳务报酬所得、稿酬所得、特许权使用费所得，属于一次性收入的，以取得该收入为一次；属于同一项目连续性收入的，以一个月内取得的收入为一次。

财产租赁所得，以一个月内取得的收入为一次。

利息、股息、红利所得，以支付利息、股息、红利时取得的收入为一次。

偶然所得，以每次取得该项收入为一次。

三、《国家税务总局关于修订部分个人所得税申报表的公告》（国家税务总局公告2019年第46号）附件3个人所得税经营所得纳税申报表（A表）第三条第四项

四、《个人所得税扣缴申报指引》第五条第四项

五、税款计算

（四）其他分类所得代扣代缴税款的计算方法

支付财产租赁所得，财产转让所得，利息、股息、红利所得和偶然所得时，不用区分纳税人是否为居民个人，扣缴义务人应直接采用以下方法代扣代缴：

1. 财产租赁所得

支付财产租赁所得的，每次收入不超过四千元的，减除费用八百元；四千元以上的，减除百分之二十的费用，其余额为应纳税所得额，乘以百分之二十的比例税率计算税款。

2. 财产转让所得

支付财产转让所得的，以转让财产的收入额减除财产原值和合理费用后的余额为应纳税所得额，乘以百分之二十的比例税率计算税款。

3. 利息、股息、红利所得和偶然所得

支付利息、股息、红利所得和偶然所得的，以每次收入额为应纳税所得额，乘以百分之二十的比例税率计算税款。

案例 12

中国居民小松2020年取得如下所得。

（1）取得任职的梅松公司发放的全年工资200 000元，按照国家规定的标准缴纳了三险一金30 000元，另有符合条件的专项附加扣除20 000元。

（2）2月收到税台公司支付的设计费5 000元。

（3）3月收到了出版社支付的稿酬40 000元。

(4) 提供著作权的使用权给天成出版社,5月取得一次性收入100 000元。

(5) 2020年其投资的诚悦有限合伙企业按照约定比例分得经营所得250 000元。

(6) 7月,将100万元出借给朋友小梅的公司,收到该公司支付的借款利息50 000元。

(7) 9月,转让其在青岛的一套住房,转让收入2 000 000元,该房屋的购置价格1 000 000元,转让时支付合理费用50 000元。(不属于免征个人所得税的情形)

(8) 10月,在某商场的宣传活动中获赠价值2 000元的跑步机。

(9) 将自有的商铺出租给他人使用,12月收取当月租金5 000元(不含增值税)。

请问小松的各项所得应该如何缴纳个人所得税? 假设不考虑其他税费。

〖答〗(1) 全年综合所得个人所得税的计算。

工资、薪金所得的年收入额为200 000元。

劳务报酬所得的年收入额 $=5\,000\times(1-20\%)=4\,000$(元)

稿酬所得的年收入额 $=40\,000\times(1-20\%)\times70\%=22\,400$(元)

特许权使用费所得的年收入额 $=100\,000\times(1-20\%)=80\,000$(元)

综合所得年应纳税所得额 $=(200\,000+4\,000+22\,400+80\,000)-60\,000-30\,000-20\,000=196\,400$(元)

查阅居民个人综合所得适用税率表可知,适用税率20%,速算扣除数16 920。

应纳税额 $=196\,400\times20\%-16\,920=22\,360$(元)

(2) 全年经营所得个人所得税的计算。

合伙企业的经营所得按照"先分后税"的原则,小松分得经营所得250 000元,由于小松有综合所得,基础减除费用、专项扣除、专项附加扣除不能在经营所得中重复扣除。

查阅经营所得适用税率表可知,适用税率20%,速算扣除数10 500。

经营所得应纳税额 $=250\,000\times20\%-10\,500=39\,500$(元)

(3) 7月利息收入个人所得税的计算。

利息、股息、红利所得应纳税额 $=50\,000\times20\%=10\,000$(元)

(4) 9月房屋转让所得个人的所得税的计算。

财产转让所得应纳税额 $=(2\,000\,000-1\,000\,000-50\,000)\times20\%=190\,000$(元)

(5) 10月偶然所得个人的所得税的计算。

偶然所得应纳税额 $=2\,000\times20\%=400$(元)

(6) 12月房屋租赁所得个人所得税的计算。

财产租赁收入额超过4 000元,可扣除20%的费用。

财产租赁所得应纳税额 $=5\,000\times(1-20\%)\times20\%=800$(元)

问题21 居民个人的境外所得如何进行税收抵免

〖答〗居民个人境外所得税收抵免的方法如表25所示。

表25 居民个人境外所得的税收抵免详解

项目	内容
基本原则	境外取得的所得,可以从其应纳税额①中抵免已在境外缴纳的个人所得税税额②,但抵免额不得超过该纳税人境外所得依照《中华人民共和国个人所得税法》规定计算的应纳税额③

(续表)

项目		内容	
概念详解	① 应纳税额	指居民个人从中国境内和境外取得的所得按照《中华人民共和国个人所得税法》计算的税额	
	② 已在境外缴纳的个人所得税税额	指居民个人来源于中国境外的所得,依照该所得来源国家(地区)的法律应当缴纳并且实际已经缴纳的所得税税额	
	③ 纳税人境外所得依照《中华人民共和国个人所得税法》规定计算的应纳税额	指居民个人抵免已在境外缴纳的综合所得、经营所得以及其他所得的所得税税额的限额(简称抵免限额)	
计算方法	步骤	要点	详解
	步骤一:计算应纳税额	不分国需分项	1. 综合所得应合并境内、境外计算应纳税额
			2. 经营所得应合并境内、境外计算应纳税额[境外的经营所得的亏损,不得抵减其境内或他国(地区)的应纳税所得额,但可以用来源于同一国家(地区)以后年度的经营所得按规定弥补]
			3. 其他分类所得不与境内所得合并,分别单独计算应纳税额
	步骤二:计算抵免限额	分国不需分项	1. 来源于一国(地区)综合所得的抵免限额=步骤一计算的综合所得应纳税额×来源于该国(地区)的综合所得收入额÷中国境内和境外综合所得收入额合计
			2. 来源于一国(地区)经营所得的抵免限额=步骤一计算的经营所得应纳税额×来源于该国(地区)的经营所得应纳税所得额÷中国境内和境外经营所得应纳税所得额合计
			3. 来源于一国(地区)其他分类所得的抵免限额=步骤一计算的该国(地区)的其他分类所得的应纳税额
			4. 来源于一国(地区)所得的抵免限额=来源于该国(地区)综合所得抵免限额+来源于该国(地区)经营所得抵免限额+来源于该国(地区)其他分类所得抵免限额
	步骤三:计算应补缴税额或可结转以后年度抵免税额	先计算实际抵免税额	1. 实际抵免税额=Min(步骤二计算的抵免限额,已在境外缴纳的税额)
			2. 应补缴税额=步骤二计算的抵免限额-实际抵免税额
			3. 可结转以后年度抵免税额=已在境外缴纳的税额-实际抵免税额[可在以后纳税年度来源于该国家(地区)所得的抵免限额的余额中补扣,补扣期限最长不得超过五年]

注:居民个人申请抵免已在境外缴纳的个人所得税税额,应当提供境外税务机关出具的税款所属年度的有关纳税凭证。

政策依据

一、《中华人民共和国个人所得税法》第七条、第二十条、第二十一条

第七条 居民个人从中国境外取得的所得,可以从其应纳税额中抵免已在境外缴纳的个人所得税税额,但抵免额不得超过该纳税人境外所得依照本法规定计算的应纳税额。

第二十条 居民个人从中国境内和境外取得的综合所得、经营所得,应当分别合并计算应纳税额;从中国境内和境外取得的其他所得,应当分别单独计算应纳税额。

第二十一条 个人所得税法第七条所称已在境外缴纳的个人所得税税额,是指居民个人来源于中国境外的所得,依照该所得来源国家(地区)的法律应当缴纳并且实际已经缴纳的所得税税额。

个人所得税法第七条所称纳税人境外所得依照本法规定计算的应纳税额,是居民个人抵免已在境外缴纳的综合所得、经营所得以及其他所得的所得税税额的限额(以下简称抵免限额)。除国务院财政、税务主管部门另有规定外,来源于中国境外一个国家(地区)的综合所得抵免限额、经营所得抵免限额以及其他所得抵免限额之和,为来源于该国家(地区)所得的抵免限额。

居民个人在中国境外一个国家(地区)实际已经缴纳的个人所得税税额,低于依照前款规定计算出的来源于该国家(地区)所得的抵免限额的,应当在中国缴纳差额部分的税款;超过来源于该国家(地区)所得的抵免限额的,其超过部分不得在本纳税年度的应纳税额中抵免,但是可以在以后纳税年度来源于该国家(地区)所得的抵免限额的余额中补扣。补扣期限最长不得超过五年。

二、《财政部 税务总局关于境外所得有关个人所得税政策的公告》(财政部 税务总局公告2020年第3号)第二条、第三条

第二条 居民个人应当依照个人所得税法及其实施条例规定,按照以下方法计算当期境内和境外所得应纳税额:

(一)居民个人来源于中国境外的综合所得,应当与境内综合所得合并计算应纳税额;

(二)居民个人来源于中国境外的经营所得,应当与境内经营所得合并计算应纳税额。居民个人来源于境外的经营所得,按照个人所得税法及其实施条例的有关规定计算的亏损,不得抵减其境内或他国(地区)的应纳税所得额,但可以用来源于同一国家(地区)以后年度的经营所得按中国税法规定弥补;

(三)居民个人来源于中国境外的利息、股息、红利所得,财产租赁所得,财产转让所得和偶然所得(以下称其他分类所得),不与境内所得合并,应当分别单独计算应纳税额。

第三条

……

居民个人来源于一国(地区)的综合所得、经营所得以及其他分类所得项目的应纳税额为其抵免限额,按照下列公式计算:

(一)来源于一国(地区)综合所得的抵免限额=中国境内和境外综合所得依照本公告第二条规定计算的综合所得应纳税额×来源于该国(地区)的综合所得收入额÷中国境内和境外综合所得收入额合计

(二)来源于一国(地区)经营所得的抵免限额=中国境内和境外经营所得依照本公告第二条规定计算的经营所得应纳税额×来源于该国(地区)的经营所得应纳税所得额÷中国境内和境外经营所得应纳税所得额合计

(三)来源于一国(地区)其他分类所得的抵免限额=该国(地区)的其他分类所得依照本公告第二条规定计算的应纳税额

(四)来源于一国(地区)所得的抵免限额=来源于该国(地区)综合所得抵免限额+来源于该国(地区)经营所得抵免限额+来源于该国(地区)其他分类所得抵免限额

案例 13

中国居民小松,2020年在中国境内取得综合所得150 000元,在A国取得稿酬所得200 000元、股息收入50 000元,经营所得的应纳税所得额为150 000元,已在A国缴纳个人所得税40 000元;在B国取得培训收入150 000元、利息收入30 000元,经营应纳税所得额100 000元,已在B国缴纳个人所得税35 000元。另,2020年度允许扣除的三险一金30 000元,专项附加扣除24 000元。

请问小松在中国境内应如何缴纳个人所得税?

【答】步骤一:计算应纳税额。

(1)境内、境外综合所得应合并计算应纳税额。

境内、境外综合所得收入额=150 000+200 000×(1−20%)×70%+150 000×(1−20%)=382 000(元)

综合所得应纳税所得额＝382 000－60 000－30 000－24 000＝268 000(元)

综合所得的应纳税额＝268 000×20％－16 920＝36 680(元)

(2) 境内、境外经营所得应合并计算应纳税额。

经营所得应纳税所得额＝150 000＋100 000＝250 000(元)

经营所得的应纳税额＝250 000×20％－10 500＝39 500(元)

(3) 境外的利息、股息、红利的应纳税额。

A国股息所得的应纳税额＝50 000×20％＝10 000(元)

B国利息所得的应纳税额＝30 000×20％＝6 000(元)

步骤二：计算免抵限额。

(1) A国的综合所得的抵免限额＝36 680×200 000×(1－20％)×70％÷382 000＝10 754.35(元)

A国的经营所得的抵免限额＝39 500×150 000÷250 000＝23 700(元)

A国股息所得的抵免限额是10 000元。

A国抵免限额＝10 754.35＋23 700＋10 000＝44 454.35(元)

(2) B国的综合所得的抵免限额＝36 680×150 000×(1－20％)÷382 000＝11 522.51(元)

B国的经营所得的抵免限额＝39 500×100 000÷250 000＝15 800(元)

B国利息所得的抵免限额是6 000元。

B国抵免限额＝11 522.51＋15 800＋6 000＝33 322.51(元)

步骤三：计算应补缴税额或可结转以后年度抵免税额。

(1) A国的实际抵免限额以计算的抵免限额与已在境外缴纳的税额孰低计算，为40 000元。

应补缴个人所得税＝44 454.35－40 000＝4 454.35(元)

(2) B国的实际抵免限额以计算的抵免限额与已在境外缴纳的税额孰低计算，为33 322.51元，可结转以后年度抵免税额＝35 000－33 322.51＝1 677.49(元)，可在5年内自来源于B国所得的抵免限额的余额中补扣。

问题22 非居民个人各项所得如何计算个税

〖答〗非居民个人取得各项所得应纳税额的计算方法如表26所示。

表26 非居民个人应纳税额计算方法汇总

序号	项目	应纳税额
1	工资、薪金所得	应纳税所得额×适用税率－速算扣除数
2	劳务报酬所得	
3	特许权使用费所得	
4	稿酬	
5	经营所得	应纳税所得额×经营所得适用税率－速算扣除数
6	利息、股息、红利所得	每次应纳税所得额×20％
7	财产租赁所得	每次财产租赁所得应纳税所得额×20％

(续表)

序号	项目	应纳税额
8	财产转让所得	财产转让所得应纳税所得额×20%
9	偶然所得	每次应纳税所得额×20%

注:关于本表所列应纳税所得额的计算及相关概念请查阅本章表19及表20。

《中华人民共和国个人所得税法》第三条、第六条

第三条 个人所得税的税率:

(一)综合所得,适用百分之三至百分之四十五的超额累进税率(税率表附后);

(二)经营所得,适用百分之五至百分之三十五的超额累进税率(税率表附后);

(三)利息、股息、红利所得,财产租赁所得,财产转让所得和偶然所得,适用比例税率,税率为百分之二十。

第六条

……

(二)非居民个人的工资、薪金所得,以每月收入额减除费用五千元后的余额为应纳税所得额;劳务报酬所得、稿酬所得、特许权使用费所得,以每次收入额为应纳税所得额。

(三)经营所得,以每一纳税年度的收入总额减除成本、费用以及损失后的余额,为应纳税所得额。

(四)财产租赁所得,每次收入不超过四千元的,减除费用八百元;四千元以上的,减除百分之二十的费用,其余额为应纳税所得额。

(五)财产转让所得,以转让财产的收入额减除财产原值和合理费用后的余额,为应纳税所得额。

(六)利息、股息、红利所得和偶然所得,以每次收入额为应纳税所得额。

劳务报酬所得、稿酬所得、特许权使用费所得以收入减除百分之二十的费用后的余额为收入额。稿酬所得的收入额减按百分之七十计算。

 14

美国人戴森,属于中国的非居民个人,当月由美国总公司派遣到中国工作,在中国取得工资20 000元,同时取得A公司支付的劳务报酬2 000元、B公司发放的稿酬1 000元。

请问戴森应如何计算个人所得税?

〖答〗当月工资应纳税额=(20 000−5 000)×20%−1 410=1 590(元)

当月劳务报酬所得应纳税额=2 000×(1−20%)×3%=48(元)

当月稿酬所得应纳税额=1 000×(1−20%)×70%×3%=16.8(元)

因为戴森是非居民纳税人,所以以上所得按月或按次代扣代缴,次年不需要汇算清缴。

问题23 个人取得外币收入如何计算个税

〖答〗个人取得外币收入时,应按照人民币汇率中间价折合成人民币缴纳税款。人民币汇率中间价的选择如表27所示。

表27 人民币汇率中间价的选择

阶段	人民币汇率中间价选择
纳税申报或扣缴申报	申报或扣缴的上一月最后一日人民币汇率中间价
汇算清缴需补缴税款	上一纳税年度最后一日人民币汇率中间价

注:年度汇算清缴,已经预缴无需补缴的外币所得,无需重新计算。

政策依据

一、《中华人民共和国个人所得税法》第十六条

各项所得的计算,以人民币为单位。所得为人民币以外的货币的,按照人民币汇率中间价折合成人民币缴纳税款。

二、《中华人民共和国个人所得税法实施条例》第三十二条

所得为人民币以外货币的,按照办理纳税申报或者扣缴申报的上一月最后一日人民币汇率中间价,折合成人民币计算应纳税所得额。年度终了后办理汇算清缴的,对已经按月、按季或者按次预缴税款的人民币以外货币所得,不再重新折算;对应当补缴税款的所得部分,按照上一纳税年度最后一日人民币汇率中间价,折合成人民币计算应纳税所得额。

案例 15

居民个人小松 2020 年每月取得工资薪金所得 15 000 元,缴纳符合标准的三险一金 2 000 元,另有符合标准的专项附加扣除 1 000 元,全年共预扣预缴个人所得税 5 880 元。除此之外,还有以下收入。

(1) 将其拥有的境内某公司的股份转让给法国的一家公司,10 月 5 日收到 100 万欧元。该股票的原值为 500 万元人民币,转让时发生合理费用 5 万元。小松于 11 月 8 日申报了这笔所得的个人所得税。

(2) 11 月 20 日取得来自美国某家公司的咨询费收入 3 000 美元,但小松一直未就此项所得申报个人所得税。

请问:

(1) 小松转让股票应缴纳多少个人所得税?(假设 2020 年 10 月 5 日欧元对人民币的汇率为 1∶7.9,10 月 31 日为 1∶8,11 月 8 日为 1∶8.03)

(2) 小松的咨询费收入汇算清缴时应补缴多少税款?(假设 2020 年 11 月 20 日美元对人民币的汇率为 1∶6.8,11 月 30 日为 1∶6.9,12 月 31 日为 1∶7)

〖答〗(1) 小松转让股票所得,应选择 10 月 31 日汇率中间价 1∶8 来折合成人民币。

应纳税额 = (100×8−500−5)×20% = 59(万元)

(2) 小松的咨询费收入需在汇算清缴时补缴税款,补缴时应选择 2020 年 12 月 31 日的汇率中间价 1∶7 来折合成人民币。

2020 年度综合所得应纳税所得额 = (15 000−2 000−1 000)×12+3 000×7×(1−20%)−60 000 = 100 800(元)

查阅综合所得适用税税率表可知,适用税率 10%,速算扣除数为 2 520。

综合所得应纳税额 = 100 800×10%−2 520 = 7 560(元)

应补缴个人所得税 = 7 560−5 880 = 1 680(元)

第五节 法定减免

扫码听课

一、概述

免税是按照税收法律、法规对纳税人免征全部应纳税款,免税的项目需要法律或行政法规明确予以执行。减税是按照税收法律、法规对纳税人免征部分应纳税款。

《中华人民共和国个人所得税法》和《中华人民共和国个人所得税法实施条例》对可享受免税和减税的范围进行了界定。

二、要点难点

问题 24 《中华人民共和国个人所得税法》规定哪些情形可以免征个税

〖答〗《个人所得税法规定》规定的免税情形如表 28 所示。

表 28　法定免税情形汇总

序号	法定免税的情形	
1	省级人民政府、国务院部委和中国人民解放军军以上单位,以及外国组织、国际组织颁发的科学、教育、技术、文化、卫生、体育、环境保护等方面的奖金	
2	1. 国债利息	个人持有中国财政部发行的债券而取得的利息
	2. 国家发行的金融债券利息	个人持有经国务院批准发行的金融债券而取得的利息
3	按照国家统一规定发给的补贴、津贴	按照国务院规定发给的政府特殊津贴、院士津贴,以及国务院规定免予缴纳个人所得税的其他补贴、津贴
4	1. 抚恤金	
	2. 福利费	根据国家有关规定,从企业、事业单位、国家机关、社会组织提留的福利费或者工会经费中支付给个人的生活补助费
	3. 救济金	各级人民政府民政部门支付给个人的生活困难补助费
5	保险赔款	
6	军人的转业费、复员费、退役金	
7	按照国家统一规定发给干部、职工的安家费、退职费、基本养老金或者退休费、离休费、离休生活补助费	
8	依照《外交特权与豁免条例》和《领事特权与豁免条例》应予免税的各国驻华使馆、领事馆的外交代表、领事官员和其他人员的所得	
9	中国政府参加的国际公约、签订的协议中规定免税的所得	
10	国务院规定的其他免税所得(需由国务院报全国人民代表大会常务委员会备案)	

政策依据

一、《中华人民共和国个人所得税法》第四条

下列各项个人所得,免征个人所得税:

一、省级人民政府、国务院部委和中国人民解放军军以上单位,以及外国组织、国际组织颁发的科学、教育、技术、文化、卫生、体育、环境保护等方面的奖金;

二、国债和国家发行的金融债券利息;

三、按照国家统一规定发给的补贴、津贴;

四、福利费、抚恤金、救济金;

五、保险赔款;

六、军人的转业费、复员费、退役金;

七、按照国家统一规定发给干部、职工的安家费、退职费、基本养老金或者退休费、离休费、离休生活补助费;

八、依照有关法律规定应予免税的各国驻华使馆、领事馆的外交代表、领事官员和其他人员的所得;

九、中国政府参加的国际公约、签订的协议中规定免税的所得;

十、国务院规定的其他免税所得。

二、《中华人民共和国个人所得税法实施条例》的第九条、第十条、第十一条、第十二条

第九条　个人所得税法第四条第一款第二项所称国债利息,是指个人持有中华人民共和国财政部发行的债券而取得的利息;所称国家发行的金融债券利息,是指个人持有经国务院批准发行的金融债券而取得的利息。

第十条　个人所得税法第四条第一款第三项所称按照国家统一规定发给的补贴、津贴,是指按照国务院规定发给的政府特殊津贴、院士津贴,以及国务院规定免予缴纳个人所得税的其他补贴、津贴。

第十一条　个人所得税法第四条第一款第四项所称福利费,是指根据国家有关规定,从企业、事业单位、国家机关、社会组织提留的福利费或者工会经费中支付给个人的生活补助费;所称救济金,是指各级人民政府民政部门支付给个人的生活困难补助费。

第十二条　个人所得税法第四条第一款第八项所称依照有关法律规定应予免税的各国驻华使馆、领事馆的外交代表、领事官员和其他人员的所得,是指依照《中华人民共和国外交特权与豁免条例》和《中华人民共和国领事特权与豁免条例》规定免税的所得。

问题25　《中华人民共和国个人所得税法》规定哪些情形可以减征个税

〖答〗《中华人民共和国个人所得税法》规定可减征个税的情形如表29所示。

表29　法定减征个税情形汇总

序号	减征情形	减征幅度和期限
1	残疾、孤老人员和烈属的所得	由省、自治区、直辖市人民政府规定,并报同级人民代表大会常务委员会备案
2	因自然灾害遭受重大损失的	

政策依据

《中华人民共和国个人所得税法》第五条

有下列情形之一的,可以减征个人所得税,具体幅度和期限,由省、自治区、直辖市人民政府规定,并报同级人民代表大会常务委员会备案:

(一)残疾、孤老人员和烈属的所得;

(二)因自然灾害遭受重大损失的。

国务院可以规定其他减税情形,报全国人民代表大会常务委员会备案。

第六节　反避税

扫码听课

一、概述

《中华人民共和国个人所得税法》第八条的反避税条款,分别从独立交易原则、受控外国企业、一般反避税三个方面作出规定。这是本次修订新增的条款,首次提出税务机关有权进行个人所得税纳税调整,与《企业所得税法》中的"特别纳税调整"相对应。

二、要点难点

问题26　税务机关进行纳税调整的情形有哪些

〖答〗税务机关进行纳税调整的情形如表30所示。

表30 税务机关纳税调整情形汇总

序号	税务机关纳税调整的情形	
	情形	概念解析
1	个人与其关联方之间的业务往来不符合独立交易原则而减少本人或者其关联方应纳税额,且无正当理由	1. 关联方,指与企业有下列关联关系之一的企业、其他组织或者个人:(1)在资金、经营、购销等方面存在直接或者间接的控制关系;(2)直接或者间接地同为第三者控制;(3)在利益上具有相关联的其他关系
		2. 独立交易原则,指没有关联关系的交易各方,按照公平成交价格和营业常规进行业务往来遵循的原则
2	居民个人控制的,或者居民个人和居民企业共同控制的设立在实际税负明显偏低的国家(地区)的企业,无合理经营需要,对应当归属于居民个人的利润不作分配或者减少分配	控制,包括:(1)居民企业或者中国居民直接或者间接单一持有外国企业10%以上有表决权股份,且由其共同持有该外国企业50%以上股份;(2)居民企业,或者居民企业和中国居民持股比例没有达到第(1)项规定的标准,但在股份、资金、经营、购销等方面对该外国企业构成实质控制
		3. 实际税负明显偏低,指低于规定税率的50%
3	个人实施其他不具有合理商业目的的安排而获取不当税收利益	不具有合理商业目的,指以减少、免除或者推迟缴纳税款为主要目的

注:表30 中所列"关联方""独立交易原则"等概念,在个人所得税法的文件中尚无明确规定,表30 所列依据为《企业所得税法实施条例》的一百零九条、一百一十一条、一百一十七条、一百一十八和一百二十二条,仅供参考。

《中华人民共和国个人所得税法》第八条第一款

有下列情形之一的,税务机关有权按照合理方法进行纳税调整:

(一)个人与其关联方之间的业务往来不符合独立交易原则而减少本人或者其关联方应纳税额,且无正当理由;

(二)居民个人控制的,或者居民个人和居民企业共同控制的设立在实际税负明显偏低的国家(地区)的企业,无合理经营需要,对应当归属于居民个人的利润不作分配或者减少分配;

(三)个人实施其他不具有合理商业目的的安排而获取不当税收利益。

案例 16

富豪小松是中国居民个人,在维尔金群岛(低税率地区)成立一家投资公司,按照中国企业所得税法口径,该公司 2018 年至 2020 年累积税后利润 15 000 万元,无合理经营需要却 3 年未进行利润分配。

请问该种情形下,税务机关该如何处理?

〖答〗居民个人小松控制的投资公司,设立在实际税负明显偏低的地区,无合理经营需要但不分配利润,属于《中华人民共和国个人所得税法》中规定的税务机关可进行纳税调整的情形,税务机关应该按照合理的方法来调整小松的"利息、股息、红利"所得。

问题 27 纳税调整补缴税款是否加收利息

〖答〗税务机关依照规定作出纳税调整,需要补征税款的,应当补征税款,并按照表 31 所示方法选择利率和期限来计算利息。

表31 加收利息的利率和期限确定方法

项目	确定方法
利率	税款所属纳税申报期最后一日人行公布的与补税期间同期的人民币贷款基准利率
期限	税款纳税申报期满次日——补缴税款期限届满之日(在补缴税款期限届满前补缴税款的,利息加收至补缴税款之日)

政策依据

一、《中华人民共和国个人所得税法》第八条第二款

税务机关依照前款规定作出纳税调整,需要补征税款的,应当补征税款,并依法加收利息。

二、《中华人民共和国个人所得税法实施条例》第二十三条

个人所得税法第八条第二款规定的利息,应当按照税款所属纳税申报期最后一日中国人民银行公布的与补税期间同期的人民币贷款基准利率计算,自税款纳税申报期满次日起至补缴税款期限届满之日止按日加收。纳税人在补缴税款期限届满前补缴税款的,利息加收至补缴税款之日。

案例 17

小松的哥哥在维尔金群岛(低税率地区)成立一家公司,2019年10月,小松为该公司提供咨询服务,只按照市场价格的一半收取了50万元的咨询费。2020年5月5日税务机关稽查时对小松的该项所得进行了纳税调整,调整后按照100万元计税。税务机关要求小松在5月15日(含15日)前补齐税款和利息。小松于5月10日补缴了税款,假设2019年11月15日中国人民银行公布的半年期人民币贷款基准利率为5.5%。请问小松应该补缴利息多少?

【答】小松应该就少缴纳税款50万元计算利息,利率选择申报期最后一日即2019年11月15日人民银行公布的半年期人民币贷款基准利率5.5%。由于小松在规定期限前已补缴税款,计算利息的天数为自2019年11月16日至2020年5月10日的176天。

应加收利息=500 000×5.5‰×176÷366=13 224.04(元)

第七节 扣缴义务人

扫码听课

一、概述

个人所得税以支付所得的单位或者个人为扣缴义务人。扣缴义务人向个人支付应税款项时,应当依照个人所得税法规定预扣或者代扣税款,按时缴库,并专项记载备查。

二、要点难点

问题28 如何确定扣缴义务人

【答】个人所得税应区分两种情形来确定扣缴义务人,如表32所示。

表32 个人所得税扣缴义务人的确定方式

项目	扣缴义务人
一般情况	支付所得的单位或者个人
特殊情况	涉及多重支付,税务机关认定的对所得的支付对象和支付数额有决定权的单位和个人

政策依据

一、《中华人民共和国个人所得税法》第九条

个人所得税以所得人为纳税人,以支付所得的单位或者个人为扣缴义务人。

二、《国家税务总局关于个人所得税偷税案件查处中有关问题的补充通知》(国税函〔1996〕602号)第三条

由于支付所得的单位和个人与取得所得的人之间有多重支付的现象,有时难以确定扣缴义务人。为保证全国执行的统一,现将认定标准法规为:凡税务机关认定对所得的支付对象和支付数额有决定权的单位和个人,即为扣缴义务人。

问题29 扣缴义务人有哪些法定扣缴责任

〖答〗个人所得税以支付所得的单位或者个人为扣缴义务人。扣缴义务人的法定扣缴责任如表33所示。

表33 个人所得税扣缴义务人的扣缴责任

扣缴义务	扣缴时间	缴入国库期限	报送资料	其他事项
办理全员全额扣缴申报,并向纳税人提供其个人所得和已扣缴税款等信息。	支付应税款项时(支付,包括现金支付、汇拨支付、转账支付和以有价证券、实物以及其他形式的支付)	次月15日内	扣缴个人所得税申报表	专项记载备查

政策依据

一、《中华人民共和国个人所得税法》第九条、第十条第二款、第十四条

第九条 个人所得税以所得人为纳税人,以支付所得的单位或者个人为扣缴义务人。

第十条 扣缴义务人应当按照国家规定办理全员全额扣缴申报,并向纳税人提供其个人所得和已扣缴税款等信息。

第十四条 扣缴义务人每月或者每次预扣、代扣的税款,应当在次月十五日内缴入国库,并向税务机关报送扣缴个人所得税申报表。

二、《中华人民共和国个人所得税法实施条例》第二十四条

扣缴义务人向个人支付应税款项时,应当依照个人所得税法规定预扣或者代扣税款,按时缴库,并专项记载备查。

前款所称支付,包括现金支付、汇拨支付、转账支付和以有价证券、实物以及其他形式的支付。

问题30 扣缴义务人的全员全额申报是指什么

〖答〗全员全额申报的内容及需全员申报的应税所得的情况如表34所示。

表34 全员全额申报详解

主要内容	需全员申报的应税所得	其他事项
扣缴义务人在代扣税款的次月十五日内,向主管税务机关报送其支付所得的所有个人的有关信息、支付所得数额、扣除事项和数额、扣缴税款的具体数额和总额以及其他相关涉税信息资料	除经营所得以外的其他各项所得	1. 扣缴义务人首次向纳税人支付所得时,应当填写《个人所得税基础信息表(A表)》,于次月扣缴申报时报送 2. 扣缴义务人对纳税人向其报告的相关基础信息变化情况,应当于次月扣缴申报时报送

政策依据

一、《中华人民共和国个人所得税法实施条例》第二十六条

个人所得税法第十条第二款所称全员全额扣缴申报,是指扣缴义务人在代扣税款的次月十五日内,向主管税务机关报送其支付所得的所有个人的有关信息、支付所得数额、扣除事项和数额、扣缴税款的具体数额和总额以及其他相关涉税信息资料。

二、《国家税务总局关于发布〈个人所得税扣缴申报管理办法(试行)〉的公告》(国家税务总局公告2018年第61号)第四条、第五条

第四条　实行个人所得税全员全额扣缴申报的应税所得包括:

(一)工资、薪金所得;

(二)劳务报酬所得;

(三)稿酬所得;

(四)特许权使用费所得;

(五)利息、股息、红利所得;

(六)财产租赁所得;

(七)财产转让所得;

(八)偶然所得。

第五条　扣缴义务人首次向纳税人支付所得时,应当按照纳税人提供的纳税人识别号等基础信息,填写《个人所得税基础信息表(A表)》,并于次月扣缴申报时向税务机关报送。

扣缴义务人对纳税人向其报告的相关基础信息变化情况,应当于次月扣缴申报时向税务机关报送。

问题31　个税的扣缴义务人按照规定可以取得多少手续费

〖答〗对扣缴义务人按照所扣缴的税款,付给2%的手续费,具体内容如表35所示。

表35　代扣代缴手续费相关情况

计算基数	计算比例	频次	其他事项
按规定扣缴的税款(不包括税务机关、司法机关等查补或者责令补扣的税款)	2%	一年支付一次	税务机关应填开退还书,扣缴义务人凭退还书,办理退库

申请代扣代缴手续费时需填列资料如表36所示。

表36　代扣代缴手续费申请表

金额单位:人民币元(列至角分)

扣缴义务人名称			统一社会信用代码(纳税人识别号)	
联系人姓名			联系电话	
原完税情况	品目名称	税款所属时期	税票号码	实缴金额

(续表)

	品目名称	税款所属时期	税票号码	实缴金额
原完税情况				
	合计(小写)			
申请手续费金额(小写)				
声明	此表是根据国家税收法律法规及相关规定填写的,本人(单位)对填报内容(附带资料)的真实性、可靠性、完整性负责。 扣缴义务人签章:			
授权声明	如果您已委托代理人申请,请填写下列资料: 为代理个人所得税扣缴手续费申请相关事宜,现授权 　　　　　　　　　　(地址) 　　为代理申请人,任何与本申请有关的往来文件,都可寄于此人。 授权人签章:	税务机关填写	受理人: 受理税务机关(章): 受理日期:	

填报说明

一、本表适用于申请个人所得税扣缴手续费的办理。

二、扣缴义务人退付账户与原缴税账户不一致的,须另行提交资料,并经税务机关确认。

三、本表一式四联,扣缴义务人一联、税务机关三联。

四、扣缴义务人名称:填写扣缴义务人法定名称的全称。

五、统一社会信用代码(纳税人识别号):填写扣缴义务人的统一社会信用代码或者纳税人识别号。

六、联系人名称:填写联系人姓名。

七、联系电话:填写联系人固定电话号码或手机号码。

八、品目名称:填写扣缴个人所得税的各项应税所得名称。如:工资、薪金所得。

九、原完税情况:填写退个人所得税代扣代缴手续费相关信息。分品目名称、税款所属时期、税票号码、实缴金额等项目,填写申请办理的已入库信息,上述信息应与完税费(缴款)凭证或完税电子信息一致。

十、申请手续费金额:填写申请年度计算的手续费金额。填写金额按照申请年度代扣代缴(含预扣预缴)个人所得税实际入库税额的2%计算。

一、《中华人民共和国个人所得税法》第十七条

　　对扣缴义务人按照所扣缴的税款,付给百分之二的手续费。

二、《中华人民共和国个人所得税法实施条例》第三十三条税务机关按照个人所得税法第十七条的规定付给扣缴义务人手续费,应当填开退还书;扣缴义务人凭退还书,按照国库管理有关规定办理退库手续。

三、《国家税务总局关于发布〈个人所得税扣缴申报管理办法(试行)〉的公告》(国家税务总局公告 2018 年第 61 号)第十七条第一款

对扣缴义务人按照规定扣缴的税款,按年付给百分之二的手续费。不包括税务机关、司法机关等查补或者责令补扣的税款。

案例 18

梅松公司 2019 年共代扣代缴个人所得税 200 万元,另有税务机关查补的 2017 年未按照规定代扣代缴的个税 30 万元、罚款 10 万元,滞纳金 5 万元。

请问梅松公司 2019 年代扣代缴的个税可以收到多少手续费?

〖答〗计算手续费的基数不包括税务机关、司法机关等查补或者责令补扣的税款,因此,可收到的手续费 = 2 000 000 × 2‰ = 40 000(元)。

第八节 自行申报

扫码听课

一、概述

《中华人民共和国个人所得税法》修订后自行申报的情形由原来规定的 4 条更改为 7 条。变化有:取消了年所得 12 万元以上需自行申报的规定;增加了汇算清缴;对未扣缴税款的情形进行了明确;增加了取得境外所得自行申报的义务;增加了注销中国户籍需自行申报的情形;将从两处以上取得工资、薪金所得需要自行申报的纳税人范围仅限定为非居民个人。相应的,对自行申报的时间、地点等也做了更改。

二、要点难点

问题 32　纳税人应当自行申报的情形有哪些

〖答〗纳税人应当自行申报的情形如表 37 所示。

表 37　纳税人自行申报情形汇总

序号	应当自行申报情形		
1	居民取得综合所得需要办理汇算清缴	① 从两处以上取得综合所得,且综合所得年收入额减除专项扣除的余额超过 6 万元	也可通过任职受雇单位、涉税专业服务机构或其他单位及个人代办
		② 取得劳务报酬所得、稿酬所得、特许权使用费所得中一项或者多项所得,且综合所得年收入额减除专项扣除的余额超过 6 万元	
		③ 纳税年度内预缴税额低于应纳税额	
		④ 纳税人申请退税	
		⑤ 享受大病医疗专项附加扣除	
2	取得应税所得没有扣缴义务人		
3	取得应税所得,扣缴义务人未扣缴税款		
4	取得境外所得		
5	因移居境外注销中国户籍		
6	非居民个人在中国境内从两处以上取得工资、薪金所得		

(续表)

序号	应当自行申报情形
7	取得经营所得
8	国务院规定的其他情形

注：由于享受大病医疗专项附加扣除的纳税人，只有在自行办理汇算清缴申报时才可扣除，因此，属于取得综合所得需要办理汇算清缴的情形。

部分偶然所得如拾得财物，由于没有支付方，所以没有扣缴义务人。

需要注意的是，2019年1月1日至2023年12月31日居民个人取得的综合所得，年度综合所得收入不超过12万元且需要汇算清缴补税的，或者年度汇算清缴补税金额不超过400元的，居民个人可免于办理个人所得税综合所得汇算清缴。居民个人取得综合所得时存在扣缴义务人未依法预扣预缴税款的情形除外。详情请查阅本书第三章相关内容。

一、《中华人民共和国个人所得税法》第十条第一款、第十二条

第十条 有下列情形之一的，纳税人应当依法办理纳税申报：

（一）取得综合所得需要办理汇算清缴；

（二）取得应税所得没有扣缴义务人；

（三）取得应税所得，扣缴义务人未扣缴税款；

（四）取得境外所得；

（五）因移居境外注销中国户籍；

（六）非居民个人在中国境内从两处以上取得工资、薪金所得；

（七）国务院规定的其他情形。

第十二条 纳税人取得经营所得，按年计算个人所得税，由纳税人在月度或者季度终了后十五日内向税务机关报送纳税申报表，并预缴税款；在取得所得的次年三月三十一日前办理汇算清缴。

二、《中华人民共和国个人所得税法实施条例》第二十五条第一款

取得综合所得需要办理汇算清缴的情形包括：

（一）从两处以上取得综合所得，且综合所得年收入额减除专项扣除的余额超过6万元；

（二）取得劳务报酬所得、稿酬所得、特许权使用费所得中一项或者多项所得，且综合所得年收入额减除专项扣除的余额超过6万元；

（三）纳税年度内预缴税额低于应纳税额；

（四）纳税人申请退税。

三、《国家税务总局关于发布〈个人所得税专项附加扣除操作办法（试行）〉的公告》（国家税务总局公告2018年第60号）第四条第三款

享受大病医疗专项附加扣除的纳税人，由其在次年3月1日至6月30日内，自行向汇缴地主管税务机关办理汇算清缴申报时扣除。

四、《财政部 税务总局关于个人所得税综合所得汇算清缴涉及有关政策问题的公告》（财政部 税务总局公告2019年第94号）第一条

2019年1月1日至2020年12月31日居民个人取得的综合所得，年度综合所得收入不超过12万元且需要汇算清缴补税的，或者年度汇算清缴补税金额不超过400元的，居民个人可免于办理个人所得税综合所得汇算清缴。居民个人取得综合所得时存在扣缴义务人未依法预扣预缴税款的情形除外。

五、《财政部 税务总局关于延续实施全年一次性奖金等个人所得税优惠政策的公告》（财政部 税务总局公告2021年第42号）第二条

《财政部 税务总局关于个人所得税综合所得汇算清缴涉及有关政策问题的公告》（财政部 税务总局公告2019年第94号）规定的免于办理个人所得税综合所得汇算清缴优惠政策，执行期限延长至2023年12月31日。

六、《国家税务总局关于办理2023年度个人所得税综合所得汇算清缴事项的公告》（国家税务总局公告

2024年第2号)第六条

纳税人可自主选择下列办理方式：

（一）自行办理。

（二）通过任职受雇单位(含按累计预扣法预扣预缴其劳务报酬所得个人所得税的单位)代为办理。

纳税人提出代办要求的,单位应当代为办理,或者培训、辅导纳税人完成汇算申报和退(补)税。

由单位代为办理的,纳税人应提前与单位以书面或者电子等方式进行确认,补充提供2023年在本单位以外取得的综合所得收入、相关扣除、享受税收优惠等信息资料,并对所提交信息的真实性、准确性、完整性负责。纳税人未与单位确认请其代为办理的,单位不得代办。

（三）委托受托人(含涉税专业服务机构或其他单位及个人)办理,纳税人需与受托人签订授权书。

单位或受托人为纳税人办理汇算后,应当及时将办理情况告知纳税人。纳税人发现汇算申报信息存在错误的,可以要求单位或受托人更正申报,也可自行更正申报。

问题33　纳税人自行申报个人所得税的期限是多久

〖答〗纳税人自行申报的期限应区分不同的情形确定,具体情况如表38所示。

表38　自行申报期限汇总

项目	情形		申报期限	参考文件
一般情形	居民个人取得综合所得	扣缴义务人已预扣预缴税款,需办理汇算清缴	次年3月1日至6月30日	《中华人民共和国个人所得税法》第十一条第一款
		扣缴义务人未扣缴税款	次年3月1日至6月30日	总局公告2018年第62号第三条第一款第一项
	非居民个人取得工资、薪金所得,劳务报酬所得,稿酬所得,特许权使用费所得	从两处以上取得工资薪金所得	次月15日内	《中华人民共和国个人所得税法》第十三条第四款
		扣缴义务人未扣缴	次年6月30日前(先离境的,离境前)	总局公告2018年第62号第三条第一款第二项
	纳税人取得经营所得	预缴税款	月度或者季度终了后15日内	《中华人民共和国个人所得税法》第十二条第一款
		汇算清缴	次年3月31日前	《中华人民共和国个人所得税法》第十二条第一款
		两处以上取得经营所得汇总申报	次年3月31日前	总局公告2018年第62号第二条第二款
	纳税人取得利息、股息、红利所得,财产租赁所得,财产转让所得和偶然所得	没有扣缴义务人	次月15日内	《中华人民共和国个人所得税法》第十三条第一款
		扣缴义务人未扣缴	次年6月30日前	总局公告2018年第62号第三条第一款第三项
特殊情形	纳税人从中国境外取得所得		次年3月1日至6月30日	《中华人民共和国个人所得税法》第十三条第三款
	纳税人因移居境外注销中国户籍		注销户籍前	《中华人民共和国个人所得税法》第十三条第五款

政策依据

一、《中华人民共和国个人所得税法》第十一条、第十二条、第十三条

第十一条　居民个人取得综合所得,按年计算个人所得税;有扣缴义务人的,由扣缴义务人按月或者按次预扣预缴税款;需要办理汇算清缴的,应当在取得所得的次年三月一日至六月三十日内办理汇算清缴。预扣

预缴办法由国务院税务主管部门制定。

……

非居民个人取得工资、薪金所得,劳务报酬所得,稿酬所得和特许权使用费所得,有扣缴义务人的,由扣缴义务人按月或者按次代扣代缴税款,不办理汇算清缴。

第十二条 纳税人取得经营所得,按年计算个人所得税,由纳税人在月度或者季度终了后十五日内向税务机关报送纳税申报表,并预缴税款;在取得所得的次年三月三十一日前办理汇算清缴。

纳税人取得利息、股息、红利所得,财产租赁所得,财产转让所得和偶然所得,按月或者按次计算个人所得税,有扣缴义务人的,由扣缴义务人按月或者按次代扣代缴税款。

第十三条 纳税人取得应税所得没有扣缴义务人的,应当在取得所得的次月十五日内向税务机关报送纳税申报表,并缴纳税款。

纳税人取得应税所得,扣缴义务人未扣缴税款的,纳税人应当在取得所得的次年六月三十日前,缴纳税款;税务机关通知限期缴纳的,纳税人应当按照期限缴纳税款。

居民个人从中国境外取得所得的,应当在取得所得的次年三月一日至六月三十日内申报纳税。

非居民个人在中国境内从两处以上取得工资、薪金所得的,应当在取得所得的次月十五日内申报纳税。

纳税人因移居境外注销中国户籍的,应当在注销中国户籍前办理税款清算。

二、《国家税务总局关于个人所得税自行纳税申报有关问题的公告》(国家税务总局公告2018年第62号)第一条第二款、第二条第二款、第三条第一款

第一条 需要办理汇算清缴的纳税人,应当在取得所得的次年3月1日至6月30日内,向任职、受雇单位所在地主管税务机关办理纳税申报,并报送《个人所得税年度自行纳税申报表》。

第二条 纳税人取得经营所得,按年计算个人所得税,由纳税人在月度或季度终了后15日内,向经营管理所在地主管税务机关办理预缴纳税申报,并报送《个人所得税经营所得纳税申报表(A表)》。在取得所得的次年3月31日前,向经营管理所在地主管税务机关办理汇算清缴,并报送《个人所得税经营所得纳税申报表(B表)》;从两处以上取得经营所得的,选择向其中一处经营管理所在地主管税务机关办理年度汇总申报,并报送《个人所得税经营所得纳税申报表(C表)》。

第三条 纳税人取得应税所得,扣缴义务人未扣缴税款的,应当区别以下情形办理纳税申报:

(一)居民个人取得综合所得的,按照本公告第一条办理。

(二)非居民个人取得工资、薪金所得,劳务报酬所得,稿酬所得,特许权使用费所得的,应当在取得所得的次年6月30日前,向扣缴义务人所在地主管税务机关办理纳税申报,并报送《个人所得税自行纳税申报表(A表)》。有两个以上扣缴义务人均未扣缴税款的,选择向其中一处扣缴义务人所在地主管税务机关办理纳税申报。

非居民个人在次年6月30日前离境(临时离境除外)的,应当在离境前办理纳税申报。

(三)纳税人取得利息、股息、红利所得,财产租赁所得,财产转让所得和偶然所得的,应当在取得所得的次年6月30日前,按相关规定向主管税务机关办理纳税申报,并报送《个人所得税自行纳税申报表(A表)》。

税务机关通知限期缴纳的,纳税人应当按照期限缴纳税款。

问题34 纳税人自行申报如何确定申报地点

〖答〗纳税人自行申报地点应区分不同情形确定,具体情况如表39所示。

表39 自行申报地点汇总表

序号	情形		申报地点
1	综合所得需要办理汇算清缴	一处任职、受雇单位	任职、受雇单位所在地
		两处以上任职、受雇单位	任选一处任职、受雇单位所在地
		无任职、受雇单位	户籍所在地或经常居住地

(续表)

序号	情形		申报地点
2	取得经营所得	1. 预缴	经营管理所在地
		2. 汇算清缴	
		3. 两处以上取得经营所得	
3	取得应税所得,扣缴义务人未扣缴税款的纳税申报	居民个人取得综合所得	参照情形1确定
		非居民个人取得工资、薪金所得,劳务报酬所得,稿酬所得,特许权使用费所得	扣缴义务人所在地,两个以上扣缴义务人均未扣缴税款,选其一
		纳税人取得利息、股息、红利所得,财产租赁所得,财产转让所得和偶然所得	按照相关规定向主管税务机关办理
4	居民个人取得境外所得	在境内有任职、受雇单位	境内任职、受雇单位所在地
		境内无任职、受雇单位	户籍所在地或中国境内经常居住地
		中国境内没有户籍	境内经常居住地
5	因移居境外注销中国户籍		户籍所在地
6	非居民个人在中国境内从两处以上取得工资、薪金所得		其中一处任职、受雇单位所在地

政策依据

《国家税务总局关于个人所得税自行纳税申报有关问题的公告》(国家税务总局公告 2018 年第 62 号)第一条第二款、第二条第二款、第三条、第四条第一款、第五条第一款、第六条第一款

第一条 需要办理汇算清缴的纳税人,应当在取得所得的次年 3 月 1 日至 6 月 30 日内,向任职、受雇单位所在地主管税务机关办理纳税申报,并报送《个人所得税年度自行纳税申报表》。纳税人有两处以上任职、受雇单位的,选择向其中一处任职、受雇单位所在地主管税务机关办理纳税申报;纳税人没有任职、受雇单位的,向户籍所在地或经常居住地主管税务机关办理纳税申报。

第二条 纳税人取得经营所得,按年计算个人所得税,由纳税人在月度或季度终了后 15 日内,向经营管理所在地主管税务机关办理预缴纳税申报,并报送《个人所得税经营所得纳税申报表(A 表)》。在取得所得的次年 3 月 31 日前,向经营管理所在地主管税务机关办理汇算清缴,并报送《个人所得税经营所得纳税申报表(B 表)》;从两处以上取得经营所得的,选择向其中一处经营管理所在地主管税务机关办理年度汇总申报,并报送《个人所得税经营所得纳税申报表(C 表)》。

第三条 纳税人取得应税所得,扣缴义务人未扣缴税款的,应当区别以下情形办理纳税申报:

(一)居民个人取得综合所得的,按照本公告第一条办理。

(二)非居民个人取得工资、薪金所得,劳务报酬所得,稿酬所得,特许权使用费所得的,应当在取得所得的次年 6 月 30 日前,向扣缴义务人所在地主管税务机关办理纳税申报,并报送《个人所得税自行纳税申报表(A 表)》。有两个以上扣缴义务人均未扣缴税款的,选择向其中一处扣缴义务人所在地主管税务机关办理纳税申报。

非居民个人在次年 6 月 30 日前离境(临时离境除外)的,应当在离境前办理纳税申报。

(三)纳税人取得利息、股息、红利所得,财产租赁所得,财产转让所得和偶然所得的,应当在取得所得的次年 6 月 30 日前,按相关规定向主管税务机关办理纳税申报,并报送《个人所得税自行纳税申报表(A 表)》。

税务机关通知限期缴纳的,纳税人应当按照期限缴纳税款。

第四条 居民个人从中国境外取得所得的,应当在取得所得的次年 3 月 1 日至 6 月 30 日内,向中国境内任职、受雇单位所在地主管税务机关办理纳税申报;在中国境内没有任职、受雇单位的,向户籍所在地或中国境内经常居住地主管税务机关办理纳税申报;户籍所在地与中国境内经常居住地不一致的,选择其中一地主

管税务机关办理纳税申报;在中国境内没有户籍的,向中国境内经常居住地主管税务机关办理纳税申报。

税务机关通知限期缴纳的,纳税人应当按照期限缴纳税款。

第五条　纳税人因移居境外注销中国户籍的,应当在申请注销中国户籍前,向户籍所在地主管税务机关办理纳税申报,进行税款清算。

第六条　非居民个人在中国境内从两处以上取得工资、薪金所得的,应当在取得所得的次月15日内,向其中一处任职、受雇单位所在地主管税务机关办理纳税申报。

第九节　申请退税

扫码听课

一、概述

纳税人办理汇算清缴退税或者扣缴义务人为纳税人办理汇算清缴退税的,税务机关审核后,按照国库管理的有关规定办理退税。

二、重点难点

问题35　纳税人多预缴税款如何办理退税

〖答〗纳税人多预缴税款申请退税的方法如表40所示。

表40　多预缴情况下办理退税的方法

申请退税环节	办理人	办理地点	准备工作	办理流程
汇算清缴时	纳税人或扣缴义务人	汇算清缴地税务机关	提供纳税人在境内开设的银行账户	1. 提交申请—审核信息—办理退税
				2. 提交申请—审核信息—纳税人更正—办理退税

 政策依据

一、《中华人民共和国个人所得税法》第十四条第二款

纳税人办理汇算清缴退税或者扣缴义务人为纳税人办理汇算清缴退税的,税务机关审核后,按照国库管理的有关规定办理退税。

二、《中华人民共和国个人所得税法实施条例》第二十五条第四项、第三十一条第一款

二十五条　取得综合所得需要办理汇算清缴的情形包括:

(四)纳税人申请退税。

纳税人申请退税,应当提供其在中国境内开设的银行账户,并在汇算清缴地就地办理税款退库。

第三十一条　纳税人申请退税时提供的汇算清缴信息有错误的,税务机关应当告知其更正;纳税人更正的,税务机关应当及时办理退税。

问题36　扣缴义务人未将扣缴的税款解缴入库,是否影响纳税人申请退税

〖答〗《中华人民共和国个人所得税法实施条例》第三十一条第二款规定"扣缴义务人未将扣缴的税款解缴入库的,不影响纳税人按照规定申请退税,税务机关应当凭纳税人提供的有关资料办理退税"。

 19

2020年,小松从任职的税台公司取得工资120 000元,按照国家规定的标准缴纳三险一金20 000元,另有符合条件的专项附加扣除12 000元,税台公司按照规定预扣预缴了所得税

840元。2020年11月小松为梅松公司提供税务咨询服务,协议规定,由梅松公司预扣预缴个人所得税,小松取得税后收入15 120元。除此之外无其他综合所得。次年汇算清缴时,小松发现梅松公司没有将代扣的劳务报酬所得的税费申报缴纳,请问小松应该如何处理?

〖答〗根据《国家税务总局关于发布〈个人所得税扣缴申报管理办法(试行)〉的公告》(总局公告2018年第61号)的规定,劳务报酬所得每次收入不超过4 000元的,减除费用按800元计算;每次收入4 000元以上的,减除费用按收入的20%计算。预扣预缴应纳税所得额不超过20 000元的,预扣率20%。居民个人办理年度综合所得汇算清缴时,应当依法计算劳务报酬所得、稿酬所得、特许权使用费所得的收入额,并入年度综合所得计算应纳税款,税款多退少补。

咨询服务的税前所得=15 120÷[1-(1-20%)×20%]=18 000(元)

咨询服务所得代扣所得税=18 000×(1-20%)×20%=2 880(元)

综合所得共预扣税费=840+2 880=3 720(元)

汇算清缴应纳税所得额=120 000+18 000×(1-20%)-60 000-20 000-12 000=42 400(元)

汇算清缴应纳税额=42 400×10%-2 520=1 720(元)

汇算清缴应退税额=3 720-1 720=2 000(元)

小松应该向汇算清缴的税务机关提供她与梅松公司签订的税务咨询的协议,证明梅松公司已经按照约定对该笔劳务报酬代扣了个人所得税,梅松公司未将扣缴的税款解缴入库,不影响纳税人按照规定申请退税,税务机关应当凭纳税人提供的有关资料办理退税。

第十节 征收管理

扫码听课

一、概述

2018年《中华人民共和国个人所得税法》的修订新增了协同治税的条款,明确了公安、人民银行、金融监督管理等部门应当协助税务机关确认纳税人的相关信息。

同时明确纳税人、扣缴义务人和税务机关及其工作人员违反本法规定的,依照《中华人民共和国税收征收管理法》和有关法律法规的规定追究法律责任。个人所得税的征收管理,依照《中华人民共和国个人所得税法》和《中华人民共和国税收征收管理法》的规定执行。

二、要点难点

问题37　自然人如何取得纳税人识别号

〖答〗自然人纳税人识别号是自然人纳税人办理各类涉税事项的唯一代码标识。自然人取得纳税人识别号的方式及注意事项如表41所示。

表41　纳税人识别号取得方式

身份类型	纳税人识别号的取得	注意事项
有中国公民身份号码	以中国公民身份号码为纳税人识别号	1. 扣缴义务人扣缴税款时,纳税人应当向扣缴义务人提供纳税人识别号
无中国公民身份号码	由税务机关赋予其纳税人识别号	2. 税务机关应当在赋予自然人纳税人识别号后告知或者通过扣缴义务人告知纳税人其纳税人识别号,并为自然人纳税人查询本人纳税人识别号提供便利

注:自然人纳税人办理纳税申报、税款缴纳、申请退税、开具完税凭证、纳税查询等涉税事项时应当向税务机关或扣缴义务人提供纳税人识别号。

政策依据

一、《中华人民共和国个人所得税法》第九条第二款

纳税人有中国公民身份号码的,以中国公民身份号码为纳税人识别号;纳税人没有中国公民身份号码的,由税务机关赋予其纳税人识别号。扣缴义务人扣缴税款时,纳税人应当向扣缴义务人提供纳税人识别号。

二、《国家税务总局关于自然人纳税人识别号有关事项的公告》(国家税务总局公告2018年第59号)第四条第五条

第四条 税务机关应当在赋予自然人纳税人识别号后告知或者通过扣缴义务人告知纳税人其纳税人识别号,并为自然人纳税人查询本人纳税人识别号提供便利。

第五条 自然人纳税人办理纳税申报、税款缴纳、申请退税、开具完税凭证、纳税查询等涉税事项时应当向税务机关或扣缴义务人提供纳税人识别号。

问题38 个人信息与事实不符,该如何处理

〖答〗个人信息与事实不符的处理方法如表42所示。

表42 个人信息与事实不符的处理方法

发现方	不符的信息	处理方法
纳税人	扣缴义务人提供或者扣缴申报的个人信息、所得、扣缴税款等与实际情况不符	1. 要求扣缴义务人修改 2. 扣缴义务人拒绝修改的,纳税人应当报告税务机关,税务机关应当及时处理
扣缴义务人	纳税人提供的信息与实际情况不符	1. 要求纳税人修改 2. 纳税人拒绝修改的,扣缴义务人应当报告税务机关,税务机关应当及时处理

政策依据

一、《中华人民共和国个人所得税法实施条例》第三十条第一款和第二款

扣缴义务人应当按照纳税人提供的信息计算办理扣缴申报,不得擅自更改纳税人提供的信息。

纳税人发现扣缴义务人提供或者扣缴申报的个人信息、所得、扣缴税款等与实际情况不符的,有权要求扣缴义务人修改。扣缴义务人拒绝修改的,纳税人应当报告税务机关,税务机关应当及时处理。

二、《国家税务总局关于发布〈个人所得税扣缴申报管理办法(试行)〉的公告》(国家税务总局公告2018年第61号)第十四条第二款

扣缴义务人发现纳税人提供的信息与实际情况不符的,可以要求纳税人修改。纳税人拒绝修改的,扣缴义务人应当报告税务机关,税务机关应当及时处理。

问题39 哪些部门有义务协同治税

〖答〗有义务协同治税的部门如表43所示。

表43 协同治税情况汇总表

部门	协助查验内容
公安、人民银行、金融监督管理等相关部门	纳税人的身份、金融账户信息
教育、卫生、医疗保障、民政、人力资源社会保障、住房城乡建设、公安、人民银行、金融监督管理等相关部门	专项附加扣除信息

(续表)

部门	协助查验内容
不动产登记机构	不动产转移登记时,查验与不动产转让相关的个人所得税的完税凭证
股权登记机关	股权变更登记时,查验与股权交易相关的个人所得税的完税凭证。

《中华人民共和国个人所得税法》第十五条

公安、人民银行、金融监督管理等相关部门应当协助税务机关确认纳税人的身份、金融账户信息。教育、卫生、医疗保障、民政、人力资源社会保障、住房城乡建设、公安、人民银行、金融监督管理等相关部门应当向税务机关提供纳税人子女教育、继续教育、大病医疗、住房贷款利息、住房租金、赡养老人等专项附加扣除信息。

个人转让不动产的,税务机关应当根据不动产登记等相关信息核验应缴的个人所得税,登记机构办理转移登记时,应当查验与该不动产转让相关的个人所得税的完税凭证。个人转让股权办理变更登记的,市场主体登记机关应当查验与该股权交易相关的个人所得税的完税凭证。

有关部门依法将纳税人、扣缴义务人遵守本法的情况纳入信用信息系统,并实施联合激励或者惩戒。

问题40　纳税人拒绝扣缴税款,扣缴义务人该怎么办

〖答〗纳税人拒绝的,扣缴义务人应当及时报告税务机关,由税务机关直接向纳税人追缴税款、滞纳金。

一、《中华人民共和国税收征收管理法》(2015年修订版)第三十条第二款

扣缴义务人依法履行代扣、代收税款义务时,纳税人不得拒绝。纳税人拒绝的,扣缴义务人应当及时报告税务机关处理。

二、《中华人民共和国税收征收管理法实施细则》(2016年修订)第九十四条

纳税人拒绝代扣、代收税款的,扣缴义务人应当向税务机关报告,由税务机关直接向纳税人追缴税款、滞纳金;纳税人拒不缴纳的,依照税收征管法第六十八条的规定执行。

问题41　扣缴义务人未在规定期限内办理纳税申报或解缴税款的,将承担怎样的法律责任

〖答〗扣缴义务人承担的法律责任如表44所示。

表44　不同情形下扣缴义务人承担的法律责任

情形	法律责任
未在规定期限内办理纳税申报	由税务机关责令限期改正,可以处2 000元以下的罚款;情节严重的,可以处2 000元以上10 000元以下的罚款
未在规定期限内解缴税款	1. 按日加收滞纳款5‰的滞纳金
	2. 责令限期缴纳,逾期仍未缴纳的,从其存款中扣缴,或者拍卖、变卖资产抵缴税款
	3. 责令限期缴纳,逾期仍未缴纳的,处不缴纳或少缴纳税款的50%以上5倍以下的罚款

注:表44中未在规定期限内解缴税款指:代扣代缴人扣缴税款后未在规定期限内向税务部门解缴扣缴的税款。

 政策依据

一、《中华人民共和国个人所得税法》第十九条

纳税人、扣缴义务人和税务机关及其工作人员违反《中华人民共和国个人所得税法》规定的,依照《中华人民共和国税收征收管理法》和有关法律法规的规定追究法律责任。

二、《中华人民共和国税收征收管理法》第六十二条、第三十二条、第四十条、第六十八条

第六十二条　纳税人未按照规定的期限办理纳税申报和报送纳税资料的,或者扣缴义务人未按照规定的期限向税务机关报送代扣代缴、代收代缴税款报告表和有关资料的,由税务机关责令限期改正,可以处二千元以下的罚款;情节严重的,可以处二千元以上一万元以下的罚款。

第三十二条　纳税人未按照规定期限缴纳税款的,扣缴义务人未按照规定期限解缴税款的,税务机关除责令限期缴纳外,从滞纳税款之日起,按日加收滞纳税款万分之五的滞纳金。

第四十条　从事生产、经营的纳税人、扣缴义务人未按照规定的期限缴纳或者解缴税款,纳税担保人未按照规定的期限缴纳所担保的税款,由税务机关责令限期缴纳,逾期仍未缴纳的,经县以上税务局(分局)局长批准,税务机关可以采取下列强制执行措施:

(一)书面通知其开户银行或者其他金融机构从其存款中扣缴税款;

(二)扣押、查封、依法拍卖或者变卖其价值相当于应纳税款的商品、货物或者其他财产,以拍卖或者变卖所得抵缴税款。

税务机关采取强制执行措施时,对前款所列纳税人、扣缴义务人、纳税担保人未缴纳的滞纳金同时强制执行。

第六十八条　纳税人、扣缴义务人在规定期限内不缴或者少缴应纳或者应解缴的税款,经税务机关责令限期缴纳,逾期仍未缴纳的,税务机关除依照本法第四十条的规定采取强制执行措施追缴其不缴或者少缴的税款外,可以处不缴或者少缴的税款百分之五十以上五倍以下的罚款。

三、《中华人民共和国税收征收管理法及实施细则》第七十三条

从事生产、经营的纳税人、扣缴义务人未按照规定的期限缴纳或者解缴税款的,纳税担保人未按照规定的期限缴纳所担保的税款的,由税务机关发出限期缴纳税款通知书,责令缴纳或者解缴税款的最长期限不得超过15日。

问题 42　扣缴义务人不履行扣缴义务,税务机关如何处理

〖答〗扣缴义务人不履行扣缴义务,税务机关处理方法如表 45 所示。

表 45　扣缴义务人不履行扣缴义务时税务机关处理方法

处理	对象
追缴税款	纳税人
处以应扣未扣、应收未收税款50%以上3倍以下的罚款	扣缴义务人

注:扣缴义务人不履行扣缴义务,纳税人的法定义务不因扣缴义务人不履行法定扣缴义务而灭失,也不得转移,税务机关不能要求扣缴义务人赔缴税款,而只能向纳税义务人追缴。出于追缴税款的效率,应当责成扣缴义务人限期将应扣未扣、应收未收的税款补扣或补收。

 政策依据

一、《中华人民共和国个人所得税法》第十九条

纳税人、扣缴义务人和税务机关及其工作人员违反《中华人民共和国个人所得税法》规定的,依照《中华人民共和国税收征收管理法》和有关法律法规的规定追究法律责任。

二、《中华人民共和国税收征收管理法》第六十九条

扣缴义务人应扣未扣、应收而不收税款的,由税务机关向纳税人追缴税款,对扣缴义务人处应扣未扣、应收未收税款百分之五十以上三倍以下的罚款。

三、《国家税务总局关于贯彻〈中华人民共和国税收征收管理法〉及其实施细则若干具体问题的通知》(国税发〔2003〕47号)第二条

……

扣缴义务人违反征管法及其实施细则规定应扣未扣、应收未收税款的,税务机关除按征管法及其实施细则的有关规定对其给予处罚外,应当责成扣缴义务人限期将应扣未扣、应收未收的税款补扣或补收。

问题43 扣缴义务人虚假申报、少缴已扣缴税款,将承担怎样的法律责任

【答】由税务机关追缴其不缴或者少缴的税款、滞纳金,并处不缴或者少缴的税款百分之五十以上五倍以下的罚款;构成犯罪的,依法追究刑事责任。

一、《中华人民共和国个人所得税法》第十九条

纳税人、扣缴义务人和税务机关及其工作人员违反《中华人民共和国个人所得税法》规定的,依照《中华人民共和国税收征收管理法》和有关法律法规的规定追究法律责任。

二、《中华人民共和国税收征收管理法》第六十三条

纳税人伪造、变造、隐匿、擅自销毁帐簿、记帐凭证,或者在帐簿上多列支出或者不列、少列收入,或者经税务机关通知申报而拒不申报或者进行虚假的纳税申报,不缴或者少缴应纳税款的,是偷税。对纳税人偷税的,由税务机关追缴其不缴或者少缴的税款、滞纳金,并处不缴或者少缴的税款百分之五十以上五倍以下的罚款;构成犯罪的,依法追究刑事责任。

问题44 纳税人不纳税申报,将承担怎样的法律责任

【答】纳税人不纳税申报需根据不同情形来确定需承担的法律责任,如表46所示。

表46 不纳税申报的法律责任

情形	法律责任
自行纳税申报的纳税人,未纳税申报,造成不缴、少缴个税	1. 构成偷税的,由税务机关追缴其不缴或者少缴的税款、滞纳金,并处不缴或者少缴的税款50%以上5倍以下的罚款
	2. 构成犯罪的,依法追究刑事责任
扣缴义务人未扣缴税款,纳税人未纳税申报,造成不缴、少缴个税	税务机关追缴其不缴或者少缴的税款、滞纳金,并处不缴或者少缴的税款50%以上5倍以下的罚款

一、《中华人民共和国个人所得税法》第十九条

纳税人、扣缴义务人和税务机关及其工作人员违反本法规定的,依照《中华人民共和国税收征收管理法》和有关法律法规的规定追究法律责任。

二、《中华人民共和国税收征收管理法》第六十三条、第六十四条

第六十三条 纳税人伪造、变造、隐匿、擅自销毁帐簿、记帐凭证,或者在帐簿上多列支出或者不列、少列收入,或者经税务机关通知申报而拒不申报或者进行虚假的纳税申报,不缴或者少缴应纳税款的,是偷税。对纳税人偷税的,由税务机关追缴其不缴或者少缴的税款、滞纳金,并处不缴或者少缴的税款百分之五十以上五倍以下的罚款;构成犯罪的,依法追究刑事责任。

第六十四条 纳税人、扣缴义务人编造虚假计税依据的,由税务机关责令限期改正,并处五万元以下的罚款。

纳税人不进行纳税申报,不缴或者少缴应纳税款的,由税务机关追缴其不缴或者少缴的税款、滞纳金,并处不缴或者少缴的税款百分之五十以上五倍以下的罚款。

问题 45　纳税人未按期申报或缴纳税款的,将承担怎样的法律责任

〖答〗纳税人未按期申报和未按期缴纳税款,将承担不同的法律责任,具体情况如表 47 所示。

表 47　纳税人未按期申报或缴纳税款的法律责任

行为	法律责任
未按期申报	由税务机关责令限期改正,可以处 2 000 元以下的罚款;情节严重的,可以处 2 000 元以上 10 000 元以下的罚款
未按期缴纳税款	1. 按日加收滞纳税款 5‰的滞纳金
	2. 责令限期缴纳,逾期仍未缴纳的,从其存款中扣缴,或者拍卖、变卖资产抵缴税款
	3. 责令限期缴纳,逾期仍未缴纳的,处不缴纳或少缴纳税款的 50%以上 5 倍以下的罚款

注:需要注意,未按期申报和未按期缴纳税款是两个不同的概念。通俗来讲,未按期申报是指未在规定时间内将纳税人计算的应纳税额输入税务系统,而未按期缴纳税款,是指由于资金短缺等原因未将税款缴入国库。因此两者承担的法律责任完全不同。

政策依据

一、《中华人民共和国个人所得税法》第十九条

纳税人、扣缴义务人和税务机关及其工作人员违反《中华人民共和国个人所得税法》规定的,依照《中华人民共和国税收征收管理法》和有关法律法规的规定追究法律责任。

二、《中华人民共和国税收征收管理法》第六十二条、第三十二条、第四十条、第六十八条

第六十二条　纳税人未按照规定的期限办理纳税申报和报送纳税资料的,或者扣缴义务人未按照规定的期限向税务机关报送代扣代缴、代收代缴税款报告表和有关资料的,由税务机关责令限期改正,可以处二千元以下的罚款;情节严重的,可以处二千元以上一万元以下的罚款。

第三十二条　纳税人未按照规定期限缴纳税款的,扣缴义务人未按照规定期限解缴税款的,税务机关除责令限期缴纳外,从滞纳税款之日起,按日加收滞纳税款万分之五的滞纳金。

第四十条　从事生产、经营的纳税人、扣缴义务人未按照规定的期限缴纳或者解缴税款,纳税担保人未按照规定的期限缴纳所担保的税款,由税务机关责令限期缴纳,逾期仍未缴纳的,经县以上税务局(分局)局长批准,税务机关可以采取下列强制执行措施:

(一)书面通知其开户银行或者其他金融机构从其存款中扣缴税款;

(二)扣押、查封、依法拍卖或者变卖其价值相当于应纳税款的商品、货物或者其他财产,以拍卖或者变卖所得抵缴税款。

税务机关采取强制执行措施时,对前款所列纳税人、扣缴义务人、纳税担保人未缴纳的滞纳金同时强制执行。

第六十八条　纳税人、扣缴义务人在规定期限内不缴或者少缴应纳或者应解缴的税款,经税务机关责令限期缴纳,逾期仍未缴纳的,税务机关除依照本法第四十条的规定采取强制执行措施追缴其不缴或者少缴的税款外,可以处不缴或者少缴的税款百分之五十以上五倍以下的罚款。

第三章
综 合 所 得

综合所得思维导图如图 6 所示。

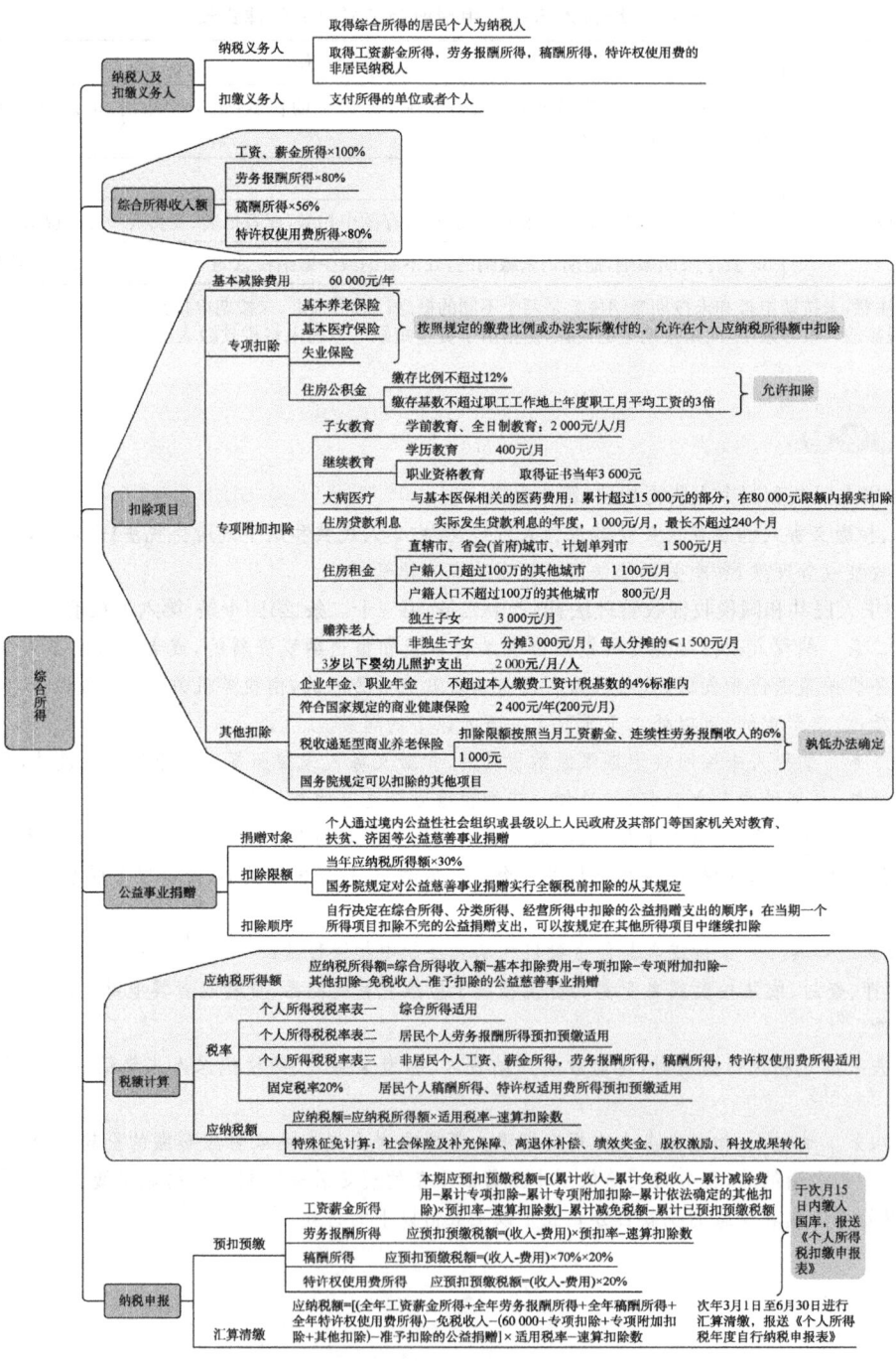

图 6 综合所得思维导图

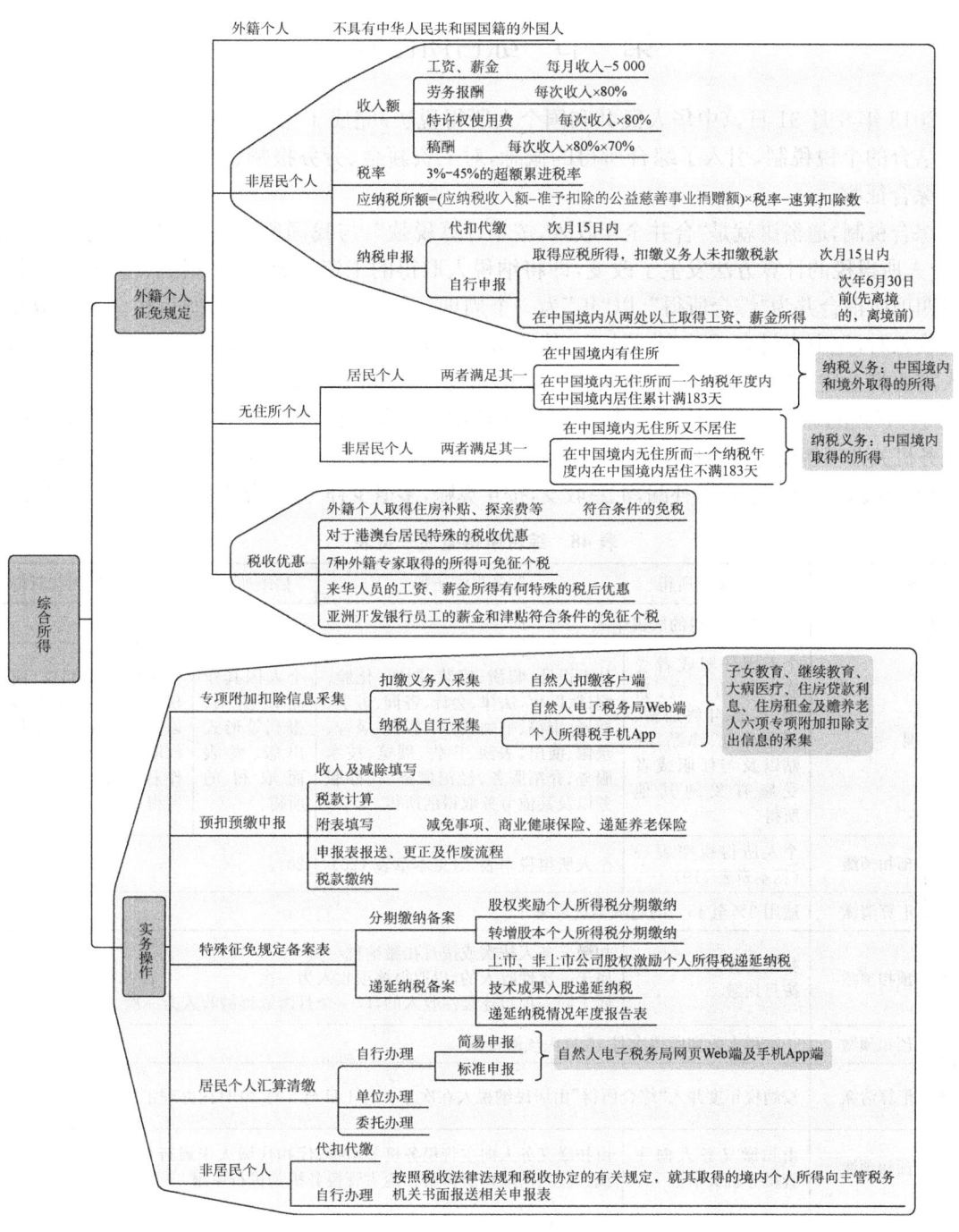

图6 （续）

第一节 综合所得概述

2018年8月31日,《中华人民共和国个人所得税法》完成了第七次修订,建立了综合与分类相结合的个税税制,引入了综合所得的概念,对工资薪金、劳务报酬、稿酬以及特许权使用费实行综合征收。

综合税制,通俗讲就是"合并全年收入,按年计算税款",与我国原先一直实行的分类税制相比,个人所得税的计算方法发生了改变,即将纳税人取得的工资薪金、劳务报酬、稿酬、特许权使用费四项所得合并为"综合所得",以"年"为一个周期计算应该缴纳的个人所得税。平时取得这四项收入时,先由支付方(即扣缴义务人)依税法规定按月或者按次预扣预缴税款。年度终了,纳税人需要将上述四项所得的全年收入和可以扣除的费用进行汇总,收入额减去费用、扣除后,适用3%—45%的综合所得年度税率表,计算全年应纳个人所得税,再减去年度内已经预缴的税款,向税务机关办理年度纳税申报并结清应退或应补税款,这个过程就是汇算清缴。简言之,就是在平时已预缴税款的基础上"查遗补漏,汇总收支,按年算账,多退少补"。综合所得概述如表48所示。

表48 综合所得概述一览表

要素		工资、薪金所得	劳务报酬所得	稿酬所得	特许权使用费所得
纳税人		取得综合所得的居民个人			
征税范围		个人因任职或者受雇取得的工资、薪金、奖金、年终加薪、劳动分红、津贴、补贴以及与任职或者受雇有关的其他所得	从事设计、装潢、安装、制图、化验、测试、医疗、法律、会计、咨询、讲学、翻译、审稿、书画、雕刻、影视、录音、录像、演出、表演、广告、展览、技术服务、介绍服务、经纪服务、代办服务以及其他劳务取得的所得	个人因其作品以图书、报刊等形式出版、发表而取得的所得	个人提供专利权、商标权、著作权、非专利技术以及其他特许权的使用权取得的所得;提供著作权的使用权取得的所得
税率	预扣预缴	个人所得税率表一(见本章表119)	个人所得税率表二(见本章表120)	20%	
	汇算清缴	适用3%至45%的超额累进税率			
环节	预扣预缴	扣缴义务人按月预缴	扣缴义务人按次或按月扣缴纳税 属于一次性收入的,以取得该项收入为一次 属于同一项目连续性收入的,以一个月内取得的收入为一次		
纳税时限	预扣预缴	于纳税人收到所得次月15日内预缴税款			
	汇算清缴	按纳税年度并入"综合所得"由居民纳税人在次年3月1日至6月30日内办理汇算清缴			
纳税地点	预扣预缴	由扣缴义务人向主管税务机关申报	由扣缴义务人向主管税务机关申报;代扣代缴未履行代扣代缴义务的,纳税人应当向取得所得所在地主管税务机关进行申报		
	汇算清缴	1. 在中国境内有任职、受雇单位的:向任职、受雇单位所在地主管税务机关申报 2. 在中国境内有两处或两处以上任职、受雇单位:选择并固定向一处单位所在地主管税务机关申报 3. 在中国境内无任职、受雇单位,年所得项目中无生产、经营所得的:向户籍所在地主管税务机关申报 4. 在中国境内有户籍,但户籍所在地与中国境内经常居住地不一致的:选择并固定向其中一处主管税务机关申报 5. 在中国境内没有户籍:向中国境内经常居住地主管税务机关申报			

注:税率表详见本章第五节。

【提示】居民个人取得的综合所得,按纳税年度合并计算个人所得税;非居民个人取得的工资、薪金所得、劳务报酬所得、稿酬所得以及特许权使用费所得,按月或按次分项计算个人所得税。

政策依据

一、《中华人民共和国个人所得税法》第二条

下列各项个人所得,应当缴纳个人所得税:

(一)工资、薪金所得;

(二)劳务报酬所得;

(三)稿酬所得;

(四)特许权使用费所得;

……

居民个人取得前款第一项至第四项所得(以下称综合所得),按纳税年度合并计算个人所得税;非居民个人取得前款第一项至第四项所得,按月或者按次分项计算个人所得税。纳税人取得前款第五项至第九项所得,依照本法规定分别计算个人所得税。

二、《中华人民共和国个人所得税法实施条例》第六条第一项至第四项

个人所得税法规定的各项个人所得的范围:

(一)工资、薪金所得,是指个人因任职或者受雇取得的工资、薪金、奖金、年终加薪、劳动分红、津贴、补贴以及与任职或者受雇有关的其他所得。

(二)劳务报酬所得,是指个人从事劳务取得的所得,包括从事设计、装潢、安装、制图、化验、测试、医疗、法律、会计、咨询、讲学、翻译、审稿、书画、雕刻、影视、录音、录像、演出、表演、广告、展览、技术服务、介绍服务、经纪服务、代办服务以及其他劳务取得的所得。

(三)稿酬所得,是指个人因其作品以图书、报刊等形式出版、发表而取得的所得。

(四)特许权使用费所得,是指个人提供专利权、商标权、著作权、非专利技术以及其他特许权的使用权取得的所得;提供著作权的使用权取得的所得,不包括稿酬所得。

第二节 收 入 额

一、概述

扫码听课

根据《中华人民共和国个人所得税法》第六条以及《中华人民共和国个人所得税法实施条例》第十四条规定的规定,综合所得收入额如表49所示。

表49 综合所得收入额

综合所得收入额	
工资、薪金所得	劳务报酬所得×80%
	稿酬所得×56%
	特许权使用费所得×80%

计算公式:

综合所得收入额=工资薪金收入额+劳务报酬所得×80%+特许权使用费所得×80%+稿酬所得×80%×70%

政策依据

一、《中华人民共和国个人所得税法》第六条第二款

劳务报酬所得、稿酬所得、特许权使用费所得以收入减除百分之二十的费用后的余额为收入额。稿酬所得的收入额减按百分之七十计算。

二、《中华人民共和国个人所得税法实施条例》第十四条第一项：

劳务报酬所得、稿酬所得、特许权使用费所得，属于一次性收入的，以取得该项收入为一次；属于同一项目连续性收入的，以一个月内取得的收入为一次。

二、要点难点

（一）工资薪金

问题 46　工资薪金所得包含哪些内容

〖答〗工资薪金所得的范围如表 50 所示。

表 50　工资薪金所得范围

范围		形式
工资、薪金所得	工资、薪金	现金和非现金形式的劳动报酬
	奖金、年终加薪	
	津贴、补贴	
	劳动分红	
	与任职受雇有关的其他所得	

政策依据

一、《中华人民共和国个人所得税法实施条例》第六条第一项

工资、薪金所得，是指个人因任职或者受雇取得的工资、薪金、奖金、年终加薪、劳动分红、津贴、补贴以及与任职或者受雇有关的其他所得。

二、《企业所得税法》实施条例第三十四条第二款

工资薪金为企业每一纳税年度支付给在本企业任职或者受雇的员工的所有现金和非现金形式的劳动报酬，包括基本工资、奖金、津贴、补贴、年终加薪、加班工资，以及与任职或者受雇有关的其他支出。

问题 47　工资薪金有哪些免税情形

〖答〗工资薪金相关的免税情形如表 51 所示。

表 51　工资薪金相关的免税情形

序号	免税情形	
1	按照国家统一规定发给干部、职工的安家费、退职费、基本养老金或者退休费、离休费、离休生活补助费	
2	按照国家统一规定发给的补贴、津贴	按照国务院规定发给的政府特殊津贴、院士津贴，以及国务院规定免予缴纳个人所得税的其他补贴、津贴
3	福利费	根据国家有关规定，从企业、事业单位、国家机关、社会组织提留的福利费或者工会经费中支付给个人的生活补助费
4	救济金、抚恤金	各级人民政府民政部门支付给个人的生活困难补助费
5	"五险一金"	单位和个人按规定缴纳的"五险一金"；个人实际支取的"五险一金" 个人取得的工伤保险及生育保险待遇

第三章 综合所得

(续表)

序号		免税情形
6	延长退休年龄的高级专家	从原单位取得按规定发放的工资薪金及补贴,详见问题61
7	新冠肺炎疫情防控	疫情防控的津贴补贴,以及单位发放的预防新冠肺炎的防控物品,详见问题51
8	以股份形式取得的仅作为分红依据的企业量化资产	集体所有制企业在改制为股份合作企业,以股份形式取得的仅作为分红依据,不拥有所有权的企业量化资产,详见问题63
9	解除劳动关系一次性补偿	不超过当地社会平均工资3倍的部分,详见问题173
10	军人的十三项补贴	十三项补贴以及转业费、复员费、退役金,详见问题65、问题66
11	西藏地区	工作人员的特殊补贴津贴,详见问题67

注:本表由本书作者汇总编制。

一、《中华人民共和国个人所得税法》第四条

下列各项个人所得,免征个人所得税:

(一)省级人民政府、国务院部委和中国人民解放军军以上单位,以及外国组织、国际组织颁发的科学、教育、技术、文化、卫生、体育、环境保护等方面的奖金;

(二)国债和国家发行的金融债券利息;

(三)按照国家统一规定发给的补贴、津贴;

(四)福利费、抚恤金、救济金;

(五)保险赔款;

(六)军人的转业费、复员费、退役金;

(七)按照国家统一规定发给干部、职工的安家费、退职费、基本养老金或者退休费、离休费、离休生活补助费;

(八)依照有关法律规定应予免税的各国驻华使馆、领事馆的外交代表、领事官员和其他人员的所得;

(九)中国政府参加的国际公约、签订的协议中规定免税的所得;

(十)国务院规定的其他免税所得。

前款第十项免税规定,由国务院报全国人民代表大会常务委员会备案。

二、《中华人民共和国个人所得税法实施条例》第十条、第十一条规定

第十条 个人所得税法第四条第一款第三项所称按照国家统一规定发给的补贴、津贴,是指按照国务院规定发给的政府特殊津贴、院士津贴,以及国务院规定免予缴纳个人所得税的其他补贴、津贴。

第十一条 个人所得税法第四条第一款第四项所称福利费,是指根据国家有关规定,从企业、事业单位、国家机关、社会组织提留的福利费或者工会经费中支付给个人的生活补助费;所称救济金,是指各级人民政府民政部门支付给个人的生活困难补助费。

问题48 个人取得的补贴、津贴有哪些

〖答〗本书按照衣食住行分类,归纳如图7所示。

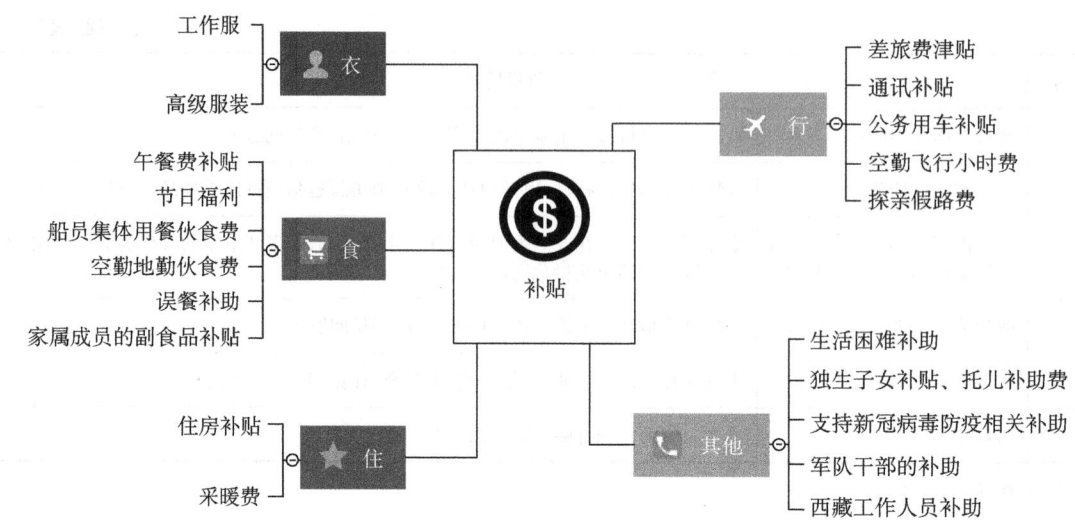

图 7　补贴津贴概览

注：本图根据国税发〔1994〕89 号第二条、财政部、税务总局公告 2020 年第 10 号第一条、财税字〔1997〕144 号第三条、国税函〔2006〕245 号第一条、财企〔2009〕242 号、财税字〔1996〕14 号第二条、国税函发〔1995〕554 号、国税发〔1999〕202 号第三条、藏政发〔2011〕70 号第一条第一项、国税发〔1998〕155 号第一条、国税发〔1999〕58 号第二条、国家税务总局公告 2011 年第 34 号第二条、国税函〔2009〕3 号第二项、第三条第三项归纳整理，仅列举了部分常见补贴津贴，以供参考。

问题 49　个人取得补贴、津贴是否计缴个税

〖答〗单位发放给员工的各类补贴的征税规定如表 52 所示。

表 52　补贴、津贴是否计征个税情况

项目	津贴类型		个税处理
补贴津贴	1. 政府特殊津贴和国务院规定免纳个人所得税的补贴、津贴		免征
	2. 其他各种补贴、津贴	属于工资、薪金性质的	计征
		不属于工资薪金性质的	不征
		独生子女补贴	
		执行公务员工资制度未纳入基本工资总额的补贴、津贴差额和家属成员的副食品补贴	
		托儿补助费	
		差旅费津贴、误餐补助	

政策依据

《国家税务总局关于印发〈征收个人所得税若干问题的规定〉的通知》（国税发〔1994〕89 号）第二条

对按照国务院规定发给的政府特殊津贴和国务院规定免纳个人所得税的补贴、津贴，免予征收个人所得税。其他各种补贴、津贴均应计入工资、薪金所得项目征税。

下列不属于工资、薪金性质的补贴、津贴或者不属于纳税人本人工资、薪金所得项目的收入，不征税：

（1）独生子女补贴；

（2）执行公务员工资制度未纳入基本工资总额的补贴、津贴差额和家属成员的副食品补贴；

（3）托儿补助费；

（4）差旅费津贴、误餐补助。

问题 50　福利费和救济金是否免征个税

〖答〗福利费和救济金的免税范围如表 53 所示。

表 53　福利费和救济金个税处理

项目	支付渠道		项目	个税处理
福利费	企业事业单位国家机关社会组织	从国家法规的比例或基数提留的福利费或者工会经费中向其支付	临时性生活困难补助	免征
			给单位职工的人人有份的补贴、补助	并入工资薪金收入计征个税
			为个人购买汽车、住房、电子计算机等不属于临时性生活困难补助性质的补贴、补助	
		从超出国家法规的比例或基数计提的福利费、工会经费中支付的	各种补贴、补助	
救济金	各级人民政府民政部门		支付给个人的生活困难补助费	免征

政策依据

一、《中华人民共和国个人所得税法》第四条第一款第四项

下列各项个人所得,免征个人所得税:

(四)福利费、抚恤金、救济金;

二、《中华人民共和国个人所得税法实施条例》第十一条

个人所得税法第四条第一款第四项所称福利费,是指根据国家有关规定,从企业、事业单位、国家机关、社会组织提留的福利费或者工会经费中支付给个人的生活补助费;所称救济金,是指各级人民政府民政部门支付给个人的生活困难补助费。

三、《国家税务总局关于生活补助费范围确定问题的通知》(国税发〔1998〕155 号)对《中华人民共和国个人所得税法实施条例》第十四条所说的从福利费或者工会经费中支付给个人的生活补助费,明确的范围规定:

一、上述所称生活补助费,是指由于某些特定事件或原因而给纳税人本人或其家庭的正常生活造成一定困难,其任职单位按国家法规从提留的福利费或者工会经费中向其支付的临时性生活困难补助。

二、下列收入不属于免税的福利费范围,应当并入纳税人的工资、薪金收入计征个人所得税:

(一)从超出国家法规的比例或基数计提的福利费、工会经费中支付给个人的各种补贴、补助;

(二)从福利费和工会经费中支付给本单位职工的人人有份的补贴、补助;

(三)单位为个人购买汽车、住房、电子计算机等不属于临时性生活困难补助性质的支出。

问题 51　支持新冠疫情防控相关的补助如何计缴个税

〖答〗对于支持新型冠状病毒感染的疫情防控有关的补助,针对不同人员,具体如表 54 所示。

表 54　支持新型冠状病毒感染的疫情防控有关的补助个税处理

序号	补贴、津贴类别		是否计征个税	执行期限
1	对参加疫情防治工作的医务人员和防疫工作者	按照政府规定标准取得的临时性工作补助和奖金	免征	2020 年 1 月 1 日—2021 年 12 月 31 日
2	省级及省级以上人民政府规定的对参与疫情防控人员	临时性工作补助和奖金	免征	
3	单位发给个人	用于预防新型冠状病毒感染的药品、医疗用品和防护用品等实物	免征	
		用于预防新型冠状病毒感染的现金	计征	

(续表)

序号	补贴、津贴类别		是否计征个税	执行期限
4	新冠患者（包括确诊和疑似患者）	发生的医疗费用，在基本医保、大病保险、医疗救助等按规定支付后，个人负担部分由财政给予补助	不属于个人所得税征收范围不征	—

注：2021年1月1日至财政部 税务总局2021年第7号公告发布之日前，已征的按照本公告规定应予减免的税费，可抵减纳税人或缴费人以后应缴纳的税费或予以退还。

一、《关于支持新型冠状病毒感染的肺炎疫情防控有关个人所得税政策的公告》（财政部 税务总局公告2020年第10号）

自2020年1月1日起，对参加疫情防治工作的医务人员和防疫工作者按照政府规定标准取得的临时性工作补助和奖金，免征个人所得税。政府规定标准包括各级政府规定的补助和奖金标准。

对省级及省级以上人民政府规定的对参与疫情防控人员的临时性工作补助和奖金，比照执行。

单位发给个人用于预防新型冠状病毒感染的肺炎的药品、医疗用品和防护用品等实物（不包括现金），不计入工资、薪金收入，免征个人所得税。

二、《财政部 税务总局关于延续实施应对疫情部分税费优惠政策的公告》（财政部 税务总局公告2021年第7号）第二条、第四条

二、《财政部 税务总局关于支持新型冠状病毒感染的肺炎疫情防控有关个人所得税政策的公告》（财政部 税务总局公告2020年第10号）、《财政部 税务总局关于电影等行业税费支持政策的公告》（财政部 税务总局公告2020年第25号）规定的税费优惠政策凡已经到期的，执行期限延长至2021年12月31日。

四、2021年1月1日至本公告发布之日前，已征的按照本公告规定应予减免的税费，可抵减纳税人或缴费人以后应缴纳的税费或予以退还。

三、《关于做好新型冠状病毒感染的肺炎疫情医疗保障的紧急通知》（国医保电〔2020〕5号）第二条

对于确诊新型冠状病毒感染的肺炎患者发生的医疗费用，在基本医保、大病保险、医疗救助等按规定支付后，个人负担部分由财政给予补助，实施综合保障。

四、《中华人民共和国个人所得税法》第四条第三项

第四条 下列各项个人所得，免征个人所得税：

（三）按照国家统一规定发给的补贴、津贴；

五、《关于做好新型冠状病毒感染的肺炎疫情医疗保障工作的补充通知》（国医保电〔2020〕6号）第二条

在按要求做好确诊患者医疗费用保障的基础上，疫情流行期间，对于卫生健康部门新型冠状病毒感染的肺炎诊疗方案确定的疑似患者医疗费用，在基本医保、大病保险、医疗救助等按规定支付后，个人负担部分由就医地制定财政补助政策并安排资金，实施综合保障，中央财政视情给予适当补助。

问题52 如何处理差旅费中可能存在的个税问题

【答】差旅费是行政事业单位和企业的一项经常性支出，税法及会计准则中没有明确的定义规定。

实务中更多参照的是《中央和国家机关差旅费管理办法》的规定。差旅费是指工作人员临时到常驻地以外地区公务出差所发生的城市间交通费、住宿费、伙食补助费和市内交通费，如表55所示。

表 55　行政事业单位差旅费的规定

单位	项目	城市间交通费	住宿费	伙食补助费	市内交通费	处理方式
行政事业单位	内容	火车、轮船、飞机等交通工具的费用 民航发展基金、燃油附加费 订票费、经批准发生的签转或退票费 交通意外保险费	出差期间入住宾馆等发生的房租费用	因公出差期间给予的伙食补助费用	因公出差期间给予的伙食补助费用	超支部分由个人自理
	报销	凭据报销	标准限额之内凭发票据实报销	按规定标准包干使用		

目前，企业没有明确的规定，差旅费通常有三种报销形式，如何处理差旅费中的个税问题，如表 56 所示。

表 56　企业差旅费的个税处理

	报销方式	城市间交通费	住宿费	伙食补助费	市内交通费	个税处理
企业	据实报销	员工凭借合法票据（火车票、机票、住宿费发票等）全部费用据实报销				不征税
	半包干方式报销	据实报销	据实报销	固定标准×天数	据实报销或固定标准×天数	包干部分存在税收争议
	全包干方式报销	固定标准×天数				

【提示】企业应制定明确的差旅费管理办法，对出差期间的费用标准、报销方式及差行程记录等作出规范，适当规避税收风险。

一、《关于印发〈中央和国家机关差旅费管理办法〉的通知》（财行〔2013〕531 号）

第三条　差旅费是指工作人员临时到常驻地以外地区公务出差所发生的城市间交通费、住宿费、伙食补助费和市内交通费。

第六条　城市间交通费是指工作人员因公到常驻地以外地区出差乘坐火车、轮船、飞机等交通工具所发生的费用。

第九至十一条　乘坐飞机的，民航发展基金、燃油附加费可以凭据报销。乘坐飞机、火车、轮船等交通工具的，每人次可以购买交通意外保险一份。所在单位统一购买交通意外保险的，不再重复购买。住宿费是指工作人员因公出差期间入住宾馆（包括饭店、招待所，下同）发生的房租费用。

第十五、十六条　伙食补助费是指对工作人员在因公出差期间给予的伙食补助费用。伙食补助费按出差自然（日历）天数计算，按规定标准包干使用。

第十八至二十一条　出差人员应当自行用餐。凡由接待单位统一安排用餐的，应当向接待单位交纳伙食费。市内交通费是指工作人员因公出差期间发生的市内交通费用。市内交通费按出差自然（日历）天数计算，每人每天 80 元包干使用。出差人员由接待单位或其他单位提供交通工具的，应向接待单位或其他单位交纳相关费用。市内交通费按规定标准报销。

第二十三条　城市间交通费按乘坐交通工具的等级凭据报销，订票费、经批准发生的签转或退票费、交通意外保险费凭据报销。乘坐飞机的，民航发展基金、燃油附加费可以凭据报销。

住宿费在标准限额之内凭发票据实报销。

伙食补助费按出差目的地的标准报销，在途期间的伙食补助费按当天最后到达目的地的标准报销。

未按规定开支差旅费的，超支部分由个人自理。

第二十四、二十五条　工作人员出差结束后应当及时办理报销手续。差旅费报销时应当提供出差审批单、机票、车票、住宿费发票等凭证。住宿费、机票支出等按规定用公务卡结算。财务部门应当严格按规定审核差旅费开支，对未经批准出差以及超范围、超标准开支的费用不予报销。实际发生住宿而无住宿费发票的，不得报销住宿费以及城市间交通费、伙食补助费和市内交通费。

二、《关于规范差旅伙食费和市内交通费收交管理有关事项的通知》（财办行〔2019〕104号）规定

第一条第一款　中央单位出差人员（以下称出差人员）出差期间按规定领取伙食补助费。除确因工作需要由接待单位按规定安排的一次工作餐外，用餐费用自行解决。出差人员需接待单位协助安排用餐的，应当提前告知控制标准，并向伙食提供方交纳伙食费。

第二条　出差人员出差期间按规定领取市内交通费。接待单位协助提供交通工具并有收费标准的，出差人员按标准交纳，最高不超过日市内交通费标准；没有收费标准的，每人每半天按照日市内交通费标准的50%交纳。

问题53　餐费补助是否缴纳个税

〖答〗关于餐费补助是否计征个税，分两种情况，如表57所示。

表57　餐费补助个税处理

序号	餐费补助		个税处理
1	误餐补助	个人因公不能在单位或按返回就餐，根据实际误餐顿数按标准领取的误餐费用	不征税
2	午餐费补贴	单位未统一供餐而按月发放的补贴	纳入工资总额，计征个人所得税

【提示】有一些单位以误餐补助名义发给职工的补贴、津贴，不属于误餐费用，应当并入当月工资、薪金所得计征个人所得税。

政策依据

一、根据《国家税务总局关于印发〈征收个人所得税若干问题的规定〉的通知》（国税发〔1994〕89号）第二条

误餐补助不属于工资、薪金性质的补贴、津贴，不征税。

二、《财政部　国家税务总局关于误餐补助范围确定问题的通知》（财税字〔1995〕82号）

国税发〔1994〕89号文件规定的不征税的误餐补助，是指按财政部门规定，个人因公在城区、郊区工作，不能在工作单位或返回就餐，确实需要在外就餐的，根据实际误餐顿数，按规定的标准领取的误餐费。一些单位以误餐补助名义发给职工的补贴、津贴，应当并入当月工资、薪金所得计征个人所得税。

三、《关于企业加强职工福利费财务管理的通知》（财企〔2009〕242号）

企业给职工发放的节日补助、未统一供餐而按月发放的午餐费补贴，应当纳入工资总额管理。

案例20　单位发放的餐费补助的个税处理

（1）李军是梅松轮胎厂管理人员，单位食堂提供午餐，2020年3月，李军因工作需要有5天未能赶回单位就餐，按规定每次给予20元补贴随3月份工资发放；

（2）王丽是税台公司员工，税台公司不设公司食堂，给予所有员工500元/月/人的餐费补贴，随每月工资发放。

问：李军和王丽取得的餐费补贴应如何缴纳个人所得税？

〖答〗（1）李军取得的餐费补助不征收个人所得的税。

李军因公不能在单位或按返回就餐，根据实际误餐顿数按标准领取的午餐费用属于误餐补助，根据国税发〔1994〕89号文件，第二条规定误餐补助不属于工资、薪金性质的补贴、津贴，不征税。

（2）王丽取得的餐费补贴应并入当月的"工资、薪金所得"，计征个人所得税。

税台公司未统一供餐，按月发放人人都有的午餐费补贴，不属于误餐费用，应当并入工资薪金计征个税。

问题54　航空公司空勤飞行小时费、空勤地勤伙食费是否计缴个税

〖答〗航空公司的空勤飞行小时费、空勤地勤伙食费的个税处理方式,如表58所示。

表58　航空公司空勤飞行小时费、空勤地勤伙食费个税处理

序号	餐费补助	补助项目	个税处理
1	空勤人员	飞行小时费	全额并入工资、薪金所得,计算征收个人所得税,不能给予扣除
		伙食费	
2	地勤人员	伙食费	

政策依据

一、《国家税务总局关于新疆航空公司空勤人员飞行小时费和伙食费收入征收个人所得税的批复》(国税函发〔1995〕554号)

空勤人员的飞行小时费和伙食费收入,应全额计入工资、薪金所得计征个人所得税,不能给予扣除。

二、《财政部　国家税务总局关于民航空地勤人员的伙食费征收个人所得税的通知》(财税字〔1995〕77号)

民航空地勤人员的伙食费应当按照税法规定,并入工资、薪金所得,计算征收个人所得税,并由支付单位负责代扣代缴。

问题55　远洋船员工资薪金如何享受减按50%计入应纳税所得额的优惠政策

〖答〗远洋船员取得的工资薪金收入享受减按50%计入应纳税所得额的条件如表59所示。

表59　远洋船员工资薪金减按50%征税条件

序号	登记条件	在船航行时间条件	个税处理	享受方式	优惠时间
1	在海事管理部门依法登记注册的国际航行船舶船员	一个纳税年度内在国际航行累计满183天	取得的工资薪金收入减按50%计入应纳税所得额,依法缴纳个人所得税	可选择在当年预扣预缴税款或者次年个人所得税汇算清缴时享受	自2019年1月1日起至2027年12月31日止
2	在渔业管理部门依法登记注册的远洋渔业船员	一个纳税年度内在远洋渔业船舶上的工作天数累计满183天			

【提示】远洋船员的伙食费统一用于集体用餐,不发给个人,不计入船员个人的应纳税工资、薪金收入。

政策依据

一、《关于延续实施远洋船员个人所得税政策的公告》(财政部　税务总局公告2023年第31号)

一、一个纳税年度内在船航行时间累计满183天的远洋船员,其取得的工资薪金收入减按50%计入应纳税所得额,依法缴纳个人所得税。

二、本公告所称的远洋船员是指在海事管理部门依法登记注册的国际航行船舶船员和在渔业管理部门依法登记注册的远洋渔业船员。

三、在船航行时间是指远洋船员在国际航行或作业船舶和远洋渔业船舶上的工作天数。一个纳税年度内的在船航行时间为一个纳税年度内在船航行时间的累计天数。

四、远洋船员可选择在当年预扣预缴税款或者次年个人所得税汇算清缴时享受上述优惠政策。

五、海事管理部门、渔业管理部门同税务部门建立信息共享机制,定期交换远洋船员身份认定、在船航行时间等有关涉税信息。

六、本公告执行至2027年12月31日。

二、《国家税务总局关于远洋运输船员工资薪金所得个人所得税费用扣除问题的通知》(国税发〔1999〕

202号)第三条

由于船员的伙食费统一用于集体用餐,不发给个人,故特案允许该项补贴不计入船员个人的应纳税工资、薪金收入。

问题56　个人以现金方式取得的住房补贴、医疗补助费如何进行个税处理

〖答〗个人以现金方式取得的医疗补助、住房补贴,处理方式如表60所示。

表60　现金方式取得的住房补贴、医疗补助费的个税处理

序号	补贴	人员	取得方式	个税处理
1	医疗补助费	个人	企业以现金形式发放的	全额计入领取人的当期工资、薪金收入计征个人所得税
2	住房补贴	中国籍个人	企业以现金形式发放的	全额计入领取人的当期工资、薪金收入计征个人所得税
			符合条件的城镇住房保障家庭从地方政府领取的住房租赁补贴	免征个人所得税
		外籍个人	以实报实销形式取得的	暂免征收个人所得税

政策依据

一、《财政部　国家税务总局关于住房公积金医疗保险金、养老保险金征收个人所得税问题的通知》(财税字〔1997〕144号)

企业以现金形式发给个人的住房补贴、医疗补助费,应全额计入领取人的当期工资、薪金收入计征个人所得税。

但对外籍个人以实报实销形式取得的住房补贴,仍按照《财政部　国家税务总局关于个人所得税若干政策问题的通知》(〔94〕财税字第20号)的规定,暂免征收个人所得税。

二、《财政部　税务总局关于公共租赁住房税收优惠政策的公告》(财政部　税务总局公告2019年第61号)第六条

对符合地方政府规定条件的城镇住房保障家庭从地方政府领取的住房租赁补贴,免征个人所得税。

三、《财政部　税务总局关于延长部分税收优惠政策执行期限的公告》(财政部　税务总局公告2021年第6号)第一条、附件1

一、《财政部　税务总局关于设备器具扣除有关企业所得税政策的通知》(财税〔2018〕54号)等16个文件规定的税收优惠政策凡已经到期的,执行期限延长至2023年12月31日,详见附件1。

案例21　企业以现金方式发放的住房补贴如何处理

李军是梅松科技公司管理人员,为方便工作在北京租房居住,公司每月给予李军2 000元租房补助。

问:李军每月取得的租房补助应如何处理?

〖答〗发放的租房补助,实质上是企业以现金形式发给个人的住房补贴,应并入李军当月的工资、薪金所得,由梅松科技公司预扣预缴个人所得税。

问题57　个人购买单位低价房如何计缴个税

〖答〗一些企事业单位将自建住房以低于购置或建造成本价格销售给职工,个人购买低价房分两种情形进行处理,具体如表61所示。

表 61　个人购买单位低价房的个税处理

序号	背景	单位售房价格	差价	个税处理
1	在住房制度改革期间	按照所在地县级以上人民政府规定的房改成本价格向职工出售公有住房	职工实际支付的购房价款与该房屋的购置或建造成本价格的差额	免征
2	非住房制度改革期间	按低于购置或建造成本价格出售住房给职工		按照"工资、薪金所得"项目计税

【提示】职工取得低价房的差价部分,不并入当年的综合所得,以差价收入除以 12 得到的数额,按换算成月的综合所得税率表确定适用税率和速算扣除数,单独计算纳税。

应纳税额＝职工实际支付的购房价款低于该房屋的购置或建造成本价格的差额×适用税率－速算扣除数

一、《财政部　国家税务总局关于单位低价向职工售房有关个人所得税问题的通知》(财税〔2007〕13 号)第一条及第二条

第一条　根据住房制度改革政策的有关规定,国家机关、企事业单位及其他组织(以下简称单位)在住房制度改革期间,按照所在地县级以上人民政府规定的房改成本价格向职工出售公有住房,职工因支付的房改成本价格低于房屋建造成本价格或市场价格而取得的差价收益,免征个人所得税。

第二条　除本通知第一条规定情形外,根据《中华人民共和国个人所得税法》及其实施条例的有关规定,单位按低于购置或建造成本价格出售住房给职工,职工因此而少支出的差价部分,属于个人所得税应税所得,应按照"工资、薪金所得"项目缴纳个人所得税。

前款所称差价部分,是指职工实际支付的购房价款低于该房屋的购置或建造成本价格的差额。

二、《财政部　税务总局关于个人所得税法修改后有关优惠政策衔接问题的通知》(财税〔2018〕164 号)第六条

单位按低于购置或建造成本价格出售住房给职工,职工因此而少支出的差价部分,符合《财政部　国家税务总局关于单位低价向职工售房有关个人所得税问题的通知》(财税〔2007〕13 号)第二条规定的,不并入当年综合所得,以差价收入除以 12 个月得到的数额,按照月度税率表确定适用税率和速算扣除数,单独计算纳税。计算公式为:

应纳税额＝职工实际支付的购房价款低于该房屋的购置或建造成本价格的差额×适用税率－速算扣除数

案例 22　单位向个人低价售房如何进行个税处理

居民个人李军为梅松房产公司财务经理,2020 年梅松房产公司建造一栋住宅楼直接销售给职工,建造成本为 5 000 元/平方米,根据李军的职级可以按照 3 800 元/平方米购买一套 120 平方米的住房。请问李军的个人所得税应如何办理?

〖答〗单位按低于购置或建造成本价格出售住房给职工,以差价收入,即:单位购置或建造成本价格－职工实际支付的价格＝(5 000－3 800)×120＝144 000(元)。

不并入当年综合所得,单独按照"工资、薪金所得"项目计征个人所得税。

问题 58　个人取得的公务用车和通讯补贴如何计缴个税

〖答〗国税发〔1999〕58 号文件中,明确了因公务用车和通讯制度改革,个人取得的公务用车和通讯补贴收入的个税处理方式,归纳总结如表 62 所示。

表62 个人取得的公务用车补贴和通讯补贴的个税处理

因公务用车和通讯制度改革	收入		个税处理		
	个人取得的公务用车和通讯补贴收入		扣除一定标准的公务费用后,按照"工资、薪金"所得项目计征个人所得税	按月发放	并入当月"工资、薪金"所得
	视为个人取得公务用车补贴收入	直接以现金形式发放			
		在限额内据实报销用车支出			
		单位反租职工个人的车辆支付车辆租赁费("私车公用")		不按月发放	分解到所属月份并入"工资、薪金"所得
		单位向用车人支付车辆使用过程中的有关费用等			

部分省(自治区、直辖市)公务费用扣除标准归纳如表63所示。

表63 部分省(自治区、直辖市)公务费用扣除标准

地区	人员		公务交通补贴	公务通讯补贴	政策依据
西藏	个人		4 000元/月/人	1 000元/月/人	藏政发〔2018〕38号
广西	公务人员	厅级	1 950元/月/人	—	广西壮族自治区税务局公告〔2018〕12号
		处级	1 200元/月/人	—	
		科级	750元/月/人	—	
		科员及以下	650元/月/人	—	
	各级各类事业单位符合条件的		参照公务员标准	—	
	企业职工	高级管理人员	1 950元/月/人	—	
		其他人员	1 200元/月/人	—	
海南	海口三亚三沙儋州洋浦	企事业单位员工	高级管理人员 1 690元/月/人	100元/月/人	海南省地方税务局公告〔2017〕2号
			其他人员 1 040元/月/人		
	其他市县	企事业单位员工	高级管理人员 1 000元/月/人		
			其他人员 600元/月/人		
天津	个人		—	500元/月/人	天津市地方税务局公告〔2017〕72号
陕西	个人		—	300元/月/人	陕西省地方税务局公告〔2017〕2号
河北	企业单位		实际发生额×70%	当地有规定标准的参照规定且≤500元/月/人	河北省地方税务局公告〔2009〕46号
				当地无规定标准的实际发生额×80%	

政策依据

一、《国家税务总局关于个人所得税有关政策问题的通知》(国税发〔1999〕58号)第二条

个人因公务用车和通讯制度改革而取得的公务用车、通讯补贴收入,扣除一定标准的公务费用后,按照"工资、薪金"所得项目计征个人所得税。按月发放的,并入当月"工资、薪金"所得计征个人所得税;不按月发放的,分解到所属月份并与该月份"工资、薪金"所得合并后计征个人所得税。

公务费用的扣除标准,由省税务局根据纳税人公务交通、通讯费用的实际发生情况调查测算,报经省级人

民政府批准后确定,并报国家税务总局备案。

二、《国家税务总局关于个人因公务用车制度改革取得补贴收入征收个人所得税问题的通知》(国税函〔2006〕245号)

因公务用车制度改革而以现金、报销等形式向职工个人支付的收入,均应视为个人取得公务用车补贴收入,按照"工资、薪金所得"项目计征个人所得税。具体计征方法,按《国家税务总局关于个人所得税有关政策问题的通知》(国税发〔1999〕58号)第二条"关于个人取得公务交通、通讯补贴收入征税问题"的有关规定执行。对部分省(自治区、直辖市)公务费用扣除标准归纳如表3-87所示。

三、《西藏自治区人民政府关于贯彻个人所得税法的通知》(藏政发〔2018〕38号)第二条

个人取得的交通、通讯补贴收入,扣除一定标准的公务费用后,按"工资、薪金"所得项目计征个人所得税。公务费用限额扣除标准如下:公务交通补贴每人每月4 000元,公务通讯补贴每人每月1 000元。个人取得公务用车补贴、通讯补贴在上述限额标准之内的,缴纳个人所得税时据实扣除,超过限额部分按规定计征个人所得税。

四、《国家税务总局广西壮族自治区税务局关于公务交通补贴个人所得税有关问题的公告》(国家税务总局广西壮族自治区税务局公告2018年第12号)

公务人员按公务交通补贴规定取得的公务用车制度改革补贴收入,即:厅级每人每月1 950元,处级每人每月1 200元,科级每人每月750元,科员及以下每人每月650元的标准,允许在计算个人所得税税前全额扣除,超出规定标准部分按照"工资、薪金"所得项目计征个人所得税。

各级各类事业单位所有原符合公务用车配备相关规定的岗位和人员,按照《自治区本级事业单位公务用车制度改革实施方案》的规定取得的公务用车制度改革补贴收入,无论是以现金形式,还是以报销方式取得的公务交通补贴收入,参照公务人员的标准允许在计算个人所得税税前全额扣除,超出规定标准部分按照"工资、薪金"所得项目计征个人所得税。

对企业职工公务用车费用扣除标准划分为高级管理人员和其他人员两档处理,具体为:高级管理人员每人每月1 950元;其他人员每人每月1 200元。所称"高级管理人员",是指根据《中华人民共和国公司法》或其他法律法规的相关规定,在本级企业或社会组织中担任高管职务的人员。具体包括:公司的经理、副经理、财务负责人,上市公司董事会秘书和公司章程规定的其他人员。

五、《海南省地方税务局关于明确公务交通通讯补贴扣除标准的公告》(海南省地方税务局公告2017年第2号)

企事业单位员工因公务用车制度改革取得的公务交通补贴收入,允许在以下公务费用扣除标准内,按实际取得数额予以扣除,超出标准部分按照"工资、薪金"所得项目计征个人所得税。

海口、三亚、三沙、儋州、洋浦的公务费用扣除标准,高级管理人员1 690元/月/人,其他人员1 040元/月/人。

其他市县的公务费用扣除标准,高级管理人员1 000元/月/人,其他人员600元/月/人。

企事业单位员工因通讯制度改革取得的通讯补贴收入,在100元/月/人的公务费用标准内,按实际取得数额予以扣除,超出标准部分按照"工资、薪金"所得项目计征个人所得税。

六、《天津市地方税务局关于个人取得通讯补贴收入有关个人所得税政策的公告》(天津市地方税务局公告2017年第7号)第二条

以现金形式发放给个人的办公通讯补贴,或以报销方式支付给个人的办公通讯费用,费用扣除标准为每月不超过500元(含500元)。其中,机关、事业单位发放给个人的办公通讯补贴,费用扣除标准为我市财政、人力社保部门规定的发放标准,但每月最高不得超过500元(含500元)。

七、《陕西省地方税务局关于个人因通讯制度改革取得补贴收入征收个人所得税有关问题的公告》(陕西省地方税务局公告〔2017〕2号)第一条

通讯补贴征收个人所得税公务费用税前扣除限额为每人每月300元。纳税人取得通讯补贴收入在限额内的,按实际收入全额扣除;超过限额的,按限额300元扣除。

八、《河北省地方税务局关于个人所得税若干业务问题的通知》(2009年12月9日冀地税发〔2009〕46号)

各单位向职工个人发放的交通补贴(包括报销、现金等形式),按交通补贴全额的30%作为个人收入并入

当月工资薪金所得征收个人所得税。

各级行政事业单位按照当地政府(县以上)规定标准向职工个人发放的通讯补贴(包括报销、现金等形式)暂免征收个人所得税,超过标准部分并入当月工资薪金所得计算征收个人所得税;各类企业单位,参照当地行政事业单位标准执行,但企业职工个人取得通讯补贴的标准最高不得超过每人每月500元,在标准内据实扣除,超过当地政府规定的标准或超过每人每月500元最高限额的,并入当月工资薪金所得计算征收个人所得税;当地政府未规定具体标准的,按通讯补贴(包括报销、现金等形式)全额的20%并入当月工资薪金所得计算征收个人所得税。

九、《山东省地方税务局关于公务通讯补贴个人所得税费用扣除问题的通知》(鲁地税函〔2005〕33号)

行政单位按照各级人民政府或同级财政部门统一规定的标准,发放给个人的公务通讯补贴,每月不超过500元(含500元)的部分可在个人所得税前据实扣除,超过部分并入当月工资、薪金所得计征个人所得税。

企事业单位自行制定标准发放给个人的公务通讯补贴,其中:法人代表、总经理每月不超过500元(含500元)、其他人员每月不超过300元(含300元)的部分,可在个人所得税前据实扣除。超过部分并入当月工资、薪金所得计征个人所得税。

取得公务通讯补贴,同时又在单位报销相同性质通讯费用的,其取得的公务通讯补贴不得在个人所得税前扣除。

问题 59　个人取得的供暖补贴是否计缴个税

〖答〗供暖补贴也称取暖费,由于各地所处的地理位置及气候情况各不相同,其发放的取暖标准也存在差异,根据各地区实际情况,按照各地政府的标准执行。目前,部分地区有明确的政策标准,如表64所示,部分地区没有明确的规定,参照当地的文件或咨询当地税务机关。

表64　部分地区个人取得的供暖补贴个税政策

地区	人员	是否征税		政策依据
宁夏	不分级别	≤3 000元	不征	宁财(税)发〔2008〕1318号
		>3 000元	并入当月个人工薪所得计征	
	给职工住宅免费(或低于当地取暖费50%)供暖,同时又发放取暖费补贴的			
河北	个人	标准内免征,超过标准征		冀地税函〔2008〕236号
辽宁	个人	标准内不征,超过标准征		辽地税发〔2002〕4号
北京	个人	标准内免征,超过标准征		京地税个〔2002〕568号

政策依据

一、《宁夏回族自治区财政厅地方税务局关于调整我区企业职工取暖费有关个人所得税税前扣除标准的通知》〔宁财(税)发〔2008〕1318号〕

企业实际发放给职工的取暖费补贴在3 000元以内的(不分级别),不征收个人所得税。超过部分应并入当月个人工薪所得计征个人所得税;单位给职工住宅免费(或低于当地取暖费50%)供暖,同时又发放取暖费补贴的,应并入当月个人工薪所得计征个人所得税。

二、《河北地方税务局关于取暖补贴征免个人所得税问题的通知》(冀地税函〔2008〕236号)

取暖补贴实行"明补"后,个人从单位取得的取暖补贴征免个人所得税问题按下列原则执行:

公务员工资改革已到位的驻石(石家庄市区,下同)省直行政事业单位的职工按照《河北省财政厅河北省人事厅关于驻石省直行政事业单位职工住宅取暖补贴发放问题的通知》(冀财预〔2008〕86号)规定的标准(即一个取暖期的取暖补贴计发标准为:本人10月份当月的职务工资、级别工资、生活补贴、工作津贴之和)取得的取暖补贴免征个人所得税,超过规定标准的部分分摊到取暖期所属月份计征个人所得税。

非驻石省直行政事业单位和其他各级行政事业单位的职工按照当地政府规定的标准取得的取暖补贴免

征个人所得税,超过部分分摊到取暖期所属月份计征个人所得税。

各类企业职工取得的取暖补贴按以下原则执行:

当地政府对企业的取暖补贴发放标准有具体规定的,按政府规定执行;没有具体标准的可参照当地政府对行政事业单位的取暖补贴标准执行,但企业职工取得取暖补贴的标准最高不得超过3 500元,在标准内据实扣除。企业职工取得的超过当地政府规定标准或超过3 500元最高限额的取暖补贴,分摊到取暖期所属月份计征个人所得税。

对取暖补贴仍然实行"暗补"的企业或企业职工不需要负担取暖费的,企业职工取得的取暖补贴收入应在发放月并入其当月的工资薪金收入计征个人所得税。

三、《辽宁省地方税务局关于明确个人所得税若干政策问题的通知》(辽地税发〔2002〕4号)

个人领取的采暖费不属于工资、薪金性质的补贴,不征收个人所得税。(标准:辽建发〔2005〕42号)

四、《北京市地方税务局关于个人所得税有关业务政策问题的通知》(京地税个〔2002〕568号)

对个人在取暖季按标准取得煤炭取暖"煤火费补贴"免予征税,超过标准发放的部分应并入当月工资薪金纳税。

具体标准参考《关于印发〈北京市职工住宅清洁能源分户自采暖补贴暂行办法〉的通知规定》(京财行〔2002〕2082号),自采暖补贴基本补贴为每个采暖季每名职工470元。行政和全部补助事业单位职工自采暖补贴附加补贴,每名职工比照(2003)京房改办字第078号文件确定的住房建筑面积标准按下表计发;企业和部分补助事业单位职工自采暖补贴附加补贴,每名职工参照行政和全部补助事业单位职工自采暖补贴附加补贴标准由单位自行确定,其中,经房改部门核准住房分配货币化方案的企业和事业单位,可按核准的面积标准计发。

问题60　退休再任职收入如何计缴个税

〖答〗退休人员再任职取得的收入,个税处理分三种情况,如表65所示。

表65　退休再任职收入的个税处理

条件		收入	个税处理
退休人员	达到退休年龄,办理退休	离退休工资	免征
	同时符合四个条件	与用人单位签订一年以上(含一年)劳动合同(协议),存在长期或连续的雇用与被雇佣关系	工资、奖金、津贴等收入	减除规定的费用扣除标准后,按"工资、薪金所得"计征
		因事假、病假、休假等原因不能正常出勤时,仍享受固定或基本工资收入		
		与单位其他正式职工享受同等福利、社保、培训等待遇		
		职务晋升、职称评定等工作由用人单位负责组织		
	不符合或不同时符合上述四个条件	根据具体情况判断收入类型及个税处理方式	

一、《国家税务总局关于个人兼职和退休人员再任职取得的收入如何计算征收个人所得税问题的批复》(国税函〔2005〕382号)

退休人员再任职取得的收入,在减除按个人所得税法规定的费用扣除标准后,按"工资、薪金所得"应税项目缴纳个人所得税。

二、《国家税务总局关于离退休人员再任职界定问题的批复》(国税函〔2006〕526号)

退休人员再任职,应同时符合下列条件:(一)受雇人员与用人单位签订一年以上(含一年)劳动合同(协议),存在长期或连续的雇用与被雇用关系;(二)受雇人员因事假、病假、休假等原因不能正常出勤时,仍享受固定或基本工资收入;(三)受雇人员与单位其他正式职工享受同等福利、社保、培训及其他待遇;(四)受雇人员的职务晋升、职称评定等工作由用人单位负责组织。

三、《国家税务总局关于个人所得税有关问题的公告》(国家税务总局公告 2011 年第 27 号)

自 2011 年 5 月 1 日起,单位是否为离退休人员缴纳社会保险费,不再作为离退休人员再任职的界定条件。

问题 61　高级专家延长离退休的收入如何纳税

〖答〗高级专家延长离退休年龄取得的收入,处理方式如表 66 所示。

表 66　高级专家延长离退休收入的个税处理

人员	收入来源	收入类别	个税处理
高级专家	劳动人事关系所在单位	按规定统一发放的工资薪金、奖金、津贴补贴等	免征个人所得税
		其他津补贴收入	按"工资、薪金所得"计征
	其他单位	符合退休再任职条件的取得的工资补贴等收入	
		因劳务关系取得的咨询费、讲课费等临时性收入	按"劳务报酬所得"计征

政策依据

一、《财政部　国家税务总局关于个人所得税若干政策问题的通知》(财税字〔1994〕20 号)第二条第七项

达到离休、退休年龄,但确因工作需要,适当延长离休退休年龄的高级专家(指享受国家发放的政府特殊津贴的专家、学者),其在延长离休退休期间的工资、薪金所得,视同退休工资、离休工资免征个人所得税。

二、《财政部　国家税务总局关于高级专家延长离休退休期间取得工资薪金所得有关个人所得税问题的通知》(财税〔2008〕7 号)

一、《财政部　国家税务总局关于个人所得税若干政策问题的通知》(财税字〔1994〕20 号)第二条第(七)项中所称延长离休退休年龄的高级专家是指:(一)享受国家发放的政府特殊津贴的专家、学者;(二)中国科学院、中国工程院院士。

二、高级专家延长离休退休期间取得的工资薪金所得,其免征个人所得税政策口径按下列标准执行:

(一)对高级专家从其劳动人事关系所在单位取得的,单位按国家有关规定向职工统一发放的工资、薪金、奖金、津贴、补贴等收入,视同离休、退休工资,免征个人所得税;

(二)除上述第(一)项所述收入以外各种名目的津补贴收入等,以及高级专家从其劳动人事关系所在单位之外的其他地方取得的培训费、讲课费、顾问费、稿酬等各种收入,依法计征个人所得税。

三、高级专家从两处以上取得应税工资、薪金所得以及具有税法规定应当自行纳税申报的其他情形的,应在税法规定的期限内自行向主管税务机关办理纳税申报。

案例 23　退休人员再任职取得的收入如何缴税

王教授是享受政府特殊津贴的中科院院士。

2020 年 9 月达到法定退休年龄,从原单位退休。中科院对其返聘,维持原有待遇不变;华东工程学院与王教授签订了为期 3 年的协议,协议期内王教授以该高校的名义申请国家级课题并发表论文,每月支付 10 000 元;梅松公司与王教授签订三个月的劳务协议,为公司提供咨询服务,每月支付 5 000 元。

请问王教授取得的各项收入应如何计征个人所得税?

〖答〗(1)王教授从中科院取得的工资收入,符合财税〔2008〕7 号文件中高级专家返聘免征个税的条件,延长离休退休期间取得的工资薪金所得,免征个人所得税。

若王教授退休后不是被中科院返聘,或其不符合财税〔2008〕7 号所规定的专家条件,则其取得的除退休工资或养老金以外的补贴、津贴、奖金、实物福利等应按照工资薪金所得申报缴纳个人所得税。

(2) 王教授与华东工程学院签订 3 年的协议,存在长期或连续的雇用与被雇佣关系,满足退休再任职条件。从高校取得的收入,应按"工资、薪金所得"申报缴纳个人所得税;

若王教授与该高校未签订超过 1 年的劳动协议,或不满足国税函〔2006〕526 号规定的其他条件,则其从高校取得的收入不得按照工资薪金所得申报缴纳个人所得税,应按照劳务报酬申报缴纳个人所得税。

(3) 王教授与公司签订劳务协议,构成劳务关系,从公司取得的收入应按"劳务报酬所得"申报个人所得税。

问题 62　各地政府给外地员工发放的"就地过年补贴"交个税吗

〘答〙对于各地政府给外地员工发放的"就地过年补贴"是否缴纳个税,目前税局有两种观点,具体如表 67 所示。

表 67　"就地过年补贴"的个税处理

项目	个税处理	具体情形
观点一	按照"偶然所得"计征个税,适用 20% 的比例税率	按照国家统一规定放给的补贴、津贴才可免征个税,地方政府发布的政策,不属于全国统一政策,故不属于免征范围。同时根据浙江 12366 中心答复:理论上除相关文件规定的免税所得外,其余是需要计缴个人所得税的
观点二	不征收个税	根据安徽省税务局 12366 纳税服务中心答复:疫情防控期间,政府发放的务工人员关爱补助,在总局政策尚未明确前,暂不征收个人所得税

一般在实际操作中,地方政府发放的疫情补贴是通过企业申请直接打到个人银行卡上,企业没有代扣代缴个税的义务,政府也没有强制要征收个税。具体是否计缴个税,建议咨询当地主管税务局。

政策依据

一、《中华人民共和国个人所得税法》第三条第三项

个人所得税的税率

(三)利息、股息、红利所得,财产租赁所得,财产转让所得和偶然所得,适用比例税率,税率为百分之二十。

二、《中华人民共和国个人所得税法实施条例》(国令第 707 号)第六条

个人所得税法规定的各项个人所得的范围:

(九)偶然所得,是指个人得奖、中奖、中彩以及其他偶然性质的所得。

第十四条

(四)偶然所得,以每次取得该项收入为一次。

三、《中华人民共和国个人所得税法》第四条

下列各项个人所得,免征个人所得税:

(一)省级人民政府、国务院部委和中国人民解放军军以上单位,以及外国组织、国际组织颁发的科学、教育、技术、文化、卫生、体育、环境保护等方面的奖金;(二)国债和国家发行的金融债券利息;(三)按照国家统一规定发给的补贴、津贴;(四)福利费、抚恤金、救济金;(五)保险赔款;(六)军人的转业费、复员费、退役金;(七)按照国家统一规定发给干部、职工的安家费、退职费、基本养老金或者退休费、离休费、离休生活补助费;(八)依照有关法律规定应予免税的各国驻华使馆、领事馆的外交代表、领事官员和其他人员的所得;(九)中国政府参加的国际公约、签订的协议中规定免税的所得;(十)国务院规定的其他免税所得。前款第十项免税规定,由国务院报全国人民代表大会常务委员会备案。

问题 63　企业改制给予员工的股权劳动分红如何计缴个税

〖答〗员工在企业改制取得的企业股权劳动分红,个税处理方式如表 68 所示。

表 68　股权劳动分红的个税处理

前提	分配方式	收入类别		个税处理
企业改制	分配历年留存的劳动分红	取得的企业国有股权的劳动分红		按"工资、薪金所得"项目计征
集体所有制企业在改制为股份合作制企业	将有关资产量化给职工个人	以股份形式取得的仅作为分红依据,不拥有所有权的企业量化资产		不征收
		以股份形式取得的拥有所有权的企业量化资产	取得股份时	暂缓征收
			将股份转让时	按"财产转让所得"项目计征
		以股份形式取得的企业量化资产参与企业分配而获得的股息、红利		按"利息、股息、红利"项目计征

政策依据

一、参照《国家税务总局关于联想集团改制员工取得的用于购买企业国有股权的劳动分红征收个人所得税问题的批复》(国税函〔2001〕832 号)批复

……实际上是将多年留存在企业应分未分的劳动分红在职工之间进行了分配,职工个人再将分得的部分用于购买企业的国有股权。根据前述事实及个人所得税法有关规定,对联想集团控股公司职工取得的用于购买企业国有股权的劳动分红,应按"工资、薪金所得"项目计征个人所得税,税款由联想集团控股公司代扣代缴。

二、《国家税务总局关于企业改组改制过程中个人取得的量化资产征收个人所得税问题的通知》(国税发〔2000〕60 号)

允许集体所有制企业在改制为股份合作制企业时可以将有关资产量化给职工个人。为了支持企业改组改制的顺利进行,对于企业在这一改革过程中个人取得量化资产的有关个人所得税问题,现明确如下:

一、对职工个人以股份形式取得的仅作为分红依据,不拥有所有权的企业量化资产,不征收个人所得税。

二、对职工个人以股份形式取得的拥有所有权的企业量化资产,暂缓征收个人所得税;待个人将股份转让时,就其转让收入额,减除个人取得该股份时实际支付的费用支出和合理转让费用后的余额,按"财产转让所得"项目计征个人所得税。

三、对职工个人以股份形式取得的企业量化资产参与企业分配而获得的股息、红利,应按"利息、股息、红利"项目征收个人所得税。

问题 64　上市公司员工中的居民个人获得股权激励所得,个人所得税如何计税

〖答〗上市公司员工中的居民个人,获得股权激励,应按"工资、薪金所得"适用的规定计算缴纳个人所得税;具体纳税环节以及个税处理具体方法详见本书第三章第五节相关内容。

政策依据

一、《财政部　税务总局关于延续实施上市公司股权激励有关个人所得税政策的公告》(财政部　税务总局公告 2023 年第 25 号)第一条、第三条

一、居民个人取得股票期权、股票增值权、限制性股票、股权奖励等股权激励(以下简称股权激励),符合《财政部　国家税务总局关于个人股票期权所得征收个人所得税问题的通知》(财税〔2005〕35 号)、《财政部　国家税务总局关于股票增值权所得和限制性股票所得征收个人所得税有关问题的通知》(财税〔2009〕5 号)、《财政部　国家税务总局关于将国家自主创新示范区有关税收试点政策推广到全国范围实施的通知》(财税〔2015〕116 号)第四条、《财政部　国家税务总局关于完善股权激励和技术入股有关所得税政策的通知》(财税〔2016〕101 号)第四条第(一)项规定的相关条件的,不并入当年综合所得,全额单独适用综合所得税率表,计算纳税。计算公式为:

应纳税额＝股权激励收入×适用税率－速算扣除数

三、本公告执行至 2027 年 12 月 31 日。

二、《财政部 税务总局关于延续实施有关个人所得税优惠政策的公告》(财政部 税务总局公告 2023 年第 2 号)第一条

一、《财政部 税务总局关于延续实施全年一次性奖金等个人所得税优惠政策的公告》(财政部 税务总局公告 2021 年第 42 号)中规定的上市公司股权激励单独计税优惠政策,自 2023 年 1 月 1 日起至 2023 年 12 月 31 日止继续执行。

问题 65　军队干部的补贴和津贴中哪些免征个人所得税

【答】军队干部共有 8 项不征税补贴,5 项暂不征税补贴,具体如表 69 所示。

表 69　军队干部的补贴和津贴的征免政策

序号	补贴和津贴	征免政策
1	政府特殊津贴	不计入工资、薪金所得项目征税
2	福利补助	
3	夫妻分居补助费	
4	随军家属无工作生活困难补助	
5	独生子女保健费	
6	子女保教补助费	
7	机关在职军以上干部公勤费(保姆费)	
8	军粮差价补贴	
9	军人职业津贴	暂不征税
10	军队设立的艰苦地区补助	
11	专业性补助	
12	基层军官岗位津贴(营连排长)	
13	伙食补贴	

政策依据

《财政部 国家税务总局关于军队干部工资薪金收入征收个人所得税的通知》(财税字〔1996〕14 号)第二条

属于免税项目或者不属本人所得的补贴、津贴有 8 项,不计入工资、薪金所得项目征税。即:政府特殊津贴;福利补助;夫妻分居补助费;随军家属无工作生活困难补助;独生子女保健费;子女保教补助费;机关在职军以上干部公勤费(保姆费);军粮差价补贴。

对以下 5 项补贴、津贴,暂不征税:军人职业津贴;军队设立的艰苦地区补助;专业性补助;基层军官岗位津贴(营连排长岗位津贴);伙食补贴。

问题 66　退役军人取得的一次性经济补助和一次性退役金是否免征个税

【答】退役军人取得的一次性经济补助免征个人所得税,具体如表 70 所示。

表 70　退役军人取得的一次性经济补助和一次性退役金

收入		发放单位	标准	征免政策
退役军人	一次性经济补助	部队	中央财政专项安排	免征个人所得税
	一次性退役金	地方人民政府	由省、自治区、直辖市人民政府规定	

> 政策依据

一、《中华人民共和国个人所得税法》第四条第六项

军人的转业费、复员费、退役金,免征个人所得税。

二、《财政部 国家税务总局关于退役士兵退役金和经济补助免征个人所得税问题的通知》(财税〔2011〕109号)

一、对退役士兵按照《退役士兵安置条例》(国务院、中央军委令第608号)规定,取得的一次性退役金以及地方政府发放的一次性经济补助,免征个人所得税。

二、本通知自2011年11月1日起执行。

三、《退役士兵安置条例》(国务院、中央军委令第608号)第十九条

对自主就业的退役士兵,由部队发给一次性退役金,一次性退役金由中央财政专项安排;地方人民政府可以根据当地实际情况给予经济补助,经济补助标准及发放办法由省、自治区、直辖市人民政府规定。一次性退役金和一次性经济补助按照国家规定免征个人所得税。

问题67　西藏工作人员的补贴、津贴有哪些税收优惠政策

【答】目前,关于西藏工作人员补贴、津贴我国出台了两个优惠政策,具体如表71所示。

表71　西藏工作人员补贴、津贴征税政策

序号	所得	标准	适用人员	征免政策
1	艰苦边远地区津贴	—	在西藏自治区内工作的相关事业单位的在职人员和离退休人员	免征个人所得税
2	浮动工资	经国家批准或者同意,由自治区人民政府或者有关部门发放	在藏长期工作的人员和大中专毕业生	
3	增发的工龄工资			
4	离退休人员的安家费和建房补贴费			
5	西藏特殊津贴	国家统一规定	西藏区域工作的机关、事业单位职工	

> 政策依据

一、根据《财政部 国家税务总局关于西藏自治区贯彻施行〈中华人民共和国个人所得税法〉有关问题的批复》(财税字〔1994〕021号)第二条、第三条

对个人从西藏自治区内取得的下列所得,免征个人所得税:

二、艰苦边远地区津贴;

三、经国家批准或者同意,由自治区人民政府或者有关部门发给在藏长期工作的人员和大中专毕业生的浮动工资,增发的工龄工资,离退休人员的安家费和建房补贴费。

二、《财政部 国家税务总局关于西藏特殊津贴免征个人所得税的批复》(财税字〔1996〕91号)

经国务院批准,自1994年1月1日起发放的西藏特殊津贴,体现了党中央、国务院对西藏各族职工的关怀,对进一步促进西藏的改革、发展和稳定具有重要意义,因此,根据《中华人民共和国个人所得税法》和《中华人民共和国个人所得税法实施条例》的规定,对在你区域内工作的机关、事业单位职工、按照国家统一规定取得的西藏特殊津贴,免征个人所得税。

问题68　海南自贸港个人所得税有何优惠政策

【答】根据《财政部 税务总局关于海南自由贸易港高端紧缺人才个人所得税政策的通知》(财税〔2020〕32号)的规定,海南自贸港个人所得税税收优惠如表72所示。

第三章 综合所得

表72 海南自贸港个人所得税优惠政策

序号	项目		具体规定
1	享受对象	在海南自由贸易港工作的高端人才和紧缺人才	一般指任职受雇单位、合伙企业、个体工商户、个人独资企业位于海南自由贸易港
2	所得类型	综合所得	包括工资薪金、劳务报酬、稿酬、特许权使用费四项所得
		经营所得	1. 个体工商户从事生产、经营活动取得的所得,个人独资企业投资人、合伙企业的个人合伙人来源于境内注册的个人独资企业、合伙企业生产、经营的所得; 2. 个人依法从事办学、医疗、咨询以及其他有偿服务活动取得的所得; 3. 个人对企业、事业单位承包经营、承租经营以及转包、转租取得的所得; 4. 个人从事其他生产、经营活动取得的所得。
		经海南省认定的人才补贴性所得	补贴种类较多,《中华人民共和国个人所得税法实施条例》规定,按照国务院规定发给的政府特殊津贴、院士津贴,以及国务院规定免缴纳个税的其他补贴、津贴,免征个税。国税发〔1994〕89号规定,除免税补贴外其他与任职受雇有关的补贴按照工资薪金计税。除此之外的其他补贴根据《中华人民共和国个人所得税法实施条例》偶然所得的定义,应计入偶然所得。
3	税收优惠	实际税负超过15%的部分,予以免征	在海南省办理年度汇算清缴时享受
			税款所属期 2020.1.1—2024.12.31

注意:对于汇算清缴地点,两处以上的,应选择在海南省汇算清缴。根据总局公告2018年第62号关于综合所得、经营所得汇算清缴申报地点的规定如表73所示。

表73 关于海南的综合所得、经营所得汇算清缴申报地点的规定

所得类型	适用情形	申报地点
综合所得	一处在职、受雇单位	任职受雇单位所在地
	两处以上任职、受雇单位	任选一处任职受雇单位所在地
	无任职、受雇单位	户籍所在地或经常居住地
经营所得	一处取得经营所得	经营管理所在地
	两处以上取得经营所得	任选一处经营管理所在地

政策依据

《财政部 税务总局关于海南自由贸易港高端紧缺人才个人所得税政策的通知》(财税〔2020〕32号)

一、对在海南自由贸易港工作的高端人才和紧缺人才,其个人所得税实际税负超过15%的部分,予以免征。

二、享受上述优惠政策的所得包括来源于海南自由贸易港的综合所得(包括工资薪金、劳务报酬、稿酬、特许权使用费四项所得)、经营所得以及经海南省认定的人才补贴性所得。

三、纳税人在海南省办理个人所得税年度汇算清缴时享受上述优惠政策。

四、对享受上述优惠政策的高端人才和紧缺人才实行清单管理,由海南省商财政部 税务总局制定具体管理办法。

五、本通知自2020年1月1日起执行至2024年12月31日。

问题69 海南自由贸易港高层次人才如何分类

【答】为贯彻落实《海南自由贸易港建设总体方案》"以薪酬水平为主要指标评估人力资源

类别,建立市场导向的人才机制"的要求,海南省委人才办制定了《分类标准(2020)》。该标准坚持德才兼备原则,以市场认可、专业共同体认可(以下简称专业认可)和社会认可为基本依据,把高层次人才划分为 A、B、C、D、E 共五个类别,如图 8 所示。

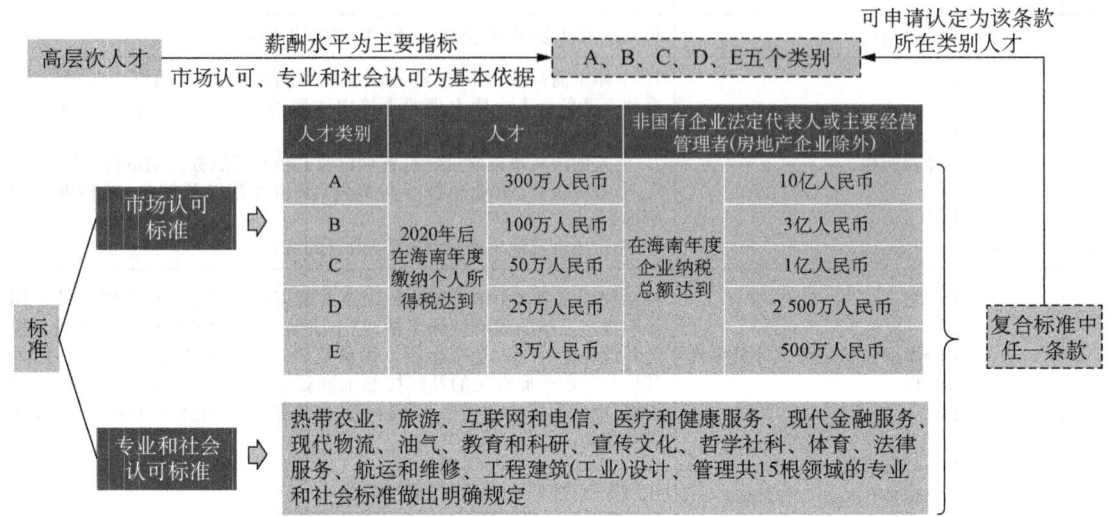

图 8　海南高层次人才类别及划分标准

《海南自由贸易港高层次人才分类标准(2020)》(节选)

一、编制说明

海南自由贸易港高层次人才分类标准(2020)由中共海南省委人才发展局依据《海南自由贸易港建设总体方案》制定和实施。

本标准制定坚持德才兼备原则,以薪酬水平为主要指标,以市场认可、专业共同体认可和社会认可(以下简称"专业和社会认可")为基本依据。

本标准包括高层次人才市场认可标准和热带农业、旅游、互联网和电信、医疗和健康服务、现代金融服务、现代物流、油气、教育和科研、宣传文化、哲学社科、体育、法律服务、航运和维修、工程建筑(工业)设计、管理等专业和社会认可标准。

符合本标准中任一条款的海南自由贸易港高层次人才,可申请认定为该条款所在类别人才,获得相应优惠政策支持和服务保障待遇。

二、市场认可标准

(一)A 类人才

1. 2020 年后在海南年度缴纳个人所得税达到 300 万人民币的人才。

2. 在海南年度企业纳税总额达到 10 亿人民币的非国有企业法定代表人或主要经营管理者(房地产业企业除外)。

(二)B 类人才

1. 2020 年后在海南年度缴纳个人所得税达到 100 万人民币的人才。

2. 在海南年度企业纳税总额达到 3 亿人民币的非国有企业法定代表人或主要经营管理者(房地产业企业除外)。

(三)C 类人才

1. 2020 年后在海南年度缴纳个人所得税达到 50 万人民币的人才。

2.在海南年度企业纳税总额达到1亿人民币的非国有企业法定代表人或主要经营管理者(房地产业企业除外)。

(四)D类人才

1.2020年后在海南年度缴纳个人所得税达到25万人民币的人才。

2.在海南年度企业纳税总额达到2500万人民币的非国有企业法定代表人或主要经营管理者(房地产业企业除外)。

(五)E类人才

1.2020年后在海南年度缴纳个人所得税达到3万人民币的人才。

2.在海南年度企业纳税总额达到500万人民币的非国有企业法定代表人或主要经营管理者(房地产业企业除外)。

三、热带农业专业和社会认可标准

(一)A类人才

1.世界粮食奖(World Food Prize)、沃尔夫奖(Wolf Prize)、瑞典皇家农林科学院Bertebos奖、Louis Malassis国际农业与食品科学奖、GCHERA世界农业奖获得者;国家最高科学技术奖、国家科学技术奖特等奖(第一完成人)获得者。

2.中国科学院、中国工程院院士。

3.发达国家最高学术权威机构会士(比照中国"两院"院士)。

(二)B类人才

1.国家科学技术奖特等奖(第二、三完成人)、一等奖(第一、二完成人)、二等奖(第一完成人)获得者;何梁何利基金科学与技术成就奖获得者;未来科学大奖(生命科学奖)获得者。

2.新兴国家最高学术权威机构会士(比照中国"两院"院士)。

3.中国种业十大杰出人物。

(三)C类人才

1.国家科学技术奖二等奖(第二完成人)、中华农业英才奖、全国农牧渔业丰收奖农业技术推广成果一等奖(第一完成人)、神农中华农业科技奖一等奖(第一完成人)获得者;何梁何利基金科学与技术进步奖、张海银种业促进奖一等奖(第一完成人)获得者;省科学技术奖特等奖(第一完成人)获得者。

2.全国十佳农民。

(四)D类人才

1.全国农牧渔业丰收奖农业技术推广成果二、三等奖(第一完成人),神农中华农业科技奖二、三等奖(第一完成人)获得者;何梁何利基金科学与技术创新奖获得者;省科学技术奖特等奖(第二完成人)、一等奖(第一、二完成人)、二等奖(第一完成人),省科技成果转化一等奖(第一完成人)获得者。

2.国家现代农业产业技术体系首席专家;全国优秀科技工作者;杰出青年农业科学家。

(五)E类人才

1.全国农牧渔业丰收奖农业技术推广成果贡献奖、神内基金农技推广奖获得者;省科学技术奖二等奖(第二完成人),省科技成果转化二、三等奖(第一完成人),省级人才奖,省级青年科技奖获得者;省级优秀科技工作者。

2.国家现代农业产业技术体系岗位科学家。

3.取得相关领域高级职称、高级技师资格,并具有相应能力、做出实际业绩者。

四、旅游业专业和社会认可标准

(一)A类人才

1.全球排名前10位的酒店管理集团总部高级管理人才。

(二)B类人才

1.联合国世界旅游组织执行主任及以上职务人才。

2.国际酒店品牌管理公司大区级总部高级管理人才。

(三) C类人才

1. 世界旅行社协会联合会(UFTAA)、世界旅行社协会(WATA)、国际饭店协会(IHA)、国际旅游科学专家协会(IASEY)、国际旅游协会(IAT)、国际旅游联盟(AIT)等国际性旅游组织副会长、副理事长及以上职务人才;中国旅游协会、中国旅游景区协会、中国旅行社协会、中国旅游饭店业协会、中国烹饪协会、中国旅游车船协会、中国旅游报刊协会会长、理事长。

2. 近3年入选全国百强旅游企业排名前5位的企业总部高级管理人才。

3. 具有15年以上从业经历的邮轮游艇、邮轮游艇港、邮轮游艇设计、邮轮游艇建造公司高级管理人才,邮轮船长、轮机长(24米以上游艇船长、总工程师)及同级别管理人才。

4. 国家级酒店、景区质量等级评定委员会委员。

(四) D类人才

1. 中国旅游协会、中国旅游景区协会、中国旅行社协会、中国旅游饭店业协会、中国烹饪协会、中国旅游车船协会、中国旅游报刊协会副会长、副理事长,各专业委员会(分会)会长、理事长,省级旅游组织会长、理事长。

2. 近3年入选全国百强旅游企业排名前20位的企业总部高级管理人才。

3. 具有10年以上从业经历的邮轮游艇、邮轮游艇港、邮轮游艇设计、邮轮游艇建造公司中级管理人才,邮轮大副、大管轮(24米以上游艇副船长、副总工程师、总管家)及同级别管理人才。

4. 具有5年以上国际高端连锁品牌酒店任职经历,或10年以上国内五星级酒店任职经历的高级管理人才;具有3年以上国际高端连锁品牌酒店任职经历且具有CHA认证证书的高级管理人才;国内快捷连锁品牌大区级高级管理人才。

5. 特级导游员、全国导游大赛金牌导游员,全国旅游酒店服务行业职业技能竞赛第一名获得者;中国烹饪大师金爵奖获得者;葡萄酒大师(Master of Wine)、侍酒师大师(Master Sommelier)、高级SPA水疗师。

6. 全国导游大赛决赛一、二等奖,最佳外文讲解奖,最佳中文讲解奖等专项奖获得者。

(五) E类人才

1. 全国导游大赛银牌、铜牌导游员;全国旅游酒店服务行业职业技能竞赛第二、三名获得者;中华金厨奖优秀服务师、烹饪技艺创新奖获得者;省级青年服务技能大赛一等奖获得者。

2. 英语、西班牙语、日语、俄语等主要语种高级翻译人才。

3. 取得烹饪、面点、品酒等相关领域高级技师资格、高级职称,并具有相应能力、做出实际业绩者。

五、互联网和电信业专业和社会认可标准

(一) A类人才

1. 图灵奖(Turing Award)获得者;国家最高科学技术奖、国家科学技术奖特等奖(第一完成人)获得者。

2. 中国科学院、中国工程院院士。

3. 发达国家最高学术权威机构会士(比照中国"两院"院士)。

(二) B类人才

1. 国家科学技术奖特等奖(第二、三完成人)、一等奖(第一、二完成人)、二等奖(第一完成人)获得者;何梁何利基金科学与技术成就奖获得者;未来科学大奖(数学与计算机科学奖)获得者。

2. 新兴国家最高学术权威机构会士(比照中国"两院"院士)。

3. 近3年入选中国互联网百强榜、中国软件百强榜、中国电子信息企业百强榜、中国物联网企业百强榜、人工智能企业百强榜排行前3位的企业总部高级管理人才。

4. 近3年在安全内容管理(SCM)、传统防火墙(Traditional Firewall)、统一威胁管理(UTM)、入侵检测与防御(IDP)、虚拟专用网(VPN)等领域获得IDC中国市场份额前3位的企业总部高级管理人才。

(三) C类人才

1. 吴文俊人工智能科学技术成就奖、科学技术创新奖获得者,科学技术进步奖项目第一负责人;何梁何利基金科学与技术进步奖获得者;省科学技术奖特等奖(第一完成人)获得者。

2. 美国电气和电子工程师协会(IEEE)、国际光学工程学会(SPIE)、美国光学学会(OSA)等协会、学会会士;中国光学学会、中国电子学会、中国通信学会、中国计算机学会会士。

3. 近3年入选中国互联网百强榜、中国软件百强榜、中国电子信息企业百强榜、中国物联网企业百强榜、人工智能企业百强榜排行前10位的企业总部高级管理人才。

4. 近3年在安全内容管理(SCM)、传统防火墙(Traditional Firewall)、统一威胁管理(UTM)、入侵检测与防御(IDP)、虚拟专用网(VPN)等领域获得IDC中国市场份额前10位的企业总部高级管理人才。

5. 近3年在国际GeekPwn、Pwn2Own、Defcon CTF安全赛事获得前10名的团队核心成员(排名前2位)。

(四)D类人才

1. 中国电子信息行业专项大奖(中国软件产业大奖、中国半导体产业大奖、中国智慧家庭大奖、电子信息行业创客创新大奖)获奖项目负责人;何梁何利基金科学与技术创新奖、网络安全优秀人才奖获得者;省科学技术奖特等奖(第二完成人)、一等奖(第一、二完成人)、二等奖(第一完成人)获得者。

2. 近3年入选中国互联网百强榜、中国软件百强榜、中国电子信息企业百强榜、中国物联网企业百强榜、人工智能企业百强榜排行前50位的企业总部高级管理人才。

3. 近3年在国际GeekPwn、Pwn2Own、Defcon CTF安全赛事获得前10名的团队核心成员(排名前5位)。

4. 近3年"网鼎杯""强网杯"网络安全大赛前10名的团队核心成员(排名前3位)。

5. 经实名认证,由直播电商企业推荐年带货销售额10亿人民币以上的独家签约网络主播。

(五)E类人才

1. 省科学技术奖二等奖(第二完成人),省级人才奖,省级青年科技奖,省级"科创杯"创新创业大赛、创客大赛一等奖获得者;省级优秀科技工作者;省级网络安全攻防演练一等奖、二等奖的队长及前3名队员。

2. 具有5年以上从业经历的程序员、软件工程师(业务包括软件开发、产品研发、技术架构、自动化测试、UE、互联网运营等)、集成管理业人才(业务包括弱电解决方案设计、实施、造价等);网络安防专业人才(业务包括系统运维、数据库运维、网络运维、信息安全、IT流程管理等);具有CISSP、CISA、CISME、CISTE、CISP、CCNP/CCIE、HCNE/HCIE、H3CNP/H3CIE、RHCE/RHCA、OCP/OCM、NCSE、信息系统安全测评师、ITSS服务项目经理、ITSS应用经理、ITIL Expert/ITIL Master、注册信息系统审计师等认证证书的人才。

3. 经实名认证,由直播电商企业推荐年带货销售额3亿人民币以上的独家签约网络主播。

4. 取得相关领域高级职称、高级技师资格,并具有相应能力、做出实际业绩者。

六、医疗和健康服务业专业和社会认可标准

(一)A类人才

1. 诺贝尔奖(生理学或医学奖)(The Nobel Prize in Physiology or Medicine)、沃尔夫奖(Wolf Prize)、拉斯克医学奖(Lasker Medical Research Awards)、邵逸夫奖(生命科学与医学类)获得者;国家最高科学技术奖、国家科学技术奖特等奖(第一完成人)获得者。

2. 中国科学院、中国工程院院士。

3. 发达国家最高学术权威机构会士(比照中国"两院"院士)。

4. 国医大师。

5. 专业技术一级岗位人才。

(二)B类人才

1. 国家科学技术奖特等奖(第二、三完成人)、一等奖(第一、二完成人)、二等奖(第一完成人)获得者;吴阶平医学奖、南丁格尔奖(Florence Nightingale Award)、何梁何利基金科学与技术成就奖获得者。

2. 新兴国家最高学术权威机构会士(比照中国"两院"院士)。

3. 中华医学会各专科委员会主任委员及以上职务人才,国际社会工作者联合会(IFSW)副主席及以上职务人才。

4. 全国名中医。

(三)C类人才

1. 国家科学技术奖二等奖(第二完成人)获得者;何梁何利基金科学与技术进步奖获得者;省科学技术奖特等奖(第一完成人)获得者;十佳全国优秀科技工作者;国家卫生健康委有突出贡献中青年专家。

2. 中华医学会各专科委员会副主任委员、常务委员;中华护理学会会长、副会长。

3. 国家级临床重点专科带头人;部级临床医学研究中心主任。

4. 复旦大学医院管理研究所《中国最佳医院专科汇总排行榜》排行前10位的医院科室主任、副主任、主任医师。

5. 全国杰出专业技术人才。

6. 全国老中医药专家学术经验继承工作指导老师。

7. 专业技术二级岗位人才。

(四) D 类人才

1. 何梁何利基金科学与技术创新奖获得者;省科学技术奖特等奖(第二完成人)、一等奖(第一、二完成人)、二等奖(第一完成人)获得者;全国优秀科技工作者。

2. 中华医学会各专科委员会委员,省级分会专业委员会主任委员、副主任委员及以上职务人才;中华护理学会各专科委员会主任委员、副主任委员、常务委员,省级分会专业委员会主任委员、副主任委员及以上职务人才。

3. 省级临床医学研究中心主任;经行业主管部门确认的省级以上重点学科、重点专科技术带头人。

4. 复旦大学医院管理研究所《中国最佳医院综合排行榜》排行前100位的医院科室主任、副主任、主任医师。

5. 省级名中医。

6. 专业技术三级岗位人才。

(五) E 类人才

1. 省科学技术奖二等奖(第二完成人)、省级人才奖、省级青年科技奖获得者;省级优秀科技工作者。

2. 专业技术四级岗位人才。

3. 取得相关领域高级职称、高级技师资格,并具有相应能力、做出实际业绩者。

4. 取得相关专业博士学位,并具有相应能力、做出实际业绩者。

七、现代金融服务业专业和社会认可标准

(一) A 类人才

1. 诺贝尔奖(经济学奖)(The Nobel Prize in Economic Sciences)获得者。

(二) B 类人才

1. 美国高盛(Goldman Sachs)、法国兴业银行(Societe Generale)、德意志银行(Deutsche Bank)等国际著名金融机构总部高级管理人才;普华永道会计师事务所(Pricewaterhouse Coopers)、德勤会计师事务所(Deloitte&Touche)、安永会计师事务所(Ernst&Young)、毕马威会计师事务所(KPMG)等国际著名会计师事务所总部高级管理人才。

2. 中国注册会计师协会发布的全国排名前10位的会计师事务所总部高级管理人才。

(三) C 类人才

1. 美国高盛(Goldman Sachs)、法国兴业银行(Societe Generale)、德意志银行(Deutsche Bank)等国际著名金融机构区域总部高级管理人才;普华永道会计师事务所(Pricewaterhouse Coopers)、德勤会计师事务所(Deloitte&Touche)、安永会计师事务所(Ernst&Young)、毕马威会计师事务所(KPMG)等国际著名会计师事务所区域总部高级管理人才。

2. 中国注册会计师协会发布的全国排名前20位的会计师事务所总部高级管理人才。

(四) D 类人才

1. 取得特许公认会计师(ACCA)、美国注册会计师(AICPA)、加拿大注册会计师(CPA Canada)、澳洲注册会计师(CPA Australia)、香港注册会计师(HKICPA)、特许注册金融分析师(CFA)、注册管理会计师(CMA)、金融风险管理师(FRM)、国际注册内部审计师(CIA)、英国精算师(FIA)、北美精算师(FSA)、注册国际投资分析师(CIIA)等资格证书者。

2. 美国评估师协会公认高级评估师(ASA)、英国皇家特许测量师学会(RICS)资深会员、香港测量师学会测量师资深专业会员(FHKIS)。

3. 取得正高级会计师资格且累计从事会计及相关专业技术工作15年以上的人才。

(五) E类人才

1. 取得注册会计师(CICPA)、中国精算师(CAA)等资格证书者。

2. 香港测量师学会测量师专业会员(MHKIS)、土地评估师、资产评估师。

3. 取得高级会计师、高级审计师、高级经济师等相关领域高级职称,并具有相应能力、做出实际业绩者。

八、现代物流业专业和社会认可标准

(一) A类人才

1. 近3年入选《Transport Topics》"全球空(海)运货代50强榜单"排名前3位的企业高级管理人才。

2. 近3年入选中国物流与采购联合会"中国物流企业50强"、中国冷链物流链联盟"中国冷链物流企业50强"、中国交通运输协会"中国快运50强企业"排名前3位的企业高级管理人才。

(二) B类人才

1. 近3年入选《Transport Topics》"全球空(海)运货代50强榜单"排名前10位的企业高级管理人才。

2. 近3年入选中国物流与采购联合会"中国物流企业50强"、中国冷链物流链联盟"中国冷链物流企业50强"、中国交通运输协会"中国快运50强企业"排名前10位的企业高级管理人才。

(三) C类人才

1. 近3年入选《Transport Topics》"全球空(海)运货代50强榜单"排名前20位的企业高级管理人才。

2. 近3年入选中国物流与采购联合会"中国物流企业50强"、中国冷链物流链联盟"中国冷链物流企业50强"、中国交通运输协会"中国快运50强企业"排名前20位的企业高级管理人才。

(四) D类人才

1. 近3年入选《Transport Topics》"全球空(海)运货代50强榜单"排名前20位的企业中级管理人才。

2. 近3年入选中国物流与采购联合会"中国物流企业50强"、中国冷链物流链联盟"中国冷链物流企业50强"、中国交通运输协会"中国快运50强企业"排名前20位的企业中级管理人才。

(五) E类人才

1. 取得相关领域高级职称、高级技师资格者,并具有相应能力、做出实际业绩者。

2. 具有5年以上专业从事仓储物流系统规划设计、物流中心规划设计、现代物流技术应用与开发、物流系统集成与管理工作经历的人才。

九、油气产业专业和社会认可标准

(一) A类人才

1. 国家最高科学技术奖、国家科学技术奖特等奖(第一完成人)获得者。

2. 中国科学院、中国工程院院士。

3. 发达国家最高学术权威机构会士(比照中国"两院"院士)。

(二) B类人才

1. 国家科学技术奖特等奖(第二、三完成人)、一等奖(第一、二完成人)、二等奖(第一完成人)获得者;何梁何利基金科学与技术成就奖获得者。

2. 新兴国家最高学术权威机构会士(比照中国"两院"院士)。

(三) C类人才

1. 国家科学技术奖二等奖(第二完成人)获得者;孙越崎能源科学技术奖能源大奖、何梁何利基金科学与技术进步奖获得者;省科学技术奖特等奖(第一完成人)获得者。

(四) D类人才

1. 孙越崎能源科学技术奖青年科学技术奖、何梁何利基金科学与技术创新奖获得者;中国石油学会金质奖获得者;省科学技术奖特等奖(第二完成人)、一等奖(第一、二完成人)、二等奖(第一完成人)获得者。

(五) E类人才

1. 侯祥麟石油加工科学技术奖获得者;全国石油和化工行业优秀质量管理成果和质量奖(一级、二级)(排名前3位)获得者;省科学技术奖二等奖(第二完成人)、省级人才奖获得者。

2. IWCF 国际井控培训师。

3. 中央企业技术能手。

4. 取得相关领域高级职称、高级技师资格者,并具有相应能力、做出实际业绩者。

十、教育和科研领域专业和社会认可标准

(一) A 类人才

1. 中华人民共和国国家勋章和国家荣誉称号(人民教育家、人民科学家)获得者。

2. 诺贝尔奖(物理学、化学、生理学或医学、文学、经济学奖)(The Nobel Prize in Physics/ Chemistry/ Physiology or Medicine/ Literature/ Economic Sciences)、沃尔夫奖(Wolf Prize)、菲尔兹奖(Fields Medal)、阿贝尔奖(Abel Prize)、克拉福德奖(The Crafoord Prize)、邵逸夫奖(数学、天文学、生命科学与医学类)获得者;国家最高科学技术奖、国家科学技术奖特等奖(第一完成人)获得者。

3. 中国科学院、中国工程院院士。

4. 发达国家最高学术权威机构会士(比照中国"两院"院士)。

5. 国家实验室主任。

6. 发达国家国立研究所或国家实验室主任、首席科学家。

7. 专业技术一级岗位人才。

(二) B 类人才

1. 国家科学技术奖特等奖(第二、三完成人)、一等奖(第一、二完成人)、二等奖(第一完成人),中华人民共和国国际科学技术合作奖,国家级教学成果奖特等奖(第一完成人)获得者;何梁何利基金科学与技术成就奖获得者;未来科学大奖(生命科学奖、物质科学奖、数学与计算机科学奖)获得者。

2. 新兴国家最高学术权威机构会士(比照中国"两院"院士)。

3. U. S. News 世界大学排名(U.S. News & World Report Best Global Universities Rankings)、QS 世界大学排名(QS World University Rankings)、泰晤士报《全球顶尖大学排名榜》(THE)上年度评选排名前 200 位的世界知名大学讲座教授(Chair professor)。

4. 茱莉亚音乐学院(The Juilliard School)、耶鲁大学音乐学院(Department of Music, Yale University)、英国皇家艺术学院(Royal College of Art)、美国普瑞特艺术学院(Pratt Institute)、美国艺术中心设计学院(Art Center College of Design)等世界著名音乐、美术、艺术、设计院校讲座教授(Chair professor)。

5. 国家科技重大专项、科技创新 2030—重大项目总体组技术总师、副总师;国家重点研发计划项目负责人;

国家自然科学基金重大项目负责人;国家杰出青年科学基金获得者;国家社科基金重大招标项目负责人。

6. 国家实验室副主任,国家重点研究中心、重点实验室、技术创新中心主任;教育部人文社科重点研究基地负责人。

7. 发达国家国立研究所或国家实验室副主任、高级研究员;新兴国家国立研究所或国家实验室主任、首席科学家。

(三) C 类人才

1. 国家科学技术奖二等奖(第二完成人),国家级教学成果奖特等奖(第二完成人)、一等奖(第一完成人),国家级普通高等学校教学名师奖,全国创新争先奖(奖章),中国高校科学研究优秀成果奖特等奖(第一、二完成人)、一等奖(第一完成人),国防科学技术奖(国防技术发明奖、国防科学技术进步奖)特等奖(第一、二完成人)、一等奖(第一完成人),军队科技进步奖特等奖(第一、二完成人)、一等奖(第一完成人)获得者;中国专利金奖(第一发明人),中国外观设计金奖(第一发明人)获得者;何梁何利基金科学与技术进步奖获得者;省科学技术奖特等奖(第一完成人)获得者;十佳全国优秀科技工作者。

2. U. S. News 世界大学排名(U.S. News&World Report Best Global Universities Rankings)、QS 世界大学排名(QS World University Rankings)、泰晤士报《全球顶尖大学排名榜》(THE)上年度评选排名前 200 位的世界知名大学教授(Professor)。

3. QS 商科硕士排名(QS Business Masters Rankings)上年度评选排名前 20 位的商学院教授(Professor)。

4. 茱莉亚音乐学院(The Juilliard School)、耶鲁大学音乐学院(Department of Music, Yale University)、英国皇家艺术学院(Royal College of Art)、美国普瑞特艺术学院(Pratt Institute)、美国艺术中心设计学院(Art Center College of Design)等世界著名音乐、美术、艺术、设计院校教授(Professor)。

5. 国家科技重大专项、科技创新2030—重大项目、国家重点研发计划课题组负责人;国家社会科学基金重点项目、国家自然科学基金重点项目负责人。

6. 新兴国家国立研究所或国家实验室副主任、高级研究员;国家研究中心、重点实验室、技术创新中心副主任;部级重点实验室、部级工程实验室、部级工程研究中心、部级工程技术研究中心、部级技术创新中心、部级临床医学研究中心主任;"国家级技能大师工作室"带头人。

7. 以第一作者或通讯作者在《科学》(Science)、《自然》(Nature)、《细胞》(Cell)杂志上发表学术论文者。

8. 全国杰出专业技术人才。

9. 专业技术二级岗位人才。

(四) D类人才

1. 中国高校科学研究优秀成果奖一等奖(第二完成人)、二等奖(第一完成人),国家级教学成果奖一等奖(第二完成人)、二等奖(第一完成人),全国创新争先奖(奖状)获得者;何梁何利基金科学与技术创新奖、黄炎培职业教育奖优秀校长奖获得者;军队科技进步奖二等奖(第一完成人)、军队院校育才奖金奖获得者;省科学技术奖特等奖(第二完成人)、一等奖(第一、二完成人)、二等奖(第一完成人)获得者;全国技术能手荣誉称号获得者。

2. 全国优秀科技工作者;全国教书育人楷模、全国模范教师、全国优秀教师,省级特级教师。

3. U. S. News 世界大学排名(U.S. News&World Report Best Global Universities Rankings)、QS 世界大学排名(QS World University Rankings)、泰晤士报《全球顶尖大学排名榜》(THE)上年度评选排名前200位的世界知名大学副教授(Associate Professor)。

4. QS 商科硕士排名(QS Business Masters Rankings)上年度评选排名前20位的商学院副教授(Associate Professor)。

5. 茱莉亚音乐学院(The Juilliard School)、耶鲁大学音乐学院(Department of Music, Yale University)、英国皇家艺术学院(Royal College of Art)、美国普瑞特艺术学院(Pratt Institute)、美国艺术中心设计学院(Art Center College of Design)等世界著名音乐、美术、艺术、设计院校副教授(Associate Professor)。

6. 部级重点实验室、部级工程实验室、部级工程研究中心、部级工程技术研究中心、部级技术创新中心、部级临床医学研究中心副主任;省级重点实验室、省级工程实验室、省级工程研究中心、省级工程技术研究中心、省级技术创新中心、省级临床医学研究中心主任;"省级技能大师工作室"领办人。

7. 经行业主管部门确认的省级以上学科学术和技术带头人。

8. 专业技术三级岗位人才。

(五) E类人才

1. U. S. News 世界大学排名(U.S. News&World Report Best Global Universities Rankings)、QS 世界大学排名(QS World University Rankings)、泰晤士报《全球顶尖大学排名榜》(THE)上年度评选排名前200位的世界知名大学助理教授(Assistant Professor)。

2. QS 商科硕士排名(QS Business Masters Rankings)上年度评选排名前20位的商学院助理教授(Assistant Professor)。

3. 茱莉亚音乐学院(The Juilliard School)、耶鲁大学音乐学院(Department of Music, Yale University)、英国皇家艺术学院(Royal College of Art)、美国普瑞特艺术学院(Pratt Institute)、美国艺术中心设计学院(Art Center College of Design)等世界著名音乐、美术、艺术、设计院校助理教授(Assistant Professor)。

4. 中国高校科学研究优秀成果奖三等奖(第一完成人),国家级教学成果奖二等奖(第二完成人)获得者;黄炎培职业教育奖优秀教师奖获得者;省科学技术奖二等奖(第二完成人)、省级改革和制度创新奖、省级人才奖、省级青年科技奖获得者;省级优秀科技工作者;省级十大专利发明人(第一发明人)。

5. 省级中小学十佳校长,省级中小学十佳班主任,省级模范教师、省级优秀教师;全国"骨干辅导员""辅导员带头人""特级辅导员"等称号获得者;全国职业院校技能大赛教学能力比赛获奖作品主创教师(第一完成人),全国职业院校技能大赛金牌获得者指导老师。

6. 全国技工院校教师职业能力大赛一、二、三等奖获得者;全国技工院校学生创业创新大赛获奖作品主创教师(第一完成人)。

7. 专业技术四级岗位人才。

8. 取得相关领域高级职称、高级技师资格者,并具有相应能力、做出实际业绩者。

9. 取得相关专业博士学位者,并具有相应能力、做出实际业绩者。

十一、宣传文化领域专业和社会认可标准

(一)A类人才

1. 中华人民共和国国家荣誉称号(人民艺术家)获得者。

2. 诺贝尔奖(文学奖)(The Nobel Prize in Literature)获得者。

(二)B类人才

1. 美国国家图书奖(National Book Award)、普利策文学奖(Pulitzer Prize for Literature),奥斯卡金像奖(Academy Awards)、柏林国际电影节(Berlin International Film Festival)金熊奖、戛纳国际电影节(Festival De Cannes)金棕榈奖、班夫世界电视节(Banff World Television Festival)、东尼奖(Tony's Awards)等国际著名文学艺术奖获得者;长江韬奋奖,茅盾文学奖、鲁迅文学奖(全国优秀中篇小说奖)、老舍文学奖(优秀长篇小说奖)、曹禺戏剧文学奖(剧本奖)获得者。

2. 柏林爱乐乐团(Berlin Philharmonic Orchestra)、维也纳爱乐乐团(Vienna Philharmonic Orchestra)、伦敦交响乐团(London Symphony Orchestra)、俄罗斯国家管弦乐团(Russian National Orchestra)等世界著名乐团首席指挥、艺术总监。

3. 人民日报社、新华社、中央广播电视总台总编辑、副总编辑,光明日报社、经济日报社、中国日报社、《求是》杂志、中国新闻社总编辑。

4. 中国文学艺术界联合会、中国作家协会副主席,中国记者协会、中国戏剧家协会、中国摄影家协会、中国电影家协会、中国书法家协会、中国音乐家协会、中国杂技家协会、中国美术家协会、中国电视艺术家协会、中国曲艺家协会、中国舞蹈家协会、中国民间文艺家协会、中国出版协会、中国期刊协会、中国版权协会、中国印刷协会、中国音像与数字出版社协会、中国书刊发行协会、制片人协会主席(会长)、副主席(副会长)。

5. 为世界所公认具有国际影响力的作家、书画家、编剧、导演、演员、编辑、记者、主持人。

6. 作为主演(排名前2位)或主创累计票房达到150亿人民币的文艺工作者;作为主笔或主创累计版权收入达到10亿人民币的作家。

(三)C类人才

1. 格莱美音乐奖(Grammy Awards)、英国水星音乐奖(Mercury Prize)等国际著名音乐奖,肖邦国际钢琴比赛(Frederick Chopin International Piano Competition)、希尔国际小提琴比赛(Micheal Hill International Violin Competition)、纽约国际芭蕾舞比赛(New York International Ballet Competition)、英国广播公司卡迪夫国际声乐比赛(BBC Cardiff Singer of the World)、马赛国际歌剧比赛(Marseilles International Opera Competition)等国际著名艺术赛事奖项,哈苏国际摄影奖(Hasselblad Foundation International Award in Photography),科幻文学奖"雨果奖"(Hugo Award)单项奖获得者。

2. 鲁迅文学奖(全国优秀短篇小说奖,全国优秀报告文学奖,全国优秀诗歌奖,全国优秀散文、杂文奖,全国优秀文学理论、文学评论奖,全国优秀文学翻译奖)、老舍文学奖(优秀中篇小说奖、优秀剧作奖)获得者。

3. 全国精神文明建设"五个一工程"获奖作品导演、编剧、主演(排名前2位),图书作者、词曲作者(排名第1位);中国新闻奖特别奖、一等奖(第一完成人),全国播音主持"金话筒"、中国"华表奖"获得者;国际图书馆协会联合通讯员奖和最佳海报奖,世界考古论坛奖·重大田野考古发现奖、重大考古研究成果奖获得者;文化部"国家动漫政府奖"(作品导演、编剧)获得者。

4. 入选联合国教科文组织非物质文化遗产名录的非物质文化遗产项目主持人；中国工艺美术大师。

5. 全国中青年德艺双馨文艺工作者。

6. 柏林爱乐乐团（Berlin Philharmonic Orchestra）、维也纳爱乐乐团（Vienna Philharmonic Orchestra）、伦敦交响乐团（London Symphony Orchestra）、俄罗斯国家管弦乐团（Russian National Orchestra）等世界著名乐团首席演奏员；新加坡交响乐团（Singapore Symphony Orchestra）、首尔爱乐乐团（Seoul Philharmonic Orchestra）、日本广播协会交响乐团（NHK Symphony Orchestra）等亚洲一流乐团首席指挥、艺术总监；中国国家交响乐团、上海交响乐团、中国爱乐乐团、香港管弦乐团等国内一流乐团首席指挥、艺术总监。

7. 光明日报社、经济日报社、中国日报社、《求是》杂志、中国新闻社副总编辑，人民网、新华网、央视网、光明网、中国网、中新网、中国日报网总编辑、副总编辑、首席播音员。

8. 中国作家协会、中国记者协会、中国戏剧家协会、中国摄影家协会、中国电影家协会、中国书法家协会、中国音乐家协会、中国杂技家协会、中国美术家协会、中国电视艺术家协会、中国曲艺家协会、中国舞蹈家协会、中国民间文艺家协会、中国出版协会、中国期刊协会、中国版权协会、中国印刷协会、中国音像与数字出版社协会、中国书刊发行协会专业分会主席（会长）、副主席（副会长），省级文学艺术界联合会副主席，省级各文艺家协会主席、副主席，省级出版、期刊、印刷、发行、版权协会会长、副会长。

9. 省级主流媒体总编辑。

10. 作为主演（排名前2位）或主创累计票房达到75亿人民币的文艺工作者；作为主笔或主创累计版权收入达到5亿人民币的作家。

（四）D类人才

1. 中国新闻奖二等奖（第一完成人），中国文化艺术政府奖"文华奖"单项奖最高等级奖、"群星奖"（作品类）、全国优秀儿童文学奖，"金鸡奖""百花奖""飞天奖""梅花表演奖""天坛奖""金爵奖""金椰奖"等文化艺术奖，茅盾文学奖·新人奖网络文学新人奖获得者。

2. 中国戏剧奖、中国美术奖、中国音乐金钟奖、中国曲艺牡丹奖、中国舞蹈荷花奖、中国摄影金像奖、中国书法兰亭奖、中国民间文艺山花奖、中国杂技金菊奖、中国电视金鹰奖以及国际艺术双年展大奖等奖项（须为个人获得或排名第1位，作品类须为主创、主演且排名前2位）获得者；电视节目技术质量奖（金帆奖）、广播电视节目技术质量奖（金鹿奖）获得者；中国出版政府奖、中华优秀出版物奖（图书、音像、电子和游戏优秀出版物）获得者；省精神文明建设"五个一工程"获奖作品导演、编剧、主演（排名前2位），图书作者、词曲作者（排名第1位）。

3. 新加坡交响乐团（Singapore Symphony Orchestra）、首尔爱乐乐团（Seoul Philharmonic Orchestra）、日本广播协会交响乐团（NHK Symphony Orchestra）等亚洲一流乐团首席演奏员；中国国家交响乐团、上海交响乐团、中国爱乐乐团、香港管弦乐团等国内一流乐团首席演奏员。

4. "全国十大考古新发现""全国博物馆十大陈列展精品"获奖项目主要负责人；经行业主管部门确认的文化领域省级以上学科学术和技术带头人；国家级非物质文化遗产代表性项目传承人。

5. 省级主流媒体副总编辑、首席播音员等具有高级管理或技术职务人才。

6. 省级及以上博物馆，文物考古研究所、文物展览、纪念馆、古建筑研究所、文物保护中心、文物鉴定站、非物质文化研究院、图书馆、文化馆等机构高级管理人才。

7. 中国作家协会、中国音乐家协会、中国美术家协会、中国书法家协会、中国舞蹈家协会5年以上的会员。

8. 作为主演（排名前2位）或主创累计票房达到30亿人民币的文艺工作者；作为主笔或主创累计版权收入达到2亿人民币的作家。

（五）E类人才

1. 中国新闻奖三等奖（第一完成人）获得者；省级文化艺术政府奖"文华奖"单项奖等行业专项奖、省级人才奖获得者。

2. 省级非物质文化遗产代表性项目传承人；省级工艺美术大师。

3. 主持创立文化品牌项目或活动被评为文化和旅游部创新案例或中国文化馆协会优秀案例的人才。

4. 在具有网络出版服务许可证或互联网出版许可证的文学网站上，发表平均订阅量5 000以上的原创完本文学作品不少于200万字的知名网络作家。

5. 取得相关领域高级职称、高级技师资格者,并具有相应能力、做出实际业绩者。

十二、哲学社科领域专业和社会认可标准

(一) A 类人才

1. 诺贝尔奖(文学、经济学奖)(The Nobel Prize in Literature/Economic Sciences)获得者。

(二) B 类人才

1. 中国社会科学院学部委员、荣誉学部委员。

2. 国家高端培育智库或国家级研究基地建设试点单位首席专家。

3. 中央马克思主义理论研究和建设工程首席专家。

4. 孙冶方经济科学著作、论文奖获得者。

(三) C 类人才

1. 省哲学社会科学优秀成果奖一等奖(第一完成人)获得者。

2. 中央马克思主义理论研究和建设工程课题组负责人。

(四) D 类人才

1. 省哲学社会科学优秀成果奖一等奖(第二完成人)、二等奖(第一完成人)获得者。

2. 省马克思主义理论研究和建设工程重大项目课题负责人,省级社科研究基地首席专家。

3. 经行业主管部门确认的省级以上学科学术和技术带头人。

(五) E 类人才

1. 省级人才奖获得者。

2. 取得相关领域高级职称者,并具有相应能力、做出实际业绩者。

十三、体育(含电子竞技)产业专业和社会认可标准

(一) A 类人才

1. 劳伦斯奖(Laureus World Sports Award)获得者。

(二) B 类人才

1. 中国十佳劳伦斯冠军奖获得者。

2. 近2届奥运会金牌获得者(含运动员及单项总教练、主教练)。

(三) C 类人才

1. 近2届奥运会银牌、铜牌,世界锦标赛、世界杯赛前3名,亚运会、全运会冠军获得者(含运动员及单项总教练、主教练)。

(四) D 类人才

1. 近2届亚洲锦标赛冠军,亚运会、全运会银牌、铜牌获得者(含运动员及单项总教练、主教练)。

2. 培养出国家队运动员的知名教练。

3. 国际级裁判员。

(五) E 类人才

1. 国内外电子竞技运动知名赛事特等奖、一等奖获得者;省级人才奖获得者。

2. 国家级裁判员。

3. 具有5年以上专业从事体育(含电子竞技)工作经历的技术技能和管理人才。

4. 取得相关领域高级职称、高级技师资格者,并具有相应能力、做出实际业绩者。

十四、法律服务领域专业和社会认可标准

(一) A 类人才

1. 联合国国际法院院长、副院长。

2. 发达国家、新兴国家首席大法官、首席检察官(比照中国首席大法官、首席检察官)。

(二) B 类人才

1. 联合国国际法院法官、世界贸易组织上诉机构法官。

2. 发达国家、新兴国家大法官、大检察官(比照中国大法官、大检察官)。

3. 中国法学会副会长。

(三) C类人才

1. 发达国家、新兴国家高级法官、高级检察官(比照中国高级法官、高级检察官)。

2. 中国法学会专业研究会会长、副会长,省级分会副会长。

3. 中华全国律师协会、中国法医学会、中国司法鉴定协会、中国公证协会会长、副会长。

(四) D类人才

1. 中国法学会省级分会副会长。

2. 中华全国律师协会、中国法医学会、中国司法鉴定协会、中国公证协会专业委员会常务委员、委员,省级协(学)会会长、副会长。

3. 国家市场监督管理部门资质认定、中国国家认证认可监督管理委员会认定、中国合格评定国家认可委员会实验室认可的司法鉴定机构各专业授权签字人。

4. 国(境)外律师事务所驻海南代表机构的首席代表。

5. 取得2国以上执业证书,并具有10年以上专业从事涉外诉讼工作经历的律师。

(五) E类人才

1. 省级律师协会、法医学会、司法鉴定协会、公证协会各专业委员会委员。

2. 省级市场监督管理部门资质认定的司法鉴定机构的各专业授权签字人。

3. 具有境外律师、公证员执业经历或在国内5年以上专业从业经历者。

4. 境外律师事务所驻海南代表机构代表或港澳律师事务所派驻海南联营律师事务所的港澳律师。

5. 省级国际仲裁机构聘任的优秀仲裁员和高级管理人才。

6. 高级公证人才。

十五、航运和维修领域专业和社会认可标准

(一) A类人才

1. 国家最高科学技术奖、国家科学技术奖特等奖(第一完成人)获得者。

2. 中国科学院、中国工程院院士。

3. 发达国家最高学术权威机构会士(比照中国"两院"院士)。

(二) B类人才

1. 国家科学技术奖特等奖(第二、三完成人)、一等奖(第一、二完成人)、二等奖(第一完成人)获得者;何梁何利基金科学与技术成就奖获得者。

2. 新兴国家最高学术权威机构会士(比照中国"两院"院士)。

(三) C类人才

1. 国家科学技术奖二等奖(第二完成人)获得者;何梁何利基金科学与技术进步奖获得者;省科学技术奖特等奖(第一完成人)获得者。

2. 中国民航安全飞行功勋奖章,中国航协金奖、贡献奖获得者。

3. 世界技能大赛金牌、中华技能大奖获得者。

4. 筹备组织5届以上国家级航空科技体育赛事,且经国家体育总局航管中心认定的承办方组委会(筹委会)主委、副主委。

5. 具有5年以上专业从事通用航空机场、航空科技体育基地、低空空管服务系统网络等通用航空空、地基础设施建设营运管理经历的企业(获得"航空飞行营地"、民航A类通用机场认定)高级管理人才。

(四) D类人才

1. 中国航海学会科学技术奖获得者;何梁何利基金科学与技术创新奖获得者;中国民航安全飞行奖章获得者;省科学技术奖特等奖(第二完成人)、一等奖(第一、二完成人)、二等奖(第一完成人)获得者。

2. 世界技能大赛银牌获得者;全国技术能手荣誉称号、全国民航技术能手荣誉称号获得者。

3. 筹备组织3届以上国家级航空科技体育赛事,且经国家体育总局航管中心认定的承办方组委会(筹委会)主委、副主委。

4. 具有3年以上专业从事通用航空机场、航空科技体育基地、低空空管服务系统网络等通用航空空、地基础设施建设营运管理经历的企业(获得"航空飞行营地"、民航A类通用机场认定)高级管理人才。

5. 正高级船长、轮机长、船舶电子员、引航员。

6. 具有无限航区一等适任证书的船长、大副、轮机长、大管轮;GMDSS一级、二级无线电电子员。

7. A级验船师、A级船舶安全检查官、高级海事调查官、航运公司安全管理体系A类主任审核员,且具有3年以上在航运公司或船舶制造公司专业从事相关工作经历的人才。

8. 持有ATPL航线运输飞行员执照或"民航维修人员执照"5年以上从业者;持有EASA维修执照(欧洲航空安全局颁发)或持有FAA维修人员执照(美国联邦航空局颁发)3年以上从业者。

9. 持有"中国民航无损检测人员技术资格证书"(二级)5年以上从业者;持有"中国民航无损检测人员技术资格证书"(三级)2年以上从业者。

10. 持有中国民用航空飞行签派员执照5年以上从业者;持有FAA签派员执照(美国联邦航空局颁发)3年以上从业者。

11. 具有民用航空飞行模拟训练设备鉴定资质者,具有10年以上专业从事飞行模拟训练设备维修、技术研发与管理经历的人才。

(五)E类人才

1. 省科学技术奖二等奖(第二完成人)、省级人才奖获得者。

2. 世界技能大赛铜牌获得者。

3. 具有5年以上专业从事邮轮游艇设计、邮轮游艇建造维修、邮轮游艇营运等业务经历的人才。

4. 具有无限航区二等适任证书的船长、大副、轮机长、大管轮;GMDSS通用操作员、限用操作员。

5. 具有沿海航区一等适任证书的船长、大副、轮机长、大管轮。

6. 邮轮二副、二管轮、三副、三管轮(24米以上游艇副总管家)及同级别管理人才。

7. 高级潜航员;从业5年以上的专业水手、水下作业潜水员;邮轮水手、乘务员(24米以上游艇水手、管家、随船技术人员)。

8. 取得相关领域高级职称、高级技师资格者,并具有相应能力、做出实际业绩者。

十六、工程建筑(工业)设计领域专业和社会认可标准

(一)A类人才

1. 普利兹克奖(Pritzker Prize)获得者;国家最高科学技术奖、国家科学技术奖特等奖(第一完成人)获得者。

2. 中国科学院、中国工程院院士。

3. 发达国家最高学术权威机构会士(比照中国"两院"院士)。

(二)B类人才

1. 金块奖(Gold Nugget)、国际建筑奖(International Prize for Architecture)、亚洲建筑师协会建筑奖(ARCASIA Awards for Architecture)、开放建筑大奖(Open Architecture Prize),红点设计奖(Reddot Design Awards)等国际著名建筑、设计奖获得者;国家科学技术奖特等奖(第二、三完成人)、一等奖(第一、二完成人)、二等奖(第一完成人)获得者;何梁何利基金科学与技术成就奖获得者。

2. 新兴国家最高学术权威机构会士(比照中国"两院"院士)。

3. 梁思成建筑奖获得者。

(三)C类人才

1. 国家科学技术奖二等奖(第二完成人)、华夏建设科学技术奖特等奖、一等奖(第一完成人),中国创新红星至尊金奖获得者;詹天佑奖、何梁何利基金科学与技术进步奖获得者;省科学技术奖特等奖(第一完成人)获得者;全国工程勘察设计大师,十佳全国优秀科技工作者。

(四)D类人才

1. 中国创新红星金奖、红星原创奖金奖,华夏建设科学技术奖二等奖获得者;何梁何利基金科学与技

术创新奖获得者;省科学技术奖特等奖(第二完成人)、一等奖(第一、二完成人)、二等奖(第一完成人)获得者。

2. 取得美国建筑师协会(AIA)、英国皇家建筑师协会(RIBA)等协会资格证书者。

(五) E类人才

1. 全国优秀工程勘察设计奖,中国勘察设计协会行业优秀勘察设计奖一等奖,红棉奖设计概念奖、红星原创奖银奖获得者;省科学技术奖二等奖(第二完成人)、省级人才奖、省级青年科技奖、省级优秀科技工作者获得者。

2. 具有一级注册建筑师、一级注册结构工程师、一级注册建造师、一级注册造价师、注册土木工程师(岩土)、注册化工工程师、注册公用设备工程师(暖通空调、给水排水、动力)、注册电气工程师(发输变电、供配电)、注册监理工程师、注册环保工程师、一级注册消防工程师、高级注册安全工程师等证书的人才。

3. 取得相关领域高级职称、高级技师资格者,并具有相应能力、做出实际业绩者。

十七、管理领域专业和社会认可标准

(一) A类人才

1. 曾担任发达国家、新兴国家国家级领导职务人才。

2. 曾担任联合国秘书长、联合国专门机构总干事职务人才。

(二) B类人才

1. 曾担任联合国助理秘书长、联合国专门机构助理总干事及以上职务人才。

2. 具有发达国家、新兴国家专业技术性较强行政管理岗位(比照中国省部级)任职经历人才。

3. 国务院授权由国资委(财政部)履行出资人职责监管的中央企业管理层正职。

4. U. S. News世界大学排名(U.S. News&World Report Best Global Universities Rankings)、QS世界大学排名(QS World University Rankings)、泰晤士报《全球顶尖大学排名榜》(THE)上年度评选排名前200位的世界知名大学校长。

5. QS商科硕士排名(QS Business Masters Rankings)上年度评选排名前20位的商学院院长。

6. 茱莉亚音乐学院(The Juilliard School)、耶鲁大学音乐学院(Department of Music, Yale University)、英国皇家艺术学院(Royal College of Art)、美国普瑞特艺术学院(Pratt Institute)、美国艺术中心设计学院(Art Center College of Design)等世界著名音乐、美术、艺术、设计院校校长。

(三) C类人才

1. 曾担任联合国秘书处、联合国专门机构及其他政府间国际组织,或特别重要非政府间国际组织D级及以上职务人才。

2. 具有发达国家、新兴国家专业技术性较强行政管理岗位(比照中国司局级)任职经历人才。

3. 国务院授权由国资委(财政部)履行出资人职责监管的中央企业管理层副职、部门管理层正职,一级分公司、一级子公司管理层正职;省级政府授权由国资委(财政厅)履行出资人职责监管的省属企业管理层正职。

4. U. S. News世界大学排名(U.S. News&World Report Best Global Universities Rankings)、QS世界大学排名(QS World University Rankings)、泰晤士报《全球顶尖大学排名榜》(THE)上年度评选排名前200位的世界知名大学副校长。

5. QS商科硕士排名(QS Business Masters Rankings)上年度评选排名前20位的商学院副院长。

6. 茱莉亚音乐学院(The Juilliard School)、耶鲁大学音乐学院(Department of Music, Yale University)、英国皇家艺术学院(Royal College of Art)、美国普瑞特艺术学院(Pratt Institute)、美国艺术中心设计学院(Art Center College of Design)等世界著名音乐、美术、艺术、设计院校副校长。

7. 发达国家综合医院(比照中国三甲医院)高级管理人才。

8. 复旦大学医院管理研究所《中国最佳医院综合排行榜》排行前30位的综合医院的院长、副院长。

9. 国际高水平科技期刊(《期刊引用报告》JCR一、二区)总编辑(主编)。

（四）D类人才

1. 曾担任联合国秘书处、联合国专门机构，以及其他政府间国际组织，或特别重要非政府间国际组织P3级及以上职务人才。

2. 具有发达国家、新兴国家专业技术性较强行政管理岗位（比照中国县处级）任职经历人才。

3. 国务院授权由国资委（财政部）履行出资人职责监管的中央企业部门管理层副职，一级分公司、一级子公司管理层副职；省级政府授权由国资委（财政厅）履行出资人职责监管的省属企业管理层副职。

4. U.S. News世界大学排名（U.S. News&World Report Best Global Universities Rankings）、QS世界大学排名（QS World University Rankings）、泰晤士报《全球顶尖大学排名榜》（THE）上年度评选排名前200位的世界知名大学管理层正、副职。

5. 新兴国家综合医院（比照中国三甲医院）高级管理人才。

6. 四级以上养老机构（依据《养老机构等级划分与评定》）高级管理人才。

7. 世界500强企业总部以及一级分公司、一级子公司，中国500强企业，海南100强企业推荐的科研技术骨干和高级管理人才（分别限4人，2人，2人，2人，1人，须能达到E类以上相关标准）。

8. 国际高水平科技期刊（《期刊引用报告》JCR一、二区）副总编辑（副主编）、编委。

（五）E类人才

1. 市（辖区、县）级政府授权国资委履行出资人职责监管的市属企业管理层正职。

2. 三级养老机构（依据《养老机构等级划分与评定》）高级管理人才。

3. 世界500强企业总部以及一级分公司、一级子公司，中国500强企业，海南100强企业推荐的科研技术骨干和管理人才（分别限5人，3人，3人，3人，1人）；国家高新技术企业科研技术骨干和管理人才。

（二）劳务报酬

问题70　什么是劳务报酬所得

〖答〗根据《中华人民共和国个人所得税法实施条例》第六条第二项规定劳务报酬所得，是指个人从事劳务取得的所得，包括从事设计、装潢、安装、制图、化验、测试、医疗、法律、会计、咨询、讲学、翻译、审稿、书画、雕刻、影视、录音、录像、演出、表演、广告、展览、技术服务、介绍服务、经纪服务、代办服务以及其他劳务取得的所得。

问题71　个人提供非有形商品推销、代理等服务活动的收入如何进行个税处理

〖答〗个人提供非有形商品推销、代理取得的佣金、奖励和劳务费等名目的收入，根据财税字〔1997〕103号文件的规定，个税处理如表74所示。

表74　非有形商品推销、代理佣金等的个税处理

序号	是否受雇	支付方式	个税处理
1	企业雇员	无论该收入采用何种计取方法和支付方式	与当期的工资薪金合并按"工资、薪金所得"计征
2	非企业雇员		按"劳务报酬所得"计征

政策依据

《财政部 国家税务总局关于个人提供非有形商品推销、代理等服务活动取得收入征收营业税和个人所得税有关问题的通知》（财税字〔1997〕103号）

对于有些在境内从事保险、旅游等非有形商品经营的企业（包括从事此类业务的国有企业、集体企业、股

份制企业、外商投资企业、外国企业及其他企业),通过其雇员或非雇员个人的推销、代理等服务活动开展业务。雇员或非雇员个人根据其推销、代理等服务活动的业绩从企业或其服务对象取得佣金、奖励和劳务费等名目的收入,明确如下:

一、对雇员的税务处理

雇员为本企业提供非有形商品推销、代理等服务活动取得佣金、奖励和劳务费等名目的收入,无论该收入采用何种计取方法和支付方式,均应计入该雇员的当期工资、薪金所得,按照《中华人民共和国个人所得税法》及其实施条例和其他有关规定计算征收个人所得税;……

二、对非雇员的税务处理

非本企业雇员为企业提供非有形商品推销、代理等服务活动取得的佣金、奖励和劳务费等名目的收入,无论该收入采用何种计取方法和支付方式,……,均应计入个人的劳务报酬所得,按照《中华人民共和国个人所得税法》及其实施条例和其他有关规定计算征收个人所得税。

问题72 导演、演职人员参加演出的报酬应如何缴纳个人所得税

【答】根据国税发〔1995〕171号文件第六条以及国税函〔1997〕385号文件第一条的规定,导演、演职人员取得的收入,个税处理如表75所示。

表75 影视演员收入的个税处理

序号	人员	参加演出	报酬支付方式	纳税期限	个税处理
1	演职人员	任职单位组织的	现金、实物和有价证券	按月	按"工资、薪金所得"计征
2	导演	非任职单位组织的		按次	按"劳务报酬所得"计征

政策依据

一、《国家税务总局 文化部关于印发〈演出市场个人所得税征收管理暂行办法〉的通知》(国税发〔1995〕171号),第二条、第三条及第六条

第二条 凡参加演出(包括舞台演出、录音、录像、拍摄影视等,下同)而取得报酬的演职员,是个人所得税的纳税义务人;所取得的所得,为个人所得税的应纳税项目。

第三条 向演职员支付报酬的单位或个人,是个人所得税的扣缴义务人。扣缴义务人必须在支付演职员报酬的同时,按税收法律、行政法规及税务机关依照法律、行政法规作出的规定扣缴或预扣个人所得税。

预扣办法由各省、自治区、直辖市税务局根据有利控管的原则自行确定。

第六条 演职员参加非任职单位组织的演出取得的报酬为劳务报酬所得,按次缴纳个人所得税。演职员参加任职单位组织的演出取得的报酬为工资、薪金所得,按月缴纳个人所得税。

上述报酬包括现金、实物和有价证券。

二、《国税总局关于影视演职人员个人所得税问题的批复》(国税函〔1997〕385号)第一条

根据《中华人民共和国个人所得税法》(以下简称税法)的规定,凡与单位存在工资、人事方面关系的人员,其为本单位工作所取得的报酬,属于"工资、薪金所得"应税项目征税范围;而其因某一特定事项临时为外单位工作所取得报酬,不属于税法中所说的"受雇",应是"劳务报酬所得"应税项目征税范围。因此,对电影制片厂导演、演职人员参加本单位的影视拍摄所取得的报酬,应按"工资、薪金所得"应税项目计征个人所得税。对电影制片厂为了拍摄影视片而临时聘请非本厂导演、演职人员,其所取得的报酬,应按"劳务报酬所得"应税项目计征个人所得税。

问题 73　个人取得的董事费、监事费应如何缴纳个人所得税

〖答〗个人取得董事费、监事费的征税问题如表 76 所示。

表 76　董事费、监事费的个税处理

序号	人员	任职受雇情况	收入	个税处理
1	担任公司的董事、监事	非任职、受雇的	董事费监事费	按"劳务报酬所得"计征
2		任职、受雇（包括关联公司）		与当月工资薪金合并按"工资、薪金所得"计征
3	外商投资企业的董事（长）	同时担任企业的直接管理职务	以董事费名义或分红形式取得收入的	主动申报从事企业日常管理工作每月应取得的工资、薪金收入额或由主管税务机关核定征收个税

政策依据

一、《国家税务总局关于印发征收个人所得税若干问题的规定的通知》（国税发〔1994〕89 号）第八条

个人由于担任董事职务所取得的董事费收入，属于劳务报酬所得性质，按照劳务报酬所得项目征收个人所得税。

二、《国家税务总局关于明确个人所得税若干政策执行问题的通知》（国税发〔2009〕121 号）第二条

（一）《国家税务总局关于印发〈征收个人所得税若干问题的规定〉的通知》（国税发〔1994〕089 号）第八条规定的董事费按劳务报酬所得项目征税方法，仅适用于个人担任公司董事、监事，且不在公司任职、受雇的情形。

（二）个人在公司（包括关联公司）任职、受雇，同时兼任董事、监事的，应将董事费、监事费与个人工资收入合并，统一按工资、薪金所得项目缴纳个人所得税。

三、《国家税务总局关于外商投资企业的董事担任直接管理职务征收个人所得税问题的通知》（国税发〔1996〕214 号）第二条和第三条

对于外商投资企业的董事（长）同时担任企业直接管理职务，或者名义上不担任企业的直接管理职务，但实际上从事企业日常管理工作的……

二、上述个人在该企业仅以董事费名义或分红形式取得收入的，应主动申报从事企业日常管理工作每月应取得的工资、薪金收入额，或者由主管税务机关参照同类地区、同类行业和相近规模企业中类似职务的工资、薪金收入水平核定其每月应取得的工资、薪金收入额，并依照《中华人民共和国个人所得税法》以及《国家税务总局关于在中国境内无住所的个人取得工资薪金所得纳税义务问题的通知》（国税发〔1994〕148 号）和《国家税务总局关于在中国境内无住所的个人计算缴纳个人所得税若干具体问题的通知》（国税函发〔1995〕125 号）的有关规定征收个人所得税。

三、凡根据本通知第二条的规定，由个人所得税主管税务机关核定上述个人的工资、薪金收入额，需要相应调整外商投资企业应纳税所得额的，对核定的工资薪金数额，应由个人所得税主管税务机关会同外商投资企业所得税主管税务机关确定。

问题 74　通过免收差旅费、旅游费等对个人实行的营销业绩奖励如何计缴个税

〖答〗对商品营销活动中，对营销业绩突出人员通过免收差旅费、旅游费对个人实行的营销业绩奖励的个税处理方式，如表 77 所示。

表77　通过免收差旅费、旅游费对个人实行的营销业绩奖励的个税处理

序号	任职受雇情况	营销业绩奖励	支付形式	个税处理
1	企业雇员	企业和单位对营销业绩突出人员以培训班、研讨会、工作考察等名义组织旅游活动，对个人实行的营销业绩奖励	免收差旅费、旅游费实物、有价证券等	全额与当期的工资薪金合并，按"工资、薪金所得"计征
2	非企业雇员			按"劳务报酬所得"计征

政策依据

《财政部　国家税务总局关于企业以免费旅游方式提供对营销人员个人奖励有关个人所得税政策的通知》（财税〔2004〕11号）

按照我国现行个人所得税法律法规有关规定，对商品营销活动中，企业和单位对营销业绩突出人员以培训班、研讨会、工作考察等名义组织旅游活动，通过免收差旅费、旅游费对个人实行的营销业绩奖励（包括实物、有价证券等），应根据所发生费用全额计入营销人员应税所得，依法征收个人所得税，并由提供上述费用的企业和单位代扣代缴。其中，对企业雇员享受的此类奖励，应与当期的工资薪金合并，按照"工资、薪金所得"项目征收个人所得税；对其他人员享受的此类奖励，应作为当期的劳务收入，按照"劳务报酬所得"项目征收个人所得税。

问题75　兼职收入如何进行个税处理

〖答〗通常来说，兼职是指在本职工作之外兼任其他工作职务。个人兼职取得的收入处理方式如图9所示。

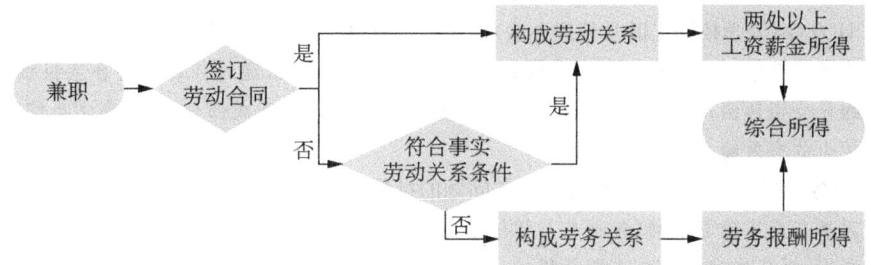

图9　兼职收入的个税处理

【提示】本书认为，实务操作中主要依据是个人与用人单位签订的是合同类别。

签订劳动合同，则为劳动关系，按照"工资、薪金所得"应税项目计征个税；

签订劳务协议，则为劳务关系，按照"劳务报酬所得"应税项目计征个税。

政策依据

一、《国家税务总局关于个人兼职和退休人员再任职取得的收入如何计算征收个人所得税问题的批复》（国税函〔2005〕382号）

个人兼职取得的收入应按照"劳务报酬所得"应税项目缴纳个人所得税。

二、《深圳市地方税务局转发国家税务总局关于个人兼职和退休人员再任职取得收入如何计算征收个人所得税问题批复的通知》（深地税发〔2005〕300号）

国税函〔2005〕382号文件所称的"兼职"是个人因某一特定事项临时为外单位工作的行为。

三、《中华人民共和国劳动法》第十六条第二款

建立劳动关系应当订立劳动合同

四、《劳动和社会保障部关于确立劳动关系有关事项的通知》(劳社部发〔2005〕12号)第一条

用人单位招用劳动者未订立书面劳动合同,但同时具备下列情形的,劳动关系成立:(一)用人单位和劳动者符合法律、法规规定的主体资格;(二)用人单位依法制定的各项劳动规章制度适用于劳动者,劳动者受用人单位的劳动管理,从事用人单位安排的有报酬的劳动;(三)劳动者提供的劳动是用人单位业务的组成部分。

问题76 在校学生勤工助学、实习期收入如何计缴个税

【答】勤工助学,是指学生在学校的组织下利用课余时间,通过劳动取得合法报酬,用于改善学习和生活条件的社会实践活动。实习期,一般认为是初入社会参与工作的过程,单位按照约定给实习生支付相应实习报酬。个税处理如表78所示。

表78 在校生勤工助学及实习收入的个税处理

序号	收入	关系	个税处理
1	参加单位实习获得的收入	与实习单位签订劳动合同	工资、薪金所得
		未与实习单位签订劳动合同	劳务报酬所得
2	通过学校提供的勤工助学活动获得的收入	与用人单位签订劳动合同	工资、薪金所得
		未与用人单位签订劳动合同	劳务报酬所得
3	课外兼职(非学校统一组织)获得的收入	与用人单位签订劳动合同	工资、薪金所得
		未与用人单位签订劳动合同	劳务报酬所得

政策依据

一、《关于印发〈高等学校勤工助学管理办法〉的通知》(教财〔2007〕7号)第四条

本办法所称勤工助学活动是指学生在学校的组织下利用课余时间,通过劳动取得合法报酬,用于改善学习和生活条件的社会实践活动。勤工助学是学校学生资助工作的重要组成部分,是提高学生综合素质和资助家庭经济困难学生的有效途径。

二、《国家税务总局关于个人所得税若干业务问题的批复》(国税函〔2002〕146号)第四条

在校学生因参与勤工俭学活动(包括参与学校组织的勤工俭学活动)而取得属于个人所得税法规定的应税所得项目的所得,则应依法缴纳个人所得税。

三、《关于贯彻执行〈中华人民共和国劳动法〉若干问题的意见》(劳部发〔1995〕309号)第12条

在校生利用业余时间勤工助学,不视为就业,未建立劳动关系,可以不签订劳动合同。

四、《国家税务总局关于完善调整部分纳税人个人所得税预扣预缴方法的公告》(国家税务总局公告2020年第13号)第二条

正在接受全日制学历教育的学生因实习取得劳务报酬所得的,扣缴义务人预扣预缴个人所得税时,可按照《国家税务总局关于发布〈个人所得税扣缴申报管理办法(试行)〉的公告》(2018年第61号)规定的累计预扣法计算并预扣预缴税款。

问题77 受医疗机构临时聘请坐堂门诊及售药收入如何计缴个税

【答】医疗机构临时聘请的坐诊医生的收入个税处理如表79所示。

表79 受医疗机构临时聘请坐堂门诊及售药收入的个税处理

序号	项目	收入	个税处理	征税规定
1	医疗机构临时坐诊专家坐堂门诊及售药	医疗机构支付报酬	按照"劳务报酬所得"项目计征	以一个月内取得的所得为一次税款由该医疗机构代扣代缴
2		与该医疗机构按比例分成		

政策依据

《国家税务总局关于个人从事医疗服务活动征收个人所得税问题的通知》(国税发〔1997〕178号)第三条

受医疗机构临时聘请坐堂门诊及售药,由该医疗机构支付报酬,或收入与该医疗机构按比例分成的人员,其取得的所得,按照"劳务报酬所得"应税项目缴纳个人所得税,以一个月内取得的所得为一次,税款由该医疗机构代扣代缴。

问题78 个人举办学习班、培训班收入如何进行个税处理

〖答〗个人举办的学习班、培训班的收入,处理方式如表80所示。

表80 个人举办学习班、培训班收入的个税处理

序号	项目	经营资质	个税处理	征税规定	
1	个人举办学习班、培训班	经政府有关部门批准并取得执照	按照经营所得项目计征	详见本书第四章相关内容	
2		无须经政府有关部门批准并取得执照	按照"劳务报酬所得"计征个税	一次收取学费	一期取得的收入为一次
				分次收取学费	以每月取得的收入为一次

政策依据

一、《国家税务总局关于个人举办各类学习班取得的收入征收个人所得税问题的批复》(国税函〔1996〕658号)

一、个人经政府有关部门批准并取得执照举办学习班、培训班的,其取得的办班收入属于"个体工商户的生产、经营所得"应税项目,应按《中华人民共和国个人所得税法》(以下简称税法)规定计征个人所得税。

二、个人无须经政府有关部门批准并取得执照举办学习班、培训班的,其取得的办班收入属于"劳务报酬所得"应税项目,应按税法规定计征个人所得税。其中,办班者每次收入按以下方法确定:一次收取学费的,以一期取得的收入为一次;分次收取学费的,以每月取得的收入为一次。

案例24 个人开办补习班取得的收入如何缴税

李军和王丽均是高中数学教师,2021年1月分别以个人名义开办数学补习班(无须经政府有关部门批准并取得营业执照)。

(1)李军:每期补习3个月,1月份招收学生10名,补习费2 000元/月/人,3个月学费一次性收取。

(2)王丽:每次补习2课时,1月份招收学生10名,补习费200元/次/人,按次收取;其中2021年1月,共补习5次。

请问2021年1月,李军和王丽就取得的开办补习班收入应如何缴纳个人所得税?

〖答〗个人取得的补习班收入按照"劳务报酬所得"应税项目计征个税。

(1)李军一次收取学费,以一期取得的收入为一次。

取得的收入=2 000×10×3=60 000(元);按"劳务报酬所得"预扣预缴个人所得税。

(2)王丽分次收取学费,以每月取得的收入为一次。

2021年1月收入=200×10×5=10 000(元);按"劳务报酬所得"预扣预缴个人所得税。

问题79 律师事务所从业人员应如何计缴个人所得税

〖答〗律师事务所从业人员,个税处理方式如表81所示。

表81 律师取得收入的个税处理

序号	人员		所得		个税处理
1	独资或合伙律所的出资人	从律师事务所取得的收入	年度经营所得全额为基数按比例计算分配的所得	出资律师本人的工资、薪金不得扣除	个体工商户的生产、经营所得
2	雇员律师	从律师事务所取得的收入	与律师事务所按规定的比例对收入分成,律师事务所不负担律师办理案件支出的费用	可扣除办案支出费用	按"工资、薪金所得"计征
			工资、补贴津贴等收入		按"工资、薪金所得"计征
		从接受法律事务服务的当事人处	取得的法律顾问费或其他酬金		按"劳务报酬所得"计征
3	其他从业人员	兼职律师	从律师事务所	工资、薪金性质的所得	不再减除个税规定的费用扣除标准	按"工资、薪金所得"计征
			从接受法律事务服务的当事人处	取得的法律顾问费或其他酬金		按"劳务报酬所得"计征
		律师以个人名义再聘请其他人员	支付的报酬		按"劳务报酬所得"计征
		行政辅助人员	从律师事务所取得的收入		按"工资、薪金所得"计征

政策依据

《国家税务总局关于律师事务所从业人员取得收入征收个人所得税有关业务问题的通知》(国税发〔2000〕149号)

一、律师个人出资兴办的独资和合伙性质的律师事务所的年度经营所得,从2000年1月1日起,停止征收企业所得税,作为出资律师的个人经营所得,按照有关规定,比照"个体工商户的生产、经营所得"应税项目征收个人所得税。在计算其经营所得时,出资律师本人的工资、薪金不得扣除。

二、合伙制律师事务所应将年度经营所得全额作为基数,按出资比例或者事先约定的比例计算各合伙人应分配的所得,据以征收个人所得税。

……

四、律师事务所支付给雇员(包括律师及行政辅助人员,但不包括律师事务所的投资者,下同)的所得,按"工资、薪金所得"应税项目征收个人所得税。

五、作为律师事务所雇员的律师与律师事务所按规定的比例对收入分成,律师事务所不负担律师办理案件支出的费用(如交通费、资料费、通讯费及聘请人员等费用),律师当月的分成收入按本条第二款的规定扣除办理案件支出的费用后,余额与律师事务所发给的工资合并,按"工资、薪金所得"应税项目计征个人所得税。

律师从其分成收入中扣除办理案件支出费用的标准,由各省税务局根据当地律师办理案件费用支出的一般情况、律师与律师事务所之间的收入分成比例及其他相关参考因素,在律师当月分成收入的30%比例内确定。

六、兼职律师从律师事务所取得工资、薪金性质的所得,律师事务所在代扣代缴其个人所得税时,不再减除个人所得税法规定的费用扣除标准,以收入全额(取得分成收入的为扣除办理案件支出费用后的余额)直接确定适用税率,计算扣缴个人所得税。……

兼职律师是指取得律师资格和律师执业证书,不脱离本职工作从事律师职业的人员。

七、律师以个人名义再聘请其他人员为其工作而支付的报酬,应由该律师按"劳务报酬所得"应税项目负责代扣代缴个人所得税。为了便于操作,税款可由其任职的律师事务所代为缴入国库。

八、律师从接受法律事务服务的当事人处取得的法律顾问费或其他酬金,均按"劳务报酬所得"应税项目征收个人所得税,税款由支付报酬的单位或个人代扣代缴。

问题 80　法律援助人员取得的法律援助补贴如何计缴个税

〖答〗对法律援助人员按照《中华人民共和国法律援助法》规定获得的法律援助补贴,根据劳务报酬所得申报,免征个人所得税。

《财政部 税务总局关于法律援助补贴有关税收政策的公告》(财政部 税务总局公告 2022 年第 25 号)

一、对法律援助人员按照《中华人民共和国法律援助法》规定获得的法律援助补贴,免征增值税和个人所得税。

二、法律援助机构向法律援助人员支付法律援助补贴时,应当为获得补贴的法律援助人员办理个人所得税劳务报酬所得免税申报。

三、司法行政部门与税务部门建立信息共享机制,每一年度个人所得税综合所得汇算清缴开始前,交换法律援助补贴获得人员的涉税信息。

四、本公告所称法律援助机构是指按照《中华人民共和国法律援助法》第十二条规定设立的法律援助机构。群团组织参照《中华人民共和国法律援助法》第六十八条规定开展法律援助工作的,按照本公告规定为法律援助人员办理免税申报,并将法律援助补贴获得人员的相关信息报送司法行政部门。

五、本公告自 2022 年 1 月 1 日起施行。按照本公告应予免征的增值税,在本公告下发前已征收的,已征增值税可抵减纳税人以后纳税期应缴纳税款或予以退还,纳税人如果已经向购买方开具了增值税专用发票,在将专用发票追回后申请办理免税;按照本公告应予免征的个人所得税,在本公告下发前已征收的,由扣缴单位依法申请退税。

问题 81　个人包销商品房收取的差价及包销补偿款如何缴纳个人所得税

〖答〗个人包销商品房收取的差价及包销补偿款处理方式如表 82 所示。

表 82　个人包销商品房收入的个税处理

序号	项目	收入	收入属性	征税规定
1	个人包销商品房	差价收入	履行商品介绍服务或与商品介绍服务相关的劳务所得	按"劳务报酬所得"项目计征个税
2		包销补偿款		

《国家税务总局关于个人取得包销补偿款征收个人所得税问题的批复》(国税函〔2007〕243 号)

个人因包销商品房取得的差价收入及因此而产生的包销补偿款,属于其个人履行商品介绍服务或与商品介绍服务相关的劳务所得,应按照"劳务报酬所得"项目计算缴纳个人所得税。

问题 82　如何区分劳务报酬所得与工资薪金所得

〖答〗劳务报酬所得与工资薪金所得的区别如图 10 所示。

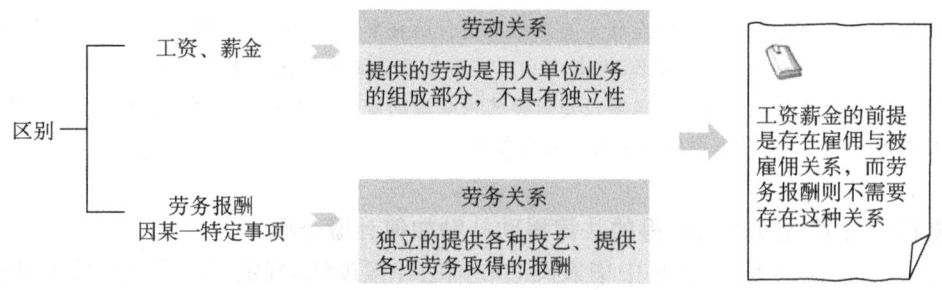

图 10 劳务报酬所得与工资薪金所得的区别

一般来说,"工资、薪金所得"与"劳务报酬所得"区分重点为是否在单位任职、受雇:凡与单位存在工资、人事方面关系的人员,其为本单位工作所取得的报酬,属于"工资、薪金所得"应税项目征税范围;而其因某一特定事项临时为外单位工作所取得报酬,不属于税法中所说的"受雇",应属"劳务报酬所得"应税项目征税范围。列举如表 83 所示。

表 83 劳务报酬与工资薪金的区分列举

序号	收入来源	个税处理	
		任职受雇单位	非任职受雇单位
1	个人提供非有形商品推销、代理取得的佣金、奖励和劳务费等名目的收入	与个人工资收入合并,统一按工资、薪金所得项目征收个税	按照劳务报酬所得项目征收个税
2	个人担任公司(含关联公司)董事、监事取得的收入		
3	营销人员以免费培训班、研讨会、工作考察、旅游等形式的奖励收入		
4	演职员参加演出(舞台演出、录音、录像、拍摄影视等)取得报酬		
5	导演参加影视拍摄取得的收入		

政策依据

《国家税务总局关于印发〈征收个人所得税若干问题的规定〉的通知》(国税发〔1994〕89 号)第十九条
工资、薪金所得是属于非独立个人劳务活动,即在机关、团体、学校、部队、企事业单位及其他组织中任职、受雇而得到的报酬;劳务报酬所得则是个人独立从事各种技艺、提供各项劳务取得的报酬。两者的主要区别在于,前者存在雇佣与被雇佣关系,后者则不存在这种关系。

(三)稿酬

问题 83　什么是稿酬所得

〖答〗根据《中华人民共和国个人所得税法实施条例》第六条第三项规定,稿酬所得,是指个人因其作品以图书、报刊等形式出版、发表而取得的所得。

对于不以图书、报刊形式出版、发表的翻译、审稿、书画所得为劳务报酬所得。

问题 84　如何界定稿酬所得每次收入额

〖答〗根据《国家税务总局关于印发〈征收个人所得税若干问题的规定〉的通知》第四条的规定,稿酬所得的收入次数界定如表 84 所示。

表 84　稿酬所得次数界定

序号	情形	稿酬所得	个税处理
1	每次以图书、报刊方式出版、发表同一作品（文字作品、书画作品、摄影作品以及其他作品）	出版单位预付稿酬	合并其稿酬所得按一次计征
		出版单位分笔支付稿酬	
		加印该作品后再付稿酬	
2	在两处或两处以上出版、发表或再版同一作品	分别各处取得所得或再版所得	分别各处取得的所得或再版所得按分次所得计征
3	同一作品在报刊上连载	因连载而取得的所有稿酬	合并为一次计征
		连载之后又出书	视同再版稿酬分次计征
		先出书后连载	

政策依据

《国家税务总局关于印发〈征收个人所得税若干问题的规定〉的通知》（国税发〔1994〕89号）第四条

（一）个人每次以图书、报刊方式出版、发表同一作品（文字作品、书画作品、摄影作品以及其他作品），不论出版单位是预付还是分笔支付稿酬，或者加印该作品后再付稿酬，均应合并其稿酬所得按一次计征个人所得税。在两处或两处以上出版、发表或再版同一作品而取得稿酬所得，则可分别各处取得的所得或再版所得按分次所得计征个人所得税。

（二）个人的同一作品在报刊上连载，应合并其因连载而取得的所有稿酬所得为一次，按税法规定计征个人所得税。在其连载之后又出书取得稿酬所得，或先出书后连载取得稿酬所得，应视同再版稿酬分次计征个人所得税。

（三）作者去世后，对取得其遗作稿酬的个人，按稿酬所得征收个人所得税。

问题 85　取得遗作稿酬，如何计征个税

〖答〗根据《国家税务总局关于印发〈征收个人所得税若干问题的规定〉的通知》第四条第三项规定，作者去世后，对取得其遗作稿酬的个人，按稿酬所得征收个人所得税。

问题 86　杂志社职员在本单位的报刊上发表作品的收入如何进行个税处理

〖答〗任职、受雇于报刊等单位的员工，在本单位的报刊上发表作品的收入，处理方式如表 85 所示。

表 85　杂志社职员在本单位的报刊发表作品个税处理

序号	人员	收入	计征项目
1	记者、编辑等专业人员	任职受雇于报刊等单位在本单位的刊物发表作品取得的收入	与其当月工资收入合并按"工资、薪金所得"计征
2	其他非专业人员		按"稿酬所得"计征

政策依据

《国家税务总局关于个人所得税若干业务问题的批复》（国税函〔2002〕146号）第三条第一项

任职、受雇于报纸、杂志等单位的记者、编辑等专业人员，因在本单位的报刊、杂志上发表作品取得的所得，属于因任职、受雇而取得的所得，应与其当月工资收入合并，按"工资、薪金所得"项目征收个人所得税。

除上述专业人员以外,其他人员在本单位的报刊、杂志上发表作品取得的所得,应按"稿酬所得"项目征收个人所得税。

问题 87　出版社的专业作者在本社出版图书的稿费如何进行个税处理

〖答〗出版社的专业作者取得的收入处理方式如表 86 所示。

表 86　出版社专业作者在本社出版图书收入个税处理

人员	收入	计征项目
出版社的专业作者	撰写、编写或翻译的作品 以图书形式由本单位出版的收入	按"稿酬所得"计征

政策依据

《国家税务总局关于个人所得税若干业务问题的批复》(国税函〔2002〕146 号)第三条第二项

出版社的专业作者撰写、编写或翻译的作品,由本社以图书形式出版而取得的稿费收入,应按"稿酬所得"项目计算缴纳个人所得税。

问题 88　个人接受约稿取得的"稿费"或"退稿费"应如何纳税

〖答〗个人取得的约稿收入,处理方式如表 87 所示。

表 87　接受约稿取得"稿费"或"退稿费"的个税处理

序号	约稿	收入	计征项目
1	个人接受出版社约稿	完成约稿后,出版单位支付的稿费	按"稿酬所得"计征
		出版单位决定不予出版,但仍付给作者的"退稿费"	按"劳务报酬所得"计征
2	单位接受出版社约稿	单位收取稿费,将其中部分稿费发给著译书籍、书画的个人,就个人实得的稿费收入	按"稿酬所得"计征

政策依据

《财政部　税务总局关于对稿费征收个人所得税问题的批复》(财税外字〔1980〕50 号)第二条、第三条

二、由单位接受约稿,然后组织个人从事著译书籍、书画,完成约稿后,由接受约稿的单位收取稿费,将其中部分稿费发给著译书籍、书画的个人,同意只就个人实得的稿费收入,按劳务报酬所得征收个人所得税。

三、个人接受出版单位约稿,完成约稿后由于各种原因,出版单位决定不予出版,但出版单位为贯彻按劳付酬的原则,仍付给作者"退稿费"(一般比原稿费低 50%左右)。我们认为此项"退稿费"仍属劳务报酬性质,应按规定征收个人所得税。

(四)特许权使用费

问题 89　什么是特许权使用费所得

〖答〗特许权是一种产权,具有获利性。根据《中华人民共和国个人所得税法实施条例》第六条第四项规定,特许权使用费所得,是指个人提供专利权、商标权、著作权、非专利技术以及其他特许权的使用权取得的所得;提供著作权的使用权取得的所得,不包括稿酬所得。

问题 90　作者取得的剧本使用费如何缴纳个人所得税

〖答〗剧本作者取得的剧本使用费收入的个税处理,如表 88 所示。

表88　剧本作者取得的剧本使用费的个税处理

序号	剧本用途	所得	个税处理
1	用于拍摄影视片	从电影、电视剧的制作单位取得的剧本使用费	按"特许权使用费"计征
2	作为文学创作在书报杂志上出版发表	从出版社、杂志社等取得的收入	按"稿酬所得"计征

一、《国税总局关于影视演职人员个人所得税问题的批复》(国税函〔1997〕385号)第二条

创作的影视分镜头剧本,用于拍摄影视片取得的所得,不能按稿酬所得计征个人所得税,应比照第一条的有关原则确定应税项目计征个人所得税;但作为文学创作而在书报杂志上出版、发表取得的所得,应按"稿酬所得"应税项目计征个人所得税。

二、《国家税务总局关于剧本使用费征收个人所得税问题的通知》(国税发〔2002〕52号)

对于剧本作者从电影、电视剧的制作单位取得的剧本使用费,不再区分剧本的使用方是否为其任职单位,统一按"特许权使用费所得"项目计征个人所得税。

问题91　个人因专利被侵权获得的赔偿如何计缴个税

〖答〗个人因专利被侵害获得的专利赔偿款,按照"特许权使用费所得"应税项目缴纳个人所得税。

一、《中华人民共和国个人所得税法实施条例》第六条第四项

特许权使用费所得,是指个人提供专利权、商标权、著作权、非专利技术以及其他特许权的使用权取得的所得。

二、参照《国家税务总局关于个人取得专利赔偿所得征收个人所得税问题的批复》(国税函〔2000〕257号)批复

"三相组合式过压保护器"专利的所有者王某,因其该项专利权被安徽省电气研究所使用而取得的经济赔偿收入,应按照个人所得税法及其实施条例的规定,按"特许权使用费所得"应税项目缴纳个人所得税,税款由支付赔款的安徽省电气研究所代扣代缴。

问题92　作者将文字作品手稿公开拍卖取得的收入如何计缴个税

〖答〗作者将文字作品手稿公开拍卖,个税处理如表89所示。

表89　本人文字作品手稿公开拍卖所得的个税处理

序号	标的	取得形式	个税处理
1	作者本人自己的文学作品手稿原件和复印件	公开拍卖(竞价)取得的所得	按"特许权使用费"计征
2	他人的文学作品手稿原件和复印件		按"财产转让所得"计征

《国家税务总局关于印发〈征收个人所得税若干问题的规定〉的通知》(国税发〔1994〕89号)第五条

作者将自己的文字作品手稿原件或复印件公开拍卖(竞价)取得的所得,应按特许权使用费所得项目征收个人所得税。

问题 93 作者创作文学作品的相关收入如何计缴个税

〖答〗作者创作文学作品的相关收入,如表 90 所示。

表 90 作者创作文学作品的相关收入个税处理

序号	事项	收入		个税处理
1	以图书、报刊等形式出版、发表作品	从出版社等单位取得的稿费		按"稿酬所得"计征
2	任职、受雇于报刊、杂志等单位的记者、编辑等专业人员	在本单位的报刊、杂志上发表作品取得的所得		按"工资、薪金所得"计征
3	任职、受雇于报刊、杂志等单位的其他非专业人员	本单位的报刊、杂志上发表作品取得的所得		按"稿酬所得"计征
4	出版社的专业作者撰写、编写或翻译的作品	由本社以图书形式出版而取得的稿费收入		按"稿酬所得"计征
5	网络发表文学作品	网络平台支付的报酬	任职受雇于网络平台	按"工资薪金所得"计征
			非任职受雇于网络平台	按"劳务报酬所得"计征
6	创作改编剧本用于影视拍摄	从电影、电视剧的制作单位取得的剧本使用费		按"特许权使用费"计征
7	创作改编剧本作为文学创作而在书报杂志上出版、发表	从杂志社等单位取得的稿费		按"稿酬所得"计征
8	作者将自己的文字作品手稿原件或复印件公开拍卖	取得的拍卖收入		按"特许权使用费"计征

第三节 扣除项目

扫码听课

一、概述

根据《中华人民共和国个人所得税法》第六条以及《中华人民共和国个人所得税法实施条例》第十三条的规定,居民个人的综合所得,以每一纳税年度的收入额减除费用六万元以及专项扣除、专项附加扣除和依法确定的其他扣除后的余额,为应纳税所得额。具体范围如图 11 所示,内容概览如表 91 所示。

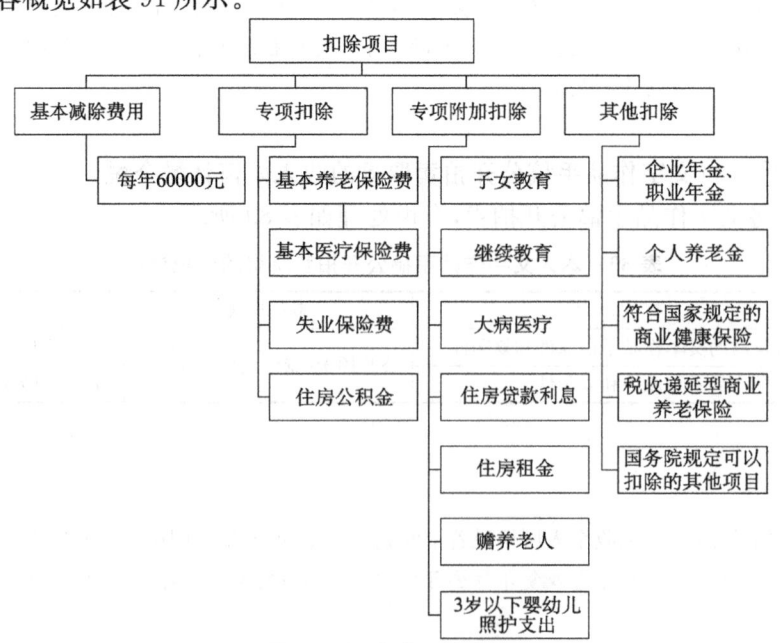

图 11 扣除项目的范围

表91 扣除项目内容及标准概述

扣除项目		扣除内容	扣除标准	
基本减除费用		为维持基本生计而发生的支出	60 000元/年	
专项扣除	基本养老保险费	社会保险个人负担部分	国家或省(自治区、直辖市)人民政府规定的缴费比例或办法实际缴付的金额	
	基本医疗保险费			
	失业保险费			
	住房公积金	个人缴存的住房公积金	≤(工作地所在设区城市上年月平均工资)×3×12%	
专项附加扣除	子女教育	子女接受全日制学历教育和学前教育	每个子女每月定额2 000元	
	继续教育	学历教育	学历教育每月定额400元	
		职业资格教育	职业资格教育在取得证书当年定额扣除3 600元	
	大病医疗	与基本医保相关的医药费扣除医保报销后个人负担累计＞15 000元的部分	办理汇算清缴时在80 000元限额内据实扣除	
	住房贷款利息	本人或其配偶购买中国境内住房,发生的首套住房贷款利息	每月1 000元定额扣除	
	住房租金	在主要工作城市没有自有住房而发生的住房租金支出	直辖市、省会城市、计划单列市以及国务院确定的其他城市	每月1 500元
			其他城市	市辖区户籍人口＞100万 每月1 100元
				市辖区户籍人口≤100万 每月800元
	赡养老人	赡养老人支出	独生子女,每月定额3 000元	
			非独生子女每人分摊的额度≤1 500元/月	
	3岁以下婴幼儿照护支出	照护婴幼儿支出	2 000元/月/孩	
其他扣除	企业年金职业年金	个人负担部分	≤本人缴费工资计税基数×4%	
	符合国家规定的商业健康保险	保险公司参照个人税收优惠型健康保险产品指引框架及示范条款开发的符合规定条件的健康保险产品	2 400元/年	
	税收递延型商业养老保险	由保险公司承保的一种商业养老年金保险,主要面向缴纳个人所得税的社会公众	按当月(年)工资薪金、连续性劳务报酬收入、经营收入的6%和1 000元(12 000元/年)孰低计算	
	国务院规定可以扣除的其他项目			
公益性捐赠		通过境内公益性社会组织、县级以上人民政府及其部门等国家机关,向教育、扶贫、济困等公益慈善事业捐赠	一般情况:应纳税所得额30%限额内	
			特殊情况:全额扣除	

一、《中华人民共和国个人所得税法》第六条

(一)居民个人的综合所得,以每一纳税年度的收入额减除费用六万元以及专项扣除、专项附加扣除和依法确定的其他扣除后的余额,为应纳税所得额。

……

个人将其所得对教育、扶贫、济困等公益慈善事业进行捐赠,捐赠额未超过纳税人申报的应纳税所得额百分之三十的部分,可以从其应纳税所得额中扣除;国务院规定对公益慈善事业捐赠实行全额税前扣除的,从其规定。

本条第一款第一项规定的专项扣除,包括居民个人按照国家规定的范围和标准缴纳的基本养老保险、基本医疗保险、失业保险等社会保险费和住房公积金等;专项附加扣除,包括子女教育、继续教育、大病医疗、住房贷款利息或者住房租金、赡养老人等支出,具体范围、标准和实施步骤由国务院确定,并报全国人民代表大会常务委员会备案。

二、《中华人民共和国个人所得税法实施条例》第十三条

个人所得税法第六条第一款第一项所称依法确定的其他扣除,包括个人缴付符合国家规定的企业年金、职业年金,个人购买符合国家规定的商业健康保险、税收递延型商业养老保险的支出,以及国务院规定可以扣除的其他项目。

专项扣除、专项附加扣除和依法确定的其他扣除,以居民个人一个纳税年度的应纳税所得额为限额;一个纳税年度扣除不完的,不结转以后年度扣除。

二、要点难点

(一) 基本费用

问题 94　一个纳税年度,有两个月无综合所得,年度汇算清缴如何扣除基本费用

〖答〗根据《中华人民共和国个人所得税法》第六条第一项规定,居民个人的综合所得,以每一纳税年度的收入额减除费用六万元以及专项扣除、专项附加扣除和依法确定的其他扣除后的余额,为应纳税所得额。居民个人基本费用扣除按年扣除 60 000 元,标准不变。

(二) 专项扣除

专项扣除,包括居民个人按照国家规定的范围和标准缴纳的基本养老保险、基本医疗保险、失业保险等社会保险费和住房公积金等;以居民个人一个纳税年度的应纳税所得额为限额;一个纳税年度扣除不完的,不结转以后年度扣除,如图 12 所示。

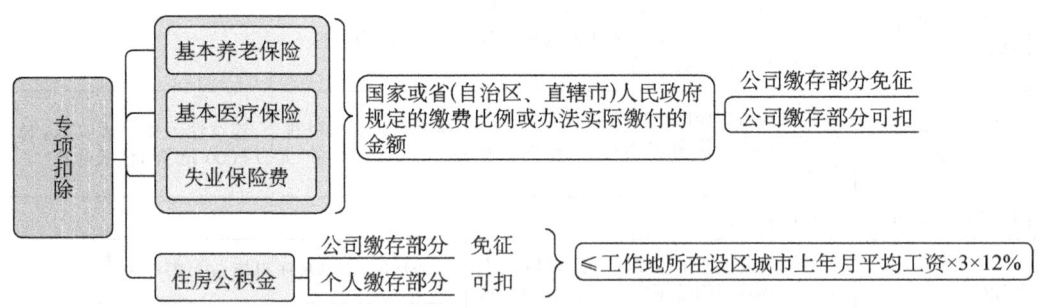

图 12　专项扣除的范围及标准概览

问题 95　缴付的社会保险费如何扣除

〖答〗社会保险费扣除内容和标准如表 92 所示。

表92 社会保险费的个税处理

社会保险	缴纳单位	标准	个税处理
基本养老保险费 基本医疗保险费 失业保险费	企事业单位承担部分	1. 国家或省（自治区、直辖市）人民政府规定的缴费比例或办法缴纳 2. 企事业单位及个人实际缴付	免征个人所得税
	个人承担部分		在个人应纳税所得额中扣除

政策依据

《财政部 国家税务总局关于基本养老保险费基本医疗保险费失业保险费 住房公积金有关个人所得税政策的通知》（财税〔2006〕10号）第一条

企事业单位按照国家或省（自治区、直辖市）人民政府规定的缴费比例或办法实际缴付的基本养老保险费、基本医疗保险费和失业保险费，免征个人所得税；个人按照国家或省（自治区、直辖市）人民政府规定的缴费比例或办法实际缴付的基本养老保险费、基本医疗保险费和失业保险费，允许在个人应纳税所得额中扣除。

问题96 缴存的住房公积金如何扣除

〖答〗住房公积金扣除内容和标准如表93所示。

表93 住房公积金的个税处理

扣除项目	缴纳单位	标准	个税处理
住房公积金	企事业单位承担部分	1. 不超过职工本人上一年度月平均工资12%的幅度内 2. 不超过（工作地所在设区城市上年月平均工资）×3×12% 3. 企事业单位及个人实际缴付	免征个人所得税
	个人承担部分		在个人应纳税所得额中扣除
	企事业单位及个人超过标准缴付的部分		并入个人当期的工资、薪金收入计征个人所得税

政策依据

《财政部 国家税务总局关于基本养老保险费基本医疗保险费失业保险费 住房公积金有关个人所得税政策的通知》（财税〔2006〕10号）第二条

根据《住房公积金管理条例》《建设部 财政部 中国人民银行关于住房公积金管理若干具体问题的指导意见》（建金管〔2005〕5号）等规定精神，单位和个人分别在不超过职工本人上一年度月平均工资12%的幅度内，其实际缴存的住房公积金，允许在个人应纳税所得额中扣除。单位和职工个人缴存住房公积金的月平均工资不得超过职工工作地所在设区城市上一年度职工月平均工资的3倍，具体标准按照各地有关规定执行。

单位和个人超过上述规定比例和标准缴付的住房公积金，应将超过部分并入个人当期的工资、薪金收入，计征个人所得税。

案例25 住房公积金扣除标准如何计算

李军是梅松公司职员，2020年6月工资薪金所得25 000元，公积金缴存比例12%，李军个人实际缴存的住房公积金3 000元,假设上海2019年度职工月平均工资为8 000元。

问:李军当月可扣除的住房公积金是多少?

〖答〗根据财税〔2006〕10号文件的规定,李军单位和个人缴存住房公积金的月平均工资,分别不得超过上海市2019年度职工月平均工资8 000元的3倍,即24 000元。

李军可在税前扣除的住房公积金限额=24 000×12%=2 880(元)

超过限额的部分120元(3 000-2 880),应并入当月的工资薪金所得,计征个人所得税。

案例 26 住房公积金如何进行个税处理

王丽是河北邯郸梅松公司高级管理人员,2020年3月,取得工资薪金所得30 000元,单位为其缴存住房公积金3 600元,河北邯郸2019年年平均工资为63 036元。

请问梅松公司缴存的住房公积金是否可以全额扣除?

〖答〗根据规定,单位和个人分别在不超过职工本人上一年度月平均工资12%的幅度内,其实际缴存的住房公积金,允许在个人应纳税所得额中扣除。单位和职工个人缴存住房公积金基数不得超过工作地上年月平均工资的三倍。

本案例中,王丽可在税前扣除的住房公积金为:63 036÷12×3×12%=1 891.08(元);超过的部分=3 600-1 891.08=1 708.92(元),应并入当期工资薪金所得,计征个人所得税。

问题97 新型农村养老保险、合作医疗是否可以在农民取得的劳务报酬所得中扣除

〖答〗专项扣除,包括居民个人按照国家规定的范围和标准缴纳的基本养老保险、基本医疗保险、失业保险等社会保险费和住房公积金等,根据《社会保险法》规定,新型农村社会养老保险、合作医疗属于我国基本养老保险、基本医疗保险,所以在农民取得劳务报酬,计算综合所得应纳税所得额时可以扣除。

政策依据

《社会保险法》第二十条、二十一条、二十四条

第二十条 国家建立和完善新型农村社会养老保险制度。

新型农村社会养老保险实行个人缴费、集体补助和政府补贴相结合。

第二十一条 新型农村社会养老保险待遇由基础养老金和个人账户养老金组成。

参加新型农村社会养老保险的农村居民,符合国家规定条件的,按月领取新型农村社会养老保险待遇。

第二十四条 国家建立和完善新型农村合作医疗制度。

新型农村合作医疗的管理办法,由国务院规定。

(三)专项附加扣除

个人所得税专项附加扣除,是指个人所得税法规定的子女教育、继续教育、大病医疗、住房贷款利息或者住房租金、赡养老人、3岁以下婴幼儿照护等7项专项附加扣除;以居民个人一个纳税年度的应纳税所得额为限额;一个纳税年度扣除不完的,不结转以后年度扣除。具体如图13所示。

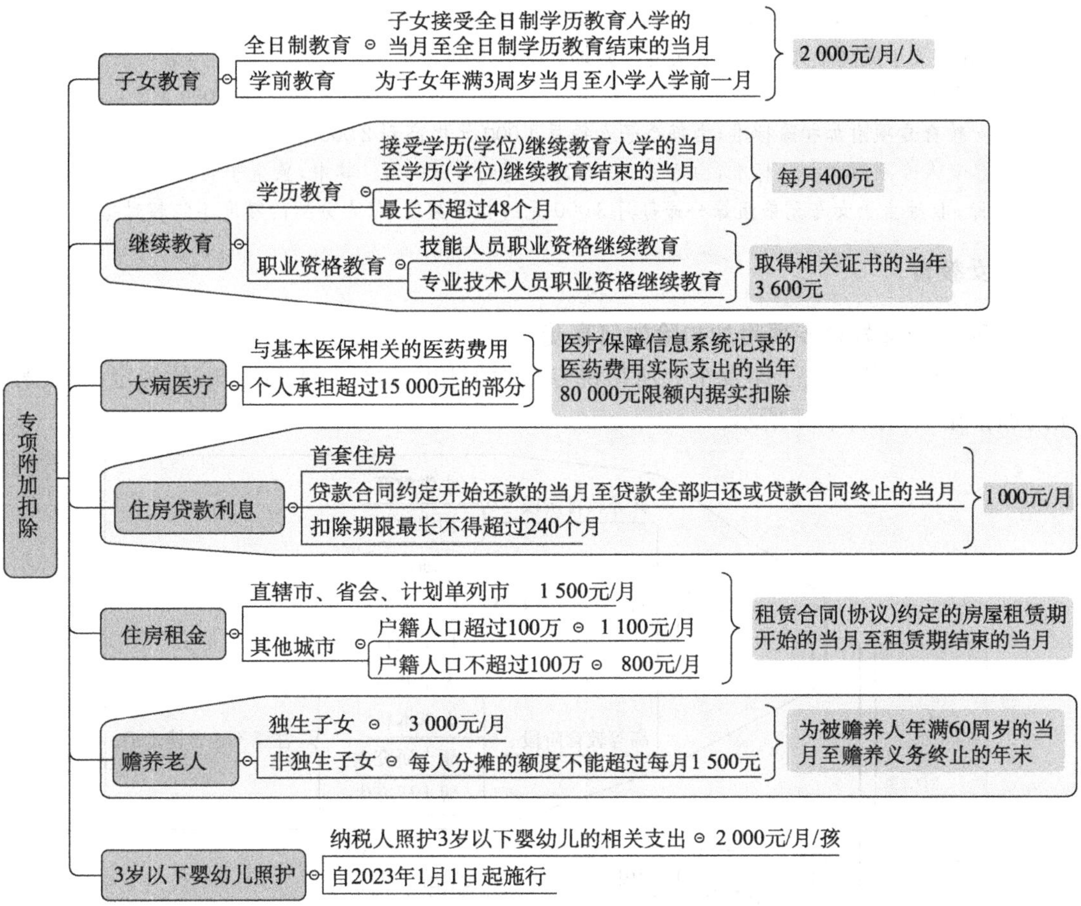

第三章　综合所得

```
                 ┌─全日制教育○─子女接受全日制学历教育入学的
                 │             当月至全日制学历教育结束的当月    ┐
         ┌子女教育┤                                              ├ 2 000元/月/人
         │       └─学前教育  为子女年满3周岁当月至小学入学前一月 ┘

                         ┌─接受学历(学位)继续教育入学的当月
                         │  至学历(学位)继续教育结束的当月     ─ 每月400元
                 ┌ 学历教育┤
                 │        └最长不超过48个月
         ┌继续教育┤
         │       │        ┌技能人员职业资格继续教育         取得相关证书的当年
         │       └ 职业资格教育┤                              3 600元
         │                  └专业技术人员职业资格继续教育

                ┌ 与基本医保相关的医药费用      医疗保障信息系统记录的
         ┌大病医疗┤                            医药费用实际支出的当年
 专       │      └ 个人承担超过15 000元的部分   80 000元限额内据实扣除
 项
 附             ┌首套住房
 加     ┌住房贷款利息┤贷款合同约定开始还款的当月至贷款全部归还或贷款合同终止的当月  1 000元/月
 扣     │          └扣除期限最长不得超过240个月
 除
                ┌直辖市、省会、计划单列市   1 500元/月    租赁合同(协议)约定的房屋租赁期
         ┌住房租金┤         ┌户籍人口超过100万 ○ 1 100元/月  开始的当月至租赁期结束的当月
         │      └其他城市┤
         │              └户籍人口不超过100万   800元/月

                ┌独生子女 ○ 3 000元/月         为被赡养人年满60周岁的当
         ┌赡养老人┤                            月至赡养义务终止的年末
         │      └非独生子女 ○ 每人分摊的额度不能超过每月1 500元

                ┌纳税人照护3岁以下婴幼儿的相关支出 ○ 2 000元/月/孩
         └3岁以下婴幼儿照护┤
                        └自2023年1月1日起施行
```

图 13　专项附加扣除范围、标准及享受时间

政策依据

一、《国家税务总局关于修订发布〈个人所得税专项附加扣除操作办法（试行）〉的公告》（国家税务总局公告 2022 年第 7 号）第三条

纳税人享受符合规定的专项附加扣除的计算时间分别为：

（一）子女教育。学前教育阶段，为子女年满 3 周岁当月至小学入学前一月。学历教育，为子女接受全日制学历教育入学的当月至全日制学历教育结束的当月。

（二）继续教育。学历（学位）继续教育，为在中国境内接受学历（学位）继续教育入学的当月至学历（学位）继续教育结束的当月，同一学历（学位）继续教育的扣除期限最长不得超过 48 个月。技能人员职业资格继续教育、专业技术人员职业资格继续教育，为取得相关证书的当年。

（三）大病医疗。为医疗保障信息系统记录的医药费用实际支出的当年。

（四）住房贷款利息。为贷款合同约定开始还款的当月至贷款全部归还或贷款合同终止的当月，扣除期限最长不得超过 240 个月。

（五）住房租金。为租赁合同（协议）约定的房屋租赁期开始的当月至租赁期结束的当月。提前终止合同（协议）的，以实际租赁期限为准。

（六）赡养老人。为被赡养人年满 60 周岁的当月至赡养义务终止的年末。

（七）3 岁以下婴幼儿照护。为婴幼儿出生的当月至年满 3 周岁的前一个月。

前款第一项、第二项规定的学历教育和学历（学位）继续教育的期间，包含因病或其他非主观原因休学但学籍继续保留的休学期间,以及施教机构按规定组织实施的寒暑假等假期。

二、《国务院关于提高个人所得税有关专项附加扣除标准的通知》(国发〔2023〕13 号)第一条至第三条

一、3 岁以下婴幼儿照护专项附加扣除标准,由每个婴幼儿每月 1 000 元提高到 2 000 元。

二、子女教育专项附加扣除标准,由每个子女每月 1 000 元提高到 2 000 元。

三、赡养老人专项附加扣除标准,由每月 2 000 元提高到 3 000 元。其中,独生子女按照每月 3 000 元的标准定额扣除;非独生子女与兄弟姐妹分摊每月 3 000 元的扣除额度,每人分摊的额度不能超过每月 1 500 元。

1. 子女教育

问题 98　子女教育专项附加扣除如何享受

〖答〗根据《国务院关于印发个人所得税专项附加扣除暂行办法的通知》的规定,子女教育专项附加扣除项目如图 14 所示。

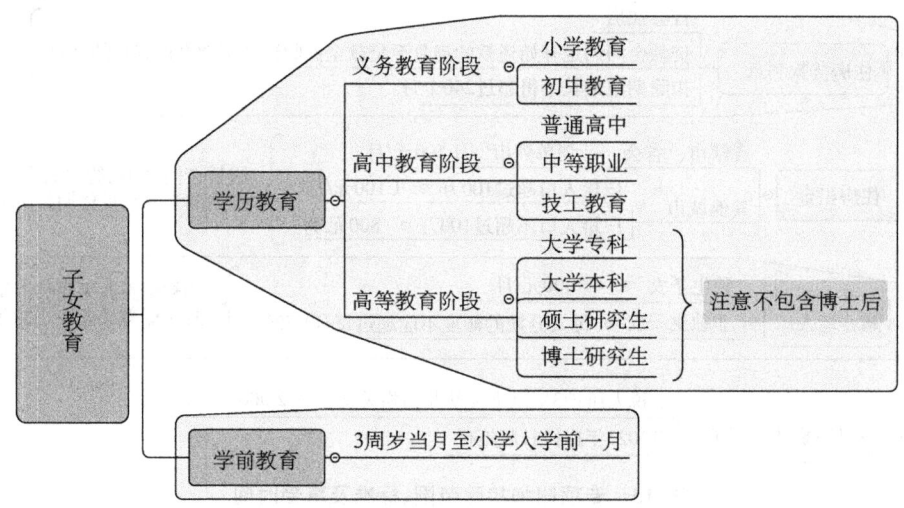

图 14　子女教育专项附加扣除项目

【提示】子女博士后教育支出不在扣除范围之内。

个人接受本科及以下学历(学位)继续教育,符合本办法规定扣除条件的,可以选择由其父母扣除,也可以选择由本人扣除。

一、《国务院关于印发个人所得税专项附加扣除暂行办法的通知》(国发〔2018〕41 号)第五条、第六条、第七条

第五条　纳税人的子女接受全日制学历教育的相关支出,按照每个子女每月 1 000 元的标准定额扣除。学历教育包括义务教育(小学、初中教育)、高中阶段教育(普通高中、中等职业、技工教育)、高等教育(大学专科、大学本科、硕士研究生、博士研究生教育)。年满 3 岁至小学入学前处于学前教育阶段的子女,按本条第一款规定执行。

第六条　父母可以选择由其中一方按扣除标准的 100%扣除,也可以选择由双方分别按扣除标准的 50%扣除,具体扣除方式在一个纳税年度内不能变更。

第七条　纳税人子女在中国境外接受教育的,纳税人应当留存境外学校录取通知书、留学签证等相关教育的证明资料备查。

二、《国务院关于提高个人所得税有关专项附加扣除标准的通知》(国发〔2023〕13 号)第二条

子女教育专项附加扣除标准,由每个子女每月 1 000 元提高到 2 000 元。

案例 27 子女教育专项附加扣除

李军与王丽是夫妻,共同育有一儿一女。女儿小梅5岁就读于幼儿园,儿子小松16岁是高二学生。

请问李军与王丽子女教育的专项附加应如何扣除?有几种扣除方式?

〖答〗两个子女都符合国发〔2018〕41号文件规定的扣除政策,每个子女可扣除2 000元/月,共计4 000元/月。

父母可以选择由其中一方按扣除标准的100%扣除,也可以选择由双方分别按扣除标准的50%扣除,每个孩子,父母都有三种选择方式,如表94所示。

表94 父母的选择方式

单位:元

父母	小梅			小松		
	选择1	选择2	选择3	选择1	选择2	选择3
王丽	0	1 000	2 000	0	1 000	2 000
李军	2 000	1 000	0	2 000	1 000	0
合计	2 000	2 000	2 000	2 000	2 000	2 000

问题99 承担了抚养和教育义务的非亲生父母可否享受子女教育专项扣除

〖答〗可以享受子女教育专项扣除,前提是确实担任未成年人的监护人,如表95所示。

表95 子女及父母的范围

子女教育	父母			子女			
范围	生父母	继父母	养父母	婚生子女	非婚生子女	继子女	养子女
	父母之外的其他人担任未成年人的监护人的,比照执行						

一般情况下,父母负有抚养和教育未成年子女的义务,可依法享受子女教育扣除;对情况特殊、未由父母抚养和教育的未成年子女,相应的义务会转移到其法定监护人身上。因此,假如纳税人是孩子的法定监护人,对其负有抚养和教育的义务,就可以依法申报享受子女教育扣除。

政策依据

《国务院关于印发个人所得税专项附加扣除暂行办法的通知》(国发〔2018〕41号)第二十九条

本办法所称父母,是指生父母、继父母、养父母。本办法所称子女,是指婚生子女、非婚生子女、继子女、养子女。父母之外的其他人担任未成年人的监护人的,比照本办法规定执行。

案例 28 非亲生父母的子女教育扣除

小松是孤儿,伯父李军是其法定监护人,小松的教育支出可否由李军扣除?

〖答〗父母之外的其他人担任未成年人的监护人的,比照《个人所得税专项附加扣除暂行办法》的规定执行,李军可以按照每月2 000元扣除小松的教育费用。

问题100 学前教育阶段的儿童,没有就读幼儿园,父母能否享受子女教育扣除

〖答〗根据《个人所得税专项附加扣除暂行办法》的规定,年满3岁至小学入学前教育阶段的子女,可以按照每个子女每月2 000元标准定额扣除,并未限定接受教育的模式,所以没有参加幼儿园教育,也可以按照标准定额扣除。

问题 101　子女 6 月高中毕业,9 月上大学,7 至 8 月能否享受子女教育扣除

〖答〗可以扣除。对于连续性的学历(学位)教育,升学衔接期间属于子女教育期间,可以申报扣除子女教育专项附加扣除。

来源:国家税务总局官方答疑。

问题 102　子女大学期间参军,学校保留学籍,可否按子女教育扣除

〖答〗服兵役是公民的义务,大学期间参军是积极响应国家的号召,休学保留学籍期间,属于高等教育阶段,可以申报扣除子女教育专项附加扣除。

来源:国家税务总局官方答疑。

问题 103　子女参加工作后辞职,读全日制研究生,父母可否享受子女教育扣除

〖答〗可以扣除。根据《个人所得税专项附加扣除暂行办法》的规定,纳税人的子女接受全日制学历教育的相关支出,其父母可以按照每月 2 000 元标准定额扣除。

问题 104　子女参加"跨校联合培养"需要到国外读书几年,是否可以享受子女教育扣除

〖答〗一般情况下,参加跨校联合培养的学生,原学校保留学生学籍,父母可以享受子女教育附加扣除。

来源:国家税务总局官方答疑。

2. 继续教育

问题 105　继续教育专项附加扣除如何享受

〖答〗根据《国务院关于印发个人所得税专项附加扣除暂行办法的通知》的规定,继续教育专项附加扣除范围和标准如表 96 所示。

表 96　继续教育专项附加扣除范围和标准

序号	扣除范围	扣除标准	扣除年限
1	学历(学位)继续教育	400 元/月	同一学历(学位)不能超过 48 个月
2	职业资格继续教育	3 600 元/年	取得相关证书的当年一次扣

政策依据

《国务院关于印发个人所得税专项附加扣除暂行办法的通知》(国发〔2018〕41 号)第八条至第十条

第八条　纳税人在中国境内接受学历(学位)继续教育的支出,在学历(学位)教育期间按照每月 400 元定额扣除。同一学历(学位)继续教育的扣除期限不能超过 48 个月。纳税人接受技能人员职业资格继续教育、专业技术人员职业资格继续教育的支出,在取得相关证书的当年,按照 3 600 元定额扣除。

第九条　个人接受本科及以下学历(学位)继续教育,符合本办法规定扣除条件的,可以选择由其父母扣除,也可以选择由本人扣除。

第十条　纳税人接受技能人员职业资格继续教育、专业技术人员职业资格继续教育的,应当留存相关证书等资料备查。

案例 29　继续教育专项附加扣除

李军是梅松公司职员,2019 年 9 月考取了某校在职研究生,2020 年 9 月,取得中级会计职

称资格证书,2020 年 10 月份因生病申请休学 2 个月。

请问 2020 年度,李军可扣除的继续教育专项扣除是多少?

【答】(1)学历(学位)继续教育扣除。

自 2019 年 9 月攻读研究生起,在学历(学位)教育期间按照每月 400 元定额扣除;学历(学位)继续教育的扣除期限最长不得超过 48 个月。

48 个月包括纳税人因病、因故等原因休学且学籍继续保留的休学期间,以及施教机构按规定组织实施的寒暑假期连续计算。

2020 年度全年可扣除学历(学位)继续教育＝400×月份数＝400×12＝4 800(元)

(2)专业技术人员职业资格继续教育扣除。

取得中级会计职称资格证书,专业技术人员职业资格继续教育的支出,在取得相关证书的当年,按照 3 600 元定额扣除。

2020 年度李军可扣除继续教育专项附加扣除＝3 600＋4 800＝8 400(元)

问题 106　一个纳税年度取得多个资格证书的,如何享受继续教育扣除

【答】一个纳税年度只能享受一个职业资格继续教育。根据《个人所得税专项附加扣除暂行办法》的规定取得技能人员职业资格证书或者专业技术人员职业资格证书的,且符合扣除条件的,可按照 3 600 元的标准定额扣除。

但是,只能同时享受一个学历(学位)继续教育和一个职业资格继续教育,即如果在一个纳税年度取得多个职业资格教育证书,只能享受一个 3 600 元的扣除。

问题 107　在接受学历继续教育的同时取得资格证书的,如何享受继续教育扣除

【答】在接受学历继续教育的同时取得资格证书的,年度可叠加享受两个扣除,但只能同时享受一个学历(学位)继续教育和一个职业资格继续教育。

《个人所得税专项附加扣除暂行办法》规定,纳税人接受学历继续教育,可以按照每月 400 元的标准扣除,在同年又取得技能人员职业资格证书或者专业技术人员职业资格证书的,且符合扣除条件的,可按照 3 600 元的标准定额扣除。

问题 108　如果在国外进行学历继续教育,或者是拿到国外颁发的技能证书,能否享受扣除

【答】不能享受专项附加扣除政策。

根据《个人所得税专项附加扣除暂行办法》规定,纳税人在中国境内接受的学历(学位)继续教育支出,以及接受技能人员职业资格继续教育、专业技术人员职业资格继续教育支出可以扣除。在国外接受的学历继续教育和国外颁发的技能证书,不符合"中国境内"的规定,因此,不能享受专项附加扣除政策。

问题 109　纳税人参加夜大、函授、现代远程教育、广播电视大学等学习,是否可以享受继续教育扣除

【答】建立学籍档案的,可以享受。

纳税人参加夜大、函授、现代远程教育、广播电视大学等教育,所读学校为其建立学籍档案的,可以享受学历(学位)继续教育扣除。

来源:国家税务总局官方答疑。

问题 110　参加自学考试,纳税人是否可以享受专项附加扣除

〖答〗具有考籍管理档案的考生,可以按照《个人所得税专项附加扣除暂行办法》的规定,享受继续教育专项附加扣除。

按照《高等教育自学考试暂行条例》的有关规定,高等教育自学考试应考者取得一门课程的单科合格证书后,省考委即应为其建立考籍管理档案。所以参加自学考试,具有考籍管理档案的考生,可以享受继续教育附加扣除。

问题 111　参加了学历(学位)教育,最后没有取得学历(学位)证书,是否可以享受继续教育扣除

〖答〗参加学历(学位)继续教育,按照实际受教育时间,享受每月 400 元的扣除。不考察最终是否取得证书,最多扣除 48 个月。

来源:国家税务总局官方答疑。

问题 112　纳税人因病、因故等原因休学且学籍继续保留的休学期间,以及施教机构按规定组织实施的寒暑假期是否连续计算

〖答〗学历(学位)继续教育的扣除期限最长不得超过 48 个月。48 个月包括纳税人因病、因故等原因休学且学籍继续保留的休学期间,以及施教机构按规定组织实施的寒暑假期连续计算。

来源:国家税务总局官方答疑。

3. 大病医疗

问题 113　大病医疗专项附加如何扣除

〖答〗大病医疗专项附加扣除范围、标准以及时间如表 97 所示。

表 97　大病医疗专项附加扣除范围、标准和时间

序号	适用范围	扣除范围	扣除标准	扣除时间	扣除方式
1	纳税人本人	与基本医保相关的医药费用支出,扣除医保报销后个人负担累计超过 15 000 元的部分	在 80 000 元限额内据实扣除	办理年度汇算清缴时	选择由本人或者其配偶扣除
2	纳税人配偶				
3	未成年子女				选择由其父母一方扣除

【提示】目前未将纳税人父母纳入大病医疗扣除范围。

政策依据

《国务院关于印发个人所得税专项附加扣除暂行办法的通知》(国发〔2018〕41 号)第十一条至十三条

第十一条　在一个纳税年度内,纳税人发生的与基本医保相关的医药费用支出,扣除医保报销后个人负担(指医保目录范围内的自付部分)累计超过 15 000 元的部分,由纳税人在办理年度汇算清缴时,在 80 000 元限额内据实扣除。

第十二条　纳税人发生的医药费用支出可以选择由本人或者其配偶扣除;未成年子女发生的医药费用支出可以选择由其父母一方扣除。纳税人及其配偶、未成年子女发生的医药费用支出,按本办法第十一条规

定分别计算扣除额。

第十三条 纳税人应当留存医药服务收费及医保报销相关票据原件(或者复印件)等资料备查。医疗保障部门应当向患者提供在医疗保障信息系统记录的本人年度医药费用信息查询服务。

案例 30　大病医疗专项附加扣除

李军与王丽是夫妻,共同育有一儿一女,2019年发生以下事项。

(1) 3月,儿子小松生病,发生的与基本医保相关的医药费用支出自付部分10.5万元;

(2) 8月,李军的母亲生病,发生的与基本医保相关的医药费用支出自付部分6.5万元

(3) 10月,李军生病,发生的与基本医保相关的医药费用支出自付部分5.5万元。

问:2019年李军和王丽可扣除的大病医疗费用共计多少,有几种扣除方式?

【答】纳税人及其配偶、未成年子女发生的医药费用支出,按规定分别计算扣除额,目前未将纳税人父母纳入大病医疗扣除范围,具体扣除如表98所示。

表98　医药费扣除内容

单位:元

费用发生人	自付部分	起扣金额	扣除限额	可扣金额	扣除方式
儿子小松	105 000	15 000	80 000	80 000	李军或王丽扣除
李军	55 000	15 000	80 000	40 000	李军或王丽扣除
李军的母亲	65 000	15 000	—	0	不能由李军和王丽扣除

综上,共有4种扣除方式可选择,如表99所示。

表99　4种扣除方式

单位:元

扣除人	第1种	第2种	第3种	第4种
李军	120 000	80 000	40 000	0
王丽	0	40 000	80 000	120 000

问题114　跨年度的医疗费用如何计算扣除

【答】纳税人年末住院,第二年年初出院,一般是在出院时才进行医疗费用的结算。纳税人申报享受大病医疗扣除,以医疗费用结算单上的结算时间为准,因此该医疗支出属于是第二年的医疗费用。

来源:国家税务总局12366纳税服务平台《个人所得税专项附加扣除200问》。

问题115　纳税人及其未成年子女发生的基本医保相关的医药费,扣除时可否合并计算

【答】根据《个人所得税专项附加扣除暂行办法》的规定,纳税人及其配偶、未成年子女发生的医药费用支出,应按规定分别计算扣除额,不能合并计算。

来源:国家税务总局12366纳税服务平台《个人所得税专项附加扣除200问》。

案例 31　配偶、子女大病医疗扣除额计算

李军与王丽是夫妻,约定全家人的大病医疗由李军扣除,2019年发生以下事项。

(1) 3月,儿子小松生病,发生的与基本医保相关的医药费用支出自付部分5 000元;

(2) 10月,李军生病,发生的与基本医保相关的医药费用支出自付部分13 000元;

问:2019年李军可扣除的大病医疗费用共计多少?

〖答〗纳税人及其配偶、未成年子女发生的医药费用支出,应按规定分别计算扣除额。

李军和儿子小松发生的医疗费用,单独计算均小于15 000元,所以李军不能扣除大病医疗费用。

问题116 自费使用进口药物,自费部分能否在大病医疗支出扣除

〖答〗根据《个人所得税专项附加扣除暂行办法》的规定,在一个纳税年度内,纳税人发生的与基本医保相关的医药费用支出,扣除医保报销后个人负担(指医保目录范围内的自付部分)累计超过15 000元的部分由纳税人在办理年度汇算清缴时,在80 000元限额内据实扣除。

自费的进口药物不在医保目录范围内,所以不能在大病医疗中扣除。

来源:国家税务总局12366纳税服务平台《个人所得税专项附加扣除200问》。

问题117 在私立医院就诊是否可以享受大病医疗扣除

〖答〗对于纳入医疗保障结算系统的私立医院,只要纳税人看病的支出在医保系统可以体现和归集,则纳税人发生的与基本医保相关的支出,可以按照规定享受大病医疗扣除。

来源:国家税务总局12366纳税服务平台《个人所得税专项附加扣除200问》。

问题118 发生的大病医疗支出如何查询

〖答〗纳税人大病医疗支出,通过下列方式查询计算。

(1)为便于填报大病医疗支出,纳税人日常发生的医疗支出凭据需留存好以备申报时使用。

(2)国家医疗保障局提供了互联网查询服务:手机下载官方"国家医保服务平台",通过首页"个人所得税大病医疗专项附加扣除"模块查询。

查询信息中显示的"符合大病医疗个税抵扣政策金额"即为可扣除金额。

根据政策规定,与基本医保相关的医药费用支出扣除医保报销后个人负担金额超过15 000元的部分,在80 000元限额内可据实扣除。

来源:国家税务总局河南省税务局12366热线2021年10月热点问题。

4. 住房贷款利息

问题119 住房贷款利息专项附加扣除如何享受

〖答〗根据《国务院关于印发个人所得税专项附加扣除暂行办法的通知》的规定,住房贷款利息专项附加扣除享受条件及标准如图15所示。

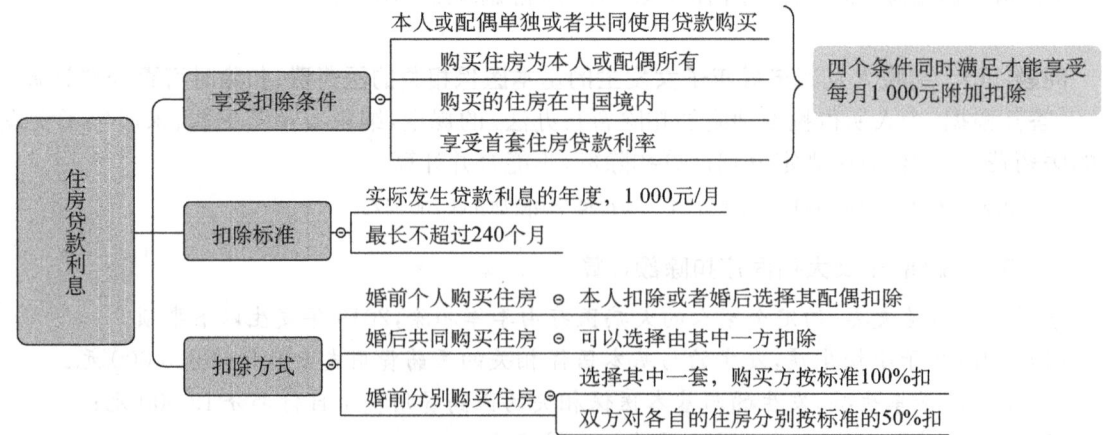

图15 住房贷款利息专项附加扣除享受条件

【提示】纳税人及其配偶在一个纳税年度内住房贷款利息和住房租金专项附加扣除只能享受一个。

政策依据

《国务院关于印发个人所得税专项附加扣除暂行办法的通知》(国发〔2018〕41号)第十四条至第十六条

第十四条　纳税人本人或者配偶单独或者共同使用商业银行或者住房公积金个人住房贷款为本人或者其配偶购买中国境内住房,发生的首套住房贷款利息支出,在实际发生贷款利息的年度,按照每月1 000元的标准定额扣除,扣除期限最长不超过240个月。纳税人只能享受一次首套住房贷款的利息扣除。

本办法所称首套住房贷款是指购买住房享受首套住房贷款利率的住房贷款。

第十五条　经夫妻双方约定,可以选择由其中一方扣除,具体扣除方式在一个纳税年度内不能变更。

夫妻双方婚前分别购买住房发生的首套住房贷款,其贷款利息支出,婚后可以选择其中一套购买的住房,由购买方按扣除标准的100%扣除,也可以由夫妻双方对各自购买的住房分别按扣除标准的50%扣除,具体扣除方式在一个纳税年度内不能变更。

第十六条　纳税人应当留存住房贷款合同、贷款还款支出凭证备查。

案例32　婚后发生的贷款利息专项扣除

李军和王丽是夫妻,2020年5月,共同在上海购买一套住房,每月发生首套住房贷款利息3 000元,两人婚前均无房产。

问:其共同购买住房的贷款利息应如何扣除?

〖答〗共同购买的住房发生的首套房利息,符合《国务院关于印发个人所得税专项附加扣除暂行办法的通知》第十四条规定的情形,可以享受专项附加扣除1 000元/月,自2020年5月起,2020年共计可扣除8 000元,可选择由李军或王丽扣除,但不能分摊扣除,且年度内不能变更。

案例33　婚前一方发生的贷款利息专项扣除

王丽于2019年5月在青岛购买一套住房,每月发生首套房住房贷款利息3 000元。2020年1月,王丽与李军登记结婚,李军未曾购买住房。

请问2020年王丽婚前购买住房发生的贷款利息应如何扣除?

〖答〗王丽购买住房发生的首套房贷款利息,符合《国务院关于印发个人所得税专项附加扣除暂行办法的通知》第十四条规定的情形,可以享受专项附加扣除1 000元/月,2020年共计可扣除12 000元,可选择由王丽或者李军扣除,但不能分摊扣除,且年度内不能变更。

案例34　婚前双方发生的贷款利息专项扣除

王丽和李军于2020年3月登记结婚,2018年两人分别在烟台购买了住房,均发生了首套房贷款利息支出。

请问2020年王丽和李军贷款利息应如何扣除?

〖答〗夫妻双方婚前分别购买住房发生的首套住房贷款,其贷款利息支出,婚后可以选择其中一套购买的住房,由购买方按扣除标准的100%扣除,也可以由夫妻双方对各自购买的住房分别按扣除标准的50%扣除,具体扣除方式在一个纳税年度内不能变更。

(1)结婚前的贷款利息专项扣除。

对于王丽和李军发生的贷款利息,2020年1—2月各自按照1 000/月扣除。

(2)结婚后的贷款利息专项扣除。

2020年3月起选择其中一套,购买方按标准100%扣除,或者双方对各自的住房分别按标准的50%扣除,可选择的扣除方式有三种,如表100所示。

表100 李军和王丽可选择的扣除方式

单位:元

扣除人	第1种	第2种	第3种
王丽	1 000	500	0
李军	0	500	1 000

问题120 父母和子女共同购房,房屋产权证明、贷款合同登记的均为父母和子女,如何扣除

〖答〗父母和子女共同购买一套房子,住房贷款利息专项扣除不能既由父母扣除,又由子女扣除,应该由主贷款人扣除。如主贷款人为子女的,由子女享受贷款利息专项附加扣除;主贷款人为父母中一方的,由父母任一方享受贷款利息扣除。

来源:国家税务总局12366纳税服务平台《个人所得税专项附加扣除200问》。

问题121 首套房的贷款还清后,贷款购买第二套房屋时,银行仍旧按照首套房贷款利率发放贷款,首套房没有享受过扣除,第二套房屋是否可以享受住房贷款利息扣除

〖答〗根据《个人所得税专项附加扣除暂行办法》相关规定,如纳税人此前未享受过住房贷款利息扣除,那么其按照首套住房贷款利率贷款购买的第二套住房,可以享受住房贷款利息扣除。

来源:国家税务总局12366纳税服务平台《个人所得税专项附加扣除200问》。

问题122 住房贷款是公积金和商贷的组合贷款,公积金中心按首套贷款利率发放贷款,商业银行贷款按普通商业银行贷款利率发放贷款,是否可以享受住房贷款利息扣除

〖答〗采用组合贷款方式购买的住房,如公积金中心或者商业银行其中之一,是按照首套房屋贷款利率发放的贷款,则可以享受住房贷款利息扣除。

来源:国家税务总局12366纳税服务平台《个人所得税专项附加扣除200问》。

问题123 首套住房是"商业性质"的,可以享受个人住房贷款利息扣除吗

〖答〗《个人所得税专项附加扣除暂行办法》中的首套住房,指购买享受首套住房贷款利率的住房,强调住房,商业性质不满足条件,即使实际用途为"住房",也不能按照住房贷款利息税前扣除。

来源:国家税务总局12366纳税服务平台《个人所得税专项附加扣除200问》。

问题124 纳税人刚办的房贷期限是30年,目前综合所得扣完子女教育和赡养老人两项附加后无需缴税,可以选择过几年再开始办理房贷扣除吗

〖答〗可以。住房贷款利息支出扣除实际可扣除时间为,贷款合同约定开始还款的当月至贷款全部归还或贷款合同终止的当月,扣除期限最长不得超过240个月。因此,在不超过240个月以内,可以根据个人情况办理符合条件的住房贷款利息扣除。

来源:国家税务总局12366纳税服务平台《个人所得税专项附加扣除200问》。

问题125 父母为子女买房,房屋产权证明登记为子女,贷款合同中的贷款人为父母,是否符合扣除标准

〖答〗从实际看,房屋产权证明登记主体与贷款合同主体完全没有交叉的情况很少发生。

如确有此类情况,按照《个人所得税专项附加扣除暂行办法》规定,只有纳税人本人或者配偶使用住房贷款为本人或者其配偶购买中国境内住房,发生的首套住房贷款利息支出可以扣除。父母所购房屋是为子女购买的,不符合上述规定,父母和子女均不可以享受住房贷款利息扣除。

来源:国家税务总局 12366 纳税服务平台《个人所得税专项附加扣除 200 问》。

问题 126 享受住房贷款利息专项附加扣除,房屋证书号码是房屋所有权证/不动产权证上哪一个号码

〖答〗为房屋所有权证或不动产权证上载明的号码。如,京(2018)朝阳不动产权第 0000000 号,或者苏房地(宁)字(2017)第 000000 号。如果还没取得房屋所有权证或者不动产权证,但有房屋买卖合同、房屋预售合同的,填写合同上的编号。

来源:国家税务总局 12366 纳税服务平台《个人所得税专项附加扣除 200 问》。

5. 住房租金

问题 127 住房租金专项附加扣除

〖答〗住房租金专项附加扣除享受条件及标准如图 16、表 101 所示。

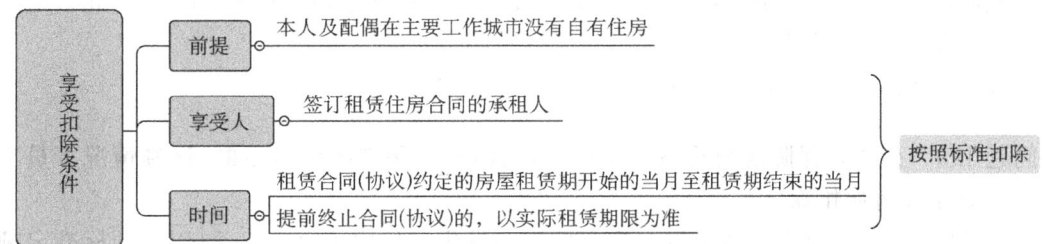

图 16 住房租金专项附加扣除享受条件

表 101 住房租金专项附加扣除标准

序号	城市	扣除标准
1	直辖市、省会(首府)城市、计划单列市	1 500 元/月
2	户籍人口超过 100 万的其他城市	1 100 元/月
3	户籍人口不超过 100 万的其他城市	800 元/月

政策依据

《国务院关于印发个人所得税专项附加扣除暂行办法的通知》(国发〔2018〕41 号)第十七条至第二十一条

第十七条 纳税人在主要工作城市没有自有住房而发生的住房租金支出,可以按照以下标准定额扣除:

(一)直辖市、省会(首府)城市、计划单列市以及国务院确定的其他城市,扣除标准为每月 1 500 元;

(二)除第一项所列城市以外,市辖区户籍人口超过 100 万的城市,扣除标准为每月 1 100 元;市辖区户籍人口不超过 100 万的城市,扣除标准为每月 800 元。

纳税人的配偶在纳税人的主要工作城市有自有住房的,视同纳税人在主要工作城市有自有住房。

市辖区户籍人口,以国家统计局公布的数据为准。

第十八条 本办法所称主要工作城市是指纳税人任职受雇的直辖市、计划单列市、副省级城市、地级市(地区、州、盟)全部行政区域范围;纳税人无任职受雇单位的,为受理其综合所得汇算清缴的税务机关所在城市。夫妻双方主要工作城市相同的,只能由一方扣除住房租金支出。

第十九条 住房租金支出由签订租赁住房合同的承租人扣除。

第二十条 纳税人及其配偶在一个纳税年度内不能同时分别享受住房贷款利息和住房租金专项附加扣除。

第二十一条　纳税人应当留存住房租赁合同、协议等有关资料备查。

案例 35　住房租金专项扣除

李军和王丽是夫妻，2020年5月，共同在上海购买一套住房，贷款期限20年，每月发生首套住房贷款利息3 000元，目前仍在还款期。2020年10月李军因公外派到北京工作，在北京租房发生费用3 000元/月。

请问李军和王丽贷款利息和住房租金应如何扣除？

〖答〗纳税人及其配偶在一个纳税年度内不能同时分别享受住房贷款利息和住房租金专项附加扣除。

（1）选择扣除贷款利息1 000元/月，可选择由李军或王丽扣除，但不能分摊扣除，且年度内不能变更。

（2）选择扣除李军在北京的住房租金，可由李军按照1 500元/月的标准扣除。

问题 128　个人的工作城市与实际租赁房屋地不一致，是否符合条件扣除住房租赁支出

〖答〗纳税人在主要工作城市没有自有住房而实际租房发生的住房租金支出，可以按照实际工作地城市的标准定额扣除住房租金。如主要工作地在北京，在燕郊租房居住，北京是纳税人当前的主要工作地，应当按北京的标准享受住房租金扣除。

来源：国家税务总局12366纳税服务平台《个人所得税专项附加扣除200问》。

问题 129　公司与保障房公司签公租房协议，但员工是需要付房租的，这种情况下员工是否可以享受专项附加扣除

〖答〗纳税人在主要工作城市没有自有住房而发生的住房租金支出，可以按照标准定额扣除。员工租用公司与保障房公司签订的保障房，并支付租金的，可以申报扣除住房租金专项附加扣除。纳税人应当留存与公司签订的公租房合同或协议等相关资料备查。

来源：国家税务总局12366纳税服务平台《个人所得税专项附加扣除200问》。

问题 130　外派员工一年换几个城市租赁住房，如何申报扣除

〖答〗对于为外派员工解决住宿问题的，不应扣除住房租金。对于外派员工自行解决租房问题的，对于一年内多次变换工作地点的，个人应及时向扣缴义务人或者税务机关更新专项附加扣除相关信息，允许一年内按照更换工作地点的情况分别进行扣除。

来源：国家税务总局12366纳税服务平台《个人所得税专项附加扣除200问》。

问题 131　年度中间换租造成中间有重叠租赁月份的情况，该如何处理

〖答〗若有重叠租赁月份的，则将上次已填报的住房租金的有效期止提前终止，或者新增住房租金信息租赁期起必须晚于上次已填报的住房租赁期止所属月份。

来源：国家税务总局12366纳税服务平台《个人所得税专项附加扣除200问》。

6. 赡养老人

问题 132　赡养老人专项附加扣除

〖答〗根据《国务院关于印发个人所得税专项附加扣除暂行办法的通知》规定，赡养老人专项附加扣除享受条件及标准如表102所示。

表 102　赡养老人专项附加享受条件和扣除标准

序号	纳税人	被赡养人	扣除标准
1	独生子女	年满 60 岁的父母,以及子女均已去世的年满 60 岁的祖父母、外祖父母	3 000 元/月
2	非独生子女		分摊 3 000 元/月 每人分摊的金额≤1 500 元/月

政策依据

《国务院关于提高个人所得税有关专项附加扣除标准的通知》(国发〔2023〕13 号)第三条

三、赡养老人专项附加扣除标准,由每月 2 000 元提高到 3 000 元。其中,独生子女按照每月 3 000 元的标准定额扣除;非独生子女与兄弟姐妹分摊每月 3 000 元的扣除额度,每人分摊的额度不能超过每月 1 500 元。

案例 36　赡养老人专项附加扣除

李军有两个姐姐,父母均已 60 岁,姐弟三人约定,李军每月固定给父母 3 000 元赡养费,两个姐姐负责照料;李军父母指定赡养老人的专项扣除由李军一人分摊,每月 3 000 元。

请问父母指定李军每月赡养老人的专项扣除分摊 3 000 元,是否合理?

〖答〗不合理,纳税人为非独生子女的,赡养老人的专项扣除,由其与兄弟姐妹分摊每月 3 000 元的扣除额度,每人分摊的额度不能超过每月 1 500 元,李军为非独生子女,所以李军分摊的额度不能超过每月 1 500 元。

问题 133　实际承担对叔叔伯伯的赡养义务或赡养岳父岳母、公婆的费用,是否可扣

〖答〗不可以。被赡养人是指年满 60 岁的父母,以及子女均已去世的年满 60 岁的祖父母、外祖父母。

来源:国家税务总局 12366 纳税服务平台《个人所得税专项附加扣除 200 问》。

问题 134　两个子女中的一个无赡养父母的能力,是否可以由余下那名子女享受 3 000 元扣除标准

〖答〗不可以。

按照《国务院关于提高个人所得税有关专项附加扣除标准的通知》(国发〔2023〕13 号)规定,纳税人为非独生子女的,在兄弟姐妹之间分摊 3 000 元/月的赡养老人专项附加扣除额度,每人分摊的额度不能超过每月 1 500 元,不能由其中一人单独享受全部扣除。

来源:国家税务总局 12366 纳税服务平台《个人所得税专项附加扣除 200 问》。

问题 135　父母均要满 60 周岁,还是只要一位满 60 周岁即可？纳税人父母年龄均超过 60 周岁,在进行赡养老人专项附加扣除时,是否可以按照两倍标准扣除

〖答〗父母中有一位年满 60 周岁的,纳税人可以按照规定标准扣除。扣除标准是按照每个纳税人有两位赡养老人测算的。只要父母其中一位达到 60 周岁就可以享受扣除,不按照老人人数计算。

来源:国家税务总局 12366 纳税服务平台《个人所得税专项附加扣除 200 问》。

问题 136　独生子女家庭,父母离异后再婚的,如何享受赡养老人专项附加扣除

〖答〗对于独生子女家庭,父母离异后重新组建家庭,在新组建的两个家庭中,只要父母中一方没有纳税人以外的其他子女进行赡养,则纳税人可以按照独生子女标准享受每月3 000元赡养老人专项附加扣除。除上述情形外,不能按照独生子女享受扣除。在填写专项附加扣除信息表时,纳税人需注明与被赡养人的关系。

来源:国家税务总局12366纳税服务平台《个人所得税专项附加扣除200问》。

问题 137　非独生子女的兄弟姐妹都已去世,是否可按独生子女扣除

〖答〗一个纳税年度内,如纳税人的其他兄弟姐妹均已去世,其可在第二年按照独生子女赡养老人标准3 000元/月扣除。如纳税人的兄弟姐妹在2023年1月1日以前均已去世,则选择按"独生子女"身份享受赡养老人扣除标准;如纳税人已按"非独生子女"身份填报,可修改已申报信息,已按非独生子女身份扣除少享受的部分,可以在下月领工资时补扣除。

问题 138　子女均已去世的年满60周岁的祖父母、外祖父母,孙子女、外孙子女能否按照独生子女扣除,如何判断

〖答〗只要祖父母、外祖父母中的任何一方,没有纳税人以外的其他孙子女、外孙子女共同赡养,则纳税人可以按照独生子女扣除。如果还有其他的孙子女、外孙子女与纳税人共同赡养祖父母、外祖父母,则纳税人不能按照独生子女扣除。

来源:国家税务总局12366纳税服务平台《个人所得税专项附加扣除200问》。

7. 3岁以下婴幼儿照护

问题 139　3岁以下婴幼儿照护专项附加扣除如何享受

〖答〗根据《国务院关于设立3岁以下婴幼儿照护个人所得税专项附加扣除的通知》(国发〔2022〕8号)的规定,3岁以下婴幼儿照护专项附加扣除项目如图17所示。

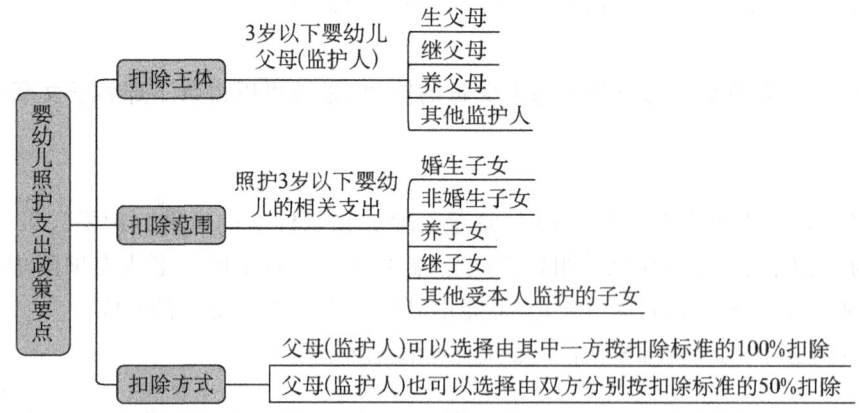

图17　3岁以下婴幼儿照护专项附加扣除项目

问题 140　纳税人生育多胞胎的,按照什么标准进行扣除

〖答〗只要符合婴幼儿照护支出的扣除条件,生育多胞胎的纳税人,可以按照每孩每月2 000元的标准进行扣除。

问题 141　有多个婴幼儿的父母,是否可以对不同的婴幼儿选择不同的扣除方式

〖答〗可以。有多个婴幼儿的父母,可以对不同的婴幼儿选择不同的扣除方式,即对婴幼儿甲可以选择由一方按照每月 2 000 元的标准扣除,对婴幼儿乙可以选择由双方分别按照每月 1 000 元的标准扣除。

问题 142　在国外出生的婴幼儿,其父母是否可以享受 3 岁以下婴幼儿照护专项附加扣除

〖答〗可以。无论婴幼儿在国内还是国外出生,其父母都可以享受 3 岁以下婴幼儿照护专项附加扣除。

问题 143　享受 3 岁以下婴幼儿照护专项附加扣除的起止时间如何计算

〖答〗从婴幼儿出生的当月至满 3 周岁的前一个月,纳税人可以享受这项专项附加扣除。比如:2022 年 5 月出生的婴幼儿,一直到 2025 年 4 月,其父母都可以按规定享受此项专项附加扣除政策。

问题 144　纳税人享受政策应当填报哪些信息

〖答〗纳税人享受 3 岁以下婴幼儿照护专项附加扣除,可以直接在个人所得税 App 上按照引导填报,也可以填写纸质的《信息报告表》,填报内容包括配偶及子女的姓名、身份证件类型(如身份证、子女出生医学证明等)及号码以及本人与配偶之间扣除分配比例等信息。

问题 145　如果暂没有子女出生医学证明或居民身份证等可证明身份的证件,该如何填报婴幼儿身份信息

〖答〗纳税人暂未获取婴幼儿出生医学证明或居民身份证等可证明身份的证件的,也可选择"其他个人证件"并在备注中如实填写相关情况,不影响纳税人享受扣除。后续纳税人取得婴幼儿的出生医学证明或者居民身份证号的,及时补充更新即可。如税务机关联系纳税人核实有关情况,纳税人可通过手机个人所得税 App 将证件照片等证明资料推送给税务机关证明真实性,以便继续享受扣除。

8. 办理流程

问题 146　符合扣除条件的纳税人,什么时候可以办理专项附加扣除

〖答〗除大病医疗外,其他 5 项专项附加扣除,只要纳税人在纳税年度内符合其中的一项或多项扣除条件时,就可以向工资薪金的扣缴单位填报相关信息,享受专项附加扣除。大病医疗,或者纳税人年度内未享受或未足额享受的,可在次年 3 月 1 日至 6 月 30 日办理综合所得汇算清缴时向税务机关填报相关专项附加扣除信息、享受扣除优惠。

来源:国家税务总局答疑。

问题 147　员工没能及时将专项附加扣除信息提交给扣缴义务人,可不可以下个月补报

〖答〗扣缴义务人根据员工提交的专项附加扣除信息,按月计算应预扣预缴的税款,向税务机关办理全员全额纳税申报。如果员工未能及时报送,也可在以后月份补报,由扣缴义务人在当年剩余月份发放工资时补扣,不影响员工享受专项附加扣除。

例如,李军在 2024 年 3 月份向单位首次报送其正在上幼儿园的 3 岁女儿相关信息,则 3 月份李军可在本单位发工资时累计可扣除子女教育支出为 6 000 元(2 000 元/月×3 个月)。到 4 月

份李军可在本单位发工资时累计可扣除子女教育支出为8 000元(2 000元/月×4个月)。

来源:国家税务总局答疑。

问题148 如果员工一年内都没将专项附加扣除信息提交给扣缴义务人怎么办

〖答〗在一个纳税年度内,员工如果没有及时将专项附加扣除信息报送给扣缴义务人,以致在扣缴义务人预扣预缴工资、薪金所得税时未享受扣除的,员工可以在次年3月1日至6月30日内,向汇缴地主管税务机关进行汇算清缴申报时办理扣除。

来源:国家税务总局答疑。

问题149 专项附加扣除的办理环节

〖答〗根据《中华人民共和国个人所得税法》《中华人民共和国个人所得税法实施条例》《个人所得税专项附加扣除暂行办法》以及《个人所得税专项附加扣除操作办法(试行)》的相关规定,专项附加扣除的办理环节如表103所示。

表103 专项附加扣除办理环节

序号	情形		办理环节
1	有工资薪金所得	选择由扣缴义务人办理子女教育、继续教育、住房贷款利息、住房租金、赡养老人五项专项附加扣除	预扣预缴
2		由扣缴义务人办理子女教育、继续教育、住房贷款利息、住房租金、赡养老人五项专项附加扣除未享受或未足额享受,选择向支付工资、薪金的扣缴义务人申请在剩余月份发放工资、薪金时补充扣除	
3		选择向汇缴地主管税务机关办理汇算清缴申报时扣除子女教育、继续教育、住房贷款利息、住房租金、赡养老人五项专项附加	汇算清缴
4		自行向汇缴地主管税务机关办理汇算清缴申报时扣除大病医疗专项附加	
5		由扣缴义务人办理子女教育、继续教育、住房贷款利息、住房租金、赡养老人五项专项附加扣除未享受或未足额享受,选择向汇缴地主管税务机关办理汇算清缴时申报扣除	
6	无工资薪金所得	仅取得劳务报酬所得、稿酬所得、特许权使用费所得,且需要享受专项附加扣除的	
7		取得经营所得,没有综合所得,且个人所得税征收方式为查账征收	

 政策依据

一、《中华人民共和国个人所得税法》第十一条第二款

居民个人向扣缴义务人提供专项附加扣除信息的,扣缴义务人按月预扣预缴税款时应当按照规定予以扣除,不得拒绝。

二、《中华人民共和国个人所得税法实施条例》第十五条第二款及第二十八条

第十五条 ……取得经营所得的个人,没有综合所得的,计算其每一纳税年度的应纳税所得额时,应当减除费用6万元、专项扣除、专项附加扣除以及依法确定的其他扣除。专项附加扣除在办理汇算清缴时减除。

第二十八条 居民个人取得工资、薪金所得时,可以向扣缴义务人提供专项附加扣除有关信息,由扣缴义务人扣缴税款时减除专项附加扣除。纳税人同时从两处以上取得工资、薪金所得,并由扣缴义务人减除专项附加扣除的,对同一专项附加扣除项目,在一个纳税年度内只能选择从一处取得的所得中减除。

居民个人取得劳务报酬所得、稿酬所得、特许权使用费所得,应当在汇算清缴时向税务机关提供有关信息,减除专项附加扣除。

三、《国务院关于印发个人所得税专项附加扣除暂行办法的通知》(国发〔2018〕41号)第十一条

大病医疗专项附加扣除,由纳税人在办理年度汇算清缴时,在限额内据实扣除。

四、《国家税务总局关于发布〈个人所得税专项附加扣除操作办法(试行)〉的公告》(国家税务总局公告2018年第60号)第四条至第七条

第四条 享受子女教育、继续教育、住房贷款利息或者住房租金、赡养老人专项附加扣除的纳税人,自符合条件开始,可以向支付工资、薪金所得的扣缴义务人提供上述专项附加扣除有关信息,由扣缴义务人在预扣预缴税款时,按其在本单位本年可享受的累计扣除额办理扣除;也可以在次年3月1日至6月30日内,向汇缴地主管税务机关办理汇算清缴申报时扣除。

享受大病医疗专项附加扣除的纳税人,由其在次年3月1日至6月30日内,自行向汇缴地主管税务机关办理汇算清缴申报时扣除。

第五条 扣缴义务人办理工资、薪金所得预扣预缴税款时,应当根据纳税人报送的《个人所得税专项附加扣除信息表》为纳税人办理专项附加扣除。

第六条 纳税人未取得工资、薪金所得,仅取得劳务报酬所得、稿酬所得、特许权使用费所得需要享受专项附加扣除的,应当在次年3月1日至6月30日内,自行向汇缴地主管税务机关报送《扣除信息表》,并在办理汇算清缴申报时扣除。

第七条 一个纳税年度内,纳税人在扣缴义务人预扣预缴税款环节未享受或未足额享受专项附加扣除的,可以在当年内向支付工资、薪金的扣缴义务人申请在剩余月份发放工资、薪金时补充扣除,也可以在次年3月1日至6月30日内,向汇缴地主管税务机关办理汇算清缴时申报扣除。

问题150 个人办理专项附加扣除的报送及留存资料有哪些

〖答〗纳税人首次享受专项附加扣除,应当将专项附加扣除相关信息提交扣缴义务人或者税务机关,扣缴义务人应当及时将相关信息报送税务机关,纳税人对所提交信息的真实性、准确性、完整性负责。专项附加扣除信息发生变化的,纳税人应当及时向扣缴义务人或者税务机关提供相关信息。归纳个人办理专项附加扣除的报送及留存的资料归纳如104所示。

表104 办理专项附加扣除报送及留存资料

序号	扣除项目	报送资料	留存资料	留存期限
1	子女教育	配偶及子女的姓名、身份证件类型及号码、子女当前受教育阶段及起止时间、子女就读学校以及本人与配偶之间扣除分配比例等信息	子女在境内接受教育不需要留存 子女在境外接受教育,应当留存境外学校录取通知书、留学签证等境外教育佐证资料	1.纳税人应当将《扣除信息表》及相关留存备查资料,自法定汇算清缴期结束后保存五年。 2.纳税人报送给扣缴义务人的《扣除信息表》,扣缴义务人应当自预扣预缴年度的次年起留存5年
2	继续教育	接受学历(学位)继续教育的,应当填报教育起止时间、教育阶段等信息 接受技能人员或者专业技术人员职业资格继续教育的,应当填报证书名称、证书编号、发证机关、发证(批准)时间等信息	不需要留存 留存职业资格相关证书等资料	
3	大病医疗	填报患者姓名、身份证件类型及号码、与纳税人关系、与基本医保相关的医药费用总金额、医保目录范围内个人负担的自付金额等信息	大病患者医药服务收费及医保报销相关票据原件或复印件,或者医疗保障部门出具的纳税年度医药费用清单等资料	
4	住房贷款利息	填报住房权属信息、住房坐落地址、贷款方式、贷款银行、贷款合同编号、贷款期限、首次还款日期等信息;纳税人有配偶的,填写配偶姓名、身份证件类型及号码	住房贷款合同、贷款还款支出凭证等资料	

(续表)

序号	扣除项目	报送资料	留存资料		留存期限
5	住房租金	填报主要工作城市、租赁住房坐落地址、出租人姓名及身份证件类型和号码或者出租方单位名称及纳税人识别号(社会统一信用代码)、租赁起止时间等信息;纳税人有配偶的,填写配偶姓名、身份证件类型及号码	住房租赁合同或协议等资料		1. 纳税人应当将《扣除信息表》及相关留存备查资料,自法定汇算清缴期结束后保存五年。 2. 纳税人报送给扣缴义务人的《扣除信息表》,扣缴义务人应当自预扣预缴年度的次年起留存5年
6	赡养老人	填报纳税人是否为独生子女、月扣除金额、被赡养人姓名及身份证件类型和号码、与纳税人关系;有共同赡养人的,需填报分摊方式、共同赡养人姓名及身份证件类型和号码等信息	独生子女,不需要留存		
			非独生子女	平摊方式,不需要	
				约定或指定分摊方式,留存约定或指定分摊的书面分摊协议	
7	3岁以下婴幼儿照护	婴幼儿子女的姓名、证件类型及号码以及本人与配偶之间扣除分配比例等信息	子女的出生医学证明等资料		

政策依据

一、《国务院关于印发个人所得税专项附加扣除暂行办法的通知》(国发〔2018〕41号)第二十五条

纳税人首次享受专项附加扣除,应当将专项附加扣除相关信息提交扣缴义务人或者税务机关,扣缴义务人应当及时将相关信息报送税务机关,纳税人对所提交信息的真实性、准确性、完整性负责。专项附加扣除信息发生变化的,纳税人应当及时向扣缴义务人或者税务机关提供相关信息。

前款所称专项附加扣除相关信息,包括纳税人本人、配偶、子女、被赡养人等个人身份信息,以及国务院税务主管部门规定的其他与专项附加扣除相关的信息。

本办法规定纳税人需要留存备查的相关资料应当留存五年。

二、《国家税务总局关于发布〈个人所得税专项附加扣除操作办法(试行)〉的公告》(国家税务总局公告2018年第60号)第八条、第十一条至第十七条、第二十三条

第八条 纳税人选择在扣缴义务人发放工资、薪金所得时享受专项附加扣除的,首次享受时应当填写并向扣缴义务人报送《扣除信息表》;纳税年度中间相关信息发生变化的,纳税人应当更新《扣除信息表》相应栏次,并及时报送给扣缴义务人。

更换工作单位的纳税人,需要由新任职、受雇扣缴义务人办理专项附加扣除的,应当在入职的当月,填写并向扣缴义务人报送《扣除信息表》。

第十一条 纳税人将需要享受的专项附加扣除项目信息填报至《扣除信息表》相应栏次。填报要素完整的,扣缴义务人或者主管税务机关应当受理;填报要素不完整的,扣缴义务人或者主管税务机关应当及时告知纳税人补正或重新填报。纳税人未补正或重新填报的,暂不办理相关专项附加扣除,待纳税人补正或重新填报后再行办理。

第十二条 纳税人享受子女教育专项附加扣除,应当填报配偶及子女的姓名、身份证件类型及号码、子女当前受教育阶段及起止时间、子女就读学校以及本人与配偶之间扣除分配比例等信息。

纳税人需要留存备查资料包括:子女在境外接受教育的,应当留存境外学校录取通知书、留学签证等境外教育佐证资料。

第十三条 纳税人享受继续教育专项附加扣除,接受学历(学位)继续教育的,应当填报教育起止时间、教育阶段等信息;接受技能人员或者专业技术人员职业资格继续教育的,应当填报证书名称、证书编号、发证机关、发证(批准)时间等信息。

纳税人需要留存备查资料包括:纳税人接受技能人员职业资格继续教育、专业技术人员职业资格继续教

育的,应当留存职业资格相关证书等资料。

第十四条 纳税人享受住房贷款利息专项附加扣除,应当填报住房权属信息、住房坐落地址、贷款方式、贷款银行、贷款合同编号、贷款期限、首次还款日期等信息;纳税人有配偶的,填写配偶姓名、身份证件类型及号码。

纳税人需要留存备查资料包括:住房贷款合同、贷款还款支出凭证等资料。

第十五条 纳税人享受住房租金专项附加扣除,应当填报主要工作城市、租赁住房坐落地址、出租人姓名及身份证件类型和号码或者出租方单位名称及纳税人识别号(社会统一信用代码)、租赁起止时间等信息;纳税人有配偶的,填写配偶姓名、身份证件类型及号码。

纳税人需要留存备查资料包括:住房租赁合同或协议等资料。

第十六条 纳税人享受赡养老人专项附加扣除,应当填报纳税人是否为独生子女、月扣除金额、被赡养人姓名及身份证件类型和号码、与纳税人关系;有共同赡养人的,需填报分摊方式、共同赡养人姓名及身份证件类型和号码等信息。

纳税人需要留存备查资料包括:约定或指定分摊的书面分摊协议等资料。

第十七条 纳税人享受大病医疗专项附加扣除,应当填报患者姓名、身份证件类型及号码、与纳税人关系、与基本医保相关的医药费用总金额、医保目录范围内个人负担的自付金额等信息。

纳税人需要留存备查资料包括:大病患者医药服务收费及医保报销相关票据原件或复印件,或者医疗保障部门出具的纳税年度医药费用清单等资料。

第二十三条 纳税人应当将《扣除信息表》及相关留存备查资料,自法定汇算清缴期结束后保存五年。

纳税人报送给扣缴义务人的《扣除信息表》,扣缴义务人应当自预扣预缴年度的次年起留存五年。

问题 151 个人办理专项附加扣除的报送方式和渠道有哪些

〖答〗根据《个人所得税专项附加扣除操作办法(试行)》第十九至二十一条规定,个人办理专项附加扣除的报送方式和渠道归纳如表 105 所示。

表 105 办理专项附加扣除的报送方式和渠道

序号	办理环节	办理渠道	办理方式	资料留存
1	预扣预缴	纳税人通过远程办税端选择扣缴义务人并报送专项附加扣除信息	扣缴义务人根据接收的扣除信息办理扣除	无须将相关信息打印签字
		纳税人通过填写电子或者纸质《扣除信息表》直接报送扣缴义务人的	扣缴义务人将相关信息导入或者录入扣缴端软件,并在次月办理扣缴申报时提交给主管税务机关	《扣除信息表》应当一式两份,纳税人和扣缴义务人签字(章)后分别留存备查
2	汇算清缴	纳税人通过远程办税端报送专项附加扣除信息		无须将相关信息打印签字
		纳税人将电子或者纸质《扣除信息表》(一式两份)报送给汇缴地主管税务机关		1. 报送电子《扣除信息表》的,主管税务机关受理打印,交由纳税人签字后,一份由纳税人留存备查,一份由税务机关留存 2. 报送纸质《扣除信息表》的,纳税人签字确认、主管税务机关受理签章后,一份退还纳税人留存备查,一份由税务机关留存

〖政策依据〗

二、《国家税务总局关于发布〈个人所得税专项附加扣除操作办法(试行)〉的公告》(国家税务总局公告 2018 年第 60 号)第十九条至第二十二条

第十九条　纳税人可以通过远程办税端、电子或者纸质报表等方式,向扣缴义务人或者主管税务机关报送个人专项附加扣除信息。

第二十条　纳税人选择纳税年度内由扣缴义务人办理专项附加扣除的,按下列规定办理:

(一)纳税人通过远程办税端选择扣缴义务人并报送专项附加扣除信息的,扣缴义务人根据接收的扣除信息办理扣除。

(二)纳税人通过填写电子或者纸质《扣除信息表》直接报送扣缴义务人的,扣缴义务人将相关信息导入或者录入扣缴端软件,并在次月办理扣缴申报时提交给主管税务机关。《扣除信息表》应当一式两份,纳税人和扣缴义务人签字(章)后分别留存备查。

第二十一条　纳税人选择年度终了后办理汇算清缴申报时享受专项附加扣除的,既可以通过远程办税端报送专项附加扣除信息,也可以将电子或者纸质《扣除信息表》(一式两份)报送给汇缴地主管税务机关。

报送电子《扣除信息表》的,主管税务机关受理打印,交由纳税人签字后,一份由纳税人留存备查,一份由税务机关留存;报送纸质《扣除信息表》的,纳税人签字确认、主管税务机关受理签章后,一份退还纳税人留存备查,一份由税务机关留存。

第二十二条　扣缴义务人和税务机关应当告知纳税人办理专项附加扣除的方式和渠道,鼓励并引导纳税人采用远程办税端报送信息。

问题 152　纳税人和扣缴义务人在办理专项附加扣除时的法律责任

【答】纳税人和扣缴人在办理专项附加扣除时应分别承担法律责任,如表106所示。

表106　纳税人和扣缴义务人在办理专项附加扣除时的法律责任

序号	要素	在办理专项附加扣除时的法律责任
1	纳税人	对报送的专项附加扣除信息的真实性、准确性、完整性负责
		纳税人首次享受专项附加扣除,应当将专项附加扣除相关信息提交扣缴义务人或者税务机关
		专项附加扣除信息发生变化的,纳税人应当及时向扣缴义务人或者税务机关提供相关信息
		应当将《扣除信息表》及相关留存备查资料,自法定汇算清缴期结束后保存五年
2	扣缴义务人	扣缴义务人按月预扣预缴税款时应当按照规定予以扣除,不得拒绝
		扣缴义务人应当为纳税人报送的专项附加扣除信息保密
		扣缴义务人应当按照纳税人提供的信息计算办理扣缴申报,不得擅自更改纳税人提供的信息;
		扣缴义务人发现纳税人提供的信息与实际情况不符,可以要求纳税人修改;纳税人拒绝修改的,扣缴义务人应当向主管税务机关报告
		除纳税人另有要求外,扣缴义务人应当于年度终了后两个月内,向纳税人提供已办理的专项附加扣除项目及金额等信息
		纳税人报送给扣缴义务人的《扣除信息表》,扣缴义务人应当自预扣预缴年度的次年起留存五年

政策依据

一、《中华人民共和国个人所得税法》第十一条

……居民个人向扣缴义务人提供专项附加扣除信息的,扣缴义务人按月预扣预缴税款时应当按照规定予以扣除,不得拒绝。……

二、《中华人民共和国个人所得税法实施条例》第三十条

扣缴义务人应当按照纳税人提供的信息计算办理扣缴申报,不得擅自更改纳税人提供的信息。

纳税人发现扣缴义务人提供或者扣缴申报的个人信息、所得、扣缴税款等与实际情况不符的,有权要求扣缴义务人修改。扣缴义务人拒绝修改的,纳税人应当报告税务机关,税务机关应当及时处理。

三、《国务院关于印发个人所得税专项附加扣除暂行办法的通知》(国发〔2018〕41号)第二十五条

纳税人首次享受专项附加扣除,应当将专项附加扣除相关信息提交扣缴义务人或者税务机关,扣缴义务人应当及时将相关信息报送税务机关,纳税人对所提交信息的真实性、准确性、完整性负责。专项附加扣除信息发生变化的,纳税人应当及时向扣缴义务人或者税务机关提供相关信息。

四、《国家税务总局关于发布〈个人所得税专项附加扣除操作办法(试行)〉的公告》(国家税务总局公告2018年第60号)第十八条、第二十三条至第二十五条

第十八条 纳税人应当对报送的专项附加扣除信息的真实性、准确性、完整性负责。

第二十三条 纳税人应当将《扣除信息表》及相关留存备查资料,自法定汇算清缴期结束后保存五年。

纳税人报送给扣缴义务人的《扣除信息表》,扣缴义务人应当自扣预缴年度的次年起留存五年。

第二十四条 纳税人向扣缴义务人提供专项附加扣除信息的,扣缴义务人应当按照规定予以扣除,不得拒绝。扣缴义务人应当为纳税人报送的专项附加扣除信息保密。

第二十五条 扣缴义务人应当及时按照纳税人提供的信息计算办理扣缴申报,不得擅自更改纳税人提供的相关信息。

扣缴义务人发现纳税人提供的信息与实际情况不符,可以要求纳税人修改。纳税人拒绝修改的,扣缴义务人应当向主管税务机关报告,税务机关应当及时处理。

除纳税人另有要求外,扣缴义务人应当于年度终了后两个月内,向纳税人提供已办理的专项附加扣除项目及金额等信息。

问题 153　哪些部门需要协助核实专项附加扣除信息

【答】根据《个人所得税专项附加扣除暂行办法》的规定,部分单位和部门有责任和义务协助税务机关核实专项附加扣除信息,具体协助核实内容,如表107所示。

表107　专项附加扣除信息的核实部门及内容

序号	部门	提供或协助核实信息
1	公安部门	户籍人口基本信息
		户成员关系信息
		出入境证件信息
		相关出国人员信息
		户籍人口死亡标识等信息
2	卫生健康部门	出生医学证明信息
		独生子女信息
3	民政部门、外交部门、法院	婚姻状况信息
4	教育部门	学生学籍信息(包括学历继续教育学生学籍、考籍信息)
		在相关部门备案的境外教育机构资质信息
5	人力资源社会保障等部门	技工院校学生学籍信息
		技能人员职业资格继续教育信息
		专业技术人员职业资格继续教育信息
6	住房城乡建设部门	房屋(含公租房)租赁信息
7	住房公积金管理机构	有关住房公积金贷款还款支出信息
8	自然资源部门	不动产登记信息
9	人民银行、金融监督管理部门	住房商业贷款还款支出信息
10	医疗保障部门	在医疗保障信息系统记录的个人负担的医药费用信息
11	国务院税务主管部门确定需要提供的其他涉税信息	

《国务院关于印发个人所得税专项附加扣除暂行办法的通知》(国发〔2018〕41号)第二十六条、第二十八条

第二十六条　有关部门和单位有责任和义务向税务部门提供或者协助核实以下与专项附加扣除有关的信息：

（一）公安部门有关户籍人口基本信息、户成员关系信息、出入境证件信息、相关出国人员信息、户籍人口死亡标识等信息；

（二）卫生健康部门有关出生医学证明信息、独生子女信息；

（三）民政部门、外交部门、法院有关婚姻状况信息；

（四）教育部门有关学生学籍信息（包括学历继续教育学生学籍、考籍信息）、在相关部门备案的境外教育机构资质信息；

（五）人力资源社会保障等部门有关技工院校学生学籍信息、技能人员职业资格继续教育信息、专业技术人员职业资格继续教育信息；

（六）住房城乡建设部门有关房屋（含公租房）租赁信息、住房公积金管理机构有关住房公积金贷款还款支出信息；

（七）自然资源部门有关不动产登记信息；

（八）人民银行、金融监督管理部门有关住房商业贷款还款支出信息；

（九）医疗保障部门有关在医疗保障信息系统记录的个人负担的医药费用信息；

（十）国务院税务主管部门确定需要提供的其他涉税信息。

上述数据信息的格式、标准、共享方式，由国务院税务主管部门及各省、自治区、直辖市和计划单列市税务局商有关部门确定。

有关部门和单位拥有专项附加扣除涉税信息，但未按规定要求向税务部门提供的，拥有涉税信息的部门或者单位的主要负责人及相关人员承担相应责任。

……

第二十八条　税务机关核查专项附加扣除情况时，纳税人任职受雇单位所在地、经常居住地、户籍所在地的公安派出所、居民委员会或者村民委员会等有关单位和个人应当协助核查。

问题154　税务机关对专项附加扣除的核查及处理方式

【答】根据《中华人民共和国个人所得税法》及《个人所得税专项附加扣除暂行办法》的规定，税务机关定期对纳税人提供的专项附加扣除信息开展抽查，对抽查结果税务机关依法进行处理，具体如表108所示。

表108　税务机关对专项附加扣除的核查及处理方式

序号	核查时纳税人的行为		税务机关处理方式
1	无法提供留存备查资料		①税务机关可以要求纳税人提供其他佐证；
2	留存备查资料不能支持相关情况		②不能提供其他佐证材料，或者佐证材料仍不足以支持的，不得享受相关专项附加扣除
3	报送虚假专项附加扣除信息	满足其中之一	①主管税务机关应当责令其改正；
	重复享受专项附加扣除		②纳税人在任职、受雇单位报送虚假扣除信息的，税务机关责令改正的同时，通知扣缴义务人；
	超范围或标准享受专项附加扣除		③情形严重的，应当纳入有关信用信息系统，并按照国家有关规定实施联合惩戒；
	拒不提供留存备查资料		④涉及违反税收征管法等法律法规的，税务机关依法进行处理
	税务总局规定的其他情形		

一、《中华人民共和国个人所得税法实施条例》第三十条第三款

纳税人、扣缴义务人应当按照规定保存与专项附加扣除相关的资料。税务机关可以对纳税人提供的专项

附加扣除信息进行抽查,具体办法由国务院税务主管部门另行规定。税务机关发现纳税人提供虚假信息的,应当责令改正并通知扣缴义务人;情节严重的,有关部门应当依法予以处理,纳入信用信息系统并实施联合惩戒。

二、《国家税务总局关于发布〈个人所得税专项附加扣除操作办法(试行)〉的公告》(国家税务总局公告2018年第60号)第二十六条至第二十九条

第二十六条　税务机关定期对纳税人提供的专项附加扣除信息开展抽查。

第二十七条　税务机关核查时,纳税人无法提供留存备查资料,或者留存备查资料不能支持相关情况的,税务机关可以要求纳税人提供其他佐证;不能提供其他佐证材料,或者佐证材料仍不足以支持的,不得享受相关专项附加扣除。

第二十八条　税务机关核查专项附加扣除情况时,可以提请有关单位和个人协助核查,相关单位和个人应当协助。

第二十九条　纳税人有下列情形之一的,主管税务机关应当责令其改正;情形严重的,应当纳入有关信用信息系统,并按照国家有关规定实施联合惩戒;涉及违反税收征管法等法律法规的,税务机关依法进行处理:

(一)报送虚假专项附加扣除信息;

(二)重复享受专项附加扣除;

(三)超范围或标准享受专项附加扣除;

(四)拒不提供留存备查资料;

(五)税务总局规定的其他情形。

纳税人在任职、受雇单位报送虚假扣除信息的,税务机关责令改正的同时,通知扣缴义务人。

问题 155　纳税人填报专项附加扣除信息注意事项

〖答〗纳税人填报专项附加扣除信息应注意以下事项。

(1)根据专项附加扣除办法规定的条件,判断自己是否有符合相关条件的专项附加扣除项目;

(2)根据自己的实际情况,在电子税务局网页、手机 App、电子模板、纸质报表四种方式中,选择一种专项附加扣除信息的提交方式;

(3)根据自己符合条件的专项附加扣除项目,如实填报相应的专项附加扣除信息;

(4)姓名、身份证号、手机号码等信息务必填写准确,以保障自己的合法权益,避免漏掉重要的税收提醒服务;选填项尽可能填写完整,以便更好地获得税收服务;

(5)通过电子模板、纸质报表等方式填报专项附加扣除信息的,应留存好本人和扣缴义务人或者税务机关签字盖章纸质信息表备查;

(6)纳税人应于每年12月份对次年享受专项附加扣除的内容进行确认。如未及时确认的,次年1月起暂停扣除,待确认后再享受。

来源:国家税务总局所得税司答疑。

问题 156　个人如何报送专项附加扣除信息

〖答〗纳税人应根据《中华人民共和国个人所得税法》及其实施条例、《个人所得税专项附加扣除暂行办法》《个人所得税专项附加扣除操作办法(试行)》有关规定,填写《个人所得税专项附加扣除信息表》,如表109所示。

表109　个人所得税专项附加扣除信息报送

事项	具体规定	
报送报表	《个人所得税专项附加扣除信息表》	报表见本章表210
适用范围	适用于享受子女教育、继续教育、大病医疗、住房贷款利息或住房租金、赡养老人、3岁以下婴幼儿照护支出七项专项附加扣除的自然人纳税人填写	

(续表)

事项		具体规定
报送渠道	选择在工资薪金所得扣除预缴个人所得税时享受	报送至扣缴义务人
	选择在年度汇算清缴申报时享受	报送至税务机关
填报须知	首次填报	本人所涉及的《个人所得税专项附加扣除信息表》内各信息项填写完整
	相关信息发生变化的	及时更新《扣除信息表》相关信息项,并报送至扣缴义务人或税务机关
	以后纳税年度继续申报扣除的	应对扣除事项有无变化进行确认
	各类扣除项目的表格篇幅不够	可另附多张《个人所得税专项附加扣除信息表》

案例 37 专项附加扣除计算

李军是梅松公司职员,2023 年发生如下事项。

(1) 女儿小梅 5 岁就读于幼儿园,儿子小松 16 岁是某高中高二学生,与妻子王丽约定子女教育专项扣除由李军全部扣除。

(2) 2022 年 9 月考取了上海交通大学的在职研究生,缴纳学费 30 000 元;2023 年 9 月,取得中级会计职称资格证书。

(3) 2023 年 3 月,儿子小松生病,发生的与基本医保相关的医药费用支出自付部分 10.5 万元;同年 10 月,李军生病,发生的与基本医保相关的医药费用支出自付部分 5.5 万元,与妻子王丽约定大病医疗专项扣除由李军全部扣除。

(4) 2023 年 5 月,共同在上海购买一套住房,每月发生首套住房贷款利息 3 000 元,与妻子王丽约定住房贷款利息专项扣除由李军全部扣除。

(5) 2023 年 10 月李军因公外派到北京工作,在北京租房发生费用 3 000 元/月。

(6) 李军有两个姐姐,父亲李健今年 63 岁,母亲今年 61 岁,由父母指定赡养老人的专项扣除由李军分摊 1 500 元/月。

问:李军 2023 年能扣除的专项附加扣除共计多少元?

〖答〗(1) 子女教育专项扣除。

两个子女都符合国发〔2018〕41 号文件规定的扣除政策,每个子女可扣除 2 000 元/月,共计 4 000 元/月,2023 年全年可扣除:4 000×12=48 000(元)。

(2) 继续教育专项扣除。

自 2022 年 9 月攻读研究生起,在学历(学位)教育期间按照每月 400 元定额扣除。2023 年全年可扣除:400×12=4 800(元)。

取得中级会计职称资格证书,专业技术人员职业资格继续教育的支出,在取得相关证书的当年,按照 3 600 元定额扣除。2023 年全年可扣除:3 600+4 800=8 400(元)。

(3) 大病医疗专项扣除。

纳税人及未成年子女发生的医药费用支出,医保报销后个人负担(指医保目录范围内的自付部分)累计超过 15 000 元的部分,由纳税人在办理年度汇算清缴时,在 80 000 元限额内据实扣除。

李军本人医疗费用可扣除:105 000−15 000=90 000(元)>80 000(元),可扣除 80 000 元。

儿子李明医疗费用可扣除:55 000−15 000=40 000(元)<80 000(元),可扣除 40 000 元。

2023 年汇算清缴时可扣除:80 000+40 000=120 000(元)。

(4) 住房贷款利息专项扣除。

共同购买的住房发生的首套房利息,在偿还贷款期间,可以享受专项附加扣除1 000元/月,2023年共计可扣除:1 000×8=8 000(元)。

(5)住房租金专项扣除。

已经享受了住房贷款利息,不能再享受住房租金的扣除。

(6)赡养老人专项扣除。

赡养一个60岁(含)以上父母,由父母指定赡养老人的专项扣除分摊1 500元/月,2023年全年可扣除:1 500×12=18 000(元)。

综上所述,李军2023年能扣除的专项附加扣除具体如表110所示。

表110 李军2023年能扣除的专项附加扣除

扣除项目	1月	2月	3月	4月	5月	6月	7月	8月	9月	10月	11月	12月	合计
子女教育	4 000	4 000	4 000	4 000	4 000	4 000	4 000	4 000	4 000	4 000	4 000	4 000	48 000
继续教育	400	400	400	400	400	400	400	4 000	400	400	400	400	8 400
大病医疗					汇算清缴时可扣120 000								120 000
贷款利息	—	—	—	—	1 000	1 000	1 000	1 000	1 000	1 000	1 000	1 000	12 000
住房租金	—	—	—	—	—	—	—	—	—	—	—	—	
赡养老人	1 500	1 500	1 500	1 500	1 500	1 500	1 500	1 500	1 500	1 500	1 500	1 500	18 000
合计	5 900	5 900	5 900	5 900	6 900	6 900	6 900	10 500	6 900	6 900	6 900	6 900	206 400

(四)其他扣除

其他扣除,包括个人缴付符合国家规定的企业年金、职业年金,个人购买符合国家规定的商业健康保险、税收递延型商业养老保险的支出,个人养老金,以及国务院规定可以扣除的其他项目;以居民个人一个纳税年度的应纳税所得额为限额;一个纳税年度扣除不完的,不结转以后年度扣除,如图18所示。

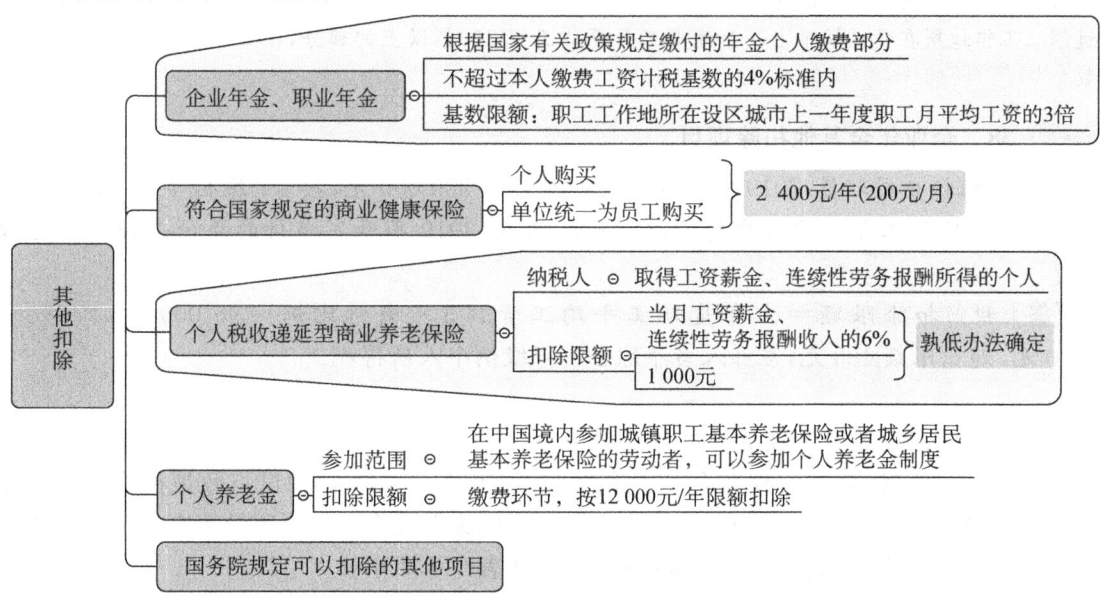

图18 其他扣除项目的范围

问题 157　企业年金和职业年金税前如何扣除

〖答〗根据《财政部　人力资源社会保障部　国家税务总局关于企业年金　职业年金个人所得税有关问题的通知》(财税〔2013〕103号)的明确,企业年金和职业年金的扣除标准以及缴费环节处理方式如图19所示。

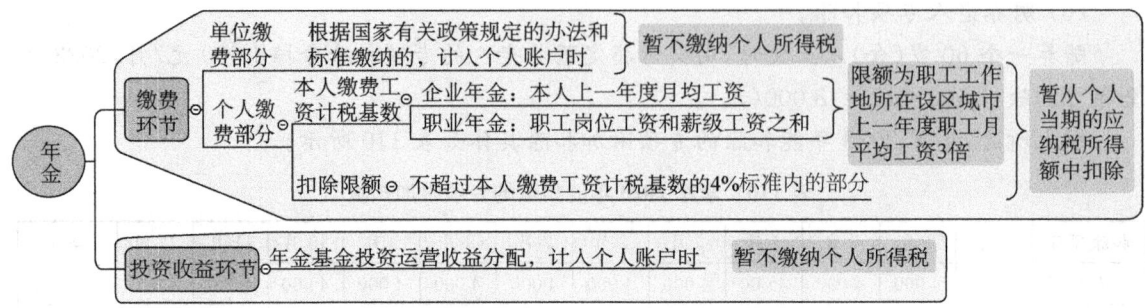

图19　企业年金和职业年金缴费及投资收益环节

《财政部　人力资源社会保障部　国家税务总局关于企业年金　职业年金个人所得税有关问题的通知》(财税〔2013〕103号)

企业和事业单位(以下统称单位)根据国家有关政策规定的办法和标准,为在本单位任职或者受雇的全体职工缴付的企业年金或职业年金(以下统称年金)单位缴费部分,在计入个人账户时,个人暂不缴纳个人所得税;个人根据国家有关政策规定缴付的年金个人缴费部分,在不超过本人缴费工资计税基数的4%标准内的部分,暂从个人当期的应纳税所得额中扣除;企业年金个人缴费工资计税基数为本人上一年度月平均工资。月平均工资按国家统计局规定列入工资总额统计的项目计算。月平均工资超过职工工作地所在设区城市上一年度职工月平均工资300%以上的部分,不计入个人缴费工资计税基数。

职业年金个人缴费工资计税基数为职工岗位工资和薪级工资之和。职工岗位工资和薪级工资之和超过职工工作地所在设区城市上一年度职工月平均工资300%以上的部分,不计入个人缴费工资计税基数。

案例 38　企业年金其他扣除项目

李军是梅松公司职员,2019年工资薪金所得共计300 000元,按4%缴付年金12 000元。该市2018年度职工年平均工资为96 000元。请问2019年李军缴付的年金是否可以全额扣除?

〖答〗税前扣除限额＝上年度职工平均工资×3×缴付比例＝96 000×3×4%＝11 520元,超出限额480元,应并入当年综合所得缴纳个人所得税。

问题 158　商业健康保险税前如何扣除

根据《财政部　税务总局　保监会关于将商业健康保险个人所得税试点政策推广到全国范围实施的通知》和《国家税务总局关于推广实施商业健康保险个人所得税政策有关征管问题的公告》中的规定,商业健康保险税前扣除处理要点如表111所示。

表 111 商业健康保险税前扣除处理要点

要素		内容规定	
购买方式	个人购买	允许在当年(月)计算应纳税所得额时予以税前扣除 2 400 元/年(200 元/月)	
	单位统一为员工购买,视同个人购买		
适用对象	取得工资薪金所得的个人		
	取得连续性劳务报酬所得的个人(连续 3 个月及以上为同一单位提供劳务的所得)		
	取得个体工商户生产经营所得、对企事业单位的承包承租经营所得的个体工商户业主		
	个人独资企业投资者、合伙企业合伙人和承包承租经营者		
商业健康保险产品的规范和条件	保险责任	健康保险产品采取具有保障功能并设立有最低保证收益账户的万能险方式,包含医疗保险和个人账户积累两项责任。被保险人个人账户由其所投保的保险公司负责管理维护	保险公司参照个人税收优惠型健康保险产品指引框架及示范条款开发
	被保险人条件	被保险人为 16 周岁以上、未满法定退休年龄的纳税人群;保险公司不得因被保险人既往病史拒保,并保证续保	
	医疗保险保障责任范围	包括被保险人医保所在地基本医疗保险基金支付范围内的自付费用及部分基本医疗保险基金支付范围外的费用,费用的报销范围、比例和额度由各保险公司根据具体产品特点自行确定	
	保险金额	同一款健康保险产品,可依据被保险人的不同情况,设置不同的保险金额,具体保险金额下限由保监会规定	
	保本微利原则	对医疗保险部分的简单赔付率低于规定比例的,保险公司要将实际赔付率与规定比例之间的差额部分返还到被保险人的个人账户	
纳税申报	纳税人	个人从中国境内两处或者两处以上取得工资薪金所得,且自行购买商业健康保险的,只能选择在其中一处扣除	
	扣缴义务人	个人自行购买符合规定的商业健康保险产品的,应及时向扣缴义务人提供保单凭证,扣缴义务人应当依法为其税前扣除,不得拒绝	
	实行核定征收的纳税人	应向主管税务机关报送《商业健康保险税前扣除情况明细表》,主管税务机关按程序相应调减其应纳税所得额或应纳税额。纳税人未续保或退保的,应当及时告知主管税务机关,终止商业健康保险税前扣除	
税优识别码		个人购买商业健康保险未获得税优识别码的,其支出金额不得税前扣除。保险公司销售符合规定的商业健康保险产品,及时为购买保险的个人开具发票和保单凭证,并在保单凭证上注明税优识别码	

政策依据

一、财政部 国家税务总局 保监会关于将商业健康保险个人所得税试点政策推广到全国范围实施的通知(财税〔2017〕39 号)第一条至第四条

自 2017 年 7 月 1 日起,将商业健康保险个人所得税试点政策推广到全国范围实施。现将有关问题通知如下。

一、关于政策内容

对个人购买符合规定的商业健康保险产品的支出,允许在当年(月)计算应纳税所得额时予以税前扣除,扣除限额为 2 400 元/年(200 元/月)。单位统一为员工购买符合规定的商业健康保险产品的支出,应分别计入员工个人工资薪金,视同个人购买,按上述限额予以扣除。

2 400 元/年(200 元/月)的限额扣除为个人所得税法规定减除费用标准之外的扣除。

二、关于适用对象

适用商业健康保险税收优惠政策的纳税人,是指取得工资薪金所得、连续性劳务报酬所得的个人,以及取得个体工商户生产经营所得、对企事业单位的承包承租经营所得的个体工商户业主、个人独资企业投资者、合

伙企业合伙人和承包承租经营者。

三、关于商业健康保险产品的规范和条件

符合规定的商业健康保险产品,是指保险公司参照个人税收优惠型健康保险产品指引框架及示范条款(见附件)开发的、符合下列条件的健康保险产品:

(一)健康保险产品采取具有保障功能并设立有最低保证收益账户的万能险方式,包含医疗保险和个人账户积累两项责任。被保险人个人账户由其所投保的保险公司负责管理维护。

(二)被保险人为16周岁以上、未满法定退休年龄的纳税人群。保险公司不得因被保险人既往病史拒保,并保证续保。

(三)医疗保险保障责任范围包括被保险人医保所在地基本医疗保险基金支付范围内的自付费用及部分基本医疗保险基金支付范围外的费用,费用的报销范围、比例和额度由各保险公司根据具体产品特点自行确定。

(四)同一款健康保险产品,可依据被保险人的不同情况,设置不同的保险金额,具体保险金额下限由保监会规定。

(五)健康保险产品坚持"保本微利"原则,对医疗保险部分的简单赔付率低于规定比例的,保险公司要将实际赔付率与规定比例之间的差额部分返还到被保险人的个人账户。

根据目标人群已有保障项目和保障需求的不同,符合规定的健康保险产品共有三类,分别适用于:1.对公费医疗或基本医疗保险报销后个人负担的医疗费用有报销意愿的人群;2.对公费医疗或基本医疗保险报销后个人负担的特定大额医疗费用有报销意愿的人群;3.未参加公费医疗或基本医疗保险,对个人负担的医疗费用有报销意愿的人群。

符合上述条件的个人税收优惠型健康保险产品,保险公司应按《保险法》规定程序上报保监会审批。

四、关于税收征管

(一)单位统一组织为员工购买或者单位和个人共同负担购买符合规定的商业健康保险产品,单位负担部分应当实名计入个人工资薪金明细清单,视同个人购买,并自购买产品次月起,在不超过200元/月的标准内按月扣除。一年内保费金额超过2400元的部分,不得税前扣除。以后年度续保时,按上述规定执行。个人自行退保时,应及时告知扣缴单位。个人相关退保信息保险公司应及时传递给税务机关。

(二)取得工资薪金所得或连续性劳务报酬所得的个人,自行购买符合规定的商业健康保险产品的,应当及时向代扣代缴单位提供保单凭证。扣缴单位自个人提交保单凭证的次月起,在不超过200元/月的标准内按月扣除。一年内保费金额超过2400元的部分,不得税前扣除。以后年度续保时,按上述规定执行。个人自行退保时,应及时告知扣缴义务人。

二、《国家税务总局关于推广实施商业健康保险个人所得税政策有关征管问题的公告》(国家税务总局公告2017年第17号),对财税〔2017〕39号(简称《通知》)的征管问题作出的规定

第二条 《通知》所称取得连续性劳务报酬所得,是指个人连续3个月以上(含3个月)为同一单位提供劳务而取得的所得。

第三条 有扣缴义务人的个人自行购买、单位统一组织为员工购买或者单位和个人共同负担购买符合规定的商业健康保险产品,扣缴义务人在填报《扣缴个人所得税报告表》或《特定行业个人所得税年度申报表》时,应将当期扣除的个人购买商业健康保险支出金额填至申报表"税前扣除项目"的"其他"列中(需注明商业健康保险扣除金额),并同时填报《商业健康保险税前扣除情况明细表》(见附件)。

其中,个人自行购买符合规定的商业健康保险产品的,应及时向扣缴义务人提供保单凭证,扣缴义务人应当依法为其税前扣除,不得拒绝。个人从中国境内两处或者两处以上取得工资薪金所得,且自行购买商业健康保险的,只能选择在其中一处扣除。

个人未续保或退保的,应于未续保或退保当月告知扣缴义务人终止商业健康保险税前扣除。

第五条 保险公司销售符合规定的商业健康保险产品,及时为购买保险的个人开具发票和保单凭证,并在保单凭证上注明税优识别码。

个人购买商业健康保险未获得税优识别码的,其支出金额不得税前扣除。

第六条 本公告所称税优识别码,是指为确保税收优惠商业健康保险保单的唯一性、真实性和有效性,由商业健康保险信息平台按照"一人一单一码"的原则对投保人进行校验后,下发给保险公司,并在保单凭证上打印的数字识别码。

案例 39 商业保险其他扣除项目

李军是上海市梅松公司的职员,2020年工资薪金所得共计300 000元,2020年1月起,公司开始统一为员工购买符合规定的商业健康保险产品,每月每人支出300元,请问2020年李军获得的商业保险应如何处理?

〖答〗符合规定的商业健康保险产品允许在当年(月)计算应纳税所得额时予以税前扣除,扣除限额为2 400元/年(200元/月)。单位统一为员工购买的,应分别计入员工个人工资薪金,视同个人购买。

李军取得的商业保险应视同个人购买,可扣除金额为2 400元/年,超出部分共计1 200元,应并入当年综合所得缴纳个人所得税。

问题 159 个人税收递延型商业养老保险如何扣除

〖答〗自2018年5月1日起,在上海市、福建省(含厦门市)和苏州工业园区实施个人税收递延型商业养老保险试点。对试点地区个人通过个人商业养老资金账户购买符合规定的商业养老保险产品的支出,允许在一定标准内税前扣除,个人递延型商业养老保险的个税处理要点如图20所示。

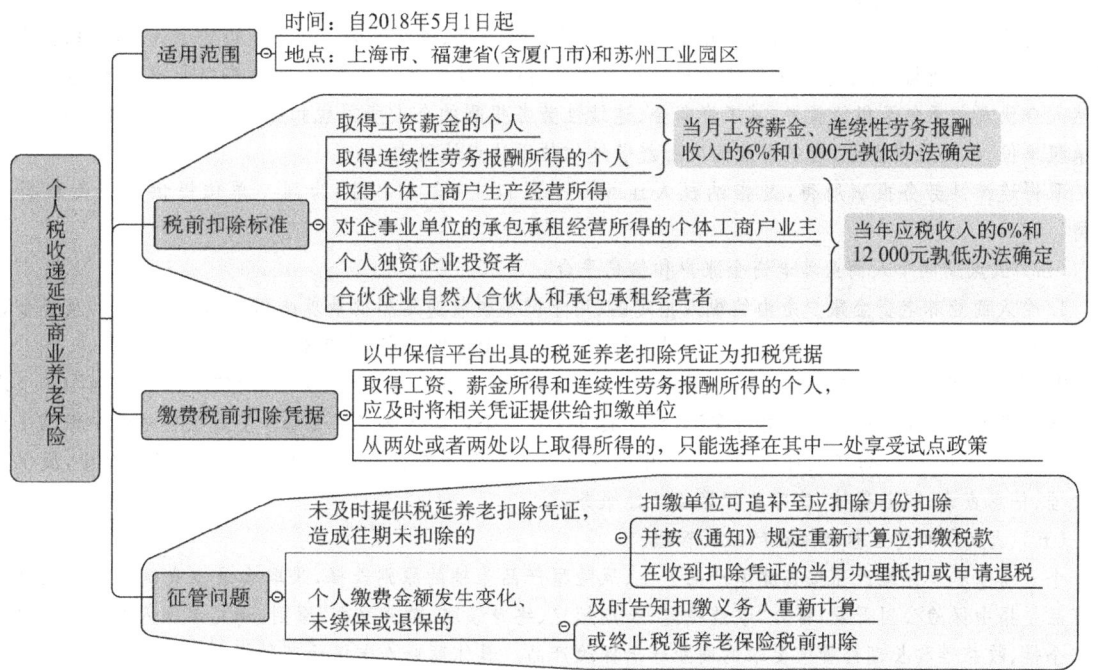

图20 个人递延型商业养老保险的个税处理要点

【提示】个人递延型商业养老保险取得连续性劳务报酬所得,是指纳税人连续6个月以上(含6个月)为同一单位提供劳务而取得的所得。与商业健康保险适用人员中取得连续性劳务报酬所得的个人(连续3个月及以上为同一单位提供劳务的所得)不同。

试点时间自 2018 年 5 月 1 日起暂定一年,截至 2020 年 3 月,法规继续有效,具体执行情况咨询当地主管税务机关。

政策依据

一、《财政部 税务总局 人力资源社会保障部 中国银行保险监督管理委员会 证监会关于开展个人税收递延型商业养老保险试点的通知》(财税〔2018〕22 号)第一条

一、关于试点政策

(一)试点地区及时间。

自 2018 年 5 月 1 日起,在上海市、福建省(含厦门市)和苏州工业园区实施个人税收递延型商业养老保险试点。试点期限暂定一年。

(二)试点政策内容。

对试点地区个人通过个人商业养老资金账户购买符合规定的商业养老保险产品的支出,允许在一定标准内税前扣除;计入个人商业养老资金账户的投资收益,暂不征收个人所得税;个人领取商业养老金时再征收个人所得税。具体规定如下:

1. 个人缴费税前扣除标准。取得工资薪金、连续性劳务报酬所得的个人,其缴纳的保费准予在申报扣除当月计算应纳税所得额时予以限额据实扣除,扣除限额按照当月工资薪金、连续性劳务报酬收入的 6% 和 1 000 元孰低办法确定。取得个体工商户生产经营所得、对企事业单位的承包承租经营所得的个体工商户业主、个人独资企业投资者、合伙企业自然人合伙人和承包承租经营者,其缴纳的保费准予在申报扣除当年计算应纳税所得额时予以限额据实扣除,扣除限额按照不超过当年应税收入的 6% 和 12 000 元孰低办法确定。

(三)试点政策适用对象。

适用试点税收政策的纳税人,是指在试点地区取得工资薪金、连续性劳务报酬所得的个人,以及取得个体工商户生产经营所得、对企事业单位的承包承租经营所得的个体工商户业主、个人独资企业投资者、合伙企业自然人合伙人和承包承租经营者,其工资薪金、连续性劳务报酬的个人所得税扣缴单位,或者个体工商户、承包承租单位、个人独资企业、合伙企业的实际经营地均位于试点地区内。

取得连续性劳务报酬所得,是指纳税人连续 6 个月以上(含 6 个月)为同一单位提供劳务而取得的所得。

(四)试点期间个人商业养老资金账户和信息平台。

1. 个人商业养老资金账户是由纳税人指定的、用于归集税收递延型商业养老保险缴费、收益以及资金领取等的商业银行个人专用账户。该账户封闭运行,与居民身份证件绑定,具有唯一性。

2. 试点期间使用中国保险信息技术管理有限责任公司建立的信息平台(以下简称"中保信平台")。个人商业养老资金账户在中保信平台进行登记,校验其唯一性。个人商业养老资金账户变更银行须经中保信平台校验后,进行账户结转,每年允许结转一次。中保信平台与税务系统、商业保险机构和商业银行对接,提供账户管理、信息查询、税务稽核、外部监管等基础性服务。

(五)试点期间商业养老保险产品及管理。

个人商业养老保险产品按稳健型产品为主、风险型产品为辅的原则选择,采取名录方式确定。试点期间的产品是指由保险公司开发,符合"收益稳健、长期锁定、终身领取、精算平衡"原则,满足参保人对养老账户资金安全性、收益性和长期性管理要求的商业养老保险产品。具体商业养老保险产品指引由中国银行保险监督管理委员会提出,商财政部、人社部、税务总局后发布。

(六)试点期间税收征管。

1. 关于缴费税前扣除。个人购买符合规定的商业养老保险产品、享受递延纳税优惠时,以中保信平台出具的税延养老扣除凭证为扣税凭据。取得工资、薪金所得和连续性劳务报酬所得的个人,应及时将相关凭证提供给扣缴单位。扣缴单位应按照本通知有关要求,认真落实个人税收递延型商业养老保险试点政策,为纳

税人办理税前扣除有关事项。

个人在试点地区范围内从两处或者两处以上取得所得的,只能选择在其中一处享受试点政策。

……

二、《国家税务总局关于开展个人税收递延型商业养老保险试点有关征管问题的公告》(国家税务总局公告2018年第21号)第一条第一项对财税〔2018〕22号,以下简称《通知》试点政策有关征管问题规定:

一、缴费税前扣除环节

按照《通知》规定,试点地区内可享受税延养老保险税前扣除优惠政策的个人,凭中国保险信息技术管理有限责任公司相关信息平台出具的《个人税收递延型商业养老保险扣除凭证》(以下简称"税延养老扣除凭证"),办理税前扣除。

(一)取得工资薪金所得、连续性劳务报酬所得的个人

取得工资薪金所得、连续性劳务报酬所得的个人,其购买符合规定商业养老保险产品的支出享受税前扣除优惠时,应及时将税延养老扣除凭证提供给扣缴单位。扣缴单位应当按照《通知》规定,在个人申报扣除当月计算扣除限额并办理税前扣除。扣缴单位在填报《扣缴个人所得税报告表》或《特定行业个人所得税年度申报表》时,应当将当期可扣除金额填至"税前扣除项目"或"年税前扣除项目"栏"其他"列中(需注明税延养老保险),并同时填报《个人税收递延型商业养老保险税前扣除情况明细表》(见附件)。

个人因未及时提供税延养老扣除凭证而造成往期未扣除的,扣缴单位可追补至应扣除月份扣除,并按《通知》规定重新计算应扣缴税款,在收到扣除凭证的当月办理抵扣或申请退税。个人缴费金额发生变化、未续保或退保的,应当及时告知扣缴义务人重新计算或终止税延养老保险税前扣除。除个人提供资料不全、信息不实等情形外,扣缴单位不得拒绝为纳税人办理税前扣除。

案例 40 个人税收递延型商业养老保险其他扣除项目

李军是梅松公司职员,2020年工资薪金所得共计300 000元。公司从2020年1月份开始,每月通过商业养老资金账户为员工购买税收递延型商业养老保险。

(1)若公司每月通过商业养老资金账户为员工购买税收递延型商业养老保险1 200元,2020年度李军可扣除的个人递延商业保险是多少?

(2)若公司每月通过商业养老资金账户为员工购买税收递延型商业养老保险800元,2020年度李军可扣除的个人递延商业保险是多少?

【答】(1)购买税收递延型商业养老保险符合财税〔2018〕22号的规定,可以扣除。扣除限额按照当年应税收入的6%与12 000元孰低原则。李军当年应税收入的6%为:300 000×6%=18 000(元)>12 000(元)。所以,扣除限额为12 000元。

当年实际发生的税收递延型商业养老保险=1 200×12=14 400(元),超过扣除限额,超过部分=14 400-12 000=2 400(元),不得在税前扣除,并入工资薪金所得计征个税。

综上,2020年李军可扣除个人递延商业保险12 000元。

(2)若购买税收递延型商业养老保险800元,全年实际发生:800×12=9 600(元),小于扣除限额12 000,则可税前扣除9 600元。

问题 160 个人养老金税前如何扣除

【答】自2022年1月1日起,在北京、天津、上海等36个城市或地区实施个人养老金试点。个人养老金的个税处理要点如图21所示。

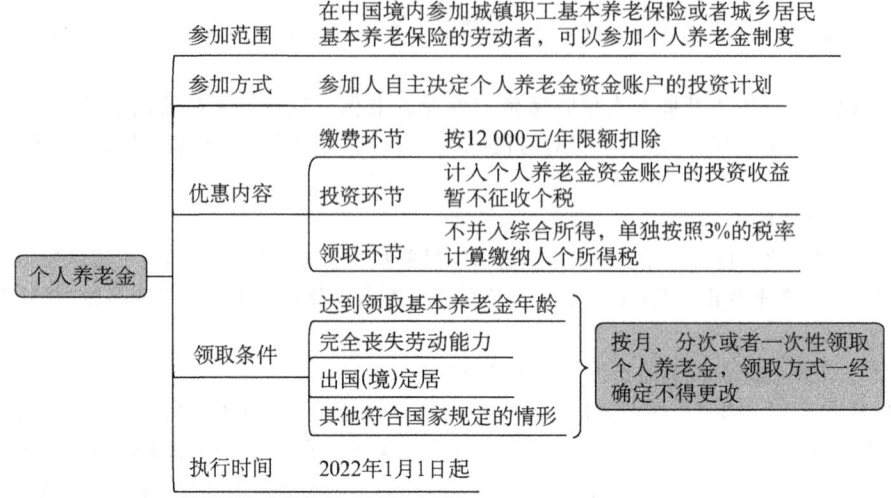

图 21

《财政部 税务总局关于个人养老金有关个人所得税政策的公告》(财政部 税务总局公告2022年第34号)第一条、第二条、第六条

一、自2022年1月1日起,对个人养老金实施递延纳税优惠政策。在缴费环节,个人向个人养老金资金账户的缴费,按照12000元/年的限额标准,在综合所得或经营所得中据实扣除;在投资环节,计入个人养老金资金账户的投资收益暂不征收个人所得税;在领取环节,个人领取的个人养老金,不并入综合所得,单独按照3%的税率计算缴纳个人所得税,其缴纳的税款计入"工资、薪金所得"项目。

二、个人缴费享受税前扣除优惠时,以个人养老金信息管理服务平台出具的扣除凭证为扣税凭据。取得工资薪金所得、按累计预扣法扣预缴个人所得税劳务报酬所得的,其缴费可以选择在当年预扣预缴或次年汇算清缴时在限额标准内据实扣除。选择在当年预扣预缴的,应及时将相关凭证提供给扣缴单位。扣缴单位应按照本公告有关要求,为纳税人办理税前扣除有关事项。取得其他劳务报酬、稿酬、特许权使用费等所得或经营所得的,其缴费在次年汇算清缴时在限额标准内据实扣除。个人按规定领取个人养老金时,由开立个人养老金资金账户所在市的商业银行机构代扣代缴其应缴的个人所得税。

六、本公告规定的税收政策自2022年1月1日起在个人养老金先行城市实施。

问题 161 个人如何报送其他扣除信息

〖答〗纳税人享受其他扣除项目,需填写报表及注意事项如表112所示。

表112 个人所得税其他扣除信息报送

	报表		规定
1	《商业健康保险税前扣除情况明细表》	适用范围	个人购买符合规定的商业健康保险支出税前扣除申报
		报送规定	随《扣缴个人所得税报告表》《特定行业个人所得税年度申报表》《个人所得税生产经营所得纳税申报表(B表)》《个人所得税自行纳税申报表(A表)》等申报表一并报送

(续表)

	报表		规定
2	《个人税收递延型商业养老保险税前扣除情况明细表》	适用范围	个人购买符合规定的税收递延型商业养老保险支出税前扣除申报
		报送规定	随《扣缴个人所得税报告表》《特定行业个人所得税年度申报表》《个人所得税生产经营所得纳税申报表（B表）》等申报表一并报送
			实行核定征收的，可单独报送

注：申报表及填列说明详见本章第九节。

第四节　公益慈善事业捐赠

一、概述

《中华人民共和国个人所得税法》第六条第三款以及《中华人民共和国个人所得税法实施条例》第十九条的规定，个人将其所得对教育、扶贫、济困等公益慈善事业进行捐赠，捐赠额未超过纳税人申报的应纳税所得额百分之三十的部分，可以从其应纳税所得额中扣除；国务院规定对公益慈善事业捐赠实行全额税前扣除的，从其规定。

上述所称个人将其所得对教育、扶贫、济困等公益慈善事业进行捐赠，是指个人将其所得通过中国境内的公益性社会组织、国家机关向教育、扶贫、济困等公益慈善事业的捐赠；所称应纳税所得额，是指计算扣除捐赠额之前的应纳税所得额，操作要点如表113所示。

表113　公益慈善事业捐赠操作要点

要素	公益慈善事业捐赠具体规定		
捐赠对象	个人对教育、扶贫、济困等公益慈善事业捐赠		
捐赠渠道	境内公益性社会组织	依法设立或登记并按规定条件和程序取得公益性捐赠税前扣除资格的	慈善组织
			其他社会组织
			群众团体
	县级以上人民政府及其部门等国家机关		
捐赠金额确定	货币性资产	实际捐赠金额确定	
	股权、房产	个人持有股权、房产的财产原值	
	除股权、房产以外的其他非货币性资产	非货币性资产的市场价格	
扣除限额	综合所得	当年应纳税所得额×30% 国务院规定对公益慈善事业捐赠实行全额税前扣除的从其规定	
	经营所得		
	分类所得		
扣除方式	扣除顺序	自行决定在综合所得、分类所得、经营所得中扣除的公益捐赠支出的顺序；在当期一个所得项目扣除不完的公益捐赠支出，可以按规定在其他所得项目中继续扣除	

(续表)

要素	公益慈善事业捐赠具体规定			
扣除规定	工资薪金所得	预扣预缴时扣除	累计预扣法计算扣除限额	从两处以上取得工资薪金所得，选择其中一处扣除，选择后当年不得变更
		年度汇算清缴时扣除	全年应纳税所得额	
	劳务报酬所得、稿酬所得、特许权使用费所得	预扣预缴时不扣除公益捐赠支出，统一在汇算清缴时扣除		
	居民个人取得全年一次性奖金、股权激励等所得，且按规定采取不并入综合所得而单独计税方式处理的	比照分类所得的扣除规定处理		
捐赠票据	公益性社会组织、国家机关在接受个人捐赠时	按照规定开具捐赠票据；个人索取捐赠票据的，应予以开具		
	个人发生公益捐赠时不能及时取得捐赠票据的	可以暂时凭公益捐赠银行支付凭证扣除，并向扣缴义务人提供公益捐赠银行支付凭证复印件		
		个人应在捐赠之日起90日内向扣缴义务人补充提供捐赠票据，如果个人未按规定提供捐赠票据的，扣缴义务人应在30日内向主管税务机关报告		
	机关、企事业单位统一组织员工开展公益捐赠	纳税人可以凭汇总开具的捐赠票据和员工明细单扣除		

注：填写《个人所得税公益慈善事业捐赠扣除明细表》，扣缴义务人办理扣缴申报、纳税人办理自行申报时一并报送，以纸质方式报送本表的，应当一式两份，纳税人或者扣缴义务人、税务机关各留存一份。

申报表详见本章第九节个人所得税公益慈善事业捐赠扣除明细表及填列说明。

政策依据

《关于公益慈善事业捐赠个人所得税政策的公告》(财政部 税务总局公告2019年第99号）

一、个人通过中华人民共和国境内公益性社会组织、县级以上人民政府及其部门等国家机关，向教育、扶贫、济困等公益慈善事业的捐赠（以下简称公益捐赠），发生的公益捐赠支出，可以按照个人所得税法有关规定在计算应纳税所得额时扣除。

前款所称境内公益性社会组织，包括依法设立或登记并按规定条件和程序取得公益性捐赠税前扣除资格的慈善组织、其他社会组织和群众团体。

二、个人发生的公益捐赠支出金额，按照以下规定确定：

（一）捐赠货币性资产的，按照实际捐赠金额确定；

（二）捐赠股权、房产的，按照个人持有股权、房产的财产原值确定；

（三）捐赠除股权、房产以外的其他非货币性资产的，按照非货币性资产的市场价格确定。

三、居民个人按照以下规定扣除公益捐赠支出：

（一）居民个人发生的公益捐赠支出可以在财产租赁所得、财产转让所得、利息股息红利所得、偶然所得（以下统称分类所得）、综合所得或者经营所得中扣除。在当期一个所得项目扣除不完的公益捐赠支出，可以按规定在其他所得项目中继续扣除；

（二）居民个人发生的公益捐赠支出，在综合所得、经营所得中扣除的，扣除限额分别为当年综合所得、当

年经营所得应纳税所得额的百分之三十;在分类所得中扣除的,扣除限额为当月分类所得应纳税所得额的百分之三十;

(三)居民个人根据各项所得的收入、公益捐赠支出、适用税率等情况,自行决定在综合所得、分类所得、经营所得中扣除的公益捐赠支出的顺序。

四、居民个人在综合所得中扣除公益捐赠支出的,应按照以下规定处理:

(一)居民个人取得工资薪金所得的,可以选择在预扣预缴时扣除,也可以选择在年度汇算清缴时扣除。

居民个人选择在预扣预缴时扣除的,应按照累计预扣法计算扣除限额,其捐赠当月的扣除限额为截止当月累计应纳税所得额的百分之三十(全额扣除的从其规定,下同)。个人从两处以上取得工资薪金所得,选择其中一处扣除,选择后当年不得变更。

(二)居民个人取得劳务报酬所得、稿酬所得、特许权使用费所得的,预扣预缴时不扣除公益捐赠支出,统一在汇算清缴时扣除。

(三)居民个人取得全年一次性奖金、股权激励等所得,且按规定采取不并入综合所得而单独计税方式处理的,公益捐赠支出扣除比照本公告分类所得的扣除规定处理。

五、居民个人发生的公益捐赠支出,可在捐赠当月取得的分类所得中扣除。当月分类所得应扣除未扣除的公益捐赠支出,可以按照以下规定追补扣除:

(一)扣缴义务人已经代扣但尚未解缴税款的,居民个人可以向扣缴义务人提出追补扣除申请,退还已扣税款。

(二)扣缴义务人已经代扣且解缴税款的,居民个人可以在公益捐赠之日起90日内提请扣缴义务人向征收税款的税务机关办理更正申报追补扣除,税务机关和扣缴义务人应当予以办理。

(三)居民个人自行申报纳税的,可以在公益捐赠之日起90日内向主管税务机关办理更正申报追补扣除。

居民个人捐赠当月有多项多次分类所得的,应先在其中一项一次分类所得中扣除。已经在分类所得中扣除的公益捐赠支出,不再调整到其他所得中扣除。

……

八、国务院规定对公益捐赠全额税前扣除的,按照规定执行。个人同时发生按百分之三十扣除和全额扣除的公益捐赠支出,自行选择扣除次序。

九、公益性社会组织、国家机关在接受个人捐赠时,应当按照规定开具捐赠票据;个人索取捐赠票据的,应予以开具。

个人发生公益捐赠时不能及时取得捐赠票据的,可以暂时凭公益捐赠银行支付凭证扣除,并向扣缴义务人提供公益捐赠银行支付凭证复印件。个人应在捐赠之日起90日内向扣缴义务人补充提供捐赠票据,如果个人未按规定提供捐赠票据的,扣缴义务人应在30日内向主管税务机关报告。

机关、企事业单位统一组织员工开展公益捐赠的,纳税人可以凭汇总开具的捐赠票据和员工明细单扣除。

十、个人通过扣缴义务人享受公益捐赠扣除政策,应当告知扣缴义务人符合条件可扣除的公益捐赠支出金额,并提供捐赠票据的复印件,其中捐赠股权、房产的还应出示财产原值证明。扣缴义务人应当按照规定在预扣预缴、代扣代缴税款时予扣除,并将公益捐赠扣除金额告知纳税人。

个人自行办理或扣缴义务人为个人办理公益捐赠扣除的,应当在申报时一并报送《个人所得税公益慈善事业捐赠扣除明细表》(见附件)。个人应留存捐赠票据,留存期限为五年。

案例 41 个人公益慈善事业捐赠的扣除

李军2020年2月取得房租收入10 000元,通过中国教育发展基金会向教育事业捐赠

1 000元,通过红十字会向希望小学捐赠3 000元,另外直接资助给一名残障儿童1 000元,问:李军的上述捐赠支出,可以在计缴个人所得税前扣除吗?

【答】(1)通过中国教育发展基金会向教育事业的捐赠,符合财税〔2006〕68号规定,可以在税前全额扣除。

(2)通过红十字会向希望小学的捐赠,在应纳税所得额(扣除捐赠额前)30%内的部分,可以从应纳税所得额中扣除。

扣除捐赠前的应纳税所得额=10 000×(1-20%)=8 000(元),扣除限额=8 000×30%=2 400(元)

实际捐赠额3 000元>捐赠限额2 400元,税前可扣除2 400元。

(3)直接资助给一名残障儿童1 000元,没有通过中国境内的公益性社会组织、国家机关向教育、扶贫、济困等公益慈善事业的捐赠,不符合《中华人民共和国个人所得税法实施条例》第十九条规定,所以不允许在税前扣除。

二、要点难点

问题162 个人向地震灾区捐赠如何扣除

【答】根据《国家税务总局关于个人向地震灾区捐赠有关个人所得税征管问题的通知》(国税发〔2008〕55号)的规定,个人向地震灾区捐赠扣除方式分情况如表114所示。

表114 个人向地震灾区的捐赠扣除

序号	捐赠方式		扣除方式
1	个人直接通过政府机关、非营利组织向灾区的捐赠	个人自行申报纳税	税务机关凭政府机关、非营利组织开具的接受捐赠凭据,依法据实扣除
		扣缴方式纳税	扣缴单位在代扣代缴税款时,依法据实扣除
2	通过扣缴单位统一向灾区的捐赠		

注:仅向"5.12"地震的捐赠可以税前全额扣除,其他的向地震灾区的捐赠,若无特殊规定,则限额扣除。

政策依据

《国家税务总局关于个人向地震灾区捐赠有关个人所得税征管问题的通知》(国税发〔2008〕55号)第一条至第三条

一、个人通过扣缴单位统一向灾区的捐赠,由扣缴单位凭政府机关或非营利组织开具的汇总捐赠凭据、扣缴单位记载的个人捐赠明细表等,由扣缴单位在代扣代缴税款时,依法据实扣除。

二、个人直接通过政府机关、非营利组织向灾区的捐赠,采取扣缴方式纳税的,捐赠人应及时向扣缴单位出示政府机关、非营利组织开具的捐赠凭据,由扣缴单位在代扣代缴税款时,依法据实扣除;个人自行申报纳税的,税务机关凭政府机关、非营利组织开具的接受捐赠凭据,依法据实扣除。

三、扣缴单位在向税务机关进行个人所得税全员全额扣缴申报时,应一并报送由政府机关或非营利组织开具的汇总接受捐赠凭据(复印件)、所在单位每个纳税人的捐赠总额和当期扣除的捐赠额。

问题163 哪些公益慈善事业捐赠实行全额税前扣除

【答】可以全额税前扣除的公益捐赠,分为两类,一类是特定用途的公益慈善捐赠,另一类是通过指定基金会发生的公益慈善捐赠,如表115所示。

第三章 综合所得

表 115　全额税前扣除的公益慈善事业捐赠

方式		内容	政策依据
全额扣除	特定用途	1. 捐赠北京 2022 年冬奥会、冬残奥会、测试赛的资金和物资支出	财税〔2017〕60 号
		2. 向教育事业的捐赠	财税〔2004〕39 号
		3. 向中华健康快车基金会和孙冶方经济科学基金会、中华慈善总会、中国法律援助基金会和中华见义勇为基金会的捐赠	财税〔2003〕204 号
		4. 向农村义务教育的捐赠①	财税〔2001〕103 号
		5. 向福利性、非营利性的老年服务机构的捐赠②	财税〔2000〕97 号
		6. 公益性青少年活动场所的捐赠④	财税〔2000〕21 号
		7. 向红十字事业的捐赠⑤	财税〔2000〕30 号 财税〔2001〕28 号
	通过指定基金会	1. 宋庆龄基金会、中国福利会、中国残疾人福利基金会、中国扶贫基金会、中国煤矿尘肺病治疗基金会、中华环境保护基金会	财税〔2004〕172 号
		2. 中国老龄事业发展基金会、中国华文教育基金会、中国绿化基金会、中国妇女发展基金会、中国关心下一代健康体育基金会、中国生物多样性保护基金会、中国儿童少年基金会和中国光彩事业基金会	财税〔2006〕66 号
		3. 中国医药卫生事业发展基金会	财税〔2006〕67 号
		4. 中国教育发展基金会	财税〔2006〕68 号

注：① 所称农村义务教育的范围,是指政府和社会力量举办的农村乡镇(不含县和县级市政府所在地的镇)、村的小学和初中以及属于这一阶段的特殊教育学校。纳税人对农村义务教育与高中在一起的学校的捐赠,也享受本通知规定的所得税前扣除政策。
② 所称老年服务机构,是指专门为老年人提供生活照料、文化、护理、健身等多方面服务的福利性、非营利性的机构,主要包括:老年社会福利院、敬老院(养老院)、老年服务中心、老年公寓(含老年护理院、康复中心、托老所)等。
③ 慈善机构、基金会等非营利机构,是指依照国务院《社会团体登记管理条例》及《民办非企业单位登记管理暂行条例》规定设立的公益性、非营利性组织。以上政策适用于在辽宁全省以及其他省、自治区、直辖市按《通知》规定确定的试点地区缴纳企业所得税和个人所得税的纳税人,自各地区实施之日起执行。
④ 所称公益性青少年活动场所,是指专门为青少年学生提供科技、文化、德育、爱国主义教育、体育活动的青少年宫、青少年活动中心等校外活动的公益性场所。
⑤ 县级以上(含县级)红十字会,按照《中华人民共和国红十字会法》和《中国红十字会章程》所赋予的职责开展的相关活动为"红十字事业",具体要点详见本节相关内容。

政策依据

一、《关于支持新型冠状病毒感染的肺炎疫情防控有关捐赠税收政策的公告》(财政部　税务总局公告 2020 年第 9 号)

企业和个人通过公益性社会组织或者县级以上人民政府及其部门等国家机关,捐赠用于应对新型冠状病毒感染的肺炎疫情的现金和物品,允许在计算应纳税所得额时全额扣除。

企业和个人直接向承担疫情防治任务的医院捐赠用于应对新型冠状病毒感染的肺炎疫情的物品,允许在计算应纳税所得额时全额扣除。

捐赠人凭承担疫情防治任务的医院开具的捐赠接收函办理税前扣除事宜。

二、《财政部　税务总局　海关总署关于北京 2022 年冬奥会和冬残奥会税收政策的通知》(财税〔2017〕60 号)第三条第三款

个人捐赠北京 2022 年冬奥会、冬残奥会、测试赛的资金和物资支出可在计算个人应纳税所得额时予以全

额扣除。

三、《财政部 国家税务总局关于教育税收政策的通知》(财税〔2004〕39号)

纳税人通过中国境内非营利的社会团体、国家机关向教育事业的捐赠,准予在企业所得税和个人所得税前全额扣除。

四、《关于向中华健康快车基金会等5家单位的捐赠所得税税前扣除问题的通知》(财税〔2003〕204号)

对企业、事业单位、社会团体和个人等社会力量,向中华健康快车基金会和孙冶方经济科学基金会、中华慈善总会、中国法律援助基金会和中华见义勇为基金会的捐赠,准予在缴纳企业所得税和个人所得税前全额扣除。

五、《财政部 国家税务总局关于纳税人向农村义务教育捐赠有关所得税政策的通知》(财税〔2001〕103号)

个人通过非营利的社会团体和国家机关向农村义务教育的捐赠,准予在缴纳个人所得税前的所得额中全额扣除。

本通知所称农村义务教育的范围,是指政府和社会力量举办的农村乡镇(不含县和县级市政府所在地的镇)、村的小学和初中以及属于这一阶段的特殊教育学校。纳税人对农村义务教育与高中在一起的学校的捐赠,也享受本通知法规的所得税前扣除政策。

接受捐赠或办理转赠的非营利的社会团体和国家机关,应按照财务隶属关系分别使用由中央或省级财政部门统一印(监)制的捐赠票据,并加盖接受捐赠或转赠单位的财务专用印章。税务机关据此对捐赠单位和个人进行税前扣除。

六、《财政部 国家税务总局关于完善城镇社会保障体系试点中有关所得税政策问题的通知》(财税〔2001〕9号)第一条

对企业、事业单位、社会团体和个人向慈善机构、基金会等非营利机构的公益、救济性捐赠,准予在缴纳企业所得税和个人所得税前全额扣除。

慈善机构、基金会等非营利机构,是指依照国务院《社会团体登记管理条例》及《民办非企业单位登记管理暂行条例》规定设立的公益性、非营利性组织。

七、《财政部 国家税务总局关于对老年服务机构有关税收政策问题的通知》(财税〔2000〕97号)第二条及第三条

对企事业单位、社会团体和个人等社会力量,通过非营利性的社会团体和政府部门向福利性、非营利性的老年服务机构的捐赠,在缴纳企业所得税和个人所得税前准予全额扣除。

本通知所称老年服务机构,是指专门为老年人提供生活照料、文化、护理、健身等多方面服务的福利性、非营利性的机构,主要包括:老年社会福利院、敬老院(养老院)、老年服务中心、老年公寓(含老年护理院、康复中心、托老所)等。

八、《关于对青少年活动场所、电子游戏厅有关所得税和营业税政策问题的通知》(财税〔2000〕21号)

对企事业单位、社会团体和个人等社会力量,通过非营利性的社会团体和国家机关对公益性青少年活动场所(其中包括新建)的捐赠,在缴纳企业所得税和个人所得税前准予全额扣除。

本通知所称公益性青少年活动场所,是指专门为青少年学生提供科技、文化、德育、爱国主义教育、体育活动的青少年宫、青少年活动中心等校外活动的公益性场所。

九、《财政部 国家税务总局关于企业等社会力量向红十字事业捐赠有关所得税政策问题的通知》(财税〔2000〕30号)

企业、事业单位、社会团体和个人等社会力量,通过非营利性的社会团体和国家机关(包括中国红十字会)向红十字事业的捐赠,在计算缴纳企业所得税和个人所得税时准予全额扣除。

十、《财政部 国家税务总局关于向宋庆龄基金会等6家单位捐赠所得税政策问题的通知》(财税〔2004〕172号)

对企业、事业单位、社会团体和个人等社会力量,通过宋庆龄基金会、中国福利会、中国残疾人福利基金会、中国扶贫基金会、中国煤矿尘肺病治疗基金会、中华环境保护基金会用于公益救济性的捐赠,准予在缴纳企业所得税和个人所得税前全额扣除。

本通知自 2004 年 1 月 1 日起执行。

十一、《财政部 国家税务总局关于中国老龄事业发展基金会等 8 家单位捐赠所得税政策问题的通知》(财税〔2006〕66 号)

对企业、事业单位、社会团体和个人等社会力量,通过中国老龄事业发展基金会、中国华文教育基金会、中国绿化基金会、中国妇女发展基金会、中国关心下一代健康体育基金会、中国生物多样性保护基金会、中国儿童少年基金会和中国光彩事业基金会用于公益救济性捐赠,准予在缴纳企业所得税和个人所得税前全额扣除。

十二、《财政部 国家税务总局关于中国医药卫生事业发展基金会捐赠所得税政策问题的通知》(财税〔2006〕67 号)

对企业、事业单位、社会团体和个人等社会力量,通过中国医药卫生事业发展基金会用于公益救济性捐赠,准予在缴纳企业所得税和个人所得税前全额扣除。

十三、《财政部 国家税务总局关于中国教育发展基金会捐赠所得税政策问题的通知》(财税〔2006〕68 号)

对企业、事业单位、社会团体和个人等社会力量,通过中国教育发展基金会用于公益救济性捐赠,准予在缴纳企业所得税和个人所得税前全额扣除。

问题 164　如何享受对红十字事业捐赠的全额扣除

〖答〗企业、事业单位、社会团体和个人等社会力量,通过非营利性的社会团体和国家机关(包括中国红十字会)向红十字事业的捐赠,在计算缴纳企业所得税和个人所得税时准予全额扣除,红十字事业的认定如表 116 所示。

表 116　红十字事业的认定

		具体规定	认定依据
红十字事业	救灾救援	为开展救灾工作兴建和管理备灾救灾设施	县级以上(含县级)红十字会,按照《中华人民共和国红十字会法》和《中国红十字会章程》所赋予的职责开展的相关活动为"红十字事业"
		自然灾害和突发事件中,红十字会开展的救护和救助活动	
		国际人道主义救援工作	
		意外伤害、自然灾害的现场救护	
	卫生事业	卫生救护和防病知识的宣传普及	
		无偿献血的宣传、发动及表彰工作	
		中国造血干细胞捐赠者资料库(中华骨髓库)的建设与管理	
		对易发生意外伤害的行业和人群开展的初级卫生救护培训	
	其他社会福利	符合红十字会宗旨的社会福利事业	
		红十字青少年工作及其开展的活动	
		依法开展的募捐活动	
		宣传国际人道主义法、红十字与红新月运动基本原则和《中华人民共和国红十字会法》	
		县级以上(含县级)人民政府委托红十字会办理的其他"红十字事业"	

对不同资质的受赠者和转赠者捐赠,捐赠人享受优惠政策也有所区别,受赠者和转赠者资格的认定如表 117 所示。

表 117 受赠者和转赠者资格的认定

序号	红十字会资格	核定	捐赠	优惠享受
1	完全具有受赠者、转赠者资格的红十字会	县级以上(含县级)红十字会的管理体制及办事机构、编制经同级编制部门核定,由同级政府领导联系者	捐赠给这些红十字会及其"红十字事业"	捐赠者准予享受全额扣除的优惠政策
2	分具有受赠者、转赠者资格的红十字会	由政府某部门代管或挂靠在政府某一部门的县级以上(含县级)红十字会	只有在中国红十字会总会号召开展重大活动(以总会文件为准)时接受的捐赠和转赠	必须经中国红十字会总会认可,捐赠者方可享受全额扣除的优惠政策

政策依据

《财政部 国家税务总局关于企业等社会力量向红十字事业捐赠有关问题的通知》(财税〔2001〕28 号)第一条至第四条

一、关于"红十字事业"的认定

县级以上(含县级)红十字会,按照《中华人民共和国红十字会法》和《中国红十字会章程》所赋予的职责开展的相关活动为"红十字事业"。具体有以下十项:

(一)红十字会为开展救灾工作兴建和管理备灾救灾设施;自然灾害和突发事件中,红十字会开展的救护和救助活动。

(二)红十字会开展的卫生救护和防病知识的宣传普及;对易发生意外伤害的行业和人群开展的初级卫生救护培训,以及意外伤害、自然灾害的现场救护。

(三)无偿献血的宣传、发动及表彰工作。

(四)中国造血干细胞捐赠者资料库(中华骨髓库)的建设与管理,以及其他有关人道主义服务工作。

(五)各级红十字会兴办的符合红十字会宗旨的社会福利事业;红十字会的人员培训、机关建设等。

(六)红十字青少年工作及其开展的活动。

(七)国际人道主义救援工作。

(八)依法开展的募捐活动。

(九)宣传国际人道主义法、红十字与红新月运动基本原则和《中华人民共和国红十字会法》。

(十)县级以上(含县级)人民政府委托红十字会办理的其他"红十字事业"。

二、对受赠者和转赠者资格的认定

鉴于现阶段各级地方红十字会机构管理体制多元化的情况,为使接受的捐赠真正用于发展红十字事业,维护国家正常的税收秩序,对受赠者、转赠者的资格认定为:

(一)完全具有受赠者、转赠者资格的红十字会

县级以上(含县级)红十字会的管理体制及办事机构、编制经同级编制部门核定,由同级政府领导联系者为完全具有受赠者、转赠者资格的红十字会。捐赠给这些红十字会及其"红十字事业",捐赠者准予享受在计算缴纳企业所得税和个人所得税时全额扣除的优惠政策。

(二)部分具有受赠和转赠资格的红十字会

由政府某部门代管或挂靠在政府某一部门的县级以上(含县级)红十字会为部分具有受赠者、转赠者资格的红十字会。这些红十字会及其"红十字事业",只有在中国红十字会总会号召开展重大活动(以总会文件为准)时接受的捐赠和转赠,捐赠者方可享受在计算缴纳企业所得税和个人所得税时全额扣除的优惠政策。除

此之外,接受定向捐赠或转赠,必须经中国红十字会总会认可,捐赠者方可接受在计算缴纳企业所得税和个人所得税时全额扣除的优惠政策。

三、接受捐赠的红十字会应按照财务隶属关系分别使用由中央或省级财政部门统一印(监)制的捐赠票据,并加盖接受捐赠或转赠的红十字会的财务专用印章。

四、为增强中国红十字会总会的协调及救助能力,县级以上(含县级)红十字会将接受的捐赠资金(不包括实物部分),按 10%的比例逐笔上交中国红十字会总会,上交资金全部用于"红十字事业"。

第五节 税 额 计 算

扫码听课

一、应纳税所得额

《中华人民共和国个人所得税法》第六条规定,居民个人的综合所得,以每一纳税年度的收入额减除费用 6 万元以及专项扣除、专项附加扣除和依法确定的其他扣除后的余额,为应纳税所得额。具体如表 118 所示。

表 118 应纳税所得额

项目	综合所得收入额	应纳税所得额
工资薪金所得	工资薪金所得×100%	综合所得收入额－基本扣除费用－专项扣除－专项附加扣除－其他扣除－免税收入－准予扣除的公益慈善事业捐赠
劳务报酬所得	劳务报酬所得×80%	
稿酬所得	稿酬所得×56%	
特许权使用费所得	特许权使用费所得×80%	

二、税率

根据《中华人民共和国个人所得税法》第三条的规定,综合所得适用税率如表 119 所示,居民个人劳务报酬所得须扣预缴适用税率如表 120 所示,全年一次性奖金等计算适用税率如表 121 所示。

表 119 个人所得税税率表一(综合所得适用)

级数	全年应纳税所得额	税率	速算扣除数
1	不超过 36 000 元的	3%	0
2	超过 36 000 元至 144 000 元的部分	10%	2 520
3	超过 144 000 元至 300 000 元的部分	20%	16 920
4	超过 300 000 元至 420 000 元的部分	25%	31 920
5	超过 420 000 元至 660 000 元的部分	30%	52 920
6	超过 660 000 元至 960 000 元的部分	35%	85 920
7	超过 960 000 元的部分	45%	181 920

注 1:本表所称全年应纳税所得额是指依照本法第六条的规定,居民个人取得综合所得以每一纳税年度收入额减除费用六万元及专项扣除、专项附加扣除和依法确定的其他扣除后的余额。

注 2:非居民个人取得工资、薪金所得,劳务报酬所得,稿酬所得和特许权使用费所得,依照本表按月换算后计算应纳税所得。

表 120 个人所得税税率表二(居民个人劳务报酬所得预扣预缴适用)

级数	预扣预缴应纳税所得额	预扣率	速算扣除数
1	不超过 20 000 元	20%	0
2	超过 20 000 元至 50 000 元的部分	30%	2 000
3	超过 50 000 元的部分	40%	7 000

表 121 按月换算的综合所得税率表三(适用全年一次性奖金等计算)

级数	全月应纳税所得额	税率	速算扣除数
1	不超过 3 000 元的	3%	0
2	超过 3 000 元至 12 000 元的部分	10%	210
3	超过 12 000 元至 25 000 元的部分	20%	1 410
4	超过 25 000 元至 35 000 元的部分	25%	2 660
5	超过 35 000 元至 55 000 元的部分	30%	4 410
6	超过 55 000 元至 80 000 元的部分	35%	7 160
7	超过 80 000 元的部分	45%	15 160

三、应纳税额

计算公式

应纳税额＝[(全年工资薪金所得＋全年劳务报酬所得＋全年稿酬所得＋全年特许权使用费所得)－全年免税收入－(60 000＋专项扣除＋专项附加扣除＋其他扣除)－准予扣除的公益捐赠]×适用税率－速算扣除数

应纳税额＝应纳税所得额×适用税率－速算扣除数

案例 42 综合所得应纳税额的计算

中国公民李军是梅松公司的职员,2020 年度收入情况如下。

(1) 当年取得工资薪金收入 300 000 万元。

(2) 4 月份出版小说,取得版费收入 30 000 元,11 月再版,取得再版收入 50 000 元。

(3) 8 月份给税台公司提供临时咨询服务,取得一次性服务费 20 000 元。

(4) 10 月份将小说改成剧本,从电影制作单位取得的剧本使用费 100 000 元。

全年支出情况如下。

(1) 按国家规定标准缴纳的三险一金共计 50 000 万元。

(2) 发生可扣除的子女教育支出 24 000 元,继续教育支出 8 400 元,住房贷款利息 12 000 元,赡养父母支出 12 000 元,大病医疗 120 000 元。

(3) 发生符合扣除标准的企业年金 10 000 元,商业健康保险 2 400 元。

(4) 通过红十字会向当地医院捐赠 50 000 元。

问:李军 2020 年度综合所得应如何计征个人所得税?

【答】(1) 计算2020年综合所得收入额。

工资、薪金所得收入额＝工资、薪金所得＝300 000(元)

劳务报酬所得收入额＝劳务报酬所得×80%＝20 000×80%＝16 000(元)

稿酬所得收入额＝稿酬所得×80%×70%＝(30 000+50 000)×80%×70%＝44 800(元)

特许权使用费所得收入额＝特许权使用费所得×80%＝100 000×80%＝80 000(元)

综合所得收入额＝工资、薪金所得收入额＋劳务报酬所得收入额＋稿酬所得收入额＋特许权使用费所得收入额＝440 800(元)

(2) 扣除捐赠前的应纳税所得额＝综合所得收入额－基本扣除费用－专项扣除－专项附加扣除－其他扣除＝440 800－60 000－50 000－24 000－8 400－12 000－12 000－120 000－10 000－2 400＝142 000(元)

(3) 捐赠扣除：扣除限额＝142 000×30%＝42 600(元)

实际捐赠金额50 000元大于42 600元，税前可扣除捐赠金额为42 600元。

(4) 2020年综合所得应纳税额的计算。

应纳税所得额＝扣除捐赠前的应纳税所得额－准予扣除的公益捐赠＝142 000－42 600＝99 400(元)，根据《个人所得税税率表一》(表121)适用税率10%，速算扣除数2 520。

应纳税额＝应纳税所得额×适用税率－速算扣除数＝99 400×10%－2 520＝7 420(元)

四、要点难点

本节要点难点如图22所示。

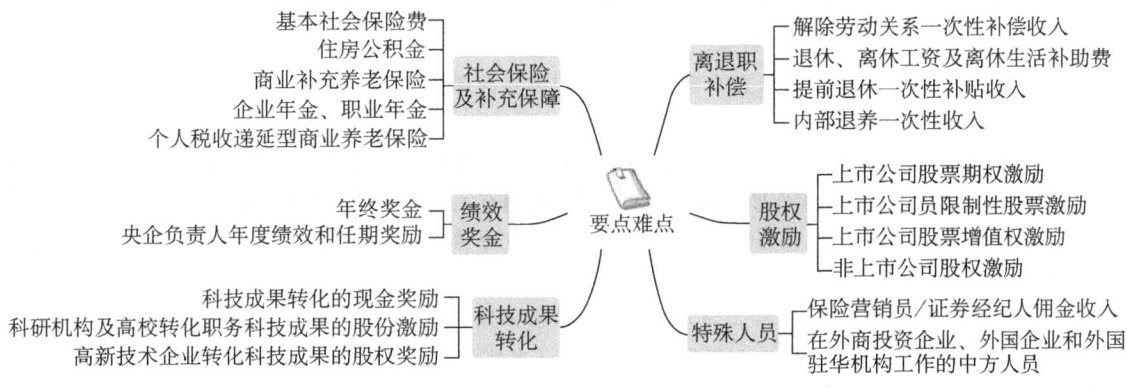

图22 要点难点框架图

(一) 社会保险及补充保障

问题165 员工取得的基本社会保险如何计缴个税

【答】社会保险是指一种为丧失劳动能力、暂时失去劳动岗位或因健康原因造成损失的人口提供收入或补偿的一种社会和经济制度。基本社会保险的主要项目包括员工的基本养老保险、基本医疗保险、失业保险、生育保险以及工伤保险，在计征个人所得税时，分为缴费和领取两个阶段，具体如表122所示。

表 122　员工基本社会保险费的个税处理

序号	环节		基本养老保险	基本医疗保险	失业保险	生育保险	工伤保险	个税处理
1	实际缴付	单位	按照规定的缴付的					免征个税
		个人	按照规定的缴付的			个人不承担		允许扣除
2	领取或取得补贴及其他待遇		个人按规定实际领(支)取原提存的基本养老保险金、基本医疗保险金、失业保险金			生育津贴、生育医疗费或其他属于生育保险性质的津贴、补贴	按规定取得的工伤保险待遇	免征个税

注：按照职工工资，单位和个人的承担比例一般是：养老保险单位承担20%，个人承担8%；医疗保险单位承担8%，个人2%；失业保险单位承担2%，个人1%；生育保险0.7%全由单位承担；工伤保险0.5%—1.6%也是全由单位承担，各地承担比例有所不同。

政策依据

一、《中华人民共和国个人所得税法》第四条第七项

按照国家统一规定发给干部、职工的安家费、退职费、基本养老金或者退休费、离休费、离休生活补助费，免征个人所得税。

二、《关于基本养老保险费基本医疗保险费失业保险费 住房公积金有关个人所得税政策的通知》(财税〔2006〕10号)第一条、第三条

一、企事业单位按照国家或省(自治区、直辖市)人民政府规定的缴费比例或办法实际缴付的基本养老保险费、基本医疗保险费和失业保险费，免征个人所得税；个人按照国家或省(自治区、直辖市)人民政府规定的缴费比例或办法实际缴付的基本养老保险费、基本医疗保险费和失业保险费，允许在个人应纳税所得额中扣除。

企事业单位和个人超过规定的比例和标准缴付的基本养老保险费、基本医疗保险费和失业保险费，应将超过部分并入个人当期的工资、薪金收入，计征个人所得税。

三、个人实际领(支)取原提存的基本养老保险金、基本医疗保险金、失业保险金和住房公积金时，免征个人所得税。

三、《财政部 国家税务总局关于工伤职工取得的工伤保险待遇有关个人所得税政策的通知》(财税〔2012〕40号)第一条、第二条就工伤职工取得的工伤保险待遇有关个人所得税政策通知

一、对工伤职工及其近亲属按照《工伤保险条例》(国务院令第586号)规定取得的工伤保险待遇，免征个人所得税。

二、所称的工伤保险待遇，包括工伤职工按照《工伤保险条例》(国务院令第586号)规定取得的一次性伤残补助金、伤残津贴、一次性工伤医疗补助金、一次性伤残就业补助金、工伤医疗待遇、住院伙食补助费、外地就医交通食宿费用、工伤康复费用、辅助器具费用、生活护理费等，以及职工因工死亡，其近亲属按照《工伤保险条例》(国务院令第586号)规定取得的丧葬补助金、供养亲属抚恤金和一次性工亡补助金等。

四、《财政部 国家税务总局关于生育津贴和生育医疗费有关个人所得税政策的通知》(财税〔2008〕8号)第一条

生育妇女按照县级以上人民政府根据国家有关规定制定的生育保险办法，取得的生育津贴、生育医疗费或其他属于生育保险性质的津贴、补贴，免征个人所得税。

问题166　职工住房公积金如何计缴个人所得税

〖答〗职工个人缴存的住房公积金和职工所在单位为职工缴存的住房公积金，属于职工个

人所有,住房公积金个税处理如表123所示。

表123 员工住房公积金的个税处理

序号	环节		住房公积金	个税处理
1	实际缴存	单位	单位及个人应按照规定的比例和标准的缴存,超出规定的部分并入工资薪金计征个税(详见问题95)	可以扣除
		个人		允许扣除
2	提取账户内的存储余额	提取条件满足其一	员工购买、建造、翻建、大修自住住房的 离休、退休的 完全丧失劳动能力,并与单位终止劳动关系的 出境定居的 偿还购房贷款本息的 房租超出家庭工资收入的规定比例的	免征个税

政策依据

一、《关于基本养老保险费基本医疗保险费失业保险费 住房公积金有关个人所得税政策的通知》(财税〔2006〕10号)第三条

个人实际领(支)取原提存的基本养老保险金、基本医疗保险金、失业保险金和住房公积金时,免征个人所得税。

二、《住房公积金管理条例》第二十四条

职工有下列情形之一的,可以提取职工住房公积金账户内的存储余额:

(一)员工购买、建造、翻建、大修自住住房的;

(二)离休、退休的;

(三)完全丧失劳动能力,并与单位终止劳动关系的;

(四)出境定居的;

(五)偿还购房贷款本息的;

(六)房租超出家庭工资收入的规定比例的。

依照前款第(二)、(三)、(四)项规定,提取职工住房公积金的,应当同时注销职工住房公积金账户。

职工死亡或者被宣告死亡的,职工的继承人、受遗赠人可以提取职工住房公积金账户内的存储余额;无继承人也无受遗赠人的,职工住房公积金账户内的存储余额纳入住房公积金的增值收益。

案例43 提取住房公积金如何进行个税处理

王丽是梅松公司高级管理人员,2020年3月,因购买住房,一次性提取住房公积金账户余额10万元。

请问王丽提取的住房公积金是否可以全额扣如何缴税?

〖答〗根据规定,个人实际领(支)取原提存的住房公积金时,免征个人所得税。王丽不需要就此事项缴纳个人所得税。

问题167 单位为个人购买的商业补充养老保险,个税如何处理

〖答〗企业补充养老保险是企业在国家统一制订的基本养老保险之外,根据自身的经济实力,在履行了缴纳基本养老保险费义务之后,专门为本企业职工建立的附加保险。关于单位为个人购买的商业补充养老保险的相关政策,总结如表124所示。

表 124　单位为个人购买的商业补充养老保险的个税处理

序号	内容		个税处理
1	单位为职工个人购买商业性补充养老保险等	办理投保手续时	按"工资、薪金所得"项目,缴纳个人所得税
		退保	个人未取得实际收入的,已缴纳的个人所得税应予以退回
2	企业为员工支付各项免税之外的保险金	企业向保险公司缴付时(即该保险落到被保险人的保险账户)	并入员工当期的工资收入,按"工资、薪金所得"项目计征个人所得税
3	符合规定的商业健康保险产品的支出(详见问题150)	个人购买	允许在当年(月)计算应纳税所得额时予以税前扣除
		单位统一购买	视同个人购买

扣除限额为 2 400 元/年(200 元/月)

政策依据

一、《财政部　国家税务总局关于个人所得税有关问题的批复》(财税〔2005〕94 号)第一条

单位为职工个人购买商业性补充养老保险等,在办理投保手续时应作为个人所得税的"工资、薪金所得"项目,按税法规定缴纳个人所得税;因各种原因退保,个人未取得实际收入的,已缴纳的个人所得税应予以退回。

二、《国家税务总局关于单位为员工支付有关保险缴纳个人所得税问题的批复》(国税函〔2005〕318 号)

依据《中华人民共和国个人所得税法》及有关规定,对企业为员工支付各项免税之外的保险金,应在企业向保险公司缴付时(即该保险落到被保险人的保险账户)并入员工当期的工资收入,按"工资、薪金所得"项目计征个人所得税,税款由企业负责代扣代缴。

三、《财政部　税务总局　保监会关于将商业健康保险个人所得税试点政策推广到全国范围实施的通知》(财税〔2017〕39 号)第一条

对个人购买符合规定的商业健康保险产品的支出,允许在当年(月)计算应纳税所得额时予以税前扣除,扣除限额为 2 400 元/年(200 元/月)。单位统一为员工购买符合规定的商业健康保险产品的支出,应分别计入员工个人工资薪金,视同个人购买,按上述限额予以扣除。

2 400 元/年(200 元/月)的限额扣除为个人所得税法规定减除费用标准之外的扣除。

案例 44　购买商业健康保险产品如何缴纳个税

2020 年 1 月,梅松科技公司统一为高级管理人员购买了两种保险产品:
(1) 商业性补充养老保险产品,保费支出为每份 500 元,已办理投保手续;
(2) 税收递延型商业健康保险产品,保费支出每份 300 元。
高级管理人员李军,2020 年 1 月份工资为 20 000 元。
请问李军当月的工资薪金所得应税收入额是多少?

〖答〗单位为职工个人购买商业性补充养老保险,在办理投保手续时,应作为个人所得税的"工资、薪金所得"项目,计征个人所得税,梅松科技公司统一购买的商业性补充养老保险产品 500 元,应并入李军当月工资薪金所得计征个税。

单位为员工购买符合规定的税收递延型商业健康保险产品,应视同个人购买,扣除限额为 2 400 元/年(200 元/月),超出限额 300－200＝100 元,应并入李军当月工资薪金所得计征个税。

综上,李军 2020 年 1 月的工资薪金所得应税收入额＝20 000＋500＋100＝20 600(元)。

问题 168　个人取得的企业年金、职业年金如何计缴个税

〖答〗年金的领取,分两种不同情况对个人所得税进行处理,具体如下。

(1) 个人达到国家规定的退休年龄,领取的企业年金、职业年金,符合财税〔2013〕103 号文件规定的,不并入综合所得,全额单独计算应纳税款,处理方式如图 23 所示。

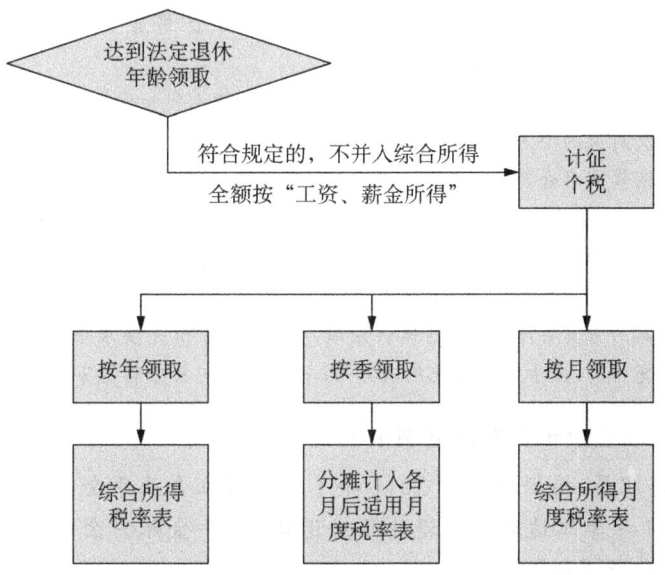

图 23　个人达到国家规定的退休年龄领取的企业年金职业年金的个税处理方式

(2) 一次性领取的年金个人账户资金,符合条件的适用综合所得税率表计算纳税,其他情况适用月度税率表计算纳税,如图 24 所示。

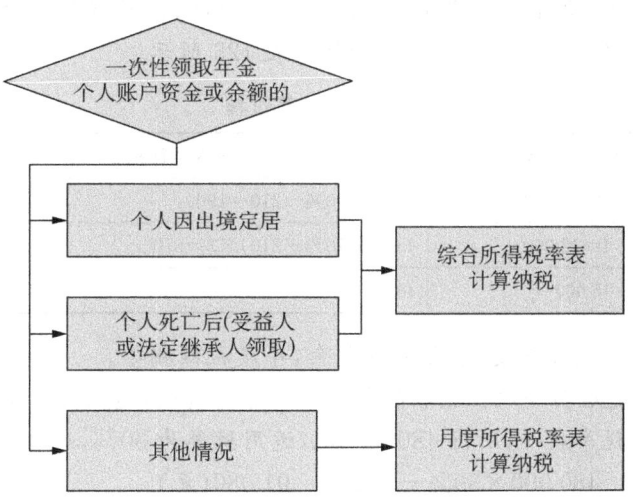

图 24　一次性领取的年金个人账户资金的个税处理

注:个人年金、职业年金在缴费环节税前扣除详见本书问题 147。

一、《关于个人所得税法修改后有关优惠政策衔接问题的通知》(财税〔2018〕164 号)第四条

个人达到国家规定的退休年龄,领取的企业年金、职业年金,符合财税〔2013〕103 号文件规定的,不并入

综合所得,全额单独计算应纳税款。其中按月领取的,适用月度税率表计算纳税;按季领取的,平均分摊计入各月,按每月领取额适用月度税率表计算纳税;按年领取的,适用综合所得税率表计算纳税。

个人因出境定居而一次性领取的年金个人账户资金,或个人死亡后,其指定的受益人或法定继承人一次性领取的年金个人账户余额,适用综合所得税率表计算纳税。对个人除上述特殊原因外一次性领取年金个人账户资金或余额的,适用月度税率表计算纳税。

二、《财政部 人力资源社会保障部 国家税务总局关于企业年金 职业年金个人所得税有关问题的通知》(财税〔2013〕103号)第三条第四项、第五项以及第四条

4.个人领取年金时,其应纳税款由受托人代表委托人委托托管人代扣代缴。年金账户管理人应及时向托管人提供个人年金缴费及对应的个人所得税纳税明细。托管人根据受托人指令及账户管理人提供的资料,按照规定计算扣缴个人当期领取年金待遇的应纳税款,并向托管人所在地主管税务机关申报解缴。

5.建立年金计划的单位、年金托管人,应按照个人所得税法和税收征收管理法的有关规定,实行全员全额扣缴明细申报。受托人有责任协调相关管理人依法向税务机关办理扣缴申报、提供相关资料。

五、建立年金计划的单位应于建立年金计划的次月15日内,向其所在地主管税务机关报送年金方案、人力资源社会保障部门出具的方案备案函、计划确认函以及主管税务机关要求报送的其他相关资料。年金方案、受托人、托管人发生变化的,应于发生变化的次月15日内重新向其主管税务机关报送上述资料。

案例 45　个人领取企业年金如何缴纳个税

李军是梅松公司职员,梅松公司于2014年1月起设立企业年金,领取额度没有限制。

(1)假定至2034年李军达到法定退休年龄退休时,年金账户余额为480 000元,分10年领完,需缴纳多少个人所得税?

(2)假定李军决定出国定居,一次性领取年金账户余额480 000元,需要缴纳多少个人所得税?

(3)假定因急需用钱,一次性提取年金账户余额480 000元,需要缴纳多少个人所得税?

〖答〗(1)个人达到国家规定的退休年龄,领取的企业年金、职业年金,不并入综合所得,全额单独计算应纳税款;按月、季领取的,分摊至月,适用综合所得月度税率表计算纳税;按年领取的,适用按月换算的综合所得税率表,计算如表125所示。

表125　计算过程

领取方式	每期领取金额(元)	每期应交个人所得税(元)	年度税额(元)
按月	480 000÷10÷12=4 000	4 000×10%−210=190	190×12=2 280
按季	480 000÷10÷4=12 000	(4 000×10%−210)×3=570	570×4=2 280
按年	480 000÷10=48 000	48 000×10%−2 520=2 280	2 280

可以看出,选择按月、按季度、按年领取年金,年度税额相等。

(2)个人因出境定居而一次性领取的年金个人账户资金,适用综合所得税率表计算纳税。

适用个人所得税税率表一,所得480 000元,适用税率为30%,速算扣除数52 920。

应交个人所得税=480 000×30%−52 920=91 080(元)

(3)个人因除出国定居或死亡后继承人领取以外一次性领取年金个人账户资金或余额的,适用按月换算的税率表,所得480 000元,适用税率为45%,速算扣除数15 160。

应交个人所得税=480 000×45%−15 160=200 840(元)

问题169　领取个人税收递延型商业养老保险养老金时个税如何处理

〖答〗自2018年5月1日起,在上海市、福建省(含厦门市)和苏州工业园区实施个人税

收递延型商业养老保险试点。对试点地区个人通过个人商业养老资金账户购买符合规定的商业养老保险产品的支出,允许在一定标准内税前扣除;计入个人商业养老资金账户的投资收益,暂不征收个人所得税;个人领取商业养老金时再征收个人所得税。归纳如表 126 所示。

表 126 领取个人税收递延型商业养老保险的个税处理

项目					内容	个税处理
适用范围	试点地区	取得工资薪金所得的个人				扣缴单位实际经营地位于试点地区内
		取得连续性劳务报酬所得的个人【纳税人连续 6 个月以上(含 6 个月)为同一单位提供劳务而取得的所得】				
		取得个体工商户生产经营所得、对企事业单位的承包承租经营所得的个体工商户业主、个人独资企业投资者、合伙企业自然人合伙人和承包承租经营者				个体工商户、承包承租单位、个人独资企业、合伙企业的实际经营地均位于试点地区内
纳税环节		计入个人商业养老资金账户的投资收益				缴费期间暂不征收个人所得税
		个人领取商业养老金	达到国家规定的退休年龄	按月领取	领取期限原则上为终身或不少于 15 年	1. 其中 25%部分免税,其余 75%部分按照 10%的税率计算缴纳个税,税款计入"工资、薪金所得"项目; 2. 保险机构代扣代缴,在个人购买税延养老保险的机构所在地办理全员全额扣缴申报
				按年领取		
			个人身故		可一次性领取	
			发生保险合同约定的全残或罹患重大疾病			
征收管理		个人按规定领取商业养老金时				保险公司代扣代缴

注:自 2018 年 5 月 1 日起,试点期限暂定一年。据了解,个人税收递延型商业养老保险规定继续有效,具体规定以当地主管税务机关公布的为准。

一、《财政部 税务总局 人力资源社会保障部 中国银行保险监督管理委员会 证监会关于开展个人税收递延型商业养老保险试点的通知》(财税〔2018〕22 号)第一条第二项、第四项、第五项

(二)试点政策内容。

对试点地区个人通过个人商业养老资金账户购买符合规定的商业养老保险产品的支出,允许在一定标准内税前扣除;计入个人商业养老资金账户的投资收益,暂不征收个人所得税;个人领取商业养老金时再征收个人所得税。具体规定如下:

……

2. 账户资金收益暂不征税。计入个人商业养老资金账户的投资收益,在缴费期间暂不征收个人所得税。

3. 个人领取商业养老金征税。个人达到国家规定的退休年龄时,可按月或按年领取商业养老金,领取期限原则上为终身或不少于 15 年。个人身故、发生保险合同约定的全残或罹患重大疾病的,可以一次性领取商业养老金。

对个人达到规定条件时领取的商业养老金收入,其中 25%部分予以免税,其余 75%部分按照 10%的比例税率计算缴纳个人所得税,税款计入"其他所得"项目。(此段规定内容已于 2019 年 1 月 1 日起失效)

(四)试点期间个人商业养老资金账户和信息平台。

1. 个人商业养老资金账户是由纳税人指定的、用于归集税收递延型商业养老保险缴费、收益以及资金领取等的商业银行个人专用账户。该账户封闭运行,与居民身份证件绑定,具有唯一性。

2. 试点期间使用中国保险信息技术管理有限责任公司建立的信息平台(以下简称"中保信平台")。个人商业养老资金账户在中保信平台进行登记,校验其唯一性。个人商业养老资金账户变更银行须经中保信平台校验后,进行账户结转,每年允许结转一次。中保信平台与税务系统、商业保险机构和商业银行对接,提供账户管理、信息查询、税务稽核、外部监管等基础性服务。

（五）试点期间商业养老保险产品及管理。

个人商业养老保险产品按稳健型产品为主、风险型产品为辅的原则选择，采取名录方式确定。试点期间的产品是指由保险公司开发，符合"收益稳健、长期锁定、终身领取、精算平衡"原则，满足参保人对养老账户资金安全性、收益性和长期性管理要求的商业养老保险产品。具体商业养老保险产品指引由中国银行保险监督管理委员会提出，商财政部、人社部、税务总局后发布。

注：本文件除第（二）项第 3 点第二段废止外，财税〔2018〕22 号文件规定继续有效，具体规定以当地主管税务机关为准。

二、《财政部 税务总局关于个人取得有关收入适用个人所得税应税所得项目的公告》（财政部 税务总局公告 2019 年第 74 号）第四条

领取的税收递延型商业养老保险的养老金收入，其中 25% 部分予以免税，其余 75% 部分按照 10% 的比例税率计算缴纳个人所得税，税款计入"工资、薪金所得"项目，由保险机构代扣代缴后，在个人购买税延养老保险的机构所在地办理全员全额扣缴申报。

案例 46 个人领取税收递延型商业养老保险时如何缴纳个税

李军是上海市梅松公司职员，公司从 2020 年 1 月份开始，每月通过商业养老资金账户为员工购买税收递延型商业养老保险 1 200 元，李军 20 年后达到法定退休年龄，每月可领取 3 600 元养老金税收递延型商业养老

请问李军退休后每月领取的养老金应如何缴纳个人所得税？

【答】领取的税收递延型商业养老保险的养老金，其中 25% 部分免税，其余 75% 按 10% 的比例税率计缴个人所得税，税款计入"工资、薪金所得"项目。

每月免税部分＝3 600×25%＝900 元

应纳个人所得税＝(3 600－900)×10%＝270 元

每月 270 元个人所得税由保险机构代扣代缴，并办理全员全额扣缴申报。

（二）离职、退休补助补偿

问题 170 退休离休取得的工资、生活补助费是否缴纳个税

【答】退休离休取得的工资、生活补助费个税处理如表 127 所示。

表 127 退休离休取得的工资、生活补助费的个税处理

项目	收入	个税处理
退休离休	退休费	按照国家统一规定发放的，免征个人所得税
	离休费	
	离休生活补助费	
	基本养老金	

《中华人民共和国个人所得税法》第四条第七款

按照国家统一规定发给干部、职工的安家费、退职费、基本养老金或者退休费、离休费、离休生活补助费免征个人所得税。

问题 171 提前退休一次性补贴收入如何计缴个税

〖答〗个人因办理提前退休手续而取得的一次性补贴收入,征税方法如表 128 所示。

表 128 提前退休一次性补贴收入征税方法

事项	计算公式	税率和速算扣除数	征税方法
提前退休一次性补贴	应纳税额={[(一次性补贴收入÷办理提前退休手续至法定退休年龄的实际年度数)—费用扣除标准]×适用税率—速算扣除数}×办理提前退休手续至法定退休年龄的实际年度数	1. 提前退休手续至法定离退休年龄之间实际年度数平均分摊 2. 适用综合所得税率表	不并入综合所得单独计算纳税

政策依据

一、《国家税务总局关于个人提前退休取得补贴收入个人所得税问题的公告》(国家税务总局公告 2011 年第 6 号)第一条

机关、企事业单位对未达到法定退休年龄、正式办理提前退休手续的个人,按照统一标准向提前退休工作人员支付一次性补贴,不属于免税的离退休工资收入,应按照"工资、薪金所得"项目征收个人所得税。

二、《关于个人所得税法修改后有关优惠政策衔接问题的通知》(财税〔2018〕164 号)第五条第二项

个人办理提前退休手续而取得的一次性补贴收入,应按照办理提前退休手续至法定离退休年龄之间实际年度数平均分摊,确定适用税率和速算扣除数,单独适用综合所得税率表,计算纳税。

计算公式:

应纳税额={[(一次性补贴收入÷办理提前退休手续至法定退休年龄的实际年度数)—费用扣除标准]×适用税率—速算扣除数}×办理提前退休手续至法定退休年龄的实际年度数

案例 47 个人取得提前退休取得的一次性补贴收入如何缴纳个税

李军是梅松眼科医院的职工,今年 53 岁,在医院任职 25 年,符合工作年限满 20 年且距法定退休年龄小于 5 年(含 5 年)可以提前退休的条件,于 2021 年 2 月办理提前退休手续并取得按照统一标准发放的一次性收入 200 000 元,比正常退休早 2 年。

请问李军取得的一次性收入应如何缴纳个人所得税?

〖答〗个人办理提前退休手续而取得的一次性补贴收入,按照办理提前退休手续至法定离退休年龄之间实际年度数平均分摊,扣减年度费用扣除标准 60 000 元后,确定适用税率和速算扣除数,单独适用综合所得税率表,计算纳税。

(1) 确定计算税率和速算扣除数。

(一次性补贴收入÷办理提前退休手续至法定退休年龄的实际年度数)—年度费用扣除标准=200 000÷2—60 000=40 000(元);单独适用综合所得税率表,确定适用税率 10%,速算扣除数 2 520。

(2) 计算应纳税额。

应纳税额={[(一次性补贴收入÷办理提前退休手续至法定退休年龄的实际年度数)—年度费用扣除标准]×适用税率—速算扣除数}×办理提前退休手续至法定退休年龄的实际年度数=[(200 000÷2—60 000)×10%—2520]×2=2 960(元)

问题 172 个人取得内部退养一次性收入如何计缴个税

〖答〗通常来说,内部退养是指职工退出工作岗位休养,休养期间,由企业发放工资,职工

退出工作岗位休养期间达到国家规定的退休年龄时,再按照规定办理退休手续。关于企业减员增效和行政、事业单位、社会团体在机构改革过程中实行内部退养办法人员取得收入征税问题,归纳如表129所示。

表129 个人取得内部退养一次性收入的个税计征方式

内容			税务处理	税率选择	是否并入综合所得进行年度汇算
办理内部退养手续后至法定离退休年龄之间设为n个月	从原单位取得	一次性收入	合并后,减去当月费用扣除标准,按适用税率计征个税	一次性收入/n,与领取当月的"工资、薪金"所得合并后减除当月费用扣除标准,以余额为基数确定	否
		工资薪金所得 取得一次性收入当月			是
		其余月份	合并计税	合并后按工资薪金适用税率预缴	是
	重新就业	工资、薪金所得			是

【提示】在确定使用税率和速算扣除数,与提前退休不同之处在于,提前退休取得的一次性补贴收入按年数平均且扣除费用标准为年度费用60 000元,而内部退养一次性收入按月数平均扣除的为月度费用标准5 000元。

政策依据

一、《关于个人所得税法修改后有关优惠政策衔接问题的通知》(财税〔2018〕164号)第五条第三项

个人办理内部退养手续而取得的一次性补贴收入,按照《国家税务总局关于个人所得税有关政策问题的通知》(国税发〔1999〕58号)规定计算纳税。

二、《国家税务总局关于个人所得税有关政策问题的通知》(国税发〔1999〕58号)第一条

一、关于企业减员增效和行政、事业单位、社会团体在机构改革过程中实行内部退养办法人员取得收入征税问题。

实行内部退养的个人在其办理内部退养手续后至法定离退休年龄之间从原任职单位取得的工资、薪金,不属于离退休工资,应按"工资、薪金所得"项目计征个人所得税。

个人在办理内部退养手续后从原任职单位取得的一次性收入,应按办理内部退养手续至法定离退休年龄之间的所属月份进行平均,并与领取当月的"工资、薪金"所得合并后减除当月费用扣除标准,以余额为基数确定适用税率,再将当月工资、薪金加上取得的一次性收入,减去费用扣除标准,按适用税率计征个人所得税。

个人在办理内部退养手续后至法定离退休年龄之间重新就业取得的"工资、薪金"所得,应与其从原任职单位取得的同一月份的"工资、薪金"所得合并,并依法自行向主管税务机关申报缴纳个人所得税。

案例48 个人取得内部退养一次性收入如何缴纳个税

梅松幼儿园老师李军今年52岁,距离法定退休年龄还有3年。2020年6月,因病办理内部退养手续并取得单位发放的一次性收入144 000元。当月取得基本工资6 000元,岗位津贴2 000元;从2020年7月起,每月仅可取得基本工资6 000元。假设李军2020年没有其他综合所得,也不享受附加扣除及其他扣除项目。

问:李军取得的一次性收入应如何缴纳个人所得税?

〖答〗(1)确定适用税率和速算扣除数。

按办理内部退养手续后至法定离退休年龄之间的所属月份进行平均,并与领取当月的"工

资、薪金"所得合并后减除当月费用扣除标准,以余额为基数确定适用税率。

(一次性收入÷办理内部退养手续至法定退休年龄的实际月份数+当月取得的工资薪金所得)－月度费用扣除标准＝(144 000÷36+8 000)－5 000＝7 000(元)

适用按月换算后的综合所得税率表,适用税率10%,速算扣除数210;将取得的一次性收入与当月工资合并纳税。

(2) 合并应交个人所得税＝(内部退养一次性收入+当月取得的工资薪金所得－月度费用扣除标准)×适用税率－速算扣除数＝(144 000+8 000－5 000)×10%－210＝14 490(元)

(3) 计算6月正常薪金应缴纳个人所得税。

应纳税额＝(工资薪金所得－基本扣除费用)×适用税率－速算扣除数＝(6 000+2 000－5 000)×3%－0＝90(元)

(4) 计算内部退养一次性收入应纳税额。

应纳税额＝合并应纳税额－6月正常薪资应纳税额＝14 490－90＝14 400(元)

案例 49　个人取得内部退养一次性收入当年应如何缴纳个税

王丽是华南国家电网职工,还有4年至法定退休年龄,2020年1月在单位办理了内退手续,取得单位的一次性补贴收入240 000元,另外领取当月工资9 000元。2020年2月至正式退休,每月只领取基本工资9 000元,每月个人承担的社保费用合计900元,老吴每月可享受2 000元的赡养老人专项附加扣除,假设2020年度老吴没有其他综合所得。

请问:

(1) 王丽在办理内部退养手续当月应缴纳多少个人所得税?

(2) 内退取得的一次性补贴应缴纳多少个人所得税?

(3) 王丽在2020年度应缴纳多少个人所得税?

〖答〗(1) 领取内退一次性收入当月应缴纳的个人所得税。

一次性收入按月份平均:240 000÷(4×12)＝5 000(元)

税率基数＝(5 000+9 000)－5 000＝9 000元,月度综合所得税率表,适用税率10%,速算扣除数210。

当月应缴纳个人所得税＝(240 000+9 000－5 000)×10%－210＝24 190(元)

(2) 内退取得的一次性补贴应缴纳多少个人所得税。

确定当月工资薪金的个税:(9 000－900－5 000)×10%－210＝100(元)

内退取得的一次性收入应纳个税＝内退当月合并当月工资缴纳的个税－内退当月工资薪金缴纳的个税＝24 190－100＝24 090(元)

(3) 2020年度应缴纳多少个人所得税。

2020年度应累计预扣预缴个人所得税＝(9 000×12－900×12－5 000×12－2 000×12)×3%＝396(元)

2020年度全年应交个人所得税＝396+24 090＝24 486(元)

问题 173　个人与单位解除劳动关系获得的一次性补偿收入是否免征个税

〖答〗个人因与用人单位解除劳动关系而取得的一次性补偿收入,包括用人单位发放的经济补偿金、生活补助费和其他补助费用。个人与单位解除劳动关系获得的一次性补偿收入的税务处理,归纳如表130所示。

表 130　个人与单位解除劳动关系获得的一次性补偿收入个税处理

序号	内容		税务处理
1	个人因与用人单位解除劳动关系而取得的一次性补偿收入	当地上年职工平均工资 3 倍数额以内的部分	免征个人所得税
		超过当地上年职工平均工资 3 倍数额的部分	不并入当年综合所得 单独适用综合所得税率表
2	个人领取一次性补偿收入时按照国家和地方政府规定的比例实际缴纳的住房公积金、医疗保险费、基本养老保险费、失业保险费		准予在一次性补偿收入中扣除
3	企业职工从该破产企业取得的一次性安置费收入		免征个人所得税

【提示】个人在解除劳动合同后又再次任职、受雇的,已纳税的一次性补偿收入不与再次任职、受雇的工资薪金所得合并计算补缴个人所得税。

一、《财政部 国家税务总局关于个人与用人单位解除劳动关系取得的一次性补偿收入征免个人所得税问题的通知》(财税〔2001〕157 号)第三条
企业依照国家有关法律规定宣告破产,企业职工从该破产企业取得的一次性安置费收入,免征个人所得税。
二、《关于个人所得税法修改后有关优惠政策衔接问题的通知》(财税〔2018〕164 号)第五条第一项
个人与用人单位解除劳动关系取得一次性补偿收入(包括用人单位发放的经济补偿金、生活补助费和其他补助费),在当地上年职工平均工资 3 倍数额以内的部分,免征个人所得税;超过 3 倍数额的部分,不并入当年综合所得,单独适用综合所得税率表,计算纳税。

案例 50　个人取得单位解除劳动关系的一次性补偿收入如何缴纳个税

2020 年 12 月,梅松公司因组织架构调整后减员增效,与李军解除劳动合同,并给予其一次性经济补偿金 250 000 元;李军在梅松公司工作 15 年,领取补偿金时按照国家规定比例缴纳三险一金 20 000 元;假设当地 2018 年度平均工资为 60 000 元。

请问李军取得的一次性补偿金应如何缴税?

〖答〗个人因与用人单位解除劳动关系而取得的一次性补偿收入,在扣减领取一次性补偿时按照国家和地方政府规定的比例实际缴纳的住房公积金、医疗保险费、基本养老保险费、失业保险费后,分段计算个税。

(1) 计算免征额,当地上年职工平均工资 3 倍数额以内的部分,免征个人所得税。

免税金额＝当地上年度平均工资×3＝60 000×3＝180 000(元)

(2) 计算应纳税所得额。

超过当地上年职工平均工资 3 倍数额的部分,不并入当年综合所得,单独适用综合所得税率表,计算纳税。

应纳税所得的额＝一次性补偿收入－按规定缴纳的三险一金－免征额＝250 000－20 000－180 000＝50 000(元)

(3) 计算应纳税额:适用综合所得税率表,适用税率 10%,速算扣除数 2 520。

应纳税额＝50 000×10%－2 520＝2 480(元)

(三) 绩效奖金

问题 174　居民个人取得的年终奖金,如何缴纳个人所得税

〖答〗全年一次性奖金是指行政机关、企事业单位等扣缴义务人根据其全年经济效益和对

雇员全年工作业绩的综合考核情况,向雇员发放的一次性奖金,也包括年终加薪、实行年薪制和绩效工资办法的单位根据考核情况兑现的年薪和绩效工资。对全年一次性奖金的税务处理要点,归纳如表131所示。

表131 居民个人取得的年终奖金的个税处理

奖金		个税处理
全年一次性奖金	根据全年经济效益和业绩考核,向雇员发放的一次性奖金	1. 在2027年12月31日前,可选择单独计算缴纳个税或并入当年综合所得计算个税 2. 自2028年1月1日起,并入当年综合所得计算缴纳个人所得税
	年终加薪	
	根据考核兑现的年薪和绩效工资	
其他各种名目奖金,如半年奖、季度奖、加班奖、先进奖、考勤奖等		与当月工资、薪金收入合并,按税法规定缴纳个人所得税

选择单独计算缴纳个税,计算方法如表132所示。

表132 年终奖选择单独计算的征税方法

全年一次性奖金	计算公式	适用税率表	税率和速算扣除数选择方法	征税规定
选择单独计税	应纳税额=全年一次性奖金收入×适用税率-速算扣除数	按月换算后的综合所得税率表	全年一次性奖金收入÷12得到的数额查表	一个纳税年度内,对每一个纳税人,该计税办法只允许采用一次

适用税率如表133所示。

表133 按月换算后的综合所得税率表

级数	全月应纳税所得额	税率	速算扣除数
1	不超过3 000元的	3%	0
2	超过3 000元至12 000元的部分	10%	210
3	超过12 000元至25 000元的部分	20%	1 410
4	超过25 000元至35 000元的部分	25%	2 660
5	超过35 000元至55 000元的部分	30%	4 410
6	超过55 000元至80 000元的部分	35%	7 160
7	超过80 000元的部分	45%	15 160

一、《国家税务总局关于调整个人取得全年一次性奖金等计算征收个人所得税方法问题的通知》(国税发〔2005〕9号)

全年一次性奖金是指行政机关、企事业单位等扣缴义务人根据其全年经济效益和对雇员全年工作业绩的综合考核情况,向雇员发放的一次性奖金。一次性奖金也包括年终加薪、实行年薪制和绩效工资办法的单位根据考核情况兑现的年薪和绩效工资。

雇员取得除全年一次性奖金以外的其他各种名目奖金,如半年奖、季度奖、加班奖、先进奖、考勤奖等,一律与当月工资、薪金收入合并,按税法规定缴纳个人所得税。

二、《财政部 税务总局关于延续实施全年一次性奖金个人所得税政策的公告》(财政部 税务总局公告2023年第30号)

一、居民个人取得全年一次性奖金,符合《国家税务总局关于调整个人取得全年一次性奖金等计算征收个人所得税方法问题的通知》(国税发〔2005〕9 号)规定的,不并入当年综合所得,以全年一次性奖金收入除以12 个月得到的数额,按照本公告所附按月换算后的综合所得税率表,确定适用税率和速算扣除数,单独计算纳税。计算公式为:

应纳税额＝全年一次性奖金收入×适用税率－速算扣除数

二、居民个人取得全年一次性奖金,也可以选择并入当年综合所得计算纳税。

三、本公告执行至 2027 年 12 月 31 日。

案例 51　年终奖金单独计算如何缴税

中国居民个人李军 2020 年在我国境内平均每月工资 8 000 元,2020 年 12 月 31 日取得全年一次性含税奖金 24 000 元。

请问:若选择单独计算缴纳个税,应计征个人所得税多少元?

【答】(1) 确定全年一次性奖金税率和速算扣除数:24 000÷12＝2 000(元),适用按月换算后的综合所得税率表,税率 3％,速算扣除数为 0。

(2) 计算全年一次性奖金应纳税额:24 000×3％－0＝720(元)。

案例 52　居民个人取得年终奖的征税方法

中国居民个人李军为梅松公司员工,2020 年李军全年工资总额 36 万元,每月工资总额30 000 元,每月三险一金及各项附加扣除 5 000 元。12 月份累计预扣预缴应纳税所得额240 000 元,总计预扣预缴个人所得税 31 080 元。12 月份一次性取得税前年终奖 60 000 元。

请问李军 2020 年年终奖个税申报有几种方式?

不同方式下,2020 年全年李军分别应缴纳多少个人所得税?

【答】李军取得的一次性年终奖,个税申报有两种方式:可选择单独计算缴纳个税或并入当年综合所得计算个税。

(1) 单独计算缴纳个税。

确定适用税率:以全年一次性奖金收入除以 12 个月得到的数额:60 000÷12＝5 000(元),按照按月换算后的综合所得税率表,确定适用税率 10％,速算扣除数 210。

计算应纳税额。

应纳税额＝全年一次性奖金×适用税率－速算扣除＝60 000×10％－210＝5 790(元)

2020 年全年纳税总额＝31 080＋5 790＝36 870(元)

(2) 并入当年综合所得计算个税。

确定适用税率:因年终奖并入累计预扣预缴应纳税额所得额,240 000＋60 000＝300 000(元),按照按综合所得税率表,确定适用税率 20％,速算扣除数 16 920。

计算应纳税额:

应纳税额＝应纳税额所得额×适用税率－速算扣除数＝300 000×20％－16 920＝43 080(元)

其中:全年一次性奖金应纳税额＝全年个人所得税额－已预扣预缴税额＝43 080－31 080＝12 000(元)。

(3) 综上,年终奖选择单独计算缴纳个税方式,2020 年全年缴纳个人所得的税 36 870 元,年终奖选择并入当年综合所得计算缴纳个税,全年缴纳个人所得税 43 080 元,两种方式对比,单独缴纳比并入综合所得缴纳节税 6 210 元。

问题 175　中央企业负责人年度绩效薪金延期兑现收入和任期奖励如何征收个人所得税

〖答〗为建立中央企业负责人薪酬激励与约束的机制,根据《中央企业负责人经营业绩考核暂行办法》《中央企业负责人薪酬管理暂行办法》规定,国务院国有资产监督管理委员会对中央企业负责人的薪酬发放采取按年度经营业绩和任期经营业绩考核的方式。

具体办法是:中央企业负责人薪酬由基薪、绩效薪金和任期奖励构成,其中基薪和绩效薪金的 60% 在当年度发放,绩效薪金的 40% 和任期奖励于任期结束后发放。对中央企业负责人于任期结束后取得的绩效薪金的 40% 和任期奖励收入征收个人所得税的问题。适用范围归纳如表 134 所示。

表 134　中央企业负责人年度绩效薪金延期兑现收入和任期奖励政策的适用范围及处理

收入	适用范围:《国资委管理的中央企业名单》中的下列人员		征税处理
绩效薪金和任期奖励	国有独资企业	总经理(总裁)、副总经理(副总裁)、总会计师 党委(党组)书记、副书记、常委(党组成员) 纪委书记(纪检组长)	1. 在 2023 年 12 月 31 日前,可选择单独计算缴纳个税或并入当年综合所得计算个税 2. 2024 年 1 月 1 日之后的政策另行明确
	国有独资公司	党委(党组)书记、副书记、常委(党组成员) 纪委书记(纪检组长)	
	国有控股公司	国有股权代表出任的董事长、副董事长 董事、总经理(总裁)、纪委书记(纪检组长) 列入国资委党委管理的副总经理(副总裁)、总会计师; 党委(党组)书记、副书记、常委(党组成员)	
	未设董事会的国有独资公司	总经理(总裁)、副总经理(副总裁)、总会计师	
	设董事会的国有独资公司(国资委确定的董事会试点企业除外)	董事长、副董事长、董事、总经理(总裁) 副总经理(副总裁)、总会计师	

选择单独计算的,计算方法如表 135 所示。

表 135　绩效薪金和任期奖励选择单独计税的征税方法

方式	计算公式	适用税率表	税率和速算扣除数选择方法
绩效薪金和任期奖励选择单独计税	应纳税额＝年度绩效薪金延期兑现收入和任期奖励×适用税率－速算扣除数。	按月换算后的综合所得税率表	年度绩效薪金延期兑现收入和任期奖励÷12 得到的数额查表

一、《国家税务总局关于中央企业负责人年度绩效薪金延期兑现收入和任期奖励征收个人所得税问题的通知》(国税发〔2007〕118 号)第二条

根据《中央企业负责人经营业绩考核暂行办法》等规定,本通知后附的《国资委管理的中央企业名单》中的下列人员,适用本通知第一条规定,其他人员不得比照执行。

(一)国有独资企业和未设董事会的国有独资公司的总经理(总裁)、副总经理(副总裁)、总会计师;

(二)设董事会的国有独资公司(国资委确定的董事会试点企业除外)的董事长、副董事长、董事、总经理(总裁)、副总经理(副总裁)、总会计师;

(三)国有控股公司国有股权代表出任的董事长、副董事长、董事、总经理(总裁),列入国资委党委管理的副总经理(副总裁)、总会计师;

(四)国有独资企业、国有独资公司和国有控股公司党委(党组)书记、副书记、常委(党组成员)、纪委书记

（纪检组长）。

二、《关于个人所得税法修改后有关优惠政策衔接问题的通知》（财税〔2018〕164号）第一条

中央企业负责人取得年度绩效薪金延期兑现收入和任期奖励，符合国税发〔2007〕118号文件规定的，在2021年12月31日前，不并入当年综合所得，以全年一次性奖金收入除以12个月得到的数额，按照按月换算后的综合所得税率表，确定适用税率和速算扣除数，单独计算纳税，也可以选择并入当年综合所得计算纳税；2022年1月1日之后的政策另行明确。

三、《财政部 税务总局关于延续实施外籍个人津补贴等有关个人所得税优惠政策的公告》（财政部 税务总局公告2021年第43号）

……

《财政部 税务总局关于个人所得税法修改后有关优惠政策衔接问题的通知》（财税〔2018〕164号）规定的外籍个人有关津补贴优惠政策、中央企业负责人任期激励单独计税优惠政策，执行期限延长至2023年12月31日。

案例 53 中央企业负责人年度绩效薪金延期兑现收入和任期奖励个税计缴

王丽是《国资委管理的中央企业名单》中国有控股公司的总会计师，2020年绩效奖300 000元，2020年12月取得2020年绩效奖金的60%。

2021年1月，王丽任期结束，当月取得工资薪金所得30 000元，同时取得2018—2020年任职期间绩效奖励的40%部分总计400 000元以及任期奖励80 000元。假定王丽没有其他收入且无专项附加扣除及其他扣除项目。

请问王丽取得的绩效奖金及任期奖励应如何缴纳个人所得税？

〖答〗王丽符合中央企业负责人年度绩效薪金延期兑现收入和任期奖励政策的适用范围，获得的绩效奖励及任期奖励，在2021年12月31日前，可选择单独计算缴纳个税或并入当年综合所得计算个税，计算如表136所示。

表136 王丽取得的绩效奖金及任期奖励的个税计算过程

收入	方式	适用税率	应纳税额
2020年12月取得的绩效奖	单独计算缴纳	300 000×60%/12=15 000，按照按月换算后的综合所得税率表，确定适用税率20%，速算扣除数1 410	=绩效奖×适用税率－速算扣除=300 000×60%×20%－1 410=34 590元
2020年12月取得的绩效奖	并入当年综合所得计算缴税	综合所得税率表	应纳税额=（绩效奖+累计预扣预缴应纳税所得额）×适用税率－速算扣除－已预扣预缴的个人所得税 （此处计算省略）
2021年1月取得的绩效奖及任期奖励	单独计算缴纳	（400 000+80 000）/12=40 000，适用按月换算后的综合所得税率表，税率30%，速算扣除数4 410	应纳税额=（绩效奖+任期奖）×适用税率－速算扣除=（400 000+80 000）×30%－4 410=139 590元
2021年1月取得的绩效奖及任期奖励	并入综合所得预扣预缴	综合所得税率表	应纳税额=（400 000+80 000+30 000－5 000）×30%－52 920=98 580元

（四）股权激励

关于股权激励的政策的个税处理，如表137所示。

表 137　股权激励的个税处理

股权激励		个税处理	计算方法
上市公司	股票期权、股票增值权、限制性股票、股权奖励等股权激励	1. 在 2027 年 12 月 31 日前,不并入当年综合所得,全额单独适用综合所得税率表,计算纳税 2. 一个纳税年度内取得两次以上(含两次)股权激励的,应合并计算 3. 2028 年 1 月 1 日之后的股权激励政策另行明确	适用综合所得税率表 应纳税额＝股权激励收入×适用税率－速算扣除数
非上市公司	符合财税〔2016〕101 号第四条第(一)项规定的相关条件的		

政策依据

一、《关于个人所得税法修改后有关优惠政策衔接问题的通知》(财税〔2018〕164 号)第二条

二、关于上市公司股权激励的政策

(一)居民个人取得股票期权、股票增值权、限制性股票、股权奖励等股权激励(以下简称股权激励),符合《财政部 国家税务总局关于个人股票期权所得征收个人所得税问题的通知》(财税〔2005〕35 号)、《财政部 国家税务总局关于股票增值权所得和限制性股票所得征收个人所得税有关问题的通知》(财税〔2009〕5 号)、《财政部 国家税务总局关于将国家自主创新示范区有关税收试点政策推广到全国范围实施的通知》(财税〔2015〕116 号)第四条、《财政部 国家税务总局关于完善股权激励和技术入股有关所得税政策的通知》(财税〔2016〕101 号)第四条第(一)项规定的相关条件的,在 2021 年 12 月 31 日前,不并入当年综合所得,全额单独适用综合所得税率表,计算纳税。计算公式为:

应纳税额＝股权激励收入×适用税率－速算扣除数

(二)居民个人一个纳税年度内取得两次以上(含两次)股权激励的,应合并按本通知第二条第(一)项规定计算纳税。

(三)2022 年 1 月 1 日之后的股权激励政策另行明确。

二、《财政部 税务总局关于延续实施上市公司股权激励有关个人所得税政策的公告》(财政部 税务总局公告 2023 年第 25 号)

一、居民个人取得股票期权、股票增值权、限制性股票、股权奖励等股权激励(以下简称股权激励),符合《财政部 国家税务总局关于个人股票期权所得征收个人所得税问题的通知》(财税〔2005〕35 号)、《财政部 国家税务总局关于股票增值权所得和限制性股票所得征收个人所得税有关问题的通知》(财税〔2009〕5 号)、《财政部 国家税务总局关于将国家自主创新示范区有关税收试点政策推广到全国范围实施的通知》(财税〔2015〕116 号)第四条、《财政部 国家税务总局关于完善股权激励和技术入股有关所得税政策的通知》(财税〔2016〕101 号)第四条第(一)项规定的相关条件的,不并入当年综合所得,全额单独适用综合所得税率表,计算纳税。计算公式为:

应纳税额＝股权激励收入×适用税率－速算扣除数

二、居民个人一个纳税年度内取得两次以上(含两次)股权激励的,应合并按本公告第一条规定计算纳税。

三、本公告执行至 2027 年 12 月 31 日。

问题 176　上市公司员工取得的股票期权股权激励如何进行个税处理

【答】企业员工股票期权(以下简称股票期权)是指上市公司按照规定的程序授予本公司及其控股企业员工的一项权利,该权利允许被授权员工在未来时间内以某一特定价格购买本公司一定数量的股票。

上述"某一特定价格"被称为"授予价"或"施权价",即根据股票期权计划可以购买股票的价格,一般为股票期权授予日的市场价格或该价格的折扣价格,也可以是按照事先设定的计算方法约定的价格。

实施股票期权计划企业授予该企业员工的股票期权所得,分不同情形如表 138 所示。

表 138　上市公司员工取得的股票期权股权激励的个税处理

项目			征税规定		适用范围	税收优惠	征收管理报送资料
员工取得股票期权	非可公开交易的股票期权	授予日		不作为应税所得征税	适用于上市公司（含所属分支机构）和上市公司控股企业的员工： 1. 上市公司占控股企业股份比例最低为30%； 2. 间接持股比例，按各层持股比例相乘计算，上市公司对一级子公司的持股比例超过50%的，按100%计算	1. 个人可自股票期权行权之日起，在不超过12个月的期限内缴纳个人所得税。 2. 上市公司应自股票期权行权之次月15日内，向主管税务机关报送《上市公司股权激励个人所得税延期纳税备案表》。 3. 上市公司初次办理股权激励备案时，还应一并向主管税务机关报送股权激励计划、董事会或股东大会决议	实施股票期权计划的境内企业： 1. 股票期权计划实施之前，将企业实施方案、股票期权协议书、授权通知书等资料报送主管税务机关。 2. 在员工行权之前，将股票期权行权通知书和行权调整通知书等资料报送主管税务机关
		行权日	实际购买价低于购买日公平市场价的差额	按"工资、薪金所得"计缴： 1. 在2027年12月31日前，不并入当年综合所得，全额单独适用综合所得税率表，计算纳税； 2. 居民个人一个纳税年度内取得两次以上（含两次）股权激励的，应合并计算纳税； 3. 2028年1月1日之后的股权激励政策另行明确			
		在行权日之前将股票期权转让	股票期权的转让净收入				
	可公开交易的股票期权	授予日	授予日股票期权的市场价				
			以折价购入方式取得的，以授权日股票期权的市场价扣除折价购入股票期权时实际支付的价款后的余额				
		行权日		不再计算缴纳个人所得税			
		取得后转让	股票期权的转让净收入	按"财产转让所得"计缴	详见本书第七章		
	行权后的股票再转让	境内上市公司股票	获得的高于购买日公平市场价的差额	暂不征收个人所得税			
		境外上市公司股票		按"财产转让所得"计缴			
因拥有股权，参与企业税后利润分配取得的所得				按"利息、股息、红利所得"计缴	详见本书第六章		

注：
① "授予日"，也称"授权日"，是指上市公司授予员工股票期权利的日期。
② "行权"，也称"执行"，是指员工根据股票期权计划选择购买股票的过程；员工行使股票期权利的当日为"行权日"，也称"购买日"。
③ 上市公司股票的公平市场价格，按照取得股票当日的收盘价确定。取得股票当日为非交易时间的，按照上一个交易日收盘价确定。
④ "工资、薪金所得"计缴税额计算公式为：应纳税额＝股权激励个人所得税延期纳税收入×适用税率－速算扣除数。
⑤ 申报表及填报说明详见本章第九节上市公司股权激励个人所得税延期纳税备案表及填报说明。

📋 政策依据

一、《财政部 国家税务总局关于个人股票期权所得征收个人所得税问题的通知》(财税〔2005〕35号)第二条

员工接受实施股票期权计划企业授予的股票期权时,除另有规定外,一般不作为应税所得征税。

员工行权时,其从企业取得股票的实际购买价(施权价)低于购买日公平市场价(指该股票当日的收盘价,下同)的差额,是因员工在企业的表现和业绩情况而取得的与任职、受雇有关的所得,应按"工资、薪金所得"适用的规定计算缴纳个人所得税。

对因特殊情况,员工在行权日之前将股票期权转让的,以股票期权的转让净收入,作为工资薪金所得征收个人所得税。

员工将行权后的股票再转让时获得的高于购买日公平市场价的差额,是因个人在证券二级市场上转让股票等有价证券而获得的所得,应按照"财产转让所得"适用的征免规定计算缴纳个人所得税。

员工因拥有股权而参与企业税后利润分配取得的所得,应按照"利息、股息、红利所得"适用的规定计算缴纳个人所得税。

二、《财政部 国家税务总局关于个人股票期权所得征收个人所得税问题的通知》(财税〔2005〕35号)第四条第二项

个人将行权后的境内上市公司股票再行转让而取得的所得,暂不征收个人所得税;个人转让境外上市公司的股票而取得的所得,应按税法的规定计算应纳税所得额和应纳税额,依法缴纳税款。

三、《关于个人股票期权所得缴纳个人所得税有关问题的补充通知》(国税函〔2006〕902号)第四条

凡取得股票期权的员工在行权日不实际买卖股票,而按行权日股票期权所指定股票的市场价与施权价之间的差额,直接从授权企业取得价差收益的,该项价差收益应作为员工取得的股票期权形式的工资薪金所得,按照财税〔2005〕35号文件的有关规定计算缴纳个人所得税。

四、《关于个人股票期权所得缴纳个人所得税有关问题的补充通知》(国税函〔2006〕902号)第六条

部分股票期权在授权时即约定可以转让,且在境内或境外存在公开市场及挂牌价格(以下称可公开交易的股票期权)。员工接受该可公开交易的股票期权时,应作为财税〔2005〕35号文件第二条第(一)项所述的另有规定情形,按以下规定进行税务处理:

员工取得可公开交易的股票期权,属于员工已实际取得有确定价值的财产,应按授权日股票期权的市场价格,作为员工授权日所在月份的工资薪金所得计算缴纳个人所得税。如果员工以折价购入方式取得股票期权的,可以授权日股票期权的市场价格扣除折价购入股票期权时实际支付的价款后的余额,作为授权日所在月份的工资薪金所得。

员工取得上述可公开交易的股票期权后,转让该股票期权所取得的所得,属于财产转让所得,按财税〔2005〕35号文件第四条第二项规定进行税务处理。

员工取得上述可公开交易的股票期权后,实际行使该股票期权购买股票时,不再计算缴纳个人所得税。

五、《国家税务总局关于股权激励有关个人所得税问题的通知》(国税函〔2009〕461号)第七条

财税〔2005〕35号、国税函〔2006〕902号和财税〔2009〕5号以及本通知有关股权激励个人所得税政策,适用于上市公司(含所属分支机构)和上市公司控股企业的员工,其中上市公司占控股企业股份比例最低为30%。

间接持股比例,按各层持股比例相乘计算,上市公司对一级子公司持股比例超过50%的,按100%计算。

六、《财政部 国家税务总局关于个人股票期权所得征收个人所得税问题的通知》(财税〔2005〕35号)第五条

实施股票期权计划的境内企业为个人所得税的扣缴义务人,应按税法规定履行代扣代缴个人所得税的义务。

员工从两处或两处以上取得股票期权形式的工资薪金所得和没有扣缴义务人的,该个人应在个人所得税法规定的纳税申报期限内自行申报缴纳税款。

实施股票期权计划的境内企业,应在股票期权计划实施之前,将企业的股票期权计划或实施方案、股票期权协议书、授权通知书等资料报送主管税务机关;应在员工行权之前,将股票期权行权通知书和行权调整通知书等资料报送主管税务机关。

扣缴义务人和自行申报纳税的个人在申报纳税或代扣代缴税款时,应在税法规定的纳税申报期限内,将个人接受或转让的股票期权以及认购的股票情况(包括种类、数量、施权价格、行权价格、市场价格、转让价格等)报送主管税务机关。

七、《财政部 国家税务总局关于完善股权激励和技术入股有关所得税政策的通知》(财税〔2016〕101号)第二条

上市公司授予个人的股票期权、限制性股票和股权奖励,经向主管税务机关备案,个人可自股票期权行权、限制性股票解禁或取得股权奖励之日起,在不超过12个月的期限内缴纳个人所得税。

八、《国家税务总局关于股权激励和技术入股所得税征管问题的公告》(国家税务总局公告2016年第62号)

上市公司实施股权激励,个人选择在不超过12个月期限内缴税的,上市公司应自股票期权行权、限制性股票解禁、股权奖励获得之次月15日内,向主管税务机关报送《上市公司股权激励个人所得税延期纳税备案表》。上市公司初次办理股权激励备案时,还应一并向主管税务机关报送股权激励计划、董事会或股东大会决议。

九、《财政部 税务总局关于延续实施上市公司股权激励有关个人所得税政策的公告》(财政部 税务总局公告2023年第25号)

一、居民个人取得股票期权、股票增值权、限制性股票、股权奖励等股权激励(以下简称股权激励),符合《财政部 国家税务总局关于个人股票期权所得征收个人所得税问题的通知》(财税〔2005〕35号)、《财政部 国家税务总局关于股票增值权所得和限制性股票所得征收个人所得税有关问题的通知》(财税〔2009〕5号)、《财政部 国家税务总局关于将国家自主创新示范区有关税收试点政策推广到全国范围实施的通知》(财税〔2015〕116号)第四条、《财政部 国家税务总局关于完善股权激励和技术入股有关所得税政策的通知》(财税〔2016〕101号)第四条第(一)项规定的相关条件的,不并入当年综合所得,全额单独适用综合所得税率表,计算纳税。计算公式为:

应纳税额=股权激励收入×适用税率-速算扣除数

二、居民个人一个纳税年度内取得两次以上(含两次)股权激励的,应合并按本公告第一条规定计算纳税。三、本公告执行至2027年12月31日。

十、《财政部 税务总局关于延续实施全年一次性奖金个人所得税政策的公告》(财政部 税务总局公告2023年第30号)第一条、第三条

一、居民个人取得全年一次性奖金,符合《国家税务总局关于调整个人取得全年一次性奖金等计算征收个人所得税方法问题的通知》(国税发〔2005〕9号)规定的,不并入当年综合所得,以全年一次性奖金收入除以12个月得到的数额,按照本公告所附按月换算后的综合所得税率表,确定适用税率和速算扣除数,单独计算纳税。计算公式为:

应纳税额=全年一次性奖金收入×适用税率-速算扣除数

三、本公告执行至2027年12月31日。

案例 54 上市公司员工取得的股票期权如何缴纳个税

李军是梅松公司总经理(上市公司),2014年7月1日与公司签订股票期权计划约定,自2019年7月1日起,李军可以按照每股10元购买公司股票10万股;2019年7月1日,李明行权,购买10万股股票,支付1 000 000元,梅松公司当日股票市场价格是25元/股。

请问李军应如何缴纳个人所得税?

〖答〗李军 2019 年 7 月 1 日行权取得股票市场价格与实际支付价款之间的差额,应按照"工资、薪金所得"适用的税率计征个人所得税,在 2021 年 12 月 31 日前,不并入当年综合所得,全额单独适用综合所得税率表,计算纳税。

(1) 行权日:2019 年 7 月 1 日,发生纳税义务。

工资薪金所得额=(行权股票每股市场价格-员工取得股票期权支付的每股价格)×股票数量=(25-10)×10=150(万元)

(2) 根据综合所得适用税率表,适用税率 45%,速算扣除数 181 920 元。

应纳个人所得税额=1 500 000×45%-181 920=493 080(元)

问题 177 上市公司员工取得的限制性股票股权激励如何进行个税处理

〖答〗限制性股票,是指上市公司按照股权激励计划约定的条件,授予公司员工一定数量本公司的股票。对于个人从上市公司(含境内、外上市公司,下同)取得的限制性股票所得,应按照"工资、薪金所得"项目,由上市公司或其境内机构依法扣缴个人所得税。操作要点归纳如表 139 所示。

表 139 上市公司员工取得的限制性股票激励个税处理

要素		限制性股票激励
征税项目		个人从上市公司(含境内、外上市公司,下同)取得的限制性股票所得
税务处理	应纳税所得额	(股票登记日股票市价+本批次解禁股票当日市价)÷2×本批次解禁股票份数-被激励对象实际支付的资金总额×(本批次解禁股票份数÷被激励对象获取的限制性股票总份数)
		被激励对象为缴纳个人所得税款而出售股票,其出售价格与原计税价格不一致的,按原计税价格计算其应纳税所得额和税额
	应纳税额计算	按"工资、薪金所得"计缴: 1. 2027 年 12 月 31 日前,不并入当年综合所得,全额单独适用综合所得税率表计算; 2. 居民个人一个纳税年度内取得两次以上(含两次)股权激励的,应合并计算纳税; 3. 2028 年 1 月 1 日之后的股权激励政策另行明确
纳税义务发生时间		每一批次限制性股票解禁的日期
适用范围		适用于上市公司(含所属分支机构)和上市公司控股企业的员工: 1. 上市公司占控股企业股份比例最低为 30%; 2. 间接持股比例,按各层持股比例相乘计算,上市公司对一级子公司持股比例超过 50% 的,按 100% 计算
征收管理	境内上市公司	应在中国证券登记结算公司(境外为证券登记托管机构)进行股票登记、并经上市公司公示后 15 日内,将本公司限制性股票计划或实施方案、协议书、授权通知书、股票登记日期及当日收盘价、禁售期限和股权激励人员名单等资料报送备案
	境外上市公司的境内机构	应向其主管税务机关报送境外上市公司实施股权激励计划的中(外)文资料备案
	扣缴义务人及自行申报的个人	应在税法规定的纳税申报期限内,将个人接受或转让的股权以及认购的股票情况(包括种类、数量、施权价格、行权价格、市场价格、转让价格等)、股权激励人员名单、应纳税所得额、应纳税额等资料报送主管税务机关
延期纳税优惠		经向主管税务机关备案,个人可自限制性股票解禁之日起,在不超过 12 个月的期限内缴纳个税

政策依据

一、《国家税务总局关于股权激励有关个人所得税问题的通知》(国税函〔2009〕461号)第一条、第三条、第四条

个人因任职、受雇从上市公司取得的股票增值权所得和限制性股票所得,由上市公司或其境内机构按照"工资、薪金所得"项目和股票期权所得个人所得税计税方法,依法扣缴其个人所得税。

按照个人所得税法及其实施条例等有关规定,原则上应在限制性股票所有权归属于被激励对象时确认其限制性股票所得的应纳税所得额。即:上市公司实施限制性股票计划时,应以被激励对象限制性股票在中国证券登记结算公司(境外为证券登记托管机构)进行股票登记日期的股票市价(指当日收盘价,下同)和本批次解禁股票当日市价(指当日收盘价,下同)的平均价格乘以本批次解禁股票份数,减去被激励对象本批次解禁股份数所对应的为获取限制性股票实际支付资金数额,其差额为应纳税所得额。被激励对象限制性股票应纳税所得额计算公式为:应纳税所得额=(股票登记日股票市价+本批次解禁股票当日市价)÷2×本批次解禁股票份数—被激励对象实际支付的资金总额×(本批次解禁股票份数÷被激励对象获取的限制性股票总份数)

个人在纳税年度内两次以上(含两次)取得限制性股票等所得,包括两次以上(含两次)取得同一种股权激励形式所得或者同时兼有不同股权激励形式所得的,上市公司应将其纳税年度内各次股权激励所得合并,计算扣缴个人所得税。

二、《国家税务总局关于股权激励有关个人所得税问题的通知》(国税函〔2009〕461号)第七条

财税〔2005〕35号、国税函〔2006〕902号和财税〔2009〕5号以及本通知有关股权激励个人所得税政策,适用于上市公司(含所属分支机构)和上市公司控股企业的员工,其中上市公司占控股企业股份比例最低为30%。

间接持股比例,按各层持股比例相乘计算,上市公司对一级子公司持股比例超过50%的,按100%计算。

三、《国家税务总局关于股权激励有关个人所得税问题的通知》(国税函〔2009〕461号)第六条

实施限制性股票计划的境内上市公司,应在中国证券登记结算公司(境外为证券登记托管机构)进行股票登记、并经上市公司公示后15日内,将本公司限制性股票计划或实施方案、协议书、授权通知书、股票登记日期及当日收盘价、禁售期限和股权激励人员名单等资料报送主管税务机关备案。

境外上市公司的境内机构,应向其主管税务机关报送境外上市公司实施股权激励计划的中(外)文资料备案。

扣缴义务人和自行申报纳税的个人在代扣代缴税款或申报纳税时,应在税法规定的纳税申报期限内,将个人接受或转让的股权以及认购的股票情况(包括种类、数量、施权价格、行权价格、市场价格、转让价格等)、股权激励人员名单、应纳税所得额、应纳税额等资料报送主管税务机关。

四、《财政部 国家税务总局关于完善股权激励和技术入股有关所得税政策的通知》(财税〔2016〕101号)第二条

上市公司授予个人的股票期权、限制性股票和股权奖励,经向主管税务机关备案,个人可自股票期权行权、限制性股票解禁或取得股权奖励之日起,在不超过12个月的期限内缴纳个人所得税。

五、《财政部 国家税务总局关于股票增值权所得和限制性股票所得征收个人所得税有关问题的通知》(财税〔2009〕5号)第四条

实施股票增值权计划或限制性股票计划的境内上市公司,应在向中国证监会报备的同时,将企业股票增值权计划、限制性股票计划或实施方案等有关资料报送主管税务机关备案。

六、《财政部 税务总局关于延续实施上市公司股权激励有关个人所得税政策的公告》(财政部 税务总局公告2023年第25号)

一、居民个人取得股票期权、股票增值权、限制性股票、股权奖励等股权激励(以下简称股权激励),符合《财政部 国家税务总局关于个人股票期权所得征收个人所得税问题的通知》(财税〔2005〕35号)、《财政部 国家税务总局关于股票增值权所得和限制性股票所得征收个人所得税有关问题的通知》(财税〔2009〕5号)、《财政部 国家税务总局关于将国家自主创新示范区有关税收试点政策推广到全国范围实施的通知》(财税〔2015〕

116号)第四条、《财政部 国家税务总局关于完善股权激励和技术入股有关所得税政策的通知》(财税〔2016〕101号)第四条第(一)项规定的相关条件的,不并入当年综合所得,全额单独适用综合所得税率表,计算纳税。计算公式为:

应纳税额＝股权激励收入×适用税率－速算扣除数

二、居民个人一个纳税年度内取得两次以上(含两次)股权激励的,应合并按本公告第一条规定计算纳税。三、本公告执行至2027年12月31日。

七、《财政部 税务总局关于延续实施全年一次性奖金个人所得税政策的公告》(财政部 税务总局公告2023年第30号)第一条、第三条

一、居民个人取得全年一次性奖金,符合《国家税务总局关于调整个人取得全年一次性奖金等计算征收个人所得税方法问题的通知》(国税发〔2005〕9号)规定的,不并入当年综合所得,以全年一次性奖金收入除以12个月得到的数额,按照本公告所附按月换算后的综合所得税率表,确定适用税率和速算扣除数,单独计算纳税。计算公式为:

应纳税额＝全年一次性奖金收入×适用税率－速算扣除数

三、本公告执行至2027年12月31日。

案例 55 上市公司员工取得的限制性股票激励如何缴纳个税

李军是梅松集团总经理(上市公司),2017年7月1日梅松集团实行股权激励计划,定向增发限制性股票200万股授予公司高级管理人员,股票登记日该股票市价为20元/股,增发价格为10元/股。李军与公司签订限制性股票计划,取得限制性股票激励20万股

2019年7月1日,梅松集团限制性股票解禁100万股(含李军10万股),股票当日市价为30元/股。请问李军应如何缴纳个人所得税?

〖答〗李军取得的限制性股票激励,于每一批次限制性股票解禁的日期发生纳税义务。

(1)授予日:2017年7月1日取得限制性股票20万未发生纳税义务,不缴纳个人所得税。

(2)限制股票激励解禁日。

① 2019年7月1日限制性股票解禁10万股,按"工资、薪金所得"计缴个人所得税。

工资薪金应纳税所得额＝(股票登记日股票市价＋本批次解禁股票当日市价)÷2×本批次解禁股票份数－被激励对象实际支付的资金总额×(本批次解禁股票份数÷被激励对象获取的限制性股票总份数)＝(20＋30)÷2×10－20×10×(100÷200)＝150(万元)

② 2021年12月31日前,不并入当年综合所得,全额单独适用综合所得税率表计算,适用税率45%,速算扣除数181 920元。

应纳个人所得税额＝1 500 000×45%－181 920＝493 080(元)

(3)享受延期纳税优惠,经向主管税务机关备案,个人可自限制性股票解禁之日起,在不超过12个月的期限内缴纳个税。梅松集团应于2019年8月15日前,向主管税务机关报送《上市公司股权激励个人所得税延期纳税备案表》,在2020年7月1日之前缴纳个人所得税。

问题 178 上市公司员工取得的股票增值权股权激励如何进行个税处理

〖答〗股票增值权,是指上市公司授予公司员工在未来一定时期和约定条件下,获得规定数量的股票价格上升所带来收益的权利。个人因任职、受雇从上市公司取得的股票增值权所得,由上市公司或其境内机构按照"工资、薪金所得"项目依法扣缴其个人所得税,税务处理要点如表140所示。

表140　上市公司员工取得的股票增值权激励的个税处理

要素		股票增值权政策规定
征税项目		个人从上市公司(含境内、外上市公司,下同)取得的股票增值权所得
税务处理	应纳税所得额	(行权日股票价格－授权日股票价格)×行权股票份数
	应纳税额计算	按"工资、薪金所得"计缴: 1. 2027年12月31日前,不并入当年综合所得,全额单独适用综合所得税率表计算; 2. 居民个人一个纳税年度内取得两次以上(含两次)股权激励的,应合并计算纳税; 3. 2028年1月1日之后的股权激励政策另行明确
纳税义务发生时间		上市公司向被授权人兑现股票增值权所得的日期
适用范围		适用于上市公司(含所属分支机构)和上市公司控股企业的员工: 1. 上市公司占控股企业股份比例最低为30%; 2. 间接持股比例,按各层持股比例相乘计算,上市公司对一级子公司持股比例超过50%的,按100%计算
征收管理	报送资料 股票增值计划实施之前	将企业的股票增值计划或实施方案、股票增值协议书、授权通知书等资料报送主管税务机关
	报送资料 在员工行权之前	将股票增值行权通知书和行权调整通知书等资料报送主管税务机关
	扣缴义务人和自行申报的个人	将个人接受或转让的股权以及认购的股票情况(包括种类、数量、施权价格、行权价格、市场价格、转让价格等)等资料报送主管税务机关
延期纳税优惠		经向主管税务机关备案,个人可自限制性股票解禁之日起,在不超过12个月的期限内缴纳个税

政策依据

一、《财政部 国家税务总局关于股票增值权所得和限制性股票所得征收个人所得税有关问题的通知》(财税〔2009〕5号)第二条

股票增值权,是指上市公司授予公司员工在未来一定时期和约定条件下,获得规定数量的股票价格上升所带来收益的权利。被授权人在约定条件下行权,上市公司按照行权日与授权日二级市场股票差价乘以授权股票数量,发放给被授权人现金。

二、《国家税务总局关于股权激励有关个人所得税问题的通知》(国税函〔2009〕461号)第二条

股票增值权被授权人获取的收益,是由上市公司根据授权日与行权日股票差价乘以被授权股数,直接向被授权人支付的现金。上市公司应于向股票增值权被授权人兑现时依法扣缴其个人所得税。被授权人股票增值权应纳税所得额计算公式为:

股票增值权某次行权应纳税所得额＝(行权日股票价格－授权日股票价格)×行权股票份数

三、《国家税务总局关于股权激励有关个人所得税问题的通知》(国税函〔2009〕461号)第七条

财税〔2005〕35号、国税函〔2006〕902号和财税〔2009〕5号以及本通知有关股权激励个人所得税政策,适用于上市公司(含所属分支机构)和上市公司控股企业的员工,其中上市公司占控股企业股份比例最低为30%。

间接持股比例,按各层持股比例相乘计算,上市公司对一级子公司持股比例超过50%的,按100%计算。

四、《财政部 国家税务总局关于股票增值权所得和限制性股票所得征收个人所得税有关问题的通知》(财税〔2009〕5号)第四条、第五条

实施股票增值权计划或限制性股票计划的境内上市公司,应在向中国证监会报备的同时,将企业股票增值权计划、限制性股票计划或实施方案等有关资料报送主管税务机关备案。

实施股票增值权计划或限制性股票计划的境内上市公司,应在做好个人所得税扣缴工作的同时,按照《国

家税务总局关于印发〈个人所得税全员全额扣缴申报管理暂行办法〉的通知》(国税发〔2005〕205号)的有关规定,向主管税务机关报送其员工行权等涉税信息。

五、《财政部 税务总局关于延续实施上市公司股权激励有关个人所得税政策的公告》(财政部 税务总局公告2023年第25号)

一、居民个人取得股票期权、股票增值权、限制性股票、股权奖励等股权激励(以下简称股权激励),符合《财政部 国家税务总局关于个人股票期权所得征收个人所得税问题的通知》(财税〔2005〕35号)、《财政部 国家税务总局关于股票增值权所得和限制性股票所得征收个人所得税有关问题的通知》(财税〔2009〕5号)、《财政部 国家税务总局关于将国家自主创新示范区有关税收试点政策推广到全国范围实施的通知》(财税〔2015〕116号)第四条、《财政部 国家税务总局关于完善股权激励和技术入股有关所得税政策的通知》(财税〔2016〕101号)第四条第(一)项规定的相关条件的,不并入当年综合所得,全额单独适用综合所得税率表,计算纳税。计算公式为:

应纳税额=股权激励收入×适用税率-速算扣除数

二、居民个人一个纳税年度内取得两次以上(含两次)股权激励的,应合并按本公告第一条规定计算纳税。

三、本公告执行至2027年12月31日。

六、《财政部 税务总局关于延续实施全年一次性奖金个人所得税政策的公告》(财政部 税务总局公告2023年第30号)第一条、第三条

一、居民个人取得全年一次性奖金,符合《国家税务总局关于调整个人取得全年一次性奖金等计算征收个人所得税方法问题的通知》(国税发〔2005〕9号)规定的,不并入当年综合所得,以全年一次性奖金收入除以12个月得到的数额,按照本公告所附按月换算后的综合所得税率表,确定适用税率和速算扣除数,单独计算纳税。计算公式为:

应纳税额=全年一次性奖金收入×适用税率-速算扣除数

三、本公告执行至2027年12月31日。

案例 56 上市公司员工取得的股票增值权激励如何缴纳个税

2018年7月10日,梅松公司(上市公司)实行股权激励计划,授予高级管理人员50万份股票增值权,激励计划首次公告前30个交易日,公司股票平均收盘价为10元/股(基准价)。激励计划约定,自2018年7月1日起,在授权日后的36个月内,每12个月可以执行一次股票增值权。若执行日前30个交易日公司股票的平均收盘价(执行价)高于基准价,则每份股票增值权可获得每股价差收益。

李军是梅松公司(上市公司)财务经理,本次激励计划获得5万份股票增值权,2019年7月10日,执行价为22元/股。

请问:李军2019年7月10日第一次执行股票增值权时,应如何缴纳个人所得税?

〖答〗(1)授权日。

取得的股票增值权激励,于执行股票增值权时发生纳税义务,2018年7月10日取得股票增值权5万份,未发生纳税义务,不缴纳个人所得税

(2)执行股票增值权日。

① 2019年7月10日执行股票增值权5万份,按"工资、薪金所得"计缴个人所得税。

工资薪金应纳税所得额=(行权日股票价格-授权日股票价格)×行权股票份数=(22-10)×5=60(万元)

② 2021年12月31日前,不并入当年综合所得,全额单独适用综合所得税率表计算,适用税率30%,速算扣除数52 920元。

应纳个人所得税额=600 000×30%-52 920=127 080(元)

（3）梅松公司应于 2019 年 8 月 15 日前，向其所在地主管税务机关进行全员全额扣缴申报。股票增值权由上市公司直接向被授权人支付现金，所以被授权人不存在纳税困难的问题，不享受延期纳税优惠，应在兑现股票增值权时依法扣缴个人所得税。

问题 179　非上市公司员工取得的股权激励如何进行个税处理

〖答〗非上市公司（包含全国中小企业股份转让系统挂牌公司）授予本公司员工的股票激励，包括股票期权、股权期权、限制性股票和股权奖励，非上市公司员工取得股权激励的操作要点如表 141 所示。

股权奖励税收优惠政策限制性行业目录如表 142 所示。

表 141　非上市公司员工取得的股权激励

事项		政策规定	
非上市公司股票激励	股票（权）期权	公司给予激励对象在一定期限内以事先约定的价格购买本公司股票（权）的权利	
	限制性股票	公司按照预先确定的条件授予激励对象一定数量的本公司股权，激励对象只有工作年限或业绩目标符合股权激励计划规定条件的才可以处置该股权	
	股权奖励	企业无偿授予激励对象一定份额的股权或一定数量的股份	
税务处理	符合递延纳税条件	在取得股权激励时	经向主管税务机关备案，可实行递延纳税政策 暂不纳税，递延至转让该股权时纳税
		股权转让时	股权转让收入减除股权取得成本以及合理税费后的差额，适用"财产转让所得"项目，按照 20% 的税率计缴个税
	不符合递延纳税条件	获得股票（权）时对实际出资额低于公平市场价格的差额	按"工资、薪金所得"计缴： 1. 2027 年 12 月 31 日前，不并入当年综合所得，全额单独计算； 2. 居民个人一个纳税年度内取得两次及以上股权激励的，合并纳税； 3. 2028 年 1 月 1 日之后的股权激励政策另行明确
递延纳税享受条件	激励计划	属于境内居民企业的股权激励计划	1. 股权激励计划所列内容应同时满足全部条件。 2. 递延纳税期间公司情况发生变化，不再符合第 4 至 6 项条件的，不得享受递延纳税优惠，应按规定计算缴纳个人所得税
	审核批准	经公司董事会、股东（大）会审议通过。未设股东（大）会的国有单位，经上级主管部门审核批准，并列明激励目的、对象、标的、有效期、各类价格的确定方法、激励对象获取权益的条件、程序等	
	激励标的	为境内居民企业的本公司股权，可以是技术成果投资入股到其他境内居民企业所取得的股权，包括通过增发、大股东直接让渡以及法律法规允许的其他合理方式授予激励对象的股票（权）	
	激励对象	为公司董事会或股东（大）会决定的技术骨干和高级管理人员，激励对象人数累计不得超过本公司最近 6 个月在职职工平均人数的 30%	
	持有期限	股票（权）期权自授予日起持有满 3 年，且自行权日起持有满 1 年 限制性股票自授予日起应持有满 3 年，且解禁后持有满 1 年 股权奖励自获得奖励之日起应持有满 3 年	
	行权时间	股票（权）期权自授予日至行权日的时间不得超过 10 年	
	所属行业	不属于《股权奖励税收优惠政策限制性行业目录》范围（如表 138 所示）。公司所属行业按公司上一纳税年度主营业务收入占比最高的行业确定	

(续表)

事项	政策规定
处置递延纳税股权	非上市公司在境内上市的,处置递延纳税的股权时,按照现行限售股有关征税规定执行
	转让股权视同享受递延纳税优惠政策的股权优先转让。 递延纳税的股权成本按照加权平均法计算,不与其他方式取得的股权成本合并计算
	持有递延纳税的股权期间,产生的转增股本收入,以及再进行非货币性资产投资的,应在当期缴纳税款
征收管理	以实施股权激励的企业为个税的扣缴义务人
	实行递延纳税期间,扣缴义务人应于每个纳税年度终了后30日内,向主管税务机关报送《个人所得税递延纳税情况年度报告表》

注:非上市公司股票(权)的公平市场价格,依次按净资产法、类比法和其他合理方法确定。净资产法按照取得股票(权)的上年末净资产确定。

申报表及填报说明详见本章第九节非上市公司股权激励个人所得税递延纳税备案表及填报说明。

个人所得税递延纳税情况年度报告表及填报说明。

表142 股权奖励税收优惠政策限制性行业目录

门类代码	类别名称
A(农、林、牧、渔业)	(1) 03 畜牧业(科学研究、籽种繁育性质项目除外) (2) 04 渔业(科学研究、籽种繁育性质项目除外)
B(采矿业)	(3) 采矿业(除第11类开采辅助活动)
C(制造业)	(4) 16 烟草制品业 (5) 17 纺织业(除第178类非家用纺织制成品制造) (6) 19 皮革、毛皮、羽毛及其制品和制鞋业 (7) 20 木材加工和木、竹、藤、棕、草制品业 (8) 22 造纸和纸制品业(除第223类纸制品制造) (9) 31 黑色金属冶炼和压延加工业(除第314类钢压延加工)
F(批发和零售业)	(10) 批发和零售业
G(交通运输、仓储和邮政业)	(11) 交通运输、仓储和邮政业
H(住宿和餐饮业)	(12) 住宿和餐饮业
J(金融业)	(13) 66 货币金融服务
	(14) 68 保险业
K(房地产业)	(15) 房地产业
L(租赁和商务服务业)	(16) 租赁和商务服务业
O(居民服务、修理和其他服务业)	(17) 79 居民服务业
Q(卫生和社会工作)	(18) 84 社会工作
R(文化、体育和娱乐业)	(19) 88 体育
	(20) 89 娱乐业
S(公共管理、社会保障和社会组织)	(21) 公共管理、社会保障和社会组织(除第9421类专业性团体和9422类行业性团体)
T(国际组织)	(22) 国际组织

说明:以上目录按照《国民经济行业分类》(GB/T 4754—2011)编制。

政策依据

一、《财政部 国家税务总局关于完善股权激励和技术入股有关所得税政策的通知》(财税〔2016〕101号)文件第一条、第四条、第五条

一、对符合条件的非上市公司股票期权、股权期权、限制性股票和股权奖励实行递延纳税政策。

(一)非上市公司授予本公司员工的股票期权、股权期权、限制性股票和股权奖励,符合规定条件的,经向主管税务机关备案,可实行递延纳税政策,即员工在取得股权激励时可暂不纳税,递延至转让该股权时纳税;股权转让时,按照股权转让收入减除股权取得成本以及合理税费后的差额,适用"财产转让所得"项目,按照20%的税率计算缴纳个人所得税。股权转让时,股票(权)期权取得成本按行权价确定,限制性股票取得成本按实际出资额确定,股权奖励取得成本为零。

(二)享受递延纳税政策的非上市公司股权激励(包括股票期权、股权期权、限制性股票和股权奖励,下同)须同时满足以下条件:

1. 属于境内居民企业的股权激励计划。

2. 股权激励计划经公司董事会、股东(大)会审议通过。未设股东(大)会的国有单位,经上级主管部门审核批准。股权激励计划应列明激励目的、对象、标的、有效期、各类价格的确定方法、激励对象获取权益的条件、程序等。

3. 激励标的应为境内居民企业的本公司股权。股权奖励的标的可以是技术成果投资入股到其他境内居民企业所取得的股权。激励标的股票(权)包括通过增发、大股东直接让渡以及法律法规允许的其他合理方式授予激励对象的股票(权)。

4. 激励对象应为公司董事会或股东(大)会决定的技术骨干和高级管理人员,激励对象人数累计不得超过本公司最近6个月在职职工平均人数的30%。

5. 股票(权)期权自授予日起应持有满3年,且自行权日起持有满1年;限制性股票自授予日起应持有满3年,且解禁后持有满1年;股权奖励自获得奖励之日起应持有满3年。上述时间条件须在股权激励计划中列明。

6. 股票(权)期权自授予日至行权日的时间不得超过10年。

7. 实施股权奖励的公司及其奖励股权标的公司所属行业均不属于《股权奖励税收优惠政策限制性行业目录》范围(见附件)。公司所属行业按公司上一纳税年度主营业务收入占比最高的行业确定。

……

(四)股权激励计划所列内容不同时满足上述全部条件,或递延纳税期间公司情况发生变化,不再符合第4至6项条件的,不得享受递延纳税优惠,应按规定计算缴纳个人所得税。

四、相关政策

(一)个人从任职受雇企业以低于公平市场价格取得股票(权)的,凡不符合递延纳税条件,应在获得股票(权)时,对实际出资额低于公平市场价格的差额,按照"工资、薪金所得"项目计算缴纳个人所得税。

(二)个人因股权激励、技术成果投资入股取得股权后,非上市公司在境内上市的,处置递延纳税的股权时,按照现行限售股有关征税规定执行。

(三)个人转让股权时,视同享受递延纳税优惠政策的股权优先转让。递延纳税的股权成本按照加权平均法计算,不与其他方式取得的股权成本合并计算。

(四)持有递延纳税的股权期间,因该股权产生的转增股本收入,以及以递延纳税的股权再进行非货币性资产投资的,应在当期缴纳税款。

……

五、配套管理措施

(一)对股权激励或技术成果投资入股选择适用递延纳税政策的,企业应在规定期限内到主管税务机关办理备案手续。未办理备案手续的,不得享受递延纳税优惠政策。

（二）企业实施股权激励或个人以技术成果投资入股，以实施股权激励或取得技术成果的企业为个人所得税扣缴义务人。递延纳税期间，扣缴义务人应在每个纳税年度终了后向主管税务机关报告递延纳税有关情况。

（三）工商部门应将企业股权变更信息及时与税务部门共享，暂不具备联网实时共享信息条件的，工商部门应在股权变更登记3个工作日内将信息与税务部门共享。

二、《国家税务总局关于股权激励和技术入股所得税征管问题的公告》（国家税务总局公告2016年第62号）第一条

递延纳税期间，非上市公司情况发生变化，不再同时符合条件的，应于情况发生变化之次月15日内，按规定计算缴纳个人所得税。

员工以在一个公历月份中取得的股票（权）形式工资薪金所得为一次。员工取得符合条件、实行递延纳税政策的股权激励，与不符合递延纳税条件的股权激励分别计算。

非上市公司实施符合条件的股权激励，个人选择递延纳税的，非上市公司应于股票（权）期权行权、限制性股票解禁、股权奖励获得之次月15日内，向主管税务机关报送《非上市公司股权激励个人所得税递延纳税备案表》、股权激励计划、董事会或股东大会决议、激励对象任职或从事技术工作情况说明等。实施股权奖励的企业同时报送本企业及其奖励股权标的企业上一纳税年度主营业务收入构成情况说明。

实行递延纳税期间，扣缴义务人应于每个纳税年度终了后30日内，向主管税务机关报送《个人所得税递延纳税情况年度报告表》。

递延纳税股票（权）转让，办理纳税申报时，扣缴义务人、个人应向主管税务机关一并报送能够证明股票（权）转让价格、递延纳税股票（权）原值、合理税费的有关资料，具体包括转让协议、评估报告和相关票据等。资料不全或无法充分证明有关情况，造成计税依据偏低，又无正当理由的，主管税务机关可依据税收征管法有关规定进行核定。

三、《财政部 税务总局关于延续实施上市公司股权激励有关个人所得税政策的公告》（财政部 税务总局公告2023年第25号）

一、居民个人取得股票期权、股票增值权、限制性股票、股权奖励等股权激励（以下简称股权激励），符合《财政部 国家税务总局关于个人股票期权所得征收个人所得税问题的通知》（财税〔2005〕35号）、《财政部 国家税务总局关于股票增值权所得和限制性股票所得征收个人所得税有关问题的通知》（财税〔2009〕5号）、《财政部 国家税务总局关于将国家自主创新示范区有关税收试点政策推广到全国范围实施的通知》（财税〔2015〕116号）第四条、《财政部 国家税务总局关于完善股权激励和技术入股有关所得税政策的通知》（财税〔2016〕101号）第四条第（一）项规定的相关条件的，不并入当年综合所得，全额单独适用综合所得税率表，计算纳税。计算公式为：

应纳税额＝股权激励收入×适用税率－速算扣除数

二、居民个人一个纳税年度内取得两次以上（含两次）股权激励的，应合并按本公告第一条规定计算纳税。

三、本公告执行至2027年12月31日。

案例 57 非上市公司员工取得的股权激励如何缴纳个税

2017年1月3日，梅松公司（非上市公司）授予其公司总经理李军10万股股权奖励，并与李军签订股权奖励计划，约定2020年1月3日起，李军可以1元/股的价格购买公司股权20万股，2020年1月3日，该公司股权市场的价格是每股21元，李明当日行权。2023年2月15日，李军将2万股以26元/股的价格转让给税台公司。

请问：

（1）假设股权奖励计划符合所有递延纳税条件，李军应如何缴纳个人所得税？

（2）假设股权奖励计划不满足递延纳税条件，李军应如何缴纳个人所得税？

【答】（1）非上市公司股权激励，不满足所有递延纳税条件的，获得股票（权）时对实际出

资额低于公平市场价格的差额,按"工资、薪金所得"计缴个人所得税,2021年12月31日前,不并入当年综合所得,全额单独适用综合所得税率表计算,如表143所示。

表143 李军个税计算结果

时间	计算
2020年1月3日取得股权时	工资薪金所得额=(购买日每股市场价格-实际支付价格)×股票数量=(21-1)×10=200(万元);适用税率45%,速算扣除数181 920元 应纳个人所得税额=2 000 000×45%-181 920=718 080(元)
2023年2月15日,转让部分股权时	股权转让所得应纳税所得额=(26-21)×40 000=200 000(元) 应纳个人所得税额=股权转让所得额×20%=200 000×20%=40 000(元)

(2) 2020年1月3日取得股权时:非上市公司股权激励,满足所有递延纳税条件的,经向主管税务机关备案,可实行递延纳税政策,暂不纳税,递延至转让该股权时纳税。

梅松公司应于2020年2月15日前,向主管税务机关报送《非上市公司股权激励个人所得税递延纳税备案表》、股权激励计划、董事会或股东大会决议、激励对象任职或从事技术工作情况说明等。实施股权奖励的企业同时报送本企业及其奖励股权标的企业上一纳税年度主营业务收入构成情况说明。

实行递延纳税期间,梅松公司应于每个纳税年度终了后30日内,向主管税务机关报送《个人所得税递延纳税情况年度报告表》。

2023年2月15日,转让部分股权时:

股权转让所得额=(26-1)×40 000=1 000 000(元)

应纳个人所得税额=股权转让所得额×20%=1 000 000×20%=200 000(元)

股权转让应纳个人所得税由税台公司在2023年3月15日前,进行全员全额扣缴申报。

问题180 以技术成果投资入股,个税如何处理

〖答〗技术成果是指专利技术(含国防专利)、计算机软件著作权、集成电路布图设计专有权、植物新品种权、生物医药新品种,以及科技部、财政部 国家税务总局确定的其他技术成果。

技术成果投资入股,是指纳税人将技术成果所有权让渡给被投资企业、取得该企业股票(权)的行为。对以技术成果投资入股,按照"财产转让所得"计征个人所得税。

经向主管税务机关备案,投资入股当期可暂不纳税,允许递延至转让股权时,按股权转让收入减去技术成果原值和合理税费后的差额计算缴纳所得税。具体操作要点详见本书第七章。

(五)科技人员成果转化

问题181 科技人员取得科技成果转化的现金奖励是否减按50%计入工资薪金所得缴纳个人所得税

〖答〗自2018年7月1日起,依法批准设立的非营利性研究开发机构和高等学校(以下简称非营利性科研机构和高校)根据《中华人民共和国促进科技成果转化法》规定,从职务科技成果转化收入中给予科技人员的现金奖励,可减按50%计入科技人员当月"工资、薪金所得",依法缴纳个人所得税。对享受优惠的条件归纳如表144所示。

表 144 科技人员取得科技成果转化的现金奖励减按 50% 计入工资薪金的适用条件

分类			享受优惠的条件	
非营利性科研机构和高校	国家设立	国家设立的科研机构和高校是指利用财政性资金设立的、取得《事业单位法人证书》	中央和地方所属科研机构	
			国家高校	
	民办	民办非营利性科研机构	1. 根据《民办非企业单位登记管理暂行条例》在民政部门登记,并取得《民办非企业单位登记证书》 2. 经认定取得企业所得税非营利组织免税资格	《民办非企业单位登记证书》记载的业务范围应属于"科学研究与技术开发、成果转让、科技咨询与服务、科技成果评估"范围
		民办高校		取得教育主管部门颁发的《民办学校办学许可证》记载学校类型为"高等学校"
科技人员		非营利性科研机构和高校中对完成或转化职务科技成果作出重要贡献的人员	应按规定公示有关科技人员名单及相关信息(国防专利转化除外),具体公示办法由科技部会同财政部 税务总局制定	
科技成果		专利技术(含国防专利)、计算机软件著作权、集成电路布图设计专有权、植物新品种权、生物医药新品种,以及科技部、财政部、税务总局确定的其他技术成果		
科技成果转化		非营利性科研机构和高校向他人转让科技成果或者许可他人使用科技成果	应当签订技术合同,并根据《技术合同认定登记管理办法》,在技术合同登记机构进行审核登记,并取得技术合同认定登记证明	
现金奖励		非营利性科研机构和高校在取得科技成果转化收入三年(36个月)内奖励给科技人员的现金	不得将正常工资、奖金等收入列入科技人员职务科技成果转化现金奖励	
施行时间		2018 年 7 月 1 日起		
		施行前非营利性科研机构和高校取得的科技成果转化收入,自施行后 36 个月内给科技人员发放现金奖励		

政策依据

《关于科技人员取得职务科技成果转化现金奖励有关个人所得税政策的通知》(财税〔2018〕58号)

一、依法批准设立的非营利性研究开发机构和高等学校(以下简称非营利性科研机构和高校)根据《中华人民共和国促进科技成果转化法》规定,从职务科技成果转化收入中给予科技人员的现金奖励,可减按50%计入科技人员当月"工资、薪金所得",依法缴纳个人所得税。

二、非营利性科研机构和高校包括国家设立的科研机构和高校、民办非营利性科研机构和高校。

三、国家设立的科研机构和高校是指利用财政性资金设立的、取得《事业单位法人证书》的科研机构和公办高校,包括中央和地方所属科研机构和高校。

四、民办非营利性科研机构和高校,是指同时满足以下条件的科研机构和高校:

(一)根据《民办非企业单位登记管理暂行条例》在民政部门登记,并取得《民办非企业单位登记证书》。

(二)对于民办非营利性科研机构,其《民办非企业单位登记证书》记载的业务范围应属于"科学研究与技术开发、成果转让、科技咨询与服务、科技成果评估"范围。对业务范围存在争议的,由税务机关转请县级(含)以上科技行政主管部门确认。

对于民办非营利性高校,应取得教育主管部门颁发的《民办学校办学许可证》,《民办学校办学许可证》记载学校类型为"高等学校"。

(三)经认定取得企业所得税非营利组织免税资格。

五、科技人员享受本通知规定税收优惠政策,须同时符合以下条件:

(一)科技人员是指非营利性科研机构和高校中对完成或转化职务科技成果作出重要贡献的人员。非营利性科研机构和高校应按规定公示有关科技人员名单及相关信息(国防专利转化除外),具体公示办法由科技部会同财政部、税务总局制定。

（二）科技成果是指专利技术（含国防专利）、计算机软件著作权、集成电路布图设计专有权、植物新品种权、生物医药新品种，以及科技部、财政部、税务总局确定的其他技术成果。

（三）科技成果转化是指非营利性科研机构和高校向他人转让科技成果或者许可他人使用科技成果。现金奖励是指非营利性科研机构和高校在取得科技成果转化收入三年（36个月）内奖励给科技人员的现金。

（四）非营利性科研机构和高校转化科技成果，应当签订技术合同，并根据《技术合同认定登记管理办法》，在技术合同登记机构进行审核登记，并取得技术合同认定登记证明。

非营利性科研机构和高校应健全科技成果转化的资金核算，不得将正常工资、奖金等收入列入科技人员职务科技成果转化现金奖励享受税收优惠。

六、非营利性科研机构和高校向科技人员发放现金奖励时，应按个人所得税法规定代扣代缴个人所得税，并按规定向税务机关履行备案手续。

七、本通知自2018年7月1日起施行。本通知施行前非营利性科研机构和高校取得的科技成果转化收入，自施行后36个月内给科技人员发放现金奖励，符合本通知规定的其他条件的，适用本通知。

问题182　个人取得科研机构及高校因转化职务科技成果给予的股份激励如何进行个税处理

〖答〗对学校转化职务科技成果以股份或出资比例等股权形式给予个人奖励，应当分不同情况进行处理，具体归纳如表145所示。

表145　个人取得科研机构及高校因转化职务科技成果给予股份激励的个税处理

项目		规定
股份激励	取得股份、出资比例时	暂不缴纳个人所得税
	取得按股份、出资比例分红	按"利息、股息、红利所得"应税项目征收个人所得税
	转让股权、出资比例所得时	按"财产转让所得"应税项目征收个人所得税，财产原值为零
享受条件	科研机构	按中央机构编制委员会和国家科学技术委员会《关于科研事业单位机构设置审批事项的通知》的规定设置审批的自然科学研究事业单位机构
	高等学校	全日制普通高等学校（包括大学、专门学院和高等专科学校）
	科技人员	必须是科研机构和高等学校的在编正式职工
享受条件	不提供以下资料的，不得享受暂不征收个人所得税优惠政策	《出资入股高新技术成果认定书》
		工商行政管理部门办理的企业登记手续
		经工商行政管理机关登记注册的评估机构的技术成果价值评估报告和确认书
备案		应在授（获）奖的次月15日内向主管税务机关备案

政策依据

一、《财政部　国家税务总局关于教育税收政策的通知》（财税〔2004〕39号）文件第一条第十一项

……高等学校转化职务科技成果以股份或出资比例等股权形式给予个人奖励，获奖人在取得股份、出资比例时，暂不缴纳个人所得税；取得按股份、出资比例分红或转让股权、出资比例所得时，依法缴纳个人所得税。

二、《财政部　国家税务总局关于促进科技成果转化有关税收政策的通知》（财税字〔1999〕45号）第三条

自1999年7月1日起，科研机构、高等学校转化职务科技成果以股份或出资比例等股权形式给予个人奖励，获奖人在取得股份、出资比例时，暂不缴纳个人所得税；取得按股份、出资比例分红或转让股权、出资比例所得时，应依法缴纳个人所得税。

三、《国家税务总局关于促进科技成果转化有关个人所得税问题的通知》(国税发〔1999〕125号)

一、科研机构、高等学校转化职务科技成果以股份或出资比例等股权形式给予科技人员个人奖励,经主管税务机关审核后,暂不征收个人所得税。

为了便于主管税务机关审核,奖励单位或获奖人应向主管税务机关提供有关部门根据国家科委和国家工商行政管理局联合制定的《关于以高新技术成果出资入股若干问题的规定》(国科发政字〔1997〕326号)和科学技术部和国家工商行政管理局联合制定的《〈关于以高新技术成果出资入股若干问题的规定〉实施办法》(国科发政字〔1998〕171号)出具的《出资入股高新技术成果认定书》、工商行政管理部门办理的企业登记手续及经工商行政管理机关登记注册的评估机构的技术成果价值评估报告和确认书。不提供上述资料的,不得享受暂不征收个人所得税优惠政策。

上述科研机构是指按中央机构编制委员会和国家科学技术委员会《关于科研事业单位机构设置审批事项的通知》(中编办发〔1997〕14号)的规定设置审批的自然科学研究事业单位机构。

上述高等学校是指全日制普通高等学校(包括大学、专门学院和高等专科学校)。

二、在获奖人按股份、出资比例获得分红时,对其所得按"利息、股息、红利所得"应税项目征个人所得税。

三、获奖人转让股权、出资比例,对其所得按"财产转让所得"应税项目征个人所得税,财产原值为零。

四、享受上述优惠政策的科技人员必须是科研机构和高等学校的在编正式职工。

问题 183　个人取得高新技术企业因转化科技成果给予的股权奖励的有哪些征免政策

【答】对高新技术企业转化科技成果,给予本企业相关技术人员的股权奖励的征免政策要点归纳如表146所示。

表146　高新技术企业转化科技成果给予技术人员的股权奖励的税收政策

项目				规定
优惠政策	时间			2016年1月1日起
	范围			全国范围内的高新技术企业转化科技成果,给予本企业相关技术人员的股权奖励
	内容			个人一次缴纳税款有困难的,可根据实际情况自行制定分期缴税计划,在不超过5个公历年度内(含)分期缴纳
适用条件	高新技术企业			实行查账征收、经省级高新技术企业认定管理机构认定的高新技术企业
	技术人员	对企业科技成果研发和产业化作出突出贡献的技术人员		企业内关键职务科技成果的主要完成人、重大开发项目的负责人、对主导产品或者核心技术、工艺流程作出重大创新或者改进的主要技术人员
		对企业发展作出突出贡献的经营管理人员		主持企业全面生产经营工作的高级管理人员,负责企业主要产品(服务)生产经营合计占主营业务收入(或者主营业务利润)50%以上的中、高级经营管理人员
	股权奖励			企业无偿授予相关技术人员一定份额的股权或一定数量的股份
				经公司董事会和股东大会决议批准获得股权奖励
				企业面向全体员工实施的股权奖励,不得按本通知规定的税收政策执行
税务处理	获得股权奖励时	按照"工资薪金所得"项目	2027年12月31日前	不并入当年综合所得,全额单独适用综合所得税率表,计算纳税
			2028年1月1日之后	政策另行明确
		计税价格	上市公司	按取得股票当日的收盘价确定;取得股票当日为非交易时间的,按上一个交易日收盘价确定
			非上市公司	依次按照净资产法、类比法和其他合理方法确定

(续表)

	项目	规定
税务处理	转让奖励的股权(含奖励股权孳生的送、转股)并取得现金	该现金收入应优先用于缴纳尚未缴清的税款
	转让奖励的股权之前企业依法宣告破产,处置后没有取得收益或资产,或取得的收益和资产不足以缴纳其取得股权尚未缴纳的应纳税款的部分	税务机关可不予追征
备案办理	获得奖励需要分期缴税的	自行制定分期缴税计划,由企业于发生股权奖励、转增股本的次月15日内,向主管税务机关办理分期缴税备案手续
	办理股权奖励分期缴税	向主管税务机关报送高新技术企业认定证书、股东大会或董事会决议、《个人所得税分期缴纳备案表(股权奖励)》、相关技术人员参与技术活动的说明材料、企业股权奖励计划、能够证明股权或股票价格的有关材料、企业转化科技成果的说明、最近一期企业财务报表等
	分期缴税期间变更原分期计划	重新制定分期缴税计划 由企业向主管税务机关重新报送《个人所得税分期缴纳备案表》
	证件资料	高新技术企业认定证书、股东大会或董事会决议的原件,主管税务机关进行形式审核后退还企业,复印件及其他有关资料税务机关留存
代扣代缴	填写《扣缴个人所得税报告表》	将纳税人取得股权奖励或转增股本情况单独填列,并在"备注"栏中注明"股权奖励"或"转增股本"字样
	在分期缴税期间取得分红或转让股权的	应及时代扣股权奖励或转增股本尚未缴清的个人所得税,并于次月15日内向主管税务机关申报纳税

注:备案表详见本章第九节《个人所得税分期缴纳备案表(转增股本)》及填报说明,《个人所得税分期缴纳备案表(股权奖励)》及填报说明。

政策依据

一、《财政部 国家税务总局关于将国家自主创新示范区有关税收试点政策推广到全国范围实施的通知》(财税〔2015〕116号)第四条

1. 自2016年1月1日起,全国范围内的高新技术企业转化科技成果,给予本企业相关技术人员的股权奖励,个人一次缴纳税款有困难的,可根据实际情况自行制定分期缴税计划,在不超过5个公历年度内(含)分期缴纳,并将有关资料报主管税务机关备案。

2. 个人获得股权奖励时,按照"工资薪金所得"项目,参照《财政部 国家税务总局关于个人股票期权所得征收个人所得税问题的通知》(财税〔2005〕35号)有关规定计算确定应纳税额。股权奖励的计税价格参照获得股权时的公平市场价格确定。

3. 技术人员转让奖励的股权(含奖励股权孳生的送、转股)并取得现金收入的,该现金收入应优先用于缴纳尚未缴清的税款。

4. 技术人员在转让奖励的股权之前企业依法宣告破产,技术人员进行相关权益处置后没有取得收益或资产,或取得的收益和资产不足以缴纳其取得股权尚未缴纳的应纳税款的部分,税务机关可不予追征。

5. 本通知所称相关技术人员,是指经公司董事会和股东大会决议批准获得股权奖励的以下两类人员:

(1)对企业科技成果研发和产业化作出突出贡献的技术人员,包括企业内关键职务科技成果的主要完成人、重大开发项目的负责人、对主导产品或者核心技术、工艺流程作出重大创新或者改进的主要技术人员。

(2)对企业发展作出突出贡献的经营管理人员,包括主持企业全面生产经营工作的高级管理人员,负责企业主要产品(服务)生产经营合计占主营业务收入(或者主营业务利润)50%以上的中、高级经营管理人员。

企业面向全体员工实施的股权奖励,不得按本通知规定的税收政策执行。

6. 本通知所称股权奖励,是指企业无偿授予相关技术人员一定份额的股权或一定数量的股份。

7. 本通知所称高新技术企业,是指实行查账征收、经省级高新技术企业认定管理机构认定的高新技术企业。

注释:第四条第二项所指《财政部 国家税务总局关于个人股票期权所得征收个人所得税问题的通知》(财税〔2005〕35号)条款第四条第(一)项废止。参见:《财政部 税务总局关于个人所得税法修改后有关优惠政策衔接问题的通知》财税〔2018〕164号。

二、《国家税务总局关于股权奖励和转增股本个人所得税征管问题的公告》(国家税务总局公告2015年第80号)第一条、第三条、第四条

一、关于股权奖励

(一)股权奖励的计税价格参照获得股权时的公平市场价格确定,具体按以下方法确定:

1. 上市公司股票的公平市场价格,按照取得股票当日的收盘价确定。取得股票当日为非交易时间的,按照上一个交易日收盘价确定。

2. 非上市公司股权的公平市场价格,依次按照净资产法、类比法和其他合理方法确定。

(二)计算股权奖励应纳税额时,规定月份数按员工在企业的实际工作月份数确定。员工在企业工作月份数超过12个月的,按12个月计算。

三、关于备案办理

(一)获得股权奖励的企业技术人员、企业转增股本涉及的股东需要分期缴纳个人所得税的,应自行制定分期缴税计划,由企业于发生股权奖励、转增股本的次月15日内,向主管税务机关办理分期缴税备案手续。

办理股权奖励分期缴税,企业应向主管税务机关报送高新技术企业认定证书、股东大会或董事会决议、《个人所得税分期缴纳备案表(股权奖励)》、相关技术人员参与技术活动的说明材料、企业股权奖励计划、能够证明股权或股票价格的有关材料、企业转化科技成果的说明、最近一期企业财务报表等。

办理转增股本分期缴税,企业应向主管税务机关报送高新技术企业认定证书、股东大会或董事会决议、《个人所得税分期缴纳备案表(转增股本)》、上年度及转增股本当月企业财务报表、转增股本有关情况说明等。

高新技术企业认定证书、股东大会或董事会决议的原件,主管税务机关进行形式审核后退还企业,复印件及其他有关资料税务机关留存。

(二)纳税人分期缴税期间需要变更原分期缴税计划的,应重新制定分期缴税计划,由企业向主管税务机关重新报送《个人所得税分期缴纳备案表》。

四、关于代扣代缴

(一)企业在填写《扣缴个人所得税报告表》时,应将纳税人取得股权奖励或转增股本情况单独填列,并在"备注"栏中注明"股权奖励"或"转增股本"字样。

(二)纳税人在分期缴税期间取得分红或转让股权的,企业应及时代扣股权奖励或转增股本尚未缴清的个人所得税,并于次月15日内向主管税务机关申报纳税。

本公告自2016年1月1日起施行。

三、《财政部 税务总局关于延续实施上市公司股权激励有关个人所得税政策的公告》(财政部 税务总局公告2023年第25号)

一、居民个人取得股票期权、股票增值权、限制性股票、股权奖励等股权激励(以下简称股权激励),符合《财政部 国家税务总局关于个人股票期权所得征收个人所得税问题的通知》(财税〔2005〕35号)、《财政部 国家税务总局关于股票增值权所得和限制性股票所得征收个人所得税有关问题的通知》(财税〔2009〕5号)、《财政部 国家税务总局关于将国家自主创新示范区有关税收试点政策推广到全国范围实施的通知》(财税〔2015〕116号)第四条、《财政部 国家税务总局关于完善股权激励和技术入股有关所得税政策的通知》(财税〔2016〕101号)第四条第(一)项规定的相关条件的,不并入当年综合所得,全额单独适用综合所得税率表,计算纳税。计算公式为:

应纳税额=股权激励收入×适用税率-速算扣除数

二、居民个人一个纳税年度内取得两次以上(含两次)股权激励的,应合并按本公告第一条规定计算纳税。

三、本公告执行至2027年12月31日。

四、《财政部 税务总局关于延续实施全年一次性奖金个人所得税政策的公告》(财政部 税务总局公告2023年第30号)第一条、第三条

一、居民个人取得全年一次性奖金,符合《国家税务总局关于调整个人取得全年一次性奖金等计算征收个人所得税方法问题的通知》(国税发〔2005〕9号)规定的,不并入当年综合所得,以全年一次性奖金收入除以12个月得到的数额,按照本公告所附按月换算后的综合所得税率表,确定适用税率和速算扣除数,单独计算纳税。计算公式为:

应纳税额=全年一次性奖金收入×适用税率-速算扣除数

三、本公告执行至2027年12月31日。

案例 58 个人取得高新技术企业因转化科技成果给予的股权奖励如何处理

2020年1月1日,梅松公司(非上市公司)经公司董事会和股东大会批准,无偿授予公司主导产品研发技术总监李军5%的本公司股份,梅松公司净资产公允价格5 000万元。2021年2月15日,李军转让公司股份的1%,取得现金收入100万元。

请问:

(1)李军取得股权时应缴纳多少个人所得税?

(2)假设李军一次性缴纳税款有困难,分4年,每年年末缴纳税款总额的25%,则2021年2月15日,转让股份应如何缴纳个人所得税?

〖答〗(1) 2020年1月1日获得股权奖励时,按照"工资薪金所得"项目计征个人所得的税,2021年12月31日前,不并入当年综合所得,全额单独适用综合所得税率表,计算纳税。非上市公司,计税价格依次按照净资产法、类比法和其他合理方法确定。

股权激励收入=公司净资产公允价值×股权份额=5 000×5%=250(万元)

适用综合所得适用税率表,适用税率45%,速算扣除数181 920元。

应纳个人所得税额=2 500 000×45%-181 920=943 080(元)

(2) 个人一次缴纳税有困难的,可根据实际情况自行制定分期缴税计划,在不超过5个公历年度内(含)分期缴纳。

2021年2月15日:未缴纳税款=943 080×75%=707 310(元)。

转让股份应纳所得额=100-250×(1%÷5%)=50(万元)

应纳个人所得税=50×20%=10(万元)

转让奖励的股权取得的现金100万元,应优先用于缴纳尚未缴清的税款707 310元。

所以,应纳所得税=707 310+100 000=877 310(元)。

梅松公司应于2020年2月15日前,向主管税务机关办理分期缴税备案手续,办理股权奖励分期缴税,企业应向主管税务机关报送高新技术企业认定证书、股东大会或董事会决议、《个人所得税分期缴纳备案表(股权奖励)》。

(六) 特殊人员

问题184 保险营销员/证券经纪人佣金收入如何计缴个税

〖答〗保险营销员/证券经纪人佣金收入虽然属于劳务报酬所得,但是采用的是累计预扣法计算预扣税款,而不是根据《个人所得税扣缴申报管理办法(试行)》(国家税务总局公告2018年第61号)第八条中对"劳务报酬所得"规定的预扣方法,如表147所示。

表147 保险营销员/证券经纪人佣金收入个税处理

纳税环节	项目	内容及公式	税率	申报人	申报
预扣预缴	累计收入	本期收入额＋上期累计收入	个人所得税预扣率表一	扣缴义务人（支付人）	每月或每次预扣代扣税款，于次月15日内缴入国库，报送《个人所得税扣缴申报表》
	本期收入额	本期收入－本期费用－本期免税收入			
	本期费用	本期收入×20%			
	累计减除费用	5 000×本年度在本单位实际任职的月份数			
	累计其他扣除	累计展业成本＋累计附加税费＋累计依法确定的其他扣除			
	累计展业成本	（本期收入－本期费用）×25%＋上期累计展业成本			
	累计预扣预缴应纳税所得额	累计收入－累计减除费用－累计其他扣除			
	累计应扣税额	累计预扣预缴应纳税所得额×预扣率－速算扣除数			
	本期应预扣预缴税额	累计应扣税额－累计减免税额－累计已预扣预缴税额			
汇算清缴	并入综合所得的金额	收入额－展业成本－附加税费＝以不含增值税的收入×（1－20%）×（1－25%）－附加税费	并入当年综合所得		

注：① 不含增值税的收入＝含税收入÷(1＋3%)。
② 预扣预缴时不可扣除的项目：专项扣除、专项附加扣除以及公益慈善事业捐赠。
③ 对于专项扣除、专项附加扣除以及公益慈善事业捐赠以及扣除不充分的其他扣除项目，可在办理年度个人所得税汇算清缴时扣除或继续扣除。
④ 本期应预扣预缴税额＝（累计预扣预缴应纳税所得额×预扣率－速算扣除数）－累计减免税额－累计已预扣预缴税额。

政策依据

《关于个人所得税法修改后有关优惠政策衔接问题的通知》（财税〔2018〕164号）第三条

保险营销员、证券经纪人取得的佣金收入，属于劳务报酬所得，以不含增值税的收入减除20%的费用后的余额为收入额，收入额减去展业成本以及附加税费后，并入当年综合所得，计算缴纳个人所得税。保险营销员、证券经纪人展业成本按照收入额的25%计算。

扣缴义务人向保险营销员、证券经纪人支付佣金收入时，应按照《个人所得税扣缴申报管理办法（试行）》（国家税务总局公告2018年第61号）规定的累计预扣法计算预扣税款。

案例 59 保险营销员/证券经纪人佣金收入个税处理

李军是北京梅松公司一名职员，业余时间，为安泰保险公司销售保险。

2020年1月15日，从安泰保险公司取得销售保险佣金共计20 600元（含增值税）；1月27日取得销售保险佣金共计10 300元（含增值税）；2月28日取得销售保险佣金收入20 600元（含增值税），李军没有符合条件的其他扣除项目。

请问李军应如何缴纳个人所得税？

【答】保险销售收入属于劳务报酬所得，同一项目连续性收入的，以一个月内取得的收入为一次，但是保险销售收入采用的是累计预扣法计算预扣税款，如表148所示。

表 148 计算过程

纳税环节	步骤	月份	计算
预扣预缴	第一步:计算不含增值税收入＝含税收入÷(1＋3%)	1月	(20 600＋10 300)÷(1＋3%)＝30 000(元)
		2月	20 600÷(1＋3%)＝20 000(元)
	第二步:计算城建税及教育附加＝不含税收入×增税率3%×(城建税7%＋教育附加3%＋地方教育附加2%)	1月	30 000×3%×12%＝108(元)
		2月	20 000×3%×12%＝72(元)
	第三步:计算收入额＝不含税收入×(1－20%)	1月	30 000×(1－20%)＝24 000(元)
		2月	20 000×(1－20%)＝16 000(元)
	第四步:计算展业成本＝收入额×25%	1月	24 000×25%＝6 000(元)
		2月	16 000×25%＝4 000(元)
	第五步:计算累计预扣预缴应纳税所得额＝累计收入－减除费用×月数－累计税费	1月	24 000－5 000－6 000－108＝12 892(元)
		2月	(24 000＋16 000)－5 000×2－(6 000＋4 000)－(108＋72)＝19 820(元)
	第六步:计算安泰保险公司应预扣预缴税额＝累计预扣预缴应纳税所得额×预扣率－速算扣除数－已预扣预缴税额	1月	12 892×3%＝386.76(元)
		2月	19 820×3%－386.76＝207.84(元)
汇算清缴	在进行2019年度个人所得税综合所得汇算清缴时并入综合所得额。纳税人并入当年综合所得＝收入额－展业成本－附加税费	1月	24 000－6 000－108＝17 892(元)
		2月	16 000－4 000－72＝11 928(元)

个人所得税应由安泰保险公司代扣代缴,并于2月15日、3月15日前(规定申报期内)向其所在地主管税务机关办理全额扣缴申报,同时报送《个人所得税扣缴申报表》。

问题185 在外商投资企业、外国企业和外国驻华机构工作的中方人员的工资薪金如何计缴个税

【答】根据国税发〔1994〕89号文件第三条对在外商投资企业、外国企业和外国驻华机构工作的中方人员"工资、薪金所得"的规定,如表149所示。

表 149 外商投资企业、外国企业和外国驻华机构工作的中方人员工资薪金的个税处理

收入	支付方式		减除费用规定	个税处理
外商投资企业、外国企业和外国驻华机构工作的中方人员工资薪金	雇佣单位和派遣单位	分别支付	由支付者中的一方减除费用的方法,即只由雇佣单位在支付工资、薪金时,按税法规定减除费用;派遣单位支付的工资、薪金不再减除费用	以每月全部工资、薪金收入减除规定费用后的余额为应纳税所得额
		其中一方支付	由支付方减除费用	
	取得工资一部分按照有关规定上交派遣(介绍)单位的		提供有效合同或有关凭证,能够证明其工资、薪金所得的一部分按照有关规定上交派遣(介绍)单位的	可扣除实际上交的部分按其余额计征个人所得税
			不能证明的	全额计征个人所得税

政策依据

《国家税务总局关于印发〈征收个人所得税若干问题的规定〉的通知》(国税发〔1994〕89号)第三条

(一)在外商投资企业、外国企业和外国驻华机构工作的中方人员取得的工资、薪金收入,凡是由雇佣单位和派遣单位分别支付的,支付单位应依照税法第八条的规定代扣代缴个人所得税。按照税法第六条第一款第一项的规定,纳税义务人应以每月全部工资、薪金收入减除规定费用后的余额为应纳税所得额。为了有利于征管,对雇佣单位和派遣单位分别支付工资、薪金的,采取由支付者中的一方减除费用的方法,即只由雇佣单位在支付工资、薪金时,按税法规定减除费用,计算扣缴个人所得税;派遣单位支付的工资、薪金不再减除费用,以支付全额直接确定适用税率,计算扣缴个人所得税。

上述纳税义务人,应持两处支付单位提供的原始明细工资、薪金单(书)和完税凭证原件,选择并固定到一地税务机关申报每月工资、薪金收入,汇算清缴其工资、薪金收入的个人所得税,多退少补。具体申报期限,由各省、自治区、直辖市税务局确定。

(二)对外商投资企业、外国企业和外国驻华机构发放给中方工作人员的工资、薪金所得,应全额征税。但对可以提供有效合同或有关凭证,能够证明其工资、薪金所得的一部分按照有关规定上交派遣(介绍)单位的,可扣除其实际上交的部分,按其余额计征个人所得税。

第六节 纳税申报

扫码听课

一、概述

《中华人民共和国个人所得税法》第十一条规定:居民个人取得综合所得,按年计算个人所得税;有扣缴义务人的,由扣缴义务人按月或者按次预扣预缴税款;需要办理汇算清缴的,应当在取得所得的次年三月一日至六月三十日内办理汇算清缴。预扣预缴办法由国务院税务主管部门制定。

居民个人向扣缴义务人提供专项附加扣除信息的,扣缴义务人按月预扣预缴税款时应当按照规定予以扣除,不得拒绝。

扣缴义务人按月或者按次预扣预缴税款,按照《个人所得税扣缴申报管理办法(试行)》执行,居民个人需要汇算清缴的,综合所得按照《个人所得税自行纳税申报有关问题的公告》执行,具体如表150所示。

表150 纳税申报环节

环节	所得	税额计算	减除费用	税率		申报
预扣预缴	工资薪金所得	[(累计收入－累计免税收入－累计减除费用－累计专项扣除－累计专项附加扣除－累计依法确定的其他扣除)×预扣率－速算扣除数]－累计减免税额－累计已预扣预缴税额	5 000元/月×当年截至本月在本单位的任职受雇月份数	个人所得税预扣率表(表152)	扣缴义务人	每月或每次预扣代扣税款,次月15日内缴入国库报送《个人所得税扣缴申报表》
	劳务报酬所得	(收入－费用)×预扣率－速算扣除数	每次收入<4 000元,为800元;每次收入≥4 000元,为收入的20%	个人所得税税率表二(表120)		
	稿酬所得	(收入－费用)×70%×20%		20%		
	特许权使用费所得	(收入－费用)×20%				

(续表)

环节	所得	税额计算	减除费用	税率	申报
汇算清缴	综合所得	应纳税额＝[(全年工资薪金所得＋全年劳务报酬所得＋全年稿酬所得＋全年特许权使用费所得)－免税收入－(60 000＋专项扣除＋专项附加扣除＋其他扣除)－准予扣除的公益捐赠]×适用税率－速算扣除数	个人所得税税率表一（表119）	纳税人	次年3月1日至6月30日汇算清缴报送《个人所得税年度自行纳税申报表》

二、要点难点

(一) 预扣预缴

问题186 工资薪金所得如何预扣预缴

〚答〛工资薪金所得预扣预缴按照累计预扣法计算预扣税款，并按月办理扣缴申报。

本期应预扣预缴税额＝[(累计收入－累计免税收入－累计减除费用－累计专项扣除－累计专项附加扣除－累计依法确定的其他扣除)×预扣率－速算扣除数]－累计减免税额－累计已预扣预缴税额，具体如表151、表152所示。

表151 工资薪金所得预扣预缴规定

序号	项目		规定
1	累计预扣法	累计收入	本期收入额＋上期累计收入
		累计免税收入	本期免税收入＋上期累计免税收入
		累计减除费用	5 000×本年度在本单位实际任职的月份数
		累计专项扣除	累计可扣的社会保险费＋累计可扣的住房公积金
		累计专项附加扣除	累计可扣除的子女教育、继续教育、住房贷款利息、住房租金、赡养父母专项附加扣除
		累计依法确定的其他扣除	累计可扣除的年金、商业健康保险、个人税收递延型商业养老保险其他扣除
		累计预扣预缴应纳税所得额	累计收入－累计免税收入－累计减除费用－累计专项扣除－累计专项附加扣除－累计依法确定的其他扣除
		累计应扣缴税额	累计预扣预缴应纳税所得额×预扣率－速算扣除数
		本期应预扣预缴税额	累计应扣缴税额－累计减免税额－累计已预扣预缴税额
2	税率	个人所得税预扣率表一	3%至45%超额累进税率，如表152所示
3	纳税申报	扣缴义务人（支付人）	每月或每次预扣代扣税款
4	纳税期限	次月15日内缴入国库	报送《个人所得税扣缴申报表》
5	退税	余额为负值时	暂不退税

【提示】居民个人取得工资薪金所得的，可以选择在预扣预缴时扣除，也可以选择在年度汇算清缴时扣除，扣除规定详见本章第四节相关内容。

第三章 综合所得

表 152　个人所得税预扣率表(居民个人工资薪金所得预扣预缴适用)

级数	全年应纳税所得额	税率	速算扣除数
1	不超过 36 000 元的	3%	0
2	超过 36 000 元至 144 000 元的部分	10%	2 520
3	超过 144 000 元至 300 000 元的部分	20%	16 920
4	超过 300 000 元至 420 000 元的部分	25%	31 920
5	超过 420 000 元至 660 000 元的部分	30%	52 920
6	超过 660 000 元至 960 000 元的部分	35%	85 920
7	超过 960 000 元的部分	45%	181 920

政策依据

《国家税务总局关于发布〈个人所得税扣缴申报管理办法(试行)〉的公告》(国家税务总局公告 2018 年第 61 号)第六条、第七条

第六条　扣缴义务人向居民个人支付工资、薪金所得时,应当按照累计预扣法计算预扣税款,并按月办理扣缴申报。

累计预扣法,是指扣缴义务人在一个纳税年度内预扣预缴税款时,以纳税人在本单位截至当前月份工资、薪金所得累计收入减除累计免税收入、累计减除费用、累计专项扣除、累计专项附加扣除和累计依法确定的其他扣除后的余额为累计预扣预缴应纳税所得额,适用个人所得税预扣率表一(见附件),计算累计应预扣预缴税额,再减除累计减免税额和累计已预扣预缴税额,其余额为本期应预扣预缴税额。余额为负值时,暂不退税。纳税年度终了后余额仍为负值时,由纳税人通过办理综合所得年度汇算清缴,税款多退少补。

具体计算公式如下:

本期应预扣预缴税额=(累计预扣预缴应纳税所得额×预扣率-速算扣除数)-累计减免税额-累计已预扣预缴税额

累计预扣预缴应纳税所得额=累计收入-累计免税收入-累计减除费用-累计专项扣除-累计专项附加扣除-累计依法确定的其他扣除

其中:累计减除费用,按照 5 000 元/月乘以纳税人当年截至本月在本单位的任职受雇月份数计算。

第七条　居民个人向扣缴义务人提供有关信息并依法要求办理专项附加扣除的,扣缴义务人应当按照规定在工资、薪金所得按月预扣预缴税款时予以扣除,不得拒绝。

案例 60　工资、薪金的预扣预缴

中国公民李军是梅松公司的职员,2019 年,各月工资薪金所得、扣缴三险一金、企业年金以及全年符合条件的专项附加扣除、商业健康保险、慈善公益捐赠,如表 153 所示。

表 153　李军 2019 年全年各项个税相关内容

项目	月份												合计
	1月	2月	3月	4月	5月	6月	7月	8月	9月	10月	11月	12月	
工资薪金所得	30 000	40 000	10 000	20 000	25 000	25 000	25 000	25 000	25 000	25 000	25 000	25 000	300 000
三险一金	5 000	5 000	5 000	5 000	5 000	5 000	5 000	5 000	5 000	5 000	5 000	5 000	60 000
企业年金	800	800	800	800	800	800	800	880	880	880	880	880	10 000
商业健康保险	200	200	200	200	200	200	200	200	200	200	200	200	2 400

215

(续表)

项目	月份												合计
	1月	2月	3月	4月	5月	6月	7月	8月	9月	10月	11月	12月	
子女教育	2 000	2 000	2 000	2 000	2 000	2 000	2 000	2 000	2 000	2 000	2 000	2 000	24 000
继续教育	400	400	400	400	400	400	400	400	4 000	400	400	400	8 400
大病医疗	—	—	40 000	—	—	—	—	—	—	80 000	—	—	120 000
住房贷款利息	—	—	—	—	1 000	1 000	1 000	1 000	1 000	1 000	1 000	1 000	8 000
住房租金	—	—	—	—	—	—	—	—	—	—	—	—	—
赡养老人	1 000	1 000	1 000	1 000	1 000	1 000	1 000	1 000	1 000	1 000	1 000	1 000	12 000
合计	20 600	30 600	−39 400	10 600	14 600	14 600	14 600	14 520	10 920	−65 480	14 520	14 520	544 800

请问梅松公司每月应为李军预扣预缴多少个人所得税?

〖答〗(1)汇总各项收入和扣除项目。

专项附加扣除＝子女教育专项附加扣除＋继续教育专项附加扣除＋住房贷款利息专项附加扣除＋住房租金专项附加扣除＋赡养老人专项附加扣除

大病医疗扣除项目在个人所得税汇算清缴时予以扣除,预扣预缴时不办理扣除。

得出每月李军各项收入和扣除汇总表如表154所示。

表154 李军各项收入和扣除汇总表

单位:元

项目	月份											
	1月	2月	3月	4月	5月	6月	7月	8月	9月	10月	11月	12月
工资薪金所得	30 000	40 000	10 000	20 000	25 000	25 000	25 000	25 000	25 000	25 000	25 000	25 000
基本减除费用	5 000	5 000	5 000	5 000	5 000	5 000	5 000	5 000	5 000	5 000	5 000	5 000
专项扣除	5 000	5 000	5 000	5 000	5 000	5 000	5 000	5 000	5 000	5 000	5 000	5 000
专项附加扣除	3 400	3 400	3 400	3 400	4 400	4 400	4 400	4 400	8 000	4 400	4 400	4 400
其他扣除	1 000	1 000	1 000	1 000	1 000	1 000	1 000	1 080	1 080	1 080	1 080	1 080

(2)计算1月份预扣预缴税款。

本期应预扣预缴税额＝[(累计收入－累计免税收入－累计减除费用－累计专项扣除－累计专项附加扣除－累计依法确定的其他扣除)×预扣率－速算扣除数]－累计减免税额－累计已预扣预缴税额

预扣预缴应纳税所得额＝累计收入－累计减除费用－累计专项扣除－累计专项附加扣除－累计依法确定的其他扣除＝30 000－5 000－5 000－3 400－1 000＝15 600(元)

适用税率3%,速算扣除数0。

1月应预扣预缴税额＝预扣预缴应纳税所得额×预扣率－速算扣除数＝15 600×3%＝468(元)

(3)计算2月份预扣预缴税款。

预扣预缴应纳税所得额＝累计收入－累计减除费用－累计专项扣除－累计专项附加扣除－累计依法确定的其他扣除＝(30 000＋40 000)－5 000×2－(5 000＋5 000)－(3 400＋3 400)－(1 000＋1 000)＝41 200(元)

适用税率10%,速算扣除数2 520。

2月应预扣预缴税额＝预扣预缴应纳税所得额×预扣率－速算扣除数－累计已预扣预缴

税额＝41 200×10％－2 520－468＝1 132(元)

(4) 计算3月预扣预缴税额。

预扣预缴应纳税所得额＝80 000－5 000×3－15 000－10 200－3 000＝36 800(元)

3月应预扣预缴税额＝36 800×10％－2 520－1 600＝－440(元)

本期预扣预缴税额为负值，暂不退税。

(5) 按上述方法，同理计算2020年4月至12月的预扣预缴税额，此处省略计算过程，计算结果如表155所示。

表155　计算结果

单位：元

项目	月份											
	1月	2月	3月	4月	5月	6月	7月	8月	9月	10月	11月	12月
累计工资薪金收入	30 000	70 000	80 000	100 000	125 000	150 000	175 000	200 000	225 000	250 000	275 000	300 000
累计减除费用	5 000	10 000	15 000	20 000	25 000	30 000	35 000	40 000	45 000	50 000	55 000	60 000
累计专项扣除	5 000	10 000	15 000	20 000	25 000	30 000	35 000	40 000	45 000	50 000	55 000	60 000
累计专项附加扣除	3 400	6 800	10 200	13 600	18 000	22 400	26 800	31 200	39 200	43 600	48 000	52 400
累计其他扣除	1 000	2 000	3 000	4 000	5 000	6 000	7 000	8 080	9 160	10 240	11 320	12 400
累计应纳税所得额	15 600	41 200	36 800	42 400	52 000	61 600	71 200	80 720	86 640	96 160	105 680	115 200
预扣率	3％	10％	10％	10％	10％	10％	10％	10％	10％	10％	10％	10％
速算扣除数	—	2 520	2 520	2 520	2 520	2 520	2 520	2 520	2 520	2 520	2 520	2 520
累计应扣税额	468	1 600	1 160	1 720	2 680	3 640	4 600	5 552	6 144	7 096	8 048	9 000
累计已预缴税额	—	468	1 600	1 160	1 720	2 680	3 640	4 600	5 552	6 144	7 096	8 048
应补退税额	468	1 132	－440	560	960	960	960	952	592	952	952	952

(6) 根据计算结果，2020年全年，梅松公司共为李军预扣预缴个人所得税款9 000元；并于每月15号前向其公司所在地主管税务机关办理全额扣除申报，并报送《个人所得税扣缴申报表》。

问题187　劳务报酬所得、稿酬所得、特许权使用费所得如何预扣预缴

扣缴义务人向居民个人支付劳务报酬所得、稿酬所得、特许权使用费所得时，应当按照以下方法按次或者按月预扣预缴税款，如表156所示。

表156　劳务报酬所得、稿酬所得、特许权使用费所得预扣预缴

环节	所得	应预扣预缴税额	减除费用	税率	备注
税额计算	劳务报酬所得	(收入－费用)×预扣率－速算扣除数	每次收入＜4 000元，费用为800元；每次收入≥4 000元，费用为收入的20％	个人所得税税率表二（表120）	属于一次性收入的，以取得该项收入为一次；属于同一项目连续性收入的，以一个月内取得的收入为一次
	稿酬所得	(收入－费用)×70％×20％		20％	
	特许权使用费所得	(收入－费用)×20％			
纳税申报	按月或按次预扣预缴，次月15日内缴入国库，报送《个人所得税扣缴申报表》				

【提示】仅取得劳务报酬所得、稿酬所得、特许权使用费所得,专项附加扣除在汇算清缴时办理,预扣预缴不办理专项附加的扣除。

政策依据

一、《国家税务总局关于发布〈个人所得税扣缴申报管理办法(试行)〉的公告》(国家税务总局公告2018年第61号)第八条

扣缴义务人向居民个人支付劳务报酬所得、稿酬所得、特许权使用费所得时,应当按照以下方法按次或者按月预扣预缴税款:

劳务报酬所得、稿酬所得、特许权使用费所得以收入减除费用后的余额为收入额;其中,稿酬所得的收入额减按百分之七十计算。

减除费用:预扣预缴税款时,劳务报酬所得、稿酬所得、特许权使用费所得每次收入不超过四千元的,减除费用按八百元计算;每次收入四千元以上的,减除费用按收入的百分之二十计算。

应纳税所得额:劳务报酬所得、稿酬所得、特许权使用费所得,以每次收入额为预扣预缴应纳税所得额,计算应预扣预缴税款。劳务报酬所得适用《个人所得税预扣率表二》,稿酬所得、特许权使用费所得适用百分之二十的比例预扣率。

居民个人办理年度综合所得汇算清缴时,应当依法计算劳务报酬所得、稿酬所得、特许权使用费所得的收入额,并入年度综合所得计算应纳税款,税款多退少补。

二、《中华人民共和国个人所得税法实施条例》第十四条

劳务报酬所得、稿酬所得、特许权使用费所得,属于一次性收入的,以取得该项收入为一次;属于同一项目连续性收入的,以一个月内取得的收入为一次。

三、《征收个人所得税若干问题的规定》(国税发〔1994〕89号)第九条规定:

"同一项目",是指劳务报酬所得列举具体劳务项目中的某一单项,个人兼有不同的劳务报酬所得,应当分别减除费用,计算缴纳个人所得税。

四、《中华人民共和国个人所得税法》第十一条

居民个人向扣缴义务人提供专项附加扣除信息的,扣缴义务人按月预扣预缴税款时应当按照规定予以扣除,不得拒绝。

案例 61 劳务报酬所得、稿酬所得、特许权使用费所得预扣预缴

李军为梅松公司职员,业余时间兼职健身教练或者写小说,2020年,李军有如下收入。

(1) 3月12日,取得健身会所支付的健身专题讲座报酬2 000元;

(2) 4月2日,取得健身会所支付的健身教练课时费10 000元;

(3) 4月26日,取得健身会所支付的健身教练课时费20 000元;

(4) 5月20日,新小说出版,取得出版社支付的版费收入20 000元;

(5) 6月21日,将小说手稿改变成剧本,取得电影公司支付剧本使用费50 000元。

请问李军上述收入应如何预扣预缴个人所得税?

【答】根据规定,劳务报酬所得、稿酬所得、特许权使用费所得,属于一次性收入的,以取得该项收入为一次;属于同一项目连续性收入的,以一个月内取得的收入为一次。

(1) 劳务报酬所得预扣预缴。

李军取得的健身会所支付的劳务报酬所得,3月份记为一次,4月份合并记为一次。

① 3月:收入额小于4 000,定额减除费用800元。

预扣预缴应纳税所得额=2 000−800=1 200(元)

适用预扣率20%。

应预扣预缴税额=1 200×20%=240(元)

② 4月:合并两次劳务报酬所得=10 000+20 000=30 000元,扣除费用20%。

预扣预缴应纳税所得额=30 000×(1-20%)=24 000(元)

适用预扣率30%,速算扣除数2 000。

应预扣预缴税额=24 000×30%-2 000=5 200(元)

个人所得税应由健身会所代扣代缴,并于4月15日、5月15日前(规定申报期内)分别向其所在地主管税务机关办理全额扣缴申报,同时报送《个人所得税扣缴申报表》。

劳务报酬共预扣预缴个人所得税5 440元。

(2)稿酬所得预扣预缴。

5月份取得稿酬所得,大于4 000元,费用扣除20%,适用税率20%。

预扣预缴应纳税所得额=20 000×(1-20%)×70%=11 200(元)

应预扣预缴税额=11 200×20%=2 240(元)

个人所得税应由出版社代扣代缴,并于6月15日前(规定申报期内)向其所在地主管税务机关办理全额扣缴申报,同时报送《个人所得税扣缴申报表》。

(3)特许权使用费所得预扣预缴。

6月份取得特许权使用费50 000元,大于4 000元,费用扣除20%,适用税率20%。

预扣预缴应纳税所得额=50 000×(1-20%)=40 000(元)

应预扣预缴税额=40 000×20%=8 000(元)

个人所得税应由电影公司代扣代缴,并于7月15日前(规定申报期内)向其所在地主管税务机关办理全额扣缴申报,同时报送《个人所得税扣缴申报表》。

综上,2019年李军共预扣预缴个人所得税=5 440+2 240+8 000=15 680(元)。

问题188 首次入职居民个人取得工资薪金所得如何预扣预缴

【答】根据《国家税务总局关于进一步简便优化部分纳税人个人所得税预扣预缴方法的公告》(国家税务总局公告2020年第13号)的规定,年度首次入职居民个人按以下方式进行预扣预缴,具体如图25所示。

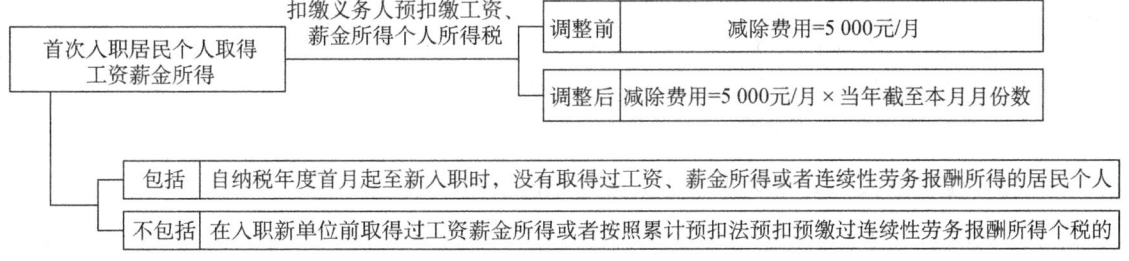

图25 年度首次入职居民个人预扣预缴方式

《关于完善调整部分纳税人个人所得税预扣预缴方法的公告》(国家税务总局公告2020年第13号)第一条、第三条

一、对一个纳税年度内首次取得工资、薪金所得的居民个人,扣缴义务人在预扣预缴个人所得税时,可按

照 5 000 元/月乘以纳税人当年截至本月月份数计算累计减除费用。

三、符合本公告规定并可按上述条款预扣预缴个人所得税的纳税人,应当及时向扣缴义务人申明并如实提供相关佐证资料或承诺书,并对相关资料及承诺书的真实性、准确性、完整性负责。相关资料或承诺书,纳税人及扣缴义务人需留存备查。

本公告自 2020 年 7 月 1 日起施行。

案例 62 调整预算方式前后对比

小松 2020 年 7 月毕业后进入某公司工作,公司发放 7 月份工资 20 000 元,个人承担三险一金 1 000 元,无其他扣除项目。

问:应如何预缴个税?调整前后有何差异?

〖答〗

(1) 调整前:计算当期应预扣预缴的个税时可减除费用为 5 000 元,预扣个税=(20 000−5 000−1 000)×3%=420(元)。

(2) 调整后:计算当期应预扣预缴的个税时可减除费用=5 000×7=35 000(元),应纳税所得额=20 000−35 000−1 000=−16 000(元)<0(元),不需要预扣个税

问题 189 仅在新入职前偶然取得过劳务报酬、稿酬、特许权使用费所得的可否按照首次取得工资薪金所得预扣预缴个税

〖答〗纳税人仅是在新入职前偶然取得过劳务报酬、稿酬、特许权使用费所得的,则不受影响,仍然可适用《关于完善调整部分纳税人个人所得税预扣预缴方法的公告》(国家税务总局公告 2020 年第 13 号)规定执行。

并应及时向扣缴义务人申明并如实提供相关佐证资料或承诺书,并对相关资料及承诺书的真实性、准确性、完整性负责。相关资料或承诺书,纳税人及扣缴义务人需留存备查。

政策依据

《关于完善调整部分纳税人个人所得税预扣预缴方法的公告》(国家税务总局公告 2020 年第 13 号)第四条

四、本公告所称首次取得工资、薪金所得的居民个人,是指自纳税年度首月起至新入职时,未取得工资、薪金所得或者未按照累计预扣法预扣预缴过连续性劳务报酬所得个人所得税的居民个人。

本公告自 2020 年 7 月 1 日起施行。

案例 63 仅在新入职前偶然取得劳务报酬如何预缴个税

小梅 2020 年 1 到 8 月未找到工作没有取得过工资薪金所得,仅有一笔 8 000 元劳务报酬且按照单次收入适用 20%的预扣率预扣预缴个税,9 月初找到新工作并开始领薪。

问:取得薪金当月可扣除多少减除费用?

〖答〗

新入职单位在为小赵计算并预扣 9 月工资薪金所得个税时:可扣除自年初开始计算的累计减除费用=5 000×9=45 000(元)。

问题190　学生实习取得劳务报酬有何最新预缴规定

〖答〗2020年7月1日起,学生实习取得的劳务报酬可按照《关于完善调整部分纳税人个人所得税预扣预缴方法的公告》(国家税务总局公告2020年第13号)规定执行,具体如图26所示。

```
正在接受全日制学历教        扣缴义务人预扣         按照《国家税务总局关于发布<个人所得税扣缴申报管理
育的学生实习取得劳务   ─────────────→        办法(试行)>的公告》
报酬所得                 预缴个人所得税          (2018年第61号)规定的累计预扣法计算并预扣预缴税款

本期应扣预缴税额=(累计收入额−累计减除费用)×预扣率−速算扣除数−累计减免税额−累计已预扣预缴税额
累计减除费用=累计减除费用=5000元/月×纳税人在本单位开始实习月份起至本月的实习月份数计
```

图26　学生实习取得的劳务报酬预扣预缴方法

政策依据

《关于完善调整部分纳税人个人所得税预扣预缴方法的公告》(国家税务总局公告2020年第13号)第二条、第三条

二、正在接受全日制学历教育的学生因实习取得劳务报酬所得的,扣缴义务人预扣预缴个人所得税时,可按照《国家税务总局关于发布<个人所得税扣缴申报管理办法(试行)>的公告》(2018年第61号)规定的累计预扣法计算并预扣预缴税款。

三、符合本公告规定并可按上述条款预扣预缴个人所得税的纳税人,应当及时向扣缴义务人申明并如实提供相关佐证资料或承诺书,并对相关资料及承诺书的真实性、准确性、完整性负责。相关资料或承诺书,纳税人及扣缴义务人需留存备查。

本公告自2020年7月1日起施行。

案例64　大学生实习劳务报酬预缴所得税

大学生小松7月份在某公司实习取得劳务报酬3 000元。

问:调整前后预扣预缴方法有何不同?

〖答〗

(1)调整前:按照劳务报酬预缴所得税,预缴税额=(3 000−800)×20%=440(元)。

(2)调整后:可采用累计预扣法,小张7月份劳务报酬扣除5 000元减除费用后则无需预缴税款,如小张年内再无其他综合所得,也就无需办理年度汇算退税。

调整后比调整前少预缴个税440元。

问题191　上年各月均有申报且全年收入不超过6万元,如何预缴个税

〖答〗根据《国家税务总局关于进一步简便优化部分纳税人个人所得税预扣预缴方法的公告》(国家税务总局公告2020年第19号)第一条及第二条规定,对于上年各月均有申报且全年收入不超过6万元,自2021年1月1日起,按照如下方式预扣预缴个人所得税,具体如图27所示。

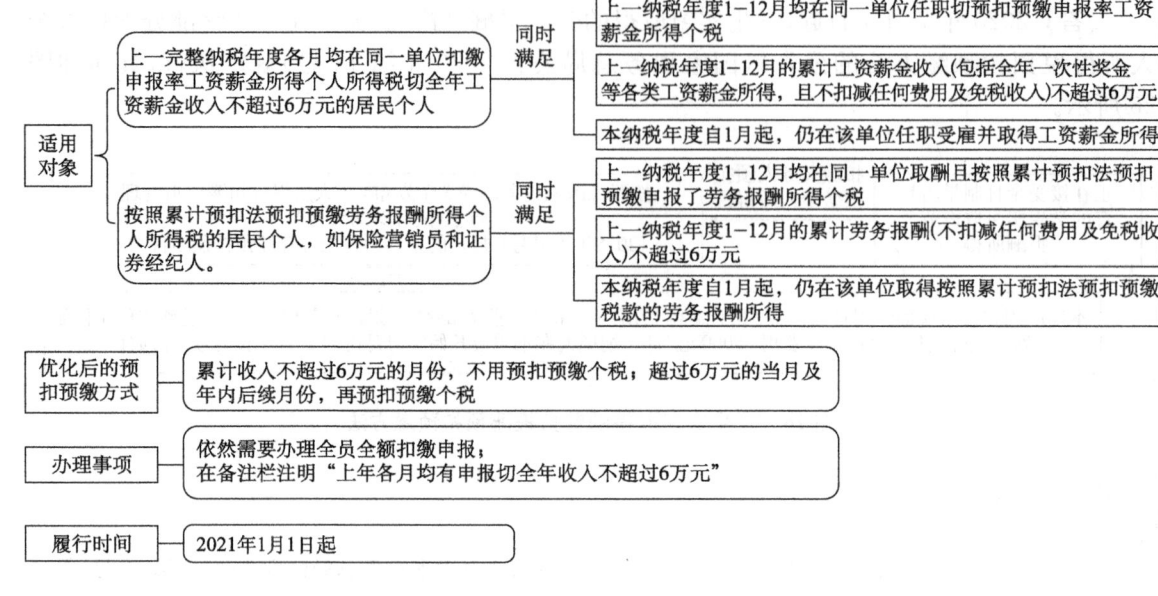

图27 上年各月均有申报且全年收入不超过6万元的个税预缴流程

案例 65

小松为 A 单位员工，2020 年 1~12 月在 A 单位取得工资薪金 50 000 元，单位为其办理了 2020 年 1~12 月的工资薪金所得个人所得税全员全额明细申报。2021 年，A 单位 1 月给其发放 10 000 元工资，2~12 月每月发放 4 000 元工资。

问：扣缴方法调整前后有何差异？

〖答〗

原预扣预缴方法：在不考虑"三险一金"等，小松 1 月需预缴个税：(10 000－5 000)×3％＝150 元，其他月份无需预缴个税；汇算清缴，因其年收入不足 6 万元，退税 150 元。

新预扣预缴方法：小松自 1 月份起即可直接扣除全年累计减除费用 6 万元而无需预缴税款，年度终了也就不用办理汇算清缴。

 政策依据

《国家税务总局关于进一步简便优化部分纳税人个人所得税预扣预缴方法的公告》(国家税务总局公告 2020 年第 19 号)第一条及第二条

一、对上一完整纳税年度内每月均在同一单位扣预缴工资、薪金所得个人所得税且全年工资、薪金收入不超过 6 万元的居民个人，扣缴义务人在预扣预缴本年度工资、薪金所得个人所得税时，累计减除费用自 1 月份起直接按照全年 6 万元计算扣除。即，在纳税人累计收入不超过 6 万元的月份，暂不预扣预缴个人所得税；在其累计收入超过 6 万元的当月及年内后续月份，再预扣预缴个人所得税。

扣缴义务人应当按规定办理全员全额扣缴申报，并在《个人所得税扣缴申报表》相应纳税人的备注栏注明"上年各月均有申报且全年收入不超过 6 万元"字样。

二、对按照累计预扣法预扣预缴劳务报酬所得个人所得税的居民个人，扣缴义务人比照上述规定执行。

本公告自 2021 年 1 月 1 日起施行。

问题 192 个人通过"个人所得税"App 填报专项附加扣除信息后是否就不用再报给扣缴单位

〖答〗目前,居民个人可以通过以下四个渠道填报专项附加扣除信息:

(1)自行在"个人所得税"App 填报;

(2)自行在自然人办税服务平台网页填报;

(3)自行到税务局办税服务厅填报;

(4)提交给扣缴单位在扣缴客户端软件填报。

通过前三个任一渠道成功填报的专项附加扣除信息,若填报时指定由某扣缴单位申报的,该扣缴单位可在纳税人提交的第三天后通过扣缴客户端的"下载更新"功能下载到纳税人所填报的信息。纳税人无需再向扣缴单位另行填报。

——摘自国家税务总局 2019 年 1 月 16 日发布的《个人所得税专项附加扣除 200 问》

问题 193 年度中间选择换工作,如何修改个人所得税单位信息

〖答〗年度中间选择换工作,修改个人所得税单位信息,具体操作如图 28 所示。

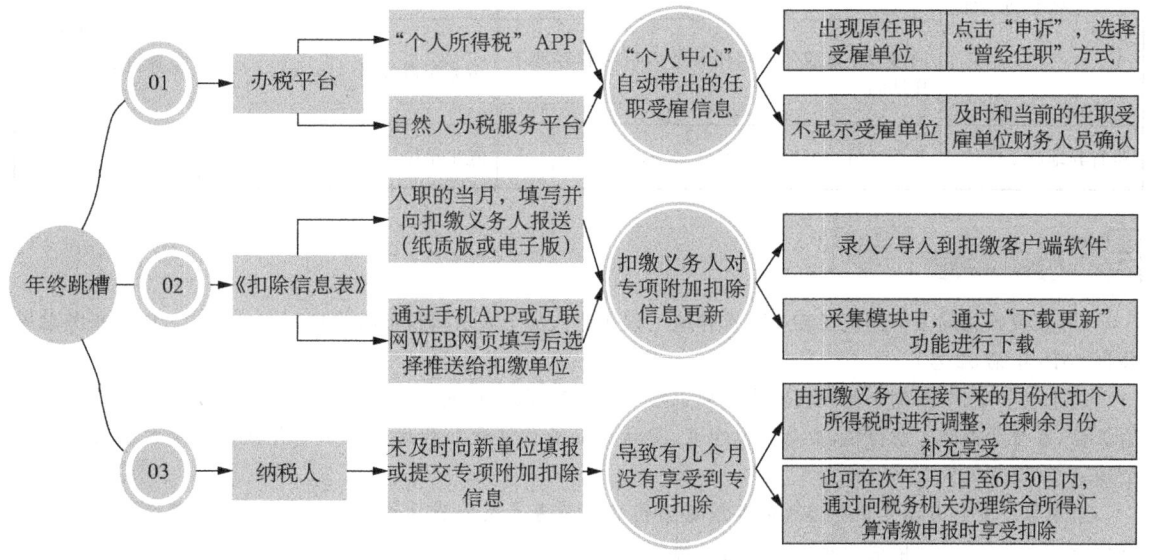

图 28 年度中间选择换工作单位信息修改方法

一般情况下,纳税人登录"个人所得税"App 和自然人办税服务平台网页版中"个人中心"会自动带出的任职受雇信息。

如果显示不出来,可能是任职受雇单位还未将纳税人的任职受雇信息报送给主管税务机关或所报送的信息有误,或者没有将纳税人的个人信息选择为雇员,或者填写了离职日期。可以及时和当前的任职受雇单位财务人员确认,由财务人员通过扣缴客户端处理。

如果"个人所得税"App 出现原任职受雇单位,可能是因为只要公司给纳税人做过雇员个人信息报送,且未填报离职日期。纳税人可在"个人所得税"App 个人中心的任职受雇信息中点开该公司,然后在右上角点击"申诉",选择"曾经任职"方式。税务机关会将信息反馈给原单位,由原任职单位在扣缴客户端软件中把人员信息修改成离职状态即可。

更换单位,应当在入职的当月,填写并向扣缴义务人报送《扣除信息表》(纸质表或电子模板),或通过手机 App 或互联网 Web 网页填写后选择推送给扣缴单位,新单位使用扣缴客户端软件在专项附加扣除信息采集模块中,通过"下载更新"功能进行下载。

如果没有及时报送附加扣除信息,导致几个月没有享受到专项扣除,可由扣缴义务人在接下来的月份代扣个人所得税时进行调整在剩余月份补充享受;或者在次年 3 月 1 日至 6 月 30 日,通过办理综合所得汇算清缴申报时享受扣除。

问题 194　建筑安装跨省异地作业人员的工资、薪金所得如何申报个税

〖答〗根据《国家税务总局关于建筑安装业跨省异地工程作业人员个人所得税征收管理问题的公告》(国家税务总局公告 2015 年第 52 号)的规定,归纳如表 157 所示。

表 157　建筑安装跨省异地作业人员的工资薪金所得申报要点

企业	人员	代扣代缴义务人	纳税地点
总承包企业、分承包企业	派驻跨省异地工程项目的管理人员、技术人员和其他工作人员在异地工作期间	总承包企业、分承包企业	工程作业所在地税务机关
	通过劳务派遣公司聘用劳务人员跨省异地工作期间	劳务派遣公司	
跨省异地施工单位	其所支付的工程作业人员	施工单位	

政策依据

《国家税务总局关于建筑安装业跨省异地工程作业人员个人所得税征收管理问题的公告》(国家税务总局公告 2015 年第 52 号)

总承包企业、分承包企业派驻跨省异地工程项目的管理人员、技术人员和其他工作人员在异地工作期间的工资、薪金所得个人所得税,由总承包企业、分承包企业依法代扣代缴并向工程作业所在地税务机关申报缴纳。

总承包企业和分承包企业通过劳务派遣公司聘用劳务人员跨省异地工作期间的工资、薪金所得个人所得税,由劳务派遣公司依法代扣代缴并向工程作业所在地税务机关申报缴纳。

跨省异地施工单位应就其所支付的工程作业人员工资、薪金所得,向工程作业所在地税务机关办理全员全额扣缴明细申报。凡实行全员全额扣缴明细申报的,工程作业所在地税务机关不得核定征收个人所得税。

总承包企业、分承包企业和劳务派遣公司机构所在地税务机关需要掌握异地工程作业人员工资、薪金所得个人所得税缴纳情况的,工程作业所在地税务机关应及时提供。总承包企业、分承包企业和劳务派遣公司机构所在地税务机关不得对异地工程作业人员已纳税工资、薪金所得重复征税。两地税务机关应加强沟通协调,切实维护纳税人权益。

建筑安装业省内异地施工作业人员个人所得税征收管理参照本公告执行。

问题 195　纳税人如何查询扣缴义务人是否扣缴了税款

〖答〗扣缴义务人所代扣的税款,依据《国家税务总局 关于发布〈个人所得税扣缴申报管理办法(试行)〉的公告》(国家税务总局公告 2018 年第 61 号)的规定,应当在次月 15 日前,向税务机关办理全员全额扣缴申报,报送其支付所得的所有个人的有关信息、支付所得数额、扣

除事项和数额、扣缴税款的具体数额和总额以及其他相关涉税信息资料,并解缴代扣的税款。

可供纳税人查询的途径:

(1) 在每次领取收入时向支付单位了解扣缴税款情况;

(2) 年度终了后请扣缴单位提供支付所得和扣缴税款等信息;

(3) 通过手机个人所得税 App 或者自然人电子税务局查询单位扣缴申报及税款等相关信息。

问题 196 股权激励递延纳税、分期纳税备案表报送

〖答〗实施符合递延纳税、分期纳税条件的股权激励,上市或非上市公司应按规定向主管税务机关办理备案事宜,将备案表等有关资料报送主管税务机关备案,如表 158 所示。

表 158 递延纳税、分期纳税备案表

序号	备案表	适用情形	报送规定
1	《上市公司股权激励个人所得税延期纳税备案表》	实施股权激励的上市公司办理个人所得税延期缴纳备案事宜	于股票期权行权、限制性股票解禁、股权奖励获得之次月 15 日内报送
2	《非上市公司股权激励个人所得税递延纳税备案表》	实施符合条件股权激励的非上市公司办理个人所得税递延缴纳备案	符合条件的股票(权)期权行权、限制性股票解禁、股权奖励获得之次月 15 日内
3	《个人所得税分期缴纳备案表(转增股本)》	因转增股本取得所得,其扣缴义务人办理分期缴纳个人所得税备案	由企业于发生股权奖励、转增股本的次月 15 日内
4	《个人所得税分期缴纳备案表(股权奖励)》	个人取得股权奖励,其扣缴义务人办理分期缴纳个人所得税备案	
5	《个人所得税递延纳税情况年度报告表》	实施符合条件股权激励的非上市公司和取得个人技术成果的境内公司,在递延纳税期间向主管税务机关报告个人相关股权持有和转让情况	每个纳税年度终了 30 日内报送

注:申报表详见本章第九节。

(二) 汇算清缴

1. 时间

问题 197 年度汇算(汇算清缴)应该什么时间办理

纳税人办理当年年度汇算的时间为次年 3 月 1 日至 6 月 30 日。如有表 159 所列情形,还需要注意时间点。

表 159 导致年度汇算时需要或可能需要补税的情形

序号	情形	时间
1	选择单位为代办当年年度的综合所得年度汇算	次年 4 月 30 日前与单位进行书面确认;逾期未确认的,需在次年 6 月 30 日前自行办理年度汇算

（续表）

序号	情形	时间
2	全年收入额在6万元以下且被预扣过税款，选择简易方式申请退税	3月1日至5月31日期间通过网络以简易方式申请退税
3	是无住所居民个人，并在取得综合所得的，在次年3月1日前需要离境	可在离境前办理年度汇算

2. 范围

问题198　年度汇算清缴有哪些内容

综合与分类相结合的个人所得制，即"合并全年收入，按年计算税款"。将纳税人取得的工资薪金、劳务报酬、稿酬、特许权使用费收入合并为"综合所得"，以"年"为一个周期计算应该缴纳的个人所得税，如表160所示。

表160　汇算清缴概述

项目	规定		
汇算清缴范围	居民个人取得的综合所得		
	可免于办理汇算清缴的4种情形	汇算需补税但综合所得收入全年不超过12万元的	存在扣缴义务人未依法预扣预缴税款的情形除外
		汇算需补税金额不超过400元的	
		已预缴税额与汇算应纳税额一致的	
		符合汇算退税条件但不申请退税的	
特殊事项	残疾、孤老人员和烈属取得综合所得	汇算清缴地与预扣预缴地规定不一致，选择计算的减免税额高值确定减免税额	
征收管理	填报专项附加扣除信息存在明显错误	拒不更正或者不说明情况的	税务机关可暂停纳税人享受专项附加扣除
		按规定更正相关信息或者说明情况后	经税务机关确认，可继续享受专项附加扣除，以前月份未扣除的，可追补扣除

【提示】只有居民个人，才需要办理年度汇算清缴。"居民个人"，是指在中国境内有住所，或者无住所而一个纳税年度内在中国境内居住累计满183天的个人。

政策依据

《财政部　税务总局关于个人所得税综合所得汇算清缴涉及有关政策问题的公告》（财政部　税务总局公告2019年第94号）

为贯彻落实修改后的《中华人民共和国个人所得税法》，进一步减轻纳税人的税收负担，现就个人所得税综合所得汇算清缴涉及有关政策问题公告如下：

一、2019年1月1日至2020年12月31日居民个人取得的综合所得,年度综合所得收入不超过12万元且需要汇算清缴补税的,或者年度汇算清缴补税金额不超过400元的,居民个人可免于办理个人所得税综合所得汇算清缴。居民个人取得综合所得时存在扣缴义务人未依法预扣预缴税款的情形除外。

二、残疾、孤老人员和烈属取得综合所得办理汇算清缴时,汇算清缴地与预扣预缴地规定不一致的,用预扣预缴地规定计算的减免税额与用汇算清缴地规定计算的减免税额相比较,按照孰高值确定减免税额。

三、居民个人填报专项附加扣除信息存在明显错误,经税务机关通知,居民个人拒不更正或者不说明情况的,税务机关可暂停纳税人享受专项附加扣除。居民个人按规定更正相关信息或者说明情况后,经税务机关确认,居民个人可继续享受专项附加扣除,以前月份未享受扣除的,可按规定追补扣除。

四、本公告第一条适用于2019年度和2020年度的综合所得年度汇算清缴。其他事项适用于2019年度及以后年度的综合所得年度汇算清缴。

问题199　哪些人无须办理年度汇算清缴

【答】一般来讲,只要纳税人平时已预缴税额与年度应纳税额不一致,都需要办理年度汇算。为切实减轻纳税人负担,持续释放改革红利,国务院专门明确对部分需补税的中低收入纳税人免除年度汇算义务。纳税人不需要办理年度汇算清缴的,如图29所示。

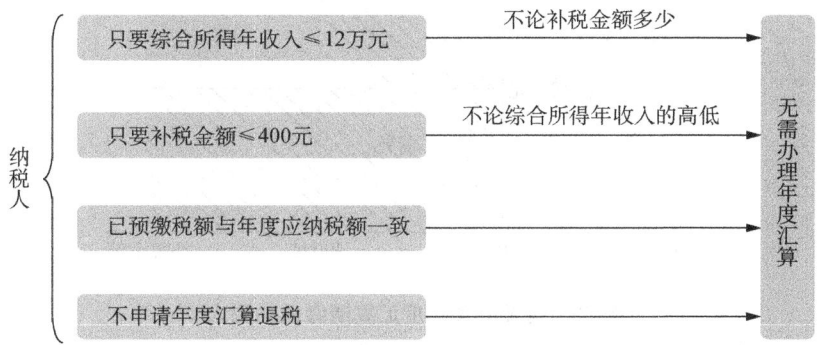

图29　无需办理年度汇算的纳税人

政策依据

《国家税务总局关于办理2023年度个人所得税综合所得汇算清缴事项的公告》(国家税务总局公告2024年第2号)第二条

纳税人在2023年已依法预缴个人所得税且符合下列情形之一的,无需办理汇算:

(一)汇算需补税但综合所得收入全年不超过12万元的;

(二)汇算需补税金额不超过400元的;

(三)已预缴税额与汇算应纳税额一致的;

(四)符合汇算退税条件但不申请退税的。

问题200　哪些人需要办理年度汇算清缴

【答】需要办理年度汇算清缴的纳税人,如表161所示,分为两类:一类是预缴税额高于应纳税额,需要申请退税的纳税人,依法申请退税是纳税人的权利;另一类是预缴税额小于应纳税额,应当补税的纳税人,依法补税是纳税人的义务。

表 161　需要办理年度汇算清缴的纳税人

序号	税额比较	情形	补退税	是否需要办理
1	预缴税额＞应纳税额	不申请退税	—	不需要
		需要申请退税	退税	需要
2	预缴税额＜应纳税额	综合所得收入超过 12 万元且需要补税金额在 400 元以上的	补税	需要
		综合所得＜12 万元	补税	免予办理
		补税金额＜400 元	补税	免予办理
3	预缴税额＝应纳税额	不需要补税或退税	—	不需要

通过表 161，总结出需要办理年度汇算清缴的纳税人，如图 30 所示。

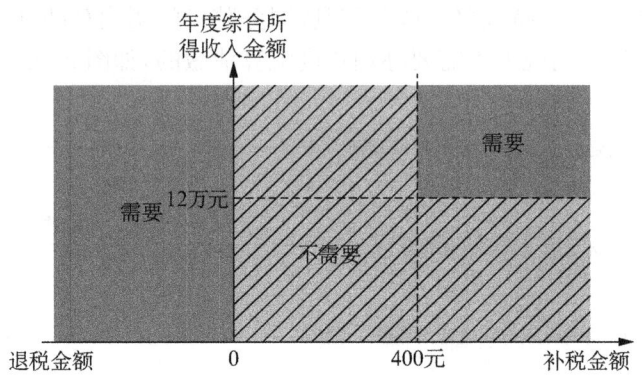

图 30　需要办理年度汇算清缴的纳税人

注：对于不申请年度汇算清缴退税的，不需要年度汇算清缴。
纳税人取得综合所得时存在扣缴义务人未依法预扣预缴税款的情形，不包括在免予办理情形范围内。

政策依据

一、《国家税务总局关于办理 2023 年度个人所得税综合所得汇算清缴事项的公告》(国家税务总局公告 2024 年第 2 号)第三条

符合下列情形之一的，纳税人需办理汇算：

（一）已预缴税额大于汇算应纳税额且申请退税的；

（二）2023 年取得的综合所得收入超过 12 万元且汇算需要补税金额超过 400 元的。

因适用所得项目错误或者扣缴义务人未依法履行扣缴义务，造成 2023 年少申报或者未申报综合所得的，纳税人应当依法据实办理汇算。

二、《财政部　税务总局关于延续实施全年一次性奖金等个人所得税优惠政策的公告》(财政部　税务总局公告 2021 年第 42 号)第二条

《财政部　税务总局关于个人所得税综合所得汇算清缴涉及有关政策问题的公告》(财政部　税务总局公告 2019 年第 94 号)规定的免于办理个人所得税综合所得汇算清缴优惠政策，执行期限延长至 2023 年 12 月 31 日。

案例 66 纳税人是否需要办理年度汇算

居民个人李军是梅松公司职工,在2022年从梅松公司取得综合所得收入30万元,均已依法预扣预缴个税。

(1) 假定经计算,2023年需要补缴2022年度个人所得税300元。

(2) 假定2022年年末存在未足额扣除的大病医疗扣除,申请退税300元。

问:上述两种情况,李军是否需要办理年度汇算清缴?

〖答〗(1) 李军2022年需要补缴税款300元,小于400元,符合无需办理年度汇算清缴的条件之一,不需要办理年度汇算清缴,如图31所示。

(2) 李军2022年度已预缴税额大于年度应纳税额且申请退税,需要办理汇算清缴,如图32所示。

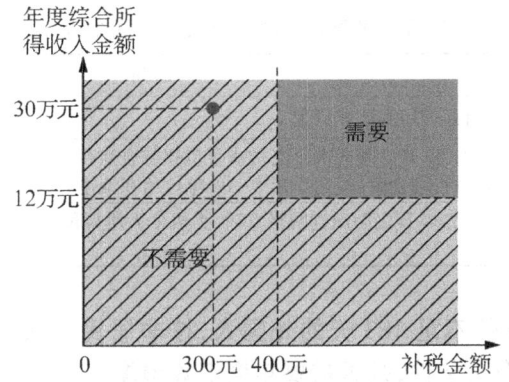

图31 判断是否要办理汇算清缴(一)

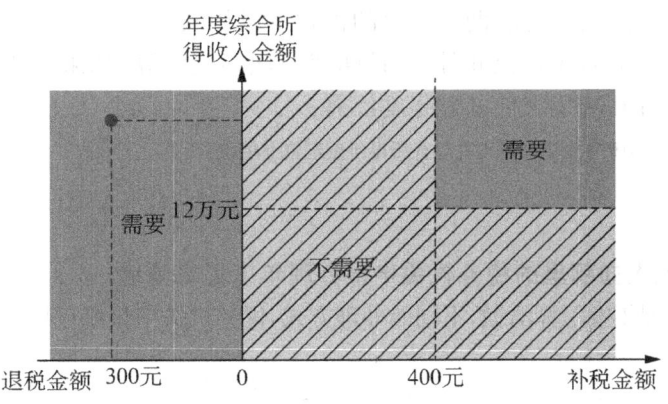

图32 判断是否要办理汇算清缴(二)

问题 201 纳税人如何判定自己是否符合免予办理的条件

〖答〗如果纳税人不太清楚记得自己全年收入到底有多少,或者不知晓怎样才能算出自己应该补税还是退税,具体补多少或者退多少,确定不了是否符合免予办理的条件,解决途径如表162所示。

表 162　纳税人判定是否符合免予办理条件的途径

途径		方法
纳税人	扣缴单位	向扣缴单位提出要求单位有责任将已发放的收入和已预缴税额等情况告诉纳税人
	登录网上税务局 手机个人所得税 App	查询本人当年年度的收入和纳税申报明细记录
	税务机关	税务机关将通过网上税务局,根据一定规则为纳税人提供申报表预填服务,如果纳税人对预填信息没有异议,系统就会自动计算出应补或应退税款

来源:关于《国家税务总局关于办理 2022 年度个人所得税综合所得汇算清缴事项的公告》的解读。

问题 202　属于中国居民个人的外国人,年度汇算清缴时已离开中国,该如何办理

〖答〗年度汇算时已离开中国的外国籍居民个人,可选择下列方式办理年度汇算清缴,如表 163 所示。

表 163　汇算清缴时离开中国的外国及居民个人如何办理

情形	时间
在 3 月 1 日前需要离境	可以在离境前办理年度汇算清缴
	3 月 1 日至 6 月 30 日之间向次年支付或者负担综合所得的单位所在地主管税务机关办理年度汇算清缴,多处取得综合所得,选择其中一处单位所在地主管税务机关办理
	3 月 1 日至 6 月 30 日之间通过网络方式(手机个人所得税 App、自然人电子税务局)办理年度汇算清缴

问题 203　年初预计居住不足 183 天的外国人,按非居民个人预缴了个人所得税。后因居住时间延长满足了居民个人条件,是否需要年度汇算清缴

〖答〗此种情形一般情况下需要办理年度汇算清缴。

因非居民个人取得综合所得时按月或按次计征个人所得税,适用的税率和扣除项目与居民个人的预扣率和扣除项目不同,两者计算的税款不尽相同。

因此,需要在次年 3 月 1 日至 6 月 30 日期间办理年度汇算,如果当年离境且预计年度内不再入境,也可以选择在离境之前办理年度汇算。

来源:国家税务总局《2019 年度个人所得税综合所得年度汇算办税指引》。

3. 地点

问题 204　纳税人向哪里的税务机关申报办理年度汇算清缴

〖答〗纳税人办理年度汇算清缴,不同的办理方式,税务机关申报办理地点不同,如图 33 所示。

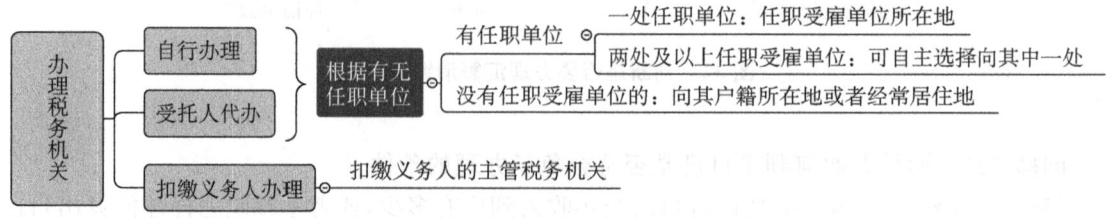

图 33　接受年度汇算申报的税务机关

【提示】接受年度汇算申报的主管税务机关所在地,即为汇缴地,该地点负责受理纳税申报以及后续事宜。年度汇算申报表提交后,一般情况下不可以变更汇算清缴地。

年度汇算中的经常居住地是指：如果有居住证，居住证上的地址为经常居住地住址；如果没有居住证，当前实际的居住地。

《国家税务总局关于办理 2023 年度个人所得税综合所得汇算清缴事项的公告》（国家税务总局公告 2024 年第 2 号）第九条

按照方便就近原则，纳税人自行办理或受托人为纳税人代为办理的，向纳税人任职受雇单位的主管税务机关申报；有两处及以上任职受雇单位的，可自主选择向其中一处申报。

纳税人没有任职受雇单位的，向其户籍所在地、经常居住地或者主要收入来源地的主管税务机关申报。主要收入来源地，是指 2023 年向纳税人累计发放劳务报酬、稿酬及特许权使用费金额最大的扣缴义务人所在地。

单位为纳税人代办汇算的，向单位的主管税务机关申报。

为方便纳税服务和征收管理，汇算期结束后，税务部门将为尚未办理汇算申报、多次股权激励合并申报的纳税人确定其主管税务机关。

问题 205　超过汇算期，纳税人应向哪里办理申报

〖答〗如果没在规定的年度汇算期间完成申报，税务机关将依次根据纳税人的任职受雇单位所在地、最后所属期内金额最大的综合所得收入来源地确定纳税人办理年度汇算的主管税务机关。

届时，纳税人需要向该税务机关办理年度汇算申报。可以通过手机个人所得税 App、自然人电子税务局、12366 咨询热线查询，也可至办税服务厅查询年度汇算税务机关。

4. 方式

问题 206　年度汇算清缴有哪些办理方式

〖答〗年度汇算清缴的办理方式，归纳如图 34 所示。

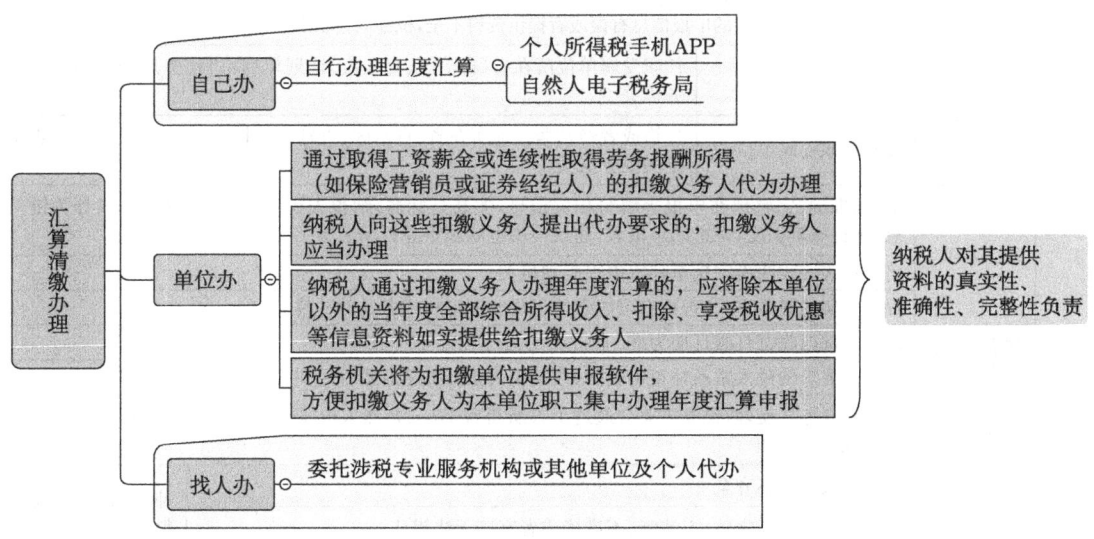

图 34　汇算清缴办理方式

【提示】扣缴义务人或者受托人为纳税人办理年度汇算后，应当及时将办理情况告知纳税人。纳税人如果发现申报信息存在错误，可以要求其办理更正申报，也可以自行办理更正申报。

> **政策依据**

《国家税务总局关于办理 2023 年度个人所得税综合所得汇算清缴事项的公告》(国家税务总局公告 2024 年第 2 号)第六条

纳税人可自主选择下列办理方式:

(一)自行办理。

(二)通过任职受雇单位(含按累计预扣法预扣预缴其劳务报酬所得个人所得税的单位)代为办理。

纳税人提出代办要求的,单位应当代为办理,或者培训、辅导纳税人完成汇算申报和退(补)税。

由单位代为办理的,纳税人应提前与单位以书面或者电子等方式进行确认,补充提供 2023 年在本单位以外取得的综合所得收入、相关扣除、享受税收优惠等信息资料,并对所提交信息的真实性、准确性、完整性负责。纳税人未与单位确认请其代为办理的,单位不得代办。

(三)委托受托人(含涉税专业服务机构或其他单位及个人)办理,纳税人需与受托人签订授权书。

单位或受托人为纳税人办理汇算后,应当及时将办理情况告知纳税人。纳税人发现汇算申报信息存在错误的,可以要求单位或受托人更正申报,也可自行更正申报。

问题 207 选择邮寄方式申报,如何办理汇算清缴

〖答〗因邮寄申报过程中,邮寄、拆封、核对和录入需要时间,通过邮寄方式申报并申请退税的,退税周期比网络申报长。邮寄方式操作要点如表 164 所示。

表 164 邮寄方式办理年度汇算清缴

序号	办理渠道		
1	申报流程	获取申报表	
		准备年度汇算需要报送的资料	
		填写申报表	
		将申报表等资料邮寄到指定的税务局	
		申请退税的,随申报表一并申请;应当补税的,寄送申报资料后,关注并及时查询受理情况,并根据受理情况办理补税,填写的申报信息有误或者提供资料不全,税务局会联系纳税人补正后重新邮寄	
2	寄送地址	有任职受雇单位的	任职受雇单位所在省(自治区、直辖市、计划单列市)税务局公告指定的税务机关
		没有任职受雇单位的	户籍或者经常居住地所在省(自治区、直辖市、计划单列市)税务局公告指定的税务机关
3	寄送要求	清晰、准确、完整地在申报表填写相关信息,尤其是姓名、纳税人识别号、有效联系方式等关键信息;为提高辨识度,寄送的申报表,建议使用电脑填报并打印后签字	
		将申报表一式两份寄送至邮寄申报受理机关	
		提供真实的联系方式,否则有可能致使无法收到退税或者及时补税	
4	如何确定申报日期	以邮政部门收寄日戳日期为准	
		税务局要求纳税人重新补正资料的,以纳税人重新补正后收寄时间为准	
	受理通知	已经被税务局受理,税务机关会通过个人所得税 App、自然人电子税务局、短信、电话等方式中的一种或几种通知	
5	不受理的情形	邮寄申报资料不齐全	补正补齐申报资料或者选择正确邮寄对象后重新办理邮寄申报,或选择其他的方式办理申报
		申报信息填写不完整、不清晰、不准确或者字迹无法辨认	
		邮寄申报填写信息存在应纳税额计算适用公式、税率错误或者其他逻辑错误	
		填报的已缴税额与实际入库的已缴税额不一致	
		向不属于年度汇算地省税务局指定的邮寄申报受理机关邮寄申报资料	

问题 208　纳税人可以通过哪些渠道办理汇算清缴

〖答〗纳税人办理汇算清缴的渠道如表 165 所示。

表 165　纳税人办理汇算清缴的渠道

序号	办理渠道	
1	网上税务局	1. 方便快捷办理年度汇算，并按一定规则预填部分申报信息；申报过程中给予相应提示提醒，根据申报情况自动计算应退（补）税款 2. 查询退税进度；核验退税银行卡；获得退税时间较其他申报渠道更短（与手机 App 一样） 3. 提供多种缴税方式（网上银行、第三方支付等） 4. 随时查询本人的收入纳税情况等信息 5. 如申报存在问题可获取税务机关点对点的提示等
2	手机个人所得税 App	
3	邮寄方式	申报表寄送至任职受雇单位（没有任职受雇单位的，为户籍或者经常居住地）所在省、自治区、直辖市、计划单列市税务局公告指定的税务机关
4	办税服务厅办理	需要填写纳税申报表，并携带本人有效身份证件 为节约时间，建议可咨询或者预约后上门办理

政策依据

《国家税务总局关于办理 2023 年度个人所得税综合所得汇算清缴事项的公告》（国家税务总局公告 2024 年第 2 号）第七条

为便利纳税人，税务机关为纳税人提供高效、快捷的网络办税渠道。纳税人可优先通过个税 APP 及网站办理汇算，税务机关将为纳税人提供申报表项目预填服务；不方便通过上述方式办理的，也可以通过邮寄方式或到办税服务厅办理。

选择邮寄申报的，纳税人需将申报表寄送至按本公告第九条确定的主管税务机关所在省、自治区、直辖市和计划单列市税务局公告的地址。

问题 209　什么是符合条件的银行账户

〖答〗符合条件的银行账户须具备以下条件：

（1）银行账户需为纳税人本人的银行开户；

（2）为了避免退税不成功，建议填报 I 类账户，具体可以通过网上银行或直接向开户银行查询；

（3）收到退税前，请保持银行账户状态正常。如果银行账户处于注销、挂失、未激活、收支有限额、冻结等状态，均会影响收到退税。

为便于更好地办理退税业务，税务部门与国库部门联合提供了核验服务，但一般需要纳税人在申请退税前 3 天填报相关账户。填报后，可及时通过填报渠道关注核验结果；如果核验未通过，请及时确认并重新填报银行账户。

问题 210　自然人电子税务局有哪些功能

〖答〗自然人如何使用个人所得税申报工具，如表 166 所示。

表166　自然人电子税务局的功能

序号	服务		上线时间	具体内容
1	自然人电子税务局	自然人电子税务局Web端	2020年1月1日	纳税人实名注册之后,可以通过本平台报送专项附加扣除信息、在线填写申报表、在线缴税,并实现纳税记录的在线查询开具等业务
		自然人电子税务局手机端		通过自然人电子税务局Web端(http://etax.chinatax.gov.cn)首页点击【扫码登录】下方的【手机端下载】,扫描二维码下载安装

自然人电子税务局目前可以实现办税业务、查询业务、公众服务等功能,如图35所示,具体申报实务操作详见本章第八节。

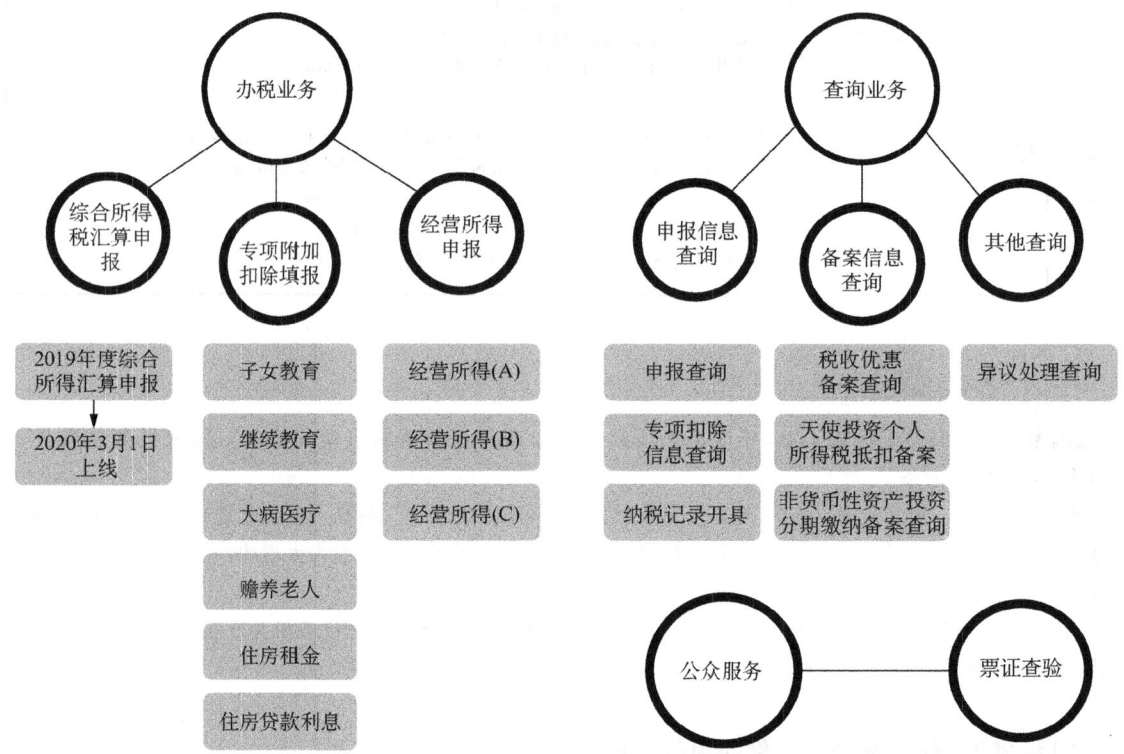

图35　自然人电子税务局功能展示

来源:国家税务总局 《2020年个人所得税汇算清缴热点问答》。

5. 计算

问题211　综合所得年收入不超过12万元的"收入"指什么

〖答〗收入不超过12万元,收入指"毛收入",即为不减除任何费用、扣除、税款前的收入。对于工资薪金而言,通俗理解即为应发工资;对于劳务报酬、稿酬、特许权使用费所得而言,通俗理解即为税前收入,不是实际拿到手的钱。

取得的全年一次性资金选择单独计算缴纳个人所得税,则不包括在"年收入"中。如果您选择将全年一次性资金并入综合所得一起计算缴纳个人所得税,则包括在"年收入"中。

来源:国家税务总局答疑。

问题212　办理年度汇算清缴可享受的税前扣除有哪些

〖答〗纳税人可在年度汇算期间办理扣除或补充扣除的项目,如图36所示。

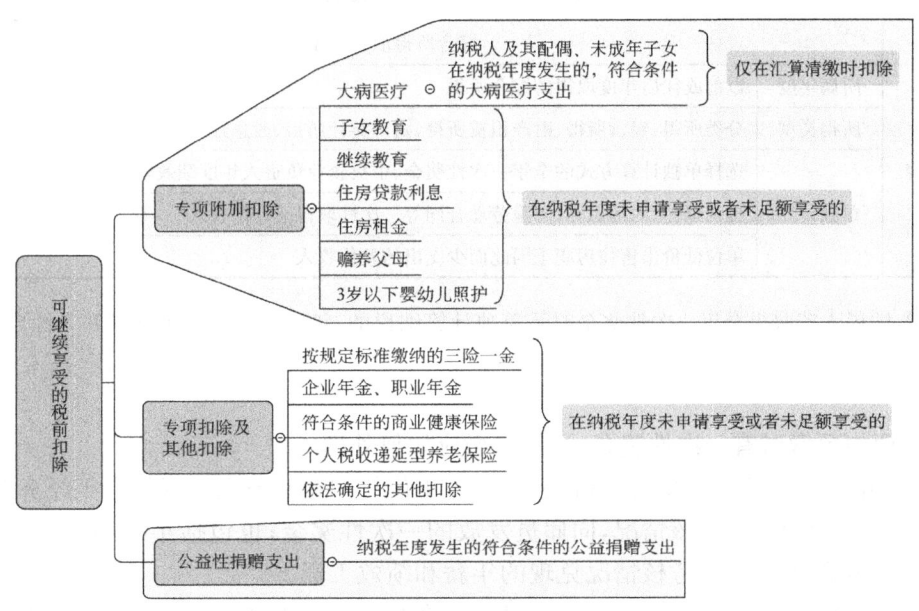

图 36 可继续享受的税前扣除

来源：国家税务总局答疑。

政策依据

《国家税务总局关于办理 2023 年度个人所得税综合所得汇算清缴事项的公告》（国家税务总局公告 2024 年第 2 号）第四条

下列在 2023 年发生的税前扣除，纳税人可在汇算期间填报或补充扣除：

（一）减除费用 6 万元，以及符合条件的基本养老保险、基本医疗保险、失业保险等社会保险费和住房公积金等专项扣除；

（二）符合条件的 3 岁以下婴幼儿照护、子女教育、继续教育、大病医疗、住房贷款利息或住房租金、赡养老人专项附加扣除；

（三）符合条件的企业年金和职业年金、商业健康保险、个人养老金等其他扣除；

（四）符合条件的公益慈善事业捐赠。

同时取得综合所得和经营所得的纳税人，可在综合所得或经营所得中申报减除费用 6 万元、专项扣除、专项附加扣除以及依法确定的其他扣除，但不得重复申报减除。

纳税人与其配偶共同填报 3 岁以下婴幼儿照护、子女教育、大病医疗、住房贷款利息及住房租金等专项附加扣除的，以及与兄弟姐妹共同填报赡养老人专项附加扣除的，需要与其他填报人沟通填报扣除金额，避免超过规定额度或比例填报专项附加扣除。纳税人填报不符合规定的，一经发现，税务机关将通过手机个人所得税 APP、自然人电子税务局网站或者扣缴义务人等渠道进行提示提醒。根据《财政部 税务总局关于个人所得税综合所得汇算清缴涉及有关政策问题的公告》（2019 年第 94 号）有关规定，对于拒不更正或者不说明情况的纳税人，税务机关将暂停其享受专项附加扣除。纳税人按规定更正相关信息或者说明情况后，可继续享受专项附加扣除。

问题 213　哪些收入不并入年度综合所得汇算清缴

〖答〗不并入 2023 年度综合所得汇算清缴的收入如表 167 所示。

表167 综合所得汇算清缴概述

项目		综合所得汇算清缴
不涉及内容	所属年度	以前或往后年度取得的综合所得
	所得类型	分类所得：经营所得、财产租赁所得、财产转让所得、股息红利所得、偶然所得
	单独计算	选择单独计算方式的全年一次性奖金、中央企业负责人年度绩效等
		提前退休、内部退养、解除劳动合同等一次性取得的补偿收入
		单位低价出售住房职工因此而少支出的差价收入

【提示】纳税人若取得全年一次性奖金时是单独计算纳税的，年度汇算时也可选择并入综合所得计算纳税。

问题214 预扣预缴时有一次性奖金，汇算清缴应如何处理

〖答〗全年一次性奖金是指行政机关、企事业单位等扣缴义务人根据其全年经济效益和对雇员全年工作业绩的综合考核情况，向雇员发放的一次性奖金；也包括年终加薪、实行年薪制和绩效工资办法的单位根据考核情况兑现的年薪和绩效工资。

在2023年12月31日前，居民个人可以选择在预扣预缴时单独计算，也可以选择并入综合所得；在年度汇算清缴时的处理方式如表168所示。

表168 全年一次性奖金汇算清缴处理方式

预扣预缴时处理方式			汇算清缴处理方式
有全年一次性奖金	来源于一处扣缴单位	一笔	可以保留原来的处理方式
			可以选择将该笔奖金并入综合所得
		多笔	
	来源于两处及以上扣缴单位	多笔	将奖金合并并入综合所得，或保留其中一笔作为全年一次性奖金单独计算

【提示】预扣预缴时已经选择并入综合所得的，汇算清缴不可以再选择单独计算。
同一月内多笔全年一次性奖金的，不得合并算作一笔。

《财政部 税务总局关于延续实施全年一次性奖金个人所得税政策的公告》（财政部 税务总局公告2023年第30号）

一、居民个人取得全年一次性奖金，符合《国家税务总局关于调整个人取得全年一次性奖金等计算征收个人所得税方法问题的通知》（国税发〔2005〕9号）规定的，不并入当年综合所得，以全年一次性奖金收入除以12个月得到的数额，按照本公告所附按月换算后的综合所得税率表，确定适用税率和速算扣除数，单独计算纳税。计算公式为：

应纳税额＝全年一次性奖金收入×适用税率－速算扣除数

二、居民个人取得全年一次性奖金，也可以选择并入当年综合所得计算纳税。

三、本公告执行至2027年12月31日。

问题215 年度汇算清缴应退或应补税额如何计算

依据个人所得税法规定，年度终了后，居民个人（纳税人）需要汇总当年1月1日至12月31日取得的工资薪金、劳务报酬、稿酬、特许权使用费等四项所得（综合所得）合并汇缴，向税务机关申报并办理退税或补税,如表169所示。

表169 个人所得税综合所得汇算清缴时应退(补)税额的计算

环节	所得	应税收入额	应纳税所得额	税率	应纳税额	应(补)退税额
汇算清缴	工资薪金所得	工资薪金所得×100%	应税收入额−免税收入−(60 000+专项扣除+专项附加扣除+其他扣除−准予扣除的公益慈善事业捐赠)	3%至45%超额累进税率	应纳税所得额×适用税率−速算扣除数	应纳税额−已预扣预缴税额
	劳务报酬所得	劳务报酬所得×80%				
	稿酬所得	稿酬所得×56%				
	特许权使用费所得	特许权使用费所得×80%				

计算公式:

年度汇算应退或应补税额=[(综合所得收入额−60 000元−"三险一金"等专项扣除−子女教育等专项附加扣除−依法确定的其他扣除−准予扣除的公益慈善事业捐赠)×适用税率−速算扣除数]−上年已预缴税额

政策依据

《国家税务总局关于办理2023年度个人所得税综合所得汇算清缴事项的公告》(国家税务总局公告2024年第2号)第一条

2023年度终了后,居民个人(以下称纳税人)需要汇总2023年1月1日至12月31日取得的工资薪金、劳务报酬、稿酬、特许权使用费等四项综合所得的收入额,减除费用6万元以及专项扣除、专项附加扣除、依法确定的其他扣除和符合条件的公益慈善事业捐赠后,适用综合所得个人所得税税率并减去速算扣除数(税率表见附件1),计算最终应纳税额,再减去2023年已预缴税额,得出应退或应补税额,向税务机关申报并办理退税或补税。具体计算公式如下:

应退或应补税额=[(综合所得收入额−60 000元−"三险一金"等专项扣除−子女教育等专项附加扣除−依法确定的其他扣除−符合条件的公益慈善事业捐赠)×适用税率−速算扣除数]−已预缴税额

汇算不涉及纳税人的财产租赁等分类所得,以及按规定不并入综合所得计算纳税的所得。

案例 67 居民个人综合所得的汇算清缴

李军是梅松公司的职员,2021年发生以下事项。

(1)全年取得工资薪金收入300 000元,符合规定可扣除的三险一金60 000元(基本养老保险24 000元,基本医疗保险9 600元,失业保险2 400元,住房公积金24 000元),专项附加扣除(不含大病医疗)52 400元,其他扣除12 400元,梅松公司全年预扣预缴个人所得税9 000元;

(2)符合规定可扣除的大病医疗费用120 000元;

(3)全年从美派健身会所取得劳务报酬收入32 000元,已预扣预缴个人所得税5 440元;

(4)全年取得稿酬收入20 000元,已预扣预缴个人所得税2 240元;

(5)全年取得特许权使用费收入50 000元,已预扣预缴个人所得税8 000元。

请问李军应如何办理2021年度个人所得税汇算清缴?

〖答〗(1)判断是否需要进行年度个人所得税汇算清缴。

李军2021年度取得劳务报酬所得、稿酬所得、特许权使用费所得;且2021年发生大病医疗专项附加扣除项目,需要在汇算清缴时予以扣除,符合《中华人民共和国个人所得税法实施条例》规定的居民个人取得综合所得需要办理汇算清缴的情形。

(2)计算李军全年综合所得应交个人所得税额。

综合所得收入额=300 000+32 000×80%+20 000×80%×70%+50 000×80%=376 800(元)

综合所得应纳税所得额＝376 800－60 000－60 000－(52 400＋120 000)－12 400＝72 000(元)

适用个人所得税税率表一,适用税率10%,速算扣除数2 520。

应交个人所得税额＝72 000×10%－2 520＝4 680(元)

(3) 计算应补(退)税额。

计算应补(退)税额＝4 680－9 000－5 440－2 240－8 000＝－20 000(元)

应退个人所得税20 000元。

(4) 李军应于2022年3月1日至6月30日,向其任职受雇单位梅松公司的所在地主管税务机关办理汇算清缴申报,同时报送《个人所得税年度自行纳税申报表(A表)》。

6. 办理

问题216　申报表的填写及注意事项

《国家税务总局关于修订个人所得税申报表的公告》(国家税务总局公告2019年第7号)调整完善了原《个人所得税基础信息表(A表)》《个人所得税基础信息表(B表)》《个人所得税扣缴申报表》《个人所得税自行纳税申报表(A表)》相关填报内容和说明

《关于修订部分个人所得税申报表的公告》(国家税务总局公告2019年第46号)将原《个人所得税年度自行纳税申报表》细分为《个人所得税年度自行纳税申报表(A表)》《个人所得税年度自行纳税申报表(简易版)》《个人所得税年度自行纳税申报表(问答版)》,具体如表170所示。

表170　个人所得税综合所得申报表概况

适用		申报表名称	报送规定	
扣缴义务人		《个人所得税基础信息表(A表)》	办理全员全额扣缴申报时,填报支付所得的自然人纳税人的基础信息	扣缴义务人首次向纳税人支付所得时填报
				纳税人相关基础信息发生变化时填报
		《个人所得税扣缴申报表》	扣缴义务人向居民个人或非居民个人支付各类应税所得扣缴个人所得税申报	
		《个人所得税减免税事项报告表》	个人在纳税年度内发生减免税事项,扣缴义务人预扣预缴时填报享受税收优惠	
居民个人	居民个人	《个人所得税基础信息表(B表)》	填报其个人基础信息	初次办理相关涉税事宜时填报
				以后仅需在信息发生变化时填报
		《个人所得税自行纳税申报表(A表)》	扣缴义务人未扣缴税款	次年6月30日前
			非居民个人取得应税所得扣缴义务人未扣缴税款	次年6月30日前或离境前
			非居民个人在中国境内从两处以上取得工资薪金所得	次月15日前
		《个人所得税减免税事项报告表》	个人在纳税年度内发生减免税事项,扣缴义务人预扣预缴时或者个人自行纳税申报时填报	
	仅从中国境内取得综合所得的居民个人	《个人所得税年度自行纳税申报表(A表)》	按税法规定进行年度汇算	
		《个人所得税年度自行纳税申报表(问答版)》	通过提问的方式引导居民个人完成纳税申报	
	仅从中国境内取得综合所得且年综合所得收入额不超过6万元	《个人所得税年度自行纳税申报表(简易版)》	按税法规定进行年度汇算	
	年度内取得境外所得的居民个人	《个人所得税年度自行纳税申报表(B表)》《境外所得个人所得税抵免明细表》	次年3月1日至6月30日进行个人所得税年度自行申报	

注:申报表及填报说明详见本章第九节。

问题 217　汇算清缴申报应该选择什么渠道

〖答〗不同办税方式,如何选择申报如表 171 所示。

表 171　纳税人办理汇算清缴的渠道

序号	办理渠道			
1	网络申报	网上税务局	不需要再填写纸质申报表,直接填报相关信息,生成申报数据	
		手机 App		
2	非网络申报	邮寄申报	填写《个人所得税年度自行纳税申报表》,分为 A 表、B 表、简易版和问答版三种,根据实际情况选其一填报	年度综合所得全年收入额不超过 6 万元且需要申请退税	《个人所得税年度自行纳税申报表(简易版)》
				不符合简易申报条件	不了解个税政策	建议《个人所得税年度自行纳税申报表(问答版)》
		办税服务厅			掌握一定个税知识	《个人所得税年度自行纳税申报表(A 表)》
				有需要申报的境外所得	《个人所得税年度自行纳税申报表(B 表)》并至主管税务机关办理申报

来源:国家税务总局答疑。

问题 218　办理汇算清缴需申报及留存哪些资料

〖答〗纳税人办理年度汇算清缴需申报及留存的资料如表 172 所示。

表 172　纳税人办理汇算清缴的资料

事项		具体规定	
申报信息	报送年度汇算申报表	详见问题 216	需仔细核对,确保真实、准确、完整
	修改本人相关基础信息	《个人所得税基础信息表(B 表)》	
	新增享受或修改专项附加扣除	补充或者更新相关信息	
	新增享受或修改其他扣除	《商业健康保险税前扣除情况明细表》提供税优识别码、保单生效日期、保费、扣除金额等信息 《个人税收递延型商业养老保险税前扣除情况明细表》,提供税延养老账户编号、报税校验码、保费、扣除金额等信息	
	新增税收优惠的应填报相关信息	《个人所得税公益慈善捐赠扣除明细表》,提供受赠单位名称、捐赠金额、凭证号等信息	
	申报减免个人所得税的	《个人所得税减免税事项报告表》,说明减免类型和金额等	
	有境外所得,申报境外所得税收抵免的	除另有规定外,应当提供境外征税主体出具的税款所属年度的完税证明、税收缴款书或者纳税记录等纳税凭证	
纳税资料	综合所得收入、扣除、已缴税额	自年度汇算期结束之日起留存 5 年	

📝 **政策依据**

《国家税务总局关于办理 2023 年度个人所得税综合所得汇算清缴事项的公告》(国家税务总局公告 2024 年第 2 号)第八条

纳税人办理汇算,适用个人所得税年度自行纳税申报表(附件 2、3),如需修改本人相关基础信息,新增享受扣除或者税收优惠的,还应按规定一并填报相关信息、提供佐证材料。纳税人需仔细核对,确保所填信息真实、准确、完整。

纳税人、代办汇算的单位,需各自将专项附加扣除、税收优惠材料等汇算相关资料,自汇算期结束之日起留存5年。

问题219　直接确认税务局预填的申报数据,数据错误是否承担法律责任

〖答〗预填申报数据仅是税务机关提供的一项便民服务措施,是为了方便纳税人,事先根据扣缴单位申报数据等按一定规则填写的,纳税人依然需要对申报数据的真实性、准确性和完整性负责。

因此,需要纳税人根据自身实际情况对预填数据进行确认、补充完善,数据错误应承担法律责任。

来源:国家税务总局答疑。

问题220　纳税人对收入纳税信息有异议如何处理

〖答〗纳税人在通过手机个人所得税App或者自然人电子税务局查询本人的收入纳税记录时,如对相关数据有疑问,可通过下列方式处理。

(1)就该笔收入纳税记录咨询支付单位。

(2)如果确定本人从未取得过记录中的某一项,可直接通过手机个人所得税App或者自然人电子税务局就该笔记录发起申诉并进行承诺;申诉后该笔收入将不纳入年度汇算。

(3)如果取得了该笔收入,仅是对相关金额有异议,不要通过上述渠道申诉,可联系支付单位请其更正。

来源:国家税务总局答疑。

问题221　纳税人未按规定办理年度汇算清缴,会有什么后果

〖答〗申请退税是纳税人的权利,缴纳税款是那纳税人的义务。纳税人未按规定办理年度汇算清缴的后果,分情形如表173所示。

表173　未按规定办理汇算清缴的后果

序号	情形		承担后果
1	需要退税的		无需承担任何责任
2	需要补税	符合规定的免予汇算清缴	无需承担任何责任
		需要汇算清缴的	可能面临税务行政处罚,详见本问题政策依据
			记入个人纳税信用档案

《中华人民共和国税收征管法》第六十二条、六十三条、六十四条

纳税人未按照规定期限办理纳税申报和报送纳税资料的,由税务机关责令限期改正,可以处2 000元以下的罚款;情节严重的,可以处2 000元以上1万元以下的罚款,并追缴税款、加征滞纳金。

如纳税人偷税的,由税务机关追缴其不缴或者少缴的税款、滞纳金,并处不缴或者少缴的税款百分之五十以上五倍以下的罚款;构成犯罪的,依法追究刑事责任。

纳税人编造虚假计税依据的,由税务机关责令限期改正,并处五万元以下的罚款;纳税人不进行纳税申报,不缴或者少缴应纳税款的,由税务机关追缴其不缴或者少缴的税款、滞纳金,并处不缴或者少缴的税款百分之五十以上五倍以下的罚款。

问题222　纳税人不如实办理汇算清缴要承担什么后果

〖答〗纳税人如未依法如实办理综合所得年度汇算的,除可能面临税务行政处罚,并记入个人纳税信用档案外,还可能有其他后果,如表174所示。

表174　不如实办理汇算清缴的后果

序号	情形	承担后果
1	不如实报送专项附加扣除信息	可能对享受专项附加扣除造成一定影响。 如果纳税人填报的专项附加扣除信息存在明显错误,经税务机关通知,拒不更正也不说明情况,税务机关可暂停其享受专项附加扣除,待纳税人按规定更正相关信息或者说明情况后,可继续专项附加扣除,以前月份未享受扣除的,可按规定追补扣除。
2	不如实申报	纳税申报情况将纳入个人信用管理。 提供虚假资料申报享受税收优惠、不配合税务检查、虚假承诺等行为,都会对个人信用产生影响

政策依据

《中华人民共和国税收征管法》第六十三条

纳税人采取隐瞒收入、编造虚假扣除等手段逃避缴税的,由税务机关追缴其不缴或者少缴的税款、滞纳金,并处不缴或者少缴的税款百分之五十以上五倍以下的罚款;构成犯罪的,依法追究刑事责任。

问题223　自行办理年度汇算清缴应注意哪些问题

〖答〗居民纳税人选择自行办理年度汇算清缴,申报方式及注意事项如表175所示。

表175　自行办理年度汇算清缴的注意事项

事项			具体规定	
免于办理的情形			已依法预缴个人所得税,且年度综合所得收入不超过12万元	
			年度汇算应补税金额不超过400元	
			申请年度汇算退税	
需要办理的情形	网络简易申报		年度综合所得收入额不超过6万元,且已预缴税款,无境外所得,已预缴不支持修改	3月1日至5月31日
	网络标准申报	预填写服务	推荐选择【使用已申报数据填写】,税务机关已按一定规则预填了部分申报数据,劳务报酬、稿酬、特许权使用费不提供预填服务	3月1日至6月30日
		自行填写		
	办税服务厅办理		居民个人在纳税年度内取得境外所得的	3月1日至6月30日
注意事项			1. 为确保准确享受专项附加扣除政策,应查看并确保专项附加扣除信息已完整准确填报。如存在未采集、未足额享受的或有误的专项附加扣除信息,请提前在"申报专项附加扣除"模块填报或修改。系统会根据填报的专项附加扣除信息自动计算出可扣除金额。 2. 如收入纳明细数据中有属于从未取得的收入,可发起申诉,该收入将暂不并入年度汇算;属于收入金额与实际金额不符的,请与扣缴单位核实后据实修改。 3. 在年度汇算申报时,可重新选择将全年一次性奖金收入并入综合所得计税,也可以选择其中一笔奖金单独计税。	

来源:国家税务总局答疑。

问题224　税务机关提供哪些年度汇算清缴服务

〖答〗税务机关提供的年度汇算清缴服务如表176所示。

表 176　税务机关提供的年度汇算清缴服务

序号	服务	具体内容
1	办税指引	加强年度汇算清缴的政策解读和操作辅导力度,分类编制办税指引,通俗解释政策口径、专业术语和操作流程
2	提醒服务	多渠道、多形式开展提示提醒服务,分批分期通知提醒纳税人在确定的时间段内办理
3	涉税咨询	通过手机个人所得税 App、网页端、12366 纳税服务热线等渠道提供涉税咨询
4	提前或延后办理预约	纳税人如需提前或延后办理的,可与税务机关预约或通过网上税务局(包括手机个人所得税 App)在法定年度汇算清缴期内办理
5	个性化年度汇算清缴服务	对于因年长、行动不便等独立完成年度汇算存在特殊困难的,纳税人可提出申请

政策依据

《国家税务总局关于办理 2023 年度个人所得税综合所得汇算清缴事项的公告》(国家税务总局公告 2024 年第 2 号)第十一条

税务机关推出系列优化服务措施,加强汇算的政策解读和操作辅导力度,分类编制办税指引,通俗解释政策口径、专业术语和操作流程,多渠道、多形式开展提示提醒服务,并通过个税 APP 及网站、12366 纳税缴费服务平台等渠道提供涉税咨询,帮助纳税人解决疑难问题,积极回应纳税人诉求。

汇算开始前,纳税人可登录个税 APP 及网站,查看自己的综合所得和纳税情况,核对银行卡、专项附加扣除涉及人员身份信息等基础资料,为汇算做好准备。

为合理有序引导纳税人办理汇算,提升纳税人办理体验,主管税务机关将分批分期通知提醒纳税人在确定的时间段内办理。同时,税务部门推出预约办理服务,有汇算初期(3 月 1 日至 3 月 20 日)办理需求的纳税人,可以根据自身情况,在 2 月 21 日后通过个税 APP 预约上述时间段中的任意一天办理。3 月 21 日至 6 月 30 日,纳税人无需预约,可以随时办理。

对符合汇算退税条件且生活负担较重的纳税人,税务机关提供优先退税服务。独立完成汇算存在困难的年长、行动不便等特殊人群提出申请,税务机关可提供个性化便民服务。

问题 225　综合所得年收入额 6 万元以下的纳税人如何自行办理汇算清缴

【答】我综合所得年收入额 6 万元以下,且当年度被扣缴过个人所得税,没有从中国境外取得的收入,适用简易申报,以手机 App 申报为例,流程如表 177 所示。

表 177　综合所得年收入额 6 万元以下手机 App 申报流程

申报方式			简易申报
第一步	准备申报	打开个人所得税 App	首页【常用业务】—【综合所得年度汇算】	系统将提示"简易申报须知",阅读后点击"我已阅读并知晓"进入简易申报界面,显示"个人基础信息""汇缴地""已缴税额"等
			首页【我要办税】—【税费申报】【综合所得年度汇算】	
第二步	确认信息		对界面显示的个人基础信息、汇缴地、已缴税额进行查看、确认
第三步	提交申报		纳税人对相关信息确认无误后,点击【提交申报】
第四步	申请退税		点击【申请退税】后,纳税人需选择退税银行卡。如前期已添加过银行卡,系统将自动带出已填银行卡信息。如需新增,点击【添加银行卡信息】—【确定】

注:查看退税进度路径:首页【我要查询】—【申报查询】—【已完成】。
具体操作展示详见本章第八节。
来源:国家税务总局答疑。

第三章 综合所得

问题 226　只有工资薪金所得的工薪族如何自行办理汇算清缴

〖答〗对于只有工资薪金所得的上班族,只有从任职受雇单位取得的工资薪金,没有劳务报酬、稿酬、特许权使用费等收入,同时综合所得年收入额超过 6 万元且没有从境外取得收入的,适用标准申报流程,以手机 App 为例,申报流程如表 178 所示。

表 178　只有工资薪金所得的个人手机 App 申报流程

申报方式			标准申报	
第一步	准备申报	打开个人所得税 App	首页【常用业务】—【综合所得年度汇算】	1. 进入申报界面后,填报方式:【使用已申报数据填写】和【自行填写】两种选择;任选其一点击【开始申报】,阅读后点击"我已阅读并知晓",开始年度汇算申报;
			首页【我要办税】—"税费申报"【综合所得年度汇算】	2. 推荐选择【使用已申报数据填写】,税务机关已按一定规则预填了部分申报数据,您只需确认即可。
第二步	确认信息	对界面显示的个人基础信息、汇缴地、已缴税额进行查看、确认		
第三步	填报数据	纳税人对相关信息确认无误后,点击【提交申报】		
		需要新增工资薪金收入,在"收入和扣除界面"点击"工资薪金",进入收入列表界面。然后,在"工资薪金"收入明细界面右上角点击【新增】按钮新增收入明细。		
		有减免税事项,可以在进入"减免税额"界面后,点击【新增】增加相关信息		
第四步	计算税款	数据系统将自动计算本年度综合所得应补(退)税额		
第五步	提交申报	确认结果后,点击【提交申报】		
第六步	补退税	多预缴税款	点击【申请退税】后,纳税人需选择退税银行卡。如前期已添加过银行卡,系统将自动带出已填银行卡信息。您需新增,点击【添加银行卡信息】—【确定】	
		少预缴税款	不符合免予汇算条件	点击【立即缴税】,选择缴税方式支付
			符合免予汇算条件	点击【享受免申报】无需缴税

注:具体操作展示详见本章第八节。
来源:国家税务总局答疑。

问题 227　有工资和劳务报酬、稿酬、特许权使用费等的纳税人如何自行办理汇算清缴

〖答〗纳税人有劳务报酬、稿酬、特许权使用费等收入,按以下流程进行自行申报,如表 179 所示。

表 179　有工资和劳务报酬、稿酬、特许权使用费等的个人手机 App 申报流程

申报方式			标准申报	
第一步	准备申报	打开个人所得税 App	首页【常用业务】—【综合所得年度汇算】	1. 进入申报界面后,填报方式:【使用已申报数据填写】和【自行填写】两种选择;任选其一点击【开始申报】,阅读后点击"我已阅读并知晓",开始年度汇算申报
			首页【我要办税】—"税费申报"【综合所得年度汇算】	2. 推荐选择【使用已申报数据填写】,税务机关已按一定规则预填了部分申报数据,只需确认即可
第二步	确认信息	对界面显示的个人基础信息、汇缴地、已缴税额进行查看、确认		
第三步	填报数据	纳税人对相关信息确认无误后,点击【提交申报】		
		有劳务报酬或者稿酬收入,可在"收入和税前扣除"界面点击"劳务报酬"或者"稿酬所得"进入相应界面进行填报		
		有减免税事项,可以在进入"减免税额"界面后,点击【新增】增加相关信息		

(续表)

申报方式		标准申报	
第四步	计算税款	数据系统将自动计算纳税人本年度综合所得应补(退)税额	
第五步	提交申报	确认结果后,点击【提交申报】	
第六步	补退税	多预缴税款	点击【申请退税】后,纳税人需选择退税银行卡。如前期已添加过银行卡,系统将自动带出已填银行卡信息。您需新增,点击【添加银行卡信息】—【确定】
		少预缴税款	不符合免予汇算条件 点击【立即缴税】,选择缴税方式支付
			符合免予汇算条件 点击【享受免申报】无需缴税

注:具体操作展示详见本章第八节。
来源:国家税务总局答疑。

问题 228 仅取得劳务报酬(或稿酬等)所得的纳税人如何自行办理汇算清缴

〖答〗对于没有任职受雇单位的自由职业者,或者零散取得收入人员,综合所得年收入额超过 6 万元;且没有从境外取得收入,自行办理年度汇算清缴的,办理流程如表 180 所示。

表 180 仅取得劳务报酬(或稿酬等)所得的个人手机 App 申报流程

申报方式		标准申报	
第一步	准备申报	打开个人所得税 App	首页【常用业务】—【综合所得年度汇算】 首页【我要办税】—【税费申报】【综合所得年度汇算】	1. 进入申报界面后,填报方式:【使用已申报数据填写】和【自行填写】两种选择;任选一点击【开始申报】,阅读后点击"我已阅读并知晓",开始年度汇算申报 2. 推荐选择【使用已申报数据填写】,税务机关已按一定规则预填了部分申报数据,只需确认即可
第二步	确认信息	对界面显示的个人基础信息、汇缴地、已缴税额进行查看、确认	
第三步	填报数据	纳税人对相关信息确认无误后,点击【提交申报】	
		可在"收入和税前扣除"界面点击"劳务报酬"或者"稿酬所得"进入相应界面进行填报。	【查询导入】 展示本人纳税年度内取得的每笔劳务报酬扣缴申报记录,逐笔对照、选择添加
			【手工填写】 逐笔填写
		以劳务报酬为例,点击"劳务报酬"进入劳务报酬页面后,点击右上角"新增",可选择或者填报本人的劳务报酬。其中,【查询导入】方式,会明细后,即可完成该项目的填写	
		填写年度扣除项目,专项扣除、其他附加扣除、其他扣除	
		有减免税事项,可以在进入"减免税额"界面后,点击【新增】增加相关信息	
第四步	计算税款	数据系统将自动计算纳税人本年度综合所得应补(退)税额	
第五步	提交申报	确认结果后,点击【提交申报】	
第六步	补退税	多预缴税款	点击【申请退税】后,纳税人需选择退税银行卡。如前期已添加过银行卡,系统将自动带出已填银行卡信息。如需新增,点击【添加银行卡信息】—【确定】
		少预缴税款	不符合免予汇算条件 点击【立即缴税】,选择缴税方式支付
			符合免予汇算条件 点击【享受免申报】无需缴税

注:具体操作展示详见本章第八节。
来源:国家税务总局答疑。

问题 229 如何开具个人纳税记录

自 2018 年 12 月 5 日,国家税务总局决定将个人所得税《税收完税证明》(文书式)调整为

《纳税记录》,纳税人开具《纳税记录》如表 181 所示。

表 181 个人《纳税记录》开具内容

序号	规定			
1	样式	所属期为 2018 年 12 月 31 日(含)以前个人所得税缴(退)税情况证明	开具《税收完税证明》(文书式)	
		税款所属期为 2019 年 1 月 1 日(含)以后的个人所得税缴(退)税情况证明	调整为开具《纳税记录》	
2	范围	2019 年 1 月 1 日以后取得应税所得	由扣缴义务人向税务机关办理了全员全额扣缴申报	不论是否实际缴纳税款,均可以申请开具《纳税记录》
			根据税法规定自行向税务机关办理纳税申报的	
3	方法	电子税务局、手机 App 申请开具本人的个人所得税《纳税记录》(详见第八节)		
		办税服务厅申请开具	本人申请	有效身份证件原件
			委托他人	委托人及受托人有效身份证件原件
				委托人书面授权资料
4	存在异议	向该项记录中列明的税务机关申请核实		
5	验证服务	税务机关提供个人所得税《纳税记录》的验证服务	自然人电子税务局	输入《纳税记录》右上角查询验证码
			个人所得税手机 App	扫描《纳税记录》右上角二维码

政策依据

根据《国家税务总局关于将个人所得税〈税收完税证明〉(文书式)调整为〈纳税记录〉有关事项的公告》(国家税务总局公告 2018 年第 55 号)

一、从 2019 年 1 月 1 日起,纳税人申请开具税款所属期为 2019 年 1 月 1 日(含)以后的个人所得税缴(退)税情况证明的,税务机关不再开具《税收完税证明》(文书式),调整为开具《纳税记录》(具体内容及式样见附件);纳税人申请开具税款所属期为 2018 年 12 月 31 日(含)以前个人所得税缴(退)税情况证明的,税务机关继续开具《税收完税证明》(文书式)。

二、纳税人 2019 年 1 月 1 日以后取得应税所得并由扣缴义务人向税务机关办理了全员全额扣缴申报,或根据税法规定自行向税务机关办理纳税申报的,不论是否实际缴纳税款,均可以申请开具《纳税记录》。

三、纳税人可以通过电子税务局、手机 App 申请开具本人的个人所得税《纳税记录》,也可到办税服务厅申请开具。

四、纳税人可以委托他人持下列证件和资料到办税服务厅代为开具个人所得税《纳税记录》:
(一)委托人及受托人有效身份证件原件;
(二)委托人书面授权资料。

五、纳税人对个人所得税《纳税记录》存在异议的,可以向该项记录中列明的税务机关申请核实。

六、税务机关提供个人所得税《纳税记录》的验证服务,支持通过电子税务局、手机 App 等方式进行验证。具体验证方法见个人所得税《纳税记录》中的相关说明。

七、本公告自 2019 年 1 月 1 日起施行。

问题230 "纳税记录"有哪些用途

〖答〗随着经济的发展,个人所得税"纳税记录"在我们的日常生活中越来越重要,购房、出国等都会用到它,常见的用途如表182所示。

表182 纳税记录的用途

序号	用途	说明	
1	申请贷款	证明收入情况	办理个人贷款,银行要求提供个人收入证明,个人所得税完税证明不是硬性规定,但能为纳税人证明收入状况
2	买房资格	有连续的记录才可以买房	中国多个城市实行限购,非本市户籍购房需有连续个税缴纳记录或社保缴纳记录
3	买车资格	有连续的记录才能参与摇号	非京籍人员参与摇号需要满足持有本市有效暂住证且近五年(含)连续在本市缴纳社会保险和个人所得税
4	出国签证	通过个税证明判断财力	办理出国签证,有时要求提供个人的完税证明,证明个人的合法收入和收入水平
5	其他用途	信用评价、司法诉讼、事故理赔、应聘就职等	

来源:国家税务总局答疑。

7. 补(退)税

问题231 如何办理年度汇算清缴的退税、补税

纳税人申请年度汇算清缴退税,应当提供其在中国境内开设的符合条件的银行账户。税务机关按规定审核后,按照国库管理有关规定,在本公告第八条确定的接受年度汇算申报的税务机关所在地(即汇算清缴地)就地办理税款退库。纳税人未提供本人有效银行账户,或者提供的信息资料有误的,税务机关将通知纳税人更正,纳税人按要求更正后依法办理退税。

为使纳税人尽早获取退税,纳税人上一年度综合所得收入额不超过6万元且已预缴个人所得税的,税务机关在网上税务局(包括个人所得税手机App)提供便捷退税功能,纳税人可以通过简易申报表办理年度汇算清缴退税。

纳税人办理年度汇算清缴补税的,可以通过网上银行、POS机刷卡、银行柜台、非银行支付机构等转账方式缴纳。具体如图37所示。

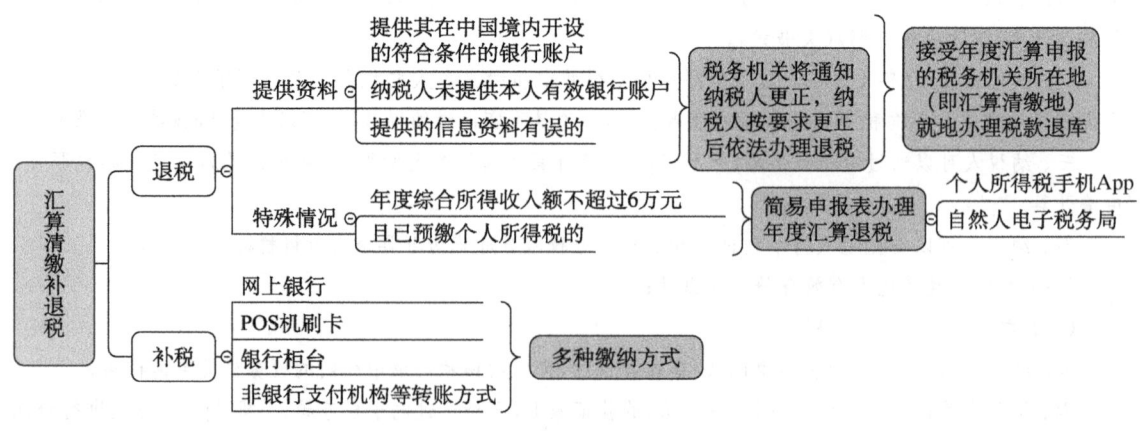

图37 汇算清缴补退税办理

 **政策依据**

《国家税务总局关于办理2023年度个人所得税综合所得汇算清缴事项的公告》(国家税务总局公告2024年第2号)第十条

(一)办理退税

纳税人申请汇算退税,应当提供其在中国境内开设的符合条件的银行账户。税务机关按规定审核后,按照国库管理有关规定办理税款退库。纳税人未提供本人有效银行账户,或者提供的信息资料有误的,税务机关将通知纳税人更正,纳税人按要求更正后依法办理退税。

为方便办理退税,2023年综合所得全年收入额不超过6万元且已预缴个人所得税的纳税人,可选择使用个税APP或网站提供的简易申报功能,便捷办理汇算退税。

申请2023年度汇算退税及其他退税的纳税人,如存在应当办理2022年及以前年度汇算补税但未办理,或者经税务机关通知2022年及以前年度汇算申报存在疑点但未更正或说明情况的,需在办理2022年及以前年度汇算申报补税、更正申报或者说明有关情况后依法申请退税。

(二)办理补税

纳税人办理汇算补税的,可以通过网上银行、办税服务厅POS机刷卡、银行柜台、非银行支付机构等方式缴纳。邮寄申报并补税的,纳税人需通过个税APP及网站或者主管税务机关办税服务厅及时关注申报进度并缴纳税款。

汇算需补税的纳税人,汇算期结束后未申报补税或未足额补税的,一经发现,税务机关将依法责令限期改正并向纳税人送达有关税务文书,对已签订《税务文书电子送达确认书》的,通过个税APP及网站等渠道进行电子文书送达;对未签订《税务文书电子送达确认书》的,以其他方式送达。同时,税务机关将依法加收滞纳金,并在其个人所得税《纳税记录》中予以标注。

纳税人因申报信息填写错误造成汇算多退或少缴税款的,纳税人主动或经税务机关提醒后及时改正的,税务机关可以按照"首违不罚"原则免予处罚。

问题232 哪些情形年度汇算清缴时将产生或者可能产生退税

〚答〛年度汇算时将产生或者可能产生退税的常见情形,列举如表183所示。

表183 将产生或者可能产生退税的情形

序号	情形
1	年度综合所得收入额不足6万元但已预缴个人所得税
2	年度有符合享受条件的专项附加扣除,但预缴税款时没有申报扣除的
3	因年中就业、退职或者部分月份没有收入等原因,减除费用6万元、"三险一金"等专项扣除、子女教育等专项附加扣除、企业(职业)年金以及商业健康保险、税收递延型养老保险等扣除不充分的
4	没有任职受雇单位,仅取得劳务报酬、稿酬、特许权使用费所得,需要通过年度汇算办理各种税前扣除的
5	纳税人取得劳务报酬、稿酬、特许权使用费所得,年度中间适用的预扣率高于全年综合所得年适用税率的
6	预缴税款时,未申报享受或者未足额享受综合所得税收优惠的,如残疾人减征个人所得税优惠等
7	有符合条件的公益慈善事业捐赠支出,但预缴税款时未办理扣除的

来源:国家税务总局答疑。

李军1月领取工资1万元、个人缴付"三险一金"2 000元,假设没有专项附加扣除,预缴个税90元;其他月份每月工资4 000元,无须预缴个税。

请问李军年度汇算清缴能否申请退税?

〚答〛李军全年收入额=10 000+4 000×11=54 000(元)<60 000(元)

因纳税人年收入额不足6万元无须缴税,因此预缴的90元税款可以申请退还。

李军每月工资1万元、个人缴付"三险一金"2 000元,有两个上小学的孩子,按规定可以每

月享受 2 000 元(全年 24 000 元)的子女教育专项附加扣除。但因其在预缴环节未填报,使得计算个税时未减除子女教育专项附加扣除,全年预缴个税 1 080 元。

请问李军年度汇算清缴能否申请退税?

〖答〗在年度汇算时填报了相关信息后可补充扣除 24 000 元。

扣除后全年应纳税所得额＝10 000×12－60 000－2 000×12－24 000＝12 000(元)

应纳个税＝12 000×3％＝360(元),按规定其可以申请退税 720 元。

案例 70

李军于 2021 年 8 月底退休,退休前每月工资 1 万元、个人缴付"三险一金"2 000 元,退休后领取基本养老金。假设没有专项附加扣除,1—8 月预缴个税 720 元;后 4 个月基本养老金按规定免征个税。

请问李军年度汇算清缴能否申请退税?

全年看,该纳税人仅扣除了 4 万元(8×5 000)减除费用,未充分扣除 6 万元减除费用。

年度汇算足额扣除后,全年应纳税所得额＝10 000×8－60 000－2 000×8＝4 000(元)。

应纳个税＝4 000×3％＝120(元),李军可申请退税 600 元。

案例 71

李军 2021 年每月固定一处取得劳务报酬 1 万元,适用 20％预扣率后预缴个税 1 600 元,全年 19 200 元;无其他收入。

请问李军年度汇算清缴能否申请退税?

〖答〗全年算账,全年劳务报酬 12 万元,减除 6 万元费用(不考虑其他扣除)后,适用 3％的综合所得税率,全年应纳税款 1 080 元。李军可申请退税 18 120 元。

问题 233　哪些常见情形将导致年度汇算清缴时需要或可能需要补税

〖答〗年度汇算清缴时将产生或者可能产生退税的常见情形如表 184 所示。

表 184　导致年度汇算清缴时需要或可能需要补税的情形

序号	情形
1	在两个以上单位任职受雇并领取工资薪金,预缴税款时重复扣除了基本减除费用(5 000 元/月)
2	除工资薪金外,纳税人还有劳务报酬、稿酬、特许权使用费所得,各项综合所得的收入加总后,导致适用综合所得年税率高于预扣率等
3	预扣预缴时扣除了不该扣除的项目,或者扣除金额超过规定标准,年度合并计税时因调减扣除额导致应纳税所得额增加
4	纳税人取得综合所得,因扣缴义务人未依法申报收入并预扣预缴税款,需补充申报收入等

来源:国家税务总局答疑。

问题 234　可以放弃退税吗,选择放弃退税后,可以再次申请退税吗

〖答〗申请退税是纳税人的权利,可以选择放弃退税,如果放弃退税,不用办理年度汇算;放弃退税后,也可以重新申请退税,但需要提醒纳税人注意的是,《中华人民共和国税收征管法》多缴退税有 3 年的退税期限。

《中华人民共和国税收征管法》第五十一条规定:纳税人超过应纳税额缴纳的税款,税务机关发现后应当立即退还;纳税人自结算缴纳税款之日起 3 年内发现的,可以向税务机关要求退还多缴的税款并加算银行同期存款利息,税务机关及时查实后应当立即退还;涉及从国库中退库的,依照法律、行政法规有关国库管理的规定退还。

来源:国家税务总局答疑。

问题 235　如何查询纳税人办理退税的进度

〖答〗纳税人办理汇算清缴,补退税进度查询如表 185 所示。

表 185　补退税进度查询途径

序号	事项	具体规定	
1	查询途径	手机个人所得税 App、自然人电子税务局	
2	业务办理状态	可通过手机个人所得税 App 或者自然人电子税务局查看退税业务的办理状态。对审核不通过或者退库失败的,系统会提示原因或解决方法	
3	退税成功	手机 App 或自然人电子税务局有提示。最终提示状态为"＊年＊月＊日国库处理完成,请关注退税到账情况"	
4	退款进度	显示"提交申请成功"	退税申请已经提交成功
		显示"税务审核中"	税务机关正在对退税申请进行审核
		显示"税务审核不通过"	对申报数据进行重新检查、确认,可通过原申报渠道查询不通过原因;特定情况下税务机关也会与纳税人联系,要求补充提供相关收入或者扣除的佐证资料
		显示"国库处理中"	税务机关已经将退税申请提交国库部门,国库部门正在按规定处理中
		显示"国库退库失败"	一般情况下,国库退库失败多与银行账户有关。确认申请退税的银行账户是否为本人账户,该账户是否处于注销、挂失、冻结、未激活、收支有限额等状态。如果遇到该种情况,需重新填报
5	退税失败	修正相应信息后,可再次申请退税	
6	退税成功	手机 App 或自然人电子税务局有提示。最终提示状态为"＊年＊月＊日国库处理完成,请关注退税到账情况"	

来源:国家税务总局答疑。

第七节　外籍个人

扫码听课

一、概述

外籍个人指不具有中华人民共和国国籍的外国人。外籍个人与《中华人民共和国个人所得税法》中规定的居民个人、非居民个人、无住所个人有所不同,但又有一定的关系,理解外籍个人的征免规定,需先理清它们的关系。居民个人与非居民个人的判定标准如表 186 所示。

表 186　居民个人与非居民个人的判定标准

纳税人	判定标准	纳税义务
居民个人	两者满足其一: 1. 在中国境内有住所; 2. 在中国境内无住所而一个纳税年度内在中国境内居住累计满 183 天	无限纳税义务:中国境内和境外取得的所得
非居民个人	两者满足其一: 1. 在中国境内无住所又不居住; 2. 在中国境内无住所而一个纳税年度内在中国境内居住不满 183 天	有限纳税义务:中国境内取得的所得

外籍个人满足相应条件的可成为居民个人或非居民个人。

从另一个角度分析,纳税人也可分为境内有住所个人和境内无住所个人。而境内无住所个人根据居住时间可分为无住所居民个人和非居民个人,如表 187 所示。

表 187　无住所个人与居民个人、非居民个人的关系

纳税人	境内有住所个人			居民个人
	境内无住所个人	一个纳税年度内在中国境内居住累计满 183 天	无住所居民个人	
		一个纳税年度内在中国境内居住累计不满 183 天	非居民个人	
		不居住		

实务中一般以是否有中国户籍来判断是否在境内有住所,通常情况下外籍个人属于无住所个人,适用无住所个人的相关征免规定。外籍个人还应区分居民个人和非居民个人适用相应规定,同时还适用外籍个人的特殊规定。

二、要点难点

(一) 非居民个人

问题 236　非居民个人取得工资薪金等四项所得如何计缴个税

〖答〗非居民个人的工资薪金等四项所得计缴个税的方法如表 188 所示。税率表如表 189 所示。

表 188　非居民个人取得工资薪金等四项所得计税详解

项目		工资、薪金	劳务报酬	特许权使用费	稿酬
应纳税所得额		每月收入−5 000−准予扣除的公益慈善事业捐赠额	每次收入×(1−20%)−准予扣除的公益慈善事业捐赠额		每次收入×(1−20%)×70%−准予扣除的公益慈善事业捐赠额
税率		3%—45%的超额累进税率(如表 189)			
应纳税额		应纳税所得额×税率−速算扣除数			
征收方式	代扣代缴	扣缴义务人按月或按次扣预缴			
	自行申报	1. 在中国境内从两处以上取得工资、薪金所得			
		2. 取得应税所得,扣缴义务人未扣缴税款			
申报期限	代扣代缴	次月 15 日内			
	自行申报	在中国境内从两处以上取得工资、薪金所得		次月 15 日内	
		取得应税所得,扣缴义务人未扣缴税款		次年 6 月 30 日前(先离境的,离境前)	
纳税地点	代扣代缴	扣缴义务人主管税务机关			
	自行申报	在中国境内从两处以上取得工资、薪金所得		其中一处任职、受雇单位所在地	
		取得应税所得,扣缴义务人未扣缴税款		扣缴义务人所在地,两个以上扣缴义务人均未扣缴税款,选其一	
申报报表	代扣代缴	《个人所得税扣缴申报表》			
	自行申报	《个人所得税自行纳税申报表(A 表)》			

表 189　个人所得税税率表

(非居民个人的工资、薪金所得,劳务报酬所得、稿酬所得、特许权使用费所得适用)

级数	全月应纳税所得额	税率	速算扣除数
1	不超过 3 000 元的	3%	0
2	超过 3 000 元至 12 000 元的部分	10%	210
3	超过 12 000 元至 25 000 元的部分	20%	1 410
4	超过 25 000 元至 35 000 元的部分	25%	2 660
5	超过 35 000 元至 55 000 元的部分	30%	4 410
6	超过 55 000 元至 80 000 元的部分	35%	7 160
7	超过 80 000 元的部分	45%	15 160

政策依据

一、《中华人民共和国个人所得税法》第六条第二项、第十条第一款第三项、第六项、第十一条第三项、第十三条第四款

第六条　(二)非居民个人的工资、薪金所得,以每月收入额减除费用五千元后的余额为应纳税所得额;劳务报酬所得、稿酬所得、特许权使用费所得,以每次收入额为应纳税所得额。

第十条　有下列情形之一的,纳税人应当依法办理纳税申报:

(三)取得应税所得,扣缴义务人未扣缴税款;

(六)非居民个人在中国境内从两处以上取得工资、薪金所得;

第十一条　非居民个人取得工资、薪金所得,劳务报酬所得,稿酬所得和特许权使用费所得,有扣缴义务人的,由扣缴义务人按月或者按次代扣代缴税款,不办理汇算清缴。

第十三条　非居民个人在中国境内从两处以上取得工资、薪金所得的,应当在取得所得的次月十五日内申报纳税。

二、《国家税务总局关于发布〈个人所得税扣缴申报管理办法(试行)〉的公告》(国家税务总局公告 2018 年第 61 号)第九条、第十一条、第十二条

第九条　扣缴义务人向非居民个人支付工资、薪金所得,劳务报酬所得,稿酬所得和特许权使用费所得时,应当按照以下方法按月或者按次代扣代缴税款:

非居民个人的工资、薪金所得,以每月收入额减除费用五千元后的余额为应纳税所得额;劳务报酬所得、稿酬所得、特许权使用费所得,以每次收入额为应纳税所得额,适用个人所得税税率表三(见附件)计算应纳税额。劳务报酬所得、稿酬所得、特许权使用费所得以收入减除百分之二十的费用后的余额为收入额;其中,稿酬所得的收入额减按百分之七十计算。

非居民个人在一个纳税年度内税款扣缴方法保持不变,达到居民个人条件时,应当告知扣缴义务人基础信息变化情况,年度终了后按照居民个人有关规定办理汇算清缴。

第十一条　劳务报酬所得、稿酬所得、特许权使用费所得,属于一次性收入的,以取得该项收入为一次;属于同一项目连续性收入的,以一个月内取得的收入为一次。

第十二条　纳税人需要享受税收协定待遇的,应当在取得应税所得时主动向扣缴义务人提出,并提交相关信息、资料,扣缴义务人代扣代缴税款时按照享受税收协定待遇有关办法办理。

三、《国家税务总局关于个人所得税自行纳税申报有关问题的公告》(国家税务总局公告 2018 年第 62 号)第三条第一款第二项、第六条

第三条　取得应税所得,扣缴义务人未扣缴税款的纳税申报。

非居民个人取得工资、薪金所得,劳务报酬所得,稿酬所得,特许权使用费所得的,应当在取得所得的次年 6 月 30 日前,向扣缴义务人所在地主管税务机关办理纳税申报,并报送《个人所得税自行纳税申报表(A

表)》。有两个以上扣缴义务人均未扣缴税款的,选择向其中一处扣缴义务人所在地主管税务机关办理纳税申报。

第六条 非居民个人在中国境内从两处以上取得工资、薪金所得的纳税申报

非居民个人在中国境内从两处以上取得工资、薪金所得的,应当在取得所得的次月15日内,向其中一处任职、受雇单位所在地主管税务机关办理纳税申报,并报送《个人所得税自行纳税申报表(A表)》。

案例 72

美国人戴森,属于中国的非居民个人,8月由美国总公司派遣到中国工作,在中国取得工资15 000元,同时取得梅松公司支付的劳务报酬3 000元、税台公司发放的稿酬2 000元。

请问戴森如何缴纳个人所得税?

〖答〗戴森是非居民个人,以上所得由支付方代扣代缴。

发放工资代扣个税=(15 000-5 000)×10%-210=790(元)

梅松公司代扣个税=3 000×(1-20%)×3%=72(元)

税台公司代扣个税=2 000×(1-20%)×70%×3%=33.6(元)

扣缴义务人应于9月15日之前将扣缴税款申报入库,并报送《个人所得税扣缴申报表》,次年无需汇算清缴。

问题237 非居民个人从两处以上取得工资、薪金如何申报

〖答〗非居民个人在中国境内从两处以上取得工资、薪金所得的应自行申报,若两处都对工资薪金扣缴了个税,由于都是以收入额减除费用5 000元的余额为应纳税所得额,因此自行申报时需补缴税款,具体如表190所示。

表190 非居民个人从两处以上取得工资、薪金所得申报详解

项目	规定
应纳税所得额	各单位工资、薪金之和-5 000-准予扣除的公益慈善事业捐赠额
应补缴税款	应纳税所得额×税率-速算扣除数-各单位已扣缴税款之和
申报日期	次月15日内
申报地点	其中一处任职、受雇单位所在地主管税务机关
报送报表	《个人所得税自行纳税申报表(A表)》

政策依据

一、《中华人民共和国个人所得税法》第十条第一款第六项

有下列情形之一的,纳税人应当依法办理纳税申报:

(六)非居民个人在中国境内从两处以上取得工资、薪金所得;

二、《国家税务总局关于个人所得税自行纳税申报有关问题的公告》(国家税务总局公告2018年第62号)第六条

非居民个人在中国境内从两处以上取得工资、薪金所得的,应当在取得所得的次月15日内,向其中一处任职、受雇单位所在地主管税务机关办理纳税申报,并报送《个人所得税自行纳税申报表(A表)》。

案例 73

非居民个人戴森2020年11月从梅松公司取得工资薪金15 000元,该公司已扣缴税款

790元,从税台网取得工资薪金20 000元,该公司已扣缴税款1 590元。

请问戴森自行申报应补缴多少个人所得税?

【答】戴森自行申报的相关信息如表191所示。

表191 戴森自行申报的相关信息

收入额	费用扣除	应纳税所得额	税率	速算扣除数	应纳税额	补缴税额
35 000	5 000	30 000	25%	2 660	4 840	2 460

戴森应在12月15日之前选择一处任职、受雇单位所在地主管税务机关自行申报。

(二)无住所个人

问题238 无住所个人如何判断工资、薪金所得的来源地

【答】纳税人判断工资、薪金所得来源地的一般标准是:因任职、受雇、履约等在境内提供劳务取得的所得属于来源于境内的所得,因任职、受雇、履约等在境外提供劳务取得的所得属于来源于境外的所得。但无住所个人流动性强,可能在境内、境外同时担任职务,分别取得收入,因此他们的所得来源地有特殊的规定,如表192所示。

表192 无住所个人工资薪金所得来源地的判断

所得类型	所得来源地的判断
无住所个人(不含高管人员)取得工资薪金所得	1. 个人取得归属于境内工作期间的工资薪金所得为来源于境内的工资薪金所得
	2. 无住所个人在境内、境外单位同时担任职务或者仅在境外单位任职,当期同时在境内、境外工作的,按照境内、境外工作天数占比计算确定来源于境内、境外的收入额
无住所个人(不含高管人员)取得数月奖金、股权激励所得	1. 在境内履职时,归属于境外工作期间的所得,为来源于境外所得
	2. 停止在境内履约或执行职务离境后,收到归属于其在境内工作期间的所得,为来源于境内的所得
	3. 一个月内从境内、境外单位取得多笔数月奖金或者股权激励所得,且数月奖金或者股权激励分别归属于不同期间的,应当按照每笔数月奖金或者股权激励的归属期间,分别计算每笔数月奖金或者股权激励的收入额后,然后再加总计算当月境内数月奖金或股权激励收入额
境内居民企业高管人员取得的董事费、监事费、工资薪金	1. 境内居民企业支付或者负担的,属于来源于境内的所得
	2. 不是由境内居民企业支付或者负担的,需按照任职、受雇、履约地点划分境内、境外所得

政策依据

一、《中华人民共和国个人所得税法实施条例》第三条第一项

除国务院财政、税务主管部门另有规定外,下列所得,不论支付地点是否在中国境内,均为来源于中国境内的所得:

(一)因任职、受雇、履约等在中国境内提供劳务取得的所得。

二、《财政部 国家税务总局关于非居民个人和无住所居民个人有关个人所得税政策的公告》(财政部 税务总局公告2019年第35号)第一条

一、关于所得来源地

(一)关于工资薪金所得来源地的规定。

个人取得归属于中国境内(以下称境内)工作期间的工资薪金所得为来源于境内的工资薪金所得。境内

工作期间按照个人在境内工作天数计算,包括其在境内的实际工作日以及境内工作期间在境内、境外享受的公休假、个人休假、接受培训的天数。在境内、境外单位同时担任职务或者仅在境外单位任职的个人,在境内停留的当天不足24小时的,按照半天计算境内工作天数。

无住所个人在境内、境外单位同时担任职务或者仅在境外单位任职,且当期同时在境内、境外工作的,按照工资薪金所属境内、境外工作天数占当期公历天数的比例计算确定来源于境内、境外工资薪金所得的收入额。境外工作天数按照当期公历天数减去当期境内工作天数计算。

(二)关于数月奖金以及股权激励所得来源地的规定。

无住所个人取得的数月奖金或者股权激励所得按照本条第(一)项规定确定所得来源地的,无住所个人在境内履职或者执行职务时收到的数月奖金或者股权激励所得,归属于境外工作期间的部分,为来源于境外的工资薪金所得;无住所个人停止在境内履约或者执行职务离境后收到的数月奖金或者股权激励所得,对属于境内工作期间的部分,为来源于境内的工资薪金所得。具体计算方法为:数月奖金或者股权激励乘以数月奖金或者股权激励所属工作期间境内工作天数与所属工作期间公历天数之比。

无住所个人一个月内取得的境内外数月奖金或者股权激励包含归属于不同期间的多笔所得的,应当先分别按照本公告规定计算不同归属期间来源于境内的所得,然后再加总计算当月来源于境内的数月奖金或者股权激励收入额。

本公告所称数月奖金是指一次取得归属于数月的奖金、年终加薪、分红等工资薪金所得,不包括每月固定发放的奖金及一次性发放的数月工资。本公告所称股权激励包括股票期权、股权期权、限制性股票、股票增值权、股权奖励以及其他因认购股票等有价证券而从雇主取得的折扣或者补贴。

(三)关于董事、监事及高层管理人员取得报酬所得来源地的规定。

对于担任境内居民企业的董事、监事及高层管理职务的个人(以下统称高管人员),无论是否在境内履行职务,取得由境内居民企业支付或者负担的董事费、监事费、工资薪金或者其他类似报酬(以下统称高管人员报酬,包含数月奖金和股权激励),属于来源于境内的所得。

本公告所称高层管理职务包括企业正、副(总)经理、各职能总师、总监及其他类似公司管理层的职务。

问题239 无住所个人的境内、境外工作天数如何计算

〖答〗无住所个人境内、境外工作天数的计算方法如表193所示。

表193 无住所个人境内、境外工作天数的计算

项目	计算范围	计算方式	目的
境内工作天数	一般按月计算	境内工作天数=境内的实际工作日+境内工作期间在境内、境外享受的公休假、个人休假、接受培训的天数 1. 未在境外单位任职的,无论其是否在境外停留,全部计算为境内工作天数 2. 在境内、境外单位同时担任职务或者仅在境外单位任职的,在境内停留的当天不足24小时的,按照半天计算境内工作天数	用于分割境内、境外所得
境外工作天数		境外工作天数=当期公历天数-境内工作天数	

政策依据

《财政部 国家税务总局关于非居民个人和无住所居民个人有关个人所得税政策的公告》(财政部 税务总局公告2019年第35号)第一条

……

境内工作期间按照个人在境内工作天数计算,包括其在境内的实际工作日以及境内工作期间在境内、境

外享受的公休假、个人休假、接受培训的天数。在境内、境外单位同时担任职务或者仅在境外单位任职的个人,在境内停留的当天不足 24 小时的,按照半天计算境内工作天数。

……

境外工作天数按照当期公历天数减去当期境内工作天数计算。

案例 74

玛丽是中国境内的无住所个人,在中国和美国两个企业内同时任职。2020 年全年在中国境内居住时间未超过 183 天,其中 2020 年 9 月,玛丽被中国境内企业委派去法国参加培训,加出入境在内共占用 12 天,当月其他时间均在中国工作。

请问玛丽 2020 年 9 月境内外工作天数各是多少?

〖答〗玛丽在境内、境外同时任职,去法国参加培训的 12 天,都满足当天在"境内停留时间不足 24 小时"的条件,每天都计为半天工作天数,即 6 天,再加上在境内工作的 18 天,9 月境内工作总天数为 24 天。境外工作天数=30-24=6(天)。

问题 240　无住所个人如何计算工资、薪金所得的应税收入额

〖答〗无住所个人需要区分不同情形来计算应税收入额,具体的计算方法如表 194 所示。

表 194　无住所个人工资、薪金应税收入额的计算方法

纳税人		居住时间	纳税义务范围	境内应收收入额的计算
普通员工	非居民个人	小于 90 天	境内所得且境内支付或负担	当月工资薪金收入额=当月境内外工资薪金总额×当月境内支付工资薪金总额÷当月境内外工资薪金总额×当月工资薪金所属工作期间境内工作天数÷当月工资薪金所属工作期间公历天数
		超过 90 天不满 183 天	境内所得	当月工资薪金收入额=当月境内外工资薪金总额×当月工资薪金所属工作期间境内工作天数÷当月工资薪金所属工作期间公历天数
	居民个人	累计满 183 天的年度连续不满 6 年	除境外所得且境外支付外的其他工资薪金	当月工资薪金收入额=当月境内外工资薪金总额×(1-当月境外支付工资薪金总额÷当月境内外工资薪金总额×当月工资薪金所属工作期间境外工作天数÷当月工资薪金所属工作期间公历天数)
		累计满 183 天的连续满 6 年	全部	当月工资薪金收入额=当月境内外工资薪金总额
高管	非居民个人	小于 90 天	境内支付或负担	当月工资薪金收入额=当月境内支付或负担工资薪金额
		超过 90 天不满 183 天	除境外所得且境外支付外的其他工资薪金	当月工资薪金收入额=当月境内外工资薪金总额×(1-当月境外支付工资薪金总额÷当月境内外工资薪金总额×当月工资薪金所属工作期间境外工作天数÷当月工资薪金所属工作期间公历天数)
	居民个人	累计满 183 天的年度连续不满 6 年	除境外所得且境外支付外的其他工资薪金	当月工资薪金收入额=当月境内外工资薪金总额×(1-当月境外支付工资薪金总额÷当月境内外工资薪金总额×当月工资薪金所属工作期间境外工作天数÷当月工资薪金所属工作期间公历天数)
		累计满 183 天的连续满 6 年	全部	当月工资薪金收入额=当月境内外工资薪金总额

注:对于无住所个人一个月内取得多笔对应不同归属工作期间的工资薪金所得的,应当按照每笔工资薪金所得的归属期间,分别计算每笔工资薪金在境内应计税的收入额,再加总计算为当月工资薪金收入额。

政策依据

《财政部 国家税务总局关于非居民个人和无住所居民个人有关个人所得税政策的公告》(财政部 税务总局公告 2019 年第 35 号)第二条

关于无住所个人工资薪金所得收入额计算

无住所个人取得工资薪金所得,按以下规定计算在境内应纳税的工资薪金所得的收入额(以下称工资薪金收入额):

(一)无住所个人为非居民个人的情形。

非居民个人取得工资薪金所得,除本条第(三)项规定以外,当月工资薪金收入额分别按照以下两种情形计算:

1. 非居民个人境内居住时间累计不超过 90 天的情形。

在一个纳税年度内,在境内累计居住不超过 90 天的非居民个人,仅就归属于境内工作期间并由境内雇主支付或者负担的工资薪金所得计算缴纳个人所得税。当月工资薪金收入额的计算公式如下(公式一):

当月工资薪金收入额=当月境内外工资薪金总额×当月境内支付工资薪金总额÷当月境内外工资薪金总额×当月工资薪金所属工作期间境内工作天数÷当月工资薪金所属工作期间公历天数

本公告所称境内雇主包括雇佣员工的境内单位和个人以及境外单位或者个人在境内的机构、场所。凡境内雇主采取核定征收所得税或者无营业收入未征收所得税的,无住所个人为其工作取得工资薪金所得,不论是否在该境内雇主会计账簿中记载,均视为由该境内雇主支付或者负担。本公告所称工资薪金所属工作期间的公历天数,是指无住所个人取得工资薪金所属工作期间按公历计算的天数。

本公告所列公式中当月境内外工资薪金包含归属于不同期间的多笔工资薪金的,应当先分别按照本公告规定计算不同归属期间工资薪金收入额,然后再加总计算当月工资薪金收入额。

2. 非居民个人境内居住时间累计超过 90 天不满 183 天的情形。

在一个纳税年度内,在境内累计居住超过 90 天但不满 183 天的非居民个人,取得归属于境内工作期间的工资薪金所得,均应当计算缴纳个人所得税;其取得归属于境外工作期间的工资薪金所得,不征收个人所得税。当月工资薪金收入额的计算公式如下(公式二):

当月工资薪金收入额=当月境内外工资薪金总额×当月工资薪金所属工作期间境内工作天数÷当月工资薪金所属工作期间公历天数

(二)无住所个人为居民个人的情形。

在一个纳税年度内,在境内累计居住满 183 天的无住所居民个人取得工资薪金所得,当月工资薪金收入额按照以下规定计算:

1. 无住所居民个人在境内居住累计满 183 天的年度连续不满六年的情形。

在境内居住累计满 183 天的年度连续不满六年的无住所居民个人,符合实施条例第四条优惠条件的,其取得的全部工资薪金所得,除归属于境外工作期间且由境外单位或者个人支付的工资薪金所得部分外,均应计算缴纳个人所得税。工资薪金所得收入额的计算公式如下(公式三):

当月工资薪金收入额=当月境内外工资薪金总额×(1-当月境外支付工资薪金总额÷当月境内外工资薪金总额×当月工资薪金所属工作期间境外工作天数÷当月工资薪金所属工作期间公历天数)

2. 无住所居民个人在境内居住累计满 183 天的年度连续满六年的情形。

在境内居住累计满 183 天的年度连续满六年后,不符合实施条例第四条优惠条件的无住所居民个人,其从境内、境外取得的全部工资薪金所得均应计算缴纳个人所得税。

(三)无住所个人为高管人员的情形。

无住所居民个人为高管人员的,工资薪金收入额按照本条第(二)项规定计算纳税。非居民个人为高管人员的,按照以下规定处理:

1. 高管人员在境内居住时间累计不超过 90 天的情形。

在一个纳税年度内,在境内累计居住不超过90天的高管人员,其取得由境内雇主支付或者负担的工资薪金所得应当计算缴纳个人所得税;不是由境内雇主支付或者负担的工资薪金所得,不缴纳个人所得税。当月工资薪金收入额为当月境内支付或者负担的工资薪金收入额。

2.高管人员在境内居住时间累计超过90天不满183天的情形。

在一个纳税年度内,在境内居住累计超过90天但不满183天的高管人员,其取得的工资薪金所得,除归属于境外工作期间且不是由境内雇主支付或者负担的部分外,应当计算缴纳个人所得税。当月工资薪金收入额计算适用本公告公式三。

案 例 75

梅松公司的普通员工戴森,是中国的无住所个人,预计2020年在境内居住时间不超过90天。2020年1月,他取得2019年第四季度奖金10万元、全年奖金40万元。季度奖金对应的境内工作天数是50天,全年奖金对应的境内工作天数是70天。两笔奖金分别由境内公司、境外公司各支付一半。

请问假设不考虑税收协定因素,戴森2020年1月境内应计税的收入额是多少?

〖答〗(1)判断戴森的纳税义务范围。

由于他是普通员工,预计2020年在境内居住时间不超过90天,暂时仅就境内支付的境内所得纳税。

(2)计算境内应税收入额。

当月工资薪金收入额=当月境内外工资薪金总额×当月境内支付工资薪金总额÷当月境内外工资薪金总额×当月工资薪金所属工作期间境内工作天数÷当月工资薪金所属工作期间公历天数

第四季度奖金应税收入额=10×5÷10×50÷92=2.72(万元)

全年奖金应税收入额=40×20÷40×70÷365=3.84(万元)

当月应税收入额=2.72+3.84=6.56(万元)

问题241 无住所个人取得工资薪金所得的应纳税额如何计算

〖答〗无住所个人应纳税额的计算需区分居民个人和非居民个人来适用不同的方法。若属于居民个人,则计入综合所得,按年计算,有扣缴义务人的,按次或按月预扣预缴,次年进行汇算清缴,但须注意外籍个人的特殊规定。若属于非居民个人,按月或按次扣缴,同时对一个月内取得数月奖金和一个月内取得股权激励所得有着特殊的规定,需特别注意。具体计算方法如表195所示。

表195 无住所个人工资薪金所得应纳税额的计算方法

纳税人	所得类型	应纳税额	其他事项
居民个人	综合所得	年度应纳税额=(年度工资薪金收入额+年度劳务报酬收入额+年度稿酬收入额+年度特许权使用费收入额-减除费用-专项扣除-专项附加扣除-依法确定的其他扣除-准予扣除的公益慈善事业捐赠额)×适用税率-速算扣除数	外籍个人2024年1月1日前,住房补贴等免税优惠不能与专项附加扣除同时享受
非居民个人	工资薪金所得	月度应纳税额=(当月收入额-5000-准予扣除的捐赠额)×适用税率-速算扣除数	适用月度税率表计算应纳税额

(续表)

纳税人	所得类型	应纳税额	其他事项
非居民个人	一个月内取得数月奖金	当月数月奖金应纳税额＝[（数月奖金收入额÷6）×适用税率－速算扣除数]×6	1. 收入额单独计算，不与当月其他工资薪金合并 2. 该种计算方法一年内只适用一次
	一个月内取得股权激励所得	当月股权激励所得应纳税额＝[（本公历年度内股权激励所得合计额÷6）×适用税率－速算扣除数]×6－本公历年度内股权激励所得已纳税额	收入额单独计算，不与当月其他工资薪金合并

《财政部 国家税务总局关于非居民个人和无住所居民个人有关个人所得税政策的公告》(财政部 税务总局公告2019年第35号)第三条

关于无住所个人税款计算：

（一）关于无住所居民个人税款计算的规定。

……

年度综合所得应纳税额＝(年度工资薪金收入额＋年度劳务报酬收入额＋年度稿酬收入额＋年度特许权使用费收入额－减除费用－专项扣除－专项附加扣除－依法确定的其他扣除)×适用税率－速算扣除数

无住所居民个人为外籍个人的，2022年1月1日前计算工资薪金收入额时，已经按规定减除住房补贴、子女教育费、语言训练费等八项津补贴的，不能同时享受专项附加扣除。

（二）关于非居民个人税款计算的规定。

1. 非居民个人当月取得工资薪金所得，以按照本公告第二条规定计算的当月收入额，减去税法规定的减除费用后的余额，为应纳税所得额，适用本公告所附按月换算后的综合所得税率表(以下称月度税率表)计算应纳税额。

2. 非居民个人一个月内取得数月奖金，单独按照本公告第二条规定计算当月收入额，不与当月其他工资薪金合并，按6个月分摊计税，不减除费用，适用月度税率表计算应纳税额，在一个公历年度内，对每一个非居民个人，该计税办法只允许适用一次。计算公式如下(公式五)：

当月数月奖金应纳税额＝[（数月奖金收入额÷6）×适用税率－速算扣除数]×6

3. 非居民个人一个月内取得股权激励所得，单独按照本公告第二条规定计算当月收入额，不与当月其他工资薪金合并，按6个月分摊计税(一个公历年度内的股权激励所得应合并计算)，不减除费用，适应月度税率表计算应纳税额，计算公式如下(公式六)：

当月股权激励所得应纳税额＝[（本公历年度内股权激励所得合计额÷6）×适用税率－速算扣除数]×6－本公历年度内股权激励所得已纳税额

梅松公司的普通员工戴森，是中国的无住所个人，2020年在境内居住天数不满90天。2020年2月，戴森取得境内支付的股权激励所得50万元，其中归属于境内工作期间的所得为18万元，6月，取得境内支付的股权激励所得40万元，其中归属于境内工作期间的所得为24万元。

请问假设不考虑税收协定因素，戴森的股权激励所得在境内如何纳税？

〖答〗（1）确定股权激励的应税收入额。

戴森是普通员工，2020年在境内居住时间不超过90天，因此仅就境内支付的境内所得纳税。

2月股权激励的应税收入额18万元。

6月股权激励的应税收入额24万元。

（2）计算股权激励的应纳税额（税率适用本节表189中的税率）

2月应纳税额＝(180 000÷6×25%－2 660)×6＝29 040(元)

6月应纳税额＝[(180 000＋240 000)÷6×35%－7 160]×6－29 040＝75 000(元)

问题242　无住所个人如何适用税收协定

〖答〗税收协定是指主权国家签订的处理相互间税收分配关系的书面协议。无住所个人按照税收协定居民条款为缔约对方税收居民的，即使其按照税法规定为中国税收居民，也可以按照税收协定的规定，选择享受税收协定条款的优惠待遇。无住所个人适用税收协定的详解如表196所示。

表196　无住所个人适用税收协定详解

前提条件	优惠待遇		适用所得类型	享受时间
无住所个人是对方税收居民	境外受雇所得协定待遇	境外所得不缴税	工资薪金所得	1. 居民个人：预扣预缴和汇算清缴时 2. 非居民个人：取得所得时
		境内所得缴税		
	境内受雇所得协定待遇	境内停留天数不超过183天，只境内支付的境内所得纳税		
	独立个人劳务或者营业利润协定待遇	符合税收协定规定条件的，不纳税	劳务报酬所得、稿酬所得	
	董事费条款	优先适用董事费条款规定	董事费、监事费、工资薪金及其他类似报酬	
		不适用董事费条款，则按适用受雇所得、独立个人劳务或营业利润条款		
	特许权使用费或者技术服务费协定待遇	照税收协定规定的计税所得额和征税比例单独计算应纳税额，不并入综合所得计算纳税	特许权使用费所得、稿酬所得、劳务报酬所得	

《财政部　国家税务总局关于非居民个人和无住所居民个人有关个人所得税政策的公告》（财政部　税务总局公告2019年第35号）第四条

按照我国政府签订的避免双重征税协定、内地与香港、澳门签订的避免双重征税安排（以下统称税收协定）居民条款规定为缔约对方税收居民的个人（以下称对方税收居民个人），可以按照税收协定及财政部、税务总局有关规定享受税收协定待遇，也可以选择不享受税收协定待遇计算纳税。除税收协定及财政部、税务总局另有规定外，无住所个人适用税收协定的，按照以下规定执行：

（一）关于无住所个人适用受雇所得条款的规定。

1. 无住所个人享受境外受雇所得协定待遇。

本公告所称境外受雇所得协定待遇，是指按照税收协定受雇所得条款规定，对方税收居民个人在境外从事受雇活动取得的受雇所得，可不缴纳个人所得税。

无住所个人为对方税收居民个人，其取得的工资薪金所得可享受境外受雇所得协定待遇的，可不缴纳个人所得税。工资薪金收入额计算适用本公告公式二。

无住所居民个人为对方税收居民个人的,可在预扣预缴和汇算清缴时按前款规定享受协定待遇;非居民个人为对方税收居民个人的,可在取得所得时按前款规定享受协定待遇。

2. 无住所个人享受境内受雇所得协定待遇。

本公告所称境内受雇所得协定待遇,是指按照税收协定受雇所得条款规定,在税收协定规定的期间内境内停留天数不超过183天的对方税收居民个人,在境内从事受雇活动取得受雇所得,不是由境内居民雇主支付或者代其支付的,也不是由雇主在境内常设机构负担的,可不缴纳个人所得税。

无住所个人为对方税收居民个人,其取得的工资薪金所得可享受境内受雇所得协定待遇的,可不缴纳个人所得税。工资薪金收入额计算适用本公告公式一。

无住所居民个人为对方税收居民个人的,可在预扣预缴和汇算清缴时按前款规定享受协定待遇;非居民个人为对方税收居民个人的,可在取得所得时按前款规定享受协定待遇。

(二) 关于无住所个人适用独立个人劳务或者营业利润条款的规定。

本公告所称独立个人劳务或者营业利润协定待遇,是指按照税收协定独立个人劳务或者营业利润条款规定,对方税收居民个人取得的独立个人劳务所得或者营业利润符合税收协定规定条件的,可不缴纳个人所得税。

无住所居民个人为对方税收居民个人,其取得的劳务报酬所得、稿酬所得可享受独立个人劳务或者营业利润协定待遇的,在预扣预缴和汇算清缴时,可不缴纳个人所得税。

非居民个人为对方税收居民个人,其取得的劳务报酬所得、稿酬所得可享受独立个人劳务或者营业利润协定待遇的,在取得所得时可不缴纳个人所得税。

(三) 关于无住所个人适用董事费条款的规定。

对方税收居民个人为高管人员,该个人适用的税收协定未纳入董事费条款,或者虽然纳入董事费条款但该个人不适用董事费条款,且该个人取得的高管人员报酬可享受税收协定受雇所得、独立个人劳务或者营业利润条款规定待遇的,该个人取得的高管人员报酬可不适用本公告第二条第(三)项规定,分别按照本条第(一)项、第(二)项规定执行。

对方税收居民个人为高管人员,该个人取得的高管人员报酬按照税收协定董事费条款规定可以在境内征收个人所得税的,应按照有关工资薪金所得或者劳务报酬所得规定缴纳个人所得税。

(四) 关于无住所个人适用特许权使用费或者技术服务费条款的规定。

本公告所称特许权使用费或者技术服务费协定待遇,是指按照税收协定特许权使用费或者技术服务费条款规定,对方税收居民个人取得符合规定的特许权使用费或者技术服务费,可按照税收协定规定的计税所得额和征税比例计算纳税。

无住所居民个人为对方税收居民个人,其取得的特许权使用费所得、稿酬所得或者劳务报酬所得可享受特许权使用费或者技术服务费协定待遇的,可不纳入综合所得,在取得当月按照税收协定规定的计税所得额和征税比例计算应纳税额,并预扣预缴税款。年度汇算清缴时,该个人取得的已享受特许权使用费或者技术服务费协定待遇的所得不纳入年度综合所得,单独按照税收协定规定的计税所得额和征税比例计算年度应纳税额及补退税额。

非居民个人为对方税收居民个人,其取得的特许权使用费所得、稿酬所得或者劳务报酬所得可享受特许权使用费或者技术服务费协定待遇的,可按照税收协定规定的计税所得额和征税比例计算应纳税额。

问题 243 年度首次申报时,如何判定无住所个人是居民个人还是非居民个人

【答】年度首次申报时,无住所个人在境内的实际居住天数不满183天,暂时无法确定其为居民个人还是非居民个人。为降低纳税人的税收遵从成本,无住所个人在一个纳税年度内首次申报时,应当根据合同约定等情况自行判定是居民个人或非居民个人,并按照有关规定进行申报。

政策依据

《财政部 国家税务总局关于非居民个人和无住所居民个人有关个人所得税政策的公告》（财政部 税务总局公告 2019 年第 35 号）第五条第一项

无住所个人在一个纳税年度内首次申报时，应当根据合同约定等情况预计一个纳税年度内境内居住天数以及在税收协定规定的期间内境内停留天数，按照预计情况计算缴纳税款。

问题 244　无住所个人预计居住时间与实际情况不符的该如何处理

〖答〗无住所个人预计居住时间与实际情况不符的处理方法如表 197 所示。

表 197　预计居住时间与实际情况不符的处理方法

预计	实际	处理方法
属于非居民个人	属于居民个人	当年税款扣缴方法不变，年度终了后按照居民个人来办理汇算清缴（当年离境且预计年度内不再入境的，离境之前办理）
属于居民个人	属于非居民个人	不能达到居民个人条件之日起至年度终了 15 天内，向税务机关报告，按照非居民个人重新计算应纳税额，申报补缴税款，不加收税收滞纳金。需要退税的，按照规定办理
一个纳税年度境内居住天数累计不超过 90 天	累计居住天数超过 90 天	达到 90 天的月度终了后 15 天内，向税务机关报告，就以前月份工资薪金所得重新计算应纳税额，并补缴税款，不加收税收滞纳金
对方税收居民个人在税收协定规定的期间内境内停留天数不超过 183 天	停留天数超过 183 天	达到 183 天的月度终了后 15 天内，向税务机关报告，以前月份工资薪金所得重新计算应纳税额，并补缴税款，不加收税收滞纳金

政策依据

《财政部 国家税务总局关于非居民个人和无住所居民个人有关个人所得税政策的公告》（财政部 税务总局公告 2019 年第 35 号）第五条第一项

……

实际情况与预计情况不符的，分别按照以下规定处理：

1. 无住所个人预先判定为非居民个人，因延长居住天数达到居民个人条件的，一个纳税年度内税款扣缴方法保持不变，年度终了后按照居民个人有关规定办理汇算清缴，但该个人在当年离境且预计年度内不再入境的，可以选择在离境之前办理汇算清缴。

2. 无住所个人预先判定为居民个人，因缩短居住天数不能达到居民个人条件的，在不能达到居民个人条件之日起至年度终了 15 天内，应当向主管税务机关报告，按照非居民个人重新计算应纳税额，申报补缴税款，不加收税收滞纳金。需要退税的，按照规定办理。

3. 无住所个人预计一个纳税年度境内居住天数累计不超过 90 天，但实际累计居住天数超过 90 天的，或者对方税收居民个人预计在税收协定规定的期间内境内停留天数不超过 183 天，但实际停留天数超过 183 天的，待达到 90 天或者 183 天的月度终了后 15 天内，应当向主管税务机关报告，就以前月份工资薪金所得重新计算应纳税款，并补缴税款，不加收税收滞纳金。

问题 245　无住所个人在境内任职，取得由境外单位支付的工资薪金所得，境内雇主应履行什么义务

〖答〗无住所个人在境内任职、受雇取得的工资薪金所得，有的是由其境内雇主的境外关联方支付的。在此情况下,尽管境内雇主不是工资薪金的直接支付方,为便于纳税遵从,无住所个人可以选择在一个纳税年度内自行申报缴纳税款,或者委托境内雇主代为缴纳税款。对于无住所个人未委托境内雇主代为缴纳税款的,境内雇主负有报告相关信息的义务。

 政策依据

《财政部 国家税务总局关于非居民个人和无住所居民个人有关个人所得税政策的公告》(财政部 税务总局公告2019年第35号)第五条第二项

无住所个人在境内任职、受雇取得来源于境内的工资薪金所得,凡境内雇主与境外单位或者个人存在关联关系,将本应由境内雇主支付的工资薪金所得,部分或者全部由境外关联方支付的,无住所个人可以自行申报缴纳税款,也可以委托境内雇主代为缴纳税款。无住所个人未委托境内雇主代为缴纳税款的,境内雇主应当在相关所得支付当月终了后15天内向主管税务机关报告相关信息,包括境内雇主与境外关联方对无住所个人的工作安排、境外支付情况以及无住所个人的联系方式等信息。

(三)税收优惠

问题246 外籍个人取得住房补贴、探亲费等有何征免规定

〖答〗外籍个人取得住房补贴、探亲费等符合条件的可以免征个税,具体免税条件如表198所示。

表198 外籍个人所得免税情形汇总表

所得类型		免税条件	征管规定
工资薪金所得	住房补贴	非现金形式或实报实销取得	纳税人提供有效凭证,税务机关审核认定
	伙食补贴		
	洗衣费		
	搬迁费	因到中国任职或离职发生且以实报实销方式取得的合理部分	
	境内、外出差补贴	合理标准内	
	探亲费	用于本人探亲,且每年探亲的次数和数额合理	
	语言训练费	在中国境内接受语言培训且数额合理	
	子女教育费	在中国境内接受教育且数额合理	

注:在内地企业工作,居住在港、澳地区的外籍人员取得以上所得,符合条件的也可免征个人所得税。

 政策依据

一、《财政部 国家税务总局关于个人所得税若干政策问题的通知》(财税字〔1994〕20号)第二条

下列所得,暂免征收个人所得税

(一)外籍个人以非现金形式或实报实销形式取得的住房补贴、伙食补贴、搬迁费、洗衣费。

(二)外籍个人按合理标准取得的境内、外出差补贴。

(三)外籍个人取得的探亲费、语言训练费、子女教育费等,经当地税务机关审核批准为合理的部分。

……

二、《财政部 国家税务总局关于非居民个人和无住所居民个人有关个人所得税政策的公告》(国税发〔1997〕54号)

第一条 对外籍个人以非现金形式或实报实销形式取得的合理的住房补贴、伙食补贴和洗衣费免征个人所得税,应由纳税人在初次取得上述补贴或上述补贴数额、支付方式发生变化的月份的次月进行工资薪金所得纳税申报时,向主管税务机关提供上述补贴的有效凭证,由主管税务机关核准确认免税。

第二条 对外籍个人因到中国任职或离职,以实报实销形式取得的搬迁收入免征个人所得税,应由纳税人提供有效凭证,由主管税务机关审核认定,就其合理的部分免征。外商投资企业和外国企业在中国境内的机构、场所,以搬迁费名义每月或定期向其外籍雇员支付的费用,应计入工资薪金所得征收个人所得税。

第三条 对外籍个人按合理标准取得的境内、外出差补贴免征个人所得税,应由纳税人提供出差的交通费、住宿费凭证(复印件)或企业安排出差的有关计划,由主管税务机关确认免税。

第四条 对外籍个人取得的探亲费免征个人所得税,应由纳税人提供探亲的交通支出凭证(复印件),由主管税务机关审核,对其实际用于本人探亲,且每年探亲的次数和支付的标准合理的部分给予免税。

第五条 对外籍个人取得的语言培训费和子女教育费补贴免征个人所得税,应由纳税人提供在中国境内接受上述教育的支出凭证和期限证明材料,由主管税务机关审核,对其在中国境内接受语言培训以及子女在中国境内接受教育取得的语言培训费和子女教育费补贴,且在合理数额内的部分免予纳税。

三、《财政部 国家税务总局关于外籍个人取得港澳地区住房等补贴征免个人所得税的通知》(财税〔2004〕29号)第一条、第二条

第一条 受雇于我国境内企业的外籍个人(不包括香港澳门居民个人),因家庭等原因居住在香港、澳门,每个工作日往返于内地与香港、澳门等地区,由此境内企业(包括其关联企业)给予在香港或澳门住房、伙食、洗衣、搬迁等非现金形式或实报实销形式的补贴,凡能提供有效凭证的,经主管税务机关审核确认后,可以依照《财政部 国家税务总局关于个人所得税若干政策问题的通知》〔(94)财税字第20号〕第二条以及《国家税务总局关于外籍个人取得有关补贴征免个人所得税执行问题的通知》(国税发〔1997〕54号)第一条、第二条的规定,免予征收个人所得税。

第二条 第一条所述外籍个人就其在香港或澳门进行语言培训、子女教育而取得的费用补贴,凡能提供有效支出凭证等材料的,经主管税务机关审核确认为合理的部分,可以依照上述(94)财税字第20号通知第二条以及国税发〔1997〕54号通知第五条的规定,免予征收个人所得税。

问题247 外籍个人是否能同时享受专项附加扣除与住房补贴的税收优惠

〖答〗外籍个人满足条件的可成为居民个人,只有居民个人在计算综合所得时可享受专项附加扣除。具体规定如表199所示。

表199 专项附加扣除与住房补贴等税收优惠的适用

纳税人	阶段	适用政策
居民个人	2019年1月1日—2027年12月31日	专项附加扣除与住房补贴等的免税优惠任选其一,一经选择,在一个纳税年度内不得变更
	2028年1月1日后	享受专项附加扣除
非居民个人	2028年1月1日前	享受住房补贴等的免税优惠
	2028年1月1日后	不再享受住房补贴、语言训练费、子女教育费补贴的免税优惠

注:实务中,存在一个纳税年度内随着境内居住时间的变化,非居民个人转变为居民个人的情形。笔者认为此种情况,纳税人可先按非居民个人享受住房补贴等优惠政策,到次年汇算清缴时,再重新选择享受专项附加扣除或住房补贴等税收优惠。这种情形不违反"一经选择,在一个纳税年度内不得变更"的规定。

> 政策依据

《财政部 税务总局关于延续实施外籍个人有关津补贴个人所得税政策的公告》(财政部 税务总局公告2023年第29号)

一、外籍个人符合居民个人条件的,可以选择享受个人所得税专项附加扣除,也可以选择按照《财政部 国家税务总局关于个人所得税若干政策问题的通知》(财税字〔1994〕020号)、《国家税务总局关于外籍个人取得有关补贴征免个人所得税执行问题的通知》(国税发〔1997〕54号)和《财政部 国家税务总局关于外籍个人取得港澳地区住房等补贴征免个人所得税的通知》(财税〔2004〕29号)规定,享受住房补贴、语言训练费、子女教育费等津补贴免税优惠政策,但不得同时享受。外籍个人一经选择,在一个纳税年度内不得变更。

二、本公告执行至2027年12月31日。

问题248　对于港澳台居民有哪些特殊的税收优惠

【答】由于港澳台居民在境内工作的情况比较常见,为了更大程度吸引高端紧缺人才,港澳台居民的个人所得税的税负差额补贴免征个税,具体的规定如表200所示。

表200　个人所得税税负差额补贴的免税规定

免税对象	补贴发放单位	免税补贴标准	免税期限	相关政策
在平潭综合实验区工作的台湾居民	福建省人民政府	不超过内地与中国台湾地区个人所得税负差额的部分	2013年1月1日—2025年12月31日	财税〔2014〕24号 财税〔2021〕6号
大湾区工作的境外(含港澳)高端人才和紧缺人才	广东省、深圳市	不超过内地与中国香港地区个人所得税负差额的部分	2019年1月1日—2027年12月31日	财税〔2019〕31号 财税〔2023〕34号

注:大湾区包括广东省广州市、深圳市、珠海市、佛山市、惠州市、东莞市、中山市、江门市和肇庆市。

> 政策依据

一、《财政部 国家税务总局关于福建平潭综合实验区个人所得税优惠政策的通知》(财税〔2014〕24号)第二条

福建省人民政府根据《国务院关于平潭综合实验区总体发展规划的批复》(国函〔2011〕142号)以及《平潭综合实验区总体发展规划》有关规定,按不超过内地与台湾地区个人所得税负差额,给予在平潭综合实验区工作的台湾居民的补贴,免征个人所得税。

二、《财政部 税务总局关于延续实施粤港澳大湾区个人所得税优惠政策的通知》(财税〔2023〕34号)

一、广东省、深圳市按内地与香港个人所得税税负差额,对在大湾区工作的境外(含港澳台,下同)高端人才和紧缺人才给予补贴,该补贴免征个人所得税。

二、在大湾区工作的境外高端人才和紧缺人才的认定和补贴办法,按照广东省、深圳市的有关规定执行。

三、本通知适用范围包括广东省广州市、深圳市、珠海市、佛山市、惠州市、东莞市、中山市、江门市和肇庆市等大湾区珠三角九市。

四、本通知执行至2027年12月31日。

问题249　驻华机构、驻华领事馆的雇员取得所得是否缴纳个人所得税

【答】驻华机构、驻华领事馆的雇员是否缴纳个人所得税应该区分不同的情形判断,具体分析如表201所示。

表201 驻华机构、驻华领事馆的雇员个税征免情况

工作机构	雇员性质	征免情况
国际组织驻华机构、外国政府驻华使领馆	中方雇员	征收
外国驻华新闻机构	中外籍雇员	
仅在国际组织驻华机构、外国政府驻华使领馆工作	外籍雇员	暂不征收

注：在中国境内，若国际驻华机构和外国政府驻华使领馆中工作的外交人员、外籍雇员在该机构或使领馆之外，从事非公务活动所取得的收入，应缴纳个人所得税。

《国家税务总局关于国际组织驻华机构外国政府驻华使领馆和驻华新闻机构雇员个人所得税征收方式的通知》（国税函〔2004〕808号）第一条和第二条

根据《维也纳外交关系公约》和国际组织有关章程规定，对于在国际组织驻华机构、外国政府驻华使领馆中工作的中方雇员和在外国驻华新闻机构的中外籍雇员，均应按照《中华人民共和国个人所得税法》规定缴纳个人所得税。

根据国际惯例，在国际组织驻华机构、外国政府驻华使领馆中工作的非外交官身份的外籍雇员，如是"永久居留"者，亦应在驻在国缴纳个人所得税，但由于我国税法对"永久居留"者尚未作出明确的法律定义和解释，因此，对于仅国际组织驻华机构和外国政府驻华使领馆中工作的外籍雇员，暂不征收个人所得税。

在中国境内，若国际驻华机构和外国政府驻华使领馆中工作的外交人员、外籍雇员在该机构或使领馆之外，从事非公务活动所取得的收入，应缴纳个人所得税。

问题250 哪些外籍专家取得的所得可免征个税

〖答〗可享受免税政策的外籍专家需符合如表202所示的条件。

表202 外籍专家免征个税详解

序号	专家需符合条件	免税所得
1	根据世界银行专项贷款协议由世界银行直接派往我国工作的外国专家	工资、薪金所得
2	联合国组织直接派往我国工作的专家	
3	为联合国援助项目来华工作的专家	
4	援助国派往我国专为该国无偿援助项目工作的专家	
5	根据两国政府签订文化交流项目来华工作两年以内的文教专家，其工资、薪金所得由该国负担	
6	根据我国大专院校国际交流项目来华工作两年以内的文教专家，其工资、薪金所得由该国负担的；	
7	通过民间科研协定来华工作的专家，其工资、薪金由该政府机构负担的	

《财政部 国家税务总局关于个人所得税若干政策问题的通知》（财税字〔1994〕20号）第二条第九项
凡符合下列条件之一的外籍专家取得的工资、薪金所得可免征个人所得税：
1. 根据世界银行专项贷款协议由世界银行直接派往我国工作的外国专家；
2. 联合国组织直接派往我国工作的专家；
3. 为联合国援助项目来华工作的专家；

4. 援助国派往我国专为该国无偿援助项目工作的专家;
5. 根据两国政府签订文化交流项目来华工作两年以内的文教专家,其工资、薪金所得由该国负担的;
6. 根据我国大专院校国际交流项目来华工作两年以内的文教专家,其工资、薪金所得由该国负担的;
7. 通过民间科研协定来华工作的专家,其工资、薪金所得由该国政府机构负担的。

问题 251　来华人员的工资、薪金所得有何特殊的税收优惠

〖答〗来华人员的工资、薪金所得,除享受问题 233 中列示的免税优惠外,还可享受如表 203 所示特殊的税收优惠。

表 203　来华人员工资、薪金所得征免情况明细

来华人员	所得类型	支付方	征免情况
专为无偿援助我国的建设项目服务的工作人员	工资,生活津贴	境内支付	免征
		境外支付	
外国来华文教专家	工资、薪金所得	境内支付	征收
	免费使用的住房,汽车,医疗	境内支付	免征
其他外国来华工作人员	工资、薪金	境内支付	征收
		境外支付	
来华留学生	生活津贴费,奖学金	境内支付	不征

注:来华人员取得所得不符合上表中所列的免征、不征情形的,应按照规定缴纳个人所得税。

 政策依据

《财政部关于外国来华工作人员缴纳个人所得税问题的通知》(财税字〔1980〕189 号)
……
(一)援助国派往我国专为该国无偿援助我国的建设项目服务的工作人员,取得的工资,生活津贴,不论是我方支付或外国支付,均可免征个人所得税。
(二)外国来华文教专家,在我国服务期间,由我方发工资,薪金,并对其住房,使用汽车,医疗实行免费"三包",可只就工资,薪金所得按照税法规定征收个人所得税;对我方免费提供的住房,使用汽车,医疗,可免予计算纳税。
(三)外国来华工作人员,在我国服务而取得的工资,薪金,不论是我方支付,外国支付,我方和外国共同支付,均属于来源于中国的所得,除本通知第(一)项规定给予免税优惠外,其他均应按规定征收个人所得税。但对在中国境内连续居住不超过 90 天的,可只就我方支付的工资,薪金部分计算纳税,对外国支付的工资,薪金部分免予征税。
(四)外国来华留学生,领取的生活津贴费,奖学金,不属于工资,薪金范畴,不征个人所得税。
(五)外国来华工作人员,由外国派出单位发给包干款项,其中包括个人工资,公用经费(邮电费,办公费,广告费,业务上往来必要的交际费),生活津贴费(住房费,差旅费),凡对上述所得能够划分清楚的,可只就工资薪金所得部分按照规定征收个人所得税。

问题 252　亚洲开发银行员工的薪金和津贴是否缴纳个人所得税

〖答〗《中华人民共和国个人所得税法》的第四条第九项规定,中国政府参加的国际公约、签订的协议中规定免税的所得,免征个人所得税。

《建立亚洲开发银行协定》第五十六条第二款规定:"对亚行付给董事、副董事、官员和雇员(包括为亚行执行任务的专家)的薪金和津贴不得征税。除非成员在递交批准书或接

受书时,声明对亚行向其本国公民或国民支付的薪金和津贴该成员及其行政部门保留征税的权力。"

《财政部 国家税务总局关于〈建立亚洲开发银行协定〉有关个人所得税问题的补充通知》(财税〔2007〕93号)规定:"我国在加入亚洲开发银行时,未作相关声明,因此,由亚洲开发银行支付给我国公民或国民(包括为亚行执行任务的专家)的薪金和津贴,凡经亚洲开发银行确认这些人员为亚洲开发银行雇员或执行项目专家的,其取得的符合我国税法规定的有关薪金和津贴等报酬,应依《协定》的约定,免征个人所得税。"

因此,亚洲开发银行员工的薪金和津贴符合条件的免征个税。

第八节 申报实操

一、专项附加扣除信息采集

(一)扣缴义务人对专项附加扣除信息的采集

专项附加扣除信息采集,是指个人所得税法规定的子女教育、继续教育、大病医疗、住房贷款利息、住房租金、赡养老人以及3岁以下婴儿照护七项专项附加扣除支出信息的采集。在纳税人未自行采集某个支出项目时,可以由扣缴单位代为采集和报送。

专项附加扣除信息采集报送后,可在综合所得预扣预缴【正常工资薪金所得】下进行税前申报扣除。纳税人取得劳务报酬所得、稿酬所得、特许权使用费所得需要享受专项附加扣除的,应当在次年3月1日至6月30日内,自行向税务机关办理综合所得年度汇算清缴时自行申报扣除。

问题253 纳税人信息填报

首页功能菜单下点击【专项附加扣除信息】,显示当前所有已采集专项附加扣除信息的人员列表,双击数据列可查看采集的专项附加扣除明细,如图38所示。

图38 纳税人信息填报界面

注意事项：

①【下载更新】下载各渠道（税务局端、扣缴端、Web端、App端）填报并指定给该扣缴义务人预扣预缴时扣除的专项附加扣除信息。可自行选择下载全部人员或下载指定人员的专项附加扣除信息。如果本地有【待反馈】的专项附加扣除信息，先通过【获取反馈】获取报送结果，确保各专项附加扣除项目下均无【待反馈】记录后，再进行下载。

此功能仅能对【人员信息采集】报送成功的人员进行下载更新，若存在未报送成功的人员，该人员的专项附加扣除信息将无法下载。

② 对未通过【专项附加扣除信息采集】成功下载过专项附加扣除信息（无论是否有数据）的单位，系统会自动下载一次专项附加扣除信息。进入【综合所得申报】菜单时，系统若校验到本单位有报送成功的人员，且未成功下载过专项附加扣除信息，则自动弹出下载提示，点击【确定】后进行专项附加扣除信息下载。

③【导出】：可选择【选中人员】或【全部人员】进行专项附加扣除信息的导出，导出模版有三种，可根据需要进行选择。【展开查询条件】：可通过"工号""姓名""证照号码"和"报送状态"查询纳税人的专项附加扣除信息。

问题254 配偶信息填报

本功能用于采集单位员工的配偶信息，具体填报界面如图39所示。

图39 配偶信息填报界面

注意事项：

①【配偶情况】：有配偶的选择"有配偶"并录入配偶信息，无配偶的选择"无配偶"。

②【姓名】【证照类型】【证照号码】【国籍（地区）】：如实填写配偶的相关信息。

③【身份验证状态】：配偶信息的公安验证状态。

问题 255　子女教育信息填报

本功能用于采集单位员工的子女教育专项附加扣除信息,具体填报界面如图 40 所示。

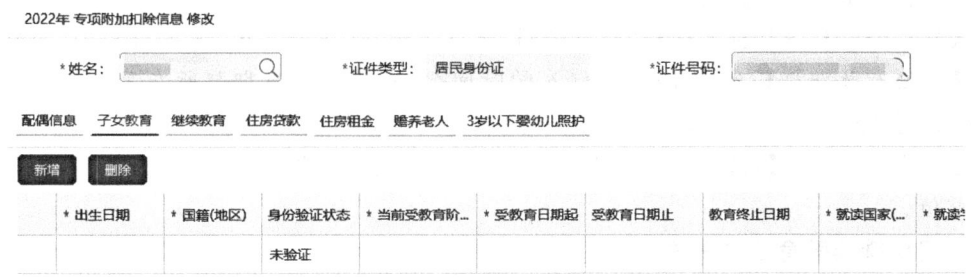

图 40　子女教育信息填报界面

注意事项：

①【出生日期】：证照类型为居民身份证时自动带出；为其他类型时,自行如实填写。

②【当前受教育阶段】：下拉选"学前教育阶段""义务教育""高中阶段教育""高等教育"。

③【受教育日期起】：填写受教育的起始日期,当前受教育阶段选择学前教育阶段时,该项非必录。

④【受教育日期止】：不能早于受教育日期起。

⑤【教育终止日期】：采集时非必录,不再接受学历教育时填写。

⑥【就读国家(地区)】【就读学校名称】：填写子女接受教育的国家(地区)和学校名称。当前受教育阶段选择学前教育阶段时,就读国家(地区)和就读学校名称非必录。

⑦【本人扣除比例】：可选择 50%、100%。

⑧【扣除有效期起】：系统自动带出,(受教育日期起、政策生效日期起、扣除年度的 1 月、纳税人扣除年度在本单位任职起始月份)取时间最后值。

⑨【扣除有效期止】：系统自动带出,(教育终止时间、扣除有效期起所在年份的 12 月)取时间最前值。

问题 256　继续教育信息填报

本功能用于采集单位员工的继续教育专项附加扣除信息,具体填报界面如图 41 所示。

图 41　继续教育信息填报界面

学历继续教育注意事项：

①【入学时间起】：填写学历教育入学时间。

②【（预计）毕业时间】：填写预计学历教育结束时间。

③【教育阶段】：下拉据实选择"大学专科、大学本科、硕士研究生、博士研究生、其他"。

④【扣除有效期起】：系统自动带出（入学时间起、政策生效日期起所在月份、扣除年度的 1 月、纳税人扣除年度在本单位任职起始月份）取时间最后值。

⑤【扣除有效期止】：系统自动带出［扣除有效期起所在年份的 12 月、（预计）毕业时间］取时间最前值。

职业资格继续教育注意事项：

①【继续教育类型】：下拉选择"技能人员职业资格、专业技术人员职业资格"。

②【发证（批准）日期】：填写证书上注明发证日期，不得大于系统当前日期。

③【证书名称】【证书编号】：填写取得证书名称和证书上注明的编号。

④【发证机关】：填写证书上注明的发证机关。

⑤【扣除有效期起】：默认为发证（批准）日期所在年度的 1 月。

⑥【扣除有效期止】：默认为发证（批准）日期所在年度的 12 月。

问题 257　住房贷款利息信息填报

本功能用于采集单位员工的住房贷款利息专项附加扣除信息，具体填报界面如图 42 所示。

图 42　住房贷款利息信息填报界面

注意事项：

①【房屋坐落地址】：填写房屋具体的坐落地址。下拉选择省、市、区、乡镇街道，具体规则与人员登记中的居住地址一致。

②【房屋楼牌号】：填写房屋详细地址。

③【证书类型】：下拉选择"房屋所有权证、不动产权证、房屋买卖合同、房屋预售合同"。

④【房屋证书号】：录入房屋证书上的编号。

⑤【本人是否借款人】：如实选择"是"或"否"。

⑥【是否婚前各自首套贷款,且婚后分别扣除50%】：根据实际情况选择。若借贷人为非本人,则"是否婚前各自首套贷款,且婚后分别扣除50%"选项置灰不可填写；只有借贷人为本人,该选项才可填写。

⑦ 公积金贷款和商业贷款信息必须填写其中一项：

⑧【贷款合同编号】：填写与金融机构签订的住房贷款合同编号。

⑨【首次还款日期】：选择住房贷款合同上注明的首次还款日期。

⑩【贷款期限(月数)】：填写住房贷款合同上注明的贷款月数。

⑪【扣除有效期起】：系统自动带出,(政策生效日期起所在月份、首次还款日期、扣除年度1月、纳税人扣除年度在本单位任职起始月份)取时间最后值,精确到年、月。

⑫【扣除有效期止】：系统自动带出,(扣除有效期起所在年份的12月、首次还款日期+贷款期限)取时间最前值,精确到年、月。

问题258 住房租金信息填报

本功能用于采集单位员工的住房租金专项附加扣除信息,具体填报界面如图43所示。

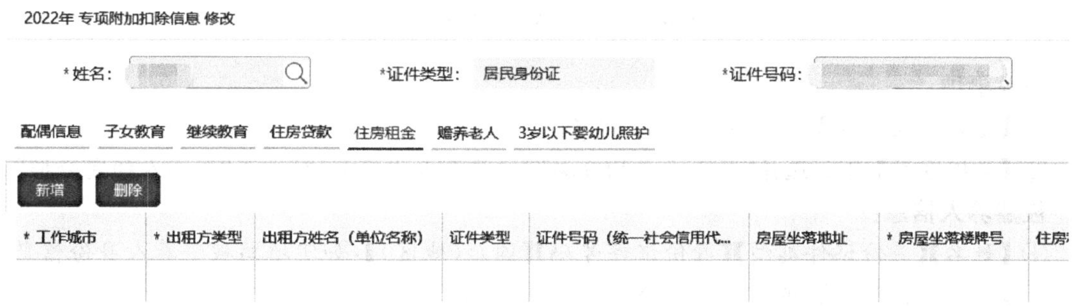

图43 住房租金信息填报界面

注意事项：

①【工作城市】：填写纳税人工作所在市一级城市。

②【出租方类型】：下拉选择"个人"或"组织"。

③【出租方姓名(单位名称)】【证照号码(统一社会信用代码)】：填写出租方名称和证照号码(统一社会信用代码),非必录项。

④【证照类型】：根据实际情况填写,非必录项。

⑤【房屋坐落地址】【房屋坐落楼牌号】：填写房屋具体的坐落地址。下拉选择省、市、区、乡镇街道后录入详细地址。

⑥【住房租赁合同编号】：填写签订的住房租赁合同编号。

⑦【租赁日期起】【租赁日期止】：填写住房租赁合同注明的租赁起止时间。

⑧【扣除有效期起】：系统自动带出,(政策生效日期起所在月份、租赁日期起、扣除年度1月、纳税人扣除年度在本单位任职起始月份)取时间最后值。

⑨【扣除有效期止】：系统自动带出,(扣除有效期起所在年份的12月、租赁日期止)取时间最前值。

问题259　赡养老人信息填报

本功能用于采集单位员工的赡养老人专项附加扣除信息,具体填报界面如图44所示。

图44　赡养老人信息填报界面

注意事项：

①【是否独生子女】:据实选择"是"或"否"。

②【分摊方式】:下拉选择"赡养人平均分摊""被赡养人指定分摊"或者"赡养人约定分摊"。

被赡养人信息：

①【姓名】【身份证件类型】【身份证件号码】【国籍(地区)】:如实填写被赡养人身份信息。

②【身份验证状态】:被赡养人的公安验证状态。

③【关系】:下拉选择"父母""其他"。

④【出生日期】:证件类型为居民身份证时自动带出;其他类型时自行填写。

⑤【扣除有效期起】:系统自动带出[(出生日期+60年)的当月、政策生效日期起月份、扣除年度1月、纳税人扣除年度在本单位任职起始月份]取时间最后值。

⑥【扣除有效期止】:默认为扣除年度的12月。

共同赡养人信息：

①【姓名】【身份证件类型】【身份证件号码】:如实填写共同赡养人身份信息。

问题260　3岁以下婴幼儿照护信息填报

本功能用于采集单位员工的3岁以下婴幼儿照护专项附加扣除信息,具体填报界面如图45所示。

注意事项：

①【子女姓名】【证件类型】【证件号码】【国籍(地区)】:如实填写3岁以下婴幼儿信息。

②【关系】:下拉选择"子"或者"女"。

③【出生日期】:证件类型为居民身份证时自动带出;其他类型时自行填写。

④【本人扣除比例(%)】:本人全部扣除选择"100",夫妻双方共同扣除选择"50"。

⑤【扣除有效期起】:证件类型为居民身份证时,出生当年自动带出为出生日期,其他年度

图 45　3 岁以下婴幼儿照护信息填报界面

默认为当年 1 月 1 日;其他类型时自行填写。

⑥【扣除有效期止】:默认扣除年度的 12 月。

问题 261　专项附加扣除年度确认

12 月起,可以对下一年度的专项附加扣除信息进行年度确认,确认后可以将当年的专项附加扣除信息迁移至下一年。各年操作方法大致相同,此处以 2023 年为例,具体操作方式如下。

(1) 首页【税款所属月份】为 2023 年时,未将 2022 年专项附加扣除信息迁移至 2023 年的,进入【专项附加扣除信息采集】菜单时,会提示是否需要将 2022 年扣缴义务人自行采集的专项附加扣除迁移至 2023 年,具体填报界面如图 46 所示。

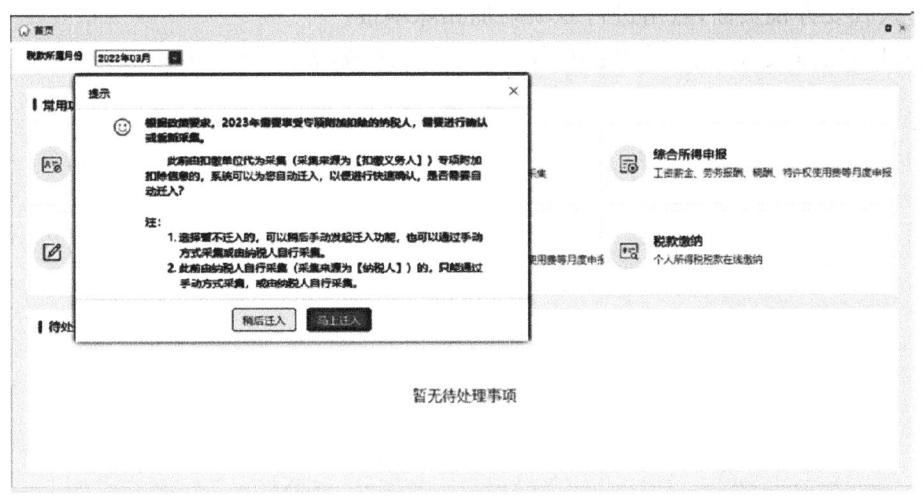

图 46　专项附加扣除年度确认(一)

(2)选择【马上迁入】的,系统会将2022年由扣缴义务人采集且仍有效的专项附加扣除信息迁移到2023年;选择【稍后迁入】的,系统不进行迁移,如果需要迁移,可以在2023年度中点击【迁入上年数据】进行迁移,具体填报界面如图47所示。

图47 专项附加扣除年度确认(二)

注意事项:

① 采集来源为【扣缴义务人】的专项附加扣除信息才能进行确认并迁移到2022年度。

② 集来源为【纳税人】的,需要纳税人在个人所得税App或Web端自行确认。

(二)纳税人对专项附加扣除信息的采集

纳税人可以通过个人所得税App和自然人电子税务局自行采集专项附加扣除,其中自然人电子税务局Web端提供2个业务入口和1个快捷入口。

业务入口:纳税人可通过鼠标hover顶部导航—【我要办税】或点击顶部导航—【我要办税】功能进入我要办税页面,点击进行专项附加扣除填报。

快捷入口:快捷入口位于【首页】中下部常用业务区域,如图48所示。

图48 专项附加扣除信息采集快捷入口

问题 262 子女教育

该功能用于填报子女教育专项附加扣除信息,具体操作步骤如下。

(1) 选择扣除年度,操作界面如图 49 所示。

图 49 子女教育信息扣除年度选择

(2) 确认纳税人基本信息无误后点击【下一步】,操作界面如图 50 所示。

图 50 子女教育信息确认界面

(3) 录入子女信息,带 * 号项目为必填项,操作界面如图 51 所示。

图 51 子女信息录入界面

(4)设置分配比例,操作界面如图 52 所示。

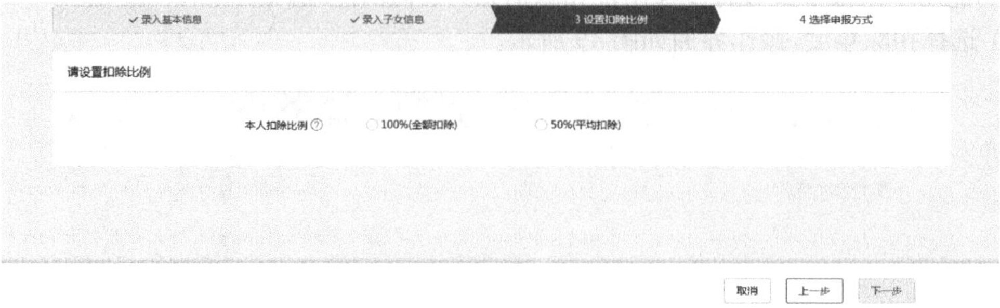

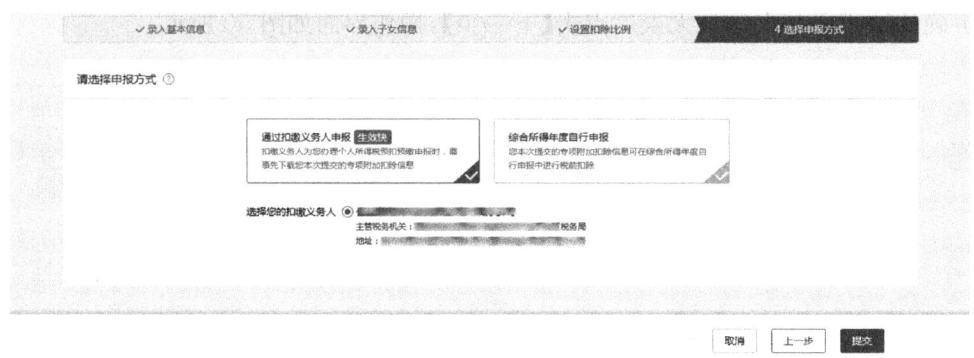

图 52　子女教育信息扣除比例设置界面

(5)纳税人可根据实际情况选择"通过扣缴义务人申报"或"综合所得年度自行申报"方式,操作界面如图 53 所示。

图 53　选择申报方式界面

问题 263　继续教育

该功能用于填报继续教育专项附加扣除信息,具体操作步骤如下。

(1)选择扣除年度,操作界面如图 54 所示。

图 54　继续教育选择扣除年度界面

(2) 确认纳税人基本信息无误后点击【下一步】，操作界面如图55所示。

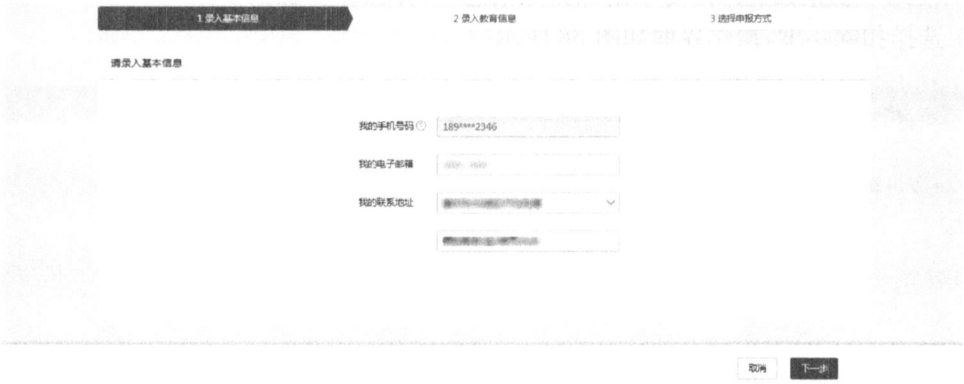

图 55　录入继续教育基础信息界面

(3) 录入教育信息，继续教育类型分为学历（学位）继续教育和职业资格继续教育，选择不同的继续教育类型需填写对应的信息，操作界面如图56所示。

图 56　录入教育信息界面

(4) 纳税人可根据实际情况选择"通过扣缴义务人申报"或"综合所得年度自行申报"方式，操作界面如图57所示。

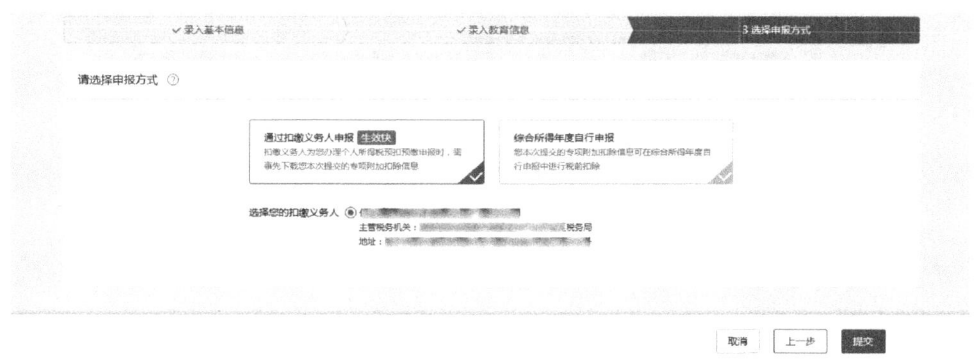

图 57　申报方式选择界面

问题 264　大病医疗

该功能用于填报大病医疗专项附加扣除信息,具体操作步骤如下。

(1) 选择扣除年度,操作界面如图 58 所示。

图 58　大病医疗选择扣除年度界面

(2) 确认纳税人基本信息无误后点击【下一步】,操作界面如图 59 所示。

图 59　录入大病医疗基本信息界面

(3) 录入医疗信息,选择扣除年度、患者与纳税人的关系,据实填写医疗费用总金额、个人负担金额点击【提交】,操作界面如图 60 所示。

图 60　录入医疗信息界面

问题 265　住房贷款利息

该功能用于填报住房贷款利息专项附加扣除信息,具体操作步骤如下。

(1) 选择扣除年度,操作界面如图 61 所示。

图 61　住房贷款利息选择扣除年度界面

(2) 确认纳税人基本信息无误后,录入房屋信息点击【下一步】,操作界面如图 62 所示。

图 62　录入住房贷款利息基本信息界面

(3) 录入贷款信息,公积金贷款和商业贷款至少填写其中一项,操作界面如图 63 所示。

图 63　录入贷款信息界面

(4) 录入分配比例信息,如借贷人为非本人,则"是否婚前各自首套贷款,且婚后分别扣除50%"选项不可填写;只有借贷人为本人,该选项才可填写,操作界面如图64所示。

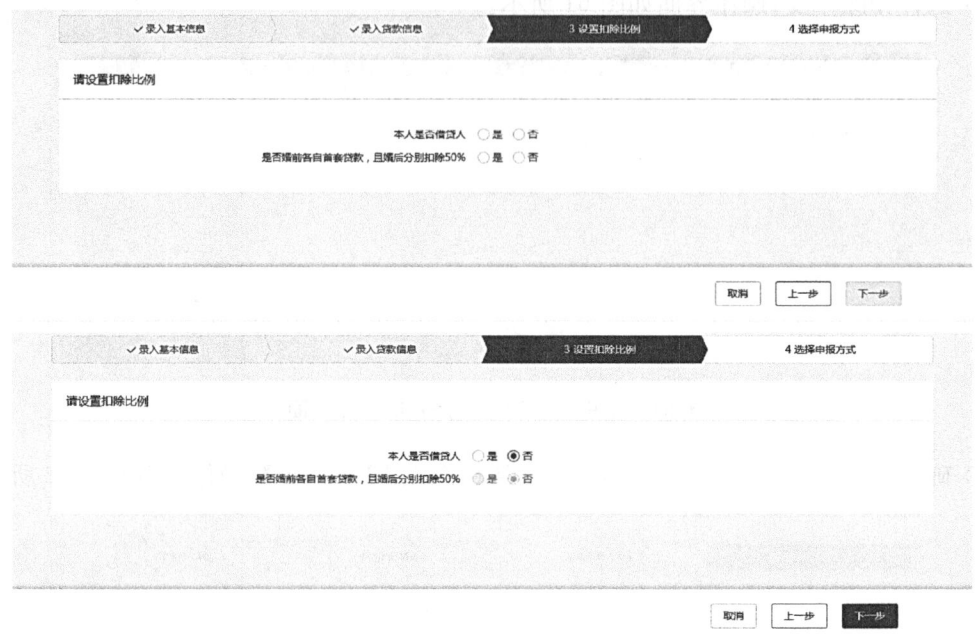

图64　录入分配比例信息界面

(5) 纳税人可根据实际情况选择"通过扣缴义务人申报"或"综合所得年度自行申报"方式,操作界面如图65所示。

图65　选择申报方式界面

问题266　住房租金

该功能用于填报住房租金专项附加扣除信息,具体操作步骤如下。
(1) 选择扣除年度,操作界面如图66所示。

图 66　住房租金选择扣除年度界面

（2）确认纳税人基本信息无误后点击【下一步】，操作界面如图 67 所示。

图 67　录入住房租金基本信息界面

（3）录入房屋租赁信息，出租方类型分为自然人和组织，录入对应类型的出租人身份证件信息（非必填）或出租单位统一社会信用代码（非必填）、出租单位名称（非必填），点击【下一步】，操作界面如图 68 所示。

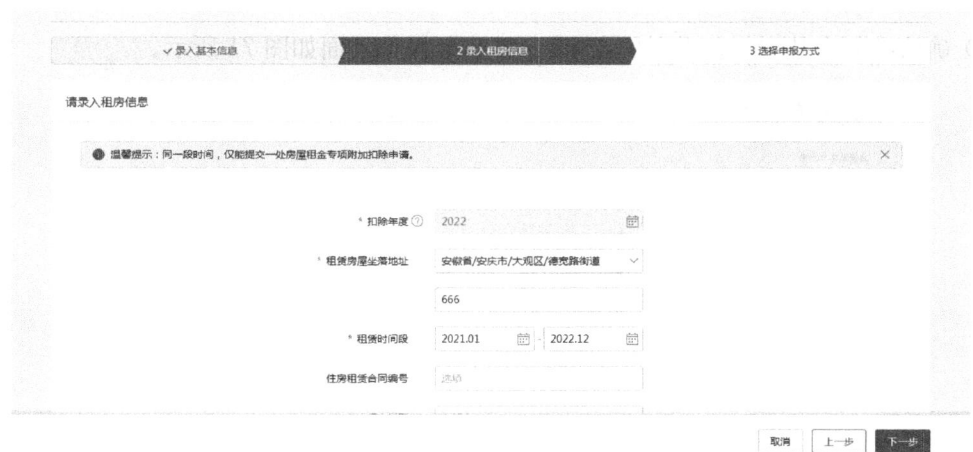

图 68　录入房屋租赁信息界面

（4）纳税人可根据实际情况选择"通过扣缴义务人申报"或"综合所得年度自行申报"方式，操作界面如图 69 所示。

图 69　选择申报方式界面

问题 267　赡养老人

该功能用于填报赡养老人专项附加扣除信息，具体操作步骤如下。

（1）选择扣除年度，操作界面如图 70 所示。

图 70　选择赡养老人扣除年度

（2）确认纳税人基本信息无误后点击【下一步】，操作界面如图 71 所示。

图 71　录入赡养老人基本信息

(3) 录入被赡养人信息，操作界面如图72所示。

图72　录入被赡养人信息界面

(4) 选择是否独生子女。独生子女，分配比例为"全部由我扣除"；非独生子女，需录入共同赡养人（非必填）、本年度月扣除金额并选择分摊方式（赡养人平均分摊、赡养人约定分摊、被赡养人指定分摊），操作界面如图73所示。

图73　选择是否独生子女界面

(5) 纳税人可根据实际情况选择"通过扣缴义务人申报"或"综合所得年度自行申报"方式，操作界面如图74所示。

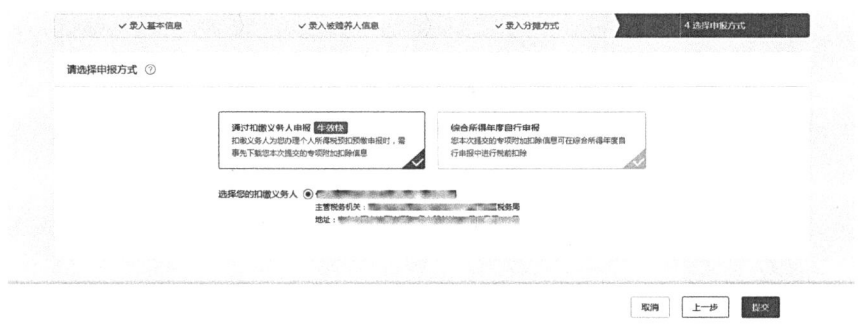

图74　选择申报方式界面

问题 268　3 岁以下婴幼儿照护

该功能用于填报 3 岁以下婴幼儿照护支出专项附加扣除信息,具体操作步骤如下。

(1) 选择扣除年度,操作界面如图 75 所示。

图 75　选择 3 岁以下婴幼儿照护扣除年度

(2) 确认纳税人基本信息无误后,点击【下一步】,操作界面如图 76 所示。

图 76　录入 3 岁以下婴幼儿照护基本信息

(3) 录入 3 岁以下婴幼儿信息,带 * 号为必填项,操作界面如图 77 和图 78 所示。

图 77　录入 3 岁以下婴幼儿信息界面

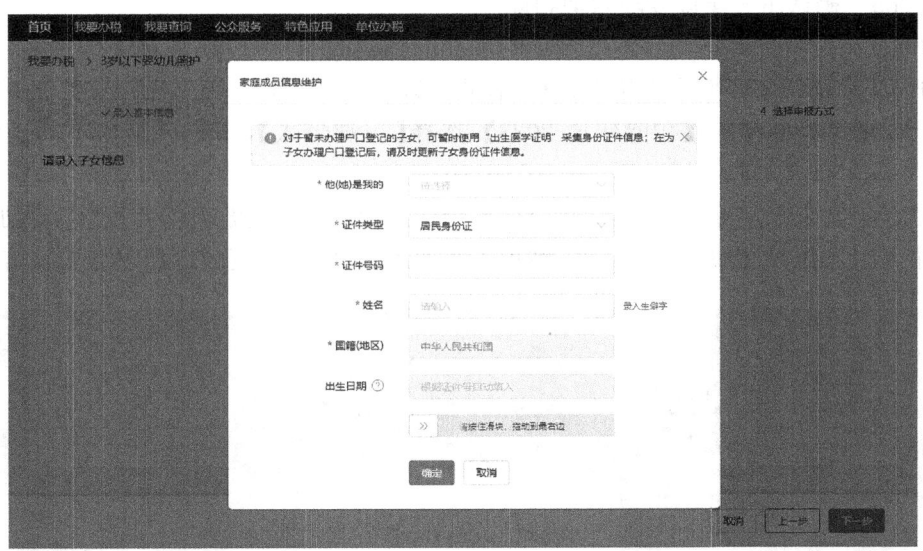

图 78　3 岁以下婴幼儿信息录入界面

（4）选择扣除比例，纳税人可以选择本人"100％（全额扣除）"或与配偶各"50％（平均扣除）"，操作界面如图 79 所示。

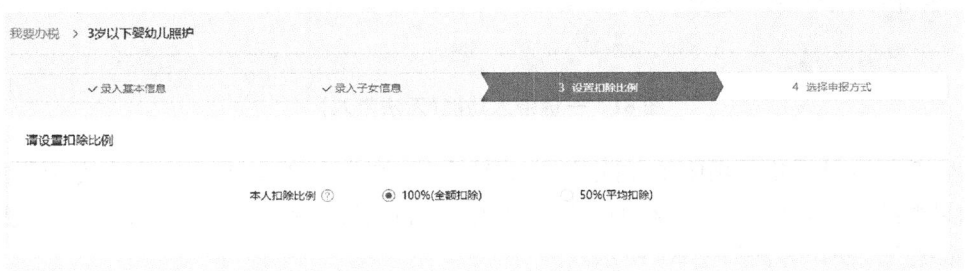

图 79　选择扣除比例界面

（5）纳税人可根据实际情况选择"通过扣缴义务人申报"或"综合所得年度自行申报"方式，操作界面如图 80 所示。

图 80　选择申报方式界面

问题 269　确认下一年度专项附加扣除

该功能支持"一键带入"当年度的专项附加扣除信息到下一年度,完成下年度专项附加扣除信息的快速填报。各年操作方法大致相同,此处以 2023 年为例,具体操作方式如下。

(1) 点击【我要办税】—【扣除年度 2023】,选择【一键带入】,系统会给出不同提示,具体如下。

若 2022 年度未采集专项附加扣除信息,系统给出提示"未填报 2022 年度专项附加扣除信息,无法带入",操作界面如图 81 所示。纳税人需要填报 2023 年度的专项附加扣除信息。

图 81　一键带入功能(无法带入)

若 2022 年度已采集专项附加扣除信息,系统会提示"您在 2022 年度已存在专项附加扣除信息,如果继续确认,将覆盖已存在的专项附加扣除信息!"或者"将带入 2022 年度信息,请确认是否继续?"。操作界面如图 82 所示。

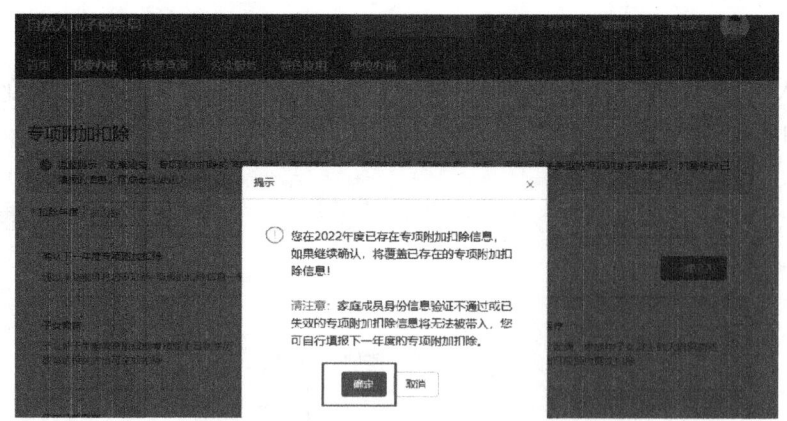

图 82　一键带入功能

点击"确定",页面跳转至"待确认扣除信息"页面,若"待确认扣除信息"页面除"待确认"外不存在其他提示信息,您可直接点击"一键确认",完成 2023 年度的专项附加扣除信息确认,操作界面如图 83 所示。

第三章　综合所得

图 83　待确认扣除信息

若存在提示信息,则需先处理相关提示信息。提示信息处理规则如下。

重复事项确认:若同一专项附加扣除事实存在多条重复的采集记录,系统自动标记为"重复填报",则需要据实删除错误的采集记录,只保留一条正确的记录。操作界面如图 84 所示。

图 84　重复事项确认

住房贷款利息和住房租金同时采集:政策规定,纳税人及其配偶在一个纳税年度内不能同时分别享受住房贷款利息和住房租金专项附加扣除。若此前的采集记录既存在住房租金的采集,又存在住房贷款利息的采集,则需要选择其中一项进行扣除,删除另外一项。可通过左滑删除或者查看详情点击"删除",操作界面如图 85 所示。

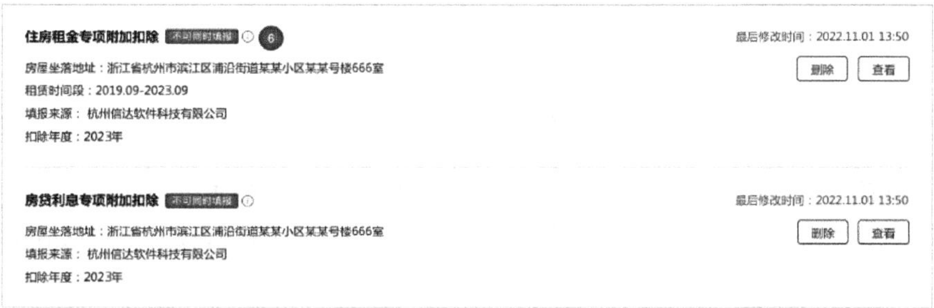

图 85　住房贷款利息和住房租金同时采集

同一类专项附加扣除信息扣缴义务人不一致,则需要选择一处扣缴义务人进行扣除。可通过点击"修改申报方式"进行选择,操作界面如图86所示。

图86　同一类专项附加扣除信息扣缴义务人不一致的处理

扣除有效期不在2023年扣除年度内,这条记录标记为"已失效",需要据实修改扣除有效期。如不需要在2023年度继续扣除,则需要删除该条记,操作界面如图87所示。

图87　失效信息修改

(2)【一键确认】:处理完成提示信息,您可直接点击"一键确认",即完成2023年度的专项附加扣除确认,操作界面如图88所示。

图88　一键确认信息

点击"一键确认",提示"如您2023在已采集的信息,将会被本次操作完全覆盖,请确认是否继续?",点击"确认",则完成2023年度的专项附加扣除确认,操作界面如图89所示。

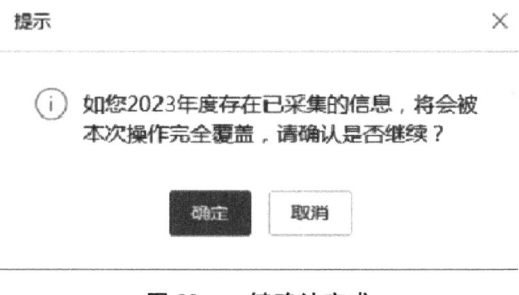

图 89　一键确认完成

二、预扣预缴申报

综合所得个人所得税预扣预缴申报,是指扣缴义务人在向居民个人支付综合所得时,根据已采集的个人身份信息,结合当期收入、扣除等情况,在支付所得的月度终了之日起十五日内,向主管税务机关报送《综合所得个人所得税预扣预缴报告表》和主管税务机关要求报送的其他有关材料,进行综合所得个人所得税预扣预缴申报。

实行个人所得税预扣预缴申报的综合所得包括:工资、薪金所得;劳务报酬所得;稿酬所得;特许权使用费所得。

预扣预缴申报,使用自然人扣缴客户端,如表 204 所示。

表 204　自然人扣缴客户端的概况

	服务	上线时间	具体内容
自然人扣缴客户端	实名办税	2019 年 11 月 9 日	办税人员可通过实名登录方式办理涉税业务,也可继续使用扣缴客户端原申报密码登录方式。
	办税授权关系功能	2020 年 1 月 1 日	办税人员与扣缴单位签有办税授权关系则无需再录入申报密码,办税人员只需要通过输入本人个税 App 账号、密码或以个税 App 扫描扣缴客户端二维码即可登录办理业务 无办税授权关系则在实名登录后还需再使用申报密码办理业务。
	扣缴流程		首页功能菜单下点击【综合所得申报】,进入"综合所得预扣预缴表"页面,页面上方为申报主流程导航栏,根据【1 收入及减除填写】【2 税款计算】【3 附表填写】和【4 申报表报送】四步流程完成综合所得预扣预缴申报。

(一) 收入及减除填写

用于录入综合所得各项目的收入及减除项数据,点击界面下方综合所得申报表名称或【填写】进入表单,即可进行数据的录入,各项表单的填写方式,与"人员信息采集"操作类似,都可选择使用单个添加,或下载模板批量导入,操作界面如图 90 所示。

注意事项:

① 综合所得预扣预缴申报表除正常工资薪金所得外,其他所得项目均没有专项扣除和专项附加扣除填写项。

② 综合所得里的"正常工资薪金""央企负责人绩效薪金延期兑现收入和任期奖励""个人股权激励收入""提前退休一次性补贴""解除劳动合同一次性补偿金""全年一次性奖金收入"都只有雇员才能填写。

③ 任职受雇从业类型为"雇员"时,综合所得/非居民所得的一般劳务报酬所得和其他劳

图 90　收入及减除填写

务报酬所得不可填写。

④ 针对"正常工资薪金所得""劳务报酬所得（保险营销员、证券经纪人）",系统【更多操作】中新增【批量导入删除】功能,支持导入人员名单,按名单进行批量删除收入信息。

⑤ 在收入及减除中填写了减免税额、商业健康保险、税延养老保险的情况下,需要在相应附表里面完善附表信息。

问题270　正常工资薪金所得如何填报

填写界面包括【返回】【添加】【导入】【预填专项附加扣除】【导出】【展开查询条件】和【更多操作】功能,具体操作步骤如下。

（1）进入"正常工资薪金所得"界面时,校验系统当前是否为"未申报"状态,如果是则弹出"为避免员工通过其他渠道采集的专项附加扣除信息发生未扣、漏扣的情况,建议通过【专项附加扣除信息采集】菜单进行【下载更新】后,再进行【税款计算】。"建议先【下载更新】后再进行后续操作。

如确实无需下载更新的,可勾选"请忽略本提示"的提示框后点击【确定】,操作界面如图91所示。

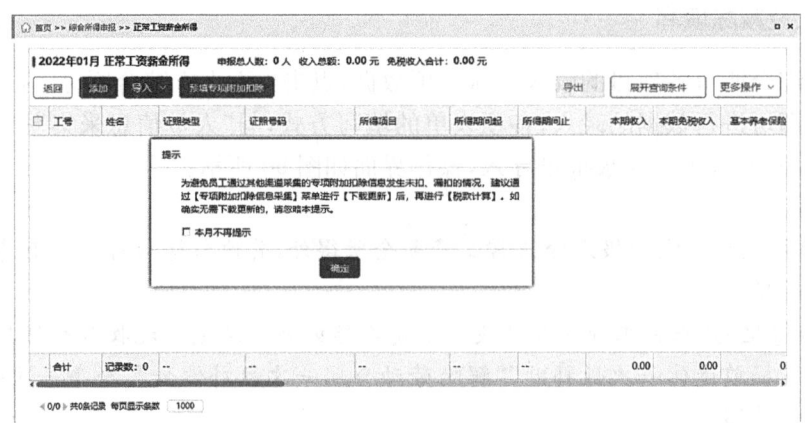

图 91　下载更新

（2）点击【导入】→【模板下载】下载标准模板，录入数据后，点击【导入数据】→【标准模板导入】选择模板文件批量导入数据，操作界面如图92所示。

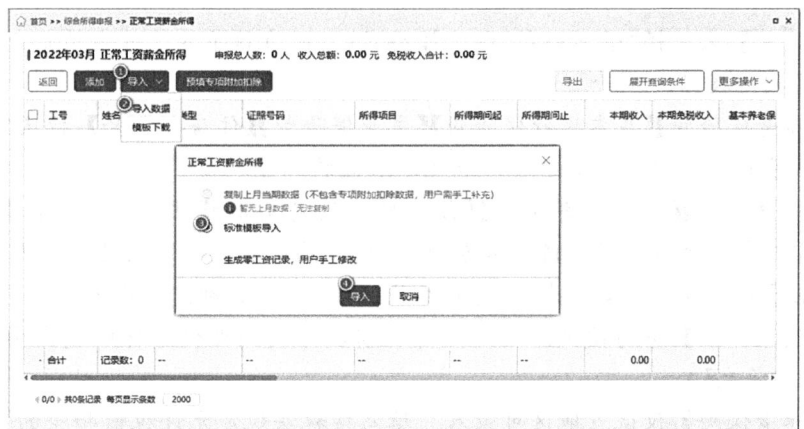

图92　导入数据

（3）点击【导入】→【导入数据】弹出的界面，若上月没有数据，则【复制上月当期数据】的单选内容置灰，且提示"暂无上月数据，无法复制"；上期有数据的，可正常选中【复制上月当期数据】项，点击【立即复制数据】则将上月的数据复制到本月所属期报表中。复制成功后若有员工涉及专项附加扣除的，需再点击【预填专项附加扣除】。

（4）点击【添加】弹出"正常工资薪金所得新增"界面，进行单个数据录入，操作界面如图93所示。

图93　数据录入

注意事项：

①【适用公式】：根据实际情况选择，若不能确定适用公式，可点击右侧的【帮助】根据系统引导提示选择。

②【本期收入】：未选择"适用公式"或选择公式(5)时直接录入。其他情形则通过点击【请录入明细】填写相关数据。

③【基本养老保险费】【基本医疗保险费】【失业保险费】【住房公积金】：按国家有关规定缴纳的三险一金，填写个人承担且不超过当地规定限额的部分。

④【子女教育支出】【继续教育支出】【住房贷款利息支出】【住房租金支出】【赡养老人支出】：点击"正常工资薪金所得"界面【预填专项附加扣除】自动获取填充报送成功人员的可扣除额度，也可手动录入。根据政策要求，住房租金支出、住房贷款利息支出不允许同时扣除。

⑤【商业健康保险】：填写按税法规定允许税前扣除的商业健康保险支出金额，扣除限额2 400元/年(200元/月)。

⑥【税延养老保险】：仅试点地区可录入。填写按税法规定允许税前扣除的税延商业养老保险支出金额，扣除限额为当月工资收入的6%与1 000元之间的孰小值。

⑦【准予扣除的捐赠额】：按照税法规定，个人将其所得对教育、扶贫、济困等公益慈善事业进行捐赠，捐赠额未超过纳税人申报的应纳税所得额百分之三十的部分，可以从其应纳税所得额中扣除；国务院规定对公益慈善事业捐赠实行全额税前扣除的，从其规定。

(5) 点击【预填专项附加扣除】，弹出提示框，勾选确认需要进行自动预填，选择预填人员范围后，点击【确认】，可自动将采集的专项附加扣除信息下载到对应纳税人名下，自动填入申报表，操作界面如图94所示。

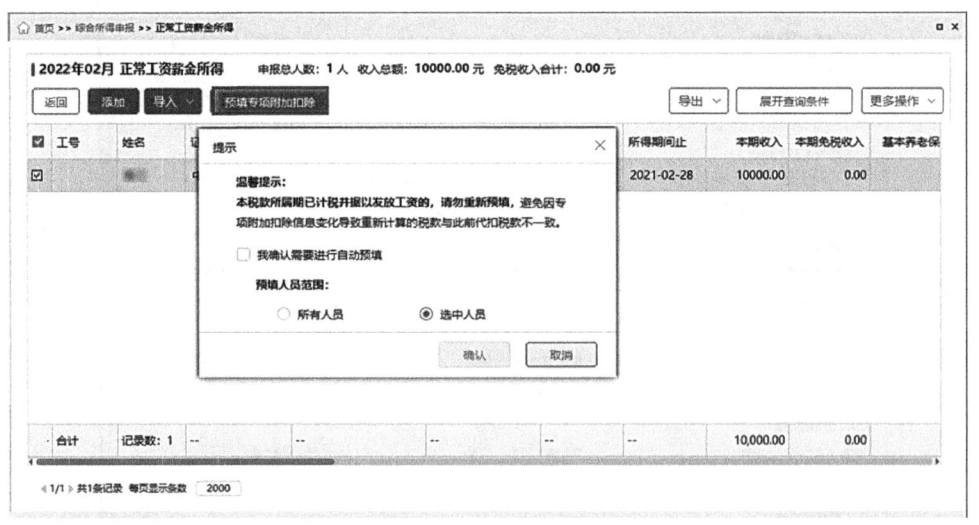

图94 预填专项附加扣除

(6) 综合所得项目填写界面默认显示【添加】，若企业已在税务机关开通汇总申报，则在【添加】按钮的下拉菜单，可选择【明细申报】或【汇总申报】。点击【明细申报】则打开前面介绍的按人员明细填写的界面，点击【汇总申报】则打开汇总申报填写界面，操作界面如图95所示。

汇总填写界面，根据实际情况直接填写本企业该所得项目下汇总的收入信息，该界面直接可显示应纳税额、应补(退)税额等信息。

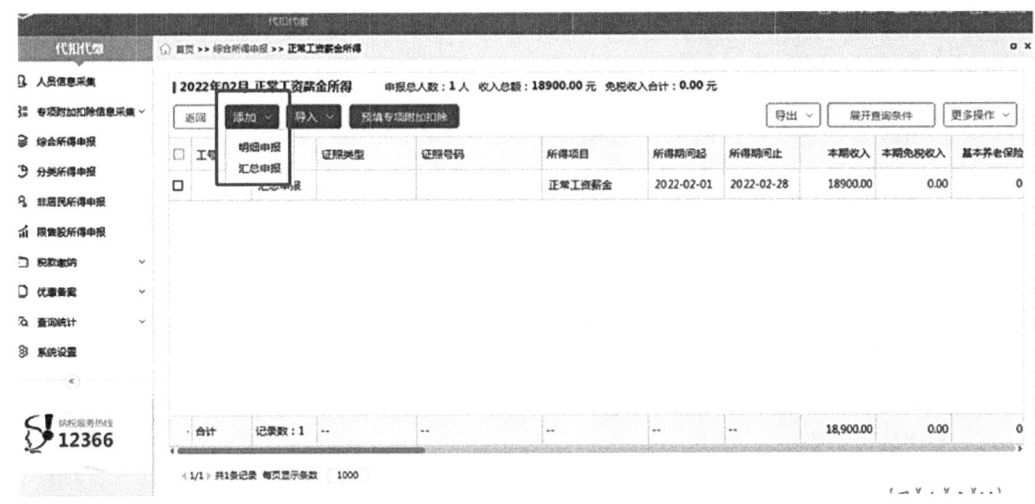

图 95 综合所得项目填写

问题 271 全年一次性奖金收入如何填报

全年一次性奖金收入的填报,操作界面如图 96 所示。

图 96 全年一次性奖金收入的填报

注意事项:

① 【全年一次性奖金收入】:当月发放的全年一次性奖金收入总额;

② 同一个纳税人一个纳税年度只能申报一次全年一次性奖金收入,如果系统检测到该纳税人已填写过,则切换所属月份再填写保存时会提示。

问题 272 内退一次性补偿金如何填报

内退一次性补偿金,操作界面如图 97 所示。

图 97　新增内退一次性补偿金

注意事项：

①【内退一次性补偿金】：个人在办理内部退养手续后从原任职单位取得的一次性收入；

②【分摊月份数】：办理内部退养手续后至法定离退休年龄之间月份数。

问题 273　领取企业年金

年金领取的填报，操作界面如图 98 所示。

图 98　年金领取的填报

注意事项：

①【年金领取收入额】：本次领取年金的金额。

②【已完税缴费额】：指在财税〔2013〕103 号文件实施之前缴付的年金单位缴费和个人缴费且已经缴纳个人所得税的部分，通常指的是 2014 年前的年金已完税缴费额。

③【全部缴费额】：账户中实际年金缴纳部分。

问题 274　解除劳动合同一次性补偿金

解除劳动合同一次性补偿收入在原任职受雇单位所在直辖市、计划单列市、副省级城市、地级市（地区、州、盟）上一年度城镇职工社会平均工资 3 倍数额以内的部分，免征个人所得税，免税收入填写一次性补偿收入的数据；超过 3 倍数额时超过部分进行计税，免税收入填写上一年度城镇职工社会平均工资 3 倍数额。填报操作界面如图 99 所示。

图 99　新增解除劳动合同一次性补偿

问题 275　央企负责人绩效薪金延期兑现收入和任期奖励

【收入】填写当月发放的央企负责人绩效薪金延期兑现收入任期奖励收入总额。该所得同一个纳税人同一个月只能填写一条。税率按照应纳税所得额÷12 个月得到的数额，适用月度税率表对应的税率。填报操作界面如图 100 所示。

图 100　新增央企负责人绩效薪金延期兑现收入和任期奖励

问题 276　单位低价向职工售房

【收入】填写单位按低于购置或建造成本价格出售住房给职工，职工因此而少支出的差价部分。税率按照应纳税所得额除以 12 个月得到的数额，适用月度税率表对应的税率。所得同一个纳税人一个月只能填写一条。填报操作界面如图 101 所示。

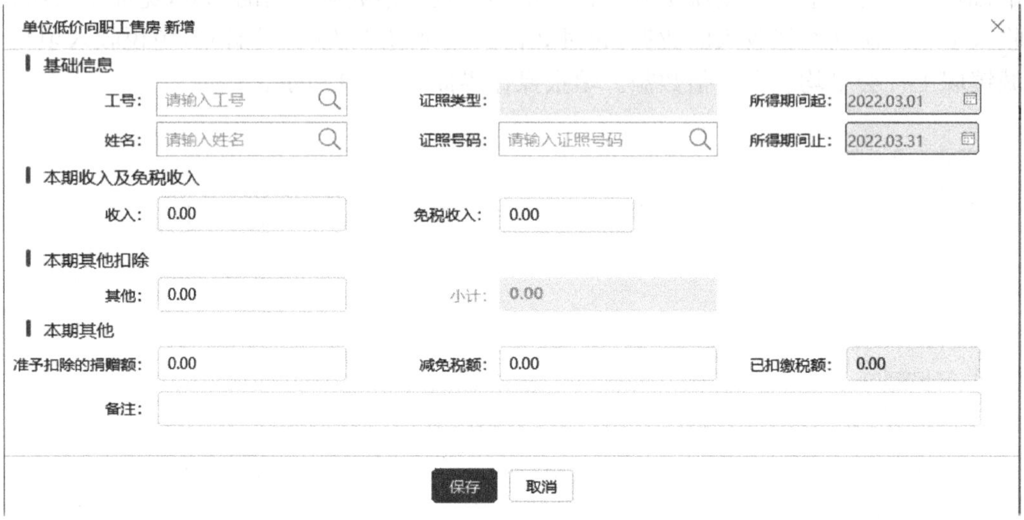
单位低价向职工售房 新增

基础信息
工号：请输入工号　证照类型：　所得期间起：2022.03.01
姓名：请输入姓名　证照号码：请输入证照号码　所得期间止：2022.03.31

本期收入及免税收入
收入：0.00　免税收入：0.00

本期其他扣除
其他：0.00　小计：0.00

本期其他
准予扣除的捐赠额：0.00　减免税额：0.00　已扣缴税额：0.00
备注：

保存　取消

图 101　新增位低价向职工售房

问题 277　劳务报酬所得(保险营销员、证券经纪人)

对于此项填报，一个人员一个月只允许填写一条，选择人员时，如果已填写，则自动带出已填写信息。填报操作界面如图 102 所示。

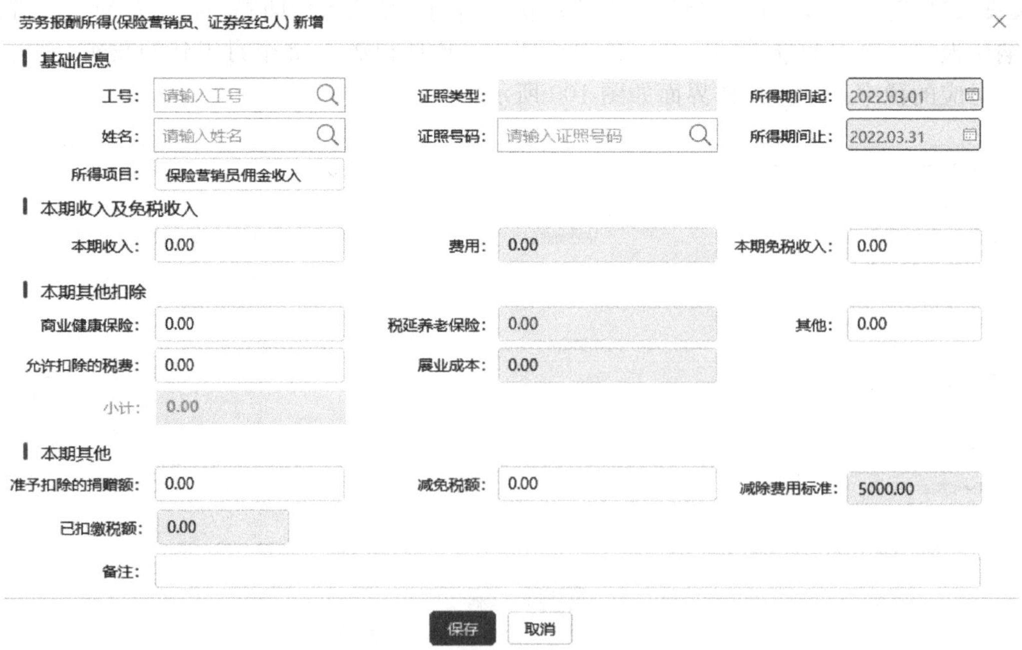
劳务报酬所得(保险营销员、证券经纪人) 新增

基础信息
工号：请输入工号　证照类型：　所得期间起：2022.03.01
姓名：请输入姓名　证照号码：请输入证照号码　所得期间止：2022.03.31
所得项目：保险营销员佣金收入

本期收入及免税收入
本期收入：0.00　费用：0.00　本期免税收入：0.00

本期其他扣除
商业健康保险：0.00　税延养老保险：0.00　其他：0.00
允许扣除的税费：0.00　展业成本：0.00
小计：0.00

本期其他
准予扣除的捐赠额：0.00　减免税额：0.00　减除费用标准：5000.00
已扣缴税额：0.00
备注：

保存　取消

图 102　新增劳务报酬所得(保险营销员、证券经纪人)

注意事项：

①【所得项目】：选择人员后，如果人员的"任职受雇从业类型"为"保险营销员"，则所得项目默认为"保险营销员佣金收入"；"任职受雇类型"为"证券经纪人"，则所得项目默认为"证券经纪人佣金收入"，其他类型的人员不能选择。

②【费用】：本期收入×20%，自动带出，不可修改。

③【展业成本】：(本期收入-费用)×25%，自动带出，不可修改。

问题 278　劳务报酬所得(一般劳务、其他劳务)

劳务报酬所得的预扣申报，【费用】为每次收入不超过 4 000 元的，费用按 800 元计算；每次收入 4 000 元以上的，费用按收入的 20% 计算。填报操作界面如图 103 所示。

图 103　新增劳务报酬所得(一般劳务、其他劳务)

注意事项：

①【所得项目】：包含"一般劳务报酬所得""其他劳务报酬所得"。

②【费用】：每次收入不超过 4 000 元的，费用按 800 元计算；每次收入 4 000 元以上的，费用按收入的 20% 计算。

③【允许扣除的税费】：按照个人所得税法及其他法律法规规定的，实际可扣除的税费。

问题 279　稿酬所得

稿酬所得的预扣申报，【本期免税收入】：稿酬所得的收入额减按 70% 计算(30% 做免税收入处理)，即显示本期收入减除费用后的 30% 部分，可修改；填报操作界面如图 104 所示。

图 104 稿酬所得

问题 280 特许权使用费所得

特许权使用费所得填报,【费用】为每次收入不超过 4 000 元的,费用按 800 元计算;每次收入 4 000 元以上的,费用按收入的 20% 计算。填报操作界面如图 105 所示。

图 105 特许权使用费所得

问题 281 提前退休一次性补贴

提前退休一次性补贴填报,【分摊年度数】:办理提前退休手续至法定退休年龄的实际年度数,不满一年按一年计算,填报操作界面如图 106 所示。

图 106　新增提前退休一次性补贴

问题 282　个人股权激励收入

个人股权激励收入填报,填报操作界面如图 107 所示。

图 107　新增个人股权激励收入

注意事项：

①【适用公式】：根据实际情况选择,若不能确定适用公式,可点击右侧的【帮助】根据系统引导提示选择。

②【本月股权激励收入】：未选择"适用公式"或选择公式(5)时直接录入。其他情形则通过点击【请录入明细】填写相关数据。

③【本年累计股权激励收入(不含本月)】：本年不含本月的所有股权激励收入之和。

问题283　税收递延型商业养老金

个人领取税收递延型商业养老金，填报操作界面如图108所示。

图108　税收递延型商业养老金

注意事项：

①【收入】：本月税收递延型商业养老保险的养老金收入。

②【免税收入】：默认带出收入×25%，可修改。

③【税率】：按照10%的比例税率计算缴纳个人所得税。

（二）税款计算

问题284　操作界面及注意事项

点击【税款计算】，系统自动对"收入及减除填写"模块中填写的数据进行计税，其中"正常工资薪金所得"和"劳务报酬（保险营销员、证券经纪人）"会下载本纳税年度上期累计数据，再与当期填写的数据合并累计计税（税款所属期为一月时只检查是否有待计算数据，有则进行算税）。如果本次只有汇总申报记录，则无需调用税务机关系统往期申报数据。操作界面如图109所示。

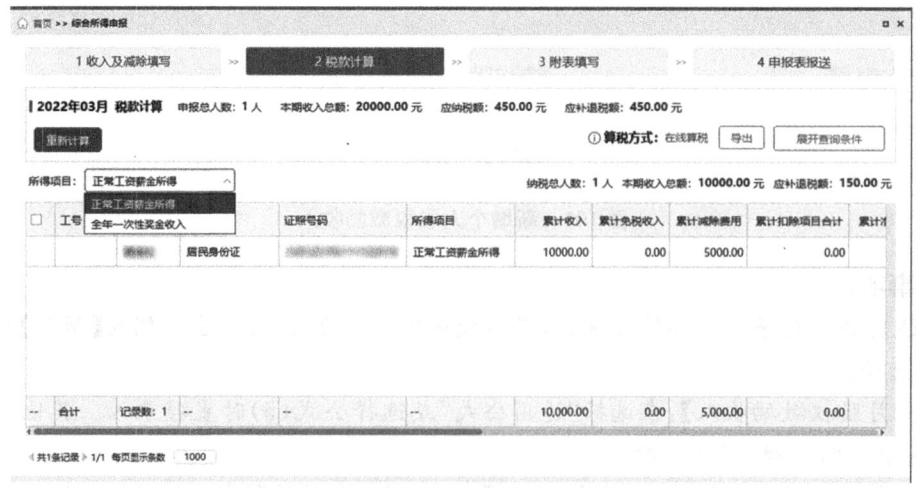

图109　税款计算

"税款计算"界面分所得项目显示对应项目的明细数据和合计数据,右上角显示综合所得的合计数据,包括申报总人数、收入总额、应纳税额和应补退税额。

点击右上角【导出】,可将目前显示的所得项目报表明细导出为 EXCEL 电子表格进行查看或存档,操作界面如图 110 所示。

图 110 导出税款计算结果

双击其中一条数据,可以查看该行人员具体的计税项,包括当期各类明细数据和年内累计数据。明细查看页面,只允许查看数据,不允许修改。

注意事项:税款计算获取上期累计数据时,可在【系统设置】→【申报管理】→【综合所得算税】中根据实际情况切换选择从税务局端获取或本地文件获取。

(三) 附表填写

在收入及减除中填写了减免税额、商业健康保险、税延养老保险的情况下,需要在相应附表里面完善附表信息。

问题 285 减免事项附表

减免事项附表用于补充减免税额对应的具体减免事项信息,操作界面如图 111 所示。

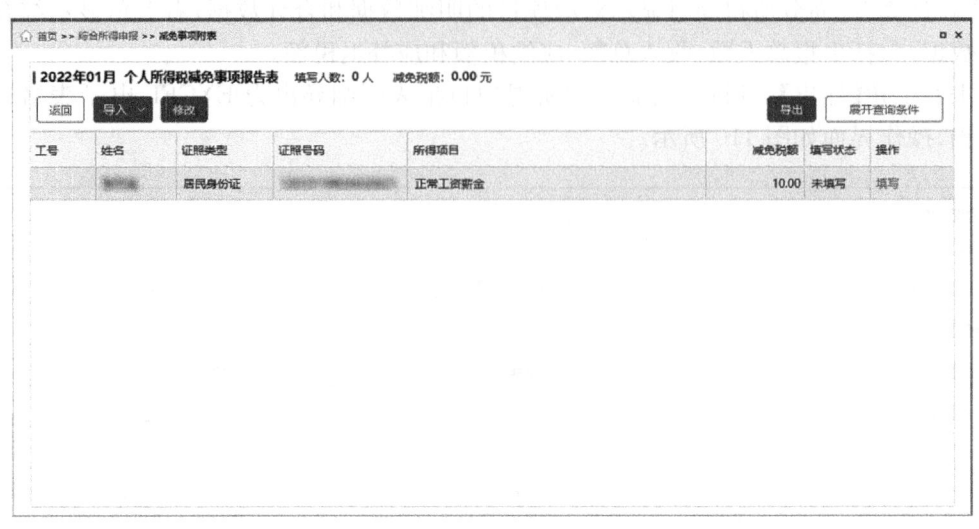

图 111　减免事项附表

综合所得中填写过减免税额的人员,系统会自动在减免事项附表界面生成一条该人员本次填写的减免税数据,双击该条记录补充完善对应的减免税事项名称等内容。减免税额等于综合所得中减免税额之和,"减税事项"页签下补充完善减免税额信息,操作界面如图 112 所示。

图 112　减免税额明细

注意事项:
①【所得项目】:根据综合所得中填写的所得项目自动带出。
②【总减免税额】:根据综合所得项目中该人员填写的减免税额自动合计带出。
③【减免事项】:下拉选择人员可享受的减免税对应事项。
④【减免性质】:根据选择的减免税事项自动匹配对应的减免性质。

问题 286　商业健康保险附表

根据税法规定,对个人购买或单位统一购买符合规定的商业健康保险产品的支出,允许税前扣除,扣除限额为 2 400 元/年(200 元/月)。在综合所得预扣预缴申报表里录入了商业健康保险数据的人员,应报送《商业健康保险税前扣除情况明细表》,操作界面如图 113、图 114 所示。

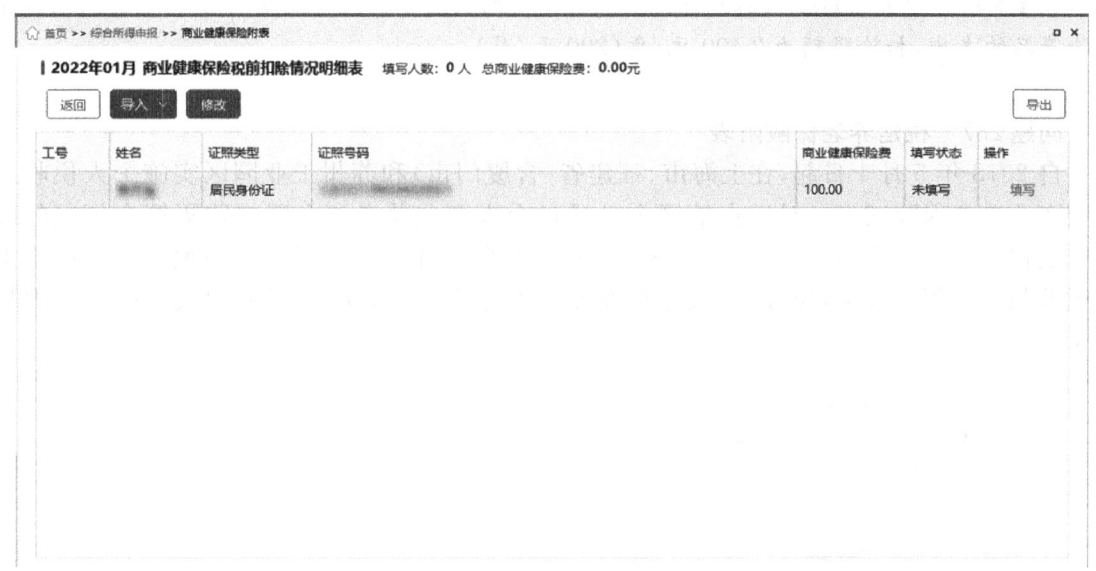

图 113　商业健康保险(一)

图 114　商业健康保险(二)

注意事项:

①【税优识别码】:为确保税收优惠商业健康保险保单的唯一性、真实性和有效性,由商业健康保险信息平台按照"一人一单一码"的原则进行核发,填写个人保单凭证上打印的数字识别码。

②【保单生效日期】:该商业健康保险保单生效的日期。

③【年度保费】:商业健康保险保单年度内该保单的总保费。

④【月度保费】:月缴费的保单填写每月所缴保费,按年一次性缴费的保单填写年度保费除以12后的金额。

⑤【本期扣除金额】:根据国家有关政策对个人购买或单位统一购买符合规定的商业健康保险产品的支出,扣除限额为2 400元/年(200元/月)。

问题287 税延养老保险附表

自2018年5月1日起,在上海市、福建省(含厦门市)和苏州工业园区实施个人税收递延型商业养老保险试点。对试点地区个人通过个人商业养老资金账户购买符合规定的商业养老保险产品的支出,允许在一定标准内税前扣除。在综合所得中填写税延养老保险支出税前扣除申报的人员,应报送《税延型商业养老保险税前扣除情况明细表》,操作界面如图115所示。

图115 税延型商业养老保险税前扣除情况明细表

注意事项:

①【税延养老账户编号】【报税校验码】:按照中国保险信息技术管理有限责任公司相关信息平台出具的《个人税收递延型商业养老保险扣除凭证》载明的对应项目填写。

②【月度保费】:取得工资薪金所得、连续性劳务报酬所得(特定行业除外)的个人,填写《个人税收递延型商业养老保险扣除凭证》载明的月度保费金额,一次性缴费的保单填写月平均保费金额。

③【本期扣除金额】:取得工资薪金所得的个人,应按税延养老保险扣除凭证记载的当月金额和扣除限额孰低的方法计算可扣除额。扣除限额按照申报扣除当月的工资薪金的6%和

1 000 元孰低的办法确定。

(四) 申报表报送

问题 288　发送申报获取反馈

(1) 申报表填写、税款计算完成后,点击【申报表报送】进入报表申报界面。该界面可完成综合所得预扣预缴的正常申报、更正申报以及作废申报操作。当月第一次申报发送时,进入"申报表报送"界面,默认申报类型为正常申报,申报状态为未申报,显示【发送申报】,操作界面如图 116 所示。

图 116　申报表报送

注意事项:

①【申报类型】:有"正常申报"和"更正申报"两种申报类型,默认为"正常申报"。

②【申报状态】:主要有"待申报""申报处理中""申报失败""申报成功"等状态。

③【是否可申报】:系统自动校验综合所得申报表填写的数据都填写完整并符合相关逻辑校验后,显示为"是";反之,则显示为"否",下方提示区显示具体提示信息。只有当所有申报表均为"是"时,【发送申报】才可点击。

④【导出申报表】:当申报数据全都校验通过之后,点击按钮后可以生成综合所得申报表(标准表样格式和大厅报送格式),否则系统会提示"有申报数据校验未通过,请先核对申报数据"。

(2)【获取反馈】:点击【发送申报】后,局端服务器会提示正在处理申报数据,若系统未能自动获取到税务机关反馈信息,可稍后点击【获取反馈】查看申报结果。当前所得月份申报状态为"申报处理中""作废处理中"时,【获取反馈】可用,点击后即可下载获取税务机关系统反馈的该表申报操作结果,操作界面如图 117 所示。

(3) 获取反馈后,申报类型为"正常申报",申报状态为"申报成功,未缴款"(若申报税款为 0 时,显示无需缴款状态),显示【作废申报】和【更正申报】。操作界面如图 118 所示。

【作废申报】【更正申报】:申报成功后,可点击【作废申报】或【更正申报】,对已申报的数据进行作废处理或修改已申报的数据(详细讲解可见预扣预缴申报作废和更正章节)。

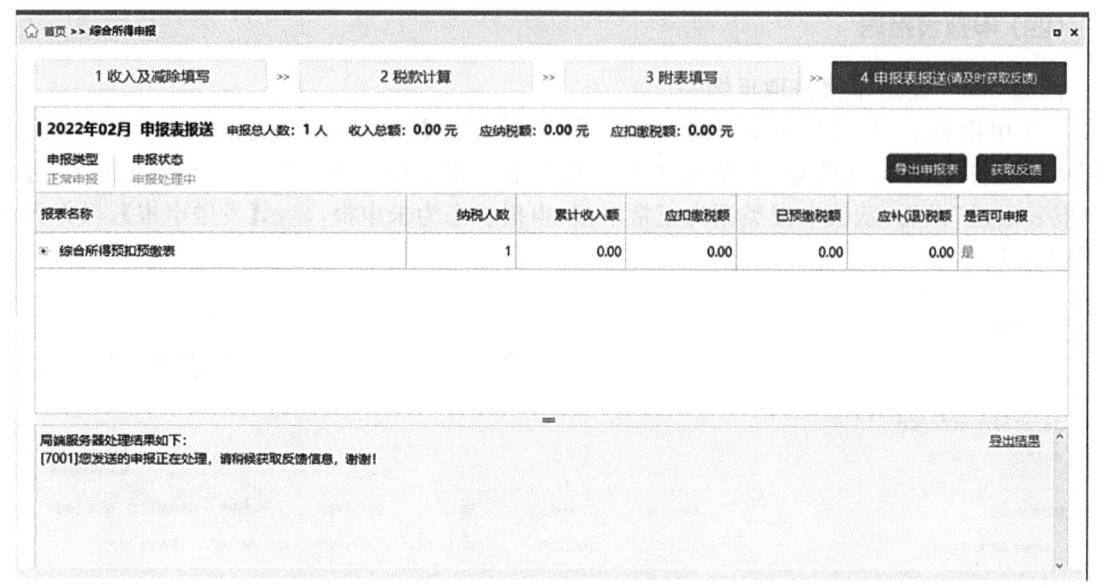

图 117　获取反馈

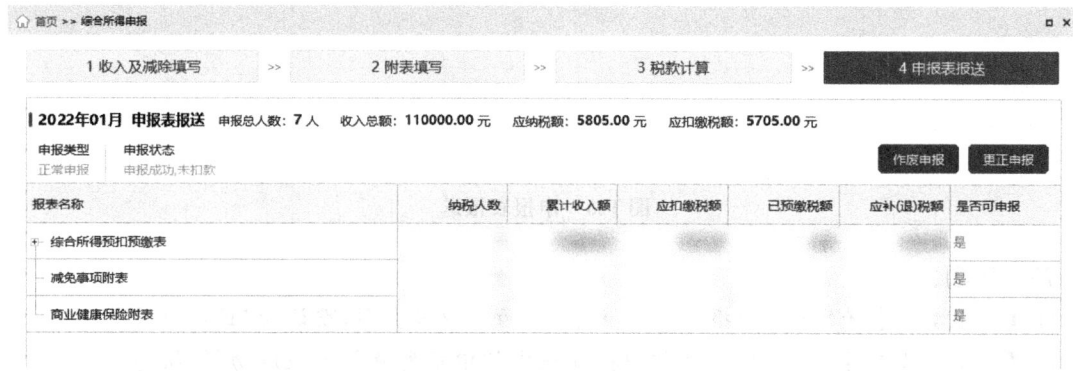

图 118　申报表报送

注意事项：

需在法定申报期时才可进行【发送申报】。例如 2021 年 1 月税款所属期报表需在 2021 年 2 月时才可点击操作。申报表报送界面各项统计，除"纳税人数"和"申报总人数"外，均包含汇总申报信息(即允许出现"纳税人数"为 0，但金额列大于 0 的情况)。

(五) 申报辅助功能

问题 289　综合所得申报更正

综合所得个人所得税预扣预缴申报成功之后，发现有错报、漏报的情况，可使用申报更正功能，修改已申报数据后重新申报。分为启动更正、报表填写、税款计算、附表填写、申报表报送和税款缴纳五个步骤，具体如下。

1) 启动更正

(1)进入扣缴端,选择需要更正的"税款所属月份",操作界面如图 119 所示。

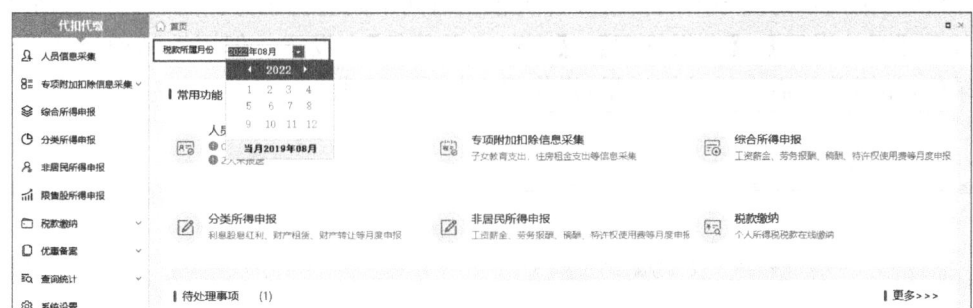

图 119　启动更正

(2)点击【综合所得申报】进入综合所得申报界面,点击【4 申报表报送】查看当前月份申报状态,只有申报类型为"正常申报",申报状态为"申报成功"的情况下才允许启动更正申报,操作界面如图 120 所示。

图 120　查看综合所得申报界面

(3)点击【更正申报】按钮,启动更正申报,系统提示往期错误更正申报成功后,需要对后续税款所属期的综合所得预扣预缴申报表进行逐月更正,操作界面如图 121 所示。

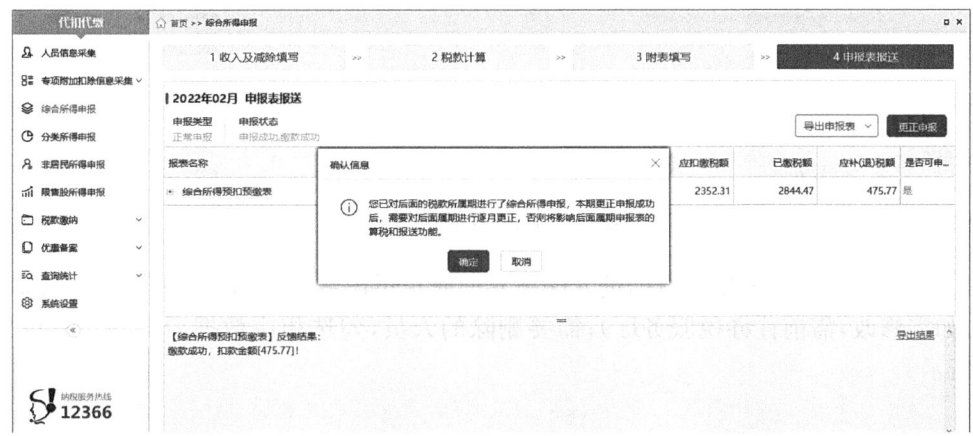

图 121　逐月更正申报

(4)启动更正时,系统会自动导出一份当前有效的申报记录供纳税人留存备用并提示保存路径(默认为桌面),每次导出的备份文件可根据时间不同进行区分。如果需要取消/启用该功能,可以在【系统设置】—【申报管理】—【更正申报备份】中设置。但因取消而导致无法找回原始记录的,扣缴单位需自行承担后果,操作界面如图122所示。

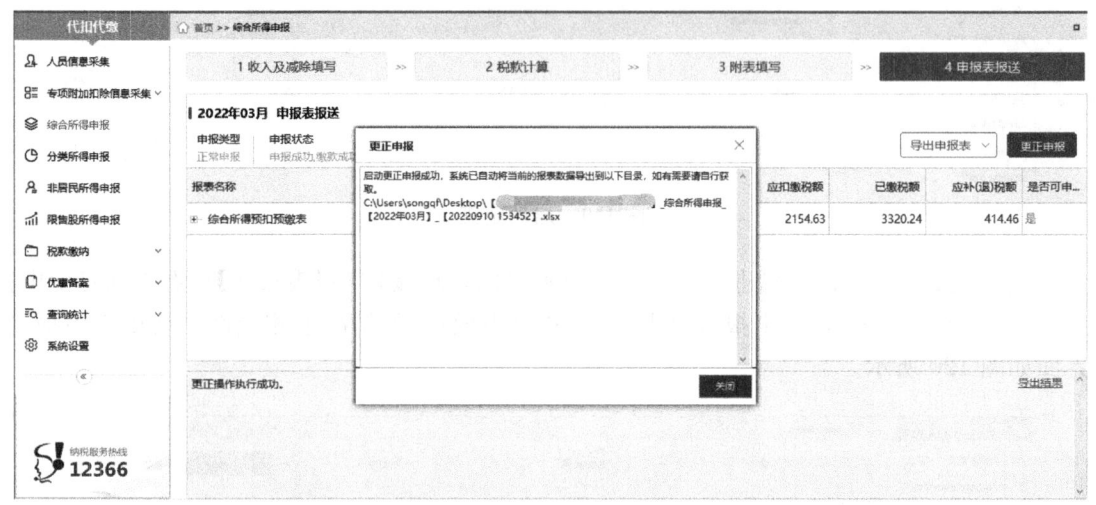

图122　更正申报

2)报表填写

点击【1收入及减除填写】,系统提示往期错误更正,不能新增人员和修改累计专项附加扣除额,选择需要修改的所得项目;操作界面如图123所示。

图123　收入及减除填写

需要更正的人员,双击相应数据进入编辑界面修正错误数据。(累计专项附加扣除额不允许修改,如需修改,需前往办税服务厅);需要删除的人员,勾选相应数据后删除。操作界面如图124所示。

图 124　人员信息更正

注意：如果该期申报表的本期收入、本期扣除等本期数据不存在错误，仅是因为之前的税款所属期进行了更正申报而需要逐月更正的，则可直接跳到【2 税款计算】步骤。

3）税款计算

完成申报表本期数据的更正后，点击【2 税款计算】，重新计算更正后的应补（退）税额；操作界面如图 125 所示。

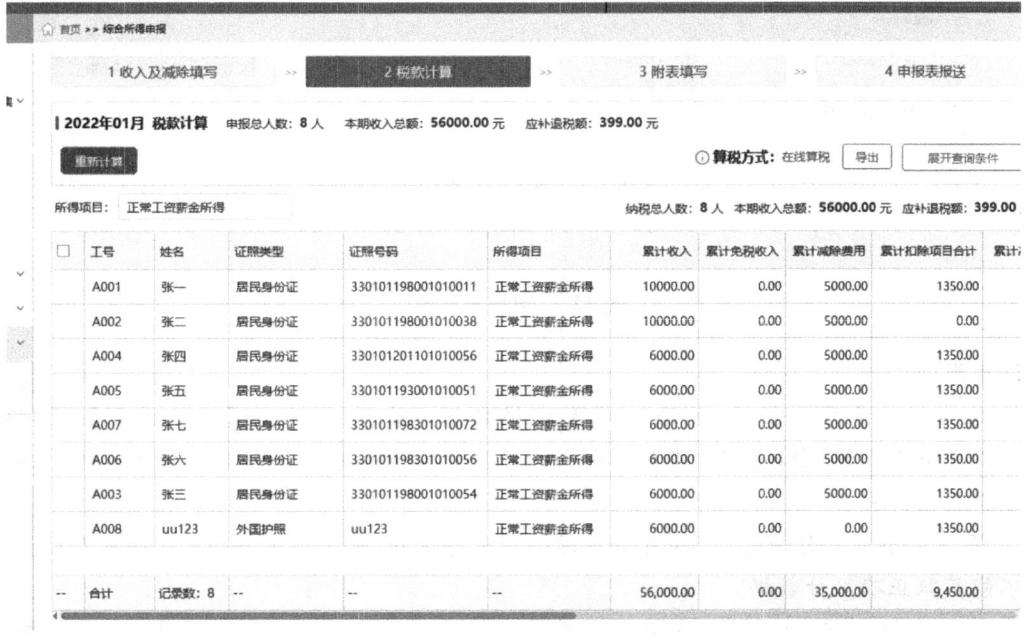

图 125　更正后税款计算

4）附表填写

【1 收入及减除填写】中如果填写了"减免税额""商业健康保险"或"税延养老保险",需要在【3 附表填写】中完善附表信息。操作界面如图126所示。

图126　完善附表信息

5）申报表报送和税款缴纳

报表填写完成后,可按照正常申报流程通过【4 申报表报送】功能进行报送。报送成功后,如果有新的应征信息产生时,可通过【税款缴纳】菜单完成税款的缴纳。

若报送时提示报送不成功的,应按提示信息修改后重新报送或到办税服务厅处理。

如果在报送申报表之前,发现原申报数据无误,可点击【撤销更正】按钮,撤销更正申报。但成功报送申报表后,则无法撤销更正。如需要使用原申报数据,可查看系统自动导出备份的原申报记录,操作界面如图127所示。

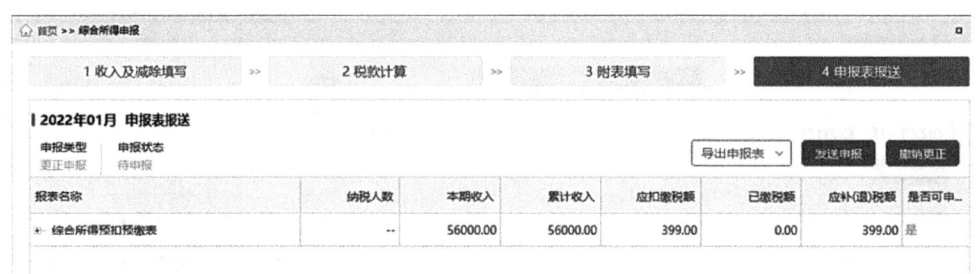

图127　申报表报送

注意事项：

① 在办税服务厅更正后,扣缴端原有申报数据不会更新,请在【系统设置】—【申报管理】—【综合所得税】中设定为"在线算税",以保障以后月份申报时的累计数据能按更正申报后的最新数据计算。

② 更正申报往期月份时,后期月份应该逐月进行更正,如未逐月更正,将导致以后月份申报时不能获取正确累计数据。

③ 更正申报往期月份时,不支持新增人员和修改累计专项附加扣除金额,如需新增或修改,需前往办税服务厅办理。

④ 只允许更正 2022 年 1 月及之后税款所属期的综合所得预扣预缴申报数据。

⑤ 若更正申报后需要办理退（抵）税的，由扣缴单位前往办税服务厅申请办理误收退（抵）税业务。

⑥ 若更正月份已在办税服务厅更正过的，或扣缴端没有历史申报数据的，需前往办税服务厅更正。

⑦ 为避免因错误更正而导致原始记录丢失，每次启动更正时，系统会自动导出一份当前有效的申报记录指定路径（默认为桌面），供扣缴单位留存备用。每次导出的备份文件可根据时间不同进行区分。

问题 290 综合所得申报作废

综合所得个人所得税预扣预缴申报成功之后，在当前所得月份未缴款的前提下，可以使用预扣预缴申报作废功能，对已申报的数据进行作废处理。

预扣预缴更正申报与作废申报的区别在于，申报成功后是否已缴税款。已缴款时只能更正申报，无法作废申报表，申报作废操作步骤如下。

（1）当申报表报送界面下申报类型为正常申报，申报状态为申报成功未扣款或申报成功无需缴款时，发现已申报数据有误，点击【作废申报】，操作界面如图 128 所示。

图 128 作废申报

（2）点击【确定】，提交作废申请，操作界面如图 129 所示。

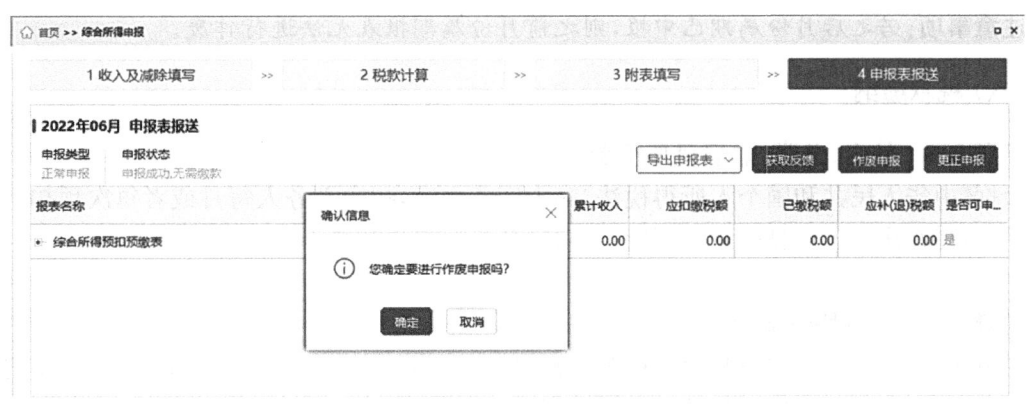

图 129 提交作废申请

（3）点击【作废申报】后申报类型为正常，申报状态为作废处理中，稍后点击【获取反馈】查看作废结果，操作界面如图 130 所示。

图 130　获取作废申报反馈

（4）反馈信息为作废成功,则说明已经作废成功当月已申报数据。同时申报状态变更为未申报,按正常流程重新填写申报即可;反馈信息为作废失败,则申报状态变更为作废前的状态,即申报成功状态,操作界面如图131所示。

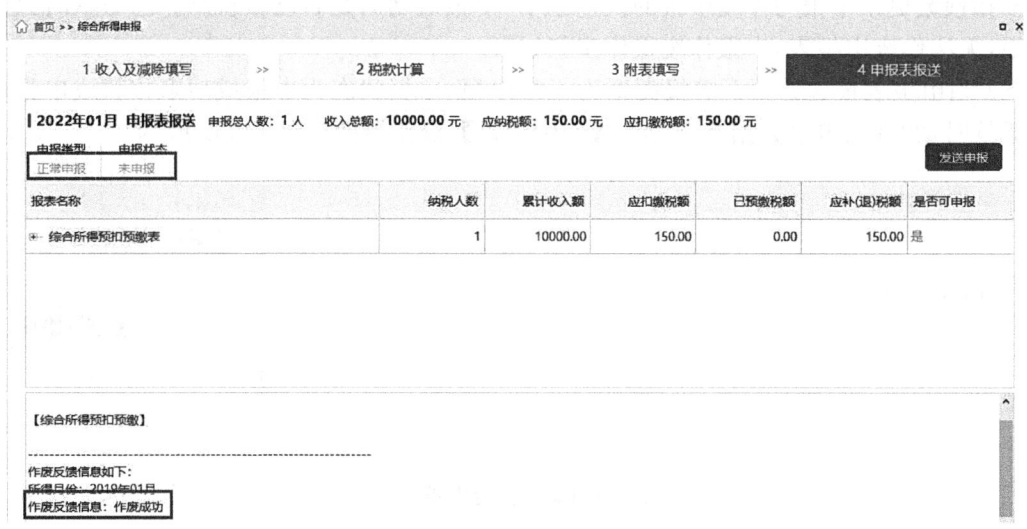

图 131　反馈信息

注意事项:若之后月份属期已申报,则之前月份属期报表无法进行作废。

(六) 税款缴纳

问题 291　综合、分类、非居民所得缴款

根据《中华人民共和国个人所得税法》第十四条规定,扣缴义务人每月或者每次预扣、代扣的税款,应当在次月十五日内缴入国库,并向税务机关报送扣缴个人所得税申报表。

问题 292　三方协议缴税

三方协议缴款:单位需要和税务机关、银行签订《委托银行代缴税款协议书》才能使用"三方协议缴款"方式。已经签订过的,不需要重新签订;操作说明如下。

（1）申报表申报成功后,若采用三方协议缴款方式,则点击【税款缴纳】→【三方协议缴款】,界面下方显示应缴未缴税款相关内容,包括:所得月份、申报表、征收品目、税率、税款所属期起止、应补(退)税额以及缴款期限,操作界面如图132所示。

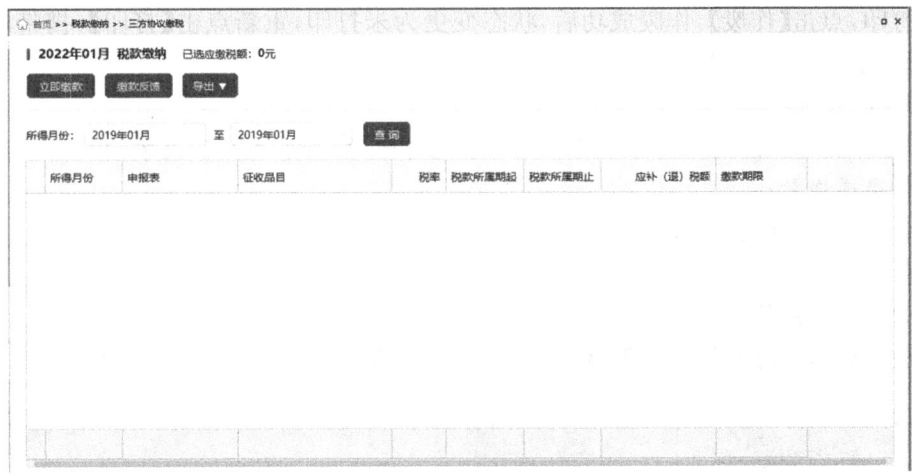

图 132　三方协议缴款

（2）点击【立即缴款】，系统自动获取企业三方协议，并核对信息是否存在及正确。确认三方协议的开户行、账户名称等基本信息无误后，点击【确认扣款】发起缴款，进度条刷新完毕后得到缴款结果，即完成缴款。

问题 293　银行端查询缴税

银行端查询缴税：打印银行端查询缴税凭证后至商业银行缴款，部分地区有该功能。该功能需要当地银行系统支持，因此银行不支持的部分地区未开通，未开通的地区无此功能菜单。操作说明如下。

申报表申报成功后，点击【税款缴纳】→【银行端查询缴税】，界面下方显示欠税相关内容，包括：申报种类、申报类别、纳税人数、收入总额、应扣缴税额、打印状态、首次打印时间、缴款凭证税额（含滞纳金）等，操作界面如图 133 所示。

图 133　银行端查询缴税

选择需要缴款的申报记录，点击【打印】，携带打印出来的银行端查询缴税凭证在凭证上注明的限缴期限前至商业银行柜台进行缴款，逾期将需要作废重新打印并可能产生滞纳金。若需要重新打印,点击【作废】,作废成功后,状态变更为未打印,重新点击【打印】,携带最新银行端查询缴税凭证至银行缴款。

注意事项:

① 只针对本地申报成功且尚未缴纳的记录进行缴款,如果客户端重装,申报数据丢失,只能通过其他渠道缴款;

② 打印状态为"已打印",缴款状态为"已缴款"的,不允许作废。

问题 294　历史查询

发起缴款后,可在【查询统计】—【缴费记录查询】查询缴款状态,操作界面如图 134 所示。

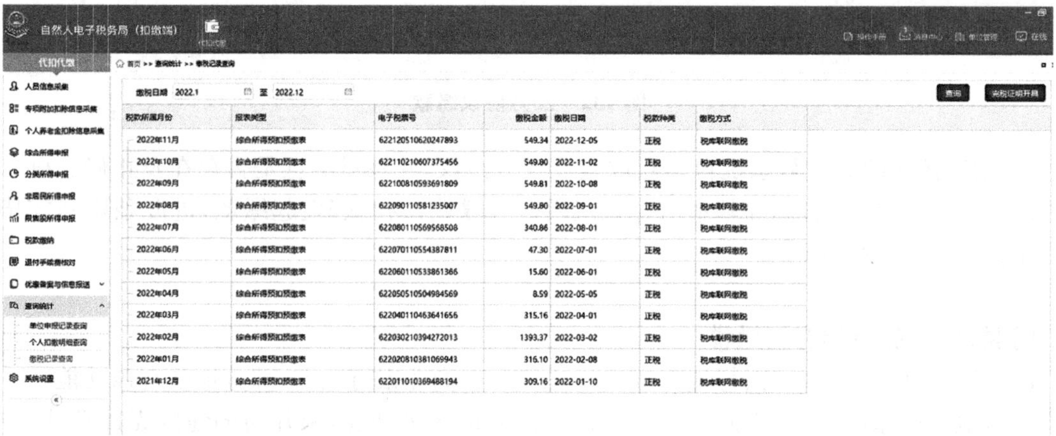

图 134　历史查询

问题 295　完税证明

缴款成功后,点击【查询统计】—【缴费记录查询】—【完税证明开具】,选择税款所属期起止时间后点击【查询】按钮查询申报记录。选择需要开具完税证明的申报表后点击【完税证明开具】按钮开具完税证明,注意申报成功且扣款成功的记录才支持开具完税证明,操作界面如图 135 所示。

图 135　完税证明

问题296 单位申报记录查询

单位申报记录查询用于对已申报所得申报表数据,申报表明细数据和代扣代缴个人纳税情况的查询,操作说明如下。

点击左侧功能菜单【查询统计】→【单位申报记录查询】,进入"单位申报记录查询"界面。税款所属期起止默认显示为最近一条申报记录的归属月份往前跨度12个月,点击【查询】则查询到所选属期申报成功的各类所得数据,查询出的数据若需要保存电子档点击【导出】即可,操作界面如图136所示。

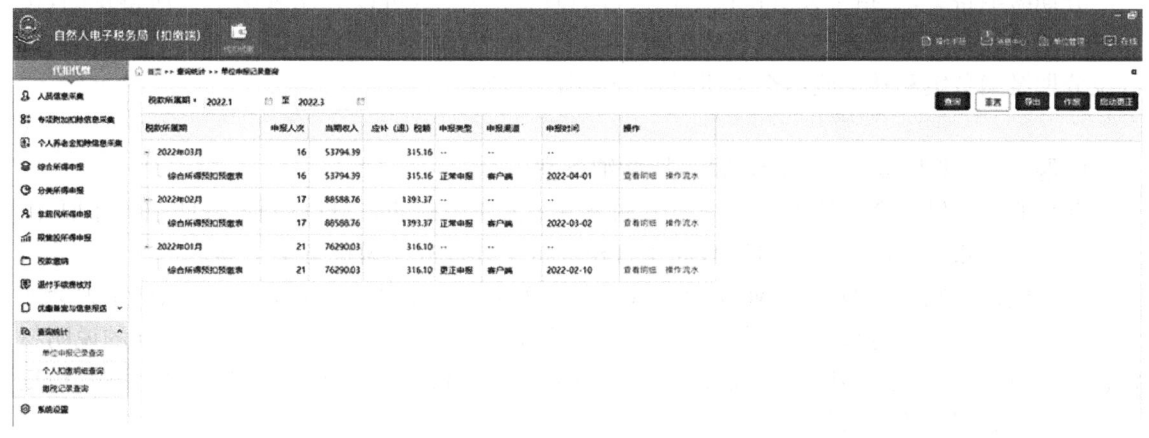

图136 单位申报记录查询

问题297 个人扣缴明细查询

个人扣缴明细查询用于查询单个员工按所得项目汇总的明细数据。2019年新税制下查询统计数据时税款所属期起只能从2019年1月以后开始,且跨度不能大于12个月,2019年之前的数据需要切换到旧版进行查询。操作说明如下。

点击左侧功能菜单【查询统计】→【个人扣缴明细查询】,进入"个人扣缴明细查询"界面。税款所属期起止默认显示为当年1月至系统当前时间的上月,操作界面如图137所示。

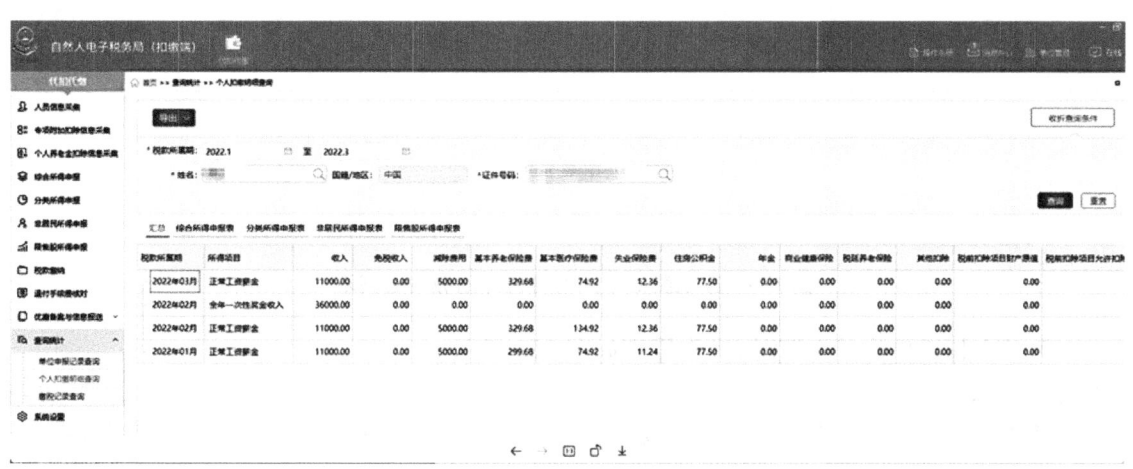

图137 个人扣缴明细查询

申报表类型默认是汇总,报表可以选择"汇总""综合所得申报表""分类所得申报表""非居民所得申报表"和"限售所得申报表",选择"姓名""国籍/地区""证照号码"之后点击【查询】进行条件查询。

三、特殊征免规定备案表

(一) 分期缴纳备案表

分期缴纳备案,是指个人所得税纳税人按照政策的规定,可以分期缴纳个人所得税的,按规定由纳税人或扣缴义务人向主管机关报送相关资料进行备案。具体可分为股权奖励个人所得税分期缴纳备案和转增股本个人所得税分期缴纳备案。

问题 298 股权奖励个人所得税分期缴纳备案

获得股权奖励的企业技术人员需要分期缴纳个人所得税的,应自行制定分期缴税计划,由企业于发生股权奖励的次月 15 日内,向主管税务机关办理分期缴税备案手续。

办理股权奖励分期缴税,企业应向主管税务机关报送高新技术企业认定证书、股东大会或董事会决议、《个人所得税分期缴纳备案表(股权奖励)》、相关技术人员参与技术活动的说明材料、企业股权奖励计划、能够证明股权或股票价格的有关材料、企业转化科技成果的说明、最近一期企业财务报表等。操作说明如下。

(1) 在【分期备案类别】中选择"股权奖励个人所得税分期缴纳备案表",操作界面如图 138 所示。

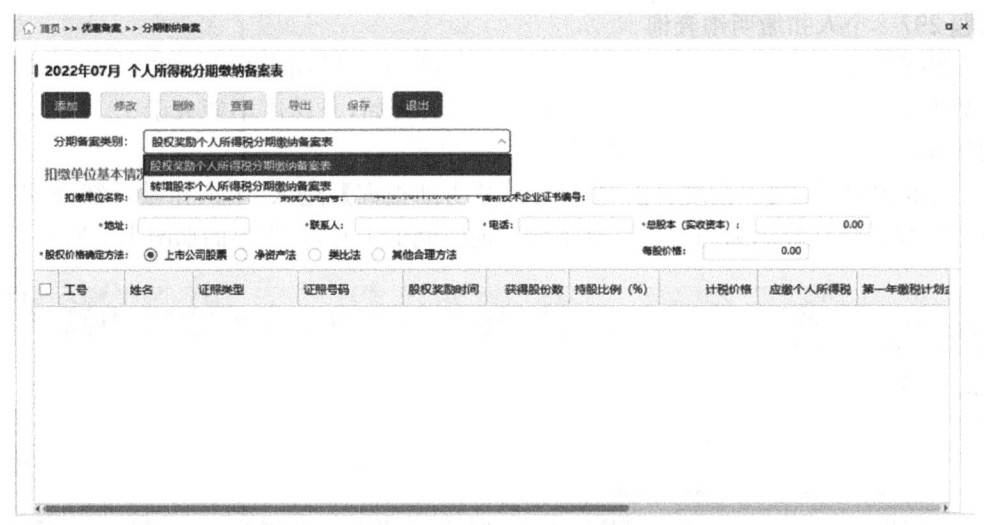

图 138 股权奖励个人所得税分期缴纳备案表

(2) 录入扣缴单位基本情况,操作界面如图 139 所示。

注意事项:

①【高新技术企业证书编号】:填写高新技术企业认定部门核发的有效期内的高新技术企业证书编号。

②【股权价格确定方法】:根据适用的公平市场价格确定方法勾选。选择其他合理方法

第三章 综合所得

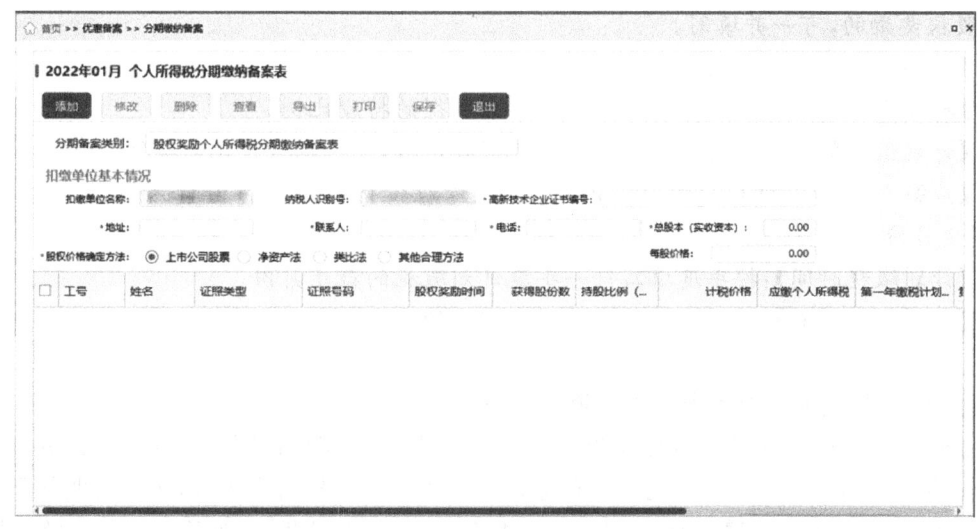

图139 扣缴单位基本情况

的,应在横线中写明具体方法名称。

③【每股价格】:填写按照股权价格确定方法计算的每股价格。

(3)录入扣缴单位基本情况后,点击【添加】,录入申请人员的具体备案信息,操作界面如图140所示。

图140 备案信息填写

注意事项:

①【股权奖励时间】:填写纳税人实际获得股权奖励的具体日期。纳税人在一个月份中多

317

次取得股权奖励的,可一并填写。

②【获得股份数】:填写纳税人实际取得的股权份额。

③【持股比例(0—100%)】:填写纳税人实际取得的持股比例。

④【计税价格】:计税价格=每股价格×获得股份数,或根据持股比例换算。

⑤【应缴个人所得税】:应缴个人所得税=(计税价格÷规定月份数×税率-速算扣除数)×规定月份数。

⑥【计划缴税时间】:按年度填写每一年度计划缴税的截止月份。

⑦【计划缴税金额】:填写每一年度计划分期缴纳的个人所得税金额。

问题299 转增股本个人所得税分期缴纳备案

企业转增股本涉及的股东需要分期缴纳个人所得税的,应自行制定分期缴税计划,由企业于发生转增股本的次月15日内,向主管税务机关办理分期缴税备案手续,操作说明如下。

(1) 在【分期备案类别】中选择"转增股本个人所得税分期缴纳备案表",操作界面如图141所示。

图141 分期缴纳备案表

①【高新技术企业证书编号】:填写高新技术企业认定部门核发的有效期内的高新技术企业证书编号。

②【年销售额】:填写企业上一个会计年度的主营业务收入。

③【资产总额】【员工人数】【总股本(实收资本)】:填写企业转增股本当月相关数据。

④ 转增股本情况:填写企业转增股本的相关情况。

(2) 录入扣缴单位基本情况及转增股本情况后,点击【添加】,录入申请人员的具体备案信息,操作界面如图142所示。

①【计税价格】:计税价格=(未分配利润转增金额+盈余公积转增金额+资本公积转增金额)×持股比例×100%。

②【应缴个人所得税】:应缴个人所得税=计税金额×20%。

③【计划缴税时间】:按年度填写每一年度计划缴税的截止月份。

图 142　分期缴纳备案表

④【计划缴税金额】：填写每一年度计划分期缴纳的个人所得税金额。

（二）递延纳税备案

符合《财政部 国家税务总局关于完善股权激励和技术入股有关所得税政策的通知》（财税〔2016〕101 号）、《国家税务总局关于做好股权激励和技术入股所得税政策贯彻落实工作的通知》（税总函〔2016〕496 号）、《国家税务总局关于股权激励和技术入股所得税征管问题的公告》（国家税务总局公告〔2016〕62 号）规定条件的单位和纳税人，需要办理递延纳税备案，应于股票（权）期权行权、限制性股票解禁、股权奖励获得之次月 15 日内，填报备案表向主管税务机关报送备案，上市公司人员获得股权激励或奖励，符合上述规定，需要申请延期纳税的，应自股票期权行权、限制性股票解禁、股权奖励获得之次月 15 日内，向主管税务机关报送《上市公司股权激励个人所得税延期纳税备案表》；个人因非上市公司实施股权激励或以技术成果投资入股取得的股票（权），实行递延纳税期间，扣缴义务人应于每个纳税年度终了后 30 日内，向主管税务机关报送《个人所得税递延纳税情况年度报告表》。

递延纳税备案，包含《非上市公司递延纳税备案表》《上市公司递延纳税备案表》《技术成果投资入股递延纳税备案表》以及《递延纳税情况年度报告表》。

问题 300　非上市公司股权激励个人所得税递延纳税备案

非上市公司授予本公司员工的股票期权、股权期权、限制性股票和股权奖励，符合规定条件的，经向主管税务机关备案，可实行递延纳税政策，即员工在取得股权激励时可暂不纳税，递延至转让该股权时纳税。

股权转让时,按照股权转让收入减除股权取得成本以及合理税费后的差额,适用"财产转让所得"项目,按照20%的税率计算缴纳个人所得税。股票(权)期权取得成本按行权价确定,限制性股票取得成本按实际出资额确定,股权奖励取得成本为零。操作说明如下。

(1) 在【递延备案类别】中选择"非上市公司递延纳税备案表",操作界面如图143所示。

图143　递延纳税备案表

(2) 录入公司基本情况和股权激励基本情况,操作界面如图144所示。

图144　基本情况和股权激励基本情况

注意事项:

① 【公司名称】:填写实施股权激励的非上市公司法定名称全称,自动带出。

② 【纳税人识别号】:填写纳税人识别号或统一社会信用代码,系统自动带出。

③【联系人】：填写非上市公司负责办理股权激励及相关涉税事项人员的姓名。

④【联系电话】：填写非上市公司负责办理股权激励及相关涉税事项人员的联系电话。

⑤【股权激励方式】：根据实施股权激励的形式勾选，至少选择一种。

⑥【股权奖励人数】：根据所填写股权激励人员自动汇总。

⑦【近 6 个月平均人数】：填写股票（权）期权行权、限制性股票解禁、股权奖励获得之上月起向前 6 个月"工资、薪金所得"项目全员全额扣缴明细申报的平均人数。如，某公司实施一批股票期权并于 2017 年 1 月行权，则按照该公司 2016 年 7 月、8 月、9 月、10 月、11 月、12 月"工资、薪金所得"项目全员全额扣缴明细申报的平均人数计算。计算结果按四舍五入取整。

⑧ 实施"股权奖励"公司填写：填写实施股权奖励企业的有关情况。以技术成果投资入股到其他境内居民企业所取得的股权实施股权奖励的，填写本栏。以本公司股权为股权奖励标的，无须填报本栏。

⑨【本公司是否为限制性行业】：实施股权奖励公司根据本公司上一纳税年度主营业务收入占比最高的行业，确定是否属于《股权奖励税收优惠政策限制性行业目录》（表 142）所列行业。属于所列行业选"是"，不属于所列行业选"否"。

⑩【标的公司名称】：以其他境内居民企业股权实施股权奖励的，填写用以实施股权奖励的股权标的公司法定名称全称。

⑪【标的公司纳税人识别号】：以其他境内居民企业股权实施股权奖励的，填写用以实施股权奖励的股权标的公司的纳税人识别号或统一社会信用代码。

⑫【标的公司是否为限制性行业】：以其他境内居民企业股权实施股权奖励的，根据标的公司上一纳税年度主营业务收入占比最高的行业，确定是否属于《股权奖励税收优惠政策限制性行业目录》（表 138）所列行业。属于所列行业选"是"；不属于所列行业选"否"。

（3）点击【添加】，录入申请人员的具体备案信息，操作界面如图 145 所示。

图 145　具体备案信息

注意事项：

①【姓名】：下拉选择或录入需要申报的人员姓名，若该人员未在人员信息采集中采集过，需先进行人员信息采集。

②【证照类型】及【证照号码】：根据选择的人员姓名自动带出。

股票(权)期权：以股票(权)期权形式实施激励的企业填写本栏，没有则不填。

③【授予日】：股票(权)期权计划中，授予被激励对象股票(权)期权的实际日期。

④【行权日】：根据股票(权)期权计划，行权购买股票(权)的实际日期。

⑤【可出售日】：根据股票(权)期权计划，股票(权)期权同时满足自授予日起持有满3年且自行权日起持有满1年条件后，实际可以对外出售的日期。

⑥【取得成本】：被激励对象股票(权)期权行权时，按行权价实际出资的金额。

⑦【股数】：被激励对象实际取得的股数。

⑧【持股比例(0—100%)】：填写被激励对象实际取得的股数以及对应的持股比例。

限制性股票：以限制性股票形式实施激励的企业填写本栏，没有则不填。

⑨【授予日】：填写限制性股票计划中，授予被激励对象限制性股票的实际日期。

⑩【解禁日】：填写根据限制性股票计划，被激励对象取得限制性股票达到规定条件而解除出售限制的具体日期。

⑪【可出售日】：填写根据限制性股票计划，限制性股票同时满足自授予日起持有满3年且解禁后持有满1年条件后，实际可以对外出售的日期。

⑫【取得成本】：填写被激励对象取得限制性股票时的实际出资金额。

⑬【股数】：被激励对象实际取得的股数。

⑭【持股比例(0—100%)】：填写被激励对象实际取得的股数对应的持股比例。

股权奖励：以股权奖励形式实施激励的企业填写本栏，没有则不填。

⑮【授予日】：填写授予被激励对象股权奖励的实际日期。

⑯【可出售日】：填写根据股权奖励计划，自获得奖励之日起持有满3年后，实际可以对外出售的日期。

⑰【股数】：被激励对象实际取得的股数。

⑱【持股比例(0—100%)】：被激励对象实际取得的股数对应的持股比例。

问题301　上市公司股权激励个人所得税延期纳税备案

上市公司授予个人的股票期权、限制性股票和股权奖励，经向主管税务机关备案，个人可自股票期权行权、限制性股票解禁或取得股权奖励之日起，在不超过12个月的期限内缴纳个人所得税。操作说明如下：

（1）在【递延备案类别】中选择"上市公司延期纳税备案表"，录入公司基本情况和股权激励方式，操作界面如图146所示。

注意事项：

①【股票代码】：填写实施股权激励的上市公司股票代码。

②【股权激励方式】：根据实施股权激励的形式勾选，至少选择一种。

（2）点击【添加】，录入申请人员的具体备案信息，操作界面如图147所示。

图 146　上市公司延期纳税备案表

图 147　录入具体备案信息

注意事项：

①【任职受雇月数】：填写被激励对象在本公司实际任职受雇月份数。

股票期权：以股票期权形式实施激励的企业填写本栏。没有则不填。

②【行权日】：填写根据股票期权计划，行权购买股票的实际日期。

③【行权日市价】：填写被激励对象所持股票行权购买日的收盘价。

④【行权价】：填写被激励对象股票期权行权时，实际出资的每股金额。

⑤【行权股数】：填写被激励对象本次行权取得的股票数量。

限制性股票:以限制性股票形式实施激励的企业填写本栏,没有则不填。

⑥【股票登记日】:填写被激励对象取得的限制性股票在中国登记结算公司进行股票登记的日期。

⑦【股票登记日市价】:填写股票登记日的收盘价。

⑧【解禁日】:填写根据限制性股票计划,被激励对象取得限制性股票达到规定条件而解除出售限制的具体日期。

⑨【解禁日市价】:填写股票解禁日的收盘价。

⑩【实际出资总额】:填写被激励对象为获取限制性股票实际支付资金数额。

⑪【本批次解禁数】:填写本次股票解禁的股数。

⑫【总股票数】:填写被激励对象获取的限制性股票总数。

股权奖励:以股权奖励形式实施激励的企业填写本栏。没有则不填。

⑬【授予日】:填写授予被激励对象获得股票的实际日期。

⑭【授予日市价】:填写股票授予日的收盘价。

⑮【奖励股票数】:填写被激励对象获取的股票总数。

问题302　技术成果投资入股个人所得税递延纳税备案

个人以技术成果投资入股到境内居民企业,被投资企业支付的对价全部为股票(权)的,个人可选择继续按现行有关税收政策执行,也可选择适用递延纳税优惠政策。选择技术成果投资入股递延纳税政策的,经向主管税务机关备案,投资入股当期可暂不纳税,允许递延至转让股权时,按股权转让收入减去技术成果原值和合理税费后的差额计算缴纳所得税。个人选择适用上述任一项政策,均允许被投资企业按技术成果投资入股时的评估值入账并在企业所得税前摊销扣除。操作说明如下:

(1) 在【递延备案类别】中选择"技术成果投资入股递延纳税备案表",录入被投资单位基本情况、技术成果基本情况和技术成果投资入股情况,操作界面如图148所示。

图148　技术成果投资入股递延纳税备案表

注意事项：

①【技术成果名称】：填写技术成果的标准名称。

②【技术成果类型】：是指《财政部 国家税务总局关于完善股权激励和技术入股有关所得税政策的通知》（财税〔2016〕101号）规定的专利技术（含国防专利）、计算机软件著作权、集成电路布图设计专有权、植物新品种权、生物医药新品种，以及科技部、财政部 国家税务总局确定的其他技术成果。

③【发证部门】：填写颁发技术成果证书的部门全称。

④【技术成果证书编号】：填写技术成果证书上的编号。

⑤【涉及人数】：根据所填写技术成果投资入股人员自动汇总。

⑥【评估价】：填写技术成果投资入股按照协议确定的公允价值。

⑦【技术成果原值】：填写个人发明或取得该项技术成果过程中实际发生的支出。

⑧【合理税费】：填写个人以技术成果投资入股过程中按规定实际支付的有关税费。

（2）点击【添加】，录入申请人员的具体备案信息，操作界面如图149所示。

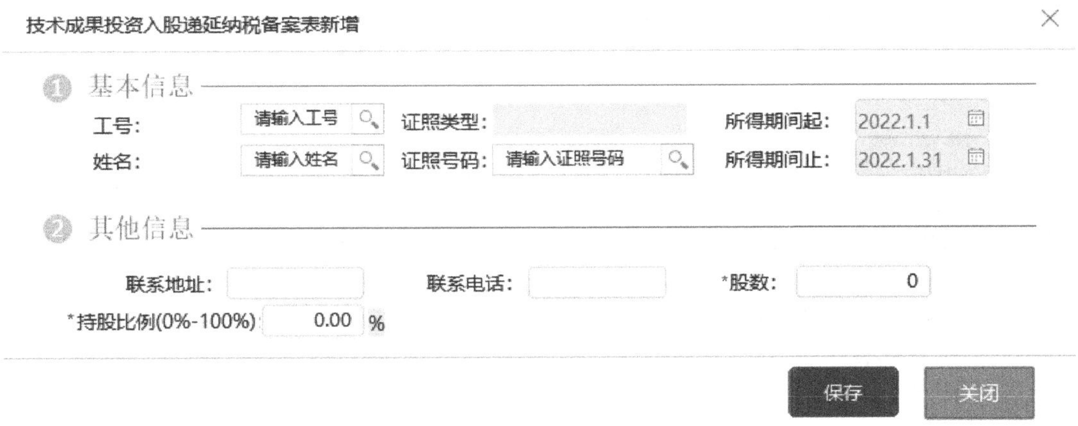

图149 录入具体备案信息

注意事项：

①【联系地址】【联系电话】：填写技术成果投资入股个人的有效联系地址和常用联系电话。

②【股数】：填写个人因技术成果投资入股获得的股票（权）数。

③【持股比例(0—100％)】：填写个人因技术成果投资入股获得的股票（权）数对应的持股比例。

问题303 递延纳税情况年度报告表

适用于实施符合条件股权激励的非上市公司和取得个人技术成果的境内公司，在递延纳税期间向主管税务机关报告个人相关股权持有和转让情况，操作说明如下：

（1）在【递延备案类别】中选择"递延纳税情况年度报告表"后选择对应的"股权激励方式"，操作界面如图150所示。

图 150　递延纳税情况年度报告表

（2）点击【添加】，录入申请人员的具体备案信息，操作界面如图 151 所示。

图 151　递延纳税情况年度报告表

注意事项：

①【转让股数】【持股比例】：填写个人实际转让或剩余的享受递延纳税优惠的股票（权）数以及对应的持股比例。若非上市公司因公司注册类型限制，难以用股票（权）数体现个人相关权益的，可只填列持股比例，持股比例按照保留小数点后两位填写。

②【扣缴个人所得税】：填写个人转让递延纳税的股权，扣缴义务人实际扣缴的个人所得税。

（三）科技成果备案

问题 304　科技成果转化备案

将职务科技成果转化为股份、投资比例的科研机构、高等学校或者获奖人员，应在授

(获)奖的次月 15 日内向主管税务机关办理暂不征收个人所得税备案,操作说明如下:

(1) 点击【优惠备案】→【科技成果转化备案】→【添加】,在弹出的备案信息填写界面录入申请人员的具体备案信息,操作界面如图 152 所示。

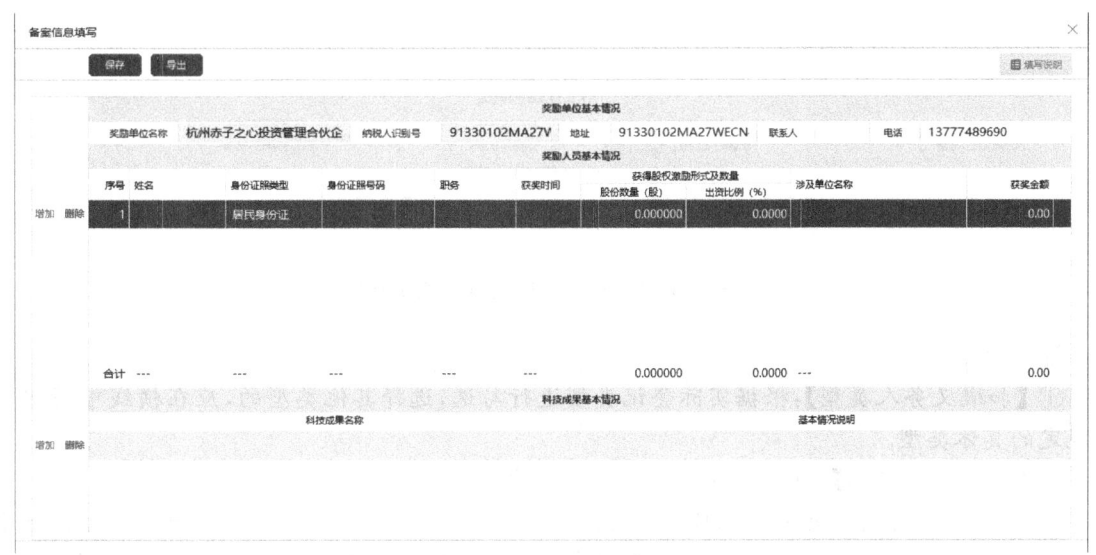

图 152　添加科技成果转化备案

注意事项:

①【职务】:填写获得奖励的纳税人在科研机构或高等学校中担任的职务。

②【获奖时间】:填写纳税人实际获得奖励的具体日期。纳税人在备案时限内多次取得奖励的,需分别填写。

③【获得股权激励形式及数量】:在对应奖励形式下填写纳税人实际取得的股份数量或出资比例。

④【涉及单位名称】:填写股份或出资比例等被用作奖励的单位名称。纳税人奖励涉及多家单位的,可一并填写。

⑤【获奖金额】:填写纳税人获得奖励的股份、出资比例等股权的价值。

⑥【科技成果名称】:填写科技成果的标准名称。

⑦【基本情况说明】:对科技成果的基本情况进行简要说明。

(2) 具体情况信息填写后点击【保存】,在科技成果转化备案主界面点击【发送申报】,之后【获取反馈】查看备案结果。

问题 305　科技成果转化现金奖励备案

依法批准设立的非营利性研究开发机构和高等学校(以下简称非营利性科研机构和高校)根据《中华人民共和国促进科技成果转化法》规定,从职务科技成果转化收入中给予科技人员的现金奖励,可减按 50% 计入科技人员当月"工资、薪金所得",依法缴纳个人所得税。操作说明如下:

(1) 点击【优惠备案】→【科技成果转化现金奖励备案】→【添加】,在弹出的备案信息填写界面录入申请人员的具体备案信息,操作界面如图 153 所示。

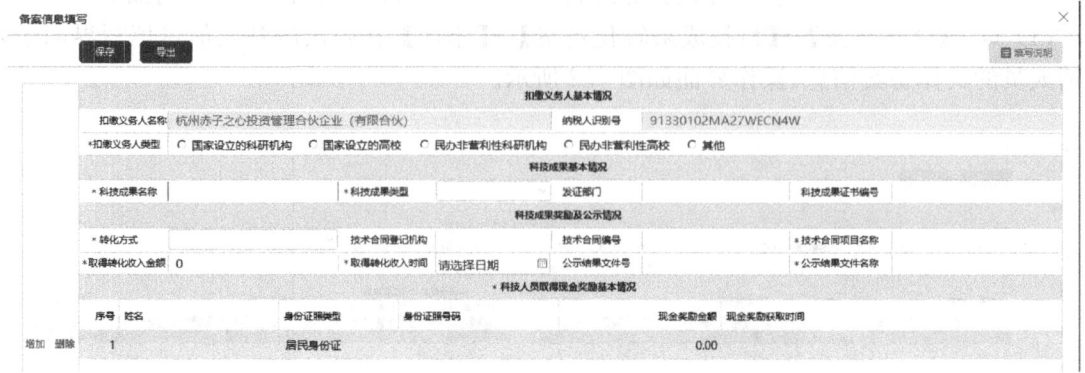

图 153　添加科技成果转化现金奖励备案

注意事项：

①【扣缴义务人类型】：根据实际登记类型进行勾选，选择其他类型的，应在横线中写明符合规定的具体类型。

②【科技成果名称】：填写科技成果的标准名称。

③【科技成果类型】：填写专利技术（含国防专利）、计算机软件著作权、集成电路布图设计专有权、植物新品种权、生物医药新品种，或科技部、财政部 国家税务总局确定的其他科技成果。

④【发证部门】：填写颁发科技成果证书的部门全称。

⑤【科技成果证书编号】：填写科技成果证书上的编号。

⑥【转化方式】：根据实际转化方式进行选择。

⑦【技术合同登记机构】：填写技术合同登记机构全称。

⑧【取得转化收入金额】：填写扣缴义务人本次发放现金奖励对应的职务科技成果转化收入金额。

⑨【取得转化收入时间】：填写扣缴义务人本次发放现金奖励对应的职务科技成果转化收入实际取得时间。

⑩【公示结果文件文号】：填写列明科技人员取得现金奖励公示结果的文件文号。

⑪【公示结果文件名称】：填写列明科技人员取得现金奖励公示结果的文件名称。

⑫【姓名】：取得现金奖励科技人员的姓名，中国境内无住所个人，其姓名应当于中、外文同时填写。

⑬【现金奖励金额】：填写科技人员实际取得的现金奖励金额。

⑭【现金奖励取得时间】：填写科技人员实际取得的现金奖励时间。

（2）具体情况信息填写后点击【保存】，在科技成果转化现金奖励备案主界面点击【发送申报】，晚点【获取反馈】查看备案结果。

四、居民个人汇算清缴

（一）自行办理

1. 网页 Web 端简易申报

依据政策规定，需要办理年度汇算的纳税人需要向税务机关申报并办理退税或补税。

使用网页 Web 端申报,可以从以下入口进入年度汇算:(1)从首页的【常用业务】区块的【综合所得年度汇算】;(2)从顶部菜单【我要办税】—【税费申报】下的【综合所得年度汇算】进入,如图 154、图 155 所示。

图 154　网页 Web 端年度汇算入口一

图 155　网页 Web 端年度汇算入口二

问题 306　年度汇算清缴申报入口

居民个人在上一年度内取得的综合所得收入额未超过 6 万元且已预缴税款,可通过简易申报申请退税,进入简易申报流程,如图 156 所示。

图156 简易申报进入申报流程

【提示】简易申报不支持新增与修改,若要新增、修改收入等数据,需切换至标准申报进行相应操作。

问题307 确认申报表信息

(1)核对个人基础信息、汇缴地、查看收入明细数据,确认已缴税额,如图157、图158所示,若确认申报数据无误,可跳过第(2)步直接提交申报,进入【申请退税】。

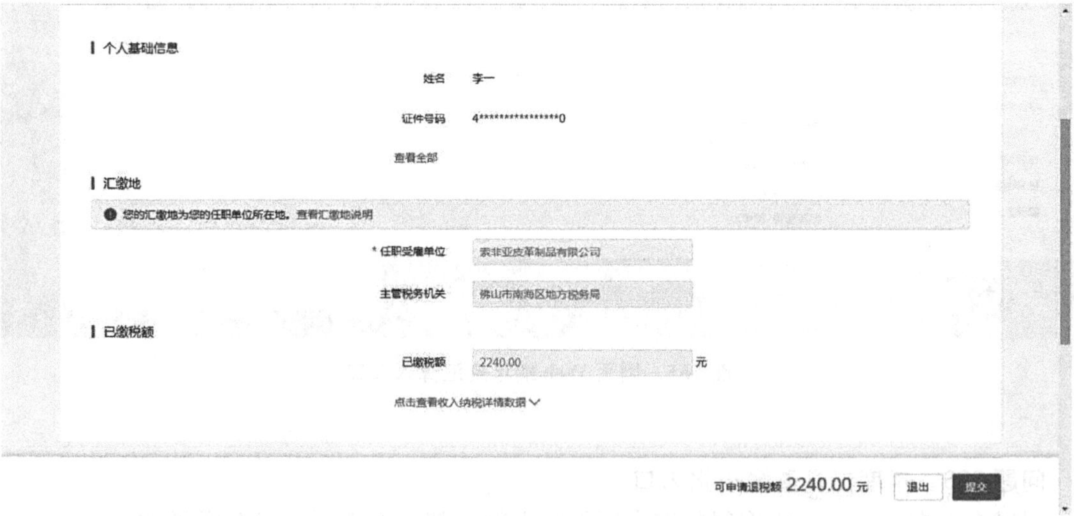

图157 核对个人信息

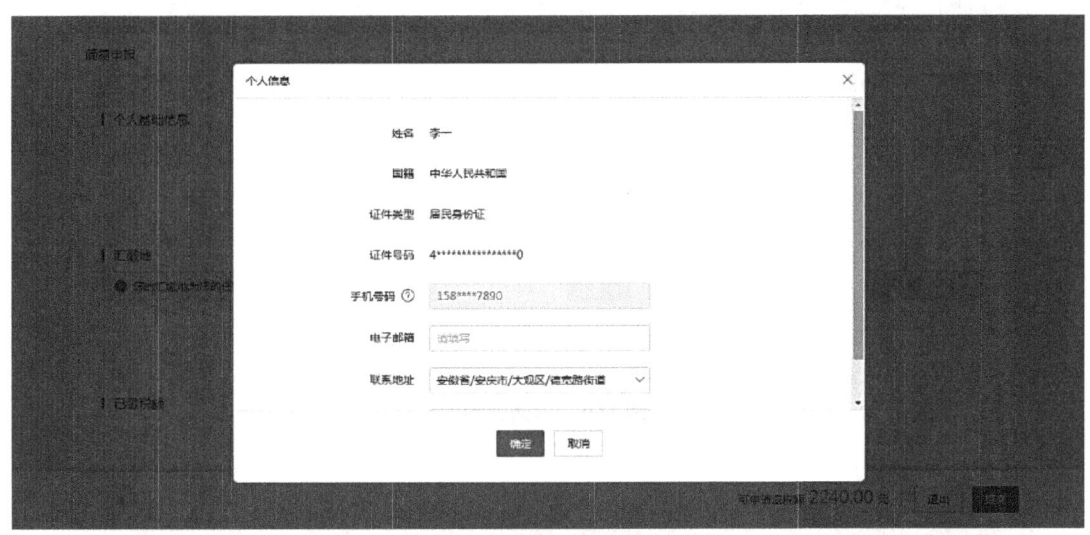

图 158 核对身份信息

（2）进行申诉或删除：如认为某条收入信息非本人取得，可对收入明细数据进行【申诉】【删除】。

纳税人必须是在本人未取得该笔收入的前提下，才可以进行【申诉】或【删除】的操作，如图 159 所示，操作后，相应收入均不纳入年度汇算。

图 159 申诉或删除

问题 308　申请退税

（1）在申报提交完成页面上，选择【申请退税】，如图 160 所示。

（2）进入银行卡选择界面，会自动带出已添加的银行卡。也可以点击【添加】，添加银行卡信息，如图 161 所示。

图 160 申请退税

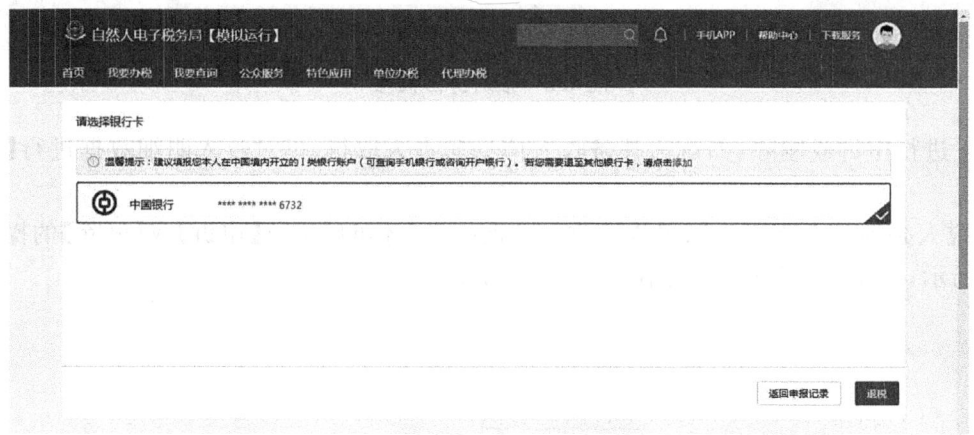

图 161 添加银行卡

【提示】退税使用的银行卡,建议选择一类银行卡,若选择二类三类卡存在退税失败风险,可以通过电话银行、网上银行或到银行网点查询银行卡是否属于一类卡。

请确保退税账户在收到退税前处于正常状态,账户挂失、未激活、注销等均会造成退税不成功。

(3)选择银行卡后提交退税申请,可以看到退税申请进度,如图 162 所示。

图 162 提交退税申请

(4) 如果银行卡不在身边,或者暂时不办理退税,可以点击【暂不处理,返回首页】。后续可再次发起退税申请,如图 163、图 164 所示。

图 163　暂不处理,返回首页

图 164　再次发起退税申请

问题 309　更正与作废

可通过【查询】—【申报信息查询】—【申报查询(更正/作废申报)】查看已申报情况。若发现申报有误,可点击【修改】或【作废】,如图 165、图 166、图 167 所示。

图 165　申报查询(更正/作废申报)

图 166　作废查看

图 167　修改作废

【提示】缴款成功或发起退税申请后,若发现错误需要修改,可通过更正申报进行处理。若退税进度显示"税务机关正在审核",也可撤销退税申请,作废原申报后重新申报。

【申诉】和【删除】区别在于,【申诉】后,相应记录将进入税务系统内部异议申诉环节进行处理;而【删除】后,相应记录不进入异议申诉环节。对某条记录进行申诉或删除后,可以"撤销申诉"或"恢复删除"。

如需要税收完税证明,可通过【我要查询】—【申报查询(更正/作废申报)】—【已完成】查看缴税记录,点击【转开完税证明】开具。

2. 网页 Web 端标准申报

居民个人当年度综合所得年收入额超过 6 万元时,可以在 3 月 1 日至 6 月 30 日内,通过标准申报办理年度汇算。居民个人取得境外所得的,请到办税服务厅办理。

若存在非居民个人所得税申报记录,系统不提供预填,您需要自行填写申报表。

2.1　选择预填报服务

问题 310　进入预填报申报

进入申报界面,选择【使用已申报数据填写】,如图 168、图 169 所示。

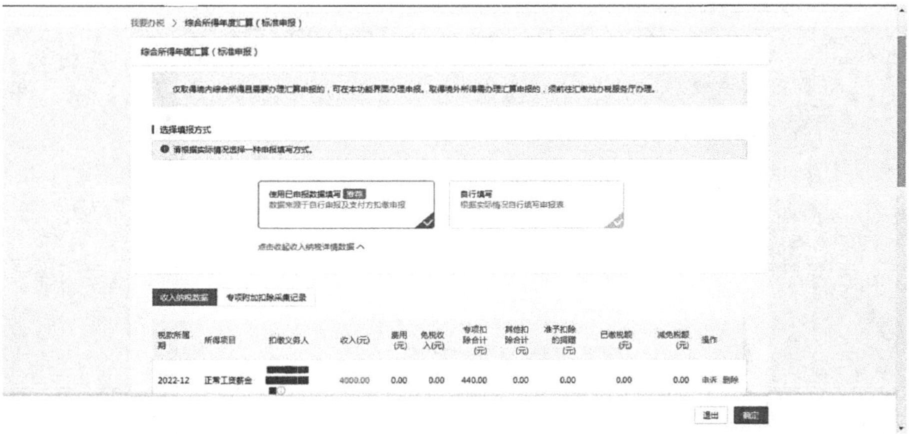

第三章 综合所得

图 168 填报方式选择使用已申报数据填写

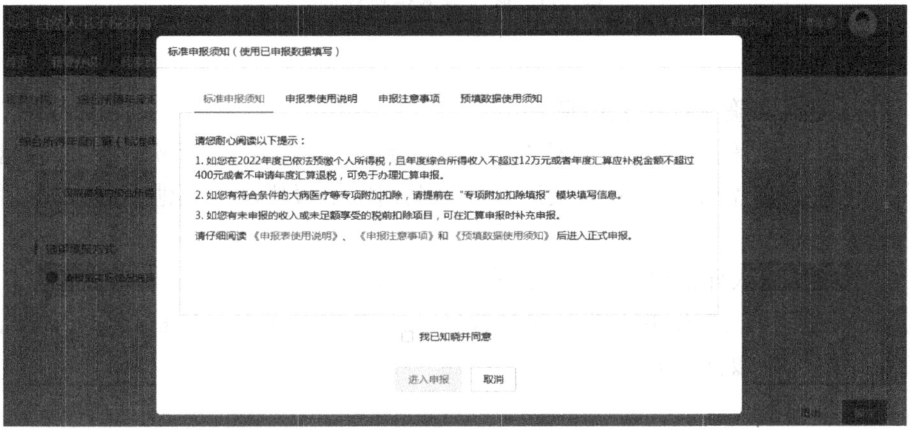

图 169 标准申报进入界面

问题 311 确认基本信息

基本信息页面支持修改"电子邮箱、联系地址"信息,选择本次申报的汇缴地,如图 170、图 171 所示。

图 170 确认基本信息界面

335

图 171　修改基本信息界面

问题 312　生成和确认申报表信息

系统将自动归集纳税人在纳税年度的收入纳税数据[工资薪金、劳务报酬(保险营销员、证券经纪人)、特许权使用费所得],并直接进行预填至相应申报栏次。其他劳务报酬和稿酬所得的填报,见问题 301。

点击对应项目,进入详情界面核对,如图 172 所示。

也可点击对应项目,进入详情界面核对若确认申报数据无误,可跳过修改申报表信息步骤,直接提交申报进行缴款或退税。

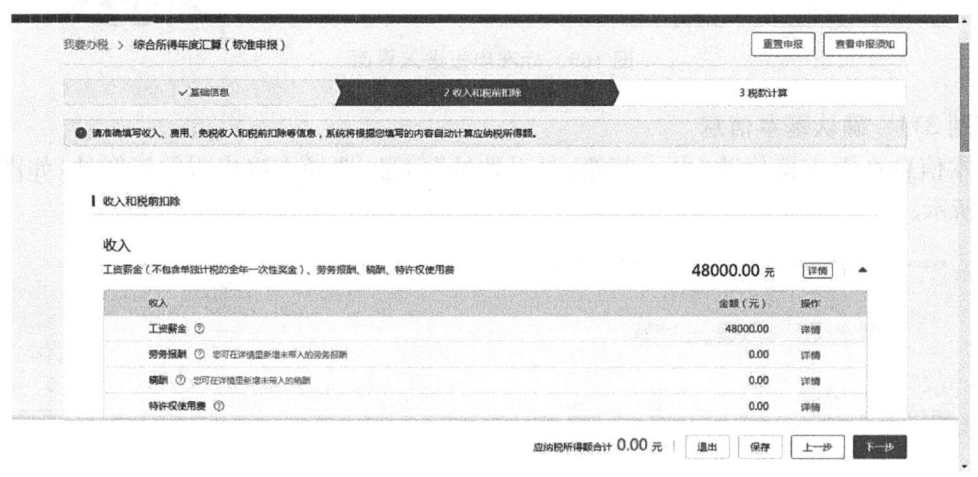

图 172　生成和确认申报表信息

问题 313　修改申报表信息

需要修改已预填的申报数据,可修改对应明细表或附表。在收入列表界面,可分所得项目,进行收入的【新增】和【修改】。如认为某条收入信息非本人取得,可进行【申诉】【删除】。操作后,相应收入均不纳入年度汇算,如图 173 至图 176 所示。

第三章 综合所得

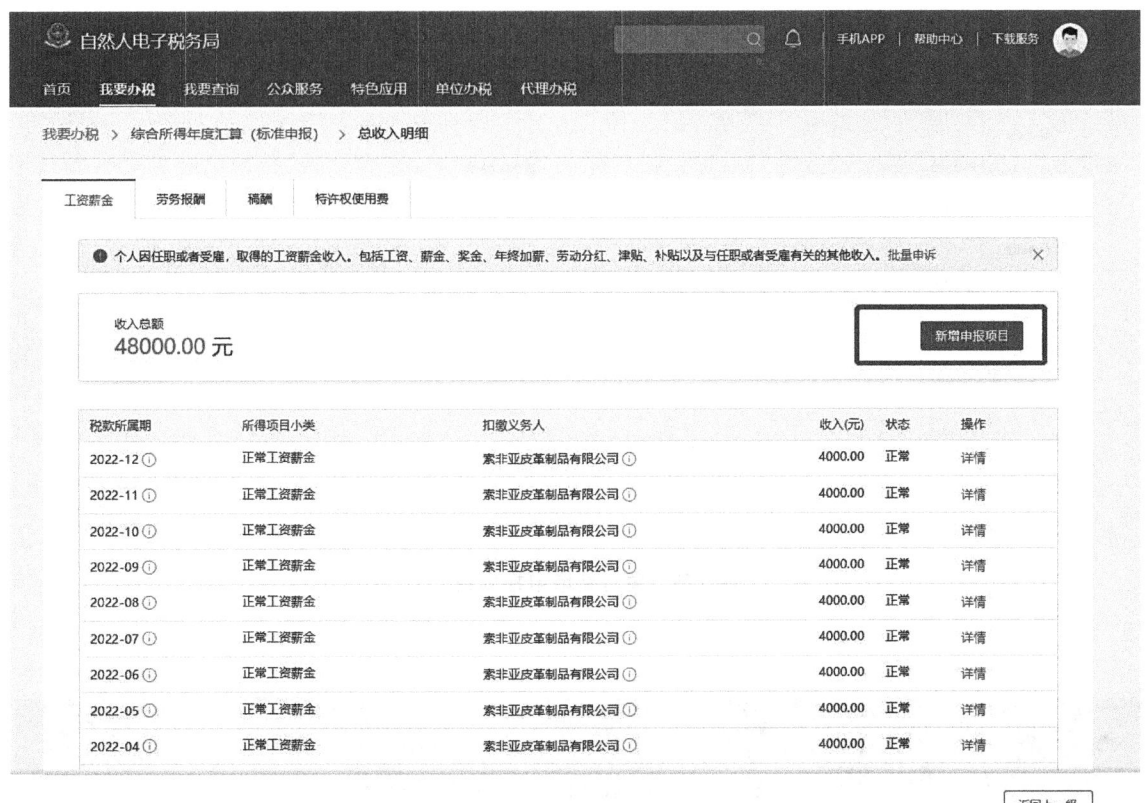

图 173 新增申报项目

图 174 填写新增申报项目-1

图175　填写新增申报项目-2

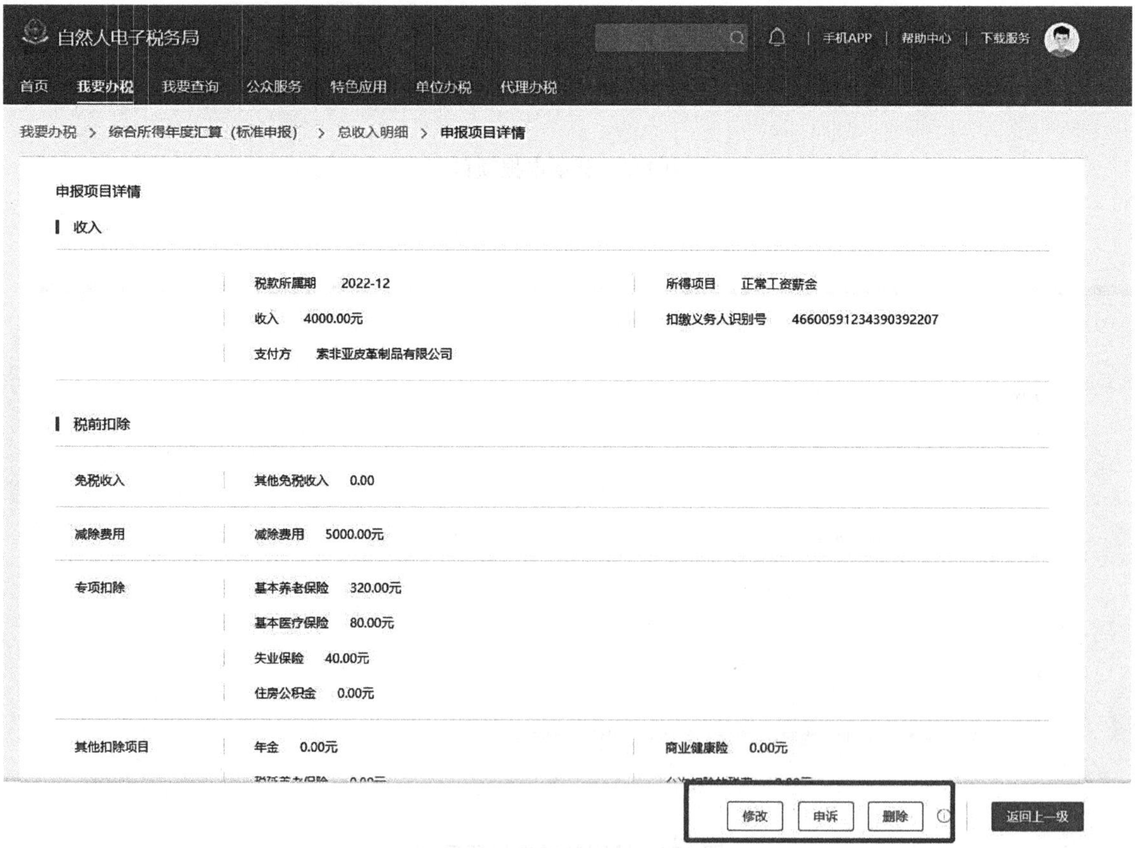

图176　修改、申诉和删除

问题 314 全年一次性奖金设置

年度汇算时,如纳税人选择将全年一次性奖金合并至综合所得计税的,或者有多笔全年一次性奖金的,可通过【单独计税奖金—设置】进行设置,如图 177 至图 178 所示。

图 177 进入奖金确认界面

图 178 一次性奖金设置

图 179 设置计税方式

问题 315　新增劳务报酬

可在对应列表明细界面,点击左下方提示链接或点击【新增申报项目】,选择【查询导入】,在查询结果界面勾选相应收入后可带入,如图 180、图 181 所示。

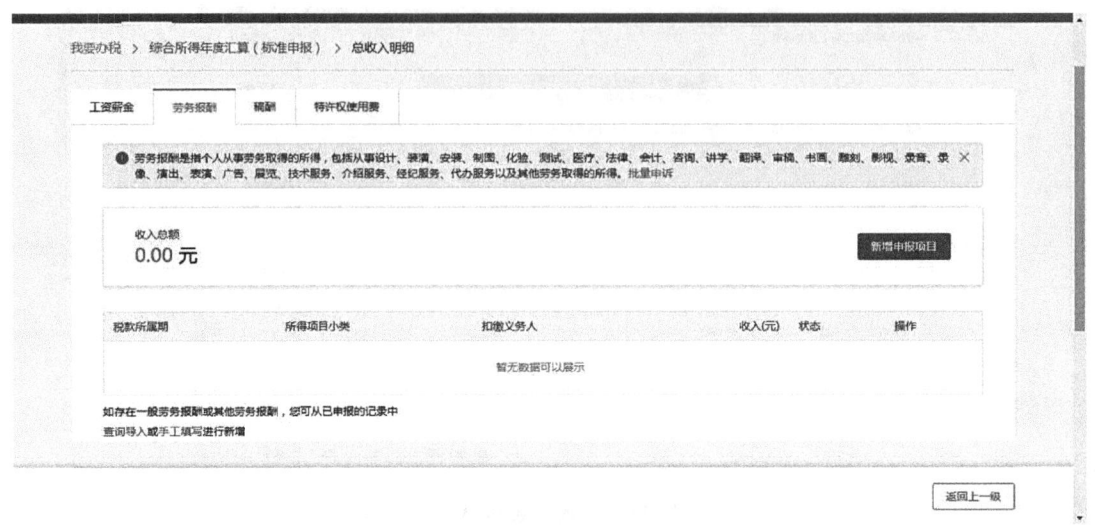

图 180　新增劳务或者报酬

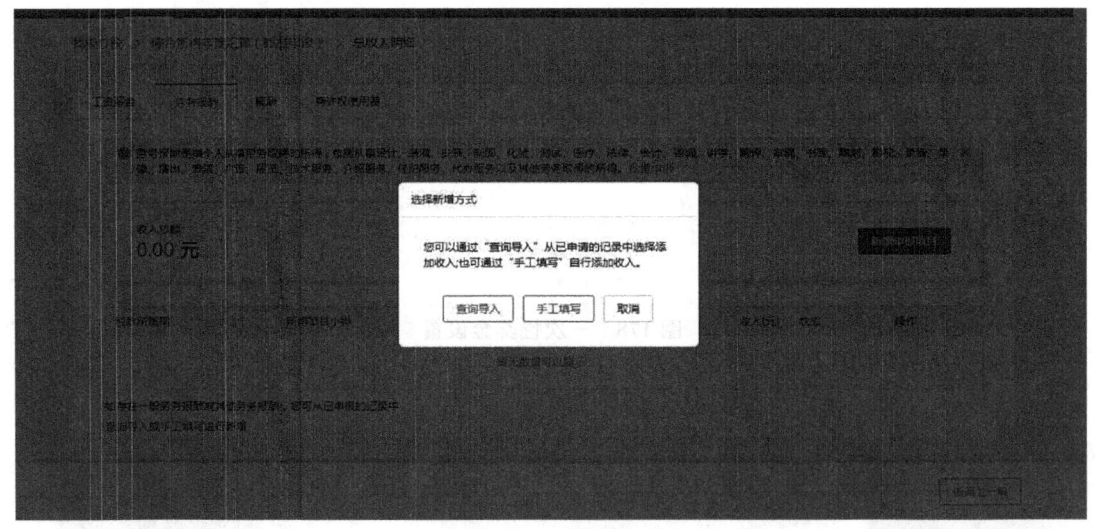

图 181　选择新增方式

问题 316　专项扣除

在专项扣除列表界面,可分项目进行新增和修改,如图 182、图 183 所示。

图 182 专项扣除新增和修改

图 183 专项扣除新增项目填写

问题 317 专项附加扣除

（1）点击除专项附加扣除之外的明细数据可进入对应详情界面，可进行【新增】【修改】【删除】【申诉】等操作；若同一专项附加扣除有重复事实或同时存在住房租金和住房贷款利息，则系统界面上将出现提示，需要对相关信息进行确认，如图 184 至图 187 所示。

图 184 专项附加扣除确认

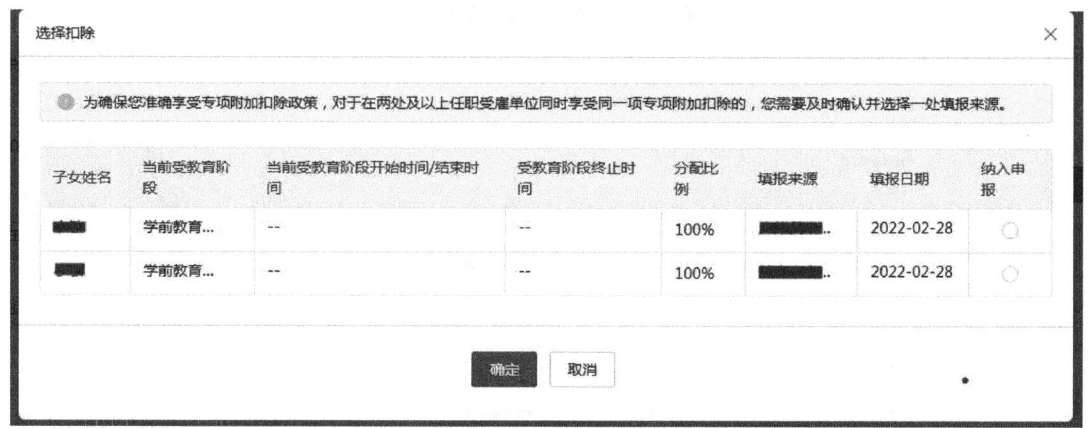

图 185 选择子女教育扣除方式

图 186 选择住房贷款利息或住房租金

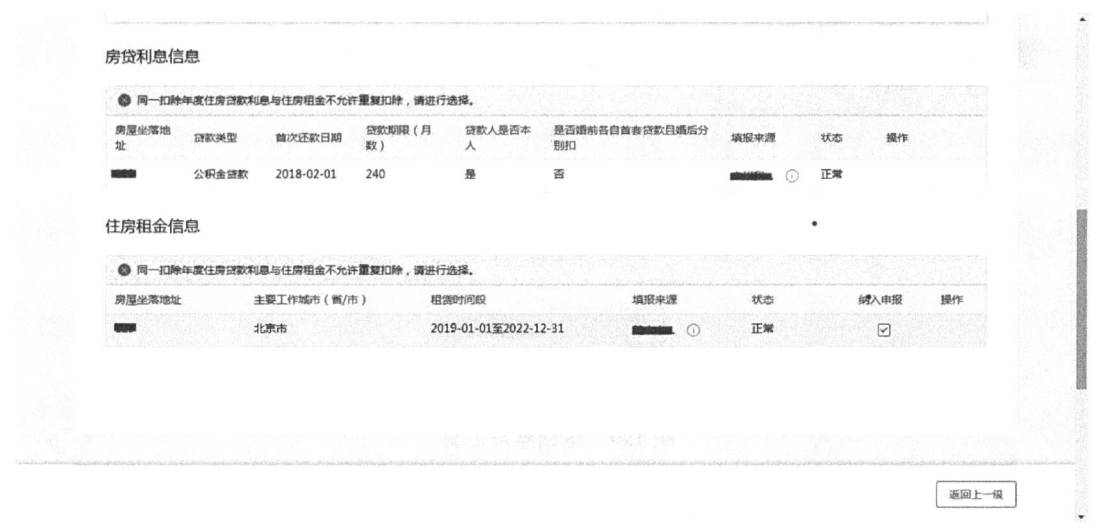

图187 确认房贷利息或租金信息

【提示】统一扣除年度住房贷款利息和住房租金只能选择其一。

（2）若需要新增或修改专项附加扣除信息，可点击【新增】，跳转至采集界面。采集完成后，可选择跳转回年度汇算继续填报，以继续教育为例，如图188至图190所示。

图188 采集继续教育信息

图189 保存并继续

图 190　返回年度汇算

问题 318　其他扣除

在其他扣除明细列表界面，您可点击【商业健康险】【税收递延养老保险】页面，分别进行新增和修改，以商业健康险为例，如图 191 至图 194 所示。

图 191　新增商业健康险

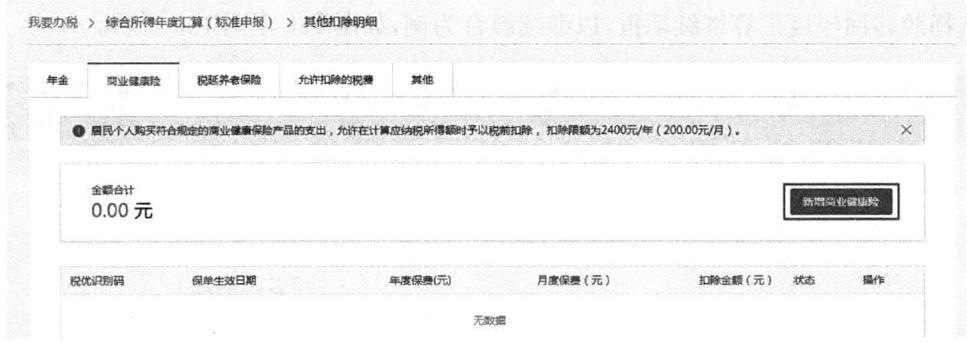

图 192　申报项目修改

第三章　综合所得

图 193　商业健康险修改界面

图 194　商业健康险修改填写界面

问题 319　准予扣除的捐赠

（1）在准予扣除的捐赠额列表界面，可进行新增和修改，如图 195、图 196 所示。

图 195　准予扣除捐赠额的新增

345

图196 新增捐赠填写

（2）新增捐赠额后，可点击【分配扣除】设置在综合所得中扣除的金额，如图197、图198所示。

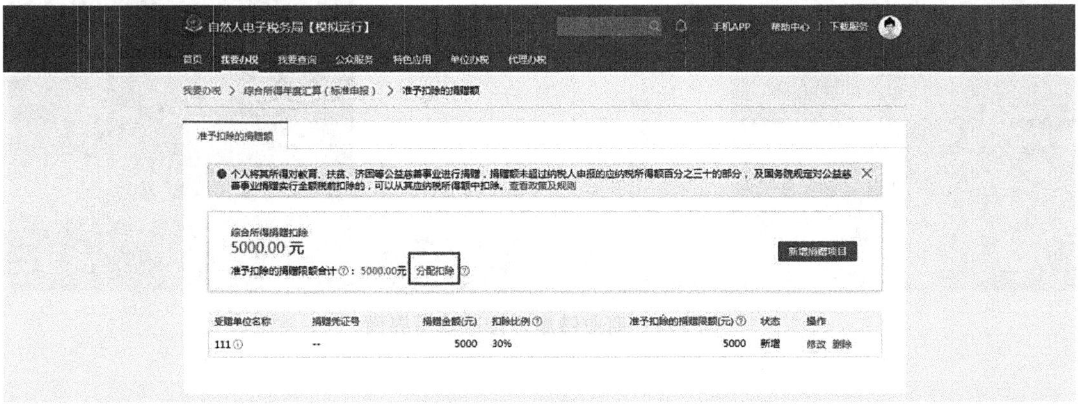

图197 设置分配扣除

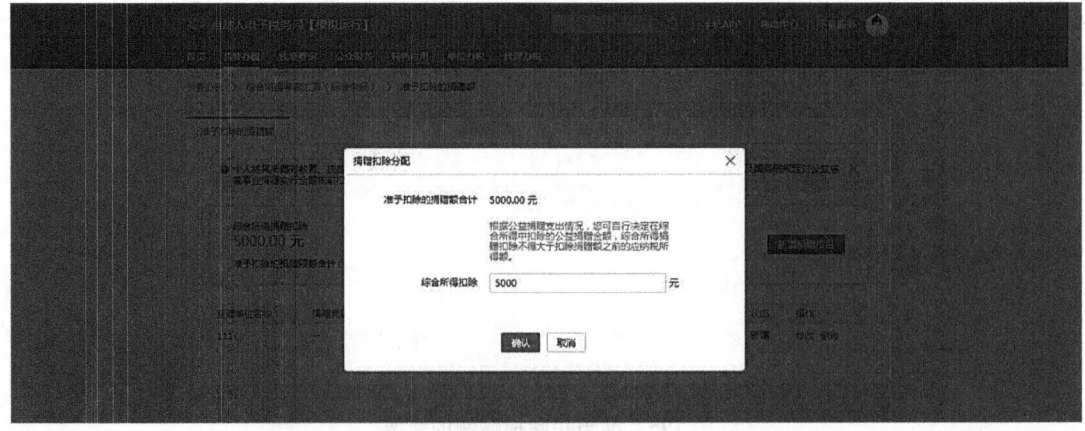

图198 综合所得分配扣除设置

问题 320　税款计算

（1）有减免税事项，可点击【减免税额】新增相关信息，如图 199 所示。

图 199　新增减免税额扣除

（2）确认结果后，提交申报，如图 200 所示。

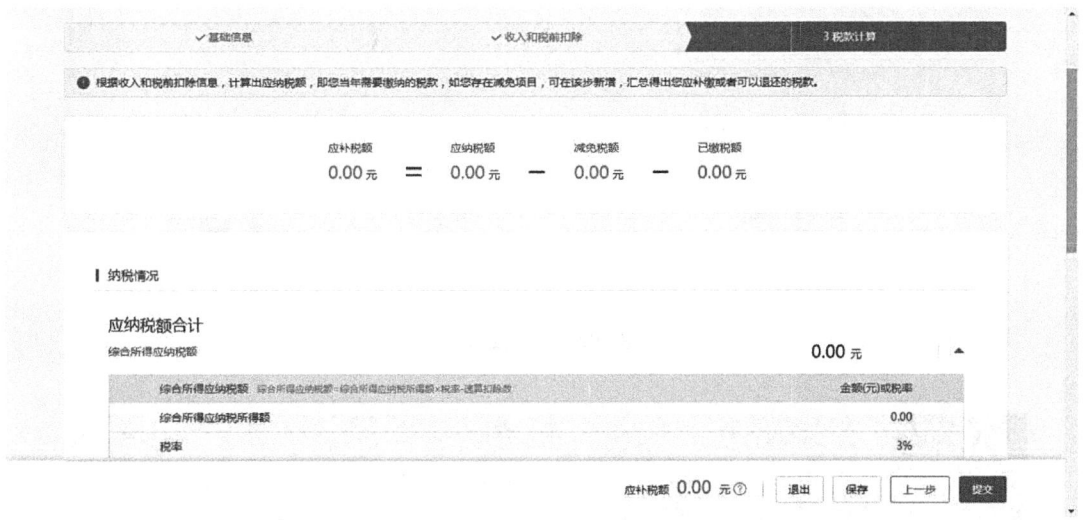

图 200　提交申报

问题 321　缴纳税款

（1）存在应补税额但不符合免于申报，可点击【立即缴款】，如图 201 至图 203 所示，收入不足 12 万元且有应补税额，或者收入超出 12 万元但应补税额不超过 400 元，申报提交后无需缴款。

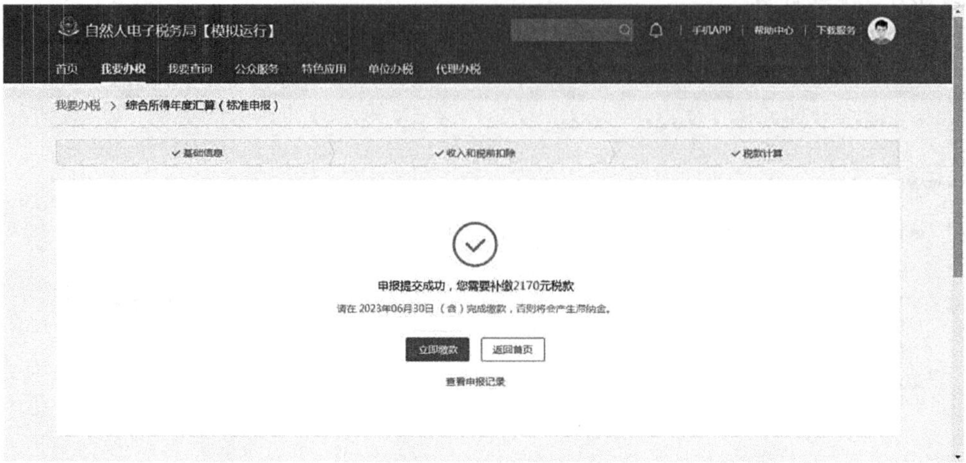

图 201　立即缴款

图 202　确认缴款

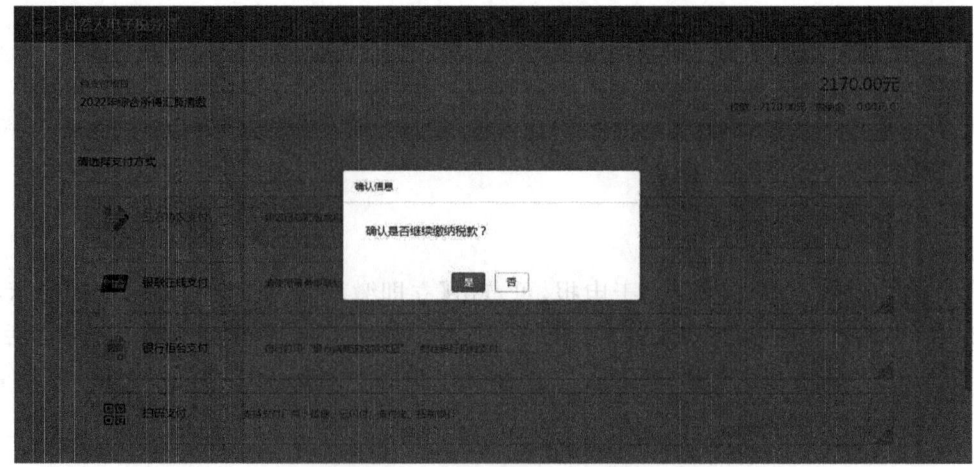

图 203　确认是否继续缴纳税款

（2）若暂不缴款可以选择【返回首页】或【查看申报记录】，后续可再次进行缴款，如图 204 所示。

图 204　查看申报记录

问题 322　申请退税

（1）存在多缴税款，可点击【申请退税】，如图 205 至图 207 所示。

图 205　申请退税

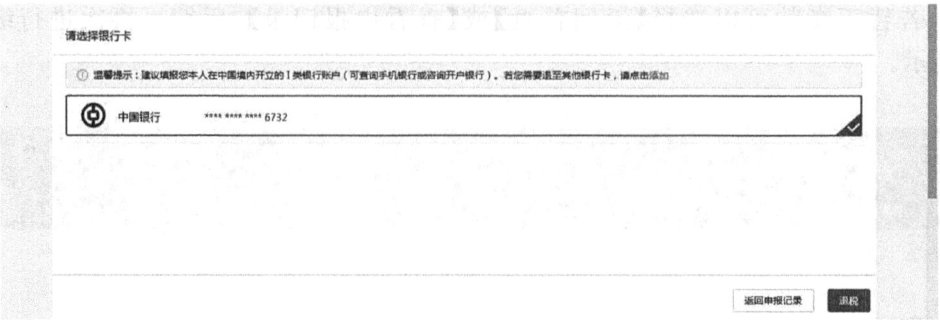

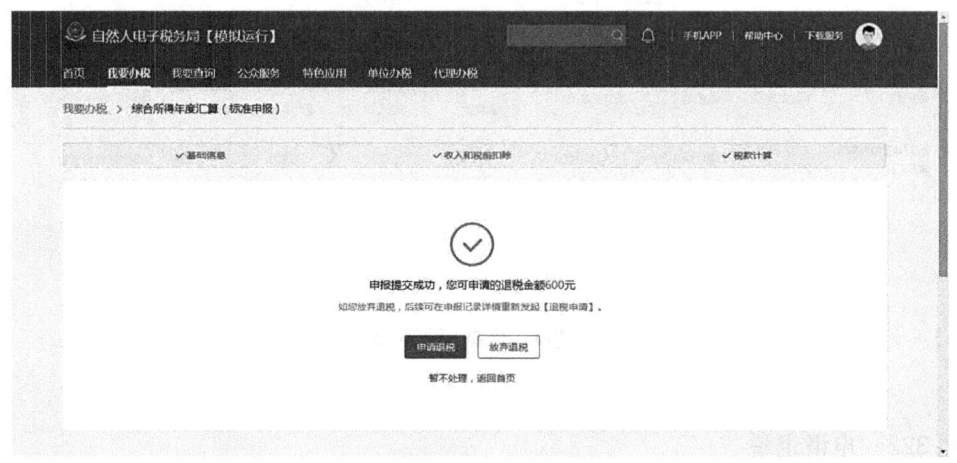

图206 填写银行卡信息

图207 提交申请

（2）如果银行卡不在身边，或者暂时办理退税，可以点击【暂不处理，返回首页】。后续可再次发起退税申请，如图208所示。

图208 暂不处理，返回首页

【提示】退税使用的银行卡，建议您选择一类银行卡，若选择二类三类卡存在退税失败风险。您可以通过电话银行、网上银行或到银行网点查询您的银行卡是否属于一类卡。

请确保退税账户在收到退税前处于正常,状态,账户挂失、未激活、注销等均会造成退税不成功。

添加退税银行卡,除可在退税申请时进行添加外,还可以通过【个人中心】—【银行卡】模块添加。

问题 323　更正与作废

可通过【查询】—【申报信息查询】—【申报查询(更正/作废申报)】查看已申报情况。若发现申报有误,可进行【修改】或【作废】,如图 209 所示。

图 209　修改与作废

【提示】【申诉】和【删除】区别在于,【申诉】后,相应记录将进入税务系统内部异议申诉环节进行处理;而【删除】后,相应记录不进入异议申诉环节。对某条记录进行申诉或删除后,可以"撤销申诉"或"恢复删除"。

更正时,标准申报不支持切换为简易申报,只能作废原申报后重新申报成简易申报。

缴款成功或发起退税申请后,若发现错误需要修改,可通过更正申报进行处理。若退税进度显示"税务机关正在审核",也可撤销退税申请,作废原申报后重新申报。

2.2　选择自行填写

问题 324　进入自行填写申报流程

进入申报界面,选择【自行填写】,确认基本信息,如图 210、图 211 所示。

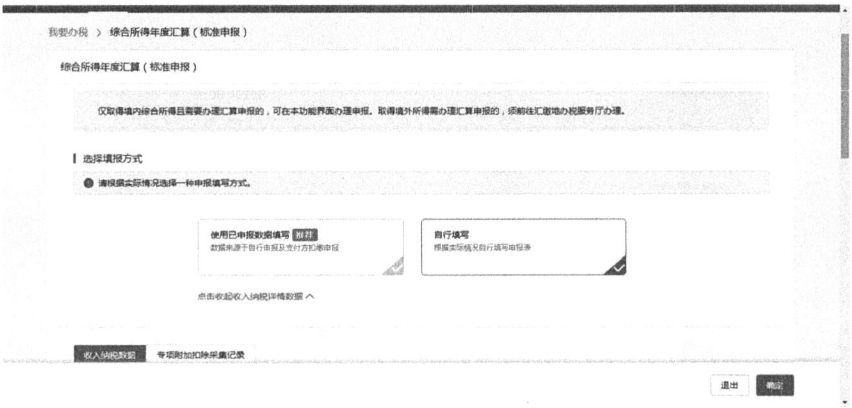

图 210　选择自行填写

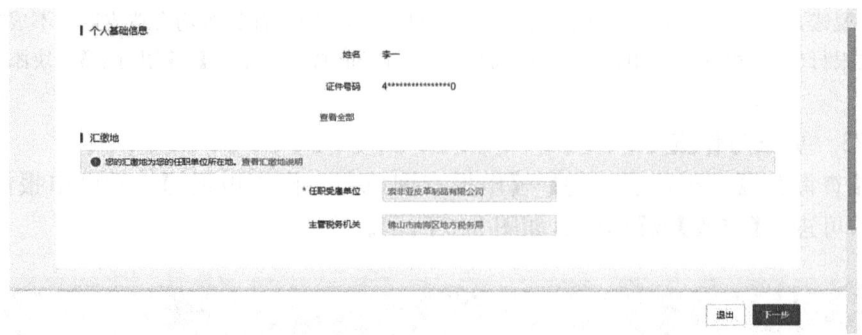

图 211　自行填写个人信息确认

问题 325　填写收入和税前扣除信息

除专项附加扣除信息、商业健康险、税收递延养老保险、准予扣除的捐赠额、减免税额外，可直接填写申报表各项数据。

商业健康险、税收递延养老保险、准予扣除的捐赠额、减免税额需先填写附表，填写后相关信息带入主表。主表不能直接填写。

专项附加扣除信息根据采集信息自动计算可扣除金额，如需修改或新增，请参考【选择预填报服务】时的操作，如图 212、图 213 所示。

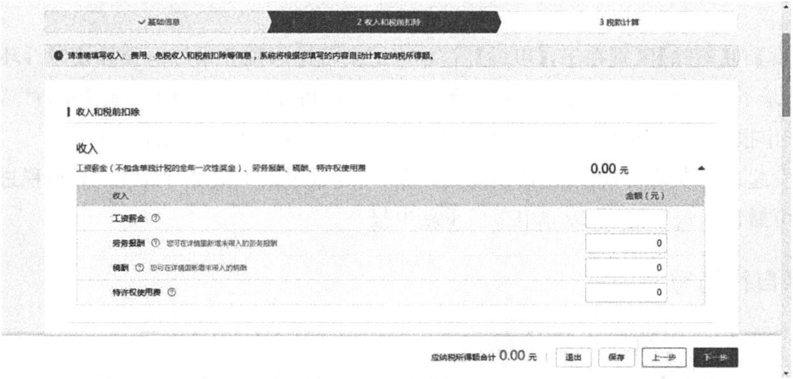

图 212　自行填写收入

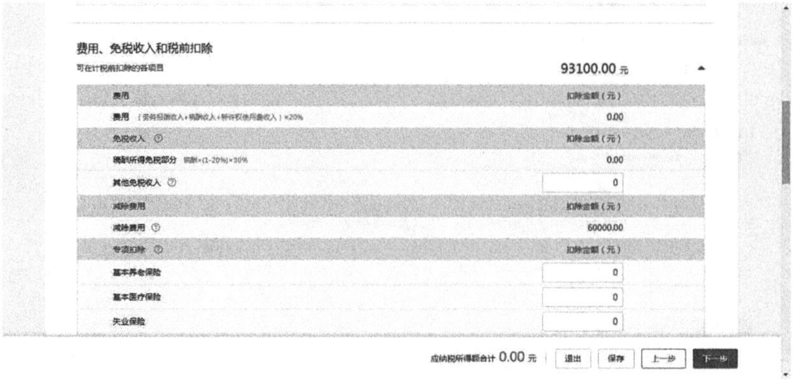

图 213　自行填写费用、免税收入和税前扣除

注:缴纳税款或申请退税、更正和作废同【选择预填报服务】时操作一致,参见相关问题 308、问题 309。

问题 326　无住所居民个人特殊事项

无住所居民个人,且按取得数月奖金预缴税款的,可以选择将一笔数月奖金按照全年一次性奖金单独计算。若有公益性捐赠支出,可以选择在综合所得和全年一次性奖金之间进行分配。

可在税款计算界面,在【全年一次性奖金】部分,点击【修改】填写相应收入。若有公益性捐赠支出,可点击【准予扣除的捐赠额】(或在收入和税前扣除信息界面的【准予扣除的捐赠额】)进入捐赠详情界面进行【新增】和【分配扣除】,如图 214 至图 218 所示。

图 214　纳税情况界面

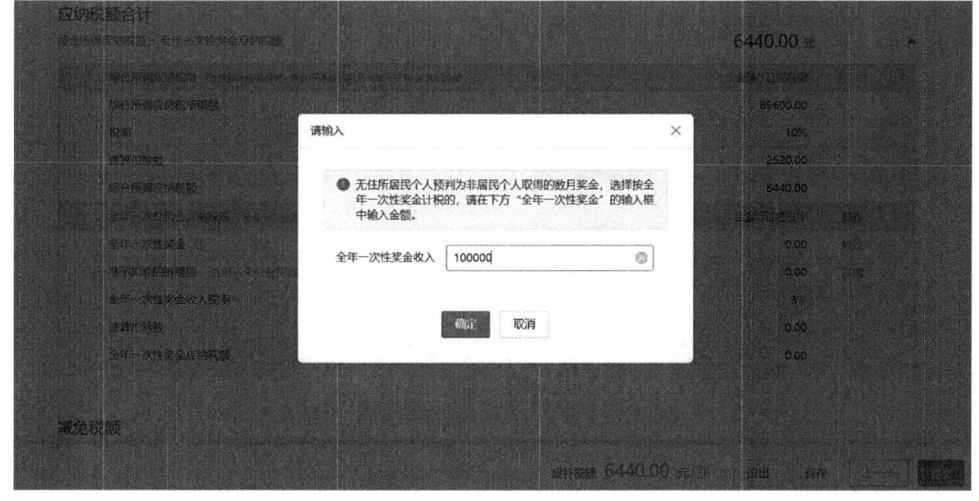

图 215　全年一次性奖金填写

图 216 新增捐赠项目填写

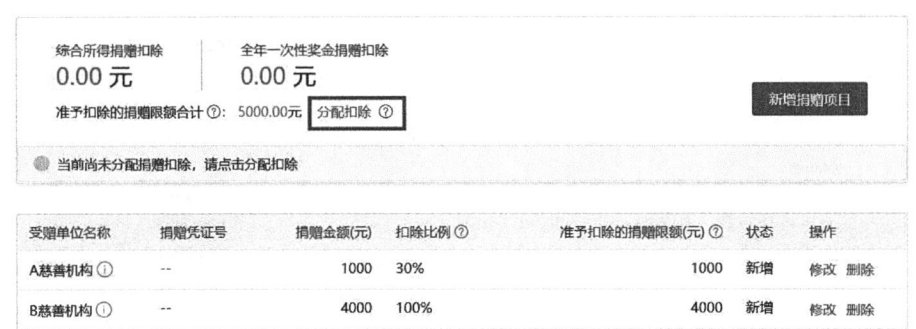

图 217 分配扣除

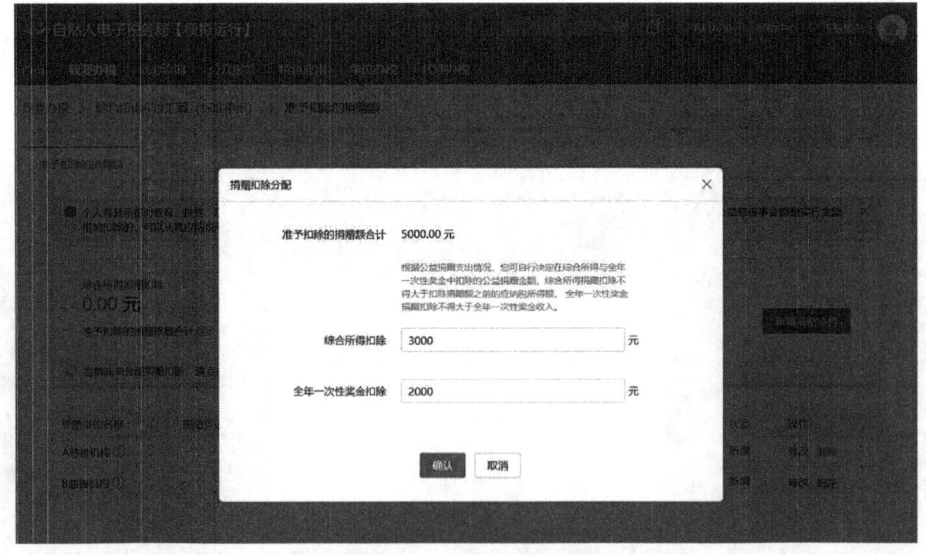

图 218 捐赠扣除分配填写

【提示】系统将自动计算按全年一次性奖金计税的应纳税额,纳税人需要将按数月奖金申报的已缴税额,合并进全年已缴税额进行填写。

3. 手机 App 端简易申报

依据政策规定,需要办理年度汇算的纳税人需向税务机关申报并办理退税或补税。

使用手机 App 端申报,可以从以下入口进入年度汇算:(1)从首页的【常用业务】区块的【综合所得年度汇算】进入;(2)从【快捷入口】—【我要办税】下或底部【办税】菜单进入后,点击在【税费申报】下的【综合所得年度汇算】,如图 219 所示。

图 219　手机 App 端汇算清缴入口

问题 327　进入简易申报流程

居民个人在纳税年度内取得的综合所得收入额未超过 6 万元且已预缴税款,可通过简易申报申请退税,如图 220 所示。

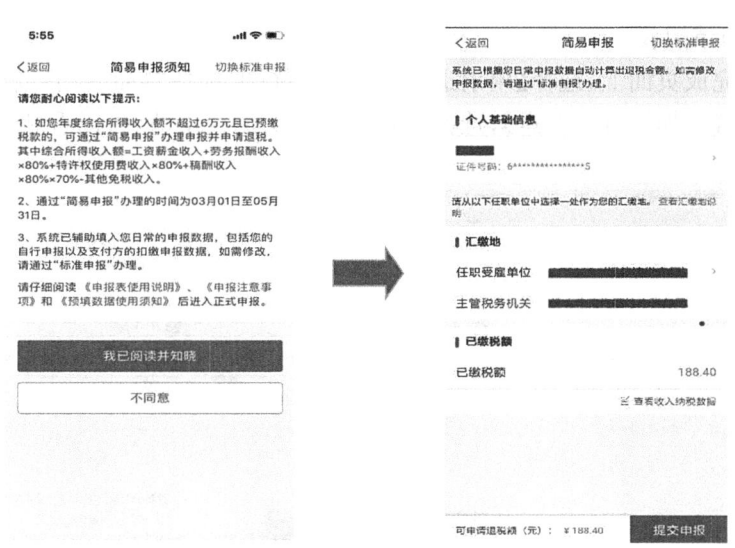

图 220　进入简易申报流程

【提示】简易申报不支持新增与修改,若要新增、修改收入等数据,需切换至标准申报进行相应操作。

问题328　确认申报表信息

核对个人基础信息、汇缴地、查看收入明细数据，确认已缴税额，如图221所示。若确认申报数据无误，可跳过第(2)步直接提交申报，进入【申请退税】。

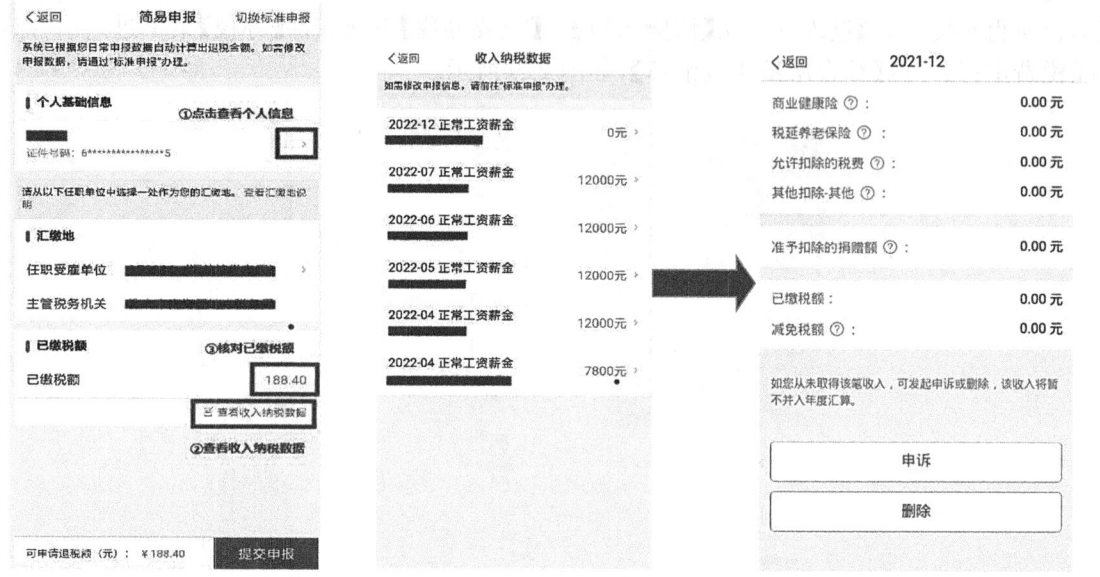

图221　核对信息　　　　　　　图222　申诉及删除

进行申诉或删除，如果纳税人认为某条收入信息非本人取得，可对收入明细数据进行【申诉】【删除】，如图222所示。

【提示】纳税人必须是在本人未取得该笔收入的前提下，才可以进行【申诉】或【删除】的操作。操作后，相应收入均不纳入年度汇算。

问题329　申请退税

在申报提交完成页面上，选择【申请退税】；进入银行卡选择界面，会自动带出已添加的银行卡，也可以点击【添加银行卡信息】；选择银行卡后提交退税申请，可以看到退税申请进度，如图223所示。

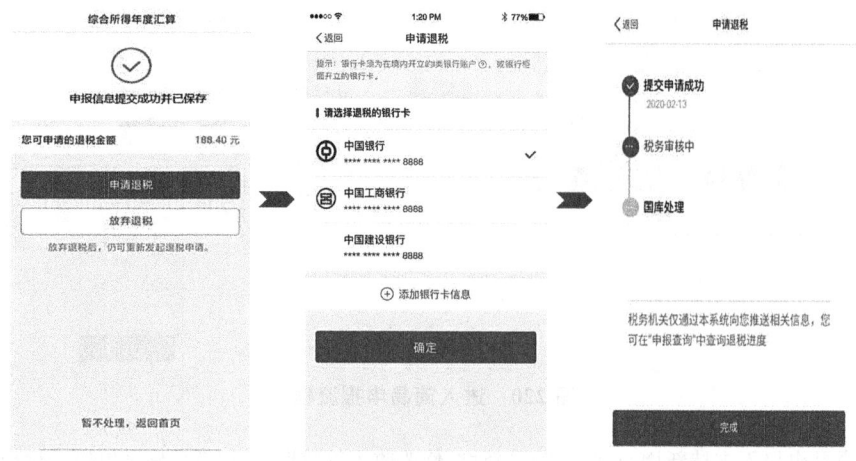

图223　申请退税

第三章　综合所得

如果银行卡不在身边,或者暂时不办理退税,可以点击【暂不处理,返回首页】。后续可再次发起退税申请,如图224所示。

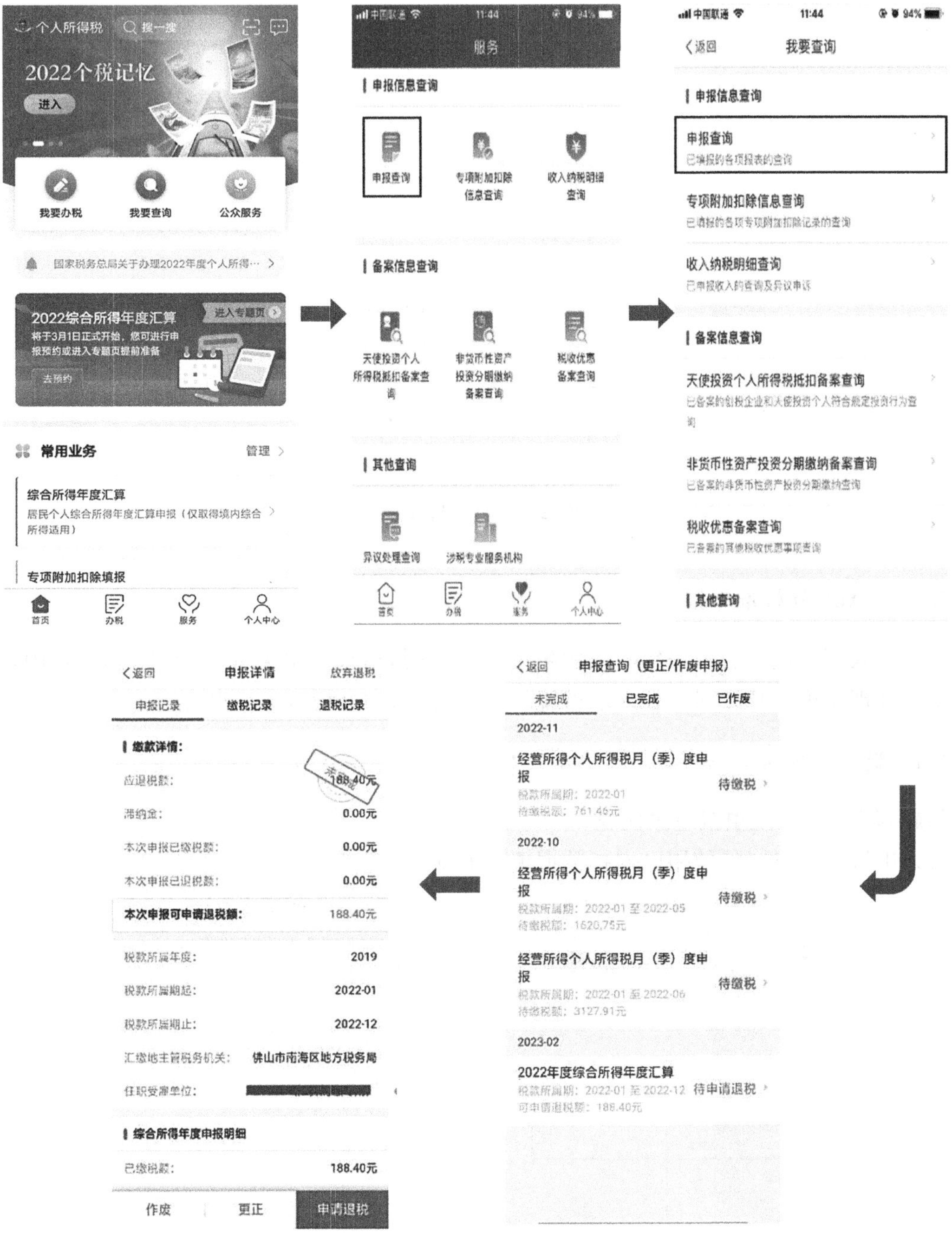

图224　再次发起退税申请

问题330　更正与作废

可通过【查询】—【申报查询(更正/作废申报)】—【申报详情】查看已申报情况。若发现申报有误,可点击【更正】或【作废】,如图225所示。

图 225　更正与作废

4. 手机 App 端标准申报

居民个人当年度综合所得年收入额超过 6 万元时,可以在 3 月 1 日至 6 月 30 日内,通过标准申报办理年度汇算。居民个人取得境外所得的,请到办税服务厅办理。

4.1　选择预填报服务

问题 331　进入预填报申报流程

进入申报界面,选择【使用已申报数据填写】,如图 226 所示。

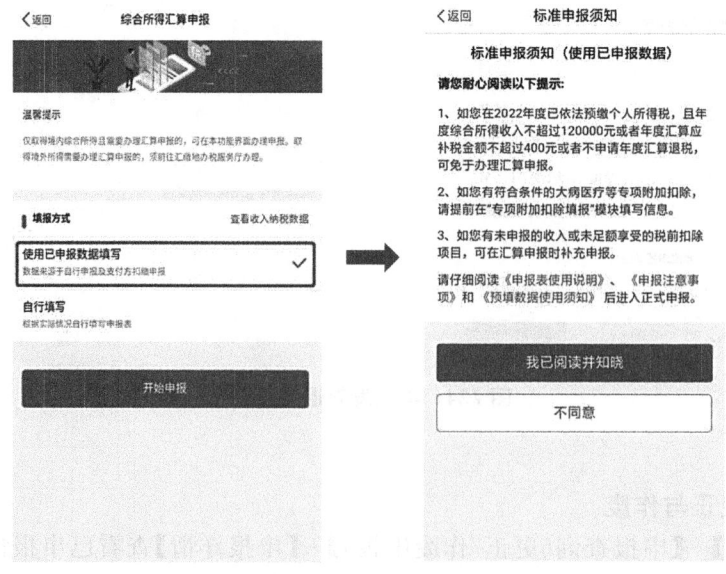

图 226　进入标准申报

问题 332　确认基本信息

基本信息页面支持修改"电子邮箱、联系地址"信息,选择本次申报的汇缴地,如图 227 所示。

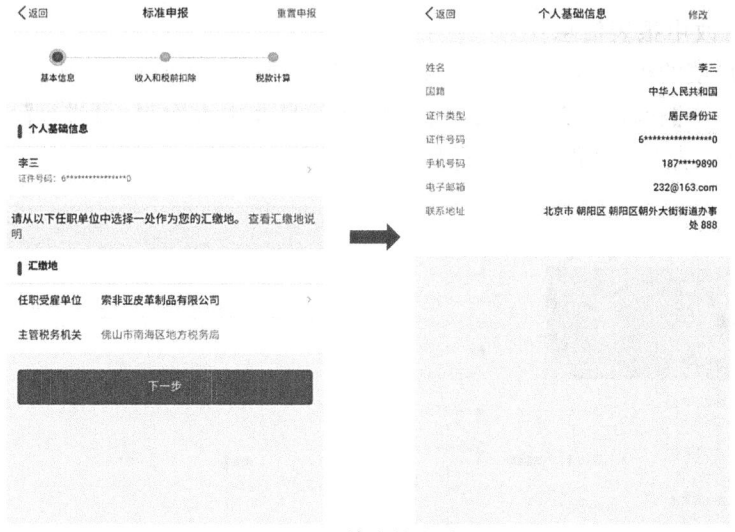

图 227　基本信息确认

问题 333　生成和确认申报表信息

系统将自动归集纳税人在纳税年度的收入纳税数据[工资薪金、劳务报酬(保险营销员、证券经纪人)、特许权使用费所得],并直接进行预填至相应申报栏次。其他劳务报酬和稿酬所得的填报,见问题 322。

点击对应项目,进入详情界面核对,如图 228 所示。

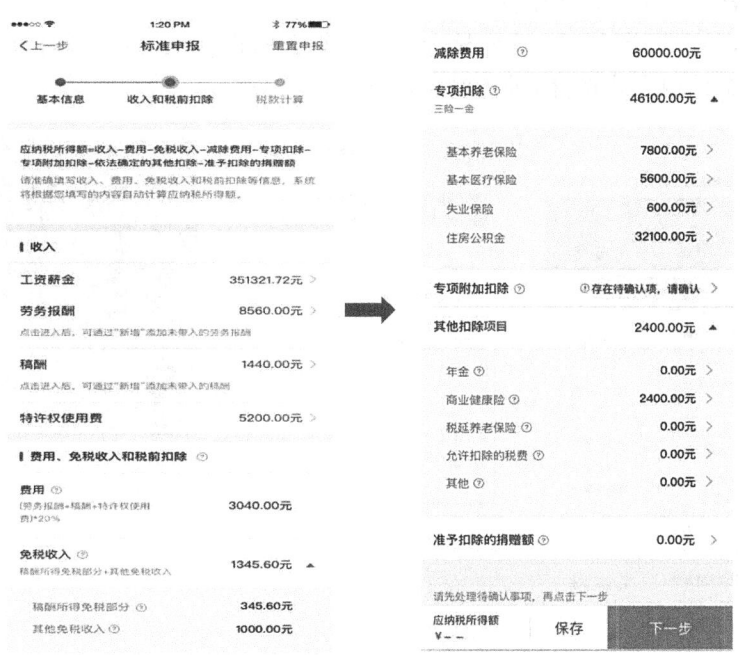

图 228　生成和确认申报表信息

也可点击对应项目,进入详情界面核对若确认申报数据无误,可跳过修改申报表信息步骤,直接提交申报进行缴款或退税。

问题 334　修改申报表信息

需要修改已预填的申报数据,可修改对应明细表或附表。在收入列表界面,可分所得项目,进行收入的【新增】和【修改】。如认为某条收入信息非本人取得,可进行【申诉】【删除】。操作后,相应收入均不纳入年度汇算,如图 229 所示。

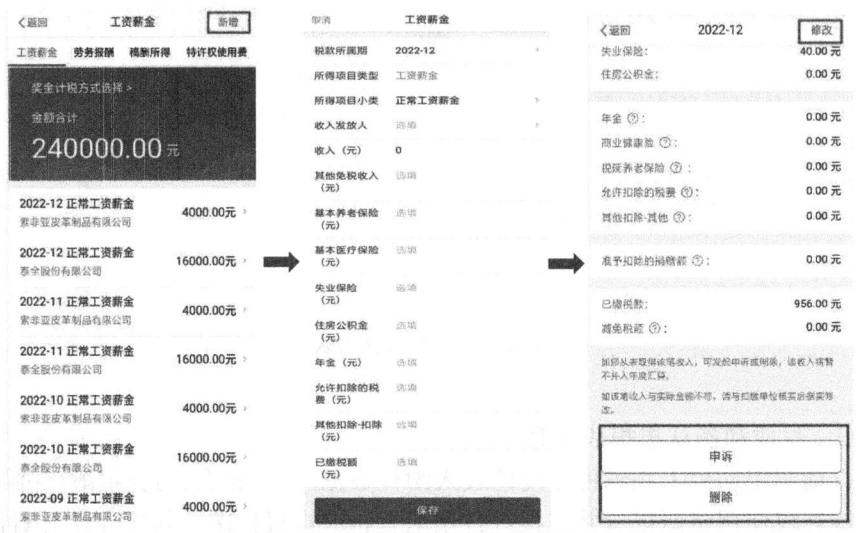

图 229　新增、修改申报项目

问题 335　全年一次性奖金设置

年度汇算时,如选择将全年一次性奖金合并至综合所得计税的,或者有多笔全年一次性奖金的,可通过【奖金计税方式选择】进行设置,如图 230 所示。

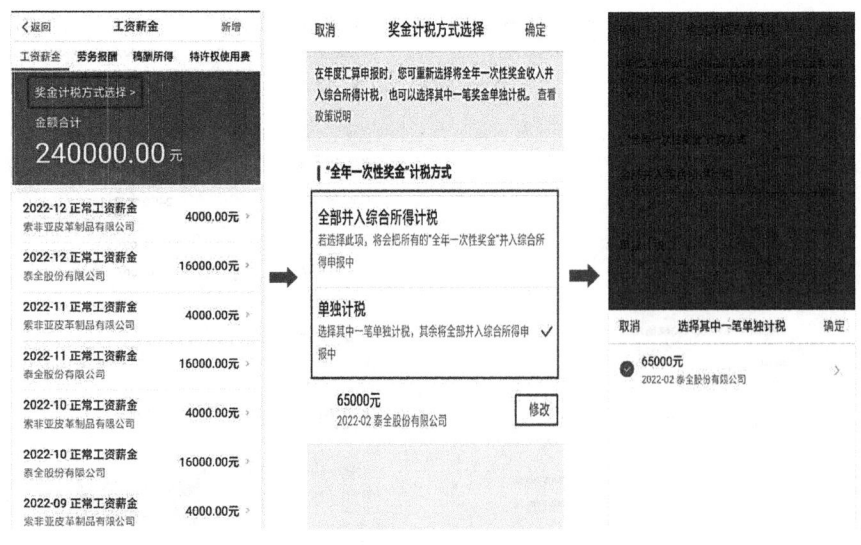

图 230　全年一次性奖金设置

问题 336 新增劳务报酬

可在对应列表明细界面,点击【新增】,选择【查询导入】,在查询结果界面勾选相应收入后可带入,如图 231 所示。

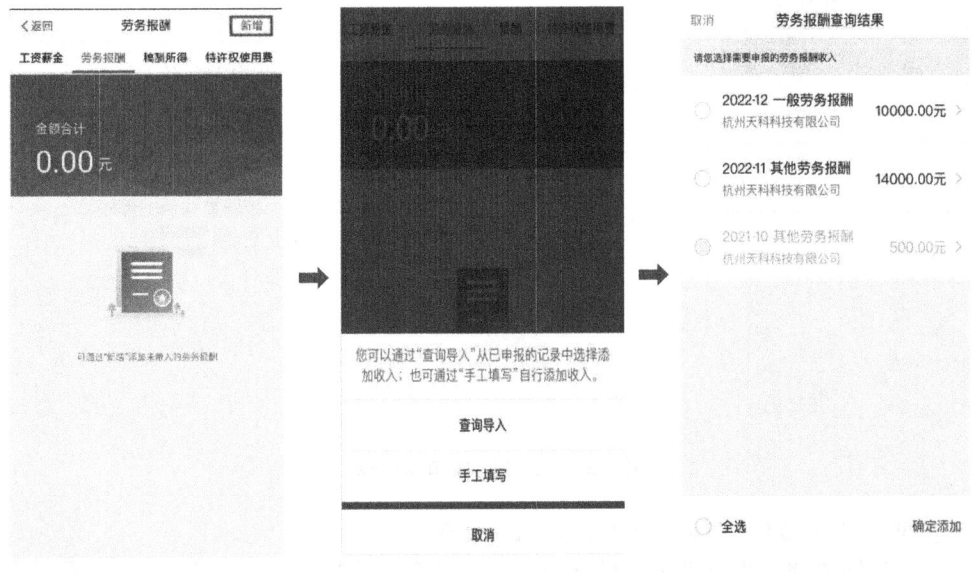

图 231 新增劳务或者报酬

问题 337 专项扣除

在专项扣除列表界面,可分项目进行新增和修改,如图 232 所示。

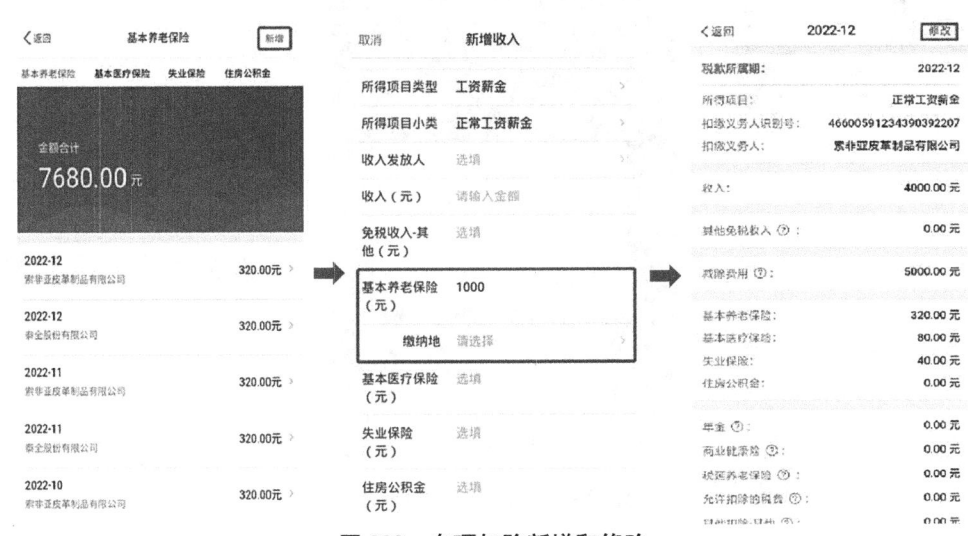

图 232 专项扣除新增和修改

问题 338 专项附加扣除

(1)若同一专项附加扣除有重复事实或同时存在住房租金和住房贷款利息,则系统界面上将出现提示则需要对相关信息进行确认,如图 233 所示。

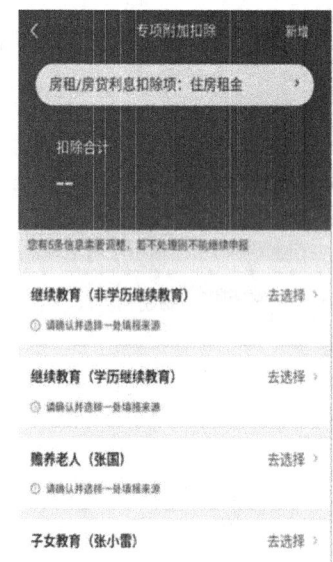 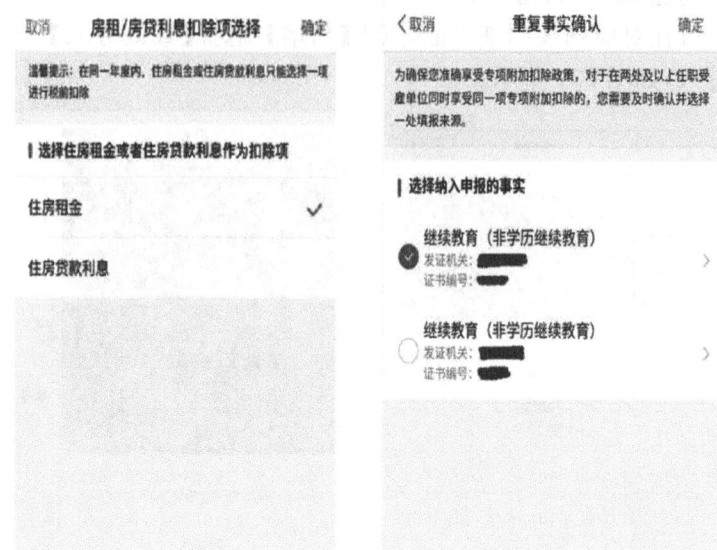

图 233　专项附加扣除确认

【提示】同一扣除年度住房贷款利息和住房租金只能选择其一。

（2）需要新增或修改专项附加扣除信息，可点击【新增】，跳转至采集界面。采集完成后，可选择跳转回年度汇算继续填报，如图 234 所示。

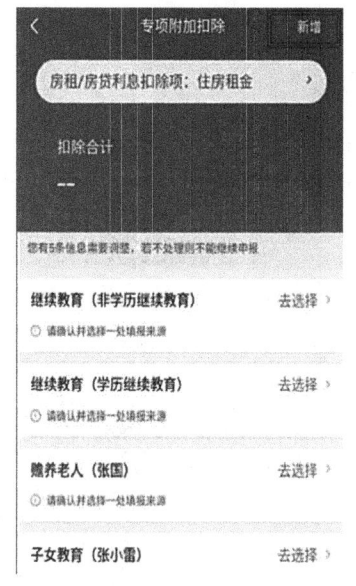  

图 234　采集继续教育信息

问题 339　其他扣除

在其他扣除明细列表界面，您可点击【商业健康险】【税收递延养老保险】页面，分别进行新增和修改，以商业健康险，如图 235 所示，税收递延养老保险，如图 236 所示。

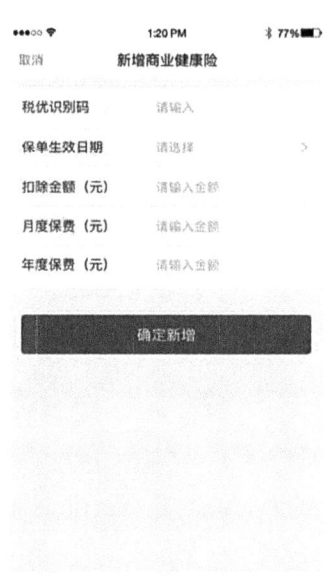

图 235　商业健康险

图 236　税收递延型养老保险

问题 340　准予扣除的捐赠

（1）在准予扣除的捐赠额列表界面，可进行新增和修改，如图 237 所示。

图 237　准予扣除捐赠额的新增

（2）新增捐赠额后，可点击【调整金额】设置在综合所得中扣除的金额，如图 238 所示。

图 238　调整扣除公益捐赠的金额

问题 341　税款计算

有减免税事项的，可以点击【减免税额】新增相关信息。确认结果后，点击【提交申报】，如图 239 所示。

图 239 新增减免税额扣除

问题 342 缴纳税款

（1）存在应补税额但不符合免于申报，可点击【立即缴款】，选择相应的缴税方式，完成支付，如图 240 所示。

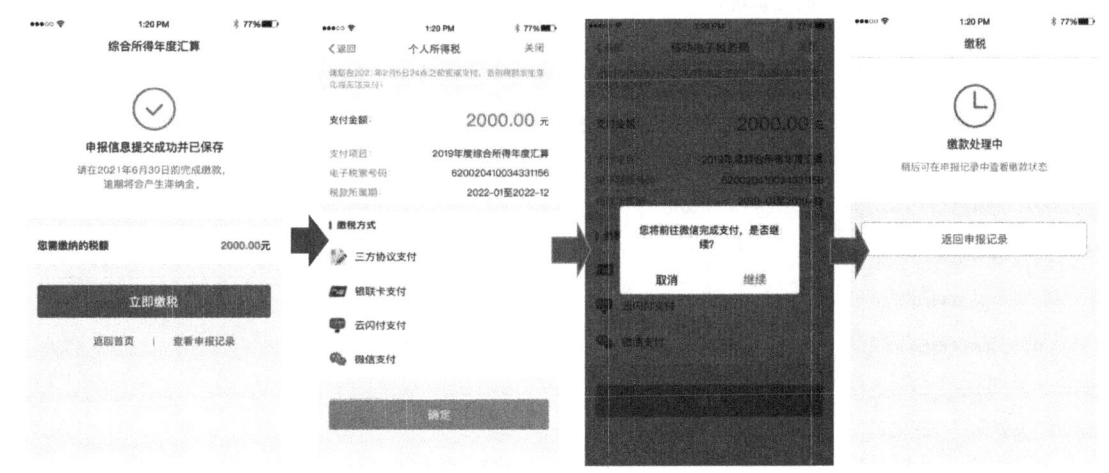

图 240 立即缴款

【提示】收入不足 12 万元且有应补税额，或者收入超出 12 万元但应补税额≤400 元，申报提交后无需缴款。

（2）若暂不缴款可以选择【返回首页】或【查看申报记录】，后续可再次进行缴款，如图 241 所示。

图 241　查看申报集记录

问题 343　申请退税

（1）存在多缴税款，可点击【申请退税】，进入银行卡选择界面，会自动带出已添加的银行卡；可以点击【添加银行卡信息】；选择银行卡后提交退税申请，可以看到退税申请进度，如图 242 所示。

图 242　申请退税

（2）如果银行卡不在身边，或者暂时办理退税，可以点击【暂不处理，返回首页】。后续可再次发起退税申请，如图 243 所示。

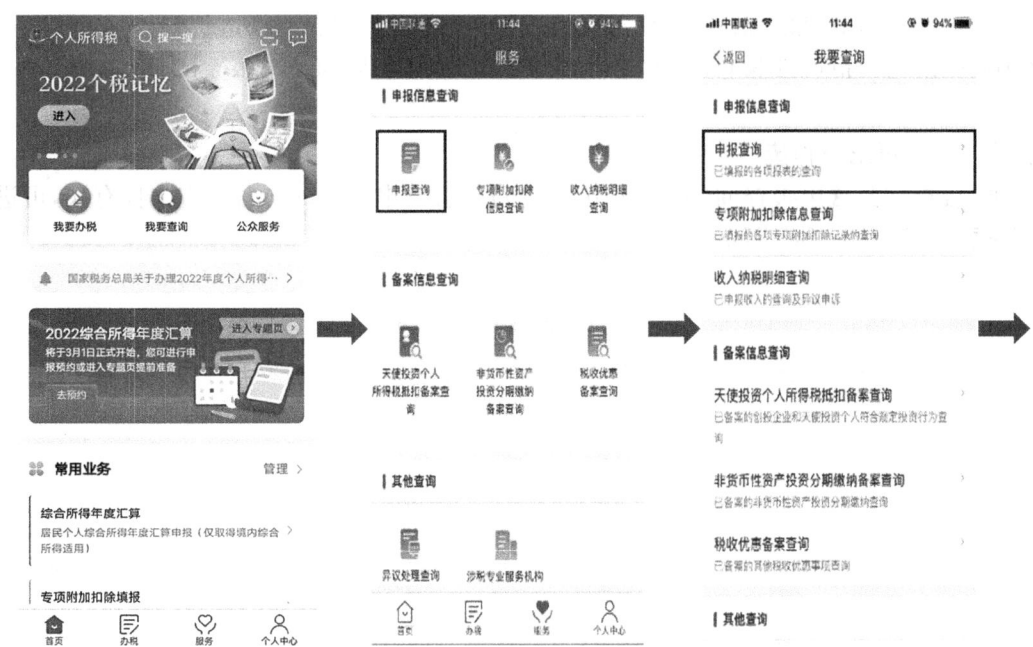

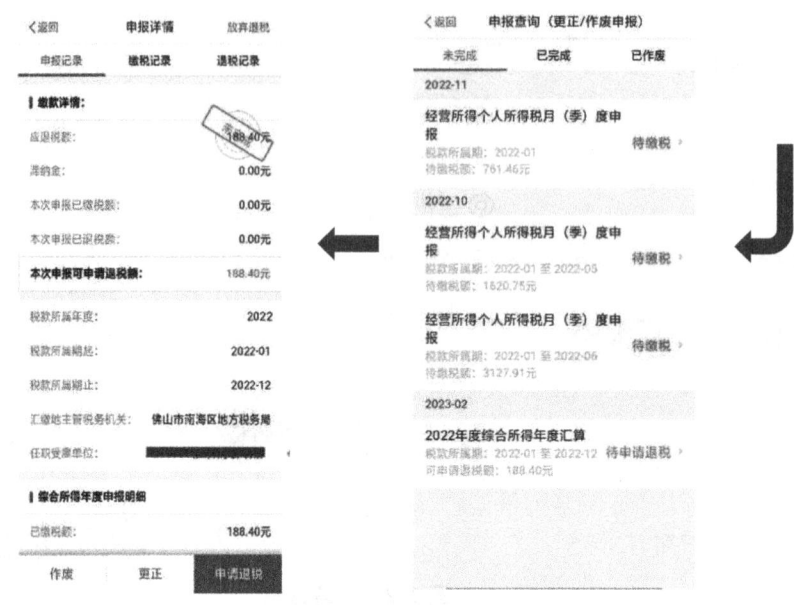

图 243 再次发起退税申请

【提示】退税使用的银行卡,建议选择一类银行卡,若选择二类三类卡存在退税失败风险。可以通过电话银行、网上银行或到银行网点查询您的银行卡是否属于一类卡。

请确保退税账户在收到退税前处于正常,状态,账户挂失、未激活、注销等均会造成退税不成功。

添加退税银行卡,除可在退税申请时进行添加外,还可以通过【个人中心】—【银行卡】模块添加。

问题 344　更正与作废

可通过【查询】—【申报查询(更正/作废申报)】查看已申报情况。若发现申报有误,可进行【修改】或【作废】,如图 244 所示。

图 244　修改与作废

【提示】更正时,标准申报不支持切换为简易申报,可作废原申报后重新申报成简易申报。

缴款成功或发起退税申请后,若发现错误需要修改,可通过更正申报进行处理。若退税进度显示"税务机关正在审核",也可撤销退税申请,作废原申报后重新申报。

4.2 选择自行填写

问题 345 进入自行填写申报流程

进入申报界面,选择【自行填写】,确认基本信息,如图 245 所示。

图 245 进入自行填写界面

问题 346 填写收入和税前扣除信息

除专项附加扣除信息、商业健康险、税收递延养老保险、准予扣除的捐赠额、减免税额外,可直接填写申报表各项数据。

商业健康险、税收递延养老保险、准予扣除的捐赠额、减免税额需先填写附表,填写后相关信息带入主表。主表不能直接填写。

专项附加扣除信息根据采集信息自动计算可扣除金额,如需修改或新增,请参考【选择预填报服务】时的操作,如图 246 所示。

图 246 自行填写收入

注：缴纳税款或申请退税、更正和作废同【选择预填报服务】时操作一致。

问题 347　无住所居民个人特殊事项

无住所居民个人，且按取得数月奖金预缴税款的，可以选择将一笔数月奖金按照全年一次性奖金单独计算。若有公益性捐赠支出，可以选择在综合所得和全年一次性奖金之间进行分配。

在税款计算界面，点击【全年一次性奖金应纳税额】，进入详情填写相应收入。有公益性捐赠支出的，点击【准予扣除的捐赠额】（或在收入和税前扣除信息界面的【准予扣除的捐赠额】）进入捐赠详情界面进行【新增】和【设置扣除】，如图247、图248所示。

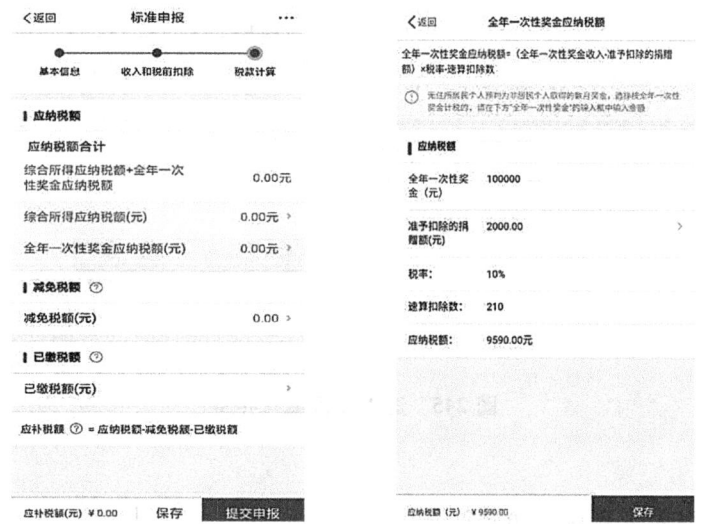

图 247　全年一次性奖金填写

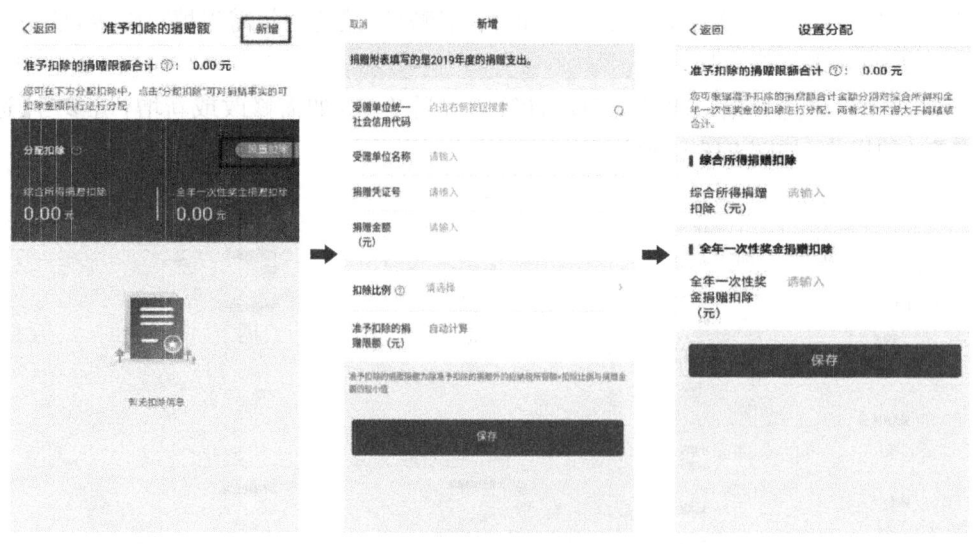

图 248　捐赠项目填写及扣除分配

【提示】系统将自动计算按全年一次性奖金计税的应纳税额,纳税人需要将按数月奖金申报的已缴税额,合并进全年已缴税额进行填写。

(二) 单位办理

1. 准备工作

单位办理,即扣缴义务人集中办理,仅适用于扣缴义务人为在纳税年度内申报过正常工资薪金所得、外籍人员正常工资薪金所得、劳务报酬所得(保险营销员、证券经纪人)的个人办理。

问题 348　请单位代办年度汇算清缴,纳税人需要注意什么

(1) 为给单位代办预留时间,需在次年 4 月 30 日前与单位进行确认,否则,过期后单位将不再为纳税人代为办理。

(2) 如实向单位提供有关资料。

(3) 因当年度汇算清缴最后截止日期为次年 6 月 30 日,为避免造成损失,应及时向单位了解申报进度。

(4) 及时关注单位代为申报情况,如果申报信息有误,及时更正(可请单位更正,也可自行更正)。

(5) 需要补税的请按期补缴税款(选择由单位代为补税的,及时与单位结算税款);需要退税的及时查看退税进度。

问题 349　纳税人选择单位集中办理汇算清缴,应如何处理

〖答〗纳税人选择单位办理汇算的,需在次年 4 月 30 日前与单位进行书面确认,以 2022 年度个人所得税汇算清缴为例,具体如表 205、表 206 所示。

表 205　选择单位集中办理年度汇算清缴的相关事项

事项		具体规定
书面确认	确认时间	在 2023 年 4 月 30 日前与单位进行书面确认(如表 206 所示);逾期未确认的,扣缴义务人不再集中办理。
	确认内容	确认是否需要单位代为办理年度汇算
		核实个人的姓名、身份证件号码、手机号码,其中,手机号码缺失或不准确的,将无法收到税务机关的反馈信息,可能给退税或者补税产生影响
		需要补充的收入、扣除等明细信息
		需要退税的,提供银行卡信息
		需要补税的,补税方式由单位代缴还是自行缴纳
单位办理		根据纳税人提供的信息填写申报表、计算补退税额并办理申报
补退税	退税	直接退回纳税人提供的银行卡
	补税	单位代缴,纳税人将税款交至单位
		自行缴款,通过手机 App 或电子税务局自行缴纳

【提示】不得同时选择多个扣缴义务人代办汇算清缴。

纳税人对其提供的综合所得收入、相关扣除、享受税收优惠等信息资料的真实性、准确性、完整性负责。

如果因员工提供信息不准确、办错了,由纳税人承担相应责任。

表 206 (××单位)集中办理个人所得税综合所得汇算清缴确认表(参考表样)

一、填表须知

填写本表前,请仔细阅读以下内容:
  1. 如您选择由单位集中办理个人所得税综合所得汇算清缴(集中汇缴),请务必于 4 月 30 日前将本表交至单位。后续,请您密切关注集中汇缴申报及退(缴)税情况(可下载个人所得税手机 App 或者登录电子税务局 Web 端在线关注);如发现申报信息有误,请及时提醒单位或者自行办理更正申报。
  2. 如您无须单位办理个人所得税综合所得汇算清缴,则不用填写本表。

二、个人基本情况(为确保不影响您的合法权益,请务必认真填写并确认本栏)

1. 姓名		
2. 公民身份号码/纳税人识别号		□□□□□□□□□□□□□□□□□□
3. 有效联系方式	手机	□□□□□□□□□□□
	联系地址及邮编	_____省(区、市)__市__区(县)__街道(乡、镇)_____ 邮编 □□□□□□
4. 电子邮件 (如需接受电子文书,请填写本栏)		

三、选择集中汇缴的员工,需要确认以下情况

7. 除本单位收入外,是否有其他需补充的工资薪金、劳务报酬、稿酬、特许权使用费所得?
□否 □是(需要提供明细情况)
8. 是否需要补充办理专项附加扣除、商业健康保险、递延养老保险等扣除?
□否 □是(需要提供相关信息)
9. 如果需要汇算清缴退税,是否退至工资卡?
□是(无需填写以下银行卡信息) □否(需要填写以下银行卡信息)开户银行(填写总行名称): 开户地(省):省(区、市) 银行账号:
10. 如果需要汇算清缴补税,是否由单位代为一并缴纳?
□是(需要将需补缴的税款及时交付单位) □否(个人自行补缴税款) 选择个自行补缴税款的,可以通过以下方式办理: (1)下载个人所得税 App 或者 Web 端,使用网上银行、第三方支付等方式缴款; (2)到主管税务机关办税服务大厅缴款。

四、其他需要说明的事项

个人签名:_____ 年___月___日

问题 350　扣缴义务人办理集中申报应注意的事项

〖答〗办理集中申报，提请扣缴人注意下列事项，如表 207 所示。

表 207　扣缴义务人集中办理注意事项

序号	注意事项		
1	时间	集中年度汇算申报	3 月 1 日—6 月 30 日 超过期限的只能由纳税人自行缴纳或申请退税
		集中缴税退税	
2	办理	报表类型	默认为标准申报，暂不支持简易申报
		添加的人员	都必须符合集中申报条件，否则阻断申报
		已办理年度汇算的纳税人	扣缴义务人不得再为其集中办理年度汇算
3	为纳税人集中办理年度汇算后，若纳税人以自己名义进行年度汇算相关操作		扣缴义务人不得再进行后续操作，只能查看原集中申报的记录

问题 351　登录自然人电子税务局

扣缴义务人的法人、财务负责人或被授权的办税人员可以办理集中申报业务。通过扫码登录或输入账号密码登录自然人电子税务局网页 Web 端，登录后，点击【单位办税】，选择要办理集中申报的企业，进入集中申报业务办理页面，如图 249 所示。

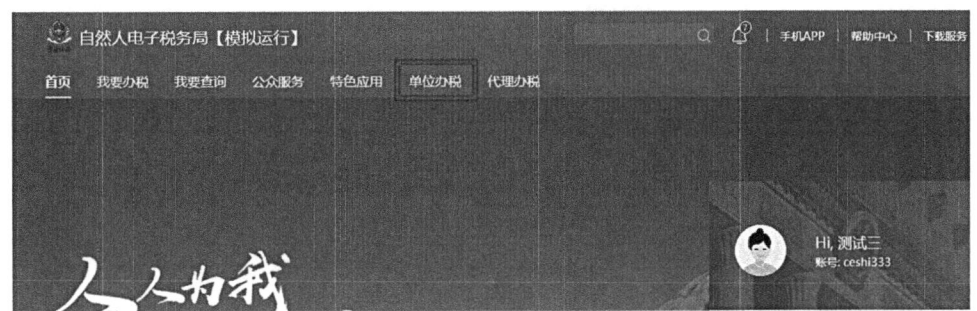

图 249　单位办税

选择要办税的企业，如图 250 所示。

图 250　选择办税企业

2. 填写申报表

填写申报表,可以选择"模板导入"和"单人添加"这两种方式,其中模板导入分为"人员名单模板"和"申报表模板",可以根据实际情况进行选择,在以下分别介绍。

问题 352　导入人员名单模板

模板可以从网页 Web 端下载后填写,也可以从扣缴客户端直接导出。将模板导入系统后自动生成申报表。单位员工数量较多时,优先采用此种方式,操作更加便捷。具体操作步骤如下。

(1) 下载人员名单模板,有两种方法。

① 网页 Web 端点击左侧【报表填报】—【导入】—【下载模板】,选择"名单模板",填写纳税人基本信息,如图 251、图 252 所示。

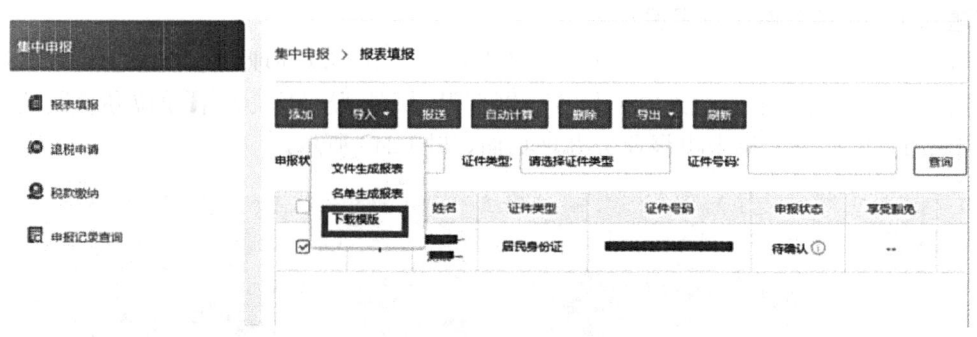

图 251　网页 Web 端下载模板

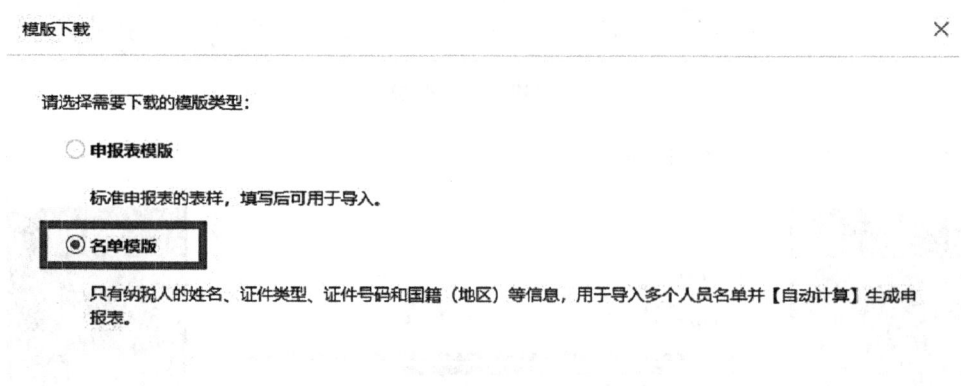

图 252　下载名单模板

【提示】纳税人汇算结果为需退税的,在人员名单模板中应填写纳税人本人的银行账户信息,建议选择一类银行卡,若选择二类三类卡存在退税失败风险。同时,确保该账户在收到退税前处于正常状态,账户挂失、未激活、注销等均会造成退税不成功。

② 扣缴客户端导出人员名单,在人员信息采集页面选择要办理集中申报的人员,点击【导出】选中人员—集中申报自动计算名单表。

(2)人员名单模板填写完成后,点击【导入】按钮,选择"名单生成报表",弹出导入框,点击左下角的"+",将申报表导入系统,如图253、图254所示。

图253　名单生成报表

图254　导入生成的报表

【提示】生成的申报表中不包含全年一次性奖金和来源于他处的综合所得。如有此类情况,可以修改自动生成的申报表或采用"导入申报表模板"方式填写申报表。

专项附加扣除金额不得修改,若有异议需先修改采集信息再重新生成申报表。纳税人采集了大病医疗支出专项附加扣除的应指定本扣缴单位,否则无法通过集中申报享受扣除。

使用过非居民申报表的纳税人采用此种方式只能生成空白申报表,建议采用"导入申报表模板"填报。

(3)导入完成后,提示文件接收成功,点击【确定】可以跳转到导入结果页面,查看本次导入是否成功。失败的,点击查看失败原因,方便修改;成功的直接生成申报表,如图255、图256所示。

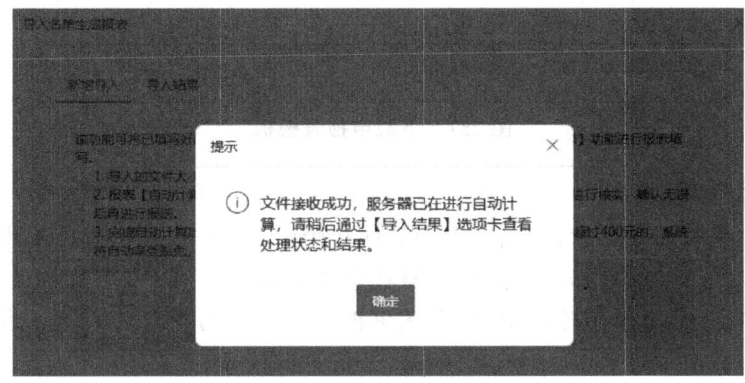

图255　导入完成界面

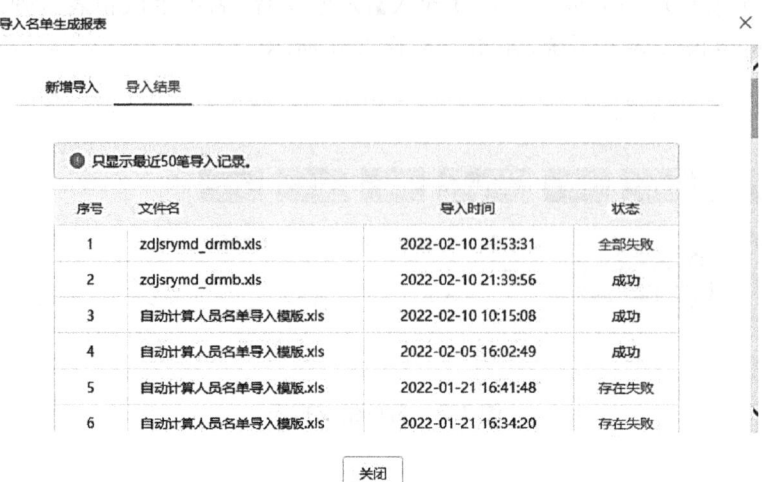

图 256　导入结果查询

（4）导入成功后，点击页面的【刷新】按钮，本次导入人员的申报表会出现在申报表列表。

问题 353　导入申报表模板

下载空白的申报表模板，填写完成后导入系统。单位员工数量较多，建议采用此种申报方式，可以有效提高工作效率。具体操作步骤如下。

（1）下载模板并填写，点击左侧【报表填报】—【导入】—下载模板，选择"申报表模板"，如图 257 所示。

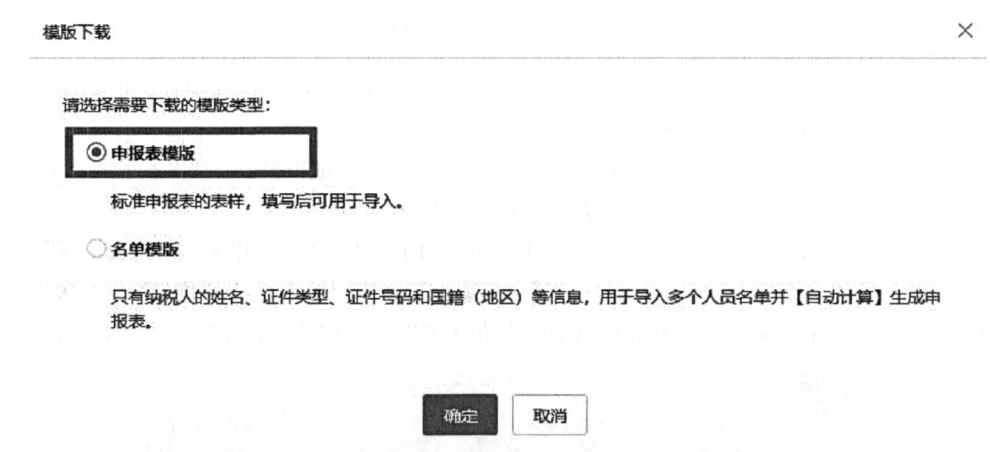

图 257　下载申报表模板

申报表填写注意事项：

商业健康险、税收递延养老保险、准予扣除的捐赠额、减免税额只能填写附表后带入主表，不可直接在主表填写；其余数据项可直接填写在申报主表。

手工填写各项专项附加扣除的金额，发送申报时会逐项与纳税人指定该扣缴义务人扣除的总金额进行比对，超过各项可扣除总金额的，系统会阻断申报。

纳税人选择将全年一次性奖金并入综合所得的应在工薪薪金栏次，不并入的不需在申报表中体现。

若集中申报的员工曾申报过外籍人员数月奖金,并且该笔收入选择不并入综合所得计算的,需将该笔收入转换为全年一次性奖金,填写在申报表第 34 行;并入综合所得的,直接将该笔收入并入工资薪金栏次计算。

(2)申报表模板填写完成后,点击【导入】—"文件生成报表",将模板导入系统,如图 258 所示。

图 258 文件生成报表

(3)导入成功后,点击页面的【刷新】按钮,本次导入人员的申报表会出现在申报表列表。

问题 354 单人添加

单人添加方式是指在系统单个添加纳税人信息,添加完成后选择自动计算或手工填写空白申报表的方式。此种方式每次只能添加一个纳税人,适合员工较少的企业。此种方式可选择自动计算,或无需自动计算进行申报。

(1)选择自动计算。点击【报表填写】—【添加】按钮,弹出采集人员信息的页面,填写符合集中申报条件的纳税人基础信息,如图 259 所示。

图 259 添加纳税人信息

人员信息添加完成后,弹出是否需要自动计算的弹框,选择【需要自动计算】,系统将根据单位的预扣预缴信息为纳税人生成申报表,如图260所示。

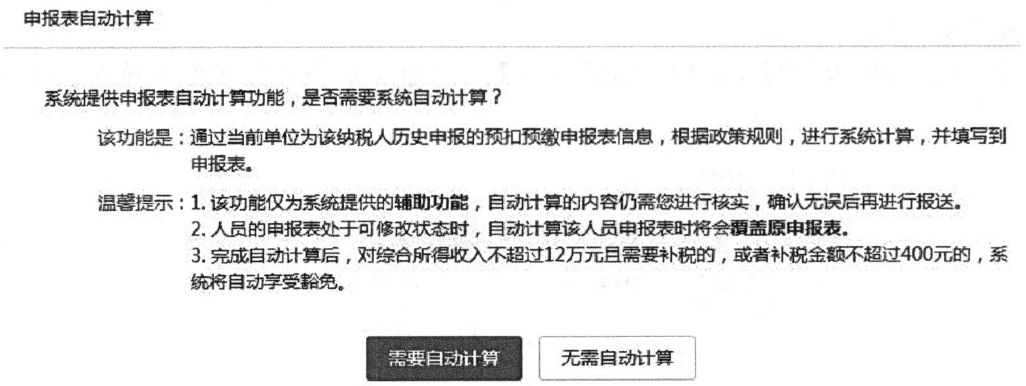

图260 申报表自行计算

点击【刷新】按钮,该纳税人的申报表出现在申报表列表中。

(2)若无需自动计算。点击【报表填写】—【添加】按钮,弹出采集人员信息的页面,填写符合集中申报条件的纳税人基础信息。人员信息添加完成后,弹出是否需要自动计算的弹框,选择"无需自动计算"。

跳转到申报表填写页面,除商业健康险、税收递延养老保险、准予扣除的捐赠额、减免税额外,可直接填写申报表各项数据,如图261所示。

图261 可直接填写的申报表数据

商业健康险、税收递延养老保险、准予扣除的捐赠额、减免税额只能填写附表后带入主表,不可直接在主表填写。以准予扣除的捐赠额为例进行介绍:点击【修改】,进入附表填写页面,点击【添加】按钮,填写信息后保存。具体如图262、图263所示。

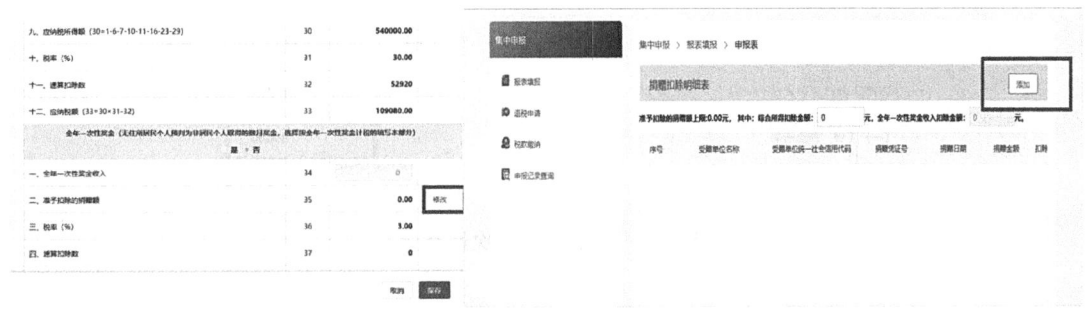

图 262 修改添加

图 263 新增并确认

申报表填写完成后,如无需修改,直接进入报送环节。

3. 修改申报表

如员工选择将全年一次性奖金并入综合所得、有多处所得、修改专项附加扣除采集信息等情形,可能需要对已生成的申报表进行修改,以下将分情形介绍相应操作。

问题 355 有全年一次性奖金

若纳税人选择将全年一次性奖金并入综合所得进行汇算,则点击该纳税人的姓名进入申报表,将该笔奖金添加到工资、薪金所得栏次,如图 264、图 265 所示。

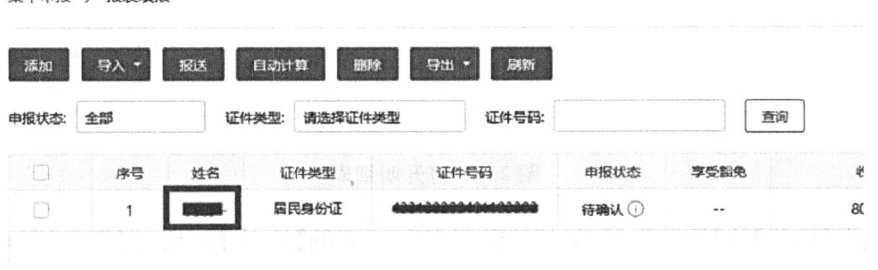

图 264 点击纳税人姓名

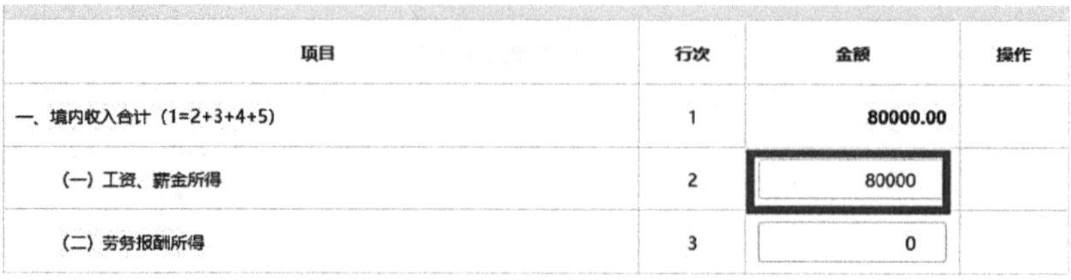

项目	行次	金额	操作
一、境内收入合计（1=2+3+4+5）	1	80000.00	
（一）工资、薪金所得	2	80000	
（二）劳务报酬所得	3	0	

图 265　添加全年一次性奖金

问题 356　存在待确认事项

对于申报状态为“待确认”的，并通过点击人员姓名进入申报表对待确认事项进行确认，完成修改后点击【保存】按钮，返回申报表列表页，如图 266 所示。

系统提示

当前申报表内容存在以下待确认事项，请核实，核实后可点击【报送】按钮进行确认。

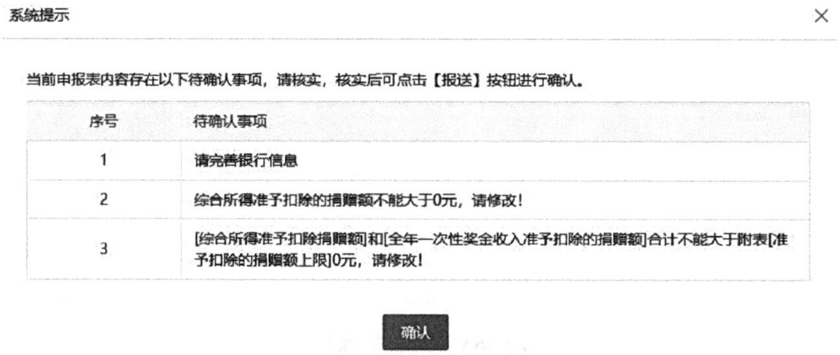

序号	待确认事项
1	请完善银行信息
2	综合所得准予扣除的捐赠额不能大于0元，请修改！
3	[综合所得准予扣除捐赠额]和[全年一次性奖金收入准予扣除的捐赠额]合计不能大于附表[准予扣除的捐赠额上限]0元，请修改！

确认

图 266　打开明细表

问题 357　纳税人有多处所得

若纳税人有多处所得或需要修改其他申报数据并向单位提供相关信息资料的，可以点开该纳税人的申报表进行修改。对无附表的数据项，可直接在主表修改；对有附表的数据项，要修改附表，如商业健康保险、

税延养老保险、准予扣除的捐赠额、减免税额。

以商业健康险为例进行介绍，具体操作步骤如下。

（1）打开申报表，在商业健康保险操作栏中点击【修改】按钮打开《商业健康保险税前扣除情况明细表》，如图 267 所示。

七、其他扣除合计（23=24+25+26+27+28）	23	100.00	
（一）年金	24	0	
（二）商业健康保险	25	100	修改
（三）税延养老保险	26	0	修改
（四）	27	0	

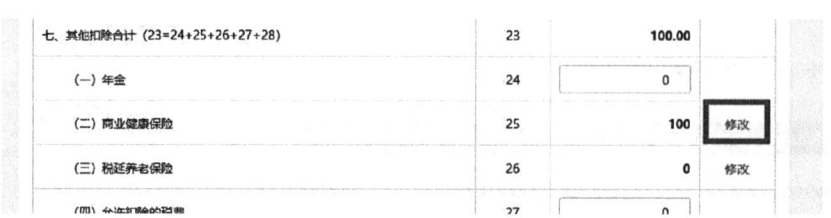

图 267　打开明细表

（2）点击【修改】或【删除】，修改完成后要点击下面的【确认】按钮，保存本次修改记录，如图 268、图 269 所示。

图 268　修改商业健康保险

图 269　修改商业健康险内容

问题 358　纳税人申报数据发生变化

若纳税人的专项附加扣除信息发生变化或更正了预扣预缴申报,可以在申报表列表选中该纳税人,点击【自动计算】按钮,生成新表覆盖原表,如图 270、图 271 所示。

图 270　自动计算

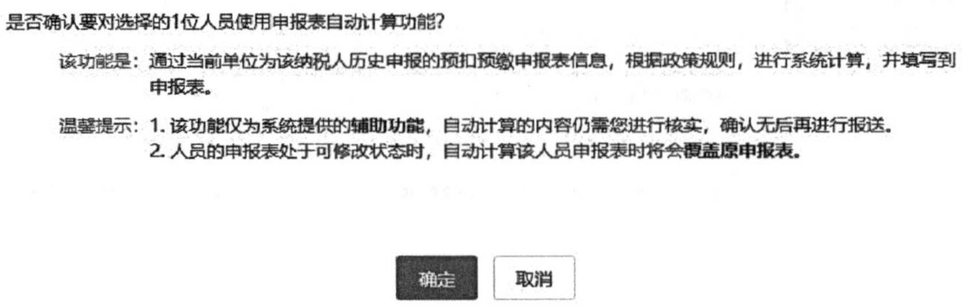

是否确认要对选择的1位人员使用申报表自动计算功能?

该功能是:通过当前单位为该纳税人历史申报的预扣预缴申报表信息,根据政策规则,进行系统计算,并填写到申报表。

温馨提示:1.该功能仅为系统提供的**辅助功能**,自动计算的内容仍需您进行核实,确认无误后再进行报送。
2.人员的申报表处于可修改状态时,自动计算该人员申报表时将会**覆盖原申报表**。

图 271　点击确认

4. 汇算清缴申报

问题 359　报送及删除

(1) 对状态为"待报送"和"申报失败"的纳税人申报表进行报送,可以单选或批量勾选,点击【报送】按钮,完成申报如图 272 所示。

图 272　申报表报送

(2) 若发现错误添加了某个纳税人,可以选择需要删除的人员记录,点击【删除】。

问题 360　导出申报表

(1) 系统提供了导出申报表的功能,可以选择需要导出申报表的人员,点击【导出】—【导出报表文件】,补充完成"导出说明"后点击【确定】按钮即可进行报表导出,如图 273 所示。

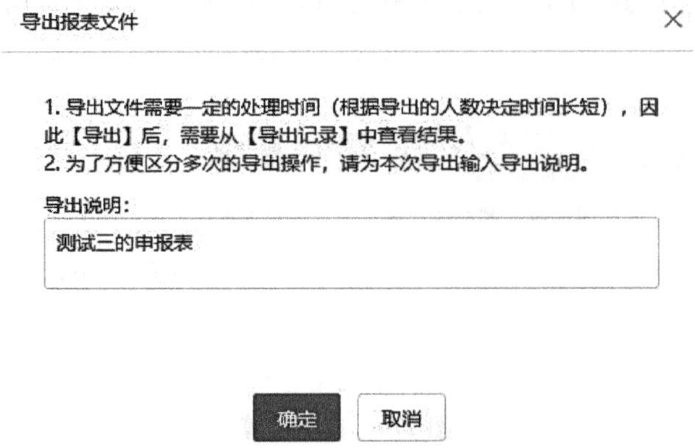

图 273　导出申报表

（2）点击【导出】—【导出记录】可以查看导出状态，可对状态为"处理成功，可下载"的记录进行下载，如图274所示。

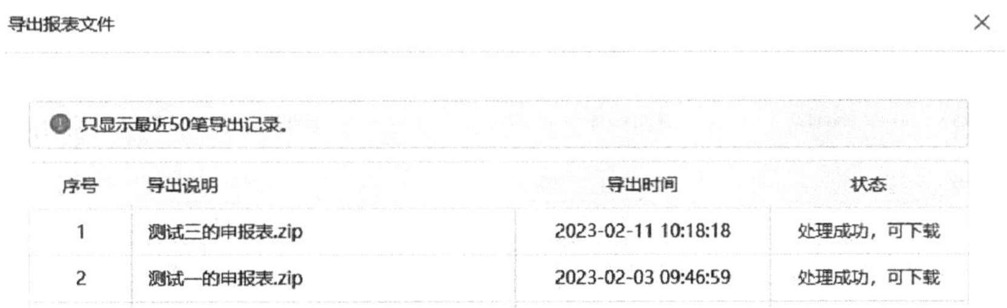

图274　查看导出状态

问题361　更正申报

申报表报送成功后，发现有错报、漏报的情况，可在原申报基础上进行更正。具体操作步骤如下。

（1）点击左侧【申报记录查询】菜单，选中需要更正的人员，点击【更正】按钮，系统会弹出确认更正提示，如图275所示。

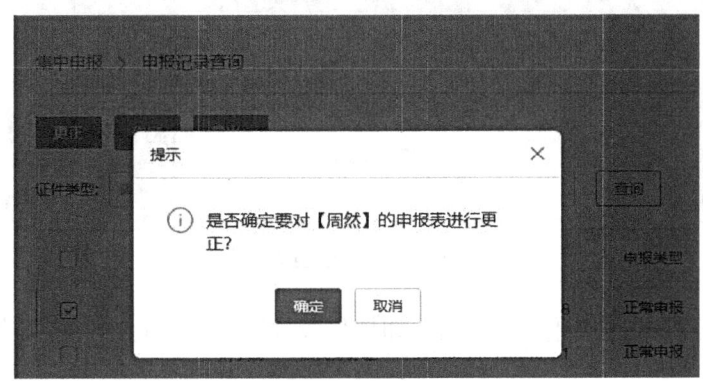

图275　申报记录查询

（2）点击【确定】启动更正，修正数据后点击【报送】即可重新进行申报表报送，如图276、图277所示。

图276　更正申报

图 277　更正并重新报送

（3）更正完成后发送申报、缴纳税款或申请退税，操作步骤与正常申报一致。

【提示】若已经开票，状态为"已开票未缴纳"时，则不允许更正申报表，必须缴纳税款或者作废税票才能更正。

问题 362　作废申报

申报成功后，尚未缴纳税款或申请退税的，允许作废申报。具体操作步骤如下。

（1）点击左侧【申报记录查询】菜单，选择需要作废的记录，点击【作废】按钮，系统弹出确认作废提示，如图 278 所示。

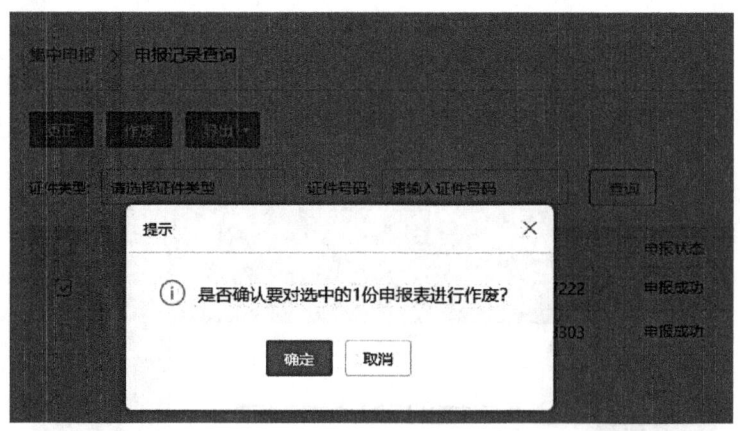

图 278　作废申报

（2）点击【确定】按钮确定作废申报表，如果作废失败，可查看失败原因，如图 279 所示。

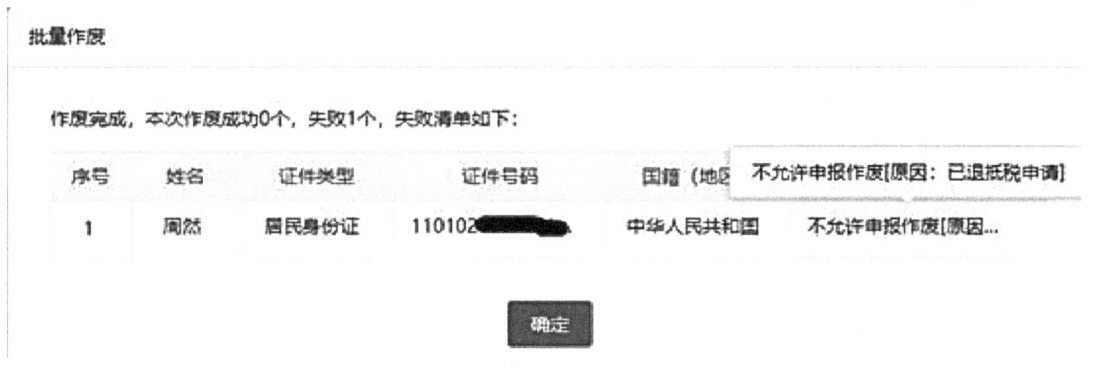

图 279　查看作废失败原因

5. 补(退)税

问题 363　税款缴纳

申报表报送成功后,符合免于申报条件(综合所得收入小于等于 12 万元或应补税额小于或等于 400 元)的纳税人,无需缴款,申报流程完成。

对于不符合免于申报条件,需要缴纳税款的纳税人,选择集中办理税款缴纳的,具体操作步骤如下。

(1)点击左侧【税款缴纳】菜单,选择"企业三方协议缴税"或"银联缴税"的方式,进入页面后系统自动获取未缴纳税款的纳税人信息并展示在列表中,勾选单个纳税人或者批量勾选后,点击上方的【立即缴税】按钮,如图 280 所示。

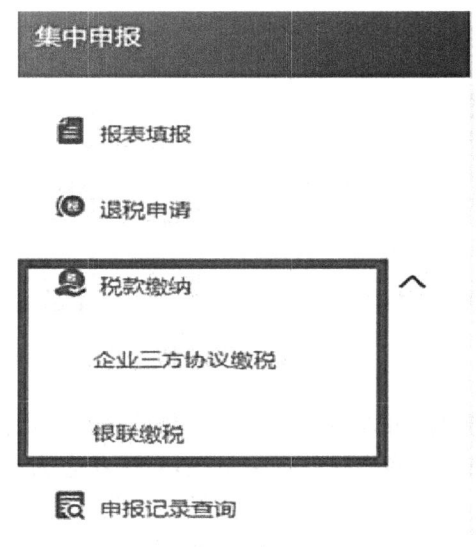

图 280　税款缴纳

(2)列表中人员数量较多时,可以通过输入查询条件来具体定位到某一纳税人,如图 281 所示。

图 281　定位纳税人

(3)缴款完成后系统会自动获取缴款结果,如果未获取到结果,也可以点击【更新状态】按钮手动获取缴款结果。

【提示】选择多个纳税人批量缴纳税款的,只能开具一张缴款书。

账户余额不足的,不允许对本批纳税人进行集中一笔缴纳税款,需要重新选择纳税人进行缴税。

问题 364　申请退税

应补(退)税额为负数的,在申报表填写时必须完整填写纳税人本人的银行账户信息。申报表报送成功后,可以为该类纳税人集中办理退税申请。具体操作步骤如下。

(1)点击左侧【退税申请】菜单,进入页面后选择退税状态为"待退税",点击查询,将符合退税条件的纳税人展示在列表中,勾选单个纳税人或者批量勾选后,点击的【提交申请】按钮,如图 282 所示。

图 282　退税申请

(2)列表中人员数量较多时,可以通过输入查询条件来具体定位到某一纳税人。

(3)发起退税申请后,您可以静待税务机关审核,对于状态为"退税中"的纳税人,点击【更新状态】查看最新结果。

(4)退税审核失败的会在备注栏显示失败原因,点击右侧气泡可以查看失败原因,如图 283 所示。

(5)退税审核流程尚未审批完结的情况下,可以撤销退税申请,并进行更正申报等操作。(后期将上线)

申报更正、作废申报完成后可以在【申报记录查询】菜单下查看已完成的申报记录,也可以进行更正或作废。

图 283　查看失败原因

(三) 委托办理

依据政策规定,3 月 1 日至 6 月 30 日为个人所得税综合所得汇算清缴(以下简称"年度汇算")办理时间。纳税人可优先通过自然人电子税务局的手机 App 端、网页 Web 端办理年度汇算自行申报,也可以委托代理机构办理。

1. 委托代理关系管理

系统提供【委托代理关系管理】功能,纳税人可用于建立和终止委托关系。委托关系建立的发起人只能是纳税人,受托机构无权发起,只能选择接受或拒绝。委托关系建立后双方都有权进行终止。

系统目前提供了三种发起委托申请的方式,纳税人可以通过自然人电子税务局的手机 App 端、网页 Web 端,或者到税务大厅发起委托申请。

问题 365　纳税人网页 Web 端

通过自然人电子税务局 Web 端发起委托申请,操作步骤如下。

(1) 通过网页 Web 端建立与管理和受托机构的委托代理关系。登录网页 Web 端后点击页面的【我要办税】—【委托代理关系管理】进行建立和管理,如图 284、图 285 所示。

图 284　委托代理关系管理

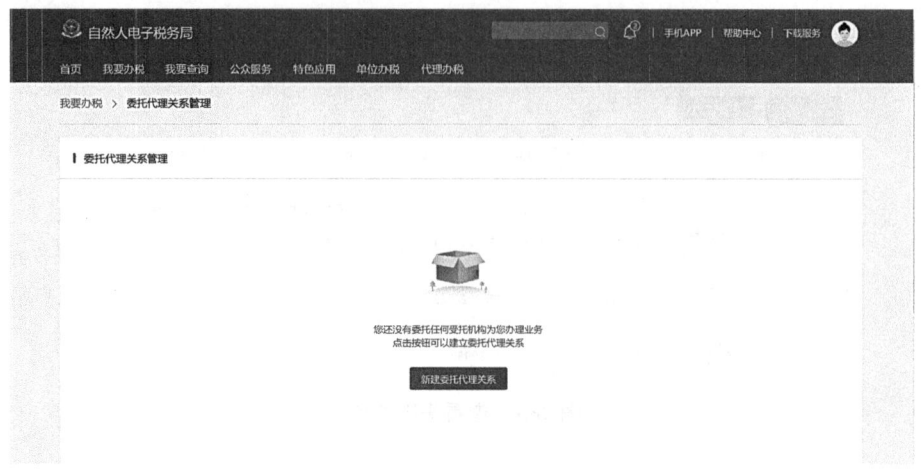

图 285 新建委托代理关系

（2）选择委托年度，填写受托机构、银行账户等相关数据项后提交，如图 286、图 287 所示。

图 286 选择委托年份

图 287 填写委托信息

(3) 信息填写完毕后提交委托申请，待受托机构接受委托后，该委托生效。

(4) 修改，在委托代理关系管理页面，选择需要修改的记录，进入详情后点击页面下方的【修改】按钮，修改相关信息后保存，如图 288、图 289 所示。

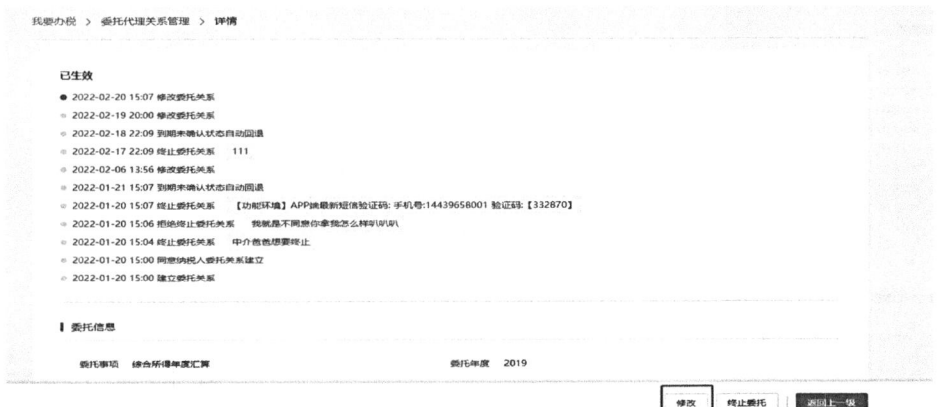

图 288　修改委托申请

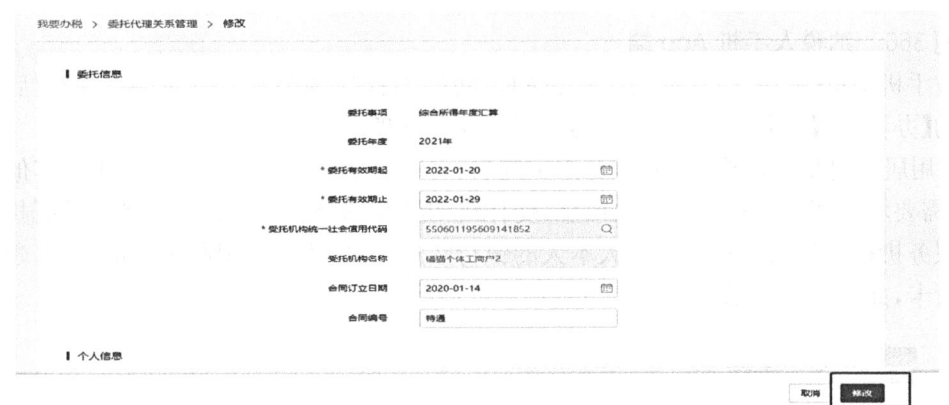

图 289　修改委托申请

(5) 撤销，在委托代理关系管理页面，选择需要撤销的记录，点击详情下方的【撤销】按钮即可，如图 290、图 291 所示。

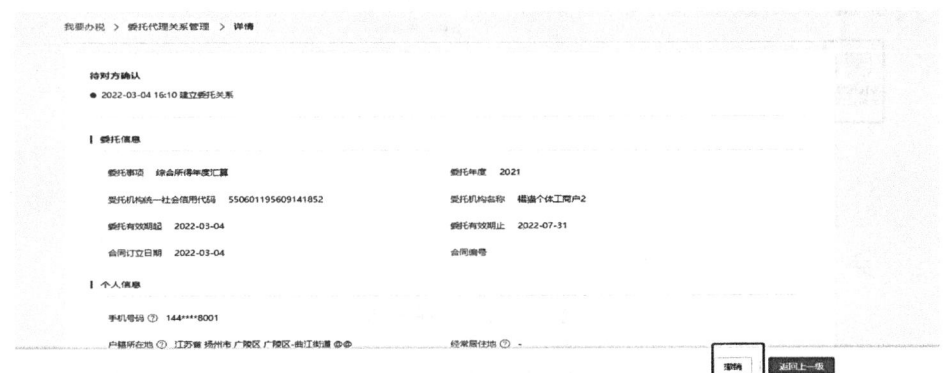

图 290　撤销委托申请

(6) 终止,在委托代理关系管理页面,选择需要终止的记录,点击详情下方的【终止委托】按钮,填写终止原因即可,如图291所示。

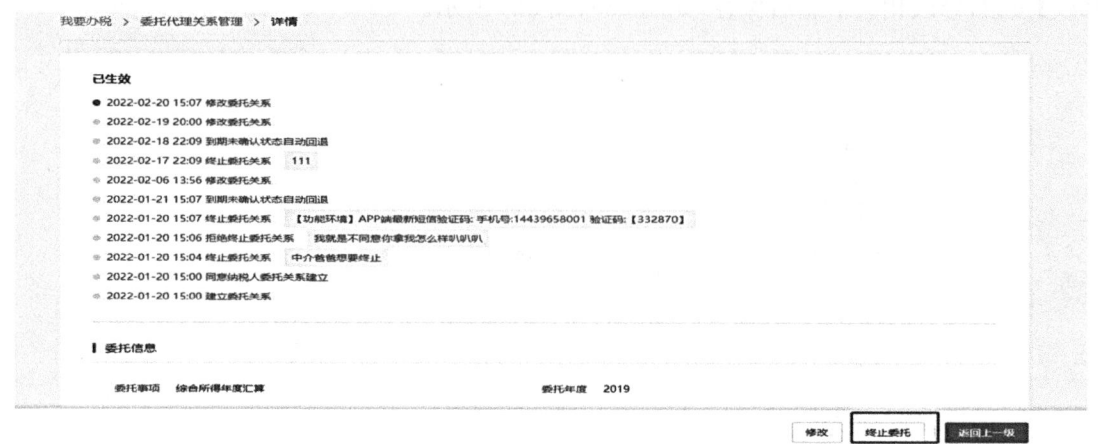

图291 终止委托关系

问题366 纳税人手机App端

通过手机App端建立、管理与受托机构之间的委托代理关系。登录手机App后点击页面下方的【办税】—【委托代理关系管理】进行建立和管理。

(1) 用居民身份证注册的,选择委托年度后,可直接进入表单填写页面;使用其他证件注册的,还需要填写境内累计居住天数信息;受托机构必须选择已开通该项服务的受托机构或涉税专业服务机构。填写或选择纳税人本人的银行账户信息,为避免退税失败的风险,建议选择一类银行卡,如图292所示。

图292 填写委托申请

(2) 填写完毕后,则完成了委托申请,待受托机构接受委托后,该委托生效。

(3) 修改,在委托代理关系管理页面,选择需要修改的记录,进入详情后点击页面下方的【修改】按钮,修改相关信息后保存,如图 293 所示。

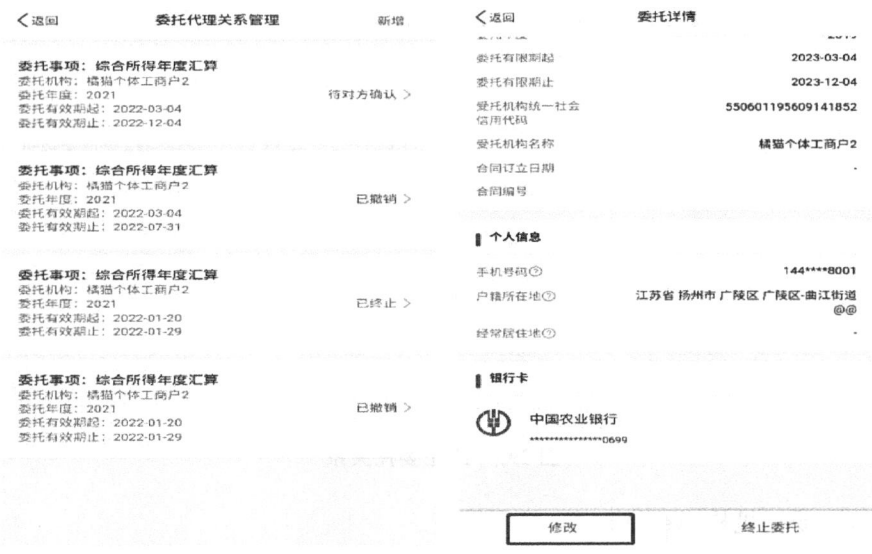

图 293　修改委托申请

(4) 撤销,在委托代理关系管理页面,选择需要撤销的记录,点击详情下方的【撤销】按钮,如图 294 所示。

图 294　撤销委托申请

(5) 终止,在委托代理关系管理页面,选择需要终止的记录,点击详情下方的【终止委托】按钮,填写终止原因点击确定,如图 295 所示。

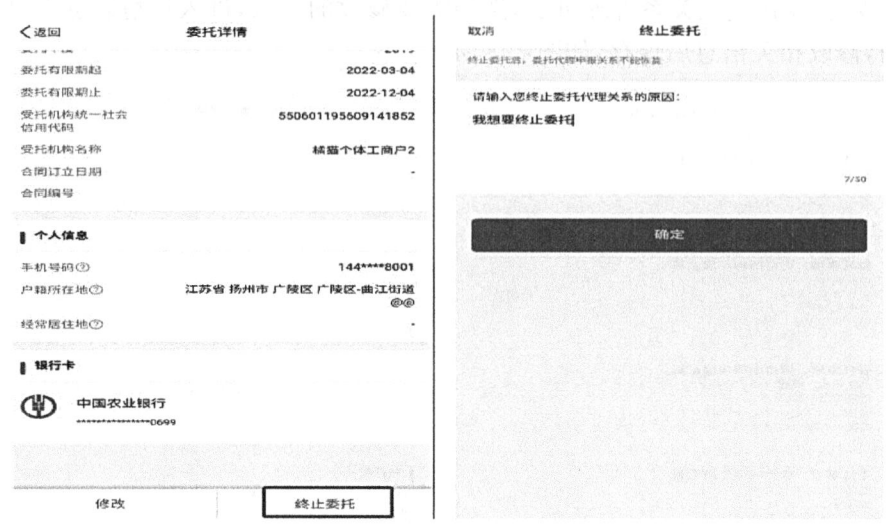

图 295　终止委托关系

问题 367　受托机构 Web 端

纳税人发起委托关系建立的申请后,由受托机构的法人、财务负责人或被授予代理申报办税权限的办税人员,登录网页 Web 端进行管理(受托机构需要先开通代理办税权限)。受托机构对委托代理关系的管理操作如下。

(1)通过扫码或输入账号密码的方式登录自然人电子税务局的网页 Web 端。

(2)登录后,点击【代理办税】可以进入【委托申报】办税菜单,选择企业,进入代理办税功能,如图 296 所示。

图 296　代理办税

(3)点击左侧的【委托管理】菜单,可以查询、受理名下的委托信息,如图 297 所示。

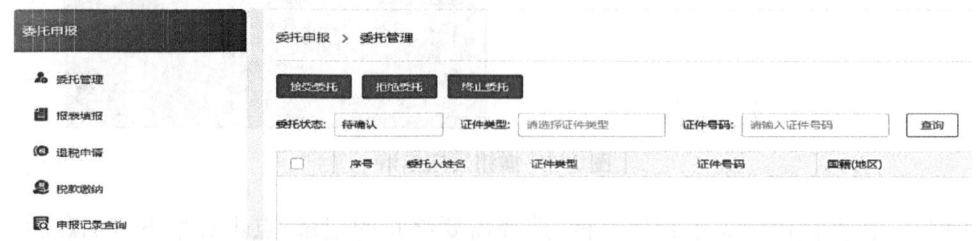

图 297　委托管理

(4)选中纳税人后根据实际情况选择接受或拒绝,点击【接受委托】的委托关系生效,点击【拒绝委托】的委托关系不生效。

(5)终止,可以选中该纳税人后,点击【终止委托】,待纳税人确认后委托代理关系失效。

问题 368　纳税人建立委托关系,会出现哪些委托管理的状态

〖答〗纳税人名下只能存在一条有效的委托代理关系,可能出现的委托管理的状态,如表 208 所示。

表 208　委托管理状态及操作

序号	委托管理的状态	操作	
1	"待对方确认"	可以撤销	
2	"已生效"	有权终止该委托关系	
3	"对方拒绝"	可以重新与其他受托机构建立委托关系	
4	"对方申请终止"	接受	委托关系失效
5		拒绝	委托关系恢复

受托人为纳税人办理年度汇算后,应当及时将办理情况告知纳税人。纳税人发现申报信息存在错误的,可以要求受托人办理更正申报,也可自行办理更正申报。

问题 369　委托机构应注意哪些事项

〖答〗委托机构受托办理年度汇算清缴,应注意以下事项。

(1)使用委托代理申报的方式为纳税人办理年度汇算的,需要先申请开通个人所得税年度汇算委托申报功能(已在税务机关采集基本信息的涉税专业服务机构可以自动开通);办税人员需经过授权后方可在登录网页 Web 端个人账户后选择相应的受托机构、办理委托申报业务。

(2)发送申报时,系统会校验纳税人是否已办理年度汇算,若该纳税人已申报过则系统会阻断重复申报。

(3)委托关系终止后,受托机构不能再为该纳税人办理后续业务。

(4)受托机构为委托人办理年度汇算申报后,若纳税人以自己名义进行年度汇算业务相关操作,则受托机构不得再进行后续操作,只能查看原委托代理申报的记录。

2. 报表填写

在【报表填报】菜单中,受托机构可以为委托人办理年度汇算的申报,系统提供了"手工填写"和"模板导入"两种方式,如图 298 所示。

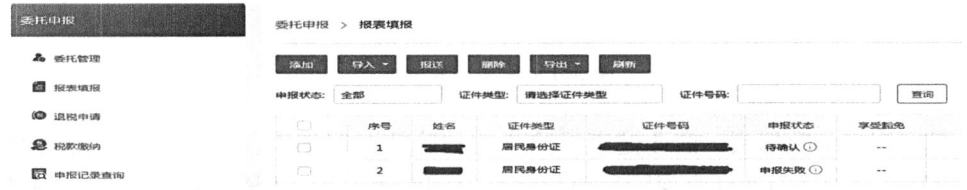

图 298　报表填报

问题370　手工填写

(1)选择接受委托的纳税人将会自动出现在列表中,申报状态为"待确认",点击人员姓名进入申报表填写页面;若某一纳税人被删除而不在列表中显示的,点击【添加】按钮添加该纳税人,如图299、图300所示。

图299　进入申报表填写页面

图300　填写纳税人信息

(2)填写主表数据项。无附表的数据项可以直接填写主表;各项专项附加扣除金额直接填写,申报时与纳税人的采集信息进行校验,如图301所示。

图301　填写主表数据

(3)填写附表的数据项。商业健康保险税前扣除情况明细表:在商业健康保险操作栏中点击【修改】按钮打开《商业健康保险税前扣除情况明细表》,点击【添加】按钮补充商业健康保险明细,如图302、图303所示。

图 302　添加商业健康保险界面

图 303　填写商业健康保险

递延型商业养老保险税前扣除调整明细表：在税延养老保险操作栏中点击【修改】按钮打开《递延型商业养老保险税前扣除调整明细表》，点击【添加】按钮补充税延养老保险明细，如图 304 所示。

图 304　填写税延养老险

个人所得税减免税事项报告表：存在个人所得税税前减免的，需要报送《个人所得税减免税事项报告表》。在减免税额操作栏中点击【修改】按钮打开《个人所得税减免事项报告表》，点击【添加】按钮补充减免事项明细，如图 305 所示。

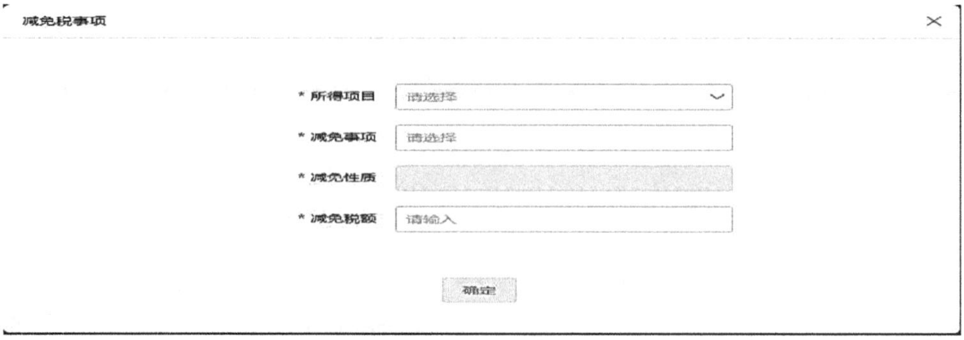

图 305　填写减免税事项

个人所得税公益慈善捐赠扣除明细表：存在个人所得税税前减免的，需要报送《个人所得税公益慈善捐赠扣除明细表》。在准予扣除的捐赠额操作栏中点击【修改】按钮打开编辑界面，点击【添加】按钮补充捐赠扣除明细，如图 306 所示。

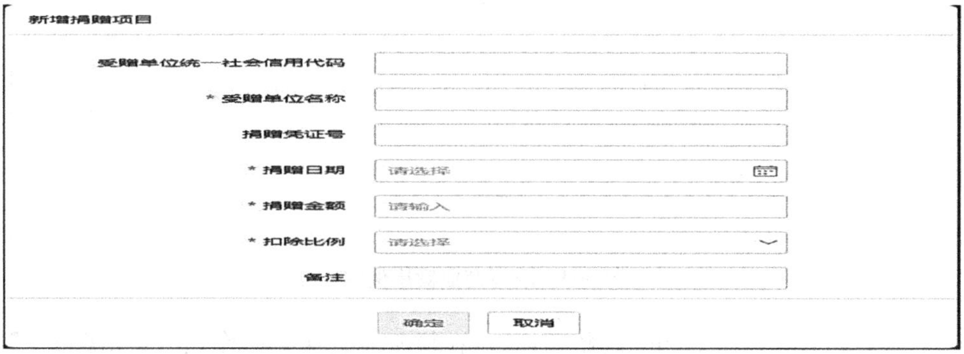

图 306　填写新增捐赠项目

【提示】添加人员只能添加与受托机构存在有效委托关系的且尚未办理年度汇算申报的纳税人。

手工填写各项专项附加扣除的金额，发送申报时会逐项与纳税人名下的采集信息进行比对，超过可扣除金额的，阻断申报。

若申报表中应补（退）税额为负的，系统自动带出纳税人建立委托关系时输入的银行卡信息，受托机构不得修改；若纳税人需要修改，可修改委托关系中的银行账户信息。

问题 371　模板导入

系统支持申报表模板导入，导入为单人导入，不支持批量导入，具体操作如下。

（1）点击【导入】—【下载模版】可以下载申报模版，如图 307 所示。

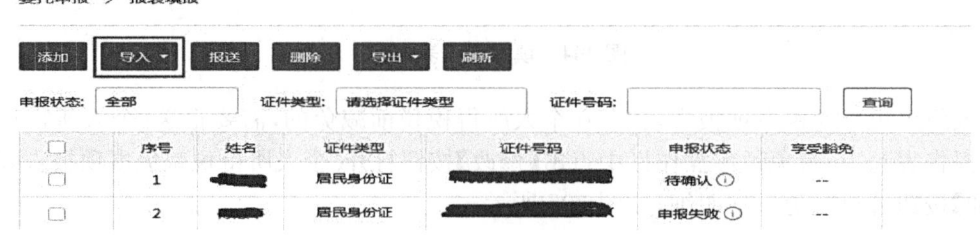

图 307　模板导入

（2）申报表模板填写完毕后，点击【导入】—【文件生成报表】添加需要导入的文件。导入操作完成后，可在【导入结果】中查看导入结果，如图308所示。

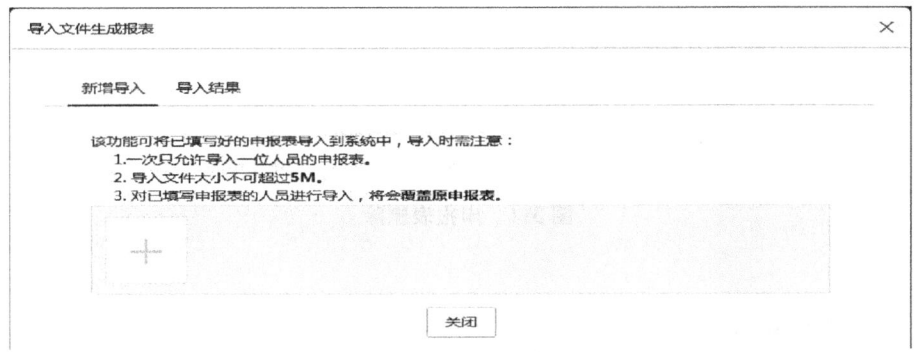

图308　查看导入结果

（3）导入成功后，点击页面的【刷新】按钮，本次导入人员的申报表会出现在申报表列表。

【提示】填写申报表模板时需注意，商业健康险、税收递延养老保险、准予扣除的捐赠额、减免税额只能填写附表后带入主表，不可直接在主表填写；其余数据项可直接填写在申报主表。

填写各项专项附加扣除的金额，发送申报时会逐项与纳税人名下的采集信息进行比对，超过可扣除金额的，阻断申报。

纳税人选择将全年一次性奖金并入综合所得的，应加在工资薪金栏次；不并入的不需在申报表中体现。

若纳税人申报过外籍人员数月奖金，并且该笔收入选择不并入综合所得计算的，需将该笔收入转换为全年一次性奖金，填写在申报表第34行；若选择并入综合所得的，直接将该笔收入并入工资薪金栏次计算。

3. 汇算清缴申报

问题372　报送申报表

完成申报表填写或者导入申报表后，申报状态为"待报送"和"申报失败"的可以进行申报表报送；"待确认"状态需要点击申报表"确认保存"后才能申报，如图309所示。

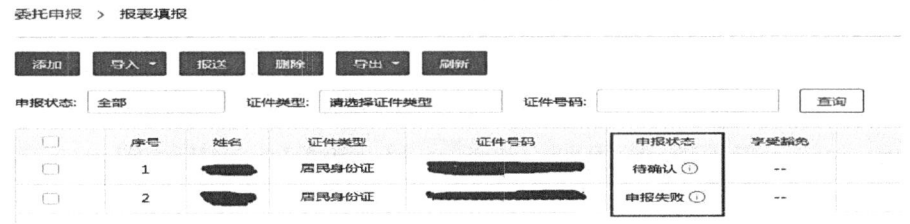

图309　申报表状态

选择需要报送的记录，点击【报送】按钮，如图310所示。

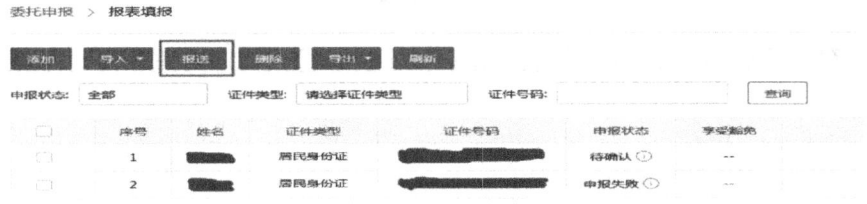

图310　申报表报送

如果无需为纳税人填写和报送申报表,可以选中该纳税人,点击【删除】,如图 311 所示。

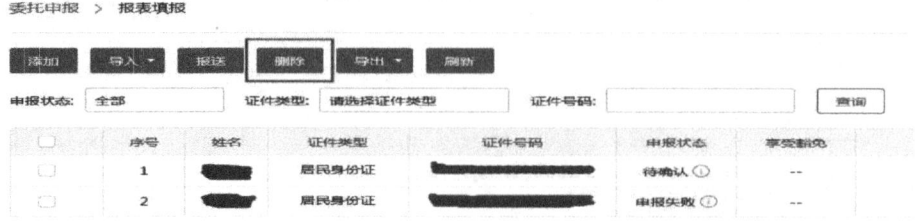

图 311　申报表删除

问题 373　申报查询

申报表报送成功后,在【申报记录查询】菜单中查询报表记录,也可以对已申报的数据进行更正、作废、导出等操作,通过证件类型、证件号码可以快速查询,如图 312 所示。

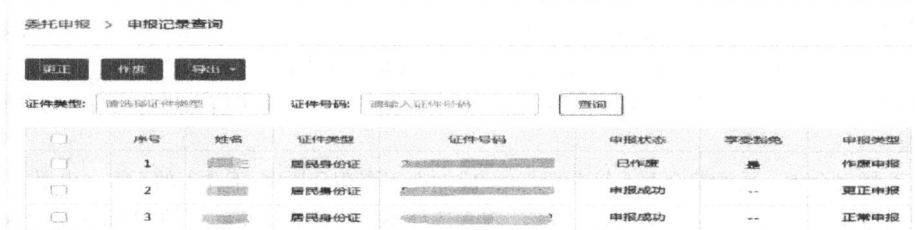

图 312　申报记录查询

问题 374　更正申报

申报表报送成功后,发现有错报、漏报的情况,可使用申报更正功能,修改已申报数据后重新申报。

(1)选择需要更正的记录后,点击【更正】按钮,系统会弹出确认更正提示,如图 313 所示。

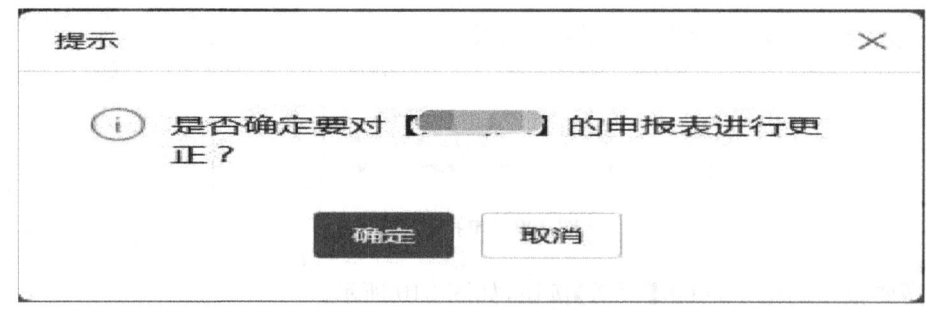

图 313　更正提示

(2)点击【确定】启动更正,修正报表数据后点击【报送】按钮即可重新进行申报表报送,如图 314 所示。

图 314　更正报送

问题 375　作废申报

申报表报送成功后,尚未缴纳税款或申请退税的,允许作废申报。具体操作步骤如下。

(1) 选择需要作废的记录后,点击【作废】按钮,系统会弹出确认作废提示,如图 315 所示。

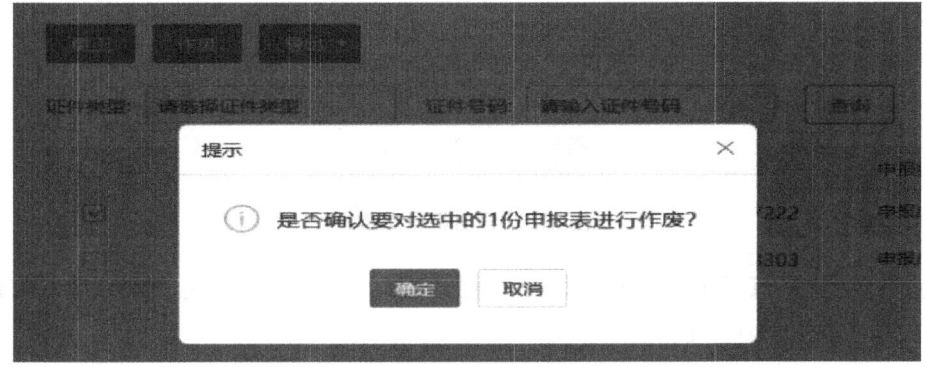

图 315　作废提示

(2) 点击【确定】按钮确定作废申报表,如果作废失败,可查看失败原因,如图 316 所示。

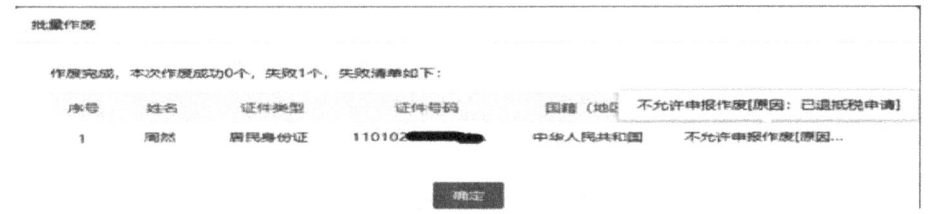

图 316　查看作废失败原因

问题 376　导出申报

(1) 需要导出申报表,可以点击【导出】按钮可以导出申报表,如图 317 所示。

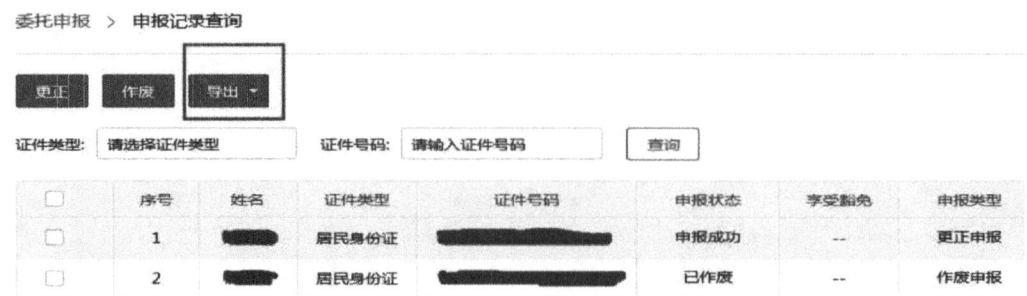

图 317　导出申报表界面

（2）选择需要导出申报表的人员记录，点击【导出】—【导出报表文件】，补充完成"导出说明"后点击【确定】按钮即可进行报表导出，如图 318 所示。

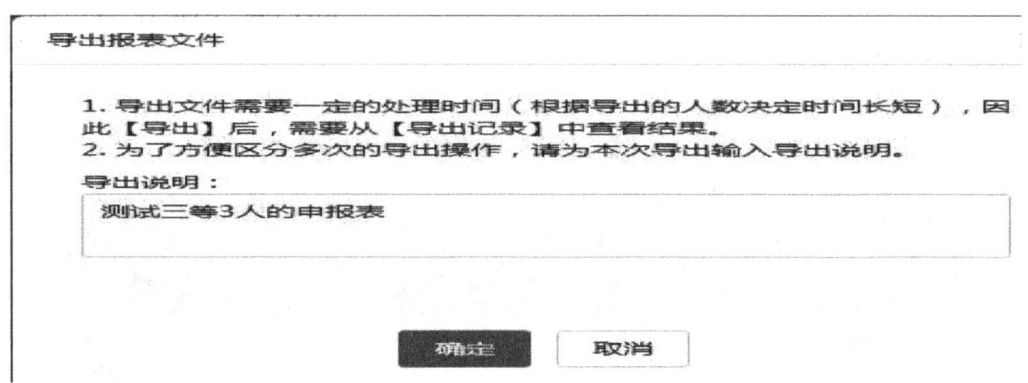

图 318　导出报表文件

（3）点击【导出】—【导出记录】可以查看导出状态。如果导出完成，可点击【下载】按钮下载导出的申报表，如图 319 所示。

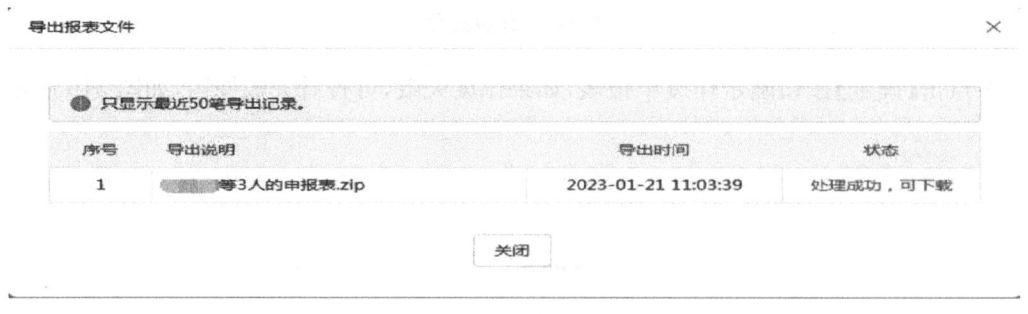

图 319　查看导出状态

4. 补（退）税

问题 377　税款缴纳

申报表报送成功后，符合免于申报条件（综合所得收入小于等于 12 万元或应补税额小于等于 400 元）的纳税人，无需缴款，申报流程完成。对于不符合免于申报条件，需要缴纳税款的纳税人,可以在【税款缴纳】菜单中办理缴税业务,如图 320 所示。

图 320　缴纳税款

具体操作步骤如下。
(1) 选择需要缴税的记录,点击【立即缴税】发起缴款,系统将弹出缴款方式选择界面。
(2) 缴款完成后系统会自动获取缴款结果,点击【更新状态】按钮手动获取缴款结果。

问题 378　申请退税

应补(退)税额为负数的,委托机构可以为纳税人申请退税,操作如下。
(1) 选择需要提交退税申请的人员后点击【提交申请】按钮提交退税申请,如图 321 所示。

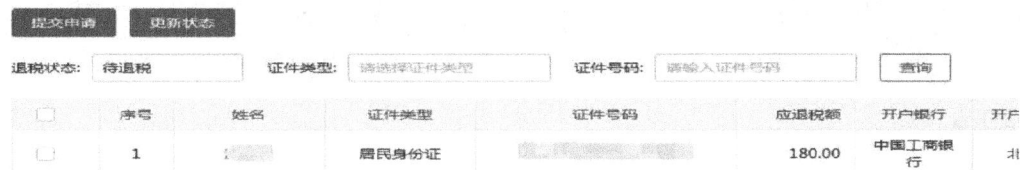

图 321　退税申请

(2) 发起退税申请后,需要等待税务机关审核通过后才会进行退税,可以点击【更新状态】按钮为"退税状态"为"退税中"的更新退税结果。

【提示】在此环节中纳税人的退税银行账户是建立委托关系时输入的银行卡信息,若纳税人想更换银行卡的,只能先修改委托关系中的银行账户信息。

问题 379　受托人协助纳税人虚假申报的,需承担什么责任

〖答〗受托人协助纳税人虚假申报、骗取退税或者实施其他与汇算清缴相关的税收违法行为的,按照税收征管法等有关法律法规规定处理,并纳入纳税信用管理。

(四) 纳税记录

目前,部分省市已开通自然人电子税务局申请开具纳税记录的功能,具体开通情况可咨询当地税务机关。

问题 380　网络 Web 端纳税记录开具方法

个人通过网络 Web 端开具纳税记录以 2021 年纳税记录为例,操作如下。
(1) 登录自然人电子税务局,点击【特色应用】—【切换城市】,如图 322 所示。
(2) 选择所属地区,点击【纳税记录开具】,如图 323 所示。
(3) 选择申报日期—输入随机验证码—点击【生成纳税记录】,如图 324 所示。
(4) 点击预览或下载,如图 325 所示。

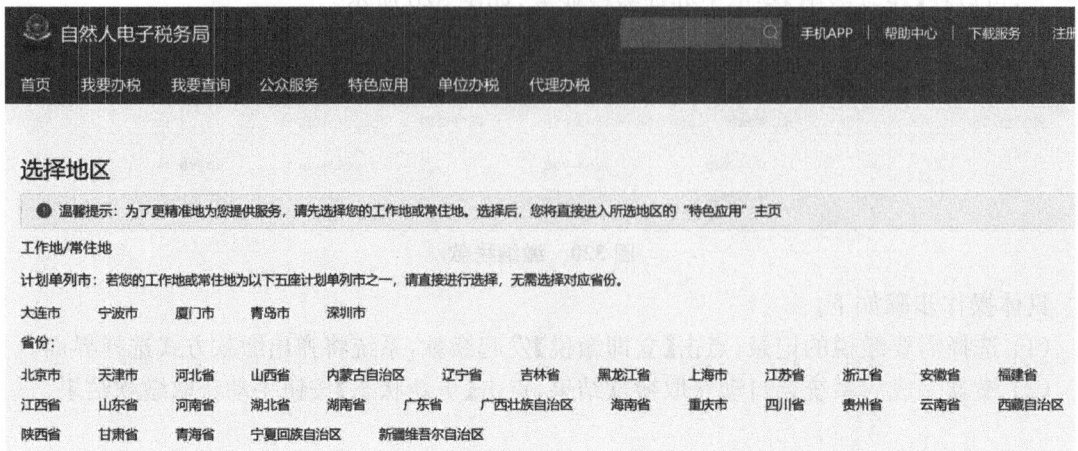

图322　选择地区

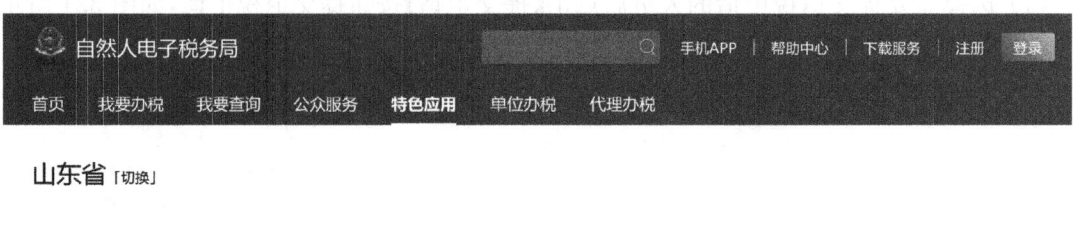

图323　纳税记录开具界面

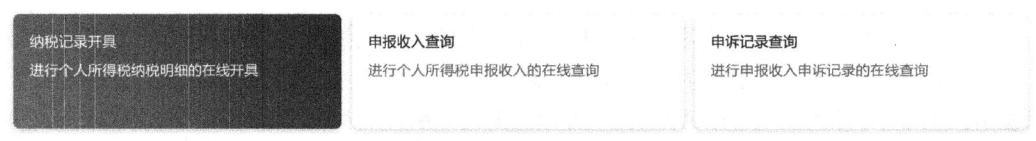

图324　生成纳税记录

第三章 综合所得

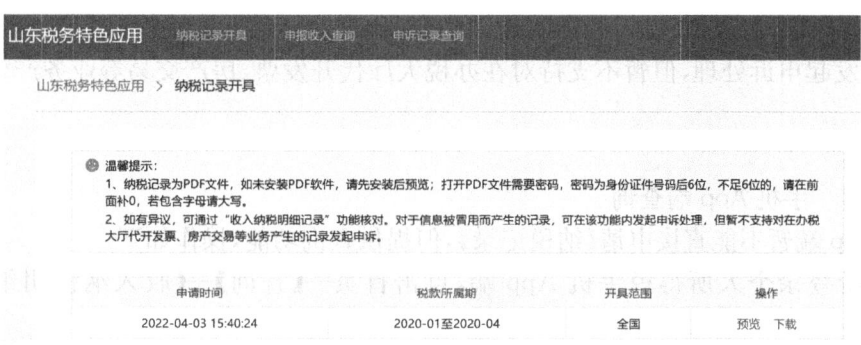

图 325 预览或下载

（5）个人所得税纳税记录电子版，为 PDF 格式文件，打开文件密码为身份证号后 6 位，不足 6 位的，在前面补 0，若包含字母为大写，如图 326 所示。

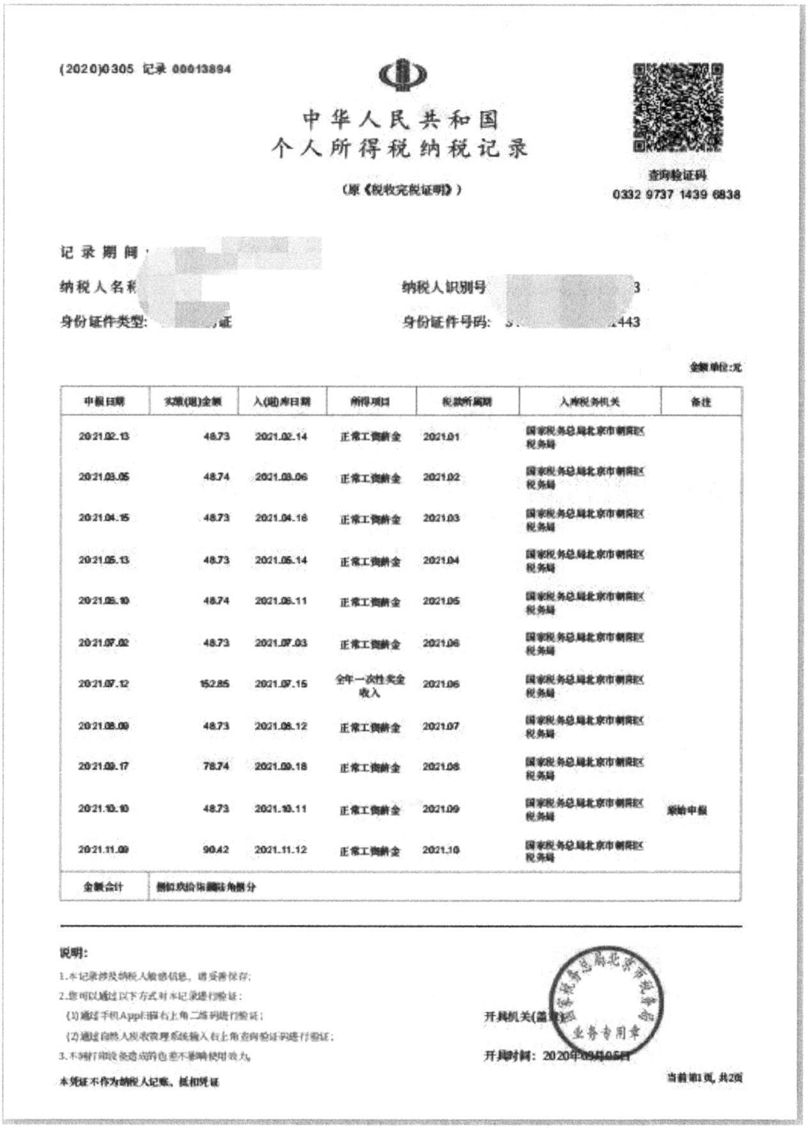

图 326 个人纳税记录

（6）若有异议,可通过【收入纳税明细记录】功能核对,对于信息被冒用而产生的记录,可在该功能内发起申诉处理,但暂不支持对在办税大厅代开发票、房产交易等业务产生的记录发起申诉。

问题 381　手机 App 端查询

手机 App 端暂不能直接申请《纳税记录》,但提供查询功能,操作如下。

（1）注册登录个人所得税手机 App 端,点击首页—【查询】—【收入纳税明细查询】,如图 327 所示。

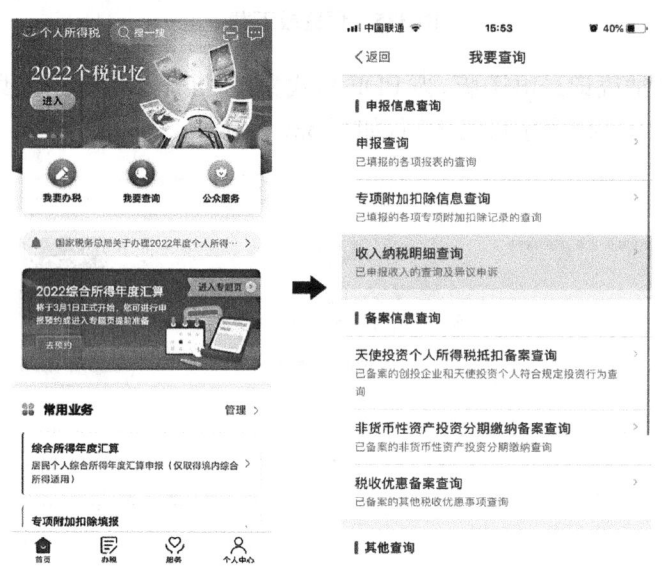

图 327　进入查询界面

（2）选择要查询纳税记录的年度和所得类型年份,点击【查询】,如图 328 所示。

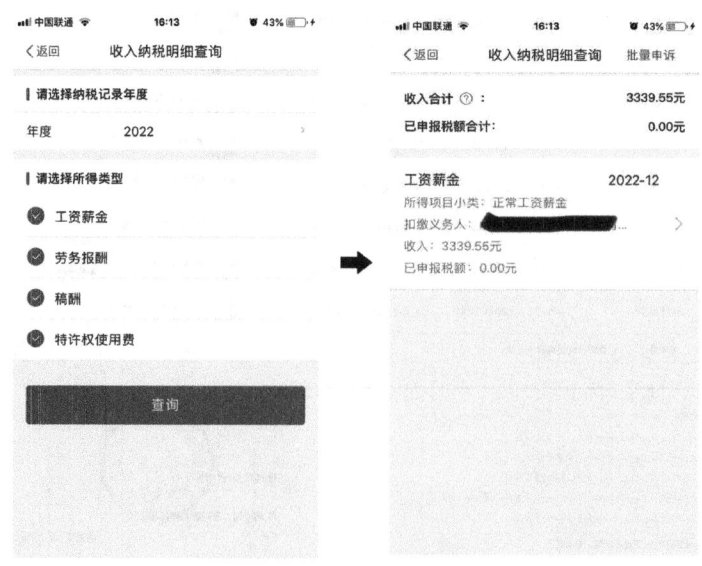

图 328　收入纳税明细查询

（3）若有异议，可通过【收入纳税明细记录】功能核对，对于信息被冒用而产生的记录，可在该功能内发起申诉处理，但暂不支持对在办税大厅代开发票、房产交易等业务产生的记录发起申诉。

五、非居民个人代扣代缴

（一）代扣代缴

非居民个人所得税代扣代缴申报是指扣缴义务人向非居民个人支付应税所得时，扣缴义务人应当履行代扣代缴应税所得个人所得税的义务，并在次月十五日内向主管税务机关报送《非居民个人所得税代扣代缴报告表》和主管税务机关要求报送的其他有关资料。实行非居民个人所得税代扣代缴申报的应税所得包括：工资薪金所得；劳务报酬所得；稿酬所得；特许权使用费所得；利息、股息、红利所得；财产租赁所得；财产转让所得；偶然所得。

首页功能菜单点击【非居民所得申报】，进入"非居民代扣代缴申报"页面，页面上方为申报主流程导航栏，根据【1 收入及减除填写】【2 附表填写】和【3 申报表报送】三步流程完成非居民代扣代缴申报，操作界面如图329所示。

图 329　收入及减除填写

问题 382　收入及减除填写

点击界面下方应税所得报表名称或【填写】进入表单，即可进行数据的录入。具体表单填写操作说明如下。

（1）外籍人员正常工资薪金：非居民个人的工资薪金所得，以每月收入额减除费用5 000元后的余额为应纳税所得额，非居民没有扣除专项扣除和专项附加扣除项目；操作界面如图330所示。

图 330 外籍人员正常工资薪金

注意事项：

①【适用公式】：根据实际情况选择，若不能确定适用公式，可点击右侧的【帮助】根据系统引导提示选择。

②【收入】：未选择"适用公式"时直接录入。其他情形则通过点击【请录入明细】填写相关数据。

（2）外籍人员数月奖金：同一个人一个年度内，外籍人数月奖金只允许填写一次。操作界面如图 331 所示。

图 331 外籍人员数月奖金

注意事项:

①【适用公式】:根据实际情况选择,若不能确定适用公式,可点击右侧的【帮助】根据系统引导提示选择。

②【当月取得数月奖金额】:未选择"适用公式"时直接录入。其他情形则通过点击【请录入明细】填写相关数据。

③【应纳税额】:应纳税额=[(应纳税所得额÷6)×月度税率-速算扣除数]×6。

(3) 新增解除劳动合同一次性补偿金的操作界面如图332所示。

图332　解除劳动合同一次性补偿金

注意事项:

①【一次性补偿收入】填写个人因解除劳动合同而从原任职单位取得的一次性补偿收入。

②【免税收入】(一次性补偿收入,本地年平均工资×3)取小值(可修改)。

(4) 新增个人股权激励收入的操作界面如图333所示。

图333　个人股权激励收入

注意事项：

①【适用公式】：根据实际情况选择，若不能确定适用公式，可点击右侧的【帮助】根据系统引导提示选择。

②【本月股权激励收入】：未选择"适用公式"时直接录入。其他情形则通过点击【请录入明细】填写相关数据。

③【应纳税所得额】：应纳税所得额＝本月股权激励收入＋本年累计股权激励收入（不含本月）－本年累计免税收入－扣除及减除项目合计。

④【税率】：取数于应纳税所得额÷6之后，非居民的月度税率表。

⑤【速算扣除数】：取数于非居民的月度税率表。

⑥【应纳税额】：应纳税额＝[（应纳税所得额÷6）×税率－速算扣除数]×6。

（5）税收递延型商业养老金，操作界面如图334所示。

图334　税收递延型商业养老金

注意事项：

①【免税收入】：默认带出收入×25％，可修改。

②【税率】：10％比例税率。

（6）劳务报酬所得，操作界面如图335所示。

图 335 劳务报酬所得

注意事项：

①【所得项目】：如果人员的"任职受雇从业类型"为"保险营销员"，则所得项目默认为"保险营销员佣金收入"；"任职受雇从业类型"为"证券经纪人"，则所得项目默认为"证券经纪人佣金收入"，"其他类型"的人员只能选择"一般劳务报酬所得"或"其他劳务报酬所得"。

②【展业成本】：按(收入－费用)×25%带出，仅当非居民个人为保险营销员或证券经纪人时带出。

问题 383　其他附表填写

其他附表包括"减免事项附表"和"个人股东股权转让信息表"，操作界面如图 336 所示。

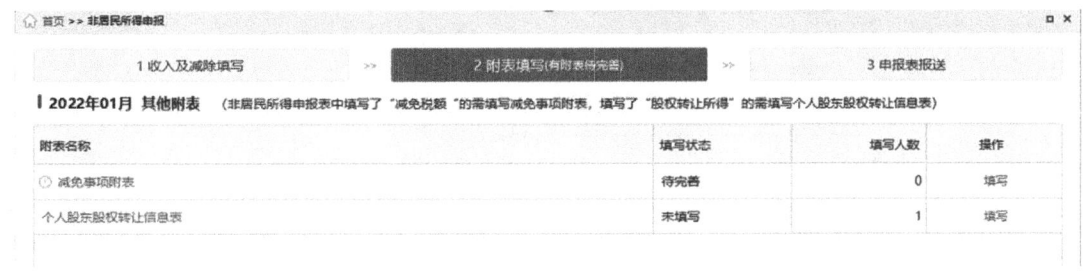

图 336　其他附表填写

(1) 减免事项附表用于对申报表填写中录入的减免税额、协定税率进行补充对应的具体优惠事项信息。非居民代扣代缴申报与分类所得、综合所得申报在减免事项附表上的区别在于增加了"税收协定附表"，如图 337 所示。

图 337　减免事项附表

（2）非居民所得项目中填写了减免税额，系统会在减免事项附表中自动生成一条状态为未填写的减免税额记录，点击【填写】打开编辑界面，补充完善具体的减免事项和减免性质，点击【保存】即可。

（3）非居民所得项目特许权使用费所得或利息股息红利所得中填写了协定税率，系统会在税收协定附表中自动生成一条状态为未填写的税收协定记录，点击【填写】打开编辑界面，补充完善具体税收协定名称及协定条款信息，点击【保存】即可，如图 338 所示。

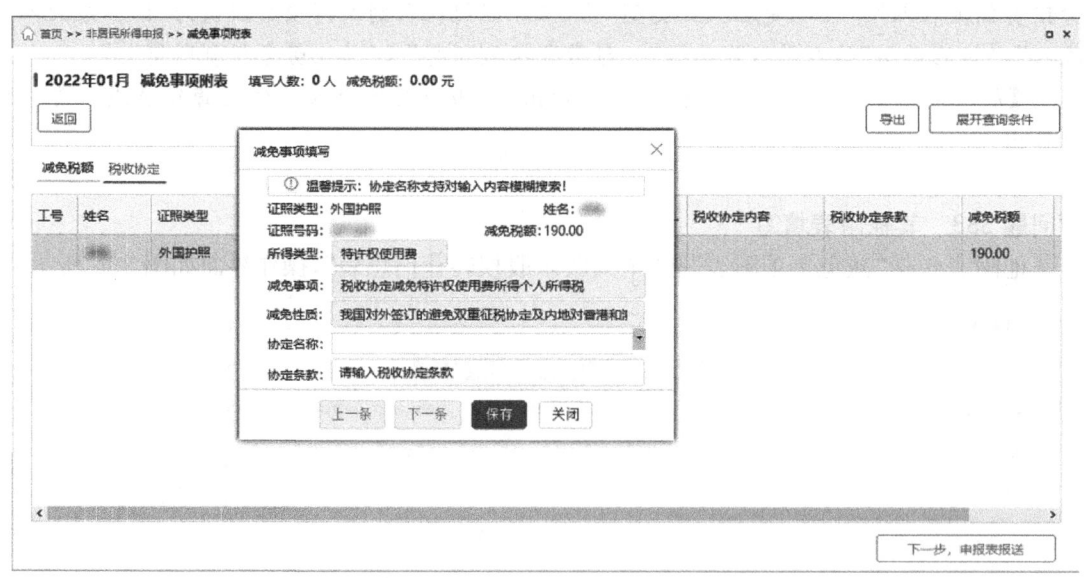

图 338　税收协定

（4）个人股东股权转让信息表用于对非居民填写了股权转让所得进行补充股权转让明细信息，操作界面如图 339 所示。

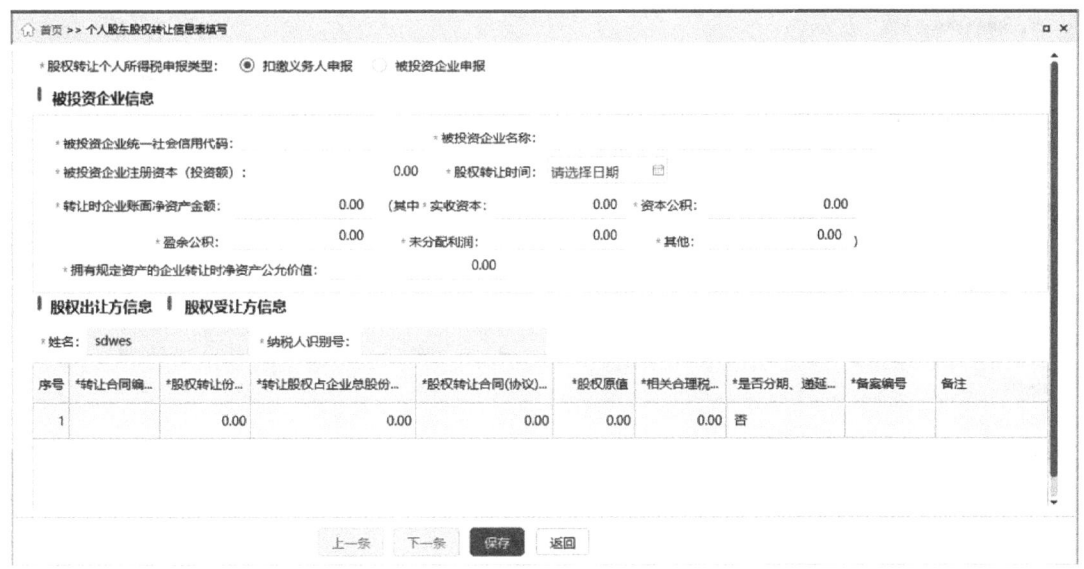

图 339 个人股东股权转让

注意事项：

①【股权转让个人所得税申报类型】：根据股权转让个人所得税申报情况选择。

被投资企业信息：

②【被投资企业注册资本(投资额)】：填写被投资企业注册资本或者投资额金额。

③【转让时企业账面净资产金额】【实收资本】【资本公积】【盈余公积】【未分配利润】【其他】：填写个人股东股权转让时，被投资企业的账面净资产金额，以及其中包含的实收资本、资本公积、盈余公积、未分配利润金额、其他综合收益等。

④【拥有规定资产的企业转让时净资产公允价值】：填写个人股东拥有规定资产的被投资企业转让时净资产的公允价值金额。

股权出让方/受让方信息：

⑤【转让合同编号】：填写股权转让合同编号。

⑥【转让股权占企业总股份比重(％)】：填写股权转让前，出让方所持股权占企业总股权比例。

（二）自行申报

问题 384　申报表报送

申报表报送用于完成非居民所得代扣代缴的正常申报、更正申报以及作废申报操作。点击【3 申报表报送】进入"申报表报送"界面，系统自动生成待申报清单。申报表通过系统申报数据校验，"是否可申报"显示为"是"；若存在申报表数据校验不通过，"是否可申报"显示为"否"，该界面下方提示区显示具体错误提示信息。只有当填写的所有申报表"是否可申报"均为是时，【发送申报】才允许点击，操作界面如图 340 所示。

申报成功后，当前所得月份未缴款或无需缴款时发现申报数据有误，可点击【作废申报】，对已申报的数据进行作废处理，或点击【更正申报】对申报成功的报表数据修改后重新申报；当前所得月份已缴款，仅可使用更正申报功能修改已申报数据重新申报。

图 340　申报表报送

【申报表报送】需在法定申报期时才可点击进入报送界面。2022 年 1 月税款所属期报表需在 2022 年 2 月时才可点击操作。

问题 385　自行申报的申报流程

非居民纳税人按照税收法律法规和税收协定的有关规定,就其取得的境内个人所得向主管税务机关书面报送相关申报表,如表 209 所示。

表 209　非居民纳税人自行申报

项目	办理规定	
自行申报的情形	从中国境内取得应税所得没有扣缴义务人的	
	从中国境内取得应税所得,扣缴义务人未扣缴税款的	
	从中国境内两处或两处以上取得工资、薪金所得的	
	国务院规定的其他情形	
办理时间	从境内取得所得,扣缴义务人未扣缴税款的	取得所得的次年 6 月 30 日前,次年 6 月 30 日前离境(临时离境除外)的,在离境前办理纳税申报
	在中国境内从两处以上取得工资、薪金所得的	取得所得的次月 15 日内
办理材料	《个人所得税自行纳税申报表(A 表)》2 份	
	纳税人存在减免个人所得税情形的,《个人所得税减免税事项报告表》1 份	
办理地点	取得工资薪金所得,劳务报酬所得,稿酬所得,特许权使用费所得,扣缴义务人未扣缴税款的	向扣缴义务人所在地主管税务机关办理
	在中国境内从两处以上取得工资、薪金所得的	向其中一处任职、受雇单位所在地主管税务机关办理纳税申报

注:本节内容部分图片取自国家税务总局网站发布的自然人扣缴客户端、自然人电子税务局相关操作手册及指引。

第九节 申报表及填报说明

问题386 个人所得税专项附加扣除信息表及填报说明

表210 个人所得税专项附加扣除信息表

填报日期： 年 月 日

扣除年度：

纳税人姓名：   纳税人识别号：□□□□□□□□□□□□□□□□□□

纳税人信息	手机号码		电子邮箱	
	联系地址			
纳税人配偶信息	姓名	×××	配偶情况	□有配偶 □无配偶
	身份证件类型	身份证	身份证件号码	□□□□□□□□□□□□□□□□□□

一、子女教育

较上次报送信息是否发生变化：□首次报送（请填写全部信息） □无变化（不需重新填写） □有变化（请写发生变化项目的信息）

子女一	姓 名		身份证件类型	身份证	身份证件号码	□□□□□□□□□□□□□□□□□□
	出生日期	年 月	当前受教育阶段	□学前教育 □义务教育 □高中阶段教育 □高等教育		
	当前受教育阶段起始时间	年 月	子女教育终止时间 *不再受教育时填写	年 月		
	就读国家（或地区）		就读学校		本人扣除比例	□100%（全额扣除） □50%（平均扣除）
子女二	姓 名		身份证件类型	身份证	身份证件号码	□□□□□□□□□□□□□□□□□□
	出生日期	年 月	当前受教育阶段	□学前教育 □义务教育 □高中阶段教育 □高等教育		
	当前受教育阶段起始时间	年 月	子女教育终止时间 *不再受教育时填写	年 月		
	就读国家（或地区）		就读学校		本人扣除比例	□100%（全额扣除） □50%（平均扣除）

二、继续教育

较上次报送信息是否发生变化：□首次报送（请填写全部信息） □无变化（不需重新填写） □有变化（请填写发生变化项目的信息）

学历（学位）继续教育	当前继续教育起始时间	年 月	当前继续教育结束时间	年 月	学历（学位）继续教育阶段	□专科 □本科 □硕士研究生 □博士研究生 □其他

(续表)

职业资格继续教育	职业资格继续教育类型	□技能人员 □专业技术人员		证书名称	
	证书编号		发证机关		发证（批准）日期

三、住房贷款利息

较上次报送信息是否发生变化：□首次报送（请填写全部信息） □无变化（不需重新填写） □有变化（请填写发生变化项目的信息）

房屋信息	住房坐落地址		省（区,市） ×××	县（区）×××	街道（乡,镇）××× ××××××××
	产权证号/不动产登记号/商品房买卖合同号/预售合同号：				
	本人是否借款	□是 □否		是否婚前各自首套贷款，且婚后分别扣除50%	□是 □否
房贷信息	公积金贷款｜贷款合同编号				
	贷款期限（月）			首次还款日期	
	商业贷款｜贷款合同编号			贷款银行	
	贷款期限（月）			首次还款日期	

四、住房租金

较上次报送信息是否发生变化：□首次报送（请填写全部信息） □无变化（不需重新填写） □有变化（请填写发生变化项目的信息）

房屋信息	住房坐落地址		省（区,市）	县（区）	街道（乡,镇） □□□□□□□□□□□□
租赁情况	出租方（个人）姓名		身份证件类型		身份证识别号
	出租方（单位）姓名				纳税人识别号（统一社会信用代码）（非必填）
	主要工作城市（*填写市一级）				住房租赁合同编号
	租赁期起				租赁期止

五、赡养老人

较上次报送信息是否发生变化：□首次报送（请填写全部信息） □无变化（不需重新填写） □有变化（请填写发生变化项目的信息）

纳税人身份		□独生子女 □非独生子女			
被赡养人一	姓名		身份证件类型	□身份证 □其他	身份证件号码 □□□□□□□□□□□□□□□□□□
	出生日期		与纳税人关系	□父亲 □母亲	

（续表）

被赡养人二	姓名		身份证件类型		身份证件号码	
	出生日期		与纳税人关系	□父亲 □母亲 □其他		
共同赡养人信息	姓名		身份证件类型		身份证件号码	
	姓名		身份证件类型		身份证件号码	
	姓名		身份证件类型		身份证件号码	
分摊方式	□平均分摊 □赡养人约定分摊 □被赡养人指定分摊				本年度月扣除金额	

*独生子女不需填写

六、大病医疗（仅限综合所得年度汇算清缴申报时填写）

较上次报送信息是否发生变化：□首次报送（请填写全部信息） □无变化（不需重新填写） □有变化（请填写发生变化项目的信息）

患者一	姓名		身份证件类型		身份证件号码	
	医药费用总金额		个人负担金额		与纳税人关系	□本人 □配偶 □未成年子女
患者二	姓名		身份证件类型		身份证件号码	
	医药费用总金额		个人负担金额		与纳税人关系	□本人 □配偶 □未成年子女

需要在任职受雇单位预扣预缴工资、薪金所得个人所得税时享受专项附加扣除的，填写本栏

重要提示：当您填写本栏，表示您已同意该任职受雇单位使用本表信息为您办理专项附加扣除。

扣缴义务人名称		扣缴义务人纳税人识别号（统一社会信用代码）	□□□□□□□□□□□□□□□□□□

本人承诺：我已仔细阅读了填报说明，并已根据《中华人民共和国个人所得税法》及其实施条例、《个人所得税专项附加扣除暂行办法》《个人所得税专项附加扣除操作办法（试行）》等相关法律法规规定填写本表，本人已就所填的扣除信息进行了核对，并对所填内容的真实性、准确性、完整性负责。

纳税人签字：　　　　　　年　月　日

	代理机构签章：	受理人：
扣缴义务人签章：	代理机构统一社会信用代码：	受理税务机关（章）：
经办人签字：	经办人签字：	
接收日期：　年　月　日	经办人身份证件号码：	受理日期：　年　月　日

国家税务总局监制

填报说明

（一）表头项目

纳税人识别号：纳税人有中国居民身份证的，填写公民身份号码；没有公民身份号码的，填写税务机关赋予的纳税人识别号。

（二）表内基础信息栏

纳税人信息：填写纳税人有效的手机号码、电子邮箱、联系地址。其中，手机号码为必填项。

纳税人配偶信息：纳税人有配偶的填写本栏，没有配偶的则不填。具体填写纳税人配偶的姓名、有效身份证件名称及号码。

（三）表内各栏

1. 子女教育

子女姓名、身份证件类型及号码：填写纳税人子女的姓名、有效身份证件名称及号码。

出生日期：填写纳税人子女的出生日期，具体到年月日。

当前受教育阶段起始时间：填写纳税人子女处于当前受教育阶段的起始时间，具体到年月。

当前受教育阶段结束时间：纳税人子女当前受教育阶段的结束时间或预计结束的时间，具体到年月。

子女教育终止时间：填写纳税人子女不再接受符合子女教育扣除条件的学历教育的时间，具体到年月。

本人扣除比例：选择可扣除额度的分摊比例，由本人全额扣除的，选择"100%"，分摊扣除的，选"50%"，在对应框内打"√"。

2. 继续教育

当前继续教育起始时间：填写接受当前学历（学位）继续教育的起始时间，具体到年月。

当前继续教育结束时间：填写接受当前学历（学位）继续教育的结束时间，或预计结束的时间，具体到年月。

证书名称、证书编号、发证机关、发证（批准）日期：填写纳税人取得的继续教育职业资格证书上注明的证书名称、证书编号、发证机关及发证（批准）日期。

3. 住房贷款利息

住房坐落地址：填写首套贷款房屋的详细地址，具体到楼门号。

产权证号/不动产登记号/商品房买卖合同号/预售合同号：填写首套贷款房屋的产权证、不动产登记证、商品房买卖合同或预售合同中的相应号码。如所购买住房已取得房屋产权证的，填写产权证号或不动产登记号；所购住房尚未取得房屋产权证的，填写商品房买卖合同号或预售合同号。

本人是否借款人：按实际情况选择"是"或"否"，并在对应框内打"√"。本人是借款人的情形，包括本人独立贷款、与配偶共同贷款的情形。如果选择"否"，则表头位置须填写配偶信息。

是否婚前各自首套贷款，且婚后分别扣除50%：按实际情况选择"是"或"否"，并在对应框内打"√"。该情形是指夫妻双方在婚前各有一套首套贷款住房，婚后选择按夫妻双方各50%份额扣除的情况。不填默认为"否"。

贷款期限（月）：填写住房贷款合同上注明的贷款期限，按月填写。

首次还款日期：填写住房贷款合同上注明的首次还款日期。

贷款银行：填写商业贷款的银行总行名称。

4. 住房租金

住房坐落地址：填写纳税人租赁房屋的详细地址，具体到楼门号。

出租方（个人）姓名、身份证件类型及号码：租赁房屋为个人的，填写本栏。具体填写住房租赁合同中的出租方姓名、有效身份证件名称及号码。

出租方（单位）名称、纳税人识别号（统一社会信用代码）：租赁房屋为单位所有的，填写单位法定名称全称及纳税人识别号（统一社会信用代码）。

主要工作城市：填写纳税人任职受雇的直辖市、计划单列市、副省级城市、地级市（地区、州、盟）。无任职受雇单位的，填写其办理汇算清缴地所在城市。

住房租赁合同编号（非必填）：填写签订的住房租赁合同编号。

租赁期起、租赁期止：填写纳税人住房租赁合同上注明的租赁起、止日期，具体到年月。提前终止合同（协议）的，以实际租赁期限为准。

5. 赡养老人

被赡养人出生日期：填写被赡养人的出生日期，具体到年月。

共同赡养人：纳税人为非独生子女时填写本栏，独生子女无须填写。填写与纳税人实际承担共同赡养义务的人员信息，包括姓名、身份证件类型及号码。

分摊方式：纳税人为非独生子女时填写本栏，独生子女无须填写。区分"平均分摊、赡养人约定分摊、被赡养人指定分摊"三种情形，并在对应框内打"√"。

本年度月扣除金额：填写扣除年度内，按政策规定计算的纳税人每月可以享受的赡养老人专项附加扣除的金额。

6. 大病医疗

医药费用总金额：填写社会医疗保险管理信息系统记录的与基本医保相关的医药费用总金额。

个人负担金额：填写社会医疗保险管理信息系统记录的基本医保目录范围内扣除医保报销后的个人自付部分。

7. 扣缴义务人信息

纳税人选择由任职受雇单位办理专项附加扣除的填写本栏。

扣缴义务人名称、纳税人识别号（统一社会信用代码）：纳税人由扣缴义务人在工资、薪金所得预扣预缴个人所得税时办理专项附加扣除的，填写扣缴义务人名称全称及纳税人识别号或统一社会信用代码。

问题 387 商业健康保险税前扣除情况明细表及填报说明

表 211 商业健康保险税前扣除情况明细表

所属期：　年　月　日至　年　月　日　　　　　　　　金额单位：人民币元（列至角分）

扣缴义务人（被投资单位）情况							
名　称				纳税人识别号			
商业健康保险税前扣除情况							
序号	姓名	身份证件类型	身份证件号码	税优识别码	保单生效日期	年度保费	月度保费	本期扣除金额

(续表)

谨声明：此表是根据《中华人民共和国个人所得税法》及有关法律法规规定填写的，是真实的、完整的、可靠的。

纳税人或扣缴义务人负责人签字：　　　　　年　月　日

代理申报机构(人)签章： 经办人： 经办人执业证件号码： 代理申报日期：　　年　月　日	主管税务机关受理章： 受理人： 受理日期：　　年　月　日

国家税务总局监制

填报说明

一、所属期：应与《扣缴个人所得税报告表》等申报表上注明的"税款所属期"一致。

二、扣缴义务人(被投资单位)情况

填写涉及商业健康保险扣除政策的扣缴义务人、个体工商户、承包承租的企事业单位、个人独资企业、合伙企业的信息。

三、商业健康保险税前扣除情况

1. 姓名、身份证件类型、身份证件号码：填写购买商业健康保险的个人的信息，相关信息应与《扣缴个人所得税报告表》等申报表上载明的明细信息保持一致；个体工商户业主、个人独资企业投资者、合伙企业个人合伙人、承包承租经营者和其他自行纳税申报个人按照本人实际情况填写。

2. 税优识别码：是指为确保税收优惠商业健康保险保单的唯一性、真实性和有效性，由商业健康保险信息平台按照"一人一单一码"的原则对投保人进行校验后，下发给保险公司，并在保单凭证上打印的数字识别码。

3. 保单生效日期：填写商业健康保险生效日期。

4. 年度保费：填写保单载明的年度总保费的金额。

5. 月度保费：按月缴费的保单填写每月所缴保费，按年一次性缴费的保单填写年度保费除以12后的金额。

6. 本期扣除金额：扣缴申报和按月自行申报时，月度保费大于200元的，填写200元；月度保费小于200元的，按月度保费填写。个体工商户业主、个人独资企业投资者、合伙企业个人合伙人和承包承租经营者申报时，年度保费金额大于2 400元的，填写2 400元；年度保费小于

2 400元的,按实际年度保费填写。

问题388 个人税收递延型商业养老保险税前扣除情况明细表及填报说明

表212 个人税收递延型商业养老保险税前扣除情况明细表

所属期: 年 月 日至 年 月 日　　　金额单位:人民币元(列至角分)

单位或个人情况								
填表人身份	□ 扣缴义务人 □ 个人独资企业投资者		□ 个体工商户和承包承租经营者 □ 合伙企业自然人合伙人			□ 其他		
单位名称				纳税人识别号 (统一社会信用代码)				
税收递延型商业养老保险税前扣除情况								
序号	姓名	身份证件类型	身份证件号码	税延养老账户编号	申报扣除期	报税校验码	年度保费	月度保费	本期扣除金额

谨声明:此表是根据《中华人民共和国个人所得税法》及有关法律法规规定填写的,是真实的、完整的、可靠的。
　　纳税人或扣缴义务人负责人签字:　　　　　　　　　　　　　　年 月 日

代理申报机构(人)签章: 经办人: 经办人身份证件类型: 经办人身份证件号码: 经办人执业证件号码: 代理申报日期: 年 月 日	主管税务机关受理章: 受理人: 受理日期: 年 月 日

国家税务总局监制

填报说明

一、所属期:应与《扣缴个人所得税报告表》等申报表上注明的"税款所属期"一致。

二、单位和个人情况

1. 单位名称：填写涉及商业养老保险扣除政策的扣缴义务人、个体工商户、承包承租的企事业单位、个人独资企业、合伙企业的单位名称。

2. 纳税人识别号（统一社会信用代码）：填写上述单位的相应号码。

三、税收递延型商业养老保险税前扣除情况

1. 姓名、身份证件类型、身份证件号码：填写购买税延养老保险的个人信息，相关信息应与《扣缴个人所得税报告表》等申报表上载明的明细信息保持一致；个体工商户业主、个人独资企业投资者、合伙企业自然人合伙人、承包承租经营者和其他自行纳税申报个人按照本人实际情况填写。

2. 税延养老账户编号、报税校验码：按照中国保险信息技术管理有限责任公司相关信息平台出具的《个人税收递延型商业养老保险扣除凭证》载明的对应项目填写。

3. 申报扣除期：取得工资薪金所得、连续性劳务报酬所得（特定行业除外）的个人，填写申报扣除的月份；取得个体工商户的生产经营所得、对企事业单位的承包承租经营所得的个人及特定行业取得工资薪金的个人，填写申报扣除的年份。

4. 年度保费：取得个体工商户的生产经营所得、对企事业单位的承包承租经营所得的个人及特定行业取得工资薪金的个人，填写《个人税收递延型商业养老保险扣除凭证》载明的年度保费金额。

5. 月度保费：取得工资薪金所得、连续性劳务报酬所得（特定行业除外）的个人，填写《个人税收递延型商业养老保险扣除凭证》载明的月度保费金额，一次性缴费的保单填写月平均保费金额。

6. 本期扣除金额：

（1）取得工资薪金所得、连续性劳务报酬所得（特定行业除外）的个人，应按税延养老保险扣除凭证记载的当月金额和扣除限额孰低的方法计算可扣除额。扣除限额按照申报扣除当月的工资薪金、连续性劳务报酬收入的6%和1 000元孰低的办法确定。

（2）取得个体工商户的生产经营所得、对企事业单位的承包承租经营所得的个人及特定行业取得工资薪金的个人，按税延养老保险扣除凭证记载的当年金额和扣除限额孰低的方法计算可扣除额。扣除限额按照不超过当年应税收入的6%和12 000元孰低的办法确定。

问题389　个人所得税公益慈善事业捐赠扣除明细表及填报说明

表213　个人所得税公益慈善事业捐赠扣除明细表

捐赠年度：　　年
纳税人姓名：
纳税人识别号：□□□□□□□□□□□□□□□□□-□□
扣缴义务人名称：
扣缴义务人纳税人识别号：□□□□□□□□□□□□□□□　金额单位：人民币元（列至角分）

序号	捐赠信息							扣除信息				备注
	纳税人姓名	纳税人识别号	受赠单位名称	受赠单位纳税人识别号（统一社会信用代码）	捐赠凭证号	捐赠日期	捐赠金额	扣除比例	扣除所得项目	税款所属期	扣除金额	
1	2	3	4	5	6	7	8	9	10	11	12	13

(续表)

序号	捐赠信息							扣除信息				备注
	纳税人姓名	纳税人识别号	受赠单位名称	受赠单位纳税人识别号（统一社会信用代码）	捐赠凭证号	捐赠日期	捐赠金额	扣除比例	扣除所得项目	税款所属期	扣除金额	
1	2	3	4	5	6	7	8	9	10	11	12	13

谨承诺：此表是根据国家税收法律法规及相关规定填报的，是真实的、可靠的、完整的。
纳税人或扣缴义务人负责人签字：　　　　　　年　月　日

经办人签字：
经办人身份证件号码：
代理机构签章：
代理机构统一社会信用代码：

受理人：
受理税务机关（章）：
受理日期：年月日

填报说明

一、表头项目

1. 捐赠年度：填写个人发生公益慈善事业捐赠支出的所属年度。

2. 纳税人姓名和纳税人识别号：填写个人姓名及其纳税人识别号。有中国公民身份号码的，填写中华人民共和国居民身份证上载明的"公民身份号码"；没有中国公民身份号码的，填写税务机关赋予的纳税人识别号。

个人通过自行申报进行公益慈善事业捐赠扣除的，填写上述两项。扣缴义务人填报时，无须填写。

3. 扣缴义务人名称及扣缴义务人纳税人识别号：填写扣缴义务人的法定名称全称，以及其纳税人识别号或者统一社会信用代码。

扣缴义务人在扣缴申报时为个人办理公益慈善事业捐赠扣除的，填写本项。纳税人自行申报无须填报本项。

二、表内各列

1. 第2列"纳税人姓名"和第3列"纳税人识别号"：扣缴单位为纳税人办理捐赠扣除时，填写本栏。个人自行申报的，无需填写本项。

2. 第4列"受赠单位名称"：填写受赠单位的法定名称全称。

3. 第5列"受赠单位纳税人识别号（统一社会信用代码）"：填写受赠单位的纳税人识别号或者统一社会信用代码。

4. 第6列"捐赠凭证号"：填写捐赠票据的凭证号。

5. 第7列"捐赠日期"：填写个人发生的公益慈善事业捐赠的具体日期。

6. 第8列"捐赠金额"：填写个人发生的公益慈善事业捐赠的具体金额。

7. 第9列"扣除比例"：填写公益慈善事业捐赠支出税前扣除比例，如30%或者100%。

8. 第10列"扣除所得项目"：填写扣除公益慈善事业捐赠的所得项目。

9. 第11列"税款所属期":填写"扣除所得项目"对应的税款所属期。

10. 第12列"扣除金额":填写个人取得"扣除所得项目"对应收入办理扣缴申报或者自行申报时,实际扣除的公益慈善事业捐赠支出金额。

11. 第13列"备注":填写个人认为需要特别说明的或者税务机关要求说明的事项。

问题 390　个人所得税基础信息表(A 表)及填报说明

表 214　个人所得税基础信息表(A 表)
(适用于扣缴义务人填报)

扣缴义务人名称:

扣缴义务人纳税人识别号(统一社会信用代码):□□□□□□□□□□□□□□□□□□

序号	纳税人基本信息(带*必填)							任职受雇从业信息				联系方式					银行账户		投资信息		其他信息		华侨、港澳台、外籍个人信息(带*必填)					备注
	纳税人识别号	*纳税人姓名	*身份证件类型	*身份证件号码	*出生日期	*国籍/地区		类型	职务	学历	任职受雇从业日期	离职日期	手机号码	户籍所在地	经常居住地	联系地址	电子邮箱	开户银行	银行账号	投资额(元)	投资比例	是否残疾/孤老/烈属	残疾/烈属证号	*出生地	*性别	*首次入境时间	*预计离境时间	*涉税事由	
1	2	3	4	5	6	7		8	9	10	11	12	13	14	15	16	17	18	19	20	21	22	23	24	25	26	27	28	29

谨声明:本表是根据国家税收法律法规及相关规定填报的,是真实的、可靠的、完整的。

扣缴义务人(签章):　　　　　　年　月　日

经办人签字:	受理人:
经办人身份证件号码:	受理税务机关(章):
代理机构签章:	受理日期:　　年　月　日
代理机构统一社会信用代码:	

国家税务总局监制

填报说明

本表带"*"项目分为必填和条件必填,其余项目为选填。

1. 第2—8列"纳税人基本信息":填写纳税人姓名、证件等基本信息。

(1)第2列"纳税人识别号":有中国公民身份号码的,填写中华人民共和国居民身份证上载明的"公民身份号码";没有中国公民身份号码的,填写税务机关赋予的纳税人识别号。

(2)第3列"纳税人姓名":填写纳税人姓名。外籍个人英文姓名按照"先姓(surname)后名(given name)"的顺序填写,确实无法区分姓和名的,按照证件上的姓名顺序填写。

(3)第4列"身份证件类型":根据纳税人实际情况填写。

① 有中国公民身份号码的,应当填写《中华人民共和国居民身份证》(简称"居民身份证")。

② 华侨应当填写《中华人民共和国护照》(简称"中国护照")。

③ 港澳居民可选择填写《港澳居民来往内地通行证》(简称"港澳居民通行证")或者《中华人民共和国港澳居民居住证》(简称"港澳居民居住证");台湾居民可选择填写《台湾居民来往大陆通行证》(简称"台湾居民通行证")或者《中华人民共和国台湾居民居住证》(简称"台湾居民居住证")。

④ 外籍人员可选择填写《中华人民共和国外国人永久居留身份证》(简称"外国人永久居留证")、《中华人民共和国外国人工作许可证》(简称"外国人工作许可证")或者"外国护照"。

⑤ 其他符合规定的情形填写"其他证件"。

身份证件类型选择"港澳居民居住证"的,应当同时填写"港澳居民通行证";身份证件类型选择"台湾居民居住证"的,应当同时填写"台湾居民通行证";身份证件类型选择"外国人永久居留证"或者"外国人工作许可证"的,应当同时填写"外国护照"。

2. 第8—12列"任职受雇从业信息":填写纳税人与扣缴义务人之间的任职受雇从业信息。

(1) 第8列"类型":根据实际情况填写"雇员""保险营销员""证券经纪人"或者"其他"。

(2) 第9—12列"职务""学历""任职受雇从业日期""离职日期":其中,当第9列"类型"选择"雇员""保险营销员"或者"证券经纪人"时,填写纳税人与扣缴义务人建立或者解除相应劳动或者劳务关系的日期。

3. 第13—17列"联系方式":

(1) 第13列"手机号码":填写纳税人境内有效手机号码。

(2) 第14—16列"户籍所在地""经常居住地""联系地址":填写纳税人境内有效户籍所在地、经常居住地或者联系地址,按以下格式填写(具体到门牌号):____省(区、市)____市____区(县)____街道(乡、镇)____。

(3) 第17列"电子邮箱":填写有效的电子邮箱。

4. 第18—19列"银行账户":填写个人境内有效银行账户信息,开户银行填写到银行总行。

5. 第20—21列"投资信息":纳税人为扣缴单位的股东、投资者的,填写本栏。

6. 第22—23列"其他信息":如纳税人有"残疾、孤老、烈属"情况的,填写本栏。

7. 第24—28列"华侨、港澳台、外籍个人信息":纳税人为华侨、港澳台居民、外籍个人的填写本栏。

(1) 第24列"出生地":填写华侨、港澳台居民、外籍个人的出生地,具体到国家或者地区。

(2) 第26—27列"首次入境时间""预计离境时间":填写华侨、港澳台居民、外籍个人首次入境和预计离境的时间,具体到年月日。预计离境时间发生变化的,应及时进行变更。

(3) 第28列"涉税事由":填写华侨、港澳台居民、外籍个人在境内涉税的具体事由,包括"任职受雇""提供临时劳务""转让财产""从事投资和经营活动""其他"。如有多项事由的,应同时填写。

问题391 个人所得税扣缴申报表及填报说明

税款所属期：　年　月　日至　年　月　日
扣缴义务人名称：　　　　　　　　　　　　扣缴义务人纳税人识别号（统一社会信用代码）：□□□□□□□□□□□□□□□□□□

表215 个人所得税扣缴申报表

金额单位：人民币元（列至角分）

序号	姓名	身份证件类型	身份证件号码	纳税人识别号	是否为非居民个人	所得项目	收入额计算			本月（次）情况										累计情况									税款计算					备注
										专项扣除					其他扣除								累计专项附加扣除												
							收入	费用	免税收入	减除费用	基本养老保险费	基本医疗保险费	失业保险费	住房公积金	年金	商业健康保险	税延养老保险	财产原值	允许扣除的税费	其他	累计收入额	累计减除费用	累计专项扣除	子女教育	赡养老人	住房贷款利息	住房租金	继续教育	累计其他扣除	减按计税比例	准予扣除的捐赠额	应纳税所得额	税率/预扣率	速算扣除数	应纳税额	减免税额	已缴税额	应补/退税额	
1	2	3	4	5	6	7	8	9	10	11	12	13	14	15	16	17	18	19	20	21	22	23	24	25	26	27	28	29	30	31	32	33	34	35	36	37	38	39	40
		身份证			否	工资薪金																																	
合计																																							

谨声明：本表是根据国家税收法律法规及相关规定填报的，是真实的、可靠的、完整的。

扣缴义务人（签章）：

经办人签字：　　　　　　　　　　　　　　受理人：
经办人身份证件号码：　　　　　　　　　　受理税务机关（章）：
代理机构签章：　　　　　　　　　　　　　受理日期：　　年　月　日
代理机构统一社会信用代码：

国家税务总局监制

填报说明

1. 税款所属期：填写扣缴义务人预扣、代扣税款当月的第1日至最后1日。

2. 第3列"身份证件类型"：填写纳税人有效的身份证件名称。中国公民有中华人民共和国居民身份证的，填写居民身份证；没有居民身份证的，填写中华人民共和国护照、港澳居民来往内地通行证或者港澳居民居住证、台湾居民通行证或者台湾居民居住证、外国人永久居留身份证、外国人工作许可证或者护照等。

3. 第6列"是否为非居民个人"：纳税人为居民个人的填"否"。为非居民个人的，根据合同、任职期限、预期工作时间等不同情况，填写"是，且不超过90天"或者"是，且超过90天不超过183天"。不填默认为"否"。

其中，纳税人为非居民个人的，填写"是，且不超过90天"的，当年在境内实际居住超过90天的次月15日内，填写"是，且超过90天不超过183天"。

4. 第7列"所得项目"：填写纳税人取得的个人所得税法第二条规定的应税所得项目名称。同一纳税人取得多项或者多次所得的，应分行填写。

5. 第8—21列"本月（次）情况"：填写扣缴义务人当月（次）支付给纳税人的所得，以及按规定各所得项目当月（次）可扣除的减除费用、专项扣除、其他扣除等。其中，工资、薪金所得预扣预缴个人所得税时扣除的专项附加扣除，按照纳税年度内纳税人在该任职受雇单位截至当月可享受的各专项附加扣除项目的扣除总额，填写至"累计情况"中第25—29列相应栏，本月情况中则无须填写。

（1）"收入额计算"：问题381《个人所得税自行纳税申报表（A表）》填列要求相同。

（2）第11列"减除费用"：按税法规定的减除费用标准填写。如，2019年纳税人取得工资、薪金所得按月申报时，填写5 000元。纳税人取得财产租赁所得，每次收入不超过4 000元的，填写800元；每次收入4 000元以上的，按收入的20%填写。

（3）第12—15列"专项扣除"：与附件3-8《个人所得税自行纳税申报表（A表）》填列要求相同

（4）第16—21列"其他扣除"：分别填写按规定允许扣除的项目金额。

6. 第22—30列"累计情况"：本栏适用于居民个人取得工资、薪金所得，保险营销员、证券经纪人取得佣金收入等按规定采取累计预扣法预扣预缴税款时填报。

（1）第22列"累计收入额"：填写本纳税年度截至当前月份，扣缴义务人支付给纳税人的工资、薪金所得，或者支付给保险营销员、证券经纪人的劳务报酬所得的累计收入额。

（2）第23列"累计减除费用"：按照5 000元/月乘以纳税人当年在本单位的任职受雇或者从业的月份数计算。

（3）第24列"累计专项扣除"：填写本年度截至当前月份，按规定允许扣除的"三险一金"的累计金额。

（4）第25—29列"累计专项附加扣除"：分别填写截至当前月份，纳税人按规定可享受的子女教育、赡养老人、住房贷款利息或者住房租金、继续教育扣除的累计金额。大病医疗扣除由纳税人在年度汇算清缴时办理，此处无须填报。

（5）第30列"累计其他扣除"：填写本年度截至当前月份，按规定允许扣除的年金（包括企业年金、职业年金）、商业健康保险、税延养老保险及其他扣除项目的累计金额。

7. 第31列"减按计税比例"：填写按规定实行应纳税所得额减计税收优惠的减计比例。无减计规定的,可不填,系统默认为100%。如,某项税收政策实行减按60%计入应纳税所得额,则本列填60%。

8. 第32列"准予扣除的捐赠额":是指按照税法及相关法规、政策规定,可以在税前扣除的捐赠额。

9. 第33—39列"税款计算":填写扣缴义务人当月扣缴个人所得税款的计算情况。

(1) 第33列"应纳税所得额":根据相关列次计算填报。

① 居民个人取得工资、薪金所得,填写累计收入额减除累计减除费用、累计专项扣除、累计专项附加扣除、累计其他扣除后的余额。

② 非居民个人取得工资、薪金所得,填写收入额减去减除费用后的余额。

③ 居民个人或者非居民个人取得劳务报酬所得、稿酬所得、特许权使用费所得,填写本月(次)收入额减除其他扣除后的余额。

保险营销员、证券经纪人取得的佣金收入,填写累计收入额减除累计减除费用、累计其他扣除后的余额。

④ 居民个人或者非居民个人取得利息、股息、红利所得和偶然所得,填写本月(次)收入额。

⑤ 居民个人或者非居民个人取得财产租赁所得,填写本月(次)收入额减去减除费用、其他扣除后的余额。

⑥ 居民个人或者非居民个人取得财产转让所得,填写本月(次)收入额减除财产原值、允许扣除的税费后的余额。

其中,适用"减按计税比例"的所得项目,其应纳税所得额按上述方法计算后乘以减按计税比例的金额填报。

按照税法及相关法规、政策规定,可以在税前扣除的捐赠额,可以按上述方法计算后从应纳税所得额中扣除。

(2) 第34—35列"税率/预扣率""速算扣除数":填写各所得项目按规定适用的税率(或预扣率)和速算扣除数。没有速算扣除数的,则不填。

(3) 第36列"应纳税额":根据相关列次计算填报。第36列=第33列×第34列-第35列。

(4) 第37列"减免税额":填写符合税法规定可减免的税额,并附报《个人所得税减免税事项报告表》。居民个人工资、薪金所得,以及保险营销员、证券经纪人取得佣金收入,填写本年度累计减免税额;居民个人取得工资、薪金以外的所得或非居民个人取得各项所得,填写本月(次)减免税额。

问题392 个人所得税基础信息表(B表)及填报说明

表216 个人所得税基础信息表(B表)

(适用于自然人填报)

纳税人识别号:□□□□□□□□□□□□□□□□□□

基本信息(带*必填)					
基本信息	*纳税人姓名	中文名		英文名	
	*身份证件	证件类型一		证件号码	
		证件类型二		证件号码	
	*国籍/地区			*出生日期	年 月 日

(续表)

联系方式	户籍所在地	省(区、市)＿＿ 市＿＿ 区(县)＿＿ 街道(乡、镇)＿＿					
	经常居住地	省(区、市)＿＿ 市＿＿ 区(县)＿＿ 街道(乡、镇)＿＿					
	联系地址	省(区、市)＿＿ 市＿＿ 区(县)＿＿ 街道(乡、镇)＿＿					
	*手机号码				电子邮箱		
其他信息	开户银行				银行账号		
	学历	□研究生　□大学本科　□大学本科以下					
	特殊情形	□残疾　残疾证号＿＿＿　　□烈属　烈属证号＿＿＿　　□孤老					
任职、受雇、从业信息							
任职受雇从业单位一	名称		国家/地区				
	纳税人识别号(统一社会信用代码)		任职受雇从业日期	年　月	离职日期	年　月	
	类型	□雇员　□保险营销员 □证券经纪人　□其他	职务	□高层　□其他			
任职受雇从业单位二	名称		国家/地区				
	纳税人识别号(统一社会信用代码)		任职受雇从业日期	年　月	离职日期	年　月	
	类型	□雇员　□保险营销员 □证券经纪人　□其他	职务	□高层　□其他			
该栏仅由投资者纳税人填写							
被投资单位一	名称		国家/地区				
	纳税人识别号(统一社会信用代码)		投资额(元)		投资比例		
被投资单位二	名称		国家/地区				
	纳税人识别号(统一社会信用代码)		投资额(元)		投资比例		
该栏仅由华侨、港澳台、外籍个人填写(带*必填)							
	*出生地		*首次入境时间	年　月　日			
	*性别		*预计离境时间	年　月　日			
	*涉税事由	□任职受雇　□提供临时劳务　□转让财产　□从事投资和经营活动　□其他					

谨声明：本表是根据国家税收法律法规及相关规定填报的，是真实的、可靠的、完整的。

纳税人(签字)：　　　　年　月　日

经办人签字： 经办人身份证件号码： 代理机构签章： 代理机构统一社会信用代码：	受理人： 受理税务机关(章)： 受理日期：　　　年　月　日

国家税务总局监制

填报说明

本表带"＊"的项目为必填或者条件必填,其余项目为选填。

1. 基本信息:

(1) 纳税人姓名:填写纳税人姓名。外籍个人英文姓名按照"先姓(surname)后名(given name)"的顺序填写,确实无法区分姓和名的,按照证件上的姓名顺序填写。

(2) 身份证件:填写纳税人有效的身份证件类型及号码。

"证件类型一"填写原则:与《个人所得税基础信息表(A 表)》相同

"证件类型二"填写原则:证件类型一选择"港澳居民居住证"的,证件类型二应当填写"港澳居民通行证";证件类型一选择"台湾居民居住证"的,证件类型二应当填写"台湾居民通行证";证件类型一选择"外国人永久居留证"或者"外国人工作许可证"的,证件类型二应当填写"外国护照"。证件类型一已选择"居民身份证""中国护照""港澳居民通行证""台湾居民通行证"或"外国护照",证件类型二可不填。

(3) 户籍所在地、经常居住地、联系地址:填写境内地址信息,至少填写一项。有居民身份证的,"户籍所在地""经常居住地"必须填写其中之一。

(4) 手机号码、电子邮箱:填写境内有效手机号码,港澳台、外籍个人可以选择境内有效手机号码或电子邮箱中的一项填写。

(5) 开户银行、银行账号:填写有效的个人银行账户信息,开户银行填写到银行总行。

(6) 特殊情形:纳税人为残疾、烈属、孤老的,填写本栏。残疾、烈属人员还需填写残疾/烈属证件号码。

2. 任职、受雇、从业信息:填写纳税人任职受雇从业的有关信息。其中,中国境内无住所个人有境外派遣单位的,应在本栏除填写境内任职受雇从业单位、境内受聘签约单位情况外,还应一并填写境外派遣单位相关信息。填写境外派遣单位时,其纳税人识别号(社会统一信用代码)可不填。

3. 投资者纳税人填写栏:由自然人股东、投资者填写。没有,则不填。

4. 华侨、港澳台、外籍个人信息:华侨、港澳台居民、外籍个人填写本栏。

首次入境时间、预计离境时间:填写华侨、港澳台居民、外籍个人首次入境和预计离境的时间,具体到年月日。预计离境时间发生变化的,应及时进行变更。

第三章 综合所得

问题393 个人所得税自行纳税申报表（A表）及填报说明

表217 个人所得税自行纳税申报表（A表）

税款所属期： 年 月 日 至 年 月 日

纳税人姓名：

纳税人识别号：□□□□□□□□□□□□□□□□□□

金额单位：人民币元（列至角分）

自行申报情形	□居民个人取得应税所得，扣缴义务人未扣缴税款 □非居民个人取得应税所得，扣缴义务人未扣缴税款 □非居民个人在中国境内从两处以上取得工资、薪金所得　□其他																					
序号	所得项目	收入额计算			减除费用	专项扣除				财产原值	其他扣除			准予扣除的捐赠额	应纳税所得额	是否为非居民个人		税款计算				备注
		收入	费用	免税收入		基本养老保险费	基本医疗保险费	失业保险费	住房公积金		允许扣除的税费	其他	减按计税比例			税率	速算扣除数	应纳税额	减免税额	已缴税额	应补/退税额	
																□是 □否	非居民个人本年度境内居住天数 □不超过90天 □超过90天不超过183天					
1	2	3	4	5	6	7	8	9	10	11	12	13	14	15	16	17	18	19	20	21	22	23

谨声明：本表是根据国家税收法律法规及相关规定填报的，是真实的、可靠的、完整的。

纳税人签字：

经办人签字：
经办人身份证件号码：
代理机构签章：
代理机构统一社会信用代码：

受理人：
受理税务机关（章）：
受理日期： 年 月 日

年 月 日

国家税务总局监制

填报说明

1. 第 2 列"所得项目":按照个人所得税法第二条规定的项目填写。纳税人取得多项所得或者多次取得所得的,分行填写。

2. 第 3—5 列"收入额计算":包含"收入""费用""免税收入"。收入额＝第 3 列－第 4 列－第 5 列。

(1) 第 3 列"收入":填写纳税人实际取得所得的收入总额。

(2) 第 4 列"费用":取得劳务报酬所得、稿酬所得、特许权使用费所得时填写,取得其他各项所得时无须填写本列。非居民个人取得劳务报酬所得、稿酬所得、特许权使用费所得,费用按收入的 20% 填写。

(3) 第 5 列"免税收入":填写符合税法规定的免税收入金额。其中,税法规定"稿酬所得的收入额减按 70% 计算",对减计的 30% 部分,填入本列。

3. 第 6 列"减除费用":按税法规定的减除费用标准填写。

4. 第 7—10 列"专项扣除":分别填写按规定允许扣除的基本养老保险费、基本医疗保险费、失业保险费、住房公积金的金额。

5. 第 11—13 列"其他扣除":包含"财产原值""允许扣除的税费""其他",分别填写按照税法规定当月(次)允许扣除的金额。

(1) 第 11 列"财产原值":纳税人取得财产转让所得时填写本栏。

(2) 第 12 列"允许扣除的税费":填写按规定可以在税前扣除的税费。

① 纳税人取得劳务报酬所得时,填写劳务发生过程中实际缴纳的可依法扣除的税费。

② 纳税人取得特许权使用费所得时,填写提供特许权过程中发生的中介费和实际缴纳的可依法扣除的税费。

③ 纳税人取得财产租赁所得时,填写修缮费和出租财产过程中实际缴纳的可依法扣除的税费。

④ 纳税人取得财产转让所得时,填写转让财产过程中实际缴纳的可依法扣除的税费。

(3) 第 13 列"其他":填写按规定其他可以在税前扣除的项目。

6. 第 14 列"减按计税比例":填写按规定实行应纳税所得额减计税收优惠的减计比例。无减计规定的,则不填,系统默认为 100%。如,某项税收政策实行减按 60% 计入应纳税所得额,则本列填 60%。

7. 第 20 列"减免税额":填写符合税法规定的可以减免的税额,并附报《个人所得税减免税事项报告表》。

问题 394 个人所得税减免税事项报告表及填报说明

表 218 个人所得税减免税事项报告表

税款所属期: 年 月 日至 年 月 日

纳税人姓名:

纳税人识别号:□□□□□□□□□□□□□□□□□-□□

扣缴义务人名称:

扣缴义务人纳税人识别号:□□□□□□□□□□□□□□□□□ 金额单位:人民币元(列至角分)

减免税情况							
编号	勾选	减免税事项		减免人数	免税收入	减免税额	备注
1	□	残疾、孤老、烈属减征个人所得税					
2	□	个人转让5年以上唯一住房免征个人所得税			—		
3	□	随军家属从事个体经营免征个人所得税			—		
4	□	军转干部从事个体经营免征个人所得税			—		
5	□	退役士兵从事个体经营免征个人所得税			—		
6	□	建档立卡贫困人口从事个体经营扣减个人所得税					
7	□	登记失业半年以上人员,零就业家庭、享受城市低保登记失业人员,毕业年度内高校毕业生从事个体经营扣减个人所得税			—		
8	□	取消农业税从事"四业"所得暂免征收个人所得税					
9	□	符合条件的房屋赠与免征个人所得税			—		
10	□	科技人员取得职务科技成果转化现金奖励				—	
11	□	外籍个人出差补贴、探亲费、语言训练费、子女教育费等津补贴				—	
12	□	税收协定	股息	税收协定名称及条款:		—	
13	□		利息	税收协定名称及条款:		—	
14	□		特许权使用费	税收协定名称及条款:		—	
15	□		财产收益	税收协定名称及条款:		—	
16	□		受雇所得	税收协定名称及条款:		—	
17	□		其他	税收协定名称及条款:		—	
18	□	其他	减免税事项名称及减免性质代码:				
19			减免税事项名称及减免性质代码:				
20			减免税事项名称及减免性质代码:				
合计							

减免税人员名单							
序号	姓名	纳税人识别号	减免税事项(编号或减免性质代码)	所得项目	免税收入	减免税额	备注

谨声明:本表是根据国家税收法律法规及相关规定填报的,本人(单位)对填报内容(附带资料)的真实性、可靠性、完整性负责。

纳税人或扣缴单位负责人签字: 年 月 日

经办人签字: 经办人身份证件类型: 经办人身份证件号码: 代理机构签章: 代理机构统一社会信用代码:	受理人: 受理税务机关(章): 受理日期: 年 月 日

填报说明

(一) 减免税情况

1. "减免税事项":个人或扣缴义务人勾选享受的减免税事项。

个人享受税收协定待遇的,应勾选"税收协定"项目,并填写具体税收协定名称及条款。

个人享受列示项目以外的减免税事项的,应勾选"其他"项目,并填写减免税事项名称及减免性质代码。

2. "减免人数":填写享受该行次减免税政策的人数。
3. "免税收入":填写享受该行次减免税政策的免税收入合计金额。
4. "减免税额":填写享受该行次减免税政策的减免税额合计金额。
5. "备注":填写个人或扣缴义务人需要特别说明的或者税务机关要求说明的事项。

(二) 减免税人员名单栏

1. "减免税事项(编号或减免性质代码)":填写"减免税情况栏"列示的减免税事项对应的编号或税务机关要求填报的其他信息。
2. "所得项目":填写适用减免税事项的所得项目名称。例如:工资、薪金所得。
3. "免税收入":填写个人享受减免税政策的免税收入金额。
4. "减免税额":填写个人享受减免税政策的减免税额金额。
5. "备注":填写个人或扣缴义务人需要特别说明的或者税务机关要求说明的事项。

问题 395 个人所得税年度自行纳税申报表(A 表)及填报说明

表 219 个人所得税年度自行纳税申报表(A 表)

(仅取得境内综合所得年度汇算适用)

税款所属期: 年 月 日至 年 月 日

纳税人姓名:

纳税人识别号:□□□□□□□□□□□□□□□□□□-□□ 金额单位:人民币元(列至角分)

基本情况					
手机号码		电子邮箱		邮政编码	□□□□□□
联系地址	____省(区、市)____市____区(县)_____街道(乡、镇)_____				
纳税地点(单选)					
1.有任职受雇单位的,需选本项并填写"任职受雇单位信息":			☑任职受雇单位所在地		
任职受雇单位信息	名称	梅松公司			
	纳税人识别号	□□□□□□□□□□□□□□□□□□			
2.没有任职受雇单位的,可以从本栏次选择一地:			□户籍所在地 □经常居住地 □主要收入来源地		
户籍所在地/经常居住地/主要收入来源地	____省(区、市)_____市_____区(县)_____街道(乡、镇)_____				
申报类型(单选)					
☑首次申报			□更正申报		
综合所得个人所得税计算					
项目				行次	金额
一、收入合计(第1行=第2行+第3行+第4行+第5行)				1	
(一)工资、薪金				2	

(续表)

项目	行次	金额
(二)劳务报酬	3	
(三)稿酬	4	
(四)特许权使用费	5	
二、费用合计[第6行=(第3行+第4行+第5行)×20%]	6	
三、免税收入合计(第7行=第8行+第9行)	7	
(一)稿酬所得免税部分[第8行=第4行×(1-20%)×30%]	8	
(二)其他免税收入(附报《个人所得税减免税事项报告表》)	9	
四、减除费用	10	
五、专项扣除合计(第11行=第12行+第13行+第14行+第15行)	11	
(一)基本养老保险费	12	
(二)基本医疗保险费	13	
(三)失业保险费	14	
(四)住房公积金	15	
六、专项附加扣除合计(附报《个人所得税专项附加扣除信息表》) (第16行=第17行+第18行+第19行+第20行+第21行+第22行)	16	
(一)子女教育	17	
(二)继续教育	18	
(三)大病医疗	19	
(四)住房贷款利息	20	
(五)住房租金	21	
(六)赡养老人	22	
七、其他扣除合计(第23行=第24行+第25行+第26行+第27行+第28行)	23	
(一)年金	24	
(二)商业健康保险(附报《商业健康保险税前扣除情况明细表》)	25	
(三)税延养老保险(附报《个人税收递延型商业养老保险税前扣除情况明细表》)	26	
(四)允许扣除的税费	27	
(五)其他	28	
八、准予扣除的捐赠额(附报《个人所得税公益慈善事业捐赠扣除明细表》)	29	
九、应纳税所得额 (第30行=第1行-第6行-第7行-第10行-第11行-第16行-第23行-第29行)	30	
十、税率(%)	31	
十一、速算扣除数	32	
十二、应纳税额(第33行=第30行×第31行-第32行)	33	

(续表)

全年一次性奖金个人所得税计算 (无住所居民个人预判为非居民个人取得的数月奖金,选择按全年一次性奖金计税的填写本部分)		
一、全年一次性奖金收入	34	
二、准予扣除的捐赠额(附报《个人所得税公益慈善事业捐赠扣除明细表》)	35	
三、税率(%)	36	
四、速算扣除数	37	
五、应纳税额[第38行=(第34行-第35行)×第36行-第37行]	38	
税额调整		
一、综合所得收入调整额(需在"备注"栏说明调整具体原因、计算方式等)	39	
二、应纳税额调整额	40	
应补/退个人所得税计算		
一、应纳税额合计(第41行=第33行+第38行+第40行)	41	
二、减免税额(附报《个人所得税减免税事项报告表》)	42	
三、已缴税额	43	
四、应补/退税额(第44行=第41行-第42行-第43行)	44	
无住所个人附报信息		
纳税年度内在中国境内居住天数	已在中国境内居住年数	
退税申请 (应补/退税额小于0的填写本部分)		
□ 申请退税(需填写"开户银行名称""开户银行省份""银行账号") □ 放弃退税		
开户银行名称	开户银行省份	
银行账号		
备注		
谨声明:本表是根据国家税收法律法规及相关规定填报的,本人对填报内容(附带资料)的真实性、可靠性、完整性负责。 纳税人签字: 年 月 日		
经办人签字: 经办人身份证件类型: 经办人身份证件号码: 代理机构签章: 代理机构统一社会信用代码:	受理人: 受理税务机关(章): 受理日期: 年 月 日	

国家税务总局监制

填报说明

1. 第24—28行"年金""商业健康保险""税延养老保险""允许扣除的税费""其他":填写居民个人按规定可在税前扣除的年金、商业健康保险、税延养老保险、允许扣除的税费和其他扣除项目的金额。其中,填写商业健康保险的,应当按规定附报《商业健康保险税前扣除情况明细表》;填写税延养老保险的,应当按规定附报《个人税收递延型商业养老保险税前扣除情况明细表》。

2. 第29行"准予扣除的捐赠额":填写居民个人按规定准予在税前扣除的公益慈善事业捐赠金额,并附报《个人所得税公益慈善事业捐赠扣除明细表》。

3. 第34行"全年一次性奖金收入":无住所居民个人预缴时因预判为非居民个人而按取得数月奖金计算缴税的,汇缴时可以根据自身情况,将一笔数月奖金按照全年一次性奖金单独计算。填写无住所的居民个人纳税年度内预判为非居民个人时取得的一笔数月奖金收入金额。

4. 第39行"综合所得收入调整额":填写居民个人按照税法规定可以办理的除第39行之前所填报内容之外的其他可以进行调整的综合所得收入的调整金额,并在"备注"栏说明调整的具体原因、计算方式等信息。

5. 第40行"应纳税额调整额":填写居民个人按照税法规定调整综合所得收入后所应调整的应纳税额。

6. 第42行"减免税额":填写符合税法规定的可以减免的税额,并按规定附报《个人所得税减免税事项报告表》。

7. 无住所个人附报信息:本部分由无住所居民个人填写。不是,则不填。

已在中国境内居住年数:填写无住所居民个人已在中国境内连续居住的年份数。其中,年份数自2019年(含)开始计算且不包含本纳税年度。

问题396 个人所得税年度自行纳税申报表(问答版)

表220 个人所得税年度自行纳税申报表(问答版)

(纳税年度:20____)

一、填表须知

填写本表前,请仔细阅读以下内容:
1. 如果您需要办理个人所得税综合所得汇算清缴,并且未在纳税年度内取得境外所得的,可以填写本表;
2. 您需要在纳税年度的次年3月1日至6月30日办理汇算清缴申报,并在该期限内补缴税款或者申请退税;
3. 建议您下载并登录个人所得税App,或者直接登录税务机关官方网站在线办理汇算清缴申报,体验更加便捷的申报方式;
4. 如果您对于申报填写的内容有疑问,您可以参考相关办税指引,咨询您的扣缴单位、专业人士,或者拨打12366纳税服务热线。
5. 以纸质方式报送本表的,建议通过计算机填写打印,一式两份,纳税人、税务机关各留存一份。

二、基本情况

1. 姓名	
2. 公民身份号码/纳税人识别号	□□□□□□□□□□□□□□□□□-□□(无校验码不填后两位)
说明:有中国公民身份号码的,填写中华人民共和国居民身份证上载明的"公民身份号码";没有中国公民身份号码的,填写税务机关赋予的纳税人识别号。	
3. 手机号码	□□□□□□□□□□□
提示:中国境内有效手机号码,请准确填写,以方便与您联系。	
4. 电子邮箱	
5. 联系地址	_____省(区、市)_____市_____区(县)_____街道(乡、镇)_____
提示:能够接收信件的有效通讯地址。	
6. 邮政编码	□□□□□□

三、纳税地点

7. 您是否有任职受雇单位，并取得工资薪金？（单选）

□有任职受雇单位（需要回答问题8）　　□没有任职受雇单位（需要回答问题9）

8. 如果您有任职受雇单位，您可以选择一处任职受雇单位所在地办理汇算清缴，请提供该任职受雇单位的具体情况：

任职受雇单位名称（全称）：＿＿＿＿＿＿＿＿＿＿＿＿＿＿＿＿＿＿＿＿＿＿＿＿＿＿＿＿＿＿＿

任职受雇单位纳税人识别号：□□□□□□□□□□□□□□□□□□

9. 如果您没有任职受雇单位，您可以选择在以下地点办理汇算清缴：（单选）

□户籍所在地　　　　□经常居住地　　　　□主要收入来源地

具体地址：＿＿＿＿＿省（区、市）＿＿＿＿＿市＿＿＿＿＿区（县）＿＿＿＿＿街道（乡、镇）＿＿＿＿＿

说明： 1. 户籍所在地是指居民户口簿中登记的地址。
2. 经常居住地是指居民个人申领居住证上登载的居住地址；若没有申领居住证，指居民个人当前实际居住的地址；若居民个人不在中国境内的，指支付或者实际负担综合所得的境内单位或个人所在地。
3. 主要收入来源地是指居民个人纳税年度内取得的劳务报酬、稿酬及特许权使用费三项所得累计收入最大的扣缴义务人所在地。

四、申报类型

10. 未曾办理过年度汇算申报，勾选"首次申报"；已办理过年度汇算申报，但有误需要更正的，勾选"更正申报"：

□首次申报　　　　　　　　　　□更正申报

五、收入——A（工资薪金）

11. 您在纳税年度内取得的工资薪金收入有多少？

（A1）工资薪金收入（包括并入综合所得计算的全年一次性奖金）：□□,□□□,□□□,□□□.□□（元）　　□无此类收入

说明：
(1) 工资薪金是指，个人因任职或者受雇，取得的工资薪金收入。包括工资、薪金、奖金、年终加薪、劳动分红、津贴、补贴以及与任职或者受雇有关的其他收入。全年一次性奖金是指，行政机关、企事业单位等扣缴义务人根据其全年经济效益和对雇员全年工作业绩的综合考核情况，向雇员发放的一次性奖金。包括年终加薪、实行年薪制和绩效工资办法的单位根据考核情况兑现的年薪和绩效工资。
(2) 全年一次性奖金可以单独计税，也可以并入综合所得计税。具体方法请查阅财税〔2018〕164号文件规定。选择何种方式计税对您更为有利，可以咨询专业人士。
(3) 工资薪金收入不包括单独计税的全年一次性奖金。

六、收入——A（劳务报酬）

12. 您在纳税年度内取得的劳务报酬收入有多少？

（A2）劳务报酬收入：□□,□□□,□□□,□□□.□□（元）　　　　　　　　　　□无此类收入

说明： 劳务报酬收入是指，个人从事设计、装潢、安装、制图、化验、测试、医疗、法律、会计、咨询、讲学、翻译、审稿、书画、雕刻、影视、录音、录像、演出、表演、广告、展览、技术服务、介绍服务、经纪服务、代办服务以及其他劳务取得的收入。

七、收入——A（稿酬）

13. 您在纳税年度内取得的稿酬收入有多少？

（A3）稿酬收入：□□,□□□,□□□,□□□.□□（元）　　　　　　　　　　　　□无此类收入

说明： 稿酬收入是指，个人作品以图书、报刊等形式出版、发表而取得的收入。

八、收入——A（特许权使用费）

14. 您在纳税年度内取得的特许权使用费收入有多少？

（A4）特许权使用费收入：□□,□□□,□□□,□□□.□□（元）　　　　　　　□无此类收入

说明： 特许权使用费收入是指，个人提供专利权、商标权、著作权、非专利技术以及其他特许权的使用权取得的收入。

九、免税收入——B

15. 您在纳税年度内取得的综合所得收入中,免税收入有多少?(需附报《个人所得税减免税事项报告表》)

(B1) 免税收入:□□,□□□,□□□,□□□.□□(元)　　　　　　　　　　　　　□无此类收入

提示:免税收入是指按照税法规定免征个人所得税的收入。其中,税法规定"稿酬所得的收入额按70%计算",对稿酬所得的收入额减计30%的部分无需填入本项,将在后续计算中扣减该部分。

十、专项扣除——C

16. 您在纳税年度内个人负担的,按规定可以在税前扣除的基本养老保险费、基本医疗保险费、失业保险费、住房公积金是多少?

(C1) 基本养老保险费:□□□,□□□.□□(元)　　　　　　　　　　　　　　　□无此类扣除
(C2) 基本医疗保险费:□□□,□□□.□□(元)　　　　　　　　　　　　　　　□无此类扣除
(C3) 失业保险费:　　□□□,□□□.□□(元)　　　　　　　　　　　　　　　□无此类扣除
(C4) 住房公积金:　　□□□,□□□.□□(元)　　　　　　　　　　　　　　　□无此类扣除

说明:个人实际负担的三险一金可以扣除。

十一、专项附加扣除——D

17. 您在纳税年度内可以扣除的子女教育支出是多少?(需附报《个人所得税专项附加扣除信息表》)

(D1) 子女教育:□□□,□□□.□□(元)　　　　　　　　　　　　　　　　　□无此类扣除

说明:
子女教育支出可扣除金额(D1)=每一子女可扣除金额合计;
每一子女可扣除金额=纳税年度内符合条件的扣除月份数×1 000元×扣除比例。
纳税年度内符合条件的扣除月份数包括子女年满3周岁当月起至受教育前一月、实际受教育月份以及寒暑假休假月份等。
扣除比例:由夫妻双方协商确定,每一子女可以在本人或配偶处按照100%扣除,也可由双方分别按照50%扣除。

18. 您在纳税年度内可以扣除的继续教育支出是多少?(需附报《个人所得税专项附加扣除信息表》)

(D2) 继续教育:□□□,□□□.□□(元)　　　　　　　　　　　　　　　　　□无此类扣除

说明:
继续教育支出可扣除金额(D2)=学历(学位)继续教育可扣除金额+职业资格继续教育可扣除金额;
学历(学位)继续教育可扣除金额=纳税年度内符合条件的扣除月份数×400元;
纳税年度内符合条件的扣除月份数包括受教育月份、寒暑假休假月份等,但同一学历(学位)教育扣除期限不能超过48个月。
纳税年度内,个人取得符合条件的技能人员、专业技术人员相关职业资格证书的,职业资格继续教育可扣除金额=3 600元。

19. 您在纳税年度内可以扣除的大病医疗支出是多少?(需附报《个人所得税专项附加扣除信息表》)

(D3) 大病医疗:□,□□□,□□□.□□(元)　　　　　　　　　　　　　　　　□无此类扣除

说明:
大病医疗支出可扣除金额(D3)=选择由您扣除的每一家庭成员的大病医疗可扣除金额合计;
某一家庭成员的大病医疗可扣除金额(不超过80 000元)=纳税年度内医保目录范围内的自付部分-15 000元;
家庭成员包括个人本人、配偶、未成年子女。

20. 您在纳税年度内可以扣除的住房贷款利息支出是多少?(需附报《个人所得税专项附加扣除信息表》)

(D4) 住房贷款利息:□□,□□□.□□(元)　　　　　　　　　　　　　　　　□无此类扣除

说明:
住房贷款利息支出可扣除金额(D4)=符合条件的扣除月份数×扣除定额。
符合条件的扣除月份数为纳税年度内实际贷款月份数。
扣除定额:正常情况下,由夫妻双方协商确定,由其中1人扣除1 000元/月;婚前各自购房,均符合扣除条件的,婚后可选择由其中1人扣除1 000元/月,也可以选择各自扣除500元/月。

21. 您在纳税年度内可以扣除的住房租金支出是多少?(需附报《个人所得税专项附加扣除信息表》)

(续表)

(D5) 住房租金：☐☐,☐☐☐.☐☐(元)　　　　　　　　　　　　　　　　　　　☐无此类扣除

说明：
住房租金支出可扣除金额(D5)＝纳税年度内租房月份的月扣除定额之和
月扣除定额：直辖市、省会(首府)城市、计划单列市以及国务院确定的其他城市，扣除标准为1 500元/月；市辖区户籍人口超过100万的城市，扣除标准为1 100元/月；市辖区户籍人口不超过100万的城市，扣除标准为800元/月。

22. 您在纳税年度内可以扣除的赡养老人支出是多少？（需附报《个人所得税专项附加扣除信息表》）

(D6) 赡养老人：☐☐,☐☐☐.☐☐(元)　　　　　　　　　　　　　　　　　　　☐无此类扣除

说明：
赡养老人支出可扣除金额(D6)＝纳税年度内符合条件的月份数×月扣除定额
符合条件的月份数：纳税年度内满60岁的老人，自满60岁当月起至12月份计算；纳税年度前满60岁的老人，按照12个月计算。
月扣除定额：独生子女，月扣除定额2 000元/月；非独生子女，月扣除定额由被赡养人指定分摊，也可由赡养人均摊或约定分摊，但每月不超过1 000元/月。

十二、其他扣除——E

23. 您在纳税年度内可以扣除的企业年金、职业年金是多少？

(E1) 年金：☐☐☐,☐☐☐.☐☐(元)　　　　　　　　　　　　　　　　　　　　☐无此类扣除

24. 您在纳税年度内可以扣除的商业健康保险是多少？（需附报《商业健康保险税前扣除情况明细表》）

(E2) 商业健康保险：☐,☐☐☐.☐☐(元)　　　　　　　　　　　　　　　　　　☐无此类扣除

25. 您在纳税年度内可以扣除的税收递延型商业养老保险是多少？（需附报《个人税收递延型商业养老保险税前扣除情况明细表》）

(E3) 税延养老保险：☐☐,☐☐☐.☐☐(元)　　　　　　　　　　　　　　　　　☐无此类扣除

26. 您在纳税年度内可以扣除的税费是多少？

(E4) 允许扣除的税费：☐☐,☐☐☐,☐☐☐.☐☐(元)　　　　　　　　　　　　　☐无此类扣除

说明：允许扣除的税费是指，个人取得劳务报酬、稿酬、特许权使用费收入时，发生的合理税费支出。

27. 您在纳税年度内发生的除上述扣除以外的其他扣除是多少？

(E5) 其他扣除：☐☐,☐☐☐,☐☐☐.☐☐(元)　　　　　　　　　　　　　　　　☐无此类扣除

提示：其他扣除(其他)包括保险营销员、证券经纪人佣金收入的展业成本。

十三、捐赠——F

28. 您在纳税年度内可以扣除的捐赠支出是多少？（需附报《个人所得税公益慈善事业捐赠扣除明细表》）

(F1) 准予扣除的捐赠额：☐☐,☐☐☐,☐☐☐.☐☐(元)　　　　　　　　　　　　☐无此类扣除

十四、全年一次性奖金——G

29. 您在纳税年度内取得的一笔要转换为全年一次性奖金的数月奖金是多少？

(G1) 全年一次性奖金：☐☐,☐☐☐,☐☐☐.☐☐(元)　　　　　　　　　　　　　☐无此类情况

(G2) 全年一次性奖金应纳个人所得税＝G1×适用税率－速算扣除数＝☐☐,☐☐☐,☐☐☐.☐☐(元)

说明：仅适用于无住所居民个人预缴时因预判为非居民个人而按取得数月奖金计算缴税，汇缴时可以根据自身情况，将一笔数月奖金按照全年一次性奖金单独计算。

十五、税额计算——H(使用纸质申报的居民个人需要自行计算填写本项)

30. 综合所得应纳个人所得税计算

(H1) 综合所得应纳个人所得税＝[(A1＋A2×80%＋A3×80%×70%＋A4×80%)－B1－60 000－(C1＋C2＋C3＋C4)－(D1＋D2＋D3＋D4＋D5＋D6)－(E1＋E2＋E3＋E4＋E5)－F1]×适用税率－速算扣除数＝☐☐,☐☐☐,☐☐☐.☐☐(元)

说明：适用税率和速算扣除数如下

级数	全年应纳税所得额	税率(%)	速算扣除数
1	不超过36 000元的	3	0
2	超过36 000元至144 000元的	10	2 520
3	超过144 000元至300 000元的	20	16 920
4	超过300 000元至420 000元的	25	31 920
5	超过420 000元至660 000元的	30	52 920
6	超过660 000元至960 000元的	35	85 920
7	超过960 000元的	45	181 920

十六、减免税额——J

31.您可以享受的减免税类型有哪些？
□残疾　□孤老　□烈属　□其他(需附报《个人所得税减免税事项报告表》)　　　　□无此类情况

32.您可以享受的减免税金额是多少？
(J1) 减免税额：□□,□□□,□□□,□□□.□□(元)　　　　□无此类情况

十七、已缴税额——K

33.您在纳税年度内取得本表填报的各项收入时,已经缴纳的个人所得税是多少？
(K1) 已纳税额：□□,□□□,□□□,□□□.□□(元)　　　　□无此类情况

十八、应补/退税额——L(使用纸质申报的居民个人需要自行计算填写本项)

34.您本次汇算清缴应补/退的个人所得税税额是：
(L1) 应补/退税额＝G2＋H1－J1－K1＝□□,□□□,□□□,□□□.□□(元)

十九、无住所个人附报信息(有住所个人无需填写本项)

35.您在纳税年度内,在中国境内的居住天数是多少？
纳税年度内在中国境内居住天数：_____天。

36.您在中国境内的居住年数是多少？
中国境内居住年数：_____年。

说明：境内居住年数自2019年(含)以后年度开始计算。境内居住天数和年数的具体计算方法参见财政部、税务总局公告2019年第34号。

二十、退税申请(应补/退税额小于0的填写本项)

37.您是否申请退税？
□申请退税　□放弃退税

38.如果您申请退税,请提供您的有效银行账户。
开户银行名称：_____　　开户银行省份：_____
银行账号：_____

说明：开户银行名称填写居民个人在中国境内开立银行账户的银行名称。

二十一、备注

如果您有需要特别说明或者税务机关要求说明的事项,请在本栏填写：

二十二、申报受理

谨声明:本表是根据国家税收法律法规及相关规定填报的,本人对填报内容(附带资料)的真实性、可靠性、完整性负责。	
个人签名:_____　　　　　　_____年___月___日	
经办人签字: 经办人身份证件类型: 经办人身份证件号码: 代理机构签章: 代理机构统一社会信用代码:	受理人: 受理税务机关(章): 受理日期:　　年　　月　　日

问题397　个人所得税年度自行纳税申报表(简易版)

表221　个人所得税年度自行纳税申报表(简易版)

(纳税年度:20__)

一、填表须知

填写本表前,请仔细阅读以下内容:
1. 如果您年综合所得收入额不超过6万元且在纳税年度内未取得境外所得的,可以填写本表;
2. 您可以在纳税年度的次年3月1日至5月31日使用本表办理汇算清缴申报,并在该期限内申请退税;
3. 建议您下载并登录个人所得税App,或者直接登录税务机关官方网站在线办理汇算清缴申报,体验更加便捷的申报方式;
4. 如果您对于申报填写的内容有疑问,您可以参考相关办税指引,咨询您的扣缴单位、专业人士,或者拨打12366纳税服务热线;
5. 以纸质方式报送本表的,建议通过计算机填写打印,一式两份,纳税人、税务机关各留存一份。

二、个人基本情况

1. 姓名	
2. 公民身份号码/纳税人识别号	□□□□□□□□□□□□□□□□□□-□□(无校验码不填后两位)
说明:有中国公民身份号码的,填写中华人民共和国居民身份证上载明的"公民身份号码";没有中国公民身份号码的,填写税务机关赋予的纳税人识别号。	
3. 手机号码	□□□□□□□□□□□
提示:中国境内有效手机号码,请准确填写,以方便与您联系。	
4. 电子邮箱	
5. 联系地址	____省(区、市)____市____区(县)_____街道(乡、镇)_____
提示:能够接收信件的有效通讯地址。	
6. 邮政编码	□□□□□□

三、纳税地点(单选)

1. 有任职受雇单位的,需选本项并填写"任职受雇单位信息":		□任职受雇单位所在地
任职受雇单位信息	名称	
	纳税人识别号	□□□□□□□□□□□□□□□□□□
2. 没有任职受雇单位的,可以从本栏次选择一地:		□户籍所在地　□经常居住地　□主要收入来源地
户籍所在地/经常居住地/主要收入来源地		____省(区、市)____市____区(县)_____街道(乡、镇)_____

四、申报类型

请您选择本次申报类型,未曾办理过年度汇算申报,勾选"首次申报";已办理过年度汇算申报,但有误需要更正的,勾选"更正申报":	
□首次申报	□更正申报

五、纳税情况

已缴税额	□□,□□□.□□（元）
纳税年度内取得综合所得时，扣缴义务人预扣预缴以及个人自行申报缴纳的个人所得税。	

六、退税申请

1. 是否申请退税？	□申请退税【选择此项的，填写个人账户信息】　　□放弃退税
2. 个人账户信息	开户银行名称：_____　开户银行省份： 银行账号：_____
说明：开户银行名称填写居民个人在中国境内开立银行账户的银行名称。	

七、备注

如果您有需要特别说明或者税务机关要求说明的事项，请在本栏填写：

八、承诺及申报受理

谨声明： 1. 本人纳税年度内取得的综合所得收入额合计不超过6万元。 2. 本表是根据国家税收法律法规及相关规定填报的，本人对填报内容（附带资料）的真实性、可靠性、完整性负责。 　　　　　　　　　　　　　　　　　　　　　　　纳税人签名：　　　年　月　日	
经办人签字： 经办人身份证件类型： 经办人身份证件号码： 代理机构签章： 代理机构统一社会信用代码：	受理人： 受理税务机关（章）： 受理日期：　　年　月　日

问题 398　个人所得税年度自行纳税申报表(B表)及填报说明

表 222　个人所得税年度自行纳税申报表(B表)

（居民个人取得境外所得适用）

税款所属期：　　年　月　日至　　年　月　日

纳税人姓名：

纳税人识别号：□□□□□□□□□□□□□□□□□□-□□　　　　　金额单位：人民币元（列至角分）

基本情况					
手机号码		电子邮箱		邮政编码	□□□□□□
联系地址	____省（区、市）____市____区（县）_____街道（乡、镇）_____				
纳税地点（单选）					
1. 有任职受雇单位的，需选本项并填写"任职受雇单位信息"：					□任职受雇单位所在地
任职受雇 单位信息	名称				
	纳税人识别号				
2. 没有任职受雇单位的，可以从本栏次选择一地：					□户籍所在地　□经常居住地　□主要收入来源地
户籍所在地/经常居住地/主要 收入来源地	____省（区、市）____市____区（县）____街道（乡、镇）_____				
申报类型（单选）					
□首次申报				□更正申报	

441

(续表)

综合所得个人所得税计算		
项目	行次	金额
一、境内收入合计(第1行＝第2行＋第3行＋第4行＋第5行)	1	
(一)工资、薪金	2	
(二)劳务报酬	3	
(三)稿酬	4	
(四)特许权使用费	5	
二、境外收入合计(附报《境外所得个人所得税抵免明细表》) (第6行＝第7行＋第8行＋第9行＋第10行)	6	
(一)工资、薪金	7	
(二)劳务报酬	8	
(三)稿酬	9	
(四)特许权使用费	10	
三、费用合计[第11行＝(第3行＋第4行＋第5行＋第8行＋第9行＋第10行)×20%]	11	
四、免税收入合计(第12行＝第13行＋第14行)	12	
(一)稿酬所得免税部分[第13行＝(第4行＋第9行)×(1－20%)×30%]	13	
(二)其他免税收入(附报《个人所得税减免税事项报告表》)	14	
五、减除费用	15	
六、专项扣除合计(第16行＝第17行＋第18行＋第19行＋第20行)	16	
(一)基本养老保险费	17	
(二)基本医疗保险费	18	
(三)失业保险费	19	
(四)住房公积金	20	
七、专项附加扣除合计(附报《个人所得税专项附加扣除信息表》) (第21行＝第22行＋第23行＋第24行＋第25行＋第26行＋第27行)	21	
(一)子女教育	22	
(二)继续教育	23	
(三)大病医疗	24	
(四)住房贷款利息	25	
(五)住房租金	26	
(六)赡养老人	27	
八、其他扣除合计(第28行＝第29行＋第30行＋第31行＋第32行＋第33行)	28	
(一)年金	29	
(二)商业健康保险(附报《商业健康保险税前扣除情况明细表》)	30	
(三)税延养老保险(附报《个人税收递延型商业养老保险税前扣除情况明细表》)	31	
(四)允许扣除的税费	32	
(五)其他	33	

(续表)

项目	行次	金额
九、准予扣除的捐赠额(附报《个人所得税公益慈善事业捐赠扣除明细表》)	34	
十、应纳税所得额 (第35行=第1行+第6行-第11行-第12行-第15行-第16行-第21行-第28行-第34行)	35	
十一、税率(%)	36	
十二、速算扣除数	37	
十三、应纳税额(第38行=第35行×第36行-第37行)	38	
除综合所得外其他境外所得个人所得税计算 (无相应所得不填本部分,有相应所得另需附报《境外所得个人所得税抵免明细表》)		
一、经营所得	(一)经营所得应纳税所得额(第39行=第40行+第41行)	39	
	其中:境内经营所得应纳税所得额	40	
	境外经营所得应纳税所得额	41	
	(二)税率(%)	42	
	(三)速算扣除数	43	
	(四)应纳税额(第44行=第39行×第42行-第43行)	44	
二、利息、股息、红利所得	(一)境外利息、股息、红利所得应纳税所得额	45	
	(二)税率(%)	46	
	(三)应纳税额(第47行=第45行×第46行)	47	
三、财产租赁所得	(一)境外财产租赁所得应纳税所得额	48	
	(二)税率(%)	49	
	(三)应纳税额(第50行=第48行×第49行)	50	
四、财产转让所得	(一)境外财产转让所得应纳税所得额	51	
	(二)税率(%)	52	
	(三)应纳税额(第53行=第51行×第52行)	53	
五、偶然所得	(一)境外偶然所得应纳税所得额	54	
	(二)税率(%)	55	
	(三)应纳税额(第56行=第54行×第55行)	56	
六、其他所得	(一)其他境内、境外所得应纳税所得额合计(需在"备注"栏说明具体项目)	57	
	(二)应纳税额	58	
股权激励个人所得税计算 (无境外股权激励所得不填本部分,有相应所得另需附报《境外所得个人所得税抵免明细表》)		
一、境内、境外单独计税的股权激励收入合计	59	
二、税率(%)	60	
三、速算扣除数	61	
四、应纳税额(第62行=第59行×第60行-第61行)	62	

(续表)

全年一次性奖金个人所得税计算 (无住所个人预判为非居民个人取得的数月奖金,选择按全年一次性奖金计税的填写本部分)		
一、全年一次性奖金收入	63	
二、准予扣除的捐赠额(附报《个人所得税公益慈善事业捐赠扣除明细表》)	64	
三、税率(%)	65	
四、速算扣除数	66	
五、应纳税额[第67行=(第63行-第64行)×第65行-第66行]	67	
税额调整		
一、综合所得收入调整额(需在"备注"栏说明调整具体原因、计算方法等)	68	
二、应纳税额调整额	69	
应补/退个人所得税计算		
一、应纳税额合计 (第70行=第38行+第44行+第47行+第50行+第53行+第56行+第58行+第62行+第67行+第69行)	70	
二、减免税额(附报《个人所得税减免税事项报告表》)	71	
三、已缴税额(境内)	72	
其中:境外所得境内支付部分已缴税额	73	
境外所得境外支付部分预缴税额	74	
四、境外所得已纳所得税抵免额(附报《境外所得个人所得税抵免明细表》)	75	
五、应补/退税额(第76行=第70行-第71行-第72行-第75行)	76	

无住所个人附报信息			
纳税年度内在中国境内居住天数		已在中国境内居住年数	

退税申请 (应补/退税额小于0的填写本部分)			
□ 申请退税(需填写"开户银行名称""开户银行省份""银行账号") □ 放弃退税			
开户银行名称		开户银行省份	
银行账号			

备注

谨声明:本表是根据国家税收法律法规及相关规定填报的,本人对填报内容(附带资料)的真实性、可靠性、完整性负责。
　　　　　　　　　　纳税人签字:　　　　　　　年　月　日

经办人签字: 经办人身份证件类型: 经办人身份证件号码: 代理机构签章: 代理机构统一社会信用代码:	受理人: 受理税务机关(章): 受理日期:　　　　年　月　日

国家税务总局监制

填报说明

1. 居民个人取得除综合所得外其他境外所得的,填写(六)除综合所得外其他境外所得个人所得税计算,并按规定附报《境外所得个人所得税抵免明细表》。

2. 居民个人取得境外股权激励,填写(七)境外股权激励个人所得税计算,并按规定附报《境外所得个人所得税抵免明细表》。

3. 第63行"全年一次性奖金收入":无住所居民个人预缴时因预判为非居民个人而按取得数月奖金计算缴税的,汇缴时可以根据自身情况,将一笔数月奖金按照全年一次性奖金单独计算。填写无住所的居民个人纳税年度内预判为非居民个人时取得的一笔数月奖金收入金额。

4. 第64行"准予扣除的捐赠额":填写无住所的居民个人按规定准予在税前扣除的公益慈善事业捐赠金额,并按规定附报《个人所得税公益慈善事业捐赠扣除明细表》。

5. 第65、66行"税率""速算扣除数":填写按照全年一次性奖金政策规定适用的税率和速算扣除数。

6. 第71行"减免税额":填写符合税法规定的可以减免的税额,并按规定附报《个人所得税减免税事项报告表》。

7. 第75行"境外所得已纳所得税抵免额":根据《境外所得个人所得税抵免明细表》计算填写居民个人符合税法规定的个人所得税本年抵免额。

8. (十一)无住所个人附报信息部分由无住所个人填写。不是,则不填。

问题399 境外所得个人所得税抵免明细表及填报说明

表223 境外所得个人所得税抵免明细表

税款所属期: 年 月 日至 年 月 日

纳税人姓名:

纳税人识别号:□□□□□□□□□□□□□□□□□□-□□　　　　　　金额单位:人民币元(列至角分)

			A	B	C	D	E
	列次						
	项目	行次			金额		
	国家(地区)	1	境内		境外		合计
一、综合所得	(一)收入	2					
	其中:工资、薪金	3					
	劳务报酬	4					
	稿酬	5					
	特许权使用费	6					
	(二)费用	7					
	(三)收入额	8					
	(四)应纳税额	9	—				
	(五)减免税额	10	—				
	(六)抵免限额	11	—				

(续表)

二、经营所得	（一）收入总额	12	—				
	（二）成本费用	13	—				
	（三）应纳税所得额	14					
	（四）应纳税额	15	—		—	—	—
	（五）减免税额	16	—		—	—	—
	（六）抵免限额	17	—				
三、利息、股息、红利所得	（一）应纳税所得额	18	—				
	（二）应纳税额	19	—				
	（三）减免税额	20	—				
	（四）抵免限额	21	—				
四、财产租赁所得	（一）应纳税所得额	22	—				
	（二）应纳税额	23	—				
	（三）减免税额	24	—				
	（四）抵免限额	25	—				
五、财产转让所得	（一）收入	26	—				
	（二）财产原值	27	—				
	（三）合理税费	28	—				
	（四）应纳税所得额	29	—				
	（五）应纳税额	30	—				
	（六）减免税额	31	—				
	（七）抵免限额	32	—				
六、偶然所得	（一）应纳税所得额	33	—				
	（二）应纳税额	34	—				
	（三）减免税额	35	—				
	（四）抵免限额	36	—				
七、股权激励	（一）应纳税所得额	37	—				
	（二）应纳税额	38	—	—	—	—	—
	（三）减免税额	39	—	—	—	—	—
	（四）抵免限额	40	—				
八、其他境内、境外所得	（一）应纳税所得额	41	—				
	（二）应纳税额	42	—				
	（三）减免税额	43	—				
	（四）抵免限额	44	—				
九、本年可抵免限额合计 （第45行＝第11行＋第17行＋第21行＋第25行＋第32行＋第36行＋第40行＋第44行）		45	—				
本期实际可抵免额计算							
一、以前年度结转抵免额 （第46行＝第47行＋第48行＋第49行＋第50行＋第51行）		46	—				

(续表)

其中:前5年		47	—		
前4年		48	—		
前3年		49	—		
前2年		50	—		
前1年		51	—		
二、本年境外已纳税额		52			
其中:享受税收饶让抵免税额(视同境外已纳)		53	—		
三、本年抵免额(境外所得已纳所得税抵免额)		54			
四、可结转以后年度抵免额 (第55行＝第56行＋第57行＋第58行＋第59行＋第60行)		55	—		—
其中:前4年		56	—		—
前3年		57	—		—
前2年		58	—		—
前1年		59	—		—
本年		60	—		—
备注					
谨声明:本表是根据国家税收法律法规及相关规定填报的,本人对填报内容(附带资料)的真实性、可靠性、完整性负责。 纳税人签字： 年 月 日					
经办人签字： 经办人身份证件类型： 经办人身份证件号码： 代理机构签章： 代理机构统一社会信用代码：	受理人： 受理税务机关(章)： 受理日期： 年 月 日				

国家税务总局监制

填报说明

本表随《个人所得税年度自行纳税申报表(B表)》一并报送。

1. 第1行"国家(地区)"：按"境外"列分别填写居民个人取得的境外收入来源国家(地区)名称。

2. 第2行"收入"：按列分别填写居民个人取得的综合所得收入合计金额。

3. 第9行"应纳税额"：按我国法律法规计算应纳税额,并填报本行"合计"列。

4. 第10行"减免税额"：填写符合税法规定的可以减免的税额,并按规定附报《个人所得税减免税事项报告表》。

5. 第11行"抵免限额"：根据相应行次按列分别计算填报。第11行"境外"列＝(第9行"合计"列－第10行"合计"列)×第8行"境外"列÷第8行"合计"列。第11行"合计列"＝∑第11行"境外"列。

6. 第12、13、14行"收入总额""成本费用""应纳税所得额"：按列分别填写居民个人取得的经营所得收入、成本费用及应纳税所得额合计金额。

7. 第15行"应纳税额":根据相关行次计算填报"合计"列。第15行＝第14行×适用税率－速算扣除数。

8. 第16行"减免税额":填写符合税法规定的可以减免的税额,并按规定附报《个人所得税减免税事项报告表》。

9. 第17行"抵免限额":根据相应行次按列分别计算填报。第17行"境外"列＝(第15行"合计"列－第16行"合计"列)×第14行"境外"列÷第14行"合计"列。第17行"合计列"＝∑第17行"境外"列。

10. 第18、22、33、41行"应纳税所得额":按列分别填写居民个人取得的利息、股息、红利所得,财产租赁所得,偶然所得,其他境内、境外所得应纳税所得额合计金额。

11. 第19、23、34、42行"应纳税额":按列分别计算填报。第19行＝第18行×适用税率;第23行＝第22行×适用税率;第34行＝第33行×适用税率;第42行＝第41行×适用税率。

12. 第20、24、35、43行"减免税额":填写符合税法规定的可以减免的税额,并附报《个人所得税减免税事项报告表》。

13. 第21、25、36、44行"抵免限额":根据相应行次按列分别计算填报。第21行＝第19行－第20行;第25行＝第23行－第24行;第36行＝第34行－第35行;第44行＝第42行－第43行。

14. 第26行"收入":按列分别填写居民个人取得的财产转让所得收入合计金额。

15. 第27行"财产原值":按列分别填写居民个人取得的财产转让所得对应的财产原值合计金额。

16. 第28行"合理税费":按列分别填写居民个人取得财产转让所得对应的合理税费合计金额。

17. 第29行"应纳税所得额":按列分别填写居民个人取得的财产转让所得应纳税所得额合计金额。第29行＝第26行－第27行－第28行。

18. 第30行"应纳税额":根据相应行按列分别计算填报。第30行＝第29行×适用税率。

19. 第31行"减免税额":填写符合税法规定的可以减免的税额,并按规定附报《个人所得税减免税事项报告表》。

20. 第32行"抵免限额":根据相应行次按列分别计算填报。第32行＝第30行－第31行。

21. 第37行"应纳税所得额":按列分别填写居民个人取得的股权激励应纳税所得额合计金额。

22. 第38行"应纳税额":按我国法律法规计算应纳税额填报本行"合计"列。第38行＝第37行×适用税率－速算扣除数

23. 第39行"减免税额":填写符合税法规定的可以减免的税额,并附报《个人所得税减免税事项报告表》。

24. 第40行"抵免限额":根据相应行次按列分别计算填报。第40行"境外"列＝(第38行"合计"列－第39行"合计"列)×第37行"境外"列÷第37行"合计"列。

25. 第52行"本年境外已纳税额":按列分别填写居民个人在境外已经缴纳或者被扣缴的税款合计金额,包括第53行"享受税收饶让抵免税额"。

26. 第53行"享受税收饶让抵免税额":按列分别填写居民个人享受税收饶让政策而视同境外已缴纳而实际未缴纳的税款合计金额。

27. 第54行"本年抵免额":按"境外"列分别计算填写可抵免税额。第54行"合计"列＝∑第54行"境外"列。

问题 400　上市公司股权激励个人所得税延期纳税备案表及填报说明

表 224　上市公司股权激励个人所得税延期纳税备案表

备案编号（主管税务机关填写）：　　　　　　　　　　　　　　　　　　　单位：股，人民币元（列至角分）

公司基本情况							
公司名称		纳税人识别号		股票代码		联系人		联系电话	

股权激励基本情况
股权激励形式　　　□股票期权　　□限制性股票　　□股权奖励

股权激励明细情况														
序号	姓名	身份证照类型	身份证照号码	任职受雇月数	股票期权				限制性股票						股权奖励		
					行权日	行权日市价	行权价	行权股数	股票登记日	股票登记日市价	解禁日	解禁日市价	实际出资总额	本批次解禁数	总股票数	授予日	授予日市价	奖励股票数

谨声明：此表是根据《中华人民共和国个人所得税法》及有关法律法规规定填写的，是真实的、完整的、可靠的。
　　　　　　　　　　法定代表人签章：　　　　　　　　　　　　　　　　　年　月　日

公司签章：	代理申报机构（人）签章：	主管税务机关印章：
经办人：	经办人：	受理人：
	经办人执业证件号码：	
填报日期：　　年　月　日	代理申报日期：　　年　月　日	受理日期：　　年　月　日

国家税务总局监制

填报说明

（一）公司基本情况

1. 公司名称：填写实施股权激励的上市公司法定名称全称。
2. 纳税人识别号：填写纳税人识别号或统一社会信用代码。
3. 联系人、联系电话：填写上市公司负责办理股权激励及相关涉税事项人员的相关情况。

（二）股权激励基本情况

股权激励形式：根据实施股权激励的形式勾选。

（三）股权激励明细情况

1. 姓名：填写纳税人姓名。中国境内无住所个人，其姓名应当用中、外文同时填写。

2. 身份证照类型：填写能识别纳税人唯一身份的身份证、军官证、士兵证、护照、港澳居民来往内地通行证、台湾居民来往大陆通行证等有效证照名称。

3. 身份证照号码：填写能识别纳税人唯一身份的号码。

4. 任职受雇月数：填写被激励对象在本公司实际任职受雇月份数。

5. 股票期权栏：以股票期权形式实施激励的企业填写本栏。没有则不填。

① 行权日：填写根据股票期权计划，行权购买股票的实际日期。

② 行权日市价：填写被激励对象所持股票行权购买日的收盘价。

③ 行权价：填写被激励对象股票期权行权时，实际出资的每股金额。

④ 行权股数：填写被激励对象本次行权取得的股票数量。

6. 限制性股票栏：以限制性股票形式实施激励的企业填写本栏。没有则不填。

① 股票登记日：填写被激励对象取得的限制性股票在中国登记结算公司进行股票登记的日期。

② 股票登记日市价：填写股票登记日的收盘价。

③ 解禁日：填写根据限制性股票计划，被激励对象取得限制性股票达到规定条件而解除出售限制的具体日期。

④ 解禁日市价：填写股票解禁日的收盘价。

⑤ 实际出资总额：填写被激励对象为获取限制性股票实际支付资金数额。

⑥ 本批次解禁数：填写本次股票解禁的股数。

⑦ 总股票数：填写被激励对象获取的限制性股票总数。

7. 股权奖励栏：以股权奖励形式实施激励的企业填写本栏。没有则不填。

① 授予日：填写授予被激励对象获得股票的实际日期。

② 授予日市价：填写股票授予日的收盘价。

③ 奖励股票数：填写被激励对象获取的股票总数。

问题 401　非上市公司股权激励个人所得税递延纳税备案表及填报说明

表 225　非上市公司股权激励个人所得税递延纳税备案表

备案编号（主管税务机关填写）：　　　　　　　　　　　　　　　单位：股，%，人民币元（列至角分）

公司基本情况							
公司名称		纳税人识别号		联系人		联系电话	
股权激励基本情况							
股权激励形式	□股票（权）期权 □股权奖励		□限制性股票	股权激励人数		近 6 个月平均人数	
该栏仅由实施股权奖励的公司填写	本公司是否为限制性行业		□是 □否	标的公司名称			
	标的公司是否为限制性行业		□是 □否	标的公司纳税人识别号			

(续表)

股权激励明细情况																			
序号	姓名	身份证照类型	身份证照号码	股票(权)期权						限制性股票						股权奖励			
				授予日	行权日	可出售日	取得成本	股数	持股比例	授予日	解禁日	可出售日	取得成本	股数	持股比例	授予日	可出售日	股数	持股比例

谨声明:此表是根据《中华人民共和国个人所得税法》及有关法律法规规定填写的,是真实的、完整的、可靠的。
实施股权激励公司法定代表人签章:　　　　　　　年　月　日

公司签章: 经办人: 填报日期:　　年　月　日	代理申报机构(人)签章: 经办人: 经办人执业证件号码: 代理申报日期:　　年　月　日	主管税务机关印章: 受理人: 受理日期:　　年　月　日

国家税务总局监制

填报说明

(一)公司基本情况

1.公司名称:填写实施股权激励的非上市公司法定名称全称。

2.纳税人识别号:填写纳税人识别号或统一社会信用代码。

3.联系人、联系电话:填写非上市公司负责办理股权激励及相关涉税事项人员的相关情况。

(二)股权激励基本情况

1.股权激励形式:根据实施股权激励的形式勾选。

2.股权激励人数:填写股权激励计划中被激励对象的总人数。

3.近6个月平均人数:填写股票(权)期权行权、限制性股票解禁、股权奖励获得之上月起向前6个月"工资、薪金所得"项目全员全额扣缴明细申报的平均人数。如,某公司实施一批股票期权并于2017年1月行权,则按照该公司2016年7月、8月、9月、10月、11月、12月"工资、薪金所得"项目全员全额扣缴明细申报的平均人数计算。计算结果按四舍五入取整。

4. 实施股权奖励公司填写栏：填写实施股权奖励企业的有关情况。

（1）本公司是否为限制性行业：实施股权奖励公司根据本公司上一纳税年度主营业务收入占比最高的行业，确定是否属于《财政部 国家税务总局关于完善股权激励和技术入股有关所得税政策的通知》（财税〔2016〕101号）附件《股权奖励税收优惠政策限制性行业目录》所列行业。属于所列行业选"是"，不属于所列行业选"否"。

（2）标的公司名称、标的公司是否为限制性行业、标的公司纳税人识别号：以技术成果投资入股到其他境内居民企业所取得的股权实施股权奖励的，填写本栏。以本公司股权为股权奖励标的，无须填报本栏。

① 标的公司名称：以其他境内居民企业股权实施股权奖励的，填写用以实施股权奖励的股权标的公司法定名称全称。

② 标的公司纳税人识别号：以其他境内居民企业股权实施股权奖励的，填写用以实施股权奖励的股权标的公司的纳税人识别号或统一社会信用代码。

③ 标的公司是否限制性行业：以其他境内居民企业股权实施股权奖励的，根据标的公司上一纳税年度主营业务收入占比最高的行业，确定是否属于《财政部 国家税务总局关于完善股权激励和技术入股有关所得税政策的通知》（财税〔2016〕101号）附件《股权奖励税收优惠政策限制性行业目录》所列行业。属于所列行业选"是"，不属于所列行业选"否"。

（三）股权激励明细情况

1. 姓名：填写纳税人姓名。中国境内无住所个人，其姓名应当用中、外文同时填写。

2. 身份证照类型：填写能识别纳税人唯一身份的身份证、军官证、士兵证、护照、港澳居民来往内地通行证、台湾居民来往大陆通行证等有效证照名称。

3. 身份证照号码：填写能识别纳税人唯一身份的号码。

4. 股票（权）期权栏：以股票（权）期权形式实施激励的企业填写本栏。没有则不填。

① 授予日：填写股票（权）期权计划中，授予被激励对象股票（权）期权的实际日期。

② 行权日：填写根据股票（权）期权计划，行权购买股票（权）的实际日期。

③ 可出售日：填写根据股票（权）期权计划，股票（权）期权同时满足自授予日起持有满3年且自行权日起持有满1年条件后，实际可以对外出售的日期。

④ 取得成本：填写被激励对象股票（权）期权行权时，按行权价实际出资的金额。

⑤ 股数、持股比例：填写被激励对象实际取得的股数以及对应的持股比例。若非上市公司因公司注册类型限制，难以用股数体现被激励对象股权激励权益的，可只填写持股比例，持股比例按照保留小数点后两位填写。

5. 限制性股票栏：以限制性股票形式实施激励的企业填写本栏。没有则不填。

① 授予日：填写限制性股票计划中，授予被激励对象限制性股票的实际日期。

② 解禁日：填写根据限制性股票计划，被激励对象取得限制性股票达到规定条件而解除出售限制的具体日期。

③ 可出售日：填写根据限制性股票计划，限制性股票同时满足自授予日起持有满3年且解禁后持有满1年条件后，实际可以对外出售的日期。

④ 取得成本：填写被激励对象取得限制性股票时的实际出资金额。

⑤ 股数、持股比例：填写被激励对象实际取得的股数以及对应的持股比例。若非上市公司因公司注册类型限制，难以用股数体现被激励对象股权激励权益的，可只填写持股比例，持

股比例按照保留小数点后两位填写。

6.股权奖励栏:以股权奖励形式实施激励的企业填写本栏。没有则不填。

① 授予日:填写授予被激励对象股权奖励的实际日期。

② 可出售日:填写根据股权奖励计划,自获得奖励之日起持有满3年后,实际可以对外出售的日期。

③ 股数、持股比例:填写被激励对象实际取得的股数以及对应的持股比例。若非上市公司因公司注册类型限制,难以用股数体现被激励对象股权激励权益的,可只填写持股比例,持股比例按照保留小数点后两位填写。

问题402 个人所得税递延纳税情况年度报告表及填报说明

表226 个人所得税递延纳税情况年度报告表

报告所属期:　　年　　　　　　　　　　　　　　　　　　　　　　　单位:股,%,人民币元(列至角分)

公司基本情况																					
公司名称				纳税人识别号					联系人					联系电话							
递延纳税有关情况																					
递延纳税股票(权)形式				□股票(权)期权　□限制性股票　□股权奖励　□技术成果投资入股																	
递延纳税明细情况																					
序号	姓名	身份证照类型	身份证照号码	总体情况					股票(权)期权				限制性股票				股权奖励				技术成果投资入股	
				转让情况		剩余情况		扣缴个人所得税	转让情况		剩余情况		转让情况		剩余情况		转让情况		剩余情况		转让情况	剩余情况
				股数	持股比例	股数	持股比例		股数	持股比例	股数	持股比例	股数	持股比例	股数	持股比例	股数	持股比例	股数	持股比例	股数 持股比例	股数 持股比例

谨声明:此表是根据《中华人民共和国个人所得税法》及有关法律法规规定填写的,是真实的、完整的、可靠的。

公司法定代表人签章:　　　　　　　年　月　日

公司签章: 经办人: 填报日期:　年　月　日	代理申报机构(人)签章: 经办人: 经办人执业证书号码: 代理申报日期:　年　月　日	主管税务机关印章: 受理人: 受理日期:　年　月　日

国家税务总局监制

填报说明

（一）公司基本情况

1. 公司名称：填写实施股权激励的非上市公司，或者取得个人技术成果的境内公司的法定名称全称。

2. 纳税人识别号：填写纳税人识别号或统一社会信用代码。

3. 联系人、联系电话：填写负责办理股权激励或技术成果投资入股相关涉税事项人员的相关情况。

（二）递延纳税有关情况

递延纳税股票（权）形式：根据递延纳税的股票（权）形式勾选。

（三）递延纳税明细情况

1. 姓名：填写纳税人姓名。中国境内无住所个人，其姓名应当用中、外文同时填写。

2. 身份证照类型：填写能识别纳税人唯一身份的身份证、军官证、士兵证、护照、港澳居民来往内地通行证、台湾居民来往大陆通行证等有效证照名称。

3. 身份证照号码：填写能识别纳税人唯一身份的号码。

4. 总体情况、股票（权）期权、限制性股票、股权奖励、技术成果投资入股栏：填写个人转让和剩余享受递延纳税优惠的股票（权）相关情况。

① 股数、持股比例：填写个人实际转让或剩余的享受递延纳税优惠的股票（权）数以及对应的持股比例。若非上市公司因公司注册类型限制，难以用股票（权）数体现个人相关权益的，可只填列持股比例，持股比例按照保留小数点后两位填写。

② 扣缴个人所得税：填写个人转让递延纳税的股权，扣缴义务人实际扣缴的个人所得税。

问题 403 个人所得税分期缴纳备案表（转增股本）及填报说明

表 227 个人所得税分期缴纳备案表（转增股本）

备案编号（主管税务机关填写）：　　　　　　　　　　　　　　金额单位：人民币元（列至角分）

扣缴单位基本情况					
扣缴单位名称		纳税人识别号		高新技术企业证书编号	
地　　址		联系人		电话	
年销售额		资产总额		员工人数		总股本（实收资本）	

转增股本情况					
未分配利润转增金额		盈余公积转增金额		资本公积转增金额	

分期缴税情况														
序号	姓名	身份证件类型	身份证件号码	持有股份数	持股比例	计税金额	应缴个人所得税	分期缴税计划								签名
								第一年		第二年		第三年		第四年		第五年		
								缴税时间	缴税金额	缴税时间	缴税金额	缴税时间	缴税金额	缴税时间	缴税金额	缴税时间	缴税金额	

(续表)

谨声明:此表是根据《中华人民共和国个人所得税法》及有关法律法规规定填写的,是真实的、完整的、可靠的。

扣缴单位负责人签字：　　　　　　扣缴单位盖章：　　　　　　　年　　月　　日

代理申报机构(人)签章： 经办人： 经办人执业证件号码： 代理申报日期：　　　　年　月　日	主管税务机关受理章： 受理人： 受理日期：　　　　年　月　日

国家税务总局监制

填报说明

1. 备案编号:由主管税务机关自行编制。

2. 高新技术企业证书编号:填写高新技术企业认定部门核发的有效期内的高新技术企业证书编号。

3. 年销售额:填写企业上一个会计年度的主营业务收入。

4. 资产总额、员工人数、总股本(实收资本):填写企业转增股本当月相关数据。

5. 转增股本情况:填写企业转增股本的相关情况。

6. 计税金额:计税金额=(未分配利润转增金额+盈余公积转增金额+资本公积转增金额)×持股比例。

7. 应缴个人所得税:应缴个人所得税=计税金额×20%。

8. 计划缴税时间:按年度填写每一年度计划缴税的截止月份。

9. 计划缴税金额:填写每一年度计划分期缴纳的个人所得税金额。

问题 404　个人所得税分期缴纳备案表(股权奖励)及填报说明

表 228　个人所得税分期缴纳备案表(股权奖励)

备案编号(主管税务机关填写):　　　　　　　　　　　　　　　　　金额单位:人民币元(列至角分)

扣缴单位基本情况						
地　址		联系人		电　话		总股本(实收资本)	
分期缴税情况						
股权价格 确定方法	□上市公司股票　□净资产法　□类比法 □其他合理方法_____				每股价格	

（续表）

序号	姓名	身份证件类型	身份证件号码	股权奖励时间	获得股份数	持股比例	计税价格	应缴个人所得税	分期缴税计划										签名
									第一年		第二年		第三年		第四年		第五年		
									缴税时间	缴税金额	缴税时间	缴税金额	缴税时间	缴税金额	缴税时间	缴税金额	缴税时间	缴税金额	

谨声明：此表是根据《中华人民共和国个人所得税法》及有关法律法规规定填写的，是真实的、完整的、可靠的。

扣缴单位负责人签字：　　　　　　　扣缴单位盖章：　　　　　年　月　日

代理申报机构（人）签章：	主管税务机关受理章：
经办人：	
经办人执业证件号码：	受理人：
代理申报日期：　　　年　月　日	受理日期：　　　年　月　日

国家税务总局监制

填报说明

1. 备案编号：由主管税务机关自行编制。

2. 高新技术企业证书编号：填写高新技术企业认定部门核发的有效期内的高新技术企业证书编号。

3. 股权价格确定方法：根据适用的公平市场价格确定方法勾选。选择其他合理方法的，应在横线中写明具体方法名称。

4. 每股价格：填写按照股权价格确定方法计算的每股价格。

5. 股权奖励时间：填写纳税人实际获得股权奖励的具体日期。纳税人在一个月份中多次取得股权奖励的，可一并填写。

6. 获得股份数、持股比例：填写纳税人实际取得的股权份额及持股比例。纳税人在一个月份中多次取得股权奖励的，可合并填写。

7. 计税价格：计税价格＝每股价格×获得股份数，或根据持股比例换算。

8. 应缴个人所得税：应缴个人所得税＝（计税价格÷规定月份数×税率－速算扣除数）×规定月份数。

税率按照《中华人民共和国个人所得税法》中《个人所得税税率表一（工资、薪金所得适用）》确定。

规定月份数按照本公告有关规定确定。

9. 计划缴税时间：按年度填写每一年度计划缴税的截止月份。

10. 计划缴税金额：填写每一年度计划分期缴纳的个人所得税金额。

附录

问题 405 综合所得相关税收优惠汇总

表 229　综合所得相关税收优惠汇总

序号	类别	税收优惠概要		政策依据
1	法定减免	省级人民政府、国务院部委和中国人民解放军军以上单位,以及外国组织、国际组织颁发的科学、教育、技术、文化、卫生、体育、环境保护等方面的奖金	免征个人所得税	《中华人民共和国个人所得税法》第四条第一项
2		按照国务院规定发给的政府特殊津贴、院士津贴,以及国务院规定免予缴纳个人所得税的其他补贴、津贴		《中华人民共和国个人所得税法》第四条第三项、《中华人民共和国个人所得税法实施条例》第十一条
3		根据国家有关规定,从企业、事业单位、国家机关、社会组织提留的福利费或者工会经费中支付给个人的生活补助费		《中华人民共和国个人所得税法》第四条第四项;《中华人民共和国个人所得税法实施条例》第十一条
4		各级人民政府民政部门支付给个人的生活困难补助费		《中华人民共和国个人所得税法》第四条第四项、《中华人民共和国个人所得税法实施条例》第十一条
5		救济金		《中华人民共和国个人所得税法》第四条第四项
6		保险赔款		《中华人民共和国个人所得税法》第四条第五项
7		军人的转业费、复员费、退役金		《中华人民共和国个人所得税法》第四条第六项
8		按照国家统一规定发给干部、职工的安家费、退职费、基本养老金或者退休费、离休费、离休生活补助费		《中华人民共和国个人所得税法》第四条第七项
9		依照《中华人民共和国外交特权与豁免条例》和《中华人民共和国领事特权与豁免条例》规定应予免税的各国驻华使馆、领事馆的外交代表、领事官员和其他人员的所得		《中华人民共和国个人所得税法》第四条第八项;《中华人民共和国个人所得税法实施条例》第十二条
10		残疾、孤老人员和烈属的所得可以减征个人所得税	可以减征个人所得税	《中华人民共和国个人所得税法》第五条第一项
11		因自然灾害遭受重大损失的可以减征个人所得税		《中华人民共和国个人所得税法》第五条第二项
12	疫情减免 2020 年 1 月 1 日至 2021 年 12 月 31 日	参加疫情防治工作的医务人员和防疫工作者按照各级政府规定的补助和奖金标准取得的临时性工作补助和奖金	免征个人所得税	财政部 税务总局公告 2020 年第 10 号;财政部 税务总局公告 2021 年第 7 号
13		对省级及省级以上人民政府规定的对参与疫情防控人员的临时性工作补助和奖金		
14		单位发给个人用于预防新型冠状病毒感染的药品、医疗用品和防护用品等实物(不包括现金)		

(续表)

序号	类别	税收优惠概要		政策依据
15	社保公积金相关	个人实际领（支）取原提存的基本养老保险金、基本医疗保险金、失业保险金和住房公积金时	免征个人所得税	财税〔2006〕10号
16		生育妇女按照县级以上人民政府根据国家有关规定制定的生育保险办法，取得的生育津贴、生育医疗费或其他属于生育保险性质的津贴、补贴，免征个人所得税		财税〔2008〕8号
17		自2011年1月1日起对工伤职工及其近亲属按照《工伤保险条例》（国务院令第586号）规定取得的工伤保险待遇，免征个人所得税		财税〔2012〕40号
18	工资补助奖励相关	自2019年1月1日起，个人与用人单位解除劳动关系取得一次性补偿收入（包括用人单位发放的经济补偿金、生活补助费和其他补助费），在当地上年职工平均工资3倍数额以内的部分，免征个人所得税；超过3倍数额的部分，不并入当年综合所得，单独适用综合所得税率表，计算纳税		财税〔2018〕164号
19		延长离休退休期间，对高级专家从其劳动人事关系所在单位取得的，单位按国家有关规定向职工统一发放的工资、薪金、奖金、津贴、补贴等收入，视同离休、退休工资，免征个人所得税		财税〔2008〕7号
20		自2011年11月1日起，对退役士兵按照《退役士兵安置条例》（国务院中央军委令第608号）规定，取得的一次性退役金以及地方政府发放的一次性经济补助，免征个人所得税	免征个人所得税	财税〔2011〕109号
21		企业依照国家有关法律规定宣告破产，企业职工从该破产企业取得的一次性安置费收入，免征个人所得税。		财税〔2001〕157号
22		经国家批准或者同意，由自治区人民政府或者有关部门发给在藏长期工作的人员和大中专毕业生的浮动工资，增发的工龄工资，离退休人员的安家费和建房补贴费		财税字〔1994〕021号
23		艰苦边远地区津贴		财税字〔1994〕021号
24		自2000年1月1日起，由于船员的伙食费统一用于集体用餐，不发给个人，故特案允许该项补贴不计入船员个人的应纳税工资、薪金收入		国税发〔1999〕202号
25		自2018年7月1日起，依法批准设立的非营利性研究开发机构和高等学校根据《中华人民共和国促进科技成果转化法》规定，从职务科技成果转化收入中给予科技人员的现金奖励，可减按50%计入科技人员当月"工资、薪金所得"，依法缴纳个人所得税		财税〔2018〕58号
26	住房相关	根据住房制度改革政策的有关规定，国家机关、企事业单位及其他组织（以下简称单位）在住房制度改革期间，按照所在地县级以上人民政府规定的房改成本价格向职工出售公有住房，职工因支付的房改成本价格低于房屋建造成本价格或市场价格而取得的差价收益，免征个人所得税	免征个人所得税	财税〔2007〕13号第一条
27		对被拆迁人按照国家有关城镇房屋拆迁管理办法规定的标准取得的拆迁补偿款，免征个人所得税		财税〔2005〕45号
28	特殊地区	自2020年1月1日起执行至2024年12月31日，对在海南自由贸易港工作的高端人才和紧缺人才，来源于海南自由贸易港的综合所得（包括工资薪金、劳务报酬、稿酬、特许权使用费四项所得）、经营所得以及经海南省认定的人才补贴性所得，实际税负超过15%的部分，予以免征		财税〔2020〕32号第一条、第二条
29		自2019年1月1日起至2023年12月31日，广东省、深圳市按内地与香港个人所得税税负差额，对在大湾区工作的境外（含港澳台，下同）高端人才和紧缺人才给予补贴，该补贴免征个人所得税		财税〔2019〕31号

(续表)

序号	类别	税收优惠概要		政策依据
30	奥运会等比赛相关	2017年7月12日起,对受北京冬奥组委邀请的,在北京2022年冬奥会、冬残奥会、测试赛期间临时来华,从事奥运相关工作的外籍顾问以及裁判员等外籍技术官员取得的由北京冬奥组委、测试赛赛事组委会支付的劳务报酬	免征个人所得税	财税〔2017〕60号
31		对于参赛运动员因北京2022年冬奥会、冬残奥会、测试赛比赛获得的奖金和其他奖赏收入		
32		自2011年1月1日起,对参赛运动员因青奥会比赛获得的奖金和其他奖赏收入		财税〔2013〕11号
33		自2012年1月1日起,对参赛运动员因亚青会比赛获得的奖金和其他奖赏收入		
34		自2012年1月1日起,对参赛运动员因东亚会比赛获得的奖金和其他奖赏收入		
35		自2011年1月19日,对参赛运动员参加亚沙会比赛获得的奖金和其他奖赏收入		财税〔2011〕11号
36	股票股权相关	对符合财税〔2016〕101号第一条第二项规定条件的非上市公司股票期权、股权期权、限制性股票和股权奖励实行递延纳税政策		财税〔2016〕101号
37		上市公司授予个人的股票期权、限制性股票和股权奖励,经向主管税务机关备案,个人可自股票期权行权、限制性股票解禁或取得股权奖励之日起,在不超过12个月的期限内缴纳个人所得税。		财税〔2016〕101号
38		自2016年1月1日起,全国范围内的高新技术企业转化科技成果,给予本企业相关技术人员的股权奖励,个人一次缴纳税款有困难的,可根据实际情况自行制定分期缴税计划,在不超过5个公历年度内(含)分期缴纳,并将有关资料报主管税务机关备案		财税〔2015〕116号

第四章

经营所得

经营所得思维导图如图 341 所示。

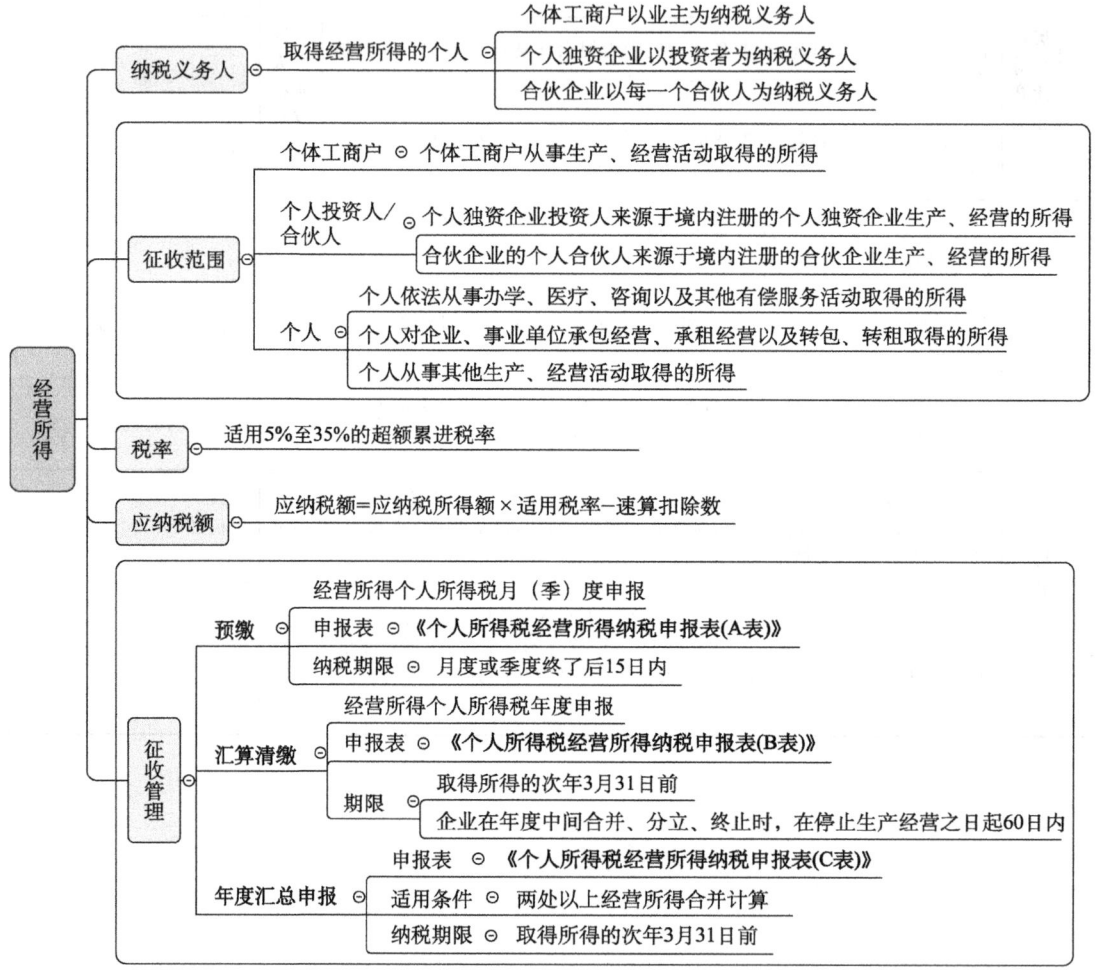

图 341 经营所得思维导图

第一节 概 述

2018 年 8 月 31 日,《中华人民共和国个人所得税法》完成了第七次修订,取消了原"个体工行户的生产、经营所得"与"对企事业单位的承包经营、承租经营所得"税目,新设立"经营所得"税目。"经营所得"沿用了修改前的 5% 至 35% 的五级超额累进税率,但将每一档税率适用的级距金额范围予以扩大。

经营所得相关规定汇总如表 230 所示。

表 230　经营所得相关规定汇总

项目	经营所得			
征税范围	个体工商户从事生产、经营活动取得的所得,个人独资企业投资人、合伙企业的个人合伙人来源于境内注册的个人独资企业、合伙企业生产、经营的所得	个人依法从事办学、医疗、咨询以及其他有偿服务活动取得的所得	个人对企业、事业单位承包经营、承租经营以及转包、转租取得的所得	个人从事其他生产、经营活动取得的所得
纳税人	1. 个体工商户业主 2. 个人独资企业投资人 3. 合伙企业的个人合伙人	取得所得的个人		
应纳税所得额	有综合所得:(收入总额－成本、费用－损失)×分配比例－准予扣除的公益慈善事业捐赠额 无综合所得:(收入总额－成本、费用－损失)×分配比例－60 000－专项扣除－专项附加扣除－其他扣除－准予扣除的公益慈善事业捐赠额			
税率	5%—35%的五级超额累进税率(见表 232)			
应纳税额	应纳税所得额×适用税率－速算扣除数			
征收方式	预缴			
	汇算清缴			
	从两处以上取得经营所得的,办理年度汇总申报			
申报期限	预缴	月度或者季度终了后 15 日内		
	汇算清缴	次年 3 月 31 日前		
	汇总申报	次年 3 月 31 日前		
申报地点	1. 经营管理所在地 2. 有两处经营管理地的,任选一处			
申报表	预缴	《个人所得税经营所得纳税申报表(A 表)》		
	汇算清缴	《个人所得税经营所得纳税申报表(B 表)》		
	汇总申报	《个人所得税经营所得纳税申报表(C 表)》		

注:表 230 中所列"应纳税所得额"和"应纳税额"的计算方法指的是查账征收下的计算方法,核定征收的计算方法在本章第二节和第三节进行了详解。

根据国家税务总局 2022 年第 1 号公告,纳税人有综合所得的,可以选择在综合所得中扣除 6 万,也可以选择在经营所得中扣除 6 万。

表 230 中成本、费用、损失的范围详解如表 231 所示。经营所得适用税率如表 232 所示。

表 231　成本、费用、损失的范围

项目		具体范围
成本、费用	生产、经营活动中发生的	各项直接支出和分配计入成本的间接费用以及销售费用、管理费用、财务费用
损失		固定资产和存货的盘亏、毁损、报废损失,转让财产损失,坏账损失,自然灾害等不可抗力因素造成的损失以及其他损失

表 232　个人所得税税率表(经营所得适用)

级数	全年应纳税所得额	税率	速算扣除数
1	不超过 30 000 元的	5%	0

(续表)

级数	全年应纳税所得额	税率	速算扣除数
2	超过 30 000 元至 90 000 元的部分	10%	1 500
3	超过 90 000 元至 300 000 元的部分	20%	10 500
4	超过 300 000 元至 500 000 元的部分	30%	40 500
5	超过 500 000 的部分	35%	65 500

（注：本表所称全年应纳税所得额是指依照本法第六条的规定，以每一纳税年度的收入总额减除成本、费用以及损失后的余额。）

政策依据

一、《中华人民共和国个人所得税法》第三条第二项、第六条第三项、第十二条

第三条　经营所得，适用百分之五至百分之三十五的超额累进税率

第六条　经营所得，以每一纳税年度的收入总额减除成本、费用以及损失后的余额，为应纳税所得额。

第十二条　纳税人取得经营所得，按年计算个人所得税，由纳税人在月度或者季度终了后十五日内向税务机关报送纳税申报表，并预缴税款；在取得所得的次年三月三十一日前办理汇算清缴。

二、《中华人民共和国个人所得税法实施条例》第六条第五项、第十五条

第六条　经营所得，是指：

1. 个体工商户从事生产、经营活动取得的所得，个人独资企业投资人、合伙企业的个人合伙人来源于境内注册的个人独资企业、合伙企业生产、经营的所得；

2. 个人依法从事办学、医疗、咨询以及其他有偿服务活动取得的所得；

3. 个人对企业、事业单位承包经营、承租经营以及转包、转租取得的所得；

4. 个人从事其他生产、经营活动取得的所得。

第十五条　个人所得税法第六条第一款第三项所称成本、费用，是指生产、经营活动中发生的各项直接支出和分配计入成本的间接费用以及销售费用、管理费用、财务费用；所称损失，是指生产、经营活动中发生的固定资产和存货的盘亏、毁损、报废损失，转让财产损失，坏账损失，自然灾害等不可抗力因素造成的损失以及其他损失。

取得经营所得的个人，没有综合所得的，计算其每一纳税年度的应纳税所得额时，应当减除费用6万元、专项扣除、专项附加扣除以及依法确定的其他扣除。专项附加扣除在办理汇算清缴时减除。

从事生产、经营活动，未提供完整、准确的纳税资料，不能正确计算应纳税所得额的，由主管税务机关核定应纳税所得额或者应纳税额。

三、《国家税务总局关于个人所得税自行纳税申报有关问题的公告》（国家税务总局公告 2018 年第 62 号）第二条第二款

纳税人取得经营所得，按年计算个人所得税，由纳税人在月度或季度终了后 15 日内，向经营管理所在地主管税务机关办理预缴纳税申报，并报送《个人所得税经营所得纳税申报表（A 表）》。在取得所得的次年 3 月 31 日前，向经营管理所在地主管税务机关办理汇算清缴，并报送《个人所得税经营所得纳税申报表（B 表）》；从两处以上取得经营所得的，选择向其中一处经营管理所在地主管税务机关办理年度汇总申报，并报送《个人所得税经营所得纳税申报表（C 表）》。

案例 77

2018 年小松和小梅在北京共同创办了梅松合伙企业，合伙协议约定的利润分配比例为小松 70%，小梅 30%。2020 年梅松合伙企业和小松、小梅的相关信息如下。

（1）梅松合伙企业全年销售税收收入 2 000 万元。

(2) 梅松合伙企业全年成本费用1 400万元,其中,小松工资14万元,其他事项纳税调整增加额为42万元。

(3) 小松除从梅松合伙企业分得收入外无任何其他所得,依法可享受的专项扣除和专项附加扣除共计7万元。

(4) 小梅从梅松合伙企业分得的所得中拿出40万元捐赠给公益慈善事业,选择在经营所得中扣除捐赠额。

(5) 小梅还在M公司工作,M公司在发放工资时按照扣除了基本减除费用、附加扣除、专项附加扣除后的余额代扣代缴了个税。

请问:小松和小梅就2020年来源于梅松合伙企业的所得如何缴纳个税?

〖答〗小松和小梅就2020年来源于梅松合伙企业的所得按照经营所得缴纳个税。

(1) 计算合伙企业的应纳税所得额。

根据财税〔2000〕91号文件规定,投资者的工资不得在税前扣除。

梅松合伙企业应纳税所得额=收入总额-成本费用+税前列支的投资者工资+纳税调整增加额=2 000-1 400+14+42=656(万元)

(2) 计算小松、小梅来源于梅松合伙企业的经营所得。

合伙企业的投资者按照合伙企业的全部生产经营所得和合伙协议约定的分配比例确定应纳税所得额。

小松来源于梅松合伙企业的经营所得=梅松合伙企业应纳税所得额×分配比例=656×70%=459.2(万元)

小梅来源于梅松合伙企业的经营所得=梅松合伙企业应纳税所得额×分配比例=656×30%=196.8(万元)

(3) 计算小松、小梅个人经营所得的应纳税额。

小松没有综合所得,计算应纳税所得额时,可减除费用6万元、专项扣除、专项附加扣除以及依法确定的其他扣除。

经营所得应纳税所得额=来源于梅松合伙企业的经营所得-减除费用6万元-专项扣除-专项附加扣除=459.2-6-7=446.2(万元)

适用税率35%,速算扣除数65 500元。

小松应纳税额=应纳税所得额×适用税率-速算扣除数=446.2×35%-6.55=149.62(万元)

小梅有综合所得,且已在综合所得中扣除减除费用6万元、专项扣除、专项附加扣除,不能重复扣除。

经营所得扣除捐赠额之前的应纳税所得额=196.8(万元)

准予扣除的公益慈善事业捐赠额=196.8×30%=59.04(万元)

实际捐赠40万元,小于扣除限额,可据实扣除。

扣除捐赠额之后的应纳税所得额=196.8-40=156.8(万元)

适用税率35%,速算扣除数65 500元。

小梅应纳税额=应纳税所得额×适用税率-速算扣除数=156.8×35%-6.55=48.33(万元)

第二节 个体工商户

一、个体工商户的范围

扫码听课

《国家税务总局个体工商户个人所得税计税办法》(国家税务总局令第35号)第三条、第四条规定,个体工商户包括:

(1) 依法取得个体工商户营业执照,从事生产经营的个体工商户;
(2) 经政府有关部门批准,从事办学、医疗、咨询等有偿服务活动的个人;
(3) 其他从事个体生产、经营的个人。

个体工商户以业主为个人所得税纳税义务人。

二、要点难点

问题406 个体工商户经营所得有哪些征收方式

〖答〗个体工商户经营所得的征收方式如表233所示。

表233 经营所得的征收方式

征收方式		适用情形
查账征收		设置账簿,且不存在征管法第三十五条第一款第二项至第六项规定情形
核定征收	定期定额征收	1. 经主管税务机关认定和县以上税务机关(含县级)批准的生产、经营规模小,达不到《个体工商户建账管理暂行办法》规定设置账簿标准的个体工商户
		2. 虽设置账簿,但账目混乱或成本资料、收入凭证、费用凭证残缺不全,难以查账的个体工商户
	核定附征率	实行定期定额核定征收管理,可以按照换算后的附征率,依据增值税、消费税的计税依据实行附征
	核定税额或应纳税所得额	无法确定按照核定率、核定应税所得率计征的,税务机关可以采取其他合理的方式核定

政策依据

一、《国家税务总局个体工商户个人所得税计税办法》(国家税务总局令第35号)第二条
实行查账征收的个体工商户应当按照本办法的规定,计算并申报缴纳个人所得税。

二、《个体工商户建账管理暂行办法》(国家税务总局令第17号)第十五条
依照本办法规定应当设置账簿的个体工商户,具有税收征管法第三十五条第一款第二项至第六项情形之一的,税务机关有权根据税收征管法实施细则第四十七条规定的方法核定其应纳税额。

三、《个体工商户税收定期定额征收管理办法》(国家税务总局令第16号)第三条
本办法适用于经主管税务机关认定和县以上税务机关(含县级,下同)批准的生产、经营规模小,达不到《个体工商户建账管理暂行办法》规定设置账簿标准的个体工商户(以下简称定期定额户)的税收征收管理。

四、《国家税务总局关于个体工商户定期定额征收管理有关问题的通知》(国税发〔2006〕183号)第二条
对虽设置账簿,但账目混乱或成本资料、收入凭证、费用凭证残缺不全,难以查账的个体工商户,税务机关可以实行定期定额征收。

个人所得税附征率应当按照法律、行政法规的规定和当地实际情况,分地域、行业进行换算。个人所得税可以按照换算后的附征率,依据增值税、消费税、营业税的计税依据实行附征。

五、《中华人民共和国税收征收管理法》第三十五条

纳税人有下列情形之一的,税务机关有权核定其应纳税额:
(一)依照法律、行政法规的规定可以不设置帐簿的;
(二)依照法律、行政法规的规定应当设置帐簿但未设置的;
(三)擅自销毁帐簿或者拒不提供纳税资料的;
(四)虽设置帐簿,但帐目混乱或者成本资料、收入凭证、费用凭证残缺不全,难以查帐的;
(五)发生纳税义务,未按照规定的期限办理纳税申报,经税务机关责令限期申报,逾期仍不申报的;
(六)纳税人申报的计税依据明显偏低,又无正当理由的。

问题 407 个体工商户是否需要建账

〖答〗凡从事生产、经营并有固定生产、经营场所的个体工商户,都应当按照法律、行政法规的规定设置、使用和保管账簿及凭证,并根据合法、有效凭证记账核算。个体工商户建账的具体规定如表 234 所示。

表 234 复式账和简易账适用情形

账簿方式	适用情形		备注
复式账	注册资金在 20 万元以上的		一经确定,一个纳税年度内不得变更
	月销售(营业)额	从事应税劳务或服务:40 000 元以上	
		从事货物生产:60 000 元以上	
		从事货物批发或零售:80 000 元以上	
	省税务机关确定的其他情形		
简易账	注册资金在 10 万元以上 20 万元以下的		
	月销售(营业)额	从事应税劳务或服务:15 000 元至 40 000 元	
		从事货物生产:30 000 元至 60 000 元	
		从事货物批发或零售:40 000 元至 80 000 元	
	省税务机关确定的其他情形		

注:月销售(营业)额是指个体工商户上一纳税年度月平均销售额或营业额;新办的个体工商户为业户预估的当年度经营期月平均销售额或营业额。

《个体工商户建账管理暂行办法》(国家税务总局令第 17 号)第二条、第三条、第四条、第五条、第六条、第七条

第二条 凡从事生产、经营并有固定生产、经营场所的个体工商户,都应当按照法律、行政法规和本办法的规定设置、使用和保管账簿及凭证,并根据合法、有效凭证记账核算。

税务机关应同时采取有效措施,巩固已有建账成果,积极引导个体工商户建立健全账簿,正确进行核算,如实申报纳税。

第三条 符合下列情形之一的个体工商户,应当设置复式账。
(一)注册资金在 20 万元以上的。
(二)销售增值税应税劳务的纳税人或营业税纳税人月销售(营业)额在 40 000 元以上;从事货物生产的增值税纳税人月销售额在 60 000 元以上;从事货物批发或零售的增值税纳税人月销售额在 80 000 元以上的。
(三)省税务机关确定应设置复式账的其他情形。

第四条 符合下列情形之一的个体工商户,应当设置简易账,并积极创造条件设置复式账。

（一）注册资金在 10 万元以上 20 万元以下的。

（二）销售增值税应税劳务的纳税人或营业税纳税人月销售（营业）额在 15 000 元至 40 000 元；从事货物生产的增值税纳税人月销售额在 30 000 元至 60 000 元；从事货物批发或零售的增值税纳税人月销售额在 40 000 元至 80 000 元的。

（三）省税务机关确定应当设置简易账的其他情形。

第五条　上述所称纳税人月销售额或月营业额，是指个体工商户上一个纳税年度月平均销售额或营业额；新办的个体工商户为业户预估的当年度经营期月平均销售额或营业额。

第六条　达不到上述建账标准的个体工商户，经县以上税务机关批准，可按照税收征管法的规定，建立收支凭证粘贴簿、进货销货登记簿或者使用税控装置。

第七条　达到建账标准的个体工商户，应当根据自身生产、经营情况和本办法规定的设置账簿条件，对照选择设置复式账或简易账，并报主管税务机关备案。账簿方式一经确定，在一个纳税年度内不得进行变更。

问题 408　查账征收的个体工商户计算应纳税所得额的原则是什么

〖答〗查账征收的个体工商户计算应纳税所得额原则具体如表 235 所示。

表 235　应纳税所得额计算原则

	原则	注意事项
权责发生制	1. 属于当期的收入和费用，不论款项是否收付，均作为当期的收入和费用	会计处理办法与税法规定不一致的，应当依照税法规定计算
	2. 不属于当期的收入和费用，即使款项已经在当期收付，均不作为当期收入和费用	

政策依据

《国家税务总局个体工商户个人所得税计税办法》（国家税务总局令第 35 号）第五条、第六条

第五条　个体工商户应纳税所得额的计算，以权责发生制为原则，属于当期的收入和费用，不论款项是否收付，均作为当期的收入和费用；不属于当期的收入和费用，即使款项已经在当期收付，均不作为当期收入和费用。本办法和财政部 国家税务总局另有规定的除外。

第六条　在计算应纳税所得额时，个体工商户会计处理办法与本办法和财政部 国家税务总局相关规定不一致的，应当依照本办法和财政部 国家税务总局的相关规定计算。

问题 409　查账征收的个体工商户的收入包括哪些

〖答〗查账征收的个体工商户的收入包含的内容如表 236 所示。

表 236　个体工商户收入的构成

序号	类别	形式
1	销售货物收入	货币形式和非货币形式
2	提供劳务收入	
3	转让财产收入	
4	利息收入	
5	租金收入	
6	接受捐赠收入	
7	资产溢余收入	

(续表)

序号	类别	形式
8	逾期一年以上的未退包装物押金收入	
9	确实无法偿付的应付款项	货币形式和非货币形式
10	已作坏账损失处理后又收回的应收款项	
11	债务重组收入、补贴收入、违约金收入、汇兑收益等	

政策依据

《国家税务总局个体工商户个人所得税计税办法》(国家税务总局令第35号)第八条

个体工商户从事生产经营以及与生产经营有关的活动(以下简称生产经营)取得的货币形式和非货币形式的各项收入,为收入总额。包括:销售货物收入、提供劳务收入、转让财产收入、利息收入、租金收入、接受捐赠收入、其他收入。

前款所称其他收入包括个体工商户资产溢余收入、逾期一年以上的未退包装物押金收入、确实无法偿付的应付款项、已作坏账损失处理后又收回的应收款项、债务重组收入、补贴收入、违约金收入、汇兑收益等。

问题410 查账征收的个体工商户可扣除的支出有哪些

〖答〗查账征收的个体工商户可扣除的支出是指与收入直接相关的、在生产经营活动中发生的支出,具体如表237所示。

表237 可扣除支出明细表

项目	具体范围		扣除规定
成本	销售成本、销货成本、业务支出以及其他耗费		
费用	销售费用、管理费用和财务费用,已经计入成本的有关费用除外		
税金	除个人所得税和允许抵扣的增值税以外的各项税金及其附加		收益性支出:发生当期直接扣除
损失	固定资产和存货的盘亏、毁损、报废损失,转让财产损失,坏账损失,自然灾害等不可抗力因素造成的损失以及其他损失	发生的损失,减除责任人赔偿和保险赔款后的余额,参照企业资产损失税前扣除的规定扣除	资本性支出:分期扣除或者计入有关资产成本,不得在发生当期直接扣除
		已经作为损失处理的资产,在以后纳税年度又收回时,计入收回当期的收入	
其他支出	除成本、费用、税金、损失外,其他合理的支出		

注:除税收法律法规另有规定外,个体工商户实际发生的成本、费用、税金、损失和其他支出不得重复扣除。

政策依据

《国家税务总局个体工商户个人所得税计税办法》(国家税务总局令第35号)第九条至第十四条

第九条 成本是指个体工商户在生产经营活动中发生的销售成本、销货成本、业务支出以及其他耗费。

第十条 费用是指个体工商户在生产经营活动中发生的销售费用、管理费用和财务费用,已经计入成本的有关费用除外。

第十一条 税金是指个体工商户在生产经营活动中发生的除个人所得税和允许抵扣的增值税以外的各项税金及其附加。

第十二条 损失是指个体工商户在生产经营活动中发生的固定资产和存货的盘亏、毁损、报废损失,转让财产损失,坏账损失,自然灾害等不可抗力因素造成的损失以及其他损失。

个体工商户发生的损失,减除责任人赔偿和保险赔款后的余额,参照财政部 国家税务总局有关企业资产损失税前扣除的规定扣除。

个体工商户已经作为损失处理的资产,在以后纳税年度又全部收回或者部分收回时,应当计入收回当期的收入。

第十三条 其他支出是指除成本、费用、税金、损失外,个体工商户在生产经营活动中发生的与生产经营活动有关的、合理的支出。

第十四条 个体工商户发生的支出应当区分收益性支出和资本性支出。收益性支出在发生当期直接扣除;资本性支出应当分期扣除或者计入有关资产成本,不得在发生当期直接扣除。

前款所称支出,是指与取得收入直接相关的支出。

除税收法律法规另有规定外,个体工商户实际发生的成本、费用、税金、损失和其他支出,不得重复扣除。

问题411 查账征收的个体工商户的扣除项目及标准是什么

〖答〗查账征收的个体工商户的扣除项目及标准如表238所示。

表238 扣除项目及标准

扣除项目		扣除标准
工资薪金	从业人员合理的部分	准予扣除
	业主	不得扣除
工会经费 职工福利费 职工教育经费支出	个体工商户发生	分别在工资薪金总额的2%、14%、2.5%的标准内据实扣除
	业主本人发生	以当地(地级市)上年度社会平均工资的3倍为计算基数,分别在工资薪金总额的2%、14%、2.5%的标准内据实扣除
五险一金	规定的范围和标准内的准予扣除	
补充养老保险费补充医疗保险费	为从业人员缴纳	分别在不超过从业人员工资总额5%标准内的部分据实扣除;超过部分,不得扣除
	为业主本人缴纳	以当地(地级市)上年度社会平均工资的3倍为计算基数,分别在不超过该计算基数5%标准内的部分据实扣除;超过部分,不得扣除
财产保险	按照规定缴纳的保险费,准予扣除	
商业保险	为特殊工种从业人员支付的人身安全保险费	准予扣除
	财政部 国家税务总局规定可以扣除的其他商业保险费	
	其他	不得扣除
借款费用	不需要资本化的费用	准予扣除
	资本化的费用,作为资本性支出计入有关资产的成本	按规定扣除
利息支出	向金融企业借款	准予扣除
	向非金融企业和个人借款	不超过按照金融企业同期同类贷款利率计算的数额的部分准予扣除
汇兑损失	未计入资产成本	准予扣除
	计入资产成本	按规定扣除

(续表)

扣除项目	扣除标准	
业务招待费	1. 与生产经营活动有关的业务招待费,按照实际发生额的60%扣除,但最高不得超过当年销售(营业)收入的5‰	
	2. 业主自申请营业执照之日起至开始生产经营之日止所发生的业务招待费,按照实际发生额的60%计入个体工商户的开办费	
广告费和业务宣传费	不超过当年销售(营业)收入15%的部分,据实扣除,超过部分,准予在以后纳税年度结转扣除	
租赁费	经营租赁	租赁期内均匀扣除
	融资租赁	折旧分期扣除
劳动保护支出	合理的部分准予扣除	
开办费	1. 开始生产经营的当年一次性扣除	
	2. 自生产经营月份起在不短于3年期限内摊销(扣除方式一经选定,不得改变)	
公益事业捐赠	符合规定的捐赠	捐赠额不超过其应纳税所得额30%的部分可以据实扣除
	财政部 国家税务总局规定可以全额在税前扣除的捐赠	全额扣除
	直接对受益人的捐赠	不得扣除
研发费用	购置单台价值在10万元以下的测试仪器和试验性装置的购置费	准予直接扣除
	单台价值在10万元以上(含10万元)的测试仪器和试验性装置	按固定资产管理,不得在当期直接扣除
行政性收费等其他费用	按实际发生数额扣除	

注:职工教育经费的实际发生数额超出规定比例当期不能扣除的数额,准予在以后纳税年度结转扣除。
个体工商户开始生产经营之日为取得第一笔销售(营业)收入的日期。

政策依据

《国家税务总局个体工商户个人所得税计税办法》(国家税务总局令第35号)第二十一条至第二十九条、第三十一条至第三十六条、第三十八条

第二十一条 个体工商户实际支付给从业人员的、合理的工资薪金支出,准予扣除。

个体工商户业主的费用扣除标准,依照相关法律、法规和政策规定执行。

个体工商户业主的工资薪金支出不得税前扣除。

第二十二条 个体工商户按照国务院有关主管部门或省级人民政府规定的范围和标准为其业主和从业人员缴纳的基本养老保险费、基本医疗保险费、失业保险费、生育保险费、工伤保险费和住房公积金,准予扣除。

个体工商户为从业人员缴纳的补充养老保险费、补充医疗保险费,分别在不超过从业人员工资总额5%标准内的部分据实扣除;超过部分,不得扣除。

个体工商户业主本人缴纳的补充养老保险费、补充医疗保险费,以当地(地级市)上年度社会平均工资的3倍为计算基数,分别在不超过该计算基数5%标准内的部分据实扣除;超过部分,不得扣除。

第二十三条 除个体工商户依照国家有关规定为特殊工种从业人员支付的人身安全保险费和财政部国家税务总局规定可以扣除的其他商业保险费外,个体工商户业主本人或者为从业人员支付的商业保险费,不得扣除。

第二十四条 个体工商户在生产经营活动中发生的合理的不需要资本化的借款费用,准予扣除。

个体工商户为购置、建造固定资产、无形资产和经过12个月以上的建造才能达到预定可销售状态的存货发生借款的,在有关资产购置、建造期间发生的合理的借款费用,应当作为资本性支出计入有关资产的成本,并依照本办法的规定扣除。

第二十五条　个体工商户在生产经营活动中发生的下列利息支出,准予扣除:

(一)向金融企业借款的利息支出;

(二)向非金融企业和个人借款的利息支出,不超过按照金融企业同期同类贷款利率计算的数额的部分。

第二十六条　个体工商户在货币交易中,以及纳税年度终了时将人民币以外的货币性资产、负债按照期末即期人民币汇率中间价折算为人民币时产生的汇兑损失,除已经计入有关资产成本部分外,准予扣除。

第二十七条　个体工商户向当地工会组织拨缴的工会经费、实际发生的职工福利费支出、职工教育经费支出分别在工资薪金总额的2%、14%、2.5%的标准内据实扣除。

工资薪金总额是指允许在当期税前扣除的工资薪金支出数额。

职工教育经费的实际发生数额超出规定比例当期不能扣除的数额,准予在以后纳税年度结转扣除。

个体工商户业主本人向当地工会组织缴纳的工会经费、实际发生的职工福利费支出、职工教育经费支出,以当地(地级市)上年度社会平均工资的3倍为计算基数,在本条第一款规定比例内据实扣除。

第二十八条　个体工商户发生的与生产经营活动有关的业务招待费,按照实际发生额的60%扣除,但最高不得超过当年销售(营业)收入的5‰。

业主自申请营业执照之日起至开始生产经营之日止所发生的业务招待费,按照实际发生额的60%计入个体工商户的开办费。

第二十九条　个体工商户每一纳税年度发生的与其生产经营活动直接相关的广告费和业务宣传费不超过当年销售(营业)收入15%的部分,可以据实扣除;超过部分,准予在以后纳税年度结转扣除。

……

第三十一条　个体工商户按照规定缴纳的摊位费、行政性收费、协会会费等,按实际发生数额扣除。

第三十二条　个体工商户根据生产经营活动的需要租入固定资产支付的租赁费,按照以下方法扣除:

(一)以经营租赁方式租入固定资产发生的租赁费支出,按照租赁期限均匀扣除;

(二)以融资租赁方式租入固定资产发生的租赁费支出,按照规定构成融资租入固定资产价值的部分应当提取折旧费用,分期扣除。

第三十三条　个体工商户参加财产保险,按照规定缴纳的保险费,准予扣除。

第三十四条　个体工商户发生的合理的劳动保护支出,准予扣除。

第三十五条　个体工商户自申请营业执照之日起至开始生产经营之日止所发生符合本办法规定的费用,除为取得固定资产、无形资产的支出,以及应计入资产价值的汇兑损益、利息支出外,作为开办费,个体工商户可以选择在开始生产经营的当年一次性扣除,也可自生产经营月份起在不短于3年期限内摊销扣除,但一经选定,不得改变。

开始生产经营之日为个体工商户取得第一笔销售(营业)收入的日期。

第三十六条　个体工商户通过公益性社会团体或者县级以上人民政府及其部门,用于《中华人民共和国公益事业捐赠法》规定的公益事业的捐赠,捐赠额不超过其应纳税所得额30%的部分可以据实扣除。

财政部　国家税务总局规定可以全额在税前扣除的捐赠支出项目,按有关规定执行。

个体工商户直接对受益人的捐赠不得扣除。

公益性社会团体的认定,按照财政部　国家税务总局、民政部有关规定执行。

……

第三十八条　个体工商户研究开发新产品、新技术、新工艺所发生的开发费用,以及研究开发新产品、新技术而购置单台价值在10万元以下的测试仪器和试验性装置的购置费准予直接扣除;单台价值在10万元以上(含10万元)的测试仪器和试验性装置,按固定资产管理,不得在当期直接扣除。

问题 412　个体工商户生产、生活费用如何税前扣除

【答】个体工商户生产、生活费用税前扣除的方法如表 239 所示。

表 239　个体工商户生产、生活费用税前扣除的方法

项目	扣除
分别核算划分清楚	生产费用可据实扣除
混用难以分清	40%视为与生产经营有关费用,准予扣除

《国家税务总局个体工商户个人所得税计税办法》(国家税务总局令第 35 号)第十六条

个体工商户生产经营活动中,应当分别核算生产经营费用和个人、家庭费用。对于生产经营与个人、家庭生活混用难以分清的费用,其 40%视为与生产经营有关费用,准予扣除。

问题 413　查账征收的个体工商户哪些支出不得税前扣除

【答】查账征收的个体工商户不得税前扣除的支出如表 240 所示。

表 240　不得税前扣除支出明细表

序号	项目	参考文件
1	个人所得税税款	《国家税务总局个体工商户个人所得税计税办法》第十五条、第三十条、第三十七条
2	税收滞纳金	
3	罚金、罚款和被没收财物的损失	
4	不符合扣除规定的捐赠支出	
5	赞助支出	
6	用于个人和家庭的支出	
7	与取得生产经营收入无关的其他支出	
8	个体工商户代其从业人员或者他人负担的税款	
9	国家税务总局规定不准扣除的支出	

注:赞助支出是指个体工商户发生的与生产经营活动无关的各种非广告性质支出。

问题 414　查账征收的个体工商户的亏损是否准予向以后年度结转

【答】查账征收的个体工商户的亏损结转的规定如表 241 所示。

表 241　亏损结转明细表

亏损	是否允许结转	结转年限	用于弥补的项目
应纳税所得额小于零的数额	允许	不得超过五年	生产经营所得

《国家税务总局个体工商户个人所得税计税办法》(国家税务总局令第 35 号)第十七条、第二十条

第十七条　个体工商户纳税年度发生的亏损,准予向以后年度结转,用以后年度的生产经营所得弥补,但

结转年限最长不得超过五年。

第二十条 个体工商户纳税年度发生亏损,是指个体工商户依照本办法规定计算的应纳税所得额小于零的数额。

问题 415 经营所得中如何扣除公益性捐赠支出

〖答〗在经营所得中扣除公益捐赠支出,应按表 242 所示的规定处理。

表 242 在经营所得扣除公益捐赠支出的方法

项目	个体工商户	个人独资企业、合伙企业
扣除限额	当年经营所得应纳税所得额的 30%	
扣除方法	在经营所得中扣除	1. 个人投资者按照捐赠年度合伙企业的分配比例(个人独资企业分配比例为 100%),计算归属于每一个人投资者的公益捐赠支出 2. 个人投资者将其归属的个人独资企业、合伙企业公益捐赠支出和本人需要在经营所得扣除的其他公益捐赠支出合并,在其经营所得中扣除
扣除方式	预缴税款或汇算清缴时扣除	

注:国务院规定对公益捐赠全额税前扣除的,按照规定执行。
经营所得采取核定征收方式的,不扣除公益捐赠支出。

政策依据

《关于公益慈善事业捐赠个人所得税政策的公告》(财政部 税务总局公告 2019 年第 99 号)第三条、第六条、第八条

三、居民个人按照以下规定扣除公益捐赠支出。
(一)居民个人发生的公益捐赠支出可以在财产租赁所得、财产转让所得、利息股息红利所得、偶然所得(以下统称分类所得)、综合所得或者经营所得中扣除。在当期一个所得项目扣除不完的公益捐赠支出,可以按规定在其他所得项目中继续扣除。
(二)居民个人发生的公益捐赠支出,在综合所得、经营所得中扣除的,扣除限额分别为当年综合所得、当年经营所得应纳税所得额的百分之三十;在分类所得中扣除的,扣除限额为当月分类所得应纳税所得额的百分之三十;
(三)居民个人根据各项所得的收入、公益捐赠支出、适用税率等情况,自行决定在综合所得、分类所得、经营所得中扣除的公益捐赠支出的顺序。

六、在经营所得中扣除公益捐赠支出,应按以下规定处理。
(一)个体工商户发生的公益捐赠支出,在其经营所得中扣除。
(二)个人独资企业、合伙企业发生的公益捐赠支出,其个人投资者应当按照捐赠年度合伙企业的分配比例(个人独资企业分配比例为百分之百),计算归属于每一个人投资者的公益捐赠支出,个人投资者应将其归属的个人独资企业、合伙企业公益捐赠支出和本人需要在经营所得扣除的其他公益捐赠支出合并,在其经营所得中扣除。
(三)在经营所得中扣除公益捐赠支出的,可以选择在预缴税款时扣除,也可以选择在汇算清缴时扣除。
(四)经营所得采取核定征收方式的,不扣除公益捐赠支出。

八、国务院规定对公益捐赠全额税前扣除的,按照规定执行。个人同时发生按百分之三十扣除和全额扣除的公益捐赠支出,自行选择扣除次序。

问题 416 有无综合所得是否影响经营所得的应纳税所得额

〖答〗取得经营所得的个人,有综合所得和无综合所得应纳税所得额的计算方法不同,如

表 243 所示。

表 243　应纳税所得额计算方法

项目	应纳税所得额
无综合所得	1. 应纳税所得额＝(收入总额－成本、费用－损失)×分配比例－60 000－专项扣除－专项附加扣除－其他扣除－准予扣除的捐赠额
	2. 专项附加扣除在办理汇算清缴时减除
	3. 从多处取得经营所得的,应汇总计算个人所得税,只减除一次费用和扣除
有综合所得	应纳税所得额＝(收入总额－成本、费用－损失)×分配比例－准予扣除的捐赠额

注:根据国家税务总局2022年第1号公告,纳税人有综合所得的,可以选择在综合所得中扣除6万,也可以选择在经营所得中扣除6万。

问题 417　个体工商户税收定期定额征收是指什么

〖答〗《个体工商户税收定期定额征收管理办法》(国家税务总局令第 16 号)第二条规定,个体工商户税收定期定额征收,是指税务机关依照法律、行政法规及本办法的规定,对个体工商户在一定经营地点、一定经营时期、一定经营范围内的应纳税经营额(包括经营数量)或所得额(以下简称定额)进行核定,并以此为计税依据,确定其应纳税额的一种征收方式。

问题 418　个体工商户定期定额执行期限一般不超过多长时间

〖答〗《个体工商户税收定期定额征收管理办法》(国家税务总局令第 16 号)第五条规定,定额执行期的具体期限由省税务机关确定,但最长不得超过一年。定额执行期是指税务机关核定后执行的第一个纳税期至最后一个纳税期。

问题 419　个体工商户定额核定可采用哪些方法

〖答〗个体工商户定额核定采用的方法如表 244 所示。

表 244　个体工商户定额核定方法

序号	方法	参考文件
1	按照耗用的原材料、燃料、动力等推算或者测算核定	可采用下列一种或两种以上的方法核定
2	按照成本加合理的费用和利润的方法核定	
3	按照盘点库存情况推算或者测算核定	
4	按照发票和相关凭据核定	
5	按照银行经营账户资金往来情况测算核定	
6	参照同类行业或类似行业中同规模、同区域纳税人的生产、经营情况核定	
7	按照其他合理方法核定	

政策依据

《个体工商户税收定期定额征收管理办法》(国家税务总局令第 16 号)第六条

税务机关应当根据定期定额户的经营规模、经营区域、经营内容、行业特点、管理水平等因素核定定额,可以采用下列一种或两种以上的方法核定:

(一)按照耗用的原材料、燃料、动力等推算或者测算核定;

(二)按照成本加合理的费用和利润的方法核定;

(三)按照盘点库存情况推算或者测算核定;

（四）按照发票和相关凭据核定；
（五）按照银行经营账户资金往来情况测算核定；
（六）参照同类行业或类似行业中同规模、同区域纳税人的生产、经营情况核定；
（七）按照其他合理方法核定。

税务机关应当运用现代信息技术手段核定定额，增强核定工作的规范性和合理性。

问题 420　个体工商户定期定额自行申报内容包括哪些

〖答〗个体工商户定期定额自行申报的内容如表 245 所示。

表 245　定期定额自行申报内容

序号	申报内容	注意事项
1	经营行业	经营额、所得额为预估数
2	营业面积	
3	雇佣人数	
4	每月经营额、所得额	
5	税务机关需要的其他申报项目	

政策依据

《个体工商户税收定期定额征收管理办法》（国家税务总局令第 16 号）第七条

定期定额户要按照税务机关规定的申报期限、申报内容向主管税务机关申报，填写有关申报文书。申报内容应包括经营行业、营业面积、雇佣人数和每月经营额、所得额以及税务机关需要的其他申报项目。本项所称经营额、所得额为预估数。

问题 421　定期定额征收的个体工商户有哪些纳税义务

〖答〗《个体工商户税收定期定额征收管理办法》（国家税务总局令第 16 号）第八条、第九条规定，定期定额户应当建立收支凭证粘贴簿、进销货登记簿，完整保存有关纳税资料，并接受税务机关的检查。依照法律、行政法规的规定，定期定额户负有纳税申报义务。实行简易申报的定期定额户，应当在税务机关规定的期限内按照法律、行政法规规定缴清应纳税款，当期（指纳税期）可以不办理申报手续。

问题 422　个体工商户对税务机关核定的定额有争议时如何解决

〖答〗定期定额户对税务机关核定的定额有争议的解决方法如表 246 所示。

表 246　核定定额有争议的解决方法

解决方法	具体规定	注意事项
提出重新核定定额申请	1. 在接到《核定定额通知书》之日起 30 日内向主管税务机关提出重新核定定额申请 2. 提供足以说明其生产、经营真实情况的证据 3 主管税务机关应当自接到申请之日起 30 日内书面答复	在未接到重新核定定额通知、行政复议决定书或人民法院判决书前，仍按原定额缴纳税款
申请行政复议	按照法律、行政法规的规定直接向上一级税务机关申请行政复议	
提起行政诉讼	对行政复议决定不服的，可以依法向人民法院提起行政诉讼	

《个体工商户税收定期定额征收管理办法》(国家税务总局令第16号)第二十二条

定期定额户对税务机关核定的定额有争议的,可以在接到《核定定额通知书》之日起30日内向主管税务机关提出重新核定定额申请,并提供足以说明其生产、经营真实情况的证据,主管税务机关应当自接到申请之日起30日内书面答复。

定期定额户也可以按照法律、行政法规的规定直接向上一级税务机关申请行政复议;对行政复议决定不服的,可以依法向人民法院提起行政诉讼。

定期定额户在未接到重新核定定额通知、行政复议决定书或人民法院判决书前,仍按原定额缴纳税款。

问题423 定期定额征收的个体工商户的经营额、所得额与核定的定额不一致时如何解决

〖答〗适用定期定额征收的个体工商户的经营额、所得额与税务机关核定的定额不一致的处理方法如表247所示。

表247 处理方法汇总表

处理方法	具体情形
申报期内向税务机关申报并缴清税款	1. 定期定额户当期发生的经营额、所得额超过定额一定幅度的 2. 具体幅度由省税务机关确定
提请税务机关重新核定定额	1. 定期定额户的经营额、所得额连续纳税期超过或低于税务机关核定的定额时 2. 具体幅度由省税务机关确定

《个体工商户税收定期定额征收管理办法》(国家税务总局令第16号)第十八条

第十八条 定期定额户当期发生的经营额、所得额超过定额一定幅度的,应当在法律、行政法规规定的申报期限内向税务机关进行申报并缴清税款。具体幅度由省税务机关确定。

定期定额户的经营额、所得额连续纳税期超过或低于税务机关核定的定额,应当提请税务机关重新核定定额,税务机关应当根据本办法规定的核定方法和程序重新核定定额。具体期限由省税务机关确定。

问题424 定期定额征收的个体工商户在执行期结束后,如何确定纳税依据

〖答〗适用定期定额征收的个体工商户在定额执行期结束后,确定纳税依据的方法如表248所示。

表248 纳税依据确定方法

情形	纳税依据
每月实际发生的经营额、所得额超过税务机关核定的定额	每月实际发生的经营额、所得额
每月实际发生的经营额、所得额低于税务机关核定的定额	按税务机关核定的定额缴纳税款

《个体工商户税收定期定额征收管理办法(2018修订)》(国家税务总局令第16号)第十七条第一款

定期定额户在定额执行期结束后,应当以该期每月实际发生的经营额、所得额向税务机关申报,申报额超过定额的,按申报额缴纳税款;申报额低于定额的,按定额缴纳税款。具体申报期限由省税务机关确定。

问题 425　定期定额征收的个体工商户发生停业时如何处理

〖答〗根据《个体工商户税收定期定额征收管理办法》(国家税务总局令第 16 号)第二十条规定,定期定额户发生停业的,应当在停业前向税务机关书面提出停业报告;提前恢复经营的,应当在恢复经营前向税务机关书面提出复业报告;需延长停业时间的,应当在停业期满前向税务机关提出书面的延长停业报告。

问题 426　个体工商户个人所得税减半征收的具体规定是什么

〖答〗个体工商户个人所得税减半征收的具体规定如表 249 所示。

表 249　个体工商户个税减半征收详解

适用期间	2023 年 1 月 1 日—2027 年 12 月 31 日
适用征收方式	不区分征收方式,核定征收查账征收均可享受
具体优惠	经营所得年应纳税所得额不超过 200 万元的部分,在现行优惠政策基础上,再减半征收个人所得税
	减免税额=(个体工商户经营所得应纳税所得额不超过 200 万元部分的应纳税额-其他政策减免税额×个体工商户经营所得应纳税所得额不超过 200 万元部分÷经营所得应纳税所得额)×(1-50%)
享受时间	预缴税款时,其年应纳税所得额暂按截至本期申报所属期末的情况进行判断,并在年度汇算清缴时按年计算,多退少补。若个体工商户从两处以上取得经营所得,需在办理年度汇总纳税申报时,合并个体工商户经营所得年应纳税所得额,重新计算减免税额,多退少补
填报方法	减免税额填入对应经营所得纳税申报表"减免税额"栏次,并附报《个人所得税减免税事项报告表》。对于通过电子税务局申报的个体工商户,税务机关将提供该优惠政策减免税额和报告表的预填服务。实行简易申报的定期定额个体工商户,税务机关按照减免后的税额进行税款划缴

政策依据

《财政部 税务总局关于进一步支持小微企业和个体工商户发展有关税费政策的公告》(财政部 税务总局公告 2023 年第 12 号)第一条、第二条、第四条、第六条

一、自 2023 年 1 月 1 日至 2027 年 12 月 31 日,对个体工商户年应纳税所得额不超过 200 万元的部分,减半征收个人所得税。个体工商户在享受现行其他个人所得税优惠政策的基础上,可叠加享受本条优惠政策。

二、自 2023 年 1 月 1 日至 2027 年 12 月 31 日,对增值税小规模纳税人、小型微利企业和个体工商户减半征收资源税(不含水资源税)、城市维护建设税、房产税、城镇土地使用税、印花税(不含证券交易印花税)、耕地占用税和教育费附加、地方教育附加。

四、增值税小规模纳税人、小型微利企业和个体工商户已依法享受资源税、城市维护建设税、房产税、城镇土地使用税、印花税、耕地占用税、教育费附加、地方教育附加等其他优惠政策的,可叠加享受本公告第二条规定的优惠政策。

六、本公告发布之日前,已征的相关税款,可抵减纳税人以后月份应缴纳税款或予以退还。发布之日前已办理注销的,不再追溯享受。

《财政部 税务总局关于进一步实施小微企业"六税两费"减免政策的公告》(财政部 税务总局公告 2022 年第 10 号)及《财政部 税务总局关于小微企业和个体工商户所得税优惠政策的公告》(财政部 税务总局公告 2023 年第 6 号)中个体工商户所得税优惠政策自 2023 年 1 月 1 日起相应停止执行。

问题 427　个体工商户代开货物运输业增值税发票还需预征个人所得税吗

〖答〗《国家税务总局关于落实支持小型微利企业和个体工商户发展所得税优惠政策有关事项的公告》(国家税务总局公告 2021 年第 8 号)第四条规定,对个体工商户、个人独资企业、合伙企业和个人,

代开货物运输业增值税发票时,不再预征个人所得税。个体工商户业主、个人独资企业投资者、合伙企业个人合伙人和其他从事货物运输经营活动的个人,应依法自行申报缴纳经营所得个人所得税。

第三节 个人独资企业和合伙企业

扫码听课

一、概述

个人独资企业和合伙企业是指:

(1) 依照《中华人民共和国个人独资企业法》和《中华人民共和国合伙企业法》登记成立的个人独资企业、合伙企业;

(2) 依照《中华人民共和国私营 企业暂行条例》登记成立的独资、合伙性质的私营企业;

(3) 依照《中华人民共和国律师法》登记成立的合伙制律师事务所;

(4) 经政府有关部门依照法律法规批准成立的负无限责任和无限连带责任的其他个人独资、个人合伙性质的机构或组织。

个人独资企业以投资者为纳税义务人,合伙企业以每一个合伙人为纳税义务人。合伙企业以每一纳税年度的收入总额减除成本、费用以及损失后的余额,作为投资者个人的生产经营所得。

二、要点难点

问题 428 个人独资企业和合伙企业对外投资如何缴纳个人所得税

〖答〗个人独资企业和合伙企业对外投资个税的具体规定如表 250 所示。

表 250

项目	征税规定
从事股权(票)、期货、基金、债券、外汇、贵重金属、资源开采权及其他投资品交易取得的所得	纳入生产经营所得计征个税
对外投资分回利息、股息、红利	不并入企业的收入,而应单独作为投资者个人取得的利息、股息、红利所得,按"利息、股息、红利所得"计征个税。以合伙企业名义对外投资分回的按财税〔2009〕91 号文件第五条规定的原则先分后税

政策依据

一、《国家税务总局关于切实加强高收入者个人所得税征管的通知》(国税发〔2011〕50 号)第二条第三款第二项

对个人独资企业和合伙企业从事股权(票)、期货、基金、债券、外汇、贵重金属、资源开采权及其他投资品交易取得的所得,应全部纳入生产经营所得,依法征收个人所得税。

二、《国家税务总局关于〈关于个人独资企业和合伙企业投资者征收个人所得税的规定〉执行口径的通知》(国税函〔2001〕84 号)第二条

关于个人独资企业和合伙企业对外投资分回利息、股息、红利的征税问题

个人独资企业和合伙企业对外投资分回的利息或者股息、红利,不并入企业的收入,而应单独作为投资者个人取得的利息、股息、红利所得,按"利息、股息、红利所得"应税项目计算缴纳个人所得税。以合伙企业名义对外投资分回利息或者股息、红利的,应按《通知》所附规定的第五条精神确定各个投资者的利息、股息、红利所得,分别按"利息、股息、红利所得"应税项目计算缴纳个人所得税。

三、《财政部 国家税务总局关于印发〈关于个人独资企业和合伙企业投资者征收个人所得税的规定〉的通知》(财税〔2000〕91 号)附件 1 第五条

个人独资企业的投资者以全部生产经营所得为应纳税所得额;合伙企业的投资者按照合伙企业的全部

生产经营所得和合伙协议约定的分配比例确定应纳税所得额,合伙协议没有约定分配比例的,以全部生产经营所得和合伙人数量平均计算每个投资者的应纳税所得额。

问题429 个人独资企业、合伙企业的权益性投资能否采用核定征收

〖答〗自2022年1月1日起,持有股权、股票、合伙企业财产份额等权益性投资的个人独资企业、合伙企业,一律适用查账征收方式计征个人所得税。

《关于权益性投资经营所得个人所得税征收管理的公告》(财政部 税务总局公告2021年第41号)

为贯彻落实中央办公厅、国务院办公厅《关于进一步深化税收征管改革的意见》有关要求,深化"放管服"改革,现就权益性投资经营所得个人所得税征收管理有关问题公告如下:

一、持有股权、股票、合伙企业财产份额等权益性投资的个人独资企业、合伙企业(以下简称独资合伙企业),一律适用查账征收方式计征个人所得税。

二、独资合伙企业应自持有上述权益性投资之日起30日内,主动向税务机关报送持有权益性投资的情况;公告实施前独资合伙企业已持有权益性投资的,应当在2022年1月30日前向税务机关报送持有权益性投资的情况。税务机关接到核定征收独资合伙企业报送持有权益性投资情况的,调整其征收方式为查账征收。

三、各级财政、税务部门应做好服务辅导工作,积极引导独资合伙企业建立健全账簿、完善会计核算和财务管理制度、如实申报纳税。独资合伙企业未如实报送持有权益性投资情况的,依据税收征收管理法相关规定处理。

四、本公告自2022年1月1日起施行。

问题430 个人独资企业依法申报经营所得后,将剩余利润分配给投资者是否缴纳个税

〖答〗个人独资企业依法申报经营所得后,将剩余利润分配给投资者不再缴纳个人所得税。

国家税务总局网站答疑(2019年11月14日)

问:个人独资企业申报经营所得后,将剩余利润打到投资者的账户缴个税吗?

国家税务总局网站答复:

根据《财政部 国家税务总局关于印发〈关于个人独资企业和合伙企业投资者征收个人所得税的规定〉的通知》(财税〔2000〕91号)第五条规定,个人独资企业的投资者以全部生产经营所得为应纳税所得额;合伙企业的投资者按照合伙企业的全部生产经营所得和合伙协议约定的分配比例确定应纳税所得额,合伙协议没有约定分配比例的,以全部生产经营所得和合伙人数量平均计算每个投资者的应纳税所得额。

前款所称生产经营所得,包括企业分配给投资者个人的所得和企业当年留存的所得(利润)。个人独资企业和合伙企业按照上述政策申报缴纳经营所得个人所得税后,将利润分配给投资者不再缴纳个人所得税。

问题431 个人独资企业投资者以企业资金消费,是否需要缴纳个税

〖答〗个人独资企业投资者以企业资金为本人、家庭成员及其相关人员支付消费性支出及购买家庭财产,视为企业对个人投资者的利润分配,并入投资者个人的生产经营所得,依据"经营所得"项目计征个人所得税。

《财政部 国家税务总局关于规范个人投资者个人所得税征收管理的通知》(财税〔2003〕158号)第一条

关于个人投资者以企业(包括个人独资企业、合伙企业和其他企业)资金为本人、家庭成员及其相关人员支付消费性支出及购买家庭财产的处理问题个人独资企业、合伙企业的个人投资者以企业资金为本人、家庭成员及其相关人员支付与企业生产经营无关的消费性支出及购买汽车、住房等财产性支出,视为企业对个人投资者的利润分配,并入投资者个人的生产经营所得,依照"个体工商户的生产经、营所得"项目计征个人所得税。

问题 432　个人独资企业和合伙企业经营所得有哪些征收方式

〖答〗个人独资企业和合伙企业经营所得的征收方式如表 251 所示。

表 251　经营所得的征收方式

征收方式		适用情形
查账征收		设置账簿,且不存在征管法第三十五条第一款第二项至第六项情形
核定征收	定额征收	1. 应当设置但未设置账簿的
	核定应税所得率	2. 虽设置账簿,但账目混乱或者成本资料、收入凭证、费用凭证残缺不全,难以查账的
	其他合理的征收方式	3. 未按照法规的期限办理纳税申报,经税务机关责令限期申报,逾期仍不申报的

政策依据

《财政部　国家税务总局关于印发〈关于个人独资企业和合伙企业投资者征收个人所得税〉的通知》(以下简称《关于个人独资企业和合伙企业投资者征收个人所得税的法规》财税〔2000〕91 号)第七条、第八条

第七条　有下列情形之一的,主管税务机关应采取核定征收方式征收个人所得税:

(一)企业依照国家有关法规应当设置但未设置账簿的;

(二)企业虽设置账簿,但账目混乱或者成本资料、收入凭证、费用凭证残缺不全,难以查账的;

(三)纳税人发生纳税义务,未按照法规的期限办理纳税申报,经税务机关责令限期申报,逾期仍不申报的。

第八条　第七条所说核定征收方式,包括定额征收、核定应税所得率征收以及其他合理的征收方式。

问题 433　哪些机构不能实行核定征收个人所得税

〖答〗《国家税务总局关于进一步加强高收入者个人所得税征收管理的通知》(国税发〔2010〕54 号)第二条第三项规定,主管税务机关应督促纳税人依照法律、行政法规的规定设置账簿。对不能设置账簿的,应按照税收征管法及其实施细则和《财政部　国家税务总局关于印发〈关于个人独资企业和合伙企业投资者征收个人所得税的规定〉的通知》(财税〔2000〕91 号)等有关规定,核定其应税所得率。税务师、会计师、律师、资产评估和房地产估价等鉴证类中介机构不得实行核定征收个人所得税。

问题 434　合伙企业生产经营所得"先分后税"的原则是指什么

〖答〗合伙企业以每一个合伙人为纳税义务人。合伙企业合伙人是自然人的,缴纳个人所得税;合伙人是法人和其他组织的,缴纳企业所得税。合伙企业经营所得和其他所得采取"先分后税"的原则。合伙企业的合伙人确定各自应纳税所得额的方法如图 342 所示。

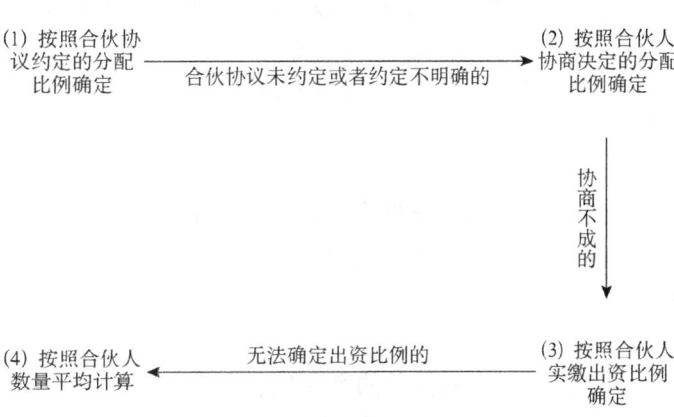

图 342　分配比例确定方式

 **政策依据**

《财政部 国家税务总局关于合伙企业合伙人所得税问题的通知》(财税〔2008〕159号)第四条

合伙企业的合伙人按照下列原则确定应纳税所得额:

(一)合伙企业的合伙人以合伙企业的生产经营所得和其他所得,按照合伙协议约定的分配比例确定应纳税所得额。

(二)合伙协议未约定或者约定不明确的,以全部生产经营所得和其他所得,按照合伙人协商决定的分配比例确定应纳税所得额。

(三)协商不成的,以全部生产经营所得和其他所得,按照合伙人实缴出资比例确定应纳税所得额。

(四)无法确定出资比例的,以全部生产经营所得和其他所得,按照合伙人数量平均

计算每个合伙人的应纳税所得额。

合伙协议不得约定将全部利润分配给部分合伙人。

问题435 个人独资企业和合伙企业的收入包括哪些

〖答〗个人独资企业和合伙企业的收入包含的项目如表252所示。

表252 个人独资企业和合伙企业收入构成

序号	项目	注意事项
1	销售收入	从事生产经营以及与生产经营有关的活动所取得的
2	营运收入	
3	劳务服务收入	
4	工程价款收入	
5	财产出租或转让收入	
6	利息收入	
7	其他业务收入	
8	营业外收入	

政策依据

《关于个人独资企业和合伙企业投资者征收个人所得税的法规》(财税〔2000〕91号)第四条第二款

前款所称收入总额,是指企业从事生产经营以及与生产经营有关的活动所取得的各项收入,包括商品(产品)销售收入、营运收入、劳务服务收入、工程价款收入、财产出租或转让收入、利息收入、其他业务收入和营业外收入。

问题436 查账征收的个人独资企业、合伙企业如何确定扣除标准

〖答〗查账征收的个人独资企业、合伙企业的扣除标准与个体工商户的基本一致,详情请查阅表238。

问题437 查账征收的个人独资企业、合伙企业生产和生活费用如何扣除

〖答〗生产和生活费用扣除方法如表253所示。

表253 混合费用的划分

项目	扣除
分别核算划分清楚	生产费用可据实扣除
生活、生产费用混合,且难以划分	全部视为生活费用,不得税前扣除
生活、生产共用固定资产	税务机关核定准予在税前扣除的折旧费用的数额或比例

注:此处应注意与问题398中个体工商户的相关规定进行区分。

《关于个人独资企业和合伙企业投资者征收个人所得税的法规》(财税〔2000〕91号)第六条

(三)投资者及其家庭发生的生活费用不允许在税前扣除。投资者及其家庭发生的生活费用与企业生产经营费用混合在一起,并且难以划分的,全部视为投资者个人及其家庭发生的生活费用,不允许在税前扣除。

(四)企业生产经营和投资者及其家庭生活共用的固定资产,难以划分的,由主管税务机关根据企业的生产经营类型、规模等具体情况,核定准予在税前扣除的折旧费用的数额或比例。

问题438 投资者来源于个人独资企业、合伙企业的经营所得如何计算

〖答〗投资者来源于个人独资企业、合伙企业的经营所得计算方法如表254所示。

表254 经营所得计算要点

计算过程		计算公式	
步骤一	计算个人独资企业、合伙企业的生产经营所得	收入总额－成本、费用－损失	
步骤二	计算投资者来源于个人独资企业、合伙企业的经营所得	个人独资企业	全部生产经营所得
		合伙企业	生产经营所得×分配比例

注:表中的收入的范围请查阅问题425相关内容;成本、费用、损失的范围请查阅表231;分配比例查阅问题424相关内容。

表中生产经营所得,包括企业分配给投资者个人的所得和企业当年留存的所得(利润)。

一、《中华人民共和国个人所得税法》第六条第一款第三项

经营所得,以每一纳税年度的收入总额减除成本、费用以及损失后的余额,为应纳税所得额。

二、《关于个人独资企业和合伙企业投资者征收个人所得税的规定》(财税〔2000〕91号)第五条

个人独资企业的投资者以全部生产经营所得为应纳税所得额;合伙企业的投资者按照合伙企业的全部生产经营所得和合伙协议约定的分配比例确定应纳税所得额,合伙协议没有约定分配比例的,以全部生产经营所得和合伙人数量平均计算每个投资者的应纳税所得额。

前款所称生产经营所得,包括企业分配给投资者个人的所得和企业当年留存的所得(利润)。

问题439 个人独资企业固定资产评估增值计提的折旧,是否允许税前扣除

〖答〗根据《国家税务总局关于个人独资企业个人所得税税前固定资产折旧费扣除问题的批复》(国税函〔2002〕1090号)第一条第二款规定,个人独资企业在计算缴纳投资者个人所得税时,应遵循历史成本原则,固定资产评估价值计提的折旧虽然可以作为企业成本核算的依据,但不允许在税前扣除。

问题 440　个人独资企业和合伙企业发生亏损是否允许在下一年度弥补

〖答〗个人独资企业和合伙企业发生亏损是否允许在下一年度弥补,不同情形下处理方式如表 255 所示。

表 255　亏损弥补的具体规定

项目		是否允许弥补
一般情形		允许 5 年内弥补
特殊情形	查账征税改为核定征税	不允许弥补
	跨企业之间	

一、《国家税务总局关于〈关于个人独资企业和合伙企业投资者征收个人所得税的规定〉执行口径的通知》(国税函〔2001〕84 号)第三条

关于个人独资企业和合伙企业由实行查账征税方式改为核定征税方式后,未弥补完的年度经营亏损是否允许继续弥补的问题

实行查账征税方式的个人独资企业和合伙企业改为核定征税方式后,在查账征税方式下认定的年度经营亏损未弥补完的部分,不得再继续弥补。

二、《关于个人独资企业和合伙企业投资者征收个人所得税的规定》(财税〔2000〕91 号)第十四条

企业的年度亏损,允许用本企业下一年度的生产经营所得弥补,下一年度所得不足弥补的,允许逐年延续弥补,但最长不得超过 5 年。

投资者兴办两个或两个以上企业的,企业的年度经营亏损不能跨企业弥补。

问题 441　个人独资企业和合伙企业核定应税所得率征收,如何计算应纳税所得额

〖答〗计算应纳税所得额的方法如表 256 所示。核定应税所得率如表 257 所示。

表 256　应纳税所得额计算方法

项目	计算公式	备注
应纳税所得额	收入总额×应税所得率	1. 根据主营项目确定适用的应税所得率
	或成本费用支出额÷(1−应税所得率)×应税所得率	2. 应税所得率如表 257 所示
应纳所得税额	应纳税所得额×适用税率−速算扣除数	—

表 257　核定应税所得率

行业	应税所得率
工业、交通运输业、商业	5%—20%
建筑业、房地产开发业	7%—20%
饮食服务业	7%—25%
娱乐业	20%—40%
其他行业	10%—30%

> **政策依据**

《关于个人独资企业和合伙企业投资者征收个人所得税的规定》(财税〔2000〕91号)第九条

实行核定应税所得率征收方式的,应纳所得税额的计算公式如下:

应纳所得税额＝应纳税所得额×适用税率

应纳税所得额＝收入总额×应税所得率 或＝成本费用支出额÷(1－应税所得率)×应税所得率

企业经营多业的,无论其经营项目是否单独核算,均应根据其主营项目确定其适用的应税所得率。

问题442　核定征税的投资者,是否能享受个人所得税的优惠政策

〖答〗《财政部 国家税务总局关于印发〈关于个人独资企业和合伙企业投资者征收个人所得税的规定〉的通知》(财税〔2000〕91号)第十条规定,实行核定征税的投资者,不能享受个人所得税的优惠政策。

问题443　个人独资企业和合伙企业清算时,如何计缴个税

〖答〗企业的清算所得应当视为年度生产经营所得,由投资者依法缴纳个人所得税,清算所得计算个税的要点如表258所示。

表258　企业清算计算个税要点

	计算要点	计算公式
要点一	计算清算所得	全部资产或者财产的公允价值－各项清算费用－损失－负债－以前年度留存的利润后－实缴资本
要点二	并入生产经营所得	经营收入＋清算所得－成本费用等

> **政策依据**

一、《关于个人独资企业和合伙企业投资者征收个人所得税的规定》(财税〔2000〕91号)第十六条

企业进行清算时,投资者应当在注销工商登记之前,向主管税务机关结清有关税务事宜。

企业的清算所得应当视为年度生产经营所得,由投资者依法缴纳个人所得税。

清算所得,是指企业清算时的全部资产或者财产的公允价值扣除各项清算费用、损失、负债、以前年度留存的利润后,超过实缴资本的部分。

二、《国家税务总局关于个体工商户、个人独资企业和合伙企业个人所得税问题的公告》(国家税务总局公告2014年第25号)第一条第二款

个体工商户、个人独资企业和合伙企业因在纳税年度中间开业、合并、注销及其他原因,导致该纳税年度的实际经营期不足1年的,对个体工商户业主、个人独资企业投资者和合伙企业自然人合伙人的生产经营所得计个人所得税时,以其实际经营期为1个纳税年度。投资者本人的费用扣除标准,应按照其实际经营月份数,以每月减除费用标准确定。

中国居民小松,于2020年8月31日将2013年2月创办的梅松独资企业注销,相关事项如下。

(1)小松创办梅松独资企业实际出资50万元。

(2) 2020年1月—8月梅松独资企业取得销售收入300万元。

(3) 2020年1月—8月梅松独资企业发生成本费用200万元,其中小松工资8万元,无纳税调整增加事项。

(4) 小松2020年已预缴个人所得税10.65万元。

(5) 注销时梅松独资企业资产公允价值为1 500万元、负债为1 200万元、以前年度留存的利润为160万元。

(6) 梅松独资企业注销发生清算费40万元。

(7) 小松无综合所得,符合条件的三险一金2.8万元,依法可享受的专项附加扣除3万元。

请问梅松独资企业注销时,小松应补缴多少个人所得税?

〖答〗(1) 计算清算所得。

梅松独资企业清算所得＝清算时的全部资产的公允价值－损失－负债－以前年度留存的利润－实缴资本＝1 500－40－1 200－160－50＝50(万元)

(2) 计算2020年费用扣除额。

梅松独资企业在纳税年度中间注销,以其实际经营期为1个纳税年度。投资者本人的费用扣除标准,应按照其实际经营月份数,以每月减除标准0.5万元确定。

注销当年小松费用扣除额＝0.5×8＝4(万元)

(3) 计算小松应补缴税额。

小松无综合所得,计算应纳税所得额时可减除专项扣除和专项附加扣除。

应纳税所得额＝梅松独资企业清算所得＋收入总额－成本费用＋税前列支的投资者工资－注销当年小松费用扣除额－专项扣除－专项附加扣除＝50＋300－200＋8－4－2.8－3＝148.2(万元)

适用税率35%,速算扣除数65 500元。

应纳税额＝应纳税所得额×适用税率－速算扣除数＝148.2×35%－6.55＝45.32(万元)

小松应补缴税额＝应纳税额－已预缴税额＝45.32－10.65＝34.67(万元)

问题444　个人独资企业和合伙企业可以享受企业所得税规定的税收优惠吗

〖答〗合伙企业、个人独资企业,虽然也冠以"企业"称谓,但与企业所得税法上规定的企业不同。合伙企业、个人独资企业不适用企业所得税法,而是由投资者按照个人所得税的规定缴纳个人所得税,因此,不能享受企业所得税规定的税收优惠。但是合伙企业的法人合伙人满足相应条件的,可享受税收优惠。

问题445　合伙创投企业对初创科技型企业投资有何个税优惠

〖答〗个人合伙人可以按照对初创科技型企业投资额的70%抵扣个人合伙人从合伙创投企业分得的经营所得,具体规定如表259所示。

表259　个人合伙人投资额抵扣分回经营所得详解

项目	具体规定
总体原则	合伙创投企业采取股权投资方式直接投资于初创科技型企业满2年的,个人合伙人可以按照对初创科技型企业投资额的70%抵扣个人合伙人从合伙创投企业分得的经营所得;当年不足抵扣的,可以在以后纳税年度结转抵扣

(续表)

项目		具体规定	
具体规定	投资方式	直接支付现金方式取得的股权投资,不包括受让其他股东的存量股权	
	投资满2年	合伙创投企业投资于初创科技型企业的实缴投资满2年,投资时间从初创科技型企业接受投资并完成工商变更登记的日期算起	
		取消了对合伙人对该合伙创投企业的实缴出资须满2年的要求	
	投资额	合伙创投企业的投资额	对初创科技型企业的实缴投资额
		合伙人的投资额	合伙创投企业对初创科技型企业的实缴投资额×出资比例
			出资比例:投资满2年当年年末各合伙人对合伙创投企业的实缴出资额占比
	个人合伙人分得的所得	查阅问题428	

政策依据

一、《财政部 税务总局关于创业投资企业和天使投资个人有关税收政策的通知》(财税〔2018〕55号)第一条第二款、第二条第四款、第三条第三款

第一条 (二)有限合伙制创业投资企业(以下简称合伙创投企业)采取股权投资方式直接投资于初创科技型企业满2年的,该合伙创投企业的合伙人分别按以下方式处理:

2.个人合伙人可以按照对初创科技型企业投资额的70%抵扣个人合伙人从合伙创投企业分得的经营所得;当年不足抵扣的,可以在以后纳税年度结转抵扣。

第二条 (四)享受本通知规定的税收政策的投资,仅限于通过向被投资初创科技型企业直接支付现金方式取得的股权投资,不包括受让其他股东的存量股权。

第三条 (三)本通知所称投资额,按照创业投资企业或天使投资个人对初创科技型企业的实缴投资额确定。

合伙创投企业的合伙人对初创科技型企业的投资额,按照合伙创投企业对初创科技型企业的实缴投资额和合伙协议约定的合伙人占合伙创投企业的出资比例计算确定。

二、《国家税务总局关于创业投资企业和天使投资个人税收政策有关问题的公告》(国家税务总局公告2018年第43号)第一条第一款和第三款、第三条、第四条第一款

一、相关政策执行口径

(一)《通知》第一条所称满2年是指公司制创业投资企业(以下简称"公司制创投企业")、有限合伙制创业投资企业(以下简称"合伙创投企业")和天使投资个人投资于种子期、初创期科技型企业(以下简称"初创科技型企业")的实缴投资满2年,投资时间从初创科技型企业接受投资并完成工商变更登记的日期算起。

(三)《通知》第三条第(三)项所称出资比例,按投资满2年当年年末各合伙人对合伙创投企业的实缴出资额占所有合伙人全部实缴出资额的比例计算。

《关于〈国家税务总局关于创业投资企业和天使投资个人税收政策有关问题的公告〉的解读》(国家税务总局办公厅)第二条第一款

······

需要注意的是,对于合伙创投企业投资初创科技型企业的,仅强调合伙创投企业投资于初创科技型企业的实缴投资满2年,取消了对合伙人对该合伙创投企业的实缴出资须满2年的要求,简化了政策条件,有利于企业准确执行政策。

某合伙创投企业于2018年12月投资初创科技型企业,假设其他条件均符合文件规定,合

伙创投企业的某个法人合伙人于2019年1月对该合伙创投企业出资,2020年12月,合伙创投企业投资初创科技型企业满2年时,该法人合伙人同样可享受税收试点政策。

——摘自国家税务总局公告2018年第43号的解读

案例 80

税台投资公司和小松成立了梅松有限合伙企业,税台投资公司出资60%,小松出资40%。2017年3月梅松有限合伙企业投资1 000万元到M科技公司(符合初创科技型企业条件),取得M科技公司30%股权。小松2020年实际缴纳"三险一金"5万元,依法可享受的专项附加扣除共3.6万元。小松除从梅松有限合伙企业取得收入外,无任何其他所得。

请问:

(1)假设2020年小松分得梅松有限合伙企业的经营所得为500万元,小松应缴纳多少个人所得税?

(2)假设2020年小松分得梅松有限合伙企业的经营所得为180万元,小松应缴纳多少个人所得税?

〖答〗梅松有限合伙企业对M科技公司的投资从2017年3月到2020年12月,已满24个月,符合税收优惠条件。小松投资额的70%可以抵扣2020年梅松有限合伙企业分得的经营所得,即小松可抵扣:1 000×40%×70%=280(万元)。

(1)应纳税所得额=来源于梅松有限合伙企业的经营所得-投资可抵扣金额-6万-专项扣除-专项附加扣除=500-280-6-5-3.6=205.4(万元)

适用税率35%,速算扣除数65 500元。

应纳税额=应纳税所得额×适用税率-速算扣除数=205.4×35%-6.55=65.34(万元)

(2)2020年小松分得梅松有限合伙企业的经营所得为180万元,小于280万元,实际抵扣180万元,不足抵扣的100万元,可以在以后纳税年度结转抵扣。

小松当年无需缴纳个人所得税。

问题446 合伙创投企业、初创科技型企业符合什么条件才能享受税收优惠

〖答〗个人合伙人可以按照对初创科技型企业投资额的70%抵扣个人合伙人从合伙创投企业分得的经营所得,但合伙创投企业和初创科技型企业需满足一定条件,如表260所示。

表260 合伙创投企业和初创科技型企业需满足条件

项目	条件	
初创科技型企业	在中国境内注册成立、实行查账征收的居民企业	
	从业人数、资产总额、年销售收入的指标	2016年12月31日以前投资,且2018年12月31日之前投资满2年的,接受投资时,从业人数不超过200人,其中具有大学本科以上学历的从业人数不低于30%;资产总额和年销售收入均不超过3 000万元
		2017年1月1日以后投资且2019年1月1日之后投资满2年的,接受投资时,从业人数不超过300人,其中具有大学本科以上学历的从业人数不低于30%;资产总额和年销售收入均不超过5 000万元
	接受投资时设立时间不超过5年	
	接受投资时以及接受投资后2年内未在境内外证券交易所上市	
	接受投资当年及下一纳税年度,研发费用总额占成本费用支出的比例不低于20%	

(续表)

项目	条件
合伙创业投资企业	在中国境内注册成立、实行查账征收,且不属于被投资初创科技型企业的发起人
	符合《创业投资企业管理暂行办法》(发展改革委等10部门令第39号)规定或者《私募投资基金监督管理暂行办法》(证监会令第105号)关于创业投资基金的特别规定,按照上述规定完成备案且规范运作

表260中涉及指标的计算口径如表261所示。

表261 主要指标详解

序号	指标	口径或计算方法
1	从业人数	口径:包括与企业建立劳动关系的职工人员及企业接受的劳务派遣人员 计算方法:月平均数=(月初数+月末数)÷2 接受投资前连续12个月平均数=接受投资前连续12个月平均数之和÷12
2	资产总额	计算方法:月平均数=(月初数+月末数)÷2 接受投资前连续12个月平均数=接受投资前连续12个月平均数之和÷12
3	销售收入	口径:包括主营业务收入与其他业务收入 计算方法按照企业接受投资前连续12个月的累计数计算,不足12个月的,按实际月数累计计算
4	成本费用	口径:包括主营业务成本、其他业务成本、销售费用、管理费用、财务费用
5	研发费用总额占成本费用支出的比例	计算方法:企业接受投资当年及下一纳税年度的研发费用总额合计占同期成本费用总额合计的比例。

政策依据

一、《财政部 税务总局关于创业投资企业和天使投资个人有关税收政策的通知》(财税〔2018〕55号)第二条第一款和第二款、第三条第二款

第二条(一)本通知所称初创科技型企业,应同时符合以下条件:

1. 在中国境内(不包括港、澳、台地区)注册成立、实行查账征收的居民企业;

2. 接受投资时,从业人数不超过200人,其中具有大学本科以上学历的从业人数不低于30%;资产总额和年销售收入均不超过3 000万元;

3. 接受投资时设立时间不超过5年(60个月);

4. 接受投资时以及接受投资后2年内未在境内外证券交易所上市;

5. 接受投资当年及下一纳税年度,研发费用总额占成本费用支出的比例不低于20%。

(二)享受本通知规定税收政策的创业投资企业,应同时符合以下条件:

1. 在中国境内(不含港、澳、台地区)注册成立、实行查账征收的居民企业或合伙创投企业,且不属于被投资初创科技型企业的发起人;

2. 符合《创业投资企业管理暂行办法》(发展改革委等10部门令第39号)规定或者《私募投资基金监督管理暂行办法》(证监会令第105号)关于创业投资基金的特别规定,按照上述规定完成备案且规范运作;

3. 投资后2年内,创业投资企业及其关联方持有被投资初创科技型企业的股权比例合计应低于50%。

第三条(二)本通知所称从业人数,包括与企业建立劳动关系的职工人员及企业接受的劳务派遣人员。从业人数和资产总额指标,按照企业接受投资前连续12个月的平均数计算,不足12个月的,按实际月数平均计算。

本通知所称销售收入,包括主营业务收入与其他业务收入;年销售收入指标,按照企业接受投资前连续12个月的累计数计算,不足12个月的,按实际月数累计计算。

本通知所称成本费用,包括主营业务成本、其他业务成本、销售费用、管理费用、财务费用。

二、《国家税务总局关于创业投资企业和天使投资个人税收政策有关问题的公告》(国家税务总局公告2018年第43号)第一条第二款和第四款

(二)《通知》第二条第(一)项所称研发费用总额占成本费用支出的比例,是指企业接受投资当年及下一纳税年度的研发费用总额合计占同期成本费用总额合计的比例。

(四)《通知》所称从业人数及资产总额指标,按照初创科技型企业接受投资前连续12个月的平均数计算,不足12个月的,按实际月数平均计算。具体计算公式如下:

月平均数=(月初数+月末数)÷2

接受投资前连续12个月平均数=接受投资前连续12个月平均数之和÷12

三、《关于实施小微企业普惠性税收减免政策的通知》(财税〔2019〕13号)第五条

《财政部 税务总局关于创业投资企业和天使投资个人有关税收政策的通知》(财税〔2018〕55号)第二条第(一)项关于初创科技型企业条件中的"从业人数不超过200人"调整为"从业人数不超过300人","资产总额和年销售收入均不超过3 000万元"调整为"资产总额和年销售收入均不超过5 000万元"。

2019年1月1日至2021年12月31日期间发生的投资,投资满2年且符合本通知规定和财税〔2018〕55号文件规定的其他条件的,可以适用财税〔2018〕55号文件规定的税收政策。

2019年1月1日前2年内发生的投资,自2019年1月1日起投资满2年且符合本通知规定和财税〔2018〕55号文件规定的其他条件的,可以适用财税〔2018〕55号文件规定的税收政策。

税台创业投资有限公司于2018年4月投资梅松公司(初创科技型企业),假设其他条件均符合财税〔2018〕55号文件规定,与梅松公司研发费用相关事项如下。

(1) 2018年发生研发费用200万元,成本费用2 000万元。

(2) 2019年发生研发费用800万元,成本费用1 600万元。

请问:税台创业投资有限公司是否可享受财税〔2018〕55号文件的税收优惠政策?

【答】2018年梅松公司研发费用占比=研发费用÷成本费用×100%=200÷2 000×100%=10%

2019年梅松公司研发费用占比=研发费用÷成本费用×100%=800÷1 600×100%=50%

2018年和2019年研发费用平均占比=(200+800)÷(2 000+1 600)×100%≈27.78%

对可享受优惠政策的初创科技型企业研发费用的要求是,接受投资当年及下一纳税年度,研发费用总额占成本费用支出的比例不低于20%,梅松公司2018年和2019年研发费用平均占比大于20%,满足要求,税台创业投资公司可享受税收优惠。

问题447 个人合伙人对初创科技型企业投资,符合税收优惠条件的如何办理

【答】符合税收优惠条件的办理程序如表262所示。

表262 符合税收优惠条件的办理程序

主体		办理程序
合伙创投企业	办理备案	合伙创投企业的个人合伙人符合享受优惠条件的,合伙创投企业应在投资初创科技型企业满2年的年度终了后3个月内,向合伙创投企业主管税务机关办理备案手续,备案时应报送《合伙创投企业个人所得税投资抵扣备案表》(见问题465),同时将有关资料留存备查
		合伙企业多次投资同一初创科技型企业的,应按年度分别备案

(续表)

主体		办理程序
合伙创投企业	留存备查资料	1. 发展改革或证监部门出具的符合创业投资企业条件的年度证明材料
		2. 初创科技型企业接受现金投资时的投资合同(协议)、章程、实际出资的相关证明材料
		3. 创业投资企业与其关联方持有初创科技型企业的股权比例的说明
		4. 被投资企业符合初创科技型企业条件的有关资料等
	报告抵扣情况	合伙创投企业应在投资初创科技型企业满2年后的每个年度终了后3个月内,向合伙创投企业主管税务机关报送《合伙创投企业个人所得税投资抵扣情况表》(见问题466)
个人合伙人	年度申报时享受抵扣	1. 在投资初创科技型企业满2年的年度终了后3个月内,正常办理年度纳税申报,无须另行办理备案手续
		2. 个人合伙人在个人所得税年度申报时,应将当年允许抵扣的投资额填至《个人所得税生产经营所得纳税申报表(B表)》(见问题463)"允许扣除的其他费用"栏,并同时标明"投资抵扣"字样

政策依据

一、《国家税务总局关于创业投资企业和天使投资个人税收政策有关问题的公告》(国家税务总局公告2018年第43号)第二条第二款

(1) 合伙创投企业的个人合伙人符合享受优惠条件的,合伙创投企业应在投资初创科技型企业满2年的年度终了后3个月内,向合伙创投企业主管税务机关办理备案手续,备案时应报送《合伙创投企业个人所得税投资抵扣备案表》(附件2),同时将有关资料留存备查(备查资料同公司制创投企业)。合伙企业多次投资同一初创科技型企业的,应按年度分别备案。

(2) 合伙创投企业应在投资初创科技型企业满2年后的每个年度终了后3个月内,向合伙创投企业主管税务机关报送《合伙创投企业个人所得税投资抵扣情况表》(附件3)。

(3) 个人合伙人在个人所得税年度申报时,应将当年允许抵扣的投资额填至《个人所得税生产经营所得纳税申报表(B表)》"允许扣除的其他费用"栏,并同时标明"投资抵扣"字样。

二、《关于〈国家税务总局关于创业投资企业和天使投资个人税收政策有关问题的公告〉的解读》(国家税务总局办公厅)第二条第二款第二项

合伙创投企业个人合伙人的备案环节的相关手续,主要由合伙创投企业办理,个人无须另行办理备案手续。合伙创投企业在投资初创科技型企业满2年的年度终了后3个月内,向主管税务机关报送《合伙创投企业个人所得税投资抵扣备案表》,其他资料留存备查。留存备查资料同公司制创投企业和合伙创投企业法人合伙人,包括发展改革或证监部门出具的符合创业投资企业条件的年度证明材料,初创科技型企业接受现金投资时的投资合同(协议)、章程、实际出资的相关证明材料,创业投资企业与其关联方持有初创科技型企业的股权比例的说明,被投资企业符合初创科技型企业条件的有关资料等。

问题448 创投企业两种核算方式下个人合伙人计税方式有何不同

〔答〕《财政部 税务总局 国家发展改革委 中国证监会关于延续实施创业投资企业个人合伙人所得税政策的公告》(财政部 税务总局 国家发展改革委 中国证监会公告2023年第24号)规定,自2019年1月1日起至2027年12月31日止,创投企业可以选择按单一投资基金核算或者按创投企业年度所得整体核算两种方式之一,对其个人合伙人来源于创投企业的所得计算个人所得税应纳税额。对两种计税方式的分析如表263所示。

表 263　两种核算方式下个人合伙人计税的分析

核算方式		单一投资基金核算	年度所得整体核算
适用的创投企业		符合《创业投资企业管理暂行办法》或者《私募投资基金监督管理暂行办法》关于创业投资企业（基金）的有关规定，并按照上述规定完成备案且规范运作的合伙制创业投资企业（基金）	
个人合伙人来源于创投企业的所得征税项目		股权转让所得和股息红利所得	经营所得
适用税率		20%	5%—35%的超额累进税率
应纳税所得额	股权转让所得	单个投资项目：年度股权转让收入－股权原值－合理费用	1. 将创投企业以每一纳税年度的收入总额减除成本、费用以及损失后，计算应分配给个人合伙人的所得 2. 没有综合所得的，可依法减除基本减除费用、专项扣除、专项附加扣除以及国务院确定的其他扣除 3. 从多处取得经营所得的，应汇总计算个人所得税，只减除一次上述费用和扣除
		单一投资基金：一个纳税年度内不同投资项目的所得和损失相互抵减后的余额计算，余额大于或等于零的，确认为股权转让所得；余额小于零的，该股权转让所得按零计算且不能跨年结转	
	股息红利所得	来源于所投资项目分配的股息、红利收入以及其他固定收益类证券等收入的全额	
投资于初创科技型企业的税收优惠		个人合伙人可以按照被转让项目对应投资额的70%抵扣其从基金年度股权转让所得中分得的份额后再计算其应纳税额，当期不足抵扣的，不得向以后年度结转	个人合伙人可以按照被转让项目对应投资额的70%抵扣其可以从创投企业应分得的经营所得后再计算其应纳税额。年度核算亏损的，准予按有关规定向以后年度结转
核算方式备案		在向政府管理机构部门完成备案的30日内，向主管税务机关进行核算方式备案	选择按单一投资基金核算的，未按规定备案的，视同选择按创投企业年度所得整体核算
		2019年1月1日前已经完成备案的创投企业，应当在2019年3月1日前向主管税务机关进行核算方式备案	
		1. 创投企业选择按单一投资基金核算或按创投企业年度所得整体核算后，3年内不能变更。 2. 创投企业选择一种核算方式满3年需要调整的，应当在满3年的次年1月31日前，重新向主管税务机关备案	
纳税申报	股权转让所得	创投企业在次年3月31日前代扣代缴	个人合伙人按月（季）预缴，次年3月31日内汇算汇缴申报
	股息红利所得	创投企业按次代扣代缴	
后续管理		税务部门依法开展税收征管和后续管理工作，发展改革部门、证券监督管理部门予以配合	
执行时间		自2019年1月1日起至2027年12月31日止	

《财政部　税务总局　国家发展改革委　中国证监会关于延续实施创业投资企业个人合伙人所得税政策的公告》（财政部　税务总局　国家发展改革委　中国证监会公告2023年第24号）

一、创投企业可以选择按单一投资基金核算或者按创投企业年度所得整体核算两种方式之一，对其个人合伙人来源于创投企业的所得计算个人所得税应纳税额。

本公告所称创投企业，是指符合《创业投资企业管理暂行办法》（发展改革委等10部门令第39号）或者《私募投资基金监督管理暂行办法》（证监会令第105号）关于创业投资企业（基金）的有关规定，并按照上述规定完成备案且规范运作的合伙制创业投资企业（基金）。

二、创投企业选择按单一投资基金核算的，其个人合伙人从该基金应分得的股权转让所得和股息红利所得，按照20%税率计算缴纳个人所得税。

创投企业选择按年度所得整体核算的，其个人合伙人应从创投企业取得的所得，按照"经营所得"项目、5%～35%的超额累进税率计算缴纳个人所得税。

三、单一投资基金核算，是指单一投资基金（包括不以基金名义设立的创投企业）在一个纳税年度内从不同创业投资项目取得的股权转让所得和股息红利所得按下述方法分别核算纳税：

（一）股权转让所得。单个投资项目的股权转让所得，按年度股权转让收入扣除对应股权原值和转让环节合理费用后的余额计算，股权原值和转让环节合理费用的确定方法，参照股权转让所得个人所得税有关政策规定执行；单一投资基金的股权转让所得，按一个纳税年度内不同投资项目的所得和损失相互抵减后的余额计算，余额大于或等于零的，即确认为该基金的年度股权转让所得；余额小于零的，该基金年度股权转让所得按零计算且不能跨年结转。

个人合伙人按照其应从基金年度股权转让所得中分得的份额计算其应纳税额，并由创投企业在次年3月31日前代扣代缴个人所得税。如符合《财政部 税务总局关于创业投资企业和天使投资个人有关税收政策的通知》（财税〔2018〕55号）规定条件的，创投企业个人合伙人可以按照被转让项目对应投资额的70%抵扣其应从基金年度股权转让所得中分得的份额后再计算其应纳税额，当期不足抵扣的，不得向以后年度结转。

（二）股息红利所得。单一投资基金的股息红利所得，以其来源于所投资项目分配的股息、红利收入以及其他固定收益类证券等收入的全额计算。

个人合伙人按照其应从基金股息红利所得中分得的份额计算其应纳税额，并由创投企业按次代扣代缴个人所得税。

（三）除前述可以扣除的成本、费用之外，单一投资基金发生的包括投资基金管理人的管理费和业绩报酬在内的其他支出，不得在核算时扣除。

本条规定的单一投资基金核算方法仅适用于计算创投企业个人合伙人的应纳税额。

四、创投企业年度所得整体核算，是指将创投企业以每一纳税年度的收入总额减除成本、费用以及损失后，计算应分配给个人合伙人的所得。如符合《财政部 税务总局关于创业投资企业和天使投资个人有关税收政策的通知》（财税〔2018〕55号）规定条件的，创投企业个人合伙人可以按照被转让项目对应投资额的70%抵扣其可以从创投企业应分得的经营所得后再计算其应纳税额。年度核算亏损的，准予按有关规定向以后年度结转。

按照"经营所得"项目计税的个人合伙人，没有综合所得的，可依法减除基本减除费用、专项扣除、专项附加扣除以及国务院确定的其他扣除。从多处取得经营所得的，应汇总计算个人所得税，只减除一次上述费用和扣除。

五、创投企业选择按单一投资基金核算或按创投企业年度所得整体核算后，3年内不能变更。

六、创投企业选择按单一投资基金核算的，应当在按照本公告第一条规定完成备案的30日内，向主管税务机关进行核算方式备案；未按规定备案的，视同选择按创投企业年度所得整体核算。创投企业选择一种核算方式满3年需要调整的，应当在满3年的次年1月31日前，重新向主管税务机关备案。

七、税务部门依法开展税收征管和后续管理工作，可转请发展改革部门、证券监督管理部门对创投企业及其所投项目是否符合有关规定进行核查，发展改革部门、证券监督管理部门应当予以配合。

八、本公告执行至2027年12月31日。

案例 82　创投合伙企业选择按单一投资基金核算的个人所得税处理

梅松创投合伙企业（有限合伙）2017年1月10日以2000万元现金投资入股到甲公司（初创科技型企业）；4月3日以900万元现金投资入股到乙公司（非初创科技型企业）。

2020年梅松创投合伙企业发生下列事项。

（1）3月1日取得甲公司分回的股息、红利收入200万元。

（2）4月10日将所持甲公司的全部股权以4 000万元的价格转让给丁公司，转让时发生审计费、评估费等费用共计200万元。

（3）7月12日将所持乙公司的全部股权以700万元的价格转让给戊公司，转让时发生审计费、评估费及印花税等费用共计50万元。

（4）2020年发生管理费和业绩报酬等其他支出100万元。

小梅是梅松企业的初始投资合伙人，约定的出资比例和分配比例均为40％。小梅除从梅松创投合伙企业分得所得外，无其他任何所得，依法可享受的专项扣除和专项附加扣除共计9万元。梅松创投合伙企业选择单一投资基金核算方式。

假设不考虑其他因素，小梅2020年如何计缴个人所得税？

〖答〗小梅2020年自梅松创投合伙企业取得两种所得，分别是股息、红利所得和股权转让所得。

（1）股息、红利所得个税处理。

小梅应分得的股息、红利所得＝梅松创投合伙企业（有限合伙）取得的股息、红利所得×小梅的分配比例＝200×40％＝80（万元）

应纳税额＝80×20％＝16（万元）

梅松创投合伙企业代扣代缴该笔税费，并于2020年4月15日之前进行扣缴申报。

（2）股权转让所得个税处理。

转让甲公司股权所得＝转让收入－投资金额－转让发生各项费用＝4 000－2 000－200＝1 800（万元）

转让乙公司股权所得＝转让收入－投资金额－转让发生各项费用＝700－900－50＝－250（万元）

梅松创投合伙企业股权转让所得，按一个纳税年度内不同投资项目的所得和损失相互抵减后的余额计算，包括投资基金管理人的管理费和业绩报酬在内的其他支出，不得在核算时扣除。

梅松创投合伙企业2020年度可分配的股权转让所得合计＝1 800－250＝1 550（万元）

小梅应分得的股权转让所得＝1 550×40％＝620（万元）

根据财税〔2018〕55号文件第一条规定，梅松创投合伙企业（有限合伙）采取股权投资方式直接投资于初创科技型企业甲公司满2年，小梅可以按照对初创科技型企业甲公司投资额的70％抵扣其从梅松创投合伙企业（有限合伙）年度股权转让所得中分得的份额，抵扣之后再计算其应纳税额，当期不足抵扣的，不得向以后年度结转。

允许抵扣的投资额＝梅松创投合伙企业（有限合伙）对甲公司投资额×小梅出资比例×70％＝2 000×40％×70％＝560（万元）

应纳税所得额＝小梅应分得的股权转让所得－允许抵扣的投资额＝620－560＝60（万元）

根据财税〔2019〕8号文件第一条第一款规定，梅松创投合伙企业（有限合伙）选择按单一投资基金核算，小梅分得的股权转让所得，按照20％税率计算应纳税额。

应纳税额＝应纳税所得额×税率＝60×20％＝12（万元）

由梅松创投合伙企业于2021年3月31日之前抵扣代缴该项个税。

案例 83 创投合伙企业选择整体核算的个人所得税处理

梅松创投合伙企业(有限合伙)2017年1月10日以2 000万元现金投资入股到甲公司(初创科技型企业);4月3日以900万元现金投资入股到乙公司(非初创科技型企业)。

2020年梅松创投合伙企业发生下列事项。

(1) 4月10日将所持甲公司的全部股权以4 000万元的价格转让给丁公司,转让时发生审计费、评估费等费用共计200万元。

(2) 7月12日将所持乙公司的全部股权以700万元的价格转让给戊公司,转让时发生审计费、评估费及印花税等费用共计50万元。

(3) 2020年发生管理费和业绩报酬等其他支出100万元。

小梅是梅松企业的初始投资合伙人,约定的出资比例和分配比例均为40%。小梅除从梅松创投合伙企业分得所得外,无其他任何所得,依法可享受的专项扣除和专项附加扣除共计9万元。梅松创投合伙企业选择年度所得整体核算方式。

假设不考虑其他因素,小梅2020年如何计缴个人所得税?

【答】创投企业选择按年度所得整体核算的,以每一纳税年度的收入总额减除成本、费用以及损失后,计算应分配给个人合伙人的所得。个人合伙人应从创投企业取得的所得,按照"经营所得"项目、5%—35%的超额累进税率计算缴纳个人所得税。

(1) 计算梅松创投合伙企业(有限合伙)2020年度经营所得。

转让A公司股权所得=转让收入-投资金额-转让发生各项费用=4 000-2 000-200=1 800(万元)

转让B公司股权所得=转让收入-投资金额-转让发生各项费用=700-900-50=-250(万元)

2020年度可分配所得合计=转让A公司股权所得+转让B公司股权所得-管理费和业绩报酬等其他支出=1 800-250-50=1 500(万元)

(2) 计算小梅应交个税金额。

按照"经营所得"项目计税的个人合伙人,没有综合所得的,可依法减除基本减除费用、专项扣除、专项附加扣除以及国务院确定的其他扣除。

根据财税〔2018〕55号文件第一条规定,梅松创投合伙企业(有限合伙)采取股权投资方式直接投资于初创科技型企业A公司满2年,小梅可以按照对初创科技型企业A公司投资额的70%抵扣其从梅松创投合伙企业(有限合伙)分得的经营所得,抵扣之后再计算其应纳税额,年度核算亏损的,准予按有关规定向以后年度结转。

小梅应分得的经营所得=梅松创投合伙企业(有限合伙)2020年度可分配所得合计×小梅分配比例=1 500×40%=600(万元)

允许抵扣的投资额=梅松创投合伙企业(有限合伙)对A公司投资额×小梅出资比例×70%=2 000×40%×70%=560(万元)

应纳税税所得额=小梅应分得的经营所得-允许抵扣的投资额-6万元-专项扣除-专项附加扣除=600-560-6-9=25(万元)

适用税率20%,速算扣除数10 500元。

小梅应缴纳个人所得税=25×20%-1.05=3.95(万元)。应由小梅按月(季)预缴,2021年3月31日内汇算清缴。

第四节　个人对企事业单位的承包承租、转包转租

扫码听课

一、概述

未修订前的《中华人民共和国个人所得税法》中,"对企事业单位的承包经营、承租经营所得"单独作为一项税目计征个人所得税。对企事业单位的承包经营、承租经营所得,是指个人承包经营、承租经营以及转包、转租取得的所得,包括个人按月或者按次取得的工资、薪金性质的所得。

修订后的《中华人民共和国个人所得税法实施条例》第六条第五项规定,经营所得包括个人对企业、事业单位承包经营、承租经营以及转包、转租取得的所得。

二、要点难点

问题 449　承包经营、承租经营的纳税人如何确定

〖答〗《中华人民共和国税收征收管理法实施细则》第四十九条规定,承包人或者承租人有独立的生产经营权,在财务上独立核算,并定期向发包人或者出租人上缴承包费或者租金的,承包人或者承租人应当就其生产、经营收入和所得纳税,并接受税务管理;但是,法律、行政法规另有规定的除外。

发包人或者出租人应当自发包或者出租之日起30日内将承包人或者承租人的有关情况向主管税务机关报告。发包人或者出租人不报告的,发包人或者出租人与承包人或者承租人承担纳税连带责任。

问题 450　企业实行个人承包承租经营如何缴纳个税

〖答〗企业实行个人承包、承租经营形式较多,分配方式也不相同,应区分不同的情形来确定计征个人所得税的方法,具体情况如表264所示。

表264　企业实行个人承包承租经营不同形式下的个税处理

实行个人承包、承租经营后的性质	对经营成果是否拥有所有权	征税项目	是否缴纳企业所得税
企业	否	工资、薪金	是
企业	是	经营所得	是
个体工商户	是	经营所得	否

政策依据

《关于个人对企事业单位实行承包经营、承租经营取得所得征税问题的通知》(国税发〔1994〕179号)

修订后的个人所得税法实施以来,各地反映,目前实行承包(租)经营的形式较多,分配方式也不相同,对企事业单位的承包经营、承租经营所得项目如何计征个人所得税,须作出具体规定。经我们研究,现明确如下:

一、企业实行个人承包、承租经营后,如果工商登记仍为企业的,不管其分配方式如何,均应先按照企业所得税的有关规定缴纳企业所得税。承包经营、承租经营者按照承包、承租经营合同(协议)规定取得的所得,依照个人所得税法的有关规定缴纳个人所得税,具体为:

(一)承包、承租人对企业经营成果不拥有所有权,仅是按合同(协议)规定取得一定所得的,其所得按工资、薪金所得项目征税,适用5%—45%的九级超额累进税率。

(二)承包、承租人按合同(协议)的规定只向发包、出租方缴纳一定费用后,企业经营成果归其所有的,承包、承

租人取得的所得,按对企事业单位的承包经营、承租经营所得项目,适用5%—35%的五级超额累进税率征税。

二、企业实行个人承包、承租经营后,如工商登记改变为个体工商户的,应依照个体工商户的生产、经营所得项目计征个人所得税,不再征收企业所得税。

三、企业实行承包经营、承租经营后,不能提供完整、准确的缴税资料,正确计算应纳税所得额的,由主管税务机关核定其应纳税所得额,并依据《中华人民共和国税收征收管理法》的有关规定,自行确定征收方式。

案例 84

2019年1月1日,小松与其所在的事业单位签订承包经营合同经营招待所,享有利润支配权。2019年招待所实现承包经营利润200 000元(含张欣工资),按合同规定张欣每年应上缴承包费50 000元。

请问假设不考虑其他因素,小松2019年应纳多少个人所得税?

〖答〗小松承包招待所且享有利润支配权,对企事业单位的承包、承租经营所得,应按"经营所得"项目缴纳个税。

小松应纳税所得额=200 000-50 000-60 000=90 000(元)

应纳个人所得税=90 000×10%-1 500=7 500(元)

问题451　建筑安装工程人员取得所得,按照什么项目缴纳个人所得税

〖答〗建筑安装业工程人员取得所得应区分不同的情形来确定征税项目,如表265所示。

表265　建筑安装业工程人员取得所得适用征税项目

纳税义务人	所得	征税项目
承包建筑安装业各项工程作业的承包人	经营成果归承包人个人所有的所得	经营所得
	按照承包合同(协议)规定,将一部分经营成果留归承包人个人的所得	经营所得
	以其他分配方式取得的所得	工资、薪金所得
从事建筑安装业的个体工商户	从事建筑安装业取得的收入	经营所得
未领取营业执照承揽建筑安装业工程作业的建筑安装队和个人		
建筑安装企业实行个人承包后工商登记改变为个体经济性质		
从事建筑安装业工程作业的其他人员	从事建筑安装业工程作业取得的所得	分别按照工资、薪金所得和劳务报酬所得项目计征

注:根据2019年1月1日起执行的《中华人民共和国个人所得税法》第二条的规定,"个体工商户生产、经营所得"和"对企事业单位的承包经营、承租经营所得"两个应税项目已归并为"经营所得"应税项目,下文政策依据中出现以上两项的,应视同按照经营所得纳税。

一、《国家税务总局关于印发〈建筑安装业个人所得税征收管理暂行办法〉的通知》(国税发〔1996〕127号)第二条、第三条

第二条　本办法所称建筑安装业,包括建筑、安装、修缮、装饰及其他工程作业。从事建筑安装业的工程承包人、个体户及其他个人为个人所得税的纳税义务人。其从事建筑安装业取得的所得,应依法缴纳个人所得税。

第三条　承包建筑安装业各项工程作业的承包人取得的所得,应区别不同情况计征个人所得税:经营成果归承包人个人所有的所得,或按承包合同(协议)规定,将一部分经营成果留归承包人个人的所得,按对企事业单位的承包经营、承租经营所得项目征税；以其他分配方式取得的所得，按工资、薪金所得项目征税。

从事建筑安装业的个体工商户和未领取营业执照承揽建筑安装业工程作业的建筑安装队和个人，以及建筑安装企业实行个人承包后工商登记改变为个体经济性质的，其从事建筑安装业取得的收入应依照个体工商户的生产、经营所得项目计征个人所得税。

从事建筑安装业工程作业的其他人员取得的所得，分别按照工资、薪金所得项目和劳务报酬所得项目计征个人所得税。

二、《国务院中华人民共和国个人所得税法实施条例》（国令第707号）第六条第一至第二项

个人所得税法规定的各项个人所得的范围：

（一）工资、薪金所得，是指个人因任职或者受雇取得的工资、薪金、奖金、年终加薪、劳动分红、津贴、补贴以及与任职或者受雇有关的其他所得。

（二）劳务报酬所得，是指个人从事劳务取得的所得，包括从事设计、装潢、安装、制图、化验、测试、医疗、法律、会计、咨询、讲学、翻译、审稿、书画、雕刻、影视、录音、录像、演出、表演、广告、展览、技术服务、介绍服务、经纪服务、代办服务以及其他劳务取得的所得。

三、《国家税务总局关于印发〈征收个人所得税若干问题的规定〉的通知》（国税发〔1994〕89号）第十九条

工资、薪金所得是属于非独立个人劳务活动，即在机关、团体、学校、部队、企事业单位及其他组织中任职、受雇而得到的报酬；劳务报酬所得则是个人独立从事各种技艺、提供各项劳务取得的报酬。两者的主要区别在于，前者存在雇佣与被雇佣关系，后者则不存在这种关系。

问题452 承包、承租期不足一年如何计征税款

【答】《国家税务总局关于印发〈征收个人所得税若干问题的规定〉的通知》（国税发〔1994〕89号）第十七条规定，实行承包、承租经营的纳税义务人，应以每一纳税年度取得的承包、承租经营所得计算纳税，在一个纳税年度内，承包、承租经营不足12个月的，以其实际承包、承租经营的月份数为一个纳税年度计算纳税。计算公式为：

应纳税所得额＝该年度承包、承租经营收入额－(投资者必要费用×该年度实际承包、承租经营月份数)

应纳税额＝应纳税所得额×适用税率－速算扣除数

第五节 从事办学、医疗、咨询等活动

扫码听课

一、概述

《中华人民共和国个人所得税法实施条例》第六条第五项规定，经营所得包括个人依法从事办学、医疗、咨询以及其他有偿服务活动取得的所得。

二、要点难点

问题453 如何区分经营所得与劳务报酬所得

【答】《中华人民共和国个人所得税法实施条例》第六条第五项规定，经营所得的征税范围包含了"个人依法从事办学、医疗、咨询以及其他有偿服务活动取得的所得"和"个人从事其他生产、经营活动取得的所得"，同时第六条第二项对劳务报酬的征税范围进行了正向列举。但两者有一定重合的地方，实务中明确区分经营所得和劳务报酬所得非常重要。笔者根据税务机关、专家的意见归纳整理了两者的具体范围和区分方法以供参考，如表266所示。

表266 经营所得和劳务报酬所得的具体范围和区分方法

项目	经营所得	劳务报酬所得
征税范围	1. 个体工商户从事生产、经营活动取得的所得，个人独资企业投资人、合伙企业的个人合伙人来源于境内注册的个人独资企业、合伙企业生产、经营的所得； 2. 个人依法从事办学、医疗、咨询以及其他有偿服务活动取得的所得； 3. 个人对企业、事业单位承包经营、承租经营以及转包、转租取得的所得； 4. 个人从事其他生产、经营活动取得的所得。	个人从事劳务取得的所得，包括从事设计、装潢、安装、制图、化验、测试、医疗、法律、会计、咨询、讲学、翻译、审稿、书画、雕刻、影视、录音、录像、演出、表演、广告、展览、技术服务、介绍服务、经纪服务、代办服务以及其他劳务取得的所得。
特点	1. 机构的稳定性 2. 经营的连续性 3. 不是单一个人活动，可能存在雇佣关系	1. 通常是服务、劳务的关系，更具有灵活性。 2. 从事《合同法》规定的承揽、技术、居间、运输、建筑施工、委托等活动 3. 可能是个人行为，且属于劳务报酬所得范围内
区分方法	属于《中华人民共和国个人所得税法实施条例》第六条第二项正向列举的劳务报酬项目的，按照"劳务报酬所得"计税； 其他法规有明确规定的，按照规定执行，如《建筑安装业个人所得税征收管理暂行办法》中明确了不同情形下从事建筑安装取得收入适用的征税项目； 除此以外的其他情况，结合上表所列经营所得、劳务报酬所得的特点综合判断。	

注：上表所列经营所得的特点来源为国家税务总局12366纳税服务平台所附的新个人所得税法和新实施条例的视频讲解中，所得税司处长对经营所得的界定。

上表中"区分方法"一行所列为笔者根据税务机关、专家等意见归纳整理，以供参考，具体情况请读者咨询当地主管税务机关。

问题454 个人举办培训班取得收入，按照什么项目缴纳个税

〖答〗个人举办培训班取得收入，区分不同情况适用征税项目，如表267所示。

表267 个人举办培训班收入适用征税项目

征税项目	适用情形
经营所得	个人经政府有关部门批准并取得执照举办学习班、培训班，取得的办班收入
劳务报酬所得	个人无需经政府有关部门批准并取得执照举办学习班、培训班，取得的办班收入

注：根据2019年1月1日起执行的《中华人民共和国个人所得税法》第二条的规定，"个体工商户生产、经营所得"和"对企事业单位的承包经营、承租经营所得"两个应税项目已归并为"经营所得"应税项目，下文政策依据中出现以上两项的，应视同按照经营所得纳税。

政策依据

一、《国家税务总局关于个人举办各类学习班取得的收入征收个人所得税问题的批复》(国税函〔1996〕658号)第一条、第二条

一、个人经政府有关部门批准并取得执照举办学习班、培训班的，其取得的办班收入属于"个体工商户的生产、经营所得"应税项目，应按税法规定计征个人所得税。

二、个人无须经政府有关部门批准并取得执照举办学习班、培训班的，其取得的办班收入属于"劳务报酬所得"应税项目，应按税法规定计征个人所得税。

二、《国家税务总局关于社会力量办学征收个人所得税问题的批复》(国税函〔1998〕738号)

……

《中华人民共和国个人所得税法》及其实施条例规定,对于个人经政府有关部门批准,取得执照,从事办学取得的所得,应按"个体工商户的生产、经营所得"应税项目计征个人所得税。据此,对于个人办学者取得的办学所得用于个人消费的部分,应依法计征个人所得税。

问题 455　个人从事医疗服务活动取得的收入,按照什么项目缴纳个税

〖答〗个人从事医疗服务取得收入,区分不同情况适用征税项目,如表 268 所示。

表 268　个人从事医疗服务所得适用征税项目

序号	适用情形	征税项目
1	个人因在医疗机构任职而取得的所得	工资、薪金所得
2	个人经政府有关部门批准,取得执照,以门诊部、诊所、卫生所(室)、卫生院、医院等医疗机构形式从事疾病诊断、治疗及售药等服务活动	经营所得
3	个人未经政府有部门批准,自行连续从事医疗服务活动,不管是否有经营场所,其取得与医疗服务活动相关的所得	经营所得
4	个人投资或个人合伙投资开设医院(诊所)而取得的收入	
5	医生或其他个人承包、承租经营医疗机构,经营成果归承包人所有,取得所得	
6	受医疗机构临时聘请坐堂门诊及售药,由该医疗机构支付报酬,或收入与该医疗机构按比例分成	劳务报酬所得

注:根据 2019 年 1 月 1 日起执行的《中华人民共和国个人所得税法》第二条的规定,"个体工商户生产、经营所得"和"对企事业单位的承包经营、承租经营所得"两个应税项目已归并为"经营所得"应税项目,下文政策依据中出现以上两项的,应视同按照经营所得纳税。

政策依据

一、《国家税务总局关于个人从事医疗服务活动征收个人所得税问题的通知》(国税发〔1997〕178号)第一条、第三条

一、个人经政府有关部门批准,取得执照,以门诊部、诊所、卫生所(室)、卫生院、医院等医疗机构形式从事疾病诊断、治疗及售药等服务活动,应当以该医疗机构取得的所得,作为个人的应纳税所得,按照"个体工商户的生产、经营所得"应税项目缴纳个人所得税。

个人未经政府有关部门批准,自行连续从事医疗服务活动,不管是否有经营场所,其取得与医疗服务活动相关的所得,按照"个体工商户的生产、经营所得"应税项目缴纳个人所得税。

三、受医疗机构临时聘请坐堂门诊及售药,由该医疗机构支付报酬,或收入与该医疗机构按比例分成的人员,其取得的所得,按照"劳务报酬所得"应税项目缴纳个人所得税,以一个月内取得的所得为一次,税款由该医疗机构代扣代缴。

二、《财政部　国家税务总局关于医疗机构有关个人所得税政策问题的通知》(财税〔2003〕109号)第二条、第三条、第四条

二、个人因在医疗机构(包括营利性医疗机构和非营利性医疗机构)任职而取得的所得,依据《中华人民共和国个人所得税法》的规定,应按照"工资、薪金所得"应税项目计征个人所得税。

三、医生或其他个人承包、承租经营医疗机构,经营成果归承包人所有的,依据个人所得税法规定,承包人取得的所得,应按照"对企事业单位的承包经营、承租经营所得"应税项目计征个人所得税。

四、个人投资或个人合伙投资开设医院(诊所)而取得的收入,应依据个人所得税法规定,按照"个体工商户的生产、经营所得"应税项目计征个人所得税。

第六节 税收优惠

一、概述

由于经营所得涉及的优惠政策较多,本书进行了归纳整理,如表269所示。

扫码听课

表269 税收优惠一览表

序号	税收优惠概要	文件号	条款
1	自主就业退役士兵从事个体经营减免个税规定	财税〔2019〕21号	第一条、第四条、第六条
2	建档立卡贫困人口从事个体经营税收优惠规定	财税〔2019〕22号	第一条、第三条、第五条
3	依法登记失业半年以上人员从事个体经营税收优惠规定	财税〔2019〕22号	第一条、第三条、第五条
4	零就业家庭、享受城市低保家庭劳动年龄内的登记失业人员从事个体经营税收优惠规定	财税〔2019〕22号	第一条、第三条、第五条
5	毕业年度内高校毕业生从事个体经营税收优惠规定	财税〔2019〕22号	第一条、第三条、第五条
6	个人合伙人对初创科技型企业投资享受税收优惠规定	财税〔2018〕55号	全文
7	个人独资企业和合伙企业从事种植业、养殖业、饲养业和捕捞业暂不征收个税规定	财税〔2010〕96号	全文
8	个人或个体户从事种植业、养殖业、饲养业、捕捞业暂不征收个税规定	财税〔2004〕30号	第一条
9	自主择业的军队转业干部从事个体经营免征个税规定	财税〔2003〕26号	第一条、第三条
10	残疾人员投资兴办个人独资企业和合伙企业减征个税规定	国税函〔2001〕84号	第四条
11	随军家属从事个体经营免征个税规定	财税〔2000〕84号	第二条
12	海南自由贸易港工作的高端人才和紧缺人才	财税〔2020〕32号	全文

二、要点难点

问题456　残疾人员投资兴办个人独资企业和合伙企业,能否享受税收优惠

〖答〗残疾人员投资兴办个人独资企业和合伙企业满足条件的可享受税收优惠,具体情况如表270所示。

表270 残疾人员的税收优惠

项目	条件	税收优惠	优惠幅度	程序
残疾人员投资兴办或参与投资兴办个人独资企业和合伙企业	各省、自治区、直辖市人民政府规定	减征个人所得税	各省、自治区、直辖市人民政府规定减征的范围和幅度	本人申请、主管税务机关审核批准

 **政策依据**

一、《中华人民共和国个人所得税法》第五条第一项

第五条 有下列情形之一的,可以减征个人所得税,具体幅度和期限,由省、自治区、直辖市人民政府规定,并报同级人民代表大会常务委员会备案:

(一)残疾、孤老人员和烈属的所得;

二、《国家税务总局关于〈关于个人独资企业和合伙企业投资者征收个人所得税的规定〉执行口径的通知》(国税函〔2001〕84号)第四条

残疾人员投资兴办或参与投资兴办个人独资企业和合伙企业的,残疾人员取得的生产经营所得,符合各省、自治区、直辖市人民政府规定的减征个人所得税条件的,经本人申请、主管税务机关审核批准,可按各省、自治区、直辖市人民政府规定减征的范围和幅度,减征个人所得税。

问题457 自主就业退役军人从事个体经营,如何享受税收优惠政策

〖答〗自主就业退役军人从事个体经营,个人所得税税收优惠政策规定如表271所示。

表271 退役士兵从事个体经营税收优惠

项目	具体规定	
优惠内容	自办理个体工商户登记当月起,在3年内按每户每年12 000元为限额依次扣减其当年实际应缴纳的增值税、城市维护建设税、教育费附加、地方教育附加和个人所得税。	1. 纳税人年度应缴纳税款小于上述扣减限额的,减免税额以其实际缴纳的税款为限;大于上述扣减限额的,以上述扣减限额为限
		2. 纳税人的实际经营期不足1年的,应当按月换算其减免税额。减免税限额=年度减免税限额÷12×实际经营月数
		3. 限额标准最高可上浮20%,各省、自治区、直辖市人民政府可根据本地区实际情况在此幅度内确定
适用条件	自主就业退役军人	依照《退役士兵安置条例》的规定退出现役并按自主就业方式安置的退役士兵
备案资料	纳税申报时,注明退役军人身份,并将《中国人民解放军义务兵退出现役证》《中国人民解放军士官退出现役证》或《中国人民武装警察部队义务兵退出现役证》《中国人民武装警察部队士官退出现役证》留存备查	
执行期限	2019年1月1日至2027年12月31日。(纳税人在2027年12月31日享受本通知规定税收优惠政策未满3年的,可继续享受至3年期满为止)	
政策衔接	退役士兵以前年度已享受退役士兵创业就业税收优惠政策满3年的,不得再享受本通知规定的税收优惠政策;以前年度享受退役士兵创业就业税收优惠政策未满3年且符合本通知规定条件的,可按本通知规定享受优惠至3年期满	

注:企业招用自主就业退役士兵既可以适用本通知规定的税收优惠政策,又可以适用其他扶持就业专项税收优惠政策的,企业可以选择适用最优惠的政策,但不得重复享受。

 **政策依据**

《财政部 税务总局 退役军人事务部关于进一步扶持自主就业退役士兵创业就业有关税收政策的公告》(财政部 税务总局 退役军人事务部公告2023年第14号)

一、自2023年1月1日至2027年12月31日,自主就业退役士兵从事个体经营的,自办理个体工商户登记当月起,在3年(36个月,下同)内按每户每年20 000元为限额依次扣减其当年实际应缴纳的增值税、城市维护建设税、教育费附加、地方教育附加和个人所得税。限额标准最高可上浮20%,各省、自治区、直辖市人民

民政府可根据本地区实际情况在此幅度内确定具体限额标准。

纳税人年度应缴纳税款小于上述扣减限额的,减免税额以其实际缴纳的税款为限;大于上述扣减限额的,以上述扣减限额为限。纳税人的实际经营期不足1年的,应当按月换算其减免税限额。换算公式为:减免税限额=年度减免税限额÷12×实际经营月数。城市维护建设税、教育费附加、地方教育附加的计税依据是享受本项税收优惠政策前的增值税应纳税额。

二、自2023年1月1日至2027年12月31日,企业招用自主就业退役士兵,与其签订1年以上期限劳动合同并依法缴纳社会保险费的,自签订劳动合同并缴纳社会保险当月起,在3年内按实际招用人数予以定额依次扣减增值税、城市维护建设税、教育费附加、地方教育附加和企业所得税优惠。定额标准为每人每年6000元,最高可上浮50%,各省、自治区、直辖市人民政府可根据本地区实际情况在此幅度内确定具体定额标准。企业按招用人数和签订的劳动合同时间核算企业减免税总额,在核算减免税总额内每月依次扣减增值税、城市维护建设税、教育费附加和地方教育附加。企业实际应缴纳的增值税、城市维护建设税、教育费附加和地方教育附加小于核算减免税总额的,以实际应缴纳的增值税、城市维护建设税、教育费附加和地方教育附加为限;实际应缴纳的增值税、城市维护建设税、教育费附加和地方教育附加大于核算减免税总额的,以核算减免税总额为限。

纳税年度终了,如果企业实际减免的增值税、城市维护建设税、教育费附加和地方教育附加小于核算减免税总额,企业在企业所得税汇算清缴时以差额部分扣减企业所得税。当年扣减不完的,不再结转以后年度扣减。

自主就业退役士兵在企业工作不满1年的,应当按月换算减免税限额。计算公式为:企业核算减免税总额=∑每名自主就业退役士兵本年度在本单位工作月份÷12×具体定额标准。

城市维护建设税、教育费附加、地方教育附加的计税依据是享受本项税收优惠政策前的增值税应纳税额。

三、本公告所称自主就业退役士兵是指依照《退役士兵安置条例》(国务院中央军委令第608号)的规定退出现役并按自主就业方式安置的退役士兵。

本公告所称企业是指属于增值税纳税人或企业所得税纳税人的企业等单位。

四、自主就业退役士兵从事个体经营的,在享受税收优惠政策进行纳税申报时,注明其退役军人身份,并将《中国人民解放军退出现役证书》、《中国人民解放军义务兵退出现役证》、《中国人民解放军士官退出现役证》或《中国人民武装警察部队退出现役证书》、《中国人民武装警察部队义务兵退出现役证》、《中国人民武装警察部队士官退出现役证》留存备查。

企业招用自主就业退役士兵享受税收优惠政策的,将以下资料留存备查:1.招用自主就业退役士兵的《中国人民解放军退出现役证书》、《中国人民解放军义务兵退出现役证》、《中国人民解放军士官退出现役证》或《中国人民武装警察部队退出现役证书》、《中国人民武装警察部队义务兵退出现役证》、《中国人民武装警察部队士官退出现役证》;2.企业与招用自主就业退役士兵签订的劳动合同(副本),为职工缴纳的社会保险费记录;3.自主就业退役士兵本年度在企业工作时间表(见附件)。

五、企业招用自主就业退役士兵既可以适用本公告规定的税收优惠政策,又可以适用其他扶持就业专项税收优惠政策的,企业可以选择适用最优惠的政策,但不得重复享受。

六、纳税人在2027年12月31日享受本公告规定的税收优惠政策未满3年的,可继续享受至3年期满为止。退役士兵以前年度已享受退役士兵创业就业税收优惠政策满3年的,不得再享受本公告规定的税收优惠政策;以前年度享受退役士兵创业就业税收优惠政策未满3年且符合本公告规定条件的,可按本公告规定享受优惠至3年期满。

七、按本公告规定应予减征的税费,在本公告发布前已征收的,可抵减纳税人以后纳税期应缴纳税费或予以退还。发布之日前已办理注销的,不再追溯享受。

问题458　哪些人可以享受重点群体创业就业优惠政策

【答】重点群体创业就业优惠政策的具体规定如表272所示。

表 272 重点群体创业就业优惠政策

项目	具体规定	
优惠内容	从事个体经营的,自办理个体工商户登记当月起,在 3 年内按每户每年 12 000 元为限额依次扣减其当年实际应缴纳的增值税、城市维护建设税、教育费附加、地方教育附加和个人所得税	1. 纳税人年度应缴纳税款小于上述扣减限额的,减免税额以其实际缴纳的税款为限;大于上述扣减限额的,以上述扣减限额为限
		2. 限额标准最高可上浮 20%,各省、自治区、直辖市人民政府可根据本地区实际情况在此幅度内确定
自主就业退役士兵	1. 纳入全国扶贫开发信息系统的建档立卡贫困人口	
	2. 在人力资源社会保障部门公共就业服务机构登记失业半年以上的人员	
	3. 零就业家庭、享受城市居民最低生活保障家庭劳动年龄内的登记失业人员	
	4. 毕业年度内高校毕业生	实施高等学历教育的普通高等学校、成人高等学校应届毕业的学生
		毕业年度是指毕业所在自然年,即 1 月 1 日至 12 月 31 日
备案资料	纳税申报时,注明退役军人身份,并将《中国人民解放军义务兵退出现役证》《中国人民解放军士官退出现役证》或《中国人民武装警察部队义务兵退出现役证》《中国人民武装警察部队士官退出现役证》留存备查	
执行期限	2019 年 1 月 1 日至 2027 年 12 月 31 日。纳税人在 2027 年 12 月 31 日享受本通知规定税收优惠政策未满 3 年的,可继续享受至 3 年期满为止	
政策衔接	以前年度已享受重点群体创业就业税收优惠政策满 3 年的,不得再享受本通知规定的税收优惠政策;以前年度享受重点群体创业就业税收优惠政策未满 3 年且符合本通知规定条件的,可按本通知规定享受优惠至 3 年期满	

政策依据

《财政部 税务总局 人力资源社会保障部 国务院扶贫办关于进一步支持和促进重点群体创业就业有关税收政策的通知》(财税〔2019〕22 号)第一条、第五条第一款和第二款

一、建档立卡贫困人口、持《就业创业证》(注明"自主创业税收政策"或"毕业年度内自主创业税收政策")或《就业失业登记证》(注明"自主创业税收政策")的人员,从事个体经营的,自办理个体工商户登记当月起,在 3 年(36 个月,下同)内按每户每年 12 000 元为限额依次扣减其当年实际应缴纳的增值税、城市维护建设税、教育费附加、地方教育附加和个人所得税。限额标准最高可上浮 20%,各省、自治区、直辖市人民政府可根据本地区实际情况在此幅度内确定具体限额标准。

纳税人年度应缴纳税款小于上述扣减限额的,减免税额以其实际缴纳的税款为限;大于上述扣减限额的,以上述扣减限额为限。

上述人员具体包括:1.纳入全国扶贫开发信息系统的建档立卡贫困人口;2.在人力资源社会保障部门公共就业服务机构登记失业半年以上的人员;3.零就业家庭、享受城市居民最低生活保障家庭劳动年龄内的登记失业人员;4.毕业年度内高校毕业生。高校毕业生是指实施高等学历教育的普通高等学校、成人高等学校应届毕业的学生;毕业年度是指毕业所在自然年,即 1 月 1 日至 12 月 31 日。

五、本通知规定的税收政策执行期限为 2019 年 1 月 1 日至 2021 年 12 月 31 日。纳税人在 2021 年 12 月 31 日享受本通知规定税收优惠政策未满 3 年的,可继续享受至 3 年期满为止。《财政部 税务总局 人力资源社会保障部关于继续实施支持和促进重点群体创业就业有关税收政策的通知》(财税〔2017〕49 号)自 2019 年 1 月 1 日起停止执行。

本通知所述人员,以前年度已享受重点群体创业就业税收优惠政策满 3 年的,不得再享受本通知规定的税收优惠政策;以前年度享受重点群体创业就业税收优惠政策未满 3 年且符合本通知规定条件的,可按本通知规定享受优惠至 3 年期满。

问题 459　从事个体经营的军队转业干部,能否享受个税税收优惠

〖答〗《财政部　国家税务总局关于自主择业的军队转业干部有关税收政策问题的通知》(财税〔2003〕26号)第一条、第三条规定,从事个体经营的军队转业干部,经主管税务机关批准,自领取税务登记证之日起,3年内免征个人所得税。需要注意,自主择业的军队转业干部必须持有师以上部队颁发的转业证件,才能享受上述优惠。

问题 460　从事个体经营的随军家属,能否享受个税税收优惠

〖答〗《财政部　国家税务总局关于随军家属就业有关税收政策的通知》(财税〔2000〕84号)第二条规定,对从事个体经营的随军家属,自领取税务登记证之日起,3年内免征个人所得税。

问题 461　从事"四业"取得所得是否需缴纳个税

〖答〗从事"四业"取得所得的征免规定如表273所示。

表273　从事"四业"取得所得的征免规定

项目	"四业"范围	征免规定
个人、个体户	从事种植业、养殖业、饲养业、捕捞业	暂不征收个人所得税
个人独资企业、合伙企业		

注:《财政部　国家税务总局关于农村税费改革试点地区有关个人所得税问题的通知》(财税〔2004〕30号)目前仍然有效,由于农业税等已取消,因此只要个人或个体户取得的是"四业"所得就可以暂不征收个人所得税,不再看是否属于农业税(包括农业特产税)、牧业税征税范围。

政策依据

一、《财政部　国家税务总局关于农村税费改革试点地区有关个人所得税问题的通知》(财税〔2004〕30号)第一条

农村税费改革试点期间,取消农业特产税、减征或免征农业税后,对个人或个体户从事种植业、养殖业、饲养业、捕捞业,且经营项目属于农业税(包括农业特产税)、牧业税征税范围的,其取得的"四业"所得暂不征收个人所得税。

二、《财政部　国家税务总局关于个人独资企业和合伙企业投资者取得种植业　养殖业　饲养业　捕捞业所得有关个人所得税问题的批复》(财税〔2010〕96号)

根据《国务院关于个人独资企业和合伙企业征收所得税问题的通知》(国发〔2000〕16号)、《财政部　国家税务总局关于个人所得税若干政策问题的通知》(财税字〔1994〕020号)和《财政部　国家税务总局关于农村税费改革试点地区有关个人所得税问题的通知》(财税〔2004〕30号)等有关规定,对个人独资企业和合伙企业从事种植业、养殖业、饲养业和捕捞业(以下简称"四业"),其投资者取得的"四业"所得暂不征收个人所得税。

问题 462　对在海南自贸港工作的高端人才和紧缺人才经营所得有哪些税收优惠

〖答〗《财政部　税务总局关于海南自由贸易港高端紧缺人才个人所得税政策的通知》(财税〔2020〕32号)规定,2020年1月1日至2024年12月31日,对在海南自由贸易港工作的高端人才和紧缺人才,其个人所得税实际税负超过15%的部分,予以免征,所得包括来源于海南自由贸易港的综合所得(包括工资薪金、劳务报酬、稿酬、特许权使用费四项所得)、经营所得以及经海南省认定的人才补贴性所得。纳税人在海南省办理个人所得税年度汇算清缴时享受该项优惠政策。

关于享受税收优惠的高端人才和紧缺人才的具体条件,请查阅《海南自由贸易港享受个人所得税优惠政策高端紧缺人才清单管理暂行办法》。

第七节 纳税申报

一、概述

纳税人取得经营所得,在月度或季度终了后15日内,向经营管理所的地主管税务机关办理纳税申报,并预缴税款。

纳税人在取得所得的次年3月31日前向经营管理所在地主管税务机关办理汇算清缴。

企业在年度中间合并、分立、终止时,个人独资企业投资者、合伙企业个人合伙人、承包承租经营在停止生产经营之日起60日内,向主管税务机关办理当期个人所得税汇算清缴。

纳税人可通过办税服务厅(场所)、自然人税收管理系统(Web端、扣缴客户端)办理。具体申报详如图343所示。

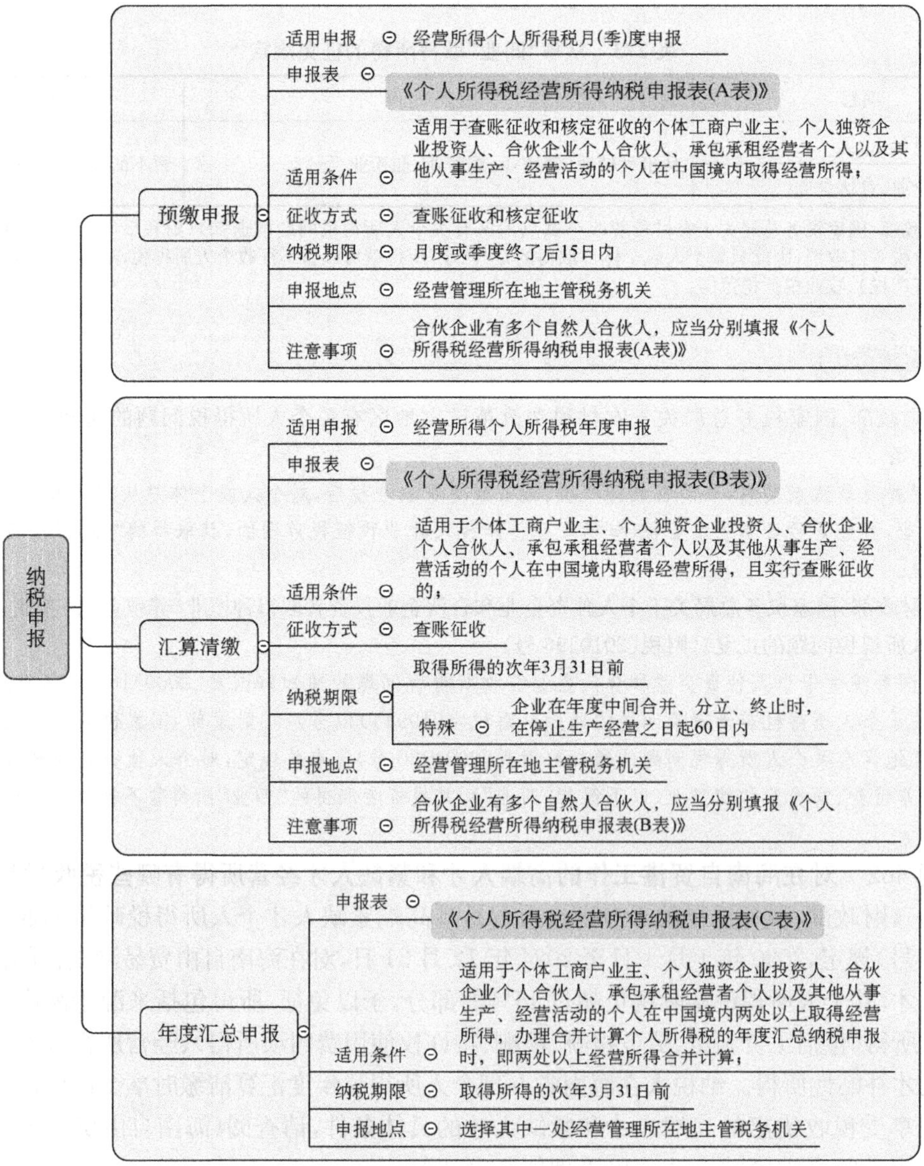

图343 纳税人经营所得个税申报

二、预缴申报

问题463 申报期限

纳税人取得经营所得,在月度或季度终了后15日内,向经营管理所在地主管税务机关办理纳税申报,并预缴税款。

问题464 申报资料

纳税人取得经营所得预缴税款所需材料如表274所示。

表274 经营所得个人所得税月(季)度申报材料

情形		材料名称
必备材料		《个人所得税经营所得纳税申报表(A表)》
其他资料	纳税人存在减免个人所得税情形	《个人所得税减免税事项报告表》
	有依法确定的其他扣除	《商业健康保险税前扣除情况明细表》《个人税收递延型商业养老保险税前扣除情况明细表》等相关扣除资料

问题465 纳税人经营所得预缴税款办理机构

纳税人经营所得预缴税款的办理机构为纳税人主管税务机关。

问题466 纳税人经营所得预缴申报办理渠道

纳税人经营所得预缴申报可通过办税服务厅(场所)、自然人税收管理系统(Web端、扣缴客户端)办理。

问题467 经营所得纳税人申报注意事项

(1)从事生产、经营活动,未提供完整、准确的纳税资料,不能正确计算应纳税所得额的,由主管税务机关核定应纳税所得额或者应纳税额。

(2)预缴申报时,合伙企业有多个自然人合伙人的,应分别填报《个人所得税经营所得纳税申报表(A表)》。

(3)纳税人因移居境外注销中国户籍,且在当年取得经营所得的,应当在申请注销中国户籍前,向户籍所在地主管税务机关办理汇算清缴,进行税款清算。

(4)纳税人有未缴或者少缴税款的,应当在注销户籍前,结清欠缴或未缴的税款。纳税人存在分期缴税且未缴纳完毕的,应当在注销户籍前,结清尚未缴纳的税款。

(5)依法享受纳税人税收优惠等相关的资料,按规定留存备查或报送。

(6)纳税人在纳税期内没有应纳税款的,也应当按照规定办理申报纳税。

三、汇算清缴

纳税人取得经营所得,以每一纳税年度的收入总额减除成本、费用以及损失后的余额,为应纳税所得额,按年计算个人所得税。纳税人办理汇算清缴,适用"经营所得个人所得税年度申报"。

企业在年度中间合并、分立、终止时,个人独资企业投资者、合伙企业个人合伙人、承包承租经营在停止生产经营之日起60日内,向主管税务机关办理当期个人所得税汇算清缴。

问题468　申报期限

纳税人取得经营所得,应在取得所得的次年3月31日前,向经营管理所在地主管税务机关办理汇算清缴。

企业在年度中间合并、分立、终止时,在停止生产经营之日起60日内,办理当期汇算清缴。

问题469　申报材料

纳税人取得经营所得汇算清缴所需材料如表275所示。

表275　经营所得个人所得税年度申报材料

项目		材料名称
必备材料		《个人所得税经营所得纳税申报表(B表)》
其他资料	无综合所得,且需要享受专项附加扣除	《个人所得税专项附加扣除信息表》
	纳税人存在减免个人所得税情形	《个人所得税减免税事项报告表》
	有依法确定的其他扣除	《商业健康保险税前扣除情况明细表》《个人税收递延型商业养老保险税前扣除情况明细表》等相关扣除资料

问题470　办理机构

纳税人经营所得汇算清缴的办理机构为纳税人主管税务机关。

问题471　办理渠道

纳税人经营所得汇算清缴可通过办税服务厅(场所)、自然人税收管理系统(Web端)办理。

问题472　纳税人注意事项

(1)从事生产、经营活动,未提供完整、准确的纳税资料,不能正确计算应纳税所得额的,由主管税务机关核定应纳税所得额或者应纳税额。

(2)汇算清缴时,合伙企业有多个自然人合伙人的,应分别填报《个人所得税经营所得纳税申报表(B表)》。

(3)取得经营所得的个人,没有综合所得的,计算其每一纳税年度的应纳税所得额时,应当减除费用6万元、专项扣除、专项附加扣除以及依法确定的其他扣除。专项附加扣除在办理汇算清缴时减除。

(4)纳税人在注销户籍年度取得经营所得的,应当在注销户籍前,向户籍所在地主管税务机关办理当年经营所得的汇算清缴,并报送《个人所得税经营所得纳税申报表(B表)》。从两处以上取得经营所得的,还应当一并报送《个人所得税经营所得纳税申报表(C 表)》。尚未办理上一年度经营所得汇算清缴的,应当在办理注销户籍纳税申报时一并办理。

(5)纳税人有未缴或者少缴税款的,应当在注销户籍前,结清欠缴或未缴的税款。纳税人存在分期缴税且未缴纳完毕的,应当在注销户籍前,结清尚未缴纳的税款。

(6)纳税人依法享受税收优惠等相关的资料,按规定留存备查或报送。

(7)纳税人在纳税期内没有应纳税款的,也应当按照规定办理申报纳税。

问题 473　年度中间开业的个人独资企业,如何进行纳税申报

〖答〗取得经营所得的个人,其每一纳税年度经营所得个税部分相关计算公式:

应纳税额=应纳税所得额×适用税率-速算扣除数

其中应纳税所得额计算方法如表 276 所示。

表 276　应纳税所得额计算方法分类表

类型	计算公式
投资者本人没有综合所得的	应纳税所得额=该年度收入总额-成本、费用-损失-60 000-专项扣除-依法确定的其他扣除(专项附加扣除在办理汇算清缴时减除)-准予扣除的公益慈善事业捐赠额
投资者本人有综合所得的	应纳税所得额=该年度收入总额-成本、费用-损失-准予扣除的公益慈善事业捐赠额

注:纳税人有综合所得的,可以选择在综合所得中扣除 6 万,也可以选择在经营所得中扣除 6 万。

年度中间开业的个人独资企业,其纳税年度的实际经营周期不足 1 年,申报的难点在于投资者本人没有综合所得时的费用扣除标准,应该实照其实际经营月份乘以减除标准确定还是按 60 000 元确定。

根据本书完稿前现有政策文件,投资者本人的费用扣除标准整理如表 277 所示。

表 277　"投资者减除费用"填报口径对比表

申报项目	申报表类型	相关填报行	填报口径
预缴申报时	《个人所得税经营所得纳税申报表(A 表)》	第 8 行"投资者减除费用"	填写根据本年实际经营月份数计算的可在税前扣除的投资者本人每月 5 000 元减除费用的合计金额
汇算清缴申报时	《个人所得税经营所得纳税申报表(B 表)》	第 42 行"投资者减除费用"	填写按税法规定的减除费用金额

由表 277 可知,对于个体工商户、个人独资企业和合伙企业纳税年度的实际经营周期不足 1 年的,投资者按照填报说明填写的"投资者减除费用"预缴申报和汇算清缴申报的金额不一致,可能涉及补退税。本书出版后若出台新文件,以新文件的计缴方法为准。

政策依据

一、《中华人民共和国个人所得税法》第六条第一款第三项

(三)经营所得,以每一纳税年度的收入总额减除成本、费用以及损失后的余额,为应纳税所得额。

二、《中华人民共和国个人所得税法实施条例》(国令第 707 号)第十五条第二款

取得经营所得的个人,没有综合所得的,计算其每一纳税年度的应纳税所得额时,应当减除费用 6 万元、专项扣除、专项附加扣除以及依法确定的其他扣除。专项附加扣除在办理汇算清缴时减除。

三、《国家税务总局关于修订部分个人所得税申报表的公告》(国家税务总局公告 2019 年第 46 号)附件 3《个人所得税经营所得纳税申报表(A 表)》填报说明第三条第四款第七项

第 8 行"投资者减除费用":填写根据本年实际经营月份数计算的可在税前扣除的投资者本人每月 5 000 元减除费用的合计金额。

四、《国家税务总局关于修订个人所得税申报表的公告》(国家税务总局公告 2019 年第 7 号)附件 5《个人所得税经营所得纳税申报表(B 表)》填报说明第三条第三款第十二项

……

第 42 行"投资者减除费用":填写按税法规定的减除费用金额。

四、年度汇总申报

问题 474　年度汇总申报适用情形及申报方式

个体工商户业主、个人独资企业投资人、合伙企业个人合伙人、承包承租经营者个人以及其他从事生产、经营活动的个人在中国境内两处以上取得经营所得的,应当在分别办理年度汇算清缴后,于取得所得的次年 3 月 31 日前填报《个人所得税经营所得纳税申报表(C 表)》(详见问题 464)及其他相关资料,选择向其中一处经营管理所在地主管税务机关办理年度汇总纳税申报。

问题 475　个人从两个以上独资企业或合伙企业取得经营所得,如何进行个税申报

〖答〗个人从两个以上独资企业或合伙企业取得经营所得,除需分别在各经营管理所在地主管税务机关进行预缴申报与汇算清缴申报外,纳税人还需要将两处以上经营所得合并计算,并选择向其中一处经营管理所在地主管税务机关办理年度汇总申报,具体情况如表 278 所示。

表 278　从两个以上独资企业或合伙企业取得经营所得纳税申报信息表

类别	申报期限	申报表	申报地点
预缴	月度或季度终了后 15 日内	《个人所得税经营所得纳税申报表(A 表)》	分别向各经营管理所在地主管税务机关
汇算清缴	取得所得的次年 3 月 31 日前	《个人所得税经营所得纳税申报表(B 表)》	分别向各经营管理所在地主管税务机关
年度汇总申报	取得所得的次年 3 月 31 日前	《个人所得税经营所得纳税申报表(C 表)》	选择向其中一处经营管理所在地主管税务机关

政策依据

《国家税务总局关于个人所得税自行纳税申报有关问题的公告》(国家税务总局公告 2018 年第 62 号)第二条第二款

纳税人取得经营所得,按年计算个人所得税,由纳税人在月度或季度终了后 15 日内,向经营管理所在地

主管税务机关办理预缴纳税申报,并报送《个人所得税经营所得纳税申报表(A 表)》。在取得所得的次年 3 月 31 日前,向经营管理所在地主管税务机关办理汇算清缴,并报送《个人所得税经营所得纳税申报表(B 表)》;从两处以上取得经营所得的,选择向其中一处经营管理所在地主管税务机关办理年度汇总申报,并报送《个人所得税经营所得纳税申报表(C 表)》。

案例 85

2018 年小梅在上海市创办梅松独资企业,同时小梅为北京市税台合伙企业合伙人,合伙协议约定的分配比例为 40%。2020 年发生下列事项。

(1) 梅松独资企业实现销售收入 200 万元。

(2) 梅松独资企业发生成本费用 160 万元,其中小梅在该企业列支工资 7 万元,无其他纳税调整事项。

(3) 税台合伙企业合实现销售收入 1 600 万元。

(4) 税台合伙企业合发生成本费用 1 200 万元,其中小梅在该企业列支工资 7 万元,无其他纳税调整事项。

小梅度缴纳基本养老保险和基本医疗保险 5 万元,依法可享受的专项附加扣除共计 4 万元。2020 年无任何其他所得。

请问小梅 2020 年度经营所得该如何纳税申报?

〖答〗小梅从两个企业取得的经营所得应该分别办理汇算清缴。假设小梅的专项扣除和专项附加扣除选择在税台合伙企业扣除。

(1) 小梅来源于梅松独资企业经营所得的纳税申报。

来源于梅松独资企业经营所得=收入总额-成本费用+税前列支的投资者工资=200-160+7=47(万元)

应纳税所得额=来源于梅松独资企业经营所得-减除费用=47-6=41(万元)

适用税率 30%,速算扣除数 40 500 元。

应纳税额=应纳税所得额×适用税率-速算扣除数=41×30%-4.05=8.25(万元)

小梅应于 2021 年 3 月 31 日之前向上海市梅松独资企业的主管税务机关办理纳税申报,并报送《个人所得税经营所得纳税申报表(B 表)》。

(2) 小梅来源于税台合伙企业经营所得的纳税申报。

合伙企业的投资者按照合伙企业的全部生产经营所得和合伙协议约定的分配比例确定应纳税所得额。

小梅来源于税台合伙企业的经营所得=(收入总额-成本费用+税前列支的投资者工资)×分配比例=(1 600-1 200+7)×40%=162.8(万元)

应纳税所得额=来源于税台合伙企业的经营所得-减除费用-专项扣除-专项附加扣除=162.8-6-5-4=147.8(万元)

适用税率 35%,速算扣除数 65 500 元。

应纳税额=应纳税所得额×适用税率-速算扣除数=147.8×35%-6.55=45.18(万元)

小梅应于 2021 年 3 月 31 日之前向北京市税台合伙企业的主管税务机关办理纳税申报,并报送《个人所得税经营所得纳税申报表(B 表)》。

(3) 小梅将两处经营所得合并计算,办理年度汇总申报。

汇总经营所得=来源于梅松独资企业经营所得+来源于税台合伙企业的经营所得=47+

162.8＝209.8(万元)

汇总应纳税所得额＝汇总经营所得－减除费用－专项扣除－专项附加扣除＝209.8－6－5－4＝194.8(万元)

适用税率35％,速算扣除数65 500元。

汇总应纳税额＝汇总应纳税所得额×适用税率－速算扣除数＝194.8×35％－6.55＝61.63(万元)

已缴个人所得税＝小梅梅松独资企业已缴应纳税额＋小梅税台合伙企业已缴应纳税额＝8.25＋45.18＝53.43(万元)

小梅应补缴个人所得税＝汇总应纳税额－已缴个人所得税＝61.63－53.43＝8.2(万元)

小梅应于2021年3月31日之前,选择向上海市梅松独资企业的主管税务机关或者向北京市税台合伙企业的主管税务机关办理年度汇总申报,并报送《个人所得税经营所得纳税申报表(C表)》。

五、自然人电子税务局扣缴客户端申报

问题476　自然人税收管理系统(扣缴客户端)

当单位类型是个体工商户、个人独资企业、合伙企业这三种类型之一时,办税人员登录系统后上方会显示生产经营申报通道,如图344所示。

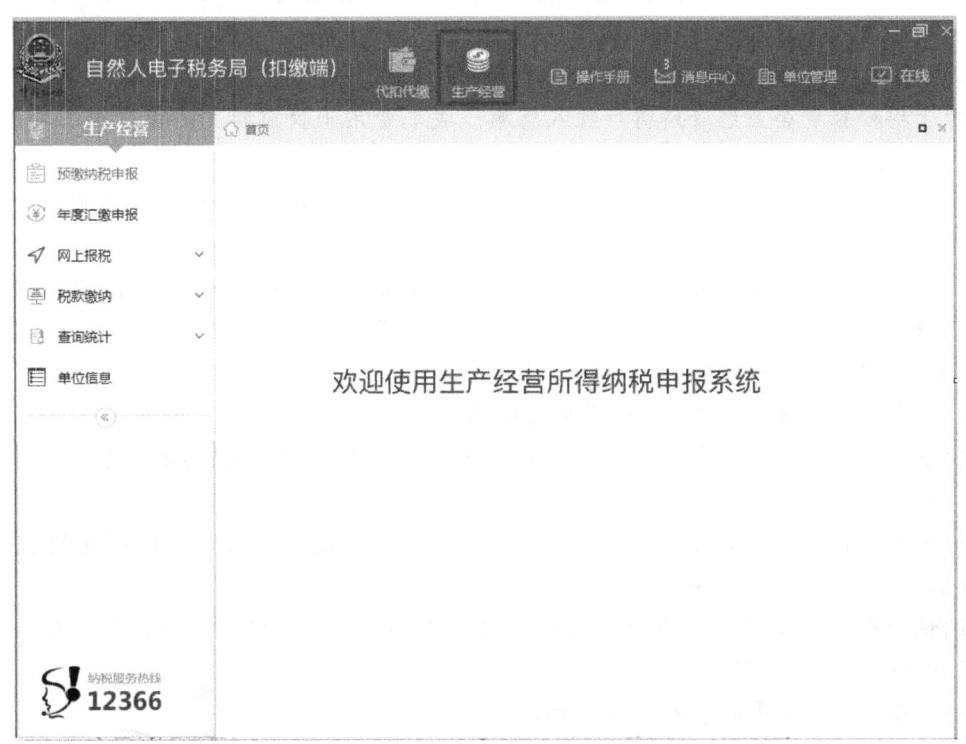

图344　自然人电子税务局(扣缴端)经营所得申报页面

1. 经营所得个人所得税月(季)度申报

点击【预缴纳税申报】进入申报表填写主界面,系统自动获取投资人及企业核定等信息,双

击投资人所在的行,填写申报相关信息,如图345所示。

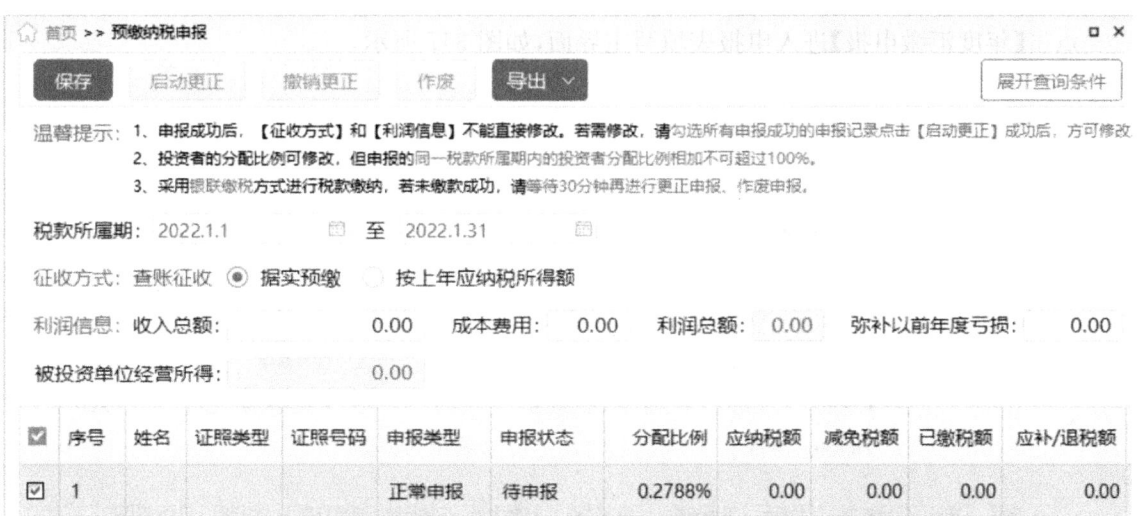

图345 预缴纳税申报申报表填写界面

《个人所得税经营所得纳税申报表(A表)》,主要根据"征收方式"的不同,按不同的规则填写申报表,如图346所示。

项目	行次	金额(比例)
一、收入总额	1	0.00
二、成本费用	2	0.00
三、利润总额(3=1-2)	3	0.00
四、弥补以前年度亏损	4	0.00
五、应税所得率(%)	5	0.00
六、合伙企业个人合伙人分配比例(%)	6	0.2788
七、允许扣除的个人费用及其他扣除(7=8+9+14)	7	5000.00
(一)投资者减除费用	8	5000.00
(二)专项扣除(9=10+11+12+13)	9	0.00
1、基本养老保险费	10	0.00
2、基本医疗保险费	11	0.00
3、失业保险费	12	0.00

图346 个人所得税经营所得纳税申报表(A表)填写界面

2. 经营所得个人所得税年度申报

点击【年度汇缴申报】进入申报表填写主界面,如图 347 所示。

图 347　年度汇缴申报申报表填写主界面

报表保存成功后,可点击【网上报税】→【网上申报】,进入申报表报送界面,勾选报表记录后点击【发送申报】按钮进行申报表报送。

问题 477　自然人办税服务平台 Web 端

登录自然人办税服务平台 Web 端,点击"我要报税",选择"经营所得",如图 348 所示。

图 348　自然人办税服务平台登录界面

1. 经营所得(A 表)

(1) 录入被投资单位信息。录入被投资单位统一社会信用代码,相关信息自动带出。可根据被投资单位的征收方式(大类),下拉选择相应的征收方式(小类),如图 349 所示。

图 349　录入被投资单位信息页面

（2）进入申报详情填写页面，系统根据不同的征收方式（小类），展示不同的数据项。根据不同的征收方式填报不同的计税信息，如图 350 所示。

图 350　录入计税信息界面

（3）选填减免税额和税收协定优惠事项，若无则直接点击【下一步】，确认申报信息并点击【提交】，则可在申报成功的页面立即缴款或查看申报记录，如图351所示。

图351　录入减免税额界面

2. 经营所得（B表）

经营所得（B表）申报事项，具体如图352所示，逐项填入，进行申报。

图352　经营所得（B表）申报页面

3. 经营所得(C 表)

经营所得(C 表)申报事项,具体如图 353 所示,可逐项填入,进行申报。

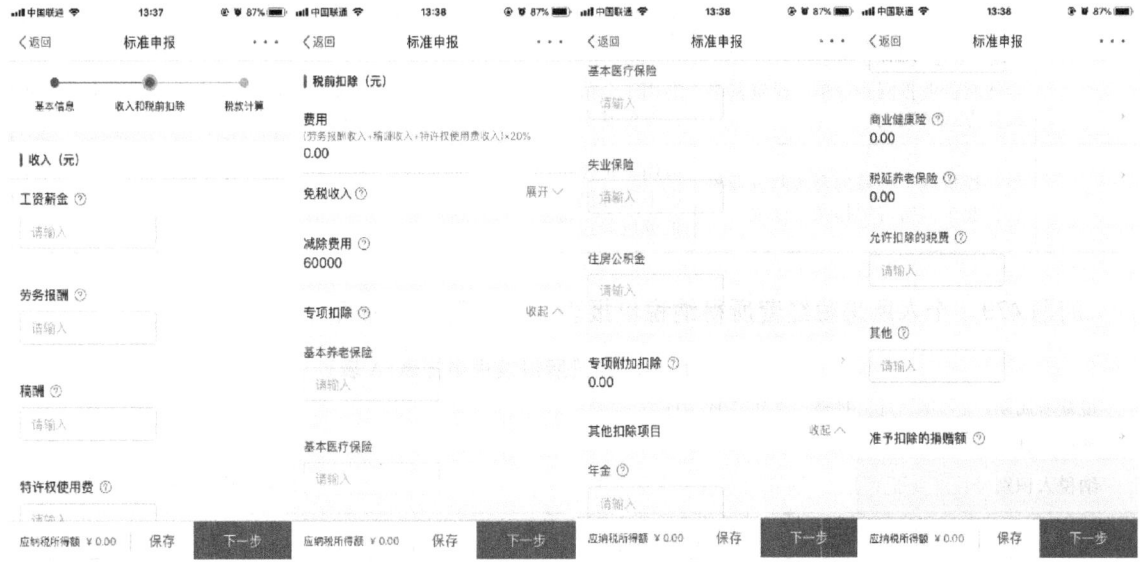

图 353 经营所得(C 表)申报页面

六、申报表及填报说明

问题 478 经营所得纳税申报表汇总

表 279 经营所得纳税申报表汇总

序号	申报表名称	适用范围
1	个人所得税经营所得纳税申报表(A 表)	1. 适用于查账征收和核定征收的个体工商户业主、个人独资企业投资人、合伙企业个人合伙人、承包承租经营者个人以及其他从事生产、经营活动的个人在中国境内取得经营所得,办理个人所得税预缴纳税申报时,向税务机关报送
		2. 合伙企业有两个或者两个以上个人合伙人的,应分别填报本表
2	个人所得税经营所得纳税申报表(B 表)	1. 适用于个体工商户业主、个人独资企业投资人、合伙企业个人合伙人、承包承租经营者个人以及其他从事生产、经营活动的个人在中国境内取得经营所得,且实行查账征收的,在办理个人所得税汇算清缴纳税申报时,向税务机关报送
		2. 合伙企业有两个或者两个以上个人合伙人的,应分别填报本表
3	个人所得税经营所得纳税申报表(C 表)	适用于个体工商户业主、个人独资企业投资人、合伙企业个人合伙人、承包承租经营者个人以及其他从事生产、经营活动的个人在中国境内两处以上取得经营所得,办理合并计算个人所得税的年度汇总纳税申报时,向税务机关报送
4	合伙创投企业个人所得税投资抵扣备案表	适用于有限合伙制创业投资企业(以下简称"合伙创投企业")投资境内种子期、初创期科技型企业(以下简称"初创科技型企业"),就符合投资抵扣税收优惠条件的投资,向主管税务机关办理投资情况备案

(续表)

序号	申报表名称	适用范围
5	合伙创投企业个人所得税投资抵扣情况表	适用于有限合伙制创业投资企业(以下简称"合伙创投企业")投资境内种子期、初创期科技型企业(以下简称"初创科技型企业"),在符合投资抵扣税收优惠年度及以后年度,向主管税务机关报告有关情况并办理投资抵扣手续
6	合伙制创业投资企业单一投资基金核算方式备案表	适用于合伙制创业投资企业(含创投基金,以下统称创投企业)选择按单一投资基金核算,按规定向主管税务机关进行核算类型备案
7	单一投资基金核算的合伙制创业投资企业个人所得税扣缴申报表	适用于选择按单一投资基金核算的合伙制创业投资企业(含创投基金,以下统称创投企业)按规定办理年度股权转让所得扣缴申报时,向主管税务机关报送

问题479 个人所得税经营所得纳税申报表(A表)及填报说明

表280 个人所得税经营所得纳税申报表(A表)

税款所属期: 年 月 日至 年 月 日

纳税人姓名:

纳税人识别号:□□□□□□□□□□□□□□□□□□   金额单位:人民币元(列至角分)

被投资单位信息		
名称		
纳税人识别号(统一社会信用代码)	□□□□□□□□□□□□□□□□□□	
征收方式(单选)		
□查账征收(据实预缴) □查账征收(按上年应纳税所得额预缴) □核定应税所得率征收 □核定应纳税所得额征收 □税务机关认可的其他方式		
个人所得税计算		
项目	行次	金额/比例
一、收入总额	1	
二、成本费用	2	
三、利润总额(第3行=第1行−第2行)	3	
四、弥补以前年度亏损	4	
五、应税所得率(%)	5	
六、合伙企业个人合伙人分配比例(%)	6	
七、允许扣除的个人费用及其他扣除(第7行=第8行+第9行+第14行)	7	
(一)投资者减除费用	8	
(二)专项扣除(第9行=第10行+第11行+第12行+第13行)	9	
1.基本养老保险费	10	
2.基本医疗保险费	11	
3.失业保险费	12	
4.住房公积金	13	
(三)依法确定的其他扣除(第14行=第15行+第16行+第17行)	14	

(续表)

1.	15	
2.	16	
3.	17	
八、准予扣除的捐赠额(附报《个人所得税公益慈善事业捐赠扣除明细表》)	18	
九、应纳税所得额	19	
十、税率(%)	20	
十一、速算扣除数	21	
十二、应纳税额(第22行＝第19行×第20行－第21行)	22	
十三、减免税额(附报《个人所得税减免税事项报告表》)	23	
十四、已缴税额	24	
十五、应补/退税额(第25行＝第22行－第23行－第24行)	25	

备注

谨声明:本表是根据国家税收法律法规及相关规定填报的,本人对填报内容(附带资料)的真实性、可靠性、完整性负责。

纳税人签字:　　　　　年　月　日

经办人签字:	受理人:
经办人身份证件类型:	
经办人身份证件号码:	受理税务机关(章):
代理机构签章:	
代理机构统一社会信用代码:	受理日期:　　年　月　日

国家税务总局监制

填报说明

一、适用范围

本表适用于查账征收和核定征收的个体工商户业主、个人独资企业投资人、合伙企业个人合伙人、承包承租经营者个人以及其他从事生产、经营活动的个人在中国境内取得经营所得,办理个人所得税预缴纳税申报时,向税务机关报送。

合伙企业有两个或者两个以上个人合伙人的,应分别填报本表。

二、报送期限

纳税人取得经营所得,应当在月度或者季度终了后15日内,向税务机关办理预缴纳税申报。

三、本表各栏填写

(一)表头项目

1. 税款所属期:填写纳税人取得经营所得应纳个人所得税款的所属期间,应填写具体的起止年月日。

2.纳税人姓名:填写自然人纳税人姓名。

3.纳税人识别号:有中国公民身份号码的,填写中华人民共和国居民身份证上载明的"公民身份号码";没有中国公民身份号码的,填写税务机关赋予的纳税人识别号。

(二)被投资单位信息

1.名称:填写被投资单位法定名称的全称。

2.纳税人识别号(统一社会信用代码):填写被投资单位的纳税人识别号或者统一社会信用代码。

(三)征收方式

根据税务机关核定的征收方式,在对应框内打"√"。采用税务机关认可的其他方式的,应在下划线填写具体征收方式。

(四)个人所得税计算

1.第1行"收入总额":填写本年度开始经营月份起截至本期从事经营以及与经营有关的活动取得的货币形式和非货币形式的各项收入总额。包括:销售货物收入、提供劳务收入、转让财产收入、利息收入、租金收入、接受捐赠收入、其他收入。

2.第2行"成本费用":填写本年度开始经营月份起截至本期实际发生的成本、费用、税金、损失及其他支出的总额。

3.第3行"利润总额":填写本年度开始经营月份起截至本期的利润总额。

4.第4行"弥补以前年度亏损":填写可在税前弥补的以前年度尚未弥补的亏损额。

5.第5行"应税所得率":按核定应税所得率方式纳税的纳税人,填写税务机关确定的核定征收应税所得率。按其他方式纳税的纳税人不填本行。

6.第6行"合伙企业个人合伙人分配比例":纳税人为合伙企业个人合伙人的,填写本行;其他则不填。分配比例按照合伙协议约定的比例填写;合伙协议未约定或不明确的,按合伙人协商决定的比例填写;协商不成的,按合伙人实缴出资比例填写;无法确定出资比例的,按合伙人平均分配。

7.第7—17行"允许扣除的个人费用及其他扣除":

(1)第8行"投资者减除费用":填写根据本年实际经营月份数计算的可在税前扣除的投资者本人每月5 000元减除费用的合计金额。

(2)第9—13行"专项扣除":填写按规定允许扣除的基本养老保险费、基本医疗保险费、失业保险费、住房公积金的金额。

(3)第14—17行"依法确定的其他扣除":填写商业健康保险、税延养老保险以及其他按规定允许扣除项目的金额。

8.第18行"准予扣除的捐赠额":填写按照税法及相关法规、政策规定,可以在税前扣除的捐赠额,并按规定附报《个人所得税公益慈善事业捐赠扣除明细表》。

9.第19行"应纳税所得额":根据相关行次计算填报。

(1)查账征收(据实预缴):第19行=(第3行-第4行)×第6行-第7行-第18行。

(2)查账征收(按上年应纳税所得额预缴):第19行=上年度的应纳税所得额÷12×月份数。

(3)核定应税所得率征收(能准确核算收入总额的):第19行=第1行×第5行×第6行。

(4)核定应税所得率征收(能准确核算成本费用的):第19行=第2行÷(1-第5行)×第5行×第6行。

(5) 核定应纳税所得额征收:直接填写应纳税所得额;

(6) 税务机关认可的其他方式:直接填写应纳税所得额。

10. 第 20—21 行"税率"和"速算扣除数":填写按规定适用的税率和速算扣除数。

11. 第 22 行"应纳税额":根据相关行次计算填报。第 22 行＝第 19 行×第 20 行－第 21 行。

12. 第 23 行"减免税额":填写符合税法规定可以减免的税额,并附报《个人所得税减免税事项报告表》。

13. 第 24 行"已缴税额":填写本年度在月(季)度申报中累计已预缴的经营所得个人所得税的金额。

14. 第 25 行"应补/退税额":根据相关行次计算填报。第 25 行＝第 22 行－第 23 行－第 24 行。

（五）备注

填写个人认为需要特别说明的或者税务机关要求说明的事项。

四、其他事项说明

以纸质方式报送本表的,建议通过计算机填写打印,一式两份,纳税人、税务机关各留存一份。

问题 480 个人所得税经营所得纳税申报表(B 表)及填报说明

表 281 个人所得税经营所得纳税申报表(B 表)

税款所属期:　　　　　　　　年　月　日至　　年　月　日

纳税人姓名:

纳税人识别号:□□□□□□□□□□□□□□□□□□　　　　　金额单位:人民币元(列至角分)

被投资单位信息	名称		纳税人识别号（统一社会信用代码）		
项目				行次	金额/比例
一、收入总额				1	
其中:国债利息收入				2	

(续表)

项目	行次	金额/比例
二、成本费用(3＝4＋5＋6＋7＋8＋9＋10)	3	
(一)营业成本	4	
(二)营业费用	5	
(三)管理费用	6	
(四)财务费用	7	
(五)税金	8	
(六)损失	9	
(七)其他支出	10	
三、利润总额(11＝1－2－3)	11	

（续表）

项目	行次	金额/比例
四、纳税调整增加额(12＝13＋27)	12	
（一）超过规定标准的扣除项目金额(13＝14＋15＋16＋17＋18＋19＋20＋21＋22＋23＋24＋25＋26)	13	
1.职工福利费	14	
2.职工教育经费	15	
3.工会经费	16	
4.利息支出	17	
5.业务招待费	18	
6.广告费和业务宣传费	19	
7.教育和公益事业捐赠	20	
8.住房公积金	21	
9.社会保险费	22	
10.折旧费用	23	
11.无形资产摊销	24	
12.资产损失	25	
13.其他	26	
（二）不允许扣除的项目金额(27＝28＋29＋30＋31＋32＋33＋34＋35＋36)	27	
1.个人所得税税款	28	
2.税收滞纳金	29	
3.罚金、罚款和被没收财物的损失	30	
4.不符合扣除规定的捐赠支出	31	
5.赞助支出	32	
6.用于个人和家庭的支出	33	
7.与取得生产经营收入无关的其他支出	34	
8.投资者工资薪金支出	35	
9.其他不允许扣除的支出	36	
五、纳税调整减少额	37	
六、纳税调整后所得(38＝11＋12－37)	38	
七、弥补以前年度亏损	39	
八、合伙企业个人合伙人分配比例(％)	40	
九、允许扣除的个人费用及其他扣除(41＝42＋43＋48＋55)	41	
（一）投资者减除费用	42	

(续表)

项目	行次	金额/比例
(二)专项扣除(43＝44＋45＋46＋47)	43	
1.基本养老保险费	44	
2.基本医疗保险费	45	
3.失业保险费	46	
4.住房公积金	47	
(三)专项附加扣除(48＝49＋50＋51＋52＋53＋54)	48	
1.子女教育	49	
2.继续教育	50	
3.大病医疗	51	
4.住房贷款利息	52	
5.住房租金	53	
6.赡养老人	54	
(四)依法确定的其他扣除(55＝56＋57＋58＋59)	55	
1.商业健康保险	56	
2.税延养老保险	57	
3.	58	
4.	59	
十、投资抵扣	60	
十一、准予扣除的个人捐赠支出	61	
十二、应纳税所得额(62＝38－39－41－60－61)或[62＝(38－39)×40－41－60－61]	62	
十三、税率(%)	63	
十四、速算扣除数	64	
十五、应纳税额(65＝62×63－64)	65	
十六、减免税额(附报《个人所得税减免税事项报告表》)	66	
十七、已缴税额	67	
十八、应补/退税额(68＝65－66－67)	68	

谨声明:本表是根据国家税收法律法规及相关规定填报的,是真实的、可靠的、完整的。

纳税人签字:　　　　年　月　日

经办人: 经办人身份证件号码: 代理机构签章: 代理机构统一社会信用代码:	受理人: 受理税务机关(章): 受理日期:　　　年　月　日

国家税务总局监制

填报说明

一、适用范围

本表适用于个体工商户业主、个人独资企业投资人、合伙企业个人合伙人、承包承租经营者个人以及其他从事生产、经营活动的个人在中国境内取得经营所得,且实行查账征收的,在办理个人所得税汇算清缴纳税申报时,向税务机关报送。

合伙企业有两个或者两个以上个人合伙人的,应分别填报本表。

二、报送期限

纳税人在取得经营所得的次年3月31日前,向税务机关办理汇算清缴。

三、本表各栏填写

（一）表头项目

1. 税款所属期:填写纳税人取得经营所得应纳个人所得税款的所属期间,应填写具体的起止年月日。

2. 纳税人姓名:填写自然人纳税人姓名。

3. 纳税人识别号:有中国公民身份号码的,填写中华人民共和国居民身份证上载明的"公民身份号码";没有中国公民身份号码的,填写税务机关赋予的纳税人识别号。

（二）被投资单位信息

1. 名称:填写被投资单位法定名称的全称。

2. 纳税人识别号(统一社会信用代码):填写被投资单位的纳税人识别号或统一社会信用代码。

（三）表内各行填写

1. 第1行"收入总额":填写本年度从事生产经营以及与生产经营有关的活动取得的货币形式和非货币形式的各项收入总金额。包括:销售货物收入、提供劳务收入、转让财产收入、利息收入、租金收入、接受捐赠收入、其他收入。

2. 第2行"国债利息收入":填写本年度已计入收入的因购买国债而取得的应予免税的利息金额。

3. 第3—10行"成本费用":填写本年度实际发生的成本、费用、税金、损失及其他支出的总额。

（1）第4行"营业成本":填写在生产经营活动中发生的销售成本、销货成本、业务支出以及其他耗费的金额。

（2）第5行"营业费用":填写在销售商品和材料、提供劳务的过程中发生的各种费用。

（3）第6行"管理费用":填写为组织和管理企业生产经营发生的管理费用。

（4）第7行"财务费用":填写为筹集生产经营所需资金等发生的筹资费用。

（5）第8行"税金":填写在生产经营活动中发生的除个人所得税和允许抵扣的增值税以外的各项税金及其附加。

（6）第9行"损失":填写生产经营活动中发生的固定资产和存货的盘亏、毁损、报废损失、转让财产损失,坏账损失,自然灾害等不可抗力因素造成的损失以及其他损失。

（7）第10行"其他支出":填写除成本、费用、税金、损失外,生产经营活动中发生的与之有关的、合理的支出。

4. 第11行"利润总额":根据相关行次计算填报。第11行=第1行-第2行-第3行。

5. 第12行"纳税调整增加额":根据相关行次计算填报。第12行=第13行+第27行。

6. 第13行"超过规定标准的扣除项目金额":填写扣除的成本、费用和损失中,超过税法规定的扣除标准应予调增的应纳税所得额。

7. 第27行"不允许扣除的项目金额":填写按规定不允许扣除但被投资单位已将其扣除的各项成本、费用和损失,应予调增应纳税所得额的部分。

8. 第37行"纳税调整减少额":填写在计算利润总额时已计入收入或未列入成本费用,但在计算应纳税所得额时应予扣除的项目金额。

9. 第38行"纳税调整后所得":根据相关行次计算填报。第38行=第11行+第12行-第37行。

10. 第39行"弥补以前年度亏损":填写本年度可在税前弥补的以前年度亏损额。

11. 第40行"合伙企业个人合伙人分配比例":纳税人为合伙企业个人合伙人的,填写本栏;其他则不填。分配比例按照合伙协议约定的比例填写;合伙协议未约定或不明确的,按合伙人协商决定的比例填写;协商不成的,按合伙人实缴出资比例填写;无法确定出资比例的,按合伙人平均分配。

12. 第41行"允许扣除的个人费用及其他扣除":填写按税法规定可以税前扣除的各项费用、支出,包括:

(1) 第42行"投资者减除费用":填写按税法规定的减除费用金额。

(2) 第43—47行"专项扣除":分别填写本年度按规定允许扣除的基本养老保险费、基本医疗保险费、失业保险费、住房公积金的合计金额。

(3) 第48—54行"专项附加扣除":分别填写本年度纳税人按规定可享受的子女教育、继续教育、大病医疗、住房贷款利息、住房租金、赡养老人等专项附加扣除的合计金额。

(4) 第55—59行"依法确定的其他扣除":分别填写按规定允许扣除的商业健康保险、税延养老保险,以及国务院规定其他可以扣除项目的合计金额。

13. 第60行"投资抵扣":填写按照税法规定可以税前抵扣的投资金额。

14. 第61行"准予扣除的个人捐赠支出":填写本年度按照税法及相关法规、政策规定,可以在税前扣除的个人捐赠合计额。

15. 第62行"应纳税所得额":根据相关行次计算填报。

(1) 纳税人为非合伙企业个人合伙人的:第62行=第38行-第39行-第41行-第60行-第61行。

(2) 纳税人为合伙企业个人合伙人的:第62行=(第38行-第39行)×第40行-第41行-第60行-第61行。

16. 第63—64行"税率""速算扣除数":填写按规定适用的税率和速算扣除数。

17. 第65行"应纳税额":根据相关行次计算填报。第65行=第62行×第63行-第64行。

18. 第66行"减免税额":填写符合税法规定可以减免的税额,并附报《个人所得税减免税事项报告表》。

19. 第67行"已缴税额":填写本年度累计已预缴的经营所得个人所得税金额。

20. 第68行"应补/退税额":根据相关行次计算填报。第68行=第65行-第66行-第67行。

四、其他事项说明

以纸质方式报送本表的,应当一式两份,纳税人、税务机关各留存一份。

问题481 个人所得税经营所得纳税申报表(C表)及填报说明

表282 个人所得税经营所得纳税申报表(C表)

税款所属期： 年 月 日至 年 月 日

纳税人姓名：

纳税人识别号：□□□□□□□□□□□□□□□□□□ 金额单位：人民币元(列至角分)

被投资单位信息			单位名称	纳税人识别号 (统一社会信用代码)	投资者应纳税所得额
	汇总地				
	非汇总地	1			
		2			
		3			
		4			
		5			

项目	行次	金额/比例
一、投资者应纳税所得额合计	1	
二、应调整的个人费用及其他扣除(2=3+4+5+6)	2	
(一)投资者减除费用	3	
(二)专项扣除	4	
(三)专项附加扣除	5	
(四)依法确定的其他扣除	6	
三、应调整的其他项目	7	
四、调整后应纳税所得额(8=1+2+7)	8	
五、税率(%)	9	
六、速算扣除数	10	
七、应纳税额(11=8×9-10)	11	
八、减免税额(附报《个人所得税减免税事项报告表》)	12	
九、已缴税额	13	
十、应补/退税额(14=11-12-13)	14	

谨声明：本表是根据国家税收法律法规及相关规定填报的，是真实的、可靠的、完整的。

纳税人签字： 年 月 日

经办人：	受理人：
经办人身份证件号码：	
代理机构签章：	受理税务机关(章)：
代理机构统一社会信用代码：	受理日期： 年 月 日

国家税务总局监制

填报说明

一、适用范围

本表适用于个体工商户业主、个人独资企业投资人、合伙企业个人合伙人、承包承租经营者个人以及其他从事生产、经营活动的个人在中国境内两处以上取得经营所得,办理合并计算个人所得税的年度汇总纳税申报时,向税务机关报送。

二、报送期限

纳税人从两处以上取得经营所得,应当于取得所得的次年3月31日前办理年度汇总纳税申报。

三、本表各栏填写

（一）表头项目

1. 税款所属期:填写纳税人取得经营所得应纳个人所得税款的所属期间,应填写具体的起止年月日。

2. 纳税人姓名:填写自然人纳税人姓名。

3. 纳税人识别号:有中国公民身份号码的,填写中华人民共和国居民身份证上载明的"公民身份号码";没有中国公民身份号码的,填写税务机关赋予的纳税人识别号。

（二）被投资单位信息

1. 名称:填写被投资单位法定名称的全称。

2. 纳税人识别号(统一社会信用代码):填写被投资单位的纳税人识别号或者统一社会信用代码。

3. 投资者应纳税所得额:填写投资者从其各投资单位取得的年度应纳税所得额。

（三）表内各行填写

1. 第1行"投资者应纳税所得额合计":填写投资者从其各投资单位取得的年度应纳税所得额的合计金额。

2. 第2—6行"应调整的个人费用及其他扣除":填写按规定需调整增加或者减少应纳税所得额的项目金额。调整减少应纳税所得额的,用负数表示。

（1）第3行"投资者减除费用":填写需调整增加或者减少应纳税所得额的投资者减除费用的金额。

（2）第4行"专项扣除":填写需调整增加或者减少应纳税所得额的"三险一金"(基本养老保险费、基本医疗保险费、失业保险费、住房公积金)的合计金额。

（3）第5行"专项附加扣除":填写需调整增加或者减少应纳税所得额的专项附加扣除(子女教育、继续教育、大病医疗、住房贷款利息、住房租金、赡养老人)的合计金额。

（4）第6行"依法确定的其他扣除":填写需调整增加或者减少应纳税所得额的商业健康保险、税延养老保险以及国务院规定其他可以扣除项目的合计金额。

3. 第7行"应调整的其他项目":填写按规定应予调整的其他项目的合计金额。调整减少应纳税所得额的,用负数表示。

4. 第8行"调整后应纳税所得额":根据相关行次计算填报。第8行＝第1行＋第2行＋第7行。

5. 第9—10行"税率""速算扣除数":填写按规定适用的税率和速算扣除数。

6. 第11行"应纳税额":根据相关行次计算填报。第11行＝第8行×第9行－第10行。

7. 第12行"减免税额":填写符合税法规定可以减免的税额,并附报《个人所得税减免税事项报告表》。

8. 第13行"已缴税额":填写纳税人本年度累计已缴纳的经营所得个人所得税的金额。

9. 第14行"应补/退税额":按相关行次计算填报。第14行＝第11行－第12行－第13行。

四、其他事项说明

以纸质方式报送本表的,应当一式两份,纳税人、税务机关各留存一份。

问题482 合伙创投企业个人所得税投资抵扣备案表及填报说明

表283 合伙创投企业个人所得税投资抵扣备案表(年度)

备案编号(主管税务机关填写):　　　　　　　　　　　　　　　单位:人民币元(列至角分)

合伙创投企业基本情况			
企业名称		纳税人识别号（统一社会信用代码）	
备案管理部门		备案时间	
联系人		联系电话	

对初创科技型企业投资情况											
初创科技型企业名称	纳税人识别号	注册地	设立时间	投资日期	从业人数	本科以上学历人数占比	资产总额	年销售收入	研发费用总额占成本费用支出的比例	投资2年内与关联方合计持股比例是否超50%	投资额

谨声明:本人(单位)知悉并保证本表填报内容及所附证明材料真实、完整,并承担因资料虚假而产生的法律责任。

合伙创投企业印章:合伙创投企业负责人签章:年月日

代理机构印章:	主管税务机关印章:
联系人:	受理人:
填报日期:	受理日期:

国家税务总局监制

填报说明

一、适用范围

本表适用于有限合伙制创业投资企业(以下简称"合伙创投企业")投资境内种子期、初创期科技型企业(以下简称"初创科技型企业"),就符合投资抵扣税收优惠条件的投资,向主管税务机关办理投资情况备案。

二、报送期限

合伙创投企业应于投资满2年的年度终了后3个月内,向其注册地主管税务机关报送本表。

三、表内各栏

(一)合伙创投企业基本情况

1. 企业名称:填写合伙创投企业名称全称。

2. 纳税人识别号(统一社会信用代码):填写合伙创投企业的纳税人识别号或统一社会信用代码。

3. 备案管理部门:填写合伙创投企业根据《创业投资企业管理暂行办法》或《私募投资基金监督管理暂行办法》等规定,办理备案的主管部门名称全称。

4. 备案时间:填写合伙创投企业向备案管理部门完成备案的时间。

5. 联系人:填写合伙创投企业联系人姓名。

6. 联系电话:填写合伙创投企业联系人的联系电话。

(二)对初创科技型企业投资情况

合伙创投企业投资多个初创科技型企业或对同一家初创科技型企业有多轮投资的,均需就每次投资情况分行填写。

1. 初创科技型企业名称:填写初创科技型企业名称全称。

2. 纳税人识别号:填写初创科技型企业的纳税人识别号或统一社会信用代码。

3. 注册地:填写初创科技型企业注册登记的具体地址。

4. 设立时间:填写初创科技型企业设立登记的具体日期。

5. 投资日期:填写初创科技型企业接受合伙创投企业投资并完成工商变更登记的日期。

6. 从业人数:填写与初创科技型企业建立劳动关系的职工及企业接受的劳务派遣人员人数。具体按照初创科技型企业接受投资前连续12个月的平均数填写,不足12个月的按实际月数平均计算填写。

7. 本科以上学历人数占比:填写初创科技型企业接受投资时本科以上学历人数占企业从业人数的比例。

8. 资产总额:填写初创科技型企业的资产总额。具体按照初创科技型企业接受投资前连续12个月的平均数填写,不足12个月的按实际月数平均计算填写。

9. 年销售收入:填写初创科技型企业的年销售收入。具体按照初创科技型企业接受投资前连续12个月的累计数填写,不足12个月的按实际月数累计计算填写。

10. 研发费用总额占成本费用支出的比例:填写企业接受投资当年及下一年两个纳税年度的研发费用总额合计占同期成本费用总额合计的比例。

11. 投资后2年内与关联方合计持股比例是否超50%:填写"是"或"否"。

12. 投资额:填写合伙创投企业以现金形式对初创科技型企业的实缴出资额。

四、本表一式两份。主管税务机关受理后,由合伙创投企业和主管税务机关分别留存。

问题 483　合伙创投企业个人所得税投资抵扣情况表及填报说明

表 284　合伙创投企业个人所得税投资抵扣情况表

（年度）

单位：人民币元（列至角分）

合伙创投企业情况											
企业名称						纳税人识别号（统一社会信用代码）					
投资情况备案编号											
当年新增符合条件的投资额合计						新增可抵扣投资额					
个人合伙人相关情况											
姓名	身份证件类型	身份证件号码	出资额	出资比例	分配比例	当年度分配的经营所得	结转上年可抵扣投资额	当年新增可抵扣投资额	当年实际抵扣投资额	结转抵扣投资额	

谨声明：本人（单位）知悉并保证本表填报内容及所附证明材料真实、完整，并承担因资料虚假而产生的法律责任。

合伙创投企业印章：　合伙创投企业负责人签章：　年月日

代理机构印章：	主管税务机关印章：
	受理人：
联系人：填报日期：	受理日期：

国家税务总局监制

填报说明

一、适用范围

本表适用于有限合伙制创业投资企业(以下简称"合伙创投企业")投资境内种子期、初创期科技型企业(以下简称"初创科技型企业"),在符合投资抵扣税收优惠年度及以后年度,向主管税务机关报告有关情况并办理投资抵扣手续。

二、报送期限

合伙创投企业自符合投资抵扣税收优惠年度起,每个年度终了3个月内,向其注册地主管税务机关报送本表。

三、表内各栏

(一)合伙创投企业情况

1. 企业名称:填写合伙创投企业名称全称。

2. 纳税人识别号(统一社会信用代码):填写合伙创投企业的纳税人识别号或统一社会信用代码。

3. 投资情况备案编号:填写合伙创投企业办理投资情况备案时,税务机关受理其填报的《合伙创投企业个人所得税投资抵扣备案表》赋予的备案编号。

4. 当年新增符合条件的投资额合计:填写当年《合伙创投企业个人所得税投资抵扣备案表》投资额合计。若当年无新增符合投资抵扣税收优惠条件的投资,则无需填写。

5. 新增可抵扣投资额:新增可抵扣投资额=当年新增符合条件的投资额合计×70%。

(二)个人合伙人相关情况

本栏填报个人合伙人报告年度实际投资抵扣的有关情况。

1. 姓名:填写个人合伙人姓名。

2. 身份证件类型:填写个人合伙人办理个人所得税年度申报时使用的身份证件类型。

3. 身份证件号码:填写个人合伙人办理个人所得税年度申报时使用的身份证件号码。

4. 出资额:填写个人合伙人在投资满两年当年年末,对合伙创投企业的实缴出资额。

5. 出资比例:填写报告年度年末各合伙人对合伙创投企业的实缴出资额占所有合伙人全部实缴出资额的比例。

6. 分配比例:填写个人合伙人办理个人所得税年度申报时填报的分配比例。

7. 当年度分配的经营所得:填写报告年度个人合伙人按其分配比例自合伙创投企业计算分得的经营所得。

8. 结转上年可抵扣投资额:填写上年度此表"结转抵扣投资额",上年无结转抵扣投资额的填"0"。

9. 当年新增可抵扣投资额:当年新增可抵扣投资额=新增可抵扣投资额×出资比例。

10. 当年实际抵扣投资额:区别以下情况计算填写。

(1)当年度分配的经营所得<结转上年可抵扣投资额+当年新增可抵扣投资额时,

当年实际抵扣投资额=当年度分配的经营所得;

(2)当年度分配的经营所得≥结转上年可抵扣投资额+当年新增可抵扣投资额时,

当年实际抵扣投资额=当年新增可抵扣投资额+结转上年可抵扣投资额。

11. 结转抵扣投资额:结转抵扣投资额=结转上年可抵扣投资额+当年新增可抵扣投资额-当年实际抵扣投资额。

四、本表一式两份。主管税务机关受理后,由合伙创投企业和主管税务机关分别留存。

问题 484 合伙制创业投资企业单一投资基金核算方式备案表及填报说明

表 285 合伙制创业投资企业单一投资基金核算方式备案表(至年度)

备案编号(主管税务机关填写):

创投企业(基金)名称	
纳税人识别号(统一社会信用代码)	
创投企业(基金)备案管理机构	□发展改革部门　　□证券监管部门
管理机构备案编号	
管理机构备案时间	
谨声明:本表是根据国家税收法律法规及相关规定填报的,是真实的、可靠的、完整的。 　　　　　　　　　　　　　　　创投企业(基金)印章:　　　　　　　　年　月　日	
经办人签字: 经办人身份证件号码: 代理机构签章: 代理机构统一社会信用代码:	受理人: 受理税务机关(章): 受理日期:　　　年　月　日

国家税务总局监制

填报说明

一、适用范围

本表适用于合伙制创业投资企业(含创投基金,以下统称创投企业)选择按单一投资基金核算,按规定向主管税务机关进行核算类型备案。

二、报送期限

选择按单一投资基金核算的创投企业,应当在管理机构完成备案的 30 日内,向主管税务机关进行核算方式备案,报送本表。

创投企业选择一种核算方式满 3 年需要调整的,应当在满 3 年的次年 1 月 31 日前,重新向主管税务机关备案,报送本表。

三、本表各栏填写

1. 创投企业(基金)名称:填写创投企业的法定名称全称。

2. 纳税人识别号(统一社会信用代码):填写创投企业的纳税人识别号或统一社会信用代码。

3. 创投企业(基金)备案管理机构:选择创投企业备案的机构名称,在"发展改革部门"或"证券监管部门"备案的,分别在对应框中打"√"。

4. 管理机构备案编号:填写创投企业在国家发展和改革委员会或中国证券投资基金业协会备案的编号。

5. 管理机构备案时间:填写创投企业在国家发展和改革委员会或中国证券投资基金业协会备案的时间。

四、其他事项说明

以纸质方式报送本表的,应当一式两份,扣缴义务人、税务机关各留存一份。

问题485 单一投资基金核算的合伙制创业投资企业个人所得税扣缴申报表及填报说明

表286 单一投资基金核算的合伙制创业投资企业个人所得税扣缴申报表

税款所属期：   年 月 日 至   年 月 日

扣缴义务人名称：

扣缴义务人纳税人识别号（统一社会信用代码）：□□□□□□□□□□□□□□□□□□

金额单位：人民币元（列至角分）

税务机关备案编号										
序号	被投资企业名称	被投资企业纳税人识别号（统一社会信用代码）	投资股权份数	转让股权份数	转让后股权份数	创投企业投资项目所得情况				
						股权转让时间	股权转让收入	股权原值	合理费用	股权转让所得额
1	2	3	4	5	6	7	8	9	10	11

纳税年度内股权转让所得额合计

序号	个人合伙人姓名	身份证件类型	身份证件号码	个人合伙人纳税人识别号	分配比例	创投企业股权转让所得额	分配所得额	创投企业个人合伙人所得分配情况			应纳税所得额	税率	应纳税额	减免税额	已缴税额	应补/退税额
								其中：投资初创科技型企业情况								
								创投企业符合条件的投资额	个人出资比例	当年按个人投资额70%计算的实际抵扣额						
12	13	14	15	16	17	18	19	20	21	22	23	24	25	26	27	28
合计											—					

谨声明：本表是根据国家税收法律法规及相关规定填报的，是真实的、可靠的、完整的。

创投企业（基金）印章：

经办人签字：
经办人身份证件号码：
代理机构签章：
代理机构统一社会信用代码：

受理人：
受理税务机关：
受理日期：

      年 月 日

国家税务总局

填报说明

一、适用范围

本表适用于选择按单一投资基金核算的合伙制创业投资企业(含创投基金,以下统称创投企业)按规定办理年度股权转让所得扣缴申报时,向主管税务机关报送。

二、申报期限

创投企业取得所得的次年3月31日前报送。

三、本表各栏填写

(一) 表头项目

1. 税款所属期:填写创投企业申报股权转让所得的所属期间,应填写具体的起止年月日。

2. 扣缴义务人名称:填写扣缴义务人(即创投企业)的法定名称全称。

3. 扣缴义务人纳税人识别号(统一社会信用代码):填写扣缴义务人(即创投企业)的纳税人识别号或者统一社会信用代码。

4. 税务机关备案编号:填写创投企业在主管税务机关进行核算方式备案的编号。

(二) 表内各栏

1. 创投企业投资项目所得情况

(1) 第2列"被投资企业名称":填写被投资企业的法定名称。

(2) 第3列"被投资企业纳税人识别号(统一社会信用代码)":填写被投资企业的纳税人识别号或者统一社会信用代码。

(3) 第4列"投资股权份数":填写创投企业在发生股权转让前持有被投资企业的股权份数。

(4) 第5列"转让股权份数":填写创投企业纳税年度内转让被投资企业股权的份数,一年内发生多次转让的,应分行填写。

(5) 第6列"转让后股权份数":填写创投企业发生股权转让后持有被投资企业的股权份数。

(6) 第7列"股权转让时间":填写创投企业转让被投资企业股权的具体时间,一年内发生多次转让的,应分行填写。

(7) 第8列"股权转让收入":填写创投企业发生股权转让收入额,一年内发生多次转让的,应分行填写。

(8) 第9列"股权原值":填写创投企业转让股权的原值,一年内发生多次转让的,应分行填写。

(9) 第10列"合理费用":填写转让股权过程中发生的按规定可以扣除的合理税费。

(10) 第11列"股权转让所得额":按相关列次计算填报。第11列=第8列-第9列-第10列。

(11) "纳税年度内股权转让所得额合计":填写纳税年度内股权转让所得的合计金额,即所得与损失相互抵减后的余额。如余额为负数的,填写0。

2. 创投企业个人合伙人所得分配情况

(1) 第13列"个人合伙人姓名":填写个人合伙人姓名。

(2) 第14列"身份证件类型":填写纳税人有效的身份证件名称。中国公民有中华人民共和国居民身份证的,填写居民身份证;没有居民身份证的,填写中华人民共和国护照、港澳居民来往内地通行证或港澳居民居住证、台湾居民通行证或台湾居民居住证、外国人永久居留身份证、外国人工作许可证或护照等。

(3) 第15列"身份证件号码":填写纳税人有效身份证件上载明的证件号码。

(4) 第16列"个人合伙人纳税人识别号":有中国公民身份号码的,填写中华人民共和国居民身份证上载明的"公民身份号码";没有中国公民身份号码的,填写税务机关赋予的纳税人识别号。

(5) 第17列"分配比例(%)":分配比例按照合伙协议约定的比例填写;合伙协议未约定或不明确的,按合伙人协商决定的比例填写;协商不成的,按合伙人实缴出资比例填写;无法确定出资比例的,按合伙人平均分配。

(6) 第18列"创投企业股权转让所得额":填写创投企业纳税年度内取得的股权转让所得总额,即本表"创投企业投资项目所得情况"中"纳税年度内股权转让所得额合计"的金额。

(7) 第19列"分配所得额":填写个人合伙人按比例分得的股权转让所得额。第19列=第18列×第17列。

(8) 第20列"创投企业符合条件的投资额":填写合伙创投企业对种子期、初创期科技型企业符合投资抵扣条件的投资额。

(9) 第21列"个人出资比例":填写个人合伙人对创投企业的出资比例。

(10) 第22列"当年按个人投资额70%计算的实际抵扣额":根据相关列次计算填报。第22列=第20列×第21列×70%。

(11) 第23列"应纳税所得额":填写个人合伙人纳税年度内取得股权转让所得的应纳税所得额。第23列=第19列-第22列。

(12) 第24列"税率":填写所得项目按规定适用的税率。

(13) 第25列"应纳税额":根据相关列次计算填报。第25列=第23列×第24列。

(14) 第26列"减免税额":填写符合税法规定的可以减免的税额,并附报《个人所得税减免税事项报告表》。

(15) 第27列"已缴税额":填写纳税人当期已实际缴纳或者被扣缴的个人所得税税款。

(16) 第28列"应补/退税额":根据相关列次计算填报。第28列=第25列-第26列-第27列。

四、其他事项说明

以纸质方式报送本表的,应当一式两份,扣缴义务人、税务机关各留存一份。

问题486 经营所得税收政策汇总

表287 经营所得税收政策汇总

序号	政策文件名称	文号
1	《财政部 税务总局关于海南自贸港高端紧缺人才个人所得税政策的通知》	财税〔2020〕32号
2	《国家税务总局关于修订部分个人所得税申报表的公告》	国家税务总局公告2019年第46号
3	《国家税务总局关于修订个人所得税申报表的公告》	国家税务总局公告2019年第7号
4	《财政部 税务总局 人力资源社会保障部 国务院扶贫办关于进一步支持和促进重点群体创业就业有关税收政策的通知》	财税〔2019〕22号
5	《财政部 税务总局 退役军人部关于进一步扶持自主就业退役士兵创业就业有关税收政策的通知》	财税〔2019〕21号

(续表)

序号	政策文件名称	文号
6	《财政部 税务总局 发展改革委 证监会关于创业投资企业个人合伙人所得税政策问题的通知》	财税〔2019〕8号
7	《国家税务总局关于个人所得税自行纳税申报有关问题的公告》	国家税务总局公告2018年第62号
8	《国家税务总局关于发布个人所得税专项附加扣除操作办法（试行）的公告》	国家税务总局公告2018年第60号
9	《国家税务总局关于创业投资企业和天使投资个人税收政策有关问题的公告》	国家税务总局公告2018年第43号
10	《财政部 税务总局关于创业投资企业和天使投资个人有关税收政策的通知》	财税〔2018〕55号
11	《国家税务总局个体工商户个人所得税计税办法》	国家税务总局令第35号
12	《国家税务总局关于个体工商户、个人独资企业和合伙企业个人所得税问题的公告》	国家税务总局公告2014年第25号
13	《国家税务总局关于切实加强高收入者个人所得税征管的通知》	国税发〔2010〕54号
14	《财政部 国家税务总局关于个人独资企业和合伙企业投资者取得种植业 养殖业饲养业 捕捞业所得有关个人所得税问题的批复》	财税〔2010〕96号
15	《财政部 国家税务总局关于企业为个人购买房屋或其他财产征收个人所得税问题的批复》	财税〔2008〕83号
16	《财政部 国家税务总局关于合伙企业合伙人所得税问题的通知》	财税〔2008〕159号
17	《个体工商户建账管理暂行办法》	国家税务总局令第17号
18	《国家税务总局关于个体工商户定期定额征收管理有关问题的通知》	国税发〔2006〕183号
19	《个体工商户税收定期定额征收管理办法》	国家税务总局令第16号
20	《财政部 国家税务总局关于农村税费改革试点地区有关个人所得税问题的通知》	财税〔2004〕30号
21	《财政部 国家税务总局关于医疗机构有关个人所得税政策问题的通知》	财税〔2003〕109号
22	《财政部 国家税务总局关于规范个人投资者个人所得税征收管理的通知》	财税〔2003〕158号
23	《财政部 国家税务总局关于自主择业的军队转业干部有关税收政策问题的通知》	财税〔2003〕26号
24	《国家税务总局关于个人独资企业个人所得税税前固定资产折旧费扣除问题的批复》	国税函〔2002〕1090号
25	《国家税务总局关于〈关于个人独资企业和合伙企业投资者征收个人所得税的规定〉执行口径的通知》	国税函〔2001〕84号
26	国家税务总局关于印发《财政部〈关于个人独资企业和合伙企业投资者征收个人所得税的规定〉》的通知	财税〔2000〕91号
27	《财政部 国家税务总局关于随军家属就业有关税收政策的通知》	财税〔2000〕84号
28	《国家税务总局关于社会力量办学征收个人所得税问题的批复》	国税函〔1998〕738号
29	《国家税务总局关于个人从事医疗服务活动征收个人所得税问题的通知》	国税发〔1997〕178号
30	《国家税务总局关于个人举办各类学习班取得的收入征收个人所得税问题的批复》	国税函〔1996〕658号
31	《建筑安装业个人所得税征收管理暂行办法》	国税发〔1996〕127号
32	《国家税务总局关于个人对企事业单位实行承包经营、承租经营取得所得征税问题的通知》	国税发〔1994〕179号
33	《国家税务总局关于印发〈征收个人所得税若干问题的规定〉的通知》	国税发〔1994〕89号
34	《国家税务总局关于印发〈征收个人所得税若干问题的规定〉的通知》	国税发〔1994〕89号

第五章

财产租赁所得

财产租赁所得思维导图如图354所示。

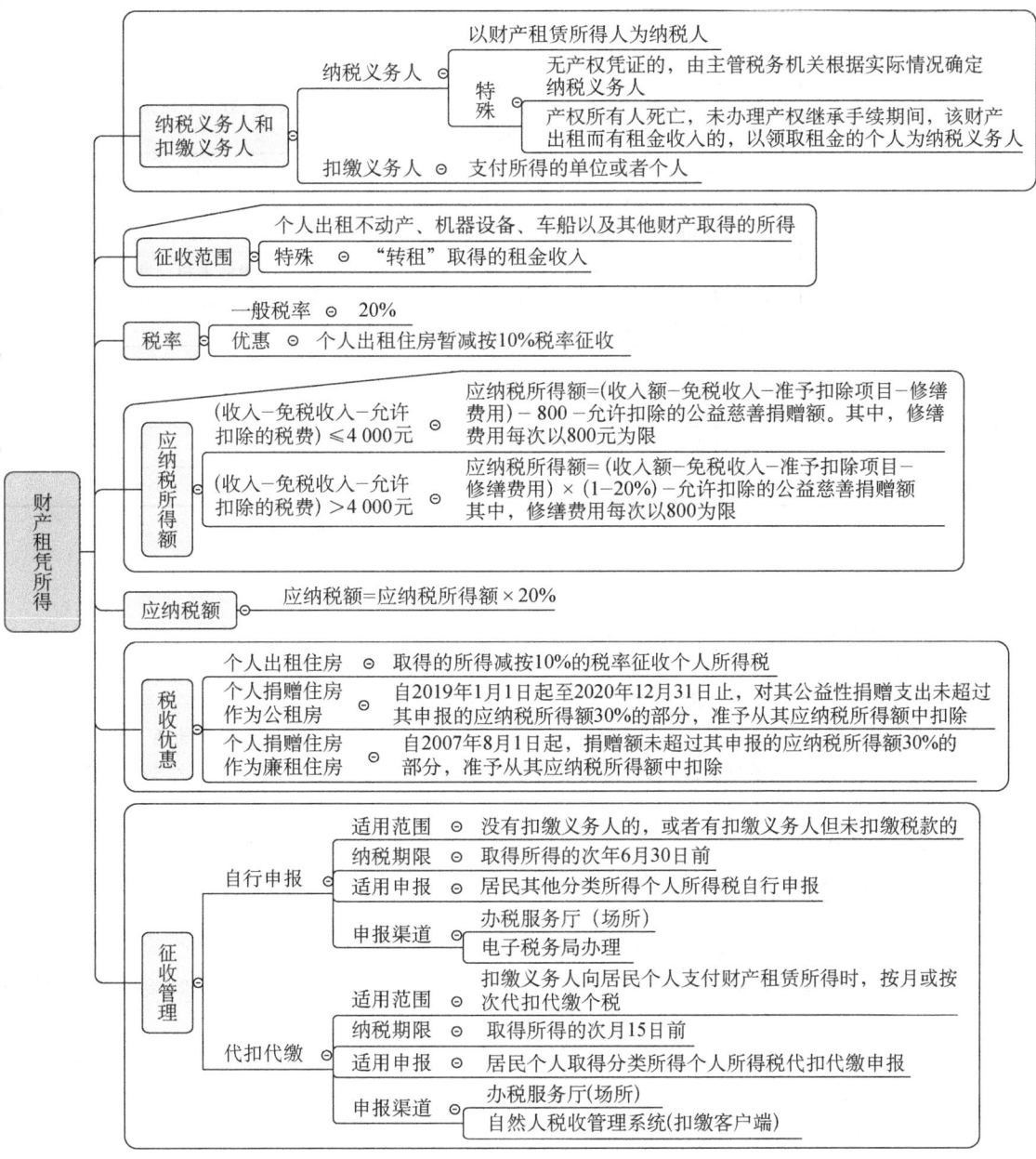

图354 财产租赁所得思维导图

第一节 概　　述

财产租赁所得,是指个人出租不动产、机器设备、车船以及其他财产取得的所得。其具体如表288所示。

表288　财产租赁所得概述一览表

项目	财产租赁所得
征税范围	个人出租不动产、机器设备、车船以及其他财产取得的所得
纳税人和扣缴义务人	个人所得税以所得人为纳税人,以支付所得的单位或者个人为扣缴义务人
扣除项目	缴纳的税金和国家能源交通重点建设基金、国家预算调节基金、教育费附加,可持完税(缴款)凭证,从其财产租赁收入中扣除
	除可依法减除规定费用和有关税、费外,准予扣除能够提供有效、准确凭证,证明由纳税义务人负担的该出租财产实际开支的修缮费用。允许扣除的修缮费用,以每次800元为限,一次扣除不完的,准予在下一次继续扣除,直至扣除完为止
公益性捐赠扣除	个人将其所得对教育、扶贫、济困等公益慈善事业进行捐赠,捐赠额未超过纳税人申报的应纳税所得额30%的部分,可以从其应纳税所得额中扣除;国务院规定对公益慈善事业捐赠实行全额税前扣除的,从其规定
税率	20%
应纳税所得额	1. 每次收入不超过4 000元的,减除费用800元
	2. 每次收入4 000元以上的,减除20%的费用
应纳税额	应纳税所得额×20%

政策依据

一、《中华人民共和国个人所得税法实施条例》第六条第七项

财产租赁所得,是指个人出租不动产、机器设备、车船以及其他财产取得的所得。

二、《中华人民共和国个人所得税法》第三条第三项、第六条第四项、第三款,第九条

利息、股息、红利所得,财产租赁所得,财产转让所得和偶然所得,适用比例税率,税率为百分之二十。

财产租赁所得,每次收入不超过四千元的,减除费用八百元;四千元以上的,减除百分之二十的费用,其余额为应纳税所得额。

个人将其所得对教育、扶贫、济困等公益慈善事业进行捐赠,捐赠额未超过纳税人申报的应纳税所得额百分之三十的部分,可以从其应纳税所得额中扣除;国务院规定对公益慈善事业捐赠实行全额税前扣除的,从其规定。

个人所得税以所得人为纳税人,以支付所得的单位或者个人为扣缴义务人。

三、《国家税务总局关于印发〈征收个人所得税若干问题的规定〉的通知》(国税发〔1994〕89号)第六条第一、二项

六、关于财产租赁所得的征税问题

(一)纳税义务人在出租财产过程中缴纳的税金和国家能源交通重点建设基金、国家预算调节基金、教育费附加,可持完税(缴款)凭证,从其财产租赁收入中扣除。

(二)纳税义务人出租财产取得财产租赁收入,在计算征税时,除可依法减除规定费用和有关税、费外,还准予扣除能够提供有效、准确凭证,证明由纳税义务人负担的该出租财产实际开支的修缮费用。允许扣除的修缮费用,以每次800元为限,一次扣除不完的,准予在下一次继续扣除,直至扣完为止。

第二节 要点难点

扫码听课

(一) 征税范围

问题 487　财产租赁所得的征税范围是什么

〖答〗《中华人民共和国个人所得税法实施条例》第六条第七项规定,财产租赁所得,是指个人出租不动产、机器设备、车船以及其他财产取得的所得。

《关于个人转租房屋取得收入征收个人所得税问题的通知》(国税函〔2009〕639号)第一条规定,个人将承租房屋转租取得的租金收入,属于个人所得税应税所得,应按"财产租赁所得"项目计算缴纳个人所得税。

问题 488　个人在汽车上做广告取得的所得,按什么项目征收个税

〖答〗个人在汽车上做广告取得的所得,属于个人出租自有财产取得的所得,按照"财产租赁所得"缴纳个人所得税。

政策依据

《中华人民共和国个人所得税法实施条例》第六条第七项

财产租赁所得,是指个人出租不动产、机器设备、车船以及其他财产取得的所得。

问题 489　非居民个人出租设备所得,是否缴纳个税

〖答〗非居民个人出租设备取得的所得,要视设备的使用地来确定是否缴纳个税,具体个税处理如表289所示。

表289　非居民个人出租设备所得个税处理

设备使用地点	所得	个税处理
境内	属于来源于境内所得	按"财产租赁所得"征收
境外	属于来源于境外所得	不征收

政策依据

一、《中华人民共和国个人所得税法》第一条

非居民个人从中国境内取得的所得,依照本法规定缴纳个人所得税。

二、《中华人民共和国个人所得税法实施条例》第三条第二项

第三条　除国务院财政、税务主管部门另有规定外,下列所得,不论支付地点是否在中国境内,均为来源于中国境内的所得:

……

(二) 将财产出租给承租人在中国境内使用而取得的所得;

问题 490　个人转租浅海滩涂使用权收入,按什么项目征收个税

〖答〗关于个人转租浅海滩涂使用权,按何项目征收个人所得税,要视不同情形来看,具体

如表 290 所示。

表 290　个人转租浅海滩涂使用权个税处理一览表

项目	个税处理
个人转租滩涂使用权取得的收入	按照"财产租赁所得"项目征收
个人一并转让原海滩的设施和剩余文蛤的所得	按照"财产转让所得"项目征收

 政策依据

《国家税务总局关于转租浅海滩涂使用权收入征收个人所得税问题的批复》（国税函〔2002〕1158 号）

个人转租滩涂使用权取得的收入，应按照"财产租赁所得"应税项目征收个人所得税，其每年实际上交村委会的承包费可以在税前扣除；同时，个人一并转让原海滩的设施和剩余文蛤的所得应按照"财产转让所得"应税项目征收个人所得税。

问题 491　酒店产权式经营业主取得的收入，按什么项目征收个税

〖答〗酒店产权式经营业主，如房产产权并未归属新的经济实体，业主按照约定取得的固定收入和分红收入均应视为租金收入，按照"财产租赁所得"项目征收个人所得税。

政策依据

《酒店产权式经营业主税收问题》（国税函〔2006〕478 号）

酒店产权式经营业主（以下简称业主）在约定的时间内提供房产使用权与酒店进行合作经营，如房产产权并未归属新的经济实体，业主按照约定取得的固定收入和分红收入均应视为租金收入，根据有关税收法律、行政法规的规定，按照财产租赁所得项目征收个人所得税。

（二）纳税人和扣缴义务人

问题 492　财产租赁所得的纳税人和扣缴义务人如何确定

〖答〗财产租赁所得的纳税人和扣缴义务人如表 291 所示。

表 291

财产租赁所得		法律规定
纳税主体		财产租赁所得的所得人
纳税义务人	有产权凭证	以产权凭证为依据
	无产权凭证	由主管税务机关根据实际情况确定
	产权所有人死亡	未办理产权继承手续期间，该财产出租而有租金收入的，以领取租金的个人为纳税义务人

问题 493　房屋租赁合同约定由租户承担相关税费，但该租户未履行缴纳税费的约定，税务部门应该向谁追缴

〖答〗房屋租赁合同约定由租户承担相关税费，但该租户未履行缴纳税费的约定，税务部门应该向房屋出租人追缴。

《中华人民共和国个人所得税法》第九条规定，个人所得税以所得人为纳税人，以支付所得的单位或者个人为扣缴义务人。

《中华人民共和国税收征收管理法实施细则》第三条规定,任何部门、单位和个人作出的与税收法律、行政法规相抵触的决定一律无效……纳税人应当依照税收法律、行政法规的规定履行纳税义务;其签订的合同、协议等与税收法律、行政法规相抵触的,一律无效。

根据上述规定,虽然房屋租赁双方在合同中约定由租户承担相关税费,但是出租人与承租人的约定并不能改变法定的纳税义务人。因而,税务部门应该向房屋出租人追缴税款。

(三) 扣除项目

问题 494　财产租赁所得个人所得税前扣除税费按何次序扣除

〖答〗财产租赁所得个人所得税前扣除税费的扣除次序,如表 292 所示。

表 292　财产租赁所得个人所得税前扣除税费的扣除次序

次序	依次扣除税费
1	财产租赁过程中缴纳的税费
2	向出租方支付的租金
3	由纳税人负担的租赁财产实际开支的修缮费用
4	税法规定的费用扣除标准

政策依据

《关于个人转租房屋取得收入征收个人所得税问题的通知》(国税函〔2009〕639 号)第三条

《国家税务总局关于个人所得税若干业务问题的批复》(国税函〔2002〕146 号)有关财产租赁所得个人所得税前扣除税费的扣除次序调整为:

(一) 财产租赁过程中缴纳的税费;

(二) 向出租方支付的租金;

(三) 由纳税人负担的租赁财产实际开支的修缮费用;

(四) 税法规定的费用扣除标准。

(四) 应纳税额

问题 495　财产租赁所得如何计缴个税

〖答〗财产租赁所得,每次收入不超过 4 000 元的,减除费用 800 元;4 000 元以上的,减除 20% 的费用,其余额为应纳税所得额。财产租赁所得,以一个月内取得的收入为一次,适用比例税率,税率为 20%。其具体如表 293 所示。

表 293　财产租赁所得应纳税额的计算

项目	具体情形
"次"的规定	以一个月内取得的收入为一次
扣除项目	允许依次扣除的项目 1. 财产租赁过程中缴纳的税费 2. 向出租方支付的租金 3. 由纳税人负担的租赁财产实际开支的修缮费用 4. 税法规定的费用扣除标准(800 元或 20%)

(续表)

项目	具体情形
公益性捐赠扣除	个人将其所得对教育、扶贫、济困等公益慈善事业进行捐赠,捐赠额未超过纳税人申报的应纳税所得额30%的部分,可以从其应纳税所得额中扣除;国务院规定对公益慈善事业捐赠实行全额税前扣除的,从其规定
税率	20%
应纳税所得额	1. 每次(月)收入≤4 000元 应纳税所得额=收入额-免税收入-准予扣除项目-修缮费用-800元-准予扣除的公益慈善事业捐赠额 其中,修缮费用每次以800元为限 2. 每次(月)收入>4 000元 应纳税所得额=(收入额-免税收入-准予扣除项目-修缮费用)×(1-20%)-准予扣除的公益慈善事业捐赠额 其中,修缮费用每次以800元为限
应纳税额	应纳税所得额×20%

一、《中华人民共和国个人所得税法》第三条、第六条第四项、第三款

利息、股息、红利所得,财产租赁所得,财产转让所得和偶然所得,适用比例税率,税率为百分之二十。

财产租赁所得,每次收入不超过四千元的,减除费用八百元;四千元以上的,减除百分之二十的费用,其余额为应纳税所得额。

个人将其所得对教育、扶贫、济困等公益慈善事业进行捐赠,捐赠额未超过纳税人申报的应纳税所得额百分之三十的部分,可以从其应纳税所得额中扣除;国务院规定对公益慈善事业捐赠实行全额税前扣除的,从其规定。

二、《中华人民共和国个人所得税法实施条例》第十四条第二项

财产租赁所得,以一个月内取得的收入为一次。

三、《国家税务总局关于印发〈征收个人所得税若干问题的规定〉的通知》(国税发〔1994〕89号)第六条第一、二项

六、关于财产租赁所得的征税问题

(一)纳税义务人在出租财产过程中缴纳的税金和国家能源交通重点建设基金、国家预算调节基金、教育费附加,可持完税(缴款)凭证,从其财产租赁收入中扣除。

(二)纳税义务人出租财产取得财产租赁收入,在计算征税时,除可依法减除规定费用和有关税、费外,还准予扣除能够提供有效、准确凭证,证明由纳税义务人负担的该出租财产实际开支的修缮费用。允许扣除的修缮费用,以每次800元为限,一次扣除不完的,准予在下一次继续扣除,直至扣完为止。

四、《国家税务总局关于个人转租房屋取得收入征收个人所得税问题的通知》(国税函〔2009〕639号)第二条、第三条

二、取得转租收入的个人向房屋出租方支付的租金,凭房屋租赁合同和合法支付凭据允许在计算个人所得税时,从该项转租收入中扣除。

三、《国家税务总局关于个人所得税若干业务问题的批复》(国税函〔2002〕146号)有关财产租赁所得个人所得税前扣除税费的扣除次序调整为:

(一)财产租赁过程中缴纳的税费;

(二)向出租方支付的租金;

(三)由纳税人负担的租赁财产实际开支的修缮费用;

(四)税法规定的费用扣除标准。

问题 496　个人出租住房所得如何计缴个税

〖答〗个人出租住房所得,按照"财产租赁所得"应税项目减按 10%的税率征收个人所得税。具体个税处理如表 294 所示。

表 294　个人出租住房个税处理一览表

项目		情形
应税项目		财产租赁所得
税率		减按 10%
应纳所得额	据实征收	可凭合法有效凭证,从其租金收入中依次减除住房租赁过程中缴纳的税费、向出租方支付的租金、由纳税人负担的实际开支的修缮费用,以及税法规定的费用扣除标准
		个人出租房屋的个人所得税应税收入不含增值税,计算房屋出租所得可扣除的税费不包括本次出租缴纳的增值税。免征增值税的,确定计税依据时,成交价格、租金收入、转让房地产取得的收入不扣减增值税额
	核定征收	纳税人不能提供合法、准确的成本费用凭证,不能准确计算房屋租赁成本费用的,按租金收入的一定比例核定应纳税所得额,具体比例根据各地区税务机关规定为准。例如,自 2019 年 10 月 1 日起,河北省辖区内个人出租(转租)住房不能提供合法、准确的成本费用凭证,不能准确计算房屋租赁成本费用的,在租金收入的 5%—10%的幅度内核定应纳税所得额
		个人捐赠住房作为廉租住房的,捐赠额未超过其申报的应纳税所得额 30%的部分,准予从其应纳税所得额中扣除

政策依据

一、《关于调整住房租赁市场税收政策的通知》(财税〔2000〕125 号)第三条

自 2001 年 1 月 1 日起,对个人出租房屋取得的所得暂减按 10%的税率征收个人所得税。

二、《财政部　国家税务总局关于廉租住房、经济适用住房和住房租赁有关税收政策的通知》(财税〔2008〕24 号)第二条第一项

(二)、支持住房租赁市场发展的税收政策

第一项　对个人出租住房取得的所得减按 10%的税率征收个人所得税。

……

上述与廉租住房、经济适用住房相关的新的优惠政策自 2007 年 8 月 1 日起执行,文到之日前已征税款在以后应缴税款中抵减。与住房租赁相关的新的优惠政策自 2008 年 3 月 1 日起执行。其他政策仍按现行规定继续执行。

三、《财政部　国家税务总局关于营改增后契税　房产税　土地增值税　个人所得税计税依据问题的通知》(财税〔2016〕43 号)第四条、第五条

(四)……

个人出租房屋的个人所得税应税收入不含增值税,计算房屋出租所得可扣除的税费不包括本次出租缴纳的增值税。个人转租房屋的,其向房屋出租方支付的租金及增值税额,在计算转租所得时予以扣除。

(五)免征增值税的,确定计税依据时,成交价格、租金收入、转让房地产取得的收入不扣减增值税额。

四、《国家税务总局河北省税务局关于个人出租住房个人所得税征收管理有关事项的公告》(国家税务总局河北省税务局公告 2019 年第 6 号)第一条

(一)个人出租(转租)住房不能提供合法、准确的成本费用凭证,不能准确计算房屋租赁成本费用的,在租金收入的 5%—10%的幅度内核定应纳税所得额。具体适用比例由市税务机关确定。

注:上述政策规定的"出租房屋"和"出租住房"减按 10%的税率计征个税,实务中,对于"非住房"是否也可减征个税纳税人存在疑虑,12366 答复只有"住房"可享受减征,该观点供读者参考,实务中请咨询当地主管

税务机关。

案例 86

小松2020年9月30日将闲置的一套住房按市场价格对外出租,租期半年,每月取得不含税租金3 600元;另外,每月发生准予扣除的其他税费20元;10月份小松对住房进行简单修缮,发生修缮费用1 300元;当月小松通过中国红十字会捐赠600元,以上费用均取得合法票据。

请问小松2020年10月出租住房应缴纳多少个人所得税?

〖答〗(1)应纳税所得额。

个人出租房屋的个人所得税应税收入不含增值税,免征增值税的,确定计税依据时,成交价格、租金收入不扣减增值税额,因此,租金收入额为3 600元;

修缮费用实际发生1 300元,当月扣除限额为800元;

当月租金收入<4 000元,适用定额扣除标准800元。

应纳税所得额=3 600-20-800-800=1 980(元)

(2)公益慈善捐赠扣除限额。

个人将其所得对教育、扶贫、济困等公益慈善事业进行捐赠,捐赠额未超过纳税人申报的应纳税所得额30%的部分,可以从其应纳税所得额中扣除;

公益慈善捐赠扣除限额=1 980×30%=594(元)

实际捐赠600元,大于公益慈善捐赠扣除限额,因此允许扣除的公益慈善捐赠额为594元。

(3)应纳税额。

自2008年3月1日起,对个人出租住房取得的所得减按10%的税率征收个人所得税。小松出租住房,适用10%税率。

小松10月出租住房个税应纳税=(1 980-594)×10%=138.6(元)

问题497 个人转租房屋所得如何计缴个税

〖答〗个人将承租房屋转租取得的租金收入,属于个人所得税应税所得,应按"财产租赁所得"项目计算缴纳个人所得税,具体如表295所示。

表295 个人转租房屋个税处理表

项目	情形
个税处理	按"财产租赁所得"项目计缴个税
允许扣除税费	依次允许扣除的税费: 1. 财产租赁过程中缴纳的税费; 2. 向出租方支付的租金; 3. 由纳税人负担的租赁财产实际开支的修缮费用; 4. 税法规定的费用扣除标准
	个人转租房屋的,其向房屋出租方支付的租金及增值税额,在计算转租所得时予以扣除。免征增值税的,确定计税依据时,成交价格、租金收入、转让房地产取得的收入不扣减增值税额

 政策依据

一、《关于个人转租房屋取得收入征收个人所得税问题的通知》(国税函〔2009〕639号)第一条、第二条、第

三条

第一条 个人将承租房屋转租取得的租金收入,属于个人所得税应税所得,应按"财产租赁所得"项目计算缴纳个人所得税。

第二条 取得转租收入的个人向房屋出租方支付的租金,凭房屋租赁合同和合法支付凭据允许在计算个人所得税时,从该项转租收入中扣除。

第三条 《国家税务总局关于个人所得税若干业务问题的批复》(国税函〔2002〕146号)有关财产租赁所得个人所得税前扣除税费的扣除次序调整为:

(一)财产租赁过程中缴纳的税费;

(二)向出租方支付的租金;

(三)由纳税人负担的租赁财产实际开支的修缮费用;

(四)税法规定的费用扣除标准。

二、《财政部 国家税务总局关于营改增后契税 房产税 土地增值税 个人所得税计税依据问题的通知》(财税〔2016〕43号)第四条、第五条

第四条……

个人出租房屋的个人所得税应税收入不含增值税,计算房屋出租所得可扣除的税费不包括本次出租缴纳的增值税。个人转租房屋的,其向房屋出租方支付的租金及增值税额,在计算转租所得时予以扣除。

第五条 免征增值税的,确定计税依据时,成交价格、租金收入、转让房地产取得的收入不扣减增值税额。

案例 87

小梅2019年6月1日承租济南市高新区一层写字楼用于办公,每月支付租金160 000元(含增值税),租赁期为3年;2020年8月30日小梅将工作室迁往青岛,并将该层写字楼转租给梅松公司,约定从9月1日起,月租金为294 000元(含增值税);9月,小梅缴纳增值税14 000元、城建税及教育费附加1 680元、地方水利建设基金70元,发生房屋修缮费用1 400元。

请问2020年9月梅松公司应代扣代缴小梅多少个人所得税?

〖答〗(1)应税收入。

财产租赁所得的应税收入为不含增值税,小梅每月取得含增值税租金294 000元,则该层写字楼转租应税收入为:294 000÷(1+5%)=280 000(元)。

(2)依次确定扣除的费用。

① 财产租赁过程中缴纳的税费:1 680+70=1 750(元)。

② 向出租房支付的租金及增值税额为160 000元。

③ 由纳税人负担的租赁财产实际开支的修缮费用:800元(每月800元为限);小梅实际发生房屋修缮费用1 400元,超过的600元可以在下个月继续扣除。

④ 税法规定的费用扣除标准:收入额大于4 000元,则定率扣除20%。

(3)应纳税所得额。

应纳税所得额=(280 000-1 750-160 000-800)×(1-20%)=93 960(元)

(4)应纳税额。

梅松公司应代扣代缴的个人所得税=93 960×20%=18 792(元)

问题498 个人与房地产开发企业签订有条件价格优惠协议购买商店,如何征收个税

〖答〗个人与房地产开发企业签订有条件价格优惠协议购买商店,个税处理如图355所示。

图355 个人与房地产开发企业签订有条件价格优惠协议购买商店个税处理

《个人与房地产开发企业签订有条件价格优惠协议购买商店征收个人所得税问题》(国税函〔2008〕576号)

房地产开发企业与商店购买者个人签订协议规定,房地产开发企业按优惠价格出售其开发的商店给购买者个人,但购买者个人在一定期限内必须将购买的商店无偿提供给房地产开发企业对外出租使用。其实质是购买者个人以所购商店交由房地产开发企业出租而取得的房屋租赁收入支付了部分购房价款。

根据个人所得税法的有关规定精神,对上述情形的购买者个人少支出的购房价款,应视同个人财产租赁所得,按照"财产租赁所得"项目征收个人所得税。每次财产租赁所得的收入额,按照少支出的购房价款和协议规定的租赁月份数平均计算确定。

案例 88

梅松房地产开发公司(以下简称梅松公司)是一家大型商业地产公司,采用"售后返租"方式销售临街商铺。小松决定购买其中的一套商铺,梅松公司与小松同时签订房地产买卖合同和租赁合同,合同约定该临街商铺按优惠价158万元(即总价200万元的79%)出售,但小松在未来5年内必须将购买的该套商铺无偿提供给梅松公司对外出租使用。梅松公司将价款和折扣额在同一张发票上注明,并开具了销售不动产统一发票。假设不考虑其他税费。

请问:

(1)小松取得该商铺的优惠差价是否缴纳个人所得税?

(2)若缴纳个人所得税,如何缴纳?

【答】(1)小松取得该商铺的优惠差价,实质是购买者个人以所购商店交由房地产开发企业出租而取得的房屋租赁收入支付了部分购房价款,应视同个人财产租赁所得,按照"财产租赁所得"项目征收个人所得税。每次财产租赁所得的收入额,按照少支出的购房价款和协议规定的租赁月份数平均计算确定。

(2)小松取得该商铺的优惠差价需要缴纳的个人所得税,由梅松公司代扣代缴。

① 实质租金(即少支出的购房价款)=200×(1-79%)=42(万元)

② 每次收入额按少支出的购房价款和协议规定的租赁月份数平均计算:420 000÷(5×12)=7 000(元)。

③ 每次收入额>4 000元,适用定率扣除20%,应纳税所得额=7 000×(1-20%)=5 600(元)。

④ 小松应缴纳的个人所得税=5 600×20%=1 120(元)

问题 499　个人购买设备交医院使用，取得的收入如何计缴个税

【答】个人和医院签订协议规定，由个人出资购买医疗仪器或设备交医院使用，取得的收入扣除有关费用后，剩余部分双方按一定比例分成；医疗仪器或设备使用达到一定年限后，产权归医院所有，但收入继续分成。上述行为，实际上是一种具有投资特征的融资租赁行为，对上述个人取得的分成所得，应按照"财产租赁所得"项目征收个人所得税，具体个税处理如表 296 所示。

表 296　个人投资设备取得所得个税处理一览表

项目	个税处理
自合同生效之日起至财产产权发生转移之日止	个人取得的分成所得可在上述年限内按月平均扣除设备投资后，就其余额按税法规定计征个人所得税
产权转移后	个人取得的全部分成收入应按税法规定计征个人所得税，税款由医院在向个人支付所得时代扣代缴

政策依据

《关于个人投资设备取得所得征收个人所得税问题的批复》（国税函〔2000〕540 号）

个人和医院签订协议规定，由个人出资购买医疗仪器或设备交医院使用，取得的收入扣除有关费用后，剩余部分双方按一定比例分成；医疗仪器或设备使用达到一定年限后，产权归医院所有，但收入继续分成。

对个人由此取得的所得如何征收个人所得税的问题，经研究，现批复如下：

个人的上述行为，实际上是一种具有投资特征的融资租赁行为，对上述个人取得的分成所得，应按照"财产租赁所得"项目征收个人所得税，具体计征办法为：自合同生效之日起至财产产权发生转移之日止，个人取得的分成所得可在上述年限内按月平均扣除设备投资后，就其余额按税法规定计征个人所得税；产权转移后，个人取得的全部分成收入应按税法规定计征个人所得税。税款由医院在向个人支付所得时代扣代缴。

问题 500　一个月收取一年租金如何计缴个税

【答】《中华人民共和国个人所得税法实施条例》第十四条第二项规定，财产租赁所得，以一个月内取得的收入为一次。在对"一个月内取得的收入为一次"的理解上，有不同的观点，具体如表 297 所示。

表 297　"一个月内取得的收入为一次"不同观点

项目	情形
观点一	一个月收取一年的租金，算一次收入，在取得收入当月作为一次收入处理
观点二	此处的"一个月"应当理解为"每个月"，一个月收取一年的租金应将数月收入分摊到所属各月，以每月收入作为一次收入处理

注：税法对此并没有作进一步解释，但在实务工作中，税务机关放宽口径，一个月收取一年的租金，可按照每月收入为一次，在对应的租赁期内按月平均分摊；同时，各地区税务机关也对个人采取一次性收取租金形式的个税处理作出说明，如《国家税务总局黑龙江省税务局关于个人出租房屋个人所得税征收管理的公告》第三条规定，个人采取一次性收取租金形式取得的出租房屋租金收入，可在对应的租赁期内按月平均分摊。

问题 501　取得跨年度财产租赁所得，是否需要申报个税

【答】根据《国家税务总局关于明确年所得 12 万元以上自行纳税申报口径的通知》（国税函〔2006〕1200 号）第一条第二款规定，对于纳税人一次取得跨年度财产租赁所得的，全部视为实际取得所得年度的所得。因此，跨年度取得的财产租赁所得，应并入所取得年度自行申报个人所得税。

问题 502　月内支付给同一个人的两笔租赁费,是否能分别扣缴个税

〖答〗月内支付一人两笔租赁费,不能分别扣缴个人所得税。

《中华人民共和国个人所得税法实施条例》(国务院令第 707 号)第十四条第二项规定,财产租赁所得,以一个月内取得的收入为一次。

《国家税务总局关于发布〈个人所得税扣缴申报管理办法(试行)〉的公告》(国家税务总局公告 2018 年第 61 号)第十条、第十一条规定,扣缴义务人支付的财产租赁所得,应当依法按次或者按月代扣代缴税款。财产租赁所得,以一个月内取得的收入为一次。

根据上述规定财产租赁所得以一个月内取得的收入为一次,一个月内支付给同一个人的两笔租赁费,应按照两笔的合计金额计算扣缴个人所得税。

第三节　税 收 优 惠

扫码听课

一、概述

财产租赁所得减免税优惠政策汇总,如表 298 所示。

表 298　财产租赁所得减免税优惠一览表

优惠项目	优惠内容	政策依据
出租住房	自 2001 年 1 月 1 日起,出租房屋取得的所得暂减按 10% 的税率征收	财税〔2000〕125 号
	自 2008 年 3 月 1 日起,出租住房取得的所得减按 10% 的税率征收	财税〔2008〕24 号
公共租赁住房	自 2019 年 1 月 1 日起至 2020 年 12 月 31 日止,个人捐赠住房作为公租房,捐赠支出未超过 30% 的部分,准予扣除	财政部 税务总局公告 2019 年第 61 号
	自 2019 年 1 月 1 日起至 2023 年 12 月 31 日止,对符合地方政府规定条件的城镇住房保障家庭从地方政府领取的住房租赁补贴,免征个人所得税	财政部 税务总局公告 2019 年第 61 号

二、要点解答

问题 503　公共租赁住房个人所得税有何税收优惠

〖答〗公共租赁住房个人所得税的优惠政策,如表 299 所示。

表 299　公共租赁住房个人所得税的优惠政策

优惠时间	情形	税收优惠
2019 年 1 月 1 日至 2025 年 12 月 31 日	个人捐赠住房作为公租房	对其公益性捐赠支出未超过其申报的应纳税所得额 30% 的部分,准予从其应纳税所得额中扣除
2019 年 1 月 1 日至 2025 年 12 月 31 日	对符合地方政府规定条件的城镇住房保障家庭从地方政府领取的住房租赁补贴	免征个人所得税

📝 **政策依据**

《财政部 税务总局关于公共租赁住房税收优惠政策的公告》(财政部 税务总局公告 2019 年第 61 号)第五条至第十条

五、……

个人捐赠住房作为公租房,符合税收法律法规规定的,对其公益性捐赠支出未超过其申报的应纳税所得额 30% 的部分,准予从其应纳税所得额中扣除。

六、对符合地方政府规定条件的城镇住房保障家庭从地方政府领取的住房租赁补贴,免征个人所得税。

……

八、享受上述税收优惠政策的公租房是指纳入省、自治区、直辖市、计划单列市人民政府及新疆生产建设兵团批准的公租房发展规划和年度计划,或者市、县人民政府批准建设(筹集),并按照《关于加快发展公共租赁住房的指导意见》(建保〔2010〕87 号)和市、县人民政府制定的具体管理办法进行管理的公租房。

九、纳税人享受本公告规定的优惠政策,应按规定进行免税申报,并将不动产权属证明、载有房产原值的相关材料、纳入公租房及用地管理的相关材料、配套建设管理公租房相关材料、购买住房作为公租房相关材料、公租房租赁协议等留存备查。

十、本公告执行期限为 2019 年 1 月 1 日至 2020 年 12 月 31 日。

《财政部 税务总局关于延长部分税收优惠政策执行期限的公告》(财政部 税务总局公告 2021 年第 6 号)第一条

一、《财政部 税务总局关于设备器具扣除有关企业所得税政策的通知》(财税〔2018〕54 号)等 16 个文件规定的税收优惠政策凡已经到期的,执行期限延长至 2023 年 12 月 31 日。

问题 504　廉租住房个人所得税有何税收优惠

〖答〗根据住房和城乡建设部、财政部、国家发展和改革委员会联合印发的《关于公共租赁住房和廉租房并轨运行的通知》(建保〔2013〕178 号)规定,从 2014 年起,各地公共租赁住房和廉租住房并轨运行,并轨后统称为公共租赁住房。故针对廉租住房的优惠政策,同公共租赁住房优惠政策,详见问题 495。

📝 **政策依据**

《关于公共租赁住房和廉租房并轨运行的通知》(建保〔2013〕178 号)第一条、第二条

根据《国务院批转发展改革委关于 2013 年深化经济体制改革重点工作意见的通知》(国发〔2013〕20 号)和《国务院办公厅关于保障性安居工程建设和管理的指导意见》(国办发〔2011〕45 号)等文件精神,从 2014 年起,各地公共租赁住房和廉租住房并轨运行,并轨后统称为公共租赁住房。现就有关事宜通知如下:

一、调整公共租赁住房年度建设计划

从 2014 年起,各地廉租住房(含购改租等方式筹集,下同)建设计划调整并入公共租赁住房年度建设计划。2014 年以前年度已列入廉租住房年度建设计划的在建项目可继续建设,建成后统一纳入公共租赁住房管理。

二、整合公共租赁住房政府资金渠道

廉租住房并入公共租赁住房后,地方政府原用于廉租住房建设的资金来源渠道,调整用于公共租赁住房(含 2014 年以前在建廉租住房)建设。原用于租赁补贴的资金,继续用于补贴在市场租赁住房的低收入住房保障对象。

第四节 纳税申报

一、概述

纳税人取得财产租赁所得,以一个月内取得的收入为一次,按月或者按次计算个人所得税,有扣缴义务人的,由扣缴义务人按月或者按次代扣代缴税款。扣缴义务人每月或者每次预扣、代扣的税款,应当在次月15日内缴入国库,并向税务机关报送扣缴个人所得税申报表。

纳税人取得应税所得,扣缴义务人未扣缴税款的,纳税人应当在取得所得的次年6月30日前,缴纳税款;税务机关通知限期缴纳的,纳税人应当按照期限缴纳税款。

财产租赁所得纳税申报分自行申报、代扣代缴两种方式,如表300所示。

表300 财产租赁所得纳税申报一览表

申报方式	适用条件	适用申报	纳税期限	办理机构
自行申报	有扣缴义务人但未扣缴税款的	居民其他分类所得个人所得税自行申报	取得所得的次年6月30日前	纳税人主管税务机关
代扣代缴	没有扣缴义务人的,或者扣缴义务人向居民个人支付财产转让所得时,按月或按次代扣代缴个人所得税	居民个人取得分类所得个人所得税代扣代缴申报	次月15日前缴入国库	扣缴义务人主管税务机关

二、自行申报

问题505　申报期限及填报资料

纳税人取得财产租赁所得,取得应税所得,扣缴义务人未扣缴税款或者国务院规定的其他情形,在取得所得的次年6月30日前应向税务机关报送《个人所得税自行纳税申报表(A表)》(详见第三章)及税务机关要求报送的其他有关资料,并缴纳税款。

财产租赁所得自行申报适用"居民其他分类所得个人所得税自行申报",具体申报材料及要求,详见第七章第四节。

三、代扣代缴申报

问题506　申报期限及填报资料

个人所得税以向个人支付所得的单位或者个人为扣缴义务人。扣缴义务人向居民个人支付财产转让所得时,应当按月或按次代扣代缴个人所得税,在次月15日填报《个人所得税扣缴申报表》及其他相关资料,向主管税务机关纳税申报。

财产租赁所得自行申报适用"居民个人取得分类所得个人所得税代扣代缴申报",具体申报材料及要求,详见第七章第四节。

四、自然人电子税务局扣缴客户端申报

问题507　申报流程

自然人税收管理系统(扣缴客户端)办理财产租赁所得代扣代缴,适用"分类所得个人所得税代扣代缴申报"。

分类所得个人所得税代扣代缴申报包括:利息股息红利所得;财产租赁所得;财产转让所

得;偶然所得四个项目的申报。本节重点讲解财产租赁所得的个税申报流程。

首页功能菜单点击【分类所得申报】,进入"一般分类所得代扣代缴申报"页面,页面上方为申报主流程导航栏,根据【1 收入及减除填写】【2 附表填写】【3 申报表报送】三步流程完成分类所得代扣代缴申报。如图 356 所示。

图 356　财产租赁所得登录界面

案例 89

小松 2022 年 1 月 25 日将闲置的一套住房按市场价格对外出租,租期半年,每月取得不含税租金 3 600 元,每月发生准予扣除的其他税费 20 元;另外,2 月份小松对住房进行简单修缮,发生修缮费用 1 300 元;当月小松通过中国红十字会捐赠 600 元,以上费用均取得合法票据。

(一) 小松 2022 年 2 月出租住房缴纳个人所得税计算如下。

(1) 应纳税所得额。

租金收入额为 3 600 元;修缮费用实际发生 1 300 元,当月扣除限额为 800 元。

当月租金收入<4 000 元,适用定额扣除标准 800 元。

应纳税所得额=3 600−20−800−800=1 980(元)

(2) 公益慈善捐赠扣除限额。

个人将其所得对教育、扶贫、济困等公益慈善事业进行捐赠,捐赠额未超过纳税人申报的应纳税所得额 30%的部分,可以从其应纳税所得额中扣除。

公益慈善捐赠扣除限额＝1 980×30％＝594(元)

小松实际捐赠600元,大于公益慈善捐赠扣除限额,因此允许扣除的公益慈善捐赠额为594元。

(3) 应纳税额。

对个人出租住房取得的所得减按10％的税率征收个人所得税。小松出租住房,适用10％税率。

小松2月出租住房个税应纳税：(1 980－594)×10％＝138.6(元)。

(二) 小松2022年2月出租住房申报个人所得税

1. 收入及减除填写

财产租赁所得项目包含"个人房屋出租所得""其他财产租赁所得"两类,选择"个人房屋出租所得"项目填列,如图357所示。

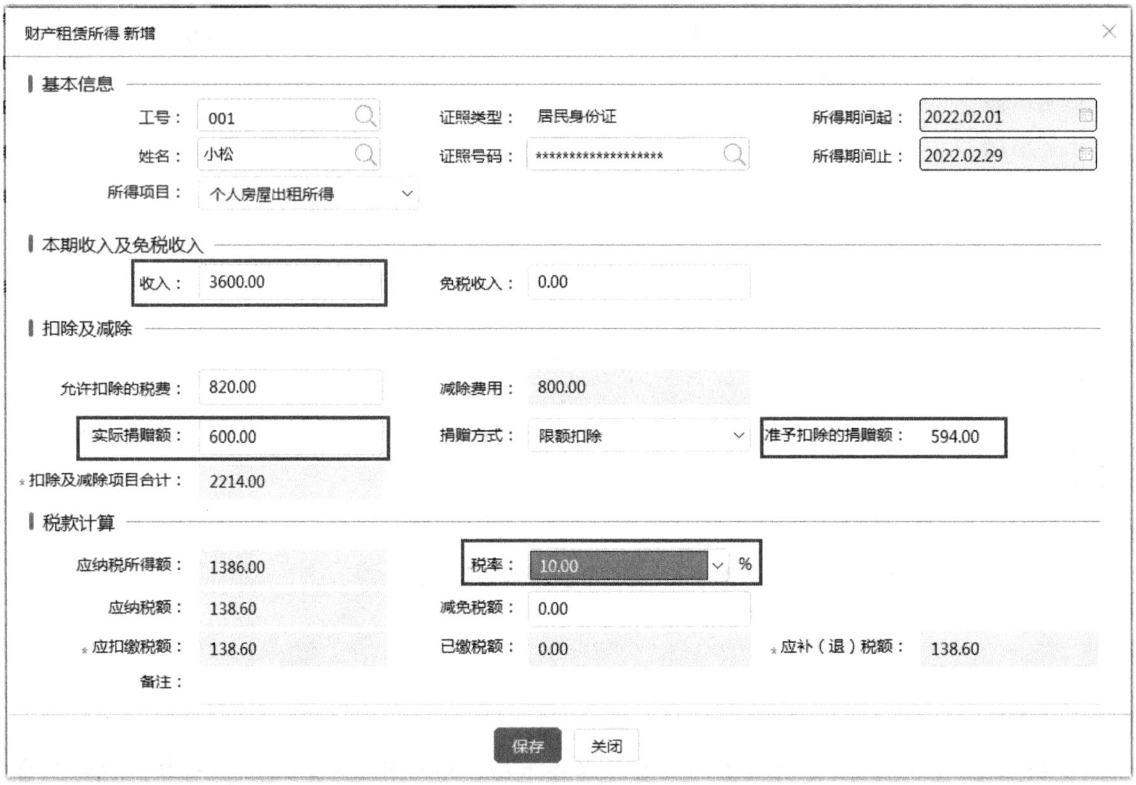

图357 个人房屋出租所得收入申报填列

注意事项：

【减除费用】：分类所得中,只有财产租赁所得有减除费用概念,根据减除费用中默认的公式,依次填写相关项目。

【减免税额】：分类所得所有所得项目有符合规定的减免情形,均可填写。

2. 附表填写

若纳税人有相关减除项目,则依次填写"减免事项附表""准予扣除的捐赠附表""个人股东股权转让信息表",小松通过中国红十字会捐赠600元,因此需要填写"准予扣除的捐赠附表",如图358、图359所示。

第五章　财产租赁所得

图 358　分类所得附表填写页面

图 359　准予扣除的捐赠附表填列

3. 申报表报送

确认所填写项目准确无误后,点击"发送申报",完成申报,如图 360 所示。

图 360　个人房屋出租所得申报页面

问题 508　财产租赁所得税收政策汇总

财产租赁所得税收政策汇总如表 301 所示。

表 301　财产租赁所得税收政策汇总表

序号	政策文件名称	文号
1	《财政部 税务总局关于公共租赁住房税收优惠政策的公告》	财政部 税务总局公告 2019 年第 61 号
2	《国家税务总局关于修订个人所得税申报表的公告》	国家税务总局公告 2019 年第 7 号
3	《国家税务总局河北省税务局关于个人出租住房个人所得税征收管理有关事项的公告》	国家税务总局河北省税务局公告 2019 年第 6 号
4	《财政部 国家税务总局关于营改增后契税 房产税 土地增值税 个人所得税计税依据问题的通知》	财税〔2016〕43 号
5	《关于个人转租房屋取得收入征收个人所得税问题的通知》	国税函〔2009〕639 号
6	《财政部 国家税务总局关于廉租住房、经济适用住房和住房租赁有关税收政策的通知》	财税〔2008〕24 号
7	《个人与房地产开发企业签订有条件价格优惠协议购买商店征收个人所得税问题》	国税函〔2008〕576 号
8	《酒店产权式经营业主税收问题》	国税函〔2006〕478 号
9	《国家税务总局关于转租浅海滩涂使用权收入征收个人所得税问题的批复》	国税函〔2002〕1158 号
10	《关于调整住房租赁市场税收政策的通知》	财税〔2000〕125 号
11	《关于个人投资设备取得所得征收个人所得税问题的批复》	国税函〔2000〕540 号
12	《国家税务总局关于印发〈征收个人所得税若干问题的规定〉的通知》	国税发〔1994〕89 号

第六章

利息、股息、红利所得

利息、股息、红利所得思维导图如图361所示。

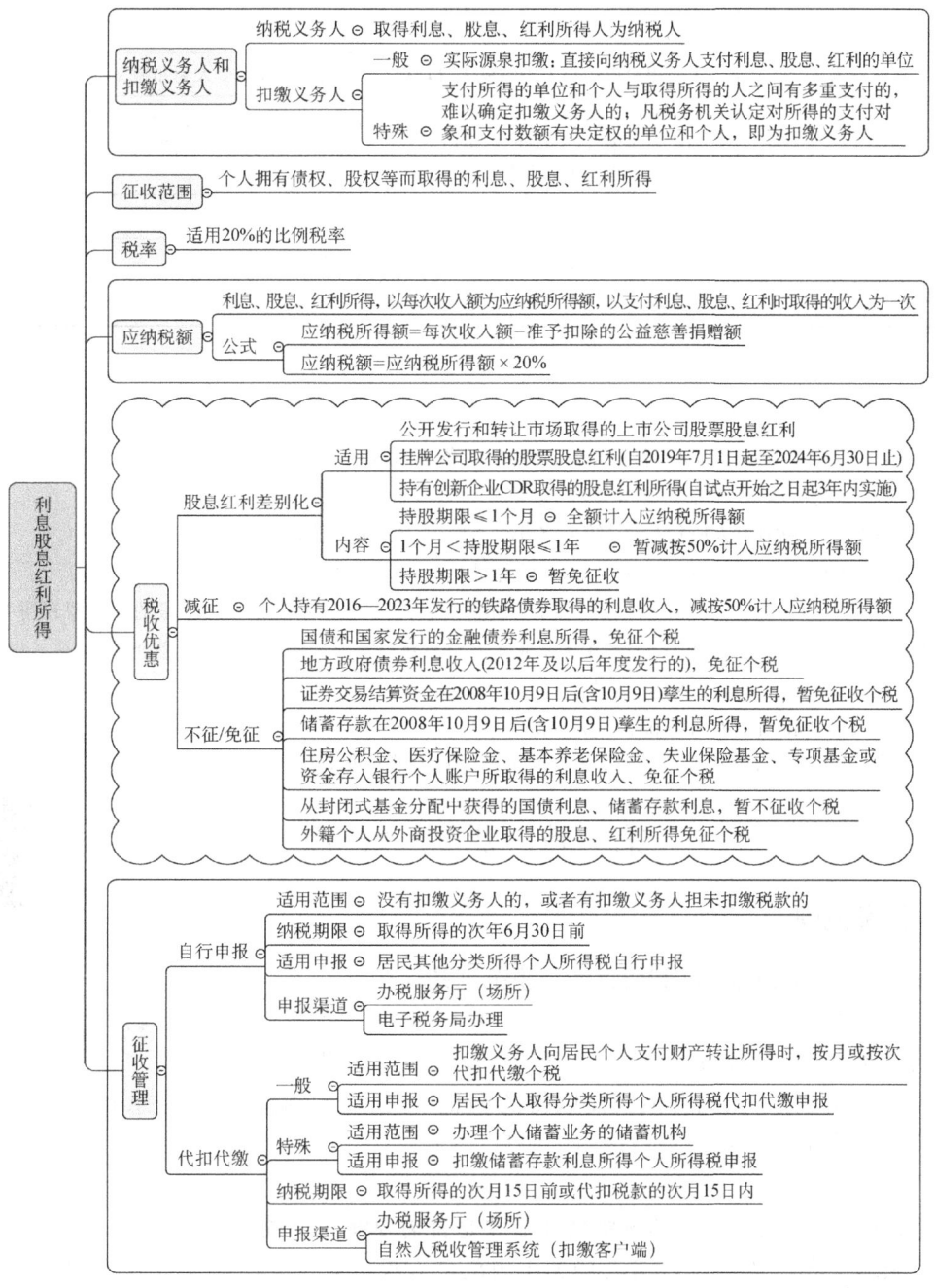

图361 利息、股息、红利所得思维导图

第一节 概 述

利息、股息、红利所得,是指个人拥有债权、股权等而取得的利息、股息、红利所得。具体如表 302 所示。

表 302 利息、股息、红利所得概述一览表

项目	利息、股息、红利所得
征税范围	个人拥有债权、股权等而取得的利息、股息、红利所得
纳税人和扣缴义务人	个人所得税以所得人为纳税人,以支付所得的单位或者个人为扣缴义务人
公益性捐赠扣除	个人将其所得对教育、扶贫、济困等公益慈善事业进行捐赠,捐赠额未超过纳税人申报的应纳税所得额30%的部分,可以从其应纳税所得额中扣除;国务院规定对公益慈善事业捐赠实行全额税前扣除的,从其规定
税率	20%
应纳税所得额	每次收入额-准予扣除的公益慈善事业捐赠额
应纳税额	应纳税所得额×20%

政策依据

一、《中华人民共和国个人所得税法实施条例》第六条第六项

利息、股息、红利所得,是指个人拥有债权、股权等而取得的利息、股息、红利所得。

二、《中华人民共和国个人所得税法》第六条第一款第六项、第三款,第九条

利息、股息、红利所得,以每次收入额为应纳税所得额。

个人将其所得对教育、扶贫、济困等公益慈善事业进行捐赠,捐赠额未超过纳税人申报的应纳税所得额百分之三十的部分,可以从其应纳税所得额中扣除;国务院规定对公益慈善事业捐赠实行全额税前扣除的,从其规定。

个人所得税以所得人为纳税人,以支付所得的单位或者个人为扣缴义务人。

三、《中华人民共和国个人所得税法》第三条第三项

利息、股息、红利所得,财产租赁所得,财产转让所得和偶然所得,适用比例税率,税率为百分之二十。

第二节 要点难点

扫码听课

一、征税范围

问题 509 利息、股息、红利所得的征税范围是什么

〖答〗《中华人民共和国个人所得税法实施条例》第六条第六项规定,利息、股息、红利所得,是指个人拥有债权、股权等而取得的利息、股息、红利所得。

通常,利息,是指个人拥有债权而取得的利息,包括存款利息、贷款利息和各种债券的利息;股息、红利,是指个人拥有股权取得的股息、红利。

问题 510 个人投资者从其投资企业借款是否需要缴纳个税

〖答〗根据《财政部 国家税务总局关于规范个人投资者个人所得税征收管理的通知》(财税〔2003〕158 号)文件第二条规定,纳税年度内个人投资者从其投资企业(个人独资企业、合伙

企业除外)借款,在该纳税年度终了后既不归还,又未用于企业生产经营的,其未归还的借款可视为企业对个人投资者的红利分配,依照"利息、股息、红利所得"项目计征个人所得税。

问题511 个人独资企业和合伙企业对外投资分回利息、股息、红利如何计缴个税

〖答〗个人独资企业和合伙企业对外投资分回利息、股息、红利个税处理如表303所示。

表303 个人独资企业和合伙企业对外投资分回利息、股息、红利个税处理

主体	情形	个税处理
个人独资企业和合伙企业	对外投资分回的利息或者股息、红利	不并入企业的收入,而应单独作为投资者个人取得的利息、股息、红利所得,按"利息、股息、红利所得"应税项目计算缴纳个人所得税
以合伙企业名义		应按规定确定各个投资者的利息、股息、红利所得,分别按"利息、股息、红利所得"应税项目计缴个税

政策依据

《国家税务总局关于〈关于个人独资企业和合伙企业投资者征收个人所得税的规定〉执行口径的通知》(国税函〔2001〕84号)文件第二条

二、关于个人独资企业和合伙企业对外投资分回利息、股息、红利的征税问题

个人独资企业和合伙企业对外投资分回的利息或者股息、红利,不并入企业的收入,而应单独作为投资者个人取得的利息、股息、红利所得,按"利息、股息、红利所得"应税项目计算缴纳个人所得税。以合伙企业名义对外投资分回利息或者股息、红利的,应按《通知》所附规定的第五条精神确定各个投资者的利息、股息、红利所得,分别按"利息、股息、红利所得"应税项目计算缴纳个人所得税。

问题512 个体工商户与企业联营而分得的利润如何计缴个税

〖答〗根据《财政部 国家税务总局关于个人所得税若干政策问题的通知》(财税字〔1994〕20号)文件第一条第三项规定:个体工商户与企业联营而分得的利润,按利息、股息、红利所得项目征收个人所得税。

问题513 个人取得企业转增注册资本和股本所得是否计缴个税

〖答〗个人取得企业转增注册资本和股本所得,个税处理具体如表304所示。

表304 个人取得企业转增注册资本和股本所得个税处理

序号	情形	个税处理
1	股份制企业将股票溢价发行收入所形成的资本公积金转增股本	对个人取得的转增股本数额,不作为个人所得,不征收个人所得税
2	以未分配利润、盈余公积和除股票溢价发行外的其他资本公积转增注册资本和股本的	按"利息、股息、红利所得"项目征收个人所得税

政策依据

一、《国家税务总局关于进一步加强高收入者个人所得税征收管理的通知》(国税发〔2010〕54号)第二条第二项第二款

加强企业转增注册资本和股本管理,对以未分配利润、盈余公积和除股票溢价发行外的其他资本公积转增注册资本和股本的,要按照"利息、股息、红利所得"项目,依据现行政策规定计征个人所得税。

二、《国家税务总局关于股份制企业转增股本和派发红股征免个人所得税的通知》(国税发〔1997〕198号)第一条

股份制企业用资本公积金转增股本不属于股息、红利性质的分配,对个人取得的转增股本数额,不作为个人所得,不征收个人所得税。

三、《国家税务总局关于原城市信用社在转制为城市合作银行过程中个人股增值所得应纳个人所得税的批复》(国税函〔1998〕289号)第二条

《国家税务总局关于股份制企业转增股本和派发红股征免个人所得税的通知》(国税发〔1997〕198号)中所表述的"资本公积金"是指股份制企业股票溢价发行收入所形成的资本公积金。将此转增股本由个人取得的数额,不作为应税所得征收个人所得税。而与此不相符合的其他资本公积金分配个人所得部分,应当依法征收个人所得税。

四、《财政部 国家税务总局关于将国家自主创新示范区有关税收试点政策推广到全国范围实施的通知》(财税〔2015〕116号)第三条

自2016年1月1日起,全国范围内的中小高新技术企业以未分配利润、盈余公积、资本公积向个人股东转增股本时,个人股东一次缴纳个人所得税确有困难的,可根据实际情况自行制定分期缴税计划,在不超过5个公历年度内(含)分期缴纳,并将有关资料报主管税务机关备案。个人股东获得转增的股本,应按照"利息、股息、红利所得"项目,适用20%税率征收个人所得税。

2019年税务机关对梅松高新技术企业实施稽查时发现,梅松公司于2017年进行股份制改造,2017年12月4日,将其法定盈余公积、任意盈余公积、法定公益金和由财政拨款转入资本公积的货币资金按原持股比例分配给8名自然人股东增资扩股,拟在上交所创业板上市,股权登记变更完成后,在2018年2月4日自查补代扣代缴法定盈余公积、任意盈余公积、法定公益金转增个人股本所涉及的个人所得税,唯独对于财政拨款转入的资本公积转增个人股份,未代扣代缴个人所得税。梅松企业认为,财政拨款转入的资本公积转增个人股份符合国家税务总局《关于股份制企业转增股本和派发红股征免个人所得税的通知》(国税发〔1997〕198号)文件要求,不征收个人所得税。

请问梅松企业对文件的解读是否正确呢?

〖答〗梅松企业对文件的解读是错误的。

根据国税发〔1997〕198号文件第一条规定,属于股票溢价发行收入所形成的资本公积金转增注册资本和股本的,不征收个人所得税,在国税函〔1998〕289号文件中,进一步对国税发〔1997〕198号中所表述的"资本公积金"作出解释,强调文件所说"资本公积"是专指股份制企业股票溢价发行收入所形成的资本公积金,由此转增股本由个人取得的数额,才不作为应税所得征收个人所得税。

梅松企业转增个人股份的资本公积金,最初来源于财政拨款,虽然在会计处理上记入"资本公积"科目,但并不属于国税发〔1997〕198号文件所述的股份制企业股票溢价发行收入所形成的资本公积金,所以,应按《国家税务总局关于进一步加强高收入者个人所得税征收管理的通知》(国税发〔2010〕54号)文件第二条第二项的规定,除股票溢价发行外的其他资本公积转增注册资本和股本的,按"利息、股息、红利所得"项目征收个人所得税。

问题514 以企业资金为个人购房或其他财产是否计缴个税

〖答〗以企业资金为个人购房或其他财产,个税处理如表305所示。

第六章　利息、股息、红利所得

表 305　以企业资金为个人购房或其他财产个税处理

序号	情形	个税处理
1	企业出资购买房屋及其他财产,将所有权登记为投资者个人、投资者家庭成员或企业其他人员的	不论所有权人是否将财产无偿或有偿交付企业使用,其实质均为企业对个人进行了实物性质的分配,应依法计征个人所得税
2	企业投资者个人、投资者家庭成员或企业其他人员向企业借款用于购买房屋及其他财产,将所有权登记为投资者、投资者家庭成员或企业其他人员,且借款年度终了后未归还借款的	

以企业资金为个人购房或其他财产按何项目计征个税,具体如表 306 所示。

表 306　企业对个人实物性质的分配个税处理

序号	情形	征收税目
1	对个人独资企业、合伙企业的个人投资者或其家庭成员取得的实物性质的分配	经营所得
2	除个人独资企业、合伙企业以外的其他企业对个人投资者或其家庭成员取得的实物性质的分配	利息、股息、红利所得
3	对企业其他人员取得的实物性质的分配	工资、薪金所得

政策依据

《财政部 国家税务总局关于企业为个人购买房屋或其他财产征收个人所得税问题的批复》(财税〔2008〕83 号)第一条、第二条

一、根据《中华人民共和国个人所得税法》和《财政部 国家税务总局关于规范个人投资者个人所得税征收管理的通知》(财税〔2003〕158 号)的有关规定,符合以下情形的房屋或其他财产,不论所有权人是否将财产无偿或有偿交付企业使用,其实质均为企业对个人进行了实物性质的分配,应依法计征个人所得税。

(一)企业出资购买房屋及其他财产,将所有权登记为投资者个人、投资者家庭成员或企业其他人员的;

(二)企业投资者个人、投资者家庭成员或企业其他人员向企业借款用于购买房屋及其他财产,将所有权登记为投资者、投资者家庭成员或企业其他人员,且借款年度终了后未归还借款的。

二、对个人独资企业、合伙企业的个人投资者或其家庭成员取得的上述所得,视为企业对个人投资者的利润分配,按照"个体工商户的生产、经营所得"项目计征个人所得税;对除个人独资企业、合伙企业以外其他企业的个人投资者或其家庭成员取得的上述所得,视为企业对个人投资者的红利分配,按照"利息、股息、红利所得"项目计征个人所得税;对企业其他人员取得的上述所得,按照"工资、薪金所得"项目计征个人所得税。

案例 91

小松是梅松公司的股东,2020 年 12 月,梅松公司为股东购买住房一套,总价为 300 万元,住房的所有权人登记为小松的父亲老松。

请问小松获得该套住房后,该如何缴纳个人所得税?

〖答〗小松作为公司股东,以公司资金为其父亲购买房屋,应视为公司对其个人进行了实物性质的分配,应按"利息、股息、红利"项目征收个人所得税。即以购房花费金额 300 万元为应纳税所得额,按适用税率 20% 计算应纳个人所得税税额。

小松应纳个人所得税税额 = 300 × 20% = 60(万元)

该笔税款应由梅松公司代扣代缴。

问题515　企业为股东个人购买汽车是否计缴个税

〖答〗根据《国家税务总局关于企业为股东个人购买汽车征收个人所得税的批复》(国税函〔2005〕364号)文件第一条规定,企业购买车辆并将车辆所有权办到股东个人名下,其实质为企业对股东进行了红利性质的实物分配,应按照"利息、股息、红利所得"项目征收个人所得税。考虑到该股东个人名下的车辆同时也为企业经营使用的实际情况,允许合理减除部分所得,减除的具体数额由主管税务机关根据车辆的实际使用情况合理确定。

问题516　员工因拥有股权而参与企业税后利润分配取得的所得如何计缴个税

〖答〗根据《财政部 国家税务总局关于个人股票期权所得征收个人所得税问题的通知》(财税〔2005〕35号)文件第二条第四项规定,员工因拥有股权而参与企业税后利润分配取得的所得,应按照"利息、股息、红利所得"适用的规定计算缴纳个人所得税。

案例 92

小松为境内梅松上市公司总经理,梅松公司在2018年实施股票期权计划,2018年4月小松获得梅松公司授予的不可公开交易股票期权20 000份,授予价格为每份4元。当日,梅松公司股票的收盘价为6元。2019年6月1日,小松对上述20 000份股票期权全部行权,当时公司股票收盘价为8元。2020年3月,因持有行权后的股票,小松取得股息收入2万元。

请问小松就股息所得应缴纳多少个人所得税?

〖答〗小松因持有行权后的股票,取得股息收入2万,应按照"利息、股息、红利所得"项目计算缴纳个税,持股时间为10个月,根据规定,持股期限在1个月以上至1年(含1年)的股息、红利所得,暂减按50%计入应纳税所得额,依照现行税法规定计征个人所得税。小松取得股息所得应纳个人所得税=20 000×50%×20%=2 000(元)。

问题517　个人取得股票股利是否需计缴个税

〖答〗个人取得股票股利,按利息、股息、红利所得项目计征个人所得税,具体如表307所示。

表307　个人取得股票股利个税处理

发放方式		情形	个税处理
股份制企业	股票形式	以派发红股的股票票面金额为收入额	按"利息、股息、红利"项目征收
	盈余公积金	个人取得的红股数额,作为个人所得	

一、《国家税务总局关于印发〈征收个人所得税若干问题的规定〉的通知》(国税发〔1994〕89号)文件第十一条

股份制企业在分配股息、红利时,以股票形式向股东个人支付应得的股息、红利(即派发红股),应以派发红股的股票票面金额为收入额,按利息、股息、红利项目计征个人所得税。

二、《国家税务总局关于股份制企业转增股本和派发红股免征个人所得税的通知》(国税发〔1997〕198号)第二条

股份制企业用盈余公积金派发红股属于股息、红利性质的分配,对个人取得的红股数额,应作为个人所得

征税。

各地要严格按照《国家税务总局关于印发〈征收个人所得税若干问题的规定〉的通知》(国税发〔1994〕89号)的有关规定执行,没有执行的要尽快纠正。派发红股的股份制企业作为支付所得的单位应按照税法规定履行扣缴义务。

案例 93

小松于2018年9月购入梅松上市公司股票,2019年5月A上市公司派发股利,小松获得梅松上市公司派发的红股10 000股。红股票面价值为1元/股,派发当日股票市值4元/股。

请问小松获得的红股应缴纳多少个人所得税?

【答】股份制企业在分配股息、红利时,以股票形式向股东个人支付应得的股息、红利,以派发红股的股票票面金额为收入额,按利息、股息、红利项目计征个人所得税。小松获得梅松公司派发的红股,需要缴纳个人所得税。个人投资者从上市公司取得的持股期限在1个月以上至1年(含1年)的股息、红利所得,暂减按50%计入应纳税所得额,依照现行税法规定计征个人所得税。

应纳个人所得税=10 000×1×50%×20%=1 000(元)

问题518 房屋买受人按约定退房取得的补偿款是否缴纳个税

【答】根据《国家税务总局关于房屋买受人按照约定退房取得的补偿款有关个人所得税问题的批复》(税总函〔2013〕748号)文件规定,房屋买受人在未办理房屋产权证的情况下,按照与房地产公司约定条件(如对房屋的占有、使用、收益和处分权进行限制)在一定时期后无条件退房而取得的补偿款,应按照"利息、股息、红利所得"项目缴纳个人所得税,税款由支付补偿款的房地产公司代扣代缴。

案例 94

2020年6月1日,小梅与梅松置业公司签订商品房买卖合同,以按揭贷款方式购买梅松置业公司开发的商品房一套,支付首付款30万元,剩余房款小梅应于2019年12月1日前办好按揭手续。合同约定,若因开发商的原因导致购房者按揭办理不成功,梅松置业公司将返还首付款,并按银行同期贷款利率支付购房者资金占用费;到2020年12月1日,因开发商的原因导致小梅按揭手续未办好,12月5日,梅松置业公司按合同约定返还小梅首付款30万元,并支付资金占用费11 250元。假设不考虑其他税费。

请问小梅取得的资金占用费是否缴纳个人所得税?

【答】小梅取得的资金占用费11 250元,应按照"利息、股息、红利所得"项目缴纳个人所得税,税款由支付补偿款的房地产公司代扣代缴。

小梅应缴纳的个人所得税=11 250×20%=2 250(元),梅松置业公司在支付小梅资金占用费时应代扣代缴2 250元的税款。

问题519 城市信用社改制为城市合作银行过程中,个人股增值所得如何计缴个税

【答】根据《国家税务总局关于原城市信用社在转制为城市合作银行过程中个人股增值所得应纳个人所得税的批复》(国税函〔1998〕289号)文件第一条规定,在城市信用社改制为城市合作银行过程中,个人以现金或股份及其他形式取得的资产评估增值数额,应当按"利息、股息、红利所得"项目计征个人所得税,税款由城市合作银行负责代扣代缴。

问题520　企业改组改制过程中个人取得的量化资产参与企业分配而获得的股息、红利如何计缴个税

【答】根据《国家税务总局关于企业改组改制过程中个人取得的量化资产征收个人所得税问题的通知》(国税发〔2000〕60号)规定,对职工个人以股份形式取得的企业量化资产参与企业分配而获得的股息、红利,应按"利息、股息、红利"项目征收个人所得税。具体个税处理如表308所示。

表308　企业改组改制过程中个人取得的量化资产的个税处理

情形		个税处理
取得量化资产	对职工个人以股份形式取得的仅作为分红依据,不拥有所有权的企业量化资产	不征收
	对职工个人以股份形式取得的拥有所有权的企业量化资产	暂缓征收
分红	对职工个人以股份形式取得的企业量化资产参与企业分配而获得的股息、红利	按"利息、股息、红利"征收
转让	个人将股份转让时,就其转让收入额,减除个人取得该股份时实际支付的费用支出和合理转让费用后的余额	按"财产转让所得"征收

政策依据

《国家税务总局关于企业改组改制过程中个人取得的量化资产征收个人所得税问题的通知》(国税发〔2000〕60号)

根据国家有关规定,允许集体所有制企业在改制为股份合作制企业时可以将有关资产量化给职工个人。为了支持企业改组改制的顺利进行,对于企业在这一改革过程中个人取得量化资产的有关个人所得税问题,现明确如下:

一、对职工个人以股份形式取得的仅作为分红依据,不拥有所有权的企业量化资产,不征收个人所得税。

二、对职工个人以股份形式取得的拥有所有权的企业量化资产,暂缓征收个人所得税;待个人将股份转让时,就其转让收入额,减除个人取得该股份时实际支付的费用支出和合理转让费用后的余额,按"财产转让所得"项目计征个人所得税。

三、对职工个人以股份形式取得的企业量化资产参与企业分配而获得的股息、红利,应按"利息、股息、红利"项目征收个人所得税。

案例95

2018年税务机关在对梅松高新技术企业实施稽查时发现,该公司2017年7月以2017年6月30日净资产折股按原持股比例分配给3位自然人股东,整体变更为股份有限公司,股权登记变更完成后,公司并未代扣代缴个人所得税,改制后所持股份金额增加的3位自然人股东也未自行申报缴纳个税。对此问题,该企业的解释是,根据《关于企业改组改制过程中个人取得的量化资产征收个人所得税问题的通知》(国税发〔2000〕60号)文件规定,对职工个人以股份形式取得的拥有所有权的企业量化资产,暂缓征收个人所得税。

请问梅松企业对文件的解读是否正确?

【答】梅松企业对文件的解读是错误的。

国税发〔2000〕60号文件规定,允许集体所有制企业在改为股份合作制企业时将有关资产量化给职工个人,对职工个人以股份形式取得的拥有所有权的企业量化资产,暂缓征收个人所

得税。暂缓征税的前提是集体所有制企业改制为股份合作制企业,而梅松企业是股份制,并非集体企业,因此他们对文件的解读是错误的。

对此,国家税务总局在《关于联想集团改制员工取得的用于购买企业国有股权的劳动分红征收个人所得税问题的批复》(国税函〔2001〕832号)中又进一步给予了明确,"国税发〔2000〕60号文规定暂缓征税的前提是集体所有制企业改制为股份合作制企业"。

问题521　科研机构转化职务科技成果以股份或出资比例等股权形式给予科技人员个人奖励是否计缴个税

【答】科研机构、高等学校转化职务科技成果以股份或出资比例等股权形式给予科技人员个人奖励,个税处理如表309、表310所示。

表309　职务科技成果转化个税处理

	情形	个税处理
给与	职务科技成果以股份或出资比例等股权形式给予科技人员个人奖励	暂不征收
持有	获奖人按股份、出资比例获得分红时	按"利息、股息、红利所得"应税项目征收
转让	获奖人转让股权、出资比例	对其所得按"财产转让所得"征收,财产原值为零

表310　满足"科技成果转化政策"的相关事项详解

序号	名称	概念
1	科研机构	是指按中央机构编制委员会和国家科学技术委员会《关于科研事业单位机构设置审批事项的通知》(中编办发〔1997〕14号)的规定设置审批的自然科学研究事业单位机构
2	高等学校	是指全日制普通高等学校(包括大学、专门学院和高等专科学校)
3	享受优惠政策的科技人员	必须是科研机构和高等学校的在编正式职工

政策依据

《国家税务总局关于促进科技成果转化有关个人所得税问题的通知》(国税发〔1999〕125号)

一、科研机构、高等学校转化职务科技成果以股份或出资比例等股权形式给予科技人员个人奖励,经主管税务机关审核后,暂不征收个人所得税。

……

上述科研机构是指按中央机构编制委员会和国家科学技术委员会《关于科研事业单位机构设置审批事项的通知》(中编办发〔1997〕14号)的规定设置审批的自然科学研究事业单位机构。

上述高等学校是指全日制普通高等学校(包括大学、专门学院和高等专科学校)。

二、在获奖人按股份、出资比例获得分红时,对其所得按"利息、股息、红利所得"应税项目征收个人所得税。

三、获奖人转让股权、出资比例,对其所得按"财产转让所得"应税项目征收个人所得税,财产原值为零。

四、享受上述优惠政策的科技人员必须是科研机构和高等学校的在编正式职工。

问题522　委托贷款取得的利息是否缴纳个税

【答】委托贷款取得的利息,应按照"利息、股息、红利所得"缴纳个人所得税。

《金融企业会计制度》规定,委托贷款是指委托人提供资金,由受托人根据委托人确定的贷款对象、用途、金额、期限、利率等代为发放、监督使用并协助收回的贷款。委托贷款业务属于银行中间业务,受托人不承担任何贷款风险,只收取手续费,不垫支资金。在此业务中,委托方可以通过银行取得借款人的还款利息。

《财政部 国家税务总局关于储蓄存款利息所得有关个人所得税政策的通知》(财税〔2008〕132号)规定,自2008年10月9日起,暂免征收储蓄存款利息所得个人所得税。虽然委托人是通过银行取得借款人的还款利息,但该笔利息收入并非来自委托银行,而是来自借款人。因此,此笔利息收入不能等同于储蓄存款利息收入,应按照"利息、股息、红利所得"缴纳个人所得税。

问题523　非居民个人取得境内存款利息是否缴纳个税

〖答〗非居民个人取得境内存款利息,免征个人所得税。

《中华人民共和国个人所得税法》第一条规定,在中国境内无住所又不居住,或者无住所而一个纳税年度内在中国境内居住累计不满一百八十三天的个人,为非居民个人。非居民个人从中国境内取得的所得,依照本法规定缴纳个人所得税。

《财政部 国家税务总局印发关于储蓄存款利息所得有关个人所得税政策的通知》(财税〔2008〕132号)规定,自2008年10月9日起,对储蓄存款利息所得暂免征收个人所得税。因此,自2008年10月9日起,个人(包括非居民个人)对储蓄存款利息所得暂免征收个人所得税。

问题524　华侨从外商投资企业取得的股息、红利是否免征个税

〖答〗《财政部 国家税务总局关于个人所得税若干政策问题的通知》(财税字〔1994〕20号)规定,外籍个人从外商投资企业取得的股息、红利所得暂免征收个人所得税。

《国家税务总局关于明确个人所得税若干政策执行问题的通知》(国税发〔2009〕121号)第三条第一款规定,华侨是指定居在国外的中国公民。

根据上述政策规定,华侨仍属于具有中国国籍的个人,不是外籍人员。所以,华侨从外商投资企业取得的股息、红利所得,不能免征个人所得税。

问题525　境外居民个人取得H股股息、红利是否缴纳个税

〖答〗根据《国家税务总局关于国税发〔1993〕045号文件废止后有关个人所得税征管问题的通知》(国税函〔2011〕348号)第一条规定,根据《中华人民共和国个人所得税法》及其实施条例规定,045号文件废止后,境外居民个人股东从境内非外商投资企业在香港发行股票取得的股息红利所得,应按照"利息、股息、红利所得"项目,由扣缴义务人依法代扣代缴个人所得税。

问题526　个人从农村信用社取得的股息、红利收入是否缴纳个税

〖答〗根据《财政部 国家税务总局关于个人所得税若干政策问题的通知》(财税字〔1994〕20号)第四条规定,对个人从基层供销社、农村信用社取得的利息或股息、红利收入是否征收个人所得税,由各省、自治区、直辖市税务局报请政府确定,报财政部 国家税务总局备案。因此,在财政部、国家税务总局未重新明确之前,应按各省(自治区、直辖市)的规定征免个人所得税。

二、纳税人和扣缴义务人

问题527　利息、股息、红利所得纳税人和扣缴义务人如何确定

〖答〗《中华人民共和国个人所得税法》第九条规定,个人所得税以所得人为纳税人,以支付所得的单位或者个人为扣缴义务人。利息、股息、红利所得的个税扣缴义务人,具体如表 311 所示。

表 311 利息、股息、红利所得个税扣缴义务人一览表

序号	情形	扣缴义务人
1	实行源泉扣缴的征收方式	直接向纳税义务人支付利息、股息、红利的单位
2	有多重支付的,难以确定扣缴义务人	税务机关认定对所得的支付对象和支付数额有决定权的单位和个人

《国家税务总局关于印发〈征收个人所得税若干问题的规定〉的通知》(国税发〔1994〕89 号)第十八条

利息、股息、红利所得实行源泉扣缴的征收方式,其扣缴义务人应是直接向纳税义务人支付利息、股息、红利的单位。

《国家税务总局关于个人所得税偷税案件查处中有关问题的补充通知》(国税函发〔1996〕602 号)第三条

对于扣缴义务人的认定按照个人所得税法的规定,向个人支付所得的单位和个人为扣缴义务人。由于支付所得的单位和个人与取得所得的人之间有多重支付的现象,有时难以确定扣缴义务人。为保证全国执行的统一,现将认定标准法规为:凡税务机关认定对所得的支付对象和支付数额有决定权的单位和个人,即为扣缴义务人。

问题 528 个人取得企业债券利息如何缴纳个税

【答】根据《国家税务总局关于加强企业债券利息个人所得税代扣代缴工作的通知》(国税函〔2003〕612 号)第一条规定,企业债券利息个人所得税统一由各兑付机构在向持有债券的个人兑付利息时负责代扣代缴,就地入库。各兑付机构应按照个人所得税法的有关规定做好代扣代缴个人所得税工作。

问题 529 挂牌公司派发股息、红利所得的个税由谁代扣代缴

【答】根据《关于继续实施全国中小企业股份转让系统挂牌公司股息红利差别化个人所得税政策的公告》(财政部 税务总局 证监会公告 2019 年第 78 号)第二条规定,挂牌公司派发股息红利时,对截至股权登记日个人持股 1 年以内(含 1 年)且尚未转让的,挂牌公司暂不扣缴个人所得税;待个人转让股票时,证券登记结算公司根据其持股期限计算应纳税额,由证券公司等股票托管机构从个人资金账户中扣收并划付证券登记结算公司,证券登记结算公司应于次月 5 个工作日内划付挂牌公司,挂牌公司在收到税款当月的法定申报期内向主管税务机关申报缴纳,并应办理全员全额扣缴申报。

三、纳税义务发生时间

问题 530 利息、股息、红利所得是否在实际支付时代扣代缴个税

【答】根据《国家税务总局关于利息、股息、红利所得征税问题的通知》(国税函〔1997〕656 号)文件规定,扣缴义务人将属于纳税义务人应得的利息、股息、红利收入,通过扣缴义务人的往来会计科目分配到个人名下,收入所有人有权随时提取,在这种情况下,扣缴义务人将利息、股息、红利所得分配到个人名下时,即应认为所得的支付,应按税收法规规定及时代扣代

缴个人应缴纳的个人所得税。

案例 96

梅松房地产公司2020年11月1日,由于资金周转困难,向本单位员工筹资借款2 000万元,合同约定:公司按同期银行利率水平(7.5%)向个人借款1年,到期还本付息。2019年11月,该笔借款到期,公司由于资金紧张,并未支付借款利息;公司在账务处理上,按会计准则的规定,对其借款按照约定利率计提利息150万元,并在企业往来账上挂记到其借款人名下,梅松公司认为,应该在实际支付利息时,代扣代缴员工利息所得的个人所得税,因此,直至税务机关检查时尚未实际支付,为此,该市税务机关对梅松公司作出责令限期补扣缴其职工借款利息所得个人所得税税款30万元的税务决定。

请问梅松公司应何时代扣代缴其职工借款利息所得个人所得税?

〖答〗梅松公司应在借款利息150万元分配到职工个人名下时就应代扣代缴个人所得税。

根据国税函〔1997〕656号文件规定,梅松公司将属于本单位员工应得的利息150万元,通过往来会计科目分配到个人名下,员工有权随时提取,即应认为所得的支付,视同职工个人取得了利息所得,应按20%的税率,代扣代缴30万元个人所得税。

四、应纳税额

问题531 利息、股息、红利所得如何计缴个税

〖答〗利息、股息、红利所得,以每次收入额为应纳税所得额,适用比例税率,税率为20%,具体如表312所示。

表312 利息、股息、红利所得应纳税额的计算

项目	具体情形
"次"的规定	以支付利息、股息、红利时取得的收入为一次
公益性捐赠扣除	个人将其所得对教育、扶贫、济困等公益慈善事业进行捐赠,捐赠额未超过纳税人申报的应纳税所得额30%的部分,可以从其应纳税所得额中扣除;国务院规定对公益慈善事业捐赠实行全额税前扣除的,从其规定
税率	20%
应纳税所得额	每次收入额－准予扣除的公益慈善事业捐赠额
应纳税额	应纳税所得额×20%

 政策依据

一、《中华人民共和国个人所得税法》第三条第三项,第六条第一款第六项、第三款

利息、股息、红利所得,财产租赁所得,财产转让所得和偶然所得,适用比例税率,税率为百分之二十。

利息、股息、红利所得,以每次收入额为应纳税所得额。

个人将其所得对教育、扶贫、济困等公益慈善事业进行捐赠,捐赠额未超过纳税人申报的应纳税所得额百分之三十的部分,可以从其应纳税所得额中扣除;国务院规定对公益慈善事业捐赠实行全额税前扣除的,从其规定。

二、《中华人民共和国个人所得税法实施条例》第十四条第三项

利息、股息、红利所得,以支付利息、股息、红利时取得的收入为一次。

问题 532　适用上市公司股息、红利差别化政策时如何计缴个税

〖答〗个人从上市公司取得的股息、红利差别化个人所得税处理,具体如表 313 所示。

表 313　上市公司股息、红利差别化个税处理

情形	持股期限		个税处理
从公开发行和转让市场取得的上市公司股票	持股超过 1 年	股权登记日在 2015 年 9 月 8 日之前	暂减按 25% 计入应纳税所得额,适用 20% 税率计征个税
		股权登记日在 2015 年 9 月 8 日之后	暂免征收个税
	持股期限在 1 个月以上至 1 年(含 1 年)		暂减按 50% 计入应纳税所得额,适用 20% 的税率计征个税
	持股期限在 1 个月以内(含 1 个月)		全额计入应纳税所得额,适用 20% 的税率计征个税

【提示】持股期限,是指个人从公开发行和转让市场取得上市公司股票之日至转让交割该股票之日前一日的持有时间。持股期限按自然年(月)计算,持股一年是指从上一年某月某日至本年同月同日的前一日连续持股;持股一个月是指从上月某日至本月同日的前一日连续持股。个人转让股票时,按照先进先出法计算持股期限,即证券账户中先取得的股票视为先转让。

上市公司为股息红利个人所得税的法定扣缴义务人,具体操作如图 362 所示。

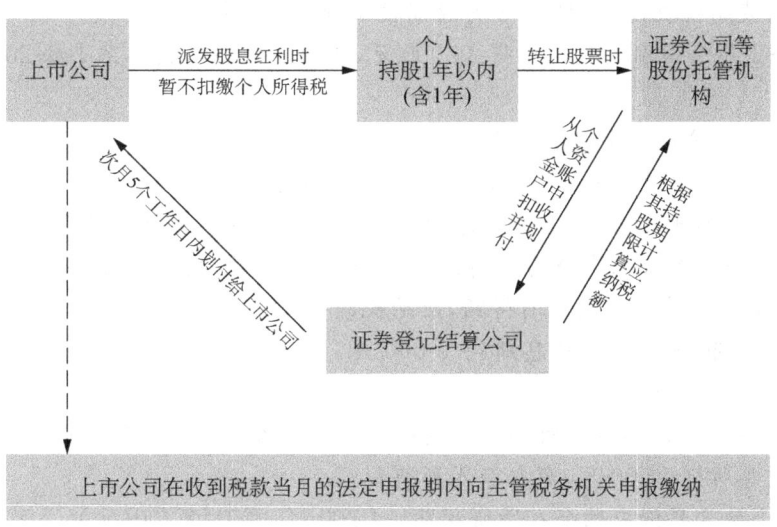

图 362　上市公司代扣代缴个税处理

一、《财政部　国家税务总局　证监会关于实施上市公司股息红利差别化个人所得税政策有关问题的通知》(财税〔2012〕85 号)第一条、第三条、第八条

一、个人从公开发行和转让市场取得的上市公司股票,持股期限在 1 个月以内(含 1 个月)的,其股息红利所得全额计入应纳税所得额;持股期限在 1 个月以上至 1 年(含 1 年)的,暂减按 50% 计入应纳税所得额;持股期限超过 1 年的,暂减按 25% 计入应纳税所得额。上述所得统一适用 20% 的税率计征个人所得税。

前款所称上市公司是指在上海证券交易所、深圳证券交易所挂牌交易的上市公司;持股期限是指个人从公开发行和转让市场取得上市公司股票之日至转让交割该股票之日前一日的持有时间。

三、个人转让股票时,按照先进先出的原则计算持股期限,即证券账户中先取得的股票视为先转让。

八、本通知所称年(月)是指自然年(月),即持股一年是指从上一年某月某日至本年同月同日的前一日连续持股,持股一个月是指从上月某日至本月同日的前一日连续持股。

二、《财政部 国家税务总局 证监会关于上市公司股息红利差别化个人所得税政策有关问题的通知》(财税〔2015〕101号)第一条、第二条、第五条

一、个人从公开发行和转让市场取得的上市公司股票,持股期限超过1年的,股息红利所得暂免征收个人所得税。个人从公开发行和转让市场取得的上市公司股票,持股期限在1个月以内(含1个月)的,其股息红利所得全额计入应纳税所得额;持股期限在1个月以上至1年(含1年)的,暂减按50%计入应纳税所得额;上述所得统一适用20%的税率计征个人所得税。

二、上市公司派发股息红利时,对个人持股1年以内(含1年)的,上市公司暂不扣缴个人所得税;待个人转让股票时,证券登记结算公司根据其持股期限计算应纳税额,由证券公司等股份托管机构从个人资金账户中扣收并划付证券登记结算公司,证券登记结算公司应于次月5个工作日内划付上市公司,上市公司在收到税款当月的法定申报期内向主管税务机关申报缴纳。

……

五、本通知自2015年9月8日起施行。

上市公司派发股息红利,股权登记日在2015年9月8日之后的,股息红利所得按照本通知的规定执行。本通知实施之日个人投资者证券账户已持有的上市公司股票,其持股时间自取得之日起计算。

案例 97

小松为国内某高校教授,2021年3月除高校工资外,取得如下所得:

(1)从梅松上市公司取得股息所得12 000元,梅松上市公司股票系小松2019年8月从公开市场购买;

(2)从B非上市公司取得股息所得5 000元;

(3)兑现3月20日到期的1年期银行储蓄存款利息所得1 500元。

请问:假设不考虑其他因素,小松3月份上述所得应缴纳多少个人所得税?

〖答〗(1)小松从梅松上市公司取得股息所得12 000元,持股期限在1个月以上至1年(含1年),暂减按50%计入应纳税所得额,应纳税额=12 000×50%×20%=1 200(元);

(2)从B非上市公司取得股息所得5 000元,应当全额缴纳个人所得税,应纳税额=5 000×20%=1 000(元);

(3)自2008年10月9日起,对储蓄利息所得暂免征收个人所得税,因此3月20日取得的银行储蓄存款利息所得1 500元,免征个人所得税;

综上所述,小松3月份应纳个人所得税额=1 200+1 000=2 200(元)。

问题533　投资者从公开发行和转让市场取得的上市公司股票包括哪些情形

〖答〗财税〔2012〕85号文件第六条规定,投资者从公开发行和转让市场取得的上市公司股票包括:

(1)通过证券交易所集中交易系统或大宗交易系统取得的股票;

(2)通过协议转让取得的股票;

(3)因司法扣划取得的股票;

(4)因依法继承或家庭财产分割取得的股票;

(5) 通过收购取得的股票;
(6) 权证行权取得的股票;
(7) 使用可转换公司债券转换的股票;
(8) 取得发行的股票、配股、股份股利及公积金转增股本;
(9) 持有从代办股份转让系统转到主板市场(或中小板、创业板市场)的股票;
(10) 上市公司合并,个人持有的被合并公司股票转换的合并后公司股票;
(11) 上市公司分立,个人持有的被分立公司股票转换的分立后公司股票;
(12) 其他从公开发行和转让市场取得的股票。

问题 534 适用上市公司股息、红利差别化个人所得税政策的投资者,转让股票包括哪些情形

【答】财税〔2012〕85号文件第七条规定,实施上市公司股息红利差别化个人所得税政策的投资者,转让股票包括下列情形:

(1) 通过证券交易所集中交易系统或大宗交易系统转让股票;
(2) 协议转让股票;
(3) 持有的股票被司法扣划;
(4) 因依法继承、捐赠或家庭财产分割让渡股票所有权;
(5) 用股票接受要约收购;
(6) 行使现金选择权将股票转让给提供现金选择权的第三方;
(7) 用股票认购或申购交易型开放式指数基金(ETF)份额;
(8) 其他具有转让实质的情形。

问题 535 个人取得上市公司限售股股息、红利是否适用上市公司股息、红利差别化个税政策

【答】个人持有上市公司限售股取得的股息红利,个税处理如表314所示。

表314 个人持有上市公司限售股取得股息红利的个税处理

情形		个税处理
个人持有上市公司限售股	解禁前取得的股息红利	暂减按50%计入应纳税所得额,适用20%的税率计征个人所得税
	解禁后取得的股息红利	适用"上市公司股息红利差别化个人所得税政策",按照财税〔2015〕101号文件规定计算纳税,持股时间自解禁日起计算

《财政部 国家税务总局 证监会关于实施上市公司股息红利差别化个人所得税政策有关问题的通知》(财税〔2012〕85号)文件第四条

对个人持有的上市公司限售股,解禁后取得的股息红利,按照本通知规定计算纳税,持股时间自解禁日起计算;解禁前取得的股息红利继续暂减按50%计入应纳税所得额,适用20%的税率计征个人所得税。

案例98

小松是梅松股份有限公司的股东,在梅松公司2016年2月1日上市之前持有该公司的股权,上市之后持有梅松公司的限售股股票2 000万股,限售期3年,2020年5月5日取得股息红利600万元,其中限售期内取得股息红利400万元。

请问小松取得的股息红利如何缴纳个人所得税?

【答】(1)解禁前取得的限售股股息红利 400 万元,暂减按 50% 计入应纳税所得额,适用 20% 的税率计征个人所得税。

解禁前取得的股息红利应缴纳个人所得税:400×50%×20%=40(万元)。

(2)解禁后取得 200 万元股息红利,适用"上市公司股息红利差别化个人所得税政策",持股时间自解禁日起计算,持股期限超过 1 年的,股权登记日在 2015 年 9 月 8 日之后的,暂免征收个人所得税;即小松取得解禁后的股息红利 200 万元,暂免征收个人所得税。

综上所述,小松取得的股息红利应缴纳的个人所得税为 40 万元,以梅松公司为扣缴义务人,在梅松公司机构所在地主管税务机关纳税。

问题 536　个人取得挂牌公司的派发的股息、红利如何计缴个税

【答】个人取得挂牌公司的派发的股息红利,自 2019 年 7 月 1 日起至 2024 年 6 月 30 日止,继续实施全国中小企业股份转让系统挂牌公司股息红利差别化个人所得税政策,具体如表 315 所示。

表 315　挂牌公司股息红利差别化个税处理

情形	持股期限	个税处理
个人持有挂牌公司的股票	超过 1 年	暂免征收个税
	1 个月以上至 1 年(含 1 年)	暂减按 50% 计入应纳税所得额,适用 20% 的税率计征个税
	1 个月以内(含 1 个月)	全额计入应纳税所得额,适用 20% 的税率计征个税

【提示】持股期限是指个人取得挂牌公司股票之日至转让交割该股票之日前一日的持有时间。持股期限按自然年(月)计算,即持股一年是指从上一年某月某日至本年同月同日的前一日连续持股,持股一个月是指从上月某日至本月同日的前一日连续持股。个人转让股票时,按照先进先出的原则计算持股期限,即证券账户中先取得的股票视为先转让。

挂牌公司为股息红利个人所得税的法定扣缴义务人,具体操作如图 363 所示。

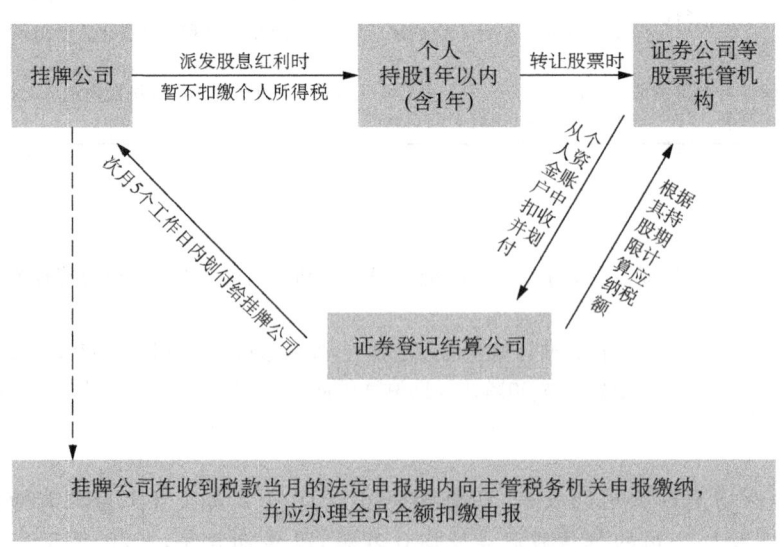

图 363　挂牌公司代扣代缴个税处理

政策依据

《关于继续实施全国中小企业股份转让系统挂牌公司股息红利差别化个人所得税政策的公告》(财政部 税务总局 证监会公告2019年第78号)第一条、第二条、第三条、第八条、第十条

一、个人持有挂牌公司的股票,持股期限超过1年的,对股息红利所得暂免征收个人所得税。

个人持有挂牌公司的股票,持股期限在1个月以内(含1个月)的,其股息红利所得全额计入应纳税所得额;持股期限在1个月以上至1年(含1年)的,其股息红利所得暂减按50%计入应纳税所得额;上述所得统一适用20%的税率计征个人所得税。

本公告所称挂牌公司是指股票在全国中小企业股份转让系统公开转让的非上市公众公司;持股期限是指个人取得挂牌公司股票之日至转让交割该股票之日前一日的持有时间。

二、挂牌公司派发股息红利时,对截至股权登记日个人持股1年以内(含1年)且尚未转让的,挂牌公司暂不扣缴个人所得税;待个人转让股票时,证券登记结算公司根据其持股期限计算应纳税额,由证券公司等股票托管机构从个人资金账户中扣收并划付证券登记结算公司,证券登记结算公司应于次月5个工作日内划付挂牌公司,挂牌公司在收到税款当月的法定申报期内向主管税务机关申报缴纳,并应办理全员全额扣缴申报。

个人应在资金账户留足资金,依法履行纳税义务。证券公司等股票托管机构应依法划扣税款,对个人资金账户暂无资金或资金不足的,证券公司等股票托管机构应当及时通知个人补足资金,并划扣税款。

三、个人转让股票时,按照先进先出的原则计算持股期限,即证券账户中先取得的股票视为先转让。

……

八、本公告所称年(月)是指自然年(月),即持股一年是指从上一年某月某日至本年同月同日的前一日连续持股,持股一个月是指从上月某日至本月同月同日的前一日连续持股。

……

十、本公告自2019年7月1日起至2024年6月30日止执行,挂牌公司、两网公司、退市公司派发股息红利,股权登记日在2019年7月1日至2024年6月30日的,股息红利所得按照本公告的规定执行。

案例 99

2020年3月12日,小松从全国中小企业股份转让系统挂牌的梅松公司取得股票10 000股,该挂牌公司2019年度每10股派发现金股利3元,股权登记日2020年4月8日。

请问:小松持有梅松公司的股票,股息红利应如何计缴个人所得税?

〖答〗个人持有挂牌公司的股票,自2019年7月1日起至2024年6月30日止,继续实施全国中小企业股份转让系统挂牌公司股息红利差别化个人所得税政策。

(1)若小松在2020年4月12日之前卖出该挂牌公司的股票,则个人持有挂牌公司的股票,持股期限在1个月以内(含1个月)的,全额计入应纳税所得额,适用20%的税率计征个人所得税。

应纳个人所得税=10 000÷10×3×20%=600(元)

(2)若小松在2020年4月13日至2021年4月12日期间卖出该挂牌公司的股票,则个人持有挂牌公司的股票,持股期限在1个月以上至1年(含1年)的,暂减按50%计入应纳税所得额,适用20%的税率计征个人所得税。

应纳个人所得税=10 000÷10×3×50%×20%=300(元)

(3)若小松在2021年4月13日之后卖出该挂牌公司的股票,则个人持有挂牌公司的股票,持股期限超过1年的,暂免征收个人所得税。

问题 537　个人持有挂牌公司的股票包括哪些情形

〖答〗根据《关于继续实施全国中小企业股份转让系统挂牌公司股息红利差别化个人所得税政策的公告》(财政部　税务总局　证监会公告 2019 年第 78 号)文件第五条规定:个人持有挂牌公司的股票包括:

(1) 在全国中小企业股份转让系统挂牌前取得的股票;

(2) 通过全国中小企业股份转让系统转让取得的股票;

(3) 因司法扣划取得的股票;

(4) 因依法继承或家庭财产分割取得的股票;

(5) 通过收购取得的股票;

(6) 权证行权取得的股票;

(7) 使用附认股权、可转换成股份条款的公司债券认购或者转换的股票;

(8) 取得发行的股票、配股、股票股利及公积金转增股本;

(9) 挂牌公司合并,个人持有的被合并公司股票转换的合并后公司股票;

(10) 挂牌公司分立,个人持有的被分立公司股票转换的分立后公司股票;

(11) 其他从全国中小企业股份转让系统取得的股票。

问题 538　个人投资者收购企业股权后将原盈余积累转增股本如何计缴个税

〖答〗一名或多名个人投资者以股权收购方式取得被收购企业 100%股权,股权收购前,被收购企业原账面金额中的"资本公积、盈余公积、未分配利润"等盈余积累未转增股本,而在股权交易时将其一并计入股权转让价格并履行了所得税纳税义务。为避免重复征税,股权收购后,企业将原账面金额中的盈余积累向个人投资者(新股东,下同)转增股本,有关个人所得税问题区分以下情形处理,具体如表 316 所示。

表 316　个人投资者收购企业股权后将原盈余积累转增股本个税处理

情形		个税处理
收购价格≥净资产价格	新股东取得盈余积累转增股本的部分	不征收
收购价格<净资产价格	企业原盈余积累中,对于股权收购价格减去原股本的差额部分已经计入股权交易价格,新股东取得盈余积累转增股本的部分	
	对于股权收购价格低于原所有者权益的差额部分未计入股权交易价格,新股东取得盈余积累转增股本的部分	按照"利息、股息、红利所得"征收

【提示】新股东以低于净资产价格收购企业股权后转增股本,应按照下列顺序进行,即:先转增应税的盈余积累部分,然后再转增免税的盈余积累部分。

 政策依据

《国家税务总局关于个人投资者收购企业股权后将原盈余积累转增股本个人所得税问题的公告》(国家税务总局公告 2013 年第 23 号)第一条

一名或多名个人投资者以股权收购方式取得被收购企业 100%股权,股权收购前,被收购企业原账面金额中的"资本公积、盈余公积、未分配利润"等盈余积累未转增股本,而在股权交易时将其一并计入股权转让价格并履行了所得税纳税义务。股权收购后,企业将原账面金额中的盈余积累向个人投资者(新股东,下同)转

增股本,有关个人所得税问题区分以下情形处理:

(1) 新股东以不低于净资产价格收购股权的,企业原盈余积累已全部计入股权交易价格,新股东取得盈余积累转增股本的部分,不征收个人所得税。

(2) 新股东以低于净资产价格收购股权的,企业原盈余积累中,对于股权收购价格减去原股本的差额部分已经计入股权交易价格,新股东取得盈余积累转增股本的部分,不征收个人所得税;对于股权收购价格低于原所有者权益的差额部分未计入股权交易价格,新股东取得盈余积累转增股本的部分,应按照"利息、股息、红利所得"项目征收个人所得税。

新股东以低于净资产价格收购企业股权后转增股本,应按照下列顺序进行,即:先转增应税的盈余积累部分,然后再转增免税的盈余积累部分。

案例 100

梅松企业原账面资产总额6 000万元,负债2 000万元,所有者权益4 000万元,其中:实收资本(股本)1 000万元,资本公积、盈余公积、未分配利润等盈余积累合计3 000万元。2019年8月,自然人投资者小梅向梅松企业原股东购买该企业100%股权,股权收购价3 500万元,新股东收购企业后,梅松企业将资本公积、盈余公积、未分配利润等盈余积累3 000万元转增为实收资本。

就该转增资本事项,自然人股东小梅如何计缴个人所得税?

〖答〗新股东的收购价格3 500万元小于梅松企业净资产价格4 000万元,根据国家税务总局公告2013年第23号规定,应该区分处理。

(1) 企业原盈余积累中,对于股权收购价格减去原股本的差额部分2 500万元已经计入股权交易价格,新股东取得盈余积累转增股本的部分,不征收个人所得税。

(2) 对于股权收购价格低于原所有者权益的差额部分500万元未计入股权交易价格,新股东取得盈余积累转增股本的部分,按照"利息、股息、红利所得"项目征收个人所得税。

小梅利息、股息、红利所得:3 000−2 500=500(万元)。

小梅应纳个人所得税:500×20%=100(万元)。

问题 539 个人股东取得中小高新技术企业转增股本如何计缴个税

〖答〗个人股东获得转增的股本,应按照"利息、股息、红利所得"项目,适用20%税率征收个人所得税。个人股东获得中小高新技术企业转增的股本,满足一定的条件,可以适用分期缴税优惠政策,具体如表317所示。

表317 个人股东获得中小高新技术企业转增的股本优惠政策

项目	情形
优惠时间	自2016年1月1日起
优惠条件	中小高新技术企业,是指注册在中国境内实行查账征收的、经认定取得高新技术企业资格,且年销售额和资产总额均不超过2亿元、从业人数不超过500人的企业
	上市中小高新技术企业或在全国中小企业股份转让系统挂牌的中小高新技术企业向个人股东转增股本,股东应纳的个人所得税,继续按现行有关股息红利差别化个人所得税政策执行,不适用分期纳税政策
优惠内容	全国范围内的中小高新技术企业以未分配利润、盈余公积、资本公积向个人股东转增股本时,个人股东一次缴纳个人所得税确有困难的,可根据实际情况自行制定分期缴税计划,在不超过5个公历年度内(含)分期缴纳,并将有关资料报主管税务机关备案

（续表）

项目	情形
备案	办理转增股本分期缴税，企业应向主管税务机关报送高新技术企业认定证书、股东大会或董事会决议、《个人所得税分期缴纳备案表（转增股本）》（详见本章第四节问题545）、上年度及转增股本当月企业财务报表、转增股本有关情况说明等。高新技术企业认定证书、股东大会或董事会决议的原件，主管税务机关进行形式审核后退还企业，复印件及其他有关资料税务机关留存
	纳税人分期缴税期间需要变更原分期缴税计划的，应重新制定分期缴税计划，由企业向主管税务机关重新报送《个人所得税分期缴纳备案表（转增股本）》
代扣代缴	非上市及未在全国中小企业股份转让系统挂牌的其他企业转增股本，应及时代扣代缴个人所得税
	企业在填写《扣缴个人所得税报告表》时，应将纳税人取得股权奖励或转增股本情况单独填列，并在"备注"栏中注明"股权奖励"或"转增股本"字样
	纳税人在分期缴税期间取得分红或转让股权的，企业应及时代扣股权奖励或转增股本尚未缴清的个人所得税，并于次月15日内向主管税务机关申报纳税
转增股本后续处理	股东转让股权并取得现金收入的，该现金收入应优先用于缴纳尚未缴清的税款
	在股东转让该部分股权之前，企业依法宣告破产，股东进行相关权益处置后没有取得收益或收益小于初始投资额的，主管税务机关对其尚未缴纳的个人所得税可不予追征

政策依据

一、《国家税务总局关于股权奖励和转增股本个人所得税征管问题的公告》（国家税务总局公告2015年第80号）第二条、第三条、第四条

二、关于转增股本

（一）非上市及未在全国中小企业股份转让系统挂牌的中小高新技术企业以未分配利润、盈余公积、资本公积向个人股东转增股本，并符合财税〔2015〕116号文件有关规定的，纳税人可分期缴纳个人所得税；非上市及未在全国中小企业股份转让系统挂牌的其他企业转增股本，应及时代扣代缴个人所得税。

（二）上市公司或在全国中小企业股份转让系统挂牌的企业转增股本（不含以股票发行溢价形成的资本公积转增股本），按现行有关股息红利差别化政策执行。

三、关于备案办理

（一）获得股权奖励的企业技术人员、企业转增股本涉及的股东需要分期缴纳个人所得税的，应自行制定分期缴税计划，由企业于发生股权奖励、转增股本的次月15日内，向主管税务机关办理分期缴税备案手续。

……

办理转增股本分期缴税，企业应向主管税务机关报送高新技术企业认定证书、股东大会或董事会决议、《个人所得税分期缴纳备案表（转增股本）》、上年度及转增股本当月企业财务报表、转增股本有关情况说明等。

高新技术企业认定证书、股东大会或董事会决议的原件，主管税务机关进行形式审核后退还企业，复印件及其他有关资料税务机关留存。

（二）纳税人分期缴税期间需要变更原分期缴税计划的，应重新制定分期缴税计划，由企业向主管税务机关重新报送《个人所得税分期缴纳备案表》。

四、关于代扣代缴

（一）企业在填写《扣缴个人所得税报告表》时，将纳税人取得股权奖励或转增股本情况单独填列，并在"备注"栏中注明"股权奖励"或"转增股本"字样。

（二）纳税人在分期缴税期间取得分红或转让股权的，企业应及时代扣股权奖励或转增股本尚未缴清的个人所得税，并于次月15日内向主管税务机关申报纳税。

本公告自2016年1月1日起施行

二、《财政部 国家税务总局关于将国家自主创新示范区有关税收试点政策推广到全国范围内实施的通知》(财税〔2015〕116号)第三条

三、关于企业转增股本个人所得税政策

1. 自2016年1月1日起,全国范围内的中小高新技术企业以未分配利润、盈余公积、资本公积向个人股东转增股本时,个人股东一次缴纳个人所得税确有困难的,可根据实际情况自行制定分期缴税计划,在不超过5个公历年度内(含)分期缴纳,并将有关资料报主管税务机关备案。

2. 个人股东获得转增的股本,应按照"利息、股息、红利所得"项目,适用20%税率征收个人所得税。

3. 股东转让股权并取得现金收入的,该现金收入应优先用于缴纳尚未缴清的税款。

4. 在股东转让该部分股权之前,企业依法宣告破产,股东进行相关权益处置后没有取得收益或收益小于初始投资额的,主管税务机关对其尚未缴纳的个人所得税可不予追征。

5. 本通知所称中小高新技术企业,是指注册在中国境内实行查账征收的、经认定取得高新技术企业资格,且年销售额和资产总额均不超过2亿元、从业人数不超过500人的企业。

6. 上市中小高新技术企业或在全国中小企业股份转让系统挂牌的中小高新技术企业向个人股东转增股本,股东应纳的个人所得税,继续按照现行有关股息红利差别化个人所得税政策执行,不适用本通知规定的分期纳税政策。

案例 101

梅松科技有限公司为符合条件的未上市中小高新技术企业,该公司于2014年1月1日由小松和小梅共同出资1000万元设立,其中,小松占股80%,小梅占股20%;2020年4月3日,该公司以未分配利润500万元转增股本,个人股东小松按持股比例增加了实收资本400万元,小梅按持股比例增加了实收资本100万元。

请问小松、小梅该如何缴纳个人所得税?

〖答〗(1)计算应纳税额。

个人股东获得转增的股本,应按照"利息、股息、红利所得"项目,适用20%税率征收个人所得税。

小松应交个人所得税=400×20%=80(万元)

小梅应交个人所得税=100×20%=20(万元)

梅松公司应及时代扣代缴小松、小梅的个人所得税100万,在填写《扣缴个人所得税报告表》时,应将纳税人转增股本情况单独填列,并在"备注"栏中注明"转增股本"字样。

(2)分期缴税。

如果小松、小梅一次缴纳个人所得税有困难,可根据财税〔2015〕116号文件规定,根据实际情况自行制定分期缴税计划,在不超过5个公历年度内(含)分期缴纳。

办理分期缴税备案时,梅松公司应向主管税务机关报送高新技术企业认定证书、股东大会或董事会决议、《个人所得税分期缴纳备案表(转增股本)》、上年度及转增股本当月企业财务报表、转增股本有关情况说明等。

问题540　个人取得通过沪港通投资的上市股票的股息、红利如何计缴个税

〖答〗自2014年11月17日起,个人取得沪港通投资上市股票的股息、红利,个税处理如表318所示。

表 318　个人取得沪港通投资上市股票的股息红利个税处理

对象	情形		个税处理
内地个人投资者	通过沪港通投资香港联交所上市的	H 股	H 股公司应向中国证券登记结算有限责任公司(以下简称中国结算)提出申请,中国结算向 H 股公司提供内地个人投资者名册
			H 股公司按照 20%的税率代扣个税
		非 H 股	中国结算按照 20%的税率代扣个税
	注:个人投资者在国外已缴纳的预提税,可持有效扣税凭证到中国结算的主管税务机关申请税收抵免		
香港市场投资者	投资上交所上市 A 股		在香港中央结算有限公司(以下简称香港结算)不具备向中国结算提供投资者的身份及持股时间等明细数据的条件之前,暂不执行按持股时间实行差别化征税政策
			上市公司按照 10%的税率代扣所得税
			对于香港投资者中属于其他国家税收居民且其所在国与中国签订的税收协定规定股息红利所得税率低于 10%的,企业或个人可以自行或委托代扣代缴义务人,向上市公司主管税务机关提出享受税收协定待遇的申请,主管税务机关审核后,应按已征税款和根据税收协定税率计算的应纳税款的差额予以退税

政策依据

《关于沪港股票市场交易互联互通机制试点有关税收政策的通知》(财税〔2014〕81 号)第一条第三项、第二条第二项

一、……

(三)内地个人投资者通过沪港通投资香港联交所上市股票的股息红利所得税。

对内地个人投资者通过沪港通投资香港联交所上市 H 股取得的股息红利,H 股公司应向中国证券登记结算有限责任公司(以下简称中国结算)提出申请,由中国结算向 H 股公司提供内地个人投资者名册,H 股公司按照 20%的税率代扣个人所得税。内地个人投资者通过沪港通投资香港联交所上市的非 H 股取得的股息红利,由中国结算按照 20%的税率代扣个人所得税。个人投资者在国外已缴纳的预提税,可持有效扣税凭证到中国结算的主管税务机关申请税收抵免。

对内地证券投资基金通过沪港通投资香港联交所上市股票取得的股息红利所得,按照上述规定计征个人所得税。

二、关于香港市场投资者通过沪港通投资上海证券交易所(以下简称上交所)上市 A 股的所得税问题

……

2. 对香港市场投资者(包括企业和个人)投资上交所上市 A 股取得的股息红利所得,在香港中央结算有限公司(以下简称香港结算)不具备向中国结算提供投资者的身份及持股时间等明细数据的条件之前,暂不执行按持股时间实行差别化征税政策,由上市公司按照 10%的税率代扣所得税,并向其主管税务机关办理扣缴申报。对于香港投资者中属于其他国家税收居民且其所在国与中国签订的税收协定规定股息红利所得税率低于 10%的,企业或个人可以自行或委托代扣代缴义务人,向上市公司主管税务机关提出享受税收协定待遇的申请,主管税务机关审核后,应按已征税款和根据税收协定税率计算的应纳税款的差额予以退税。

……

本通知自 2014 年 11 月 17 日起执行。

问题 541　个人取得通过深港通投资的上市股票的股息、红利如何计缴个税

〖答〗自 2016 年 12 月 5 日起,个人取得深港通投资上市股票的股息红利,个税处理如表 319 所示。

表319 个人取得深港通投资上市股票的股息红利个税处理

对象	情形		个税处理
内地个人投资者	通过深港通投资香港联交所上市的	H股	H股公司应向中国证券登记结算有限责任公司(以下简称中国结算)提出申请,中国结算向H股公司提供内地个人投资者名册
			H股公司按照20%的税率代扣个税
		非H股	中国结算按照20%的税率代扣个税
	注:个人投资者在国外已缴纳的预提税,可持有效扣税凭证到中国结算的主管税务机关申请税收抵免		
香港市场投资者	投资深交所上市A股		在香港中央结算有限公司(以下简称香港结算)不具备向中国结算提供投资者的身份及持股时间等明细数据的条件之前,暂不执行按持股时间实行差别化征税政策
			上市公司按照10%的税率代扣所得税
			对于香港投资者中属于其他国家税收居民且其所在国与中国签订的税收协定规定股息红利所得税率低于10%的,企业或个人可以自行或委托代扣代缴义务人,向上市公司主管税务机关提出享受税收协定待遇退还多缴税款的申请,主管税务机关查实后,对符合退税条件的,应按已征税款和根据税收协定税率计算的应纳税款的差额予以退税

《财政部 国家税务总局 证监会关于深港股票市场交易互联互通机制试点有关税收政策的通知》(财税〔2016〕127号)第一条第三项、第二条第二项

一、关于内地投资者通过深港通投资香港联合交易所有限公司(以下简称香港联交所)上市股票的所得税问题

(三)内地个人投资者通过深港通投资香港联交所上市股票的股息红利所得税。

对内地个人投资者通过深港通投资香港联交所上市H股取得的股息红利,H股公司应向中国证券登记结算有限责任公司(以下简称中国结算)提出申请,由中国结算向H股公司提供内地个人投资者名册,H股公司按照20%的税率代扣个人所得税。内地个人投资者通过深港通投资香港联交所上市的非H股取得的股息红利,由中国结算按照20%的税率代扣个人所得税。个人投资者在国外已缴纳的预提税,可持有效扣税凭证到中国结算的主管税务机关申请税收抵免。

二、关于香港市场投资者通过深港通投资深圳证券交易所(以下简称深交所)上市A股的所得税问题

……

2. 对香港市场投资者(包括企业和个人)投资深交所上市A股取得的股息红利所得,在香港中央结算有限公司(以下简称香港结算)不具备向中国结算提供投资者的身份及持股时间等明细数据的条件之前,暂不执行按持股时间实行差别化征税政策,由上市公司按照10%的税率代扣所得税,并向其主管税务机关办理扣缴申报。对于香港投资者中属于其他国家税收居民且其所在国与中国签订的税收协定规定股息红利所得税率低于10%的,企业或个人可以自行或委托代扣代缴义务人,向上市公司主管税务机关提出享受税收协定待遇退还多缴税款的申请,主管税务机关查实后,对符合退税条件的,应按已征税款和根据税收协定税率计算的应纳税款的差额予以退税。

……

本通知自2016年12月5日起执行。

问题542 个人通过基金互认买卖香港或内地基金份额取得的分配收益如何计缴个税

【答】个人通过基金互认买卖香港或内地基金份额取得的分配收益,个税处理如表320所示。

表 320　通过基金互认买卖香港或内地基金份额取得的分配收益个税处理

对象		情形	个税处理
内地个人投资者	通过基金互认	从香港基金分配取得的收益	由香港基金在内地的代理人按照 20%的税率代扣代缴个税
			注:代理人是指依法取得中国证监会核准的公募基金管理资格或托管资格,根据香港基金管理人的委托,代为办理该香港基金内地事务的机构
香港市场投资者		从内地基金分配取得的收益	由内地上市公司向该内地基金分配股息红利时,对香港市场投资者按照 10%的税率代扣所得税
			或发行债券的企业向该内地基金分配利息时,对香港市场投资者按照 7%的税率代扣所得税,并由内地上市公司或发行债券的企业向其主管税务机关办理扣缴申报。该内地基金向投资者分配收益时,不再扣缴所得税

【提示】所称基金互认,是指内地基金或香港基金经香港证监会认可或中国证监会注册,在双方司法管辖区内向公众销售。所称内地基金,是指中国证监会根据《中华人民共和国证券投资基金法》注册的公开募集证券投资基金。所称香港基金,是指香港证监会根据香港法律认可公开销售的单位信托、互惠基金或者其他形式的集体投资计划。所称买卖基金份额,包括申购与赎回、交易。

《财政部　国家税务总局　证监会关于内地与香港基金互认有关税收政策的通知》(财税〔2015〕125 号)第一条第三项、第二条第二项、第六条、第七条

一、关于内地投资者通过基金互认买卖香港基金份额的所得税问题

……

3.内地个人投资者通过基金互认从香港基金分配取得的收益,由该香港基金在内地的代理人按照 20%的税率代扣代缴个人所得税。

前款所称代理人是指依法取得中国证监会核准的公募基金管理资格或托管资格,根据香港基金管理人的委托,代为办理该香港基金内地事务的机构。

二、关于香港市场投资者通过基金互认买卖内地基金份额的所得税问题

……

2.对香港市场投资者(包括企业和个人)通过基金互认从内地基金分配取得的收益,由内地上市公司向该内地基金分配股息红利时,对香港市场投资者按照 10%的税率代扣所得税;或发行债券的企业向该内地基金分配利息时,对香港市场投资者按照 7%的税率代扣所得税,并由内地上市公司或发行债券的企业向其主管税务机关办理扣缴申报。该内地基金向投资者分配收益时,不再扣缴所得税。

内地基金管理人应当向相关证券登记结算机构提供内地基金的香港市场投资者的相关信息。

……

六、本通知所称基金互认,是指内地基金或香港基金经香港证监会认可或中国证监会注册,在双方司法管辖区内向公众销售。所称内地基金,是指中国证监会根据《中华人民共和国证券投资基金法》注册的公开募集证券投资基金。所称香港基金,是指香港证监会根据香港法律认可公开销售的单位信托、互惠基金或者其他形式的集体投资计划。所称买卖基金份额,包括申购与赎回、交易。

七、本通知自 2015 年 12 月 18 日起执行。

第三节　税收优惠

一、概述

利息、股息、红利所得减免税优惠政策汇总,如表 321 所示。

扫码听课

第六章　利息、股息、红利所得

表 321　利息、股息、红利所得减免税优惠一览表

序号	情形		个税优惠	政策依据
1	个人取得国债和国家发行的金融债券利息所得		免征	个人所得税法
2	自 2019 年 7 月 1 日起至 2024 年 6 月 30 日止,个人持有挂牌公司的股票	持股期限 超过1年	暂免征收	财政部　税务总局　证监会公告 2019 年第 78 号
2	自 2019 年 7 月 1 日起至 2024 年 6 月 30 日止,个人持有挂牌公司的股票	持股期限 1个月以上至1年（含1年）	暂减按 50% 计入应纳税所得额	财政部　税务总局　证监会公告 2019 年第 78 号
3	对个人投资者持有 2019—2023 年发行的铁路债券取得的利息收入		减按 50% 计入应纳税所得额	财政部　税务总局公告 2019 年第 57 号
4	自试点开始之日起,对个人投资者持有创新企业 CDR 取得的股息红利所得		三年内实施股息红利差别化个税政策	财政部　税务总局　证监会公告 2019 年第 52 号
5	对个人投资者持有 2016—2018 年发行的铁路债券取得的利息收入		减按 50% 计入应纳税所得额	财税〔2016〕30 号
6	个人从公开发行和转让市场取得的上市公司股票,股权登记日在 2015 年 9 月 8 日之后	持股期限 超过1年	暂免征收	财税〔2015〕101 号
6	个人从公开发行和转让市场取得的上市公司股票,股权登记日在 2015 年 9 月 8 日之后	持股期限 1个月以上至1年（含1年）	暂减按 50% 计入应纳税所得额	财税〔2015〕101 号
7	个人取得的 2012 年及以后年度发行的地方政府债券利息收入		免征	财税〔2013〕5 号
8	个人取得的 2009 年、2010 年和 2011 年发行的地方政府债券利息所得		免征	财税〔2011〕76 号
9	证券市场个人投资者的证券交易结算资金在 2008 年 10 月 9 日后（含 10 月 9 日）孳生的利息所得		暂免征收	财税〔2008〕140 号
10	储蓄存款在 2008 年 10 月 9 日后（含 10 月 9 日）孳生的利息所得		暂免征收	财税〔2008〕132 号
11	对个人投资者从基金分配中取得的收入		暂不征收	财税〔2002〕128 号
12	住房公积金、医疗保险金、基本养老保险金、失业保险基金等专项基金或资金存入银行个人账户所取得的利息收入		免征	财税字〔1999〕267 号
13	对投资者从封闭式基金分配中获得的国债利息、储蓄存款利息以及买卖股票价差收入,在国债利息收入、个人储蓄存款利息收入以及个人买卖股票差价收入未恢复征收所得税以前		暂不征收	财税字〔1998〕55 号
14	外籍个人从外商投资企业取得的股息、红利所得		免征	财税字〔1994〕20 号

二、要点解答

问题 543　个人取得国债和国家发行的金融债券利息所得是否免征个税

〖答〗个人取得国债和国家发行的金融债券利息所得,个税处理如表 322 所示。

表 322　个人取得国债和国家发行的金融债券利息所得个税处理

项目	概念	个税处理
国债利息	个人持有中华人民共和国财政部发行的债券而取得的利息	免征
国家发行的金融债券利息	个人持有经国务院批准发行的金融债券而取得的利息	免征

 政策依据

一、《中华人民共和国个人所得税法》第四条第一款第二项

第四条 下列各项个人所得,免征个人所得税:

……

(二)国债和国家发行的金融债券利息;

二、《中华人民共和国个人所得税法实施条例》第九条

个人所得税法第四条第一款第二项所称国债利息,是指个人持有中华人民共和国财政部发行的债券而取得的利息;所称国家发行的金融债券利息,是指个人持有经国务院批准发行的金融债券而取得的利息。

问题 544 地方政府债券利息是否免征个税

【答】地方政府债券是指经国务院批准同意,以省、自治区、直辖市、计划单列市政府为发行和偿还主体的债券,具体个税处理如表 323 所示。

表 323 地方政府债券利息个税处理

时间	情形	个税处理
2009—2011 年	个人取得发行的地方政府债券利息所得	免征
2012 年及以后		

 政策依据

一、《财政部 国家税务总局关于地方政府债券利息所得免征所得税问题的通知》(财税〔2011〕76 号)第一条、第二条

一、对企业和个人取得的 2009 年、2010 年和 2011 年发行的地方政府债券利息所得,免征企业所得税和个人所得税。

二、地方政府债券是指经国务院批准,以省、自治区、直辖市和计划单列市政府为发行和偿还主体的债券。

二、《财政部 国家税务总局关于地方政府债券利息免征所得税问题的通知》(财税〔2013〕5 号)第一条、第二条

一、对企业和个人取得的 2012 年及以后年度发行的地方政府债券利息收入,免征企业所得税和个人所得税。

二、地方政府债券是指经国务院批准同意,以省、自治区、直辖市、计划单列市政府为发行和偿还主体的债券。

问题 545 个人取得储蓄存款利息是否免征个税

【答】个人取得储蓄存款利息,个税处理如表 324 所示。

表 324 个人取得储蓄存款利息个税处理

序号	情形	个税处理
1	教育储蓄存款利息	免征
2	国务院财政部门确定的其他专项储蓄存款或者储蓄性专项基金存款的利息	

第六章 利息、股息、红利所得

（续表）

序号	情形		个税处理
3	其他储蓄存款利息所得	1999年10月31日前	不征收
		1999年11月1日至2007年8月14日	按照20%的比例税率征收
		2007年8月15日至2008年10月8日	按照5%的比例税率征收
		自2008年10月9日（含10月9日）起	暂免征收

政策依据

一、《对储蓄存款利息所得征收个人所得税的实施办法》（国务院令第502号）第五条

对个人取得的教育储蓄存款利息所得以及国务院财政部门确定的其他专项储蓄存款或者储蓄性专项基金存款的利息所得，免征个人所得税。

二、《财政部 国家税务总局关于储蓄存款利息所得有关个人所得税政策的通知》（财税〔2008〕132号）

为配合国家宏观调控政策需要，经国务院批准，自2008年10月9日起，对储蓄存款利息所得暂免征收个人所得税。即储蓄存款在1999年10月31日前孳生的利息所得，不征收个人所得税；储蓄存款在1999年11月1日至2007年8月14日孳生的利息所得，按照20%的比例税率征收个人所得税；储蓄存款在2007年8月15日至2008年10月8日孳生的利息所得，按照5%的比例税率征收个人所得税；储蓄存款在2008年10月9日后（含10月9日）孳生的利息所得，暂免征收个人所得税。

案例 102

2020年10月，国内某研究所研究员小松取得部分收入项目如下。

（1）取得5年期国债利息收入5 500元，一年期储蓄存款利息收入672.82元，梅松上市公司发行的企业债券利息收入3 200元。

（2）10月份取得股票分红所得3 210元，该股票为小松两年前购买的税台上市公司股票。

请问：假设不考虑其他因素，10月份，小松取得的利息、股息收入是否需要纳税？如需要，计算应纳税额。

【答】（1）取得5年期国债利息收入5 500元，免征个人所得税；

取得一年期储蓄存款利息收入672.82元，免征个人所得税；

取得梅松上市公司发行的企业债券利息收入3 200元，应缴纳的个人所得税＝3 200×20%＝640（元）。

（2）取得股票分红所得3 210元不需要纳税。

根据《财政部 国家税务总局 证监会关于上市公司股息红利差别化个人所得税政策有关问题的通知》（财税〔2015〕101号）规定，个人从公开发行和转让市场取得的上市公司股票，持股期限超过1年的，股息红利所得暂免征收个人所得税。

问题546　个人投资者持有创新企业CDR取得的股息、红利所得是否有税收优惠

【答】个人投资者持有创新企业CDR取得的股息、红利所得，具体优惠政策如表325所示。

表 325 个人投资者持有创新企业 CDR 取得的股息、红利所得优惠政策

主体	项目	情形
个人投资者	优惠内容	自首只创新企业 CDR 取得国务院证券监督管理机构的发行批文之日起,对个人投资者持有创新企业 CDR 取得的股息红利所得,三年内实施股息红利差别化个人所得税政策
	代扣代缴	创新企业在其境内的存托机构
	境外已缴纳的税款	按照个人所得税法以及双边税收协定(安排)的相关规定予以抵免

【提示】创新企业 CDR,是指符合《国务院办公厅转发证监会关于开展创新企业境内发行股票或存托凭证试点若干意见的通知》(国办发〔2018〕21 号)规定的试点企业,以境外股票为基础证券,由存托人签发并在中国境内发行,代表境外基础证券权益的证券。

《关于创新企业境内发行存托凭证试点阶段有关税收政策的公告》(财政部 税务总局 证监会公告 2019 年第 52 号)第一条第二项、第五条
一、个人所得税政策
……
2. 自试点开始之日起,对个人投资者持有创新企业 CDR 取得的股息红利所得,三年内实施股息红利差别化个人所得税政策,具体参照《财政部 国家税务总局 证监会关于实施上市公司股息红利差别化个人所得税政策有关问题的通知》(财税〔2012〕85 号)、《财政部 国家税务总局 证监会关于上市公司股息红利差别化个人所得税政策有关问题的通知》(财税〔2015〕101 号)的相关规定执行,由创新企业在其境内的存托机构代扣代缴税款,并向存托机构所在地税务机关办理全员全额明细申报。对个人投资者取得的股息红利在境外已缴纳的税款,可按照个人所得税法以及双边税收协定(安排)的相关规定予以抵免。
……
五、其他相关事项
1. 本公告所称创新企业 CDR,是指符合《国务院办公厅转发证监会关于开展创新企业境内发行股票或存托凭证试点若干意见的通知》(国办发〔2018〕21 号)规定的试点企业,以境外股票为基础证券,由存托人签发并在中国境内发行,代表境外基础证券权益的证券。
2. 本公告所称试点开始之日,是指首只创新企业 CDR 取得国务院证券监督管理机构的发行批文之日。

问题 547 个人持有铁路债券取得利息收入是否享受减免个税的优惠

〖答〗个人取得铁路债券利息收入,需按"利息、股息、红利所得"应税项目缴纳个人所得税。但为了支持国家铁路建设,财政部 国家税务总局对于个人持有铁路债券制定了相关的优惠政策,具体如表 326 所示。

表 326 个人持有铁路债券取得利息收入个税优惠一览表

序号	铁路债券	情形	优惠内容	缴纳方式	政策依据
1	中国铁路建设债券、中期票据、短期融资券等债务融资工具	2023—2027 年发行的铁路债券	减按 50% 计入应纳税所得额计算征收个人所得税	由兑付机构在向个人投资者兑付利息时代扣代缴	财税〔2023〕64 号
2		2019—2023 年发行的铁路债券			财政部 税务总局公告 2019 年第 57 号

政策依据

一、《国家税务总局关于中国铁路建设债券利息征收个人所得税问题的批复》(国税函〔1999〕738号)

"中国铁路建设债券"属于企业债券,不属于财政部发行的债券和国务院批准发行的金融债券,因此,个人持有中国铁路建设债券而取得的利息不属于可以免纳个人所得税的"国债和国家发行的金融债券利息",必须依照个人所得税法的规定,按"利息、股息、红利所得"应税项目缴纳个人所得税。

二、《财政部 税务总局关于铁路债券利息收入所得税政策的公告》(财政部 税务总局公告2023年第64号)

二、对个人投资者持有2024—2027年发行的铁路债券取得的利息收入,减按50%计入应纳税所得额计算征收个人所得税。税款由兑付机构在向个人投资者兑付利息时代扣代缴。

三、铁路债券是指以中国国家铁路集团有限公司为发行和偿还主体的债券,包括中国铁路建设债券、中期票据、短期融资券等债务融资工具。

三、《财政部 税务总局关于铁路债券利息收入所得税政策的公告》(财政部 税务总局公告2019年第57号)第二条、第三条

二、对个人投资者持有2019—2023年发行的铁路债券取得的利息收入,减按50%计入应纳税所得额计算征收个人所得税。税款由兑付机构在向个人投资者兑付利息时代扣代缴。

三、铁路债券是指以中国铁路总公司为发行和偿还主体的债券,包括中国铁路建设债券、中期票据、短期融资券等债务融资工具。

问题548 个人投资者从封闭式基金取得的收入如何计缴个税

【答】个人投资者从封闭式基金取得的收入,个税处理如表327所示。

表327 个人投资者从封闭式基金取得的收入个税处理

主体	情形		个税处理
个人投资者	买卖基金单位获得的差价收入		在对个人买卖股票的差价收入未恢复征收个人所得税以前,暂不征收个人所得税
	从基金分配中获得	股票的股息、红利收入以及企业债券的利息收入	由上市公司和发行债券的企业在向基金派发股息、红利、利息时代扣代缴20%的个人所得税
		国债利息、储蓄存款利息以及买卖股票价差收入	在国债利息收入、个人储蓄存款利息收入以及个人买卖股票差价收入未恢复征收所得税以前,暂不征收所得税
		企业债券差价收入	应按税法规定对个人投资者征收个人所得税,税款由基金在分配时依法代扣代缴

政策依据

《财政部 国家税务总局关于证券投资基金税收问题的通知》(财税字〔1998〕55号)第三条

三、关于所得税问题

……

2. 对个人投资者买卖基金单位获得的差价收入,在对个人买卖股票的差价收入未恢复征收个人所得税以前,暂不征收个人所得税;对企业投资者买卖基金单位获得的差价收入,应并入企业的应纳税所得额,征收企业所得税。

3. 对投资者从基金分配中获得的股票的股息、红利收入以及企业债券的利息收入,由上市公司和发行债券的企业在向基金派发股息、红利、利息时代扣代缴20%的个人所得税,基金向个人投资者分配股息、红利、利息时,不再代扣代缴个人所得税。

4. 对投资者从基金分配中获得的国债利息、储蓄存款利息以及买卖股票价差收入,在国债利息收入、个人储蓄存款利息收入以及个人买卖股票差价收入未恢复征收所得税以前,暂不征收所得税。

5. 对个人投资者从基金分配中获得的企业债券差价收入,应按税法规定对个人投资者征收个人所得税,税款由基金在分配时依法代扣代缴;对企业投资者从基金分配中获得的债券差价收入,暂不征收企业所得税。

问题549　个人投资者取得的证券交易结算资金利息所得是否免征个税

〖答〗根据《关于证券市场个人投资者证券交易结算资金利息所得有关个人所得税政策的通知》(财税〔2008〕140号)文件规定,自2008年10月9日起,对证券市场个人投资者取得的证券交易结算资金利息所得,暂免征收个人所得税,即证券市场个人投资者的证券交易结算资金在2008年10月9日后(含10月9日)孳生的利息所得,暂免征收个人所得税。

问题550　个人投资者从开放式基金取得的收入是否免征个税

〖答〗根据《财政部　国家税务总局关于开放式证券投资基金有关税收问题的通知》(财税〔2002〕128号)第二条第三项规定,对基金取得的股票的股息、红利收入,债券的利息收入、储蓄存款利息收入,由上市公司、发行债券的企业和银行在向基金支付上述收入时代扣代缴20%的个人所得税;对个人投资者从基金分配中取得的收入,暂不征收个人所得税。

问题551　社保和住房公积金等专项基金存入个人账户取得的利息是否免征个税

〖答〗根据《财政部　国家税务总局关于住房公积金医疗保险金、基本养老保险金、失业保险基金个人账户存款利息所得免征个人所得税的通知》(财税字〔1999〕267号)文件规定,按照国家或省级地方政府规定的比例缴付的下列专项基金或资金存入银行个人账户所取得的利息收入免征个人所得税:

(1) 住房公积金;
(2) 医疗保险金;
(3) 基本养老保险金;
(4) 失业保险基金。

问题552　职工个人取得的中国职工保险互助会的分红所得是否免征个税

〖答〗职工个人取得的中国职工保险互助会的分红所得,是否免征个人所得税,要视取得分红所得的时间,具体处理如表328所示。

表328　职工个人取得的中国职工保险互助会的分红所得个税处理

时间	个税处理
2000年及2000年以前	免征个税
从2001年1月1日起	依法缴纳个税,中国职工保险互助会履行代扣代缴义务

政策依据

《关于职工个人取得中国职工保险互助会分配的红利所得征免个人所得税问题的通知》(财税〔2000〕137号)
……
中国职工保险互助会是经劳动部批准、民政部注册,组织职工开展互助互济活动的社会团体,隶属全国总工会。它向参加互助合作保险的职工筹集资金,委托金融机构主要通过购买国债等形式进行运作,所获利润主要用于对遭遇工伤事故和意外事故的职工进行补偿,剩余部分分配给参加互助合作保险的职工。

鉴于中国职工保险互助会筹集的大部分资金来自国有企业的困难职工,其所获利润主要来自购买国债的利息收入,分配使用体现了职工互助互济、解决自身困难的原则,现决定对职工个人2000年及以前年度从中国职工保险互助会取得的红利所得特案免征个人所得税。

从2001年1月1日起,职工个人从中国职工保险互助会取得的红利所得应依法缴纳个人所得税;中国职工保险互助会应严格履行扣缴会员红利所得个人所得税的义务。

问题553 外籍个人取得外商投资企业股息、红利是否缴纳个税

【答】根据《财政部 国家税务总局关于个人所得税若干政策问题的通知》(财税字〔1994〕20号)第二条第八项规定,外籍个人从外商投资企业取得的股息、红利所得,暂免征收个人所得税。

【提示】财税字〔1994〕20号规定,外籍个人从外商投资企业取得的股息、红利所得,暂免征收个人所得税。随后在2013年发布的国发〔2013〕6号文件第四条十四项规定,取消对外籍个人从外商投资企业取得的股息、红利所得免征个人所得税等税收优惠。但《财政部关于公布废止和失效的财政规章和规范性文件目录(第十二批)的决定(第十二批)》(财政部部长令第83号)(2016-08-18颁布)的目录中并没有看到财税字〔1994〕20号被废止,各地区对该优惠政策执行口径也不一致。在2018年12月29日发布的《财政部 税务总局关于继续有效的个人所得税优惠政策目录的公告》文件,继续有效的个人所得税优惠政策涉及的文件目录中包含财税字〔1994〕20号文件。因此,外籍个人从外商投资企业取得的股息、红利所得,暂免征收个人所得税的优惠政策继续有效。

第四节 纳税申报

扫码听课

一、概述

纳税人取得利息、股息、红利所得,以每次收入额为应纳税所得额,适用比例税率,税率为20%。有扣缴义务人的,由扣缴义务人按月或者按次代扣代缴税款。

扣缴义务人每月或者每次预扣、代扣的税款,应当在次月15日内缴入国库,并向税务机关报送扣缴个人所得税申报表。

纳税人取得应税所得,扣缴义务人未扣缴税款的,纳税人应当在取得所得的次年6月30日前,缴纳税款;税务机关通知限期缴纳的,纳税人应当按照期限缴纳税款。

利息、股息、红利所得纳税申报如表329所示。

表329 利息、股息、红利所得纳税申报一览表

申报方式	适用条件		适用申报	纳税期限
自行申报	纳税人取得利息、股息、红利所得但没有扣缴义务人的,或者有扣缴义务人但未扣缴税款的,以及国务院规定的其他情形		居民其他分类所得个人所得税自行申报	取得所得的次年6月30日前 税务机关通知限期缴纳的,纳税人应当按照期限缴纳税款
代扣代缴	一般	扣缴义务人向居民个人支付利息、股息、红利所得时,应当按月或者按次代扣代缴个人所得税	居民个人取得分类所得个人所得税代扣代缴申报	次月15日前缴入国库
	特殊	办理个人储蓄业务的储蓄机构,在向个人结付储蓄存款利息时,应依法代扣代缴其应缴纳的个税款	扣缴储蓄存款利息所得个人所得税申报	代扣税款的次月15日内

二、自行申报

问题554　申报期限及填报资料

纳税人取得利息、股息、红利所得但没有扣缴义务人的,或者有扣缴义务人但未扣缴税款的,以及国务院规定的其他情形;依照税收法律、法规、规章及其他有关规定,在取得所得的次年6月30日前就其个人所得向主管税务机关申报并缴纳税款。

纳税人取得利息、股息、红利所得,自行申报适用"居民其他分类所得个人所得税自行申报"(详见第七章第四节)。

三、代扣代缴申报

问题555　申报期限及填报资料

个人所得税以向个人支付所得的单位或者个人为扣缴义务人。扣缴义务人向居民个人支付利息、股息、红利所得时,应当按月或按次代扣代缴个人所得税,在次月15日,填报《个人所得税扣缴申报表》及其他相关资料,向主管税务机关纳税申报。

扣缴义务人向居民个人支付利息、股息、红利所得,适用"居民个人取得分类所得个人所得税代扣代缴申报"(详见第七章第四节)。

四、储蓄存款利息所得扣缴个人所得税申报

问题556　储蓄存款利息所得申报期限

办理个人储蓄业务的储蓄机构,依法代扣代缴的个人所得税税款,在代扣税款的次月15日内,向税务机关纳税申报。

问题557　储蓄存款利息所得申报资料

储蓄存款利息所得扣缴个人所得税申报,所需材料如表330所示。

表330　储蓄存款利息所得扣缴个人所得税申报材料

必备材料	材料名称	备注
	《储蓄存款利息所得扣缴个人所得税报告表》	详见问题555
其他情形,还应提供相应材料		
适用情形	材料名称	
扣缴义务人在扣缴税款时已向被扣缴义务人开具税票	《中华人民共和国税收缴款书(代扣代收专用)第二联》	
扣缴义务人汇总缴库开具税票	《中华人民共和国税收缴款书(银行经收专用)第一联》	

问题558　扣缴储蓄存款利息所得个人所得税申报办理机构

扣缴储蓄存款利息所得个人所得税申报办理机构为扣缴义务人主管税务机关。

问题559　扣缴储蓄存款利息所得个人所得税申报办理渠道

扣缴储蓄存款利息所得个人所得税申报可通过办税服务厅(场所)、自然人税收管理系统(扣缴客户端)办理。

问题 560　注意事项

储蓄存款在 2008 年 10 月 9 日后(含 10 月 9 日)孳生的利息所得,暂免征收个人所得税。

五、自然人电子税务局扣缴客户端申报

问题 561　申报流程

自然人税收管理系统(扣缴客户端)办理利息、股息、红利所得,适用"分类所得个人所得税代扣代缴申报"。

分类所得个人所得税代扣代缴申报包括:利息、股息、红利所得;财产租赁所得;财产转让所得;偶然所得四个项目的申报。本节重点讲解利息、股息、红利所得的个税申报流程。

首页功能菜单点击【分类所得申报】,进入"一般分类所得代扣代缴申报"页面,页面上方为申报主流程导航栏,根据【1 收入及减除填写】【2 附表填写】【3 申报表报送】三步流程完成分类所得代扣代缴申报,如图 364 所示。

图 364　利息股息红利所得登录页面

"利息、股息、红利所得"项目包括以下内容:

① 上市公司股息红利所得(沪市、深市、创业板);

② 三板市场股息红利所得;

③ 证券资金利息所得;

④ 国债利息;

⑤ 国家发行的金融债券利息;

⑥ 地方政府债券利息;

⑦ 储蓄存款利息所得;

⑧ 持有创新企业境内发行存托凭证;

⑨ 其他利息、股息、红利所得。

新增利息、股息、红利所得的操作界面如图 365 所示。

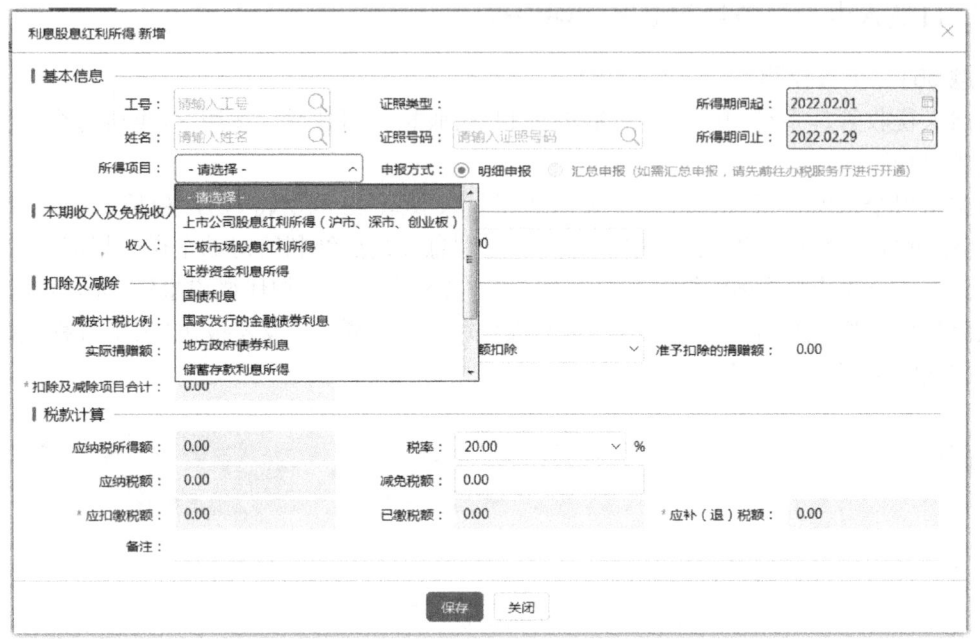

图 365　新增利息、股息、红利所得所得项目选择列表

案例 103

秦小松为国内某高校教授，2022 年 2 月，除高校工资外，取得如下所得。

（1）从 A 上市公司取得股息所得 12 000 元，A 上市公司股票系秦小松 2021 年 8 月从公开市场购买。

（2）从 B 非上市公司取得股息所得 5 000 元。

（3）2 月 20 日国债利息所得 1 500 元。

（一）计算秦小松 2 月份上述所得应纳个税

（1）秦小松从 A 上市公司取得股息所得 12 000 元，持股期限在 1 个月以上至 1 年（含 1 年），暂减按 50% 计入应纳税所得额，应纳税额＝12 000×50%×20%＝1 200(元)。

（2）从 B 非上市公司取得股息所得 5 000 元，应当全额缴纳个人所得税，应纳税额＝5 000×20%＝1 000(元)。

（3）2 月 20 日取得的国债利息所得 1 500 元，免征个人所得税。

综上所述，秦小松 3 月份应纳个人所得税额＝1 200＋1 000＝2 200(元)。

（二）秦小松 2 月份上述所得个税扣缴申报

1. 收入及减除填写

（1）秦小松 A 上市公司取得股息所得 12 000 元，持股期限在 1 个月以上至 1 年（含 1 年），暂减按50%计入应纳税所得额,减按计税比例出选择"50%",如图366所示。

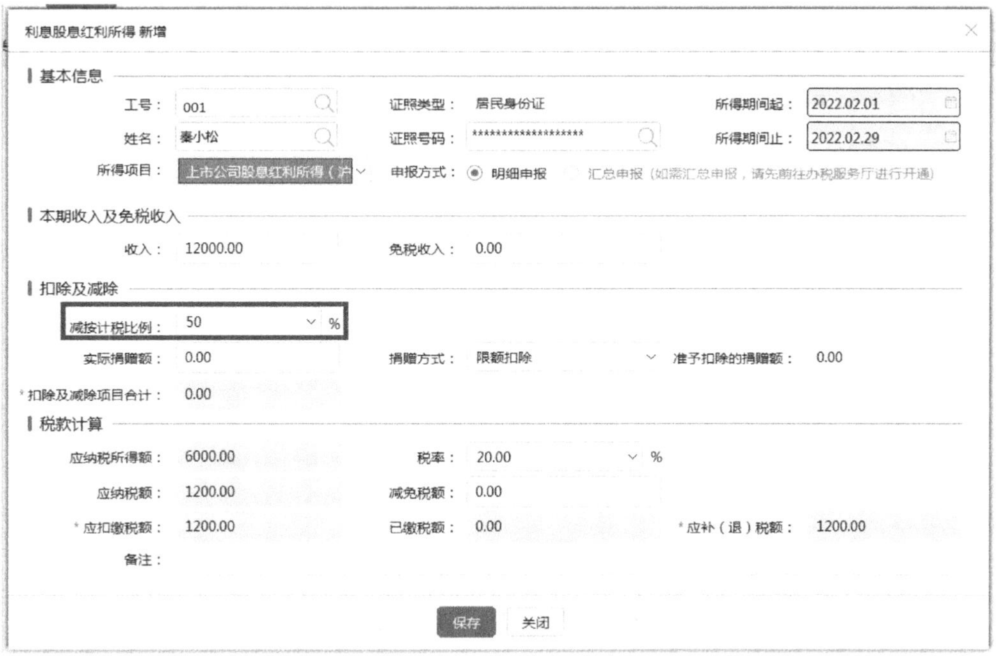

图366　A上市公司取得股息所得填报

(2)从B非上市公司取得股息所得5 000元,应当全额缴纳个人所得税,如图367所示。

图367　非上市公司取得股息所得申报界面

(3)取得的国债利息所得1 500元,免征个人所得税,申报如图368所示。

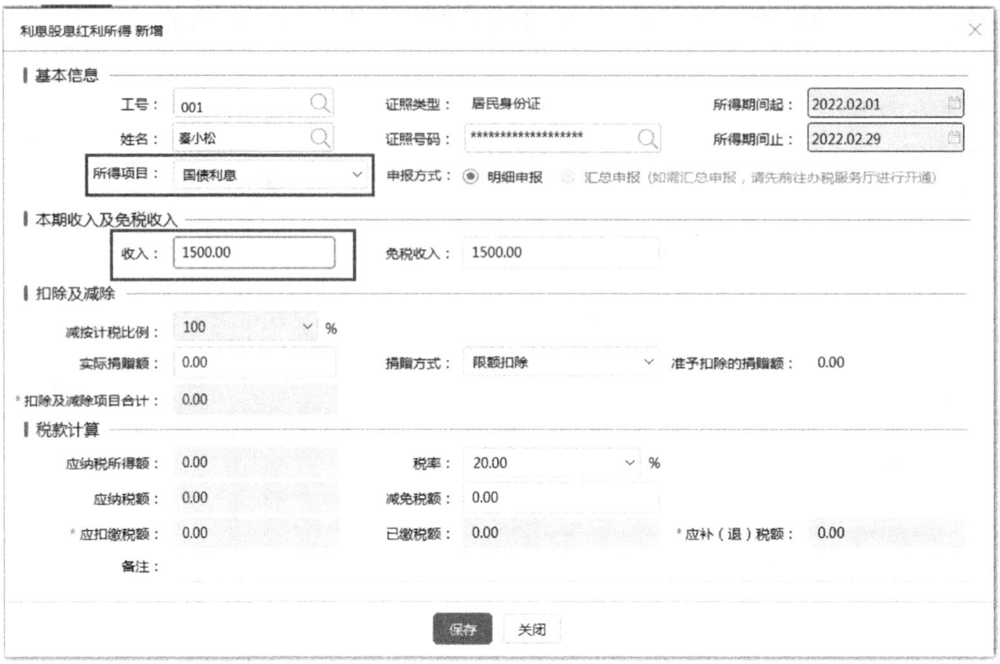

图 368 国债利息所得申报界面

上述各项利息股息红利所得收入填写完毕后,展示界面如图 369 所示。

图 369 利息股息红利所得收入填写界面

2. 附表填写

若纳税人有相关减除项目,则依次填写"减免事项附表""准予扣除的捐赠附表""个人股东股权转让信息表",秦小松取得的国债利息免税,填写"减免事项附表",如图 370 所示。

图370 附表填写页面

3. 申报表报送

确认所填写项目准确无误后,点击"发送申报",完成申报,如图371所示。

图371 股息红利所得申报页面

六、申报表的填列

问题562 个人所得税分期缴纳备案表（转增股本）及填报说明

表331 个人所得税分期缴纳备案表（转增股本）

备案编号（主管税务机关填写）：   金额单位：人民币元（列至角分）

扣缴单位基本情况					
扣缴单位名称		纳税人识别号		高新技术企业证书编号	
地址		联系人		电话	
年销售额		资产总额		员工人数	

转增股本情况

未分配利润转增金额	盈余公积转增金额	资本公积转增金额	总股本（实收资本）

分期缴税情况

序号	姓名	身份证件类型	身份证件号码	持股份数	持股比例	计税金额	应缴个人所得税	分期缴税计划										签名
								第一年		第二年		第三年		第四年		第五年		
								缴税时间	缴税金额	缴税时间	缴税金额	缴税时间	缴税金额	缴税时间	缴税金额	缴税时间	缴税金额	

谨声明：此表是根据《中华人民共和国个人所得税法》及有关法律法规规定填写的，是真实的、完整的、可靠的。

扣缴单位负责人签字：   扣缴单位盖章：   主管税务机关受理章：

代理申报日期： 年 月 日   受理日期： 年 月 日

代理申报机构（人）签章：   受理人：

经办人：

经办人执业证件号码：

国家税务总局监制

590

填报说明

本表适用于个人因转增股本取得所得,其扣缴义务人向主管税务机关办理分期缴纳个人所得税备案事宜。本表一式二份,主管税务机关受理后,由扣缴义务人和主管税务机关分别留存。

一、备案编号:由主管税务机关自行编制。

二、纳税人识别号:填写税务机关赋予的18位纳税人识别号。

三、高新技术企业证书编号:填写高新技术企业认定部门核发的有效期内的高新技术企业证书编号。

四、年销售额:填写企业上一个会计年度的主营业务收入。

五、资产总额、员工人数、总股本(实收资本):填写企业转增股本当月相关数据。

六、转增股本情况:填写企业转增股本的相关情况。

七、计税金额:计税金额=(未分配利润转增金额+盈余公积转增金额+资本公积转增金额)×持股比例。

八、应缴个人所得税:应缴个人所得税=计税金额×20%。

九、计划缴税时间:按年度填写每一年度计划缴税的截止月份。

十、计划缴税金额:填写每一年度计划分期缴纳的个人所得税金额。

问题563 储蓄存款利息所得扣缴个人所得税报告表及填报说明

储蓄存款利息所得扣缴个人所得税报告表如表332所示。

填报说明

除下列条款外,其他事项按《国家税务总局关于印发〈储蓄存款利息所得个人所得税征收管理办法〉的通知》(国税发〔1999〕179号)和《国家税务总局关于〈储蓄存款利息所得扣缴个人所得税报告表〉中有关问题的通知》(国税函〔1999〕699号)的有关要求填写。本说明与前述两个文件有矛盾的,以本说明为准:

一、自2002年2月1日起,扣缴义务人应按规定向主管税务机关报送本表。

二、扣缴义务人未按规定期限向主管税务机关报送本表的,依照《中华人民共和国税收征收管理法》第六十二条的规定,予以处罚。

三、本表应采用"一率一表"的形式填报,即按法定税率(20%)和不同的协定税率5%、7.5%、10%、15%分别填报本表。

四、本表项目涉及外币折合人民币的,应按照缴款上一月最后一日中国人民银行公布的人民币基准汇价折算成人民币。

五、本期结付利息额:应填写本期实际结付的利息额。

六、其他专项储蓄:是指住房公积金、医疗保险金、基本养老保险金和失业保险基金等免税的专项基金存款。

七、表格中活期存款包括定活两便存款和通知存款。

表 332 储蓄存款利息所得扣缴个人所得税报告表

| 扣缴义务人识别号 | | | | | | | | | |

填表日期： 年 月 日
金额单位： 人民币元

根据国务院《对储蓄存款利息所得征收个人所得税的实施办法》第九条之规定制定本表，扣缴义务人应将当月所扣的税款于次月七日内缴入国库，并向当地主管税务机关报送本表。

税款所属期 年 月 日至 年 月 日

扣缴义务人名称				联系电话					
储蓄存款结构	本期结付利息额			税率	扣缴所得税额	扣缴税款人次（笔数）	本期期末储蓄存款余额		
	人民币	外币折合人民币	合计				人民币	外币折合人民币	合计
活期类									
定期类									
其中：一年期整存整取类									
合计				—					
教育储蓄				—					
其他专项储蓄				—					
备注									
扣缴义务人声明	我声明：此扣缴报告表是根据《中华人民共和国个人所得税法》和国务院《对储蓄存款利息所得征收个人所得税的实施办法》的规定填报的，我确信它是真实的、准确的、完整的。 声明人签字：								

会计主管签字： 负责人签字： 扣缴单位盖章：

以下由税务机关填写

受理日期		受理人		审核日期		主管税务机关盖章 主管税务官员签字
审核记录		税收管理员				

国家税务总局监制

问题 564 利息、股息、红利所得税收政策汇总

表 333 利息、股息、红利所得税收政策汇总表

序号	政策文件名称	文号
1	《关于继续实施全国中小企业股份转让系统挂牌公司股息红利差别化个人所得税政策的公告》	财政部 税务总局 证监会公告 2019 年第 78 号
2	《财政部 税务总局关于铁路债券利息收入所得税政策的公告》	财政部 税务总局公告 2019 年第 57 号
3	《关于创新企业境内发行存托凭证试点阶段有关税收政策的公告》	财政部 税务总局 证监会公告 2019 年第 52 号
4	《财政部 税务总局关于铁路债券利息收入所得税政策的公告》	财政部 税务总局公告 2023 年第 64 号
5	《财政部 国家税务总局 证监会关于深港股票市场交易互联互通机制试点有关税收政策的通知》	财税〔2016〕127 号
6	《财政部 国家税务总局 证监会关于上市公司股息红利差别化个人所得税政策有关问题的通知》	财税〔2015〕101 号
7	《财政部 国家税务总局 证监会关于上市公司股息红利差别化个人所得税政策有关问题的通知》	财税〔2015〕101 号
8	《财政部 国家税务总局 证监会关于内地与香港基金互认有关税收政策的通知》	财税〔2015〕125 号

第六章　利息、股息、红利所得

（续表）

序号	政策文件名称	文号
9	《财政部 国家税务总局关于将国家自主创新示范区有关税收试点政策推广到全国范围实施的通知》	财税〔2015〕116号
10	《财政部 国家税务总局关于将国家自主创新示范区有关税收试点政策推广到全国范围实施的通知》	财税〔2015〕116号
11	《国家税务总局关于股权奖励和转增股本个人所得税征管问题的公告》	国家税务总局公告2015年第80号
12	《关于沪港股票市场交易互联互通机制试点有关税收政策的通知》	财税〔2014〕81号
13	《国家税务总局关于个人投资者收购企业股权后将原盈余积累转增股本个人所得税问题的公告》	国家税务总局公告2013年第23号
14	《国家税务总局关于房屋买受人按照约定退房取得的补偿款有关个人所得税问题的批复》	税总函〔2013〕748号
15	《财政部 国家税务总局 证监会关于实施上市公司股息红利差别化个人所得税政策有关问题的通知》	财税〔2012〕85号
16	《国家税务总局关于进一步加强高收入者个人所得税征收管理的通知》	国税发〔2010〕54号
17	《企业为个人购买房屋或其他财产征收个人所得税问题》	财税〔2008〕83号
18	《关于证券市场个人投资者证券交易结算资金利息所得有关个人所得税政策的通知》	财税〔2008〕140号
19	《财政部 国家税务总局关于储蓄存款利息所得有关个人所得税政策的通知》	财税〔2008〕132号
20	《对储蓄存款利息所得征收个人所得税的实施办法》	国务院令第502号
21	《财政部 国家税务总局关于个人股票期权所得征收个人所得税问题的通知》	财税〔2005〕35号
22	《国家税务总局关于企业为股东个人购买汽车征收个人所得税的批复》	国税函〔2005〕364号
23	《国家税务总局关于加强企业债券利息个人所得税代扣代缴工作的通知》	国税函〔2003〕612号
24	《财政部 国家税务总局关于规范个人投资者个人所得税征收管理的通知》	财税〔2003〕158号
25	《财政部 国家税务总局关于开放式证券投资基金有关税收问题的通知》	财税〔2002〕128号
26	《国家税务总局关于〈关于个人独资企业和合伙企业投资者征收个人所得税的规定〉执行口径的通知》	国税函〔2001〕84号
27	《改制员工取得的用于购买企业国有股权的劳动分红征收个人所得税问题》	国税函〔2001〕832号
28	《关于职工个人取得中国职工保险互助会分配的红利所得征免个人所得税问题的通知》	财税〔2000〕137号
29	《国家税务总局关于企业改组改制过程中个人取得的量化资产征收个人所得税问题的通知》	国税发〔2000〕60号
30	《国家税务总局关于中国铁路建设债券利息征收个人所得税问题的批复》	国税函〔1999〕738号

(续表)

序号	政策文件名称	文号
31	《国家税务总局关于促进科技成果转化有关个人所得税问题的通知》	国税发〔1999〕125号
32	《财政部 国家税务总局关于住房公积金医疗保险金、基本养老保险金、失业保险基金个人账户存款利息所得免征个人所得税的通知》	财税字〔1999〕267号
33	《财政部 国家税务总局关于证券投资基金税收问题的通知》	财税字〔1998〕55号
34	《国家税务总局关于原城市信用社在转制为城市合作银行过程中个人股增值所得应纳个人所得税的批复》	国税函〔1998〕289号
35	《国家税务总局关于原城市信用社在转制为城市合作银行过程中个人股增值所得应纳个人所得税的批复》	国税函〔1998〕289号
36	《国家税务总局关于股份制企业转增股本和派发红股征免个人所得税的通知》	国税发〔1997〕198号
37	《国家税务总局关于利息、股息、红利所得征税问题的通知》	国税函〔1997〕656号
38	《国家税务总局关于股份制企业转增股本和派发红股征免个人所得税的通知》	国税发〔1997〕198号
39	《国家税务总局关于个人所得税偷税案件查处中有关问题的补充通知》	国税函发〔1996〕602号
40	《国家税务总局关于个人所得税偷税案件查处中有关问题的补充通知》	国税函发〔1996〕602号
41	《国家税务总局关于印发〈征收个人所得税若干问题的规定〉的通知》	国税发〔1994〕89号
42	《国家税务总局关于印发〈征收个人所得税若干问题的规定〉的通知》	国税发〔1994〕89号
43	《财政部 国家税务总局关于个人所得税若干政策问题的通知》	财税字〔1994〕20号
44	《财政部 国家税务总局关于个人所得税若干政策问题的通知》	财税字〔1994〕20号

第七章

财产转让所得

财产转让所得思维导图如图 372 所示。

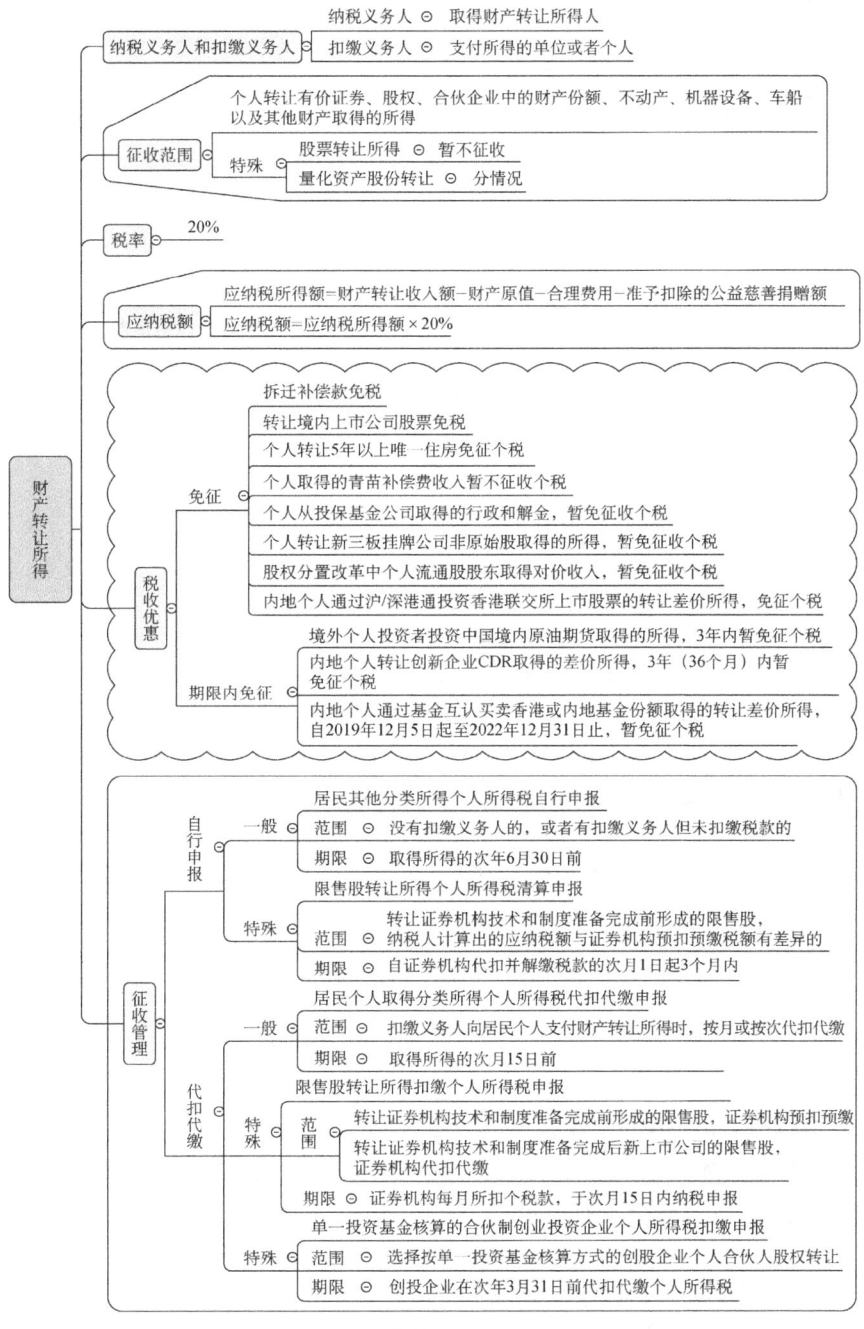

图 372　财产转让所得思维导图

第一节 概　　述

财产转让所得,是指个人转让有价证券、股权、合伙企业中的财产份额、不动产、机器设备、车船以及其他财产取得的所得。其所涉内容具体如表334所示。

表334　财产转让所得概述一览表

项目	具体情形
征税范围	个人转让有价证券、股权、合伙企业中的财产份额、不动产、机器设备、车船以及其他财产取得的所得
纳税人与扣缴义务人	个人所得税以所得人为纳税人,以支付所得的单位或者个人为扣缴义务人
扣除项目	财产原值、合理费用
公益性捐赠	个人将其所得对教育、扶贫、济困等公益慈善事业进行捐赠,捐赠额未超过纳税人申报的应纳税所得额30%的部分,可以从其应纳税所得额中扣除;国务院规定对公益慈善事业捐赠实行全额税前扣除的,从其规定
税率	20%
应纳税所得额	财产转让收入额－财产原值－合理费用－准予扣除的公益慈善事业捐赠额
应纳税额	应纳税所得额×20%

政策依据

一、《中华人民共和国个人所得税法实施条例》第六条第八项

财产转让所得,是指个人转让有价证券、股权、合伙企业中的财产份额、不动产、机器设备、车船以及其他财产取得的所得。

二、《中华人民共和国个人所得税法》第三条第三项、第六条第五项、第九条

利息、股息、红利所得,财产租赁所得,财产转让所得和偶然所得,适用比例税率,税率为百分之二十。

财产转让所得,以转让财产的收入额减除财产原值和合理费用后的余额,为应纳税所得额。

个人所得税以所得人为纳税人,以支付所得的单位或者个人为扣缴义务人。

三、《中华人民共和国个人所得税法》第六条第三款

个人将其所得对教育、扶贫、济困等公益慈善事业进行捐赠,捐赠额未超过纳税人申报的应纳税所得额百分之三十的部分,可以从其应纳税所得额中扣除;国务院规定对公益慈善事业捐赠实行全额税前扣除的,从其规定。

第二节　要点难点

扫码听课

一、征税范围

问题565　财产转让所得的征税范围是什么

〖答〗《中华人民共和国个人所得税法实施条例》第六条第八项规定,财产转让所得,是指个人转让有价证券、股权、合伙企业中的财产份额、不动产、机器设备、车船以及其他财产取得的所得。

《中华人民共和国个人所得税法实施条例》第七条规定,对股票转让所得征收个人所得税的办法,由国务院另行规定,并报全国人民代表大会常务委员会备案。鉴于我国证券市场发育

还不成熟,股份制还处于试点阶段,经国务院批准,对股票转让所得暂不征收个人所得税。

问题 566　出售自有住房并在 1 年内重新购房是否免征个税

〖答〗根据《财政部 国家税务总局、住房和城乡建设部关于调整房地产交易环节契税个人所得税优惠政策的通知》(财税〔2010〕94 号)文件第二条规定,个人出售自有住房并在 1 年内重新购房的,不再减免个人所得税。

但个人出售的自有住房,如果满足"个人转让自用 5 年以上,并且是家庭唯一生活用房"优惠政策的条件,则暂免征收个人所得税。

问题 567　居民个人转让境外不动产是否缴纳个税

〖答〗居民个人转让境外不动产,属于来源于中国境外的所得,根据《中华人民共和国个人所得税法》第一条规定,居民个人从中国境内和境外取得的所得,依法缴纳个人所得税。

根据《关于境外所得有关个人所得税政策的公告》(财政部 税务总局公告 2020 年第 3 号)文件规定,对居民个人转让境外不动产的个税处理,如图 373 所示。

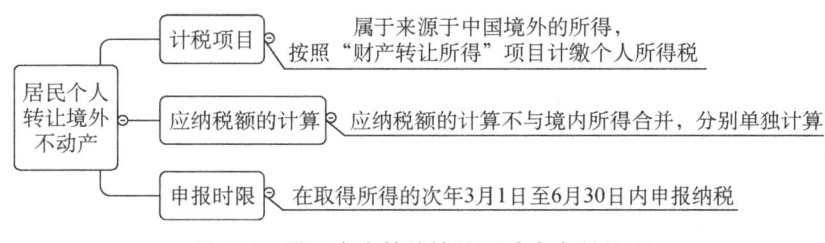

图 373　居民个人转让境外不动产个税处理

政策依据

《关于境外所得有关个人所得税政策的公告》(财政部 税务总局公告 2020 年第 3 号)第一条第七项、第二条第三项、第七条

一、下列所得,为来源于中国境外的所得:

……

(七)转让中国境外的不动产、转让对中国境外企业以及其他组织投资形成的股票、股权以及其他权益性资产(以下称权益性资产)或者在中国境外转让其他财产取得的所得。但转让对中国境外企业以及其他组织投资形成的权益性资产,该权益性资产被转让前三年(连续 36 个公历月份)内的任一时间,被投资企业或其他组织的资产公允价值 50%以上直接或间接来自位于中国境内的不动产的,取得的所得为来源于中国境内的所得;

二、居民个人应当依照个人所得税法及其实施条例规定,按照以下方法计算当期境内和境外所得应纳税额:

……

(三)居民个人来源于中国境外的利息、股息、红利所得,财产租赁所得,财产转让所得和偶然所得(以下称其他分类所得),不与境内所得合并,应当分别单独计算应纳税额。

……

七、居民个人从中国境外取得所得的,应当在取得所得的次年 3 月 1 日至 6 月 30 日内申报纳税。

问题 568　非居民个人在境外转让境内企业的股份取得的所得,是否缴纳个税

〖答〗非居民个人在境外转让境内企业的股份取得的所得,属于来源于中国境内的所得,应按照"财产转让所得"项目计算缴纳个人所得税。

一、《中华人民共和国个人所得税法》第一条

在中国境内无住所又不居住,或者无住所而一个纳税年度内在中国境内居住累计不满一百八十三天的个人,为非居民个人。非居民个人从中国境内取得的所得,依照本法规定缴纳个人所得税。

二、《中华人民共和国个人所得税法实施条例》第三条第四项

第三条 除国务院财政、税务主管部门另有规定外,下列所得,不论支付地点是否在中国境内,均为来源于中国境内的所得:

……

(四)转让中国境内的不动产等财产或者在中国境内转让其他财产取得的所得;

问题569 买卖虚拟货币所得如何计缴个税

〖答〗《国家税务总局关于个人通过网络买卖虚拟货币取得收入征收个人所得税问题的批复》(国税函〔2008〕818号)规定,个人通过网络收购玩家的虚拟货币,加价后向他人出售取得的收入,属于个人所得税应税所得,应按照"财产转让所得"项目计算缴纳个人所得税。

计算公式:

应纳税所得额=转让虚拟货币收入额-虚拟货币的财产原值-合理费用

应纳税额=应纳税所得额×20%

个人销售虚拟货币的财产原值:为收购网络虚拟货币所支付的价款和相关税费。对于个人不能提供有关财产原值凭证的,由主管税务机关核定其财产原值。

问题570 个人以非货币资产投资,是否应该确认所得并缴纳个税

〖答〗根据《财政部 国家税务总局关于个人非货币性资产投资有关个人所得税政策的通知》(财税〔2015〕41号)文件第一条、第五条规定,个人以非货币资产投资,属于个人转让非货币性资产和投资同时发生,对个人转让非货币性资产的所得,应按照"财产转让所得"项目,依法计算缴纳个人所得税。所称非货币性资产,是指现金、银行存款等货币性资产以外的资产,包括股权、不动产、技术发明成果以及其他形式的非货币性资产。所称非货币性资产投资,包括以非货币性资产出资设立新的企业,以及以非货币性资产出资参与企业增资扩股、定向增发股票、股权置换、重组改制等投资行为。

问题571 个人股权转让过程中取得违约金收入如何计缴个税

〖答〗根据《个人股权转让过程中取得违约金收入征收个人所得税问题》(国税函〔2006〕866号)规定,股权成功转让后,转让方个人因受让方个人未按规定期限支付价款而取得的违约金收入,属于因财产转让而产生的收入。转让方个人取得的该违约金应并入财产转让收入,按照"财产转让所得"项目计算缴纳个人所得税,税款由取得所得的转让方个人向主管税务机关自行申报缴纳。

问题572 纳税人收回转让的股权如何计缴个税

〖答〗纳税人收回转让的股权个税的处理,要区分股权转让合同是否履行完毕,如

图 374 所示。

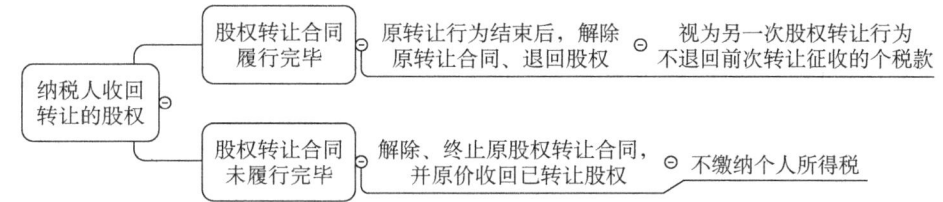

图 374　收回转让股权个税处理

《关于纳税人收回转让的股权征收个人所得税问题的批复》(国税函〔2005〕130号)

1. 根据《中华人民共和国个人所得税法》及其实施条例和《中华人民共和国税收征收管理法》的有关规定,股权转让合同履行完毕、股权已作变更登记,且所得已经实现的,转让人取得的股权转让收入应当依法缴纳个人所得税。转让行为结束后,当事人双方签订并执行解除原股权转让合同、退回股权的协议,是另一次股权转让行为,对前次转让行为征收的个人所得税款不予退回。

2. 股权转让合同未履行完毕,因执行仲裁委员会作出的解除股权转让合同及补充协议的裁决、停止执行原股权转让合同,并原价收回已转让股权的,由于其股权转让行为尚未完成、收入未完全实现,随着股权转让关系的解除,股权收益不复存在,根据个人所得税法和征管法的有关规定,以及从行政行为合理性原则出发,纳税人不应缴纳个人所得税。

问题 573　员工将股票期权行权后的股票再行转让取得的所得如何计缴个税

〖答〗员工将股票期权行权后的股票再行转让取得的所得,个税处理如图375所示。

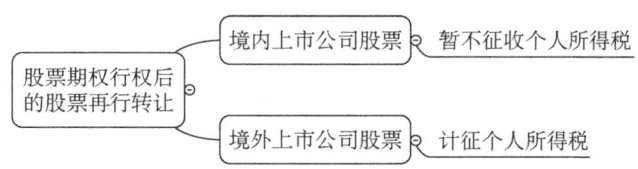

图 375　股票期权行权后的股票再转让个税处理

《财政部 国家税务总局关于个人股票期权所得征收个人所得税问题的通知》(财税〔2005〕35号)第四条第二项

对于员工转让股票等有价证券取得的所得,应按现行税法和政策规定征免个人所得税。即:个人将行权后的境内上市公司股票再行转让而取得的所得,暂不征收个人所得税;个人转让境外上市公司的股票而取得的所得,应按税法的规定计算应纳税所得额和应纳税额,依法缴纳税款。

问题 574　被认定为具有转让限售股实质、需计缴个税的情形有哪些

〖答〗根据《关于个人转让上市公司限售股所得征收个人所得税有关问题的补充通知》(财税〔2010〕70号)文件第二条规定,个人转让限售股或发生具有转让限售股实质的其他交易,取得现金、实物、有价证券和其他形式的经济利益均应缴纳个人所得税。

限售股在解禁前被多次转让的,转让方对每一次转让所得均应按规定缴纳个人所得税。对具有下列情形的,应按规定征收个人所得税:

(1) 个人通过证券交易所集中交易系统或大宗交易系统转让限售股;

(2) 个人用限售股认购或申购交易型开放式指数基金(ETF)份额;

(3) 个人用限售股接受要约收购;

(4) 个人行使现金选择权将限售股转让给提供现金选择权的第三方;

(5) 个人协议转让限售股;

(6) 个人持有的限售股被司法扣划;

(7) 个人因依法继承或家庭财产分割让渡限售股所有权;

(8) 个人用限售股偿还上市公司股权分置改革中由大股东代其向流通股股东支付的对价;

(9) 其他具有转让实质的情形。

问题 575　转让哪些限售股需计缴个税

〖答〗自 2010 年 1 月 1 日起,对个人转让限售股取得的所得,按照"财产转让所得"征收个人所得税。计缴个税的限售股范围如图 376 所示。

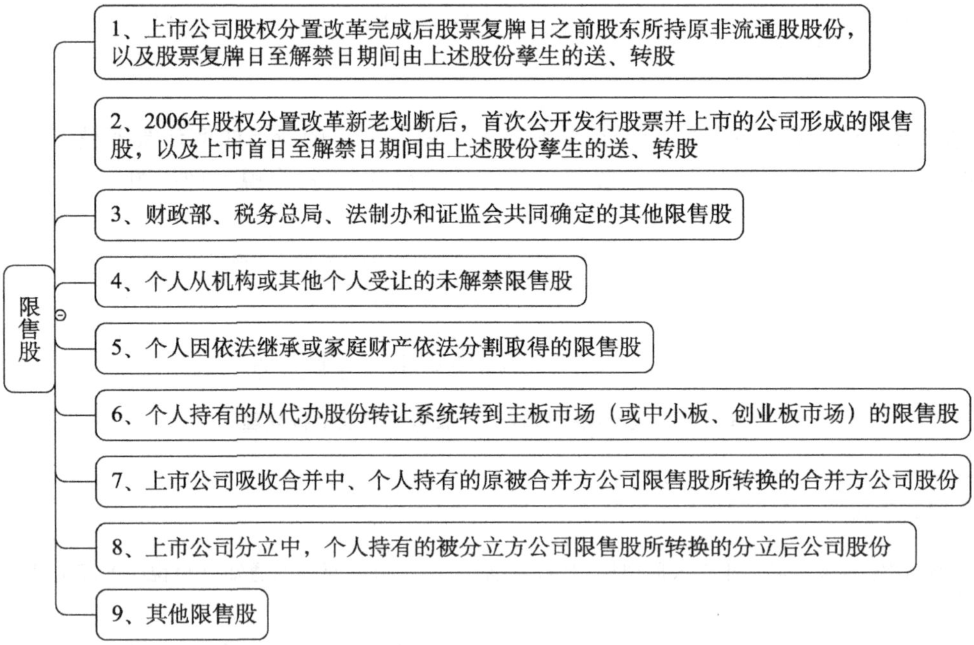

限售股:
1、上市公司股权分置改革完成后股票复牌日之前股东所持原非流通股股份,以及股票复牌日至解禁日期间由上述股份孳生的送、转股
2、2006 年股权分置改革新老划断后,首次公开发行股票并上市的公司形成的限售股,以及上市首日至解禁日期间由上述股份孳生的送、转股
3、财政部、税务总局、法制办和证监会共同确定的其他限售股
4、个人从机构或其他个人受让的未解禁限售股
5、个人因依法继承或家庭财产依法分割取得的限售股
6、个人持有的从代办股份转让系统转到主板市场(或中小板、创业板市场)的限售股
7、上市公司吸收合并中、个人持有的原被合并方公司限售股所转换的合并方公司股份
8、上市公司分立中,个人持有的被分立方公司限售股所转换的分立后公司股份
9、其他限售股

图 376　限售股范围

政策依据

一、《财政部 国家税务总局 证监会关于个人转让上市公司限售股所得征收个人所得税有关问题的通知》(财税〔2009〕167 号)第二条

二、本通知所称限售股,包括:

1. 上市公司股权分置改革完成后股票复牌日之前股东所持原非流通股股份,以及股票复牌日至解禁日

期间由上述股份孳生的送、转股(以下统称股改限售股);

2.2006 年股权分置改革新老划断后,首次公开发行股票并上市的公司形成的限售股,以及上市首日至解禁日期间由上述股份孳生的送、转股(以下统称新股限售股);

3.财政部、税务总局、法制办和证监会共同确定的其他限售股。

二、《关于个人转让上市公司限售股所得征收个人所得税有关问题的补充通知》(财税〔2010〕70 号)第一条

一、本通知所称限售股,包括:

(一)财税〔2009〕167 号文件规定的限售股;

(二)个人从机构或其他个人受让的未解禁限售股;

(三)个人因依法继承或家庭财产依法分割取得的限售股;

(四)个人持有的从代办股份转让系统转到主板市场(或中小板、创业板市场)的限售股;

(五)上市公司吸收合并中,个人持有的原被合并方公司限售股所转换的合并方公司股份;

(六)上市公司分立中,个人持有的被分立方公司限售股所转换的分立后公司股份;

(七)其他限售股。

问题 576　个人以股权参与上市公司定向增发是否计缴个税

【答】个人以股权参与上市公司定向增发,属于股权转让行为,其取得所得应按照"财产转让所得"项目缴纳个人所得税。

《国家税务总局关于个人以股权参与上市公司定向增发征收个人所得税问题的批复》(国税函〔2011〕89 号

江苏省地方税务局:

你局关于《关于个人以股权参与上市公司定向增发有关个人所得税问题的请示》(苏地税发〔2010〕72 号)收悉。经研究,批复如下:

根据《中华人民共和国个人所得税法》及其实施条例等规定,南京浦东建设发展有限公司自然人以其所持该公司股权评估增值后,参与苏宁环球股份有限公司定向增发股票,属于股权转让行为,其取得所得,应按照"财产转让所得"项目缴纳个人所得税。

问题 577　企业改组改制过程中个人取得的量化资产如何计缴个税

【答】企业改组改制过程中个人取得的量化资产,个税处理要区分个人取得的量化资产是否拥有所有权,如图 377 所示。

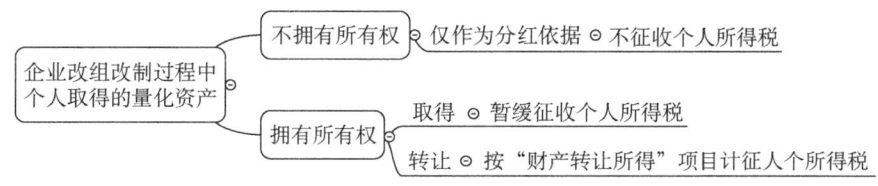

图 377　个人取得量化资产个税处理

《国家税务总局关于企业改组改制过程中个人取得的量化资产征收个人所得税问题的通知》(国税发〔2000〕60 号)第一条、第二条

一、对职工个人以股份形式取得的仅作为分红依据,不拥有所有权的企业量化资产,不征收个人所得税。

二、对职工个人以股份形式取得的拥有所有权的企业量化资产,暂缓征收个人所得税;待个人将股份转让时,就其转让收入额,减除个人取得该股份时实际支付的费用支出和合理转让费用后的余额,按"财产转让所得"项目计征个人所得税。

案例 104

小松为一家国有企业职工,在企业改制为股份制企业过程中,以25 000元的成本取得了价值32 000元拥有所有权的量化股份。3个月后,获得了企业分配的股息3 000元。此后,小松以39 000元的价格将股份转让。假如不考虑转让过程中的税费。

请问:小松在国有企业改制过程中取得的量化资产各阶段按何项目计征个人所得税?

【答】(1)取得量化资产。小松以股份形式取得的拥有所有权的企业量化资产,暂缓征收个人所得税。

(2)分红。小松以股份形式取得的企业量化资产参与企业分配而获得的股息3 000元,应按"利息、股息、红利"项目征收个人所得税。

(3)转让。小松转让量化股份时,就其转让收入额,减除个人取得该股份时实际支付的费用支出和合理转让费用后的余额,按"财产转让所得"项目计征个人所得税。

二、纳税义务发生时间

问题578 个人以分期收款方式转让股权能否分期缴纳个税

【答】根据《股权转让所得个人所得税管理办法(试行)》文件第二十条规定,无论股权转让合同或协议约定是否以分期收款的方式,扣缴义务人、纳税人应当依法在次月15日内向主管税务机关申报纳税。个人以分期收款方式转让股权,不能分期缴纳个人所得税,应当将整个股权转让行为视为一次,一次性计缴个人所得税。

政策依据

一、《股权转让所得个人所得税管理办法(试行)》第二十条

具有下列情形之一的,扣缴义务人、纳税人应当依法在次月15日内向主管税务机关申报纳税:

(1)受让方已支付或部分支付股权转让价款的;
(2)股权转让协议已签订生效的;
(3)受让方已经实际履行股东职责或者享受股东权益的;
(4)国家有关部门判决、登记或公告生效的;
(5)股权被司法或行政机关强制过户、以股权对外投资或进行其他非货币性交易、以股权抵偿债务、其他股权转移行为已完成的;
(6)税务机关认定的其他有证据表明股权已发生转移的情形。

二、《中华人民共和国个人所得税法实施条例》第十七条

财产转让所得,按照一次转让财产的收入额减除财产原值和合理费用后的余额计算纳税。

问题579 个人转让非上市公司股权应何时扣缴个税

【答】根据《股权转让所得个人所得税管理办法(试行)》第二十条规定,个人转让非上市公司股权,具有下列情形之一的,扣缴义务人、纳税人应当依法在次月15日内向主管税务机关申报纳税,如图378所示。

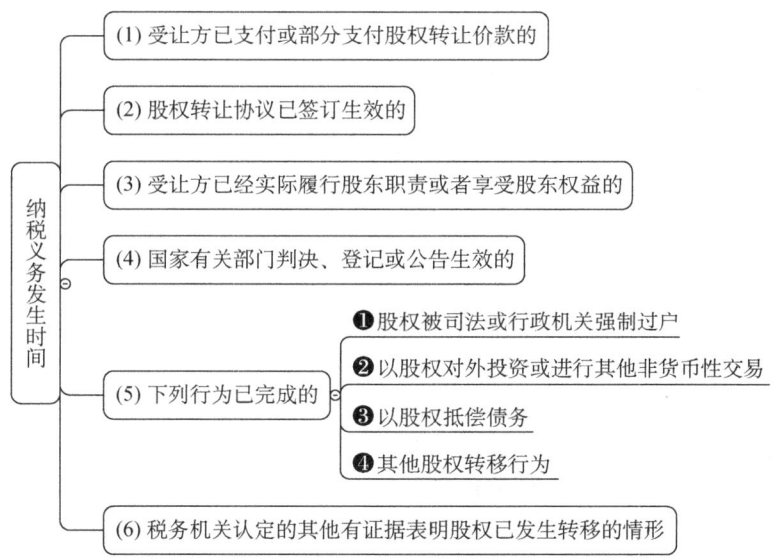

图 378　个人转让非上市公司股权纳税义务发生时间

三、财产转让所得

问题 580　个人转让房屋计缴个税时，计税依据是否含增值税

【答】根据《财政部 国家税务总局关于营改增后契税 房产税 土地增值税 个人所得税计税依据问题的通知》(财税〔2016〕43 号)第四条规定，个人转让房屋的个人所得税应税收入不含增值税，其取得房屋时所支付价款中包含的增值税计入财产原值，计算转让所得时可扣除的税费不包括本次转让缴纳的增值税。

问题 581　税务机关如何确定房屋交易最低计税价格

【答】根据《国家税务总局关于个人转让房屋有关税收征管问题的通知》(国税发〔2007〕33 号)第一条规定，针对一些地区买卖双方通过订立虚假合同低报房屋交易价格，不如实申报缴纳有关税收的问题，各地要根据税收征收管理法的有关规定，建立房屋交易最低计税价格管理制度，加强房屋交易计税价格管理。

(1) 确定合理的房屋交易最低计税价格办法。工作基础较好，具备直接制定最低计税价格条件的，可直接制定房屋交易最低计税价格，但定价时要考虑房屋的坐落地点、建筑结构、建筑年限、历史交易价格或建造价格、同类房屋先期交易价格等因素。不具备直接制定最低计税价格条件的，可参照下列一种方法确定最低计税价格。

① 当地政府公布的拆迁补偿标准、房屋交易指导价、基准地价。政府公布的上述信息未及时调整的，确定最低计税价格时应考虑房地产市场价格上涨因素。

② 房地产交易资金托管金额或者房地产交易网上报价。

③ 信誉良好的房地产价格评估机构的评估价格。

(2) 各地区要加强与房地产管理部门的联系，及时获得有关信息，按照规定的管理制度，确定有关交易房屋的最低计税价格，避免在办税窗口纳税人申报纳税时即时确定计税价格。

(3) 纳税人申报的房屋销售价格高于各地区确定的最低计税价格的，应按纳税人申报的销售价格计算征税；纳税人申报的房屋销售价格低于各地区确定的最低计税价格的，应按最低计税价格计算征税。

（4）对于财政部门负责契税征管的地区，由省级财税部门制定房屋交易最低价格管理办法；地市级及以下财税部门制定本地区房屋交易最低计税价格。对于税务部门负责契税征管的地区，由省级税务部门制定房屋交易最低价格管理办法；地市级及以下税务部门制定本地区房屋交易最低计税价格。

问题582　可能被视为股权转让收入明显偏低的情形有哪些

〖答〗根据《股权转让所得个人所得税管理办法（试行）》第十二条规定，符合下列情形之一，视为股权转让收入明显偏低。

（1）申报的股权转让收入低于股权对应的净资产份额的。其中，被投资企业拥有土地使用权、房屋、房地产企业未销售房产、知识产权、探矿权、采矿权、股权等资产的，申报的股权转让收入低于股权对应的净资产公允价值份额的。

（2）申报的股权转让收入低于初始投资成本或低于取得该股权所支付的价款及相关税费的。

（3）申报的股权转让收入低于相同或类似条件下同一企业同一股东或其他股东股权转让收入的。

（4）申报的股权转让收入低于相同或类似条件下同类行业的企业股权转让收入的。

（5）不具合理性的无偿让渡股权或股份。

（6）主管税务机关认定的其他情形。

案例 105

梅松管理公司成立于2014年，注册资本500万元、实缴资本0元，2020年12月梅松管理公司的所有者权益536 290.43元（实收资本为0元，未分配利润为536 290.43元）。

2020年12月15日，梅松管理公司的自然人股东小松，将其持有公司的10%股权（小松认缴实收资本50万元，实缴0元）以人民币0元转让给刘洋，且完成股权变更手续。小松认为本次转让股权收入为0元，实收资本也是0元，并无转让所得，应该不需要缴纳个人所得税。

对此，税务人员向小松解释，根据《股权转让所得个人所得税管理办法（试行）》第十二条规定的规定，申报的股权转让收入低于股权对应的净资产份额的，视为股权转让收入明显偏低。申报的股权转让收入明显偏低且无正当理由的，主管税务机关可以核定股权转让收入。

因此，税务机关对其转让价款进行核定，梅松管理公司2019年12月净资产（所有者权益）为536 290.43元，小松拥有公司10%的股权，所对应的净资产份额为53 629.04元，小松应交股权转让个人所得税为：(53 629.04−0)×20%＝10 725.81(元)。

问题583　哪些情形的股权转让收入明显偏低，仍可视为有正当理由

〖答〗根据《股权转让所得个人所得税管理办法（试行）》第十三条规定，符合下列条件之一的股权转让收入明显偏低，视为有正当理由：

（1）能出具有效文件，证明被投资企业因国家政策调整，生产经营受到重大影响，导致低价转让股权；

（2）继承或将股权转让给其能提供具有法律效力身份关系证明的配偶、父母、子女、祖父母、外祖父母、孙子女、外孙子女、兄弟姐妹以及对转让人承担直接抚养或者赡养义务的抚养人或者赡养人；

（3）相关法律、政府文件或企业章程规定，并有相关资料充分证明转让价格合理且真实的本企业员工持有的不能对外转让股权的内部转让；

（4）股权转让双方能够提供有效证据证明其合理性的其他合理情形。

案 例 106

梅松公司实收资本为1 000万元，股东为大松、大梅，持股比例分别为90%、10%。

截至2020年6月30日，梅松公司账面净资产为2 020万元（实收资本1 000万元，"未分配利润"科目余900万元，"法定盈余公积"科目余额100万元，"资本公积"科目余额20万元），账面无不动产、土地、无形资产及对外投资；大梅所持股份10%，股权溢价102万元。

请问：现大梅拟退出公司经营，其所持10%的股份转让给大梅的女儿小梅，平价或低价转让是否被视为有正当理由？

【答】根据《股权转让所得个人所得税管理办法（试行）》第十三条第二款规定，继承或将股权转让给其能提供具有法律效力身份关系证明的配偶、父母、子女、祖父母、外祖父母、孙子女、外孙子女、兄弟姐妹以及对转让人承担直接抚养或者赡养义务的抚养人或者赡养人，符合股权转让收入明显偏低，视为有正当理由。

大梅平价或低价转让该10%股权给女儿小梅，甚至无偿让渡该股权，都被视为有正当理由。

问题584　个人转让非上市公司股权，股权转让收入如何确认

【答】股权转让收入是指转让方因股权转让而获得的现金、实物、有价证券和其他形式的经济利益。根据《股权转让所得个人所得税管理办法（试行）》第七条至第十一条规定，个人转让非上市公司股权，股权转让收入的确认如表335所示。

表335　股权转让收入的确认

类型	确认标准
据实确认	1. 转让方取得与股权转让相关的各种款项，包括违约金、补偿金以及其他名目的款项、资产、权益等，均应当并入股权转让收入
	2. 纳税人按照合同约定，在满足约定条件后取得的后续收入，应当作为股权转让收入
	3. 股权转让收入应当按照公平交易原则确定
核定确认	1. 申报的股权转让收入明显偏低且无正当理由的
	2. 未按照规定期限办理纳税申报，经税务机关责令限期申报，逾期仍不申报的
	3. 转让方无法提供或拒不提供股权转让收入的有关资料
	4. 其他应核定股权转让收入的情形

《股权转让所得个人所得税管理办法（试行）》第七条至第十一条

第七条　股权转让收入是指转让方因股权转让而获得的现金、实物、有价证券和其他形式的经济利益。

第八条　转让方取得与股权转让相关的各种款项，包括违约金、补偿金以及其他名目的款项、资产、权益等，均应当并入股权转让收入。

第九条　纳税人按照合同约定,在满足约定条件后取得的后续收入,应当作为股权转让收入。

第十条　股权转让收入应当按照公平交易原则确定。

第十一条　符合下列情形之一的,主管税务机关可以核定股权转让收入:

(1) 申报的股权转让收入明显偏低且无正当理由的;

(2) 未按照规定期限办理纳税申报,经税务机关责令限期申报,逾期仍不申报的;

(3) 转让方无法提供或拒不提供股权转让收入的有关资料的;

(4) 其他应核定股权转让收入的情形。

案例 107

税台上市公司通过定向增发方式收购小松持有的梅松公司41%的股权,收购协议约定:2019—2021年,梅松公司每年的净利润分别不低于3 000万元、3 500万元和4 000万元。梅松公司如果未完成业绩承诺,由小松以自有现金方式补足。如果梅松公司超额完成业绩承诺,则每年给予超额部分10%的奖励。

请问小松签订"对赌条款"转让股权,应如何计缴个人所得税?

〖答〗(1) 完成业绩承诺。

根据《股权转让所得个人所得税管理办法(试行)》第9条规定,纳税人按照合同约定,在满足约定条件后取得的后续收入,应当作为股权转让收入。

则小松获得的奖励,奖励收入并入股权转让收入,补征"股权转让"个税。

(2) 未完成业绩承诺。

股权转让合同中有"对赌条款",说明股权转让的风险和报酬并没有完全转移,股权转让交易合同双方也未履行完毕,"股权转让"收入应当是合同履行完毕后的总收入。

因此,梅松公司未完成业绩承诺,小松以自有现金方式补足,已征的"股权转让"所得个税应该多退少补。

问题585　税务机关按照什么方法核定非上市公司的股权转让收入

〖答〗主管税务机关应依次按照下列方法核定股权转让收入,如图379所示。

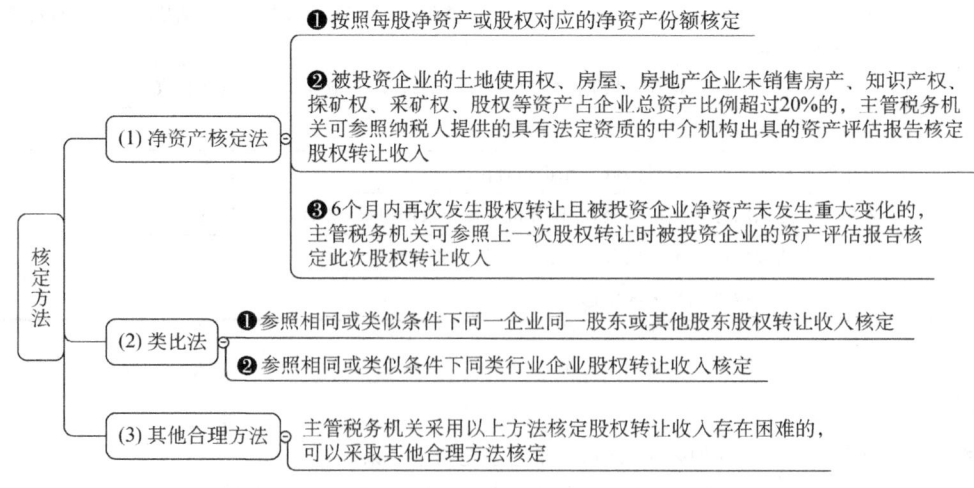

图379　非上市公司股权转让收入核定方法

政策依据

《股权转让所得个人所得税管理办法(试行)》第十四条

第十四条　主管税务机关应依次按照下列方法核定股权转让收入:

(一)净资产核定法

股权转让收入按照每股净资产或股权对应的净资产份额核定。

被投资企业的土地使用权、房屋、房地产企业未销售房产、知识产权、探矿权、采矿权、股权等资产占企业总资产比例超过20%的,主管税务机关可参照纳税人提供的具有法定资质的中介机构出具的资产评估报告核定股权转让收入。

6个月内再次发生股权转让且被投资企业净资产未发生重大变化的,主管税务机关可参照上一次股权转让时被投资企业的资产评估报告核定此次股权转让收入。

(二)类比法

1. 参照相同或类似条件下同一企业同一股东或其他股东股权转让收入核定;
2. 参照相同或类似条件下同类行业企业股权转让收入核定。

(三)其他合理方法

主管税务机关采用以上方法核定股权转让收入存在困难的,可以采取其他合理方法核定。

案例 108

2020年12月5日,梅松公司原股东小松与小梅达成股权转让协议,小松将其持有的梅松公司25%的股权(原值为500万元)"平价转让"给小梅,股权转让金额为500万元;小松与小梅认为,上述转让股权的行为属于"平价转让",在转让过程中没有实现增值,不需要缴纳个人所得税。

主管税务机关认为股权转让异常,股权转让收入明显偏低,经调查核实,独立第三方出具的企业价值评估报告显示2020年12月梅松公司的净资产为2 680万元,根据《股权转让所得个人所得税管理办法(试行)》的相关规定,小松转给小梅25%的股权应按照"财产转让所得"缴纳个人所得税,小松应缴纳个人所得税=〔(2 680×25%-500)×20%〕=34(万元)。

问题586　个人转让限售股,转让收入如何确认

〖答〗个人转让限售股,实际转让收入按照下列原则确认,如表336所示。

表336　限售股转让收入确认表

情形	确认标准	
(1)个人通过证券交易所集中交易系统或大宗交易系统转让限售股	以转让当日该股份实际转让价格计算 证券公司在扣缴税款时,佣金支出统一按照证券主管部门规定的行业最高佣金费率计算;	
(2)个人用限售股认购或申购交易型开放式指数基金(ETF)份额	通过认购ETF份额方式转让限售股的	以股份过户日的前一交易日该股份收盘价计算
	通过申购ETF份额方式转让限售股的	以申购日的前一交易日该股份收盘价计算
(3)个人用限售股接受要约收购	以要约收购的价格计算	
(4)个人行使现金选择权将限售股转让给提供现金选择权的第三方	以实际行权价格计算	

(续表)

情形	确认标准
（5）个人协议转让限售股	按照实际转让收入计算
	注：如果转让价格明显偏低且无正当理由的，主管税务机关可以依据协议签订日的前一交易日该股收盘价或其他合理方式核定其转让收入，需向主管税务机关申报纳税的
（6）个人持有的限售股被司法扣划	以司法执行日的前一交易日该股收盘价计算
（7）个人因依法继承或家庭财产分割让渡限售股所有权	以转让方取得该股时支付的成本计算
（8）个人用限售股偿还上市公司股权分置改革中由大股东代其向流通股股东支付的对价	

《关于个人转让上市公司限售股所得征收个人所得税有关问题的补充通知》（财税〔2010〕70号）第一条至第三条

一、本通知所称限售股，包括：

（一）财税〔2009〕167号文件规定的限售股；

（二）个人从机构或其他个人受让的未解禁限售股；

（三）个人因依法继承或家庭财产依法分割取得的限售股；

（四）个人持有的从代办股份转让系统转到主板市场（或中小板、创业板市场）的限售股；

（五）上市公司吸收合并中，个人持有的原被合并方公司限售股所转换的合并方公司股份；

（六）上市公司分立中，个人持有的被分立方公司限售股所转换的分立后公司股份；

（七）其他限售股。

二、根据《中华人民共和国个人所得税法实施条例》第八条、第十条的规定，个人转让限售股或发生具有转让限售股实质的其他交易，取得现金、实物、有价证券和其他形式的经济利益均应缴纳个人所得税。限售股在解禁前被多次转让的，转让方对每一次转让所得均应按规定缴纳个人所得税。对具有下列情形的，应按规定征收个人所得税：

（一）个人通过证券交易所集中交易系统或大宗交易系统转让限售股；

（二）个人用限售股认购或申购交易型开放式指数基金（ETF）份额；

（三）个人用限售股接受要约收购；

（四）个人行使现金选择权将限售股转让给提供现金选择权的第三方；

（五）个人协议转让限售股；

（六）个人持有的限售股被司法扣划；

（七）个人因依法继承或家庭财产分割让渡限售股所有权；

（八）个人用限售股偿还上市公司股权分置改革中由大股东代其向流通股股东支付的对价；

（九）其他具有转让实质的情形。

三、应纳税所得额的计算

（一）个人转让第一条规定的限售股，限售股所对应的公司在证券机构技术和制度准备完成前上市的，应纳税所得额的计算按照财税〔2009〕167号文件第五条第（一）项规定执行；在证券机构技术和制度准备完成后上市的，应纳税所得额的计算按照财税〔2009〕167号文件第五条第（二）项规定执行。

（二）个人发生第二条第（一）、（二）、（三）、（四）项情形，由证券机构扣缴税款的，扣缴税款的计算按照财税〔2009〕167号文件规定执行。纳税人申报清算时，实际转让收入按照下列原则计算：

第二条第(一)项的转让收入以转让当日该股份实际转让价格计算,证券公司在扣缴税款时,佣金支出统一按照证券主管部门规定的行业最高佣金费率计算;第二条第(二)项的转让收入,通过认购ETF份额方式转让限售股的,以股份过户日的前一交易日该股份收盘价计算,通过申购ETF份额方式转让限售股的,以申购日的前一交易日该股份收盘价计算;第二条第(三)项的转让收入以要约收购的价格计算;第二条第(四)项的转让收入以实际行权价格计算。

(三)个人发生第二条第(五)(六)(七)(八)项情形、需向主管税务机关申报纳税的,转让收入按照下列原则计算:

第二条第(五)项的转让收入按照实际转让收入计算,转让价格明显偏低且无正当理由的,主管税务机关可以依据协议签订日的前一交易日该股收盘价或其他合理方式核定其转让收入;第二条第(六)项的转让收入以司法执行日的前一交易日该股收盘价计算;第二条第(七)(八)项的转让收入以转让方取得该股时支付的成本计算。

问题 587　个人转让住房所得计缴个税时,装修费如何扣除

【答】个人转让住房计缴个税计算应纳税所得时,装修费用符合扣除条件的可以在作为合理费用扣除;不符合条件的,不得在计缴个税时扣除。

(1)可以扣除的情形。根据《国家税务总局关于个人住房转让所得征收个人所得税有关问题的通知》(国税发〔2006〕108号)文件第二条第(三)项规定,支付的住房装修费用,纳税人能提供实际支付装修费用的税务统一发票,并且发票上所列付款人姓名与转让房屋产权人一致的,经税务机关审核,其转让的住房在转让前实际发生的装修费用,可在以下规定比例内扣除,如图380所示。

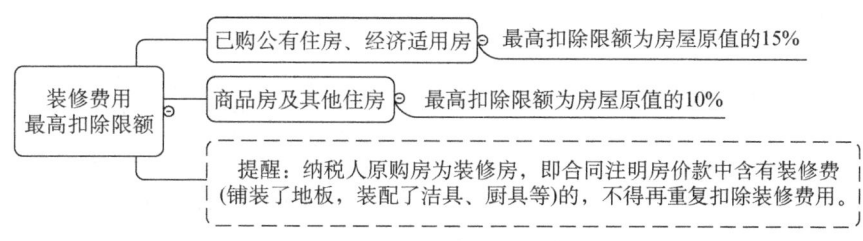

图 380　装修费用扣除限额

(2)不得扣除的情形。根据《国家税务总局关于个人转让房屋有关税收征管问题的通知》(国税发〔2007〕33号)文件第五条规定,住房装修费用扣除的管理如下。

① 凡有下列情况之一的,在计算缴纳转让住房所得个人所得税时不得扣除装修费用,如图381所示。

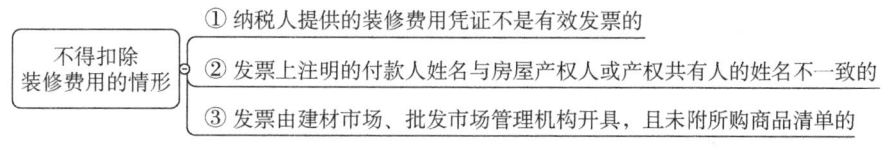

图 381　不得扣除装修费用的情形

② 纳税人申报扣除装修费用,应当填写《房屋装修费用发票汇总表》,在《房屋装修费用发票汇总表》上如实、完整地填写每份发票的开具人、受领人、发票字号、建材产品或服务项目、发票金额等信息。同时将有关装修发票原件提交征收人员审核。

③ 征收人员受理申报时,应认真审核装修费用发票真伪、《房屋装修费用发票汇总表》与有关装修发票信息是否一致,对不符合要求的发票不准扣除装修费用。审核完毕后,有关装修发票退还纳税人。

问题 588　个人转让非上市公司股权,股权原值如何确认

〖答〗个人转让非上市公司股权,股权原值的确认标准如表 337 所示。

表 337　股权原值确认表

序号	类型		确认标准
1	个人转让股权的原值确认方法	1. 以现金出资方式取得的股权	按照实际支付的价款与取得股权直接相关的合理税费之和确认股权原值
		2. 以非货币性资产出资方式取得的股权	按照税务机关认可或核定的投资入股时非货币性资产价格与取得股权直接相关的合理税费之和确认股权原值
		3. 通过无偿让渡方式取得股权,股权转让收入明显偏低,视为有正当理由(继承或将股权转让给其能提供具有法律效力身份关系证明的配偶、父母、子女、祖父母、外祖父母、孙子女、外孙子女、兄弟姐妹以及对转让人承担直接抚养或者赡养义务的抚养人或者赡养人)	按取得股权发生的合理税费与原持有人的股权原值之和确认股权原值
		4. 被投资企业以资本公积、盈余公积、未分配利润转增股本,个人股东已依法缴纳个人所得税的	以转增额和相关税费之和确认其新转增股本的股权原值
		5. 除以上情形外	由主管税务机关按照避免重复征收个人所得税的原则合理确认股权原值
2	股权转让人已被主管税务机关核定股权转让收入并依法征收个人所得税的		该股权受让人的股权原值以取得股权时发生的合理税费与股权转让人被主管税务机关核定的股权转让收入之和确认
3	个人转让股权未提供完整、准确的股权原值凭证,不能正确计算股权原值的		由主管税务机关核定其股权原值
4	对个人多次取得同一被投资企业股权的		转让部分股权时,采用"加权平均法"确定其股权原值

政策依据

《股权转让所得个人所得税管理办法(试行)》第十五条至第十八条

第十五条　个人转让股权的原值依照以下方法确认:

(1)以现金出资方式取得的股权,按照实际支付的价款与取得股权直接相关的合理税费之和确认股权原值;

(2)以非货币性资产出资方式取得的股权,按照税务机关认可或核定的投资入股时非货币性资产价格与取得股权直接相关的合理税费之和确认股权原值;

(3)通过无偿让渡方式取得股权,股权转让收入明显偏低,视为有正当理由的(继承或将股权转让给其能提供具有法律效力身份关系证明的配偶、父母、子女、祖父母、外祖父母、孙子女、外孙子女、兄弟姐妹以及对转让人承担直接抚养或者赡养义务的抚养人或者赡养人),按取得股权发生的合理税费与原持有人的股权原值之和确认股权原值;

(4)被投资企业以资本公积、盈余公积、未分配利润转增股本,个人股东已依法缴纳个人所得税的,以转

增额和相关税费之和确认其新转增股本的股权原值;

(5)除以上情形外,由主管税务机关按照避免重复征收个人所得税的原则合理确认股权原值。

第十六条　股权转让人已被主管税务机关核定股权转让收入并依法征收个人所得税的,该股权受让人的股权原值以取得股权时发生的合理税费与股权转让人被主管税务机关核定的股权转让收入之和确认。

第十七条　个人转让股权未提供完整、准确的股权原值凭证,不能正确计算股权原值的,由主管税务机关核定其股权原值。

第十八条　对个人多次取得同一被投资企业股权的,转让部分股权时,采用"加权平均法"确定其股权原值。

问题 589　个人转让限售股,股权原值及合理税费如何确认

〖答〗个人转让限售股,股权原值是指限售股买入时的买入价及按照规定缴纳的有关费用;合理税费是指转让限售股过程中发生的印花税、佣金、过户费等与交易相关的税费;纳税人未能提供完整、真实的限售股原值凭证,不能准确计算限售股原值的,主管税务机关一律按限售股转让收入的15%核定限售股原值及合理税费。具体确认标准如表338所示。

表338　限售股转让股权成本确认表

情形	确认标准
1.证券机构技术和制度准备完成前形成的限售股	证券机构按照股改限售股股改复牌日收盘价,或新股限售股上市首日收盘价计算转让收入,按照计算出的转让收入的15%确定限售股原值和合理税费
2.证券机构技术和制度准备完成后新上市公司的限售股	按照证券机构事先植入结算系统的限售股成本原值和发生的合理税费
3.个人转让因协议受让、司法扣划等情形取得未解禁限售股的	成本按照主管税务机关认可的协议受让价格、司法扣划价格核定; 无法提供相关资料的,按照计算出的转让收入的15%确定限售股原值和合理税费
4.个人转让因依法继承或家庭财产依法分割取得的限售股的	成本按照该限售股前一持有人取得该股时实际成本及税费计算
5.在证券机构技术和制度准备完成后形成的限售股	自股票上市首日至解禁日期间发生送、转、缩股的,证券登记结算公司应依据送、转、缩股比例对限售股成本原值进行调整
	而对于其他权益分派的情形(如现金分红、配股等),不对限售股的成本原值进行调整
6.因个人持有限售股中存在部分限售股成本原值不明确,导致无法准确计算全部限售股成本原值的	证券登记结算公司一律以实际转让收入的15%作为限售股成本原值和合理税费

《关于个人转让上市公司限售股所得征收个人所得税有关问题的补充通知》(财税〔2010〕70号)第三条第四项至第六项

(四)个人转让因协议受让、司法扣划等情形取得未解禁限售股的,成本按照主管税务机关认可的协议受让价格、司法扣划价格核定,无法提供相关资料的,按照计算出的转让收入的15%确定限售股原值和合理税费;个人转让因依法继承或家庭财产依法分割取得的限售股的,成本按照该限售股前一持有人取得该股时实际成本及税费计算。

（五）在证券机构技术和制度准备完成后形成的限售股，自股票上市首日至解禁日期间发生送、转、缩股的，证券登记结算公司应依据送、转、缩股比例对限售股成本原值进行调整；而对于其他权益分派的情形（如现金分红、配股等），不对限售股的成本原值进行调整。

（六）因个人持有限售股中存在部分限售股成本原值不明确，导致无法准确计算全部限售股成本原值的，证券登记结算公司一律以实际转让收入的15%作为限售股成本原值和合理税费。

四、应纳税额

问题590　财产转让所得如何计缴个税

〖答〗财产转让所得，以每次转让财产的收入额减除财产原值和合理费用后的余额，为应税所得额。适用比例税率，税率为20%。具体如表339所示。

表339　财产转让所得应纳税额计算

项目	具体情形	
"次"的规定	以一件财产的所有权一次转让取得的收入为一次	
财产原值	有价证券	为买入价以及买入时按照规定交纳的有关费用
	建筑物	为建造费或者购进价格以及其他有关费用
	土地使用权	为取得土地使用权所支付的金额、开发土地的费用及其他有关费用
	机器设备、车船	为购进价格、运输费、安装费以及其他有关费用
	其他财产	参照前款规定的方法确定财产原值
	纳税人未提供完整、准确的财产原值凭证，不能按照上述规定的方法确定财产原值的，由主管税务机关核定财产原值	
合理费用	卖出财产时按照规定支付的有关税费	
公益慈善捐赠	个人将其所得对教育、扶贫、济困等公益慈善事业进行捐赠，捐赠额未超过纳税人申报的应纳税所得额百分之三十的部分，可以从其应纳税所得额中扣除；国务院规定对公益慈善事业捐赠实行全额税前扣除的，从其规定	
应纳税所得额	财产转让收入额－财产原值－合理费用　－准予扣除的公益慈善捐赠额	
应纳税额	应纳税所得额×20%	

政策依据

一、《中华人民共和国个人所得税法》第三条第三项、第六条第五项

利息、股息、红利所得，财产租赁所得，财产转让所得和偶然所得，适用比例税率，税率为百分之二十。

财产转让所得，以转让财产的收入额减除财产原值和合理费用后的余额，为应纳税所得额。

二、《中华人民共和国个人所得税法》第六条第三款

个人将其所得对教育、扶贫、济困等公益慈善事业进行捐赠，捐赠额未超过纳税人申报的应纳税所得额百分之三十的部分，可以从其应纳税所得额中扣除；国务院规定对公益慈善事业捐赠实行全额税前扣除的，从其规定。

三、《中华人民共和国个人所得税法实施条例》第十六条、第十七条

第十六条　个人所得税法第六条第一款第五项规定的财产原值，按照下列方法确定：

（一）有价证券，为买入价以及买入时按照规定交纳的有关费用；

（二）建筑物，为建造费或者购进价格以及其他有关费用；

（三）土地使用权，为取得土地使用权所支付的金额、开发土地的费用以及其他有关费用；

(四)机器设备、车船,为购进价格、运输费、安装费以及其他有关费用。

其他财产,参照前款规定的方法确定财产原值。

纳税人未提供完整、准确的财产原值凭证,不能按照本条第一款规定的方法确定财产原值的,由主管税务机关核定财产原值。

个人所得税法第六条第一款第五项所称合理费用,是指卖出财产时按照规定支付的有关税费。

第十七条 财产转让所得,按照一次转让财产的收入额减除财产原值和合理费用后的余额计算纳税。

问题591 转让自有住房如何计缴个税

〖答〗转让自有住房所得属于"财产转让所得",根据《中华人民共和国个人所得税法》第三条、第六条第五项规定,财产转让所得,以转让财产的收入额减除财产原值和合理费用后的余额,为应纳税所得额,使用比例税率,税率为20%。

个人转让自有住房计缴个人所得税有据实征收和核定征收两种情形,如图382所示。

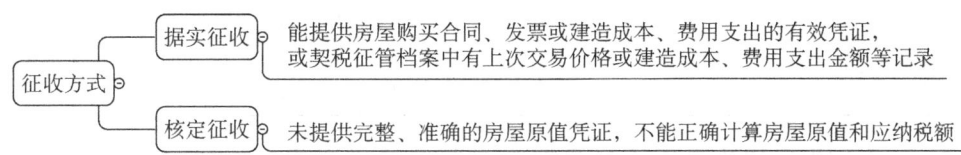

图382 个人转让自有住房征税方式

1. 据实征收

根据《国家税务总局关于个人住房转让所得征收个人所得税有关问题的通知》(国税发〔2006〕108号,以下简称国税发〔2006〕108号文件)第二条规定,对转让住房收入计算个人所得税应纳税所得额时,纳税人可凭原购房合同、发票等有效凭证,经税务机关审核后,允许从其转让收入中减除房屋原值、转让住房过程中缴纳的税金及有关合理费用。

计算公式:

应纳税所得额=住房转让收入-房屋原值-转让住房过程中缴纳的税金-合理费用

1)住房转让收入

根据国税发〔2006〕108号文件第一条规定,对住房转让所得征收个人所得税时,以实际成交价格为转让收入。纳税人申报的住房成交价格明显低于市场价格且无正当理由的,征收机关依法有权根据有关信息核定其转让收入,但必须保证各税种计税价格一致。

根据《财政部 国家税务总局关于营改增后契税 房产税 土地增值税 个人所得税计税依据问题的通知》(财税〔2016〕43号)第四条第一款、第五条、第六条规定,①个人转让房屋的个人所得税应税收入不含增值税,其取得房屋时所支付价款中包含的增值税计入财产原值,计算转让所得时可扣除的税费不包括本次转让缴纳的增值税。②免征增值税的,确定计税依据时,成交价格、租金收入、转让房地产取得的收入不扣减增值税额。③在计征上述税种时,税务机关核定的计税价格或收入不含增值税。

2)房产原值

自有住房的来源不同,房产原值确定的原则也不同,国税发〔2006〕108号文件第二条第一项规定房产原值确定的原则,如表340所示。

表 340 房产原值明细表

房屋类型		房屋原值
商品房		购置该房屋时实际支付的房价款及交纳的相关税费
自建住房		实际发生的建造费用及建造和取得产权时实际交纳的相关税费
经济适用房(含集资合作建房、安居工程住房)		原购房人实际支付的房价款及相关税费,以及按规定交纳的土地出让金
已购公有住房		原购公有住房标准面积按当地经济适用房价格计算的房价款,加上原购公有住房超标准面积实际支付的房价款以及按规定向财政部门(或原产权单位)交纳的所得收益及相关税费
城镇拆迁安置住房	① 房屋拆迁取得货币补偿后购置房屋的	为购置该房屋实际支付的房价款及交纳的相关税费;
	② 房屋拆迁采取产权调换方式的	所调换房屋原值为《房屋拆迁补偿安置协议》注明的价款及交纳的相关税费
	③ 房屋拆迁采取产权调换方式,被拆迁人除取得所调换房屋,又取得部分货币补偿的	所调换房屋原值为《房屋拆迁补偿安置协议》注明的价款和交纳的相关税费,减去货币补偿后的余额
	④ 房屋拆迁采取产权调换方式,被拆迁人取得所调换房屋,又支付部分货币的	所调换房屋原值为《房屋拆迁补偿安置协议》注明的价款,加上所支付的货币及交纳的相关税费

3) 转让住房过程中缴纳的税金

国税发〔2006〕108 号文件第二条第二项规定,转让住房过程中缴纳的税金是指:纳税人在转让住房时实际缴纳的城市维护建设税、教育费附加、土地增值税、印花税等税金。

4) 合理费用

国税发〔2006〕108 号文件第二条第三项规定,合理费用是指纳税人按照规定实际支付的住房装修费用、住房贷款利息、手续费、公证费等费用。具体如表 341 所示。

表 341 合理费用明细表

费用类型	扣除凭证及内容	
住房装修费用	纳税人能提供实际支付装修费用的税务统一发票,并且发票上所列付款人姓名与转让房屋产权人一致的,经税务机关审核,其转让的住房在转让前实际发生的装修费用,可在以下规定比例内扣除:	
	类型	最高扣除限额
	已购公有住房、经济适用房	最高扣除限额为房屋原值的 15%
	商品房及其他住房	最高扣除限额为房屋原值的 10%
	纳税人原购房为装修房,即合同注明房价款中含有装修费(铺装了地板,装配了洁具、厨具等)的,不得再重复扣除装修费用	
住房贷款利息	纳税人出售以按揭贷款方式购置的住房的,其向贷款银行实际支付的住房贷款利息,凭贷款银行出具的有效证明据实扣除	
手续费、公证费等	纳税人按照有关规定实际支付的手续费、公证费等,凭有关部门出具的有效证明据实扣除	

2. 核定征收

纳税人未提供完整、准确的房屋原值凭证,不能正确计算房屋原值和应纳税额的,税务机关可根据《中华人民共和国税收征收管理法》第三十五条的规定,对其实行核定征税,即按纳税人住房转让收入的一定比例核定应纳个人所得税额。具体比例由省级地方税务局或者省级地方税务局授权的地市级地方税务局根据纳税人出售住房的所处区域、地理位置、建造时间、房屋类型、住房平均价格水平等因素,在住房转让收入1%—3%的幅度内确定。

国税发〔2007〕33号文件第四条规定,"未提供完整、准确的房屋原值凭证"是指纳税人不能提供房屋购买合同、发票或建造成本、费用支出的有效凭证,或契税征管档案中没有上次交易价格或建造成本、费用支出金额等记录。

3. 优惠政策

根据《国家税务总局关于个人转让房屋有关税收征管问题的通知》(国税发〔2007〕33号)文件第三条规定:个人转让自用5年以上,并且是家庭唯一生活用房,取得的所得免征个人所得税。

个人转让住房优惠政策各因素确认标准如表342所示。

表342 个人转让住房优惠政策各因素确认标准

项目	具体确认标准
自用5年以上	是指个人购房至转让房屋的时间达5年以上
个人购房日期的确定	个人按照国家房改政策购买的公有住房,以其购房合同的生效时间、房款收据开具日期或房屋产权证上注明的时间,依照孰先原则确定
	个人购买的其他住房,以其房屋产权证注明日期或契税完税凭证注明日期,按照孰先原则确定
	《国家税务总局公告2017年第8号 国家税务总局关于个人转让住房享受税收优惠政策判定购房时间问题的公告》文件规定,个人转让住房,因产权纠纷等原因未能及时取得房屋所有权证书(包括不动产权证书),对于人民法院、仲裁委员会出具的法律文书确认个人购买住房的,法律文书的生效日期视同房屋所有权证书的注明时间,据以确定纳税人是否享受税收优惠政策
个人转让房屋的日期	以销售发票上注明的时间为准
家庭唯一生活用房	是指在同一省、自治区、直辖市范围内纳税人(有配偶的为夫妻双方)仅拥有一套住房

案例 109

小松系中国某大学教授,2020年3月,小松将其拥有的两处住房中的一套住房出售,取得转让收入180万元,另支付交易费用等相关费用3.5万元;出售的该套住房系小松2012年3月自建并一直居住,该房产造价120万元,并能提供建造成本、费用支出的有效凭证。

请问小松出售该套住房应缴纳多少个人所得税?

【答】小松出售的该套住房,虽居住时间超过5年期限,但并非唯一房产,因此应该就取得的财产转让所得缴纳个人所得税。

小松出售房产应纳个人所得税=(1 800 000-1 200 000-35 000)×20%=113 000(元)

问题592 转让无偿受赠的房屋如何计缴个税

【答】个人转让无偿受赠的房屋,属于"财产转让所得"的范围,根据《财政部 国家税务总局关于个人无偿受赠房屋有关个人所得税问题的通知》(财税〔2009〕78号)第五条规定,受赠人转让受赠房屋的,以其转让受赠房屋的收入减除原捐赠人取得该房屋的实际购置成本以及赠与和转让过程中受赠人支付的相关税费后的余额,为受赠人的应纳税所得额,依法计征个人所得税。

计算公式:

应纳税所得额=转让受赠房屋的收入-原捐赠人取得该房屋的实际购置成本
　　　　　　-转让过程中受赠人支付的相关税费

应纳税额=应纳税所得额×20%

受赠人转让受赠房屋价格明显偏低且无正当理由的,税务机关可以依据该房屋的市场评估价格或其他合理方式确定的价格核定其转让收入。

案例 110

2016 年 7 月,小松以 100 万元的价格购入一套住房,居住 3 年后,于 2019 年 7 月无偿赠送给了自己的妹妹小梅。小梅取得房屋后,于 2020 年 3 月将该房屋转让,取得不含增值税转让收入 136 万元。小梅受赠及转让房屋过程中共缴纳可以扣除的相关税费 10 万元。

请问小梅转让房屋应缴纳多少个人所得税?

〖答〗个人将房屋产权无偿赠与其兄弟姐妹、父母、子女、配偶、祖父母、外祖父母、孙子女、外孙子女,不征收个人所得税。受赠人转让受赠房屋的,以期转让受赠房屋的收入减除原捐赠人取得该房屋的实际购置成本以及赠与和转让过程中受赠人支付的相关税费后的余额,为受赠人的应纳税所得额,依法计征个人所得税。

应纳税所得额=转让受赠房屋的收入-原捐赠人取得该房屋的实际购置成本-转让过程中受赠人支付的相关税费=136-100-10=26(万元)

小梅转让受赠房屋的应纳税额=26×20%=5.2(万元)

问题 593　无偿赠与或受赠不动产享受免征个税的证明材料有哪些

〖答〗无偿赠与或受赠不动产,享受免征个税的证明材料有必备材料及其他证明材料,具体如图 383 所示。

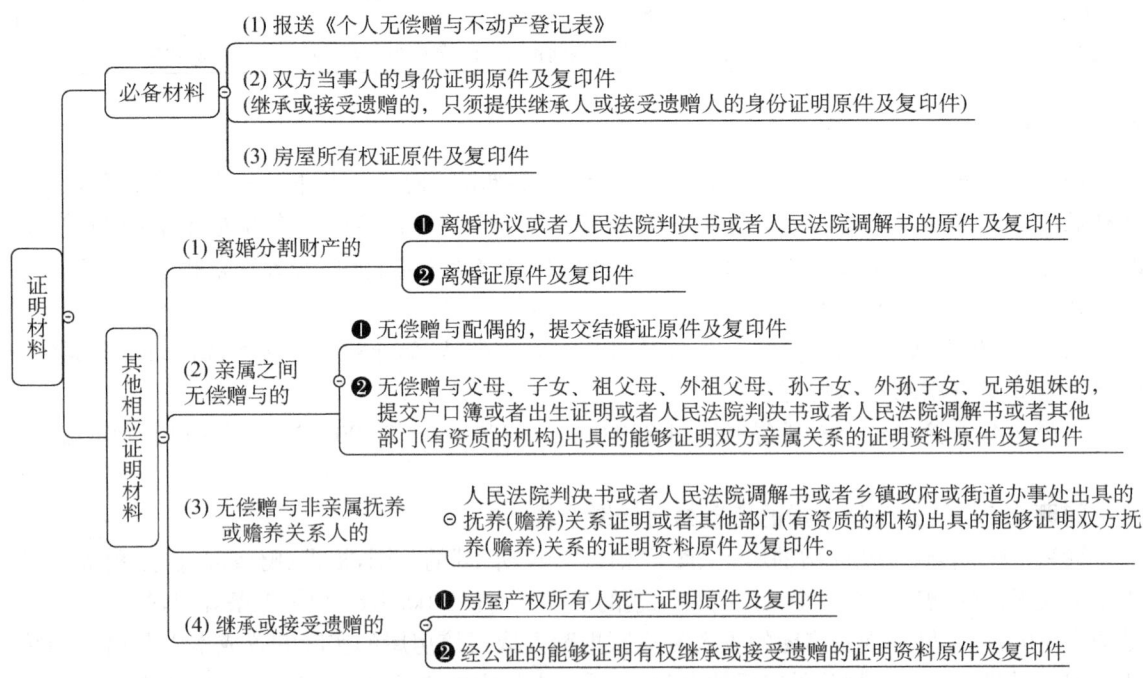

图 383　无偿赠与或受赠不动产享受免征个税的证明材料

政策依据

《国家税务总局关于进一步简化和规范个人无偿赠与或受赠不动产免征营业税、个人所得税所需证

料的公告》(国家税务总局公告 2015 年第 75 号)第一条

一、纳税人在办理个人无偿赠与或受赠不动产免征营业税、个人所得税手续时,应报送《个人无偿赠与不动产登记表》、双方当事人的身份证明原件及复印件(继承或接受遗赠的,只须提供继承人或接受遗赠人的身份证明原件及复印件)、房屋所有权证原件及复印件。属于以下四类情形之一的,还应分别提交相应证明资料:

(一)离婚分割财产的,应当提交:
1. 离婚协议或者人民法院判决书或者人民法院调解书的原件及复印件;
2. 离婚证原件及复印件。

(二)亲属之间无偿赠与的,应当提交:
1. 无偿赠与配偶的,提交结婚证原件及复印件;
2. 无偿赠与父母、子女、祖父母、外祖父母、孙子女、外孙子女、兄弟姐妹的,提交户口簿或者出生证明或者人民法院判决书或者人民法院调解书或者其他部门(有资质的机构)出具的能够证明双方亲属关系的证明资料原件及复印件。

(三)无偿赠与非亲属抚养或赡养关系人的,应当提交:人民法院判决书或者人民法院调解书或者乡镇政府或街道办事处出具的抚养(赡养)关系证明或者其他部门(有资质的机构)出具的能够证明双方抚养(赡养)关系的证明资料原件及复印件。

(四)继承或接受遗赠的,应当提交:
1. 房屋产权所有人死亡证明原件及复印件;
2. 经公证的能够证明有权继承或接受遗赠的证明资料原件及复印件。

问题 594 个人转让离婚析产房屋如何计缴个税

【答】个人转让离婚析产房屋应区分不同的情况来确定如何计缴个税,具体如表 343 所示。

表 343 个人转让离婚析产房屋个税处理一览表

情形	个税处理方式	
通过离婚析产的方式分割房屋产权是夫妻双方对共同共有财产的处置,个人因离婚办理房屋产权过户手续	不征收个人所得税	
个人转让离婚析产房屋所得	个人转让离婚析产房屋所取得的收入,允许扣除其相应的财产原值和合理费用后,余额按照规定的税率缴纳个人所得税	
	其相应的财产原值,为房屋初次购置全部原值和相关税费之和乘以转让者占房屋所有权的比例	
个人转让离婚析产房屋所取得的收入,符合家庭生活自用五年以上唯一住房的	可以申请免征个人所得税	
	购置时间	按发生离婚财产分割行为前的购房时间确定

政策依据

一、《国家税务总局关于明确个人所得税若干政策执行问题的通知》(国税发〔2009〕121 号)第四条

四、关于个人转让离婚析产房屋的征税问题

(一)通过离婚析产的方式分割房屋产权是夫妻双方对共同共有财产的处置,个人因离婚办理房屋产权过户手续,不征收个人所得税。

(二)个人转让离婚析产房屋所取得的收入,允许扣除其相应的财产原值和合理费用后,余额按照规定的税率缴纳个人所得税;其相应的财产原值,为房屋初次购置全部原值和相关税费之和乘以转让者占房屋所有权的比例。

(三)个人转让离婚析产房屋所取得的收入,符合家庭生活自用五年以上唯一住房的,可以申请免征个人所得税,其购置时间按照《国家税务总局关于房地产税收政策执行中几个具体问题的通知》(国税发〔2005〕172号)执行。

二、《国家税务总局关于房地产税收政策中几个具体问题的通知》(国税发〔2005〕172号)第四条

四、个人将通过受赠、继承、离婚财产分割等非购买形式取得的住房对外销售的行为,也适用《通知》的有关规定。其购房时间按发生受赠、继承、离婚财产分割行为前的购房时间确定,其购房价格按发生受赠、继承、离婚财产分割行为前的购房原价确定。

案例 111

小松、小梅夫妇于2015年1月在龙城花园小区购买了一套150平方米的住房,总价款为96万元,该套住房属于两人的唯一住房。2019年8月,小松和小梅因感情破裂离婚,双方就房产分配方案达成一致,将龙城花园小区的住房分割给小梅。2020年3月,小梅将该套唯一住房以110万元的价格对外转让。

请问小梅转让该套住房缴纳多少个人所得税?

【答】(1)通过离婚析产的方式分割房屋产权,办理房屋产权过户手续,不征收个人所得税。因此2019年8月,小松和小梅离婚,住房分割给小梅,不征收个人所得税。

(2)个人转让离婚析产房屋所取得的收入,符合家庭生活自用5年以上唯一住房的,可以申请免征个人所得税;其购房时间按发生离婚财产分割行为前的购房时间确定。小梅对外转让的该套离婚析产房屋,购置时间为2015年1月,距离2020年3月对外转让,符合5年以上标准,且该套住房是小梅唯一住房,符合免税优惠政策,小梅可以申请免征个人所得税。

问题595　个人拍卖房屋如何计缴个税

【答】《关于个人取得房屋拍卖收入征收个人所得税问题的批复》(国税函〔2007〕1145号)文件规定,个人通过拍卖市场取得的房屋拍卖收入在计征个人所得税时,其房屋原值应按照纳税人提供的合法、完整、准确的凭证予以扣除;不能提供完整、准确的房屋原值凭证,不能正确计算房屋原值和应纳税额的,统一按转让收入全额的3%计算缴纳个人所得税。

为方便纳税人依法履行纳税义务和税务机关加强税收征管,纳税人在房屋拍卖后缴纳契税、土地增值税等税收的同时,一并申报缴纳个人所得税。

问题596　个人通过拍卖市场拍卖个人财产取得的所得如何计缴个税

【答】个人通过拍卖市场拍卖个人财产取得的所得,个税处理如表344所示。

表344　财产拍卖个税处理要点

拍卖财产类型	个税处理			
	计税项目	适用税率	应纳税所得额	应纳税额
作者自己的文字作品手稿原件或复印件拍卖取得的所得	特许权使用费所得	20%	转让收入额4 000元以下:转让收入额减除800元后的余额	应纳税所得额×20%
			转让收入额4 000元以上:转让收入额减除20%后的余额	
个人拍卖除文字作品原稿及复印件外的其他财产	财产转让所得	20%	转让收入额减除财产原值和合理费用后的余额	

政策依据

《国家税务总局关于加强和规范个人取得拍卖收入征收个人所得税有关问题的通知》(国税发〔2007〕38号)第一条

一、个人通过拍卖市场拍卖个人财产,对其取得所得按以下规定征税:

(一)根据《国家税务总局关于印发〈征收个人所得税若干问题的规定〉的通知》(国税发〔1994〕89号),作者将自己的文字作品手稿原件或复印件拍卖取得的所得,应以其转让收入额减除800元(转让收入额4 000元以下)或者20%(转让收入额4 000元以上)后的余额为应纳税所得额,按照"特许权使用费"所得项目适用20%税率缴纳个人所得税。

(二)个人拍卖除文字作品原稿及复印件外的其他财产,应以其转让收入额减除财产原值和合理费用后的余额为应纳税所得额,按照"财产转让所得"项目适用20%税率缴纳个人所得税。

问题 597　拍卖除文字作品原稿及复印件外的其他财产如何缴纳个税

〖答〗个人通过拍卖市场拍卖除文字作品原稿及复印件外的其他财产,按照"财产转让所得"项目缴纳个人所得税。缴纳个人所得税时,有据实征收和核定征收两种情形。

1)据实征收

《国家税务总局关于加强和规范个人取得拍卖收入征收个人所得税有关问题的通知》(国税发〔2007〕38号,以下简称国税发〔2007〕38号文件)第三条规定,个人财产拍卖所得适用"财产转让所得"项目计算应纳税所得额时,纳税人凭合法有效凭证(税务机关监制的正式发票、相关境外交易单据或海关报关单据、完税证明等),从其转让收入额中减除相应的财产原值、拍卖财产过程中缴纳的税金及有关合理费用。

纳税人能够提供合法、完整、准确的财产原值凭证,但不能提供有关税费凭证的,不得按征收率计算纳税,应当就财产原值凭证上注明的金额据实扣除,并按照税法规定计算缴纳个人所得税。

计算公式:

应纳税所得额＝转让收入额－财产原值－拍卖财产过程中缴纳的税金及有关合理费用

根据国税发〔2007〕38号文件第三条规定,应纳税所得额各要素具体确认标准如表345所示。

表345　财产拍卖所得适用"财产转让所得"项目应纳税额各要素确认标准

要素		确认标准
转让收入额		以该项财产最终拍卖成交价格为其转让收入额
财产原值	1. 通过商店、画廊等途径购买的	为购买该拍卖品时实际支付的价款
	2. 通过拍卖行拍得的	为拍得该拍卖品实际支付的价款及交纳的相关税费
	3. 通过祖传收藏的	为其收藏该拍卖品而发生的费用
	4. 通过赠送取得的	为其受赠该拍卖品时发生的相关税费
	5. 通过其他形式取得的	参照以上原则确定财产原值
拍卖财产过程中缴纳的税金		在拍卖财产时纳税人实际缴纳的相关税金及附加
有关合理费用		拍卖财产时纳税人按照规定实际支付的拍卖费(佣金)、鉴定费、评估费、图录费、证书费等费用

2)核定征收

个人通过拍卖市场拍卖除文字作品原稿及复印件外的其他财产取得的所得,如不满足据实征收的条件,则需要核定征收,按照转让收入的一定比例来计缴个人所得税,根据国税发

〔2007〕38号文件第四条、第五条规定,征收率如表346所示。

表346　财产拍卖所得适用"财产转让所得"项目个税核定征收率

序号	情形	征收率
1	纳税人如不能提供合法、完整、准确的财产原值凭证,不能正确计算财产原值的	按转让收入额的3%征收率计缴个人所得税
2	纳税人的财产原值凭证内容填写不规范,或者一份财产原值凭证包括多件拍卖品且无法确认每件拍卖品——对应的原值的	
3	拍卖品为经文物部门认定是海外回流文物的	按转让收入额的2%征收率计缴个人所得税

3) 纳税申报

根据国税发〔2007〕38号文件第六条、第七条、第八条规定,个人拍卖财产所得的纳税申报细节如下。

(1) 个人财产拍卖所得应纳的个人所得税税款,由拍卖单位负责代扣代缴,并按规定向拍卖单位所在地主管税务机关办理纳税申报。

(2) 拍卖单位代扣代缴个人财产拍卖所得应纳的个人所得税税款时,应给纳税人填开完税凭证,并详细标明每件拍卖品的名称、拍卖成交价格、扣缴税款额。

(3) 主管税务机关应加强对个人财产拍卖所得的税收征管工作,在拍卖单位举行拍卖活动期间派工作人员进入拍卖现场,了解拍卖的有关情况,宣传辅导有关税收政策,审核鉴定原值凭证和费用凭证,督促拍卖单位依法代扣代缴个人所得税。

小松喜爱收藏,2021年2月20日通过拍卖行将一幅珍藏多年的名人字画拍卖,取得拍卖收入200 000元,拍卖过程中缴纳相关税费20 000元,小松无法提供完整的财产原值凭证,经文物部门鉴定,该字画为海外回流文物。

请问小松取得的拍卖收入应缴纳多少个人所得税?

〖答〗个人将书画作品、古玩等公开拍卖取得的收入,按"财产转让所得"项目计征个人所得税。如不能提供合法、完整、准确的财产原值凭证,不能正确计算财产原值的,不满足据实征收的条件,需要核定征收,拍卖品为经文物部门认定是海外回流文物的,按转让收入额的2%征收率计缴个人所得税;

小松拍卖名人字画应缴纳的个人所得税＝200 000×2%＝4 000(元)。

问题598　个人终止投资经营收回款项如何计缴个税

〖答〗个人终止投资经营收回款项,按照"财产转让所得"项目,适用税率20%计算缴纳个人所得税。

计算公式:应纳税所得额＝个人取得的股权转让收入、违约金、补偿金、赔偿金及以其他名目收回款项合计数－原实际出资额(投入额)及相关税费

《国家税务总局关于个人终止投资经营收回款项征收个人所得税问题的公告》(国家税务总局公告2011年第41号)第一条

一、个人因各种原因终止投资、联营、经营合作等行为,从被投资企业或合作项目、被投资企业的其他投资者以及合作项目的经营合作人取得股权转让收入、违约金、补偿金、赔偿金及以其他名目收回的款项等,均属于个人所得税应税收入,应按照"财产转让所得"项目适用的规定计算缴纳个人所得税。

应纳税所得额的计算公式如下:

应纳税所得额=个人取得的股权转让收入、违约金、补偿金、赔偿金及以其他名目收回款项合计数—原实际出资额(投入额)及相关税费

案例 113

小梅在2018年投资50万元与大地企业联营销售某品牌电器,2020年4月,由于大地企业违规经营,电器公司停止授权代理,该销售无以为继,小梅收回投资款45万元,另外甲企业还支付小梅违约金6万元和补偿金4万元,不考虑其他相关税费。

请问小梅终止投资经营应缴纳多少个人所得税?

【答】小梅收回的投资款45万元,取得的违约金6万、补偿金4万,均属于个人所得税应税收入,按照"财产转让所得"项目适用的规定计算缴纳个人所得税。

小梅终止投资经营应纳个税额=(45+6+4-50)×20%=1(万元)。

问题599 个人转让债券如何计缴个税

【答】根据《中华人民共和国个人所得税法》第六条第一款第五项规定,个人转让债券,按"财产转让所得"项目,以转让债券的收入额减除债券原值和合理费用后的余额,为应纳税所得额。

根据《中华人民共和国个人所得税法实施条例》第十六条规定,债券财产原值为买入价以及买入时按照规定缴纳的有关费用,合理费用是指卖出财产时按照规定支付的有关税费。则转让债券的计算公式为:

应纳税所得额=个人转让债券卖出价—债券买入价—买入时按照规定缴纳的有关费用—卖出时按照规定缴纳的有关费用

若转让的债券为分次买进的多种债券,则根据《国家税务总局关于印发〈征收个人所得税若干问题的规定〉的通知》(国税发〔1994〕89号)第七条规定,转让分次买进的多种债券,采用"加权平均法"确定其应予减除的财产原值和合理费用,即以纳税人购进的同一种类债券买入价和买进过程中缴纳的税费总和,除以纳税人购进的该种类债券数量之和,乘以纳税人卖出的该种类债券数量,再加上卖出的该种类债券过程中缴纳的税费。计算公式为:

一次卖出某一种类的债券允许扣除的买价和费用=购进的该种类债券买入价和买进过程中缴纳的税费总和÷购进的该种类债券总数量×一次卖出的该种类债券的数量+卖出的该种类债券过程中缴纳的税费

案例 114

中国居民小松为境内梅松上市公司职员,2020年发生如下业务:

(1) 2020年11月20日,购入企业债券20 000份,每份买入价5元,支付相关税费1 000元;

(2) 2020年12月28日,卖出债券10 000份,每份卖出价6.5元,支付相关税费900元。

请问假设不考虑其他条件,小松卖出债券应缴纳多少个人所得税?

【答】卖出债券10 000份允许扣除的相关税费=(1 000÷20 000)×10 000=500(元)

小松转让债券应缴纳个人所得税=(个人转让债券卖出价—债券买入价—买入时按照规

定缴纳的有关费用—卖出时按照规定交纳的有关费用)×20％＝(6.5×10 000－5×10 000－500－900)×20％＝2 720(元)

问题 600　个人合伙人来源于创投企业的所得如何计缴个税

〖答〗创投企业可以选择按单一投资基金核算或者按创投企业年度所得整体核算两种方式。不同的核算方式,个人合伙人来源于创投企业所得的个税处理也不同。

1) 创投企业选择按单一投资基金核算

创投企业选择按单一投资基金核算的,个人合伙人从该基金应分得的股权转让所得按照20％税率计算缴纳个人所得税。

《关于创业投资企业个人合伙人所得税政策问题的通知》(财税〔2019〕8号)第三条第(一)项规定,股权转让所得的确认如表347所示。

表347　创业投资企业个人合伙人股权转让所得确认表

情形	确认标准	
单个投资项目的股权转让所得	按年度股权转让收入扣除对应股权原值和转让环节合理费用后的余额计算,股权原值和转让环节合理费用的确定方法,参照股权转让所得个人所得税有关政策规定执行	
单一投资基金的股权转让所得	按一个纳税年度内不同投资项目的所得和损失相互抵减后的余额计算	余额大于或等于零	即确认为该基金的年度股权转让所得
		余额小于零的	该基金年度股权转让所得按零计算且不能跨年结转

个人合伙人按照其应从基金年度股权转让所得中分得的份额计算其应纳税额,并由创投企业在次年3月31日前代扣代缴个人所得税。如符合《财政部　税务总局关于创业投资企业和天使投资个人有关税收政策的通知》(财税〔2018〕55号)规定条件的,创投企业个人合伙人可以按照被转让项目对应投资额的70％抵扣其应从基金年度股权转让所得中分得的份额后再计算其应纳税额,当期不足抵扣的,不得向以后年度结转。

2) 创投企业选择按年度所得整体核算

创投企业选择按年度所得整体核算的,其个人合伙人应从创投企业取得的所得,按照"经营所得"项目、5％—35％的超额累进税率计算缴纳个人所得税

政策依据

《关于创业投资企业个人合伙人所得税政策问题的通知》(财税〔2019〕8号)第二条

二、创投企业选择按单一投资基金核算的,其个人合伙人从该基金应分得的股权转让所得和股息红利所得,按照20％税率计算缴纳个人所得税。

创投企业选择按年度所得整体核算的,其个人合伙人应从创投企业取得的所得,按照"经营所得"项目、5％—35％的超额累进税率计算缴纳个人所得税。

问题 601　个人处置"打包"债权如何计缴个税

〖答〗根据《关于个人因购买和处置债权取得所得征收个人所得税问题的批复》(国税函〔2005〕655号)规定,个人通过招标、竞拍或其他方式购置债权以后,通过相关司法或行政程序主张债权而取得的所得,应按照"财产转让所得"项目缴纳个人所得税。个人通过上述方式取得"打包"债权,只处置部分债权的,其应纳税所得额按以下方式确定。

(1) 以每次处置部分债权的所得,作为一次财产转让所得征税。

(2) 其应税收入按照个人取得的货币资产和非货币资产的评估价值或市场价值的合计数确定。

(3) 所处置债权成本费用(即财产原值),按下列公式计算:

当次处置债权成本费用=个人购置"打包"债权实际支出×当次处置债权账面价值(或拍卖机构公布价值)÷"打包"债权账面价值(或拍卖机构公布价值)

(4) 个人购买和处置债权过程中发生的拍卖招标手续费、诉讼费、审计评估费以及缴纳的税金等合理税费,在计算个人所得税时允许扣除。

小松在2020年9月的一次不良资产拍卖会上,以400万元取得一项总计1 000万元的"打包"债权(某银行对W房地产公司的债权500万元,对A公司的应收账款200万元,对B食品公司的应收款项300万元),取得上述债权后,小松通过协商、诉讼等多种途径和方法,于2020年3月向W房地产公司主张债权,要回一套坐落于市区的商品房(评估价值300万元),支付相关诉讼费3万元、评估费5万元、其他相关税费2万元。

请问小松处置该部分"打包"债权应缴纳多少个人所得税?

〖答〗取得"打包"债权后,分次处置的,以每次处置部分债权的所得,作为一次财产转让所得取得的所得,按"财产转让所得"税目计算缴纳个人所得税。

小松追回W房地产公司评估价值为300万元的资产,处置债权的成本费用=个人购置"打包"债权实际支出×当次处置债权账面价值(或拍卖机构公布价值)÷"打包"债权账面价值(或拍卖机构公布价值)=400×500÷1 000=200(万元)。

允许扣除的税费=3+5+2=10(万元)

小松处置该部分"打包"债权应缴纳个人所得税=(300-200-10)×20%=18(万元)

问题602　个人以非货币资产投资如何计缴个税

〖答〗个人以非货币资产投资,个税处理如表348所示。

表348　非货币资产投资个人所得税处理一览表

项目		情形
纳税人		以发生非货币性资产投资行为并取得被投资企业股权的个人为纳税人
计税依据	应纳税所得额	=非货币性资产转让收入-该资产原值-合理税费
	转让收入	按评估后的公允价值确认非货币性资产转让收入
	资产原值	纳税人取得该项资产时实际发生的支出,无法提供完整、准确的非货币性资产原值凭证,不能正确计算非货币性资产原值的,主管税务机关可依法核定其非货币性资产原值
	合理税费	指纳税人在非货币性资产投资过程中发生的与资产转移相关的税金及合理费用;允许扣除的税费必须与非货币性资产投资相关,且具有合理性
	例外情形	纳税人以股权投资的,股权原值的确认按照股权转让个人所得税的相关规定执行
适用税率	20%	
应纳税额	应纳税额=应纳税所得额×20%	

(续表)

项目	情形
纳税义务发生时间	个人以非货币性资产投资,应于非货币性资产转让、取得被投资企业股权时,确认非货币性资产转让收入的实现。个人应在发生上述应税行为的次月15日内向主管税务机关申报纳税
纳税地点	纳税人以不动产投资 — 以不动产所在地地税机关为主管税务机关
	纳税人以其持有的企业股权对外投资 — 以该企业所在地地税机关为主管税务机关
	纳税人以其他非货币资产投资 — 以被投资企业所在地地税机关为主管税务机关
申报方式	由纳税人向主管税务机关自行申报缴纳
税收优惠	1. 自2015年4月1日起,纳税人一次性缴税有困难的,可合理确定分期缴纳计划并报主管税务机关备案后,自发生上述应税行为之日起不超过5个公历年度内(含)分期缴纳个人所得税。 纳税人非货币性资产投资需要分期缴纳个人所得税的,应于取得被投资企业股权之日的次月15日内,自行制定缴税计划并向主管税务机关报送《非货币性资产投资分期缴纳个人所得税备案表》(见附件)、纳税人身份证明、投资协议、非货币性资产评估价格证明材料、能够证明非货币性资产原值及合理税费的相关资料。 2. 个人以非货币性资产投资交易过程中取得现金补价的,现金部分应优先用于缴税;现金不足以缴纳的部分,可分期缴纳。个人在分期缴税期间转让其持有的上述全部或部分股权,并取得现金收入的,该现金收入应优先用于缴纳尚未缴清的税款。 3. 对2015年4月1日之前发生的个人非货币性资产投资,尚未进行税收处理且自发生上述应税行为之日起期限未超过5年的,可在剩余的期限内分期缴纳其应纳税款
征收管理	1. 被投资企业应将纳税人以非货币性资产投入本企业取得股权和分期缴税期间纳税人股权变动情况,分别于相关事项发生后15日内向主管税务机关报告,并协助税务机关执行公务。 2. 纳税人按分期缴税计划向主管税务机关办理纳税申报时,应提供已在主管税务机关备案的《非货币性资产投资分期缴纳个人所得税备案表》和本期之前各期已缴纳个人所得税的完税凭证。 3. 纳税人分期缴税期间提出变更原分期缴税计划的,应重新制定分期缴税计划并向主管税务机关重新报送《非货币性资产投资分期缴纳个人所得税备案表》。 4. 纳税人在分期缴税期间转让股权的,应于转让股权之日的次月15日内向主管税务机关申报纳税

政策依据

一、《国家税务总局关于个人非货币性资产投资有关个人所得税征管问题的公告》(国家税务总局公告2015年第20号)第一条至第十三条

一、非货币性资产投资个人所得税以发生非货币性资产投资行为并取得被投资企业股权的个人为纳税人。

二、非货币性资产投资个人所得税由纳税人向主管税务机关自行申报缴纳。

三、纳税人以不动产投资的,以不动产所在地地税机关为主管税务机关;纳税人以其持有的企业股权对外投资的,以该企业所在地地税机关为主管税务机关;纳税人以其他非货币资产投资的,以被投资企业所在地地税机关为主管税务机关。

四、纳税人非货币性资产投资应纳税所得额为非货币性资产转让收入减除该资产原值及合理税费后的余额。

五、非货币性资产原值为纳税人取得该项资产时实际发生的支出。

纳税人无法提供完整、准确的非货币性资产原值凭证,不能正确计算非货币性资产原值的,主管税务机关可依法核定其非货币性资产原值。

六、合理税费是指纳税人在非货币性资产投资过程中发生的与资产转移相关的税金及合理费用。

七、纳税人以股权投资的,该股权原值确认等相关问题依照《股权转让所得个人所得税管理办法(试行)》(国家税务总局公告2014年第67号发布)有关规定执行。

八、纳税人非货币性资产投资需要分期缴纳个人所得税的,应于取得被投资企业股权之日的次月15日内,自行制定缴税计划并向主管税务机关报送《非货币性资产投资分期缴纳个人所得税备案表》(见附件)、纳税人身份证明、投资协议、非货币性资产评估价格证明材料、能够证明非货币性资产原值及合理税费的相关资料。

2015年4月1日之前发生的非货币性资产投资,期限未超过5年,尚未进行税收处理且需要分期缴纳个人所得税的,纳税人应于本公告下发之日起30日内向主管税务机关办理分期缴税备案手续。

九、纳税人分期缴税期间提出变更原分期缴税计划的,应重新制定分期缴税计划并向主管税务机关重新报送《非货币性资产投资分期缴纳个人所得税备案表》。

十、纳税人按分期缴税计划向主管税务机关办理纳税申报时,应提供已在主管税务机关备案的《非货币性资产投资分期缴纳个人所得税备案表》和本期之前各期已缴纳个人所得税的完税凭证。

十一、纳税人在分期缴税期间转让股权的,应于转让股权之日的次月15日内向主管税务机关申报纳税。

十二、被投资企业应将纳税人以非货币性资产投入本企业取得股权和分期缴税期间纳税人股权变动情况,分别于相关事项发生后15日内向主管税务机关报告,并协助税务机关执行公务。

十三、纳税人和被投资企业未按规定备案、缴税和报送资料的,按照《中华人民共和国税收征收管理法》及有关规定处理。

二、《财政部 国家税务总局关于个人非货币性资产投资有关个人所得税政策的通知》(财税〔2015〕41号)第三条、第四条、第六条

三、个人应在发生上述应税行为的次月15日内向主管税务机关申报纳税。纳税人一次性缴税有困难的,可合理确定分期缴纳计划并报主管税务机关备案后,自发生上述应税行为之日起不超过5个公历年度内(含)分期缴纳个人所得税。

四、个人以非货币性资产投资交易过程中取得现金补价的,现金部分应优先用于缴税;现金不足以缴纳的部分,可分期缴纳。

个人在分期缴税期间转让其持有的上述全部或部分股权,并取得现金收入的,该现金收入应优先用于缴纳尚未缴清的税款。

……

六、对2015年4月1日之前发生的个人非货币性资产投资,尚未进行税收处理且自发生上述应税行为之日起期限未超过5年的,可在剩余的期限内分期缴纳其应纳税款。

案例 116

小松出资500万元与税台企业共同设立梅松公司。为促进梅松公司发展壮大,小松、税台企业与财金公司达成重组协议,财金公司以发行股份并支付现金补价的方式购买小松、税台企业持有的梅松公司股权。其中,向小松发行价值3 000万元的股份、支付300万元的现金,在此过程中小松发生评估费、中介费等相关税费100万元,重组事项于2018年3月5日完成。

因一次性缴税有困难,小松选择5年分期纳税,至2020年2月28日,小松共计缴纳非货币性资产投资个人所得税税款15万元;2020年3月1日,小松转让部分股权(股权原值300万),获得350万现金收入,假设不考虑其他税费。

请问小松如何计缴个人所得税?

【答】1) 2018年3月5日,小松以股权投资

(1)纳税人以非货币性资产投资,应纳税所得额为非货币性资产转让收入减除该资产原值及合理税费后的余额。

应纳税所得额=3 000+300-500-100=2 700(万元)

小松应缴纳个人所得税＝2 700×20％＝540(万元)

(2) 纳税人一次性缴税有困难的,可合理确定分期缴纳计划并报主管税务机关备案后,自发生上述应税行为之日起不超过5个公历年度内(含)分期缴纳个人所得税。

个人以非货币性资产投资交易过程中取得现金补价的,现金部分应优先用于缴税;现金不足以缴纳的部分,可分期缴纳,小松交易过程中取得的300万元现金补价,应优先用于缴税。剩余的240万元,小松选择不超过5个公历年度分期缴纳个人所得税。

小松应于2018年4月15日之前,自行制定缴税计划并向主管税务机关报送《非货币性资产投资分期缴纳个人所得税备案表》、纳税人身份证明、投资协议、非货币性资产评估价格证明材料、能够证明非货币性资产原值及合理税费的相关资料。

2) 2020年3月1日,小松转让部分股权

(1) 个人在分期缴税期间转让其持有的上述全部或部分股权,并取得现金收入的,该现金收入应优先用于缴纳尚未缴清的税款。

小松尚未缴清的税款＝240－15＝225(万元)

小松转让了部分以非货币性资产投资换取的股权,取得的转让收入350万,超过尚未缴清的税款225万元,小松应一次结清剩余税款。

(2) 小松转让部分股权,应纳税额＝(350－300)×20％＝10(万元)。

综上所述,小松应于2020年4月15日之前将上述两项税款共计235万元申报纳税。

问题603　个人转让非上市公司股权如何计缴个税

〖答〗根据《股权转让所得个人所得税管理办法(试行)》文件第一章规定,对个人转让非上市公司股权,个税处理如表349所示。

表349　个人转让非上市公司股权个税处理一览表

项目	情形
计税项目	个人转让股权,按"财产转让所得"缴纳个人所得税
股权转让行为	1. 出售股权 2. 公司回购股权 3. 发行人首次公开发行新股时,被投资企业股东将其持有的股份以公开发行方式一并向投资者发售 4. 股权被司法或行政机关强制过户 5. 以股权对外投资或进行其他非货币性交易 6. 以股权抵偿债务 7. 其他股权转移行为
纳税人及扣缴义务人	以股权转让方为纳税人 以受让方为扣缴义务人
应纳税所得额	应纳税所得额＝股权转让收入－股权原值－合理费用
应纳税额	应纳税额＝应纳税所得额×20%
征收管理	1. 扣缴义务人应于股权转让相关协议签订后5个工作日内,将股权转让的有关情况报告主管税务机关 2. 被投资企业应当详细记录股东持有本企业股权的相关成本,如实向税务机关提供与股权转让有关的信息,协助税务机关依法执行公务
纳税地点	以被投资企业所在地税务机关为主管税务机关

政策依据

《股权转让所得个人所得税管理办法(试行)》第二条至第六条

第二条 本办法所称股权是指自然人股东(以下简称个人)投资于在中国境内成立的企业或组织(以下统称被投资企业,不包括个人独资企业和合伙企业)的股权或股份。

第三条 本办法所称股权转让是指个人将股权转让给其他个人或法人的行为,包括以下情形:

(1) 出售股权;
(2) 公司回购股权;
(3) 发行人首次公开发行新股时,被投资企业股东将其持有的股份以公开发行方式一并向投资者发售;
(4) 股权被司法或行政机关强制过户;
(5) 以股权对外投资或进行其他非货币性交易;
(6) 以股权抵偿债务;
(7) 其他股权转移行为。

第四条 个人转让股权,以股权转让收入减除股权原值和合理费用后的余额为应纳税所得额,按"财产转让所得"缴纳个人所得税。

合理费用是指股权转让时按照规定支付的有关税费。

第五条 个人股权转让所得个人所得税,以股权转让方为纳税人,以受让方为扣缴义务人。

第六条 扣缴义务人应于股权转让相关协议签订后5个工作日内,将股权转让的有关情况报告主管税务机关。

被投资企业应当详细记录股东持有本企业股权的相关成本,如实向税务机关提供与股权转让有关的信息,协助税务机关依法执行公务。

问题604 转让非上市公司股权,办理纳税申报时应报送哪些资料

〖答〗办理转让非上市公司股权纳税申报时,纳税人、扣缴义务人、被投资企业都需要报送税务机关相关材料,具体如表350所示。

表350 转让非上市公司股权纳税申报报送资料

主体	报送资料
纳税人、扣缴义务人	1. 股权转让合同(协议) 2. 股权转让双方身份证明 3. 按规定需要进行资产评估的,需提供具有法定资质的中介机构出具的净资产或土地房产等资产价值评估报告 4. 计税依据明显偏低但有正当理由的证明材料 5. 主管税务机关要求报送的其他材料
被投资企业	1. 被投资企业应当在董事会或股东会结束后5个工作日内,向主管税务机关报送与股权变动事项相关的董事会或股东会决议、会议纪要等资料 2. 被投资企业发生个人股东变动或者个人股东所持股权变动的,应当在次月15日内向主管税务机关报送含有股东变动信息的《个人所得税基础信息表(A表)》及股东变更情况说明

【提示】纳税人、扣缴义务人及被投资企业未按照规定期限办理纳税(扣缴)申报和报送相关资料的,依照《中华人民共和国税收征收管理法》及其实施细则有关规定处理。

> **政策依据**

《股权转让所得个人所得税管理办法(试行)》第二十一条、第二十二条

(1) 纳税人、扣缴义务人向主管税务机关办理股权转让纳税(扣缴)申报时,还应当报送以下资料:

① 股权转让合同(协议);

② 股权转让双方身份证明;

③ 按规定需要进行资产评估的,需提供具有法定资质的中介机构出具的净资产或土地房产等资产价值评估报告;

④ 计税依据明显偏低但有正当理由的证明材料;

⑤ 主管税务机关要求报送的其他材料。

(2) 被投资企业应当在董事会或股东会结束后5个工作日内,向主管税务机关报送与股权变动事项相关的董事会或股东会决议、会议纪要等资料。

被投资企业发生个人股东变动或者个人股东所持股权变动的,应当在次月15日内向主管税务机关报送含有股东变动信息的《个人所得税基础信息表(A表)》及股东变更情况说明。

主管税务机关应当及时向被投资企业核实其股权变动情况,并确认相关转让所得,及时督促扣缴义务人和纳税人履行法定义务。

问题 605 个人转让上市公司股票如何计缴个税

〖答〗个人转让上市公司股票,要区分该股票是境内上市公司股票还是境外上市公司的股票,个税处理方式不同,如图384所示。

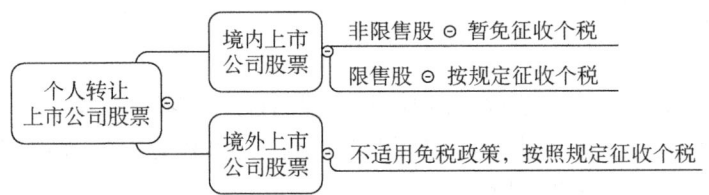

图 384 个人转让上市公司股票个税处理

1) 个人转让境内上市公司股票(限售股除外),暂免征收个人所得税

根据《财政部 国家税务总局关于个人转让股票所得继续暂免征收个人所得税的通知》(财税字〔1998〕61号)文件规定,从1997年1月1日起,对个人转让上市公司股票取得的所得继续暂免征收个人所得税。

根据《关于个人转让上市公司限售股所得征收个人所得税有关问题的通知》(财税〔2009〕167号)第八条规定,对个人在上海证券交易所、深圳证券交易所转让从上市公司公开发行和转让市场取得的上市公司股票所得,继续免征个人所得税。

2) 个人转让境内上市公司限售股,按照"财产转让所得"计征个税

根据《财政部 国家税务总局 证监会关于个人转让上市公司限售股所得征收个人所得税有关问题的通知》(财税〔2009〕167号)文件第一条规定,自2010年1月1日起,对个人转让限售股取得的所得,按照"财产转让所得",适用20%的比例税率征收个人所得税。

3) 个人转让境外上市公司股票,按规定征收个人所得税

根据《财政部 国家税务总局关于个人股票期权所得征收个人所得税问题的通知》(财税〔2005〕35号)第四条第二款规定,个人转让境外上市公司的股票而取得的所得,应按税法的规

定计算应纳税所得额和应纳税额,依法缴纳税款。

案例 117

小松是一名资深股民,2021年3月,发生以下业务。

(1) 3月2日,取得境内梅松上市公司股票股息6万元,该股票系2019年6月20日从上海证券交易所购入。

(2) 3月20日,小松将持有的境内梅松公司股票全部转让,取得转让所得22.5万元。

(3) 3月25日,小松转让其他境外上市公司股票,取得转让净所得30万元,在境外未缴纳税款。

请问:假设不考虑其他情况,小松2021年3月应缴纳多少个人所得税?

〖答〗(1) 小松持有梅松公司股票的时间大于1个月小于1年,暂减按50%计入应纳税所得额,适用20%的税率计征个人所得税。

取得梅松公司股息应纳个人所得税＝6×50%×20%＝0.6(万元)

(2) 对个人转让上市公司股票取得的所得,继续暂免征收个人所得税。

小松取得的股票转让所得22.5万,免征个人所得税。

(3) 小松境外股票转让所得应纳个人所得税＝30×20%＝6(万元)

综上所述,小松2021年3月应缴纳个人所得税为:0.6+6＝6.6(万元)。

问题606　个人转让新三板挂牌公司股票如何计缴个税

〖答〗个人转让新三板挂牌公司股票的个税处理,要区分是新三板挂牌公司的原始股还是非原始股。个人所得税处理方式如图385所示。

图385　个人转让新三板挂牌公司股票的个税处理

(1) 个人转让新三板挂牌公司非原始股取得的所得,暂免征收个人所得税。

个人转让新三板挂牌公司非原始股个税处理如图386所示。

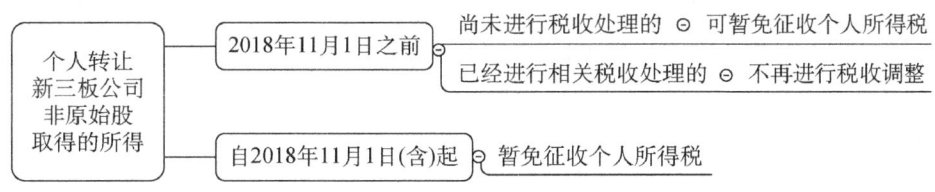

图386　转让新三板挂牌公司非原始股个税处理

上述非原始股是指个人在新三板挂牌公司挂牌后取得的股票,以及由上述股票孳生的送、转股。

(2) 个人转让新三板挂牌公司原始股取得的所得,按规定征收个人所得税。

原始股是指个人在新三板挂牌公司挂牌前取得的股票,以及在该公司挂牌前和挂牌后由上述股票孳生的送、转股。根据财税〔2018〕137号文,对个人转让新三板挂牌公司原始股取得的所得,个税处理如图387所示。

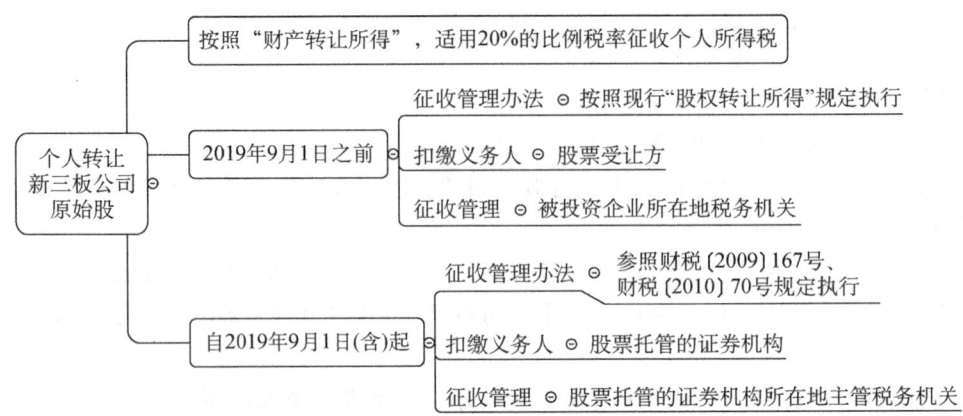

图 387　转让新三板挂牌公司原始股个税处理

新三板精选层公司转为北交所上市公司，以及创新层挂牌公司通过公开发行股票进入北交所上市后，投资北交所上市公司涉及的个人所得税、印花税相关政策，暂按照现行新三板适用的税收规定执行。

《财政部　国家税务总局　中国证券监督管理委员会关于个人转让全国中小企业股份转让系统挂牌公司股票有关个人所得税政策的通知》(财税〔2018〕137号)第一条至第五条

一、自2018年11月1日(含)起，对个人转让新三板挂牌公司非原始股取得的所得，暂免征收个人所得税。

二、对个人转让新三板挂牌公司原始股取得的所得，按照"财产转让所得"，适用20%的比例税率征收个人所得税。

三、2019年9月1日之前，个人转让新三板挂牌公司原始股的个人所得税，征收管理办法按照现行股权转让所得有关规定执行，以股票受让方为扣缴义务人，由被投资企业所在地税务机关负责征收管理。

自2019年9月1日(含)起，个人转让新三板挂牌公司原始股的个人所得税，以股票托管的证券机构为扣缴义务人，由股票托管的证券机构所在地主管税务机关负责征收管理。具体征收管理办法参照《财政部　国家税务总局　证监会关于个人转让上市公司限售股所得征收个人所得税有关问题的通知》(财税〔2009〕167号)和《财政部　国家税务总局　证监会关于个人转让上市公司限售股所得征收个人所得税有关问题的补充通知》(财税〔2010〕70号)有关规定执行。

四、2018年11月1日之前，个人转让新三板挂牌公司非原始股，尚未进行税收处理的，暂免征收个人所得税，已经进行相关税收处理的，不再进行税收调整。

五、中国证券登记结算公司应当在登记结算系统内明确区分新三板原始股和非原始股。中国证券登记结算公司、证券公司及其分支机构应当积极配合财政、税务部门做好相关工作。

二、《财政部　税务总局关于北京证券交易所税收政策适用问题的公告》(财政部　税务总局公告2021年第33号)

为支持进一步深化全国中小企业股份转让系统(以下称新三板)改革，将精选层变更设立为北京证券交易所(以下称北交所)，按照平稳转换、有效衔接的原则，现将北交所税收政策适用问题明确如下：

新三板精选层公司转为北交所上市公司，以及创新层挂牌公司通过公开发行股票进入北交所上市后，投资北交所上市公司涉及的个人所得税、印花税相关政策，暂按照现行新三板适用的税收规定执行。涉及企业所得税、增值税相关政策，按企业所得税法及其实施条例、《财政部　国家税务总局关于全面推开营业税改征增值税试点的通知》(财税〔2016〕36号)及有关规定执行。

问题 607　个人转让限售股如何计缴个税

〖答〗个人转让限售股,以每次限售股转让收入,减除股票原值和合理税费后的余额,为应纳税所得额。计算公式:

应纳税所得额＝限售股转让收入－限售股原值－合理税费

应纳税额＝应纳税所得额×20%

转让限售股个税应纳税额各要素确认标准如表 351 所示。

表 351　限售股转让个税应纳税额各要素确认表

项目	确认标准	
限售股转让收入	转让限售股股票实际取得的收入	
	个人协议转让限售股的转让收入按照实际转让收入计算,转让价格明显偏低且无正当理由的,主管税务机关可以依据协议签订日的前一交易日该股收盘价或其他合理方式核定其转让收入	
限售股原值	限售股买入时的买入价及按照规定缴纳的有关费用	如果纳税人未能提供完整、真实的限售股原值凭证的,不能准确计算限售股原值的,主管税务机关一律按限售股转让收入的 15% 核定限售股原值及合理税费
合理税费	转让限售股过程中发生的印花税、佣金、过户费等与交易相关的税费	

注意:纳税人同时持有限售股及该股流通股的,其股票转让所得,按照限售股优先原则,即转让股票视同为先转让限售股,按规定计算缴纳个人所得税。

政策依据

一、《关于个人转让上市公司限售股所得征收个人所得税有关问题的通知》(财税〔2009〕167 号)第三条、第六条

三、个人转让限售股,以每次限售股转让收入,减除股票原值和合理税费后的余额,为应纳税所得额。限售股转让收入,是指转让限售股股票实际取得的收入。限售股原值,是指限售股买入时的买入价及按照规定缴纳的有关费用。合理税费,是指转让限售股过程中发生的印花税、佣金、过户费等与交易相关的税费。

如果纳税人未能提供完整、真实的限售股原值凭证的,不能准确计算限售股原值的,主管税务机关一律按限售股转让收入的 15% 核定限售股原值及合理税费。

……

六、纳税人同时持有限售股及该股流通股的,其股票转让所得,按照限售股优先原则,即:转让股票视同为先转让限售股,按规定计算缴纳个人所得税。

二、《关于个人转让上市公司限售股所得征收个人所得税有关问题的补充通知》(财税〔2010〕70 号)第三条第三项规定

第二条第(五)项的转让收入按照实际转让收入计算,转让价格明显偏低且无正当理由的,主管税务机关可以依据协议签订日的前一交易日该股收盘价或其他合理方式核定其转让收入;

案例 118

小松在国内梅松上市公司任职,任职期间梅松公司授予小松限售股 3 万股,该批限售股已于 2018 年年初解禁,小松在 2020 年 8 月之前陆续买进梅松公司股票 5 万股,股票平均买价为 5.4 元/股,但限售股授予价格不明确。2020 年 8 月小松以 7 元/股的价格卖出公司股票 5 万股。不考虑股票买卖过程中其他相关税费。

请问小松转让 5 万股股票应缴纳多少个人所得税?

〖答〗纳税人同时持有限售股及股流通股的,其股票转让所得,按照限售股优先原则,转让股票视同为先转让限售股,即转让的 5 万股股票中,3 万股是限售股,2 万股是上市公司的股票。

(1) 转让的 3 万限售股,授予价格不明确,按照规定,转让限售股中存在限售股成本不明确的,按转让收入的 15% 确定限售股原值和合理税费;

限售股原值和合理费用 = 7×30 000×15% = 31 500(元);

转让限售股应纳个人所得税额 = (7×30 000−31 500)×20% = 35 700(元);

(2) 转让的 2 万股是上市公司的股票,根据规定免征个人所得税。

综上所述,小松转让 5 万股股票应纳个人所得税为 35 700 元。

问题 608　转让限售股,个税征收方式有哪些

【答】限售股转让所得个税采取证券机构预扣预缴、纳税人自行申报清算和证券机构直接扣缴相结合的方式征收,如表 352 所示。

表 352　限售股转让个税征收方式

征收方式	情形
证券机构预扣预缴、纳税人自行申报清算和证券机构直接扣缴相结合的方式	1. 个人通过证券交易所集中交易系统或大宗交易系统转让限售股
	2. 个人用限售股认购或申购交易型开放式指数基金(ETF)份额
	3. 个人用限售股接受要约收购
	4. 个人行使现金选择权将限售股转让给提供现金选择权的第三方
纳税人自行申报纳税	1. 个人协议转让限售股
	2. 个人持有的限售股被司法扣划
	3. 个人因依法继承或家庭财产分割让渡限售股所有权
	4. 个人用限售股偿还上市公司股权分置改革中由大股东代其向流通股股东支付的对价

> **政策依据**
>
> 《关于个人转让上市公司限售股所得征收个人所得税有关问题的补充通知》(财税〔2010〕70 号)第四条
>
> (1) 纳税人发生[①个人通过证券交易所集中交易系统或大宗交易系统转让限售股;②个人用限售股认购或申购交易型开放式指数基金(ETF)份额;③个人用限售股接受要约收购;④个人行使现金选择权将限售股转让给提供现金选择权的第三方]四项情形的,对其应纳个人所得税按照财税〔2009〕167 号文件规定,采取证券机构预扣预缴、纳税人自行申报清算和证券机构直接扣缴相结合的方式征收。
>
> (2) 纳税人发生(①个人协议转让限售股;②个人持有的限售股被司法扣划;③个人因依法继承或家庭财产分割让渡限售股所有权;④个人用限售股偿还上市公司股权分置改革中由大股东代其向流通股股东支付的对价)四项情形的,采取纳税人自行申报纳税的方式。

问题 609　转让证券机构技术和制度准备完成前形成的限售股如何缴纳个税

【答】证券机构技术和制度准备完成前形成的限售股,其转让所得应缴纳的个人所得税,采取证券机构预扣预缴和纳税人自行申报清算相结合的方式征收。

(1) 证券机构的预扣预缴申报。证券机构的预扣预缴申报内容要点如表 353 所示。

表 353　证券机构的预扣预缴申报要点

项目		具体内容
预扣预缴	应纳税额	应纳税所得额 = 转让收入 − 限售股原值 − 合理税费
		应纳税额 = 应纳税所得额×20%

(续表)

项目			具体内容
预扣预缴	转让收入	纳税人转让股改限售股的	证券机构按照该股票股改复牌日收盘价计算转让收入
		纳税人转让新股限售股的	证券机构按照该股票上市首日收盘价计算转让收入
	限售股原值和合理税费		按照计算出的转让收入的15%确定
纳税申报	纳税时间		次月15日内向主管税务机关缴纳已扣的个人所得税款
	报送资料		报送《限售股转让所得扣缴个人所得税报告表》及税务机关要求报送的其他资料
	报表填写注意事项		《限售股转让所得扣缴个人所得税报告表》应按每个纳税人区分不同股票分别填写；同一只股票的转让所得，应当月取得的累计发生额填写

（2）纳税人的自行申报清算。纳税人对证券登记结算公司计算的应纳税额有异议的，可持相关完整、真实凭证，向主管税务机关提出清算申报并办理清算事宜，如表354所示。

表354 纳税人自行申报清算要点

项目		具体内容	
提出清算申请	申请时间	纳税人对证券登记结算公司计算的应纳税额有异议的，自证券机构代扣并解缴税款的次月1日起3个月内提出清算申请	
		纳税人在规定期限内未到主管税务机关办理清算事宜的，期限届满后税务机关不再办理，已预扣预缴的税款从纳税保证金账户全额缴入国库	
	申报机构	到证券机构所在地主管税务机关提出清算申请，办理清算申报	
办理清算	应纳税所得额	按照收入与成本相匹配的原则计算应纳税所得额，限售股转让收入必须按实际转让收入计算，限售股原值按照实际成本计算	
		如果纳税人未能提供完整、真实的限售股原值凭证，不能正确计算限售股原值的，主管税务机关一律按限售股实际转让收入的15%核定限售股原值及合理税费	
	报送资料	报送《限售股转让所得个人所得税清算申报表》，并出示个人有效身份证照原件，附送加盖开户证券机构印章的限售股交易明细记录、相关完整真实的财产原值凭证、缴纳税款凭证（《税务代保管资金专用收据》或《税收转账专用完税证》），以及税务机关要求报送的其他资料	
		纳税人委托中介机构或者他人代为办理纳税申报的，代理人在申报时，除提供上述资料外，还应出示代理人本人的有效身份证照原件，并附送纳税人委托代理申报的授权书	
	报表填写注意事项	《限售股转让所得个人所得税清算申报表》按照当月取得的全部转让所得	
		限售股交易明细记录应包括：限售股每笔成交日期、成交时间、成交价格、成交数量、成交金额、佣金、印花税、过户费、其他费等信息	
	重新计算的应纳税额	税务机关对纳税人申报的资料审核确认后，按照上述原则重新计算应纳税额，并办理退（补）税手续	
		低于预扣预缴的部分	税务机关应予以退还
		高于预扣预缴的部分	纳税人应补缴税款

政策依据

《关于做好限售股转让所得个人所得税征收管理工作的通知》(国税发〔2010〕8号)第一条第一项

（一）证券机构技术和制度准备完成前形成的限售股，其转让所得应缴纳的个人所得税，采取证券机构预扣预缴和纳税人自行申报清算相结合的方式征收。

1. 证券机构的预扣预缴申报

纳税人转让股改限售股的,证券机构按照该股票股改复牌日收盘价计算转让收入,纳税人转让新股限售股的,证券机构按照该股票上市首日收盘价计算转让收入,并按照计算出的转让收入的15%确定限售股原值和合理税费,以转让收入减去原值和合理税费后的余额为应纳税所得额,计算并预扣个人所得税。

证券机构应将已扣的个人所得税款,于次月15日内向主管税务机关缴纳(《中华人民共和国主席令》第四十八号第九条规定,扣缴义务人每月所扣的税款,自行申报纳税人每月应纳的税款,都应当在次月十五日内缴入国库,并向税务机关报送纳税申报表),并报送《限售股转让所得扣缴个人所得税报告表》及税务机关要求报送的其他资料。《限售股转让所得扣缴个人所得税报告表》应按每个纳税人区分不同股票分别填写;同一只股票的转让所得,按当月取得的累计发生额填写。

2. 纳税人的自行申报清算

纳税人按照实际转让收入与实际成本计算出的应纳税额,与证券机构预扣预缴税额有差异的,纳税人应自证券机构代扣并解缴税款的次月1日起3个月内,到证券机构所在地主管税务机关提出清算申请,办理清算申报事宜。纳税人在规定期限内未到主管税务机关办理清算事宜的,期限届满后税务机关不再办理。

纳税人办理清算时,应按照收入与成本相匹配的原则计算应纳税所得额。即,限售股转让收入必须按照实际转让收入计算,限售股原值按照实际成本计算;如果纳税人未能提供完整、真实的限售股原值凭证,不能正确计算限售股原值的,主管税务机关一律按限售股实际转让收入的15%核定限售股原值及合理税费。

纳税人办理清算时,按照当月取得的全部转让所得,填报《限售股转让所得个人所得税清算申报表》,并出示个人有效身份证照原件,附送加盖开户证券机构印章的限售股交易明细记录、相关完整真实的财产原值凭证、缴纳税款凭证(《税务代保管资金专用收据》或《税收转账专用完税证》),以及税务机关要求报送的其他资料。

限售股交易明细记录应包括:限售股每笔成交日期、成交时间、成交价格、成交数量、成交金额、佣金、印花税、过户费、其他费等信息。

纳税人委托中介机构或者他人代为办理纳税申报的,代理人在申报时,除提供上述资料外,还应出示代理人本人的有效身份证照原件,并附送纳税人委托代理申报的授权书。

税务机关对纳税人申报的资料审核确认后,按照上述原则重新计算应纳税额,并办理退(补)税手续。重新计算的应纳税额,低于预扣预缴的部分,税务机关应予以退还;高于预扣预缴的部分,纳税人应补缴税款。

案例 119

证券机构技术和制度准备完成前,小松持有某股票的100万股限售股,原始取得成本为200万元。该股股权分置改革后于2014年12月复牌上市,当日收盘价为16元。2016年1月4日,小松持有的限售股全部解禁可上市流通。2020年1月25日,小松将已经解禁的限售股全部减持,合计取得转让收入1 500万元,并支付印花税、过户费、佣金等税费5万元。

请问小松转让证券机构技术和制度准备完成前限售股如何计缴个税?

〖答〗小松减持限售股,采取证券机构预扣预缴、纳税人自行申报清算的方式征收。

(1)证券公司预扣预缴。

纳税人转让股改限售股的,证券机构按照该股票股改复牌日收盘价计算转让收入,并按照计算出的转让收入的15%确定限售股原值和合理税费,以转让收入减去原值和合理税费后的余额为应纳税所得额,计算并预扣个人所得税。

应纳税所得额=限售股转让收入-(限售股原值+合理税费)=股改限售股复牌日收盘价×减持股数-股改限售股复牌日收盘价×减持股数×15%=16×100-16×100×15%=1 360(万元)

应纳税额=应纳税所得额×税率=1 360×20%=272(万元)

证券机构应将已扣的个人所得税款,于2019年2月15日内以纳税保证金形式向主管税务机关缴纳,并报送《限售股转让所得扣缴个人所得税报告表》及税务机关要求报送的其他资料。

(2) 申报清算应纳税款。

① 如果小松能够提供完整、真实的限售股原值凭证。

应纳税所得额＝限售股转让收入－(限售股原值＋合理税费)＝1 500－(200＋5)＝1 295(万元)

应纳税额＝应纳税所得额×税率＝1 295×20%＝259(万元)

应退还的税款＝已扣缴税额－应纳税额＝272－259＝13(万元)

② 如果小松不能提供完整、真实的限售股原值凭证,主管税务机关按限售股转让收入的15%核定限售股原值及合理税费。

应纳税所得额＝限售股转让收入－(限售股原值＋合理税费)＝限售股转让收入－限售股转让收入×15%＝1 500－1 500×15%＝1 275(万元)

应纳税额＝应纳税所得额×税率＝1 275×20%＝255(万元)

应退还的税款＝已扣缴税额－应纳税额＝272－255＝17(万元)

小松办理清算时,按照当月取得的全部转让所得,填报《限售股转让所得个人所得税清算申报表》,并出示个人有效身份证照原件,附送加盖开户证券机构印章的限售股交易明细记录、相关完整真实的财产原值凭证、缴纳税款凭证(《税务代保管资金专用收据》或《税收转账专用完税证》),以及税务机关要求报送的其他资料。

问题 610 转让证券机构技术和制度准备完成后的限售股如何缴纳个税

〖答〗根据《关于做好限售股转让所得个人所得税征收管理工作的通知》(国税发〔2010〕8号)第一条第二项规定,证券机构技术和制度准备完成后新上市公司的限售股,纳税人在转让时应缴纳的个人所得税,采取证券机构直接代扣代缴的方式征收。

根据《关于个人转让上市公司限售股所得征收个人所得税有关问题的通知》(财税〔2009〕167号)第五条第二项规定,证券机构技术和制度准备完成后新上市公司的限售股,按照证券机构事先植入结算系统的限售股成本原值和发生的合理税费,以实际转让收入减去原值和合理税费后的余额,适用20%税率,计算直接扣缴个人所得税额。

计算公式:

应纳税所得额＝限售股的实际转让收入－限售股成本原值－合理税费

应纳税额＝应纳税所得额×20%

根据《财政部 国家税务总局关于证券机构技术和制度准备完成后个人转让上市公司限售股有关个人所得税问题的通知》(财税〔2011〕108号)文件规定,具体要点如下。

(1) 自2012年3月1日起,网上发行资金申购日在2012年3月1日(含)之后的首次公开发行上市公司(以下简称新上市公司)按照证券登记结算公司业务规定做好各项资料准备工作,在向证券登记结算公司申请办理股份初始登记时一并申报由个人限售股股东提供的有关限售股成本原值详细资料,以及会计师事务所或税务师事务所对该资料出具的鉴证报告。

新上市公司提供的成本原值资料和鉴证报告中应包括但不限于以下内容:证券持有人名称、有效身份证照号码、证券账户号码、新上市公司全称、持有新上市公司限售股数量、持有新上市公司限售股每股成本原值等。

新上市公司每位持有限售股的个人股东应仅申报一个成本原值。个人取得的限售股有不

同成本的,应对所持限售股以每次取得股份数量为权重进行成本加权平均以计算出每股的成本原值,即:

分次取得限售股的加权平均成本＝(第一次取得限售股的每股成本原值×第一次取得限售股的股份数量＋……＋第 n 次取得限售股的每股成本原值×第 n 次取得限售股的股份数量)÷累计取得限售股的股份数量

(2) 证券登记结算公司收到新上市公司提供的相关资料后,应及时将有关成本原值数据植入证券结算系统。个人转让新上市公司限售股的,证券登记结算公司根据实际转让收入和植入证券结算系统的标的限售股成本原值,以实际转让收入减去成本原值和合理税费后的余额,适用20％税率,直接计算需扣缴的个人所得税额。

(3) 新上市公司在申请办理股份初始登记时,确实无法提供有关成本原值资料和鉴证报告的,证券登记结算公司在完成股份初始登记后,将不再接受新上市公司申报有关成本原值资料和鉴证报告,并按规定以实际转让收入的15％核定限售股成本原值和合理税费。

(4) 个人在证券登记结算公司以非交易过户方式办理应纳税未解禁限售股过户登记的,受让方所取得限售股的成本原值按照转让方完税凭证、《限售股转让所得个人所得税清算申报表》等材料确定的转让价格进行确定;如转让方证券账户为机构账户,在受让方再次转让该限售股时,以受让方实际转让收入的15％核定其转让限售股的成本原值和合理税费。

(5) 对采取自行纳税申报方式的纳税人,其个人转让限售股不需要纳税或应纳税额为零的,纳税人应持经主管税务机关审核确认并加盖受理印章的《限售股转让所得个人所得税清算申报表》原件,到证券登记结算公司办理限售股过户手续。未提供原件的,证券登记结算公司不予办理过户手续。

(6) 对于个人持有的新上市公司未解禁限售股被司法扣划至其他个人证券账户,如国家有权机关要求强制执行但未能提供完税凭证等材料,证券登记结算公司在履行告知义务后予以协助执行,并在受让方转让该限售股时,以其实际转让收入的15％核定其转让限售股的成本原值和合理税费。

(7) 证券公司应将每月所扣个人所得税款,于次月15日内缴入国库,并向当地主管税务机关报送《限售股转让所得扣缴个人所得税报告表》及税务机关要求报送的其他资料。

案例 120

证券机构技术和制度准备完成后,小松持有某新上市公司100万股限售股,限售股取得原始成本为388万元(结算系统取得成本,每股3.88元)。2019年12月,小松持有的限售股全部解禁可上市流通。2020年1月11日,小松将所持有的限售股全部售出,取得转让收入1 000万元,发生合理税费12万元。

请问小松如何缴纳个人所得税?

〖答〗证券机构技术和制度准备完成后新上市公司的限售股,纳税人在转让时应缴纳的个人所得税,采取证券机构直接代扣代缴的方式征收。按照证券机构事先植入结算系统的限售股成本原值和发生的合理税费,以实际转让收入减去原值和合理税费后的余额,适用20％税率,计算直接扣缴个人所得税额。

应纳税所得额＝1 000－388－12＝600(万元)

小松应该缴纳的个人所得税＝600×20％＝120(万元)

证券公司应将所扣个人所得税款,于2020年2月15日之前缴入国库,并向当地主管税务机关报送《限售股转让所得扣缴个人所得税报告表》及税务机关要求报送的其他资料。

第三节 税 收 优 惠

扫码听课

一、概述

财产转让所得减免税优惠政策汇总,如表355所示。

表355 财产转让所得减免税优惠一览表

序号	情形	个税处理	政策依据
1	自2019年12月5日起至2022年12月31日止,内地个人投资者通过基金互认买卖香港或内地基金份额取得的转让差价所得	暂免征收	财政部 税务总局 证监会公告2019年第93号
2	内地个人投资者转让创新企业CDR取得的差价所得	内暂免征收	财政部 税务总局 证监会公告2019年第52号
3	自2018年11月1日(含)起,对个人转让新三板挂牌公司非原始股取得的所得	暂免征收	财税〔2018〕137号
4	境外个人投资者投资中国境内原油期货取得的所得	暂免征收	财政部 税务总局 中国证监会公告2023年第26号〔2018〕21号
5	内地个人投资者通过沪港通投资香港联交所上市股票的转让差价所得	免征	财政部 税务总局 中国证监会公告2023年第23号
6	内地个人投资者通过深港通投资香港联交所上市股票的转让差价所得	免征	财政部 税务总局 中国证监会公告2023年第23号
7	对个人投资者从投保基金公司取得的行政和解金	暂免征收	财税〔2016〕100号
8	拆迁补偿款	免征	财税〔2013〕101号
9	个人转让自用5年以上并且是家庭唯一生活用房,取得的所得	免征	国税发〔2007〕33号
10	股权分置改革中非流通股股东通过对价方式向流通股股东支付的股份、现金等收入	暂免征收	财税〔2005〕103号
11	对个人转让上市公司股票取得的所得	暂免征收	财税字〔1998〕61号
12	个人取得的青苗补偿费收入	暂不征收	国税函发〔1995〕79号
13	天使投资个人采取股权投资方式直接投资于初创科技型企业满2年的	投资额的70%抵扣转让该初创科技型企业股权取得的应纳税所得额	财税〔2018〕55号
14	个人以技术成果投资入股到境内居民企业,被投资企业支付的对价全部为股票(权)的	可选择继续按现行有关税收政策执行,也可选择适用递延纳税优惠政策	财税〔2016〕101号

二、要点解答

问题611　个人换购住房,可以享受哪些优惠

〖答〗根据《关于支持居民换购住房有关个人所得税政策的公告》(财政部 税务总局公告2022年第30号)第一条规定,自2022年10月1日至2025年12月31日,对出售自有住房并在现住房出售后1年内在市场重新购买住房的纳税人,对其出售现住房已缴纳的个人所得税予以退税优惠。

表356　个人换购住房退税处理方式

转让金额	退税政策
新购住房金额≥现住房转让金额	全部退还已缴纳的个人所得税
新购住房金额＜现住房转让金额	按新购住房金额占现住房转让金额的比例退还出售现住房已缴纳的个人所得税

问题612　个人换购住房退税政策,需要满足哪些条件

〖答〗根据《关于支持居民换购住房有关个人所得税政策的公告》(财政部 税务总局公告2022年第30号)第三条规定,享受该优惠政策的纳税人须同时满足以下条件:

1. 纳税人出售和重新购买的住房应在同一城市范围内。同一城市范围是指同一直辖市、副省级城市、地级市(地区、州、盟)所辖全部行政区划范围。

2. 出售自有住房的纳税人与新购住房之间须直接相关,应为新购住房产权人或产权人之一。

问题613　个人取得拆迁补偿款是否免缴个税

〖答〗个人取得拆迁补偿款,个税处理如表357所示。

表357　个人取得拆迁补偿款个税处理

情形	个税处理	政策依据
按照城市发展规划,在旧城改造过程中,个人因住房被征用而取得赔偿费,属补偿性质的收入,无论是现金还是实物(房屋)	免征	国税函〔1998〕428号
对被拆迁人按照国家有关城镇房屋拆迁管理办法规定的标准取得的拆迁补偿款		财税〔2005〕45号
个人取得的拆迁补偿款		财税〔2013〕101号

政策依据

一、《关于个人取得被征用房屋补偿费收入免征个人所得税的批复》(国税函〔1998〕428号)

按照城市发展规划,在旧城改造过程中,个人因住房被征用而取得赔偿费,属补偿性质的收入,无论是现金还是实物(房屋),均免予征收个人所得税。

二、《财政部 国家税务总局关于城镇房屋拆迁有关税收政策的通知》(财税〔2005〕45号)第一条

对被拆迁人按照国家有关城镇房屋拆迁管理办法规定的标准取得的拆迁补偿款,免征个人所得税。

三、《财政部 国家税务总局关于棚户区改造有关税收政策的通知》(财税〔2013〕101号)第五条

个人取得的拆迁补偿款按有关规定免征个人所得税。

问题614　股权分置改革中个人流通股股东取得对价收入是否缴纳个税

〖答〗《财政部 国家税务总局关于股权分置试点改革有关税收政策问题的通知》(财税

〔2005〕103 号）文件第二条规定，股权分置改革中非流通股股东通过对价方式向流通股股东支付的股份、现金等收入，暂免征收流通股股东应缴纳的个人所得税。

问题 615　个人取得的青苗补偿费收入是否缴纳个税
〖答〗根据《国家税务总局关于个人取得青苗补偿费收入征免个人所得税的批复》（国税函发〔1995〕79 号）规定，个人取得的青苗补偿费，属种植业的收益范围，同时，也属经济损失的补偿性收入，因此，对他们取得的青苗补偿费收入暂不征收个人所得税。

问题 616　个人以技术成果投资入股，有哪些优惠政策
〖答〗技术成果投资入股是指纳税人将技术成果所有权让渡给被投资企业、取得该企业股票（权）的行为，根据《财政部　国家税务总局关于完善股权激励和技术入股有关所得税政策的通知》（财税〔2016〕101 号）文件第三条第一项规定，个人以技术成果投资入股到境内居民企业，被投资企业支付的对价全部为股票（权）的，个人可选择继续按现行有关税收政策执行，也可选择适用递延纳税优惠政策。

个人选择上述任一项政策，均允许被投资企业按技术成果投资入股时的评估值入账并在企业所得税前摊销扣除。

（1）选择适用财税〔2016〕101 号文件规定：递延纳税方式计缴个人所得税。根据《国家税务总局关于股权激励和技术入股所得税征管问题的公告》（国家税务总局公告 2016 年第 62 号）文件第一条规定，对个人以技术成果投资入股，选择递延纳税方式计缴个人所得税政策的，经向主管税务机关备案，投资入股当期可暂不纳税，允许递延至转让股权时，按股权转让收入减去技术成果原值和合理税费后的差额计算缴纳所得税。个税处理方式如表 358 所示。

表 358　技术成果投资入股递延纳税方式个税处理一览表

要点	规则解释
递延纳税前提条件	1. 被投资方必须是境内居民企业 2. 技术成果必须是专利技术（含国防专利）、计算机软件著作权、集成电路布图设计专有权、植物新品种权、生物医药新品种，以及科技部、财政部　国家税务总局确定的其他技术成果 3. 取得技术成果的被投资企业支付的对价全部为股票（权） 注：若部分为股票（权），部分为货币，则不能递延纳税 4. 取得技术成果的被投资企业为个人所得税扣缴义务人。递延纳税期间，扣缴义务人应在每个纳税年度终了后向主管税务机关报告递延纳税有关情况
应纳税所得额	经向主管税务机关备案，投资入股当期可暂不纳税，允许递延至转让股权时，按股权转让收入减去技术成果原值和合理税费后的差额计算缴纳个人所得税 应纳税所得额＝股权转让收入－技术成果原值－合理税费
征收管理	1. 对技术成果投资入股选择适用递延纳税政策的，企业应在规定期限内到主管税务机关办理备案手续。未办备案手续的，不得享受本通知规定的递延纳税优惠政策 2. 个人以技术成果投资入股境内公司并选择递延纳税的，被投资公司应于取得技术成果并支付股权之次月 15 日内，向主管税务机关报送《技术成果投资入股个人所得税递延纳税备案表》、技术成果相关证书或证明材料、技术成果投资入股协议、技术成果评估报告等资料 3. 个人以技术成果投资入股取得的股票（权），实行递延纳税期间，扣缴义务人应于每个纳税年度终了后 30 日内，向主管税务机关报送《个人所得税递延纳税情况年度报告表》

(2)选择适用财税〔2015〕41号文件规定:当期纳税或5年分期纳税方式计缴个人所得税。个人以非货币性资产投资,应按评估后的公允价值确认非货币性资产转让收入。非货币性资产转让收入减除该资产原值及合理税费后的余额为应纳税所得额。个人以非货币性资产投资,应于非货币性资产转让、取得被投资企业股权时,确认非货币性资产转让收入的实现。个人应在发生上述应税行为的次月15日内向主管税务机关申报纳税。纳税人一次性缴税有困难的,可合理确定分期缴纳计划并报主管税务机关备案后,自发生上述应税行为之日起不超过5个公历年度内(含)分期缴纳个人所得税。

根据《国家税务总局关于个人非货币性资产投资有关个人所得税征管问题的公告》(国家税务总局公告2015年第20号)第八条规定,纳税人非货币性资产投资需要分期缴纳个人所得税的,应于取得被投资企业股权之日的次月15日内,自行制定缴税计划并向主管税务机关报送《非货币性资产投资分期缴纳个人所得税备案表》、纳税人身份证明、投资协议、非货币性资产评估价格证明材料、能够证明非货币性资产原值及合理税费的相关资料。

政策依据

《财政部 国家税务总局关于完善股权激励和技术入股有关所得税政策的通知》(财税〔2016〕101号)第三条

三、对技术成果投资入股实施选择性税收优惠政策

(一)企业或个人以技术成果投资入股到境内居民企业,被投资企业支付的对价全部为股票(权)的,企业或个人可选择继续按现行有关税收政策执行,也可选择适用递延纳税优惠政策。

选择技术成果投资入股递延纳税政策的,经向主管税务机关备案,投资入股当期可暂不纳税,允许递延至转让股权时,按股权转让收入减去技术成果原值和合理税费后的差额计算缴纳所得税。

(二)企业或个人选择适用上述任一项政策,均允许被投资企业按技术成果投资入股时的评估值入账并在企业所得税前摊销扣除。

(三)技术成果是指专利技术(含国防专利)、计算机软件著作权、集成电路布图设计专有权、植物新品种权、生物医药新品种,以及科技部、财政部 国家税务总局确定的其他技术成果。

(四)技术成果投资入股,是指纳税人将技术成果所有权让渡给被投资企业、取得该企业股票(权)的行为。

案例 121

2019年6月10日,小松将其持有的一项专利技术投资入股梅松公司,取得梅松公司30%股权。该专利技术评估作价200万元,取得成本100万元。

请问小松以技术成果投资入股,可适用哪些税收优惠?

〖答〗(1)递延纳税方式优惠。按照财税〔2016〕101号的规定,小松以技术成果投资入股,选择递延纳税方式计缴个人所得税,当期可暂不纳税,只要小松不转让这笔投资股权,就可一直享受递延缴纳个人所得税,在未来转让股权时,按股权转让收入减去技术成果原值和合理税费后的差额计算缴纳所得税。

(2)不超过5个公历年度内(含)分期缴纳个人所得税。按照财税〔2015〕41号文的规定,小松应在专利技术转让、取得被投资企业股权时,确认技术转让收入的实现,确认财产转让所得100万元(200－100),应纳个人所得税20万元,小松应在2019年7月15日之前向梅松公司所在地主管税务机关申报纳税,或按财税〔2015〕41号文规定,选择5年分期纳税方式计缴个人所得税,自行制定缴税计划并向主管税务机关报送《非货币性资产投资分期缴纳个人所得税备案表》,在不超过5个公历年度内(含)分期缴纳个人所得税。

问题 617　境外个人投资者投资中国境内原油期货取得的所得是否免征个税

〖答〗根据《财政部　税务总局　中国证监会关于延续实施支持原油等货物期货市场对外开放个人所得税政策的公告》(财政部　税务总局　中国证监会公告 2023 年第 26 号)规定,对境外个人投资者投资经国务院批准对外开放的中国境内原油等货物期货品种取得的所得,暂免征收个人所得税。

问题 618　个人投资者转让创新企业 CDR 取得的差价所得是否缴纳个税

〖答〗《财政部　税务总局　证监会关于创新企业境内发行存托凭证试点阶段有关税收政策的公告》(财政部　税务总局　证监会公告 2019 年第 52 号)第一条规定,自首只创新企业 CDR 取得国务院证券监督管理机构的发行批文之日起,对个人投资者转让创新企业 CDR 取得的差价所得,三年(36 个月,下同)内暂免征收个人所得税。

创新企业 CDR,是指符合《国务院办公厅转发证监会关于开展创新企业境内发行股票或存托凭证试点若干意见的通知》(国办发〔2018〕21 号)规定的试点企业,以境外股票为基础证券,由存托人签发并在中国境内发行,代表境外基础证券权益的证券。

问题 619　个人投资者通过沪港通投资上市股票的转让差价所得如何计缴个税

〖答〗个人投资者通过沪港通投资上市股票的转让差价所得,应视不同情形征免个人所得税,如图 388 所示。

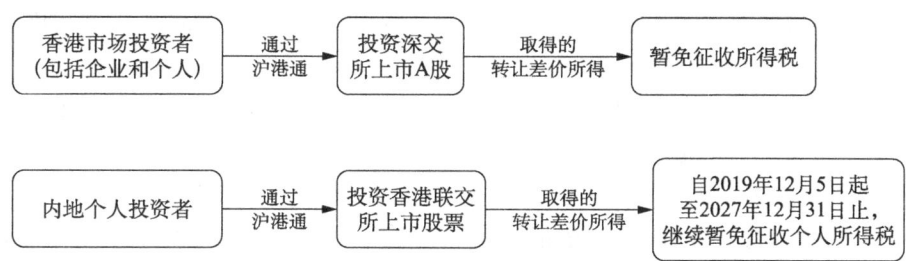

图 388　通过沪港通投资上市股票的转让差价所得优惠政策

政策依据

一、《财政部　税务总局关于延续实施有关个人所得税优惠政策的公告》(财政部　税务总局公告 2023 年第 2 号)第二条

《财政部　税务总局　证监会关于继续执行沪港、深港股票市场交易互联互通机制和内地与香港基金互认有关个人所得税政策的公告》(财政部　税务总局　证监会公告 2019 年第 93 号)中规定的个人所得税优惠政策,自 2023 年 1 月 1 日起至 2023 年 12 月 31 日止继续执行。

二、《关于继续执行沪港、深港股票市场交易互联互通机制和内地与香港基金互认有关个人所得税政策的公告》(财政部　税务总局　证监会公告 2019 年第 93 号)

对内地个人投资者通过沪港通、深港通投资香港联交所上市股票取得的转让差价所得和通过基金互认买卖香港基金份额取得的转让差价所得,自 2019 年 12 月 5 日起至 2022 年 12 月 31 日止,继续暂免征收个人所得税。

三、《财政部　税务总局　中国证监会关于延续实施沪港、深港股票市场交易互联互通机制

和内地与香港基金互认有关个人所得税政策的公告》(财政部 税务总局 中国证监会公告2023年第23号)

一、对内地个人投资者通过沪港通、深港通投资香港联交所上市股票取得的转让差价所得和通过基金互认买卖香港基金份额取得的转让差价所得,继续暂免征收个人所得税。

二、本公告执行至2027年12月31日。

问题620　个人投资者通过深港通投资上市股票的转让差价所得如何计缴个税

〖答〗个人投资者通过深港通投资上市股票的转让差价所得,个税处理如图389所示。

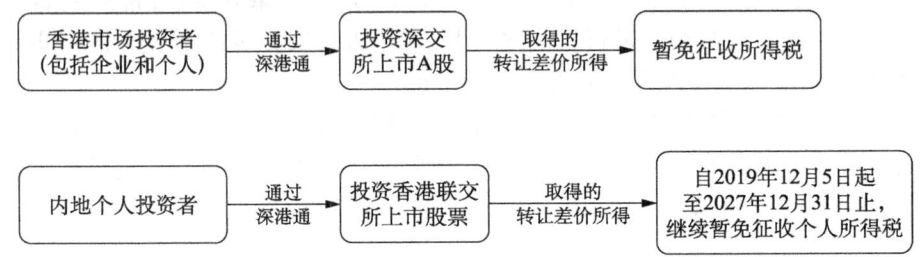

图389　通过深港通投资上市股票的转让差价所得优惠政策

📝 **政策依据**

一、《财政部 税务总局关于延续实施有关个人所得税优惠政策的公告》(财政部 税务总局公告2023年第2号)第二条

《财政部 税务总局 证监会关于继续执行沪港、深港股票市场交易互联互通机制和内地与香港基金互认有关个人所得税政策的公告》(财政部 税务总局 证监会公告2019年第93号)中规定的个人所得税优惠政策,自2023年1月1日起至2023年12月31日止继续执行。

二、《关于继续执行沪港、深港股票市场交易互联互通机制和内地与香港基金互认有关个人所得税政策的公告》(财政部 税务总局 证监会公告2019年第93号)

对内地个人投资者通过沪港通、深港通投资香港联交所上市股票取得的转让差价所得和通过基金互认买卖香港基金份额取得的转让差价所得,自2019年12月5日起至2022年12月31日止,继续暂免征收个人所得税。

三、《财政部 税务总局 中国证监会关于延续实施沪港、深港股票市场交易互联互通机制和内地与香港基金互认有关个人所得税政策的公告》(财政部 税务总局 中国证监会公告2023年第23号)

一、对内地个人投资者通过沪港通、深港通投资香港联交所上市股票取得的转让差价所得和通过基金互认买卖香港基金份额取得的转让差价所得,继续暂免征收个人所得税。

二、本公告执行至2027年12月31日。

问题621　个人投资者从投保基金公司取得的行政和解金是否免缴个税

〖答〗根据《财政部 国家税务总局关于行政和解金有关税收政策问题的通知》(财税〔2016〕100号)第三条规定,自2016年1月1日起,个人投资者从投保基金公司取得的行政和解金,暂免征收个人所得税。

问题 622　天使投资个人转让初创科技型企业股权，有何优惠政策

〖答〗1）优惠内容

根据《财政部 税务总局关于创业投资企业和天使投资个人有关税收政策的通知》（财税〔2018〕55号，以下简称财税〔2018〕55号文件）第一条第三项规定，天使投资个人采取股权投资方式直接投资于初创科技型企业满2年的，可以按照投资额的70%抵扣转让该初创科技型企业股权取得的应纳税所得额；当期不足抵扣的，可以在以后取得转让该初创科技型企业股权的应纳税所得额时结转抵扣。

天使投资个人投资多个初创科技型企业的，对其中办理注销清算的初创科技型企业，天使投资个人对其投资额的70%尚未抵扣完的，可自注销清算之日起36个月内抵扣天使投资个人转让其他初创科技型企业股权取得的应纳税所得额。

对优惠政策的解释，如表359所示。

表359　天使投资个人转让初创科技型企业股权优惠政策要素确认表

项目	解释	文件
天使投资	是指除被投资企业职员及其家庭成员和直系亲属以外的个人以其自有资金直接开展的创业投资活动	《国务院关于促进创业投资持续健康发展的若干意见》（国发〔2016〕53号）文件第一条
满2年	满2年是指天使投资个人投资于种子期、初创期科技型企业的实缴投资满2年，投资时间从初创科技型企业接受投资并完成工商变更登记的日期算起	《国家税务总局关于创业投资企业和天使投资个人税收政策有关问题的公告》（国家税务总局公告2018年第43号）第一条第一款
投资额	按照天使投资个人对初创科技型企业的实缴投资额确定。 享受税收优惠政策的投资，仅限于通过向被投资初创科技型企业直接支付现金方式取得的股权投资，不包括受让其他股东的存量股权	《财政部 税务总局关于创业投资企业和天使投资个人有关税收政策的通知》（财税〔2018〕55号）第二条第四款、第三条第三款

2）管理事项及管理要求

财税〔2018〕55号文件第三条规定了享受优惠政策的管理事项及管理要求，具体如下。

（1）天使投资个人、被投资初创科技型企业应按规定办理优惠手续。

（2）初创科技型企业接受天使投资个人投资满2年，在上海证券交易所、深圳证券交易所上市的，天使投资个人转让该企业股票时，按照现行限售股有关规定执行，其尚未抵扣的投资额，在税款清算时一并计算抵扣。

（3）2018年6月30日之前2年内发生的投资，在2018年7月1日后投资满2年，且符合其他条件的，可以适用税收优惠政策。

（4）天使投资个人的主管税务机关对被投资企业是否符合初创科技型企业条件有异议的，可以转请被投资企业主管税务机关提供相关材料。对纳税人提供虚假资料，违规享受税收政策的，应按税收征管法相关规定处理，并将其列入失信纳税人名单，按规定实施联合惩戒措施。

　122

小松2017年11月1日投资梅松初创科技企业300万元，取得梅松企业10%股权。2019年12月5日，小松转让其持有的梅松企业3%的股权，取得转让收入150万元，假设小松符合天使投资个人的其他条件。

请问小松转让股权应缴纳多少个人所得税?

〖答〗(1)计算可抵扣转让该初创科技型企业股权取得的应纳税所得额。

天使投资个人采取股权投资方式直接投资于初创科技型企业满2年的,可以按照投资额的70%抵扣转让该初创科技型企业股权取得的应纳税所得额;当期不足抵扣的,可以在以后取得转让该初创科技型企业股权的应纳税所得额时结转抵扣。

截至2019年12月份,小松投资梅松初创科技企业已满24个月,符合税收优惠政策,可以抵扣转让该初创科技型企业的应纳税所得额=300×70%=210(万元)。

(2)计算股权转让所得。

梅松企业3%股权原值=300÷10%×3%=90(万元)

转让梅松企业3%股权,取得的股权转让所得=150-90=60(万元)

(3)抵扣应纳税所得额。

因为60万元<210万元,所以,当期抵扣60万元,当期不足抵扣,余额150万元(210-60)在以后取得转让该初创科技型企业股权的应纳税所得额时结转抵扣。

问题623　天使投资个人转让初创科技型企业股权,享受税收优惠政策的条件是什么

〖答〗天使投资个人转让初创科技型企业股权,享受税收优惠应同时符合以下条件。

(1)天使投资个人应符合的条件。根据《财政部 税务总局关于创业投资企业和天使投资个人有关税收政策的通知》(财税〔2018〕55号,以下简称财税〔2018〕55号文件)第二条第三项规定,享受税收优惠政策的天使投资个人,应同时符合以下条件:

① 不属于被投资初创科技型企业的发起人、雇员或其亲属(包括配偶、父母、子女、祖父母、外祖父母、孙子女、外孙子女、兄弟姐妹,下同),且与被投资初创科技型企业不存在劳务派遣等关系;

② 投资后2年内,本人及其亲属持有被投资初创科技型企业股权比例合计应低于50%。

(2)初创科技型企业应符合的条件。优惠政策所称的初创科技型企业,应同时符合以下条件,如图390所示。

政策依据

《财政部 税务总局关于创业投资企业和天使投资个人有关税收政策的通知》(财税〔2018〕55号)第二条第一项

初创科技型企业,应同时符合以下条件:

(1)在中国境内(不包括港、澳、台地区)注册成立、实行查账征收的居民企业;

(2)《财政部 税务总局关于实施小微企业普惠性税收减免政策的通知》(财税〔2019〕13号)文件第五条对财税〔2018〕55号第二条第一项第二目内容调整如下:

接受投资时,从业人数不超过300人,其中具有大学本科以上学历的从业人数不低于30%;资产总额和年销售收入均不超过5 000万元;

2019年1月1日至2021年12月31日期间发生的投资,投资满2年且符合财税〔2019〕13号规定和财税〔2018〕55号文件规定的其他条件的,可以适用"从业人数不超过200人,其中具有大学本科以上学历的从业人数不低于30%;资产总额和年销售收入均不超过3 000万元"。

2019年1月1日前2年内发生的投资,自2019年1月1日起投资满2年且符合财税〔2019〕13号规定和财税〔2018〕55号文件规定的其他条件的,可以适用"从业人数不超过200人,其中具有大学本科以上学历的

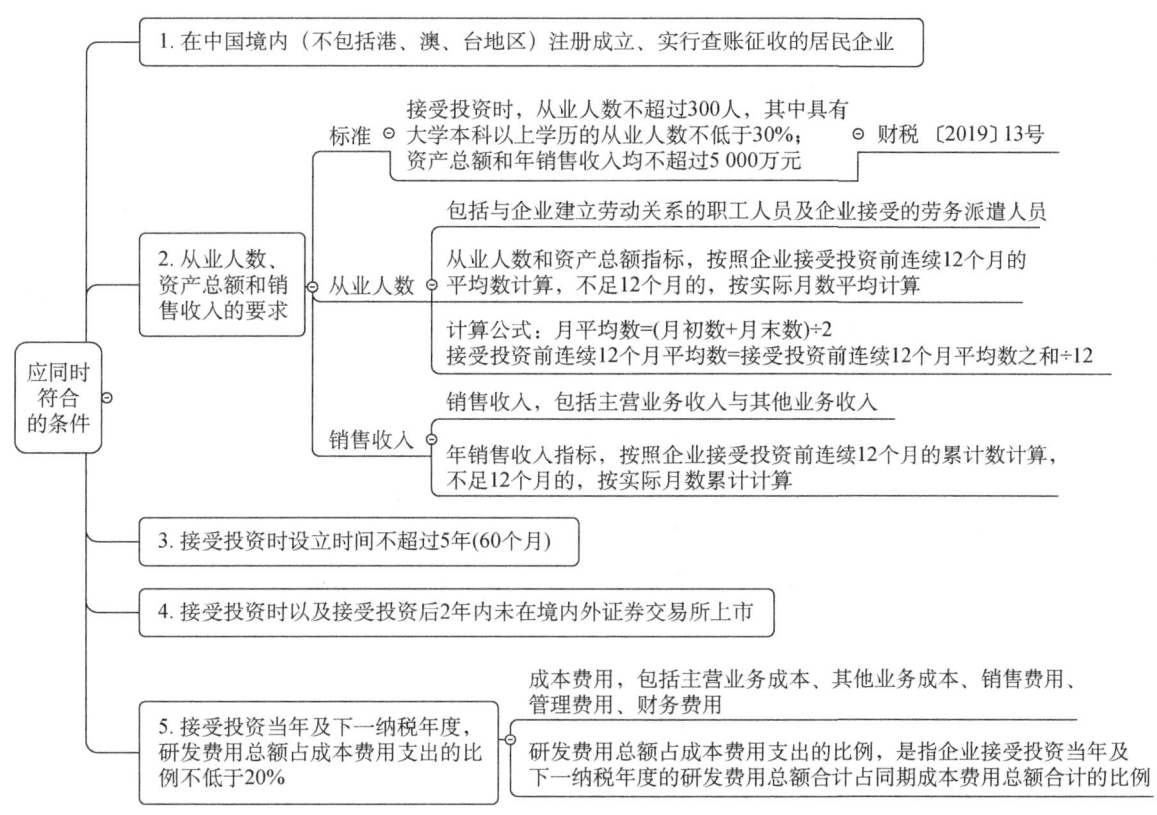

图 390 初创科技型企业符合条件

从业人数不低于 30%;资产总额和年销售收入均不超过 3 000 万元"。

(3) 接受投资时设立时间不超过 5 年(60 个月);

(4) 接受投资时以及接受投资后 2 年内未在境内外证券交易所上市;

(5) 接受投资当年及下一纳税年度,研发费用总额占成本费用支出的比例不低于 20%。

问题 624　如何办理天使投资个人转让初创科技型企业股权的税收优惠

〖答〗天使投资个人转让初创科技型企业股权享受税收优惠的办理程序和所需资料,如表 360 所示。

表 360　天使投资个人转让初创科技型企业股权享受税收优惠政策办理要点

项目		规则解释
投资抵扣备案	备案时间	应在投资初创科技型企业满 24 个月的次月 15 日内
	备案对象	天使投资个人与初创科技型企业共同办理备案手续
	备案机关	初创科技型企业主管税务机关
	报送资料	报送《天使投资个人所得税投资抵扣备案表》
	备查资料	被投资企业符合初创科技型企业条件的有关资料留存企业备查。备查资料包括初创科技型企业接受现金投资时的投资合同(协议)、章程、实际出资的相关证明材料,以及被投资企业符合初创科技型企业条件的有关资料
		多次投资同一初创科技型企业的,应分次备案

(续表)

项目		规则解释	
投资抵扣申报	办理时间	天使投资个人应于股权转让次月15日内办理投资抵扣	
	报送资料	天使投资个人向主管税务机关报送《天使投资个人所得税投资抵扣情况表》,还应一并提供投资初创科技型企业后税务机关受理的《天使投资个人所得税投资抵扣备案表》	
	特殊处理	1.天使投资个人转让初创科技型企业股权需同时抵扣前36个月内投资其他注销清算初创科技型企业尚未抵扣完毕的投资额的	申报时应一并提供注销清算企业主管税务机关受理并注明注销清算等情况的《天使投资个人所得税投资抵扣备案表》,以及前期享受投资抵扣政策后税务机关受理的《天使投资个人所得税投资抵扣情况表》
		2.天使投资个人投资初创科技型企业满足投资抵扣税收优惠条件后,初创科技型企业在上海证券交易所、深圳证券交易所上市的,天使投资个人在转让初创科技型企业股票时,有尚未抵扣完毕的投资额的	应向证券机构所在地主管税务机关办理限售股转让税款清算,抵扣尚未抵扣完毕的投资额。清算时,应提供初创科技型企业后税务机关受理的《天使投资个人所得税投资抵扣备案表》和《天使投资个人所得税投资抵扣情况表》
变动	被投资企业发生个人股东变动或者个人股东所持股权变动的	应在次月15日内向主管税务机关报送含有股东变动信息的《个人所得税基础信息表(A表)》	
		对天使投资个人,应在备注栏标明"天使投资个人"字样	
转让	天使投资个人转让股权时	扣缴义务人、天使投资个人应将当年允许抵扣的投资额填至《扣缴个人所得税报告表》或《个人所得税自行纳税申报表(A表)》"税前扣除项目"的"其他"栏,并同时标明"投资抵扣"字样	
注销清算	天使投资个人投资的初创科技型企业注销清算的	应及时持《天使投资个人所得税投资抵扣备案表》到主管税务机关办理情况登记	

《国家税务总局关于创业投资企业和天使投资个人税收政策有关问题的公告》(国家税务总局公告2018年第43号)第二条第二项

天使投资个人的办理程序和资料。

(1)投资抵扣备案

天使投资个人应在投资初创科技型企业满24个月的次月15日内,与初创科技型企业共同向初创科技型企业主管税务机关办理备案手续。备案时应报送《天使投资个人所得税投资抵扣备案表》(附件4)。被投资企业符合初创科技型企业条件的有关资料留存企业备查,备查资料包括初创科技型企业接受现金投资时的投资合同(协议)、章程、实际出资的相关证明材料,以及被投资企业符合初创科技型企业条件的有关资料。多次投资同一初创科技型企业的,应分次备案。

(2)投资抵扣申报

① 天使投资个人转让未上市的初创科技型企业股权,按照《通知》规定享受投资抵扣税收优惠时,应于股权转让次月15日内,向主管税务机关报送《天使投资个人所得税投资抵扣情况表》(附件5)。同时,天使投资个人还应一并提供投资初创科技型企业后税务机关受理的《天使投资个人所得税投资抵扣备案表》。

其中,天使投资个人转让初创科技型企业股权需同时抵扣前36个月内投资其他注销清算初创科技型企业尚未抵扣完毕的投资额的,申报时应一并提供注销清算企业主管税务机关受理并注明注销清算等情况的《天使投资个人所得税投资抵扣备案表》,以及前期享受投资抵扣政策后税务机关受理的《天使投资个人所得税投资抵扣情况表》。

接受投资的初创科技型企业,应在天使投资个人转让股权纳税申报时,向扣缴义务人提供相关信息。

② 天使投资个人投资初创科技型企业满足投资抵扣税收优惠条件后,初创科技型企业在上海证券交易所、深圳证券交易所上市的,天使投资个人在转让初创科技型企业股票时,有尚未抵扣完毕的投资额的,应向证券机构所在地主管税务机关办理限售股转让税款清算,抵扣尚未抵扣完毕的投资额。清算时,应提供投资初创科技型企业后税务机关受理的《天使投资个人所得税投资抵扣备案表》和《天使投资个人所得税投资抵扣情况表》。

(3) 被投资企业发生个人股东变动或者个人股东所持股权变动的,应在次月15日内向主管税务机关报送含有股东变动信息的《个人所得税基础信息表(A表)》。对天使投资个人,应在备注栏标明"天使投资个人"字样。

(4) 天使投资个人转让股权时,扣缴义务人、天使投资个人应将当年允许抵扣的投资额填至《扣缴个人所得税报告表》或《个人所得税自行纳税申报表(A表)》"税前扣除项目"的"其他"栏,并同时标明"投资抵扣"字样。

(5) 天使投资个人投资的初创科技型企业注销清算的,应及时持《天使投资个人所得税投资抵扣备案表》到主管税务机关办理情况登记。

问题 625　通过基金互认买卖中国香港或内地基金份额取得的转让差价所得是否可以免缴个税

〖答〗通过基金互认买卖中国香港或内地基金份额取得的转让差价所得,税收优惠政策如图 391 所示。

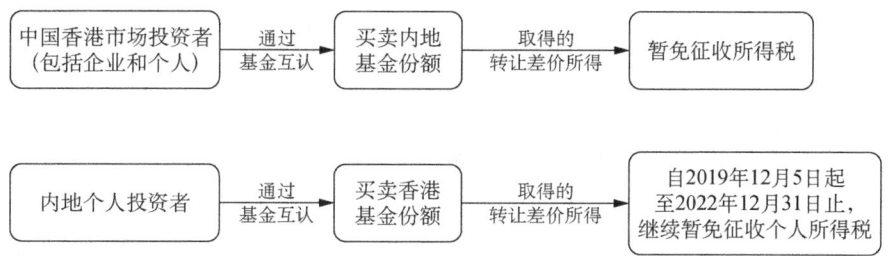

图 391　通过基金互认买卖中国香港或内地基金份额取得的转让差价所得优惠政策

根据《财政部　国家税务总局　证监会关于内地与香港基金互认有关税收政策的通知》(财税〔2015〕125 号)第六条规定,优惠政策中相关概念如表 361 所示。

表 361　优惠政策相关概念

名称	定义
基金互认	是指内地基金或中国香港基金经香港证监会认可或中国证监会注册,在双方司法管辖区内向公众销售
内地基金	是指中国证监会根据《中华人民共和国证券投资基金法》注册的公开募集证券投资基金
香港基金	是指中国香港证监会根据香港法律认可公开销售的单位信托、互惠基金或者其他形式的集体投资计划
买卖基金份额	包括申购与赎回、交易

一、《财政部　国家税务总局　证监会关于内地与香港基金互认有关税收政策的通知》(财税〔2015〕125 号)第二条第一项

对香港市场投资者(包括企业和个人)通过基金互认买卖内地基金份额取得的转让差价所得,暂免征收所得税。

二、《关于继续执行沪港、深港股票市场交易互联互通机制和内地与香港基金互认有关个人所得税政策的公告》（财政部 税务总局 证监会公告 2019 年第 93 号）

对内地个人投资者通过沪港通、深港通投资香港联交所上市股票取得的转让差价所得和通过基金互认买卖香港基金份额取得的转让差价所得，自 2019 年 12 月 5 日起至 2022 年 12 月 31 日止，继续暂免征收个人所得税。

第四节 纳税申报

扫码听课

一、概述

纳税人取得财产转让所得，按月或者按次计算个人所得税，有扣缴义务人的，由扣缴义务人按月或者按次代扣代缴税款。扣缴义务人每月或者每次预扣、代扣的税款，应当在次月 15 日内缴入国库，并向税务机关报送扣缴个人所得税申报表。

纳税人取得应税所得，扣缴义务人未扣缴税款的，纳税人应当在取得所得的次年 6 月 30 日前，缴纳税款；税务机关通知限期缴纳的，纳税人应当按照期限缴纳税款，如表 362 所示。

表 362 财产转让所得纳税申报一览表

申报方式		适用条件	适用申报	纳税期限
自行申报	一般	有扣缴义务人但未扣缴税款的	居民其他分类所得个人所得税自行申报	取得所得的次年 6 月 30 日前
	限售股	转让证券机构技术和制度准备完成前形成的限售股，纳税人按照实际转让收入与实际成本计算出的应纳税额，与证券机构预扣预缴税额有差异的	限售股转让所得个人所得税清算申报	自证券机构代扣并解缴税款的次月 1 日起 3 个月内
代扣代缴	一般	没有扣缴义务人的，或者扣缴义务人向居民个人支付财产转让所得时，按月或按次代扣代缴个人所得税	居民个人取得分类所得个人所得税代扣代缴申报	次月 15 日前缴入国库
	限售股	转让证券机构技术和制度准备完成前形成的限售股，证券机构预扣预缴个税	限售股转让所得扣缴个人所得税申报	证券机构每月所扣个人税款，于次月 15 日内纳税申报
		转让证券机构技术和制度准备完成后新上市公司的限售股，证券机构代扣代缴		
	创投企业个人合伙人股权转让	创投企业选择按单一投资基金核算方式	单一投资基金核算的合伙制创业投资企业个人所得税扣缴申报	创投企业在次年 3 月 31 日前代扣代缴

二、自行申报

纳税人取得财产转让所得，但没有扣缴义务人的或者取得应税所得，扣缴义务人未扣缴税款或者国务院规定的其他情形，应向税务机关报送《个人所得税自行纳税申报表（A 表）》及税务机关要求报送的其他有关资料，并缴纳税款。

问题 626 申报期限

居民个人取得财产转让所得，没有扣缴义务人的，在取得所得的次月十五日内向税务机关报送纳税申报表,并缴纳税款。或者有扣缴义务人但未扣缴税款的,以及国务院规定的其他情形,依照税收法律、法规、规章及其他有关规定,在取得所得的次年 6 月 30 日前就其个人所得向主管税务机关申报并缴纳税款。税务机关通知限期缴纳的,纳税人应当按照期限缴纳税款。

问题 627　申报材料

居民其他分类所得个人所得税自行申报所需申报材料如表 363 所示。

表 363　居民其他分类所得个人所得税自行申报材料表

序号	材料名称	备注
(1)	《个人所得税自行纳税申报表(A 表)》	详见第三章
(2)	个人身份证件原件	查验后退回

其他情形,还应提供相应材料

适用情形	材料名称	备注
纳税人存在减免个人所得税情形	《个人所得税减免税事项报告表》	详见问题 655
股权转让纳税申报	股权转让双方身份证件	查验后退回
	计税依据明显偏低但有正当理由的证明材料	
	股权转让合同(协议)	查验后退回
	具有法定资质的中介机构出具的净资产或土地房产等资产价值评估报告	
在主管税务机关办理非货币性资产投资分期缴纳个人所得税备案的	已备案的《非货币性资产投资分期缴纳个人所得税备案表》	详见问题 647

问题 628　办理机构

居民个人取得财产转让所得自行申报时,办理机构为纳税人主管税务机关。

问题 629　办理渠道

其他分类所得个人所得税自行申报可通过办税服务厅(场所)、电子税务局办理。

问题 630　纳税人注意事项

(1) 因移居境外注销中国户籍的,纳税人有未缴或者少缴税款的,应当在注销户籍前,结清欠缴或未缴的税款;纳税人存在分期缴税且未缴纳完毕的,应当在注销户籍前,结清尚未缴纳的税款;纳税人在注销户籍当年取得财产转让所得的,应当在注销户籍前,申报当年财产转让所得的完税情况,并报送《个人所得税自行纳税申报表(A 表)》。

(2) 纳税人既存有优惠减免,又存在非居民享受税收协定待遇减免时,纳税人可以选择优惠度最高的享受减免进行申报。

(3) 个人股权转让所得个人所得税以被投资企业所在地税务机关为主管税务机关。具有下列情形之一的,纳税人应当依法在次月 15 日内向主管税务机关申报纳税:

① 受让方已支付或部分支付股权转让价款的;
② 股权转让协议已签订生效的;
③ 受让方已经实际履行股东职责或者享受股东权益的;

④ 国家有关部门判决、登记或公告生效的；
⑤ 股权被司法或行政机关强制过、以股权对外投资或进行其他非货币性交易的、以股权抵偿债务或其他股权转移行为已完成的；
⑥ 税务机关认定的其他有证据表明股权已发生转移的情形。

三、代扣代缴申报

扣缴义务人向居民个人支付财产转让所得，适用"居民个人取得分类所得个人所得税代扣代缴申报"。

问题 631　申报期限

个人所得税以向个人支付所得的单位或者个人为扣缴义务人。扣缴义务人向居民个人支付财产转让所得时，应当按月或按次代扣代缴个人所得税，在次月 15 日填报《个人所得税扣缴申报表》及其他相关资料，向主管税务机关纳税申报。

问题 632　申报材料

居民个人取得分类所得个人所得税代扣代缴申报所需材料如表 364 所示。

表 364　居民个人取得分类所得个人所得税代扣代缴申报材料

情形	材料名称	备注
必备材料	《个人所得税扣缴申报表》	详见第三章
其他情形，还应提供相应材料		
适用情形	填报资料	备注
首次办理扣缴申报	《个人所得税基础信息表（A 表）》	详见第三章
被扣缴义务人信息变更		
纳税人存在减免个人所得税情形	《个人所得税减免税事项报告表》	详见问题 655

问题 633　办理机构

居民个人取得分类所得个人所得税代扣代缴申报的办理机构为扣缴义务人主管税务机关。

问题 634　办理渠道

居民个人取得分类所得个人所得税代扣代缴申报可通过办税服务厅（场所）、自然人税收管理系统（扣缴客户端）办理。

问题 635　纳税人注意事项

（1）扣缴义务人应当在扣缴税款后，及时向纳税人提供其个人所得和已扣缴税款等信息。
（2）扣缴义务人应当按照纳税人提供的信息计算税款、办理扣缴申报，不得擅自更改纳税人提供的信息。

四、限售股转让所得个人所得税申报

根据《财政部 国家税务总局 证监会关于个人转让上市公司限售股所得征收个人所得税

有关问题的通知》(财税〔2009〕167号)第四条规定,限售股转让所得个人所得税,以限售股持有者为纳税义务人,以个人股东开户的证券机构为扣缴义务人。限售股个人所得税由证券机构所在地主管税务机关负责征收管理。

根据证券机构技术和制度准备完成情况,对不同阶段形成的限售股,采取不同的征管办法,如表365所示。

表365 限售股转让所得个人所得税申报征收方式

转让限售股所处的阶段	征收方式		填报报表
证券机构技术和制度准备完成前形成的限售股	证券机构预扣预缴和纳税人自行申报清算相结合	证券机构预扣预缴申报	《限售股转让所得扣缴个人所得税报告表》
		纳税人自行申报清算	《限售股转让所得个人所得税清算申报表》
证券机构技术和制度准备完成后新上市公司的限售股	证券机构直接代扣代缴		《限售股转让所得扣缴个人所得税报告表》

(一)限售股转让所得扣缴个人所得税申报

证券机构技术和制度准备完成前形成的限售股,其转让所得应缴纳的个人所得税采用证券机构预扣预缴和纳税人自行申报清算相结合的方式征收,证券机构预扣预缴个人所得税时,适用"限售股转让所得扣缴个人所得税申报"。

证券机构技术和制度准备完成后新上市公司的限售股,纳税人在转让时应缴纳的个人所得税,采取证券机构直接代扣代缴方式征收,适用"限售股转让所得扣缴个人所得税申报"。

问题636 申报期限

证券机构每月所扣个人所得税款,于次月15日内,向当地主管税务机关纳税申报。

问题637 申报材料

限售股转让所得扣缴个人所得税申报,需要提交《限售股转让所得扣缴个人所得税报告表》。有不同情形的,还应提供相应材料,如表366所示。

表366 限售股转让所得扣缴个人所得税申报材料

适用情形	材料名称
扣缴义务人在扣缴税款时已向被扣缴义务人开具税票	《中华人民共和国税收缴款书(代扣代收专用)第二联》
扣缴义务人汇总缴库开具税票	《中华人民共和国税收缴款书(银行经收专用)第一联》

问题638 办理机构

限售股转让所得扣缴个人所得税申报的办理机构为证券机构所在地主管税务机关。

问题639 办理渠道

限售股转让所得扣缴个人所得税申报可通过办税服务厅(场所)、自然人税收管理系统(扣缴客户端)办理。

(二)限售股转让所得个人所得税清算申报

证券机构技术和制度准备完成前形成的限售股转让所得个人所得税申报,采用证券机构预扣预缴和纳税人自行申报清算相结合的方式征收,纳税人按照实际转让收入与实际成本计算出的应纳税额,与证券机构预扣预缴税额有差异的,纳税人自证券机构代扣并解缴税款的次月1日起3个月内,到证券机构所在地主管税务机关提出清算申请,办理清算申报事宜。

问题 640 申报期限

纳税人自证券机构代扣并解缴税款的次月1日起3个月内,到证券机构所在地主管税务机关提出清算申请,办理清算申报事宜。

问题 641 申报材料

限售股转让所得个人所得税清算申报所需材料如表367所示。

表 367 限售股转让所得个人所得税清算申报材料

序号	材料名称	备注
1	《限售股转让所得个人所得税清算申报表》	详见问题 651
2	个人身份证件原件	查验后退回
3	限售股交易明细记录(加盖开户证券机构印章)	
4	财产原值凭证	
有以下情形的,还应提供相应材料		
适用情形	材料名称	备注
天使投资个人投资的初创科技型企业上市且满足投资抵扣税收优惠条件,在办理限售股转让税款清算,抵扣尚未抵扣完毕的投资额	《天使投资个人所得税投资抵扣情况表》	详见问题 653
	《天使投资个人所得税投资抵扣备案表》	详见问题 652
委托代理人进行申报的报送	代理人身份证件原件	查验后退回
	纳税人委托代理申报的授权书	

问题 642 办理机构

纳税人到证券机构所在地主管税务机关提出清算申请。

问题 643 办理渠道

限售股转让所得个人所得税清算申报可通过办税服务厅(场所)、电子税务局办理。

五、单一投资基金核算的合伙制创业投资企业个人所得税扣缴申报

问题 644 选择按单一投资基金核算的合伙制创业投资企业如何纳税申报

创投企业可以选择按单一投资基金核算或者按创投企业年度所得整体核算两种方式之一,对其个人合伙人来源于创投企业的所得计算个人所得税应纳税额。

选择按单一投资基金核算的合伙制创业投资企业(含创投基金,以下统称创投企业)按规定办理年度股权转让所得扣缴申报时,个人合伙人按照其应从基金年度股权转让所得中分得

的份额计算其应纳税额,填报《单一投资基金核算的合伙制创业投资企业个人所得税扣缴申报表》,并向税务机关纳税申报,如表368所示。

表368　单一投资基金核算的合伙制创业投资企业个人所得税扣缴申报一览表

事项	内容
申报期限	创投企业在次年3月31日前代扣代缴个人所得税
申报材料	《单一投资基金核算的合伙制创业投资企业个人所得税扣缴申报表》
办理机构	扣缴义务人主管税务机关
办理渠道	单一投资基金核算的合伙制创业投资企业个人所得税扣缴申报可通过办税服务厅(场所)、电子税务局办理
注意事项	(1)个人合伙人按照其应从基金股息红利所得中分得的份额计算其应纳税额,并由创投企业按次代扣代缴个人所得税 (2)创投企业选择按单一投资基金核算的,其个人合伙人从该基金应分得的股权转让所得,按照20%税率计算缴纳个人所得税

六、自然人电子税务局扣缴客户端申报

问题645　分类所得个人所得税代扣代缴申报

分类所得个人所得税代扣代缴申报包括:利息股息红利所得、财产租赁所得、财产转让所得、偶然所得四个项目的申报。本节重点讲解财产转让所得的个税申报流程。

首页功能菜单点击【分类所得申报】,进入"一般分类所得代扣代缴申报"页面,页面上方为申报主流程导航栏,根据【1 收入及减除填写】【2 附表填写】【3 申报表报送】三步流程完成分类所得代扣代缴申报,如图392所示。

图392　分类所得申报登录界面

提醒：如果填写报表时，若不清楚填写口径，可将鼠标移至项目文字处，会有口径填写说明，如图393所示。

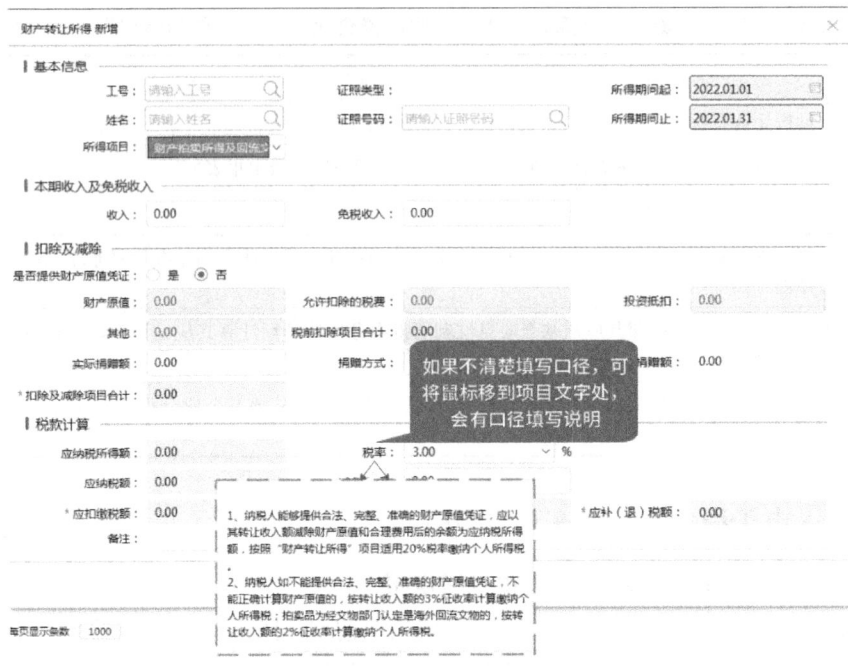

图393　口径填写说明

1. 收入及减除填写

选择所得项目，财产转让所得项目包括：财产拍卖所得及回流文物拍卖所得项目、股权转让所得项目、其他财产转让所得项目，如图394所示。

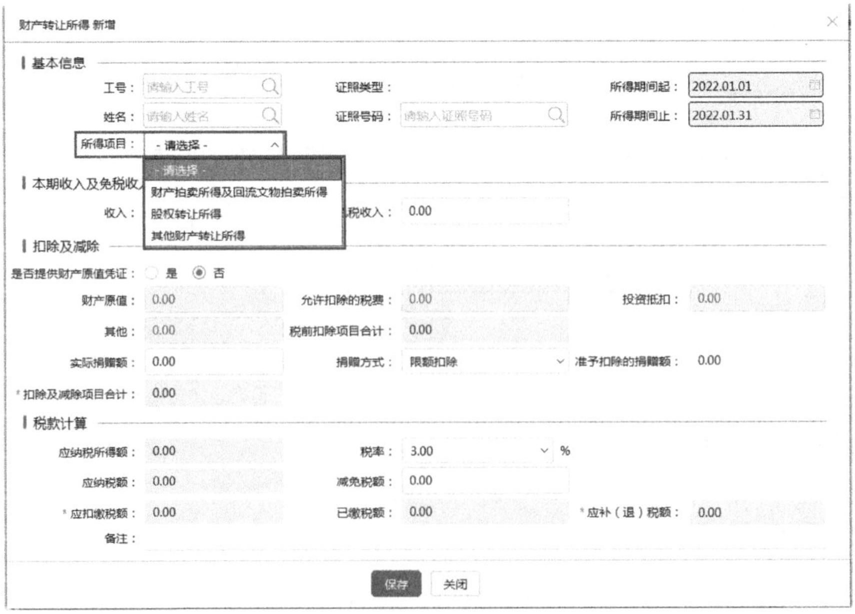

图394　财产转让所得项目选择列表

1) 财产拍卖所得及回流文物拍卖所得项目

依次点击"分类所得申报""财产转让所得",在所得项目的下拉框中,选择"财产拍卖所得及回流文物拍卖所得",进入财产拍卖所得及回流文物拍卖所得申报页面。

案例 123

小松2022年2月20日通过拍卖行将一幅珍藏多年的名人字画拍卖,取得拍卖收入200 000元,拍卖过程中缴纳相关税费20 000元,经文物部门鉴定,该字画为海外回流文物,小松无法提供完整的财产原值凭证。

根据规定,如不能提供合法、完整、准确的财产原值凭证,不能正确计算财产原值的,不满足据实征收的条件,需要核定征收,拍卖品为经文物部门认定是海外回流文物的,按转让收入额的2‰征收率计缴个人所得税;小松拍卖名人字画应缴纳的个人所得税200 000×2‰=4 000(元)。纳税申报如图395所示。

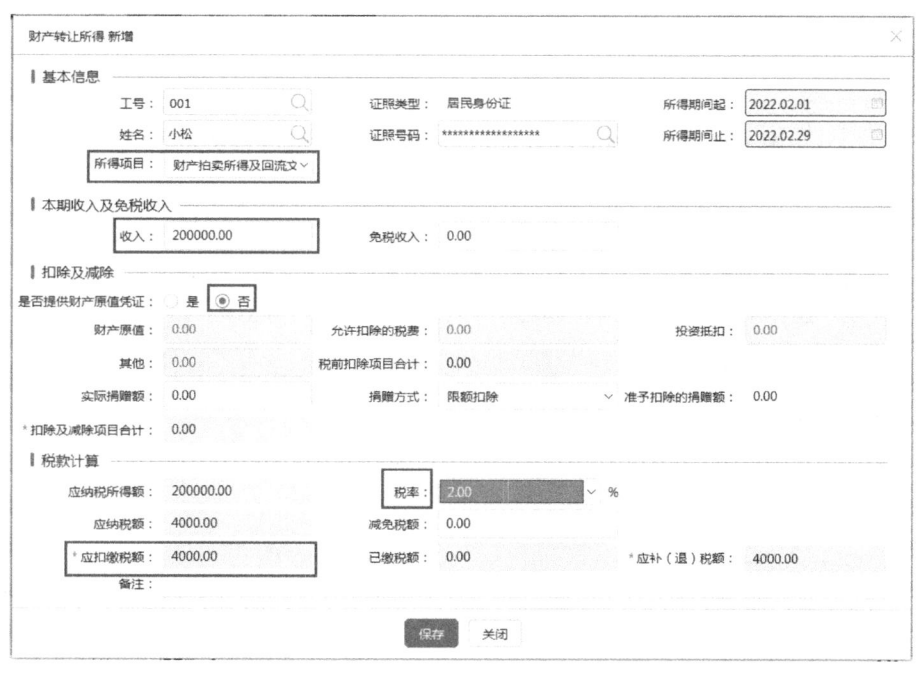

图395　财产拍卖所得及回流文物拍卖所得申报填写页面

附表填写页面,因无减免事项及准予扣除的捐赠事项,无需填写,直接进入申报界面,如图396所示。

注意事项:

① 填写时,【是否提供财产原值凭证】若选择为"否",以收入减除准予扣除的捐赠后的余额,为应纳税所得额,财产拍卖所得税率3‰,回流文物拍卖所得税率2‰。

② 填写时,【是否提供财产原值凭证】若选择为"是",以收入减除财产原值、允许扣除的税费、其他和准予扣除的捐赠后的余额,为应纳税所得额,税率是20%。

2) 股权转让所得项目

依次点击"分类所得申报""财产转让所得",在所得项目的下拉框中,选择"股权转让所得",进入股权转让所得申报页面,填写申报内容,如图397所示。

图396　财产拍卖所得及回流文物拍卖所得申报表报送页面

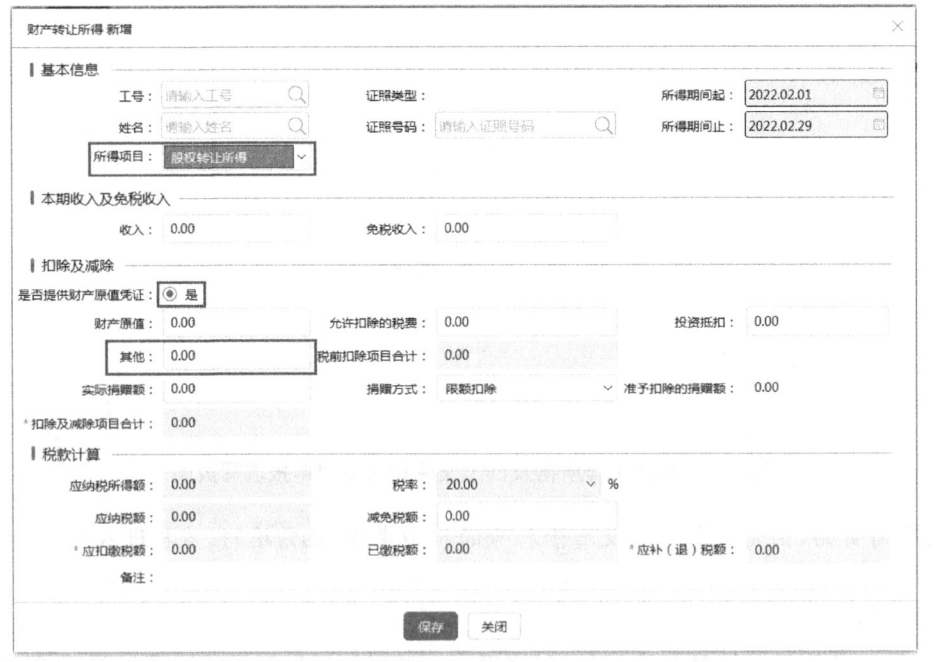

图397　股权转让所得填写界面

注意事项：

① 申报页面，[其他]：里面包含"投资抵扣"和"其他"。

3) 其他财产转让所得项目

依次点击"分类所得申报""财产转让所得"，在所得项目的下拉框中，选择"其他财产转让所得"，进入其他财产转让所得申报页面，填写申报内容，如图398所示。

第七章 财产转让所得

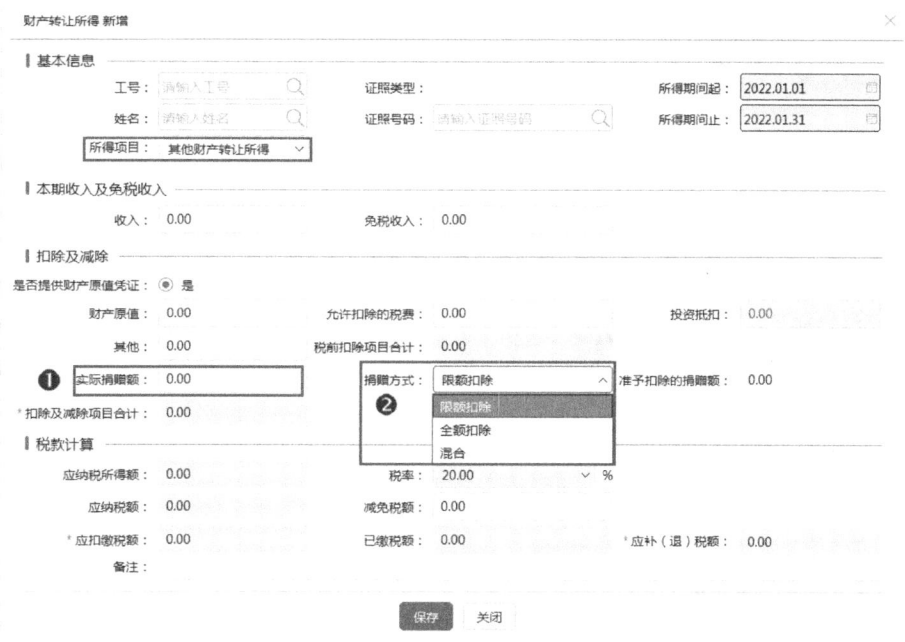

图 398　其他财产转让所得填报列明

注意事项：

①【实际捐赠额】：填写当月收入中实际捐赠的金额。

②【捐赠方式】：默认"限额扣除"，可下拉选择"限额扣除""全额扣除"或"混合"。个人将其所得对教育、扶贫、济困等公益慈善事业进行捐赠，捐赠额未超过纳税人申报的应纳税所得额百分之三十的部分，可从其应纳税所得额中扣除，选择"限额扣除"；国务院规定对公益慈善事业捐赠实行全额税前扣除的，从其规定选择"全额扣除"。

2. 附表填写

减免事项附表用于补充减免税额对应的具体减免事项等信息，整体业务与综合所得预扣预缴填写操作基本一致，如图 399 所示。

3. 申报表报送

申报表报送用于完成一般分类所得代扣代缴的正常申报、更正申报以及作废申报操作，如图 400 所示。

问题 646　限售股转让所得扣缴申报

首页功能菜单点击【限售股所得申报】，进入"限售股转让所得申报"页面，页面上方为申报主流程导航栏，根据【1 收入及减除填写】和【2 申报表报送】两步流程完成限售股所得代扣代缴申报。

案例 124

证券机构技术和制度准备完成后，小松持有梅松公司（新上市公司）100 万股限售股，限售股取得原始成本为 388 万元（结算系统取得成本，每股 3.88 元）。2020 年 12 月，小松持有的限售股全部解禁可上市流通。2021 年 2 月 11 日，小松将所持有的限售股全部售出，取得转让

图 399 财产转让所得附表填写界面

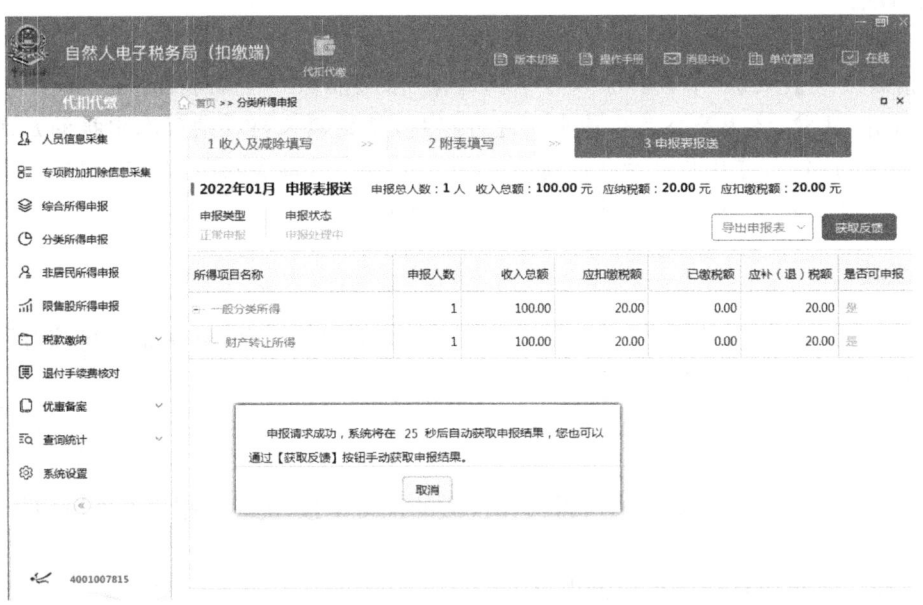

图 400 财产转让所得申报页面

收入 1 000 万元,发生合理税费 12 万元。小松售出限售股应纳税所得额＝1 000－388－12＝600(万元),小松应该缴纳的个人所得税＝600×20%＝120(万元),具体申报如下。

1. 收入及减除填写

点击【添加】进入"限售股转让所得新增"界面,进行单个数据录入。或点击【导入】→【模板下载】下载标准模板,录入数据后,点击【导入数据】→【标准模板导入】选择模板文件批量导入数据,如图 401 所示。

注意事项：

①〔证券账户号〕：据实录入证券账户号码。

②〔股票代码〕：录入转让的限售股股票代码。

③〔股票名称〕：录入转让的限售股股票名称。

④〔限售股原值〕：指限售股买入时的买入价及按照规定缴纳的有关税费。

⑤〔合理税费〕：指转让限售股过程中发生的印花税、佣金、过户费等与交易相关的税费。

⑥〔小计〕：等于限售股原值与合理税费的合计数，若限售股原值与合理税费未填写时，默认为转让收入的15%部分。

图 401　限售股转让所得申报—收入及减除填写界面

2. 申报表报送

申报表填写完成后，点击【2 申报表报送】进入报表申报界面。该界面可完成限售股转让所得申报的正常申报、更正申报以及作废申报操作。当月第一次申报发送时，进入"申报表报送"界面，默认申报类型为正常申报，申报状态为未申报，显示【发送申报】，如图 402 所示。

图 402　限售股转让所得申报—申报表报送界面

注意事项：

【是否可申报】：系统自动校验限售股转让所得申报表填写的数据都填写完整并符合相关逻辑校验后，显示为"是"；反之，则显示为"否"，下方提示区显示具体提示信息。只有"是否可申报"显示为"是"，【发送申报】才可点击。

申报成功后,当前所得月份未缴款或无需缴款时发现申报数据有误,可点击【作废申报】,对已申报的数据进行作废处理,或点击【更正申报】对申报成功的申报表数据修改后重新申报;当前所得月份已缴款,只可使用更正申报功能修改已申报数据重新申报。

七、申报表及填报说明

问题647 非货币性资产投资分期缴纳个人所得税备案表及填报说明

表369 非货币性资产投资分期缴纳个人所得税备案表

(本表一式二份)

备案编号(主管税务机关填写): 　　　　　　　　　　　　　　金额单位:人民币元(列至角分)

投资人信息	姓　名		身份证件类型		身份证件号码			
	国籍(地区)				纳税人识别号			
	通讯地址				联系电话			
被投资单位信息	名　称				纳税人识别号			
	地　址				联系人及电话			
投资情况	投资类型	□新设公司　□参与增资　□定向增发　□股权置换　□重组改制　□其他_						
	取得股权时间	年　月　日		取得的现金补价			持股比例	
	非货币性资产名称	产权证或注册登记证号码	登记机关	坐落地		评估后的公允价值	非货币性资产原值	合理税费
分期缴税计划	截止缴税时间	年　月　日		应纳税所得额				
	应缴个人所得税			已缴个人所得税				
	分　期	合　计	1	2		3	4	5
	计划缴税时间	——						
	计划缴税金额							

谨声明:本表根据《财政部 国家税务总局关于个人非货币性资产投资有关个人所得税政策的通知》(财税〔2015〕41号)及本公告有关规定填列。所填信息,是真实的、完整的、可靠的。

纳税人签字: 　　　　　　　　被投资单位公章: 　　　　　　　　填报日期:　年　月　日

提醒:请妥善保存此表。办理纳税申报时请主动提供此表及以前各期缴纳个人所得税的完税证明。如因股权转让取得收益,请及时缴纳个人所得税。

代理申报机构(人)签章:	主管税务机关印章:
经办人:	受理人:
经办人执业证件号码:	
代理申报日期:　年　月　日	受理日期:　年　月　日

填报说明

本表适用于个人非货币性资产投资向主管税务机关办理分期缴纳个人所得税备案事宜。本表一式二份,主管税务机关受理后,由投资人和主管税务机关分别留存。

一、备案编号:由主管税务机关自行编制。

二、纳税人识别号:该栏填写税务机关赋予的18位纳税人识别号。初次办理涉税事宜的,应一并提供《个人所得税基础信息表(B表)》。

三、产权证或注册登记证号码:填写产权登记部门核发的不动产、技术发明成果等非货币性资产产权证号码或注册登记证上的注册登记号码。未登记或无需登记的非货币性资产不填此列。

四、登记机关:填写核发产权证或注册登记证的单位名称。未登记或无需登记的非货币性资产不填此列。

五、坐落地:填写不动产的具体坐落地址。其他非货币性资产无需填列。

六、评估后的公允价值、非货币性资产原值、合理税费:按照《财政部 国家税务总局关于个人非货币性资产投资有关个人所得税政策的通知》(财税〔2015〕41号)及本公告中有关规定填写。

七、应纳税所得额:应纳税所得额=评估后的公允价值-非货币性资产原值-合理税费

八、应缴个人所得税:应缴个人所得税=应纳税所得额×20%

九、已缴个人所得税:填写纳税人取得现金补价或自筹资金已缴纳的个人所得税。纳税人变更分期缴税计划的,其前期已经缴纳的个人所得税也一并在此填列。

十、计划缴税时间:填写每一期计划缴税的截止时点。

十一、计划缴税金额:填写应缴个人所得税减去已缴个人所得税后需要分期缴纳的个人所得税金额。

问题648 技术成果投资入股个人所得税递延纳税备案表及填报说明

表370 技术成果投资入股个人所得税递延纳税备案表

备案编号(主管税务机关填写): 单位:股,人民币元(列至角分)

被投资公司基本情况							
公司名称		纳税人识别号		联系人		联系电话	
技术成果基本情况							
技术成果名称		技术成果类型		发证部门		技术成果证书编号	
技术成果投资入股情况							
涉及人数		评估价(协议价)		技术成果原值		合理税费	
技术成果投资入股个人基本情况							
序号	姓名	身份证照类型	身份证照号码	联系地址	联系电话	股数	持股比例

（续表）

被投资公司基本情况						

谨声明：此表是根据《中华人民共和国个人所得税法》及相关法律法规规定填写的，是真实的、完整的、可靠的。

被投资公司法定代表人签字：　　　年　　月　　日

公司签章： 经办人： 填报日期：　年　月　日	代理申报机构（人）签章： 经办人： 经办人执业证件号码： 代理申报日期：　年　月　日	主管税务机关印章： 受理人： 受理日期：　年　月　日

国家税务总局监制

填报说明

一、适用范围

本表适用于个人以技术成果投资入股境内非上市公司并选择递延纳税的，被投资公司向主管税务机关办理相关个人所得税递延纳税备案事宜时填报。备案表区分投资入股的技术成果，分别填写。

二、报送期限

企业应于被投资公司取得技术成果并支付股权之次月15日内报送。

三、表内各栏

（一）被投资公司基本情况

1. 公司名称：填写接受技术成果投资入股的公司名称全称。

2. 纳税人识别号：填写纳税人识别号或统一社会信用代码。

3. 联系人、联系电话：填写接受技术成果投资入股公司负责办理个人所得税递延纳税备案人员的相关情况。

（二）技术成果基本情况

1. 技术成果名称：填写技术成果的标准名称。

2. 技术成果类型：是指《财政部 国家税务总局关于完善股权激励和技术入股有关所得税政策的通知》（财税〔2016〕101号）规定的专利技术（含国防专利）、计算机软件著作权、集成电路布图设计专有权、植物新品种权、生物医药新品种，以及科技部、财政部 国家税务总局确定的其他技术成果。

3. 发证部门：填写颁发技术成果证书的部门全称。

4. 技术成果证书编号：填写技术成果证书上的编号。

（三）技术成果投资入股情况

1. 涉及人数：填写技术成果投资协议中以该项技术成果投资入股的人数。

2. 评估价（协议价）：填写技术成果投资入股按照协议确定的公允价值。

3. 技术成果原值：填写个人发明或取得该项技术成果过程中实际发生的支出。

4. 合理税费：填写个人以技术成果投资入股过程中按规定实际支付的有关税费。

（四）技术成果投资入股个人基本情况

1. 姓名：填写技术成果投资入股个人的姓名，中国境内无住所个人，其姓名应当用中、外文同时填写。

2. 身份证照类型：填写能识别技术成果投资入股个人的唯一身份的身份证、军官证、士兵证、护照、港澳居民来往内地通行证、台湾居民来往大陆通行证等有效证照名称。

3. 身份证照号码：填写能识别技术成果投资入股个人的唯一身份的号码。

4. 联系地址和联系电话：填写技术成果投资入股个人的有效联系地址和常用联系电话。

5. 股数：填写个人因技术成果投资入股获得的股票（权）数。

6. 持股比例：按照保留小数点后两位填写。

7. 技术成果投资入股个人基本情况如果填写不下，可另附纸填写。

四、本表一式二份。主管税务机关受理后，由扣缴义务人和主管税务机关分别留存。

问题649　个人所得税递延纳税情况年度报告表及填报说明

表371　个人所得税递延纳税情况年度报告表

报告所属期：　　年　　　　　　　　　　　　　　　　单位：股，％，人民币元（列至角分）

公司基本情况															
公司名称			纳税人识别号					联系人			联系电话				
递延纳税有关情况															
递延纳税股票（权）形式			□股票（权）期权　　□限制性股票　　□股权奖励　　□技术成果投资入股												
递延纳税明细情况															
序号	姓名	身份证照类型	身份证照号码	总体情况					股票（权）期权				限制性股票				股权奖励				技术成果投资入股		

（注：表格列含"转让情况（股数/持股比例）、剩余情况（股数/持股比例）、扣缴个人所得税"等明细栏目）

（续表）

序号	姓名	身份证照类型	身份证照号码	总体情况				扣缴个人所得税	股票(权)期权				限制性股票				股权奖励				技术成果投资入股			
				转让情况		剩余情况			转让情况		剩余情况		转让情况		剩余情况		转让情况		剩余情况		转让情况		剩余情况	
				股数	持股比例	股数	持股比例		股数	持股比例	股数	持股比例	股数	持股比例	股数	持股比例	股数	持股比例	股数	持股比例	股数	持股比例	股数	持股比例

谨声明：此表是根据《中华人民共和国个人所得税法》及有关法律法规规定填写的，是真实的、完整的、可靠的。

公司法定代表人签章：　　　　　　　　　　年　月　日

公司签章： 经办人： 填报日期：　年　月　日	代理申报机构（人）签章： 经办人： 经办人执业证件号码： 代理申报日期：　年　月　日	主管税务机关印章： 受理人： 受理日期：　年　月　日

国家税务总局监制

填报说明

一、适用范围

本表适用于实施符合条件股权激励的非上市公司和取得个人技术成果的境内公司，在递延纳税期间向主管税务机关报告个人相关股权持有和转让情况。

二、报送期限

实施股权激励的非上市公司和取得个人技术成果的境内公司，应于每个纳税年度终了30日内报送本表。

三、表内各栏

（一）公司基本情况

1. 公司名称：填写实施股权激励的非上市公司，或者取得个人技术成果的境内公司的法定名称全称。

2. 纳税人识别号：填写纳税人识别号或统一社会信用代码。

3. 联系人、联系电话：填写负责办理股权激励或技术成果投资入股相关涉税事项人员的相关情况。

(二) 递延纳税有关情况

递延纳税股票(权)形式:根据递延纳税的股票(权)形式勾选。

(三) 递延纳税明细情况

1. **姓名**:填写纳税人姓名。中国境内无住所个人,其姓名应当用中、外文同时填写。

2. **身份证照类型**:填写能识别纳税人唯一身份的身份证、军官证、士兵证、护照、港澳居民来往内地通行证、台湾居民来往大陆通行证等有效证照名称。

3. **身份证照号码**:填写能识别纳税人唯一身份的号码。

4. **总体情况、股票(权)期权、限制性股票、股权奖励、技术成果投资入股栏**:填写个人转让和剩余享受递延纳税优惠的股票(权)相关情况。

(1) 股数、持股比例:填写个人实际转让或剩余的享受递延纳税优惠的股票(权)数以及对应的持股比例。若非上市公司因公司注册类型限制,难以用股票(权)数体现个人相关权益的,可只填列持股比例,持股比例按照保留小数点后两位填写。

(1) 扣缴个人所得税:填写个人转让递延纳税的股权,扣缴义务人实际扣缴的个人所得税。

四、本表一式二份。主管税务机关受理后,由扣缴义务人和主管税务机关分别留存。

问题 650 限售股转让所得扣缴个人所得税报告表及填报说明

表 372 限售股转让所得扣缴个人所得税报告表

扣缴义务人编码:

税款所属期: 年 月 日至 年 月 日

填表日期:年 月 日　　　　　　　　　　　　　　　　　　　金额单位:元(列至角分)

扣缴义务人名称						地址					电话		
序号	纳税人姓名	纳税人有效身份证照		证券账户号	股票代码	股票名称	每股计税价格(元/股)	转让股数(股)	转让收入额	限售股原值及合理税费			应纳税所得额	税率	扣缴税额
		证照类型	证照号码							小计	原值	合理税费			
(1)	(2)	(3)	(4)	(5)	(6)	(7)	(8)	(9)=(7)×(8)	(10)=(11)+(12)	(11)	(12)	(13)=(9)−(10)	(14)	(5)=(13)×(14)
1															
2															
3															
4															
合 计													—		

扣缴义务人声明	我声明,此扣缴申报表及所附资料是根据《中华人民共和国个人所得税法》及相关法律法规的规定填报的,我确保它是真实的、可靠的、完整的。 法定代表人(签字) 年 月 日	扣缴义务人(盖章) 会计主管签字: 年 月 日	主管税务机关受理专用章: 受理人: 受理时间:年 月 日

国家税务总局监制

填报说明

一、本表根据《中华人民共和国个人所得税法》及其实施条例和相关文件制定,适用于证券机构预扣预缴,或者直接代扣代缴限售股转让所得个人所得税的申报,本表按月填写。

二、证券机构应在扣缴限售股转让所得个人所得税的次月日内向主管税务机关报送本表。不能按照规定期限报送本表时,应当在规定的报送期限内提出申请,经当地税务机关批准,可以适当延期。

三、填写本表应当使用中文。

四、本表各栏的填写说明如下:

(一)扣缴义务人编码:填写扣缴税款的证券机构的税务登记证号码。

(二)填表日期:填写扣缴义务人办理扣缴申报的实际日期。

(三)税款所属期:填写证券机构实际扣缴税款的年度、月份和日期。

(四)扣缴义务人名称:填写扣缴税款的证券公司(营业部)等证券机构的全称。

(五)纳税人身份证照类型及号码:填写纳税人有效身份证件(居民身份证、军人身份证件等)的类型及号码。

(六)证券账户号:填写纳税人证券账户卡上的证券账户号。转让的限售股是在上海交易所上市的,填写证券账户卡(上海)上的证券账户号;转让的限售股是在深圳交易所上市的,填写证券账户卡(深圳)上的证券账户号。

(七)股票代码及名称:填写所转让的限售股股票的股票代码和证券名称。纳税人转让不同限售股的,分行填写。

(八)每股计税价格:区分以下两种情形填写。

1.在证券机构技术和制度准备完成前形成的限售股,采取预扣预缴方式征收的,股改限售股填写股改复牌日收盘价;新股限售股填写该股上市首日的收盘价。

2.在证券机构技术和制度准备完成后,采取直接代扣代缴方式征收的,填写纳税人实际转让限售股的每股成交价格。以不同价格成交的,分行填写。

(九)转让股数:填写前列每股计税价格所对应的股数。即:

1.在证券机构技术和制度准备完成前,采取预扣预缴方式的,转让股数填写本月该限售股累计转让股数。

2.在证券机构技术和制度准备完成后,采取直接代扣代缴方式的,转让股数按照不同转让价格,分别填写按该价格转让的股数。

(十)转让收入额:填写本次限售股转让取得的用于计税的收入额。

限售股转让收入额每股计税价格×转让股数

(十一)限售股原值及合理税费:填写取得限售股股票实际付出的成本,以及限售股转让过程中发生的印花税、佣金、过户费等与交易相关的税费的合计。具体有两种不同情况:

1.在证券机构技术和制度准备完成前形成的限售股,采取预扣预缴税款的,限售股原值及合理税费转让收入额×,直接填入小计栏中;

2.在证券机构技术和制度准备完成后,采取直接代扣代缴税款的,限售股原值为事先植入结算系统的限售股成本原值;合理税费为转让过程中发生的印花税、佣金、过户费、其他费等与交易相关的税费。

(十二)应纳税所得额:应纳税所得额转让收入额限售股原值及合理税费。

(十三)扣缴税额:扣缴税额应纳税所得额×。

五、本表为横式。一式两份,扣缴义务人留存一份,税务机关留存一份。

问题 651 限售股转让所得个人所得税清算申报表及填报说明

表 373 限售股转让所得个人所得税清算申报表

填表日期:年月日

税款所属期:　年　月　日至　年　月　日　　　　　　　　　　　　　　　　金额单位:元(列至角分)

纳税人基本情况	姓名		证券账户号	
	有效身份证照类型		有效身份证照号码	
	国籍(地区)		有效联系电话	
	开户银行名称		开户银行账号	
	中国境内有效联系地址及邮编			
开户证券公司(营业部)	名称		扣缴义务人编码	
	地址		邮编	
限售股转让收入及纳税情况	股票代码	1		
	股票名称	2		
	转让股数(股)	3		
	实际转让收入额	4		
	限售股原值和合理税费小计	5=6+7		
	限售股原值	6		
	合理税费	7		
	应纳税所得额	8=4-5		
	税率	9	20%	
	应纳税额	10=8×9		
	已扣缴税额	11		
	应退(补)税额	12=10-11		
声明	我声明,此纳税申报表及所附资料是根据《中华人民共和国个人所得税法》及相关法律法规定填写、报送的,我确保上述资料是真实的、可靠的、完整的。 纳税人(签字) 年　月　日			
代理人(中介机构)签字或盖章: 经办人: 经办人执业证件号码: 代理申报日期:　年　月　日			主管税务机关受理专用章: 受理人: 受理时间:年　月　日	

国家税务总局监制

填报说明

一、本表根据《中华人民共和国个人所得税法》及其实施条例和相关文件制定,适用于纳税人取得限售股转让所得已预扣预缴个人所得税款的清算申报,本表按月填写。

二、向主管税务机关提出限售股转让所得个人所得税清算申请的纳税人,应在证券机构代扣并解缴税款的次月1日起3个月内,由本人或者委托他人向主管税务机关报送本表。不能按照规定期限报送本表时,应当在规定的报送期限内提出申请,经当地税务机关批准,可以适当延期。

三、向主管税务机关提出限售股转让所得清算申请的纳税人,应区别限售股股票种类,按每一股票填写本表。即,同一限售股填写一张表。

四、填写本表应当使用中文。

五、纳税人在向主管税务机关办理清算事宜时,除填报本表外,还应出示纳税人本人的有效身份证照原件,并附送以下资料:

1. 加盖开户证券机构印章的限售股交易明细记录;
2. 相关完整、真实的财产原值凭证;
3. 缴纳税款凭证(《税务代保管资金专用收据》或《税收转账专用完税证》);
4. 税务机关要求报送的其他资料。

纳税人委托中介机构或他人代理申报的,除提供上述资料外,代理人还应出示代理人的有效身份证照,并附送纳税人委托代理申报的授权书。

六、本表各栏的填写说明如下:

(一)填表日期:填写纳税人办理清算申报的实际日期。

(二)税款所属期:填写纳税人实际取得所得的年度、月份和日期。

(三)纳税人基本情况的填写:

1. 证券账户号:填写纳税人证券账户卡上的证券账户号。转让的限售股是在上海交易所上市的,填写证券账户卡(上海)上的证券账户号;转让的限售股是在深圳交易所上市的,填写证券账户卡(深圳)上的证券账户号。

2. 有效身份证照类型:填写纳税人的有效身份证件(居民身份证、军人身份证件等)名称。

3. 有效身份证照号码:填写纳税人有效身份证照上的号码。

4. 开户银行名称及账号:填写纳税人本人开户银行的全称及账号。

注:该银行账户,用于办理纳税人多扣缴个人所得税款的退还。即,纳税人多扣缴的税款,经税务机关审核确认后,将直接退还至该银行账户中。因此,纳税人要特别注意本行填写的准确性。

5. 中国境内有效联系地址及邮编:填写纳税人住址或有效联系地址及邮编。

6. 开户证券公司(营业部):填写纳税人开立证券交易账户的证券公司(营业部)的相关信息。

(1)名称:填写纳税人开立证券账户的证券公司(营业部)的全称。

(2)扣缴义务人编码:填写纳税人开立证券账户的证券公司(营业部)的税务登记证号码。

(3)地址及邮编:填写纳税人开立证券账户的证券公司(营业部)的地址及邮编。

(四)限售股转让收入及纳税情况的填写:

1. 股票代码:填写限售股的股票代码。

2. 股票名称:填写限售股股票的证券名称。

3. 转让股数(股):填写本月转让限售股的股数。

4. 实际转让收入额:填写转让限售股取得的实际收入额。以证券机构提供的加盖印章的当月限售股交易记录汇总数为准。

5. 限售股原值和合理税费:

(1) 限售股原值和合理税费小计,填写纳税人转让限售股的股票原值和合理税费的合计。

纳税人未能提供完整、真实的限售股原值凭证,不能正确计算限售股原值的,一律按限售股实际转让收入的15%计算限售股原值和合理税费后,填入该栏。

(2) 限售股原值,填写取得限售股股票实际付出的成本,并附相关完整、真实的原值凭证。

(3) 合理税费,填写转让限售股过程中发生的印花税、佣金、过户费等与交易相关的税费。

6. 应纳税所得额:填写转让限售股实际转让收入额减除限售股原值和合理税费后的余额。

7. 已扣缴税额:填写证券机构已预扣预缴的税款。

8. 应退(补)税额:应退(补)税额=应纳税额－已扣缴税额。负数为应退税额;正数为应补税额。

七、声明:填写纳税人本人的姓名。如纳税人不在时,可填写代理申报人的姓名。

八、代理人(中介机构)签字或盖章:填盖纳税人委托代理申报的中介机构的印章,或者代理人个人的签名或印章。

九、经办人:填写代理申报人的姓名。

十、本表为A4竖式。一式两份,纳税人留存一份,税务机关留存一份。

问题652 天使投资个人所得税投资抵扣备案表及填报说明

表374 天使投资个人所得税投资抵扣备案表

备案编号(主管税务机关填写):　　　　　　　　　　　　　单位:人民币元(列至角分)

天使投资个人基本情况								
姓名		身份证件类型			身份证件号码			
国籍(地区)		联系电话			联系地址			
初创科技型企业基本情况								
企业名称			纳税人识别号					
设立时间			注册地址					
初创科技型企业及天使投资个人投资情况								
投资日期	从业人数	本科以上学历人数占比	资产总额	年销售收入	研发费用总额占成本费用支出的比例	投资2年内与其亲属合计持股比例是否超过50%	投资额	

(续表)

天使投资个人基本情况	
谨声明:本人(单位)知悉并保证本表填报内容及所附证明材料真实、完整,并承担因资料虚假而产生的法律和行政责任。 天使投资个人签章:初创科技型企业负责人签章:年月日	
代理机构印章: 联系人:填报日期:	主管税务机关印章: 受理人: 受理日期:
初创科技型企业注销清算情况(税务机关填写)	
注销清算时间	清算前已抵扣投资额
主管税务机关印章: 受理人: 受理日期:	

国家税务总局监制

注:本表是天使投资个人日后转让初创科技型企业股权办理投资抵扣的重要凭据,请妥善保管。

填报说明

一、适用范围

本表适用于天使投资个人投资境内种子期、初创期科技型企业(以下简称"初创科技型企业"),就符合投资抵扣税收优惠条件的投资,向主管税务机关办理投资情况备案。

二、报送期限

初创科技型企业、天使投资个人应共同于满足投资抵扣税收优惠条件次月15日内,向其主管税务机关报送本表。

三、表内各栏

(一)天使投资个人基本情况

1. 姓名:填写天使投资个人姓名。中国境内无住所个人,其姓名应当用中、外文同时填写。

2. 身份证件类型:填写能识别天使投资个人唯一身份的身份证、军官证、士兵证、护照、港澳居民来往内地通行证、台湾居民来往大陆通行证等有效证照名称。

3. 身份证件号码:填写能识别天使投资个人唯一身份的有效证照号码。

4. 国籍(地区):填写天使投资个人的国籍或者地区。

5. 联系电话、联系地址:填写天使投资个人的有效联系方式。

(二)初创科技型企业基本情况

1. 企业名称:填写初创科技型企业名称全称。

2. 纳税人识别号:填写初创科技型企业的纳税人识别号或统一社会信用代码。

3. 设立时间:填写初创科技型企业设立登记的具体日期。

4. 注册地址:填写初创科技型企业注册登记的具体地址。

(三)初创科技型企业及天使投资个人投资情况

1. 投资日期:填写初创科技型企业接受合伙创投企业投资并完成工商变更登记的日期。

2. 从业人数:填写与初创科技型企业建立劳动关系的职工及企业接受的劳务派遣人员人数。具体按照初创科技型企业接受投资前连续12个月的平均数填写,不足12个月的按实际月数平均计算填写。

3. 本科以上学历人数占比:填写初创科技型企业接受投资时本科以上学历人数占企业从业人数的比例。

4. 资产总额:填写初创科技型企业的资产总额。具体按照初创科技型企业接受投资前连续12个月的平均数填写,不足12个月的按实际月数平均计算填写。

5. 年销售收入:填写初创科技型企业的年销售收入。具体按照初创科技型企业接受投资前连续12个月的累计数填写,不足12个月的按实际月数累计计算填写。

6. 研发费用总额占成本费用支出的比例:填写企业接受投资当年及下一年两个纳税年度的研发费用总额合计占同期成本费用总额合计的比例。

7. 投资2年内与其亲属合计持股比例是否超过50%:填写"是"或"否"。

8. 投资额:填写天使投资个人以现金形式对初创科技型企业的实缴出资额。

（四）初创科技型企业注销清算情况

本栏由主管税务机关在初创科技型企业注销后纳税人有尚未抵扣完毕的投资额需要结转抵扣时填写。

四、本表一式两份。主管税务机关受理后,由天使投资个人和主管税务机关分别留存。

问题 653　天使投资个人所得税投资抵扣情况表及填报说明

表 375　天使投资个人所得税投资抵扣情况表

单位:人民币元(列至角分)

天使投资个人基本情况					
姓名		身份证件类型		身份证件号码	
国籍(地区)		联系电话		联系地址	
投资抵扣备案编号		投资额		可抵扣投资额	
初创科技型企业基本情况					
企业名称		纳税人识别号(统一社会信用代码)			
投资抵扣情况					

股权转让时间	股权转让应纳税所得额	从已清算企业结转待抵扣投资额	本企业可抵扣投资额	可抵扣投资额合计	累计已抵扣投资额	本期抵扣投资额	结转抵扣投资额

谨声明:本人知悉并保证本表填报内容及所附证明材料真实、完整,并承担因资料虚假而产生的法律责任。

天使投资个人签章:　　年　月　日

代理机构印章: 联系人:填报日期:	主管税务机关印章: 受理人: 受理日期:

国家税务总局监制

填报说明

一、适用范围

本表适用于天使投资个人投资境内种子期、初创期科技型企业（以下简称"初创科技型企业"），享受投资抵扣税收优惠时，向主管税务机关报告有关情况并办理投资抵扣手续。

二、报送期限

天使投资个人应于股权转让次月 15 日内或在限售股转让清算时，向主管税务机关报送本表。

三、表内各栏

（一）天使投资个人基本情况

1. 姓名：填写天使投资个人姓名。中国境内无住所个人，其姓名应当用中、外文同时填写。

2. 身份证件类型：填写能识别天使投资个人唯一身份的身份证、军官证、士兵证、护照、港澳居民来往内地通行证、台湾居民来往大陆通行证等有效证照名称。

3. 身份证件号码：填写能识别天使投资个人唯一身份的有效证照号码。

4. 国籍（地区）：填写天使投资个人的国籍或者地区。

5. 联系电话、联系地址：填写天使投资个人的有效联系方式。

6. 投资抵扣备案编号：填写天使投资个人办理投资情况备案时，税务机关受理《天使投资个人所得税投资抵扣备案表》时赋予的备案编号。

7. 投资额：填写天使投资个人在转让初创科技型企业股权时，符合投资抵扣税收优惠条件的投资额合计。

8. 可抵扣投资额：可抵扣投资额＝投资额×70％

（二）初创科技型企业基本情况

1. 企业名称：填写初创科技型企业名称全称。

2. 纳税人识别号：填写初创科技型企业的纳税人识别号或统一社会信用代码。

（三）投资抵扣情况

1. 股权转让时间：填写天使投资个人转让初创科技型企业股权的具体时间。

2. 股权转让应纳税所得额：填写天使投资个人转让初创科技型企业股权取得的应纳税所得额。

3. 从已清算企业结转待抵扣投资额：填写天使投资个人投资的其他初创科技型企业注销清算时尚未抵扣完毕的可抵扣投资额。

4. 本企业可抵扣投资额：本企业可抵扣投资额＝可抵扣投资额（"天使投资个人基本情况"栏）

5. 可抵扣投资额合计：可抵扣投资额合计＝从已清算企业结转待抵扣投资额＋本企业可抵扣投资额

6. 累计已抵扣投资额：填写天使投资个人前期转让初创科技型企业股权时已抵扣投资额合计。

7. 本期抵扣投资额：区别以下情况计算填写。

（1）股权转让应纳税所得额＜可抵扣投资额合计－累计已抵扣投资额时：

本期抵扣投资额＝股权转让应纳税所得额

（2）股权转让应纳税所得额≥可抵扣投资额合计－累计已抵扣投资额时：

本期抵扣投资额＝可抵扣投资额合计－累计已抵扣投资额

8. 结转抵扣投资额:结转抵扣投资额＝可抵扣投资额合计－累计已抵扣投资额－本期抵扣投资额

四、本表一式两份。主管税务机关受理后,由天使投资个人和主管税务机关分别留存。

问题654 单一投资基金核算的合伙制创业投资企业个人所得税扣缴申报表及填报说明

表376 单一投资基金核算的合伙制创业投资企业个人所得税扣缴申报表

税款所属期: 年 月 日至 年 月 日

扣缴义务人名称:

扣缴义务人纳税人识别号(统一社会信用代码):□□□□□□□□□□□□□□□□□□

金额单位:人民币元(列至角分)

税务机关备案编号											
创投企业投资项目所得情况											
序号	被投资企业名称	被投资企业纳税人识别号(统一社会信用代码)	投资股权份数	转让股权份数	转让后股权份数	股权转让时间	股权转让收入	股权原值	合理费用	股权转让所得额	
1	2	3	4	5	6	7	8	9	10	11	
纳税年度内股权转让所得额合计											

创投企业个人合伙人所得分配情况																
								其中:投资初创科技型企业情况								
序号	个人合伙人姓名	身份证件类型	身份证件号码	个人合伙人纳税人识别号	分配比例	创投企业股权转让所得额	分配所得额	创投企业符合条件的投资额	个人出资比例	当年按个人投资额70%计算的实际抵扣额	应纳税所得额	税率	应纳税额	减免税额	已缴税额	应补/退税额
12	13	14	15	16	17	18	19	20	21	22	23	24	25	26	27	28
合计												—				

谨声明:本表是根据国家税收法律法规及相关规定填报的,是真实的、可靠的、完整的。

创投企业(基金)印章: 年 月 日

经办人签字:	受理人:
经办人身份证件号码:	
代理机构签章:	受理税务机关(章):
代理机构统一社会信用代码:	受理日期: 年 月 日

国家税务总局监制

填报说明

一、适用范围

本表适用于选择按单一投资基金核算的合伙制创业投资企业(含创投基金,以下统称创投企业)按规定办理年度股权转让所得扣缴申报时,向主管税务机关报送。

二、申报期限

创投企业取得所得的次年3月31日前报送。

三、本表各栏填写

(一)表头项目

1. 税款所属期:填写创投企业申报股权转让所得的所属期间,应填写具体的起止年月日。

2. 扣缴义务人名称:填写扣缴义务人(即创投企业)的法定名称全称。

3. 扣缴义务人纳税人识别号(统一社会信用代码):填写扣缴义务人(即创投企业)的纳税人识别号或者统一社会信用代码。

4. 税务机关备案编号:填写创投企业在主管税务机关进行核算方式备案的编号。

(二)表内各栏

1. 创投企业投资项目所得情况

(1)第2列"被投资企业名称":填写被投资企业的法定名称。

(2)第3列"被投资企业纳税人识别号(统一社会信用代码)":填写被投资企业的纳税人识别号或者统一社会信用代码。

(3)第4列"投资股权份数":填写创投企业在发生股权转让前持有被投资企业的股权份数。

(4)第5列"转让股权份数":填写创投企业纳税年度内转让被投资企业股权的份数,一年内发生多次转让的,应分行填写。

(5)第6列"转让后股权份数":填写创投企业发生股权转让后持有被投资企业的股权份数。

(6)第7列"股权转让时间":填写创投企业转让被投资企业股权的具体时间,一年内发生多次转让的,应分行填写。

(7)第8列"股权转让收入":填写创投企业发生股权转让收入额,一年内发生多次转让的,应分行填写。

(8)第9列"股权原值":填写创投企业转让股权的原值,一年内发生多次转让的,应分行填写。

(9)第10列"合理费用":填写转让股权过程中发生的按规定可以扣除的合理税费。

(10)第11列"股权转让所得额":按相关列次计算填报。第11列=第8列-第9列-第10列。

(11)"纳税年度内股权转让所得额合计":填写纳税年度内股权转让所得的合计金额,即所得与损失相互抵减后的余额。如余额为负数的,填写0。

2. 创投企业个人合伙人所得分配情况

(1)第13列"个人合伙人姓名":填写个人合伙人姓名。

(2)第14列"身份证件类型":填写纳税人有效的身份证件名称。中国公民有中华人民共和国居民身份证的,填写居民身份证;没有居民身份证的,填写中华人民共和国护照、港澳居民来往内地通行证或港澳居民居住证、台湾居民通行证或台湾居民居住证、外国人永久居留身份证、外国人工作许可证或护照等。

(3) 第15列"身份证件号码":填写纳税人有效身份证件上载明的证件号码。

(4) 第16列"个人合伙人纳税人识别号":有中国公民身份号码的,填写中华人民共和国居民身份证上载明的"公民身份号码";没有中国公民身份号码的,填写税务机关赋予的纳税人识别号。

(5) 第17列"分配比例(%)":分配比例按照合伙协议约定的比例填写;合伙协议未约定或不明确的,按合伙人协商决定的比例填写;协商不成的,按合伙人实缴出资比例填写;无法确定出资比例的,按合伙人平均分配。

(6) 第18列"创投企业股权转让所得额":填写创投企业纳税年度内取得的股权转让所得总额,即本表"创投企业投资项目所得情况"中"纳税年度内股权转让所得额合计"的金额。

(7) 第19列"分配所得额":填写个人合伙人按比例分得的股权转让所得额。第19列=第18列×第17列。

(8) 第20列"创投企业符合条件的投资额":填写合伙创投企业对种子期、初创期科技型企业符合投资抵扣条件的投资额。

(9) 第21列"个人出资比例":填写个人合伙人对创投企业的出资比例。

(10) 第22列"当年按个人投资额70%计算的实际抵扣额":根据相关列次计算填报。第22列=第20列×第21列×70%。

(11) 第23列"应纳税所得额":填写个人合伙人纳税年度内取得股权转让所得的应纳税所得额。第23列=第19列-第22列。

(12) 第24列"税率":填写所得项目按规定适用的税率。

(13) 第25列"应纳税额":根据相关列次计算填报。第25列=第23列×第24列。

(14) 第26列"减免税额":填写符合税法规定的可以减免的税额,并附报《个人所得税减免税事项报告表》。

(15) 第27列"已缴税额":填写纳税人当期已实际缴纳或者被扣缴的个人所得税税款。

(16) 第28列"应补/退税额":根据相关列次计算填报。第28列=第25列-第26列-第27列。

四、其他事项说明

以纸质方式报送本表的,应当一式两份,扣缴义务人、税务机关各留存一份。

问题655 个人所得税减免税事项报告表及填报说明

表377 个人所得税减免税事项报告表

税款所属期: 年 月 日至 年 月 日　　　　　　　　金额单位:人民币元(列至角分)

扣缴义务人名称				扣缴义务人纳税人识别号			
纳税人姓名				纳税人识别号			
减免税情况	编号	勾选	减免事项			减免人数	减免税额
	1	☐	芦山地震受灾减免个人所得税				
	2	☐	鲁甸地震受灾减免个人所得税				

（续表）

编号	勾选	减免事项			减免人数	减免税额
3	☐	其他地区地震受灾减免个人所得税				
4	☐	其他自然灾害受灾减免个人所得税				
5	☐	个人转让5年以上唯一住房免征个人所得税				
6	☐	随军家属从事个体经营免征个人所得税				
7	☐	军转干部从事个体经营免征个人所得税				
8	☐	退役士兵从事个体经营减免个人所得税				
9	☐	残疾、孤老、烈属减征个人所得税				
10	☐	失业人员从事个体经营减免个人所得税				
11	☐	低保及零就业家庭从事个体经营减免个人所得税				
12	☐	高校毕业生从事个体经营减免个人所得税				
13	☐	取消农业税从事四业所得暂免征收个人所得税				
14	☐	符合条件的房屋赠与免征个人所得税				
15	☐	税收协定	股息	税收协定名称及条款：		
16			利息	税收协定名称及条款：		
17			特许权使用费	税收协定名称及条款：		
18			财产收益	税收协定名称及条款：		
19			受雇所得	税收协定名称及条款：		
20			其他	税收协定名称及条款：		
21	☐	其他	减免事项名称及减免性质代码：			
22			减免事项名称及减免性质代码：			
23			减免事项名称及减免性质代码：			
合计						

减免税人员名单

序号	姓名	身份证件类型	身份证件号码	减免事项（编号或减免性质代码）	减免税额

谨声明：此表是根据《中华人民共和国个人所得税法》及有关法律法规规定填写的，是真实的、完整的、可靠的。

纳税人或扣缴单位负责人签字： 　　　　　　　　　　　　　　　　　　　　　　　　　　年　月　日

感谢您对税收工作的支持！

代理申报机构（负责人）签章：	主管税务机关印章：
经办人：	受理人：
经办人执业证件号码：	
代理申报日期：　　年　月　日	受理日期：　　年　月　日

国家税务总局监制

填报说明

一、适用范围

本表适用于个人纳税年度内发生减免税事项,需要在纳税申报时享受的,向税务机关报送。

二、报送期限

1. 个人需要享受减免税事项的,应当及时向扣缴义务人提交本表做信息采集。

2. 扣缴义务人扣缴申报时,个人需要享受减免税事项的,扣缴义务人应当一并报送本表。

3. 个人需要享受减免税事项并采取自行纳税申报方式的,应按照税法规定的自行纳税申报时间,在自行纳税申报时一并报送本表。

三、本表各栏填写

(一)表头项目

1. 税款所属期:填写个人发生减免税事项的所属期间,应填写具体的起止年月日。

2. 纳税人姓名:个人自行申报并报送本表或向扣缴义务人提交本表做信息采集的,由个人填写纳税人姓名。

3. 纳税人识别号:个人自行申报并报送本表或向扣缴义务人提交本表做信息采集的,由个人填写纳税人识别号。纳税人识别号为个人有中国公民身份号码的,填写中华人民共和国居民身份证上载明的"公民身份号码";没有中国公民身份号码的,填写税务机关赋予的纳税人识别号。

4. 扣缴义务人名称:扣缴义务人扣缴申报并报送本表的,由扣缴义务人填写扣缴义务人名称。

5. 扣缴义务人纳税人识别号:扣缴义务人扣缴申报并报送本表的,由扣缴义务人填写扣缴义务人统一社会信用代码。

(二)减免税情况

1. "减免税事项":个人或扣缴义务人勾选享受的减免税事项。

个人享受税收协定待遇的,应勾选"税收协定"项目,并填写具体税收协定名称及条款。

个人享受列示项目以外的减免税事项的,应勾选"其他"项目,并填写减免税事项名称及减免性质代码。

2. "减免人数":填写享受该行次减免税政策的人数。

3. "免税收入":填写享受该行次减免税政策的免税收入合计金额。

4. "减免税额":填写享受该行次减免税政策的减免税额合计金额。

5. "备注":填写个人或扣缴义务人需要特别说明的或者税务机关要求说明的事项。

(三)减免税人员名单栏

1. "姓名":填写个人姓名。

2. "纳税人识别号":填写个人的纳税人识别号。

3. "减免税事项(编号或减免性质代码)":填写"减免税情况栏"列示的减免税事项对应的编号或税务机关要求填报的其他信息。

4. "所得项目":填写适用减免税事项的所得项目名称。例如:工资、薪金所得。

5. "免税收入":填写个人享受减免税政策的免税收入金额。

6. "减免税额":填写个人享受减免税政策的减免税额金额。

7. "备注":填写个人或扣缴义务人需要特别说明的或者税务机关要求说明的事项。

四、其他事项说明

以纸质方式报送本表的,建议通过计算机填写打印,一式两份,纳税人(扣缴义务人)、税务机关各留存一份。

问题 656 财产转让所得税收政策汇总

财产转让所得税收政策汇总见表378。

表 378 财产转让所得税收政策汇总表

序号	政策文件名称	文号
1	《财政部 税务总局关于个人取得有关收入适用个人所得税应税所得项目的公告》	财政部 税务总局公告 2019 年第 74 号
2	《财政部 税务总局关于实施小微企业普惠性税收减免政策的通知》	财税〔2019〕13 号
3	《财政部 国家税务总局关于易地扶贫搬迁税收优惠政策的通知》	财税〔2018〕135 号
4	《财政部 国家税务总局 中国证券监督管理委员会关于个人转让全国中小企业股份转让系统挂牌公司股票有关个人所得税政策的通知》	财税〔2018〕137 号
5	《财政部 税务总局关于创业投资企业和天使投资个人有关税收政策的通知》	财税〔2018〕55 号
6	《国家税务总局关于创业投资企业和天使投资个人税收政策有关问题的公告》	国家税务总局公告 2018 年第 43 号
7	《财政部 税务总局 证监会关于继续执行内地与香港基金互认有关个人所得税政策的通知》	财税〔2018〕154 号
8	《财政部 国家税务总局 中国证券监督管理委员会关于支持原油等货物期货市场对外开放税收政策的通知》	财税〔2018〕21 号
9	《国家税务总局关于个人转让住房享受税收优惠政策判定购房时间问题的公告》	国家税务总局公告 2017 年第 8 号
10	《关于继续执行沪港股票市场交易互联互通机制有关个人所得税政策的通知》〔到期废止〕	财税〔2017〕78 号
11	《财政部 国家税务总局关于营改增后契税房产税土地增值税个人所得税计税依据问题的通知》	财税〔2016〕43 号
12	《国家税务总局关于股权激励和技术入股所得税征管问题的公告》	国家税务总局公告 2016 年第 62 号
13	《国务院关于促进创业投资持续健康发展的若干意见》	国发〔2016〕53 号
14	《财政部 国家税务总局 证监会关于深港股票市场交易互联互通机制试点有关税收政策的通知》	财税〔2016〕127 号
15	《财政部 国家税务总局关于完善股权激励和技术入股有关所得税政策的通知》	财税〔2016〕101 号
16	《财政部 国家税务总局关于行政和解金有关税收政策问题的通知》	财税〔2016〕100 号
17	《国家税务总局关于进一步简化和规范个人无偿赠与或受赠不动产免征营业税、个人所得税所需证明资料的公告》	国家税务总局公告 2015 年第 75 号
18	《财政部 国家税务总局关于个人非货币性资产投资有关个人所得税政策的通知》	财税〔2015〕41 号

(续表)

序号	政策文件名称	文号
19	《国家税务总局关于个人非货币性资产投资有关个人所得税征管问题的公告》	国家税务总局公告2015年第20号
20	《财政部 国家税务总局 证监会关于内地与香港基金互认有关税收政策的通知》	财税〔2015〕125号
21	《国家税务总局关于发布〈股权转让所得个人所得税管理办法(试行)〉的公告》	国家税务总局公告2014年第67号
22	《关于沪港股票市场交易互联互通机制试点有关税收政策的通知》	财税〔2014〕81号
23	《财政部 国家税务总局关于棚户区改造有关税收政策的通知》	财税〔2013〕101号
24	《财政部 国家税务总局关于证券机构技术和制度准备完成后个人转让上市公司限售股有关个人所得税问题的通知》	财税〔2011〕108号
25	《国家税务总局关于个人终止投资经营收回款项征收个人所得税问题的公告》	国家税务总局公告2011年第41号
26	《财政部 国家税务总局、住房和城乡建设部关于调整房地产交易环节契税个人所得税优惠政策的通知》	财税〔2010〕94号
27	《关于个人转让上市公司限售股所得征收个人所得税有关问题的补充通知》	财税〔2010〕70号
28	《关于做好限售股转让所得个人所得税征收管理工作的通知》	国税发〔2010〕8号
29	《国家税务总局关于限售股转让所得个人所得税征缴有关问题的通知》	国税函〔2010〕23号
30	《国家税务总局关于明确个人所得税若干政策执行问题的通知》	国税发〔2009〕121号
31	《财政部 国家税务总局关于个人无偿受赠房屋有关个人所得税问题的通知》〔条款废止〕	财税〔2009〕78号
32	《关于个人转让上市公司限售股所得征收个人所得税有关问题的通知》	财税〔2009〕167号
33	《国家税务总局关于个人通过网络买卖虚拟货币取得收入征收个人所得税问题的批复》	国税函〔2008〕818号
34	《国家税务总局关于加强和规范个人取得拍卖收入征收个人所得税有关问题的通知》	国税发〔2007〕38号
35	《国家税务总局关于个人转让房屋有关税收征管问题的通知》	国税发〔2007〕33号
36	《关于个人取得房屋拍卖收入征收个人所得税问题的批复》	国税函〔2007〕1145号
37	《国家税务总局关于个人住房转让所得征收个人所得税有关问题的通知》	国税发〔2006〕108号
38	《个人股权转让过程中取得违约金收入征收个人所得税问题》	国税函〔2006〕866号
39	《国家税务总局关于房地产税收政策中几个具体问题的通知》	国税发〔2005〕172号
40	《财政部 国家税务总局关于城镇房屋拆迁有关税收政策的通知》	财税〔2005〕45号
41	《财政部 国家税务总局关于个人股票期权所得征收个人所得税问题的通知》〔条款废止〕	财税〔2005〕35号
42	《关于纳税人收回转让的股权征收个人所得税问题的批复》	国税函〔2005〕130号
43	《关于个人因购买和处置债权取得所得征收个人所得税问题的批复》	国税函〔2005〕655号

(续表)

序号	政策文件名称	文号
44	《国家税务总局关于企业改组改制过程中个人取得的量化资产征收个人所得税问题的通知》	国税发〔2000〕60号
45	《财政部 国家税务总局、建设部关于个人出售住房所得征收个人所得税有关问题的通知》〔条款失效〕第三条	财税字〔1999〕278号
46	《关于个人取得被征用房屋补偿费收入免征个人所得税的批复》	国税函〔1998〕428号
47	《财政部 国家税务总局关于个人转让股票所得继续暂免征收个人所得税的通知》	财税字〔1998〕61号
48	《国家税务总局关于个人取得青苗补偿费收入征免个人所得税的批复》	国税函发〔1995〕79号
49	《财政部 国家税务总局关于个人所得税若干政策问题的通知》	财税字〔1994〕20号
50	《国家税务总局关于印发〈征收个人所得税若干问题的规定〉的通知〔条款失效〕》	国税发〔1994〕89号

第八章

偶 然 所 得

偶然所得思维导图如图 403 所示。

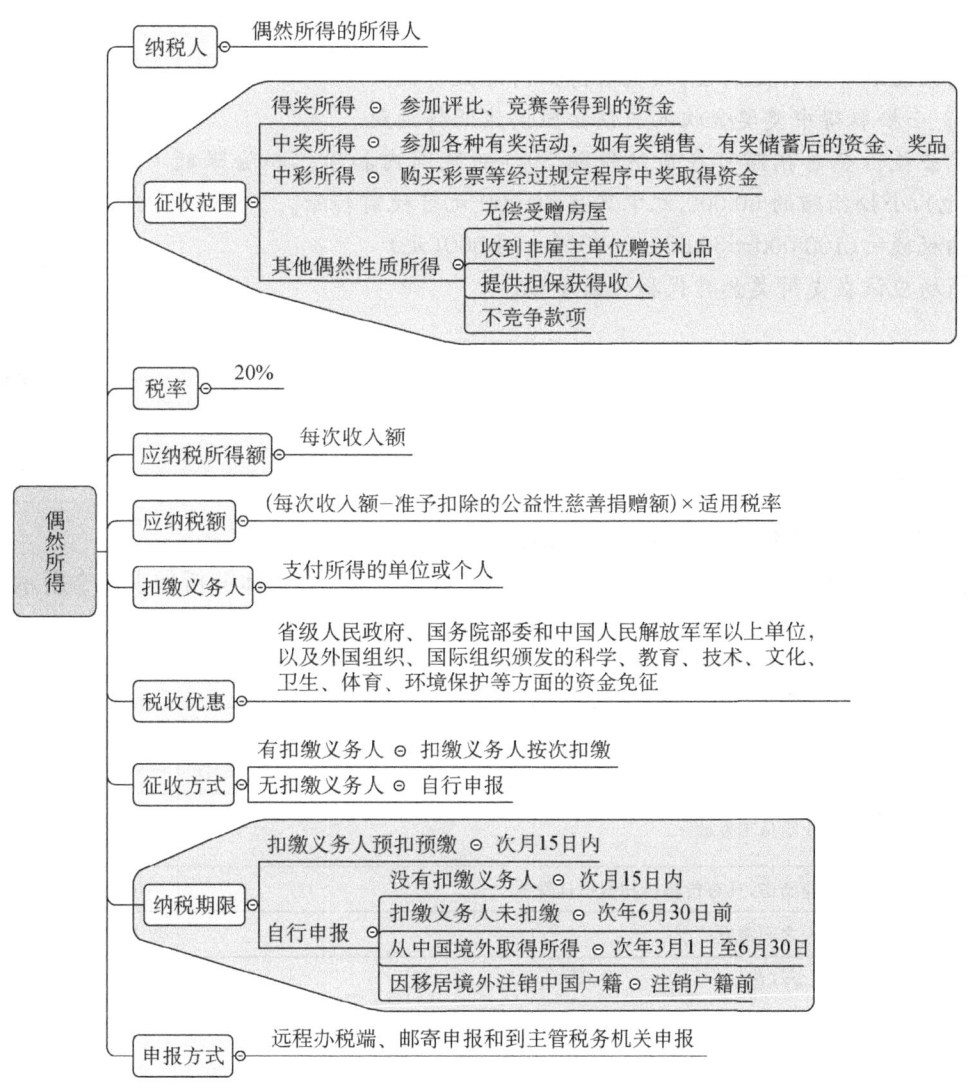

图 403　偶然所得思维导图

第一节　概　　述

偶然所得,是指个人得奖、中奖、中彩以及其他偶然性质的所得。

偶然所得适用比例税率,税率为 20%,以每次收入额为应纳税所得额,以每次取得该项收入为一次。

个人将其所得对教育、扶贫、济困等公益慈善事业进行捐赠,捐赠额未超过纳税人申报的应纳税所得额30%的部分,可以从其应纳税所得额中扣除;国务院规定对公益慈善事业捐赠实行全额税前扣除的,从其规定。居民个人发生的公益捐赠支出,可在捐赠当月取得的分类所得中扣除。

案例 125

2019年11月11日,小松在某家商场的抽奖活动中抽到了特等奖,奖金是100 000元,小松当场将其中的60 000元捐赠给了红十字会用于贫穷地区的教育。

请问假设不考虑其他因素,该笔所得如何计缴个税?

〖答〗小松取得中奖奖金收入应该按照偶然所得纳税。

该笔公益性慈善捐赠可在应纳税额30%的范围内扣除。扣除限额=100 000×30%=30 000(元),小松捐赠的60 000元中只有30 000元可税前扣除。

应纳税额=(100 000-30 000)×20%=14 000(元)

该商场应该在支付奖金时代扣代缴个税。

第二节 要点难点

扫码听课

(一)纳税范围

问题657 个人取得网络红包是否需缴纳个税

〖答〗网络红包是否需缴纳个税需区分不同的情况来确定,具体分析如表379所示。

表379 网络红包个税征免情况分析表

征免规定	具体情形	判断要点
按照偶然所得征税	1. 企业在业务宣传、广告等活动中,随机向本单位以外的个人赠送	1. 非受雇关系 2. 可以提现,有直接所得
	2. 企业在年会、座谈会、庆典以及其他活动中向本单位以外的个人赠送	
按照工资薪金所得征税	企业给员工发放	因任职或者受雇取得
不征收	企业赠送,具有价格折扣或折让性质	不可以提现,无直接所得
不征收	个人之间派发	双方都是个人

注:网络红包指网络现金红包。

 政策依据

一、《财政部 税务总局关于个人取得有关收入适用个人所得税应税所得项目的公告》(财政部 税务总局公告2019年第74号)第三条

企业在业务宣传、广告等活动中,随机向本单位以外的个人赠送礼品(包括网络红包,下同),以及企业在年会、座谈会、庆典以及其他活动中向本单位以外的个人赠送礼品,个人取得的礼品收入,按照"偶然所得"项目计算缴纳个人所得税,但企业赠送的具有价格折扣或折让性质的消费券、代金券、抵用券、优惠券等礼品除外。

二、《中华人民共和国个人所得税法实施条例》第六条第一项

工资、薪金所得,是指个人因任职或者受雇取得的工资、薪金、奖金、年终加薪、劳动分红、津贴、补贴以及与任职或者受雇有关的其他所得。

三、《国家税务总局关于加强网络红包个人所得税征收管理的通知》(税总函〔2015〕409号)第三条

个人之间派发的现金网络红包,不属于个人所得税法规定的应税所得,不征收个人所得税。

案例 126

2020年"双十一"的促销活动中,梅松、税台两家电商平台发起了如下的推广活动:

(1)梅松每个用户可以领取一张30元的红包,购买满300元可使用该红包;

(2)税台的用户可随机抽奖,中奖者获得100元的网络红包,该红包可直接提现。

请问两个平台派发的网络红包是否需要扣缴个税?

〖答〗(1)梅松派发的网络红包具有价格折扣或折让性质。该红包不能提现,若客户未使用红包来购买物品,则该红包无效,客户没有取得直接所得,不属于偶然所得的范围,因此无需扣缴个税。

(2)税台的网络红包可以直接提现,有直接所得,属于偶然所得的范围,因此需要按照偶然所得20%的税率扣缴个税。

问题658 员工年会的中奖收入按照什么项目计缴个税

〖答〗实务中关于员工年会的中奖收入适用的征收项目有两种观点,如表380所示。

表380 适用征收项目的两种观点

项目	适用项目	原因	观点持有方
观点一	工资薪金所得	中奖收入是由于员工受雇取得	泰州税务机关、怀化税务机关、佛山税务机关、南京税务机关
观点二	偶然所得	中奖具有偶然性	天台税务机关、青岛税务机关、绍兴税务机关

注:对于以上两种观点,笔者更支持观点一,因为年会中员工的奖品一般较丰厚且覆盖范围广,按照工资薪金所得征税更符合业务的实质。实务工作中还请咨询当地主管税务机关。

《中华人民共和国个人所得税法实施条例》第六条第一项、第九项

工资、薪金所得,是指个人因任职或者受雇取得的工资、薪金、奖金、年终加薪、劳动分红、津贴、补贴以及与任职或者受雇有关的其他所得。

偶然所得,是指个人得奖、中奖、中彩以及其他偶然性质的所得。

问题659 个人取得有奖储蓄中奖收入如何计缴个税

〖答〗《国家税务总局关于有奖储蓄中奖收入征收个人所得税问题的批复》(国税函发〔1995〕98号)规定:"个人参加有奖储蓄取得的各种形式的中奖所得,属于机遇性的所得,应按照个人所得税法中'偶然所得'应税项目的规定征收个人所得税。虽然这种中奖所得具有银行储蓄利息二次分配的特点,但对中奖个人而言,已不属于按照国家规定利率标准取得的存款利息所得性质。支付该项所得的各级银行部门是税法规定的代扣代缴义务人,在其向个人支付有奖储蓄中奖所得时应按'偶然所得'应税项目扣缴个人所得税税款。"

问题 660　个人取得人民政府发放的奖金是否计缴个税

〖答〗个人取得人民政府发放的奖金是否计缴个税应区分不同的情形,如表 381 所示。

表 381　奖金需缴纳个税情形汇总表

发放单位	征免规定
省级人民政府	免征
省级以下人民政府及其所属部门	征收

政策依据

一、《中华人民共和国个人所得税法》第四条第一项

下列各项个人所得,免征个人所得税:

(一)省级人民政府、国务院部委和中国人民解放军军以上单位,以及外国组织、国际组织颁发的科学、教育、技术、文化、卫生、体育、环境保护等方面的奖金。

二、《国家税务总局关于个人取得的奖金收入征收个人所得税问题的批复》(国税函〔1998〕293 号)

根据《中华人民共和国个人所得税法实施条例》的规定,个人因在各行各业做出突出贡献而从省级以下人民政府及其所属部门取得的一次性奖励收入,不论其奖金来源于何处,均不属于税法所规定的免税范畴,应按"偶然所得"项目征收个人所得税。

问题 661　个人在境外取得博彩所得需缴纳个税吗

〖答〗博彩收入属于"偶然所得"的征收范围。《财政部 税务总局关于境外所得有关个人所得税政策的公告》(财政部 税务总局公告 2020 年第 3 号)规定,中国境外企业、其他组织以及非居民个人支付且负担的偶然所得为来源于境外的所得。因此境外取得的博彩收入属于来源于境外的所得,应该区分纳税人的性质来确定是否征税,如表 382 所示。

表 382　境外博彩所得征税情况分析表

纳税人	纳税义务	境外博彩收入是否征税
居民个人	境内所得＋境外所得	征税
非居民个人	境内所得	不征税

政策依据

一、《财政部 税务总局关于境外所得有关个人所得税政策的公告》(财税 2020 年第 3 号)第一条第八项

下列所得,为来源于中国境外的所得:

(八)中国境外企业、其他组织以及非居民个人支付且负担的偶然所得

二、《个人在境外取得博彩所得征收个人所得税问题》(国税函〔1995〕663 号)

根据《中华人民共和国个人所得税法实施条例》的法规,中彩所得属于"偶然所得"应税项目,适用比例税率 20%。

因此,江门市周某在澳门葡京娱乐场摇老虎机博彩所得应依照税法法规全额按 20%比例税率计算缴纳个人所得税。

问题 662　个人提供担保获得收入需缴纳个税吗

〖答〗根据《财政部 税务总局关于个人取得有关收入适用个人所得税应税所得项目的公

告》(财政部 税务总局公告2019年第74号)第一条的规定,个人为单位或他人提供担保获得收入,按照"偶然所得"项目计算缴纳个人所得税。

(二)税额计算

问题663 个人取得有奖发票的奖金如何计缴个税

〖答〗有奖发票的奖金需根据金额大小判断是否缴税,如表383所示。

表383 有奖发票奖金的征免情况

单张发票金额	征免情况
不超过800元	暂免征收
超过800元	按照偶然所得征收

政策依据

《财政部 税务总局关于个人取得有奖发票奖金征免个人所得税问题》(财税〔2007〕34号)第一条

个人取得单张有奖发票奖金所得不超过800元(含800元)的,暂免征收个人所得税;个人取得单张有奖发票奖金所得超过800元的,应金额按照个人所得税法规定的"偶然所得"目征收个人所得税。

案例127

小松在某餐厅消费取得两张有奖发票,一张的金额为500元,另一张的金额为1 000元。请问小松应该如何扣缴个税?

〖答〗有奖发票的奖金应该按照偶然所得纳税,税率为20%。

小松取得的500元的有奖发票奖金由于未超过800元限额,暂免征收个税;取得1 000元的奖金应该缴纳个税。应纳税额=1 000×20%=200元。

该餐厅应该代扣代缴税款200元。

问题664 个人取得彩票中奖收入如何计缴个税

〖答〗个人取得彩票中奖收入的征免规定如表384所示。

表384 彩票中奖收入的征免情况

彩票种类	一次中奖收入	征免情况
1. 社会福利有奖募捐奖券 2. 体育彩票	不超过10 000元	暂免征收
	超过10 000元	全额按照偶然所得征收

政策依据

一、《国家税务总局关于社会福利有奖募捐发行收入税收问题的通知》(国税发〔1994〕127号)第二条第二款

对个人购买社会福利有奖募捐奖券一次中奖收入不超过10 000元的暂免征收个人所得税,对一次中奖收入超过10 000元的,应按税法规定全额征税。

二、《财政部 国家税务总局关于个人取得体育彩票中奖所得征免个人所得税问题的通知》(财税字〔1998〕12号)

……

凡一次中奖收入不超过 1 万元的,暂免征收个人所得税;超过 1 万元的,应按税法规定全额征收个人所得税。

问题 665　个人无偿受赠房屋如何计缴个税

〖答〗个人无偿受赠房屋应区分不同情形来确定如何计缴个税,具体分析如表 385 所示。

表 385　个人无偿受赠房屋个税详解

征免规定	适用情形	应纳税所得额	应纳税额	免税资料
不征税	1. 赠与配偶、父母、子女、祖父母、外祖父母、孙子女、外孙子女、兄弟姐妹	—		1. 双方有效身份证件 2. 亲属关系的公证书(原件) 3. 抚养关系或者赡养关系公证书(原件)或证明
	2. 赠与对其承担直接抚养或者赡养义务的抚养人或者赡养人			
	3. 法定继承人、遗嘱继承人或者受遗赠人取得			
按照偶然所得征税	除不征税情形外的其他情形	赠与合同上的房屋价值—相关税费(未注明房屋价值或价值偏低的,税务机关核定)	应纳税所得额×20%	—

政策依据

一、《财政部　税务总局关于个人取得有关收入适用个人所得税应税所得项目的公告》(财税 2019 年第 74 号)第二条

房屋产权所有人将房屋产权无偿赠与他人的,受赠人因无偿受赠房屋取得的受赠收入,按照"偶然所得"项目计算缴纳个人所得税。按照《财政部　国家税务总局关于个人无偿受赠房屋有关个人所得税问题的通知》(财税〔2009〕78 号)第一条规定,符合以下情形的,对当事双方不征收个人所得税:

(一)房屋产权所有人将房屋产权无偿赠与配偶、父母、子女、祖父母、外祖父母、孙子女、外孙子女、兄弟姐妹;

(二)房屋产权所有人将房屋产权无偿赠与对其承担直接抚养或者赡养义务的抚养人或者赡养人;

(三)房屋产权所有人死亡,依法取得房屋产权的法定继承人、遗嘱继承人或者受遗赠人。

前款所称受赠收入的应纳税所得额按照《财政部　国家税务总局关于个人无偿受赠房屋有关个人所得税问题的通知》(财税〔2009〕78 号)第四条规定计算。

二、《财政部　国家税务总局关于个人无偿受赠房屋有关个人所得税问题的通知》(财税〔2009〕78 号)第二条、第四条

第二条　赠与双方办理免税手续时,应向税务机关提交以下资料:

(一)《国家税务总局关于加强房地产交易个人无偿赠与不动产税收管理有关问题的通知》(国税发〔2006〕144 号)第一条规定的相关证明材料;

(二)赠与双方当事人的有效身份证件;

(三)属于本通知第一条第(一)项规定情形的,还须提供公证机构出具的赠与人和受赠人亲属关系的公证书(原件);

(四)属于本通知第一条第(二)项规定情形的,还须提供公证机构出具的抚养关系或者赡养关系公证书(原件),或者乡镇政府或街道办事处出具的抚养关系或者赡养关系证明。

税务机关应当认真审核赠与双方提供的上述资料,资料齐全并且填写正确的,在提交的《个人无偿赠与不动产登记表》上签字盖章后复印留存,原件退还提交人,同时办理个人所得税不征税手续。

第四条 对受赠人无偿受赠房屋计征个人所得税时,其应纳税所得额为房地产赠与合同上标明的赠与房屋价值减除赠与过程中受赠人支付的相关税费后的余额。赠与合同标明的房屋价值明显低于市场价格或房地产赠与合同未标明赠与房屋价值的,税务机关可依据受赠房屋的市场评估价格或采取其他合理方式确定受赠人的应纳税所得额。

案例 128

2020年10月小松将一套房产赠给曾经帮助过他的小梅。该房屋的市场价格为105万元,赠与合同上注明的房产价值为100万元,赠与过程中小梅支付相关税费5万元,假定不考虑其他税费。

请问该笔所得应该如何扣缴个税?

〖答〗小梅无偿受赠房屋的收入不属于规定的不征税的情形,应该按照偶然所得计算缴纳个人所得税。

本例中合同上注明的房产价值低于该房屋的市场价格部分占比4.76%,通常来说,低于税法规定的"明显低于市场价格"的界定比例,故采用凭证上注明的房屋价值来计算应纳税所得额。

应纳税所得额=合同上注明的房产价值-受赠人支付的相关税费=100-5=95(万元)
应缴纳个人所得税=95×20%=19(万元)

小松应该作为扣缴义务人扣缴19万元的税款。

问题666 企业向非雇员的个人赠送礼品如何扣缴个税

〖答〗企业向非雇员的个人赠送礼品应该区分不同的情形来确定扣缴个税方法,具体分析如表386所示。

表386 企业向非雇员的个人赠送礼品扣缴个税方法

征免规定	适用情形	判断要点	应纳税所得额	应纳税额
按照偶然所得扣缴	1. 企业在业务宣传、广告等活动中,随机向本单位以外的个人赠送	赠品与销售商品(服务)可明确区分,且获得赠品具有偶然性	1. 自产:市场销售价格 2. 外购:购置价格	应纳税所得额×20%
	2. 企业在年会、座谈会、庆典以及其他活动中向本单位以外的个人赠送			
	3. 累积消费达到一定额度的顾客,给予额外抽奖机会,个人的获奖所得			
不扣缴	1. 企业在业务宣传、广告等活动企业通过价格折扣、折让方式向个人销售商品(产品)和提供服务	具有价格折扣或折让性质	—	
	2. 企业在向个人销售商品(产品)和提供服务的同时给予赠品			
	3. 企业对累积消费达到一定额度的个人按消费积分反馈礼品			

一、《财政部 国家税务总局关于企业促销展业赠送礼品有关个人所得税问题的通知》(财税〔2011〕50

号)第一条、第二条第三项、第三条

第一条 企业在销售商品(产品)和提供服务过程中向个人赠送礼品,属于下列情形之一的,不征收个人所得税:

1.企业通过价格折扣、折让方式向个人销售商品(产品)和提供服务;

2.企业在向个人销售商品(产品)和提供服务的同时给予赠品,如通信企业对个人购买手机赠话费、入网费,或者购话费赠手机等;

3.企业对累积消费达到一定额度的个人按消费积分反馈礼品。

第二条 3.企业对累积消费达到一定额度的顾客,给予额外抽奖机会,个人的获奖所得,按照"偶然所得"项目,全额适用20%的税率缴纳个人所得税。

第三条 企业赠送的礼品是自产产品(服务)的,按该产品(服务)的市场销售价格确定个人的应税所得;是外购商品(服务)的,按该商品(服务)的实际购置价格确定个人的应税所得。

二、《财政部 税务总局关于个人取得有关收入适用个人所得税应税所得项目的公告》(财税〔2019〕74号)第三条第一款

企业在业务宣传、广告等活动中,随机向本单位以外的个人赠送礼品(包括网络红包,下同),以及企业在年会、座谈会、庆典以及其他活动中向本单位以外的个人赠送礼品,个人取得的礼品收入,按照"偶然所得"项目计算缴纳个人所得税,但企业赠送的具有价格折扣或折让性质的消费券、代金券、抵用券、优惠券等礼品除外。

案例 129

梅松公司"双十一"组织抽奖活动,有100人获得按摩椅,50人获得扫地机器人。按摩椅为外购产品,外购价格800元/个,扫地机器人为梅松公司的自产产品,市场销售价格1 200元/个。

请问梅松公司应如何计缴个税?

〖答〗梅松公司在促销活动中赠与本单位以外的个人的赠品应该按照偶然所得代扣代缴个税。

按摩椅每人应该代扣代缴个税=800×20%=160(元)

扫地机器人每人应该代扣代缴个税=1 200×20%=240(元)

问题667 个人取得房屋、汽车等免费使用权如何计缴个税

〖答〗个人取得房屋、汽车等免费使用权计税方式如表387所示。

表387 免费使用权个税计缴方式

所得性质	征免规定	应纳税所得额		应纳税额
实物	按照偶然所得计税	有凭证	凭证上注明的价格	应纳税所得额×20%
		无凭证或凭证上所注明的价格明显偏低的	参照市场价格核定	

注:根据个人所得税法立法精神,个人取得的实物使用权也属于取得实物所得。

政策依据

一、《中华人民共和国个人所得税法实施条例》第八条

个人所得的形式,包括现金、实物、有价证券和其他形式的经济利益;所得为实物的,应当按照取得的凭证上所注明的价格计算应纳税所得额,无凭证的实物或者凭证上所注明的价格明显偏低的,参照市场价格核定

应纳税所得额;所得为有价证券的,根据票面价格和市场价格核定应纳税所得额;所得为其他形式的经济利益的,参照市场价格核定应纳税所得额。

二、《国家税务总局关于用使用权作奖项征收个人所得税问题的批复》(国税函〔1999〕549号)

你省外商投资企业福州元洪城举办购物有奖活动,规定特等奖为一套住房的10年免费使用权(10年内可以由中奖者自住,也可出租,10年后归还房子),一等奖为一部桑塔纳轿车的10年免费使用权。从以上情况可以看出,消费者取得了实物的使用权,可以运用该使用权获取收入或节省费用,使用权实质上是实物形态所得的表现形式。根据个人所得税法立法精神,个人取得的实物所得含取得所有权和使用权的所得。

因此,可以认定消费者取得上述住房、汽车的免费使用权,不管是自用或出租,已经取得了实物形式的所得,应按照"偶然所得"应税项目缴纳个人所得税,税款由提供住房、汽车的企业代扣代缴。主管税务机关可根据个人所得税法实施条例第10条规定的原则,结合当地实际情况和所获奖品合理确定应纳税所得额。

问题668　个人取得不竞争款项如何计缴个税

〖答〗个人取得的不竞争款项所得按照偶然所得计征个税,由支付方在支付时代扣代缴。

不竞争款项指资产购买方企业与资产出售方企业自然人股东之间在资产购买交易中,通过签订保密和不竞争协议等方式,约定资产出售方企业自然人股东在交易完成后一定期限内,承诺不从事有市场竞争的相关业务,并负有相关技术资料的保密义务,资产购买方企业则在约定期限内,按一定方式向资产出售方企业自然人股东所支付的款项。

《财政部　国家税务总局关于企业向个人支付不竞争款项征收个人所得税问题的批复》(财税〔2007〕102号)

……

根据《中华人民共和国个人所得税法》第二条第十一项有关规定,鉴于资产购买方企业向个人支付的不竞争款项,属于个人因偶然因素取得的一次性所得,为此,资产出售方企业自然人股东取得的所得,应按照《中华人民共和国个人所得税法》第二条第十项"偶然所得"项目计算缴纳个人所得税,税款由资产购买方企业在向资产出售方企业自然人股东支付不竞争款项时代扣代缴。

案例130

小松将自己持有的一项专利技术使用权作价80万元出售给了税台公司,同时还签订了不竞争协议,协议规定小松在5年内不得向其他人透露该项技术内容,不得从事相关技术的生产经营。同时小松收到税台公司支付的不竞争款20万元。

请问小松取得的不竞争款如何计缴个人所得税?

〖答〗小松取得的不竞争款项属于具有偶然性的一次性所得,应该按照偶然所得计缴个税。

应纳税额=200 000×20%=40 000(元)

该项所得应由税台公司支付时代扣代缴。

第三节　税收优惠

一、概述

《中华人民共和国个人所得税法》第四条第一项规定,省级人民政府、国务院部委和中国人民解放军军以上单位,以及外国组织、国际组织颁发的科学、教育、技术、文化、卫生、体育、环境

保护等方面的奖金免征个税。

个人取得奖金收入应该判断是否满足法定的免税条件以确定是否免征个税。同时,相关法规也对具体的情形进行了明确。

二、要点难点

问题669　个人取得哪些教育奖金可以免缴个税

〖答〗教育奖金的免税情形如表388所示。

表388　教育奖金免税情形汇总表

序号	免税项目	相应政策
1	特聘教授获得"长江学者成就奖"的奖金	国税函〔1998〕632号第二条
2	教育部颁发的"特聘教授奖金"	国税函〔1999〕525号第一条
3	"曾宪梓教育基金会教师奖"奖金	国税函发〔1994〕376号第二条

 政策依据

一、《国家税务总局关于"长江学者奖励计划"有关个人收入免征个人所得税的通知》(国税函〔1998〕632号)第二条

为了鼓励特聘教授积极履行岗位职责,带领本学科在其前沿领域赶超或保持国际先进水平,对特聘教授获得"长江学者成就奖"的奖金,可视为国务院部委颁发的教育方面的奖金,免予征收个人所得税。

二、《国家税务总局关于"特聘教授奖金"免征个人所得税的通知》(国税函〔1999〕525号)第一条

根据个人所得税法第四条第一项的有关规定,对教育部颁发的"特聘教授奖金"免予征收个人所得税。

三、《国家税务总局关于曾宪梓教育基金会教师奖免征所得税的函》(国税函发〔1994〕376号)第二条

曾宪梓教育基金会致力于发展中国的教育事业,评选教师奖具有严格的程序,奖金由国家教委颁发,根据个人所得税法第四条的规定,对个人获得曾宪梓教育基金会教师奖的奖金,可视为国务院部委颁发的教育方面的奖金,免予征收个人所得税。

问题670　个人取得哪些科技奖金可以免缴个税

〖答〗科技奖金的免税情形如表389所示。

表389　科技奖金免税情形汇总表

序号	免税项目	相应政策
1	"明天小小科学家"奖金	国家税务总局公告2012年第28号
2	第五届及以后"黄汲清青年地质科学技术奖"奖金	国家税务总局公告2012年第4号
3	"刘东生青年科学家奖""刘东生地球科学奖"奖金	国税函〔2010〕74号
4	"陈嘉庚科学奖"奖金	国税函〔2006〕561号
5	"长江小小科学家"奖金	国税函〔2000〕688号

政策依据

一、《国家税务总局关于明天小小科学家奖金免征个人所得税问题的公告》(总局公告2012第28号)
……

根据《中华人民共和国个人所得税法》第四条第一项关于国务院部委颁发的教育等方面的奖金免征个人所得税的规定,对学生个人参与"明天小小科学家"活动获得的奖金,免予征收个人所得税。

二、《国家税务总局关于第五届黄汲清青年地质科学技术奖奖金免征个人所得税问题的公告》(总局公告2012第4号)

……

根据《中华人民共和国个人所得税法》第四条第一项关于国务院部委颁发的科学、教育、技术等方面的奖金免征个人所得税的规定,对第五届黄汲清青年地质科学技术奖获奖者(详见附件)所获奖金,免予征收个人所得税。

……

在以后年度评选出的上述奖项奖金收入,一律按照个人所得税法的有关规定直接免予征收个人所得税,无须报送审批。

三、《国家税务总局关于刘东生青年科学家奖和刘东生地球科学奖学金获奖者奖金免征个人所得税的通知》(国税函〔2010〕74号)

根据《中华人民共和国个人所得税法》第四条第(一)项规定,对中国科学院首届"刘东生青年科学家奖"、"刘东生地球科学奖学金"的奖金收入免予征收个人所得税。

为了贯彻行政审批制度改革精神,对中国科学院严格按照刘东生地球科学基金章程及评奖办法,在以后年度评选出的上述奖项奖金收入,一律按照个人所得税法的有关规定直接免予征收个人所得税,无须报送审批;如果主办单位和评奖办法以后年度发生变化的,主办单位应重新报国家税务总局审核确认。

四、《国家税务总局关于陈嘉庚科学奖获奖个人取得的奖金收入免征个人所得税的通知》(国税函〔2006〕561号)

根据《中华人民共和国个人所得税法》第四条第一款的规定,对陈嘉庚科学奖2006年度获奖者个人取得的奖金收入(见附件),免予征收个人所得税。

在陈嘉庚科学奖业务主管、组织结构、评选办法不变的情况下,以后年度的陈嘉庚科学奖获奖个人的奖金收入,可根据《中华人民共和国个人所得税法》第四条第一款的规定,继续免征个人所得税。

五、《国家税务总局关于"长江小小科学家"奖金免征个人所得税的通知》(国税函〔2000〕688号)规定

……

根据《中华人民共和国个人所得税法》第四条第一款关于国务院部委颁发的科学等方面的奖金免税的规定,对学生个人参与"长江小小科学家"活动并获得的奖金,免予征收个人所得税。

问题 671 个人取得哪些其他奖金可以免缴个税

【答】个人取得其他奖金的免税情形如表390所示。

表390 其他奖金免税情形汇总表

序号	免税项目	相应政策
1	中华宝钢环境优秀奖奖金	国税函〔2010〕130号
2	"母亲河(波司登)奖"奖金	国税函〔2003〕961号
3	"国际青少年消除贫困奖"的奖金	财税字〔1997〕51号
4	符合条件的见义勇为者的奖金或奖品	财税字〔1995〕25号
5	个人举报、协查各种违法、犯罪行为而获得的奖金	财税字〔1994〕20号第二条第四项

一、《关于中华宝钢环境优秀奖奖金免征个人所得税问题的通知》(国税函〔2010〕130号)

根据《中华人民共和国个人所得税法》第四条第一项有关规定,对第六届中华宝钢环境优秀奖获奖者个人

所获奖金（详见附件），免予征收个人所得税。

为贯彻行政审批制度改革精神，对中华环境保护基金会严格按照中华环境奖评奖办法，在以后年度评选出的上述奖项奖金收入，一律按照个人所得税法的有关规定直接免予征收个人所得税，无须报送审批。主办单位和评奖办法以后年度发生变化的，主办单位应重新报国家税务总局审核确认。

二、《国家税务总局关于个人取得"母亲河（波司登）奖"奖金所得免征个人所得税问题的批复》（国税函〔2003〕961号）

中国青年乡镇企业家协会是共青团中央直属的社会团体，其组织评选的"母亲河（波司登）奖"是经共青团中央、全国人大环资委、国家环保总局等九部门联合批准设立的环境保护方面的奖项。依据《中华人民共和国个人所得税法》第四条第一款规定，该奖项可以认定为国务院部委颁发的环境保护方面的奖金。个人取得的上述奖金收入，免予征收个人所得税。

三、《国际青少年消除贫困奖免征个人所得税》（财税字〔1997〕51号）

考虑到"国际青少年消除贫困奖"是由联合国开发计划署和中国青少年发展基金会共同设立，旨在表彰奖励在与贫困作斗争中取得突出成绩的青少年，根据《中华人民共和国个人所得税法》第四条第一款的规定，特对个人取得的"国际青少年消除贫困奖"，视同从国际组织取得的教育、文化方面的奖金，免予征收个人所得税。

四、《财政部 国家税务总局关于发给见义勇为者的奖金免征个人所得税问题的通知》（财税字〔1995〕25号）

为了鼓励广大人民群众见义勇为，维护社会治安，对乡、镇（含乡、镇）以上人民政府或经县（含县）以上人民政府主管部门批准成立的有机构、有章程的见义勇为基金会或者类似组织，奖励见义勇为者的奖金或奖品，经主管税务机关核准，免予征收个人所得税。

五、《财政部 国家税务总局关于个人所得税若干政策问题的通知》（财税字〔1994〕20号）规定第二条第四项

二、下列所得暂免征收个人所得税

（四）个人举报、协查各种违法、犯罪行为而获得的奖金。

第四节　纳税申报

一、自行申报

问题672　自行申报适用情形

纳税人取得偶然所得但没有扣缴义务人的（如拾得财物所得），在取得所得的次月十五日内向税务机关报送申报表，并缴纳税款。或者有扣缴义务人但未扣缴税款的，以及国务院规定的其他情形的，在取得所得的次年6月30日前就其个人所得向主管税务机关申报并缴纳税款。税务机关通知限期缴纳，纳税人应当按照期限缴纳税款。

偶然所得与其他分类所得的自行申报流程、报送资料等一致，详见第七章第四节。

二、代扣代缴申报

问题673　代扣代缴申报流程

个人所得税以向个人支付所得的单位或者个人为扣缴义务人。纳税人取得偶然所得，有扣缴义务人的，由扣缴义务人按次代扣代缴税款。扣缴义务人每次预扣、代扣的税款，应当在次月十五日内缴入国库，并向税务机关报送扣缴个人所得税申报表。

偶然所得与其他分类所得的代扣代缴申报流程、报送资料等一致，详见第七章第四节。

三、自然人电子税务局扣缴客户端申报

问题674　自然人电子税务局扣缴客户端申报流程

纳税人通过自然人税收管理系统（扣缴客户端）办理偶然所得代扣代缴流程如下：

首页功能菜单点击【分类所得申报】，进入"一般分类所得代扣代缴申报"页面，页面上方为申报主流程导航栏，根据【1 收入及减除填写】【2 附表填写】【3 申报表报送】三步流程完成分类所得代扣代缴申报。其中【2 附表填写】【3 申报表报送】可查阅第七章第四节，这里仅就【1 收入及减除填写】进行讲解，如图 404 所示。

图 404　分类所得申报填写

点击"填写"按钮，进入【1 收入及减除填写】填写界面，如图 405 和图 406 所示。

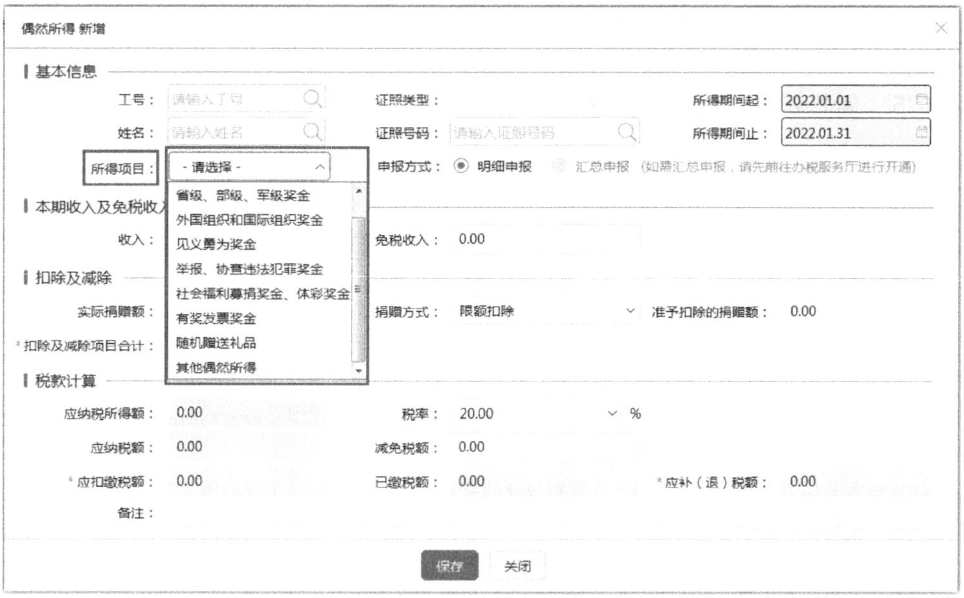

图 405　收入及减除填写

图 406　收入及减除填写

依次完善基本信息,"所得项目"处按照实际情况进行选择,"收入""免税收入""实际捐赠额"和"捐赠方式"等据实填写,若不清楚填写口径,可将鼠标移至项目文字出,会显示出口径填写说明。

有减免税额的同时应该填列相应的附表。

注意事项:

【实际捐赠额】:填写当月收入中实际捐赠的金额。

【捐赠方式】:默认"限额扣除",可下拉选择"限额扣除""全额扣除"或"混合"。个人将其所得对教育、扶贫、济困等公益慈善事业进行捐赠,捐赠额未超过纳税人申报的应纳税所得额百分之三十的部分,可从其应纳税所得额中扣除,选择"限额扣除";国务院规定对公益慈善事业捐赠实行全额税前扣除的,选择"全额扣除"。

问题 675　偶然所得税收政策汇总

表 391　偶然所得税收政策汇总

序号	政策文件名称	文号
1	《中华人民共和国个人所得税法》	—
2	《中华人民共和国个人所得税法实施条例》	—
3	《财政部 税务总局关于境外所得有关个人所得税政策的公告》	财税〔2020〕3 号
4	《财政部 税务总局关于个人取得有关收入适用个人所得税应税所得项目的公告》	财税〔2019〕74 号
5	《国家税务总局关于加强网络红包个人所得税征收管理的通知》	税总函〔2015〕409 号
6	《国家税务总局关于明天小小科学家奖金免征个人所得税问题的公告》	国家税务总局公告 2012 年第 28 号
7	《国家税务总局关于第五届黄汲清青年地质科学技术奖奖金免征个人所得税问题的公告》	国家税务总局公告 2012 年第 4 号

(续表)

序号	政策文件名称	文号
8	《财政部 国家税务总局关于企业促销展业赠送礼品有关个人所得税问题的通知》	财税〔2011〕50号
9	《国家税务总局关于刘东生青年科学家奖和刘东生地球科学奖学金获奖者奖金免征个人所得税的通知》	国税函〔2010〕74号
10	《关于中华宝钢环境优秀奖奖金免征个人所得税问题的通知》	国税函〔2010〕130号
11	《财政部 国家税务总局关于个人无偿受赠房屋有关个人所得税问题的通知》	财税〔2009〕78号
12	《财政部 税务总局关于个人取得有奖发票奖金征免个人所得税问题》	财税〔2007〕34号
13	《财政部 国家税务总局关于企业向个人支付不竞争款项征收个人所得税问题的批复》	财税〔2007〕102号
14	《国家税务总局关于陈嘉庚科学奖获奖个人取得的奖金收入免征个人所得税的通知》	国税函〔2006〕561号
15	《国家税务总局关于个人取得"母亲河（波司登）奖"奖金所得免征个人所得税问题的批复》	国税函〔2003〕961号
16	《国家税务总局关于"长江小小科学家"奖金免征个人所得税的通知》	国税函〔2000〕688号
17	《国家税务总局关于用使用权作奖项征收个人所得税问题的批复》	国税函〔1999〕549号
18	《国家税务总局关于"特聘教授奖金"免征个人所得税的通知》	国税函〔1999〕525号
19	《国家税务总局关于"长江学者奖励计划"有关个人收入免征个人所得税的通知》	国税函〔1998〕632号
20	《国际青少年消除贫困奖免征个人所得税》	财税字〔1997〕51号
21	《国家税务总局关于有奖储蓄中奖收入征收个人所得税问题的批复》	国税函发〔1995〕98号
22	《财政部 国家税务总局关于发给见义勇为者的奖金免征个人所得税问题的通知》	财税字〔1995〕25号
23	《国家税务总局关于运动队队歌征集大奖赛获奖作者的奖金征收个人所得税的复函》	国税函发〔1994〕448号
24	《国家税务总局关于社会福利有奖募捐发行收入税收问题的通知》	国税发〔1994〕127号
25	《国家税务总局关于曾宪梓教育基金会教师奖免征个人所得税的函》	国税函发〔1994〕376号
26	《财政部 国家税务总局关于个人所得税若干政策问题的通知》	财税字〔1994〕20号

第九章

纳 税 筹 划

第一节　个人所得税筹划方法简述

纳税筹划,广义上讲,是指对经济业务或事项所做的全面税务计划和安排,狭义上讲,是指对经济业务或事项出于节税的目的而在几种合法方案中所做的优化选择,以使企业所获价值最大化。本书所讲纳税筹划,指的是狭义范围的纳税筹划,纳税筹划思维导图如图407所示。

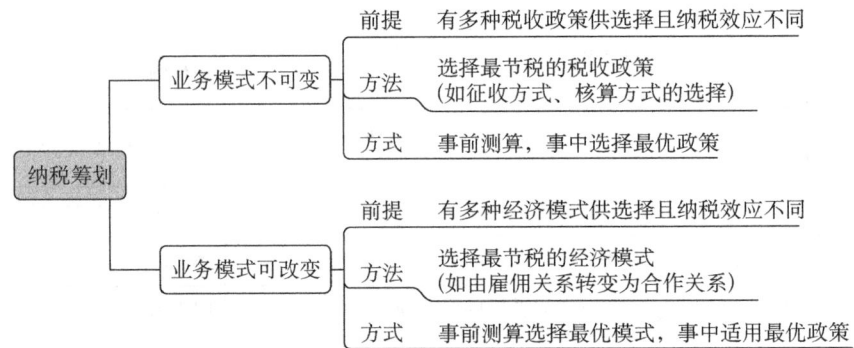

图407　纳税筹划思维导图

纳税筹划与偷逃抗骗税有着明显的不同,差异如表392所示。

表392　纳税筹划与偷逃抗骗税的区别

项目	法律性质	影响
纳税筹划	合法,或至少不违法	节税,为企业带来价值增加,无违法风险
偷逃抗骗税	违法,甚至是犯罪	节税,同时为企业及相关人员带来风险

表393是个人所得税税收筹划的常见思路及方法。

表393　个人所得税税收筹划思路及方法

序号	思路	方法	原理	原理的索引章节
1	变通纳税人的身份	个人独资企业和一人有限公司的选择	两者缴纳税种不同,税负不同	第四章
2		有限合伙企业和有限责任公司的选择		第四章
3		股权激励搭建持股平台时,通常选择有限合伙企业比有限责任公司更节税		第三章、第四章、第六章、第七章
4		企业高管成立个人独资企业,由雇佣关系转变为合作关系	核定征收情况下,个人独资企业综合税负率低于自然人综合所得的税负率	第三章、第四章
5		高收入的自由职业者成立个人独资企业,由劳务关系转变为合作关系		
6		无住所个人注意居住时间的把握,避免成为居民个人	居民个人和非居民个人的纳税义务不同	第二章

(续表)

序号	思路	方法	原理	原理的索引章节
7	享受税收优惠政策	企业为员工足额缴纳五险一金	符合条件的五险一金免税	第三章
8		企业为员工购买商业保险	符合条件的商业健康保险免税	第三章
9		家庭配置理财时多购买国债、保险	国债利息、保险赔款免征个税	第二章
10		将外籍个人的工资拆分出住房补贴、伙食补贴、子女教育费等部分	外籍个人的8项补贴符合条件的免税	第三章
11		外商投资企业将外籍高管吸收为公司的股东,工资转化为股息、红利	外籍个人从外商投资企业取得的股息、红利所得免税	第六章
12		将工资薪金转换为股权激励	① 非上市公司符合条件的股权激励可递延纳税,且转让时按照"财产转让所得"20%税率征税 ② 上市公司股权激励适当延长了纳税期限	第三章、第七章
13		个人持有上市公司股票的期限尽量超过一年	持股期限超过1年的,股息红利所得暂免税;1个月以上至1年(含1年)的,减半征收	第六章
14		转让房屋时注意持有时间的把握,尽量持有满5年	个人转让自用满5年且唯一的家庭生活用房所得免税	第七章
15		符合条件的奖金等可申请免税	符合条件的奖金所得免税	第八章
16	利用税率的差别性	企业将高管吸收为公司的股东,工资转化为股息、红利	股息、红利所得20%的税率远低于高管工资薪金适用的税率	第三章、第六章
17		在税收洼地成立个人独资企业或合伙企业	税收洼地核定征收的比例较低,且有一定程度的税收返还和扶持奖励等	第四章
18	警惕临界点的突变性	年终奖的税收筹划	年终奖特殊的计算方式	第三章
19	调整应纳税所得额	公司提供午餐服务、班车接送服务等将部分工资转换成福利	一般情况下集体享受的、不可分割的、未向个人量化的非现金方式的福利不征税	第三章
20		劳务报酬、稿酬、特许权使用费所得尽量分次、分年,避免出现收入一次性畸高	收入越高,可能适用税率越高,缴纳税款越高	第三章
21		提供劳务报酬或稿酬时,由支付方承担交通费等费用	减少取得收入,降低应纳税所得额	第三章
22		夫妻双方合理分摊专项附加扣除	部分专项附加扣除可由一方扣除也可由双方分别扣除	第三章
23		利用捐赠额进行税前抵减	符合条件的捐赠可全额或在应纳税所得额30%限度内税前扣除	第三章
24		合伙企业增加自己的妻子孩子为合伙人	合伙企业"先分后税",分摊至每个纳税人的经营所得变小,适用的税率变低	第四章
25		合理安排房屋修缮的时间,合理确定租金收入	修缮支出限额内可扣除,合理确定租金收入可降低应纳税所得额	第五章
26		转让专利权时考虑是否技术入股	技术入股可递延纳税	第七章

(续表)

序号	思路	方法	原理	原理的索引章节
27	调整应纳税所得额	限售股转让和房屋转让时筹划是否提供原值凭证	不能提供真实完整的原值凭证的,税务机关核定征收,税率可能低于查账征收	第七章
28		股权转让定价筹划	不同的转让价格影响应纳税所得额,影响缴纳税款	第七章
29	选择无需纳税的业务模式	促销活动中多采用具有价格折扣或折让性质的礼品的形式	企业赠送的具有价格折扣或折让性质的消费券、代金券、抵用券、优惠券等礼品不按照偶然所得计税	第八章

第二节　个人所得税筹划方法详解

问题 676　一人有限公司和个人独资企业在税收上如何选择

个人投资者成立公司缴纳税费的情况,首先取决于公司的类型。

一人有限公司,主要缴纳增值税和企业所得税,投资者收到公司分配的利润时,按照 20% 的税率缴纳个人所得税。企业所得税的法定税率为 25%,符合财政部 税务总局公告 2023 年第 12 号规定的小型微利企业条件的,按照《财政部 税务总局关于进一步支持小微企业和个体工商户发展有关税费政策的公告》(财政部 税务总局公告 2023 年第 12 号)最新规定,截至 2027 年 12 月 31 日,对小型微利企业年应纳税所得额不超过 300 万元的部分,减按 25% 计入应纳税所得额,按 20% 的税率缴纳企业所得税。

个人独资企业,主要缴纳增值税,投资者按照经营所得缴纳个人所得税。个人所得税的征税方式分为查账征收和核定征收。

一人有限公司的投资者和个人独资企业的投资者纳税情况不同,税负也有所不同,此时纳税人可以根据这些差异进行税收上的优化选择。

🔒 筹划方法

由于个人独资企业有查账征收和核定征收两种方式,应以两种方式分别与一人有限公司对比,作出优化选择。

1. 一人有限公司与个人独资企业(查账征收)的优化选择

由于一人有限公司与个人独资企业缴纳增值税上无差异,故综合税负分析两者都不考虑增值税的影响。所得税的税负分析如图 408 所示。

通过图 408 可得出如下的结

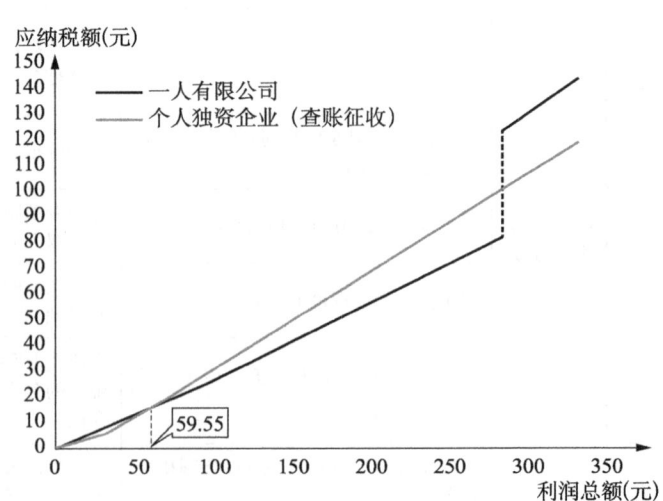

图 408　一人有限公司与个人独资企业(查账征收)所得税税负分析

论:按照现行的小型微利企业的税收优惠,一人有限公司与个人独资企业(查账征收)税收上的优化选择如表394所示。

表394 个人独资企业和一人有限公司税收上的优化选择

序号	利润总额(X,万元)	优化选择
1	X≤59.55	个人独资企业
2	59.55＜X≤300	一人有限公司
3	300＜X	个人独资企业

2. 一人有限公司与个人独资企业(核定征收)的优化选择

一人有限公司与个人独资企业缴纳增值税上无差异,故综合税负分析两者都不考虑增值税的影响。所得税方面,由于核定所得率无法确定,不能得出量化的结论,一般情况下,企业若能争取较低的核定所得率,则成立个人独资企业综合税负更低,是税收上的最优选择。

3. 考虑利润延迟分配的递延纳税效果

以上两种形式的对比都假设一人有限公司获得利润在当年直接向投资者分配。实际上,一人有限公司的利润可以延迟分配,具有递延纳税的效果,而个人独资企业无论是否分配利润,投资者都应该在当期缴纳个人所得税,不具有递延纳税的效果,这也是作出优化选择时需要考虑的一点。

案例 131

小松计划成立一家公司,预计年销售收入100万元,成本费用70万元,税收利润30万元。小松有以下两种方案:

方案一:成立一人有限责任公司,符合小型微利的条件,预计当年对利润全部进行分配。

方案二:成立个人独资企业。

请问哪个方案是税收上的最优选择?

〖答〗由于两种方案缴纳的增值税无差异,故综合税负分析都不考虑增值税的影响。企业的净利润30万元,若个人独资企业采用查账征收的方式,选择成立个人独资企业更节税,若个人独资企业采用核定征收的方式,需要根据具体情况分析。

小松的两种方案纳税情况分析如表395所示。

表395 两种方案纳税情况

项目	应纳税额(万元)	税后总收益(万元)
方案一	企业所得税:30×5％=1.5 个人所得税:(30-1.5)×20％=5.7 (注:小型微利企业应纳税所得额不超过300万元的部分实际税负为5％)	30-1.5-5.7=22.8
方案二	情形一:查账征收 个人所得税:30×20％-1.05=4.95 情形二:核定征收 个人所得税:100×10％×20％-1.05=0.95 (注:假设核定所得率10％)	情形一: 30-4.95=25.05 情形二: 30-0.95=29.05

综上所述,成立个人独资企业若采用查账征收,比一人有限公司节约税款1.65万元,若采用核定征收,比一人有限公司节约税款5.65万元,因此小松成立个人独资企业是税收上的最优选择。

问题677　有限责任公司和合伙企业在税收上如何选择

个人投资者成立公司缴纳税费的情况,首先取决于公司的类型。

有限责任公司,主要缴纳增值税和企业所得税,投资者收到公司分配的利润时,按照20%的税率缴纳个人所得税。企业所得税的法定税率为25%,符合财政部 税务总局公告2023年第12号规定的小型微利企业条件的,按照《财政部 税务总局关于进一步支持小微企业和个体工商户发展有关税费政策的公告》(财政部 税务总局公告2023年第12号)最新规定,截至2027年12月31日,对小型微利企业年应纳税所得额不超过300万元的部分,减按25%计入应纳税所得额,按20%的税率缴纳企业所得税。

合伙企业,主要缴纳增值税,投资者按照经营所得缴纳个人所得税。个人所得税的征税方式有两种,分别是查账征收和核定征收。

有限责任公司的投资者和合伙企业的投资者纳税情况不同,税负也有所不同,此时纳税人可以根据这些差异进行税收上的优化选择。

 筹划方法

有限责任公司和合伙企业之间纳税差异分析与问题676中一人有限公司和个人独资企业纳税差异分析类似。

但由于合伙企业经营所得的总体税负受各合伙人分配利润的比例影响,无法得出量化的结论,读者需根据实际情况结合表394所示的方法自行分析。一般情况下,合伙企业核定征收且核定所得率较低的情况下,成立有限合伙企业是税收上的最优选择。

值得注意的是,有限责任公司的利润可以延迟分配,具有递延纳税的效果,但合伙企业无论当期是否分配利润,合伙人都要按照经营所得纳税,无递延纳税的效果,这也是作出优化选择时需要考虑的一点。

问题678　基于股权激励搭建持股平台在税收上如何选择

股权激励是给予经营者公司股权,使他们能够以股东的身份参与企业决策、分享利润、承担风险,从而勤勉尽责地为公司的长期发展服务的激励方法。企业在股权激励时,可以选择由员工直接持股和搭建持股平台两种。员工直接持股存在对员工长期持股约束不足等缺点,实务中多数情况下采用搭建持股平台的方法。

搭建持股平台有两种模式:通过有限公司持股和通过合伙企业持股,由于两者在缴纳增值税上无差异,故税负分析都不考虑增值税的影响。两者在所得税上的差异,如表396所示。

表396　两种模式纳税情况

项目		通过有限公司持股	通过合伙企业持股
股权转让	税种	1. 公司缴纳25%企业所得税(满足条件的,可享受高新技术企业、小型微利企业税收优惠) 2. 投资者缴纳20%的个人所得税	自然人合伙人按5%至35%的超额累进税率征收个人所得税。
	综合税负率	按照25%企业所得税率计算的综合税负=1-(1-25%)(1-20%)=40% (享受税收优惠的需根据具体情况计算)	
股息红利		自然人股东缴纳20%的个人所得税	自然人股东缴纳20%的个人所得税

注:本表中所列综合税负率指综合企业所得税和个人所得税计算的指标。

 **筹划方法**

综上所述,合伙企业和有限责任公司税收上的区别主要在于持股平台转让公司股权环节。不考虑企业所得税税收优惠的情况下,通过合伙企业持股的总体税负低于通过有限公司持股的税负。若合伙企业采用核定征收且能够争取到较低的核定所得率时,税负将会大幅下降。因此,通过合伙企业持股在税收上是最优选择。

问题 679　高管的收入如何进行税收筹划

个人取得工资薪金所得适用 3%—45% 的超额累进税率。企业高管一般工资水平较高,适用的税率也较高。

个人独资企业主要缴纳增值税、附加税,投资者缴纳个人所得税。年销售额小于 500 万元的小规模纳税人增值税税率 3%,附加税税率 12.5% 左右(各地区不同)。投资者经营所得适用 5% 至 35% 的超额累进税率,经营所得的征收方式分为查账征收和核定征收。

由于高管的收入按照工资薪金纳税和高管成立个人独资企业纳税两者情况不同,税负也有所不同,此时纳税人可以根据这些差异进行税收上的优化选择。

 筹划方法

企业高管或高收入的员工可成立个人独资企业,将雇佣关系转变为合作关系。个人独资企业采用核定征收方式,且争取到较低的核定所得率时,税负远低于工资薪金所得的税负率。

利用个人独资企业筹划的重点是"核定征收",但目前很多地区对核定征收有所收紧,这是筹划中要注意的一点,同时还要关注地区税收政策变化所带来的风险。

 **132**

王先生目前是梅松公司的高管,年薪 300 万元,梅松公司按照工资薪金扣缴了个税。预计明年的年薪依然是 300 万元,王先生年薪收入明年有以下两种方案:

方案一:依旧由梅松公司按照工资薪金发放,代扣代缴个税。

方案二:王先生成立个人独资企业,以公司的名义为梅松公司提供服务,收取服务费 300 万元,并开具增值税专用发票。

请分析哪种方案是税收上的最优选择?

〖答〗王先生若成立个人独资企业,年销售额 300 万元,属于小规模纳税人。

两种方案的纳税情况如表 397 所示。

表 397　两种方案的纳税情况

项目	应纳税额(万元)	税后总收益(万元)
方案一	个人所得税:300×45%−18.19=116.81	300−116.81=183.19 税负:39%
方案二	增值税:300÷(1+3%)×3%=8.74 附加税:8.74×12.5%=1.09 个人所得税:300÷(1+3%)×10%×20%−1.05=4.78 (注:假设核定所得率为 10%;20% 为个税适用税率,1.05 为适用速算扣除数) 总计缴纳税费:8.74+1.09+4.78=14.61	300−14.61=285.39 税负:4.87%

综上所述,高管成立个人独资企业可节税102.2万元,税负也由39%降为了4.87%。方案二是税收上的最优选择。

问题680　高收入的自由职业者如何进行税收筹划

个人提供劳务主要缴纳增值税和个人所得税。劳务报酬所得预扣预缴适用20%的税率,汇算清缴时并入综合所得,适用3%—45%的超额累进税率。

个人独资企业主要缴纳增值税、投资者缴纳个人所得税。年销售额小于500万元的属于小规模纳税人,增值税征收率3%。投资者经营所得适用5%至35%的超额累进税率,经营所得的征收方式,分为查账征收和核定征收。

个人提供劳务和成立个人独资企业提供劳务,缴纳的增值税相同,但个人所得税不同,此时,纳税人可以根据这些差异进行税收上的优化选择。

 筹划方法

高收入的自由职业者可成立个人独资企业,将劳务关系转变为合作关系。个人独资企业采用核定征收方式,且争取到较低的核定所得率时,经营所得的税负远低于综合所得的税负。

利用个人独资企业筹划的重点是"核定征收",但目前很多地区对核定征收有所收紧,这是筹划中需注意的一点,同时还要关注地区税收政策变化带来的风险。

 **133**

居民个人小松,计划为梅松公司提供中介服务,收取服务费300万元,有以下两种方案:

方案一:梅松公司一次性支付300万,按照劳务报酬所得扣缴个税。

方案二:成立个人独资企业,以公司的名义为梅松公司提供服务,收取服务费300万元。个人独资企业申请核定征收,能准确核算收入总额,核定应税所得率10%。

小松无其他所得,不考虑附加扣除等扣除项目。

请问,哪种方案更节税?

〖答〗方案一中小松申请由税务机关代开发票时需缴纳3%的增值税;方案二中王先生若成立个人独资企业,年销售额300万元,属于小规模纳税人,适用征收率3%。两种方案缴纳增值税相同,故只对比个人所得税的差异。

以上两种方案个税纳税情况如表398所示。

表398　两种方案个税纳税情况

项目	应纳税额(万元)	税后总收益(万元)
方案一	[300÷(1+3%)]×(1−20%)×40%−0.7=92.5	300÷(1+3%)−92.5=198.76
方案二	[300÷(1+3%)]×10%×20%−1.05=4.78 (注:10%为核定所得率;20%为适用税率,1.05为适用速算扣除数)	300÷(1+3%)−4.78=286.48

综上所述,成立个人独资企业可节税87.72万元,方案二是税收上的最优选择。

问题681　外籍高管工资如何利用免税政策进行税收筹划

《财政部　国家税务总局关于个人所得税若干政策问题的通知》(财税〔1994〕20号)第二条规定,外籍个人以非现金形式或实报实销形式取得的住房补贴、伙食补贴等免征个税;外籍个人从外商投资企业取得的股息、红利所得免征个税。《财政部　税务总局关于延续实施外籍个人有关津补贴个人所得税政策的公告》(财政部 税务总局公告2023年第29号)将外籍个人有关津贴补贴的优惠延长至2027年12月31日。

 筹划方法

外籍个人的工资薪金拆出一部分作为免征个税的住房补贴、伙食补贴等,可有效减少工资薪金所得的应纳税所得额,从而降低税负。但是需要注意的是外籍高管的这些费用必须真实合理。

同时,若外籍个人任职的公司属于外商投资企业,可吸收该外籍个人为公司股东,将工资薪金转化为了股息、红利,适用免征政策,但这种方式实务中可操作性有限。

 **134**

中国的非居民个人戴森,在上海的梅松公司担任高管,每月工资20万元。他在上海每月租房支出1万元,子女教育支出2万元。对于工资的发放形式,有以下两种方案可供选择:

方案一:梅松公司支付工资20万元并代扣代缴个税;

方案二:梅松公司支付工资17万元并代扣代缴个税,戴森将本月发生的住房租金支出1万元和子女教育支出2万元经税局备案后向公司申请补贴。

请分析哪种方案是税收上的最优选择?

〖答〗以上两种方案的纳税情况分析如表399所示。

表399 两种情形的纳税情况

项目	应纳税额(元)	税后总收益(元)
方案一	(200 000－5 000)×45%－15 160＝72 590	200 000－72 590－10 000－20 000＝97 410 税负:36%
方案二	(170 000－5 000)×45%－15 160＝59 090	170 000－59 090＝110 910 税负:30%

综上所述,外籍高管充分享受住房补贴、子女教育支出的免税政策,可有效降低税费。方案二是税收上的最优选择。

问题682 年终奖单独申报有哪些雷区

根据《财政部 税务总局关于延续实施全年一次性奖金个人所得税政策的公告》(财政部 税务总局公告2023年第30号)规定,居民个人取得全年一次性奖金,符合《国家税务总局关于调整个人取得全年一次性奖金等计算征收个人所得税方法问题的通知》(国税发〔2005〕9号)规定的,不并入当年综合所得,以全年一次性奖金收入除以12个月得到的数额,按照按月换算后的综合所得税率表,确定适用税率和速算扣除数,单独计算纳税。计算公式为:

应纳税额＝全年一次性奖金收入×适用税率－速算扣除数

居民个人取得全年一次性奖金,也可以选择并入当年综合所得计算纳税。

若纳税人的年终奖采用单独申报的方式,由于其以全年一次性奖金收入除以12个月得到的数额,按照月度税率表,确定适用税率和速算扣除数,因此可能出现多发一元钱,适用的税率跳档而造成实发工资反而减少的情况,如案例135所示。

 **135**

梅松公司小松、小梅两名员工2019年的年终奖都选择不并入当年综合所得单独计算,相关信息如表400所示。

表 400　年终奖相关信息汇总表

金额单位：元

员工	年终奖应纳税所得额	应纳税所得额÷12	适用税率	速算扣除数	应纳税额	税后奖金	差额
小松	36 000	3 000	3%	0	1 080	34 920	
小梅	36 001	3 000.08	10%	210	3 390.1	32 610.9	−2 309.1

通过表 399 数据可知，小梅比小松多发 1 元，到手的钱反而少了 2 309.1 元。

 筹划方法

年终奖发放时需避开雷区，表 401 是笔者归纳的年终奖单独发放的六大雷区。

表 401　年终奖单独发放的六大雷区

序列	应纳税所得额的区间(X,元)
1	36 000＜X≤38 567
2	144 000＜X≤160 500
3	300 000＜X≤318 334
4	420 000＜X≤447 500
5	660 000＜X≤706 540
6	960 000＜X≤1 120 000

扣缴义务人在发放时应注意避开雷区。

问题 683　年终奖应该单独申报还是合并申报

由于问题 672 所讲年终奖单独申报存在雷区，且工资(不含年终奖)可能扣除不充分，所以需要对年终奖的申报方式，即单独申报还是合并申报进行筹划，必要时采用拆分法将处于雷区的部分年终奖放入工资中发放以达到缴税最少的目的。

 **136**

居民个人小松 2020 年的工资收入 36 万元，全年可扣除的三险一金及专项附加扣除 6 万元，12 月收到年终奖 6 万元。

请问假设不考虑其他因素，小松的年终奖如何申报更节税？

〖答〗小松年终奖单独申报和合并申报的分析如表 402 所示。

表 402　单独申报和合并申报的纳税分析

金额单位：元

项目		应纳税所得额	税率	速算扣除数	应纳税额		节税情况
单独计算	工资	240 000	20%	16 920	31 080	36 870	单独计算节税
	年终奖	60 000	10%	210	5 790		
合并计算		300 000	20%	16 920	43 080		

 **137**

居民个人小梅 2020 年的工资收入 12 万元，全年可扣除的三险一金及专项附加扣除 4 万

元,12月收到年终奖1万元。

请问假设不考虑其他因素,小梅的年终奖如何申报更节税?

〖答〗小梅年终奖单独申报和合并申报的分析如表403所示。

表403 单独申报和合并申报的纳税分析

金额单位:元

项目		应纳税所得额	税率	速算扣除数	应纳税额		节税情况
单独计算	工资	20 000	3%	0	600	900	两者一致
	年终奖	10 000	3%	0	300		
合并计算		30 000	3%	0	900		

 **138**

居民个人小竹2020年的工资收入8万元,全年可扣除的三险一金及专项附加扣除4万元,12月收到年终奖1万元。

请问假设不考虑其他因素,小竹的年终奖如何申报更节税?

〖答〗小竹年终奖单独申报和合并申报的分析如表404所示。

表404 单独申报和合并申报的纳税分析

金额单位:元

项目		应纳税所得额	税率	速算扣除数	应纳税额		节税情况
单独计算	工资	−20 000	—	—	0	300	合并计算节税
	年终奖	10 000	3%	0	300		
合并计算		−10 000	—	—	0		

 筹划方法

以上三个案例表明了全年应纳税额(含年终奖)在三种不同的水平下适用不同的申报方式。

本书分析归纳出的结论如表405所示。

表405 年终奖适用申报方式归纳

序号	全年应纳税所得额的区间(X,元)	适用的申报方式
1	X≤0	合并计算
2	0<X≤36 000	单独申报和合并计算无差异

对于全年应纳税所得额(含年终奖)大于36 000元的,情况较复杂,为使总体税负达到最低,每年年初,企业可以预估员工的年收入,将全年收入拆分成年终奖及工资的形式发放,分别单独计算个税,具体拆分方法如表406所示。

表406 工资和年终奖的分配详解

序号	全年应纳税额的区间(X,元)	分配年终奖(Y,元)	分配工资应纳税所得额
1	36 000<X<72 000	X−36 000	X−Y
2	72 000	36 000	
3	72 000<X<203 100	36 000	
4	203 100	36 000 或 X−144 000	

(续表)

序号	全年应纳税额的区间(X,元)	分配年终奖(Y,元)	分配工资应纳税所得额
5	203 100<X<288 000	X-144 000 到 144 000 之间	
6	288 000	144 000	
7	288 000<X<672 000	144 000	
8	672 000	144 000 或 300 000	
9	672 000<X<1 277 500	300 000	
10	1 277 500	300 000 或 420 000	
11	1 277 500<X<1 452 500	420 000	
12	1 452 500	420 000 或 660 000	
13	1 452 500<X	660 000	

问题684 全年一次性奖金和股权激励哪种方式更节税

《财政部 税务总局关于延续实施全年一次性奖金个人所得税政策的公告》(财政部 税务总局公告2023年第30号)和《财政部 税务总局关于延续实施上市公司股权激励有关个人所得税政策的公告》(财政部 税务总局公告2023年第25号)规定了居民个人取得全年一次性奖金和股权激励的计税方法,如表407所示。

表407 全年一次性奖金和股权激励的计税方法

项目	期限	计算方法	计算公式	税率和速算扣除数
全年一次性资金	2019年1月1日—2027年12月31日	可选择不并入当年综合所得单独计算	应纳税额=全年一次性奖金收入×适用税率-速算扣除数	以全年一次性奖金收入除以12个月得到的数额,按照月度税率表,确定适用税率和速算扣除数
股权激励	2019年1月1日—2027年12月31日	不并入当年综合所得,单独计算	应纳税额=股权激励收入×适用税率-速算扣除数	适用综合所得税率表

 筹划方法

相同金额的全年一次性奖金和股权激励,由于计算方法不同,适用税率相同但适用速算扣除数不同,从而计算出不同的税额,具体如表408所示。

表408 年终奖、股权激励的速算扣除数对税额的影响

级数	应纳税所得额(1)	税率(2)	年终奖速算扣除数(3)	股权激励速算扣除数(4)	股权激励节税金额(5)=(4)-(3)
1	不超过36 000元的	3%	0	0	0
2	超过36 000元至144 000元的部分	10%	210	2 520	2 310
3	超过144 000元至300 000元的部分	20%	1 410	16 920	15 510
4	超过300 000元至420 000元的部分	25%	2 660	31 920	29 260
5	超过420 000元至660 000元的部分	30%	4 410	52 920	48 510
6	超过660 000元至960 000元的部分	35%	7 160	85 920	78 760
7	超过960 000元的部分	45%	15 160	181 920	166 760

注:由于应纳税额=应纳税所得额×适用税率-速算扣除数,全年一次性奖金和股权激励适用的速算扣除数的差异,即为两者应纳税额的差异。

综上所述,2027年12月31日以前符合条件的企业应尽量采用股权激励的方式来代替发放年终奖的方式以达到节税的目的。

案例 139

老王是梅松上市公司的高管,2020年年末有一笔20万元奖金将要发放,有以下两种方案:

方案一:按照全年一次性奖金的形式发放,单独计算扣缴个税。

方案二:授予梅松公司股票期权,以股权激励的方式发放。

请问以上哪种方案是税收上的最优选择?

〖答〗以上两种方案纳税情况分析如表409所示。

表409 两种方案纳税情况

金额单位:元

项目	应纳税所得额	适用税率	速算扣除数	应纳税额	税后收益	节税情况
方案一	200 000	20%	1 410	38 590	161 410	方案二节税 15 510元
方案二	200 000	20%	16 920	23 080	176 920	

综上所述,所得金额20万时,使用股权激励可节税15 510元。方案二是税收上的最优选择。

问题685 如何利用离职补偿金节税

个人取得工资薪金所得适用3—45%的超额累进税率。

《财政部关于个人所得税法修改后有关优惠政策衔接问题的通知》(财税〔2018〕164号)规定,个人与用人单位解除劳动关系取得一次性补偿收入(包括用人单位发放的经济补偿金、生活补助费和其他补助费),在当地上年职工平均工资3倍数额以内的部分,免征个人所得税;超过3倍数额的部分,不并入当年综合所得,单独适用综合所得税率表,计算纳税。

 筹划方法

由于离职补偿金只就超过当地上年职工平均工资3倍数额的部分缴纳个税,企业可为员工设立储蓄计划或提成基金等,将员工的工资薪酬与离职补偿金之间进行合理合法的优化以降低税负。

问题686 员工就餐问题如何处理更节税

对于员工就餐问题,企业未统一供餐的通常会通过发放午餐费补贴来解决,但这一方式在个人所得税上存在一定的风险。

《关于企业加强职工福利费财务管理的通知》(财企〔2009〕242号)的规定,企业给职工发放的节日补助、未统一供餐而按月发放的午餐费补贴,应当纳入工资总额管理,计征个人所得税。

《国家税务总局举办的2018年第三季度税收政策解读视频会》解答:对于任职受雇单位发给个人的福利,不论是现金还是实物,依法均应缴纳个人所得税。但对于集体享受的、不可分割的、未向个人量化的非现金方式的福利,原则上不征收个人所得税。

 筹划方法

企业将按月统一发放的午餐费补贴转换为提供集体享受的、不可分割的福利,可降低工资薪金的计税基础,从而降低税负。例如有条件的企业开设职工餐厅,由餐厅免费提供餐饮服务。

案例 140

梅松榨油厂位置在郊区,为解决员工午餐问题,有以下三种方案。

方案一:按照每人每月500元的标准给予职工现金补贴,直接在每月工资中发放。

方案二:开设职工餐厅,由餐厅免费提供相当于每人每月500元标准的餐饮服务。

方案三:员工在公司餐厅刷卡就餐,但企业每月给员工补助500元,将补助打入员工的餐卡。

以上哪种方案是税收上的最优选择?

〖答〗方案一需缴纳个税。

方案二无需缴纳个税。公司提供的用餐服务属于集体享受的、不可分割的、未向个人量化的非现金方式的福利,不征税。

方案三需缴纳个税。公司将餐费补助直接打入员工餐卡,由于是可分割的、向个人量化的现金方式的福利,需要缴纳个税。

方案二是税收上是的最优选择。

问题 687 私车公用如何规避纳税风险

实务中许多公司存在私车公用的情形,即员工使用私有的车辆用于处理公司业务,公司给员工一定的交通补贴或者由员工来报销加油费等汽车费用。但这种方式存在一定的风险,补贴并入工资中发放,应该按照工资薪金所得代扣代缴个税,且该部分计入社保基数中,使得企业经营成本上升。员工报销加油费等汽车费用,企业所得税面临调增的风险。

筹划方法

企业可与员工签订私车公用的协议,协议中说明企业租车的正当理由,约定每月支付租金,并约定车辆因公务发生的加油费、过路费等费用可在企业报销。

首先,根据《国家税务总局关于发布〈企业所得税税前扣除凭证管理办法〉的公告》(国家税务总局公告2018年第28号)第九条的规定,企业向员工支付的租金不超过500元,属于零星业务,可以收款凭证及内部凭证作为税前扣除凭证,解决了员工难以开具租赁费发票的问题。其次,签订协议后就有证据表明员工私人车辆发生的费用属于企业生产经营相关的支出,规避了企业所得税的风险。最后员工取得的财产租赁所得未超过800元的部分,无需缴纳个税。

但企业与员工签订租赁协议应该注意如下事项:

1. 私车公用的协议应该只是针对部分确实为工作发生交通费支出的员工,若与所有员工都签订协议,具有福利性质,个人所得税上存在一定的风险;

2. 注意租金的设置,500元以下员工可以不开具发票,800元以下无需代扣代缴个税;

3. 车辆的保险费、车船税属于财产本身的费用,不应该约定在企业报销。

案例 141

梅松公司为节省购置车辆的费用和提升工作效率,规定员工外出谈业务时驾驶自己私人车辆。对于员工交通费用的处理,有以下三种方案:

方案一:每月随工资发放私车公用补贴1 000元。

方案二:每月按职位实报实销。

方案三:企业与员工签订租车协议,协议中说明企业租车的正当理由,约定租金500元/月,并约定车辆因公务发生的加油费、过路费等费用可在企业报销。

请问以上哪个方案是最优选择?

【答】方案一:补贴并入工资应该按照工资薪金所得代扣代缴个税。

方案二:企业所得税存在风险。员工提供的发票是私人车辆相关的费用发票,如汽油费发票、修理费发票等,企业所得税上存在调增的风险,并且实际发生的费用和车辆有关的费用体量与企业实际拥有车的数量不匹配,带来稽查风险。同时企业为员工报销私人的费用在个人所得税上也存在一定的风险。

方案三:最优方案,企业无需扣缴个人所得税,且规避了企业所得税的风险。

问题688　员工通讯费如何规避纳税风险

实务中,由于工作性质的原因员工的私人电话常用于工作,企业通常发放通讯费补贴来弥补员工损失。但无论企业是统一为员工的号码中存入话费,还是按职位实报实销,个人所得税和企业所得税都面临一定的风险。

 筹划方法

企业可统一为员工配备手机,每个电话号下存入的话费属于企业的费用,开具企业抬头的发票,既可以规避企业所得税的风险,也无需代扣代缴纳个人所得税。

问题689　工资薪金与股权分红哪种更节税

个人取得工资薪金所得适用3%—45%的超额累进税率。个人取得股息、红利所得适用20%的比例税率。因此,不同的收入水平下,税收的最优选择也不同。

 筹划方法

当按照工资薪金计算的税负率大于20%时,以股权分红的形式发放更节税,反之,则以工资薪金形式发放更节税。

案例 142

李军为梅松公司股东,同时担任高级咨询经理。2020年1—12月取得工资薪金收入85万元,符合规定的三险一金及其他附加扣除项目合计5万元。因2019年业绩较好,公司决定于12月给予李东奖励,有下列两种方案:

方案一:发放年终奖金20万元,选择并入综合所得计算个人所得税。

方案二:奖励李军价值20万元的汽车一部;

请问哪种方案是税收上的最优选择?

【答】方案一:

工资薪金所得应纳税额=(850 000+200 000−60 000−50 000)×35%−85 920=243 080(元)

方案二:

李军收到的价值20万元的汽车按照利息、股利、红利所得缴纳个税。

工资薪金所得应纳税额=(850 000−60 000−50 000)×35%−85 920=173 080(元)

利息、股息、红利所得应纳税额=200 000×20%=40 000(元)

合计应纳税额=173 080+40 000=213 080(元)

综上所述,方案二比方案一少缴纳个人所得税30 000元。方案二是税收上的最优选择。

问题690 劳务报酬所得分次支付可以节税吗

劳务报酬所得以每次收入额为应纳税所得额。劳务报酬所得,属于一次性收入的,以取得该项收入为一次;属于同一项目连续性收入的,以一个月内取得的收入为一次。

 筹划方法

通过合同、协议来调整支付次数,避免一次畸高的收入,避免收入在同一年度支付,可有效降低应纳税所得额和适用的税率,从而达到节税的目的。

 **143**

小松为游戏公司提供指导服务,双方约定该项服务价值20万元。有以下两种方案可供选择。

方案一:游戏公司一次性支付20万元给小松并代扣代缴个税。

方案二:游戏公司将20万元分10个月支付给小松,2019年支付10万元,2020年支付10万元。

小松2019年、2020年均无其他所得,每年符合条件的三险一金及专项附加扣除共2万元。

请问哪种方案是税收上的最优选择?

〖答〗两种方案下小松的纳税情况如表410所示。

表410 两种方案纳税情况

项目	应纳税额(元)	税后总收益(元)
方案一	[200 000×(1−20%)−60 000−2 0000]×10%−2 520=5 480	200 000−5 480=194 520
方案二	2019年[100 000×(1−20%)−60 000−2 0000]×3%=0 2020年[100 000×(1−20%)−60 000−2 0000]×3%=0	200 000

综上所述,分年度支付劳务报酬将比一次性支付劳务报酬节税5 480元。方案二是税收上的最优选择。

问题691 劳务合同如何签订更节税

劳务报酬所得以每次收入额为应纳税所得额,以收入减除百分之二十的费用后的余额为收入额。

 筹划方法

个人提供劳务取得报酬过程中,可以协商由支付方承担交通费、餐费等劳务过程中的必要费用,以减少纳税人实际取得收入,降低个税的计税依据,从而减少缴纳税费。

 **144**

小松为游戏公司提供指导服务,双方约定该项服务价值20万元,小松为该项目投入的交通、设备等费用2万元。有以下两种方案可供选择。

方案一:小松与游戏公司签订全额的劳务服务合同,合同约定游戏公司一次性支付小松20万元。

方案二:小松与游戏公司签订净额的劳务服务合同,合同约定游戏公司一次性支付小松18万元,小松因该项目发生的交通等费用由游戏公司承担。

小松当年无其他所得,符合条件的三险一金及专项附加扣除共2万元。

请问哪种方案是税收上的最优选择?

〖答〗两种方案小松的纳税情况如表4-11所示。

表4-11 两种方案纳税情况

项目	应纳税额(元)	税后总收益(元)
方案一	[200 000×(1-20%)-60 000-2 0000]×10%-2 520=5 480	200 000-20 000-5 480=174 520
方案二	[180 000×(1-20%)-60 000-2 0000]×10%-2 520=3 880	180 000-3 880=176 120

综上所述,方案二比方案一节税1 600元。方案二是税收上的最优方案。

问题692　夫妻双方如何扣除专项附加扣除更节税

按照个人所得税法的规定,子女教育、住房租金、大病医疗保险等专项附加扣除可以选择由夫妻一方扣除,或者双方按照规定标准分别扣除,扣除方式在一个纳税年度内不能变更。

筹划方法

夫妻双方可在年初估算各自年收入水平来确定分摊方式,通常由适用税率较高的一方扣除子女教育、住房租金等附加扣除,可使得整个家庭缴纳个税最少。

案例 145

小松和他的妻子小梅2019年扣除"三险一金"后的年收入分别为45万元和20万元,当年度他们符合条件的专项附加扣除如下:

(1) 子女教育专项扣除2.4万元;
(2) 住房租金专项扣除1.8万元;
(3) 两人各有赡养自己父母的专项扣除2.4万元;
(4) 大病医疗专项扣除5万元。

请问子女教育等专项附加扣除由哪方扣除才能使整个家庭缴纳个税最少?

〖答〗子女教育等专项附加扣除分别由小松、小梅扣除的纳税情况分析如表4-12所示。

表4-12 两种方案纳税情况

方案	应纳税所得额(元)	税率	应纳税额(元)
子女教育、住房租金和大病医疗专项扣除全部由小松扣除	小松 450 000-60 000-24 000-18 000-24 000-50 000=274 000	20%	小松 274 000×20%-16 920=37 880
	小梅 200 000-60 000-24 000=116 000	10%	小梅 116 000×10%-2 520=9 080 合计 46 960
子女教育、住房租金和大病医疗专项扣除全部由小梅扣除	小松 450 000-60 000-24 000=366 000	25%	小松 366 000×25%-31 920=59 580
	小梅 200 000-60 000-24 000-18 000-24 000-50 000=24 000	3%	小梅 24 000×3%=720 合计 60 300

综上所述,子女教育、住房租金和大病医疗专项扣除全部由小松扣除比全部由小梅扣除节

税13 340元。

问题693　合伙企业增加合伙人可以节税吗

合伙企业生产经营所得和其他所得采取"先分后税"的原则。合伙企业的合伙人以合伙企业的生产经营所得和其他所得,按照一定的分配比例确定应纳税所得额。

筹划方法

合伙企业可通过增加合伙人的方法,使得每个合伙人分配的所得减少,适用较低的税率,从而降低合伙人的整体税负。

案例146

小梅和小松计划成立合伙企业,预计年税收利润100万元,有以下两种方案供选择。

方案一:小梅、小松成立合伙企业,协议约定分配比例:小梅45%,小松55%。

方案二:小梅、小松及小松的妻子小竹成立合伙企业,协议约定分配比例:小梅45%,小松30%,小竹25%。

请问哪种方案是税收上的最优选择?

〖答〗以上两种方案的纳税情况如表413所示。

表413　两种方案纳税情况

项目	应纳税额(元)	税后总收益(元)
方案一	小梅 1 000 000×45%×30%－40 500＝94 500 小松 1 000 000×55%×35%－65 500＝127 000	1 000 000－94 500－127 000＝778 500
方案二	小梅 1 000 000×45%×30%－40 500＝94 500 小松 1 000 000×30%×20%－10 500＝49 500 小竹 1 000 000×25%×20%－10 500＝39 500	1 000 000－94 500－49 500－39 500＝ 816 500

综上所述,方案二可节省税款38 000元,方案二是税收上的最优选择。

问题694　如何安排房屋大修更节税

纳税人出租房屋取得收入属于财产租赁所得。财产租赁所得以一个月内取得的收入为一次。财产租赁所得,每次收入不超过4 000元的,减除费用800元;4 000元以上的,减除20%的费用,其余额为应纳税所得额。

《国家税务总局关于印发〈征收个人所得税若干问题的规定〉的通知》(国税发〔1994〕89号)第六条第二项规定,纳税义务人出租财产取得财产租赁收入,在计算征税时,除可依法减除规定费用和有关税、费外,还准予扣除能够提供有效、准确凭证,证明由纳税义务人负担的该出租财产实际开支的修缮费用。允许扣除的修缮费用,以每次800元为限,一次扣除不完的,准予在下一次继续扣除,直至扣完为止。

 **筹划方法**

出租人可尽量将修缮房屋安排在出租前,享受修缮费用的限额扣除,以降低租赁所得的应纳税所得额。

需要注意的是纳税人在支付维修费时,一定要向维修队索取合法、有效的房屋维修发票,并及时报经主管地方税务机关核实,经税务机关确认后才能扣除。

案例 147

2019年12月5日,小松因工作调动,需去外省常驻,考虑到市区的住房一直闲置,小松计划将该套住房出租。2019年12月10日,小松与租户签订租赁合同,约定自2020年1月1日起,小松将该套住房出租给小梅,租期为1年。小松的房屋出租收入减去相关费用后月应纳税所得额为10 000元。小松还计划将房子进行装修,经维修队的技术员测算,维修费用15 000元,工期为5天左右。关于房屋的装修有以下两种安排。

方案一:房屋出租期满后维修。

方案二:签订租赁合同后立即对房屋进行维修。

请问哪种方案是税收上的最优选择?

〖答〗方案一:每月应纳税所得额为10 000元,每月应纳税额=10 000×10%=1 000(元)。

全年应纳税额=1 000×12=12 000(元)

方案二:每月应纳税所得额=10 000−800=9 200(元),每月应纳税额=9 200×10%=920(元)

全年应纳税额=920×12=11 040(元)

以上两种方案对比分析可知,采用方案二可以节税960元。若今后仍对外出租,剩余维修费用5 400元可在以后计算应纳税所得额时扣除。方案二是税收上的最优选择。

问题695 房屋租金合同如何签订更节税

纳税人出租房屋取得收入属于财产租赁所得。财产租赁所得以一个月内取得的收入为一次。纳税人取得租金收入越低,缴纳税费越少。

 **筹划方法**

纳税人可与承租方协商,在保持实际收入不变的前提下,把打包在房租收入里一起收取的水电煤气等费用剖离出来由承租人负担,可降低财产租赁所得的应纳税所得额,从而降低税款。

案例 148

2020年3月,小松计划将位于市区的一套住房出租给小梅,租赁期限一年。有以下两种方案供选择。

方案一:每月租金3 500元,由小松承担每月的水电费500元。

方案二:每月租金3 000元,由小梅自行承担水电费。

请问哪种方案是税收上的最优选择?

〖答〗方案一:小松每月缴纳个人所得税=(3 500−800)×10%=270(元)

小松每月实际收入=3 500−500−270=2 730(元)

方案二：小松每月缴纳个人所得税＝(3 000－800)×10％＝220(元)

小松每月实际收入＝3 000－220＝2 780(元)

通过对比分析可知，采用方案二每月可节税 50 元(2 730－2 780)，全年节税 600 元，方案二是税收上的最优选择。

问题 696　股息、红利再投资可以节税吗

纳税人取得的利息、股息、红利所得应以每次收入额为应纳税所得额，按次缴纳个人所得税。

股息红利再投资纳税人未取得所得，不缴纳个人所得税。

筹划方法

纳税人如果预期被投资公司未来发展良好，有继续投资的价值，可将股利进行再投资，具有延迟纳税的效果，并可持续产生收益。

问题 697　红利按实物分配可以节税吗

个人取得利息、股息、红利所得按照 20％ 的税率缴纳个人所得税。

国税函〔2005〕364 号规定，企业购买车辆并将车辆所有权办到股东个人名下，其实质为企业对股东进行了红利性质的实物分配，应按照"利息、股息、红利所得"项目征收个人所得税。考虑到该股东个人名下的车辆同时也为企业经营使用的实际情况，允许合理减除部分所得，减除的具体数额由主管税务机关根据车辆的实际使用情况合理确定。

筹划方法

对于股东本身就有购车计划的，可将应该发放给股东的股息红利转换为汽车发放，与主管税务机关协商减除比例，可降低股息、红利所得的应纳税所得额，从而减少缴纳个人所得税。

案例 149

小松和小梅合伙成立一家公司，2019 年公司拟分配利润，小松预计能得到股利 20 万元。对于股利的发放有以下两种方案。

方案一：直接发放 20 万元的股利。

方案二：公司购买一辆 20 万元的汽车登记在小松的名下，这辆汽车同时也会用于公司的生产经营，主管税务机关允许从所得中减除的合理部分的比例是 20％。

请问哪种方案是税收上的最优选择？

〖答〗以上两种方案的纳税情况如表 414 所示。

表 414　两种方案纳税情况

项目	应纳税额(万元)	税后总收益(万元)
方案一	20×20％＝4	20－4＝16
方案二	20×(1－20％)×20％＝3.2	20－3.2＝16.8

综上所述，方案二比方案一节税 8 000 元，方案二是税收上的最优选择。

问题698 技术成果投资入股可以节税吗

技术成果转让按照财产转让所得缴纳个人所得税,财产转让所得,以转让财产的收入额减除财产原值和合理费用后的余额,为应纳税所得额,适用税率20%。

《财政部 国家税务总局关于完善股权激励和技术入股有关所得税政策的通知》(财税〔2016〕101号)第三条规定,自2016年9月1日起,企业或个人以技术成果投资入股到境内居民企业,被投资企业支付的对价全部为股票(权)的,企业或个人可选择继续按现行有关税收政策执行,也可选择适用递延纳税优惠政策。

选择技术成果投资入股递延纳税政策的,经向主管税务机关备案,投资入股当期可暂不纳税,允许递延至转让股权时,按股权转让收入减去技术成果原值和合理税费后的差额计算缴纳所得税。

筹划方法

技术成果直接转让需在转让时一次性缴纳个税,而技术成果投资入股,可享受递延纳税的优惠政策,至转让股权时,按股权转让收入减去技术成果原值和合理税费后的差额计算缴纳所得税。因此,若技术成果的受让方具有投资价值,纳税人可选择以技术成果投资入股,推迟纳税时间,同时可获得持续的分红收益,未来股权转让时还可能获得溢价收入。

案例 150

科研人员小松发明了一项新技术,并获得了专利权,该专利权取得成本5万元,评估作价20万元。梅松公司是境内居民企业,发展前景较好,目前生产经营中恰好需要小松的这项专利权。小松对于专利权的处理有以下两种方案:

方案一:直接转让给梅松公司,梅松公司支付款项20万元。

方案二:以技术成果投资梅松公司,获得价值20万元的股权。小松5年后将股权转让,预计股权转让收入22万元。

请问,哪种方案是税收上的最优选择?

【答】方案一,技术成果转让时需缴纳个税(20−5)×20%=3(万元),小松的税后收益是20−5−3=12(万元)

方案二,5年后股权转让时缴纳个税(22−5)×20%=3.4(万元),小松的税后收益是21−5−3.4=12.6(万元)

方案二的税后收益更高,且可递延至5年后再行纳税,对于小松来说,如果目前资金富余,选择方案二更节税。

问题699 亲属间股权转让如何定价最节税

个人转让股权,以股权转让收入减除股权原值和合理费用后的余额为应纳税所得额,按财产转让所得缴纳个人所得税,适用税率20%。

国家税务总局〔2014〕67号公告第十五条规定,通过直系亲属无偿让渡方式取得股权,按取得股权发生的合理税费与原持有人的股权原值之和确认股权原值。

亲属间股权转让的定价方式有四种:以高于股权净值的价格转让;以低于股权净值但高于股权原值的价格转让;以低于股权原值的价格转让;以零元转让。四种不同的定价方式,缴纳个税的情况也有所不同。

案例 151

小松和小竹是一对兄弟,合伙成立一家有限责任公司,实缴资本共 2 000 万元,持股比例分别是 90%、10%。至 2019 年 6 月 30 日,公司账面无房产、土地、无形资产及对外投资,账面"未分配利润"科目余额 1 800 万元,"法定盈余公积"科目余额 200 万元,"资本公积"科目余额 40 万元,资产净值为 4 040 万元。小竹计划将自己持有的 10% 的股份转让给小松,有以下几种方案。

方案一:以高于股权对应的资产净值的价格转让,转让价格 450 万元。

方案二:以高于股权原值、低于对应的资产净值的价格转让,转让价格 300 万元。

方案三:以低于股权原值的价格转让,转让价格 150 万元。

方案四:以零元转让。

请问哪种方案是税收上的最优选择?

〖答〗以上四种方案的纳税情况如表 415 所示。

表 415 四种情形纳税情况

单位:万元

项目	股权原值	股权净值	转让价格	缴纳个税	购买方股权原值
方案一	200	404	450	50	450
方案二	200	404	300	20	300
方案三	200	404	150	0	150
方案四	200	404	0	0	200

综上所述,单就小竹本次的纳税情况来看,方案三和方案四无需缴纳税费,但是,方案三购买方股权原值也相应地降低,造成后期小松转让股权时多缴纳的个税要超过此时小竹节省的个税,这种方式整体上缴纳税费最多。方案四是最优方案,既可以递延缴纳税款,也不会造成后期多缴纳税款。

 筹划方法

亲属之间股权转让筹划时不仅要关注眼前的节税情况,还应该有全局观念,综合考虑本次和后期股权转让的纳税情况。通常,无偿转让股权是税收上的最优选择。

问题 700 限售股转让如何进行税收筹划

个人转让限售股取得的所得,按照财产转让所得,适用 20% 的比例税率征收个人所得税。个人转让限售股,以每次限售股转让收入,减除股票原值和合理税费后的余额,为应纳税所得额。

如果纳税人未能提供完整、真实的限售股原值凭证的,不能准确计算限售股原值的,主管税务机关一律按限售股转让收入的 15% 核定限售股原值及合理税费。

 筹划方法

纳税人应该根据原值、合理费用的大小来判断是否提供限售股原值凭证,如图 409 所示。

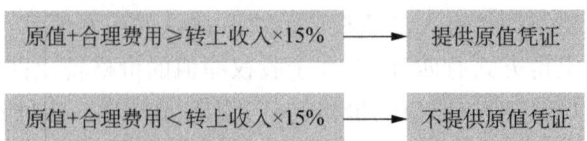

图 409 是否提供原值凭证的判断

案例 152

小松持有 A 公司的限售股 100 万股,原始取得成本 200 万元。2019 年 12 月他将持有的限售股全部出售,取得转让收入 1 500 万元,并支付相关费用 5 万元。小松有以下两种方案可供选择。

方案一:提供完整、真实的限售股原值凭证。

方案二:不提供完整、真实的限售股原值凭证,由税务机关按限售股转让收入的 15% 核定原值及合理税费

请问哪种方案是税收上的最优选择?

〖答〗以上两种方案的纳税情况如表 416 所示。

表 416 两种方案纳税情况

项目	应纳税额(万元)	税后总收益(万元)
方案一	(1 500−200−5)×20%=259	1 500−200−5−259=1 036
方案二	1 500×(1−15%)×20%=255	1 500−200−5−255=1 040

综上所述,方案二比方案一节税 4 万元,方案二是税收上的最优选择。

问题 701　转让自有住房选择据实征收还是核定征收

个人转让自有住房按照财产转让所得计征个人所得税,有据实征收和核定征收两种方式。

适用据实征收的,对转让住房收入计算应纳税所得额时,纳税人可凭原购房合同、发票等有效凭证,经税务机关审核后,允许从其转让收入中减除房屋原值、转让住房过程中缴纳的税金及有关合理费用。

纳税人未提供完整、准确的房屋原值凭证,不能正确计算房屋原值和应纳税额的,税务机关可实行核定征收,即按纳税人住房转让收入的一定比例核定应纳个人所得税额。具体比例由省级地方税务局或者省级地方税务局授权的地市级地方税务局根据纳税人出售住房的所处区域、地理位置、建造时间、房屋类型、住房平均价格水平等,在住房转让收入 1%—3% 的幅度内确定。

 筹划方法

据实征收和核定征收计算出的应纳税所得额不同,计算出的税额也有所不同,纳税人可对比两者的纳税情况选择最优方案。

案例 153

2019 年小松转让在北京的一套住房,转让价格 1 000 万元(不含增值税),转让过程中发生合理费用 50 万元。该套住房是他于 2016 年购置,购置发票上注明销售价格 800 万元。关于转让所得缴纳税费小松有以下两种方案。

方案一:提供购买房屋的发票以及缴纳相关税费的凭证。

方案二:不提供房屋原值凭证,由主管税务机关按照转让收入 2% 的比例核定征收。

请问哪种方案是税收上的最优选择?

〖答〗两种方案的纳税情况如表 417 所示。

表 417 两种方案纳税情况分析

项目	应纳税额（万元）	税收收益（万元）
方案一	(1 000－800－50)×20％＝30	1 000－800－50－30＝120
方案二	1 000×2％＝20	1 000－800－50－20＝130

综上所述，方案二可节税 10 万元，是税收上的最优选择。

问题 702　分次捐赠是否更节税

个人将其所得对教育、扶贫、济困等公益慈善事业进行捐赠，捐赠额未超过纳税人申报的应纳税所得额百分之三十的部分，可以从其应纳税所得额中扣除；国务院规定对公益慈善事业捐赠实行全额税前扣除的，从其规定。

 筹划方法

由于可税前抵扣的捐赠有限额规定，纳税人可合理安排捐赠的次数和时点，将捐赠额分散在各个纳税征期之中，以最大限度享受捐赠额的税前扣除优惠。

小松 2020 年全年取得综合所得 150 000 元，符合规定的三险一金及其他附加扣除合计 40 000 元，当年从工资薪金拿出 30 000 元通过红十字会捐给贫困山区，选择在汇算清缴时扣除。

请问 2020 年小松如何缴纳个人所得税？对于小松的捐赠支出有什么更好的建议？

〖答〗（1）小松 2020 年允许税前扣除的捐赠＝(150 000－60 000－40 000)×30％＝15 000(元)。

2020 年应纳税额＝(150 000－60 000－40 000－15 000)×3％＝1 050(元)。

（2）若 2021 年小松取得综合所得仍为 150 000 元，符合规定的三险一金及其他附加扣除合计 40 000 元，则次年应纳税额＝(150 000－60 000－40 000)×10％－2 520＝2 480(元)。

若小松改变捐赠的方式，在 2019 年捐赠 15 000 元，2020 年捐赠 15 000，那么：

2021 年应纳税额＝(150 000－60 000－40 000－15 000)×3％＝1 050(元)。

通过比较可知，同样是捐赠 30 000 元，将超过捐赠限额的部分安排在次年捐赠，次年将降低税额 1 430 元(2 480－1 050)。

问题 703　捐赠的扣除顺序如何确定更节税

《关于公益慈善事业捐赠个人所得税政策的公告》(财税〔2019〕99 号)规定，居民个人发生的公益捐赠支出可以在财产租赁所得、财产转让所得、利息股息红利所得、偶然所得(统称分类所得)、综合所得或者经营所得中扣除，在当期一个所得项目扣除不完的公益捐赠支出，可以按规定在其他所得项目中继续扣除。

居民个人根据各项所得的收入、公益捐赠支出、适用税率等情况，自行决定在综合所得、分类所得、经营所得中扣除的公益捐赠支出的顺序。

 筹划方法

当实际捐赠额小于多项所得捐赠限额的合计时，捐赠额应该优先从税率更高的所得中满额扣除,剩余部分在税率低的所得中扣除,以最大限度享受捐赠额的税前扣除优惠。

 **155**

小梅2020年1月份取得工资薪金收入25 000元,符合规定的三险一金及其他附加扣除合计5 000元,同时还取得福利彩票中奖收入10 000元。当月通过红十字会向贫困山区捐赠6 000元,捐赠额在工资薪金所得预扣预缴时扣除。

请问小梅的捐赠如何在税前扣除才能最节税?

〖答〗捐赠从工资薪金所得扣除限额＝(25 000－5 000－5 000)×30％＝4 500(元)

捐赠从偶然所得扣除限额＝10 000×30％＝3 000(元)

由于小松捐赠的6 000元少于两项捐赠限额的合计数7 500元,不同的扣除顺序会影响到缴纳个税的情况。

(1)顺序一:先在工资薪金中满额扣除,剩余部分在偶然所得中扣除。

工资薪金所得应纳税额＝(25 000－5 000－5 000－4 500)×3％＝315(元)

偶然所得应纳税额＝(10 000－1 500)×20％＝1 700(元)

合计应纳税额＝315＋1 700＝2 015(元)

(2)顺序二:先在偶然所得中满额扣除,剩余部分在工资薪金所得中扣除。

偶然所得应纳税额＝(10 000－3 000)×20％＝1 400(元)

工资薪金所得应纳税额＝(25 000－5 000－5 000－3 000)×3％＝360(元)

合计应纳税额＝1 400＋360＝1 760(元)

综上所述,捐赠额先在偶然所得中满额扣除比先在工资薪金所得中满额扣除节税255元。原因是偶然所得适用的税率远高于综合所得适用的税率。

问题704　营销活动中如何发放赠品更节税

企业不同形式的营销活动,个人所得税的缴纳情况也有所不同。

《财政部　税务总局关于个人取得有关收入适用个人所得税应税所得项目的公告》(财税〔2019〕74号)规定,企业在业务宣传、广告等活动中,随机向本单位以外的个人赠送礼品(包括网络红包),以及企业在年会、座谈会、庆典以及其他活动中向本单位以外的个人赠送礼品,个人取得的礼品收入,按照"偶然所得"项目计算缴纳个人所得税,但企业赠送的具有价格折扣或折让性质的消费券、代金券、抵用券、优惠券等礼品除外。

《财政部　国家税务总局关于企业促销展业赠送礼品有关个人所得税问题的通知》(财税〔2011〕50号)第一条规定,企业在销售商品(产品)和提供服务过程中向个人赠送礼品,属于下列情形之一的,不征收个人所得税:

1. 企业通过价格折扣、折让方式向个人销售商品(产品)和提供服务;

2. 企业在向个人销售商品(产品)和提供服务的同时给予赠品,如通信企业对个人购买手机赠话费、入网费,或者购话费赠手机等;

3. 企业对累积消费达到一定额度的个人按消费积分反馈礼品。

 筹划方法

企业在业务宣传、广告等活动中应该尽量选择具有价格折扣或折让性质的消费券、代金券等形式的活动,避免使用赠送礼品等需要代扣代缴个人所得税的形式。

案例 156

梅松公司在即将到来的"双十一"计划组织一系列的促销活动,有以下六种促销方案,这六种方案能够达到同样的宣传效果。

方案一:客户消费每满1 000元,赠送炊具一套。

方案二:客户消费每满1 000元,赠送200元的购物券,客户可使用购物券来购买炊具等厨房用品。

方案三:客户消费每满1 000元,赠送200个积分,客户可以使用积分来兑换炊具等厨房用品。

方案四:客户购买1 000元的微波炉可赠送炊具一套。

方案五:客户消费每满1 000元,可进行抽奖,一等奖是价值300元的电饭煲。

方案六:只要参加活动的人就赠送价值50元的礼品。

请问哪些方案是税收上的优选方案?

【答】(1)方案一、方案二、方案三、方案四都属于税法中规定不征收个人所得税的情形,是税收上的优选方案。

(2)方案五和方案六属于税法中规定征收个人所得税的情形,不是优选方案。

问题 705　个人所得税筹划误区有哪些

实务工作中,很多企业采取了不当的节税方式,这些方法存在一定的风险,不能达到节税的目的,反而会使得企业面临补税和缴纳罚款的风险。表418为本书归纳整理的常见个人所得税筹划误区。纳税人和扣缴义务人应避免使用这些方法。

表 418　常见个人所得税筹划误区

序号	筹划误区	风险
1	员工个人的加油费过路费发票在企业报销	个人所得税面临未代扣代缴税款的风险,企业所得税面临调增的风险
2	员工个人的电话费发票在企业报销	个人所得税面临未代扣代缴税款的风险,企业所得税面临调增的风险
3	以现金形式发放用餐补助、交通补助等	个人所得税面临未代扣代缴税款的风险
4	通过发放购物卡来抵消部分工资	能够具体量化到个人且可以分割的福利,应该按照"工资薪金所得"纳税,该方法无法达到节税的目的
5	将工资拆为两部分,正常户发放基本工资,"小金库"发放剩余部分	1. 减少个税和社保的同时也减少了企业的人工成本,虚增企业利润,可能导致多交企业所得税 2. 工资水平大幅低于同地区同行业的水平,增加被税务稽查的风险 3. 小金库发放工资部分需通过虚假的发票来虚列成本,面临被税务稽查补税、缴纳滞纳金和罚款的风险 4. 不利于公司的内部管理,员工的忠诚度将会下降
6	股东向公司借款常年不归还	一个纳税年度不归还的借款视为对投资者的分红,该方法无法达到节税的目的